Le Voyage d'Italie

I. DES MÊMES AUTEURS

Le Banquet des anges, 1984, Plon.
Le Radeau de la Gorgone, 1988, Grasset et Livre de Poche.
Ailes de lumière, 1989, François Bourin.
Séville, 1992, Stock.
L'Or des tropiques, 1993, Grasset.
Prague et la Bohême, 1994, Stock.
Sept visages de Budapest, 1994, IFH.
La Perle et le Croissant, 1995, Plon et Terre humaine/Poche.
Le Musée idéal de Stendhal, 1995, Stock.
Saint-Pétersbourg, 1996, Stock.
Le Musée d'Émile Zola, 1997, Stock.

II. ŒUVRES DE DOMINIQUE FERNANDEZ

ROMANS

L'Écorce des pierres, 1959, Grasset.
L'Aube, 1962, Grasset.
Lettre à Dora, 1969, Grasset.
Les Enfants de Gogol, 1971, Grasset.
Porporino ou les Mystères de Naples, 1974, Grasset et Livre de Poche.
L'Étoile rose, 1978, Grasset et Livre de Poche.
Une fleur de jasmin à l'oreille, 1980, Grasset.
Signor Giovanni, 1981, Balland.
Dans la main de l'ange, 1982, Grasset et Livre de Poche.
L'Amour, 1986, Grasset et Livre de Poche.
La Gloire du paria, 1987, Grasset et Livre de Poche.
L'École du Sud, 1991, Grasset et Livre de Poche.
Porfirio et Constance, 1992, Grasset et Livre de Poche.
Le Dernier des Médicis, 1994, Grasset.
Tribunal d'honneur, 1997, Grasset.

VOYAGES

Mère Méditerranée, 1965, Grasset et Livre de Poche.
Les Événements de Palerme, 1966, Grasset.
Amsterdam, 1977, Le Seuil.
Les Siciliens, 1977, Denoël (en collaboration avec Ferdinando Scianna et Leonardo Sciascia).
Le Promeneur amoureux, *de Venise à Syracuse*, 1980, Plon et Presses Pocket.
Le Volcan sous la ville, *promenades dans Naples*, 1983, Plon.
La Magie blanche de Saint-Pétersbourg, 1994, Gallimard/Découvertes.

ESSAIS

Le Roman italien et la crise de la conscience moderne, 1958, Grasset.
L'Échec de Pavese, 1967, Grasset.
Il Mito dell'America, 1969, Edizioni Savaltore Sciascia (Rome).
L'Arbre jusqu'aux racines, *psychanalyse et création*, 1972, Grasset et Livre de Poche Biblio.
Eisenstein, *l'Arbre jusqu'aux racines II*, 1975, Grasset et Ramsay-Poche-Cinéma.
La Rose des Tudors, 1976, Julliard.
Interventi sulla letteratura financese, 1982, Matteo (Trevise).
Le Rapt de Ganymède, 1989, Grasset et Livre de Poche.

DOMINIQUE FERNANDEZ

Le Voyage d'Italie

Dictionnaire amoureux

Photographies
de
Ferrante Ferranti

PLON

ISBN : 2-259-18516-9

A Claude Martin
et Céline Dhérin

Casarsa
Ponteranica
Possagno
Bassano
Trieste
Bergame
Trévise
Trescore
Vicence
Milan
Torcello
Vérone
Venise
Vigevano
Turin
Mantoue
Casale Monferrato
Sabbioneta
Ferrare
Bussetto
Parme
Bologne
Gênes
Croatie
Florence
Pesaro
Trogir
Split
Recanati
Sienne
Macerata
Assise
Montepulciano
San Galgano
Bomarzo
Villa Lante
Viterbe
Tarquinia
Rome
Lucera
Terracina
Castel del Monte
Bari
Bitonto
Naples
Cumes
Herculanum
Pompéi
Metaponte
Paestum
Sardaigne
Cagliari
Île de
San Pietro
Tabarka
Iles Lipari
Reggio
di Calabria
Palerme
Monreale
Segeste
Bagheria
Taormine
Ilot de Mozia
Gibellina
Sicile
Zafferana Etnea
Racalmuto
Catane
Sélinonte
Agrigente
Syracuse
Ragusa
Noto
Pachino
Scicli

Amadeo

L'ultime victoire de Mozart
(Introduction à *La Clemenza di Tito*)

Statique ? Répétitif ? Engoncé dans une formule obsolète ? Oui, et quel recul, entend-on dire, après *die Zauberflöte* ! A-t-on idée de prendre congé du monde sur quelque chose d'aussi démodé ! De laisser, comme chant du cygne, juste avant de mourir, un chant d'arrière-garde !

Ces reproches ne sont pas infondés, certes ; mais ils cachent le vrai problème. *La Clemenza di Tito* était un opéra d'une forme déjà surannée au moment où Mozart le composa, mais qui n'en était pas moins chère à son cœur. Il avait, lui-même, tué ce genre noble, ample, trop noble, trop ample, de l'*opera seria*, en créant, avec *die Entführung aus dem Serail* puis avec la trilogie dapontienne, un type nouveau, plus vif, plus rapide, plus « moderne ». Est-ce une raison pour penser qu'il ne regrettait pas le type ancien ? Après *die Zauberflöte*, écrite pour satisfaire au devoir de créer un opéra national « allemand », je vois dans *la Clemenza* un nostalgique retour en arrière, une dernière tentative d'animer une formule condamnée par le « progrès » de la musique, mais si belle et si pure et toujours chérie en secret.

Chance heureuse à saisir, plutôt que pensum à bâcler, comme le rabâchent, avec une niaise unanimité, biographes et historiens.

Revenons un peu sur le jeune Mozart. C'est en Italie, dès l'âge de quatorze ans, qu'il a, grâce à son père, beaucoup plus fin mentor qu'on ne le présente d'habitude, découvert l'*opera seria* façon napolitaine, et cette déclamation mélodieuse à laquelle était lié l'art des castrats. Le jeune Wolfgang-Gottlieb s'enthousiasma, et pour l'*opera seria* façon napolitaine, et pour l'art des castrats. Il emprunta le style de l'une et exploita les ressources des autres pour les premières œuvres lyriques qu'il composa : *Ascanio in Alba*, *il Re pastore*, *Mitridate*, *Lucio Silla*, puis son premier chef-d'œuvre, *Idomeneo*, bien que les opéras précédents recèlent déjà des trésors. Que de beautés, dans ces récitatifs mélodieusement étirés et dans ces airs chantournés avec grâce ! Mais Mozart était trop averti pour ne pas comprendre que ces beautés, d'une lenteur complaisante, figées comme des bas-reliefs, froides comme du marbre, appartenaient à un âge révolu. Le public commençait à changer ; Beaumarchais donnait un ton plus jeune à la comédie ; Lorenzo Da Ponte renouvelait la technique du livret ; la Révolution enflammait l'Europe. D'où la nécessité, sentie par tous, auteurs et public, d'accélérer l'allure des spectacles, de faire plus véloce, plus en accord avec la fièvre du temps.

Mais au détriment de cette vénusté élégante, de cette harmonie cérémonieuse, de cette onction un peu compassée, pourtant si propice à l'effusion lyrique, qui faisaient la gloire de l'*opera seria*. Les castrats aussi étaient passés de mode, en 1791. La patrie des « droits de l'homme » avait déclaré la guerre à cette barbarie sublime. Mais qui eût osé nier qu'avec la disparition des hommes-femmes à la voix capiteuse s'éteindrait une manière incomparable de chanter ? Pas Mozart en tout cas, lequel, justement, dans *la Clemenza*, rendit à un castrat le rôle principal, selon l'usage d'antan.

Sesto reste un de ses plus beaux personnages, un des plus touchants, déchiré comme il est entre son amitié pour Titus et son amour pour Vitellia. Sujet tiré d'une pièce de Métastase, ce grand poète qui fut une des principales victimes de la course bête à la « modernité », cet impeccable pourvoyeur de l'*opera seria* au XVIIIe siècle, dont les vers ont l'ingénuité perverse et la fluidité musicale de Racine.

En Sesto revivent toute la tendresse mélancolique, tout le marivaudage angoissé d'une époque dont les jours étaient comptés : et c'est ce qui fait la force et le prix de cet opéra. Récitatifs un peu longuets, sans doute. Ils ne sont d'ailleurs pas de Mozart, qui n'eut pas le temps de les écrire, ils sont de Süssmayr. Mais dans les grands morceaux de la partition, dans le quintette avec chœur de la fin du premier acte, où l'incendie de Rome et la nouvelle (plus tard démentie) de l'assassinat de l'empereur soulèvent l'épouvante générale, puis dans le rondo du second acte, où Sesto, reconnu coupable de la tentative de meurtre, lutte contre lui-même pour ne pas révéler le secret de son geste, c'est le plus authentique Mozart qui s'exprime. Tour de force exceptionnel, que d'avoir concilié, fondu la veine tragique de *Don Giovanni* et le pathos élégiaque de l'*opera seria*, sauvé ce qui pouvait être sauvé d'un genre condamné par la mutation du goût mais d'une beauté en soi impérissable.

Ultime occasion, pour Mozart, de revivre la période bénie de ses lointains voyages en Italie, quand, subjugué par le pays de Farinelli, il décidait de changer non seulement son style mais jusqu'à son nom, troquant le malsonnant Gottlieb contre le mélodieux Amadeo.

La Clemenza di Tito, c'est le dernier sursaut d'italophilie, d'italofolie, la revanche des absurdes castrats sur les jeunes gens trop sérieux de *die Zauberflöte*, la victoire d'Amadeo sur Gottlieb, du plaisir infantile des longues cadences incantatoires sur la nécessité de faire énergique et allemand. Aujourd'hui, que nous importe du Mozart plus ou moins « moderne » ? Le temps a confondu toutes les modes, passagères par définition. Rossini, dix fois plus rapide que la trilogie dapontienne, a-t-il détrôné son prédécesseur ? Laissons-nous aller, maintenant que le contexte historique de 1791 ne signifie plus rien pour nous, à cette volupté du *bel canto*, redécouvrons cette manière délicate, affectueuse, sensuelle, d'aligner les notes sans souci exagéré de l'action ni de la vérité psychologique, abandonnons-nous sans réserve à cette alliance inégalée d'érotisme vocal et d'épanchement lyrique.

Amérique

Le mythe de l'Amérique

On ne se propose pas, ici, d'étudier le mythe populaire de l'Amérique, tel que tant d'Italiens l'ont vécu, les émigrants, les candidats à l'émigration, les familles des émigrés, les pauvres et les déshérités du Sud — le mythe de l'Eldorado, de la richesse facile, du bonheur à portée de main. On ne se propose pas non plus d'examiner quelle influence les écrivains américains ont pu exercer sur la génération d'écrivains italiens qui, à partir des années 30, tirèrent la littérature de leur pays du marais provincial et académique où elle enlisait. Le but de cette étude est de fixer l'image que les intellectuels italiens se sont faite des Etats-Unis à travers la littérature des Etats-Unis, pendant la période fasciste, à un moment particulier et dramatique de l'histoire d'Italie.

L'Amérique fut un prétexte, un laboratoire, presque une invention. « Là-bas nous nous sommes cherchés et trouvés nous-mêmes », dira Pavese après coup. « La culture américaine nous permit de voir se dérouler comme sur un écran gigantesque notre propre drame. » Et Giaime Pintor : « Cette Amérique n'a pas besoin de Colomb, c'est une découverte à l'intérieur de nous-mêmes, c'est la terre vers laquelle nous tendons avec l'espoir et la confiance des premiers émigrants et de quiconque est prêt à défendre, quitte à souffrir et à se tromper, la dignité de la condition humaine. »

Le mythe dura une vingtaine d'années mais ne coïncida pas avec les vingt ans du régime fasciste. Né huit ans après la marche sur Rome, il survécut de sept ans à la chute de Mussolini. En 1930, plusieurs américanistes, de profession ou d'occasion, sont à l'œuvre : Carlo Linati, Emilio Cecchi, Mario Praz. Nous les trouverons au travail pendant toute la période qui nous intéresse. Mais, qu'ils soient amateurs, comme Cecchi, ou professeurs, comme Praz, ils représentent la vieille génération. Erudits plutôt que militants, ils émettent leurs verdicts du haut d'une conception hégémonique de la culture européenne. Ils éprouvent soit de l'indulgence quand l'Amérique peut sembler la fille de l'Europe, soit du mépris pour la « barbarie » américaine [1]. Le mythe proprement dit ne commence que dans les années 30, avec les essais de Pavese et de Vittorini.

On relèvera tout de suite que les tenants de la suprématie culturelle européenne, les adversaires du mythe, proviennent des deux plus antiques forteresses de la culture italienne, Cecchi de Florence et Praz de Rome. Les créateurs du mythe, en revanche, proviennent de régions périphériques : Pavese du Piémont et Vittorini de la Sicile. Pavese note dans

1. Emilio Cecchi (1884-1966), critique littéraire, essayiste et auteur raffiné de « proses d'art » aujourd'hui datées. Mario Praz (1896-1982), historien de la littérature anglaise, essayiste très original, et surtout auteur de *la Chair, la Mort et le Diable*, ouvrage fondamental sur le goût érotique dans les littératures romantiques et post-romantiques européennes. Un classique (1930), traduit tardivement en français, (Denoël, 1977).

son *Journal* (5 mars 1948) : « Les extrêmes échappent, Sicile et Piémont, qui ne furent pas fascistes et se firent barbares et découvrirent outremer — Vittorini et Pavese. »

Vittorini n'est pas seulement sicilien : fils d'un cheminot, c'est aussi un autodidacte. Né en 1908, il entre en 1930 au journal *la Nazione* de Florence comme correcteur d'épreuves. C'est là qu'il apprend l'anglais, de nuit, en traduisant *Robinson Crusoe* avec l'aide d'un dictionnaire, mot à mot. Pour lui, donc, aucun héritage littéraire, et, s'il faut tout apprendre en partant de zéro, pourquoi ne pas apprendre tout de suite ce qu'il y a de plus neuf, de plus moderne ? Sicilien et autodidacte, c'est-à-dire deux fois étranger à la « culture » et à la « tradition » au nom desquelles un Cecchi condamne l'Amérique ; spectateur de la misère et de l'analphabétisme de son île natale tenue en constant mépris par les Romains et par les Italiens du Nord ; témoin en outre des avantages que l'émigration aux Etats-Unis rapporte à des centaines de milliers de ses compatriotes : comment Vittorini pourrait-il s'empêcher de transférer sur New York et l'Amérique toute la charge affective et passionnelle qu'il ne peut investir ni dans Rome, ni dans Florence, ni dans l'humanisme apolitique et désengagé des « héritiers » ? « Nouvel homme » typique, Vittorini se reconnaît dans les Américains bien mieux que dans les intellectuels de la péninsule.

En premier lieu, à cause de l'origine sociale des écrivains américains : loin de sortir de la haute bourgeoisie, comme en Europe, ils ont dû exercer souvent des métiers manuels et respirer cette « odeur de cuisine » que Cecchi juge incompatible avec la pratique de la culture. Caldwell a été tour à tour valet de ferme et scieur en long, garçon de café et cuisinier de gare. Steinbeck, valet de ferme et marin, éleveur de truites et maçon.

En second lieu, les intellectuels de la péninsule se sont enfermés dans une tour d'ivoire, et avec eux la classe dirigeante italienne tout entière a failli à sa mission. Le garçon de Syracuse ne sait-il pas que les personnes « cultivées » de Rome, de Florence et de Milan traitent la Sicile de terre « barbare » ? Ne sait-il pas que la haute culture de l'Italie centrale et septentrionale ne s'est jamais préoccupée de donner des professeurs et des écoles au Mezzogiorno sous-développé ? Ne sent-il pas comme un drame l'échec de l'Unité italienne, la fracture entre un Nord prospère et instruit, et un Sud misérable et analphabète ? Mensonge, pour lui, que la supériorité de la culture « classique », de la tradition « humaniste ». D'où l'espoir mythique d'une autre patrie, plus accueillante pour ceux qui ne sont pas nés nantis.

Quant à Pavese, né en 1908 dans un village du Piémont, élevé à Turin, éduqué dans le meilleur lycée de la ville, pourvu d'un solide bagage classique, rien n'aurait manqué à ce typique représentant de l'antifascisme culturel pour pouvoir se considérer comme un « héritier ». Diplômé grâce à une étude sur Walt Whitman, il se prépare à la carrière universitaire, dont seules les vicissitudes politiques le détournent. Toutefois, la coupure avec la génération précédente est nette : loin de se trouver à l'aise dans la culture et dans la tradition européennes, Pavese y suffoque. Il y suffoque parce que le fascisme a stérilisé et fossilisé en Italie cette culture et cette tradition, mais aussi et peut-être d'abord parce que l'Europe, même sans fascisme, ne lui semble plus pouvoir répondre aux nouveaux problèmes qui se posent à l'homme moderne.

Un essai de psychanalyse du mythe pourrait ne pas être inutile ici. Pavese ne fait jamais mention, à propos de *Moby Dick* qu'il traduit et introduit en Italie, du fait que ce roman de huit cents pages ne contient pas un seul personnage féminin. Peut-être ne l'a-t-il pas même noté ? Le seul livre de Melville qu'il n'aime pas est aussi le seul où des femmes occupent une place importante : *Pierre or the Ambiguities*. Mais a-t-il fait le rapprochement ? Quand il analyse *Dark Laugther*, de Sherwood Anderson, il souligne que le héros, Bruce Dudley, abandonne Chicago par désir de retrouver les lieux de son enfance, la campagne, les nègres, l'insouciance heureuse du Mississippi. Pavese projette ici une préoccupation avouée d'autant plus volontiers qu'elle correspond à un très avouable problème personnel, et, en même temps, à un problème national italien. Né à la campagne et se trouvant mal à l'aise à Turin, Pavese, de même qu'il n'arrive pas à concilier en lui les deux modes d'existence, se dit que la littérature italienne ne deviendra vraiment moderne qu'en dépassant l'antinomie entre province et nation, entre dialectes locaux et langue officielle.

Mais derrière cette préoccupation légitime, il faut en voir une autre, qui échappe sans doute à Pavese parce que inconsciemment il n'a pas intérêt à la reconnaître. Les nègres et la douceur du Mississippi résolvent, au moins provisoirement, le problème sexuel. Vivre sous les étoiles est merveilleux, parce qu'on peut ainsi oublier les devoirs qui incombent à la virilité. Nous faisons allusion ici à un autre problème personnel de Pavese, à une difficulté cette fois peu avouable. Ce n'est un mystère pour personne que l'impuissance sexuelle de l'auteur du *Métier de vivre*.

Les carences de sa virilité peuvent expliquer pourquoi il ne parle jamais des choses américaines sans un tremblement dans la voix assez peu commun dans le domaine de la critique littéraire. Incapable de satisfaire une femme, paralysé par la peur du fiasco, mais citoyen d'un pays où la conquête des femmes est le leitmotiv non seulement de la culture mais du folklore et où le fiasco est un thème familier de comédie ; blessé continuellement par l'exubérance des instincts italiens — l'instinct vital et l'instinct érotique —, le timide, inhibé, ombrageux Pavese choisit comme patrie idéale une terre où les rapports entre hommes et femmes ont quelque chose, pense-t-il, de plus contenu et de plus chaste. L'Amérique puritaine, où l'amour ne s'exprime pas en chansons faciles et vulgaires. De Cooper à Hemingway, le héros américain est un héros sans femme, qui se garde de l'acte sexuel comme du péché par excellence, et les grands couples de la littérature américaine sont des couples masculins : Ismael et Queequeg chez Melville, Huck et Jim chez Mark Twain, George et Lennie chez Steinbeck, Gatsby et Nick chez Fitzgerald. A noter que Faulkner n'a jamais plu à Pavese, peut-être parce qu'il trouvait chez cet écrivain une vision trop brutale du sexe.

Vittorini et Pavese sont dépassés, en enthousiasme, par un plus jeune collègue, le Sarde Giaime Pintor (un autre « périphérique »), qui célèbre l'Amérique, toute l'Amérique, sans distinction entre un auteur et un autre. Né en 1919, c'est un germaniste de talent. Déchiré entre l'admiration pour l'Allemagne romantique et l'horreur pour l'Allemagne hitlérienne, il exalte les Etats-Unis comme la terre idéale où, libérée des idéologies nébuleuses qui précipitent l'Europe dans la ruine, la concrète vitalité de l'homme nouveau s'affirme. Pintor, qui devait mourir à vingt-quatre ans dans la Résistance, n'écrivit qu'une seule fois sur l'Amérique. Mais cet article suffit à liquider le « musée des horreurs » de Cecchi. Cecchi, en accord avec les hommes de sa génération et de son milieu, voyait l'Amérique comme un appendice alcoolisé de l'Europe, comme un avatar corrompu de l'humanité. Pintor renverse les termes : c'est l'Europe qui est malade, et c'est l'Amérique la terre du « salut ». Ni Pavese ni Vittorini n'avaient osé en affirmer autant : avec Pintor, en 1943, la parabole du mythe s'accomplit.

Artisans et opposants du mythe s'affrontent sur trois grands problèmes. Premier problème : les romans américains sont-ils de dérivation européenne ou appartiennent-ils à une culture autochtone ?

Question capitale, car une fois prouvé que l'Europe, même de loin, influence l'Amérique, le mythe s'écroulera à l'instant. La nouvelle génération s'efforce donc d'établir que la culture américaine est absolument indépendante. Tandis que Praz et Cecchi repèrent tous les indices qui permettent d'affirmer la filiation, Vittorini et Pavese provoquent une querelle entre anciens et modernes.

Vittorini, directeur du *Politecnico* après guerre, répond à un lecteur qui lui demande pourquoi au lieu de s'occuper une fois de plus de la littérature américaine il ne prend pas pour sujet la littérature italienne. « La littérature américaine est la seule qui coïncide, depuis sa naissance, avec l'époque moderne et se puisse appeler complètement moderne. Toutes les autres littératures conservent, même dans leurs aspects contemporains, un caractère humaniste et médiéval. Ecrire sur ces littératures, c'est écrire aussi sur l'humanisme et sur le Moyen Age, tandis qu'en écrivant sur la littérature américaine on écrit seulement sur l'époque moderne et on peut isoler la modernité en elle-même, la cueillir comme telle, l'étudier comme telle. »

De Melville, Pavese fait le champion de la culture américaine autochtone : non seulement parce que *Moby Dick* représente une sorte de fusion, et donc de dépassement, de deux autres Américains, Edgar Poe (pour les effets calculés de terreur) et Hawthorne (pour les analyses morales de pécheurs rebelles à Dieu), mais surtout à cause de sa volonté de fonder une nouvelle tradition. « A cette époque en Amérique, ou plus précisément en Nouvelle-Angleterre, la stabilité nationale alors atteinte aiguisait le désir d'une culture propre, d'une tradition. Ce qui sera le problème chronique des Etats-Unis, et suscitera encore aujourd'hui tant de mépris en Europe envers ces *parvenus* de la culture, est au contraire le signe de la noblesse de leur effort et de leur destin. »

« Car avoir une tradition est moins que rien, c'est seulement en la cherchant qu'on peut la vivre », ajoute Pavese en ayant soin d'isoler cette phrase dans un paragraphe à part. L'intention polémique est claire : contre le fascisme qui se glorifie de l'héritage romain, mais aussi contre les américanistes de l'ancienne génération qui, sans être fascistes, ou bien dénient toute culture à l'Amérique, ou bien ne lui reconnaissent qu'une culture importée, dérivée de l'Europe.

Deuxième problème : la querelle du réalisme. Les romans américains sont-ils des documents ou des œuvres d'art ?

Une autre manière de mettre en doute l'importance et l'originalité des romanciers américains consiste à ravaler leurs livres au rang de documents. Mario Praz, qui ne reconnaît pas la moindre dignité esthétique aux procédés techniques de Dos Passos, déclare que le seul mérite de tout ce confus éclectisme est de reproduire le pittoresque des divers dialectes. Pour la nouvelle génération, au contraire, il s'agit de souligner le caractère absolu, la valeur poétique des romans américains, indépendamment de l'intérêt de leur contenu. Certains auteurs ne se prêtent pas à la démonstration : Pavese est d'accord avec Praz pour subordonner, chez Theodore Dreiser, l'artiste au sociologue. Mais tandis que Praz, dans un article de 1929, ne trouve à louer en Sinclair Lewis que la sincérité avec laquelle les problèmes sociaux sont traités, Pavese, dans les années qui suivent, se sert justement de Sinclair Lewis pour soutenir la thèse contraire, à savoir que même dans les romans où le contenu est le plus évident, il ne faut pas confondre la matière dont use l'écrivain avec la synthèse poétique qui seule compte. *Babbitt* réaliste ? Quelle erreur, puisque tous les détails, tous les épisodes, tous les personnages du roman étant vus en fonction du personnage de Babbitt, par les yeux de Babbitt, la prétendue objectivité du livre est le résultat d'un travail de re-création. « Réalisme si peu réaliste et si plein, en revanche, de poésie, que, si on enlève un moment la figure de Babbitt, on peut voir à quel point tous les fragments du réalisme en question ne disent plus rien en eux-mêmes ; à quel point ils ne reflètent plus aucune réalité sinon celle du protagoniste manquant. »

Une telle distinction entre ce qui est « matière » et ce qui est « poésie », si elle remonte à l'esthétique de Benedetto Croce, annonce aussi la théorie pavésienne du personnage, conçu comme nœud et prisme de la réalité romanesque. Le paradoxe est de vouloir appliquer une semblable distinction à un auteur aussi manifestement unidimensionnel que Sinclair Lewis. Au reste, un peu plus tard, Pavese se rétracte : Lewis a un intérêt seulement documentaire, ses romans décrivent une profession ou un milieu, sa langue n'a que le mérite de la couleur locale.

Comme il a compris d'avoir suivi une fausse route en cherchant à tirer une signification absolue d'œuvres trop étroitement naturalistes, Pavese désormais renonce à s'occuper de ce genre de livres ; il les exclut du mythe. Chez les auteurs élus, les faits doivent compter moins que la construction symbolique : voir les grands classiques du siècle dernier ou, chez les modernes, Gertrude Stein et Sherwood Anderson.

Dans un écrit consacré au livre de Matthiesen, *American Renaissance*, Pavese précise de quelle manière les grands classiques américains ne cherchent pas à refléter la réalité, mais à investir de lumière spirituelle la vie quotidienne, pour en révéler la profonde nature symbolique. Le réalisme américain, qui tend à « nommer les choses pour en libérer la charge explosive spirituelle » et à retrouver une « seconde réalité » derrière les apparences, s'oppose au naturalisme français et à son programme de « tranches de vie ». En fait, Pavese s'intéresse peu à ce que les romanciers américains lui disent de l'Amérique, si peu qu'il définit leur esthétique en formules qui s'appliqueraient bien mieux à ses propres tentatives : dépeindre non des pensées mais l'esprit en train de penser, voir dans les choses un « vivier de symboles », attendre que « de chaque objet, avidement absorbé et possédé par les sens, rayonne comme un halo d'insolite spiritualité ».

L'Amérique et sa littérature ne sont « réalistes » que pour la vieille génération, qui en profite pour les traiter avec mépris. Vittorini, comme Pavese, demande à l'Amérique un tout autre enseignement que la « réalité ». Dans *Americana*, copieuse anthologie commentée (1942), il assigne à Theodore Dreiser et à son école un rang très modeste. « Le vérisme a montré, en voulant être la *vérité*, le *vrai processus psychologique* par le moyen duquel les hommes réagissent aux choses réelles de la vie quotidienne. Voilà ce qu'il a montré ; quelque chose qui n'apporte rien de nouveau pour la conscience humaine. » James Cain, Steinbeck et James Farrell sont traités, avec un certain mépris, de « néoréalistes », et Vittorini leur oppose Caldwell et Saroyan, les « lyriques du roman ». Même Faulkner n'arrive pas toujours à transfigurer le réel : par exemple, le forfait commis par Popeye dans *Sanctuary* s'annule dans la justification naturaliste qui en atténue l'atrocité. Et Hemingway n'évite pas toujours les erreurs. Par exemple, dans *The Sun also rises*, il donne des explications naturalistes et n'atteint pas au symbole. Mais le Faulkner et (surtout) l'Hemingway meilleurs, et aussi Saroyan, réussissent à découvrir l'envers des choses, la réalité mystérieuse qui se cache sous les mots. Il faut se reporter à la préface écrite après coup, en 1947, par Vittorini à son roman de jeunesse *l'Œillet rouge* : c'est là qu'il révèle la clef de son esthétique et explique la portée de l'enseignement des Américains.

Dans un opéra, dit Vittorini, la musique transforme les données réelles de l'histoire en symboles d'une réalité supérieure. Pourquoi le roman ne devrait-il pas se libérer également de ses limitations réalistes ? De même que l'opéra restitue sous forme de musique la matière qui n'est pas musique à l'origine, pourquoi le roman ne devrait-il pas traduire en équivalents poétiques les faits qu'il utilise ? La signification d'une œuvre d'art n'est pas dans les mots mais au-delà des mots : le romancier doit introduire dans ses livres un élément musical qui lui permette de transfigurer l'existence quotidienne et de donner un sens à la réalité. Vittorini rejoint presque textuellement les positions de Pavese, même si les exemples qu'il invoque ne sont pas les mêmes. A la place de Melville et de Sherwood Anderson, Vittorini met Hemingway et Saroyan. Les cadences, les répétitions, chez Hemingway et Saroyan, ont le pouvoir de transmuer les éléments de l'histoire en autant d'allusions à une réalité supérieure.

Troisième problème : la querelle philosophique. Faut-il préserver l'« humanisme » ou doit-on le sacrifier à l'« homme nouveau » ?

Le mythe de l'Amérique jeune, vierge, primitive, permet aux uns de condamner une décadence, une inculture qui signifient la fin de l'humanisme, aux autres de célébrer un renouvellement, une renaissance des valeurs humaines oblitérées en Europe. Vittorini fait de la « légende de l'homme nouveau » le leitmotiv de son commentaire à l'anthologie *Americana*. Pintor salue dans l'Amérique de Saroyan la naissance de la « nouvelle légende », et Pavese, pour expliquer la mode des romans américains à partir des années 30, leur reconnaît le mérite glorieux d'avoir créé une « nouvelle légende de l'homme ».

Mais qu'entendent-ils tous par « homme », par « nouvelle légende de l'homme » ? Il faut dire qu'ils ne se sont jamais expliqués avec clarté sur ce point, et qu'aucune notion précise ne semble remplir ces grands mots un peu vagues. Quand Cecchi et Praz défendent ce qu'ils appellent « humanisme », on sait parfaitement ce qu'ils ont à l'esprit : ils défendent une tradition, un héritage, qui est à moitié littéraire et à moitié social, ils défendent un ensemble d'habitudes et de privilèges reçus avec la naissance et typiques d'une certaine classe, ils défendent enfin les institutions qui représentent cette classe, l'école, l'université, les académies, les bibliothèques. Quand Pavese, Vittorini et Pintor célèbrent la « nouvelle légende de l'homme », nous devinons sans peine qu'ils s'opposent à cette tradition, à ces privilèges, à ces institutions : mais pour avancer quelle idée de l'homme, quel type d'homme, pour importer d'Amérique quelle nouvelle conception de l'homme ? Une certaine confusion règne dans leur esprit, et l'homme tel qu'ils le conçoivent semble se définir avant tout par des qualités négatives, par ce qu'il ne doit pas être.

L'homme nouveau ne doit pas être un surhomme. Pavese a soin de préciser que les rebelles, les vagabonds de Sinclair Lewis ne sont pas en soi des héros mais des créatures mesquines, des fantoches. Au sujet de Theodore Dreiser, il écrit : « Ce n'est pas un hasard si l'Amérique, le pays mythique de l'homme arrivé par lui-même, de l'arriviste sans scrupules, n'a pas encore versé dans l'exaltation dionysiaque et antisociale du surhomme, telle qu'on l'a vue en Europe. Résultat naturel de cet état d'esprit — transformation du zèle puritain, plus ancien — diffusé maintenant en Amérique sous forme d'intérêt social, de responsabilité, de *service.* » Pintor vante, en l'opposant à la rhétorique allemande dérivée de Nietzsche, la concrète vitalité américaine. Derrière Nietzsche et le surhomme, c'est toute l'emphase fasciste, le culte de l'homme fort, la religion du chef qui sont visés. L'homme nouveau doit être un homme moyen, frère de tous les hommes.

Il est probable que Pavese et Vittorini versent chacun ses problèmes personnels dans le moule de l'homme nouveau. Pour Pavese, partagé entre Turin et les collines de son enfance, le problème est celui des rapports entre la ville et la campagne : contrairement à l'homme de l'humanisme, qui ne doute pas de la supériorité des villes et de la civilisation urbaine, l'homme nouveau est celui qui fuit les grandes agglomérations et recherche une vie plus simple, au contact de la nature. Pour Vittorini, le problème est celui du Mezzogiorno, des minorités opprimées. Pavese, donc, prend ses modèles chez les vagabonds de Sinclair Lewis, les fuyards de Sherwood Anderson (et surévalue ces deux écrivains), tandis que Vittorini se reconnaît dans les pauvres Blancs du Sud de Caldwell, les Arméniens de Saroyan, les Italo-Américains de John Fante (et surévalue, à son tour, ces trois écrivains).

Mais, au-delà de ces cas particuliers, on peut conjecturer que Pavese et Vittorini entendent par « hommes nouveaux » ceux qui dans le passé n'avaient pas droit de cité dans la littérature : les ouvriers et les paysans, les chômeurs, les dévoyés, les assassins, les victimes et les épaves du déterminisme économique. Pas d'ouvriers-héros à la Zola, ni de voyous romantiques : seulement la misérable plèbe broyée dans les engrenages du système capitaliste, à laquelle il faut restituer sa dignité humaine ou au moins faire prendre conscience de sa dignité.

Dans le roman bourgeois, on ne montre que des hommes qui ont les occasions, le goût et les moyens intellectuels de s'analyser. Pour comprendre et apprécier pleinement de tels hommes, il faut être soi-même à un bon niveau de culture. Le roman américain révèle une autre variété d'hommes : ceux qui ne savent ni lire ni écrire, incapables d'observer et de comprendre ce qui se passe à l'intérieur d'eux-mêmes, mais non pas moins hommes pour autant, et peut-être encore plus hommes, dans la mesure où, privés du moyen exorcisant de l'analyse, ils souffrent plus à fond leurs passions et supportent plus cruellement leurs besoins.

L'homme nouveau, que Pavese et Vittorini découvrent en Amérique et introduisent dans la culture italienne, sous les traits de Talino (personnage de *Paesi tuoi*, le premier roman de Pavese) et de l'aiguiseur de couteaux (personnage de *Conversazione in Sicilia*, le chef-d'œuvre de Vittorini), n'est autre, en fin de compte, que l'homme universel, l'homme qui peut être compris de tous, sans limitation de classe sociale, de condition économique ou de culture, l'homme dont l'humanité exclut ce qui n'est pas fondamental, élémentaire et commun à tout le monde. Avec cette conséquence que, pour rester fidèles à ce parti pris de lisibilité, les artisans du mythe excluent le difficile et obscur Faulkner.

Aucun autre Américain n'a été autant lu et étudié qu'Hemingway. Pourquoi ? Parce que Hemingway connaît l'Italie, parce qu'il l'aime et la choisit pour théâtre de plusieurs de ses romans ? Non pas qu'il l'ait embellie : la description qu'il fait de l'armée de Caporetto en déroute est un des motifs qui permettent à la censure fasciste d'interdire *Farewell to Arms*. Après la chute du fascisme, la critique nationaliste continue à bouder Hemingway. N'empêche que cet auteur qui s'occupe d'eux, même d'une manière peu flatteuse pour leur « honneur », intéresse particulièrement les Italiens.

On devine facilement les réserves que ses livres inspirent à Mario Praz : en apparence, rien de plus contraire au baroquisme érudit du professeur romain que la rude apologie de la vie sportive, de la chasse et de la guerre (encore qu'un goût commun de la mort puisse servir de lien). Praz ne manque pas de se moquer du pugiliste inculte et barbare « pour qui les coups de poing et les ruisseaux de sang peuvent sembler des valeurs hautement humaines ». N'empêche qu'il accepte volontiers de se servir de cet athlète quand il sent le besoin de régler certains comptes avec l'Italie, de dénoncer, comme un défaut national italien, la tendance au conformisme sentimental et petit-bourgeois. Aucun autre critique n'a jamais eu le courage d'indiquer les limites, non seulement d'un fort courant de la littérature italienne, mais de toute la littérature de la péninsule, aussi nettement que Mario Praz dans un article publié d'ailleurs dans une revue américaine[1].

Le roman italien, dit Praz, a toujours été et continue à être imprégné

1. *Hemingway in Italy*, « Partisan Review », 1948.

d'une atmosphère Biedermeier. Le monde Biedermeier (du nom d'un maître d'école allemand qui publia vers 1850 des poèmes à la gloire de la vie domestique) est fait de sens commun et de saines habitudes, de moralisme bourgeois et d'amour du foyer. « Tout amateur étranger de littérature italienne connaît au moins deux livres du XIXe siècle : *les Fiancés* (de Manzoni) et *Grand Cœur* (de De Amicis) : le premier avec son éthique sensée, traditionnelle, et son humour tranquille, le second avec son sentimentalisme parfois pleurnichard, sont de typiques produits bourgeois ou Biedermeier. Si on considère la littérature italienne dans son ensemble, son génie le plus représentatif n'est pas Dante mais l'Arioste, "Ludovico de la tranquillité" : le poète bourgeois dont la vie pauvre en événements culmina dans la construction de sa petite maison à Ferrare — *parva sed apta mihi* —, qui n'avait pas de "message" mais se délectait dans une fantasmagorie d'aventures imaginaires, tempérant le surnaturel avec l'humoristique, et réduisant le monde à un niveau doré d'harmonie et de sens commun ; un conteur d'histoires qui pouvaient plaire également au courtisan et au gondolier. »

Quant aux romans contemporains, Praz les définit ainsi : « Livres dont les meilleures parties traitent de l'enfance du protagoniste qui s'est déroulée dans quelque petite ville à l'écart du monde moderne ; simples histoires de déboires familiaux avec une mère au premier plan ; évocation nostalgique et mélancolique de rues et de places préservées du trafic d'aujourd'hui, d'expériences plus ou moins tristes que le souvenir auréole de beauté. »

L'Hemingway proposé comme antidote n'est pas l'Hemingway sanguin, brutal, alcoolique et déchaîné de la légende : Praz choisit avec soin, dans le modèle, les traits qui lui servent pour son propos et il trace ainsi, de l'écrivain américain, un portrait qui est le moins conventionnel possible. Puisque le goût italien se porte surtout vers les choses communes et simples, personne d'autre n'enseigne mieux qu'Hemingway à les voir, ces choses, et à en jouir : derrière ses grandes expéditions un peu tartarinesques en Afrique, et ses bruyantes rodomontades tauromachiques et militaires, Hemingway, par son attention sèche aux menus détails, par la rapidité de son style qui reflète les impressions nues, n'est autre qu'un primitif de la vie, mais un primitif au bon sens du mot, dans la lignée d'Homère et de Flaubert, qui sait exprimer à partir des sensations les plus élémentaires une poésie forte et directe, sans illusions romantiques comme sans attendrissements petits-bourgeois.

Une polémique d'un autre genre, et qui entraîne toute l'intelligentsia italienne à prendre parti pour ou contre Hemingway, commence après la Libération. Vittorini fonde le journal *Politecnico*, qui joue un peu le même rôle que *les Temps modernes* en France, à cette différence près que Vittorini est membre du parti communiste. Mais son journal représente l'aile libérale du parti, et on y discute librement, en particulier de l'Amérique. Les polémiques relatives à Hemingway se concentrent sur deux questions principales : doit-on condamner Hemingway à cause de ses idées politiques ou doit-on le récupérer parce que son art est révolutionnaire ? Faut-il le considérer comme un auteur décadent ou, au contraire, comme un auteur d'avant-garde ?

La première attaque vient du côté communiste : Mario Alicata, intellectuel orthodoxe du Parti, reproche âprement à Vittorini d'accorder tant de place dans son journal à un « petit écrivain impressionniste ». Vittorini réplique immédiatement, en établissant une distinction de principe entre les « devoirs culturels » et les « devoirs politiques » d'un romancier. Politiquement, Hemingway a pu se tromper : mais c'est son droit. Il faut juger les écrivains par ce qu'ils apportent de neuf à la culture, et ils peuvent apporter quelque chose de neuf à la culture et aux hommes de toutes les conditions, même s'ils ont des idées réactionnaires en tête.

« L'erreur principale est de croire le *Politecnico* communiste parce qu'il est dirigé par un communiste. Avec notre invitation à renouveler la culture italienne, nous n'avons pas exprimé une exigence de communistes qui arrange politiquement le parti communiste ; mais nous avons exprimé une exigence historique de la culture italienne elle-même, et peu importe si elle arrange ou n'arrange pas politiquement tel parti ou tel autre. Notre travail ne peut certes pas ignorer le marxisme, puisque aucun travail culturel ne peut l'ignorer. Mais c'est un travail de marxistes et de non-marxistes à la fois, et le plan sur lequel il se déroule ne peut pas, donc, être marxiste, sinon dans la mesure où le marxisme est positif même pour les non-marxistes, comme il arrive que le christianisme soit positif même pour qui ne croit pas dans le Christ. »

Quelque temps plus tard, Vittorini publie sa fameuse lettre à Togliatti où, avec une clairvoyance et une générosité admirables, l'écrivain expose au secrétaire du PCI sa notion des rapports entre la culture et la politique, sa philosophie de l'engagement. Là encore, Hemingway, et avec lui Steinbeck, Caldwell, Dos Passos, Richard Wright et James Farrell illustrent la démonstration. Ces écrivains ne sont pas communistes ou ne le sont plus, mais leur œuvre continue à être d'importance révolutionnaire, bien plus que celle d'écrivains ralliés au communisme, comme Howard Fast ou Albert Maltz. « C'est sur sa compétence littéraire, et non pas sur sa plus ou moins accidentelle incompétence politique, qu'on doit juger un écrivain. » Les communistes italiens ont tort de rejeter en bloc Hemingway, dont « l'œuvre contient, en termes concrets, tant des problèmes pour lesquels et en raison desquels l'homme a besoin d'une transformation révolutionnaire du monde ». Certes, « l'homme d'Hemingway est encore un type de surhomme », mais, de toute façon, il appartient à d'autres écrivains, encore meilleurs que lui, de réduire ou d'annuler l'importance concrète et révolutionnaire des œuvres d'Hemingway : on ne fait qu'humilier et rabaisser la culture en appliquant des critères politiques au génie créateur.

La publication, en 1950, de *Across the River and into the Trees* remet le feu aux poudres. Ce colonel yankee qui vient mourir à Venise, Vittorini essaye de le sauver en le comparant à l'Ivan Ilitch de Tolstoï, mais de toute part on l'accable, avec de mauvaises raisons comme Cecchi, qui lui reproche ses lapsus d'italien, ou avec de meilleures raisons comme Moravia, à qui le sentimentalisme crépusculaire du livre rappelle Kipling et D'Annunzio. Et onze ans plus tard, lors de la mort d'Hemingway, c'est encore D'Annunzio qui sert, avec Malraux et Lawrence, de point de référence à Moravia pour reléguer l'œuvre du romancier américain parmi les témoignages du vitalisme irrationnel, décadent, creux et vide du XXe siècle. Même dans son enfer, Hemingway reste la pierre d'achoppement. Considéré d'abord comme un maître d'énergie et de santé, échantillon du « nouvel homme » que Praz oppose à la médiocrité petite-bourgeoise et Vittorini au fascisme, on l'identifie pour finir avec D'Annunzio, avec la partie de la culture italienne qui semble la plus morte[1].

Voyons maintenant le déclin et la mort du mythe. Il commence à vaciller après la Libération, et il faudrait être ingénu pour s'étonner que l'Amérique cesse de sembler un paradis au moment même où l'accès n'y est plus interdit, où on peut la connaître telle qu'elle est et où il n'est plus nécessaire de faire circuler plus ou moins clandestinement ses livres ni de disputer à la censure le droit de les traduire et de les imprimer.

L'illusion américaine, dans l'euphorie de la Libération, dure un ou deux ans. En 1947, nul doute qu'elle soit retombée, de même qu'a fait long feu l'alliance des partis catholique, socialiste et communiste. Pavese ne trouve plus de romans américains dignes d'être introduits en Italie. Il le dit tout nettement : « Les temps sont finis où nous découvrions l'Amérique... On peut prévoir que pendant plusieurs dizaines d'années rien de ce peuple ne nous viendra plus de semblable aux noms et aux révélations qui enthousiasmèrent notre jeunesse d'avant-guerre... Tous les nouveaux écrivains ont perdu cette miraculeuse spontanéité expressive, ce sens natif de la terre et du réel, cette sagesse crue... Il nous semble en somme qu'aujourd'hui après la guerre et l'Occupation, après avoir vagabondé et bavardé longtemps parmi nous, les jeunes Américains ont subi un processus intérieur d'européisation et perdu une grande part de cette exotique et tragique franchise qui était leur destin. »

Mais s'agit-il seulement des « nouveaux écrivains » et des séquelles de la guerre ? La même année 1947, Vittorini interrompt son discours sur l'Amérique, *Brève histoire de la littérature américaine*, arrêtée à l'époque des pionniers. C'est qu'il s'aperçoit alors que la « nouvelle légende », célébrée avec tant d'enthousiasme dans le commentaire à *Americana*, est morte, morte enfant. Saroyan et Caldwell n'ont fait que se répéter mécaniquement. Même déception au sujet des plus jeunes, que ce soient Norman Mailer ou Saul Bellow, Truman Capote ou Flannery O'Connor.

Ni Pavese ni Vittorini, qui n'ont jamais mis les pieds aux Etats-Unis et qui ne s'y rendront jamais, ne continuent à s'occuper de littérature américaine après 1947. Les causes politiques de ce désenchantement sont les plus évidentes. Le mythe de l'Amérique repose depuis le début sur un paradoxe : conséquente avec elle-même, jamais la gauche intellectuelle italienne n'eût choisi les Etats-Unis capitalistes comme terre d'exil. Elle les a choisis par solidarité sentimentale avec les émigrés de Sicile et de Calabre, et par réaction contre les injures de la propagande fasciste à l'adresse de la judéo-ploutocratie de New York. Au lendemain de la Libération, il est normal que la contradiction éclate : d'une part la gauche

---

1. Mais l'influence vivifiante d'Hemingway se retrouve dans le grand roman posthume de l'écrivain piémontais Beppe Fenoglio (1922-1963) : *il Partigiano Johnny*, traduit en français par Gilles de Van sous le titre *la Guerre sur les collines*, Gallimard, 1974.

marxiste retrouve sa vraie patrie, la Russie soviétique, d'autre part les Etats-Unis se révèlent pour ce qu'ils sont : une puissance d'argent, à buts impérialistes. Le début de la guerre froide, la chute du rideau de fer montrent à chacun qu'il faut choisir entre l'Est et l'Ouest : et comme le cœur, en ces années, est à l'Est, on a tendance à noircir l'Ouest. Ce grand bruit de réarmement, ce tumulte de croisade antisoviétique, qu'on entend gronder là-bas, n'est-ce pas le signe avant-coureur d'un nouveau fascisme ? Pavese, constatant le déclin de la culture américaine, se pose la question dans les colonnes de *l'Unità*, le quotidien du PCI.

« Il nous semble que la culture américaine a perdu son magistère, cette fureur ingénue et sagace qui la mettait à l'avant-garde de notre monde intellectuel. Et on ne peut pas ne pas noter que cela coïncide avec la fin, ou la suspension, de sa lutte antifasciste... Sans un fascisme auquel s'opposer, sans une pensée progressiste à incarner, même l'Amérique, en dépit de tous les gratte-ciel, voitures et soldats qu'elle peut produire, ne sera plus à l'avant-garde d'aucune culture. Sans une pensée et sans une lutte progressistes, elle risquera de se donner elle-même à un fascisme, et peut-être bien au nom de ses meilleures traditions. »

Les causes philosophiques de cette désillusion ne sont pas moins importantes. Depuis sa naissance, le mythe repose sur une seconde contradiction, et celle-là aussi explose après la guerre. La nouvelle légende de l'homme, telle que Pavese et Vittorini ont cru la trouver en Amérique, est une légende optimiste, qui célèbre la dignité de l'homme, la victoire de la « pureté » sur la « corruption », victoire chèrement acquise et sans cesse remise en question, mais le combat contre les forces qui étouffent et aliènent l'homme est en lui-même le meilleur témoignage de la renaissance de l'homme, de la confiance que l'homme reprend en lui-même après des siècles d'oppression.

Or, après la guerre, tout le monde s'aperçoit que le plus grand écrivain américain moderne est Faulkner, et que, si Faulkner enseigne quelque chose, c'est une vision totalement nihiliste de l'homme. En Europe se diffuse l'existentialisme, philosophie du pessimisme, surtout sous l'influence de Sartre, lequel indique justement en Faulkner le sombre démystificateur de toutes les consolations. En Italie aussi on s'aperçoit que l'homme libéré de l'humanisme bourgeois n'est pas du tout un homme qui cesse d'être aliéné, n'est pas du tout un homme fier de sa dignité d'homme, mais une victime plongée dans les ténèbres et dans le désespoir. L'utopie américaine de Vittorini et de Pavese se révèle pour ce qu'elle est : l'exagération rhétorique d'un optimisme sentimental. Vittorini réagit non seulement en abandonnant les Etats-Unis, mais même en renonçant à écrire. Et quant à Pavese, il vit les derniers sursauts d'une chimère moribonde.

Nous avons dit que l'Amérique lui offrait l'image d'une terre puritaine et chaste, où l'instinct sexuel a un rôle moins important qu'en Italie, où les hommes peuvent abandonner leurs femmes sans en être obsédés, où des romans de huit cents pages peuvent se passer de personnage féminin. Si Pavese déteste *Sanctuary*, qu'il définit comme un « trop ambitieux roman policier » [1], n'est-ce pas parce que Faulkner y décrit une Amérique

1. A l'inverse de Malraux, qui saluait dans ce même roman « l'immixtion de la tragédie grecque dans le roman policier ».

en proie à une bestialité sexuelle bien plus répugnante et perverse que l'inoffensif gallisme italien ? Pavese aspire à un amour privé d'érotisme ; il croit qu'un semblable amour est possible aux Etats-Unis, et voilà pourquoi, mû inconsciemment par ce désir et par cette conviction, il s'éprend d'une actrice américaine, Constance Dowling, pendant un séjour à Rome en janvier 1950. L'histoire de cet amour funeste est trop connue pour qu'il soit besoin de la raconter ici. Pavese, moqué et bafoué, supplie Constance de l'épouser : elle repart pour les Etats-Unis sans même lui répondre. « On ne se tue pas pour l'amour d'*une* femme, écrit-il alors dans son journal. On se tue parce qu'un amour, n'importe quel amour, nous révèle dans notre nudité, dans notre misère, dans notre infirmité, dans notre néant. » Traduisons : je ne me tue pas pour Constance, parce que Constance m'a lâché. Je me tue parce que, avec Constance, c'est l'Amérique qui me lâche. Me lâche mon utopie d'un monde où l'impuissance ne serait pas considérée comme une tare. Sans doute, la note du *Journal* se prête à d'autres commentaires, mais le suicide de Pavese contient aussi, comme signification, et non des moindres, la fin définitive du mythe américain.

Il serait aussi inutile de regretter le chaos héroïque des années 30 que de se réjouir parce qu'on dispose aujourd'hui, en Italie comme ailleurs, d'une méthode historique pour apprécier à leur juste valeur les écrivains américains. Ce qu'il faut comprendre, c'est que l'esprit des temps a changé. La première génération d'américanistes — les Cecchi, les Praz — s'était servie de l'Amérique pour illustrer une certaine conception de l'homme. La seconde génération — les Pavese, les Vittorini, les Pintor — s'en servit pour illustrer une conception opposée. Il était inévitable que le dernier mot restât à une troisième génération, celle des historiens et des professeurs, lesquels étudient les choses comme elles sont et non pas d'après des préjugés idéologiques. Guido Piovene publie en 1953 *De America*, un reportage d'une remarquable impartialité. On ne se passionne plus pour ou contre l'Amérique, on cherche à la comprendre et on arrive, peut-être, à la connaître.

Antonioni

Un poète du matriarcat

Comme il arrive souvent pour les auteurs dont la notoriété résulte d'un certain affaiblissement de la veine créatrice, le public commençant à les aimer quand ils cessent, précisément, d'être aussi originaux qu'à leurs débuts, les films qui ont rendu célèbre Antonioni ne sont pas les meilleurs.

La Nuit (1962), *l'Eclipse* (1964), *le Désert rouge* (1965), *Zabriskie Point* (1972), etc., ont popularisé le nom de ce cinéaste. La vitre qui sépare l'homme et la femme, dans le deuxième de ces films, a paru symboliser cette transparente mais infranchissable barrière qui, dans une société moderne, empêche les partenaires d'entrer en contact, de se comprendre, de s'aimer. Thème sans doute juste mais qu'on a vu traîner dans tant d'œuvres médiocres, et qui est devenu un des lieux de réflexion si communs à partir des années 1960, qu'on ne peut faire grand mérite à Antonioni de l'avoir recueilli en route et divulgué en belles images.

L'Avventura remonte à 1961. C'est son œuvre la plus forte. On a dit, à propos de ce film, le cinquième d'Antonioni, que le drame des relations entre les sexes en était le sujet. Ce film inaugurerait donc la série qui s'est continuée avec *la Nuit* et *l'Eclipse*. En un sens, oui, mais le portrait du couple et l'analyse de son échec présentent beaucoup plus de force et d'originalité dans *l'Avventura*. Sans doute parce qu'il n'avait pas encore la vogue internationale que ce film commença à lui apporter, et ne cherchait pas à plaire à un trop large public, Antonioni s'y montrait provincial, italien, étranger aux courants de pensée européens. Il a prouvé dans la suite que, pourvu d'une philosophie plutôt inconsistante, il écoutait volontiers les sirènes de la mode. *L'Avventura*, déjà, n'est pas exempte de ce défaut. Il s'y trouve néanmoins assez d'éléments qui étaient alors neufs et personnels, pour qu'on examine à nouveau le film.

L'histoire contée — la liaison difficile, lamentable, de Sandro et de Claudia — ne débute qu'après un long prologue, très beau en lui-même, mais dont la signification est plus claire si l'on a vu les ouvrages précédents d'Antonioni, *les Amies* (d'après le roman de Pavese *Entre femmes seules)* et *le Cri*.

Les Amies : dans le milieu de la haute couture turinoise, plusieurs femmes affranchies essayent de conquérir le bonheur. Mais la plupart échouent : l'une pour avoir fixé son choix sur un homme trop inhibé par son infériorité sociale ; l'autre (celle qui a quitté son mari, mais retourne vers lui à la fin) par manque d'autonomie, par présomption ; une troisième (celle qui se tue) pour s'être éprise d'un peintre veule qui se dérobe. Deux seules réussissent, mais quelles réussites ! La blonde idiote, qui épouse un fantoche, et Nène, l'artiste, qui « sauve » le peintre en le cajolant comme un bébé.

Le Cri : un ouvrier, dans le delta du Pô, abandonné par sa compagne, erre le long du fleuve, cherche désespérément une autre femme et revient se noyer à l'endroit même où il a perdu la première.

L'Avventura s'inscrit plutôt dans la ligne des *Amies*. C'est le même milieu élégant, riche, où se tissent, entre jeunes femmes jolies et froides et artistes désabusés, des rapports lents, subtils, ambigus, en regards obliques et demi-mots. Sandro, un architecte, dont la mollesse plaît aux femmes, accompagne sa maîtresse, Anna, fille d'un diplomate, dans une croisière aux îles Eoliennes. Tout le début du film rappelle étonnamment l'atmosphère des romans de Pavese : pas de polémique sociale contre les riches, les oisifs — le panneau où est tombé Fellini — mais une bien plus amère constatation de la difficulté des gens à communiquer entre eux, rendue plus cruelle par la perfection même du décor qui les entoure, par la politesse de leurs manières, par leur refus de prendre rien au tragique. Les images sont d'une beauté éclatante, mais la splendeur de la nature ne sert qu'à souligner la misère des intrigues amoureuses chez ceux qu'une longue fréquentation des villes empêche d'avoir un sentiment du monde extérieur. Il faut qu'Anna invente d'avoir vu un requin nager autour de l'îlot pour susciter une émotion parmi les passagers du yacht. (Que la beauté soit impuissante à aider, Antonioni l'avait déjà dit dans *les Amies*, où Nène, la seule laide de ce groupe de jeunes femmes ravissantes, est la seule qui puisse faire quelque chose pour son amant.)

Mais arrive un événement réel : Anna, qui a sommé enfin Sandro de s'expliquer sur ses projets d'avenir et n'a pu obtenir de lui qu'une réponse évasive, s'enfonce dans l'intérieur de l'îlot, après avoir déclaré qu'elle préférerait un, deux ou trois ans de solitude aux molles réticences de son amant. A la tombée du jour, Anna n'a pas reparu. On l'appelle, on la cherche, en vain. A-t-elle fui, s'est-elle égarée, s'est-elle tuée, a-t-elle eu un accident ? on ne sait. Sandro et Claudia, la meilleure amie d'Anna, décident de rester sur l'îlot et d'organiser les recherches. Le reste de la bande se joint à eux le lendemain, plus les agents de la police maritime, et tout ce monde, déployé entre roc et ciel, ratisse l'île méticuleusement. Les séquences sont admirables. Il y a d'un côté l'intensité de la recherche, exprimée par la lenteur des mouvements, l'ampleur des horizons, de l'autre l'apathie des chercheurs, même de l'amant, même de l'amie, même du père. Et de ce contraste entre l'attention minutieuse, passionnée, des visages et l'indifférence des cœurs naît une impression d'angoisse analogue à celle qu'on éprouvait devant *le Cri*. C'est d'ailleurs le même thème : toute quête est non seulement vaine (on ne retrouve pas la jeune fille comme on ne retrouve pas l'amour), mais vide (l'amour est de toute façon impossible, hors de portée, ce n'est qu'une comédie dont le jeu ne doit pas être trop appuyé).

Rien donc jusqu'à présent dans l'*Avventura* qui ajoute aux films précédents. Avant de raconter la liaison de Sandro et de Claudia, qui commence au cours même des recherches qu'ils poursuivent sur le continent, on dirait que l'auteur a voulu faire le point. J'explique ainsi l'insistance un peu lourde — la seule réserve à faire selon moi — sur deux autres leitmotive : la dérision du couple, la dérision de l'art. Les épisodes des jeunes pharmaciens, aigris après trois mois de mariage, et de la passade entre Giulia et le peintre jouvenceau n'enrichissent guère, simplifiés comme ils sont, la tradition sceptique qui remonte à Flaubert ou Tchekhov. Quant au drame de Sandro, architecte incapable de construire, on sait qu'il hante les livres de Pavese. Mais Antonioni avait besoin, sans doute, de réaffirmer que les deux grands moyens de communication, l'amour et l'art, sont interdits à nos contemporains. Seules les cloches, aujourd'hui, se répondent d'un campanile à l'autre. (Admirons en passant l'étonnante science des bruits dans ce film : les cloches, les moteurs de bateau, les trains, plus loquaces que les hommes.)

Voilà donc bien en place l'univers d'Antonioni. Semblable, il faut le dire, à celui de tous les grands créateurs modernes. Ni sur l'artiste raté, ni sur le couple impossible, ni sur la vanité de la recherche, ni sur la fatalité de la solitude, Antonioni n'est véritablement original. Il y a bien la splendeur de l'image ; mais Moravia, dans *le Mépris*, Rossellini, dans le *Voyage en Italie*, avaient déjà développé le thème de la beauté qui non seulement ne sert pas, mais blesse.

En fait, si banale qu'ait été l'idée de départ d'Antonioni, il me semble, par les mille détails qui rendent admirable *l'Avventura*, qu'il a été conduit en cours de route à l'abandonner entièrement et à découvrir, dans l'échec du couple Claudia-Sandro, bien autre chose que des lois sur l'impossibilité de l'amour : cette impossibilité, présentée comme absolue par tous les artistes modernes, est devenue un cliché, prenons-y garde, un mythe, une mystification aussi fausse que la mystification romantique du triomphe de l'amour. Antonioni met le doigt sur une vérité autrement plus intéressante : dans les rapports de l'homme et de la femme au sein des sociétés contemporaines, en particulier la société italienne, les rôles sont renversés. L'homme s'est démis de toute responsabilité, de toute initiative, et c'est la femme qui doit choisir à la fois pour elle et pour lui.

Sandro est veule, indécis, inconsistant ; il ne désire pas trouver ce qu'il cherche (Anna) ; il s'accroche à n'importe qui (Claudia) ; il a horreur des manifestations de virilité (il renverse le pot d'encre sur le dessin d'un jeune homme, symbole de la création). A première vue, on pourrait croire qu'il est poussé par l'amour de la solitude ; qu'il ne s'attache à aucune femme pour rester libre. Illusion, nous souffle Antonioni, illusion romantique ! Sandro, pas plus qu'aucun des héros d'Antonioni, ne choisit sa solitude. L'homme seul chez Antonioni est toujours un amant plaqué (le contremaître des *Amies*, l'ouvrier du *Cri*, Sandro). Quand Sandro, beaucoup trop tôt, demande à Claudia de l'épouser, c'est par peur de rester seul, non par décision virile. Enfin — et c'est en quoi le héros d'Antonioni diffère le plus du héros de Pavese — il est incapable d'établir avec la nature, avec la mer, avec les façades immenses et vides des églises, ce rapport de contemplation passionnée et exclusive qui fait la grandeur du solitaire authentique. Les pans de montagne ou de mur défilent devant ses yeux ; aveugles, lui l'architecte pourtant !

Anna, au contraire, comme la Clelia des *Amies*, a les manières volontaires qui sont en principe celles de l'homme. Elle aime mieux s'en aller, envisager la solitude et la réflexion (pour trois ans s'il le faut) que supporter la médiocrité élastique et consentante de Sandro. Dans *l'Avventura*, les hommes sont toujours montrés couchés : divan, pont de bateau, rochers. Les femmes toujours debout. Une femme couchée, dans les films d'Antonioni, est ou dérisoire (l'idiote blonde sur la plage des *Amies)* ou pitoyable (Claudia qui ne peut pas trouver le sommeil parce que Sandro vagabonde dans la nuit) ou vulgaire (Claudia qui, après l'amour, remet son bas en chantant). Les femmes ne se sentent bien que debout. Même lorsqu'elles font l'amour, elles trahissent, par leurs regards fuyants qui ne s'arrêtent pas sur l'homme, leur désir d'échapper à une situation qui ne leur convient pas. Il y a deux scènes d'amour : une de Sandro avec Anna, une de Sandro avec Claudia. Les têtes, prises en gros plan, mais avec le cou, ont l'air d'être coupées, séparées du corps qui, lui seul, éprouve. Les baisers sont indifférenciés, les yeux regardent ailleurs. Les deux scènes sont en outre si identiques dans les détails, dans les répétitions d'effets, qu'elles soulignent, par leur identité, l'indifférence, l'« estrangement » des femmes à leur condition féminine. L'auteur insiste :

noire ou blanche, la combinaison qu'elles enlèvent est pareille, puisque le geste est toujours aussi mécanique, aussi absent.

En revanche, les regards que les femmes échangent entre elles, de quelle intensité sont-ils chargés ! C'est là qu'éclate le génie d'Antonioni. Forcées de subir un homme qu'elles méprisent, les femmes prennent leur revanche dans leur complicité. Elles font de cet être veule qui leur est, malgré elles, nécessaire, l'instrument d'une recherche qui les concerne elles seules, à travers laquelle elles apprennent au moins à se connaître, à s'estimer. D'où ces longues pauses dans les lavabos du yacht, qu'elles emploient non pas à se contempler au miroir (la seule fois que Claudia se mire, c'est pour grimacer) mais à s'observer l'une dans l'autre. D'où les prêts de vêtements (thème capital déjà dans *les Amies*). D'où surtout les échanges d'amants, provoqués ou non. Tout au début du film, Anna va chez Sandro mais s'arrange pour emmener Claudia, qu'elle laisse en bas devant la porte, pendant qu'elle monte et que son amie la regarde monter au premier étage. Elle suggère ainsi à Claudia son prochain amant. Claudia sera la maîtresse de Sandro pendant les recherches, au moment même où elle aura l'esprit tout obsédé par Anna... Et encore : Giulia invite Claudia à la suivre dans l'atelier du peintre par qui elle va se laisser séduire. Exemples parfaits de relation triangulaire, qui montrent que chaque femme s'intéresse à peine à l'homme qu'elle a dans son lit : c'est une autre femme qu'il s'agit de toucher, c'est par rapport aux autres femmes qu'elles ont envie de s'affirmer. Chacune puise la force de s'abaisser devant l'homme dans la solidarité qu'elle découvre chez ses paires. Loin d'être misogyne, Antonioni exalte le matriarcat, la seule forme de société qui reste aujourd'hui, depuis la démission des hommes. Il l'exalte, ou il le déplore... Un point est clair en tout cas : il est faux de parler d'incommunicabilité métaphysique entre les êtres. Tout le drame moderne vient de l'absurdité de la répartition des tâches entre les sexes. L'homme ne joue plus son rôle d'homme ; la femme, contrainte de se durcir, perd sa féminité. Il n'y a plus de couple parce qu'il n'y a plus de partenaires.

Antonioni donne un compte rendu très fidèle de ce qui se passe en Italie, du moins en ce qui concerne l'homme, qu'il décrit avec un rigoureux réalisme. Sa vision de la femme est sans doute plus subjective, plus poétique, même si de plus en plus on trouve à Milan, à Rome, des femmes indépendantes, froides, qui préfèrent le travail, la solitude, à une association qui les diminue. Antonioni, qui descend de Baudelaire (« la froide majesté de la femme stérile ») et de Pavese, est le poète de la femme, de la société des femmes orgueilleuses de se rendre entre elles un culte austère et muet. Palper ensemble un vêtement devient une cérémonie plus importante que l'amour lui-même... Regarder, côte à côte, un horizon marin... Se disputer un homme, oui, mais fuir une relation masculine bilatérale, d'où serait exclu le tiers solidaire et complice.

En tant que critique de la société italienne, *l'Avventura* touche infiniment plus profond et plus juste que *la Dolce Vita*, sorte de revue à grand spectacle calquée sur les journaux à scandales. Le vrai scandale, ce renversement des rôles joués par les deux sexes et sa conséquence sur le caractère de chacun, Antonioni est le seul à l'avoir décelé. On aimerait savoir quelles causes il lui attribue. Les déclarations qu'il a faites à la presse sur l'aspect archaïque de notre civilisation restent vagues et confuses. On se demande en particulier quelles fautes il impute au catholicisme, au Vatican. Rien sur la question dans le film, à part un défilé de petits séminaristes enrégimentés par des prêtres, noirs contre le stuc blanc de l'église.

Une seule note moins pessimiste dans *l'Avventura* : si le rapport homme-femme est impossible aujourd'hui, faute d'homme et faute de femme, du moins reste-t-il le rapport mère-fils. La femme sera la mère, non l'égale, de son amant. Ce matriarcat sans enfants (jamais d'enfants dans les films d'Antonioni) retrouve ainsi, dans la compassion accordée à de médiocres mâles, sa vocation maternelle. C'est le sens de la dernière scène des *Amies* entre Nène et le peintre, c'est le sens de la dernière image, si admirable, de *l'Avventura* : Claudia, partie à la recherche de Sandro, qui a disparu au cours d'une fête nocturne, le retrouve dans les bras d'une grue. Elle s'enfuit ; il la rejoint, sur la terrasse de l'hôtel, en face de l'Etna illuminé par l'aube. Pas un mot entre eux. Sandro s'assied sur un banc et pleure ; Claudia s'approche par-derrière et, debout (toujours debout), les yeux secs, elle lui passe lentement la main dans les cheveux. C'est tout. Elle accepte de n'aimer que dans la pitié pour ce qu'elle aime. Elle se rallie à la seule sagesse possible, qui est de savoir la faiblesse de ce qu'elle trouve. Elle fait le seul don permis, qui est de pardonner à ce qu'elle méprise. Désormais, ou elle choiera Sandro, ou elle le perdra. Il n'y a pas d'autre issue. Le soleil prend sa course, et bientôt sur Taormine immuable un ciel radieux se déploiera.

Apollon

Giambattista Tiepolo en sa Résidence

De 1720 à 1744, les princes-évêques de Würzburg, capitale de la Franconie, dans le nord de la Bavière, firent construire, sur les plans de Balthazar Neumann, ingénieur militaire et futur architecte de Vierzehnheiligen, une somptueuse Residenz, que l'Italien Antonio Bossi enrichit de stucs et de statues. Restait à orner de fresques les deux plafonds de la Hauptsaal et du Treppenhaus. Aucun peintre en Bavière n'étant de taille pour une pareille entreprise, Giambattista Tiepolo, alors au faîte de sa renommée, fut appelé à l'aide. Né à Venise en 1696, il avait décoré la cathédrale à Udine, la Villa Cordellina à Montechio Maggiore, le palais Clerici à Milan, le palais Labia à Venise.

Sortant pour la première fois d'Italie, Tiepolo arrive à Würzburg en 1750, l'année où Voltaire s'installe à Berlin. Deux événements d'égale importance : avec quelle liberté les arts et les lettres circulaient en Europe ! 1750 : date, aussi, du *Discours sur les sciences et les arts* de Jean-Jacques Rousseau. Coïncidence éloquente : s'il y a une chose qui glorifie le luxe des cours princières dénoncé par le philosophe genevois, c'est bien l'œuvre du peintre vénitien à la Residenz du Fürstbischof allemand.

Il commença par le plafond de la Hauptsaal. Programme imposé : le haut Moyen Age germanique. Au centre, en plein ciel, un magnifique Apollon, nu, conduit à Frédéric Barberousse sa fiancée, Béatrice de Bourgogne. Tumultueux envol de chevaux, de nuages et d'anges aux ailes de papillon. Sur les côtés, deux autres scènes exaltent le mythe de l'empire : les *Noces de Frédéric Barberousse*, et l'*Investiture de l'évêque de Würzburg*, par cet empereur. La salle elle-même est de proportions fastueuses, et Antonio Bossi, avant l'arrivée du peintre, l'avait revêtue d'une parure éclatante de marbres et de stucs, ainsi que de quatre statues, dont la plus belle représente un autre Apollon, nu.

Le Treppenhaus — « maison de l'escalier » — mérite bien son nom, car c'est une construction en soi, un palais dans le palais, d'une superficie et d'une hauteur démesurées. A Naples, déjà, les escaliers de Sanfelice, qui occupent un tiers du palais, illustrent la prédilection des baroques pour les espaces inutiles. Ils réservent la plus belle part de l'édifice à une structure creuse, pour le seul plaisir de magnifier ce qui ne sert pas et prend de la place au détriment des surfaces habitées. L'escalier de Würzburg marque le triomphe d'une telle conception : faste vide, ostentatoire gratuité. Pour couvrir les six cents mètres carrés de la voûte, le prince-évêque demanda à Tiepolo de peindre les quatre continents, et, au-dessus, au milieu des Heures et autres divinités qui l'escortent, Apollon, encore une fois, dressé dans sa nudité radieuse. (Radieuse au sens propre : d'où émane un cercle de rayons.) Allusion évidente au prince « éclairé » (et éclairant), qui illumine le monde par la sagesse de son gouvernement. L'ensemble constitue le plus beau plafond du monde, et l'un des chefs-d'œuvre de la peinture européenne. La liberté de touche, les fonds clairs, la gaieté lumineuse ouvraient la voie au XIXe siècle et à l'impressionnisme.

D'après le projet initial, le premier continent qu'on aurait aperçu, du bas de l'escalier, devait être l'Europe. Tiepolo modifia les plans, en sorte que l'Europe ne fût visible qu'en dernier, et qu'on ne la découvrît qu'après avoir tourné la rampe. Peinte au-dessus de l'entrée des appartements du prince, elle marque le terme et le couronnement d'une ascension symbolique, de la barbarie à la civilisation.

L'Amérique a pris la place de l'Europe. Dès les premières marches, on la voit, sous les traits d'une Indienne nue et emplumée, chevauchant un crocodile, parmi des sauvages qui agitent des torches et des haches. D'autres se livrent à un festin de cannibales, près des têtes coupées de leurs victimes. L'Asie, plus mystérieuse, a pour monture un éléphant, et l'Afrique, plus sensuelle, un chameau. Quantité de volatiles et de mammifères des tropiques, tigre, autruche, singe, perroquets, selon le goût des baroques pour le bestiaire exotique, répertoire de formes bizarres inconnues, animent et colorent ces scènes, aussi amusantes, imprévues et pleines de devinettes qu'une bande dessinée. L'Europe n'a que la vache, le cheval et le chien. En revanche, c'est le seul continent qui présente des éléments d'architecture, les trois autres végétant à l'état de nature. Un des édifices, en construction, est peint avec son échafaudage : image de l'œuvre en devenir, du progrès perpétuel. Des joueurs de flûte et d'instruments à vent, une femme peintre, le portrait de Balthazar Neumann assis sur un canon, celui d'Antonio Bossi, debout, le double portrait dans un coin de Giambattista Tiepolo et de son fils Domenico, soulignent la précellence du continent auquel on attribuait le monopole des arts et des lettres. Carl Philipp von Greiffenclau, commanditaire du plafond, en perruque de prince et camail d'évêque, est figuré dans un médaillon soutenu dans le ciel par deux Renommées.

Chacune des quatre séquences raconte des histoires, qu'il faut lire comme on ferait d'un roman. Tiepolo varie les épisodes, les attitudes, conteur d'une virtuosité exceptionnelle. Il y a de vingt à trente personnages par séquence. La plupart se retournent sur eux-mêmes, à moitié ou complètement, dans un mouvement de rotation qui leur donne vie et brio. Jamais figures n'ont paru moins figées, ni poses moins statiques. Le trait est toujours rapide, incisif. On reconnaît d'emblée, à sa silhouette, l'âge du modèle, s'il est jeune, plus mûr ou vieux.

Dans la fresque consacrée à l'Amérique, quel est cet homme à plat ventre, vêtu d'un habit à basques et d'une culotte Louis XV, à demi caché derrière une pierre, rampant vers les anthropophages ? C'est un Européen, observateur clandestin de leurs mœurs, ancêtre des ethnologues. Il y en a un autre dans la séquence africaine, aplati sous le cou du chameau. Du côté de l'Asie, voici une étrange colline, plantée de deux croix, contemplée par un pèlerin vu de dos, qui porte un manteau bleu et un chapeau pointu. Près de lui, un groupe de voyageurs, dont l'un brandit une ombrelle, fait halte devant une pyramide et une grosse pierre taillée, que gravent des signes cabalistiques. A côté, la signature de l'artiste : « Batta Tiepolo, 1753. » Voici, à droite de l'Afrique, un vieillard dont la jambe et la pagaie débordent du cadre, selon un procédé familier aux baroques : c'est le Nil, qui se tord et s'accroche à son urne pour dévisager la plantureuse négresse aux seins nus. Çà et là, leurs longues robes à rayures verticales et leurs coiffes opulentes, turbans ou cylindres, distinguent les Orientaux. On peut passer une journée à détailler, déchiffrer, savourer le monde le plus inventif jamais sorti de l'imagination d'un peintre. Il était aussi fin dessinateur que délicat coloriste. Ces ciels « faits de rose et de bleu », comme ils auraient plu à Baudelaire !

Aucune vision d'ensemble n'est possible. Seul Apollon reste omniprésent, mince corps beige-rosé. Tiepolo l'a représenté adolescent, emporté dans un mouvement de danse. Les Grâces, les Heures, créatures diaphanes, immatérielles, volettent autour de lui dans l'Olympe. Un Génie aux ailes de papillon retient son cheval sur une nuée. Tiepolo étant vénitien, et la peinture vénitienne ayant atteint avec lui son apogée, avant le déclin qui commença dès qu'il eut disparu, c'est un lieu commun que de le considérer comme le poète de la beauté féminine, le peintre type de la femme. L'Apollon du Treppenhaus oppose un premier démenti à cette vue simpliste.

Dans la fresque « Asie », sous prétexte d'introduire un esclave, Tiepolo a peint un magnifique nu viril pâmé. L'Apollon de la Hauptsaal conduit torse nu son char. Celui du Treppenhaus a pour compagnon céleste un

Mercure non moins dévêtu. Tous ces signes n'empêchent pas M. Michael Levey, spécialiste anglais de Tiepolo *(Giambattista Tiepolo, His Life and Art*, Yale University Press, 1986), de nous le présenter comme exclusivement philogyne, voire féministe. Les deux fresques latérales de la Hauptsaal étayent sa thèse. L'*Investiture de l'évêque*, « avec son *cast* intégralement masculin », ne pouvait inspirer un tel peintre, et M. Levey trouve cette scène médiocre, alors que l'autre, les *Noces de Frédéric Barberousse*, montrerait, en la personne de Béatrice de Bourgogne, le type de la princesse blonde, froide, virginale, quintessence idéalisée de toutes les héroïnes précédentes de l'artiste. En réalité, on ne note aucune différence de qualité entre ces deux œuvres. Il faut croire que, dans l'*Investiture*, le commentateur a été incommodé par la présence d'un comparse qui tranche, en effet, par sa jeunesse et sa beauté, sur le groupe de dignitaires et de vieillards réunis autour de l'évêque et de l'empereur : un page blond, bouclé, qui tourne la tête vers le spectateur, avec une coquetterie suspecte.

Dans la Hofkapelle, église du palais, on remarque deux toiles de Tiepolo, l'*Assomption de la Vierge*, avec un ange torse nu, et la *Chute des anges rebelles*, prétexte à peindre une splendide anatomie virile, éphèbe aux bras tendus, en proie aux convulsions d'une agonie qui semble douce. Le saint Michel qui domine cet écroulement de nudités masculines déplaît fort à M. Levey. Quand on refuse à Tiepolo le talent d'exalter d'autres formes que les rondeurs féminines, comment ne pas stigmatiser, dans l'ange exterminateur qui précipite à ses pieds les rebelles, un « garçon de rue grandi trop vite et disgracieux, en train de crier après une ribambelle de gamins plus nus que lui » ?

Un autre tableau, à sujet profane, peint par Tiepolo pendant son court séjour à Würzburg (moins de trois ans pour ces travaux titanesques !), *la Mort d'Hyacinthe*, infirme, encore plus radicalement, les clichés accrochés à ce peintre. Le comte Wilhelm Friedrich Schaumburg-Lippe von Bückeburg vivait avec un jeune musicien espagnol, qui mourut en 1751. Comme monument funéraire, Tiepolo choisit d'illustrer le mythe raconté par Ovide. Le jeune et beau Hyacinthe, blessé à mort par un palet alors qu'il jouait avec Apollon, expire contre la poitrine du dieu inconsolable. Au lieu d'un palet, Tiepolo a mis une balle de tennis, ainsi qu'une raquette et le filet. Hyacinthe gît, nu, dans l'attitude pâmée chère aux baroques, et Apollon, lui aussi nu, penché sur le corps de son amant, exhale son désespoir.

Peu d'œuvres au monde glorifient avec autant de force et d'originalité l'éros homosexuel. « Pour Tiepolo, le sujet n'est pas habituel », pérore M. Levey, sans préciser la signification érotique du tableau. « Le dieu-soleil n'est plus radieux mais bouleversé. » Certes, mais dire, comme il l'affirme, qu'on ne sait rien des circonstances de la commande, est un mensonge. Wilhelm von Bückeburg, joueur de tennis acharné (d'où l'anachronisme dans le tableau), ne faisait pas mystère de ses mœurs, et Tiepolo ne se montra nullement embarrassé devant une forme d'amour fort éloignée du culte, conventionnel et « vénitien », de la Vénus blonde.

Quand on connaît ce tableau (aujourd'hui à Madrid, dans la collection Thyssen-Bornemisza), impossible de considérer du même œil l'Apollon du Treppenhaus, ni celui de la Hauptsaal. Le dieu qui lévite au sommet de l'Olympe, que son éloignement dans le ciel et son auréole de rayons font paraître d'abord comme une allégorie du prince, abstraite figuration du pouvoir, se révèle pour ce qu'il est : le symbole même de la sensualité, et d'une sensualité chaudement androgyne.

L'abondance des dessins préparatoires de *la Mort d'Hyacinthe* prouve à quel point ce thème de l'amour interdit a stimulé la fantaisie créatrice de Tiepolo. Le musée de la Residenz en conserve deux, dans la section graphique (ouverte très rarement, le mardi et le jeudi, de 16 heures à 18 heures). Nous avons pu les consulter, grâce à la complaisance du Dr Kossatz. Admirables esquisses, où Tiepolo fantasme, en raccourcis fiévreux, sur les rapports de tendresse entre deux hommes. Hyacinthe, alangui, s'abandonne aux bras d'Apollon. Apollon, éperdu, se jette sur le corps défaillant, qu'il étreint avec passion. Nulle gêne dans l'évocation de cette intimité, mais une sympathie, un lyrisme qui surprennent. Et l'on est reconnaissant à l'artiste, dernier génie pictural de Venise, dernier héritier d'une tradition gynocentriste, d'avoir osé, après que Giovanni Bellini, Giorgione, Titien, Véronèse, Tintoret eurent réduit la peinture à la célébration du corps féminin, enrichir la culture vénitienne de ce qui lui manquait pour être universelle. La culture vénitienne s'est vraiment accomplie avec ce peintre, elle a atteint sa plénitude. Tiepolo à peine disparu, elle s'est éteinte, n'ayant plus rien à dire.

Au plafond du Treppenhaus, il n'y a pas seulement les fresques à regarder. Le sculpteur Antonio Bossi disposa aux quatre coins des adolescents nus, qui émergent du mur et débordent de la corniche. Disposés par paires, ils se tiennent assis, jambes écartées, dans des poses rien moins que chastes. Ce serait se boucher les yeux que de ne pas leur accorder, dans le système général de la voûte, une place de première importance. Le fait d'être en relief, d'une substance plus matérielle, plus charnelle que les figures peintes, augmente leur pouvoir érotique. Et ce serait ignorer la lignée des grands plafonds peints de Rome, que de ne pas rattacher celui-ci, à la fois au plafond de la chapelle Sixtine et au plafond de la galerie du palais Farnèse. Les éphèbes musclés de Würzburg cousinent avec les *Ignudi* de Michel-Ange, avec les athlètes nus, en grisaille imitation statues, d'Annibal Carrache. Würzburg, où, décidément, la tradition païenne de la Renaissance florentine et romaine, le culte d'Apollon se sont épanouis, au détriment de l'« éternel féminin ».

Loin de moi l'idée d'annexer Tiepolo à la coterie platonicienne des grands Renaissants. Ni David, ni Endymion ni Ganymède ne l'ont tenté. Je suggère seulement que, dans sa maturité, la dévotion stéréotypée aux Vénus, aux Danaés, aux Antiopes, aux Lédas ne lui a plus suffi. Il s'est ouvert à un érotisme plus léger, plus maigre, plus ludique. Je note aussi que, parmi les quatre femmes qui résument chacune un continent, l'Europe, molle et blanche, la plus proche du type vénitien, est la moins réussie. L'Indienne, l'Africaine et l'Asiatique montrent au contraire, en même temps qu'une riche carnation, une plénitude de chairs ; comme si l'artiste, pour retrouver du piquant à ses figures féminines, avait éprouvé, un siècle avant Baudelaire, le besoin de les peindre brunes, basanées ou, comme la négresse sur son trône animal, d'un beau noir d'ébène.

Bandits

De la Sardaigne à la Sicile

Certes, Vittorio De Seta et Francesco Rosi ne se sont pas concertés lorsqu'ils ont tourné, la même année, en 1961, l'un *Bandits à Orgosolo*, film sur le banditisme sarde, l'autre *Salvatore Giuliano*, film sur le banditisme sicilien. Mais comment ne pas admirer que la différence de leurs styles — De Seta linéaire, sobre, continu, Rosi symphonique, touffu, discontinu — rende compte aussi fidèlement de la différence entre les caractères, les mentalités des deux îles ?

Vingt fois occupée et colonisée, la Sicile a gardé de cette succession de maîtres étrangers non seulement une diversité, unique au monde, de vestiges archéologiques et de monuments, arabes, normands, baroques, mais le génie des contradictions psychologiques. Rien de plus embrouillé qu'un cerveau sicilien, tiraillé entre des souvenirs et des tendances incompatibles. Qui suis-je ? se demande l'héritier de civilisations aussi hétérogènes que la grecque, la romaine, la phénicienne, la musulmane, la bourbonienne, la piémontaise. Qui suis-je ? se répètent avec angoisse les personnages de Pirandello. Le Sarde ne se pose jamais cette question. Son île est restée en dehors de l'histoire. On n'y trouve que des rochers, des chênes, des pâtres, des moutons. Pas d'aristocratie. Aucun monument, aucune œuvre d'art. Elle n'a fourni à l'Italie que des socialistes et des boxeurs.

Richesse et complexité d'un côté, sobriété et nudité de l'autre : dans la criminalité aussi. Entre le banditisme sarde, à structure simple, et le banditisme sicilien, qui met en jeu toute l'organisation sociale d'une province, des plus humbles paysans aux plus puissants féodaux, il y a un contraste, sensible, pour le spectateur de ces deux films, à l'œil nu.

Bandits à Orgosolo (Orgosolo : village au cœur des montagnes sardes) commence par une séquence de chasse : chiens et bergers dévalant derrière leur proie, comme pour nous rappeler que les habitants de ce village descendent d'antiques populations de chasseurs, dont ils ont gardé l'allure libre et fière. Le mouvement de cette chasse sera celui de tout le film : une poursuite. La proie n'est plus le chevreuil, mais un berger, accusé faussement d'un vol doublé d'un crime, et traqué avec ses moutons par une meute de gendarmes. Il fuit par les montagnes, poussant devant lui son troupeau de brebis-nuages flottant à la limite du ciel. Muet et intense, un seul compagnon, un gamin, son frère. C'est tout et c'est admirable : la marche d'un homme qui refuse la prison (où, tout innocent qu'il est, il serait sûr de pourrir).

Tous les hors-la-loi d'Orgosolo n'ont pas, sans doute, la conscience aussi tranquille. Mais, à lire la remarquable enquête menée sur les lieux par un ethnologue italien[1], on conclut qu'il n'y en a guère qu'on puisse

1. Franco Cagnetta, *Bandits d'Orgosolo*, traduit de l'italien par Michel Thurlotte et préfacé par Alberto Moravia, Buchet-Chastel.

qualifier de criminels. Le mécanisme qui les entraîne est simple. Un petit nombre de grands propriétaires (6 % de la population) possède un tiers des terres que le reste des habitants est contraint de louer pour y faire paître les troupeaux. Mais comment payer ? L'argent manque à cette peuplade de bergers, qui subvient (chichement) à ses besoins par le troc. Entre alors dans le jeu l'industriel du lait, du fromage, de la laine et de la viande, qui avance deux fois par an au berger, contre sa production saisonnière, l'argent nécessaire à l'affermage. De tout son travail, si dur qu'il soit, le pasteur ne retire donc strictement rien. Au grand propriétaire (survivance du seigneur féodal) et à l'industriel (survivance du prêteur à gages) s'ajoute, pour compléter la sinistre trilogie, la horde des carabiniers, gendarmes et soldats, seul présent dont l'Etat italien ait gratifié sa province insulaire. Au moindre retard dans le paiement de l'affermage, au moindre accident qui frappe le troupeau, voilà le berger en posture d'insoumis, le voilà poussé bientôt dans la rapine et le crime.

Quelque sympathie dont il jouisse parmi la population du village, quelque appui, le cas échéant, qu'elle lui donne, le bandit d'Orgosolo est un bandit solitaire. Le film de De Seta est une élégie sur la solitude d'un homme, d'un marcheur entre ciel et terre, dont les amis, ses moutons, finissent par mourir d'épuisement (extraordinaires, les images de cette hécatombe, blanches carcasses contre les calcaires clairs). La première différence entre le bandit sarde et le bandit sicilien, la première source du malaise et de l'antipathie que soulève l'aventure de Salvatore Giuliano, c'est l'essaim d'acolytes, bien nourris, bien armés, et perpétuellement renouvelés en dépit de toutes les pertes, qui entoure le célèbre brigand de Montelepre (près de Palerme). Le grand talent de Francesco Rosi est d'avoir suggéré, sans jamais citer un nom, à travers les nombreux recoupements dans le temps, les retours en arrière, les changements de rythme, à travers cette laborieuse et parfois obscure reconstitution d'événements historiques, de quelles puissances occultes ce dieu était le jouet.

La carrière de Giuliano commença, tout de suite après la dernière guerre, par le meurtre fortuit d'un gendarme. Aussitôt embauché par le mouvement dit « séparatiste », Salvatore ne cessa dès lors d'être le héros d'une étrange équivoque : porté aux nues par le petit peuple qui réclamait candidement l'indépendance de la Sicile (motif : la haine ancestrale du gendarme et du percepteur expédiés de Rome), il servait en fait les intérêts des grands propriétaires siciliens (bien plus grands que les sardes, ceux-ci, et plus riches : l'aristocratie, inexistante en Sardaigne, a de fortes positions agraires en Sicile). Les féodaux avaient calculé qu'un statut indépendant soustrairait leur province au partage des terres, tôt ou tard inévitable dans le cadre de la renaissance économique italienne.

Quand ce calcul eut fait long feu, Giuliano ne resta pas pour autant sans emploi. Toujours auréolé de sa légende de preux, de vaillant, il semble bien qu'il soit passé alors au service de la Mafia, elle-même vaste organisation secrète au service de... au service de qui ou de quoi ? C'est là que le mystère s'épaissit. Défend-elle les riches ou les pauvres ? L'acte le plus éclatant de Giuliano fut le massacre d'un petit comice électoral organisé par d'inoffensifs communistes. Au procès qui eut lieu, bien des années après, contre les auteurs du carnage (Giuliano était mort), le chef en second de la bande, Pisciotta (qui avait tué de sa main, pour sauver sa vie, et livré à la police Salvatore mort), proféra d'obscures menaces contre ce qu'il appelait les « véritables » instigateurs de l'affaire. Et s'il n'en dit pas plus long, c'est qu'il craignait que la vengeance de ces mystérieux personnages restés en liberté ne l'atteignît jusque dans sa prison — ce qui ne l'empêcha pas d'y être fort proprement empoisonné. Par qui ? Eh bien, à n'en pas douter, par cette même Mafia, qui avait organisé aussi le massacre des communistes, et derrière laquelle on voit se profiler la collusion de tous les grands « barons » siciliens farouchement opposés à toute mesure agraire visant à démembrer leurs domaines...

Bien entendu, les petites gens n'entendaient goutte à cette ténébreuse histoire et idolâtraient un homme qui était armé contre eux par leurs oppresseurs et ennemis. Francesco Rosi a merveilleusement rendu, en même temps qu'il le démasquait, la force du mythe de Giuliano : le visage même du bandit n'apparaît jamais sur l'écran, on ne connaît de lui que sa silhouette, sa démarche, sa voix, et la déploration funèbre que son cadavre arrache à sa mère.

La présence des femmes en Sicile, chœur noir et hululant, *vox populi* toujours prête à enfler et à soutenir les criminels dans leurs plus sinistres entreprises, est encore un contraste avec le désert féminin de la Sardaigne, le silence, la dignité, la solitude sardes.

La Sardaigne n'a inspiré que cet unique film, alors que la Sicile a fourni au cinéma d'innombrables sujets, de *la Terra trema* de Visconti à *l'Avventura* d'Antonioni, de *Stromboli* de Rossellini à *Divorce à l'italienne* de Pietro Germi. Même inégalité pour la littérature. A la surabondance d'écrivains siciliens, l'autre île ne pouvait opposer qu'une romancière en son temps connue, Grazia Deledda, épigone laborieuse du vérisme, jusqu'à la découverte, en 1979, d'un livre posthume étonnant. Livre unique, tel *le Guépard*, et, ainsi que le roman du prince de Lampedusa, œuvre d'un écrivain non professionnel, comme l'Italie aime à les mûrir en secret, loin du bruit et des modes.

Salvatore Satta était notaire, et la chronique qu'il fait, dans *le Jour du jugement* (Gallimard, 1981), de la petite ville de Nuoro, capitale de cette Barbagie à laquelle Orgosolo appartient, rend compte fidèlement de cette Sardaigne intérieure, fermée sur elle-même, peuplée de paysans pauvres, de bergers et de voleurs de troupeaux.

Pour compléter ce rapide portrait de la Sardaigne et souligner l'autisme mental de ses habitants, on notera que la mer n'a joué aucun rôle dans leur histoire, que leurs maisons, même si elles sont près du rivage, ne regardent jamais vers le large, et qu'aucun navigateur sarde ne s'est jamais risqué loin des rares ports.

Inversement, l'Italie n'a jamais envoyé en Sardaigne ses architectes ni ses artistes, mais seulement les catégories de gens jugés les plus indésirables. L'île a servi de terre d'exil et de pénitencier. Tibère y envoyait les Juifs, les Vandales y déportaient les chrétiens, Mussolini y confinait les antifascistes. L'exploitation des côtes par le tourisme de grand luxe n'a pas vraiment ouvert la Sardaigne au monde moderne. C'est une autre violation de l'intimité sarde. En achetant pour trois sous, à une poignée de paysans analphabètes, les merveilleuses landes de la Costa Smeralda en bordure de la mer, pour les revendre à prix d'or, les spéculateurs ont perpétré un forfait cent fois plus criminel que les vols de brebis. A côté de ce banditisme international, rapace, cupide, les images du film de De Seta nous renvoient à l'époque des brigands romantiques, de ceux qu'Alexandre Dumas rêvait de rencontrer en Calabre et Théophile Gautier en Espagne, et que ni l'un ni l'autre ne réussirent à trouver.

Barbiana

Lettre à une maîtresse d'école

En plein mai 1968, au moment de la grève des transports, habitant Paris et professeur à l'université de Rennes, je pris un jour un autobus de fortune pour me rendre auprès de mes étudiants. En venant de Paris, de cette effervescence qui mettait tout sens dessus dessous, j'avais été frappé, dès le début des événements, par la placidité bretonne. On s'insurgeait à Paris ? On voulait mettre à bas le système scolaire ? Refaire le monde ? A Rennes, les élèves venaient à la faculté pour assister aux cours, et non pour renverser leurs professeurs. Elèves, ils entendaient le rester. Je cherchais le moyen de les exciter un peu, de les amener à prendre conscience des défauts et des injustices dont ils étaient les ignares victimes, mais les chimères dont on faisait grand bruit dans les amphithéâtres parisiens ne les auraient guère touchés, marquées qu'elles étaient par la « politique ». Ce jour-là, dans l'autobus, j'avais emporté un livre paru récemment, intitulé *Lettre à une maîtresse d'école*[1] et sans nom d'auteur. Il était l'œuvre collective des « enfants de Barbiana ». Barbiana ? Un village du nord de l'Italie. Qui étaient ces juvéniles et mystérieux rédacteurs ? Une des premières phrases : « L'enseignement ne connaît qu'un seul problème, les élèves qu'il perd », d'emblée me saisit. Malgré l'inconfort de la situation, je lus le livre d'une traite, frappé d'y trouver une manière de raisonner bien plus originale et convaincante que les slogans rudimentaires beuglés à la Sorbonne. Les illusions sont aujourd'hui retombées, mais la *Lettre* reste un trésor de vérités.

Ces écoliers, âgés de douze à seize ans, fils de paysans de la campagne toscane, étaient des recalés de l'école officielle. Ils fondèrent, avec l'aide d'un prêtre quelque peu révolutionnaire, une école libre, ou pilote, sur les principes suivants : pas de cours magistraux, les enfants plus avancés servant de tuteurs aux cadets ; pas d'examens ; pas d'enseignement fondé sur la recherche de l'exploit mnémonique, mais une éducation qui apprenne à vivre, à devenir un homme ; surtout pas de recalés, pas de victimes, pas d'épaves. Les résultats furent excellents ; et, forts de cette

1. Mercure de France.

expérience, les enfants de l'école de Barbiana rédigèrent, à l'intention de l'institutrice diplômée qui les avait exclus de l'école officielle, la lettre que voici : un document assez extraordinaire en vérité et qui, dans la sensible traduction de Michel Thurlotte, mérite d'être lu et relu pour plusieurs raisons. A présent comme hier.

A cause du ton employé, d'abord : une sorte de virulence franciscaine, traversée d'éclairs de grâce et de joie de vivre. Ensuite parce qu'il serait impossible de mieux démontrer que par ces arguments à la fois naïfs et rusés à quel point l'école traditionnelle est une école de classe, faite par la bourgeoisie et pour la bourgeoisie. Enfin parce que le lecteur français fera de lui-même le rapprochement entre les vices du système italien et ceux du système de son pays : bien mieux, il étendra à tout l'enseignement, secondaire et supérieur, les critiques que ces enfants adressent à l'enseignement primaire et au premier cycle du secondaire (jusqu'au brevet).

« Ce sont les pauvres qui créent les langues et qui ne cessent de les renouveler de fond en comble. Les riches les cristallisent pour pouvoir se payer la tête de ceux qui ne parlent pas comme eux. Ou pour les recaler. » Tout le système repose en effet sur la préparation de l'examen abusivement sacralisé. Par exemple, le premier en français de l'école officielle « n'aurait pas su demander les toilettes, il savait seulement demander des hiboux, des cailloux et des éventails, au singulier comme au pluriel ». La déloyauté profonde de l'examen traditionnel, qui en accusera mieux le ridicule ? « Qu'on mette les difficultés en proportion de ce qu'il peut s'en présenter dans la vie. Si vous les mettez plus nombreuses, c'est que vous avez la manie du piège. Comme si vous faisiez la guerre aux gosses. »

Deuxième imposture de l'examen : on fait apprendre uniquement ce qui sert à prouver qu'on a appris. Le fort en français savait par cœur les châteaux de la Loire. « C'est là l'aspect le plus déconcertant de votre enseignement : il existe en tant que fin en soi. » Le programme d'italien comprenait d'assommants poètes prétendus classiques, mais le contrat de travail des métallurgistes n'y figurait pas. La vie d'un demi-million de familles dépend de ce texte. Mais, pour les professeurs de l'école officielle, seule paraît importante l'« habileté dans un rite conventionnel ».

Je suis émerveillé que ces enfants de quatorze ans aient touché par instinct les deux plaies du système scolaire traditionnel qu'il a fallu en France tout l'appareil le plus moderne de la sociologie pour dénoncer. Bourdieu et Passeron, dans leur remarquable étude *les Héritiers* (1964), un des évangiles du mois de mai, avaient mis en relief le double scandale de l'examen-piège et de l'examen-rite. Et quel était le sens profond de la contestation et en particulier de la révolte contre les concours et contre l'agrégation, sinon qu'on ne voulait plus de ce type d'épreuves mi-ecclésiastiques mi-magiques, où il ne s'agit pas de montrer qu'on est compétent mais qu'on est initié, en déjouant une série de faux obstacles placés uniquement pour humilier le candidat devant son jury ?

Réponse des jurys, tant en Italie qu'en France : l'examen est la seule garantie de l'objectivité. Là encore, les enfants de Barbiana ne s'en laissent pas conter. Faisant état de statistiques selon lesquelles la proportion de recalés est infiniment plus élevée dans les classes pauvres que dans la bourgeoisie, rapprochant ces statistiques de ce qu'ils ont dit au sujet de l'épreuve-piège et de l'épreuve-rite, ils conclurent que le genre d'enseignement dispensé profite seulement à ceux qui ont la culture chez eux, dans leur famille, à table (aux « héritiers »). Prétendre qu'une même épreuve pour tous est la condition de l'impartialité, il n'y a pas de plus effronté mensonge : « car rien n'est plus injuste que de traiter également des inégaux », et, dans le système traditionnel, qui exige du candidat une aisance, un savoir-faire, une rhétorique impossibles à acquérir sans un milieu familial déjà lettré, c'est sur la culture de son père que l'enfant est jugé.

L'école de classe, c'est celle qui donne une bourse d'études à tous les fils de paysans et d'ouvriers, mais qui continue à parler un langage, à imposer un style et à apprécier les qualités qui supposent la jouissance d'une bonne bibliothèque et l'appui d'une tradition domestique. La plupart des professeurs ne se rendent même pas compte que leur manière de s'exprimer reste proprement incompréhensible pour ceux qui ne partagent pas les avantages sociaux du milieu dit, avec une abstraction toute raciste, « cultivé ».

L'école de classe, c'est celle qui donne trois mois de vacances aux enfants, et fait passer la même épreuve d'anglais à ceux que leurs parents ont envoyés en Angleterre et à ceux qui ont dû rentrer les foins. Il faudrait ou bien rendre l'examen plus difficile pour les premiers, ou bien tripler les professeurs et les horaires pour les seconds.

« Il y a une matière qui n'est même pas à votre programme : l'art d'écrire. Il suffit de voir les appréciations que vous écrivez sur les dissertations. Ce sont des jugements de valeur, jamais des instruments de travail. » La merveilleuse formule, qui devrait discréditer à jamais les jurys français d'agrégation ! Les rapports de concours se réfèrent sans cesse en effet à de mystérieuses catégories telles que le banal, le terne, l'élégant, le brillant, qui sont typiquement les labels d'une classe et non pas, comme la caste des enseignants voudrait le faire croire, la marque d'un esprit.

« Une école qui sélectionne détruit la culture. Aux pauvres elle enlève les moyens d'expression. Aux riches elle enlève la connaissance des choses. » Je pourrais citer dix autres formules abruptes, ingénues, malicieuses. Ce livre a été discuté avec passion en Italie. A vrai dire il fait partie de ces livres uniques, nés du sentiment populaire, comme le génie italien semble seul en Europe capable de les produire. Sans la raideur dogmatique de Rousseau, sans le courroux vengeur de Bernanos, la *Lettre à une maîtresse d'école* affirme posément des vérités simples, des droits élémentaires, avec d'autant plus de force qu'elle use de termes mesurés, dont l'évidence fait seule l'éclat. On songe aux *Fioretti* de François d'Assise, au *Christ s'est arrêté à Eboli* de Carlo Levi. Et si aujourd'hui, en France comme en Italie et ailleurs, il reste nécessaire de changer de fond en comble les méthodes et les buts de l'enseignement, s'il faut ouvrir l'université aux souffles du monde et de la vie, si l'école des compétences doit être substituée à l'école des privilèges, il serait heureux que dans le concert des voix doctrinales et rugissantes, dans la masse des documents, des statistiques et des chiffres, dans la phraséologie souvent pléthorique des commissions de spécialistes, se glisse la petite voix juste, fraîche, instinctive, inimitable des enfants de Barbiana.

Bellini

Vincenzo Bellini, androgyne et sicilien

Domaine privilégié des passions, des fantasmes et du désir, l'opéra est intimement lié, dans son histoire, à l'évolution de la morale sexuelle.

Premier héros d'opéra, Orphée, le veuf inconsolable d'Eurydice mais en même temps, selon Ovide, l'introducteur de la pédérastie en Grèce, possédait l'ambiguïté sexuelle des dieux antiques. Est-ce un hasard s'il inspira les premiers chefs-d'œuvre du théâtre lyrique, l'*Euridice* de Jacopo Peri (1600), l'*Euridice* de Giulio Caccini (1602), l'*Orfeo* de Monteverdi (1607) ?

Pourquoi l'admirable opéra italien des deux siècles baroques est-il tombé dans un si profond oubli ? Qui connaît les noms de Francesco Durante, de Jommelli (cité encore, avec éloges, par Balzac), de Traetta, de Leonardo Vinci, de Leonardo Leo, de Francesco di Majo ? Qui sait qu'on donnait à Naples ou à Venise autant d'opéras nouveaux, à cette époque, que sortent chaque semaine de films à Paris ? Qui se souvient d'avoir lu dans Stendhal que l'abbé Speranza, maître de chapelle à Naples, obligeait ses élèves à prendre une aria de Métastase et à faire tout de suite, sur les mêmes paroles, trente airs différents ? Pourquoi la musique instrumentale de ces siècles, les Vivaldi, Corelli, Albinoni, Boccherini, sont-ils revenus si fort à la mode, et le théâtre lyrique resté dans un tel discrédit ?

Il s'agit là, non seulement d'une mutation du goût, mais d'une catastrophe de civilisation. Quelque chose, qui avait enchanté pendant deux cents ans l'Italie et le monde, a disparu comme mystérieusement. On peut fixer avec précision la date du naufrage : entre 1799 et 1800, c'est-à-dire entre les péripéties de la République parthénopéenne, qui marquèrent pour Naples la fin de l'hégémonie musicale, et l'avènement du nouveau siècle, industriel, affairiste, pratique, rapide, dédié aux nouvelles idoles appelées progrès, profit, rendement, natalité.

Quel rapport entre la disparition d'un type d'opéra et l'essor du capitalisme ? Ecoutons, par exemple, *la Calisto*. Francesco Cavalli, successeur de Monteverdi à Venise, fit jouer cet opéra en 1651. Calisto est une nymphe, amoureuse de Diane, sa déesse. Jupiter, pour conquérir Calisto, prend l'apparence et la voix de Diane : la basse qui tient le rôle chante alors en fausset. Le stratagème réussit à merveille : la jeune Calisto succombe aux baisers de celui qu'elle prend pour une femme, dans un élan de patente homosexualité. Les autres personnages ne sont guère moins scandaleux : le berger Endymion, chanté à l'époque par un castrat, aujourd'hui par une haute-contre ; la vieille Linfea, une autre nymphe, chantée par un ténor mâle ; et Satirino, un petit satyre, chanté par une femme [1] !

L'invention baroque, comme on le voit, ne se réduisait pas à cette gratuite exubérance d'ornements dans laquelle on tend à la renfermer aujourd'hui. Pendant le XVIIe et le XVIIIe siècles l'opéra baroque a été la scène où la société tentait de dépasser ou de transgresser la malédiction de la différenciation sexuelle. Vedettes incontestées, les castrats, qui chantaient les rôles hyper-masculins, Hercule, Zeus, Alexandre, les rois, les capitaines, alliant la force virile à un timbre féminin. Grâce au privilège de conserver longtemps une apparence et un visage enfantins, ils transgressaient aussi la seconde malédiction de l'homme, le temps. L'opéra, mais aussi les cérémonies festives populaires qui marquaient la vie quotidienne, carnavals, danses, rites d'initiation, remplissaient une fonction mythique, inspirée de l'époque où les dieux, n'ayant pas de sexe défini, échappaient aux contraintes qui asservissent l'humanité. N'oublions pas que, dans les mythes orphiques comme dans celui que raconte *le Banquet* de Platon, les premiers êtres humains étaient formés d'une sphère bisexuée, que les dieux, jaloux de leur bonheur, divisèrent en deux moitiés. *Sexe* vient du latin *sectus*, « coupé », « sectionné », l'étymologie montrant sans conteste que la séparation des sexes, introduite dans le monde après un long paradis d'ambiguïté, a d'abord été vécue comme une mutilation, comme une catastrophe.

Il est significatif que le seul pays qui refusa les castrats ait été la France, la France qui, sous l'impulsion de Richelieu puis de Colbert, choisit, deux siècles avant le reste de l'Europe, d'établir une distinction rigoureuse entre les sexes et les rôles sexuels.

Si l'on pense que la bourgeoisie du XIXe siècle a fondé sa puissance sur la division du travail, sur la spécialisation de plus en plus poussée des usines, sur la ségrégation des quartiers ouvriers rejetés à la périphérie des villes, si l'on pense que tous ces découpages de l'activité humaine n'ont été possibles que grâce à une stricte scission des sexes (sensible jusque dans la mode et dans le rembourrage des parties naturellement dodues de l'anatomie féminine), alors on s'explique sans peine que l'opéra baroque italien devait être vaincu.

Après 1800, la nouvelle morale sexuelle imposée par la classe d'affaires au pouvoir introduisit dans la musique vocale des changements radicaux. Hyper-féminisation pour les voix de femmes, sur-virilisation pour les voix d'hommes. Impossible, désormais, de confondre les unes et les autres. Verdi et Wagner, en développant jusqu'au paroxysme les ressources vocales de chaque sexe, en créant des sopranos dramatiques et des ténors héroïques, furent les grands artisans de cette mutation.

Pendant le premier tiers du XIXe siècle, pourtant, les deux compositeurs

1. Deux excellents enregistrements, l'un, ancien, avec une distribution prestigieuse dominée par Janet Baker, James Bowman et Hugues Cuénod (Decca), l'autre, récent et musicologiquement plus fidèle, dirigé par René Jacobs (Harmonia Mundi).

italiens les plus doués tentèrent un combat d'arrière-garde. L'époque des castrats était terminée, mais leur souvenir restait vivace. Et, plus que leur souvenir, la conscience qu'un des buts de la musique, un des privilèges de cet art, c'était de pouvoir défier les lois biologiques et ressusciter le mythe de l'androgyne.

Chacun de ces compositeurs proposa une solution différente. Rossini — qui renonça, après 1829, à écrire des opéras, faute d'avoir trouvé un substitut satisfaisant pour les castrats disparus, mais écrirait encore, en 1863, la *Petite Messe solennelle* pour les chanteurs « des trois sexes », sublime pied de nez au conformisme du Second Empire —, Rossini inventa le contralto féminin, chanteuse à voix grave, à voix d'homme, et crut quelque temps, avant d'être définitivement désabusé, pouvoir ramener, par ce moyen, dans la musique, les délices de l'ambiguïté.

Quant à Vincenzo Bellini, il décida, lorsqu'il écrivit *i Capuleti e i Montecchi*, le premier de ses chefs-d'œuvre (1830), de confier le rôle de Roméo à une mezzo-soprano. Roméo, l'archétype de l'amoureux, le champion hétérosexuel par excellence ! De quoi scandaliser Berlioz, lequel, féroce contre cet opéra, y dénonçait une indigne parodie de Shakespeare. Contemporain de Verdi et de Wagner, il appartenait à cette génération de musiciens qui, pour s'adapter à la civilisation industrielle dont ils subissaient à leur insu la dictature, se rallièrent au dogme selon lequel un homme est un homme et une femme une femme.

Le livret de Felice Romani simplifie à l'extrême la tragédie anglaise. Ni agitation populaire ni bagarres dans les rues. La nourrice, Mercutio, Paris, les serviteurs ont disparu. Tant mieux. La rivalité des deux familles passe au second plan. Ne reste que l'histoire d'un amour passionné, passionné et maudit, selon le goût romantique. L'action se déroule en vingt-quatre heures, en deux actes de trois scènes chacun. Dès la deuxième scène, dans la chambre où Juliette se lamente sur le mariage forcé que lui a préparé son père, on entend un des airs les plus tendres, les plus voluptueux jamais écrits pour une voix. Transports érotiques ou déplorations funèbres, la suite de l'opéra se déploie avec une sereine beauté, miel et soufre mêlés, conformément à l'esthétique bellinienne de la demi-teinte vaporeuse et de l'extase murmurée. La guerre des sexes, le furieux affrontement de l'homme et de la femme, qui rempliront de leurs clameurs les théâtres à partir de 1840, Bellini les ignore. Il ne se délecte que de douceurs, de langueurs, de frissons, d'effusions. Faire chanter deux amants du même sexe galvanise ce nouvel Orphée.

« Un soupir en escarpin de bal », disait de lui le poète allemand Heinrich Heine, croyant être méchant. Ce soupir s'exhala en une dizaine d'opéras, avant de s'éteindre, à trente-quatre ans. Bellini mourut à Paris, d'une grippe mal soignée, a-t-on dit, ou d'un empoisonnement alimentaire, mais il y a un mystère autour de cette fin soudaine, et il se pourrait bien qu'il ait été victime d'une affaire de mœurs. Il avait dû, dans ses opéras postérieurs aux *Capuleti*, accepter la division entre mâles et femelles, tout en conservant, dans sa vie privée, la confusion nécessaire à l'épanouissement de son génie.

Androgyne, mais aussi : sicilien. Quelle idée, toutefois, de prendre pour sujet de sa dernière œuvre un épisode puisé dans l'histoire des puritains d'Ecosse ! *I Puritani* : curieux titre, curieux thème, pour un homme né et grandi à Catane. Qu'y a-t-il de commun entre la raideur sombre des « Têtes rondes » aux cheveux courts, et l'île aux couleurs chatoyantes, aux parfums capiteux ? Force nous est de constater que ce pur Sicilien a choisi des sujets d'opéra de plus en plus éloignés de sa patrie. Ses premiers ouvrages sont enracinés en Sicile, *Bianca e Fernando* (Agrigente) et *il Pirata* (Messine). Puis, c'est une ascension continue vers le nord : *la Straniera* se passe en Bretagne, *i Capuleti e i Montecchi* à Vérone, *la Sonnambula* en Suisse, *Norma* dans la Gaule des druides, enfin *i Puritani* dans les brumes septentrionales. On a l'impression que l'auteur a voulu s'arracher à son humus d'origine. Par ambition ? Pour acquérir le statut de compositeur international ? Ou pour une raison plus profonde ? Ne serait-ce pas plutôt que, viscéralement attaché à sa terre, il a cherché à dissimuler ce lien, en feignant de la répudier ?

La sicilitude : seconde notion clef, si l'on veut comprendre le système dramaturgique et l'originalité musicale de Bellini. A quoi se résume l'histoire de la Sicile ? A une suite ininterrompue d'occupations et de spoliations. Les Grecs, les Romains, les Arabes, les Normands, les Espagnols, les Piémontais ont tour à tour envahi, colonisé, exploité l'île. Elle ne s'est jamais appartenu à elle-même. Renvoyée d'un maître à l'autre, elle a subi impuissante son destin. Et à quoi se résument les opéras de Bellini ? Les protagonistes en sont toujours des femmes : Imogène du *Pirata*, Agnès *la Straniera*, Giulietta, *la Sonnambula*, Norma, Beatrice di Tenda, Zaïra, Elvira des *Puritani*. Et toujours des femmes abandonnées par leur amant, trahies ou victimes d'une machination qui les laisse vaincues, défaites, anéanties.

Comme les cygnes, elles chantent sous l'empire de la mort. Soutenue par le mélancolique envol des cordes ou d'un instrument à vent, la voix s'élève peu à peu et se balance à d'abyssales hauteurs, suspendue entre ciel et terre dans un vertige qui se prolonge, s'étire puis bascule et s'éteint en une chute langoureuse. Tel est le type invariable de la cantilène bellinienne, où la beauté du chant se trouve liée indissolublement à la douleur et à l'agonie.

Comment ne pas reconnaître, dans ces femmes éperdues, la Sicile elle-même ? Et, dans ce pathos élégiaque, la compassion pour le destin de l'île sans cesse spoliée, bafouée, vilipendée ? Tout jeune encore, le compositeur a posé la figure centrale de son œuvre : une femme, dolente, accablée par la contemplation de sa propre misère, laquelle vient moins d'un chagrin d'amour que du sentiment d'être dépossédée d'elle-même. La fantaisie créatrice de Bellini ne peut se déployer qu'autour de cette situation fondamentale : une femme, une victime, la pantelante soumission au malheur.

L'héroïne des *Puritani*, parce qu'elle se croit abandonnée par son amant, se laisse glisser dans la folie. Le chœur déplore la cruauté du destin, car en réalité Arturo n'a pas trahi Elvira, il a dû, sans pouvoir la prévenir, s'éloigner momentanément à cause d'une mission secrète à remplir. Une jeune fille, broyée sous les intrigues du monde masculin ; la folie, comme refuge : pas de plus beau sujet pour Bellini, pas d'occasion plus fastueuse de mettre en scène une héroïne prostrée sous les coups d'une fatalité qui la brise.

L'air de la folie n'était pas une nouveauté dans son œuvre. Imogène, déjà, sombrait dans la démence. *La Sonnambula* s'égarait dans un état second qui, sans être folie proprement dite, était dépersonnalisation, aliénation. De la même année que *i Puritani* date *Lucia di Lammermoor* de Donizetti. Le thème de la folie était dans l'air ; il constitue une variante du sentiment romantique de la vie. Après le XVIIIe siècle, siècle de Voltaire et de la raison, place aux aventures psychiques périlleuses, aux dérapages dans l'irrationnel et l'inconscient. Oui, mais, une fois de plus, ne pas oublier qu'avec Bellini nous sommes en Sicile, et que la folie est un élément capital de la sicilitude.

Au moment où il compose *il Pirata*, Alexandre Dumas (un de ses amis parisiens) visite à Palerme la *Casa dei matti* fondée par le baron Pisani, premier asile de fous moderne. Et sur quel thème l'autre grand Sicilien, Luigi Pirandello, a-t-il construit son œuvre ? Sur le thème de l'aliénation mentale. Non par exotisme ou goût de l'étrange (comme les romantiques), mais parce que, en Sicile, tout le monde est peu ou prou hors de ses sens, *forsennato*. Chacun vit avec une pathétique intensité les contradictions, les convulsions de la Sicile, chacun se débrouille comme il peut avec cette succession de désastres qui constituent son histoire, et l'unique solution, bien souvent, pour les personnages de Pirandello comme pour Elvira des *Puritani*, est la folie. Telle est l'essence du pirandellisme, tel est aussi un des principes du bellinisme.

Parallèlement aux métaphores belliniennes de la Sicile — la femme trahie, la femme abandonnée, la femme accusée à tort, la femme déchirée entre plusieurs maîtres, la femme dépossédée d'elle-même, la femme en proie à des états seconds, la femme somnambule, la femme aliénée, la femme impuissante à faire reconnaître son innocence, la femme condamnée à souffrir, à se plaindre, à mourir — les innovations musicales rendent avec génie ce pathos de la spoliation, de la persécution, de l'égarement.

Abandon définitif du *recitativo secco* à la Mozart, trop sec, justement, pour épouser la fluidité des mouvements d'un esprit à vau-l'eau. Valeur dramatique conférée au récitatif avec orchestre, qui n'est jamais détaché mais se fond avec les airs. Beauté de ces passages à demi parlés, *ariosi* qui expriment les titubements de l'âme. Incorporation des arias dans un ensemble à plusieurs voix ou dans le chœur. Longueur des airs qui s'étirent en un chant éperdu. Sincérité de l'écriture, à rebours de l'humour rossinien : Bellini s'identifie complètement à son héroïne, il a exposé sa méthode de composition dans une lettre écrite à l'époque du *Pirata*. Fluidité de l'opéra, qui ondule en un flot de musique ininterrompu, sans coupure entre les différents morceaux. Simplicité de la ligne mélodique, après la profusion baroque des fioritures. Indifférence à la pâte orchestrale. Et surtout, pour couronner cette esthétique de l'hésitation, de la transe, de la pâmoison, impulsion brûlante qui lance la mélodie en plein ciel. La voix monte en souplesse sur un prélude symphonique très discret, cherche sa route vers les hauteurs en délicates arabesques, puis, portée par le groupe des autres voix ou soutenue par la masse chorale, elle se hisse par ondes successives jusqu'au sommet de la crête la plus aiguë, où elle reste un instant suspendue, dans une stupeur hallucinée qui tient du rêve, de l'orgasme et de l'extase.

Ce n'est que cela, Bellini : une voix éthérée qui flotte, lambeaux de nuages à la dérive — à la dérive vers le paradis.

Bergame

De Lorenzo Lotto à Gaetano Donizetti

Ni Goethe ni Stendhal ni Chateaubriand ni Taine ni Paul Morand n'en parlent dans leurs livres. Peut-être parce qu'elle est trop près de Milan, et située dans cette plaine lombarde qui ne passe pas pour très attrayante, Bergame n'attire pas. Ses fervents forment une coterie secrète ; ils savent que c'est une des plus belles villes d'Italie et qu'il ne faut pas divulguer ce trésor, s'ils veulent s'en réserver la jouissance. Tant pis ! lâchons le morceau : je donnerais bien d'autres cités plus fameuses — et d'abord Florence, oui ! — pour Bergame. Juchée sur une colline, ceinte de remparts, la vieille ville ressemble à la Jérusalem céleste des tableaux de la Renaissance. Ruelles tortueuses, passages voûtés, escaliers abrupts : un charme demeuré intact. Une des places les plus harmonieuses qu'on puisse imaginer, des palais, des églises — mais en quoi, me direz-vous, une telle ville diffère-t-elle de tant d'autres de sa catégorie, Sienne, Orvieto, Urbino, Pérouse ?

Par les trois personnalités hors pair qui ont marqué son histoire. Et d'abord... Arlequin ! On croit que la Commedia dell'Arte est née à Naples, avec Polichinelle, ou à Venise, avec Pantalon. A ces deux origines, il faut ajouter Bergame, et même, cette ville mérite la priorité. Arlequin continue à animer de son entrain joyeux les quartiers où il est apparu jadis : d'où le ton gai de Bergame, le goût de la farce qu'on y entretient — par exemple, ces gâteaux, ronds, bombés, jaunes, omniprésents à la devanture des pâtisseries, en forme et au nom de « seins de nonne ». Le soir, incroyable bousculade sur le corso, aussi étroit que les coulisses d'un théâtre, et aussi propice, n'en doutons pas, aux intrigues de toute sorte. Masques et bergamasques... Goldoni fait parler en dialecte bergamasque son Arlecchino, *servo di due padroni*.

A la fin du XVIIIe siècle, Bergame comptait deux théâtres. Le théâtre de la Citadella, en bois, dans la ville haute, fut démoli le 7 janvier 1796, deux semaines après l'entrée des troupes françaises. Le théâtre Riccardi, dans la ville basse, brûla un an plus tard. Aussitôt reconstruit, il porte aujourd'hui le nom de Donizetti. C'est là que Stendhal assista à une représentation de *Zelinda e Lindoro*, de Goldoni. Le jeune aide de camp du général Michaud séjourna à Bergame de mai à juin 1801, dans le beau palais, orné d'un portail à colonnes, piazza Terzi. Il écrivait à sa sœur que la vue qu'il avait de la terrasse de ce palais, sur la plaine bordée au loin de montagnes, lui rappelait les Alpes de Grenoble.

En 1803, cinquante-quatre notables, sur l'initiative du comte Pier Luigi Vailetti di Salvagno, décidèrent d'édifier un nouveau théâtre dans la ville haute. La souscription était de 5 000 lires par tête. Coutume répandue en Italie : partout, les théâtres ont été voulus et financés par les citoyens eux-mêmes. Celui-ci fut édifié via Colleoni, au n° 4, et prit le nom, qui s'explique par la « société » des donateurs, de Teatro della Società. On l'appelle aujourd'hui, par une dérive de sens injustifiée, Teatro Sociale. Il fut inauguré en 1807. Plan en fer à cheval, quatre-vingt-huit loges, distribuées sur trois rangs, plus un amphithéâtre, capacité de mille trois cents spectateurs. En face, au n° 3, on note un beau chapiteau du XVIe siècle, avec le blason (lion dressé) des Suardi, une des plus puissantes familles de Bergame, que nous retrouverons en parlant de la troisième gloire de la ville.

Le Teatro della Società présentait des spectacles lyriques. On y donna, souvent en première audition, la plupart des opéras de Donizetti. Verdi y fit jouer plusieurs de ses œuvres. On y entendit aussi, toujours très en retard sur les villes plus importantes, *Carmen* (1905), *Tosca* (1908), *la Bohème* (1910), *Madame Butterfly* (1915) et jusqu'à *Lohengrin* (1915). Touchant effort, de la part de ces provinciaux, pour rattraper le train en marche. Après la guerre, le théâtre rouvrit, mais le public cessa d'y affluer. Les représentations ayant cessé en 1929, il resta fermé jusqu'à ce que le parti fasciste y installât son siège politique, en 1938. Mussolini lui a porté autant de chance que Wagner. Sitôt la dictature écroulée, l'édifice tomba dans un complet abandon. On ne le rouvrait que pour des fêtes de bienfaisance ou des réveillons de carnaval. Les cloisons des loges disparurent ; les éléments de la décoration furent volés ; des fauteuils du parterre, il n'y a plus trace. En 1970, le toit s'écroula, entraînant la destruction du plafond peint. Aujourd'hui, le monument, qu'on peut visiter, semble avoir retrouvé une certaine activité : réunions de quartier, expositions. Il n'en subsiste qu'une structure vide, aussi belle que mélancolique. On a restauré le théâtre Donizetti, non celui-ci, victime de la rivalité entre les deux moitiés de la ville. La ville basse, ville du commerce, l'a emporté sur la ville haute, ville d'art et d'histoire. Le souvenir de Stendhal, je le crains, n'est pour rien dans ce choix.

Donizetti reste le plus illustre enfant de Bergame. On voit sa maison natale, très simple, à l'entrée de la rue rebaptisée de son nom, puis, au bout de la même rue, à l'angle de via Rosate, le palais où il est mort. La comparaison de ces deux demeures, l'une, rustique et humble, aux portes de la ville, l'autre, fastueuse, dans le plus beau quartier, met en lumière la trajectoire, l'« ascension », d'une grande carrière.

Négligé après sa mort, presque oublié, Donizetti connaît aujourd'hui une réhabilitation éclatante, bien que de nombreux mélomanes tiennent encore ce compositeur en mépris. Rien de plus suspect, pour beaucoup de nos contemporains, que l'abondance et la fécondité, qu'ils méjugent sous la qualification de prolixité. Une époque qui érige en dogme la gravité stérile et le ressassement chichiteux ne pardonne pas à un homme d'avoir écrit soixante-dix opéras en trente ans. Quel barbouilleur ! Même

Lucia di Lammermoor, un de ses rares ouvrages à n'avoir jamais quitté le répertoire, continue à susciter les opinions les plus contrastées.

Sublime ? Ridicule ? Apogée du *bel canto*, un genre où se mêlent de façon inextricable l'effusion sentimentale, la virtuosité vocale, l'ivresse sonore et les conventions mélodramatiques, cet opéra charrie le meilleur et le pire. Tiré d'un roman de Walter Scott, le livret, caricature de *Roméo et Juliette*, raconte une histoire de rivalité et de vengeance entre deux clans écossais. Lucia, du clan des Ashton, et Edgardo, du clan des Ravenswood, s'aiment à la fureur. Le frère de Lucia, Enrico, monte un énorme mensonge pour briser cet attachement. Il s'ensuit une série de catastrophes : mariage forcé, retour inopiné de l'amant qui se croit trahi, duel, crise de folie de Lucia, suicide d'Edgardo — le tout sur fond de château crénelé, d'orages, de fontaines au clair de lune et de cimetières. Tous les stéréotypes, psychologiques et musicaux, de l'opéra italien sont là : le ténor généreux et frémissant (Edgardo), toujours au bord de l'imprécation ou du sanglot, le baryton ténébreux et félon (Enrico), qui détruit le couple et provoque la tragédie, la soprano (Lucia) éperdue, égarée, et qui ne trouve d'issue à cet imbroglio feuilletonesque qu'en perdant la raison.

Aucune œuvre ne justifie mieux la célèbre définition de l'opéra italien par Bernard Shaw : « Les efforts d'un baryton pour empêcher la soprano et le ténor de coucher ensemble. » Et c'est précisément une représentation de *Lucia* au théâtre de Rouen qui déchaîne les sarcasmes de Flaubert, au chapitre XV de *Madame Bovary*. Pour le pourfendeur des clichés romantiques, quelle occasion superbe d'épingler les « lamentations mélodieuses » et les « râles élégiaques » de ces deux frénétiques qui exhalent leur intarissable passion en cavatines pâmées et cabalettes fleuries.

La cause semblait entendue, et l'on ne citait plus cet opéra que pour en rire, lorsque apparut Callas. Non seulement cantatrice exceptionnelle mais fabuleuse tragédienne, elle fut la *prima donna* absolue, la *diva* qui tout à coup rendait à l'intrigue une dimension shakespearienne et transformait le pathos grand-guignolesque en pure émotion. Les rires rentrèrent dans les gorges, et les larmes voilèrent les inévitables niaiseries du décor. Avec la Traviata, Tosca et Norma, Lucia fut le plus grand rôle de la Callas. Il en reste un témoignage fulgurant : l'enregistrement pris sur le vif, à Berlin en 1955, sous la direction de Karajan, avec le tenorissimo Giuseppe di Stefano. Un des plus beaux disques du monde, à vrai dire. Le sextuor du second acte fut bissé en entier (événement unique dans toute l'histoire de l'opéra), et on l'entend deux fois, sur le disque, et on l'entendrait dix fois sans se lasser, tant l'entrée des voix et la construction progressive de l'ensemble forment un morceau extraordinaire. Chacun des six personnages manifeste un sentiment différent — étonnement, fureur, défi, plainte, déploration, pitié — jusqu'à ce que les voix se rapprochent puis se fondent dans un élan choral de stupeur et d'angoisse.

Bien d'autres beautés révéla cette mémorable soirée : le premier air de Lucia, *Regnava nel silenzio*, cantilène éthérée, le duo d'amour avec Edgardo, la romance funèbre du ténor, et surtout la grande scène de la folie, plus d'un quart d'heure de *bel canto* incandescent. La voix dialogue avec la flûte, et, peu à peu, de l'acrobatie on passe à la poésie, du morceau de bravoure à la dérive onirique, de la virtuosité à l'extase.

A présent, comme on sait, faute de *dive*, les metteurs en scène ont volé la vedette aux chanteuses, et c'est d'eux qu'on attend le renouvellement. Certains abusent de ce privilège et dénaturent les intentions du compositeur. Le spectacle proposé naguère, à l'Opéra de Paris, par Andrei Serban, a été violemment controversé. Pour une fois, à mon avis, l'audace n'a nullement desservi l'œuvre, malgré quelques outrances.

Ce Roumain, qui a travaillé avec Peter Brook et s'est illustré dans Euripide et Shakespeare, rejette les oripeaux écossais et la quincaillerie scottienne, situe l'histoire à la Salpêtrière, et la place en plein XIXe siècle. A cette époque, dit-il pour justifier l'insolence de cette transposition, l'hôpital psychiatrique reproduisait une sorte d'enfer féminin. On exhibait les folles (ou jugées telles) devant les médecins et les journalistes. « Ce qui m'intéresse dans *Lucia*, c'est cette idée de manipulation : un chœur, et, qui plus est, un chœur d'hommes, observe l'action et impose une certaine idée de la femme. » Très belle intuition, qui rejoint les études de Michel Foucault sur l'exclusion et le renfermement. Selon cette vue, chasseurs, guerriers, seigneurs forment dans *Lucia* un univers masculin aux valeurs exclusivement masculines : orgueil de clan, jalousie du pouvoir, violences tribales. De quelle arme dispose l'unique femme du groupe ? Seule la folie peut la sauver, en la perdant. La société crée la folie puis la regarde se débattre dans l'arène. Asile, prison, caserne, salle de spectacle : le décor se transforme à vue pour illustrer cette logique implacable. Ce n'est pas une infidélité à Donizetti, qui lui-même est mort fou, c'est une superbe idée de théâtre.

Sinon la folie, du moins des tendances névrotiques semblent avoir influé sur le caractère de la troisième illustration de Bergame, le peintre Lorenzo Lotto. Vénitien de naissance, il travailla ici pendant douze ans, de 1513 à 1525. C'était un esprit inquiet, vagabond, se déplaçant d'une ville à l'autre, ne se fixant jamais. Pour un grand peintre de cette époque, il fit une carrière modeste. L'Arétin le décria, Vasari le négligea, et la postérité ne fut guère plus généreuse. On ne l'a redécouvert, et hissé à la place à laquelle il a droit, qu'au XXe siècle, après une longue éclipse, tant ses figures bizarres et tourmentées correspondent peu à l'idéal de plénitude et de calme qu'on attribue volontiers à la Renaissance. C'est Titien qui a incarné, pour ses contemporains, la peinture de Venise ; c'est Titien qui, aujourd'hui encore, passe pour le représentant le plus accompli de la Serenissima. Il suffit de comparer, sur le même sujet, quelques tableaux des deux peintres, pour comprendre que Lotto, à l'écart de la grande tradition qui va de Giovanni Bellini à Paolo Veronese, est resté un paria. Et maint signe nous donne à penser qu'il a choisi, de propos délibéré, une marginalisation qui lui a coûté cher.

Thème de l'Annonciation. Peter Humphrey, le meilleur spécialiste de Lotto (*Lorenzo Lotto*, Gallimard, 1997), met en regard *l'Annonciation* de Titien (cathédrale de Trévise) et celle de Lotto (pinacothèque de Recanati). Celui-ci peint la surprise, le trouble de Marie visitée par l'Ange ; celui-là la certitude, la majesté de l'Elue. Titien place la scène dans un cadre architectural noblement classicisant, qu'il inonde d'une lumière surnaturelle ; Lotto, dans une humble chambre encombrée d'objets domestiques. L'Ange, loin d'être une créature éthérée, se présente en solide éphèbe blond, dont l'intrusion en coup de vent plonge la jeune vierge dans l'effroi. Titien dégage l'épisode de toute référence au temps ; Lotto capte un instantané. Couleurs dissonantes, par opposition au fondu, à l'harmonie des autres maîtres vénitiens. En outre, la présence insolite d'un chat noir, qui traverse la chambre en courant, révèle une tendance à l'humour, au saugrenu.

Thème de Vénus. Chez Titien (Florence, Berlin), la chair nue, triomphe de l'opulence heureuse, s'offre à la contemplation du spectateur. Erotisme distingué. Lotto (New York) sexualise la déesse par une provocation inouïe. Le jeune Cupidon pisse sur Vénus, il tient son sexe à la main et dirige le jet d'urine vers le vagin, à travers une couronne de lauriers.

Portraits. Chez Titien *(l'Homme au gant*, Louvre), recherche du beau idéal, de ce qu'il y a de plus noble et intemporel dans le modèle. Le *Jeune Homme* de Lotto (Venise, Accademia) est au contraire quelqu'un de profondément perturbé, maîtrisant à peine une mélancolie sépulcrale. Les objets étranges dont il s'entoure, hiéroglyphes mystérieux — cor de chasse, pétales de rose éparpillés sur la table, anneau oublié, lézard — ont suscité maint commentaire, sans livrer leur secret.

Enfin, pour achever le parallèle, à Titien, peintre officiel de Venise, portraitiste des grands de ce monde, le pape Paul III, l'empereur Charles Quint, s'oppose Lotto, plus intéressé par les gens du peuple, voire les mendiants *(l'Aumône de saint Antonin*, Venise, SS. Giovanni e Paolo). De tous ces traits, se dégage l'image d'un solitaire introverti, fantasque, rongé par l'inquiétude, socialement inadapté. Il ne se maria jamais, n'eut aucune famille et mourut, seul, ignoré de tous, dans la Santa Casa de Loreto, où il s'était retiré comme oblat.

A Bergame même, on suivra quelques grandes étapes de son travail, en allant du théâtre Donizetti, dans la ville basse, jusqu'à l'église Santa Maria Maggiore, dans la ville haute. Itinéraire à la fois géographique et chronologique.

Eglise San Bartolomeo, au début de la via Torquato Tasso, à gauche. Retable Colleoni (1513), commandé par le petit-fils du célèbre condottiere de Venise, dont Verrocchio avait fait la statue équestre. C'est une variante sur le thème vénitien de la *Sacra Conversazione* (Vierge à l'Enfant sur un trône, entourée de saints et d'anges), mais que d'entorses à la tradition ! La coupole est ouverte sur le ciel, les anges et les saints accusent une inquiétude qui se traduit en poses tourmentées, deux angelots, surpris en pleine improvisation, se hâtent de déployer une draperie sous les pieds de la Madone, c'est la note humoristique typique de Lotto, qui montre son goût des signes cabalistiques et ésotériques dans les mobiles qui pendent de la coupole, suspendus à des rubans. Le mot « *divina* » est inscrit, à gauche, dans une guirlande à laquelle sont accrochés une balance, une épée et des rameaux d'olivier : rébus signifiant « justice divine ». A droite, même mise en scène, avec le mot latin « *suave* » et un joug à bœufs : rébus qui suggère à la fois la douce domination à laquelle se soumet un disciple du Christ, et la mansuétude de Venise envers sa vassale Bergame.

Eglise Santo Spirito, au coin de via Torquato Tasso et de via Pignolo. Retable Angelini (1521), qui est une autre *Sacra Conversazione*, avec une nuée d'anges (jeu de mots avec le nom du commanditaire), une colombe (allusion au nom de l'église) et, au premier plan, une plaisante et peu classique représentation d'un agneau se débattant pour échapper à l'étreinte trop fougueuse de saint Jean-Baptiste, *putto* entièrement nu.

Eglise San Bernardino, plus haut dans via Pignolo, à droite. Encore une *Sacra Conversazione* (1521), de dimensions plus modestes, car cette église n'était qu'un oratoire, fréquenté par les artisans du quartier. D'où le saint Joseph, en charpentier, au premier plan. Violents raccourcis d'anges, fébrilement occupés à mettre en place un dais au-dessus de la Madone. Devant le trône, ange-scribe des plus étonnants : agenouillé, dans une robe à plis d'où émergent ses pieds nus, il s'est arrêté d'écrire pour se tourner vers le spectateur et le fixer de deux pupilles brillantes. Que fais-je ici ? semble-t-il dire. Si je prenais la poudre d'escampette ? Ce gamin surpris en flagrant délit d'école buissonnière prend à rebours la tradition de l'angélisme dévot.

Eglise Santa Maria Maggiore. Stalles en marqueterie du chœur, exécutées sur des cartons de Lotto (1524 - 1532). Scènes bibliques, dont la plus réussie raconte l'histoire de David et Goliath, comme une bande dessinée. Lecture de gauche à droite. Sept épisodes, représentés simultanément. 1) David protège les brebis de son père, contre un lion et un ours. 2) Le messager vient le chercher. 3) Il comparaît devant Saül, qui lui fait remettre une armure. 4) Il lance la pierre, en tenue de berger, ayant jeté l'armure par terre ; Goliath tombe à la renverse. 5) David coupe la tête du géant. 6) Suivi des femmes jubilantes, il emporte la tête. 7) Il rentre au palais de Saül, qui se dresse au fond du panneau, en perspective, sous une lumière latérale.

Lotto a dessiné aussi les volets mobiles qui recouvrent ces scènes. Ils attestent avec plus d'éclat encore la bizarrerie de son imagination. A chaque scène correspond son résumé symbolique, sous forme de hiéroglyphes. Pour David et Goliath : fronde et palmes de la victoire, accrochées à une banderole au bout de laquelle pendent deux pancartes avec les inscriptions « *Maximi certaminis* » et « *Victoria* » (« Victoire dans le combat suprême »). Au-dessous : casque, cuirasse, bouclier, épée, lance, l'imposante panoplie de Goliath. Pareille stylisation hisse l'anecdote au rang de leçon universelle.

Pour *David et Absalon* : l'inscription « *Heu fili mi* » (« Hélas mon fils ») au-dessus de deux mains jointes et de trois flèches est une allusion transparente au meurtre d'Absalon et à la douleur de son père. Mais les autres emblèmes, un joug, une idole multimamelue, une lampe à huile dont la flamme vacille, un second mobile encore plus indéchiffrable, restent pour nous des énigmes.

Pour le *Passage de la mer Rouge* : le Pharaon, à cheval sur un âne, tout nu, la tête à moitié emprisonnée dans une cage, regarde fixement un miroir qu'il tient à hauteur de ses yeux. Allégorie de la bêtise ? de la folie ? L'étrangeté de cette figure confine au surréalisme. L'ensemble de ces volets forme un système de signes où la fantaisie humoristique dissimule un message volontairement inintelligible. Esotérisme ? Mystification ?

La pinacothèque de Bergame conserve deux tableaux de Lotto. Le portrait de Lucina Brembate ne livre ses secrets qu'après une lecture attentive. Un croissant de lune, en haut à gauche, renferme les deux lettres C et I : rébus pour Lu-ci-na, le prénom du modèle. Mais Junon

Lucina est aussi la déesse des couches : or la dame tient la main sur son ventre. Elle n'était plus toute jeune au moment où elle fut peinte, et était restée stérile, après douze ans de mariage. Le tableau pourrait être une sorte d'invocation magique, pour demander la grossesse désirée, un acte de sorcellerie artistique, renforcé par la présence de deux objets-fétiches, un bijou en forme de corne d'abondance et une tête de belette pendue à la ceinture par une chaîne d'or.

Mariage mystique de sainte Catherine, auquel il manque le paysage du fond, découpé et volé par un soldat français. Ce tableau fut exécuté en paiement du loyer que Lotto devait à son propriétaire, Niccolò Bonghi. Alors que la scène religieuse déploie des courbes et des sinuosités d'un raffinement exceptionnel, le malheureux Bonghi, coupable de réclamer son dû, est peint tout droit, tout raide, derrière le fauteuil de la Vierge : comme si Lotto avait tenu à montrer qu'il ne sortait son grand style que lorsqu'il en avait envie, se contentant, pour s'acquitter d'une obligation désagréable, d'une facture sèche, archaïque, impersonnelle.

Encore deux chefs-d'œuvre, dans les environs de Bergame. A Ponteranica, polyptique avec Jésus-Christ, plusieurs saints, et une *Annonciation* des plus curieuses. L'ange, en robe rose, flotte, pure cristallisation de lumière, phosphorescence sans corps, onirique fantasme. Lotto connaissait-il son contemporain Matthias Grünewald ?

A Trescore, les comtes Suardi demandèrent au peintre d'orner de fresques l'oratoire de leur maison de campagne. Il choisit d'illustrer sur un mur la vie de Barbe, sur l'autre la vie de Brigitte : deux saintes protectrices des communautés agricoles, dont la première sauve de la foudre, la seconde de la grêle. Un choix conforme aux sentiments de solidarité pour les pauvres gens. Vivacité pleine d'humour de ces scènes, racontées selon la technique faussement naïve de la bande dessinée. Le père de Barbe, un païen armé d'un cimeterre, poursuit la jeune fille dans la montagne. Les divers épisodes — un chien sympathique, un berger odieux, le supplice, un ange secourable, des marchands des quatre-saisons que les déboires de la vierge martyrisée n'empêchent nullement de vendre leurs salades — sont traités librement, sans aucun souci d'hagiographie. Pour Brigitte, délicieux miracles : l'eau changée en bière, le sanglier apprivoisé, l'orage écarté du champ, l'éclosion subite de fleurs sur les marches d'un autel, événement qui provoque la surprise hilare de garçonnets irrespectueux.

Au milieu de la paroi consacrée à sainte Barbe, se dresse un énorme Christ-Vigne, dont les doigts se prolongent en sarments qui s'enroulent, au niveau de la frise, et forment des médaillons peuplés de saints. Aux deux extrémités de la frise, saint Jérôme et saint Antoine repoussent des hérétiques qui ont dressé des échelles pour se hisser dans les médaillons. On interprète cette curieuse symbolique comme une réponse de Lotto au protestantisme, dont les progrès, sous l'action de Luther en Saxe et de Zwingli en Suisse, menaçaient la Lombardie. Par la taille gigantesque de son Christ et la complication de cette allégorie viticole, est-il vrai que le peintre a voulu manifester la solidité de son attachement à l'Eglise catholique ? On peut penser aussi bien le contraire, et que cette ostentation de fidélité cache un profond malaise, peut-être la tentation de rompre avec la religion officielle, religion de pouvoir. Lotto, dit-on, fut attiré par la Réforme, dont certains principes — l'examen de conscience, l'introspection solitaire, le refus de l'autorité pontificale — convenaient mieux à sa nature anxieuse. Instable dans sa vie, audacieux dans son art, pourquoi aurait-il été plus rassis dans sa foi ?

Berio

Deux opéras pour notre temps

Que la musique contemporaine, dont le premier trait est un puritanisme agressif, répugne à se fourvoyer dans le genre bâtard et trivial de l'opéra, il ne faut pas s'en étonner. Les Boulez, les Stockhausen, intraitables paladins de la perfection sonore, ne sont pas prêts à descendre dans l'arène où l'émotion humaine compte bien plus que l'exercice formel. Seuls des hommes du Sud ont osé tremper le sérialisme abscons des années 50 et l'austérité doctrinale apprise à Darmstadt dans la soupe sentimentale du théâtre lyrique.

Deux grandes réussites. En Sicile, le village de Gibellina avait été détruit par le tremblement de terre de 1968. Détruit si totalement que les survivants, comme ceux de Noto en 1693, décidèrent de rebâtir ailleurs leurs maisons. Le peintre et sculpteur Alberto Burri étendit sur les ruines une couche de ciment d'un mètre cinquante de hauteur, dans laquelle il ménagea des tranchées, selon le tracé des anciennes rues. Blanc linceul, qui couvre plusieurs hectares sur le flanc de la montagne. Devant ce site, d'une beauté saisissante, Iannis Xenakis a fait jouer en 1987, sous le ciel d'août étoilé, son *Oresteia*, qui tient de la tragédie antique et de l'opéra moderne. Les chanteurs étaient des professionnels, mais il y avait aussi des acteurs, choisis parmi les paysans de Gibellina. Ils incarnaient Agamemnon, Clytemnestre, Oreste, Electre. Le metteur en scène, Yannis Kokkos, un autre Grec, leur avait demandé d'endosser leur costume traditionnel, robe noire pour les femmes, chemise blanche, pantalon et chapeau noirs pour les hommes. La caution d'Eschyle était à peine nécessaire pour faire revivre, dans toute sa force et sa grandeur sauvage, le mythe des Atrides. Musique simple, linéaire, déclamatoire, inspirée de ce qu'on croit savoir de l'ancienne monodie grecque, invectives et lamentations, anathèmes et gémissements, selon les recettes les plus éprouvées de l'opéra, lequel n'est jamais aussi efficace que lorsqu'il met en œuvre des sentiments élémentaires, « primitifs ».

A l'Opéra de Paris, on a vu, en 1985, *la Vera Storia*, de Luciano Berio. Luciano Berio, qui avoue (tout en le regrettant, bien sûr) avoir pleuré à l'âge de treize ans en écoutant *la Bohème* et déclare que l'étiquette de « néo-avant-gardiste » dont on l'affuble lui donne la « chair de poule », semblait parmi tous les chefs de file de la nouvelle musique le plus indiqué pour fournir à ceux qui aiment le « mélodrame » à l'italienne une œuvre vivante au lieu des classiques rabâchés cent fois, des pièces de musée rancies que la stérilité des autres compositeurs les obligent à réentendre à longueur d'année.

Grand et légitime succès, bien que la participation de l'écrivain Italo Calvino comme auteur du livret suggère que les choses se sont passées moins facilement que cela. Un « livret » ? Fi donc ! Celui qui s'est toujours montré à l'affût de toutes les modes littéraires ne pouvait tomber dans le panneau de la cohérence narrative. Et quant à s'appuyer sur des sentiments énergiques et simples, amour, colère, vengeance, comme ceux qui entraînent les Atrides dans une ronde infernale de crimes et de violences, il était inconcevable à un adepte de l'Oulipo de recourir à des ressorts aussi grossiers. Il a donc utilisé des bouts d'histoire du *Trovatore* (souvenirs d'enfance), qu'il a malaxés dans un sombre amalgame politico-brechtien. *La Vera Storia* reflète ainsi l'idée que les esprits forts se font de l'opéra : un genre encore acceptable, à condition de le mettre en pièces et de montrer qu'on n'est pas dupe de cette rudimentaire mixture de sons et de sens.

Vaine crainte, cependant : le spectacle a ému et transporté. Les jargonneuses élucubrations imprimées dans le programme pouvaient donner, elles aussi, la « chair de poule », mais ce qu'on a vu (dans l'ingénieuse mise en scène du jeune Catalan Lluis Pascal) et entendu a démenti ce charabia de Trissotin. Peloton d'exécution, acrobates, défilé militaire, procession religieuse, duel au couteau se succèdent à toute vitesse dans la première partie, faite de « morceaux fermés » chantés selon la meilleure tradition lyrique. Dans les pauses de ce patchwork savant mais haut en couleurs, Milva a intercalé de sa chaude voix éraillée des ritournelles qui nous ont ramenés au bon vieux temps de *l'Opéra de quat'sous* et de *Mère Courage*. Avec sa chevelure flamboyante et ses robes de lamé elle a remporté un triomphe, mais l'œuvre est assez puissante pour voguer toute seule, sans descendre à ces facilités de music-hall.

Dans la seconde partie, les mêmes éléments littéraires et musicaux, traités sagement jusque-là, sont repris sur le mode onirique. Le spectacle se déchaîne alors dans un tohu-bohu fantastique d'images et de bruits merveilleusement agencés. Les vilipendés Verdi et Puccini seraient venus embrasser au milieu des ovations finales leur arrière-petit-fils Luciano Berio, italianissime champion de l'exubérance méridionale.

Bernini

Le cavalier du Roi-Soleil

En 1665, invité par Louis XIV, Gian Lorenzo Bernini arrive à Paris. Le plus grand monarque et le plus grand sculpteur-architecte de leur temps entreprenaient de reconstruire et d'agrandir le Louvre. Pour servir de guide et d'interprète au « cavalier Bernin », on lui adjoignit le sieur de Chantelou, maître d'hôtel du roi, qui consigna dans son *Journal* chaque détail de ce séjour de cinq mois [1].

Ce texte est d'abord un document sur un homme exceptionnel, dont le franc-parler étonna ses hôtes, d'autant plus choqués que l'auteur de la colonnade de Saint-Pierre ne se gênait pas pour critiquer tout ce qui lui paraissait mesquin dans le goût français. « Qu'on ne me parle de rien qui soit petit ! » disait-il. Les toits de Paris lui semblèrent trop pentus et, devant le dôme du Val-de-Grâce, il soutint qu'on avait mis une bien petite calotte sur une grosse tête. En revanche, il professait une vénération pour Poussin et s'agenouillait devant ses tableaux avec la même exubérance napolitaine qui lui faisait baiser le sol pendant la messe. Ses peintres préférés étaient Raphaël et Guido Reni, jugement qui remet en question les idées couramment admises sur les sources de l'art baroque. Autre surprise de taille : si Bernin cite souvent en exemple Michel-Ange, il liquide en une phrase méprisante le Caravage, en qui nous verrions volontiers le premier maître du clair-obscur.

Mais baroque, il l'était en plein par sa manière de sculpter. Chargé aussi de faire le buste de Louis XIV, il demandait au roi non pas de poser, mais de se mouvoir et de parler librement, pendant qu'il sautillait avec son crayon autour de Sa Majesté, à l'effarement des courtisans. Baroques également furent ses deux premiers projets pour la façade orientale du Louvre. Si l'un des deux avait été accepté, Paris se fût trouvé doté d'un monument sinueux et ondoyant, tout en courbes et en contre-courbes, et sans doute le destin architectural de la capitale en eût-il été changé. Hélas ! les conseillers de Louis XIV, et Colbert à leur tête, refusèrent ces maquettes trop audacieuses, et même la troisième, revenue plus sagement aux lignes droites, se heurta au veto des compatriotes de Boileau. Comme on sait, Bernin repartit sur un échec complet, et c'est la colonnade de Claude Perrault qui fut choisie.

La folie romaine vaincue par la rigidité française, le délire baroque répudié par l'esprit classique : au-delà des anecdotes rapportées dans le *Journal*, transparaît ce conflit entre deux écoles nationales et revit un moment crucial de l'histoire de l'art et de l'histoire des mentalités.

Rentré à Rome, Bernin travailla à une statue équestre de Louis XIV, laquelle fut refusée par le roi, comme manquant de majesté et de « grandeur ». Le cheval est en effet cabré, et le souverain, au lieu de donner l'image de la stabilité et de la sérénité, semble en bien mauvaise posture.

1. *Journal de voyage du Cavalier Bernin en France*, par Chantelou, Pandora.

Son équilibre est si précaire qu'il a l'air de tenir à peine en selle. D'étranges vicissitudes ont marqué l'histoire de cette statue. François Girardon, sculpteur officiel de la monarchie, essaya de réparer l'erreur diplomatique de son rival italien. Il métamorphosa Louis XIV en Marcus Curtius, citoyen de la Rome antique. La statue n'en fut pas moins reléguée au bout de la pièce d'eau des Suisses, à Versailles mais en dehors du parc, exclue de cette prudente ordonnance d'allées tirées au cordeau. Les autonomistes bretons, sous de Gaulle, la dynamitèrent et l'endommagèrent sérieusement. Fort mal à propos, puisqu'ils prenaient pour un symbole de l'absolutisme étatique ce que Bernini avait conçu comme un emblème de la fragilité humaine.

Revanche tardive et bizarre, une copie de la statue orne maintenant la cour Napoléon du Louvre, à quelques pas de la pyramide de Pei. La pyramide, symbole égyptien et maçonnique, incarne la rationalité. En plaçant à côté un échantillon du désordre et du déséquilibre propres à l'art baroque, la République de François Mitterrand a-t-elle voulu indiquer que même les socialistes n'ont pas une confiance absolue dans la raison ?

Bilan

Grandeurs et misères du roman italien contemporain

On traduit énormément de romans italiens aujourd'hui. Toutes les nouveautés y passent ; souvent bien médiocres, mais qui bénéficient de la curiosité et de la sympathie que suscite un pays dont l'essor économique et la vitalité allègre font l'émerveillement général. Il y a vingt-cinq ans encore, les traductions étaient comptées ; il y a cinquante ans, insignifiantes ; avant-guerre, pour ainsi dire nulles. Le public français serait donc tenté de croire que le roman italien est éclos brusquement et s'est épanoui en quelques années, là où ne s'étendait auparavant qu'un désert. Il n'en est rien. C'est plutôt le contraire qui serait vrai. On traduisait très peu de romans italiens autrefois, parce que la mode en ce temps-là n'allait pas à l'Italie ; mais la création romanesque y était déjà vigoureuse, plus vigoureuse qu'aujourd'hui.

Il y a même un triste constat à faire : la grande saison du roman italien a commencé sous le fascisme, à cause du fascisme. Moravia et Brancati étaient nés en 1907 ; Pavese et Vittorini en 1908 ; Pratolini en 1913 ; Bassani en 1916 ; Cassola en 1917 ; Elsa Morante en 1918 ; Sciascia en 1921 ; Pasolini en 1922 ; Calvino en 1923. Il n'est aucun d'eux qui ne se soit formé par opposition au régime mussolinien ; aucun dont la vocation littéraire n'ait été stimulée par la lutte antifasciste ; aucun dont les œuvres n'aient été fécondées par le devoir de résister à la dictature.

Buzzati, né en 1906, représente un cas unique. Il est le seul, dans cette glorieuse génération, à ne pas avoir été marqué par l'histoire de son pays. L'auteur du *Désert des Tartares*, cette fable sur l'attente vaine et la dérision du guet, du haut d'une forteresse à la frontière du désert, jalon essentiel dans la littérature de l'absurde, entre *Sur les falaises de marbre* de Jünger et *le Rivage des Syrtes* de Gracq, appartient moins au monde méditerranéen qu'à l'univers anglo-saxon et slave. Originaire des Dolomites, près de l'Autriche, Buzzati avait collé au mur, dans son bureau milanais du *Corriere della Sera*, une affiche de la Belle Epoque : une longue automobile décapotée, remplie de jolies femmes en grande toilette, basculant avec lenteur dans un ravin. Est-ce horrible ? Est-ce risible ? La même ambiguïté imprègne les nouvelles de Buzzati, qui se représentait le monde comme une immense et vétuste caserne, où des ordres solennels claironnés à travers les couloirs essayent de couvrir le sinistre craquement des murailles.

Né européen, en quelque sorte, Buzzati a conquis beaucoup plus vite que ses contemporains une audience européenne. Ceux-ci, provinciaux par destin puis par choix, refusant l'apolitisme, enracinés dans les malheurs de leur patrie, en ont exprimé les grandeurs et les misères, fidèles à la tradition qui, depuis Dante et Machiavel, rend les écrivains d'Italie solidaires des vicissitudes de son histoire. C'est au fascisme qu'ils doivent cette hauteur de vues, ce courage, cette rigueur, cet enthousiasme à défendre la liberté et la dignité humaine, qu'ils ont mis dans leurs livres. Bien mieux, c'est le fascisme qui les obligea — les plus anciens en tout cas, Moravia, Pavese, Vittorini — à déguiser leur pensée, à trouver des moyens stylistiques propres à déjouer la censure, à multiplier les symboles et les allusions, bref à se forger une écriture.

Triste constat, puisqu'il signifie que, sans ennemi à combattre, sans despotisme à défier, sans chiens de garde à tromper, la littérature tourne à vide ou retombe à plat (voir article *Modernité).*

Depuis 1944, l'Italie est libre et démocratique. Mais elle continuait à fournir, à la plupart des écrivains cités, une autre source d'inspiration : la pauvreté de la classe populaire, ouvriers, artisans, paysans (Pratolini, Cassola, Pasolini), le retard économique et la misère persistante, psychologique aussi bien que matérielle, du Mezzogiorno (Brancati, Vittorini, Sciascia). Aujourd'hui, l'Italie n'est plus seulement libre, mais aussi (dans l'ensemble) prospère, la disparité entre les classes sociales et les régions géographiques tendant à s'effacer.

Avec le bien-être, de nouvelles mœurs sont arrivées. A l'antique division des sexes et à la frustration érotique a succédé, comme dans le reste de l'Europe, une permissivité presque absolue. Gain pour la vie privée, perte pour la vie littéraire. La plupart des romans qu'on traduit aujourd'hui portent témoignage sur cette crise, soit qu'ils prennent pour sujet le vide spirituel de l'actuelle société italienne, soit que, par leur médiocrité même, ils avouent leur inutilité.

En l'absence de révélation éclatante, profitons de cette saison assez creuse pour lire ou relire des ouvrages déjà anciens, mais que le discrédit où l'on tenait l'Italie avait écartés des programmes de traductions.

Plusieurs éditeurs ont entrepris de combler les lacunes. Rien n'est plus opportun, pour combattre l'idée que le roman italien est né sous le règne de Benetton et de Berlusconi, que d'organiser des sessions de rattrapage.

Le déni de justice remonte très loin, bien avant le fascisme, puisqu'un écrivain aussi important que Giovanni Verga en est toujours, après plus de cent ans, à chercher ses lecteurs. *Les Malavoglia* date de 1881 ; Visconti en a tiré un film célèbre, *la Terra trema* ; Verga, qui était sicilien, a introduit en Italie le naturalisme de Maupassant et de Zola en l'adaptant à une société presque exclusivement rurale. Rien de plus déprimant, rien de plus accablant que ce livre qui dément tous les clichés en vogue sur la Sicile du soleil et de la pizza. Plus sombre qu'un roman russe, *les Malavoglia* dépeint la décadence et la ruine d'une famille de pauvres pêcheurs de la côte catanaise, écrasés sous une fatalité inexorable. C'est la Sicile des éternels vaincus, le pendant plébéien et lourd de l'agile et amer *Guépard*, Lampedusa étant persuadé lui aussi que son île était vouée à l'échec. Je crains que ce roman de Verga ne suscite pas l'enthousiasme : non qu'il faille mettre en cause la traduction de Maurice Darmon, mais parce que le livre est si englué dans un terroir local, si dialectal, et non seulement par la langue mais surtout par les façons d'être, de penser, de sentir, que toute traduction en est impossible.

Telle est la malchance qui échoit souvent aux écrivains du Sud. La difficulté de rendre la réalité physique d'une rue de Naples, ce mélange unique d'odeurs, de bruits et de couleurs, de beauté et d'ordures, de faste et de misère, explique que la littérature napolitaine, si riche, si savoureuse, n'ait jamais trouvé audience à plus de cinquante kilomètres du Vésuve. Bonne chance aux éditions Verdier, qui osent lancer, quarante ans après sa parution, un recueil de nouvelles qui fit sensation en Italie. Domenico Rea semblait alors, en 1947, à vingt-six ans, le plus brillant espoir de la péninsule. Même si, après tant d'autres, le chaos furibond de Naples l'a englouti dans ses tourbillons infructueux, *Spaccanapoli* reste un vif, frais, percutant témoignage sur l'immédiat après-guerre. Mais le titre à lui seul, comment le traduire ? Comment en exprimer la juteuse et obscène drôlerie ? Spaccanapoli, c'est le nom de la plus ancienne artère de la Naples bourbonienne, de la rue qui fend *(spaccare* = fendre) de sa fente humide et suintante le corps moite et pantelant de la ville.

Du Sud, remontons au Nord. Pas plus que l'Italie n'existe, on ne saurait rassembler sous un seul nom la multiplicité des cultures qui cohabitent sous la houlette artificielle du toscan. Trieste, par exemple, appartient bien plus aux cultures germanique et slave qu'à la terre de Dante. Dominé par une élite juive d'où sont issus ses deux plus grands écrivains, Svevo et Saba, l'ancien port de l'Autriche-Hongrie est riche d'auteurs que caractérise une sensibilité européenne largement ouverte aux influences de la psychanalyse. Comme ce Giani Stuparich dont paraissent deux textes, un court récit, *l'Île* (Verdier), axé sur la crise des rapports entre un père et un fils, et un gros roman, *Ils reviendront* (Alinéa), publié en 1941, fresque historique de la Grande Guerre telle que l'ont vécue les Triestins, enrôlés militairement du côté de l'Autriche tout en étant de cœur avec les Italiens. Stuparich, antifasciste, eut à subir la persécution raciale. Il continue cependant à payer le péché collectif de l'Italie mussolinienne.

Pier Antonio Quarantotti-Gambini, plus jeune de vingt ans, pouvait être considéré comme le dernier des écrivains de Trieste, jusqu'à la révélation tardive du *Secret*, de l'Anonyme triestin (voir l'article *Trieste)*. Dernier, non dans le sens de « plus nouveau », mais dans le sens de « ultime ». La richesse, économique et culturelle, de Trieste, venait de ce que cette ville était le port, jusqu'en 1919, de Vienne, et qu'elle avait pour arrière-pays, source d'approvisionnement et garantie de renouveau, rien de moins que l'empire austro-hongrois. Le rattachement à l'Italie, par le traité de Versailles, amorça son déclin. Le grand roman de Quarantotti-Gambini, *la Vie ardente* (en italien : *la Vita calda*, d'après un vers d'Umberto Saba), réédité avec la belle préface d'André Pieyre de Mandiargues (Gallimard, « L'Etrangère »), se déroule à la fin du mois d'août et au début du mois de septembre 1939 : date symbolique, puisqu'elle marque la fin de l'époque où les Italiens de Trieste, encore mêlés aux races les plus variées, Slaves, Germains, Orientaux, recevaient de ce métissage un puissant stimulant littéraire. La frontière avec l'Autriche, le mur de fer avec la Yougoslavie, ont provoqué le tarissement de la grande culture triestine.

Florence, depuis la mort de Michel-Ange, est une ville morte, et c'est très rarement qu'émerge de sa torpeur quelque œuvre créatrice. Aussi faut-il saluer d'une ovation plus appuyée la traduction de plusieurs livres d'Aldo Palazzeschi, qui commença par être poète futuriste avant de se convertir au roman de mœurs (voir article *Magie)*. De Florence est arrivé aussi le curieux roman d'Anna Banti, qui était l'épouse du grand critique d'art Roberto Longhi et puisa dans la vie tourmentée et l'œuvre injustement méconnue d'une femme peintre du XVIIe siècle, Artemisia Gentileschi, le sujet d'un livre, publié en 1947, qui tient de la fiction, de la réflexion sur l'œuvre d'art et de l'essai sur la condition féminine : *Artemisia* (POL). Ouvrage complexe et subtil, d'une haute tenue littéraire et qui, avec vingt ans d'avance, défendait la cause de l'égalité entre les sexes. Une romancière italienne à l'avant-garde du féminisme européen : décidément, il faut réviser plus d'un lieu commun sur l'Italie.

Pour en rester à la Toscane, qui savait qu'un écrivain plus proche de Dostoïevski et de Freud que de ses contemporains partagés encore entre d'Annunzio et Verga sondait les troubles abîmes de l'âme humaine avec une sauvagerie désespérée ? *Les Yeux fermés* (1919), *Trois Croix* (1920) ont révélé en Federico Tozzi un analyste torturé, dont les livres, en complète disharmonie avec les belles campagnes de Sienne dont il était originaire, gardent une puissance de suggestion étonnante.

On s'excuse de la pauvreté de ces notes et de la banalité de ces adjectifs : prose de dictionnaire, pour le coup, mais la simple énumération des noms oubliés remplirait des pages et des pages style Larousse.

Bologne

Bongiovanni dans son magasin

Certains se rendent à Bologne pour voir l'admirable *Pietà* en terre cuite de Nicolò dell'Arca ; d'autres préfèrent entrer à San Domenico, et comparer les deux anges de l'autel. Au gothique et gracile androgyne du même Nicolò dell'Arca, s'oppose le jeune athlète de Michel-Ange, gaillard vigoureux et sans ambiguïté. La plupart, sans doute, se contentent de déambuler dans cette ville merveilleuse, sous les kilomètres d'arcades qui lui composent un décor homogène, dans les tons rouges et ocre. Cité jeune, vivante, en comparaison de Florence ; cité sans touristes, ayant été exclue du « grand tour » par les écrivains voyageurs du XIXe siècle, dont le nôtre recopie servilement les goûts.

Pour ma part, ma première visite est toujours pour une minuscule boutique située dans la centrale via Rizzoli, au n° 28, non loin des deux tours. C'est là qu'en 1905 un Sicilien fraîchement débarqué, Francesco Bongiovanni, ouvrit un magasin de partitions, qui devint bientôt une sorte de cénacle où affluaient les mélomanes. Le maître des lieux jouait lui-même de la flûte, en compagnie de Toscanini. Le grand compositeur bolonais Ottorino Respighi, vite familier de l'endroit, y attirait les notoriétés de passage, dont les photographies jaunies sont encore accrochées dans l'arrière-boutique : Puccini, Mascagni, Busoni, Caruso, Gigli, Lauri-Volpi et tant d'autres.

Après la Seconde Guerre mondiale, sous l'impulsion d'Edoardo, le fils, le salon se transforma en magasin de disques, aux destinées duquel préside actuellement le petit-fils, Giancarlo (qui repassera l'affaire, le moment venu, à l'arrière-petit-fils Andrea) : mais c'est toujours, beaucoup plus qu'un local commercial, un refuge accueillant où l'on parle musique, avec l'aimable propriétaire dont la barbiche malicieuse et le sourire cordial cachent un immense savoir.

On y rencontre les chanteurs qui se sont produits la veille dans le magnifique Opéra de Bologne et viennent interroger l'oracle dont les plaisanteries ne sont pas toujours un gage d'approbation.

Dès 1970, il a ouvert le premier département de disques pirates en Europe. C'est là que j'ai trouvé *Tancredi* et *la Donna del lago* de Rossini, *i Capuleti e i Montecchi* de Bellini, lorsque ces titres n'étaient encore que de vagues noms évocateurs de chefs-d'œuvre oubliés. Et puis, à partir de 1975, la firme Bongiovanni s'est mise à éditer des disques. Ne pouvant entrer en compétition avec les sociétés multinationales, elle se spécialise dans les raretés dédaignées par le marché de la consommation : rééditions de chanteurs historiques devenus introuvables, tels Pertile, Galeffi, De Muro ; récitals de chanteurs contemporains enregistrés sur le vif, tels Alfredo Kraus, Renato Bruson, Martine Dupuy, Mariella Devia ; enfin et surtout, intégrales d'opéras tombés dans l'oubli, bien que d'une importance considérable, *le Serve rivali*, de Traetta, *la Susanna* de

Stradella, *San Guglielmo* de Pergolèse et *gli Orazi e i Curiazi* de Cimarosa, deux opéras serias de compositeurs qu'on ne connaissait plus que pour leurs œuvres bouffes, *Nina pazza per amore* de Paisiello, premier exemple de folie dans le théâtre lyrique. A côté de ces réexhumations qui nous permettent de nous faire une idée moins vague de l'admirable opéra napolitain des XVIIe et XVIIIe siècles, le répertoire du XIXe siècle n'est pas moins attentivement exploré. Que d'heureuses surprises : le délicieux *Demetrio e Polibio* du jeune Rossini, si prisé de Stendhal, des Donizetti ignorés, des Catalani disparus, et ce savoureux ouvrage des frères Ricci, *Crispino e la comare* (1849), jalon essentiel dans l'histoire de l'opéra-comique italien. Et que connaîtrait-on de notre propre siècle, si Bongiovanni n'avait pas édité les œuvres de Respighi, et montré que Mascagni, qu'on réduit toujours à la sempiternelle *Cavalleria rusticana*, fut un auteur fécond, dont le tardif *Nerone* est une extraordinaire tragédie romaine ?

Giancarlo est si peu marchand que vous pouvez passer une heure dans sa boutique et deviser avec lui, sans qu'il songe à vous vendre le moindre disque. Je le soupçonne d'ailleurs d'aimer trop ce qu'il aime pour avoir envie de s'en défaire. Disquaire ? Appelons-le plutôt arbitre du *bel canto*, dieu tutélaire de la musique, dans une ville où le portrait d'apparat de Farinelli, le plus illustre chanteur de tous les temps, trône dans la grande salle du Conservatoire ; où le jeune Mozart, âgé de quatorze ans, fut reçu membre de l'Académie philharmonique, grâce à une aimable tricherie du professeur padre Martini, qui rectifia en douce la copie de l'inexpérimenté postulant ; où Rossini étudia puis, devenu célèbre, vint habiter pendant plus de vingt ans, au n° 26 de la strada Maggiore.

Bomarzo

L'Italie au sceau de l'Orient

Bagheria en Sicile, Bomarzo dans le Latium, Bethléem à l'est de Prague : les trois B emblématiques du Baroque, les trois hauts lieux du Bizarre et du Biscornu. Le premier, depuis que Goethe s'y est intéressé, a inspiré de nombreux commentaires ; il est compréhensible que le troisième, situé à l'écart des itinéraires habituels, reste peu connu ; on s'explique mal, en revanche, pourquoi le deuxième, à une quinzaine de kilomètres de Viterbe, sur la route qui mène de Florence à Rome, demeure si négligé.

André Pieyre de Mandiargues, dans un chapitre éblouissant du *Belvédère* (Grasset, 1958), a décrit longuement le lieu. Quelle pitié de lire les fadaises imprimées, quarante ans après, dans le plus récent guide de voyage français (« Voir », Hachette). « Le parc des monstres à Bomarzo, créé au XVIe siècle par un duc un peu fou, abrite des géants de pierre que les enfants aiment escalader. » La notice figure à la rubrique « la Rome des enfants ». A quels crétins confie-t-on la rédaction (ou la révision, celui-ci étant adapté de l'anglais) des manuels à l'usage des touristes ?

Le plus grand mystère entoure l'histoire de ce parc. On sait du moins que les Orsini, à qui il appartenait, n'étaient pas « ducs » mais princes, d'une des plus insignes familles romaines. Vicino Orsini, selon une épigraphe découverte dans la pierre, disait l'avoir aménagé « seulement pour épancher son cœur ». Un cœur bien étrange, qu'on ne recommanderait guère pour modèle aux « enfants ». Ce prince fit sculpter, vers 1550, de gigantesques et monstrueuses statues. Taillées à même dans les blocs de rocher qui se trouvaient sur place, elles surgissent au milieu d'une végétation luxuriante, dans une nature très vallonnée.

L'ensemble devait présenter une signification symbolique qui nous échappe. Un parcours initiatique, dont le secret est perdu, ouvrait aux arcanes du parc. Faute de documents, mieux vaut se laisser guider par le hasard de la promenade, errer dans cette forêt parsemée d'apparitions à la fois merveilleuses et terribles. Merveilleuses au sens fort. *E del poeta il fin la meraviglia*, affirmait le Napolitain Giambattista Marino, et ce vers, écrit plus de cinquante ans après la création des monstres, pourrait leur servir de devise. « Le but du poète est la *meraviglia.* » *Merveille* : à la fois ce qui surprend, renverse par la nouveauté, l'insolite, et ce qui enchante par un pouvoir de séduction irrésistible.

Au gré de la déambulation, on rencontre :

un cerbère à trois têtes ;

deux sirènes ;

trois ours héraldiques (jeu de mots sur *Orsini)* ;

une nymphe, aux proportions plus que majestueuses ;

un ogre, énorme mascaron dont la bouche est la porte et les yeux les fenêtres d'une cellule meublée d'une table et d'un banc de pierre ;

un dragon assailli par des chiens ;

un éléphant portant sur son dos une tour crénelée ;

un cheval ailé ;

deux sphinx accroupis ;

une géante assise ;

une maisonnette construite exprès de travers, si inclinée et en équilibre si précaire qu'on se demande comment elle tient debout ;

une fontaine de guingois, surmontée d'un Pégase ;

une tortue au museau carré, surmontée d'une boule et d'une Victoire ailée ;

une face ronde à la gueule grande ouverte, symbole peut-être de l'Averne, que les Anciens tenaient pour l'entrée des Enfers ;

un Hercule de stature surhumaine, en train d'écarteler une jeune personne renversée tête en bas.

Ce groupe, haut de huit à neuf mètres, excite une curiosité particulière. A quel sexe appartient la victime ? Est-ce une fille, est-ce un garçon, l'infortunée créature dont le dieu disloque les cuisses avec cette volupté barbare ? La question n'est pas oiseuse, car, si un trait commun unit toutes ces sculptures humaines ou bestiales, c'est l'intense érotisme qu'elles dégagent, poussé, ici, jusqu'au sadisme. On donne d'habitude pour Cacus, le brigand qui avait volé ses bœufs à Hercule, la figure martyrisée. Selon Mandiargues, qui prétend avoir fait l'ascension du bloc, il s'agirait « plutôt d'une fille ». Chacun projette ses fantasmes ; et c'est ainsi sans doute que le prince entendait qu'on visitât le domaine, en s'abandonnant aux plus folles et cruelles obsessions que les conventions sociales obligent à refouler.

On s'est interrogé, en vain, sur l'identité des maîtres d'œuvre et tailleurs de pierre. Furent-ils recrutés sur place ? Ou importés de lointaines régions, de continents exotiques ? Pour Mario Praz, cet éparpillement anarchique de mastodontes dans une jungle de broussailles et de ronces fait penser aux éléphants de Subramanya, aux dragons et aux hippogriffes de Madura, au Chemin des Esprits de Nankou, aux unicornes montant la garde sur le fleuve Fen. Mandiargues évoque les monstres sculptés dans les cavernes de l'Inde, les dieux et les génies des temples khmers, les tombeaux des empereurs chinois.

Pour expliquer le caractère plus asiatique qu'européen de cette parade de colosses, certains supposent que des missionnaires rentrés des Indes sont intervenus dans la conception du parc. Hypothèse peu satisfaisante, étant donné les contorsions lubriques qui secouent et déforment ces puissantes anatomies. On s'est demandé si des prisonniers turcs, capturés à la bataille de Lépante, n'avaient pas servi d'esclaves et travaillé à dégrossir les blocs. Mais, outre que ce combat naval (1571) est postérieur de vingt ans à la date (1552) de l'épigraphe retrouvée, il est improbable que des marins et des soldats de la flotte ottomane aient possédé la maîtrise nécessaire. On raconte enfin qu'un mari jaloux a donné à son épouse cette milice de dragons et de monstres pour tenir les galants au large. La même légende circule à Bagheria, et pour les mêmes raisons : l'imagination humaine ne conçoit pas qu'une telle collection de formes monstrueuses ait été déployée gratuitement, sans un trésor à garder. S'il y a tant de Bêtes, c'est pour veiller sur une Belle.

Le site archéologique de Tarquinia, fameux pour les tombes peintes, se trouve à peu de distance de Bomarzo. Pourquoi ne pas attribuer à des influences locales le sceau d'Orient apposé aux sculptures du parc ? Nous sommes ici au cœur de l'ancien territoire étrusque, et les artisans toscans du XVIe siècle ont pu garder en eux quelque étincelle du génie de cette civilisation qui partit d'Asie mineure et eut en Lydie son berceau.

Quoi qu'il en soit, Bomarzo se distingue des jardins à l'italienne par un désordre, une sauvagerie, une insolence incompatibles avec l'idéal de perfection harmonieuse et de sérénité intemporelle qu'évoquent les mots Cinquecento, Renaissance. La villa Lante, à Bagnaia, dans le voisinage, offre un splendide exemple, avec ses parterres bien dessinés et l'ingénieux agencement de ses canaux et de ses bassins, de l'Italie classique, policée, distinguée. Il y a beaucoup de ces villas d'agrément dans la péninsule ; il n'y a qu'un seul Bomarzo. Voilà pourquoi la culture officielle et ses relais touristiques ont exclu de leurs circuits une telle agression contre la mesure, le bon goût. Voilà aussi pourquoi on conseille, à tous ceux qui veulent se changer de l'art discipliné de Florence, cette plongée dans le grotesque et le fantastique.

Callas

On l'appelait *la Divina*. Seule femme de ce siècle, avec Dietrich et Garbo, à être un mythe absolu, pourquoi Callas nous subjugue-t-elle ? Elle n'avait pas une voix sans défaut. Un fort vibrato, qui s'est accentué avec les années, des âpretés, des raucités, comme un dédain du beau son et de la perfection formelle. C'est autre chose qui la tourmentait, qui la brûlait et hâta sa courte carrière. Une volonté de s'engager à fond, d'être non seulement un instrument de musique, une lyre mélodieuse, une harpe ruisselante, mais une tragédienne, une actrice complète. Ce qu'elle pouvait faire au cinéma, sans chanter, sans lancer une note, on l'a vu dans *Médée*, le film où Pasolini l'avait engagée pour son seul talent dramatique, et où elle fut, dans le désert de Cappadoce, une princesse barbare du plus pur métal.

Elle ne chantait pas n'importe quoi. Si, au commencement de sa carrière, elle s'essaya dans Mozart, Beethoven ou Wagner, très vite elle se cantonna dans le répertoire italien du XIXe siècle, de Spontini à Mascagni : c'est-à-dire l'opéra pur, non chargé d'intentions philosophiques comme l'opéra allemand, l'opéra-passion, l'opéra des héroïnes qui se consument d'amour et succombent pour avoir outrepassé la mesure. Si, corpulente lorsqu'elle débuta sur les planches, elle s'astreignit ensuite à maigrir, ce ne fut pas coquetterie, comme on l'a sottement prétendu, mais parce qu'elle ne supportait pas d'incarner les amoureuses tragiques dans un corps de matrone. Elle voulait être en tout *la Divina*, et elle le fut, par la voix, par le port, par le geste, par l'autorité — une véritable Grecque, dont la beauté sculpturale n'aurait pas déparé la procession des Panathénées sur la frise du Parthénon.

En Italie, tous ne l'aimaient pas, en raison des scandales de sa vie privée. Renata Tebaldi, sa rivale, était en même temps une femme rangée, morale, exemplaire. Elle, la Callas, avait plaqué son mari italien, à qui elle devait tout, pour suivre Onassis, un aventurier du pétrole. On sait ce qu'il advint par la suite : Onassis épousa Jackie Kennedy en 1968, après neuf ans de concubinage avec Maria, sans même oser prévenir celle-ci, qui ne chantait plus depuis trois ans. La maîtresse délaissée s'évanouit en lisant la nouvelle dans le journal. Anecdote sans rapport avec le génie de la cantatrice ? Je ne le crois pas. Qu'avait-elle chanté toute sa vie ? Des rôles de femmes bafouées et humiliées. Médée, repoussée par Jason (Cherubini), Lucia di Lammermoor, abandonnée par son fiancé (Donizetti), Norma, rejetée par Pollion (Bellini), Anna Bolena, répudiée par Henri VIII (Donizetti), Violetta, trahie par Alfredo (Verdi). Toujours des amantes trompées, des épouses avilies. Il est extraordinaire de penser — mais dans cette anticipation de l'art sur la vie réside justement la dimension mythique — qu'à l'époque où elle était heureuse dans sa vie privée, Callas déjà choisissait ses rôles comme si elle avait eu la prémonition de son destin. Pour être totalement elle-même, il fallait qu'elle incarnât des héroïnes crucifiées. Leur tragédie, c'était déjà la sienne, même si elle était loin de soupçonner en chantant ces opéras que l'expérience personnelle coïnciderait un jour avec la simulation théâtrale.

Au début des années 1950, l'opéra italien du XIXe siècle était tenu en piètre estime. Le wagnérisme avait réussi, en faisant croire qu'il faut être pompeux pour être grand, et solennel pour être profond, à discréditer le *bel canto*, lequel ne repose sur aucune théorie et ne transmet aucun message, mais se contente d'exalter les possibilités naturelles de la voix. Callas, par sa seule volonté, a ressuscité un répertoire qu'on ne jouait plus, Bellini et Donizetti surtout, qui nous paraissent aujourd'hui la quintessence du don mélodique, de la pureté effusive, de la rêverie élégiaque. Sans Callas, leurs œuvres seraient demeurées au rebut. Aucune autre chanteuse, aucun autre chanteur de ce siècle n'a influé autant sur l'histoire du goût.

Quatre héroïnes lui ont donné lieu de se surpasser. Bien sûr, elle reste incomparable dans la Somnambule, Elvira, Anna Bolena, la Vestale, Manon Lescaut, Leonora du *Trovatore*, lady Macbeth ou Gilda de Verdi, Alceste ou Iphigénie de Gluck, et même Rosina du *Barbiere di Siviglia*, une de ses rarissimes incursions dans la comédie. Mais elle a marqué quatre rôles à jamais, au point de démonétiser toute interprétation ultérieure. D'abord Norma et Tosca, l'austère druidesse et le maelström érotique. Quarante ans après, nulle chanteuse au monde n'a pris la relève, Callas demeurant unique dans la majesté outragée comme dans la frénésie sensuelle. Ensuite Lucia, la fameuse Lucia dirigée par Karajan à Berlin, hallucinée et hallucinante, dans la plus grande scène de folie de toute l'histoire de l'opéra. Enfin la Traviata, dans l'illustre mise en scène de Visconti à la Scala, où Callas, en courtisane tour à tour brillante et déchue, astre des salons et victime de l'amour, boute-en-train des fêtes et solitaire à l'agonie, décrivait par avance sa propre courbe existentielle, depuis ses triomphes mondains jusqu'à sa retraite et sa mort esseulée à Paris. *Povera donna, sola, /Abbandonata in questo / Popoloso deserto/ Che appellano Parigi.* En chantant cette cantilène désolée, savait-elle que Verdi l'avait écrite pour elle ?

Comment expliquer le magnétisme qu'elle exerçait sur les salles ? Semblant toujours chercher ses notes, ayant l'air d'inventer la partition à chaque mesure, ne chantant jamais deux fois de la même façon, à la différence des actuels robots de l'industrie du disque, elle donnait l'impression que peut-être elle ne finirait pas le spectacle — ce qui arrivait parfois. Rien n'était sûr avec elle, c'est pourquoi tout était aussi beau.

Camon

Umberto Eco a inauguré son cours au Collège de France en s'interrogeant sur les possibilités d'une langue européenne, unique et parfaite. Il énuméra toutes les utopies nées au cours des siècles pour conjurer la malédiction de Babel, et sonda quelques moyens futurs d'y remédier, mieux que par ce restaurant de Bruxelles, où il avait lu, peu de temps auparavant, cette réclame griffonnée à la craie sur la vitre : « Ici, la plus speedy des pizzas. » Si érudit qu'on soit, si farci de connaissances encyclopédiques, il y a toujours une solution qui vous échappe. Un autre Italien, Ferdinando Camon, qui se contente d'être romancier, a peut-être trouvé le remède. Dans l'institut de super-bébés qu'il imagine, où l'on fabrique des individus capables d'affronter victorieusement le monde moderne, on leur apprend les langues étrangères dès le début de leur conception, dans le ventre de leur mère. D'après les chansons qu'on lui chante et qu'il écoute en collant son oreille au trou du nombril, l'homuncule à naître sait dans quel pays il débarquera. Une éducation plurilinguale, où il entendra toutes les comptines de la terre, lui permettra de se trouver à l'aise n'importe où. Déjà, suggère l'auteur, il n'y a pas de véritable coupure entre les nations latines. Pourquoi ne pas réunir la France et l'Italie, créer la Fritalie [1] ?

Bien qu'il signale, dans une note finale, qu'il n'a eu aucune intention de railler les instituts d'éducation prénatale qui se multiplient en Occident, le livre de Camon s'inscrit dans la grande tradition satirique qui, depuis Voltaire et Wells, tourne en dérision l'espoir de perfectionner l'espèce humaine par des innovations scientifiques. Camon s'est fait connaître par d'excellents romans sur la mort de la civilisation paysanne, sur la crise de la famille et du couple. Dans celui-ci, il aborde un autre thème de la modernité. A notre époque que le mythe du succès, de la réussite sociale, fascine, il imagine que certains cherchent à soustraire les enfants au cycle naturel de la gestation. Pour en faire des individus vraiment compétitifs, il faut les prendre en main avant même qu'ils naissent, manipuler les fœtus par des techniques adéquates, qui ont pour effet supplémentaire de supprimer le rôle démodé de la famille, et surtout du père, dans l'éducation des enfants. Les Enceintes sont confiées à des Instructeurs qui, par des exercices appropriés dans la piscine, pétrissent dans leur ventre un surdoué garanti.

Le narrateur du *Superbaby* est lui-même père d'une de ces créatures pensées pour être idéales. Il n'assiste pas sans angoisse à cette dépossession des prérogatives traditionnelles de son sexe. En quoi ce roman, qui a l'air à première vue, comme toutes les productions récentes qui nous viennent d'Italie, d'un livre sans racines, sans rapports avec sa terre d'origine, international, reste profondément italien. Dans nul autre pays d'Europe l'Amérique n'exerce une emprise aussi vive ; nulle part ailleurs le mythe du progrès et du bien-être n'hypnotise autant. En même temps, par un paradoxe qui donne sa saveur à ce livre, l'Italie demeure le pays à la structure patriarcale la plus vigoureuse. De sorte que Lino, à la fois fasciné et horrifié par la programmation prénatale qu'on fait subir à son rejeton, se trouve placé dans la situation idéale pour raconter l'histoire avec une stupeur ironique qui mêle émerveillement et persiflage.

On s'amuse à toutes les pages. D'autant plus que Lino a bien d'autres déboires à exposer, qui ne font pas honneur à sa virilité. Il ne réussit pas

---

1. *Le Superbaby*, traduit par Yves Hersant, Gallimard.

à passer ses examens avec un professeur qui le terrorise, il met six ans pour réussir à engrosser sa femme. La satire des mœurs universitaires, l'analyse de l'érotique des examens, fournissent des morceaux de comédie. Voir en particulier l'interrogation sur le châtiment des déviations sexuelles sous la Contre-Réforme : un petit miracle de drôlerie, le candidat devant se garder à la fois de ne pas répondre avec précision sur les distinguos théologiques entre parties honnêtes, moins honnêtes et déshonnêtes, et de paraître prendre trop d'intérêt à un sujet aussi scabreux.

L'écriture de Camon est souple, déliée, malicieuse, inventant une série indéfinie de doublons pour remplacer l'archaïque et obsolète Mères : les Gravides, les Fertilisées, les Génératrices, les Fécondées, les Pétrisseuses, les Couveuses, les Mûrisseuses, les Conceptrices, toutes rampant dans la piscine sous la férule de l'Educator. Les rapports conjugaux sont eux-mêmes soustraits au règne mou du psychologique. Entre Lino et Virginia, il n'est question que de la quantité de spermatozoïdes perdus, non de plaisir, encore moins d'amants, malgré la longue stérilité du couple. L'amant, ingrédient indispensable dans le roman de la génération précédente, dans le roman à la Moravia, a complètement disparu, telle une variété de dinosaure qui n'a plus sa place dans une histoire moderne. Et n'est-elle pas résolument et triomphalement moderne, notre époque où seuls « les enfants du peuple, ces analphabètes, qui en neuf mois n'ont pas suivi une seule heure de cours » continueront à naître dans les cliniques sous la lumière violente d'un projecteur, semblables à des gangsters débusqués par les cellules photoélectriques du FBI ? Alors que les autres, les Elus, qui ne porteront même plus le titre suranné d'enfants, seront de simples Evacués, entraînés par les reptations aquatiques prénatales à traverser le canal de la vie comme les écluses de Panama. Humour lyrique, tendresse brocardière, qui font rire et rêver.

Caravage

Caravage à Naples

Précédés et suivis de toiles de précurseurs et d'épigones, le musée de Capodimonte, à Naples, a présenté, en 1985, quelque quarante Caravage, en respectant l'ordre chronologique. Splendide catalogue, *Caravaggio e il suo tempo* (Electa). Occasion pour nous non seulement de connaître mieux ce peintre, mais de comprendre en quoi, bien que né près de Milan et ayant fait une partie de sa carrière à Rome, il est profondément, viscéralement napolitain.

Ainsi de ce *Saint Jean-Baptiste* de Kansas City : jeune homme nu d'une beauté provocante, dont l'ongle de l'orteil est souligné d'un trait de crasse. Caravage aime la beauté, et les hommes beaux, comme ses confrères de la Renaissance : mais il aime la beauté populaire, celle qui traîne dans la rue, il refuse l'idéalisation qui a régné pendant deux siècles dans la peinture italienne. Même si l'on ne connaissait pas la date de cette œuvre (1604), ce seul détail de l'ongle noir suffirait à indiquer le début d'une ère nouvelle.

L'ère des contrastes, des tumultes, des paroxysmes. L'ère baroque. On est stupéfait de découvrir dans le *Saint François qui reçoit les stigmates* de Hartford (les raretés envoyées des Etats-Unis et d'Angleterre modifient l'image du peintre) une des premières représentations — peut-être la première ? — de l'extase. Le saint est renversé sur les genoux d'un adolescent qu'une paire d'ailes veut nous faire prendre pour un ange. La pose abandonnée de François, son extrême langueur annoncent la fameuse *Sainte Thérèse* du Bernin. Mais le tableau remonte à 1605 : deux ans avant l'*Orfeo* de Monteverdi, quelque quarante ans avant le Bernin, Caravage introduit dans les arts plastiques le thème, qui sera si cher à l'opéra et à toute la culture du XVIIe siècle, de la pâmoison. Défaillir, mourir dans les bras de l'être aimé deviendra un des lieux communs du *bel canto*. Mais que d'humour également ! Il prête à saint François les mêmes traits qu'à un des forbans de sa toile *les Tricheurs*. L'ange qui assiste le stigmatisé ressemble comme un jumeau à l'Eros qui accompagne, dans le *Concert des jeunes gens* de New York, un groupe d'androgynes outrageusement fardés. Toujours ce refus, « napolitain », de la sainteté trop éthérée ou de l'angélisme trop désincarné. Et, en échange, un érotisme intense, constant, qui frémit dans les portraits de garçons — oh ! la surprise du *Garçon mordu par un lézard* d'une collection privée de Londres —, se teinte souvent d'un sadisme sanguinaire, en exploitant à sa façon les thèmes bibliques de David et Goliath, Judith et Holopherne, Salomé, et n'épargne même pas les scènes de flagellation du Christ.

Capodimonte, ancien palais royal, est isolé sur une colline, mais de toute part monte la rumeur de la grande ville. Et Caravage est le premier peintre de la grande ville, du fracas, du désordre, de la fièvre permanente qui constituent l'existence d'une grande ville. Naples, jusqu'à la fin du XIXe siècle, a été la seule métropole de la péninsule. Du temps de Caravage déjà, c'était un labyrinthe urbain, exsudant la perversité et le mystère. Le peintre y a trouvé son génie. Il s'oppose aux artistes de la Renaissance comme Dostoïevski à Tolstoï. Après la vision mesurée, noble, harmonieuse de la beauté humaine, une vision convulsive, pathétique. Une des figures qui reviennent souvent dans ses tableaux est un vieillard camus et ridé qui ressemble assez à l'auteur des *Frères Karamazov*.

Le rapprochement des toiles fait apparaître la dimension romanesque de l'œuvre. Avant Balzac, Caravage a pratiqué le « retour des personnages », trahissant une tendresse passionnée pour certains de ses modèles. Outre les exemples déjà cités, le Bacchus de la Villa Borghese reparaît dans un des androgynes du *Concert des jeunes gens*, la victime du *Sacrifice d'Isaac* de Florence dans le profanissime *Amour victorieux* de Berlin et dans le *David* du Prado.

Le plus fascinant, c'est de retrouver, quand on redescend en ville, les mêmes visages, les mêmes types : mauvais garçons à figure d'ange, sur fond de rues ténébreuses et humides. Qui oserait prétendre que Naples est une ville de clarté ? Il s'y rencontre bien un *vicolo del sole*, mais nommé ainsi par antiphrase. Le soleil pénètre rarement dans ces boyaux trop étroits. Caravage n'avait qu'à se promener, observer, épier dans ces dédales ombreux, pour découvrir le clair-obscur. Rien de formaliste dans ses recherches sur la lumière. C'était le contraire d'un théoricien.

Avant Van Gogh, peut-être, aucun peintre ne s'est engagé aussi violemment dans ses œuvres, n'y a risqué autant. Il poussa si loin la confusion entre l'art et la vie qu'il mania plusieurs fois le couteau, fut impliqué dans des rixes sanglantes, et trouva la mort, dans des conditions non moins louches que Pasolini à Ostie, sur une plage déserte au nord de Rome.

Casanova

L'homme

Casanova est l'homme le plus admiré des imbéciles, et le plus décrié par les gens d'esprit. Les imbéciles, ne voyant en lui qu'un trousseur de jupons, un séducteur de nonnes, un défonceur de vierges, un tombeur de comtesses et de rombières, lui envient cette phénoménale collection de bonnes fortunes. Les gens d'esprit trouvent que c'est un superficiel, un nul. « Léger comme un éphémère, vide comme une bulle de savon », selon Stefan Zweig. Pour Fellini, un automate ridicule, un piston à foutre. S'il émerveille les uns et irrite les autres, c'est pour d'aussi mauvaises raisons.

D'abord, l'*Histoire de ma vie* vaut moins par le récit des aventures féminines — c'est même la partie quelquefois la plus ennuyeuse à force d'être répétitive — que par le tableau de l'Europe qui s'en dégage, par les mille observations sur les mœurs et les institutions des pays que parcourt cet infatigable voyageur. Tout l'intéresse, tout l'amuse, et pas seulement l'anatomie secrète des dames. A Venise, dans sa jeunesse, il prononce des sermons à l'église et gagne son pain comme violoniste au théâtre. A Paris, fonde la Loterie nationale. A Vienne, donne un coup de main à Lorenzo Da Ponte pour le livret de *Don Giovanni*. A Saint-Pétersbourg, propose à Catherine II d'aligner le calendrier russe sur le calendrier grégorien. A Ferney, dispute avec Voltaire de littérature et de politique. Il a laissé une traduction en vers de *l'Iliade*, un gros roman d'anticipation qui préfigure Jules Verne, une histoire de la Pologne, un traité de mathématiques. Le récit de son séjour en prison et de son évasion compte parmi les plus beaux morceaux du genre, à faire pâlir de jalousie Alexandre Dumas lui-même (qui lui ressemble comme un frère).

Quant à l'irritation qu'il suscite chez les gens d'esprit, elle n'est guère à leur honneur. Casanova est l'homme le plus libre qui ait jamais existé sur terre, et pour cette raison il dérange, déprime et jette dans une humeur noire tous ceux qui n'ont ni les moyens ni le courage de cette liberté. Voici quelqu'un pour qui les mots de Loi, d'Interdiction, de Péché n'ont rigoureusement aucun sens ; qui vit sur le mode unique du Plaisir ; qui ne connaît ni Père ni Pape ; sur qui les anathèmes de la Bible n'ont jamais pesé ; qui est dépourvu de la moindre conscience religieuse ; chez qui tous les Freud du monde chercheraient en vain une trace de Surmoi. Quelqu'un qui a échappé miraculeusement à toutes les contraintes qui entravent l'homme occidental depuis les débuts de son histoire et freinent l'épanouissement de sa nature.

Miraculeusement ? A cause de son origine vénitienne ? Nous tenons en Casanova le type le plus pur de l'Italien. Tous les Italiens sont païens, leur société est pour cette raison si agréable, ils ont la passion exclusive de l'instant, de la terre, de la chair, des choses pleines, immédiates et tangibles, et Casanova, parmi eux, est celui qui a su le mieux jouir de ces choses, sans remords ni calculs pour le lendemain. Une femme (j'y viens) perdue, dix retrouvées. « Nous n'avions été amants que parce que nous n'avions fait aucun cas de l'amour, et nos jouissances avaient cimenté entre nous une amitié sincère et capable de dévouement » (chap. CXVIII). Tout notre héros est là, dans cette pensée qui réduit l'amour à sa partie physique, sans faire cas du sentiment. Le sentiment est l'invention de la conscience malheureuse, qui a toujours besoin de justifier la volupté : coucher avec une femme sans amour est une chose qui ne se fait pas. Nul n'a ignoré aussi hardiment que Casanova la pression de cette morale restrictive. Il couche, prend son plaisir et s'en va — comme on mord dans un fruit ou avale un verre de muscat.

Goujat ? Macho ? Pas le moins du monde. Il n'y a pas une seule de ses maîtresses qui ne lui ait été reconnaissante. Reconnaissante d'avoir été si gentiment séduite ; reconnaissante d'avoir été dans les bras d'un si bel homme et d'un champion si valeureux ; reconnaissante d'avoir été ensuite non pas « abandonnée » (fi ! le vilain mot, si peu casanovien, si inutilement pathétique) mais quittée, comme on se quitte entre amis après un bon moment passé ensemble, sans avoir à supporter les assommantes séquelles du désir, jalousie, habitudes ligotantes, mariage. « Une amitié sincère et capable de dévouement » : il arrive à Casanova de rencontrer, dix ans, vingt ans après, une maîtresse du temps passé, et ils se revoient avec un mutuel contentement. Casanova n'a jamais « rompu » avec aucune femme : le mot de rupture, avec ses résonances dramatiques, est encore une invention de la morale répressive. On voudrait nous faire croire que le partage de la volupté sexuelle nous crée des devoirs. Casanova refuse d'obéir à ce diktat : il n'a jamais rien brisé ni personne, parce que en entraînant sa conquête dans son lit (ou contre une simple porte) il n'engageait ni soi ni l'autre à quoi que ce fût de plus durable que dix minutes d'agrément réciproque.

Cynisme ? Non : réalisme, juste et plein réalisme, qui ne paraît dur que parce qu'il écarte les faux-semblants et les consolations. « Cette charmante Française mourut de la petite vérole quelques mois après, et ce fut sans doute un bienfait de sa destinée ; car, comme elle n'était ni économe ni intéressée, elle aurait fini ses jours dans la misère quand sa beauté ne lui aurait plus assuré l'entretien » (chap. CXVI). Casanova a été le plus gentil, le plus attentif des amants, parce qu'il n'avait pas à calculer, en donnant et en prenant ces dix minutes de plaisir, le prix que ce bref moment coûte au commun des mortels.

Autre preuve de son indépendance : le conseil qu'il donne, à tout homme sain et bien portant qui n'a pas de partenaire à sa disposition, de se masturber. L'Occident aurait gagné deux cents ans de bonheur s'il avait écouté ce conseil, au lieu de se laisser intimider, jusqu'à la honte et l'angoisse, par les sottises en vogue. Voltaire lui-même, pour une fois ennemi des Lumières, a écrit que la masturbation rend fou, idiot et abrège la vie. Et sur le chapitre de l'homosexualité ? On attend là Casanova. Il y semble un tout petit peu moins libre, raille çà et là ce « goût », se défend d'être intéressé de ce côté, jure que, quand il fait la cour au jeune et beau Bellino, il avait deviné que c'était une demoiselle travestie, enfin avoue avoir succombé à Saint-Pétersbourg aux charmes d'un jeune lieutenant russe. Le tout avec des protestations et des chichis qui montrent à quel point il fallait avoir l'âme bien trempée pour oser avouer un goût qui exposait encore au bûcher, quand on n'était pas un grand de ce monde, comme l'ambassadeur de Venise Mocenigo ou le roi Frédéric II de Prusse.

Pourquoi alors, se demande-t-on, notre époque, qui se pique d'émancipation, ne reconnaît-elle pas Casanova comme un champion de la modernité ? Pourquoi l'intelligentsia continue-t-elle à le bouder ? Pourquoi ne garde-t-il qu'une réputation d'amuseur, tout juste bon à donner son nom à des cabarets ? Voilà une énigme qu'il importe de résoudre, pour prendre toute la mesure du personnage. Non seulement Casanova a été un homme libre, mais un homme heureux, ce qui est rare, et se disant heureux, ce qui est presque unique. Le plaisir gratuit et volage, oui, mais aussi le plaisir *clair*, sans déviation vers l'érotisme sulfureux. La haute culture occidentale, qui n'aime dans la liberté sexuelle que l'occasion d'enfreindre des tabous, ne pardonne pas à Casanova d'avoir couché, tant avec des filles qu'avec des garçons, pour le pur plaisir, sans croire jeter un défi à la société.

Don Juan est devenu un de nos héros favoris, non Casanova. Or don Juan, ténébreux Espagnol, est le contraire de Casanova, lumineux Italien. Ce qui intéresse don Juan, garrotté par l'Eglise, ce n'est pas de prendre plaisir avec une femme, c'est de s'opposer au Père, à la Loi, à Dieu, c'est de braver un pouvoir qui continue à le subjuguer. Casanova jouit positivement de son bonheur, sans avoir besoin de le disputer à des forces qui le lui prohibent, et c'est cette liberté suprême qui est intolérable à tous ceux qui, comme don Juan, restent soumis à la morale judéo-chrétienne et à ses interdits.

Pourquoi Sade est-il tellement à la mode ? Parce qu'il exalte, non le plaisir, mais la transgression. Et Georges Bataille ? Il passe pour un héros de l'érotisme, alors qu'il ne chérit, en chrétien fidèle, que la crainte et le tremblement devant l'objet défendu. Casanova reste à des années-lumière en avance sur notre époque, qui s'obstine à proposer comme mythes amoureux les couples funèbres de Tristan et Iseult, Roméo et Juliette, David et Jonathan, jamais les couples légers et roboratifs de Casanova et Bellino, Casanova et Henriette, Casanova et donna Lucrezia à Naples, ville qui, dit-il, lui a toujours porté chance. Comme à Dumas, et on les comprend, puisque, de toutes, c'est la plus païenne.

Il faut du courage pour être heureux et gai à ce point, car les contrariétés, les revers, les chagrins n'ont pas manqué à Giacomo. Son origine pauvre, la mort précoce de son père, ses débuts difficiles, puis ses démêlés avec la justice, avec l'Inquisition, avec les autorités des pays parcourus, ses prisons, ses fuites précipitées, ses exils, ses véroles (au moins dix), sa vieillesse sépulcrale, tout cela aurait pu l'incliner au pessimisme, s'il avait eu le minimum de complaisance pour lui-même. Loin de s'attendrir sur son sort, il le joue à chaque minute. C'est un joueur type, de naissance mais aussi par conviction qu'il n'y a de drame à faire, ni des embûches rencontrées sur la route, ni de la mort elle-même. Un risque-tout, qui ne s'arrête jamais, ni à une seule femme, ni à un seul métier. Il ne se sent vivre que dans le mouvement, le hasard, l'imprévu, le danger. Jamais de repos pour lui, jamais de sécurité. « La pensée de me fixer quelque part m'a toujours répugné et une vie raisonnable m'a toujours paru complètement contre nature. » Même Catherine II, qui lui proposa une place, et dont il admirait le génie, ne put l'attacher à son service, comme Diderot.

Avec Lorenzo Da Ponte, le chevalier d'Eon, le pseudo-comte Cagliostro, et avant Napoléon qui en sera la variante politique et guerrière, il incarne cette race d'aventuriers sans peurs ni scrupules qui exploitèrent toutes les ressources d'un siècle mobile et ouvert. Au siècle suivant, avec l'avènement de la bourgeoisie et de l'idéal bourgeois, l'Europe ne donnera plus autant d'essor aux natures libres et entreprenantes.

Et pourtant, à la fin de sa vie, quand la chance l'eut quitté, quand son pouvoir sur les femmes eut disparu, notre vagabond fut bien aise d'accepter, à soixante ans, ruiné et décrépit, l'offre du comte de Waldstein qui l'engageait comme bibliothécaire dans son château de Dux, en Bohême. Il faut aller dans ce village, perdu à quelque cent kilomètres au nord-ouest de Prague, afin de mesurer quelle fut l'ampleur du désastre pour le nomade et le citoyen du monde. Pendant treize ans, jusqu'à sa mort, il dut végéter dans ce castel rococo ; logé non dans le corps de bâtiment principal, mais dans l'aile des domestiques, où il avait deux chambres. On voit toujours le grand miroir de Venise qui équipait l'une d'elles : un symbole, ce miroir, qui lui donna sujet de réfléchir sur sa vie et envie de la consigner par écrit, tout en lui rappelant, à titre de réconfort, les douceurs et les splendeurs de sa patrie perdue.

Sans ce séjour et cette longue mortification de treize ans, Casanova ne serait pas passé à la postérité, nous ne saurions rien de ses aventures. Privé de femmes, privé de société, il se mit à écrire. Et c'est là, sans doute, le plus grand prodige de ce destin prodigieux. Sans avoir jamais écrit auparavant, il devient l'auteur d'un des livres les plus forts, les plus entraînants, les plus beaux, les plus célèbres de la littérature mondiale. Celui que Zweig appelle d'une jolie formule un croisement d'homme de la Renaissance et de chevalier d'industrie ajoute à ces titres déjà enviables celui de grand écrivain. Et sans effort, semble-t-il, tant sa prose fluide court facile et légère ; sans même penser qu'il fait un travail d'écrivain.

Voilà, je pense, ce qu'on lui pardonne le moins. Qu'il ait vécu mieux que les autres, plus agréablement et plus pleinement, passe encore ; mais qu'il ait réussi en outre à se hisser dans le panthéon des gloires durables, c'est trop, surtout pour notre siècle. Quoi ! Trouver du premier coup la formule juste, sans avoir retourné cent fois sa plume dans son encrier ni éprouvé, comme Flaubert dans son gueuloir, le grain et la musique de sa phrase ! Ecrire au galop, sans polir ni limer ! Un vrai usurpateur, ce confrère, qui ne connaît ni l'angoisse de la page blanche ni les transes de la création, obligatoires pour tout écrivain qui se respecte depuis que Proust et Kafka ont fixé le modèle de l'artiste. Un imposteur, dont la plus grande tromperie n'est pas de s'être fait appeler chevalier de Seingalt, mais d'avoir volé les instruments du métier littéraire.

Un cas unique, ce Casanova, un véritable scandale. Il faut se dédier ou à la vie ou à l'art, concilier les deux est une insulte à la doctrine et au pathos selon lesquels une œuvre ne peut se nourrir que de l'échec d'une existence. Casanova, comme Dumas, s'inscrit en faux contre ce lugubre devoir de choisir. Il a vécu pleinement, et maintenant, dans sa solitude et son ennui de Dux, il ne va pas se mettre à singer les douleurs de l'accouchement. Non, son livre est le prolongement exact, la caisse de résonance, l'accomplissement, l'épanouissement de sa vie, de sa joie de vivre.

De même qu'on n'y relève aucune trace de labeur pénible, de dévotion anxieuse à la déesse Immortalité, de contorsions pour acquérir un nom, de même on n'y trouve pas l'ombre d'aigreur ou de récriminations. Ecrire lui a apporté un nouveau bonheur, c'est un comble pour notre époque qui mythologise l'effort, l'insatisfaction, le sacrifice du bonheur personnel au Livre avec un grand L. Nul livre ne mérite mieux ce grand L que l'*Histoire de ma vie*, somme inouïe d'expériences, d'aventures, d'observations, de réflexions, et nul ne le mérite avec moins de titres, si la rumination mentale, la discipline austère, le doute paralysant sont considérés aujourd'hui comme le passeport indispensable pour la gloire. Jusqu'à sa mort Casanova aura été le dilettante parfait, l'amateur intrépide qui n'a pas besoin de souffrir pour exceller. De quoi faire enrager tous ceux qui tiennent la sueur, les larmes et le sang pour les ingrédients nécessaires du génie.

Où est la dépouille de Casanova ? On l'avait enterré dans le petit cimetière de Dux. Ce cimetière fut transformé ensuite en jardin public. Seule subsiste la chapelle. Une plaque sur le mur de cette chapelle signale la présence du grand homme « quelque part » alentour. Cet arrangement l'eût ravi. Vivant, il ne voulait pas d'entraves. Mort, il n'est pas embarrassé d'une tombe.

L'écrivain et le penseur

L'événement dans l'édition, le seul événement de cette année 1993, le voici ! Un des plus grands textes français restitué dans sa version originale, après presque deux siècles de falsification éhontée ! Il faut rappeler brièvement l'invraisemblable histoire du manuscrit de Casanova, acheté en 1820 par l'éditeur allemand Brockhaus de Leipzig, publié pour la première fois dans une traduction allemande entre 1822 et 1828, puis récrit par le professeur français Jean Laforgue, avant d'être publié en français, entre 1826 et 1838. C'est le texte de Laforgue qui a été constamment réédité, jusqu'en 1960, où Plon publia enfin le manuscrit authentique. Cette édition fut rapidement épuisée. Elle est aujourd'hui introuvable. Et l'on continue, comme Arlea tout récemment, à publier le texte de Laforgue, Brockhaus restant le propriétaire du manuscrit, et l'*Histoire de ma vie* n'étant pas dans le domaine public ! Vous devez jeter au feu toutes vos vieilles éditions de Casanova, Pléiade et Livre de Poche en tête, le texte de Laforgue est la plus ignominieuse escroquerie de toute l'histoire littéraire. Vive « Bouquins », qui une fois de plus remonte aux sources, et nous offre en trois volumes élégants et maniables, pourvus de répertoires et d'index, et enrichis de divers essais inédits retrouvés dans les archives de Dux et de Prague, la véritable prose de l'homme le plus libre que la terre ait jamais porté.

Laforgue ne se contenta pas de nettoyer les nombreux italianismes, d'ailleurs savoureux, il s'autorisa du moralisme qui sévissait à son époque (la Restauration, si haïe de Stendhal pour l'hypocrisie et la bigoterie) pour mutiler le texte et, pis encore, remplacer telle description audacieuse par un résumé papelard. Laforgue : « N'en pouvant plus et sentant à chaque instant s'accroître l'ardeur qui me consumait, je m'arrêtai au parti de la prier elle-même de ne plus venir » (I, 4). Casanova : « N'en pouvant donc plus, et devenant tous les jours plus amoureux, précisément à cause du spécifique des écoliers qui désarme en épuisant dans le moment la puissance, mais qui irritant la nature l'excite à la vengeance qu'elle exerce en redoublant les désirs du tyran qui l'a domptée, j'ai passé toute la nuit avec le fantôme de Lucie devant mon esprit triste d'avoir décidé de la voir le matin pour la dernière fois. »

Laforgue : « Notre dernière lutte aurait été plus longue s'il n'était pas venu à ma charmante amie le caprice de se mettre à ma place et de renverser les rôles. Epuisés de bonheur et de jouissance, nous nous endormions... » (III, 14). Casanova : « Le dernier débat aurait duré davantage, si le caprice n'était venu à ma moitié, devenue déjà curieuse, de prendre ma place me mettant à la sienne. S'étant offerte à mon âme dans un aspect d'obsession qui la déclarait envahie par Vénus, le suprême degré de volupté s'empara de mes sens. Etant restés comme morts, nous nous endormîmes. »

Au chapitre 10 du volume VII, Casanova retrouve Lucrèce, une ancienne maîtresse, en compagnie de Leonilde, jeune beauté de dix-huit ans, qu'il découvre être leur fille. Le paternel et le charnel se mêlant en lui, la nuit suivante jette les trois personnages sur le même lit. « Mais ici, lit-on dans Laforgue, je dois jeter un voile sur la nuit la plus voluptueuse que j'aie passée de ma vie. Si je disais tout, je blesserais les oreilles habituées à se croire chastes ; et d'ailleurs la palette n'a pas assez de couleurs, la poésie assez de figures, etc. » Ce style ampoulé est aux antipodes du baroquisme dru et cru de l'*Histoire de ma vie*. Casanova dit tout et dans le détail. Aucun voile pour décrire en une page entière comment il s'y est pris pour coucher en même temps avec la mère et la fille, sans pourtant déflorer celle-ci, son propre enfant. « La curiosité de Leonilde me ravissait l'âme. C'est donc comme ça, me disait-elle, que tu as fait, il y a dix-huit ans, quand tu m'as engendrée ? Mais voilà le moment qui mène Lucrèce à la mort d'amour précisément dans l'instant où, pour la ménager, je me crois en devoir de me retirer. Leonilde émue à pitié aide d'une main le passage à la petite âme de sa mère, et de l'autre elle met un mouchoir blanc sous son père qui se distillait. »

Cette scène entièrement caviardée par Laforgue ! J'ai pris ces trois exemples au hasard. Où qu'on ouvre « Bouquins », on s'aperçoit qu'on n'avait jamais lu Casanova, mais une cafarde contrefaçon. Les inédits publiés en annexe, d'un intérêt passionnant, confortent l'idée que l'érotisme n'était ni la seule ni la principale occupation du Vénitien. Qu'on en juge par le sujet de ses études : sur Bernardin de Saint-Pierre, sur la loterie, sur la Kabbale, sur le projet d'une fabrique de savon à Varsovie, sur la circulation de l'or et de l'argent, sur le suicide, sur Mirabeau et Robespierre, sur Pétrarque, sur l'algèbre. Il était tout, celui qui n'est connu que comme fripon : économiste, mathématicien, critique littéraire, écrivain politique, philosophe, historien.

L'essai le plus étonnant est un dialogue, *Le philosophe et le théologien*, où Casanova avec une hardiesse sacrilège s'en prend au Dieu de la Bible, qui n'est puissant et absolu que dans les exécutions atroces de déluges, d'incendies, de massacres, à Jésus-Christ, qui n'était qu'un homme, un païen de Judée, à saint Paul, un franc menteur. Il raille la communion, qui transforme le Dieu mangé en matière fécale, le miracle des deux mille cochons, dans un pays où il n'y avait pas de cochons, la légende de la croix, car il n'y a pas de clous assez longs pour clouer deux pieds l'un sur l'autre, et jusqu'au Pater noster, avec ses conseils de pardonner les offenses et d'être insouciant du lendemain, programme « pitoyable » qui encourage à « la plus vicieuse indolence ».

Eh oui ! on commence à comprendre pourquoi un tel impie a été censuré. Ce n'était pas seulement un aimable amateur de sexe, mais un libre penseur, un presque révolutionnaire, précurseur de Renan pour la critique des Ecritures et l'affirmation de l'humanité de Jésus, et s'élevant, avant les diatribes de Nietzsche, contre le christianisme, morale d'esclaves.

Le romancier

Que d'idées fausses sur Casanova ! On croit qu'il ne s'intéressait qu'à la galanterie, alors que l'observateur et le critique de la société de son temps est infiniment supérieur au trousseur de jupons. On le crédite d'un seul livre, l'*Histoire de ma vie*, alors qu'il est l'auteur d'une foule d'opuscules, et d'un énorme roman, écrit pendant sa vieillesse, en français, dans la solitude du château de Dux : cet *Icosaméron*, dont il attendait la gloire, et qui fut un fiasco, à cause de sa longueur et peut-être aussi à cause de l'audace des thèmes abordés. Paru en 1788 à Prague, souscrit à cent cinquante-six exemplaires, il n'avait jamais été remis dans le commerce. Réparation est faite aujourd'hui [1]. Il s'agit d'un livre tout à fait extraordinaire, qui combine l'imagination prophétique de Jules Verne avec la malice érudite d'Umberto Eco.

Comme le titre l'indique, le roman est divisé en vingt journées, au cours desquelles Edouard et Elisabeth racontent à leurs parents, qui les croyaient perdus, comment, après le naufrage de leur navire, ils ont accompli un voyage au centre de la terre, chez l'étrange peuple des Mégamicres. Les Mégamicres sont androgynes, ils se reproduisent par couples de jumeaux et se nourrissent en se suçant réciproquement le lait de leurs mamelles. Le XVIIIe siècle était sans doute assez libre d'esprit pour encaisser de telles hardiesses. Casanova ne s'en est pas tenu là. Edouard et Elisabeth, seuls humains dans ce monde fantastique, en viennent à coucher ensemble, sans en éprouver aucun remords. « Pouvons-nous avoir offensé la nature, tandis que ce fut la nature elle-même qui nous fit agir ainsi sans le concours de notre volonté ? »

On reconnaît la splendide modernité de Casanova, qui, dans l'*Histoire de ma vie*, en avance de deux siècles sur son époque, justifiait l'homosexualité et la masturbation, au nom de la légitimité de tout désir, pourvu qu'il soit naturel. En 1931, Roger Martin du Gard publia *Confidence africaine*, récit d'un inceste entre frère et sœur. Pour amortir le scandale, il faisait mourir jeune, comme étant non viable, le fruit de leurs amours. Pusillanimité que lui reprocha vivement Gide, qui aurait voulu que l'enfant fût sain, beau et glorieux. Aucune trace de culpabilité dans le roman de Casanova. Edouard et Elisabeth, tous les neuf mois, et pendant quarante ans, mettent au monde deux jumeaux, qui eux-mêmes se multipliant par reproduction gémellaire, portent la descendance du couple incestueux à plusieurs millions de rejetons, tous en pleine forme.

Les Mégamicres ont une organisation sociale fort curieuse, qui rappelle les grandes utopies du siècle des Lumières. Leur langage se compose de 29 479 mots, formés uniquement de voyelles qu'ils modulent sur sept tons différents, comme une mélodie qu'ils perçoivent non seulement par les oreilles, mais par tous les pores de la peau. Pour écriture, ils se servent d'un système de notations colorées, une nuance du prisme correspondant à chaque voyelle. De Rimbaud, on saute à Jules Verne, pour les anticipations scientifiques : gaz asphyxiants, télégraphe électrique, chevaux volants qui utilisent des aires de lancement et d'atterrissage, chariots automobiles à ressorts. Quant à la théorie des couleurs, elle préfigure l'impressionnisme : selon les Mégamicres, la couleur noire n'existe pas, car la lumière abhorre le noir, et ce qu'on prend pour du noir n'est qu'un bleu obscur. Enfin, pour les farces et attrapes, on se retrouve non loin du *Pendule de Foucault*. Ainsi les Mégamicres

---

1. François Bourin, 1988, 780 p.

donnent-ils à leur dieu le nom d'AEIOU, anagramme d'IEOUA, c'est-à-dire Jehovah, preuve, selon Casanova, qu'un même créateur a œuvré sur et sous la terre.

Les trouvailles fusent avec une incroyable abondance dans ce livre écrit sans doute avec la prolixité complaisante du temps, mais si savoureux, si drôle, si inventif, si rempli d'aperçus insolites sur les sujets les plus improbables, qu'on supporte sans ennui les accalmies de bavardage. Un roman d'aventures qui s'éclate en fête de l'imaginaire : on pourrait redire à son propos ce que le spirituel prince de Ligne écrivait à l'auteur de l'*Histoire de ma vie* : « Vous êtes souvent en même temps Horace, Montaigne et Jean-Jacques. J'aime mieux le Jacques qui n'est pas Jean. Car vous êtes gai et il est atrabilaire, vous êtes gourmand et il met de la vertu dans les légumes. »

Le personnage de cinéma

Casanova n'a pas toujours été Casanova. Il eut une préhistoire, une genèse, des rapports problématiques avec ses parents, des conflits avec ses éducateurs. Bref, une enfance, qui explique en grande partie ce qu'il est devenu. Sous son air désinvolte et léger, il cachait peut-être un passé grave, douloureux. En tout cas un passé. Pour trouver la consistance, l'épaisseur de ce personnage auquel Fellini reproche de n'avoir été qu'une enveloppe vide, il suffisait de s'intéresser à ses débuts. C'est ce qu'a fait Comencini, en montrant le Casanova d'avant Casanova, le Casanova des origines au lieu du Casanova des clichés.

Film doublement réaliste, doublement juste. Par les descriptions de Venise (la plus belle Venise qu'on ait vue au cinéma : la Venise pauvre et concrète, inconnue de Visconti), de l'époque, du milieu social. Mais surtout par la peinture d'une éducation. Voici la mère actrice brillante, frivole, en quête d'aventures, fâchée d'être suivie dans la rue par son petit garçon. Voici le père, trompé, résigné, malade, porté de force sur la table de trépanation où un chirurgien du beau monde l'achève en lui forant le crâne avec un vilebrequin. Giacomo n'a pas dix ans. Il regarde, il observe, il ne comprend pas, il n'est pas compris. On savait depuis *l'Incompreso*, depuis *Pinocchio*, avec quel bonheur Comencini fait bouger les enfants. Giacomo apprend, du haut de son petit observatoire familial, que les femmes incarnent la vitalité et la trahison, les hommes la faiblesse et la démission. Qu'on relise maintenant les *Mémoires* et qu'on dise si les images de ce film ne valent pas cent pages de psychanalyse. Que fera d'autre Casanova dans toute sa vie, que venger son père de la duplicité des femmes ? Et comment s'étonner qu'un enfant, qui a vu mourir son père après l'avoir vu bafouer, ait établi un lien inconscient entre l'échec sexuel et la mort, entre la virilité combative et la vie ?

L'aspect historique du film n'est pas moins remarquable. Le collège pauvre où on expédie l'orphelin, les poux, les prêtres qui font école ; puis, grâce à la protection d'un impayable sénateur à perruque et à zozotement, la vie de palais ; les débuts de prédicateur, les premiers succès dus à la jolie figure (dans la deuxième moitié du film, celle du beau Leonard Whiting, ex-Roméo de Zeffirelli) ; les premières aventures de couvent, les premières méprises d'alcôve : tout cela est drôle, bien fait, vif, sensible. La fin semble d'abord un peu légère, un peu facile. Casanova est au lit, dans un décor de bonbonnière, avec deux jeunes beautés. Est-ce la convention qui revient ? Non, si l'on pense qu'il trompe l'une avec l'autre et donne ainsi à son père une revanche longuement préparée.

Désormais, vous relirez les *Mémoires* d'un autre œil. La mort du père, par exemple, qui n'y tient que dix lignes, Comencini, inspiré par son cœur ou conseillé par sa culture psychologique, la met dans le relief nécessaire. Et ainsi de suite. Derrière l'amant, versatile et vain, qui vous agace, cherchez toujours le fils marqué et meurtri. Casanova fut cet enfant-là, vous ne l'oublierez plus. Comencini s'est attaché à écrire l'histoire d'un enfant qui a souffert, non d'un séducteur qui a réussi. Toute la différence entre son Casanova et celui des autres est là.

Le Casanova de Fellini

Il fait sept fois l'amour en trois heures de film, ce qui correspond — la coïncidence est-elle voulue ? — aux capacités présumées de Casanova. La première fois avec M.M., la nonne, sur un îlot de la lagune vénitienne, sous l'œil de M. de Bernis, ambassadeur de France et futur cardinal, qui les observe par un trou pratiqué dans l'œil d'un poisson peint sur le mur. La deuxième fois avec Anna-Maria, la cousette vierge, à Venise. La troisième fois, à Paris, avec Marcolina, l'amante délurée de son frère abbé. La quatrième fois, à Paris, avec la marquise d'Urfé, vieille dingue férue de magie noire, qui cherche à se faire féconder d'un enfant mâle pour acquérir l'immortalité. La cinquième fois, à Rome, dans le palais du prince Del Brando, publiquement, devant la foule des invités : il doit prouver que ses ressources viriles sont supérieures à celles du cocher Righetto, et les deux étalons, sur deux matelas voisins, besognent à toute vitesse les deux élues choisies pour ce concours. La sixième fois, à Dresde, dans un lit clos rempli de putains. La septième fois, dans le château de Wurtemberg, avec une poupée automate.

Sept fois l'amour, et toujours de la même façon : Casanova, allongé au-dessus de la femme mais prenant appui sur ses avant-bras, va et vient avec la régularité d'un piston. Le rythme devient de plus en plus frénétique, ses yeux se font vitreux, il sue, pendant que sa partenaire roule des globes oculaires de plus en plus blancs et pousse des cris de plus en plus aigus. Peu de variantes à cette scène : dans le lit de Dresde, Casanova est couché sur le dos, ce sont les femmes qui le chevauchent. Avec la poupée, même position. La couronne d'Anubis plantée de bougies allumées qu'il porte sur la tête explique qu'avec la marquise d'Urfé, égyptomane, ses mouvements soient particulièrement précis, appliqués. Il n'est jamais nu : une sorte de corset de toile et un caleçon long le protègent en toute circonstance. Ses maîtresses aussi gardent quelque pièce de vêtement. Les corps ne se touchent jamais. Ni baisers ni caresses. Accouplements d'insectes.

Comme si ce n'était pas suffisant, Casanova ne se sépare jamais, même quand il traverse en barque la lagune démontée par la tempête, même quand il s'évade des Plombs par le toit, d'un étui noir d'où il tire, avant de faire l'amour, un oiseau de métal, animé d'un mouvement d'horlogerie : quelque chose comme un hibou, qui se dresse sur son buste érectile *(uccello*, « oiseau » en italien, signifiant déjà : pénis), déploie ses ailes (symbole de vanité) et y va d'un petit air pimpant de boîte à musique. Nous voilà donc amplement renseignés, au cas où nous n'aurions pas lu les déclarations fracassantes de Fellini : Casanova n'était qu'un pantin, un automate, incapable d'amour mais aussi de véritable érotisme, un fantoche pourvu d'une sexualité mécanique, un hibou guère plus personnel que son oiseau fétiche.

Bien. Comment se fait-il, pourtant, que ces scènes de copulation soient si drôles ? Que, pour la première fois au cinéma, on s'amuse à regarder ce qui se passe entre deux personnes sur un lit ? Est-ce à cause du contraste entre la figure lunaire de l'acteur et la perfection vrombissante de son petit moteur génital ? Ou parce que Fellini, décidé à haïr Casanova, a subi malgré lui la fascination du personnage ? Il le hait pour des motifs précis : à ses yeux, ce ne fut qu'un éternel adolescent, un immature, prisonnier à jamais du ventre de sa mère, un être vide, sans courage ni responsabilités, un *vitellone* enfariné. Bref, dit-il, un « Italien typique ». Voilà la clef du film. En tant que *figlio di mamma*, Fellini vomit Casanova. En tant qu'Italien typique, il s'identifie avec lui. La rencontre attendue de deux des figures les plus géniales de toute l'histoire italienne a donné un chef-d'œuvre, avec ce qu'il fallait d'animosité pour provoquer la stupeur et ce qu'il fallait de complicité pour éviter la caricature. Fellini peut bien essayer de bêcher, de démolir Casanova, malgré lui il l'exalte et montre enfin quel homme incomparable il fut. Chacun des griefs qu'il lui fait tourne entièrement à sa gloire.

Oiseau sexuel mécanique : mais follement amusant au lit.

Figlio di mamma : mais dans le contexte grandiose d'une Venise plus aquatique que nature, qui redouble, en quelque sorte, le placenta maternel. Fellini a reconstruit Venise à Cinecittà, sous le prétexte qu'il n'y avait pas assez d'eau dans la vraie Venise. Le film commence par une fête de l'eau sur le Grand Canal, au cours de laquelle on extrait de la vase une immense tête de femme, glauque, saluée d'interjections obscènes en dialecte vénitien : « Vulve fouteuse, raie défécatrice, vieille souterraine, vieille puante, qui nous échoit comme épouse et mère, fille et madone... » Autrement dit : la Mère béante, dévorante, adorée, destructrice. Elle réapparaîtra plus loin sous la forme d'une baleine exposée dans un Luna Park de Londres, au fond de laquelle un montreur d'images projette sur un écran des vagins tatoués. Casanova, pour se rendre chez la nonne de l'îlot, rame sur une mer de plastique, montrée au spectateur comme telle : eau épaisse, gluante, gigantesque bain utérin.

Si Donald Sutherland a été choisi, de préférence à d'autres acteurs, ce n'est pas seulement parce qu'il demandait 150 millions de lires, au lieu des 400 réclamés par Gian Maria Volonte, mais surtout parce que, avec ses yeux transparents de bébé, il exprime la condition prénatale de celui qui rêve encore dans les ténèbres de la matrice. Quel autre visage au monde se serait prêté, avec cette plasticité enfantine, à changer trois cents fois de nez, trois cents fois de menton, cent vingt-six fois de maquillage ? Les métaphores liquides abondent tout au long du film, grottes, tonneaux, bougies dégoulinantes, flots d'orgues, à commencer par la couleur dominante, entre bleue et verte, d'aquarium. Lorsque Casanova, à Londres, pense à se suicider, il descend lentement dans le fleuve : et s'il renonce, à la dernière minute, à retourner prématurément dans le giron originel, c'est parce qu'il aperçoit sur la rive une géante, une super-mère, encore plus mère que l'eau boueuse de la Tamise. Cette géante, qui mesure 2,30 mètres et pèse 210 kilos, Fellini l'a trouvée en Amérique : il fallut démolir trois fauteuils de l'avion pour la transporter. Invention hyperfellinienne, elle inspire la plus belle séquence du film. Seule femme qu'il désire sans coucher avec elle, Casanova se contente de l'épier pendant qu'elle prend son bain dans un tonneau en compagnie de deux nains à qui elle chante une mélopée vénitienne d'une mélancolie à pleurer. Moment sublime. Nino Rota, pour la musique, fait penser à Satie.

Et puis, il y a la vraie mère, retrouvée à Dresde, après le spectacle d'opéra, dans le théâtre vide, seule dans sa loge, vieillie, empanachée, emplumée, reine mère sarcastique et implacable, qui se fait transporter sur le dos de son fils qu'elle recouvre ainsi entièrement, comme s'il n'était jamais sorti de son ventre. Et la dernière image du film : un rêve du vieillard Casanova. Il se revoit, jeune, à Venise, qui est prise dans les glaces. Un carrosse passe d'où sa mère, assise sur la même banquette que le pape hilare, lui adresse une bénédiction ironique. Surgit alors au côté du séducteur la poupée automate du château de Wurtemberg : et tous deux, enlacés, se mettent à tourner lentement sur eux-mêmes, Casanova figé à son tour dans une rigidité de marionnette. Il y a dans cette séquence la plus forte analyse anthropologique qu'on puisse donner de l'Italie : avec de tels parents, d'une part la mère abusive, d'autre part le pape, qui symbolise le poids de l'Eglise et de l'éducation catholique, le fils, victime d'une frustration sans remède, est condamné à des amours mécaniques. Mais si Fellini a cru diminuer son héros, le résultat obtenu est diamétralement opposé : Casanova, cessant d'être un individu particulier, devient l'emblème pathétique d'une civilisation, un mythe comme don Quichotte, l'Idiot ou Joseph K.

Tantôt, il est représenté comme un bouffon, un précieux ridicule, une folle de l'Alcazar, un virtuose de la perruque et de la dentelle, tantôt, forçant la main à son dénigreur, il apparaît, les cheveux défaits, en vieille femme, ou en Christ. Toujours étrange, bizarre, lointain. Assez androgyne dans l'ensemble, mais là encore, si Fellini a cru l'abaisser en le montrant moins viril que dans la légende, il n'a fait que lui donner un mystère de plus.

Cette revanche de l'inconscient s'étend au portrait de tout le siècle. Ignorant superbement ce qu'on sait des « Lumières », Fellini nous aligne, à Paris comme à Parme, en Suisse comme en Allemagne, une série d'extravagants, de monstres, de momies, de chrysalides pétrifiées sous leurs fards et leurs bijoux : un régal pour l'œil, mais aussi, à l'insu de Fellini, un hommage à tout ce que ce siècle réputé pour avoir été « raisonnable » contient de ténébreux, de fou, de démoniaque. Peut-être pas à son insu, d'ailleurs. Car, dans le scénario original, on assistait aux rencontres de Casanova et de Marie-Thérèse, la souveraine « éclairée », de Casanova et de Voltaire, le phare de l'Europe. Ayant supprimé ces scènes, Fellini s'expose à la colère des historiens, qui l'accuseront d'avoir substitué au siècle de l'*Encyclopédie* une marmite de sorcières et d'incubes.

A voir ce qu'il a fait du ballet équivoque dansé par le seigneur Du Bois, déguisé en mante religieuse, et par l'éphèbe travesti en mante mâle, on se prend à songer comment il arrangerait le manège de Charlus-bourdon et Jupien-orchidée, lui que l'homosexualité, parce qu'elle est si naturelle au tempérament italien, irrite jusqu'à la fureur. Mais pour ce qui est d'étudier les mœurs humaines avec la lorgnette de l'entomologiste, Proust y avait déjà pensé. Un seul regret : que Fellini ait introduit dans cette scène deux castrats caricaturaux, selon le pire cliché. Quelle occasion unique il tenait là, lui l'incomparable tératologue, de nous révéler sous l'apparente incongruité les prodiges de la subversion sexuelle !

Erreur aussi d'avoir montré la masturbation (on se masturbe beaucoup dans le film, hommes et femmes) sous son aspect misérable et dérisoire : alors que Casanova, en avance de deux siècles, fut le seul, à l'époque où Voltaire le condamnait stupidement, à recommander l'onanisme en cas de nécessité.

Au fond, ce que Fellini, comme tous les catholiques avoués ou inconscients, reproche à Casanova, c'est d'avoir été un homme libre, un homme du désir. Don Juan, on l'accepte dans la civilisation chrétienne, parce que, puritain invétéré, il a besoin de transgresser pour jouir. Casanova s'amuse en toute liberté. Voilà pourquoi il est si moderne, si peu compris encore. L'*Histoire de ma vie* devrait être le bréviaire de la jeunesse contemporaine. Fellini n'est pas le premier à le ravaler et à le punir. On l'a traité de menteur, d'imposteur. Fellini, plus intelligent, en fait un pantin, puis il le dote d'un surmoi, le Pape, et lui fourre la tête dans un sac amniotique, la Mère. Il ne s'arrête pas encore là : il le veut funèbre, combat le mythe de sa vitalité par l'air sépulcral qu'il lui prête, ce masque blafard, ce teint embaumé, sans se rendre compte qu'il grandit son personnage en le rendant familier des puissances du sombre royaume. Enfin, nous gardons l'impression d'un homme seul : seul dans la prison, seul sur le pont de Londres, seul devant l'Opéra après le départ de sa mère, seul sur la lande après la disparition de la géante, seul et outragé dans le château de Dux. Ultime revanche du personnage sur son créateur : Fellini voulait nous dire qu'il n'avait pas d'amis, pas d'attachements sincères, et le voilà qui se dressera dans notre mémoire comme un vieillard shakespearien, récitant des vers sublimes de l'Arioste devant une petite sotte qui s'esclaffe. (Dans la version italienne, en outre, il est le seul à s'exprimer en bon italien : tous les comparses ont un fort accent étranger, ce qui contribue à isoler Casanova dans sa grandeur et son universalité.)

L'orgie et le concours de foutre dans le palais romain réduisent à d'insignifiantes gamineries les batifolages de *la Dolce Vita* ; les scènes de Luna Park sont plus fortes que les autres films forains de Fellini ; la Saraghina pâlit à côté de la géante ; les maquillages, les grimaces, les perruques, les costumes, les truquages émerveillent sans interruption ; l'aquatique, le glacial, le macabre dérangent et envoûtent. Synthèse de *Satyricon* et d'*Amarcord*, music-hall délirant traversé d'une poésie intense, musée de cires secouées par l'électricité du génie, cour des miracles où le créateur le plus fastueux de notre temps se joue le plus époustouflant de ses psychodrames : tel est ce *Casanova*, fascinant de bout en bout, avec un sens profond sous l'exubérance des images, des trouvailles jamais vues au cinéma, et cette défaite surprenante du Grand Inquisiteur. Il croyait traîner devant le tribunal du peuple italien une marionnette creuse : il renvoie à l'admiration du monde un homme-femme, un adulte-enfant d'une suprême et fabuleuse ambiguïté.

Cassola

Le chroniqueur d'une Italie disparue

A la fin des années 60, juste avant ce qu'on a appelé le miracle économique, l'Italie restait un pays pauvre, agricole, enraciné dans d'antiques, silencieuses, terriennes servitudes. Il s'est trouvé un écrivain pour exprimer les valeurs de cette civilisation, humble et tenace, qui a disparu en moins de dix ans, entraînant dans son effacement celui qui avait eu le don, ou la modestie, de s'en faire le chroniqueur.

L'oubli où est tombé Carlo Cassola est injuste. La génération qui a suivi, saisie par la rapide transformation du pays, enivrée de cette brusque intrusion de la modernité dans des coutumes qui n'avaient pas bougé depuis des siècles, s'est montrée plus brillante, plus nerveuse, mais sans les solides qualités de l'écrivain qu'elle rejetait.

Cassola habitait près de Grosseto, dans la partie méridionale et terne de la Toscane. Son frère était marchand de ferraille. Je me souviens d'avoir déjeuné avec lui, dans une petite trattoria des faubourgs, et de l'avoir entendu parler de ce frère avec une certaine fierté, comme si cette parenté était une garantie d'authenticité pour son œuvre. Autour de nous, il n'y avait qu'une banlieue triste et jaune, et, au-delà, des campagnes pelées, sans aucun attrait.

Avant d'écrire *Fausto et Anna* et *la Ragazza di Bube*, deux romans extrêmement « construits » qui ont fait sa réputation, Carlo Cassola n'était qu'un auteur de nouvelles beaucoup plus révélatrices de son vrai tempérament, fait d'une sorte d'attention silencieuse au monde, à ses rythmes, à ses secrètes et presque imperceptibles variations. Tout ce qui était personnages, intrigue, sujet trop particulier, psychologie, répugnait à cet écrivain formé à l'école du premier Joyce (et aucunement à celle de Robbe-Grillet !) et soucieux avant tout de capter en des textes courts les gestes et les paroles à l'état brut. Gestes et paroles des paysans de Toscane du sud, puisque ce lambeau de province aussi peu spectaculaire que possible n'était pas seulement le cadre matériel de la vie de Cassola, mais renfermait aussi son univers mental.

La Coupe de bois (livre publié au Seuil, comme le reste de son œuvre) et les trois nouvelles qui lui font suite appartiennent à cette époque préromanesque de l'auteur et peuvent être considérées comme une tentative d'équivalent rural des *Dubliners*. La différence de subtilité que l'on constate entre Joyce et Cassola tient à l'écart qui sépare un monde de citadins d'un monde de villageois.

La Coupe de bois relate en toute simplicité la saison d'un groupe de bûcherons isolés dans la montagne. Cette nouvelle faisait suite, dans la production de Cassola, à cinq années de silence. Silence où l'avait conduit, comme beaucoup d'artistes modernes, le désir de ne pas devenir un homme de lettres professionnel, de donner une autre signification à sa vie, de capter les rythmes de l'existence dans leur pureté originelle. Cette humilité est la qualité fondamentale de *la Coupe de bois* : l'auteur se contente d'enregistrer les gestes, les paroles de ses paysans, comment ils se lèvent, la disposition des arbres qu'ils abattent, les repas, les veillées, etc., avec une vigueur quasi géométrique qui annonce certaines tentatives du « nouveau roman » français. Mais, en même temps, il n'y a pas trace d'aridité dans ce récit, qui se caractérise au contraire par une profonde humanité.

Evoquant en 1962 pour les lecteurs de *l'Express* l'itinéraire qu'il avait suivi depuis ses premiers essais littéraires, ses premières nouvelles hyper-joyciennes, réduites à quelques pages, voire à quelques lignes, avant le silence complet, Cassola déclarait : « Il a fallu un événement extérieur pour me faire passer à une étape successive. En 1945, j'avais recommencé à écrire un récit, *la Coupe de bois*, dans ma première manière : description purement existentielle d'une équipe de bûcherons isolés dans une forêt. Au milieu de mon travail, j'ai eu la douleur de perdre ma femme. Quand j'ai repris mon récit, ce n'était plus la même chose. J'ai fait d'un de mes personnages un veuf qui vient de perdre sa femme. Il voit le monde à travers une nouvelle dimension : sa douleur. Ce n'était pas réintroduire la psychologie, non, mais c'était donner à la description de la vie quotidienne une coloration, une puissance émotive qui m'a arraché à l'inhibition. »

Une calme géométrie de gestes, jointe à un sentiment de poignante solitude : voilà les deux composantes, apparemment contradictoires, dont le mélange fait la réussite du récit. La précision méthodique n'y nuit pas à l'effusion du cœur, le laboratoire réintègre la spontanéité, le « nouveau » et le « vieux » roman s'équilibrent dans une heureuse harmonie.

Fausto et Anna et *la Ragazza*, quelle que soit la beauté de ces ouvrages, entrent dans la catégorie du roman historique, de la « tranche de vie ». Dans les milieux intellectuels, en Italie comme en France, on entend souvent parler de Cassola avec un certain dédain. On l'accuse d'être démodé, sentimental. C'est à ces deux romans qu'il doit cette réputation. Les nouvelles, publiées dans l'excellente traduction de Philippe Jaccottet, permettent de découvrir la partie expérimentale de son œuvre : il a été un chercheur, un pionnier, même s'il est revenu ensuite à des voies plus traditionnelles.

La Ragazza

La Ragazza (en italien : *la Ragazza di Bube)* fut en son temps un triomphe. Mieux qu'un roman d'amour, c'était l'histoire, simple et belle, de l'éveil d'une conscience, racontée par le chef de file du nouveau roman italien.

1945 : un jeune communiste, ancien du maquis toscan, tout échauffé encore par les violences commises — légitimement — contre les Allemands, tue, au cours d'une bagarre, un brigadier de gendarmerie et son fils qui avaient voulu s'opposer à ce que lui et ses amis pénètrent dans une église, leur foulard rouge autour du cou. Le voilà forcé de se cacher, d'abord avec sa fiancée, puis loin d'elle, en exil. Il est pris, enfin, jugé, condamné à une longue peine de prison. Sa fiancée décide de l'attendre et de lui rester fidèle.

Fiction ou réalité ? Les deux. Renato Ciandri, dit Bebo dans le maquis, Cassola en a fait Arturo Cappellini, dit Bube. Nada, la fiancée, est devenue Mara, la « ragazza ». Le vrai Bebo en a eu pour dix-neuf ans de prison ; son double, Bube, pour quatorze. Le roman, publié en 1960, s'achève au bout des sept premières années de réclusion de Bube. Bebo, avec quelques années d'avance, a été libéré à la fin de 1961. Il a retrouvé Nada, épousée en prison.

Cassola, expliquant les origines de son roman dans l'hebdomadaire *l'Espresso*, a carrément publié les photographies de Renato et de Nada. Il avait connu Renato, dit Bebo, dès 1943, dans la Résistance (dont on a, disons-le entre parenthèses, sous-estimé l'importance en France). Il avait réprouvé, en 1945, le meurtre du brigadier et de son fils. Il avait rangé Bebo parmi ces violents qu'il avait déjà condamnés dans son premier roman, *Fausto et Anna*. En réfléchissant mieux, Cassola a mieux compris Bebo. Les vrais responsables de son geste criminel, c'étaient d'abord les fascistes qui avaient instauré une ère de violence et d'illégalité, puis les communistes qui, au lieu de reconvertir les énergies des jeunes maquisards vers des œuvres de paix, avaient continué leur propagande de haine contre le régime au pouvoir — bref, c'était la société qui avait armé le bras du rustique Bebo, plus que sa propre frénésie. Cassola a écrit *la Ragazza* pour réparer l'erreur des juges. Son roman est un plaidoyer. Bube permet de comprendre Bebo. N'a-t-on pas dit que la libération anticipée de l'assassin, le roman de Cassola y avait contribué ?

Mais *la Ragazza* est aussi, est avant tout, une œuvre d'art. C'est dire que l'auteur n'y intervient pas directement. La compréhension progressive des mobiles de Bube, Cassola l'a identifiée avec le cheminement intérieur des pensées de Mara, l'éveil de son intelligence et de sa conscience. Quand elle connaît Bube, au début, ce n'est qu'une petite oie de province ; elle s'attache à lui uniquement pour faire la nique à sa mère et avoir le plaisir vaniteux d'exhiber un fiancé devant ses copines. Quand il est recherché par la justice, elle ne voit là qu'une bonne occasion de folâtrer ensemble et elle est furieuse qu'il tarde tant à s'exécuter. Plus tard, lorsqu'il a fui au loin et que, revenue dans son village, elle entend les bruits perfides qui courent sur lui, elle ne les dément d'abord que par principe.

Elle aussi a commencé par rendre Bube responsable de son geste. Mais c'est elle, à travers l'amour qu'elle lui porte, qui sera la première à voir clair. Plus clair que les amis de son fiancé, plus clair que ses juges, plus clair même que son avocat, empêtré dans des arguments juridiques. C'est elle qui, au cours du procès, découvre les causes véritables du meurtre : « Réfléchissez un moment, messieurs les juges : Bube avait dix-neuf ans... Orphelin de père, il n'avait jamais eu personne pour le conseiller, le guider. Il gagne le maquis : jeune comme il est, le voilà avec un revolver, un fusil dans les mains. Quand il rentre chez lui, les gens l'entourent, le poussent à continuer, lui disent qu'il faut venger les victimes, qu'il faut cogner, qu'il faut tuer... Comment comprendrait-il que le temps de tirer et de tuer est passé ? »

Cette identification du travail de l'amour avec le progrès de l'intelligence, voilà l'idée très belle qui est au centre de *la Ragazza*. Seule, l'amante devine la raison profonde des actes de l'aimé. Seul, l'amour est capable de comprendre et d'absoudre le crime. Seul, l'amour pouvait faire de cette fillette inculte une voyante plus lucide que tous les magistrats de la République.

Ce roman est-il pour autant un roman d'amour ? Non, si l'on entend par amour un entraînement spontané. Mara, à seize ans, rêvait d'un fiancé pour se pavaner à son bras. Elle tenait aussi à ce qu'un homme lui achetât ses premières chaussures à talon. Bube les lui donne. Elle tombe « amoureuse » de Bube. Très fin détail de psychologie féminine, mais indice alarmant de la vraie place de Bube dans le cœur de Mara. Après qu'il a fui, elle se place comme domestique au bourg voisin ; elle y rencontre le jeune Stefano ; une inclination réciproque les rapproche ; si elle ne cède pas, c'est uniquement pour rester fidèle à Bube et parce que, éloigné comme il est et n'ayant qu'elle au monde, il lui fait pitié. Vanité, point d'honneur, compassion : voilà les liens qui l'enchaînent à Bube. L'amour, dans *la Ragazza*, est cantonné dans l'épisode de Stefano et de Mara. A moins que par amour, au contraire, Cassola entende justement l'accession totale d'un être à un degré d'humanité supérieur, l'ouverture, l'épanouissement d'une conscience...

On trouvera peut-être un peu gris, un peu terne l'univers de Cassola. Que l'on sache pourquoi cette modestie était nécessaire à la réussite de l'œuvre. Ni Bube ni Mara ne sont des intellectuels : ce sont des paysans, à peine dégrossis. La grande aventure spirituelle qui leur fait découvrir une sagesse plus vraie que la justice des hommes et une fidélité plus importante que l'amour, ce n'est pas au niveau de la réflexion ni du raisonnement qu'elle se déroule, mais au fur et à mesure des petits gestes de leur vie quotidienne.

Les jours s'écoulent, un peu mornes, mais aucun maillon ne doit être sauté de cette chaîne qui conduit insensiblement de l'instinct à l'esprit, parmi ce paysage des environs de Volterra, lui-même brun et gris, vieille terre volcanique labourée par des siècles de lente érosion, hérissée, çà et là, de broussailles rases. Mara s'apprête à attendre quatorze ans son fiancé : ce n'est pas une chose impossible à croire si l'on considère qu'ayant eu la patience d'arriver, pour démunie qu'elle fût de moyens intellectuels, à la compréhension totale d'un homme et de ses mobiles, elle aura l'entêtement de faire fructifier dans l'absence l'être nouveau qu'elle est elle-même devenue.

Histoire d'amour, *la Ragazza* ? Non, bien mieux que cela : roman de la naissance d'une femme à la vraie vie. Cassola appartient à cette génération d'écrivains qui ont constaté la faillite des grandes illusions révolutionnaires nées de la chute du fascisme. Le fascisme s'est écroulé, mais le pays n'a pas pour autant changé ses habitudes mentales et morales. Comment crier au progrès sans mentir ? Le progrès, s'il a lieu, se fait sans bruit, à pas comptés, dans l'âme d'une petite villageoise, en dehors des institutions, contre elles. Le romancier de la fin des années 50 ne pouvait plus être épique, comme l'était encore Vittorini.

Cassola était le maître d'un nouveau réalisme, plus simple mais non moins beau, accordé à la marche insensible des saisons, au cheminement obscur des consciences, à la maturation invisible de l'humanité vers un destin plus lucide. *La Ragazza* s'inscrit dans la lignée de Tolstoï, de Pasternak : passionné sans passion, héroïque sans héroïsme, c'est un roman qui condamne l'emphase, l'utopie, l'abstraction, et propose un rythme de vie copié sur celui de la nature.

Un cœur aride

Après *Fausto et Anna*, et *la Ragazza*, voici une troisième version de l'éducation sentimentale de la petite Italienne de province. Version très différente des deux premières, car l'événement, l'histoire, la chronique de la Résistance et de l'après-guerre, qui jouaient un si grand rôle dans ses romans précédents, Cassola les a bannis de celui-ci.

Sa nouvelle héroïne, Anna, qui habite avec sa tante et sa sœur une petite station balnéaire aux environs de Livourne, n'est mêlée à aucun problème politique important, comme l'étaient la première Anna, et Mara, la fiancée de Bube : ses seuls problèmes sont ceux du corps et du cœur.

Cassola a non seulement proscrit l'événement, mais tout ce qui fait trop roman, trop tranche de vie et naturalisme : revenant ainsi à l'esthétique de *la Coupe de bois* et de ses nouvelles, et renonçant à une construction romanesque préméditée, il s'est efforcé, ce qui est bien plus difficile et intéressant, de capter l'aspect fugitif et insaisissable de la vie, les rythmes secrets de l'existence.

Les lecteurs qui ont aimé *la Ragazza* pour son côté spectaculaire risquent d'être un peu déçus : à la peinture à fresque a succédé le pointillisme, la musique de chambre à la symphonie. Mais ceux qui ont suivi attentivement l'œuvre de Cassola reconnaîtront dans *Un cœur aride* les dons les plus précieux du conteur toscan : cette sensibilité aux nuances imperceptibles qui font qu'une journée n'est pas tout à fait la même qu'une autre journée.

Que se passe-t-il dans un village de la côte toscane ? Rien du tout, si ce n'est que les enfants grandissent et arrivent à l'âge de l'amour. Le long de la mer grise, entre les troncs des pins, sur les plages que les estivants envahissent pendant quelques mois avant de repartir, aussi insignifiants que les vagues, la puberté est le seul événement. Evénement lui-même très modeste et banal : Cassola pourrait avoir pris son sujet dans une des innombrables lettres de jeunes filles publiées dans la presse du cœur.

Problème n° 1 : j'aime un soldat de la garnison. Je sais qu'il doit émigrer en Amérique après son service. Dois-je lui céder ? Puis-je le faire sans craindre de m'attirer son mépris ?

Problème n° 1 *bis* (point de vue du garçon) : Anna, sais-tu que je vais te quitter et qu'en me donnant ce que tu ne pourras plus donner une seconde fois, tu handicapes ton avenir ?

Problème n° 2 : je n'aime pas un garçon qui est d'une famille riche et se sert de moi pour son plaisir ; quel sens a notre liaison ? Ne devrais-je pas y mettre fin ?

Anna affronte tour à tour ces deux problèmes, en ne prenant conseil que de sa propre conscience. Elle perd son « honneur » avec un garçon qu'elle aime et l'estime de soi avec un autre qu'elle méprise. Puis, ayant acquis une sorte de sagesse, ou de résignation, elle se prépare à une solitude qu'elle ne redoute pas. On dit d'elle qu'elle a un « cœur aride », parce que, à la différence de ses compagnes, elle réfléchit à mesure qu'elle agit et tire de chacune de ses expériences une leçon. Mais, de toutes ces pécores de village — dont le chœur est finement enregistré —, c'est de loin la plus généreuse.

Parce qu'elle aime Mario, le soldat, elle tient absolument à lui donner la « preuve d'amour ». Parce qu'elle n'aime pas Marcello, le fils de famille, son second amant, elle précipite la rupture. De toute façon, elle mène le jeu, décide à la place des hommes : après Mara, c'est une véritable héroïne romanesque. Dans la littérature italienne, on le sait, les femmes de caractère sont rarissimes. Celle-ci en a, chacune de ses conduites est franche, lucide et courageuse.

Mais trop franche peut-être, trop lucide, trop courageuse pour une jeune provinciale.

Est-il plausible qu'Anna, sur la plage nocturne où ils se sont retrouvés, force pour ainsi dire le soldat à la prendre ? « C'est cela précisément que je ne veux plus : être la même ; je veux une marque de toi. Mario, je suis raisonnable, crois-moi. J'en arrive même à te dire ceci : que je me résignerai à ton départ, que je trouverai quelqu'un d'autre, que je me fiancerai, me marierai. Mais maintenant je veux être à toi : tu ne peux pas me dire non. »

Raisonnable ? Mais la « raison », en Italie, n'est-elle pas, pour une jeune fille, de garder sa virginité ? En 1964 encore, le mari qui découvre que sa femme a été précédemment déflorée peut la tuer : les tribunaux, pour ce « crime d'honneur », le condamneront à sept ans de prison au maximum.

Cassola, avec un sujet et des personnages tirés du courrier du cœur, a voulu faire un roman tolstoïen où les épisodes les plus simples, les sentiments les plus élémentaires, l'amour, la pudeur, le don de soi, l'attente du bonheur, sont élevés à une dignité, à une majesté rituelle.

L'idée était belle mais le résultat ne convainc pas tout à fait : comment croire qu'Anna, qui n'a pas encore vingt ans et déjà deux liaisons ratées, se retrouve subitement une « femme satisfaite, apaisée, sage » ? Comment croire qu'il lui suffise de regarder par la fenêtre pour se sentir régénérée ? « Le soleil ! Le soleil ! Il se levait chaque matin, chaque matin il réchauffait les âmes de sa lumière. »

On devine quel grand livre de sagesse reste à écrire sur le thème du *Cœur aride*. Cassola est un des rares écrivains actuels qui en aient la capacité, en tout cas le désir. Mais, pour incarner une philosophie aussi sereinement tolstoïenne, il faudrait des personnages moins acerbes.

Au-delà du cas particulier de Cassola, c'est tout le problème du roman italien. Les Italiens excellent à représenter le monde des enfants et des adolescents. Ils n'ont pas le même bonheur avec le monde des adultes. On ne s'en aperçoit pas d'habitude, car leur philosophie, leurs valeurs sont celles de l'enfance : insouciance, gaieté, entrain, confiance dans le destin et dans l'avenir, conviction que tout s'arrange, toujours.

Les valeurs de Cassola sont au contraire des valeurs adultes ; sa philosophie, un humanisme réfléchi, grave ; si les épaules d'Anna paraissent trop frêles pour en porter le poids, *Un cœur aride* a néanmoins le non négligeable mérite de préparer la voie au grand roman de la maturité qui manque encore à l'Italie.

Une liaison

Hélas, les promesses n'ont pas été tenues. Au lieu de se renouveler, Cassola s'est répété ; au lieu de s'enrichir, il s'est amenuisé. Fidèle à un tolstoïsme trop littéral, claquemuré dans une province trop étriquée, voyageant dans des tortillards désespérément locaux, il a continué à vouloir prouver que le cœur humain n'a pas besoin de se loger dans des situations sociales élevées pour abriter les sentiments les plus complexes, les plus délicats. *Une liaison* (1971) ressemble à un drapeau qui pendouille, faute d'un vent fort qui en soulève l'étoffe.

Mario Mansani est un petit employé de banque ; Giovanna, une coiffeuse. Marié depuis trois ans, Mario a déjà eu deux aventures. C'est l'Italien moyen, pratiquant l'adultère par conformisme. Dans le petit train qui le conduit chaque jour de sa résidence à son lieu de travail, il retrouve cette Giovanna qu'il a « possédée » autrefois dans la pinède et qui a gardé, de cette passade, comme de plusieurs autres de sa prime jeunesse, la réputation de fille « facile ». Un véritable amour s'ébauche entre les deux personnages, à la faveur de quais de gare et de chambres meublées, mais voilà, Giovanna ne peut s'empêcher de penser qu'on la recherche, non point parce qu'on l'aime, mais à cause de cette réputation de facilité.

Elle porte sur elle, comme un masque, le « visage d'une femme humiliée à jamais ». Le thème moral russe de la faute se combine avec le thème italien de la défloration. Une fille qui ne s'est pas « respectée » elle-même est perdue pour l'amour-sentiment, quelque preuve qu'elle donne ensuite de sa droiture, de sa fidélité, de sa vertu.

Leur liaison, pourrie dès le départ, prend fin comme elle a commencé :

sans éclat, sans rupture, et même sans adieu. L'auteur, entêté dans sa manière, ne hausse jamais le ton. Dans aucun autre de ses livres, il n'avait donné dans la banalité avec une insistance aussi provocante. La « vie », sans doute. Mais est-ce de la littérature ?

Maintenant que Cassola est mort et qu'on peut faire le bilan de son œuvre, il serait trop facile de conclure qu'elle se solde par un échec. Manque de souffle ? Insuffisance de talent ? Explication bâclée, peu convaincante. Car cette œuvre, malgré ses limites, reste exemplaire, comme restent exemplaires, toutes proportions gardées, les œuvres de Roger Martin du Gard ou d'Albert Camus. Tant d'honnêteté, de scrupules, de modestie ne sont pas vertus à dédaigner, surtout à une époque de faiseurs comme la nôtre, où, le rôle des avant-gardes semblant épuisé, il n'y a plus d'autres nouveautés à espérer que de l'arbitraire et de l'artifice.

Le relatif « échec » de Cassola tient à deux causes, dont l'examen est lui-même plein d'instructions. Une cause historique, déjà mentionnée : la prodigieuse mutation de l'Italie, en quelques années, qui a démonétisé, dévalorisé, rendu obsolètes les livres fondés sur l'observation réaliste d'un pays désormais non seulement disparu, mais éloigné à des années-lumière de la nouvelle réalité économique et sociale. L'Italie ayant cessé tout à coup d'être provinciale et régionaliste, c'est Cassola, ce sont les auteurs dont on peut le rapprocher, d'autres Toscans surtout, les Toscans étant les principales victimes littéraires du « miracle » et de l'urbanisation, tels Romano Bilenchi ou Vasco Pratolini, qui ont pris soudain un air provincial et régionaliste, se mettant à ressembler à Maurice Genevoix ou à Joseph de Pesquidoux.

L'autre cause est à chercher dans une constante du caractère italien, du caractère des écrivains en tout cas, qui se révèlent incapables ou difficilement capables de mûrissement, d'évolution. On attend pendant des années leur œuvre maîtresse, avant de découvrir qu'ils ont donné le meilleur d'eux-mêmes dans leurs textes de début. Un Bassani, un Moravia, une Elsa Morante, tant d'autres, on le verra dans la suite de ce dictionnaire, ont eu le destin de Cassola.

Castel del Monte

Le mot latin Apulia a donné, par déformation populaire naturelle, Puglia en italien et, en français, Pouille, terme dont l'homonymie fortuite suggère une image aussi fausse que possible de cette contrée plutôt riche, en tout cas la seule du Mezzogiorno italien à n'être point pauvre. Et dont les habitants ont gardé dans leurs mœurs une ouverture et une finesse d'esprit qu'ils tiennent peut-être de celui qui fut pendant la première moitié du XIIIe siècle leur souverain, Frédéric II de Hohenstaufen, roi de Sicile et empereur germanique.

L'Apulie — appelons-la donc ainsi — est, comme la Sicile, une terre de croisements et de métissage culturel. Les grandes cathédrales du Moyen Age empruntent plusieurs de leurs traits à Byzance, à la Syrie. Le mur postérieur qui cache l'abside (Bitonto, San Nicola de Bari), les profondes arcades latérales (Bitonto), certains motifs de décorations géométriques (Altamura) sont des particularités qui dérivent de l'Orient. Les trois coupoles de Molfetta attestent une origine arabe. A Bitonto, sur l'escalier qui monte à la chaire, un bas-relief montre Frédéric II et sa famille. Ce monarque attira à Altamura, vers 1230, une population mixte, latine, grecque et juive. La cathédrale de cette bourgade, c'est lui qui la fit construire.

Maître d'un vaste empire, Frédéric II affectionnait tout spécialement l'Apulie, où il se rendait chaque année de Palerme. Bateau jusqu'à Tarente, puis cortège magnifique à travers les terres. Nul plus que lui ne contribua à croiser les cultures méditerranéennes. A Lucera, au nord de l'Apulie, on voit encore les murs rouges de la cité où il avait installé soixante mille Sarrasins, à qui il permit de garder leurs mosquées et leurs privilèges. La seule des croisades qui ne coûta pas une goutte de sang fut conduite par ce prince : grâce aux bonnes relations qu'il entretenait avec ses amis arabes, il récupéra sans coup férir Jérusalem et les lieux saints, non pas en guerrier, mais en humaniste et en diplomate.

A Jérusalem, il admira la mosquée d'Omar, à plan central, dont les proportions parfaites enthousiasmèrent son esprit enclin aux spéculations géométriques. De retour en Apulie, il choisit une colline solitaire au milieu de la plaine pour y bâtir une construction qui reste le meilleur témoignage de ses dispositions intellectuelles.

Castel del Monte : on voit de loin ce château, dressé sur un contrefort rocheux. En s'approchant, on découvre qu'il a huit côtés, et que chacun des huit angles est orné d'une tour elle-même octogonale. Voilà ce qu'il y a de plus fascinant dans cet édifice : la combinaison, dans la pierre, du chiffre 8 indéfiniment répété ; plan octogonal, huit côtés, huit angles, huit tours pourvues chacune de huit côtés et de huit angles. Construction en abîme, en miroir. Joie de poser au milieu de la campagne fertile et abondamment cultivée une forme aussi belle, aussi parfaite, aussi austère qu'un théorème. Chacun des deux étages est divisé en huit pièces égales qui répondent aux huit côtés de l'édifice. Aucun élément décoratif ne vient rompre la splendide monotonie de cette pure projection de l'esprit.

Bien entendu, on s'est longuement interrogé sur cette passion pour le chiffre 8, qui imprègne la conception d'ensemble du bâtiment non moins que chaque détail de l'intérieur. Une telle plénitude géométrique répond-elle au seul désir de perfection, ou cache-t-elle un symbolisme des nombres ? En ce cas, que signifie le 8, qui n'a de valeur spirituelle dans aucun texte sacré ? Ajoute au mystère de cette demeure le fait qu'aucune trace de cuisine, de cellier, de magasin pour les vivres, d'écurie pour les chevaux, de logement pour le personnel n'a été retrouvée. Faut-il croire que Frédéric, souverain magnifique qui ne se déplaçait pas sans une escorte pléthorique de courtisans, de domestiques, de devins, de poètes, de charlatans et d'animaux, faut-il croire qu'il se rendait seul à Castel del Monte, ou entouré du tout petit nombre de fidèles capables de le suivre dans son utopie architecturale ? Allait-il observer les étoiles, du fond de la cour intérieure octogonale dessinant sur le ciel un octogone propice à la contemplation ? Epure abstraite, ce qui est le plus beau château du monde reflète le dédain d'un esprit pour tout ce qui est hasard, empirisme, approximation, et sa fascination pour l'absolu.

Mais on peut lire encore autre chose dans les huit faces et les huit tours de Castel del Monte : le mélange, la fusion des quatre cultures du bassin méditerranéen. Malgré ses démêlés avec le pape, Frédéric II était fils de l'Eglise catholique. Ce qui ne l'empêchait pas, seul peut-être en son temps, de rechercher l'alliance avec l'islam et de considérer cette alliance, non seulement comme le principe cardinal de sa politique, mais encore comme le fondement de l'équilibre européen. Après sa mort, en 1250, la Sicile et l'Apulie subirent la réaction catholique de princes plus bornés : c'est de ce temps que date la fracture entre le monde du Christ et le monde de Mahomet, fracture dont nous ne finissons pas, sept cent cinquante ans plus tard, de payer le désastre.

A Jérusalem, Frédéric fit fouetter un prêtre catholique qui, à peine recouvrés les lieux saints, voulait en faire payer l'entrée. Et puis, dans la mosquée d'Omar, il tomba en extase devant la perfection de cet édifice.

Voilà donc réalisée la chimère polyculturelle. Un monarque chrétien a pris à Jérusalem, cité juive, un sanctuaire musulman comme modèle du château auquel ne se peuvent comparer, pour l'harmonie des formes et la beauté mathématique des mesures, que certains temples grecs de l'Antiquité païenne. L'Europe, l'Afrique et l'Orient, Athènes, Rome, Jérusalem et la terre du Prophète n'ont plus jamais été réunis dans aucune partie du monde. Castel del Monte reste l'unique témoignage concret du grand rêve universel qui continue à hanter les esprits, bien que les différences de race, de religion, de langue soient trop fortes aujourd'hui pour le rendre possible. Admirons avec d'autant plus de ferveur le seul homme qui, en plein Moyen Age, dans cette époque que notre paresse mentale qualifie de barbare, a su mener à bien Castel del Monte, synthèse des styles et des croyances, modèle de civilisation insurpassé.

On attribue à la nature particulièrement tendre des pierres extraites des carrières d'Apulie les caractéristiques de la sculpture baroque à Lecce et à Martina Franca. Presque aussi malléables, quand on les sort au grand jour, que du beurre, dont elles ont d'ailleurs la couleur chaude et dorée, elles se prêtent à un travail de dentelle et de fignolage, avant de sécher et de durcir. D'où cette abondance de motifs décoratifs, fleurs, guirlandes, rosaces, ou abstraits, festons, astragales, volutes, aux façades des églises apuliennes comme aux balcons de Lecce. Beaucoup moins d'anges et de saints qu'à Rome ou à Prague, très peu de cet appareil agressivement catholique qui s'étale dans les régions à pierres dures ou à marbre.

Ne peut-on, cependant, penser à une autre explication ? Invoquer l'influence posthume de Frédéric II et de son œcuménisme monumental ? Si, partout ailleurs, le baroque, produit de la Contre-Réforme et de la crainte des religions différentes, est un manifeste, souvent belliqueux, de l'Eglise romaine, en Apulie, grâce à ce prince exceptionnel, il a pu s'affranchir de cette ostentation militante et s'épanouir en pure jubilation artistique.

Christs

Une impudeur théologique

« Perizonium » : ce mot désigne le pagne ceignant les reins du Christ, et il ne s'emploie que pour les représentations du Christ adulte. Etrange vocable, qui trahit l'embarras devant le corps du fils de Dieu. Celui qui a sauvé l'humanité déchue pourrait-il être frappé de honte parce qu'il possédait un sexe, deux testicules et une verge ? Non, évidemment. Avant leur transgression, Adam et Eve étaient nus, sans se sentir coupables. Le Christ étant sans péché, on aurait le droit de le montrer tout nu. Mais les spectateurs, eux, corrompus par la chute, seraient incités à des pensées déshonnêtes : d'où l'invention du perizonium, compromis entre l'innocence fondamentale de Jésus et la bienséance imposée par la dépravation des hommes. Dans toute l'histoire de l'art, il n'y a guère que Michel-Ange pour avoir osé, en sculptant le Christ adulte de la Minerve à Rome, modeler et mettre bien en vue les attributs sexuels d'un mâle bien constitué. Choix théologique, pour celui qui avait compris que ceindre le Sauveur d'un voile de pudeur serait dénier l'œuvre même de la Rédemption.

Pour le Christ bébé, il en va tout autrement. Des centaines de tableaux, surtout en Italie mais aussi en Allemagne et en Flandre, présentent le nouveau-né non seulement tout nu, mais tripotant son sexe de sa menotte potelée, à moins que la Vierge elle-même ne pose sa main aux doigts fuselés sur le pénis de son enfant. Une gravure de Hans Baldung Grien montre sainte Anne en train de soupeser les bourses de son petit-fils. Ce dévoilement ostentatoire, cette manipulation génitale du divin poupon remplissent l'art de la Renaissance. De Masolino à Andrea del Sarto, de Giovanni Bellini à Véronèse, les plus grands peintres ont exhibé à l'envi les organes sexuels de Jésus. Bien mieux : chez Ghirlandaio, Botticelli ou Pieter Bruegel, que viennent adorer les rois mages ? Le vieillard barbu qui s'agenouille devant lui regarde entre les jambes de l'enfant, endroit sacré entre tous, que sa mère elle-même, écartant le linge qui le recouvre, met sous le nez de l'auguste visiteur.

Une telle liberté, de la part des peintres, n'a été jugée choquante qu'après le concile de Trente et la réaction prude de la Contre-Réforme, lorsqu'on eut perdu la justification théologique de la nudité divine. Leo Steinberg, un professeur américain dont l'exposé est aussi magistral que son écriture est laborieuse[1], écarte les deux explications, par la vogue du naturalisme à l'époque de la Renaissance, et par l'influence de l'Antiquité et du nu antique. En opposition avec les peintres byzantinisants du Moyen Age, qui célébraient la majesté d'un Dieu inaccessible, les artistes des XVe et XVIe siècles tendent à souligner moins la divinité du Sauveur que l'humanité du petit garçon, son « humanation », comme dit Steinberg.

---

1. *La Sexualité du Christ dans l'art de la Renaissance et son refoulement moderne*, Gallimard, 1987.

La conviction que « la divinité s'est investie dans la faiblesse de la chair, afin de faire accéder celle-ci aux prérogatives de l'immortalité » les affranchit de toute pudibonderie. Pour exalter le miracle de l'Incarnation, ils insistent sur la partie la plus charnelle du Christ, sur son sexe. Certains tableaux montrent même le nouveau-né avec une verge raidie : sans voile chez Alvise Vivarini, où elle se dresse comme le membre d'un satyre *(Vierge à l'Enfant avec saints*, Ermitage), chez Perino del Vaga *(Sainte Famille* de Liechtenstein), Perugino *(Vierge à l'Enfant* de Washington), Cima da Conegliano *(Vierge à l'Enfant* de Londres) ou Corrège *(Vierge au panier* de Londres), sans compter les innombrables toiles qui auront été retouchées, « châtrées » après coup. Quelquefois un renflement du lange souligne la juvénile érection, comme dans la *Madone de saint Georges* de Dresde : façon de mettre en lumière que la chasteté du Sauveur n'est nullement la conséquence d'une débilité physiologique.

Plus troublantes sont les œuvres qui représentent le Christ mort posant la main sur son aine. Rien de sacrilège dans ces images, pourtant : en désignant son sexe, il fait savoir que la promesse a été tenue, la Rédemption accomplie, le Verbe transformé en chair. Quant aux tableaux qui attribuent au cadavre une érection bien visible (les plus étonnants étant ceux où Maerten van Heemskerck représente l'Homme de Douleurs gonflant de sa verge tendue le mince voile posé sur son bas-ventre), ils indiquent l'équation symbolique entre érection et résurrection. Métaphore périlleuse, car elle peut être retournée dans un sens grivois et paillard : le réveil sexuel de Rustico, le pieux ermite, n'est-il pas évoqué par Boccace, en termes ironiquement blasphématoires, comme une *resurrezione della carne* ?

Ces thèses séduisantes laissent de côté la question principale, que Julien Green souleva jadis dans un article retentissant : le Christ eut-il une vie sexuelle ? Fut-il tenté dans sa chair ? Le livre de Steinberg atteint la limite au-delà de laquelle commencerait le scandale.

Clerici

Serpents, faucons, béliers

« Les Egyptiens, qui font remonter l'ancienneté de leur origine jusqu'à des temps où notre histoire n'atteint pas, disent que les dieux ont été leurs premiers rois. Ils en comptent sept : Vulcain, le Soleil, Agathodémon, Saturne, Osiris, Isis et Typhon. Par Vulcain, auquel ils n'assignent point de commencement, leurs philosophes entendaient le feu élémentaire répandu partout. »

Ainsi commence l'ouvrage de l'abbé Jean Terrasson, publié sans nom d'auteur à Paris en 1731 et intitulé : *Sethos, histoire ou vie tirée des monuments et anecdotes de l'ancienne Egypte, traduite d'un manuscrit grec.* L'abbé Terrasson était professeur de philosophie grecque et latine au Collège de France, ce qui ne l'a pas empêché de commettre cette supercherie. Jusqu'au siècle dernier, *Sethos* était fort lu dans les cercles maçonniques, et passait pour avoir une valeur documentaire très sérieuse et une autorité irréfutable en matière de mystères égyptiens. On y lisait l'histoire d'un prince d'Egypte et de son initiation, puis de son œuvre de législateur en Afrique et enfin de sa retraite dans une contemplative solitude.

L'égyptomanie de fantaisie reste un des aspects les plus curieux, les plus originaux et les plus mal connus du XVIIIe siècle. Le célèbre Cagliostro, parmi ses nombreuses charlataneries, essaya d'égyptianiser la franc-maçonnerie par l'introduction de nouveaux rites empruntés au pays des crocodiles et des pyramides. Pour sceau, il avait un serpent dressé en S, tenant dans sa gueule une pomme et transpercé d'une flèche.

Le serpent : toutes les religions, toutes les cosmogonies commencent par s'interroger sur le serpent et sur la manière de s'en débarrasser. Le héros de l'abbé Terrasson, confronté à un redoutable reptile, se trouva assez adroit pour le prendre au piège et le rapporter vivant à Memphis, non sans avoir au préalable mesuré exactement la taille du monstre au moyen d'observations trigonométriques. On sait que Tamino, dans la première scène de *la Flûte enchantée*, poursuivi par un serpent, n'est sauvé que par la virile intervention des trois messagères de la Reine de la Nuit. En dehors du rituel maçonnique, le serpent a toujours été le symbole mythologique de l'instinct vital le plus aveugle et de la force sexuelle à l'état brut : l'ennemi, donc, de tout progrès fondé sur la raison et sur la discipline. Chacun doit tuer son propre serpent : tel est le début de toute sagesse, de toute civilisation. Fabrizio Clerici, illustrateur de Mozart, n'a pas éludé cette sorte de « scène primitive » : un des plus impressionnants dessins pour *Thamos* montre le reptile encadré dans une porte et prêt à détendre la spirale de ses anneaux pour bondir dans une pièce où ne l'attendent ni le piège du prince Sethos ni les trois Dames de Mozart, mais des oiseaux de proie au cou érigé et à l'œil dilaté.

Sethos est une des sources où puisa le librettiste de *la Flûte enchantée.* Avant Schikaneder, un autre Allemand avait lu avec soin l'abbé Terrasson : le baron Tobias-Philipp von Gebler, conseiller d'Etat à Vienne et franc-maçon notoire, auteur de nombreux drames dont nous ne connaissons plus que le titre mais qui semblent ressortir au réalisme bourgeois le plus plat : *le Ministre, le Consentement forcé, les Amis du Vieux, Doit-on aimer sa femme ?* etc. Or, touché lui aussi par l'égyptomanie, ce Greuze en pantoufles chaussa les cothurnes ailés d'Isis et se transporta sur les rives du Nil qui lui inspirèrent la seule œuvre à laquelle son nom doit d'avoir franchi les siècles : *Thamos, roi d'Egypte.*

Le jeune Mozart, qui se trouvait à Vienne en 1773 et avait alors dix-sept ans, fut mis en contact avec Gebler par l'intermédiaire de Mesmer, autre charlatan génial, l'illustre médecin inventeur du « magnétisme animal », fluide qu'il prétendait pouvoir diriger et communiquer et dont il fit le remède à toutes les maladies. Gebler demanda à l'adolescent d'écrire pour *Thamos*, « drame héroïque », une musique de scène, soit deux chœurs et cinq entractes symphoniques. Le jeune homme, à peine rentré à Salzbourg, s'acquitta de cette tâche avec conviction, mais la pièce, même agrémentée de musique, fut un échec. Six ans plus tard, Mozart reprit et étoffa la partition de *Thamos*, en y adjoignant un solo de basse et un chœur final sur des paroles qui n'étaient pas de Gebler.

Le véritable aboutissement de *Thamos*, ce fut, en 1791, *la Flûte enchantée.* Aboutissement, parce que les principales idées et les situations qu'on retrouve dans le chef-d'œuvre maçonnique de Mozart figurent déjà dans l'ouvrage de Gebler. Même cadre : l'Egypte. Même sujet : l'opposition de la Lumière et de la Nuit. La Reine de la Nuit s'appelle Mirza, Pamina Saïs et Tamino Thamos. Sarastro apparaît sous le nom de Sethos emprunté au roman de l'abbé Terrasson. Comme dans *la Flûte enchantée*, Saïs a été enlevée à sa mère pour être élevée dans le culte de la lumière par Sethos, et elle reçoit pour époux un jeune prince initié par les prêtres du Soleil. Il n'est pas jusqu'au « doux son enchanté de la flûte » *(sanfter Flöten Zauberklang)* qu'on n'entende dans un des chœurs de *Thamos*.

Mozart tenait tant à cette œuvre de jeunesse, injustement négligée aujourd'hui, qu'il ne se contenta pas de l'augmenter six ans après le premier jet, mais lui donna en guise d'ouverture la plus belle de ses symphonies juvéniles, la symphonie en mi bémol majeur K 184, la première de ses symphonies tragiques, où l'angoisse affleure en tendres accords élégiaques sous la crânerie batailleuse de ses dix-sept ans. Au reste, il semble que ses relations avec Gebler ne se soient pas limitées à la rencontre de 1773. A la fin de 1785, l'empereur Joseph II ordonna le regroupement des huit loges maçonniques de Vienne en deux seules loges : *la Nouvelle Espérance couronnée* et *la Vraie Concorde*. Ignaz von Born, le modèle de Sarastro et un des conseillers spirituels de *la Flûte enchantée*, présida aux destinées de *la Vraie Concorde*. Mozart entra dans l'autre loge, dont le Vénérable se trouva être le baron von Gebler en personne.

Si, comme on l'a dit si souvent, le fond de la doctrine maçonnique avait été la lutte du Bien contre le Mal, de la Raison contre l'Obscurantisme, du Progrès contre l'Eglise, on ne voit pas comment un argument aussi abstrait, aussi froid, aurait pu inspirer des chefs-d'œuvre tels que *Thamos* ou *la Flûte enchantée*. Il faut revenir à la lettre des livrets : les deux forces qui s'affrontent sont le Soleil et la Nuit, ce qui donne aux « mystères égyptiens » du XVIIIe siècle une dimension magique incomparable. Laissons de côté l'ennuyeuse morale et la terne raison, et élevons-nous jusqu'au plan cosmique où les puissances de l'ombre livrent un combat métaphysique contre le feu du ciel. En tout cas, nul peintre ne se serait mis à rêver autour de *Thamos, roi d'Egypte* (malgré les sortilèges d'un tel titre) si le rituel savant des Maîtres et des Apprentis ne s'était présenté à ses yeux en images, images solaires et images nocturnes, images de l'œil et images du serpent, images de la mort et images du destin.

L'ariette *An die Freude*, le premier texte maçonnique mis en musique par Mozart, fut écrite à l'âge de onze ans. Dès neuf ans, Fabrizio Clerici [1] se passionna pour l'Egypte et ses mystères, s'il est vrai que la découverte de la tombe de Tout Ankh Amon dans la Vallée des Rois marqua le début de son engouement pour les vestiges, les trésors et les énigmes du royaume des pharaons. Son premier voyage à Memphis et à Thèbes eut lieu en 1953. L'année suivante, les archéologues mettaient au jour une barque solaire exhumée d'un océan de sable. L'énorme vaisseau de trente-trois mètres apparaissait pour la première fois depuis cinq mille ans à des yeux humains. A cette époque remonte le commencement des cycles « égyptiens » de Fabrizio Clerici : cycle des barques solaires, grandes carcasses déchiquetées projetées sur le ciel vide ; cycle des temples-labyrinthes, angoissantes constructions écrasées dans le désert ; cycle d'Horus, le dieu-faucon à l'œil inexorable. Motifs, thèmes, figures empruntés à l'Egypte (une Egypte revisitée par le songe, il va sans dire : non celle des historiens et des savants ; Clerici reconnaît en Athanasius Kircher, cet orientaliste du XVIIe siècle qui déchiffra en traductions fantaisistes les hiéroglyphes, son seul maître) affluent dans les tableaux : motif du bélier (observé dans la fameuse allée de Karnak et qu'on retrouve dans les dessins pour *Thamos*) ; motif du scarabée (insigne de la sagesse chez les Egyptiens, tel celui qui garde à Louqsor, taillé dans le granit, le lac sacré des prêtres d'Aménophis III et de Ramsès II : dans *Thamos* aussi j'aperçois cet insecte géant, que je n'aurais garde de prendre pour un fantasme kafkaïen dérivé de *la Métamorphose)* ; motif de l'œil, qui renvoie au soleil ; et motif de l'œuf, qui renvoie aux arcanes insondables des origines, aux mystères de la création et à l'énigme de toute chose.

On sait la place qu'Horus occupait dans le panthéon égyptien : Horus le Grand, Haroêris, le faucon aux plumes bariolées. (Gaston Maspéro, à qui j'emprunte la description de l'oiseau, le qualifie d'épervier.) Il planait au plus haut des airs et embrassait de son regard fixe le champ entier de l'univers. Comme son nom assonait en calembour au terme *horou* qui désigne le visage humain, on mêla les deux sens, et on joignit à l'idée du faucon celle d'une face divine dont les deux yeux s'ouvrent tour à tour, l'un, le soleil, pour éclairer les jours, l'autre, la lune, pour illuminer les nuits. Nous voilà à nouveau en pleine cosmogonie mozartienne, et Clerici, qui a fait du faucon (ou de l'épervier ? ou du vautour ?) le thème obsessionnel de *Thamos*, a surenchéri sur le mystère en ne présentant jamais de face aucun de ses nombreux rapaces : mais toujours de profil, en sorte que nous ne sachions si c'est l'œil du soleil ou l'œil de la lune qui scrute l'immensité de l'espace. Quelle image mentale se reflète dans la prunelle pétrifiée de ces redoutables volatiles ? Sont-ils en train d'écouter les vocalises acrobatiques de la Reine de la Nuit ? Ou prêtent-ils une oreille religieuse aux graves objurgations de Sarastro ? Le soleil a une voix de basse et la nuit une voix de soprano colorature : de cela nous sommes sûrs depuis *la Flûte enchantée*. Comment chanteraient les

---

1. Sur ce peintre, né en 1913 à Milan et mort en 1993 à Rome, consulter le livre fondamental de Patrick Waldberg, *Clerici*, Grafis, Bologna, 1975. Le présent article est un commentaire de l'album *Variazioni Tebane su Thamos*, Edizioni della Bezuga, Firenza, 1982.

oiseaux de Clerici s'ils consentaient à desserrer leur appendice nasal en forme de corne acérée ?

Mais la question n'est peut-être pas là : car on est frappé, en regardant les dessins pour *Thamos*, par l'espèce de neutralité météorologique qui gouverne l'univers de Fabrizio Clerici. Où prendraient place le jour et la nuit dans ce monde égal, étalé sans durée, immuable, éternel, inaccessible aux changements des saisons comme des heures ? D'où vient même la lumière, il serait difficile de le dire : de partout et de nulle part. Certes, si le faucon doit symboliser le regard, et si le regard personnifie le soleil, le reste de la mythologie égyptienne semble étranger à Clerici : en tout cas cette légende qui comparait la vie du soleil à celle de l'homme. La déesse-Orient recevait l'astre sur ses mains — au sortir du sein maternel de Nouît, la déesse-Terre — comme l'accoucheuse reçoit le nouveau-né. Elle l'entourait de soins pendant la première heure de sa vie qui était la première heure du jour. Il la quittait bientôt pour grandir et s'affermir de minute en minute : à midi, c'était un héros triomphant dont la splendeur s'épandait sur toutes les créatures. Puis ses forces l'abandonnaient peu à peu, sa gloire s'offusquait, il se courbait, il se traînait péniblement comme un vieillard appuyé sur son bâton, il s'évanouissait enfin, il plongeait à l'Occident dans la bouche de Nouît, dont il traversait le corps pendant la nuit, pour renaître d'elle au matin prochain et repartir sur les chemins parcourus la veille.

Les faucons de Clerici, érigés implacablement comme des stèles, n'ont été bercés ni dans cette tendresse ni dans cette ironie. Aucune nourrice ne les a tenus dans ses bras, aucune mère n'a veillé sur leur premier vol. A vrai dire, ils ignorent la croissance comme le déclin : ils existent de toute éternité, par un droit surnaturel qui les dispense de s'insérer dans le temps. Cet Horus est-il même né un jour ? N'est-ce pas lui faire injure que de lui attribuer une origine ? Deux ou trois fois, pourtant, Clerici évoque sa naissance : mais comme un événement intemporel, un surgissement hiératique sans rapport avec la fragilité d'une éclosion animale. L'œuf dont il sort n'est pas un œuf privé, mais un œuf cosmique ; ce n'est pas un petit oiseau qui vient au jour, mais un être déjà complètement formé, l'œil fixe, la prunelle déjà dilatée, les serres et le bec déjà adultes. Et, surtout, il faut noter avec quelle sévérité l'accueillent les grands rapaces dressés devant lui : aucune indulgence pour sa faiblesse, aucun attendrissement pour son enfance, car il n'a ni faiblesse ni enfance. Il n'a pas d'âge et il n'en aura jamais. Inutile d'ajouter que les faucons de Clerici ne vieillissent pas et que leur mort n'entre pas au nombre des événements concevables.

La plupart des divinités du Nil (toujours selon Gaston Maspéro), Khnoumou, Osiris, Harshâfîtou, s'incarnaient dans un bélier : la vigueur de ces mâles et leur furie génératrice les désignaient naturellement pour figurer le Nil donneur de vie et le débordement de ses eaux. Un des béliers de Clerici est bien représenté en même temps qu'une barque, mais cette barque repose à sec sur un plancher de bois, et l'élément eau, qui est à la fois symbole nourricier et symbole affectueux, fait totalement défaut ici. Nous sommes en présence d'une Egypte d'où le Nil et sa générosité fluviale se seraient retirés, pour faire place à un désert de pierres, d'ossements et de fossiles, règne de la mort ou de la contemplation mortifère.

Et l'Egypte de Mozart ? A la façon dont il a interprété le thème bien connu des dieux mixtes à corps d'homme et à tête d'oiseau pour en tirer le personnage de Papageno, oiseau à tête d'homme, on serait tenté de croire, d'après cette inversion humoristique, que l'Egypte n'était pas seulement pour lui un lieu de culte et de vénération, mais aussi d'amusement et de farce. Dans *Thamos*, le jeune homme ne se risque pas encore à tant d'irrévérence : se contentant de rendre hommage, dans une musique soutenue et grandiose, au pays qui a été le berceau des mystères, le territoire des pharaons, le royaume d'Isis et d'Osiris.

Le chœur d'introduction est un solennel hymne au soleil : *« Schon weichet dir, Sonne, des Lichtes Feindin, die Nacht ! »* « La nuit, ennemie du jour, te cède la place, ô soleil ! » chante le chœur des Prêtres et des Vierges : et autant ils font retentir de tout son éclat métallique le mot *Sonne*, autant, sur le mot *Nacht*, ils baissent la voix pianissimo, comme si le seul fait de nommer les ténèbres pouvait constituer une menace pour le règne de la lumière. Menace qui semble définitivement écartée dans les dessins de Clerici : à moins que ce que regardent si fixement les faucons dressés dans leur veille sans répit ne soit justement une boule d'ombre et de nuit prête à fondre sur leur empire, comme l'ennemi invisible à l'horizon du désert des Tartares.

La suite du chœur d'ouverture de *Thamos* nous transporte bien loin, en apparence, de l'univers de Clerici. Les Prêtres se divisent des Vierges pour chanter, seuls de leur côté, les vertus du courage militaire et du patriotisme. Puis les Vierges, à leur tour, clament leur ambition d'être la « fierté de leurs familles » et l'« orgueil de leurs époux ». Elles aspirent au « bonheur tranquille du devoir accompli ». Rassurons-nous : ce double idéal belliqueux et domestique ne pouvait être celui de Mozart. Il sent à plein nez son Gebler, l'auteur de *les Amis du Vieux* et de *Légèreté et bon cœur*. D'ailleurs, la musique dément absolument les paroles : d'une gravité religieuse et concentrée, aussi éloignée de l'ardeur soldatesque que la mièvrerie pot-au-feu.

Reste que chez Mozart il s'agit d'hommes et de femmes et de sentiments humains, alors que chez Clerici, dans les dessins pour *Thamos*, l'élément humain a complètement disparu. Pas un visage, pas une silhouette d'homme ni de femme ne vient rompre la série des oiseaux et des béliers. Aucun anthropomorphisme non plus : ces oiseaux et ces béliers ne sont pas les porte-parole d'un message humain, comme dans les fables de La Fontaine : ils existent en deçà ou au-delà de l'humanité, dans la sphère raréfiée des espaces sidéraux.

Le deuxième chœur de *Thamos* nous rapproche peut-être d'une vérité plus mozartienne que geblerienne : toujours des Prêtres et des Vierges, mais les uns décrivent la planète comme allant « des sables brûlants de midi au bord de l'océan lointain », les autres évoquent avec ravissement les « sonneries de trompette » et le « doux son enchanté de la flûte ». Nous voilà transportés dans le double désert du sable et de l'océan, et, quant aux instruments de musique, ils nous introduisent au royaume où les sentiments humains doivent s'effacer devant la révélation de l'Infini et de l'Absolu. Il faudrait ici, en musicologue, analyser la partition : souligner, par exemple, l'usage des tonalités rituelles de mi bémol et d'ut mineur ; relever, au début du premier entracte symphonique, les trois accords solennels ascendants qui préfigurent ceux de *la Flûte enchantée* ; comparer le solo de basse du grand prêtre, non seulement à celui de Sarastro, mais aux interventions du Commandeur dans *Don Giovanni* : on s'apercevra alors que la tonalité de ré mineur, commune au grand prêtre de *Thamos* et au Commandeur, indique, au-delà de la disparité des sujets et des situations, une même volonté d'exploration cosmique dans les espaces où l'homme ne s'avance qu'avec terreur.

Mais que lisons-nous, justement dans les paroles du grand prêtre ? « *Ihr Kinder des Staubes, erzittert und bebet.* » « Vous, fils de la poussière, tremblez et craignez. » Le douceâtre et optimiste Gebler a eu la main forcée : l'idylle ménagère qu'il promettait aux Vierges d'Isis se trouve balayée par le vent de l'Eternel. Le chœur, ressoudé pour l'occasion, reprend en conclusion de l'œuvre les mots terribles : « Nous, fils de la poussière, nous tremblons et craignons/ Et courbons la tête vers le sol ;/ Que notre seul effort soit de servir les dieux/ Selon leur volonté. » Fabrizio Clerici n'a pas eu à solliciter Mozart pour le tirer de son côté : dans la splendeur figée d'un monde hostile et impénétrable.

Crainte et tremblement : ce n'est pas tout à fait vrai que l'homme soit absent des dessins pour *Thamos*. Des restes de momies et de sarcophages aplatis contre le sol attestent le passage des hommes sur la terre : mais comme des ombres fugitives, comme des fantasmes sans consistance, ni plus ni moins que de la poussière, qui finira par se mêler aux grains de sable dont est fait l'immense désert égyptien. L'homme, chez Clerici, a si bien servi les dieux, il a courbé sa tête si profondément vers le sol, qu'il s'est dissous en une poudre grise impalpable, dont ces dessins semblent recouverts. Il s'est aboli, il est rentré dans le mutisme et dans la nuit des origines, laissant Horus dans son triomphe solaire. Le temps a cédé la place à l'éternité, de même que, à peine les derniers accords de Mozart effacés, nous pénétrons grâce à la musique dans l'au-delà silencieux de la musique, là où règne un ciel métaphysique sans étoiles ni consolations.

Dante

La *Divine Comédie* revue par Borges

Parmi les dantologues, on compte deux espèces bien distinctes. Les uns, universitaires bardés de science, interrogent sans fin les énigmes de la *Divine Comédie* et livrent leurs conclusions en de gros volumes bourrés de notes. Les autres, qui ne sont que d'ingénus lecteurs, s'appuient sur la seule fraîcheur de leurs impressions, qu'ils nous confient en de minces opuscules. Impossible de compter les premiers : leur nombre est égal à celui des gouttes de la mer. Henri Hauvette, qui fut l'un d'eux, et des plus éminents, a calculé que, vers la fin du XIXe siècle, l'Italie à elle seule publiait en moyenne 125 ouvrages de dantologie par an. En 1905 parut une bibliographie des livres sur Dante édités dans le monde entre 1891 et 1900 : 670 grandes pages in-octavo pour un intervalle de dix ans ! En face de cette somme de papier qui contient la fine fleur de l'érudition planétaire, comme il paraît injuste, le privilège des poètes qui, d'un coup de leur baguette, ouvrent les portes fermées aux professeurs ! Douze pages suffirent à Paul Claudel, une trentaine à Ossip Mandelstam, à peine un peu plus à T.S. Eliot, et, aujourd'hui, avec une petite centaine de pages, fort aérées de surcroît, Borges, de tous ces francs-tireurs, est de loin le plus consciencieux [1].

On pourrait s'étonner que cet amoureux des bibliothèques, qui a même fait, de l'exploration des étagères à livres, un genre littéraire à part, n'ait pas songé à tirer un plus grand parti des innombrables gloses qui ont transformé le texte originel du *sommo poeta* en un babélique palimpseste. Borges a choisi d'aller droit au but : non pas qu'il ne se réfère, çà et là, à telle ou telle exégèse, mais la nouveauté, la valeur, le charme de sa contribution résident dans l'accent personnel, assez inattendu chez lui, de ces courts essais qui font penser, quelquefois, à des fragments de journal intime. Parmi les centaines de personnages de la *Divine Comédie*, il en a retenu quatre : Ulysse, Ugolin de Pise, Francesca, Béatrice.

Ulysse, sans doute, par sympathie intellectuelle. Dante, comme on sait, a réinterprété à sa façon la légende homérique. Selon lui, Ulysse aurait péri en voulant explorer l'océan au-delà du détroit de Gibraltar. Les « portes d'Hercule » marquaient, dans l'Antiquité, la limite du monde connu. La tempête qui a englouti son navire aurait été le châtiment d'une audace impie. Les commentateurs ont toujours souligné que, pour Dante, le dernier voyage d'Ulysse était le type de l'entreprise sacrilège. Borges, sensible à l'extraordinaire émotion qui se dégage de ce passage, se demande si Dante n'a pas trahi une involontaire connivence avec le héros grec. Ulysse, en punition de son orgueil, brûle pour l'éternité dans le huitième cercle de l'Enfer, alors que Dante, en route vers le Paradis, travaille au plus chrétien des livres jamais écrits de main humaine. Eh bien, nous dit Borges, la conscience de se lancer dans une aventure périlleuse qui l'exposerait à la vengeance de ses ennemis a permis à l'auteur de la *Divine Comédie* de s'identifier au marin transgresseur. Et, pour éclaircir son propos, de les comparer tous les deux au capitaine Achab de *Moby Dick* : héros qui forgent leur propre perte à force de veilles et de courage.

Au sujet d'Ugolin, Borges nous dévoile un Dante ambigu, quitte à saper l'image du justicier sévère, un des plus vieux clichés de la critique dantesque. Même remarque pour Francesca, la jeune femme adultère. Pourquoi Dante, au lieu de la repousser avec horreur, écoute-t-il avec

1. *Neuf Essais sur Dante*, Gallimard.

une pitié infinie le récit de sa faute ? Illogisme apparent, dont Borges vient à bout grâce à une comparaison surprenante avec Raskolnikov. Non moins illuminant le parallèle établi entre les deux couples Paolo/Francesca et Dante/Béatrice. Si Dante ne peut cacher le sentiment d'admiration et d'envie que lui inspirent les deux amants maudits, condamnés à tourbillonner sans fin dans les flammes, c'est que Paolo et Francesca, au moins, se sont aimés d'un amour réciproque. Tel ne fut pas le cas pour le poète, Borges le souligne, en deux essais qui forment le noyau de son livre.

On se souvient qu'au sommet du Paradis terrestre, celle qu'il avait aimée adolescent, d'un amour silencieux et tremblant, apparaît à Dante, lors d'une solennelle procession, parmi des figures allégoriques d'une laideur compliquée. Pour expliquer cette complication et cette laideur, au moment où la pure splendeur de Béatrice aurait dû seule fixer l'attention de son adorateur, on a assimilé la jeune femme à une série d'allégories abstraites, la foi, la culture chrétienne, la Révélation, etc. Eh non ! murmure Borges, la question n'est pas là. Dante avait aimé autrefois Béatrice d'un culte idolâtrique auquel elle était restée indifférente. A l'instant où, par la puissance de son imagination, il la retrouve au Paradis, il n'a pu oublier son antique déconvenue : la vision de la Bien-Aimée, qui aurait dû être radieuse, s'en est trouvée tout assombrie. Et l'espoir de conclure son immense poème par une exultation pure de toute rancœur a été réduit à néant.

« Etre amoureux, c'est se créer une religion dont le dieu est faillible. » Tel est le bel et amer credo de Borges, dont les pages sur l'ultime rencontre de Dante et Béatrice, et la tristesse du poète quand il revoit l'amour de sa jeunesse, vibrent d'un accent insolite. Non seulement elles tirent la *Divine Comédie* hors du fatras allégorique où on l'enferme trop souvent, non seulement elles nous rendent Dante plus émouvant, mais elles nous montrent un Borges ému. Emu par cet amour non restitué d'un homme pour une femme. Aveu du cœur, comme le suggère Hector Bianciotti ? Allusion à des échecs personnels ? Celui qu'on a tendance à prendre pour un pur intellectuel aurait-il livré ici un peu de sa propre expérience, de sa propre douleur [1] ?

---

1. Dante avait à peu près disparu de la culture française, par la faute, en partie, de la pédante version d'André Pézard dans la Pléiade, ânonnée en pseudo-français du XIVe siècle. Contresens absolu, Dante ayant frappé ses contemporains par la jeunesse, la vigueur, la verdeur de sa langue, et cette traduction accablant les lecteurs d'aujourd'hui sous le gamilatias d'un patois médiévalisant. Nous disposons de deux bonnes traductions récentes : celle de Jacqueline Risset (3 volumes, Flammarion) et celle de Marc Scialom (in *Œuvres complètes*, La Pochothèque).

Da Ponte

Librettiste de Mozart et aventurier américain

De tous les métiers, variés et pittoresques, qu'exerça Lorenzo Da Ponte, la postérité a retenu celui de librettiste. Eût-il dû, comme aujourd'hui, remplir sa fiche d'hôtel à l'étape, qu'il eût indiqué pour sa vraie profession : improvisateur. « C'est à cette époque (1776 : Lorenzo a vingt-sept ans et cherche un emploi) que je fis la connaissance des plus célèbres improvisateurs de l'Italie, parmi lesquels je citerai l'abbé Lorenzi, Monsignor Stratico et l'Altanesi, qui m'inspirèrent l'idée de devenir improvisateur moi-même. Mon frère en fit autant, et nous réussîmes tous deux à nous faire une réputation à Venise, où l'on nous désignait généralement sous le nom d'*Improvisateurs de Ceneda* (leur ville natale, aujourd'hui Vittorio Veneto). »

Non seulement ces « célébrités » ont disparu de la mémoire des hommes, mais jusqu'à leur métier s'est évanoui sans laisser de traces. Improvisateur : qu'est-ce à dire ? Une profession si répandue dans l'Italie du XVIIIe siècle et encore dans le premier tiers du siècle suivant que l'auteur juge inutile de l'expliquer. Nous serions bien en peine de nous faire une idée un peu précise de cette activité assez lucrative pour offrir une carrière aux jeunes gens, si des romanciers postérieurs à Da Ponte, soucieux sans doute de fixer par écrit une race en voie de disparition, ne nous avaient laissé de précieux témoignages.

D'abord Mme de Staël, dans l'illustre *Corinne ou l'Italie* (1807), puis Hans Christian Andersen, dont le grand roman, paru en 1835 et intitulé justement *l'Improvisateur*, est la biographie imaginaire d'un jeune Romain de l'époque romantique. Antonio, enfant pauvre (comme Da Ponte), assiste un jour sur la place de la fontaine de Trevi à un spectacle qui le fascine : s'accompagnant sur sa guitare, applaudi par ses camarades, un paysan est en train de chanter. Mais pas une chanson conventionnelle, déjà connue, non : « Il chantait ce que nous voyions, ce que nous entendions ! Nous faisions partie de la chanson, nous étions en vers et en musique ; il dépeignait les tritons soufflant dans leur corne, les paysans qui découpaient leurs melons et buvaient à la santé de leurs promises restées au pays : elles dormaient en ce moment et voyaient en rêve le dôme de Saint-Pierre et leur fiancé dans la ville du pape ! » Rentré chez lui, l'enfant raconte son émerveillement à sa mère. Pourquoi n'essayes-tu pas toi aussi de mettre tes impressions en vers ? lui demande-t-elle. « Je sus ainsi ce que l'on doit entendre par un poète : quelqu'un capable d'exprimer joliment ce qu'il ressent et ce qu'il voit. » La première chanson d'Antonio lui est inspirée par la boutique du charcutier voisin. Guirlandes de laurier suspendues entre les fromages de buffle, saucisses dressées comme des colonnes, bougies entourées de papier doré, lampe de verre rouge allumée devant l'image de la Madone entre les piles de jambons : tout ce monde féerique entra dans le poème, qui voyagea d'un seuil à l'autre de la rue. La femme du charcutier battit des mains et s'écria que le jeune garçon venait d'écrire une « *Divina Commedia* de Dante ».

Elevé ensuite au séminaire (comme Da Ponte), Antonio se met à l'étude (comme Da Ponte) des classiques italiens pour ne pas être un indigne émule des grands modèles qu'on lui a si obligeamment indiqués ; et le voilà, lancé dans le monde, gagnant son pain et les cœurs par son talent de rimer instantanément sur tous les sujets qu'on lui propose. Au cours d'une soirée piazza Colonna, chez la Malibran, il prie la cantatrice de lui fournir un thème. « L'Immortalité », suggère la diva. Et aussitôt notre improvisateur d'évoquer les ruines d'Athènes et les statues de marbre exhumées intactes de la terre, ou les vestiges foudroyés de la Rome antique et l'épée de saint Pierre inaccessible à la rouille. Le succès remporté chez la Malibran ouvre au jeune troubadour une grande carrière ; les salons, les académies le réclament ; il s'exhibe devant des princes et des prélats ; jusqu'au soir de la consécration suprême, qui a lieu au théâtre San Carlo de Naples, après une représentation du *Barbier de Séville*. Antonio seul en scène devant la salle comble reçoit d'abord les suggestions du public ; puis, assisté d'un officier de police qui parcourt les billets pour voir si rien de défendu n'est proposé, il choisit entre les différents sujets. Ni « le sigisbée » ni « Capri » n'inspirèrent sa muse. Il se lança avec « les catacombes de Naples » et obtint un triomphe avec « le fée Morgane », prétexte à décrire les beautés et les mirages du golfe. Telles étaient les cimes poétiques, sociales, mondaines et financières auxquelles pouvait prétendre un improvisateur, si ses dons ou sa chance en faisaient une vedette égale à un acteur de théâtre ou à un chanteur d'opéra.

Lorenzo Da Ponte eût-il atteint à des faîtes aussi glorieux ? Sa carrière italienne fut brutalement interrompue à trente ans, par une sentence de bannissement qui l'expatria en Autriche. Moins heureux qu'Antonio, auquel les saucisses et les encouragements d'une charcutière donnèrent l'éveil du génie, c'est à cause d'un jambon, mangé un vendredi, qu'il connut les déboires de l'exil, du moins avance-t-il cette explication. Mais tous les improvisateurs ne devenaient pas des stars. La plupart abbés (comme Da Ponte), ils font penser plutôt à la nuée de reporters et de photographes qui s'abattent de nos jours sur un événement ou un personnage d'actualité. Ainsi les montre George Sand, dans la première partie, vénitienne, de son grand roman *Consuelo*, écrite en 1842 mais située cent ans plus tôt, à peu près au moment de la naissance de Da Ponte. Après que Consuelo a chanté au théâtre, le comte Zustiniani donne un souper dans son palais en l'honneur de la jeune cantatrice, « tandis que tous les abbés de la littérature vénitienne débitaient à la triomphatrice les sonnets et les madrigaux improvisés de la veille ». Un degré encore plus bas et c'est avec les SDF quémandant dans les couloirs du métro qu'il faut faire la comparaison. Décrivant les charmes des petites places de Venise, George Sand reste assez clairvoyante pour dénoncer le vacarme des enfants, des poules et des chiens. « Heureux encore quand l'*improvisatore* ne vient pas hurler ses sonnets et ses dithyrambes jusqu'à ce qu'il ait recueilli un sou de chaque fenêtre. »

Dans quelle catégorie ranger Lorenzo Da Ponte ? Serait-il monté un jour sur le plateau de la Fenice, pour se faire entendre, non point à travers la bouche de Figaro ou de don Juan, mais en son nom propre, comme amuseur et enchanteur public ? Ou eût-il mendié son pain en déclamant des vers de circonstance le long des canaux ? Les deux hypothèses sont plausibles, le reste de sa vie nous montrant un va-et-vient continuel entre la gloire et la famine. Dès son arrivée à Goritz, en Autriche, il emploie son talent à des fins pratiques. La paix de Teschen, qui met fin à la guerre de succession bavaroise, vient d'être signée. Le comte Guidobaldo Cobentzl, père du négociateur et lui-même chambellan impérial, se trouve justement à Goritz. Da Ponte improvise un poème lyrique sur l'heureux événement, *la Bataille des aigles* (par allusion aux emblèmes de Marie-Thérèse d'Autriche et de Frédéric de Prusse), qu'il présente au comte. « Cette composition est par la suite devenue la source de presque tous mes succès littéraires en Allemagne. » Le banni noua de précieuses relations, que le poète consolida avec d'autres hommages rimés, tels que *le Caprice*, dédié « au carnaval », et *la Gratitude ou la Défense des dames*. Fort de ces passeports littéraires et de ces appuis mondains, l'abbé en fuite put se faire engager à Vienne comme poète de cour et fournisseur de livrets.

Qu'avait-il retenu de son éducation ? D'un improvisateur, formé sur le tas et tributaire des circonstances, on pourrait attendre un sens concret des choses, une sorte de réalisme primaire et savoureux. Cependant, tous n'étaient pas, comme l'Antonio d'Andersen, fiers d'exercer leurs talents sur des saucisses et des fromages ; et Lorenzo Da Ponte moins que personne, ennemi comme il était de la trivialité quotidienne et candidat à des lauriers plus dorés, si l'on en juge par cette déclaration de principe qui pue son académisme à plein nez. « Cette facilité d'improvisation en vers passables, sur tous les sujets et sur tous les rythmes, privilège presque exclusif de la nation italienne, devrait seule suffire à prouver combien est poétique une langue qui, par sa grâce et sa mélodie, se prête aussi admirablement à la spontanéité de l'expression et permet d'obtenir instantanément ce qui, dans les autres, ne s'obtient que par une longue méditation. » Poétique, oui ; mais à condition de réduire la poésie à une aimable éloquence, à un chapelet de redondances fleuries : conception qui semble bien avoir été celle de Lesbonico Pegasio, pseudonyme (comme c'était l'usage à l'époque) sous lequel l'exilé de la République de Venise mais non du Panthéon universel fut reçu dans le cénacle littéraire de Goritz, l'Académie des Arcadiens romano-isonziens.

Notre Pégase, s'élevant d'un coup de sabot ailé au-dessus des viles contingences, se maintenait dans les hauteurs du Parnasse, ce qui explique que sa poésie, constamment fade et ampoulée, soit tombée dans un irrémédiable oubli. Malgré son origine modeste et ses débuts difficiles, son école n'avait pas été la rue ; s'il « improvisait », ce n'était pas en essayant de dépeindre un groupe de paysans en train de manger des melons et de boire à la santé de leurs promises ; mais d'après des modèles déjà littéraires, déjà consacrés par la littérature. Il ne cherchait pas à capter dans ses vers une scène vue, une impression personnelle, une émotion sincère, mais à reproduire la manière de ses grands prédécesseurs, Dante, Pétrarque, l'Arioste, le Tasse. Leurs œuvres, il les savait par cœur, nous dit-il : « Presque tout *l'Enfer* du premier, les plus beaux sonnets et beaucoup de canzoni du second, et les morceaux les plus remarquables des deux autres. » Plus qu'un improvisateur, ce fut un imitateur, habile à soulever le murmure admiratif de ses auditeurs, lesquels, gâtés eux aussi par le vice de l'époque, ne trouvaient pas de meilleur compliment à faire que de s'écrier : « Ah ! ceci vaut bien un tercet de Dante ! Ah ! ceci me fait penser à une stance du Tasse ! » Si même la charcutière d'Andersen avait prête à la bouche une citation de la *Divine Comédie*, on mesure en quelle piètre estime était tenue chez un poète l'originalité.

L'obsession d'être « à la hauteur » des grands classiques, dignes de leur glorieux exemple, a toujours pesé d'un poids terrible sur les écrivains italiens, les empêchant d'être eux-mêmes et les obligeant à la rhétorique et au plagiat. A l'école, puis à l'université, on apprenait non pas à exprimer son tempérament mais à justifier l'ambition de succéder à Dante et à Pétrarque, quand ce n'était pas à Horace et à Virgile. Stendhal a relevé souvent cette maladie nationale. Si on compare à Da Ponte son compatriote Goldoni, on voit comment l'instruction approfondie et le commerce des maîtres entravent l'éclosion du talent, et que la seule chance pour un écrivain italien est de pousser dru, au contact des hommes et des femmes de la rue. Goldoni fut un créateur, non point un lettré. Son école : le va-et-vient des marchandes sur les places, le trafic des gondoles sur les canaux, le brouhaha des cuisines, les disputes dans les auberges. Tout ce qui fermentait dans les mille détours du labyrinthe vénitien et qui a sauté, comme spontanément, sur les planches de son théâtre. La vérité brute et nue, la saveur populaire préservée intacte, tel est le secret de la comédie goldonienne. Absence de références livresques, observation directe de la vie.

La grande question alors est de savoir pourquoi, lesté de ce lourd bagage académique, Lorenzo Da Ponte a réussi à écrire trois chefs-d'œuvre, les trois livrets pour Mozart. Car ce sont des chefs-d'œuvre, et la postérité a tort de ne pas associer plus étroitement le librettiste et le compositeur dans l'admiration qu'elle porte à *Don Giovanni*, *le Nozze di Figaro* et *Così fan tutte*. Comment expliquer que les trois opéras les plus parfaits de Mozart soient écrits sur les textes de l'abbé vénitien ? Lequel montra un certain courage et beaucoup de flair en se mettant au service d'un musicien qui ne jouissait pas dans la Vienne de cette époque d'une considération excessive.

L'empereur, à qui Da Ponte était allé offrir *Figaro*, s'étonna du choix du poète. « Comment, me dit Joseph, vous savez que Mozart, remarquable pour la musique instrumentale, n'a jamais écrit pour le chant, une seule fois exceptée, et cette exception ne vaut pas grand-chose. » Une seule fois ! Quand Mozart avait déjà écrit quinze opéras, dont *l'Enlèvement au sérail* et le sublime *Idomeneo*. Mais l'ignorance impériale ne fait que refléter, ici, celle des contemporains. Aucun doute que Da Ponte n'ait manifesté une intelligence et une intuition bien supérieures à la moyenne en repérant le jeune homme de Salzbourg dans le lot des innombrables compositeurs qui gravitaient autour des théâtres viennois. Même quand il rédige ses *Mémoires*, dans les années 1820, la gloire de

Mozart n'est pas encore établie, et les éloges qu'il s'attribue, s'ils font sourire par l'emphase, sont parfaitement mérités. « Wolfgang Mozart, quoique doué par la nature d'un génie musical supérieur peut-être à tous les compositeurs du monde passé, présent et futur, n'avait jamais pu encore faire éclater son divin génie à Vienne, par suite des cabales de ses ennemis ; il y demeurait obscur et méconnu, semblable à une pierre précieuse qui, enfouie dans les entrailles de la terre, y dérobe le secret de sa splendeur. Je ne puis jamais penser sans jubilation et sans orgueil que ma seule persévérance et mon énergie furent en grande partie la cause à laquelle l'Europe et le monde durent la révélation complète des merveilleuses compositions musicales de cet incomparable génie. » L'Europe et le monde, c'est vrai : quand Vincenzo Garcia vint à New York en 1825 avec sa troupe où chantait sa toute jeune fille Maria, la future Malibran, Lorenzo Da Ponte, émigré depuis vingt ans aux Etats-Unis, lui conseilla de représenter *Don Giovanni*. La première américaine du chef-d'œuvre de Mozart eut lieu en présence du presque octogénaire librettiste.

La métaphore sur la pierre précieuse et les entrailles de la terre, d'un académisme aussi complaisant que doucereux, nous renvoie à la question posée plus haut : comment diable Lesbonico Pegasio, descendant de son coursier aulique, a-t-il réussi à fournir à Mozart des textes rapides, denses, succulents ? Pour *Figaro*, admettons l'influence de Beaumarchais. *Così fan tutte*, plus lyrique et sophistiqué, se prêtait mieux à la muse ordinaire de l'abbé. Mais *Don Giovanni*, ce miracle de nervosité, d'ironie, de feu, de profondeur ? Je vois trois raisons à un tel coup de génie : ce qu'on pourrait appeler les trois chances de Lorenzo Da Ponte.

Sa première chance, c'est d'être resté, malgré ses courbettes devant princes et prélats, un pauvre bougre, toujours en quête d'un sequin, pressé de dettes, coureur de jupons, sujet à mille aventures qu'il raconte avec brio dans ses *Mémoires*, jamais à l'abri d'une vengeance ou d'un mauvais coup, en outre condamné à une vie errante depuis son premier exil, et sachant fort bien que son poste dans la capitale autrichienne pouvait être révoqué du jour au lendemain sur un caprice de l'empereur. Rien à voir avec Métastase, le poète impérial en titre, qui régna plus de cinquante ans à Vienne, approvisionnant les théâtres de livrets, *Didon*, *Alexandre*, *Achille*, *Titus*, *Jules César* et cinquante autres tournés en vers nobles, placides, adroitement musicaux et mélodieusement convenus. Malgré ses ambitions de lettré et de poète de cour, Da Ponte fut le contraire d'un mandarin installé. Ni bibliothèque privée ni bureau confortable ni robe de chambre ouatée, mais de continuels déménagements, des voyages dans d'infâmes chaises de poste, un manque chronique d'argent, une crainte non moins chronique des créanciers avides et des amants jaloux. Comme don Juan, il était poussé sur les routes de l'Europe par sa fringale érotique, par la mauvaise conscience de ses actes, par la fureur des maris trompés, par le goût inconscient du risque, sans compter le déficit de sa bourse, point commun avec Leporello. La hâte, la mobilité ignorante de tout repos, la fuite en avant dans de nouvelles aventures par peur de regarder en arrière, tout ce qu'exprime si merveilleusement la partition de Mozart est d'abord une invention de Da Ponte, la marque de ses expériences personnelles. Fécondes tribulations, coups de fouet nécessaires qui ont balayé de son esprit les modèles scolaires. L'air du champagne [1], il aurait pu le chanter lui-même, à l'une quelconque de ses Mathilde, Angiola, Thérèse, Angioletta, Nancy, ou assis à une des tables du Ridotto, cette célèbre maison de jeu à Venise où il entrait avec l'espoir de gagner une fortune et d'où il ressortait ayant vendu sa chemise. Non seulement il s'est identifié aux fièvres et aux angoisses du *burlador* espagnol mais, pour rendre la nervosité frémissante de son héros, il a changé de style et de parure, troquant sa toge solennelle d'Arcadien contre une souple cape ondoyante de chasseur nocturne. La vie, dont il méprisait les leçons, le sauva malgré lui, bonne fille, de la poussière des bibliothèques qu'il voulait seule respirer.

Deuxième chance : la rencontre de Casanova. Les deux hommes avaient fait connaissance à Venise, en 1777, chez le patricien et sénateur Pietro Zagari dont Da Ponte fut un temps le secrétaire. Ils se retrouvèrent à Vienne en 1783, et restèrent en relations épistolaires jusqu'en 1795. Dans ses *Mémoires*, Da Ponte porte un jugement sévère sur son aîné et rival en conquêtes amoureuses, mais les lettres qu'il lui adressa à Dux affichent plus de déférence et d'affection. Il est probable que Casanova, de vingt-quatre ans plus âgé et jouissant d'une gloire européenne, a provoqué chez son émule un mélange de fascination et d'envie. Il lui aura communiqué un peu ou beaucoup de son enthousiasme et de son feu vital, et montré que même pour se faire un nom en littérature mieux vaut s'inspirer des aventures de grand chemin que du silence des cabinets. En 1787, Casanova se trouve à Prague, où il surveille l'impression de son grand roman de science-fiction *Icosaméron*. Le 19 octobre, a lieu dans la capitale de la Bohême la première mondiale de *Don Giovanni*. D'où la question que tous les historiens et les musicologues se posent : Casanova a-t-il rencontré une nouvelle fois Da Ponte pendant que celui-ci mettait la dernière main à son livret ? A-t-il donné des conseils, soufflé des suggestions ? Pris lui-même la plume pour modifier ou ajouter des vers ? On a retrouvé dans les papiers autographes de Casanova des feuillets portant des variantes (non utilisées par Mozart) de la scène 10 du second acte, celle où Leporello, démasqué sous les habits de son maître, implore la grâce de ses poursuivants. Ce document ne prouve pas que le retraité de Dux ait collaboré au livret de Da Ponte ; sans doute les deux hommes ont-ils discuté ensemble de l'ouvrage, le premier apportant au second son expérience de séducteur.

Troisième chance : les conditions mêmes dans lesquelles Da Ponte fut contraint de travailler. L'empereur lui ayant conseillé de n'écrire que pour les trois meilleurs compositeurs alors actifs à Vienne, Mozart (*Figaro* avait été un triomphe), Martini et Salieri, l'abbé vénitien se trouva bien embarrassé quand ces trois maestri vinrent en même temps lui passer commande d'un livret. Le tour de force de faire marcher trois ouvrages de front le tenta. Il déclara à Joseph II : « J'écrirai pour Mozart la nuit en lisant quelques pages de l'*Enfer* de Dante ; le matin pour Martini en lisant Pétrarque, et le soir pour Salieri avec l'aide du Tasse. » Toujours les modèles livresques ! Heureusement, il n'eut que

1. Si vif, si pétillant, qu'on l'appelle ainsi, bien que don Giovanni ne fasse préparer pour la fête que du vin.

soixante-trois jours pour terminer cette triple tâche, et donc manqua du temps nécessaire pour vérifier si les vers de *Don Giovanni* auraient eu la bénédiction de Dante. En outre, des adjuvants bien plus concrets, voire triviaux, que les augustes bonzes du Panthéon littéraire l'aidèrent puissamment à mener à bien sa mission. Il s'asseyait à sa table de travail, raconte-t-il, vers minuit, une bouteille de vin de Tokay à sa droite, une tabatière pleine de tabac de Séville à sa gauche, et une jeune Allemande de seize ans à sa disposition, dès qu'il agitait sa sonnette. « J'abusais un peu de la sonnette, surtout quand je sentais ma verve tarir ou se refroidir. Cette charmante personne m'apportait alors, tantôt un biscuit, tantôt une tasse de café, tantôt seulement son beau visage toujours gai, toujours souriant, fait exprès pour rasséréner l'esprit fatigué et pour ranimer l'inspiration poétique. » Le secours de cette muse explique fort bien le relief extraordinaire donné aux hommes et femmes du peuple, Leporello, Zerlina, Masetto. « *Questo pezzo di fagiano...* » : n'est-ce pas exactement ce qu'on a envie de se mettre dans la bouche, entre une gorgée de Tokay et une prise de tabac de Séville ?

Chassé de Vienne par le monarque qui succéda à Joseph II, Da Ponte réussit à se maintenir quelques années à Londres comme poète du théâtre de Drury Lane, mais ensuite, traqué par la meute de ses créanciers, il se décida à la grande expatriation, montrant ainsi le chemin aux millions de ses compatriotes qui l'imiteraient tout au long du siècle. En 1805, à cinquante-six ans, il s'embarqua pour les Etats-Unis où il vécut avec sa famille, entre New York, Simbury et Philadelphie, jusqu'à sa mort en 1838, à quatre-vingt-neuf ans. Cette longue période américaine est pour nous aussi intéressante que la période européenne, bien que Da Ponte en changeant de continent ait changé de carrière. Renonçant à la poésie, il s'adonna à toutes sortes de commerces plus ou moins lucratifs avec plus ou moins de déboires, mais, toujours fidèle à son admiration pour les classiques de son pays, il se mit en tête de convertir les New-Yorkais aux beautés de la langue et de la littérature italiennes. Il devint professeur, enseigna pendant trente ans, monta une librairie et approvisionna les bibliothèques publiques en livres qu'il faisait venir de Gênes. Il calculait à la fin de sa vie qu'il avait eu deux mille élèves à New York et fourni aux bibliothèques plus de dix mille volumes italiens.

Cet apostolat ne l'empêcha pas de rédiger ses *Mémoires* [1], et c'est pour nous un nouveau sujet de surprise et d'émerveillement que de voir sortir de cette plume qui avait trempé dans l'encre de Cicéron, de Foscolo, de Manzoni, de Muratori, de Zeno, d'Alfieri, un livre vif, savoureux, épicé, facile à lire, direct, frémissant. Si la tendance à la rhétorique gâche souvent la poésie italienne, on peut dire que la prose des classiques n'est jamais exempte de ce défaut. Ce ne sont que cadences ronronnantes, balancements oratoires, antithèses convenues, les seuls écrivains à s'affranchir des modèles latins et à descendre de la chaire magistrale étant des francs-tireurs, de Machiavel à Benvenuto Cellini, de Marco Polo à

1. Traduction de M.C.D. de La Chavanne, Mercure de France, « Le Temps retrouvé », 1980.

Casanova. Les prosateurs de métier ont toujours l'air de faire un cours ; les écrivains lisibles immédiatement et qui parlent au cœur et à l'esprit, au lieu de s'adresser à la mémoire, proviennent sans exception de l'école buissonnière. Or les *Mémoires* de Da Ponte, quoique entachés çà et là (nous en avons donné des exemples) d'emphase et de redondances, n'en sont pas moins à ranger à côté de ceux de Casanova ou de Goldoni, parmi les ouvrages éternellement jeunes et d'une modernité jamais démentie. Constatation d'autant plus étonnante que Da Ponte les a écrits comme une double apologie, personnelle et nationale, en pensant monter sur un socle et se draper dans les plis d'une statue.

En réalité, il est resté, pour notre bonheur, à ras du sol et vêtu de ses nippes quotidiennes de pauvre hère persécuté par le guignon. Ici encore, il faut se demander par quelles circonstances miraculeuses il a échappé à l'académisme qui lui pendait au nez. Sa chance, cette fois, fut l'Amérique, le tohu-bohu vital de New York, la nécessité de se débrouiller dans cette terre d'émigrés, d'aventuriers et d'analphabètes. Da Ponte raconte comment les dettes le forcèrent à ouvrir un commerce de drogues. « Installé derrière un comptoir, je ne pouvais me prendre au sérieux, moi, poète, ayant vécu jusque-là d'une vie intellectuelle, condamné à peser une once de thé ou de tabac, ou à verser au premier matelot ou charretier venu un verre de gin pour trois deniers. » Ne pas se prendre au sérieux : c'était là, sans qu'il le sût, la condition pour faire un bon écrivain moderne. L'Amérique n'a cessé d'enseigner qu'un métier prosaïque est plus profitable à la littérature que le commerce des lettres. Da Ponte épicier annonce Melville marin sur une baleinière, Whitman typographe et infirmier, Caldwell scieur en long et garçon de café, Faulkner fermier, Steinbeck éleveur de truites et maçon.

Le « poète » qui répugnait à se salir les mains avait en lui une veine populaire qu'il méprisait ; et peut-être même une veine canaille, si on en juge par la facilité avec laquelle les fripons captaient sa confiance. « La prodigieuse affluence de mes élèves m'aurait certainement fourni le moyen d'élever et d'entretenir honorablement ma famille si je n'avais toujours eu le malheur de tomber sur de misérables exploiteurs dont le métier consistait à ruiner et à déshonorer les personnes de bonne foi. » Le « malheur » ou un penchant inconscient pour les voyous, la pègre, la vie louche des bas-fonds ? « Il était écrit dans ma destinée que je serais toujours dupe. Il semblerait naturel qu'à soixante-dix ans je dusse avoir acquis assez d'expérience, et que les nombreux écueils contre lesquels je m'étais heurté eussent dû me rendre sage et prudent ; il n'en était rien. Il était au contraire écrit que je serais sans cesse la proie des intrigants. On eût dit que sortir d'un abîme n'était pour moi qu'un stimulant pour me précipiter dans un autre. » Disons-le à sa place, en toute assurance, nous qui avons lu Freud : Lorenzo Da Ponte, derrière ses prétentions à la respectabilité, abritait un instinct autodestructeur, et tant mieux puisque, au lieu d'un monument froid et pompeux, de ce goût secret pour l'échec est née une existence périlleuse, et de cette existence périlleuse un livre robuste et vivant.

Une autre raison explique la réussite des *Mémoires* : la nécessité pour l'auteur de s'adapter aux capacités linguistiques de ses élèves américains. Il avait d'abord mis entre leurs mains, raconte-t-il, des contes de

Boccace, des lettres de Foscolo, des leçons de Cesari ; et constaté qu'ils peinaient à lire ces ouvrages, piochant dans le dictionnaire et dans la grammaire à la recherche des tours compliqués et obscurs. (Comme on les comprend ! Encore aujourd'hui, et même dans le cas de Boccace, la lecture des classiques italiens requiert un effort pour surmonter le pédantisme des longues périodes imitées des Anciens.) Da Ponte entendit la leçon. « Je résolus donc d'écrire ces Mémoires en employant un style simple, facile, naturel, sans affectation, sans longues périodes, en me servant le plus souvent possible des termes courants et non pas d'expressions antiques peu en usage. » L'admirable programme : se faire comprendre de ses lecteurs ! Livrant ainsi le secret de sa prose et de toute prose moderne, Da Ponte, une fois de plus, croyait déchoir. Etrange aventure que celle de cet homme, qui eut honte de ce dont nous lui faisons gloire, et à qui l'Amérique, pour laquelle il n'avait que dédain, enseigna comment il devait écrire.

Cent ans plus tard, alors que le fascisme (lui aussi rhétorique, cicéronien, impérial) s'évertuait à hisser l'Italie vers la grandeur « romaine », les écrivains allèrent chercher en Amérique l'antidote nécessaire : Pavese et Vittorini sauvèrent du néo-académisme la littérature de leur pays, en traduisant Melville, Sherwood Anderson, Saroyan, Caldwell, Hemingway, Faulkner. La différence, c'est qu'ils entreprirent, eux, sciemment et volontairement ce pèlerinage, et se mirent exprès, dans leurs propres œuvres, à l'école des Etats-Unis ; alors que Da Ponte, avec une ingénuité inattendue de la part de cet aventurier et de ce libertin, renonça à contrecœur au mauvais livre qui eût été à la hauteur de ses ambitions, pour nous donner, malgré lui, ces pages pleines de simplicité et de fraîcheur.

Mais pas toujours véridiques, on s'en doute, et souvent mensongères. Un chercheur italien a publié récemment *Un certain Da Ponte*, où il répare les omissions du mémorialiste et corrige les lieux communs de l'opinion[1]. Le fait d'avoir écrit pour Mozart trois opéras sur des sujets assez lestes, l'influence de Casanova qui fut son ami et lui donna le conseil d'écrire ses *Mémoires*, enfin la contamination d'un siècle réputé pour sa légèreté ont donné de Da Ponte l'image d'un prêtre de cour, d'un libertin, d'un roué : image qu'il a propagée lui-même dans son livre de souvenirs et qui s'est imposée depuis deux siècles avec l'évidence tranquille d'un cliché. Au point qu'une biographie sérieuse n'avait jamais été écrite avant cet ouvrage, documenté comme une thèse et drôle comme un roman d'aventures. C'est le long séjour du Vénitien aux Etats-Unis, pendant les trente-trois dernières années de sa vie, de 1805 à 1838, qui donne la clef du personnage.

Né Emmanuel Conegliano, dans une famille juive de prêteurs sur gages, il fut converti et baptisé par l'évêque de sa ville natale, Ceneda, près de Venise. De ses origines, de sa conversion, de cette cérémonie publique et fastueuse du baptême d'où il tira peut-être l'idée que la vie n'est rien d'autre qu'un spectacle théâtral, pas un mot dans ses *Mémoires*, sans doute pour cacher sa judaïté. Entré sous son nouveau nom au

1. Aleramo Lanapoppi, *Un certain Da Ponte*, Liana Levi, 1991.

séminaire, à l'instar de beaucoup d'enfants pauvres désireux d'étudier, ordonné prêtre puis professeur de latin, le jeune Lorenzo prononça un discours, inspiré de Rousseau, sur l'inégalité sociale. Scandale dans la République de Venise, oligarchique et ploutocratique. Révoqué de ses fonctions, le voilà condamné à la vie précaire de l'aventurier. Cet épisode peint bien son caractère : un homme indépendant et courageux, prêt à braver les puissants, comme don Giovanni ou Figaro, mais surtout un perdant, un *loser*, comme Ferrando et Guglielmo.

Une conduite d'échec marque tous les grands moments de son existence, l'amenant à gâcher les avantages péniblement acquis. Ainsi à Venise, d'où il est banni, non pas pour avoir mangé du jambon un jour maigre, mais pour avoir affiché sans prudence sa maîtresse. Le libertin, déjà ? Piètre roué, car dans son catalogue il n'eut que cette seule amie, avant Nancy, qui deviendrait son unique épouse. A Vienne, un concours de circonstances extraordinaires lui donne la chance inouïe d'être nommé poète de cour. C'est là qu'il se lie d'amitié avec Casanova, là qu'il travaille avec Mozart, fournissant au compositeur ses trois plus beaux livrets, dont le dernier, *Così fan tutte*, fut inspiré d'un fait divers. Mais il se lance aussi dans d'extravagantes entreprises d'opéra qui le font chasser de la capitale autrichienne. Après un séjour à Londres qui se termine par un désastre financier, le voilà contraint d'émigrer en Amérique avec sa femme et ses quatre enfants.

Absolument fascinantes, ces années américaines : on dirait un western. Tour à tour épicier, libraire, professeur d'italien, directeur d'une pension de famille, subvenant par mille ingénieux moyens aux besoins de sa maisonnée, Da Ponte ne renonce pas pour autant à introduire l'opéra italien sur le nouveau continent. Difficulté presque insurmontable. La première fois où l'orchestre d'une société musicale, habitué à ne jouer que des hymnes religieux ou des marches militaires, voulut exécuter une symphonie de Haydn, le public hurla : « Arrêtez ce bruit ! » Dans cette société de puritains, le théâtre passait pour une bacchanale sacrilège. Jusqu'au jour de 1825 où Manuel Garcia, le ténor qui avait créé *le Barbier de Séville* en 1816 à Rome, débarqua avec sa troupe, dont faisait partie sa fille Maria, la future Malibran, et essaya d'imposer Rossini.

Le vieux Da Ponte courut embrasser Garcia et le persuada de monter *Don Giovanni.* Le 23 mai 1826, un opéra de Mozart fut donné pour la première fois à New York. Les spectateurs se plaignirent qu'ils ne comprenaient rien à l'histoire, chantée dans une langue inconnue d'eux, et l'on trouva les places trop chères. La tournée de Garcia se solda par un demi-échec.

Ce qui n'empêcha pas le poète octogénaire de continuer à spéculer sur les possibilités de s'enrichir avec le *bel canto* et avec l'enseignement de l'italien. Cet époux fidèle, ce père de famille attentionné ne pensait qu'à gagner de l'argent, lui qui était doué surtout pour le fiasco.

Il reste à sa gloire qu'il avait deviné le génie de Mozart et qu'il s'obstina à défendre ses œuvres à l'époque où Mozart était tombé dans l'oubli — et cela, avec un parfait désintéressement, puisque le droit de propriété littéraire n'existait pas. Sa vie fut misérable, mais ses obsèques, à Saint-Patrick, splendides. On joua le *Miserere* d'Allegri, triple hommage de la colonie italienne à la patrie perdue, au monde disparu des castrats et au morceau de musique que le jeune Amadeo, de passage à Rome, avait recopié de mémoire, les papes interdisant sa publication.

Outre ses *Mémoires*, Da Ponte a laissé un ouvrage musical, destiné au public américain, ce qu'on appelait un *pasticcio*, montage, collage à partir d'airs d'opéra célèbres adaptés à un nouveau livret. Da Ponte écrivit lui-même le livret, qui raconte les démêlés au sein d'une troupe de théâtre, les disputes et raccommodements entre les chanteurs, l'imprésario, le compositeur et le poète, vieille recette de l'opéra bouffe, que reprendra encore Donizetti dans le succulent *Convenienzi e Sconvenienzi teatrali*. L'abbé vénitien intitula *l'Ape musicale (l'Abeille musicale)* son mélodieux florilège, butiné parmi les musiques de Rossini, Cimarosa, Salieri et Zingarelli, sans oublier, dans cette propagande nationaliste, son cher Mozart, représenté par le grand air de Tamino chanté en allemand.

C'est à la fois un divertissement très enlevé, très drôle, et un jeu de société amusant. Excellent enregistrement par le théâtre de la Fenice (Nuova Era, 1989).

De Chirico

Personnages, décors, sujets

Giorgio De Chirico est un des très rares peintres modernes à avoir créé des personnages qu'on reconnaisse immédiatement. Ces créatures sans figure humaine qui ont l'air cousues dans du cuir, ces têtes en forme d'œuf, ces statues au milieu de places vides, ces arcades, tout cela forme un univers qui n'appartient qu'à lui et qui n'a pas seulement une existence picturale. De Chirico a des sujets, toujours les mêmes, il peint des scènes, toujours les mêmes, comme un romancier. Quelqu'un qui ne connaît rien à la peinture, s'il se promène par un après-midi d'été dans une ville désertée, entre les ombres portées par les façades silencieuses, dira : c'est du De Chirico ! Il nous a appris à voir un aspect de la réalité qu'on ne savait pas regarder avant lui. C'est d'autant plus curieux qu'il déclara jadis, au début de sa carrière : ce qu'il faut, c'est débarrasser l'art de tout sujet, de toute idée, de toute pensée, de tout symbole. Un tableau ne veut rien dire du tout, etc. On constate au contraire que ce grand maître de l'onirisme nous a ouvert les yeux sur certaines réalités, sur certains aspects réalistes de la vie. S'arrêter sur une place vide et tomber en contemplation devant des flaques d'ombre ou des rangées d'arcades, voilà une expérience type, une expérience éminemment poétique qui est entrée désormais dans notre patrimoine commun. Même si nous ne le savons pas, nous ferons du De Chirico chaque fois qu'il nous arrivera de tomber ainsi en arrêt devant le mystère d'une esplanade déserte.

De Chirico, interprète de l'Italie

Tant pis si j'insiste sur ce côté réaliste dans l'œuvre de De Chirico, mais je crois qu'il nous a appris en particulier à regarder et à comprendre l'Italie. Aussi étrange que cela puisse paraître, un aspect essentiel de ce pays tant de fois peint et repeint avait échappé à l'œil des peintres et des voyageurs jusqu'à De Chirico. Peut-être parce que deux des villes les plus singulières de la péninsule se trouvent en dehors des chemins battus. J'ai nommé Ferrare, avec ses avenues de brique rouge et son château réellement métaphysique, si je puis dire, et Turin, avec ses longues perspectives bordées d'arcades et la perfection glacée de son plan géométrique. On sait que Turin et Ferrare ont été deux étapes capitales dans la vie de De Chirico, mais ce qu'il a vu dans ces villes lui a permis de comprendre le reste de l'Italie, où la tendance turinoise et ferraraise, pour être moins visible, n'en est pas moins présente. Que de clichés sur l'Italie on éviterait, si on avait regardé les toiles de De Chirico ! On dit que l'Italie est un pays animé et gai, et voici qu'apparaissent des villes ravagées par une tristesse et un ennui métaphysiques, absolus, sans remède. On parle de vie, de chaleur humaine, de cordialité, et voici un vaste désert où rôde la mort. On parle d'un pays émotif et sentimental, et voici que les gens qui le peuplent n'ont même pas de figure humaine ! On parle de soleil et d'éclat : chez De Chirico, même le ciel est vert, c'est-à-dire de la couleur des cadavres. Or l'Italie de De Chirico est tout aussi vraie que l'Italie des touristes. Disons qu'elle montre aux touristes, pour complaire à leur envie de s'amuser et d'être heureux, son visage gai et bon enfant, et qu'elle réserve pour elle sa mélancolie austère. De Chirico a peint plusieurs fois Ariane, l'héroïne abandonnée sur son île, un des symboles où apparaît le mieux le goût italien de la solitude. Ariane, dont le lamento a inspiré à Monteverdi une de ses œuvres les plus passionnées. De Monteverdi à De Chirico, c'est la même Italie qui s'exprime, orgueilleuse, livrée à la contemplation de la mort, dédaigneuse des viles consolations.

Bien entendu, dans cette vision mélancolique de l'Italie, il faut tenir compte de ce qu'un Italien peut éprouver quand il compare la grandeur passée de son pays et l'état dans lequel il se trouve actuellement. La décadence politique de l'Italie depuis l'Empire romain jusqu'à nos jours est quelque chose qui a très profondément marqué De Chirico. Pourquoi toutes ces ruines antiques, toutes ces statues antiques dans ses tableaux, pourquoi cette référence continuelle à la Rome d'autrefois ? Un sujet récurrent dans son œuvre est celui des *Archéologues*. Une grande huile de 1927, une autre de 1969, une aquarelle de 1972, un bronze de 1961, enfin un de ses tout derniers tableaux, peint en 1975, ont un sujet absolument identique : on voit deux personnages à tête d'œuf assis côte à côte sur un canapé de velours à franges. Leurs entrailles sont visibles, mais ce ne sont pas des viscères, ce sont des fragments de colonnes, de frontons, de statues antiques entassés pêle-mêle entre leurs épaules et leur giron. On ne peut s'empêcher de s'interroger sur une invention aussi bizarre. D'autres interprétations sont peut-être possibles, pour moi je croirais volontiers à une sorte de constat désolé et sarcastique : voilà, semble dire De Chirico, tout ce qui reste des sublimes monuments de l'Antiquité ! Quelques fragments et quelques vestiges remâchés par des archéologues dans leurs inutiles et pédantesques efforts d'érudition. Les ruines occupent la place de leur estomac, car elles sont devenues leur gagne-pain. Quelle dérision, quel mépris, quelle intense nostalgie dans ces œuvres ! Les fameux chevaux de De Chirico, qu'on lui a tant reprochés, ne sont peut-être qu'un hommage narquois à l'Antiquité, aux chevaux du Quirinal, aux statues équestres de Rome.

Quand on voit toutes ces arcades dans les tableaux de De Chirico, on pense tout naturellement aux monuments romains. Il faudrait se souvenir que cette architecture a été aussi l'architecture fasciste. Les monuments publics en Italie ont tous été construits sur ce modèle pendant la dictature de Mussolini. On oublie trop souvent que De Chirico se trouve être le grand peintre de l'Italie fasciste. Ce qui ne signifie pas qu'il ait été sympathisant fasciste ou qu'il ait peint pour le régime. J'ignore tout de ses opinions politiques. Je constate seulement que ses rêves d'arcades et de grandeur romaine coïncident historiquement avec le programme architectural et les chimères politiques de Mussolini. Il y a quantité de petites villes en Italie, qui ne possèdent aucun monument ancien prestigieux, mais seulement un bureau de poste des années 1930, où l'on tombe en arrêt en se disant : mais c'est du De Chirico ! Ainsi, la vision intérieure de ce grand peintre est arrivée à récupérer et à magnifier des décors en réalité assez pauvres et qui sans lui attesteraient seulement la mégalomanie d'un dictateur.

Un dernier mot avant de quitter l'Italie. Il est frappant de constater que tous les tableaux de De Chirico représentent comme le plateau d'un théâtre, avec les lignes fuyantes du plancher, les parois qui se resserrent vers le fond, le jeu des lignes et des perspectives comme dans un décor de scène. Chacun de ces tableaux pourrait servir de décor à une pièce de théâtre, ou à un opéra. On relève d'ailleurs parmi les personnages de De Chirico beaucoup de personnages de théâtre ou d'opéra : Ariane, Hector et Andromaque, Ulysse, le Trouvère, etc. Dieux de l'Olympe, héros antiques, chevaliers cuirassés : en vérité c'est tout le répertoire de l'Italie baroque et lyrique qui renaît ici, déguisé sous la froideur apparente de la construction géométrique.

De la nostalgie à la prophétie

Si la nostalgie pour la grandeur déchue de l'Italie se trouve bien au centre de l'inspiration de De Chirico, si l'œuvre de ce peintre nous apparaît ainsi tournée vers le passé, de l'autre côté elle regarde l'avenir. Prenons un de ses plus célèbres tableaux : *les Muses inquiétantes*, peint en 1925. Que voit-on dans ce tableau ? Au fond, un château rouge quadrangulaire, avec ses tours et ses créneaux hiératiques, qui n'est autre que le château des Este à Ferrare. Entre parenthèses, c'est à Ferrare que vécurent les deux poètes les plus imaginatifs et les plus fantastiques de la Renaissance, l'Arioste et le Tasse, c'est à Ferrare que prirent corps ces histoires merveilleuses de chevaliers, de magiciennes et de voyages dans la lune, c'est même à Ferrare que le Tasse, victime de ses chimères délirantes, devint fou. En mettant le château de Ferrare au fond de son tableau, De Chirico ne rendait pas seulement hommage à un certain type d'architecture hautaine et déjà métaphysique, il annexait aussi à son propre univers le monde épique et onirique des grands poètes de la cour des Este. Au premier plan du tableau, sur une sorte de plateau de scène dont les planches se rapprochent vers le fond, voici les deux muses en question, dont l'une consiste en un corps vertical de statue surmonté de la fameuse tête en forme d'œuf modelée dans une matière rouge et glacée. La seconde muse, assise sur une petite caisse bleue, les bras croisés sur les genoux, est dépourvue de tête, ou plutôt elle a déposé sa tête à côté d'elle, par terre, une tête rouge et en forme d'œuf elle aussi. Sur le cou de la muse, il reste seulement le pivot de fixation de la tête, qui semble dévissable et revissable à volonté. Je note encore dans le tableau : vers le fond, à droite, devant une rangée d'arcades immergées dans l'ombre, une statue antique debout sur son socle, et, dans le fond à gauche, deux cheminées d'usine. Par-dessus le tout un ciel glauque, oppressant. A première vue, voilà donc réunis tous les éléments de l'univers chiriquien, tant sous le rapport du style que sous le rapport du sujet.

Or quelle impression dégage ce tableau ? L'impression d'un monde vide, *en attente* de quelque chose ou de quelqu'un qui n'arrivera jamais. Les deux muses attendent que leur soit dévoilé le secret de l'énigme qui les a jetées ainsi dans un monde absurde, et il est manifeste qu'elles attendront pour toujours et en vain, car la clef de l'énigme a été perdue pour toujours, le monde est devenu totalement et irrémédiablement absurde. C'est ça le coup de génie de De Chirico : d'avoir découvert que le monde est absurde, que le temps et l'espace sont de pures illusions, que l'homme est jeté dans un univers qui n'a aucun sens et qui n'en aura jamais. De Chirico se trouve ainsi être un des premiers artistes qui aient tiré toutes les conclusions de la mort de Dieu, qui aient su rendre sensible la mort de Dieu. Songeons à la date de ce tableau : 1925. Il y a plus de dix ans que De Chirico peint la mort de Dieu. A la même époque, les grands créateurs s'appellent Proust, Thomas Mann, qui édifient des œuvres pleines, et pleines de sens, qui croient encore en l'homme, parce que au fond ils croient secrètement en Dieu. De Chirico ne croit plus en l'homme, devenu sous son œil une machine absurde, au rebut. Voilà pourquoi ses muses ont un œuf à la place de la tête ou pas de tête du tout. En 1925, personne ne parlait de l'absurde. Il a fallu attendre Sartre, vingt ans plus tard, pour mettre le mot à la mode. Il a surtout fallu attendre la pièce de théâtre la plus originale de notre temps pour voir transposée dans le domaine littéraire l'intuition prophétique de De Chirico. La pièce de Beckett, *En attendant Godot*, date de 1953, trente ans après *les Muses inquiétantes*. Comme Vladimir et Estragon, les muses de De Chirico sont deux. Comme eux elles attendent que quelque chose se passe, que quelqu'un vienne donner un sens à leur vie, et rien ne se passera plus, personne ne viendra. Tous les grands tableaux de De Chirico nous mettent en face de cette révélation d'un univers devenu incompréhensible.

L'homme déshumanisé, l'homme qui n'est plus rien qu'une machine, qu'un robot : c'est De Chirico qui nous en a donné les premières images, dans ses tableaux de mannequins sans tête humaine. Il a aussi prévu le rôle exorbitant de la police dans les sociétés modernes. Ces personnages sans visage, cuirassés de cuir ou de fer, pourraient bien figurer ces représentants anonymes du pouvoir qui ont remplacé les anges des armées célestes. De ce point de vue, De Chirico fait penser à son contemporain Kafka. Non seulement le monde est devenu absurde, mais des créatures menaçantes surgissent de partout, mettant chacun de nous en procès.

En même temps qu'il démystifiait l'homme, De Chirico exaltait les objets, troncs de colonnes, équerres géométriques, accessoires de théâtre, et surtout les meubles, devenus les formes vides et dérisoires, *en attente*, également, d'un occupant problématique. Il y a un tableau de 1968 intitulé *les Meubles abandonnés* qui pourrait servir d'illustration à une autre des pièces de l'absurde du théâtre contemporain : *les Chaises* de Ionesco, où l'on voit un vieux couple disposer dans leur salon des quantités de chaises pour des invités qui ne viendront jamais. C'est dire combien De Chirico, comme tous les grands peintres, incarne aussi la sensibilité littéraire de son temps.

Le retour d'Ulysse

Deux parmi les derniers tableaux de De Chirico ont pour sujet « le retour d'Ulysse ». On voit le héros grec assis dans une petite barque, laquelle flotte au milieu d'une chambre meublée XXe siècle, bien close. La mer ? Un carré de quelque chose qui ondule, qui pourrait être la laine d'un tapis. Ulysse a donc échoué sur un tapis, dans un intérieur contemporain petit-bourgeois, caractérisé par une armoire, un fauteuil, un canapé en velours à franges. Rien n'est plus intéressant que de demander aux artistes modernes comment ils réinterprètent les grands mythes du passé. Pour De Chirico, le grand voyage d'Ulysse se termine le plus bourgeoisement du monde, par des retrouvailles avec ses meubles. Qu'a-t-il voulu dire par là ? A-t-il eu l'intention de stigmatiser la trivialité du monde moderne, qui est non seulement incapable de créer des mythes, mais s'entend à les ravaler ? Ou bien a-t-il voulu dire que l'artiste, éternel voyageur comme Ulysse, éternel errant, éternel découvreur de terres inconnues, a toujours tort de revenir chez lui, à la maison, dans la réalité toujours bornée et décevante ? Ces deux tableaux sont drôles, évidemment, par le rapprochement incongru entre l'Antiquité grecque et la platitude contemporaine. Mais cette drôlerie a un revers triste, si on pense que les détracteurs de De Chirico l'ont accusé justement d'avoir abandonné ses explorations au pays du bizarre, du fantastique et du mystérieux, pour un néoclassicisme et un néonaturalisme. Alors, cet Ulysse qui se retrouve entre des meubles petits-bourgeois, est-ce un *mea culpa* humoristique de De Chirico lui-même ? Ou une accusation pleine de mélancolie contre le destin de l'artiste, déchiré toujours entre un départ et un retour, entre le rêve et la réalité ?

De Roberto

Faillite et dérision siciliennes

1887 : le siècle de l'optimisme scientifique touche à sa fin. Zola vient de publier, deux ans plus tôt, *Germinal*, première description de l'enfer de la classe ouvrière. Maupassant fait succéder au solide roman *Bel-Ami* les inquiétantes divagations du *Horla*. Verga, il est vrai, travaille à *Mastro-don-Gesualdo*, qui paraîtra l'année suivante, et Bourget au *Disciple*, publié en 1889. Mais déjà, de Scandinavie, descendent sur l'Europe les fantômes tourmentés issus de l'imagination crépusculaire d'Ibsen, de Strindberg ; déjà, d'Amérique, débarquent les introvertis raffinés d'Henry James. Que peut faire un jeune Méridional de vingt-six ans, débutant dans un monde où les certitudes de la foi ont depuis longtemps basculé, où les conquêtes du progrès commencent à montrer l'envers ?

Il est né à Naples, en 1861 : en même temps que l'Unité italienne, donc, mais dans la ville qui paye le plus cher cette illusion. On peut voir dans cette double circonstance une contradiction supplémentaire pour Federico De Roberto. Le grand rêve politique de l'Italie contemporaine se solde par l'appauvrissement et l'abaissement sans remède du Mezzogiorno. Ajoutons à toutes ces causes de désenchantement et d'amertume le rétrécissement du monde, désormais interdit aux aventures romanesques. Les thèmes majeurs qui ont alimenté le roman au XVIIIe et au XIXe siècles, l'amour, l'ambition, le voyage, semblent maintenant impossibles. Le jeune homme, qui s'est transféré à Catane (et signe ses livres : F. De Roberto, simplement, comme si le nom du grand empereur était trop lourd à porter dans une Sicile déchue de son antique splendeur impériale), se trouve ainsi placé devant un problème extrêmement difficile à résoudre : décrire, avec les moyens naturalistes hérités de Verga, de Capuana, de Flaubert, une société en train de craquer et de s'effriter de toute part, qui ne croit plus en rien, et dont l'apparente solidité ne résiste pas à un regard perspicace.

Une espèce de ciment provisoire, De Roberto l'invente, ou l'adopte. Ce sera le destin, *la Sorte*, qui sert de titre à sa première œuvre narrative, un cycle de nouvelles consacrées à la vie sicilienne sous ses aspects les plus divers, de la princesse à l'artisan, du barbier ambitieux au failli suicidé. Le destin, c'est-à-dire le nouveau dieu d'une société qui a perdu tous les siens, ceux de la religion comme ceux de la science. Et qui convient on ne peut mieux à des gens trop faibles pour construire leur vie avec leur volonté, mais assez lucides pour exiger une explication de leur échec.

« Quelle déveine, quel guignon », répète la princesse de Roccasciano, à propos du jeu de cartes auquel elle se livre avec une passion désordonnée, au lieu de s'occuper de ses affaires qui vont à la ruine : si bien qu'elle doit vendre une par une ses propriétés, sans cesser d'attribuer au sort contraire l'origine de sa décadence économique. Et la mort elle-même, elle l'accueillera comme un coup du destin, une mauvaise donne aux cartes, une trahison injuste. Première nouvelle du premier recueil de De Roberto, *la Disdetta* est déjà un clin d'œil ironique. Malgré le style qui adhère encore étroitement aux choses, sans mettre en doute leur réalité. « La princesse de Roccasciano, enfoncée dans le grand fauteuil de velours rouge... »

La limite du jeune F. serait peut-être ce manque de distance, cette foi dans les mots qui dément son scepticisme intellectuel. Encore que, à certains endroits du livre, l'ironie perce même à travers l'écriture. Ainsi lorsqu'il parle du fabricant de glaces : « La glace coûtait cinq sous et le *spumone* le double ; mais don Tino l'avait fait avec conscience, dans la sorbetière neuve, et cette demi-lire, il ne la volait pas. » Ou du coiffeur à l'ancienne mode : « Il n'avait pas, lui, les fauteuils pivotants, ni les petites brosses à moustaches ; mais (...) il faisait la barbe selon les règles de l'art, sans lésiner sur le savon sous le prétexte qu'il était parfumé. »

La Sorte se présente comme un catalogue cruel de toutes les illusions, sauf de l'illusion politique, sujet des *Vice-Rois*[1]. Le monde aujourd'hui est clos, bouché de partout, semble dire le jeune F., et chaque effort pour en sortir ne peut aboutir qu'à l'échec. La guerre, qui dans le sillage de l'épopée napoléonienne avait alimenté, depuis Stendhal et Balzac jusqu'à Tolstoï et Hegel, la pensée et l'art européens ? Il n'en reste que la caricature du service militaire *(Ragazzinaccio)*. Le voyage, encore possible pour les héros flaubertiens ? Complètement absent ici, à part le minuscule transfert de la villégiature. L'amour, source de renouvellement intérieur et de promotion sociale pour tous les grands personnages de roman ? F. l'identifie tantôt à une exaltation sensuelle promise au désastre *(Ragazzinaccio*, sur le modèle verghien), tantôt à une infatuation donquichottesque *(Il Matrimonio di Figaro*, sur le modèle flaubertien), le plus souvent à un pur calcul d'intérêt *(Nel cortile, la Malanova)*, calcul déjoué, bien entendu, par le sort.

La nouvelle la plus belle du recueil, je la vois dans *Il Reuzzo*, le « petit roi » (ou déjà le « vice-roi » ?), parce qu'elle touche au point le plus sensible des illusions siciliennes, au sentiment le plus émouvant dans son fanatisme, le plus démuni dans ses espérances, le plus cruel dans son ingénuité : l'orgueil de la progéniture mâle. Sept filles pour Isidoro Spina, et pas un garçon. Atteint dans ce qu'il croit être son honneur, ce paysan aisé sombre dans l'alcoolisme. Enfin arrive l'héritier : trop tard. Cajolé, bichonné, élevé en « petit roi », mais dans une famille désormais réduite à la misère, il n'aura d'autre « sort » que de transporter des

---

1. Enorme saga familiale, son chef-d'œuvre, traduit en français, sous le titre *Les Princes de Francalanza* par Nathalie Bauer, Stock, 1993.

pierres, récolter des escargots, vendre des mûres de porte en porte, vêtu de guenilles, comme le dernier des manœuvres, presque un mendiant. Déchu de sa « royauté », raillé par le voisinage, incarnant dans sa personne de jeune prince dépossédé les deux thèmes les plus forts de la sicilitude, la faillite et la dérision, mais aussi le courage individuel et la fierté native. Un personnage qui dépasse de beaucoup le cadre du naturalisme fin de siècle : autant qu'une victime du patriarcat méridional, l'emblème d'une certaine condition humaine.

Désastres

Octobre 1991 : le théâtre Petruzzelli, à Bari, inauguré en 1903, splendide opéra fin de siècle, est détruit de fond en comble. Incendie criminel.

Janvier 1996 : le théâtre de la Fenice, joyau de l'architecture et de la décoration italiennes du XVIIIe siècle, part aussi en fumée. Incendie criminel.

Mars 1996 : à la suite d'un tremblement de terre, puis de pluies diluviennes, la coupole de la cathédrale de Noto, insigne témoignage du baroque sicilien, s'ouvre en deux et s'effondre.

Avril 1997 : à Turin, la chapelle dite du Saint-Suaire, construite à la fin du XVIIe siècle par Guarino Guarini, le plus grand architecte, avec Borromini, du baroque spéculatif — Bernini restant le maître du baroque décoratif —, est entièrement ravagée par le feu. Incendie criminel ? Pour cette fois, le doute subsiste.

Septembre 1997 : la terre tremble à Assise. Une voûte, peinte par Cimabue et Giotto, s'effondre dans la basilique San Francesco.

De ces divers désastres, l'avant-dernier est le pire. La Fenice n'était pas le plus beau théâtre d'Italie — la primauté revenant au San Carlo de Naples et à la Scala de Milan —, et, de toute façon, avec les fonds récoltés dans le monde entier, l'opéra de Venise, bien nommé, renaîtra de ses cendres. Grâce également à la solidarité internationale, la coupole de Noto sera rebâtie.

Mais, à Turin, l'extraordinaire pyramide de Guarini, amoncellement d'arcs noirs qui montaient en se rétrécissant vers le ciel, tronc de cône vertigineux éclairé par des jours invisibles, crypte par l'obscurité sépulcrale, coupole par l'élan joyeux, n'avait sa pareille, ni en Italie, ni ailleurs. Et l'on ne peut guère compter sur un sursaut de l'opinion, comme pour Venise ou Noto, à cause de la relique qui était conservée dans cette chapelle. Le danger couru par le bout d'étoffe qui passe pour avoir servi de linceul au Christ a tenu une place bien plus importante, dans les médias qui ont rendu compte de l'événement, que la ruine d'une des plus hautes réalisations de l'architecture européenne.

La presse n'a monté en épingle que le courage du pompier. M. Mario Trematore, entouré de flammes, a réussi, pour faire mentir son nom (Trematore = Trembleur), à briser, au moyen d'une masse de quatre kilos, au prix d'efforts inouïs, les huit épaisseurs de verre pare-balles qui protégeaient le Saint-Suaire. Trois mille Turinois étaient accourus en pleine nuit encourager les sauveteurs et mêler aux tourbillons de fumée leurs prières et leurs cris. Les journaux du lendemain palpitaient de la crainte que la précieuse relique n'eût pu disparaître dans le feu. Mais enfin, il est intact, ce bout de lin, pas un fil n'en a été bruni. Et puis c'est une relique qui a toutes les chances d'être fausse, selon une analyse au carbone 14 conduite en 1986 et prouvant que l'étoffe a été fabriquée entre 1260 et 1390.

Une belle imposture, donc, ce qui n'a pas empêché les échotiers, même des journaux laïques, d'emboîter le pas à la superstition, non sans faire un piteux étalage de leur inculture. Dans *le Monde* du 12 avril, on pouvait lire : « Le sinistre s'est déclaré dans la coupole de la chapelle Guarino Guarini, du nom d'un architecte du XVIIe siècle. » Du nom de... On croit rêver. Est-ce un nom qu'on puisse oublier ? Guarino Guarini, thème et variation, selon cette habitude des Italiens (Dosso Dossi, Marino Marini) de décliner leur identité comme une phrase musicale. Annoncera-t-on bientôt qu'on a baptisé Léonard de Vinci une salle du Louvre, « du nom d'un peintre du XVIe siècle » ? Eh bien, le phare dressé par Guarini n'était pas un objet moins rare, moins singulier, moins prodigieux que *la Joconde*. Il faut que notre siècle soit encore bien imperméable aux sortilèges du baroque, pour voir brûler les yeux secs cette merveille et réserver ses larmes à un chiffon fallacieux.

Le *Journal du Dimanche*, daté du 13 avril, a eu le temps de s'informer un peu. Sur les douze colonnes qui relatent le péril auquel ont échappé les quatre mètres carrés de toile, cinq lignes mentionnent la chapelle. « Construite en 1668, par l'architecte Guarini, la chapelle et sa coupole en bois étaient considérées comme un joyau de l'architecture du XVIIe siècle. » En bois ? Non : faite de marbres noirs, dont la couleur ténébreuse ajoutait à la magie du lieu. En 1668 ? Non : de 1668 à 1694. Je ne précise pas ces dates par vaine jactance de cuistre, mais pour faire comprendre à quelle exigence de raffinement et de complexité répondait une œuvre mûrie pendant presque trente ans.

Le même journaliste réserve tout son lyrisme pour le vaillant pyrolutteur. Gloire à ce paladin du Christ, qui, « les cheveux dépassant du casque roussis par les flammes, le visage noirci par la fumée, les mains en sang, sanglé dans sa veste orange de combattant du feu », a tout de suite été acclamé en héros national. Le président de la République lui a envoyé ses félicitations, et le pape, de Sarajevo, sa bénédiction. Chacune de ses paroles a été pieusement recueillie : « J'étais là, abrité derrière une colonne de la chapelle, avec les flammes qui cernaient le Saint-Suaire. Je me suis dit : c'est ton tour. Tu dois y aller. Tu dois sauver ce symbole de la chrétienté, adoré par deux milliards de personnes. Et je sentais, provenant de l'intérieur du reliquaire, une force divine qui demandait à être sauvée par moi. Oui, vraiment par moi. Je vous l'assure. » Qui en douterait, intrépide Mario ?

Le Figaro du lundi 14 avril a utilisé le week-end pour se mettre à jour, et qualifier Guarini de « mathématicien, astronome et génial architecte », le plus clair de la double page étant consacré au « miracle » du Saint-Suaire deux fois sauvé. (Premier incendie en 1532, la relique se trouvant à Chambéry. Un savant russe, ancien communiste, volant au secours des deux milliards de catholiques, affirme aujourd'hui qu'une forte chaleur comme celle de la fournaise de Chambéry peut avoir enrichi le tissu en carbone, de manière à lui donner un air plus jeune.)

Soulagement général, actions de grâces au ciel. Qu'un des dix ou douze chefs-d'œuvre absolus du baroque soit réduit à néant ne chagrine qu'une coterie de songe-creux. Désastre qui les afflige d'autant plus qu'un sort cruel s'acharne depuis toujours sur les travaux de Guarini. Les trois églises qu'il avait construites à Messine ont été englouties dans le tremblement de terre et le raz-de-marée de 1908. Sainte-Anne-la-Royale, qui devait être bâtie à Paris, à la demande de Mazarin, est restée à l'état de projet. De cet esprit étrange, aussi rigoureux que lunatique, ne subsistent que deux édifices, tous deux à Turin : l'église San Lorenzo, plan octogonal et coupole aux nervures ordonnées selon le chiffre 8, dans une aérienne et géométrique fantaisie de croisillons et de coquilles, et le palais Carignan, dont les murs ondulants portent incrustées dans leurs briques rouges de mystérieuses étoiles, qui seraient la signature codée de l'architecte.

Dioclétien

L'Italie est un territoire trop exigu pour ses architectes. Qui veut avoir une pleine idée de leur génie doit se rendre là où leur imagination trouva un espace assez vaste. C'est à Baalbek au Liban, à Palmyre en Syrie, au Palais d'Hiver à Saint-Pétersbourg, qu'ils ont donné leur mesure, non sur la colline du Palatin. Le palais de Dioclétien, à Split, dans l'actuelle Croatie, offre un des exemples les plus éclatants de la grandeur romaine. Le nom latin de Split, Spalatum, dériverait d'une contraction de *spatiosum palatium*. Plus « spacieux » édifice, en effet, n'a jamais été conçu par l'esprit humain. Il couvre une surface rectangulaire de trois hectares. A la fois camp retranché, château fort, villa de luxe et mausolée impérial, on ne trouve que dans les visions de Piranèse l'équivalent de cette grandiose construction.

Dioclétien, après Aurélien, le vainqueur à Palmyre de la reine Zénobie, et avant Constantin, fut un des trois empereurs originaires d'Illyrie, nom romain des Balkans. Il était né à Salone, premier noyau de Split, aujourd'hui simple champ archéologique. Empereur en 284 de notre ère, il partagea le pouvoir avec Maximien, à qui il laissa l'Occident, se réservant pour lui-même l'Orient, et se donnant pour tâche d'établir une monarchie absolue fondée sur la divinité du souverain. Il résidait le plus souvent à Nicodémie, sur la côte d'Asie mineure (Izmit, en Turquie), sans négliger Rome, où les fameux Thermes qu'il fit construire donnent un premier aperçu de ses ambitions.

S'étant proclamé Jupiter, il déclencha contre les chrétiens une persécution rigoureuse, non par haine de leur religion, mais parce qu'il pensait que des schismatiques ne peuvent qu'affaiblir l'Etat. (Constantin, dix ans plus tard, pratiquerait la politique inverse, mais pour des raisons similaires : selon lui, la tolérance envers les chrétiens renforcerait la cohérence de l'Empire. Pas de question plus actuelle : un Etat se porte-t-il mieux en éliminant les marginaux ou en cherchant à les intégrer ?)

En 295, Dioclétien choisit, sur la côte dalmate, près de son lieu de naissance, un site alors désert, pour commencer la construction de son palais. La même année, notons-le, il dirigea des expéditions en Syrie et en Egypte, visita Damas et Palmyre, s'empara d'Alexandrie. En 305, il abdiqua et se retira dans son palais tout juste achevé, où il mourut, huit ans plus tard, de vieillesse. Domnius, le premier évêque de Salone, avait été supplicié en 304, en compagnie d'Anastase, qui exerçait le métier de foulon. Sébastien à Rome, Lucie à Syracuse, Catherine à Alexandrie avaient subi la même année le martyre.

Pendant huit ans l'empereur, le seul du Bas-Empire à ne pas périr assassiné, erra dans les immenses galeries de son palais, de plus en plus sombre et taciturne, après que son épouse Prisca et sa fille Valeria, qui s'étaient converties au christianisme, eurent été égorgées, en application de ses propres édits. La mer, à cette époque, battait directement contre la façade, et l'empereur, dont l'œuvre administrative était ruinée par la politique de ses successeurs, et les réformes réduites à néant, pouvait, du haut de sa loggia, comparer l'éternité du cosmos à la caducité de son pouvoir.

Après sa mort, le palais resta pendant deux siècles propriété des empereurs romains. Puis, lors des invasions des Slaves et des Avars, la population de Salone se réfugia à l'intérieur de l'enceinte, et, peu à peu, sur les ruines des appartements impériaux, des casernes, des magasins, des cuisines, des étables, des fours, des locaux pour les esclaves, s'élevèrent des maisons d'habitation. La ville de Spalatum était née. Elle continue, aujourd'hui, à remplir le quadrilatère de murailles, exemple unique de résidence particulière transformée en cité populeuse. Comme dans un *castrum* romain, deux axes perpendiculaires la divisent en quatre quartiers, le *cardo*, qui, d'est en ouest, va de la porte d'Argent à la porte de Fer, et le *decumanus*, qui, du sud au nord, relie la mer à la porte d'Or. Pas d'autres ouvertures que ces quatre portes, massives, complexes, pourvues de niches, de consoles, de colonnes, de chapiteaux et d'arcs demi-cylindriques, splendides échantillons d'architecture militaire romaine, auxquels les habitants du XVIe siècle ont donné ces noms imagés.

Des appartements privés de Dioclétien, il ne reste rien, sauf les soubassements, intacts. Reproduisant le tracé du triclinium, des cubicula, des nymphées, des bibliothèques, des bains, ils forment un magnifique et mystérieux labyrinthe de salles et de galeries souterraines.

Par un escalier, on monte au péristyle, espace ouvert entouré de colonnes, qui servait autrefois d'accès, à la fois à la résidence de l'empereur, à son mausolée, qu'il avait fait construire de son vivant, et aux divers temples. Aujourd'hui, c'est un carrefour sans cesse animé, le centre de la ville médiévale toujours habitée, un lieu public, transformé en partie en terrasse de café, une promenade, le rendez-vous de la jeunesse, qui s'assoit au pied des colonnes ou sur les marches du mausolée. Voilà, je pense, le seul site archéologique au monde qui ne soit pas un cimetière ; libre d'accès, à toute heure du jour ou de la nuit, bourdonnant d'une vie merveilleuse. L'œil admire le décor monumental, le protiron, sorte de perron géant, à fronton triangulaire, les portiques, les dalles, les chapiteaux. Le cœur se réjouit de cette foule jeune et allante, qui a adopté l'antique agora pour ses rencontres et ses discussions.

Qui a construit cet ensemble, d'une puissance et d'une majesté incomparables ? On a trouvé deux noms grecs, gravés, l'un sur une colonne du mausolée, l'autre sur un chapiteau de la porte Nord ; mais, le grec étant alors langue universelle, rien ne prouve que les artisans ou maîtres d'œuvre qui ont signé Philotas et Zotikos n'aient pas voulu s'helléniser par calcul. La conception générale traduit les aspirations de Rome à la grandeur. Certains détails trahissent des influences syriennes, par exemple le travail minutieux des chapiteaux du mausolée. L'architrave du protiron se soulève au milieu et s'arrondit en arc : autre particularité orientale, suggérée peut-être par Dioclétien lui-même, retour de Palmyre.

Dès le VIIe siècle, son mausolée fut converti en cathédrale Sainte-Marie. Les disciples de la nouvelle religion s'efforcèrent, par des signes tangibles, de marquer le triomphe de leur foi sur celui qui l'avait persécutée. Ils aménagèrent des chapelles pour leurs saints protecteurs, Domnius et Anastase, placèrent des christs sanguinolents sur les murs, et, pour le tombeau de Domnius, utilisèrent un sarcophage païen. Un clocher roman, gardé par deux lions de pierre, fut élevé devant l'entrée pour servir de vestibule à l'église. Pourtant, à comparer ce bricolage catholique avec l'extraordinaire beauté de la structure romaine, on se dit que la victoire n'est pas restée aux chrétiens. Octogonal à l'extérieur, circulaire à l'intérieur, ce temple a la perfection des plus beaux sanctuaires de l'Antiquité. A l'intérieur, deux rangées superposées de huit colonnes soutiennent trois étages de chapiteaux. Une double corniche saillante scande la masse cylindrique jusqu'à la voûte, une coupole nue, jadis chatoyante de mosaïques.

Le chœur, tardif, rajouté à l'époque baroque, ne présente aucun intérêt, à part les stalles du chapitre. Un joueur de viole, un harpiste sont sculptés sur les dossiers. Et, motif plus rare, un groupe de quatre chanteurs autour d'un lutrin ; ils se tiennent par la main : se prendre mutuellement le pouls, c'était la méthode pour suivre la mesure.

De l'Egypte qu'il avait conquise, Dioclétien rapporta plusieurs sphinx, dont l'un, de granit noir, est couché, devant le mausolée, sur le soubassement du péristyle ; et des colonnes de porphyre ou de granit rose, qu'il fit placer sous le protiron et de chaque côté de l'entrée du mausolée, afin de souligner, par la couleur de cette pierre, de quelle majesté impériale était revêtu le maître des lieux. Les autres colonnes, plus éloignées du sanctuaire, sont en calcaire local. Le sarcophage qu'il s'était préparé, en porphyre également, reposait sous la coupole, voilé d'une tenture pourpre. Lorsque les rayons du soleil couchant pénétraient par la fenêtre en ogive, une lueur d'incendie embrasait la pénombre. Un demi-siècle ne s'était pas écoulé après sa mort, que le sarcophage et le corps de l'empereur furent volés. On n'en a jamais retrouvé trace.

Andrea Palladio vint, au XVIe siècle, faire des relevés des remparts, des portes, du péristyle ; et, après lui, au XVIIIe siècle, Fischer von Erlach, l'architecte baroque de Vienne, puis Robert Adam, l'initiateur, en Angleterre, du néoclassicisme. Le Français Charles-Louis Clérisseau, élève de Piranèse, l'accompagnait ; il a gravé d'admirables vues du palais. Achetées par Catherine II, elles se trouvent à Saint-Pétersbourg. En sorte que toute l'Europe, qu'elle ait été baroque, néoclassique ou romantique, a ravivé son imagination et puisé des modèles dans les ruines de Dioclétien, lesquelles contiennent tous les styles à la fois, dans une synthèse, rarement égalée, d'Orient et d'Occident. Les Autrichiens, maîtres de la Croatie au XIXe siècle, restaurèrent le clocher, ainsi que les chapiteaux du mausolée. Une plaque arrogante, à la gloire de François-Joseph Ier, scellée au-dessus de l'entrée du sanctuaire, commémore ce travail, exécuté avec un souci exagéré de reconstitution. Heureusement, dans tout le palais, délicieux fouillis de styles composites, c'est la seule touche de rationalité germanique.

Tout autour du péristyle, la ville, d'abord médiévale, puis Renaissance, puis baroque, forme un ensemble aussi curieux, aussi fort que les vestiges romains. Et parcouru d'une foule en perpétuel mouvement. A l'intérieur de l'énorme enceinte, ont proliféré, dès le VIIe siècle, maisons basses et ruelles étroites. Les plus anciennes bâtisses survivantes remontent au Xe siècle ; on les reconnaît aux arcs en plein cintre des fenêtres. Des fragments de murs romains, en épaisses couches de briques, demeurent encastrés sous des voûtes. Au XVe siècle, Nicola da Firenze apporta d'Italie les formes de la Renaissance. On lui doit le beau palais Crisogono, aménagé sur la face ouest du péristyle, qui abrite le café Luxor. Venise aussi a laissé son empreinte, dans les palais baroques Milesi et Cindro, dans les loggias, dans les escaliers en plein air qui, à l'intérieur des cours, conduisent à l'étage noble.

Vain exercice, cependant, que de chercher à distinguer les époques : leur superposition et interpénétration fait le prix et le charme de cette ville. Il fut un temps où les architectes essayaient de la « purifier » de certains éléments, pour dégager les restes de l'Antiquité. Selon le conservateur qui nous a pilotés dans ce dédale de *vicoli*, de passages voûtés, de courettes, Goran Nikšić, aussi docte cicéron que parfait francophone, la tendance actuelle est au contraire de laisser intact le tissu médiéval, et même de reconstruire des maisons démolies. Le tout forme un brassage unique de romain, de paléo-chrétien, de roman, de gothique, de vénitien, de baroque. Chaque coin de rue réserve une surprise. Ici, une tête de sphinx noire jaillit d'un mur Renaissance. Là, dans le patio d'une maison sans apparence, on découvre, encastré entre les deux rampes de l'escalier, un admirable relief antique représentant le combat des Centaures et des Lapithes.

La Dalmatie tomba en 1420 sous la domination vénitienne, qui dura jusqu'en 1797. Pendant ces quelque quatre siècles, la ville se nommait Spalato. A Venise même, le quai principal, devant le palais des Doges, s'appelle, comme on sait, Riva degli Schiavoni ; et la petite église décorée par Carpaccio, S. Giorgio degli Schiavoni. Schiavoni : Slavons, par référence à la colonie dalmate avec laquelle les Vénitiens commerçaient ; mais aussi, par contamination lexicale, Esclaves, ce qui indique l'estime où ils tenaient leurs vassaux. Ce n'était peut-être que du dépit : car le métissage de Slave et d'Italien, d'Europe centrale et d'Europe méditerranéenne, donne, sur la côte illyrienne, une race plus belle que la race purement italienne. Ils sont plus grands, plus élancés, plus fins, et, avec cela, mieux élevés ou d'une nature plus respectueuse du prochain. Pas de cris ni de vacarme, les voitures laissent la priorité aux piétons, le centre des villes est interdit à la circulation automobile. Quant à la culture, à l'érudition historique et littéraire, elle semble abondamment partagée. Gérard Denegri, président de l'Alliance française de Split, sait tout sur tout. Il nous a ménagé une visite à Salone, dans les ruines, et donné une réédition, en fac-similé, des précieuses gravures du Français Cassas, auteur, avec Lavallée, d'un *Voyage pittoresque et historique de l'Istrie et Dalmatie*, Paris, 1802.

Auguste Frédéric de Marmont a ici son spécialiste, autre lettré de haut vol. Un des premiers compagnons de Bonaparte, nommé gouverneur d'Illyrie en 1806, fait duc de Raguse et, après la bataille de Wagram, maréchal de France, Marmont n'a pas bonne presse dans son pays natal, pour avoir, en 1814, « trahi » Napoléon. A Split, il est très aimé, parce qu'il a construit des routes (« toutes droites, à la française, on les reconnaît sans peine dans le fouillis oriental de nos chemins »), installé l'éclairage dans les rues, aménagé un jardin public, créé des écoles et des hôpitaux. Ses *Mémoires*, publiés en 1855, dont plusieurs volumes traitent de son expérience dalmate, n'ont pas été réédités. Il écrivait fort bien. Une des rues principales de Split porte son nom — Marmontova. Paris ne l'a pas commémoré. De Marmont, la conversation dérive vers le baroque. Cet historien n'est nullement cantonné dans sa spécialité : il cite avec une aisance confondante aussi bien Giambattista Marino que Gongora, François Villon que Lautréamont.

A Trogir, ville toute proche, de l'autre côté de la baie, Ivo Babić, un des conservateurs de la cathédrale, nous fait admirer les beautés du portail, sculpté par Radovan au XIIIe siècle. Le personnage qui représente le mois de mars porte une chevelure hérissée par le vent, en forme de flamme ; et la *bora*, glacée, qui souffle sur le golfe et s'insinue, en cette saison pascale, dans le dédale des ruelles de la ville moyenâgeuse, nous rappelle combien ce symbole est judicieux. Ivo Babić se demande comment déchiffrer les signes minuscules laissés dans certains blocs de la façade ou sur les murs intérieurs par les maîtres d'œuvre : une cavité circulaire, une demi-lune en creux, un simple trait, messages à peine visibles mais sans aucun doute d'une grande importance philosophique ou ésotérique. Ce qui n'empêche pas ce passionné d'architecture médiévale, qui correspond avec Jacques Le Goff et parle, lui aussi, un français impeccable, de nous mentionner au passage, entre Duby et Chaunu, Raymond Queneau, dont la Zazie lui paraît une excellente caricature des touristes qui affluaient naguère à Trogir et ne manqueront pas de revenir en hordes, les séquelles de la guerre effacées.

Dans la cathédrale, nouvelle preuve du génie italien. En 1468, Nicola da Firenze, ce mystérieux architecte-sculpteur déjà repéré dans le palais de Dioclétien, construisit une chapelle pour Ivan le Bienheureux et l'orna, sur les trois murs, de statues, selon un plan et un ordre hautement symboliques. A l'étage inférieur, une vingtaine de génies funéraires, moitié éros, moitié anges, agitent des torches devant les portes entrouvertes de l'enfer. Bouclés, rebondis, énergiques, ces garçonnets expriment chacun un sentiment différent : fierté, peur, angoisse, combativité. L'un d'eux souffle sur la flamme à demi éteinte de sa torche. A l'étage médian, statues de saints, impassibles, sereines, la plupart de la main de ce Nicola, sauf deux, fort belles également, œuvres d'Ivan Duknović, dit Johannes le Dalmate. Dans le tympan semi-circulaire, relief du Couronnement de la Vierge. La voûte, enfin, arrondie, est divisée en caissons. Certains reconnaissent l'influence du temple de Vénus, situé en face du mausolée de Dioclétien, et converti dès le VIIe siècle en baptistère : là aussi, voûte en demi-cintre et caissons réguliers. Ivo Babić préfère rattacher le plafond de Nicola à des modèles florentins, Brunelleschi, Masaccio. La chapelle présente un programme iconographique complet. Comme le feront plus tard le tombeau de Jules II ou le plafond de la Sixtine, elle illustre les degrés de l'ascension de l'âme vers le ciel. Mais, si l'ordonnateur de Trogir a eu l'intention d'exalter les avantages de la vie spirituelle, l'artiste a mis beaucoup plus de vie dans les représentants du monde inférieur. Ces gamins tumultueux ont l'air de s'amuser, aux dépens des graves artisans de leur salut. Eternelle Italie, plus à l'aise dans le paganisme, dans les passions terrestres, que dans l'édification religieuse.

Grâce à un peintre italien, Girolamo di Santacroce, nous pouvons nous faire une idée de Spalato, telle qu'elle se présentait en 1549. Dans le polyptique conservé au monastère franciscain de Poljud, à la périphérie de Split, on voit, portée par saint Domnius, une maquette très précise de la ville. Les frères possèdent plusieurs autres trésors. Un tableau anonyme, qu'on date de 1529, figure la Madone au milieu d'un cercle de docteurs en bonnet de théologiens. En bas, à gauche, se tient un astrologue, qui apporte son hommage à la Vierge ; et, à droite, présence encore plus surprenante, Mahomet en personne. Il déroule une banderole avec une inscription en latin : Nul n'est né d'Adam, qui n'ait été tenté par Satan, hormis Marie et son Fils. Cas unique, paraît-il, dans l'histoire de la peinture, de dévotion musulmane à la mère du Christ. Quand les Turcs envahirent la région, les frères s'avancèrent au-devant de ces hérétiques pour leur montrer ce tableau, qui désarma leur fanatisme et sauva le monastère.

La bibliothèque renferme un chef-d'œuvre de la peinture vénitienne, accroché par une ficelle devant une rangée de livres, tel un vulgaire calendrier. L'accueil des réfugiés bosniaques, pendant la dernière guerre, a bouleversé le paisible édifice. Le portrait de Thomas Niger, évêque de Spalato, par Lorenzo Lotto, est d'une qualité exceptionnelle. L'évêque s'était rendu à Rome, pour solliciter un soutien contre les Turcs, dont on redoutait l'invasion. Il n'obtint rien de Clément VII et repartit bredouille. Sur le chemin du retour, en 1527, il s'arrêta à Venise, où Lotto le représenta, triste et découragé. Sur le livre ouvert devant lui, le prélat a posé ses lunettes, une des premières paires de lunettes peintes. Dans la tombe de Thomas Niger, on a retrouvé la vraie.

Mahomet, non le pape, a donc préservé de la fureur ottomane cette pieuse retraite, un peu moins solitaire aujourd'hui, à cause de l'énorme stade voisin.

Dumas

Alexandre Dumas dans le royaume de Naples

En mars 1835, Alexandre Dumas, sur le point de partir pour la Sicile, est présenté à Vincenzo Bellini qui séjournait alors à Paris après la première triomphale des *Puritains*. « Bellini était de Catane : la première chose qu'avaient vue ses yeux en s'ouvrant, étaient ces flots qui, après avoir baigné les murs d'Athènes, viennent mourir mélodieusement aux rivages d'une autre Grèce, et cet Etna fabuleux et antique, aux flancs duquel vivent encore, après dix-huit cents ans, la mythologie d'Ovide et les récits de Virgile. Aussi Bellini était-il une des natures les plus poétiques qu'il fût possible de rencontrer ; son talent même, qu'il faut apprécier avec le sentiment et non juger avec la science, n'est qu'un chant éternel, doux et mélancolique comme un souvenir ; un écho pareil à celui qui dort dans les bois et les montagnes, et qui murmure à peine tant que ne le vient pas éveiller le cri des passions et de la douleur. »

L'écrivain interrogea le musicien sur son île natale. Entre Palerme et Messine, lui dit Bellini, arrêtez-vous au petit village de Bauso. Montez jusqu'au château, au mur extérieur duquel il y a deux cages, l'une vide, l'autre où blanchit depuis vingt ans une tête de mort. Pressé de raconter toute l'histoire, le Sicilien s'exécuta de bonne grâce. Pascal Bruno, qui en était le héros, fut pendu l'année même où le compositeur naissait. La geste du bandit, transmise par la tradition populaire, avait bercé son enfance. En échange de son récit, Bellini fit promettre à Dumas de lui écrire, quand il serait revenu de voyage, « bien retrempé au milieu de cette population sauvage et de cette nature pittoresque », un livret d'opéra sur Pascal Bruno. Sur le chemin du retour, en octobre 1835, dans une méchante auberge de Calabre, l'écrivain apprit que le jeune auteur de *Norma* et de *la Somnambule* venait de mourir à Paris. Il en fut bouleversé. « Je me rappelais ses beaux cheveux blonds, ses yeux si doux, sa physionomie si mélancolique ; je l'entendais me parler ce français qu'il parlait si mal avec un si charmant accent. »

On sait que Stendhal, pas plus qu'il n'assista à la soirée d'inauguration du San Carlo (qu'il relate pourtant dans *Rome, Naples et Florence* avec l'aplomb d'un témoin direct), ne dépassa jamais Naples, bien que son livre fasse mention d'un voyage à travers la Calabre. Dumas, lui, engagé par sa promesse envers Bellini, a bourlingué deux mois sur les côtes de Sicile ; et, pour honorer la mémoire de son ami disparu, il a non seulement décrit en détail sa visite au village de Bauso, mais, à partir de témoignages recueillis sur place, composé un roman entier sur le bandit *(Pascal Bruno*, 1838, dont le prologue raconte l'entrevue à Paris avec Bellini). Quant aux péripéties de sa randonnée par terre et par mer, il les a consignées dans deux volumes de ses *Impressions de voyage* : *le Speronare* et *le Capitaine Arena.*

Un autre motif le poussait à pèleriner dans le royaume de Naples. Son père, le général Dumas, avait pendant la campagne d'Egypte réuni les officiers d'état-major pour accuser devant eux leur chef d'ambition personnelle. Renvoyé en France par Bonaparte, il arriva à Tarente où il comptait sur l'hospitalité de Ferdinand. Le roi de Naples le fit arrêter, enfermer au château de Brindisi et empoisonner. Il revint en France, mais estropié, presque paralytique, brisé et ruiné à jamais. Son fils, resté orphelin à quatre ans, ressentit la décision du roi de Naples comme une trahison. Le thème des injustices à réparer, si important dans toute l'œuvre de Dumas, a une de ses origines dans le souvenir de l'humiliation paternelle ; l'autre étant le sentiment d'infériorité lié à son ascendance noire, à la couleur de sa peau. D'où *Georges*, ce beau roman de la vengeance, d'où *les Trois Mousquetaires*, et *Monte-Cristo*. Mais peut-être, aussi, cet attachement à Naples et aux terres du Mezzogiorno, ce désir de déambuler en homme libre et de dépenser à pleines mains son argent là où son père avait été jeté au cachot : satisfaction posthume accordée au géniteur failli par le fils déjà célèbre, revanche de la vie sur la mort. Il était bien dans le caractère de Dumas de promener sa jeunesse, sa curiosité, son exubérance, sa boulimie de toutes choses, dans les lieux mêmes où le général avait subi le déshonneur et la persécution : manière de prouver la vitalité de la famille, de ne pas laisser le dernier mot aux espions et aux sbires.

Arrivé à Rome, il apprend de l'ambassadeur de Ferdinand qu'on lui refuse le passeport pour le royaume de Naples, à cause de ses opinions républicaines. Outré, il court chez un de ses amis, élève à la villa Médicis, lui emprunte son passeport et part aussitôt pour Naples, sous le nom de Guichard, en compagnie de Jadin, un peintre paysagiste qui croquera tout au long du périple les lieux et les monuments visités, et de Milord, leur bouledogue. Ida Ferrier était aussi de l'expédition ; mais il a gommé sa maîtresse du récit de son voyage au pays des hommes.

Craignant d'être reconnu dans la capitale du royaume, Dumas s'empresse de louer sur le môle un petit navire « de la force d'un chasse-marée », coquettement peint en vert et en rouge : la *Santa Maria di Piedigrotta*, bâtiment à voiles et à rames, appelé *speronare* dans le langage maritime. Le capitaine Arena et son équipage sont siciliens, « parlant ce doux idiome de Meli qui semble un chant, et comprenant à peine la langue florentine si fière de la suprématie que lui accorde son académie de la Crusca ». Applaudissons à cette petite malice dirigée contre l'Italie des professeurs et des pédants : aujourd'hui encore, on enseigne dans l'Italie et dans le monde que le seul italien correct est le toscan, au mépris de la variété et de la richesse des autres « dialectes » égaux en force littéraire (à preuve l'œuvre de ce Meli, poète palermitain du XVIIIe siècle). Quant au plaisir que Dumas prend à braver le roi de Naples et son interdiction, il faut le mesurer à l'intensité de son ressentiment filial : chaque entrée dans un port, chaque visite à terre sera vécue inconsciemment comme une étape de la revanche due au père.

A peine embarqué, il mouille à Capri, le temps d'explorer la *grotta azzurra* découverte il y a neuf ans, et de relater l'assaut victorieux donné par le général français Lamarque en 1808 contre les troupes anglaises de Hudson Lowe qui occupaient l'île. En route vers Messine, il se fait raconter par le capitaine une histoire d'amour et de crime qu'on peut comparer, par l'emportement des caractères et par l'énergie du style, à une des « chroniques italiennes » de Stendhal. A Messine, il avise avec étonnement à la porte d'un corps de garde de gendarmerie un brigadier qui confectionne une robe de tulle rose à volants : on lui apprend que dans cette ville l'état de couturière est exercé par des hommes. A Catane, il rencontre le père de Bellini, qui lui parle avec émotion de la générosité de son fils. Le touriste consciencieux reprend l'avantage lors de l'ascension de l'Etna ou de la description des antiquités de Syracuse ; le fabulateur impénitent, dès qu'il y a un couvent à visiter, un souterrain à explorer, un coup de couteau dont il faut expliquer l'origine. La traversée de la Sicile, d'Agrigente (Girgenti à l'époque) à Palerme, donne une idée savoureuse de ce que pouvait être un voyage en 1835 : entre les brigands et les aubergistes, c'était à qui extorquerait la plus forte rançon. Dumas, cependant, ne se laisse pas aveugler par le pittoresque : il écrit des pages magnifiques sur la solitude des montagnes intérieures, et d'autres pleines d'émotion sur la misère des paysans. Le sort des enfants le bouleverse. Un soir, dans une chaumière, il leur abandonne sa part de châtaignes, l'unique nourriture de ce peuple continuellement affamé.

L'arrivée à Palerme le plonge dans un ravissement lyrique. « Les Romains l'ont occupée, les Sarrasins l'ont conquise, les Normands l'ont possédée, les Espagnols la quittent à peine, et à tous ces différents maîtres, dont elle a fini par faire ses amants, elle a souri du même sourire : molle courtisane, qui n'a jamais eu de force que pour une éternelle volupté. » Dumas est abordé à la porte de la ville par le signor Mercurio, mi-guide, mi-entremetteur. Quand un seigneur sicilien a jeté son dévolu sur une jeune fille du peuple, le signor Mercurio se charge de la lui procurer : ainsi qu'il le raconte lui-même à Dumas. L'histoire de Gelsomina occupe trente pages : c'est l'une des nouvelles les plus saisissantes qu'on ait jamais écrites sur l'Italie des intrigues et de la corruption. La jeune Gelsomina aimait le beau pêcheur Gaetano dont elle était aimée en retour : il venait chaque nuit, en attendant leur mariage, lui parler sous la fenêtre d'où elle laissait pendre chastement sa main. Le signor Mercurio commença par détacher le vaniteux Gaetano en le poussant dans les bras d'une de ses amies qu'il lui présenta comme une grande dame de Palerme. Puis il excita la jalousie de Gelsomina, en l'invitant à se venger. Mais la jeune fille, inconsolable de la trahison de son fiancé, loin de songer à lui rendre la monnaie de sa pièce, déclara son intention de prendre le voile. Le prince de G., qui avait remarqué la jeune fille lors d'une procession, et qui avait payé grassement le signor Mercurio, s'impatienta. Alors celui-ci recourut à la solution extrême : il s'arrangea pour se faire aimer de Gelsomina, lui proposa le mariage, l'épousa et, le soir de ses noces, céda au grand seigneur sa place dans le lit. Dumas, écœuré, congédia sur-le-champ le proxénète : mais non sans avoir noté soigneusement chaque détail de son récit, qu'il nous conte avec la rapidité et le détachement d'un Mérimée.

Les curiosités et les mœurs de Palerme le fascinent : les monuments arabes et normands, les balcons de fer pansus comme des cages d'où les jeunes filles nobles enfermées au couvent assistent au spectacle de la rue, la procession de sainte Rosalie et les étranges manèges gymnastiques et chorégraphiques auxquels se livrent les porteurs de reliques, les promenades vespérales dans les jardins embaumés et, sur le corso, les repas où les glaces et les fruits remplacent les viandes et les poissons. De toutes les descriptions du couvent des Capucins et de ses catacombes où achèvent de se dessécher des milliers de momies alignées bien en vue contre les parois, celle de Dumas est la plus originale. Il feint de se scandaliser qu'au lieu du culte sombre et poétique pour les trépassés on se fasse jeu ici de ces pauvres corps, qu'on les habille, qu'on les coiffe, qu'on les farde comme des mannequins. Mais il ne perd pas une nuance « de ces visages coiffés de bonnets enrubannés, de ces bras desséchés sortant d'une manche de satin bleu ou rose, pour allonger leurs doigts osseux dans des gants quatre fois trop larges, de ces pieds chaussés de souliers de taffetas et dont on aperçoit les nerfs et les os à travers des bas de soie à jour ».

Les environs reçoivent aussi sa visite : la cathédrale de Monreale, le temple de Ségeste, la villa Palagonia à Bagheria. Comme un témoignage du goût de l'époque, on notera que l'écrivain, après avoir décrit avec beaucoup de vivacité les célèbres monstres du mur d'enceinte et la collection de cornes du prince, laisse tomber ce jugement méprisant : « Palais, cour, jardin, tout cela est d'un goût détestable. Jadin ne voulut même pas compromettre son crayon jusqu'à en faire un croquis. » Le terme artistique « baroque » était encore ignoré de la langue française, et Dumas ne mentionne au cours de son voyage en Sicile aucune façade de palais, aucun intérieur d'église de la période espagnole. Ne le blâmons pas. Il n'a pas *vu*, simplement, ce qui aujourd'hui saute à nos yeux, de même que nous ne voyons pas, peut-être, ce qui frappera la postérité.

Avant de quitter Palerme, il se rend à la *Casa dei Matti*, établissement des fous, maison révolutionnaire fondée par le baron Pisani, fameuse dans toute l'Europe, oubliée depuis, bien qu'elle mérite une place d'honneur dans la préhistoire de la psychiatrie. Le baron Pisani, qui fit lui-même visiter à Dumas son palais transformé en asile, fut le premier, avec Pinel en France, à traiter les fous en malades plutôt qu'en criminels, à leur ôter les chaînes et à substituer aux sévices corporels des thérapeutiques qui s'apparentent aux psychodrames modernes. Tous les pensionnaires de la *Casa dei Matti* sont occupés à un travail précis. Beaucoup de musique : on joue du violon et on danse. Aux murs, Dumas voit des fresques, dont l'une inspirée par l'Arioste représente le gentil paladin Astolfe allant chercher dans la lune la fiole qui contient la raison de

Roland. L'écrivain s'étonne du sujet de ce tableau, dans une maison de fous. « Ne dites pas trop de mal de cette fresque, elle en a guéri dix-sept. »

Les malades les plus atteints ornent leur chambre chacun en suivant ses fantasmes. Celui qui se prend pour le fils du roi de Chine décore la sienne de dragons et de serpents peints sur des étendards de soie. Un autre, qui se croit mort, s'est fait un lit en forme de bière, dont il ne sort que drapé en fantôme. « Comment les guérissez-vous ? » demande le visiteur incrédule. Pour le fils du roi de Chine, le baron espère lui faire lire un jour sur une gazette que son père vient d'être détrôné ; pour le second, ce sera encore plus facile. « J'avancerai le Jugement dernier de trois ou quatre mille ans. Une nuit, je l'éveillerai au son de la trompette, et je ferai entrer un ange qui lui ordonnera de se lever de la part de Dieu. »

Quels drames pleins de cruauté et d'humour de tels exemples auraient pu inspirer à Pirandello ! Mais Dumas n'était pas l'auteur de *Henri IV*, il était le futur auteur de romans historiques, et la folle qui frappa le plus son imagination fut une jeune femme qui avait perdu son mari le jour même de ses noces, assassiné pendant le bal par deux masques mêlés à la foule.

Quelques anecdotes complètent le séjour à Palerme : un Anglais tué par la populace parce qu'il ne s'est pas incliné au passage du colosse doré de saint Sébastien porté en procession ; un jeune homme enlevé et séquestré quinze jours par deux jolies femmes à qui il s'est trouvé empêché de faire l'aumône rituelle du carnaval ; une rixe entre les moines de deux couvents voisins ; un juge qui condamne sciemment un innocent, parce que la législation interdit à un magistrat d'accuser le coupable, même s'il l'a vu de ses yeux perpétrer le meurtre ; et, absurdité presque aussi révoltante pour l'auteur du *Dictionnaire de cuisine*, un plat servi sous le nom de boudin et confectionné avec du sang de cochon, du chocolat et des concombres. Fort pertinente la remarque selon laquelle le caractère taciturne et les gestes sobres du Sicilien sont aux antipodes de la volubilité napolitaine.

Et voilà Dumas et Jadin repartis sur le *speronare* avec le capitaine Arena et son équipage que l'écrivain intègre dans son récit comme des personnages de roman, et qui acquièrent au fil des pages une épaisseur savoureuse, tel Pietro, le matelot champion de tarentelle, ou Nunzio, le pilote, devin des tempêtes. Quant à Milord, le bouledogue, il a une présence étonnante. C'est lui le héros de l'excursion aux îles Eoliennes, où il manque de se brûler les pattes dans l'ascension du Stromboli et de perdre la tête devant le feu d'artifice qui jaillit du cratère. Peu s'en faut ensuite qu'une trombe n'engloutisse le navire, qui arrive à Messine, proche de Bauso. Dumas se rend dans ce village pour y apprendre dans chaque détail l'histoire de Pascal Bruno, bandit d'honneur, assassin du prince local qui avait violé sa mère et fait pendre son père. Rien n'eût manqué à cette tragédie, ni la jeune femme aimée en secret, ni l'exécution publique sur la grand-place de Palerme, pour fournir un livret à Bellini ; et on ne se consolera pas qu'après *le Pirate*, situé déjà dans les mêmes parages, le musicien de Catane soit mort avant d'avoir écrit un second opéra sicilien.

Après Bauso, le *speronare* entreprend de remonter vers Naples. Mais les vents contraires obligent les deux amis à louer des mules et à prendre la route de terre. Démêlés avec les aubergistes calabrais, avec les puces et la tambouille infâme de leurs établissements. Halte au Pizzo, le temps d'évoquer la mort pathétique de Murat. Séjour à Cosenza, et description minutieuse du tremblement de terre qui ravage la Calabre. « Il y aurait trop à dire sur l'architecture des temples de Paestum et des choses trop difficiles à comprendre », avait écrit impudemment Stendhal d'une localité où il n'avait jamais mis les pieds. Dumas fait une relation consciencieuse de sa visite aux sanctuaires. Mais, en grand et vital voyageur, il est beaucoup moins bon dans l'évocation de ruines que lorsqu'il marchande avec son muletier, parlemente avec un gendarme, escalade un volcan, décrit une fête, attend son repas à l'auberge ou simplement jette un os à son chien.

Ensuite, quinze jours passés à Naples, à l'automne de 1835, lui suffisent pour recueillir le matériel nécessaire à la rédaction d'un nouveau volume des *Impressions de voyage*, *le Corricolo*, portrait le plus éblouissant jamais peint de la capitale du royaume. Corricolo : sorte de fiacre découvert sur lequel Dumas feint d'être juché pendant qu'il explore Naples. Il s'arrête partout, note tout, donne une avalanche d'informations sur les différents aspects de la ville et sur ses personnages les plus illustres ou les plus pittoresques. La cour et le peuple, le roi et les *lazzaroni*, brigands et intrigants, chanteurs d'opéra et musiciens du port, souvenirs archéologiques et anecdotes sur les prêtres, tout défile à une allure endiablée. Il décrit le miracle de saint Janvier comme s'il y avait assisté, bien qu'on ait la preuve qu'il ne pouvait pas être à Naples ce jour-là. N'importe, sa sympathie est telle pour tout ce qui se passe dans cette ville qu'il n'a pas besoin d'être présent à un événement pour le restituer dans sa fraîcheur originelle. Les portraits de Rossini, de l'imprésario Barbaja, de Masaniello, le héros de la révolte populaire de 1647, du prince doué de la faculté terrible de porter le « mauvais œil », et même de Ferdinand, le persécuteur de son père : autant de chefs-d'œuvre de verve et d'humour. Nul n'a compris comme Dumas le grouillement exubérant des rues napolitaines, la misère fastueuse des palais, la sensualité crépusculaire des églises, nul n'a réussi à communiquer avec une telle chaleur l'extraordinaire fermentation de ce monde en marge de l'Europe et de l'histoire. Il parlait l'italien à la perfection, selon le témoignage de son ami napolitain Pier Angelo Fiorentino qui l'accompagna dans ses pérégrinations parthénopéennes.

Vingt-cinq ans après, Dumas acheta des armes en France pour le compte de Garibaldi et rejoignit à Palerme le général qui était en train de délivrer la Sicile des Bourbons. Le 7 septembre 1860, jour de l'entrée à Naples, Dumas se trouvait au côté du libérateur. Celui-ci le remercia de ses services en le nommant directeur du Musée archéologique et des fouilles de Pompéi. C'était, soixante ans après la félonie de Tarente, la vengeance définitive de la famille Dumas sur la dynastie bourbonienne. L'écrivain restera presque quatre ans à Naples, fastueusement installé dans la villa Chiatamone. Il travailla au cycle de *la San Felice*, qui est, sinon son chef-d'œuvre romanesque, en tout cas le plus grand roman jamais écrit sur Naples, à partir d'un épisode de la révolution de 1799.

Mais il prit part aussi aux événements de la vie quotidienne, en alimentant les chroniques d'un journal qu'il fonda et dirigea de 1860 à 1863, *l'Indipendente*.

A feuilleter ces articles, on ne peut qu'admirer la lucidité de leur auteur, son courage et sa générosité. Il attaque le gouvernement piémontais de la nouvelle Italie, qui vient de fixer les prix alimentaires à un niveau trop élevé pour la population indigente des *bassi*. Mais il s'en prend également à la classe dirigeante napolitaine et dénonce un par un les maux qui sont devenus chroniques et plus de cent ans après sévissent avec la même virulence : insalubrité de l'habitat, vétusté des abattoirs, absurdité du système carcéral, prolifération de la mendicité, spéculation immobilière, vénalité des fonctionnaires, mafia de l'enlèvement des ordures, insécurité de la poste, carence des écoles, absence d'industries. Maniant le fouet de la satire quand il s'agit d'abus ou de crimes contre la population, Dumas tempère son ironie sur les sujets plus frivoles. Il réclame un nouveau statut pour le Conservatoire de musique, en sorte qu'on n'interdise plus aux élèves d'assister aux soirées du San Carlo sous prétexte que les mouvements des danseuses pourraient les distraire de leurs études.

Souvenirs personnels, fiction romanesque ou journalisme militant, de tous les voyageurs français Dumas est celui qui a le mieux connu et le mieux aimé l'Italie et celui qui en a le mieux parlé. Pourquoi cite-t-on de Brosses, Chateaubriand, Taine, tant d'autres et jamais lui ?

Eco

Le romancier, le philologue et le farceur

Un des charmes de la vie littéraire italienne est sa richesse en romans imprévus, marginaux, dont la fraîcheur est garantie par l'innocence de leurs auteurs, qui sont tout sauf des professionnels : médecin, comme Carlo Levi, qui révéla dans *Le Christ s'est arrêté à Eboli* la misère et la magie du Sud italien ; prince désœuvré, comme Giuseppe Tomasi di Lampedusa, dont *le Guépard* est dans toutes les mémoires ; ou juriste, comme Salvatore Satta, qui mérite d'y entrer, grâce à son admirable *Jour du jugement* posthume. D'Umberto Eco, on ne dira certes pas qu'il est un franc-tireur de la littérature, ni un ingénu dans l'édition, puisque, professeur de sémiologie à l'Université de Bologne, il fait partie du sérail ; mais son premier roman, qu'il publia en 1980, à cinquante ans, a tous les caractères d'une œuvre à part, tout l'attrait d'un objet inattendu et unique.

En apparence, c'est une chronique médiévale articulée sur une intrigue policière. Epoque : première moitié du XIVe siècle. Lieu : une abbaye d'Italie du Nord isolée sur les contreforts d'une montagne. Trame historique : les luttes entre l'empereur et le pape, entre l'Eglise et les hérétiques issus de la réforme franciscaine. Chargé d'une mission diplomatique auprès de l'abbé, arrive un jour entre les murs de l'austère édifice frère Guillaume de Baskerville, avec son secrétaire le jeune Adso. Leur première tâche va être de débrouiller l'énigme d'une série de crimes. Un moine est trouvé écrasé au pied de l'escarpement ; le lendemain, on retire un autre cadavre de la bassine contenant le sang des cochons ; un troisième moine est découvert noyé, et ainsi de suite, la clef de ces meurtres mystérieux semblant devoir être cherchée du côté de la bibliothèque.

Celle-ci est à elle seule un monde : labyrinthe de pièces et de miroirs où s'amasse en milliers de volumes et de manuscrits la somme du savoir humain. Entre les descriptions de l'église (dont le portail sculpté rappelle celui de Moissac en France), l'évocation de la vie quotidienne dans une abbaye bénédictine, le portrait des nombreux moines et la peinture de leurs occupations diverses, art des gemmes, théologie, botanique, cuisine, Eco nous livre déjà un substantiel document. C'est merveille de voir comment son érudition se transforme en prose drue, savoureuse, qui nous gorge de vocables rares, agencés avec brio.

Mais, à un « deuxième niveau », comme diraient les pédants que ce livre déconcertera, tant son écriture est limpide et tant l'enchaînement des chapitres est aisé, *le Nom de la rose* révèle un jeu littéraire des plus excitants. Pas une seule phrase du roman ne serait de lui, a prétendu l'auteur, dans une boutade qui signifie d'abord que tout livre, au XXe siècle, est fait de la somme des livres précédents. Comme la bibliothèque de l'abbaye, le roman d'Eco est en lui-même une librairie, où l'expert se régalera en reconnaissant, ici un passage de Voltaire (l'histoire du cheval, au début, copiée sur celle du chien dans *Zadig)*, là, pour les descriptions de gemmes et de plantes, le Huysmans de *la Cathédrale*, plus loin, pour le défilé des hérétiques, le Victor Hugo de *Notre-Dame de Paris*. Un exemple précis entre cent : vers la fin, la phrase que Guillaume cite à Adso comme étant d'un mystique allemand : « Il faut jeter l'échelle sur laquelle on est monté » n'est que la transcription, en allemand pseudo-ancien, d'un aphorisme de Wittgenstein (et un clin d'œil à « Jette mon livre, Nathanaël » de Gide).

Le lecteur le moins érudit aura d'ailleurs flairé dans le nom de Guillaume de Baskerville l'odeur d'un célèbre chien inventé par Conan Doyle ; et il n'aura pas tort, car la structure investigatrice du *Nom de la rose* est calquée sur *le Chien des Baskerville*, Guillaume faisant fonction de Sherlock Holmes, et son secrétaire Adso n'étant que la version contractée de Watson.

Mais alors, dira-t-on, toute cette grosse machine pour un canular de professeur ? C'est ici que le « troisième niveau » rétablit la situation et transforme la gageure littéraire en un grave et profond livre aux répercussions troublantes. Dans les hérétiques franciscains du XIVe siècle, puritains de l'Eglise et intolérants jusqu'au crime, Umberto Eco voit le modèle des terroristes contemporains. Le désir de purifier le monde peut engendrer des massacres. « On pèche aussi par excès d'amour de Dieu, par surabondance de perfection » : ç'aurait pu être la devise des Brigades rouges, qui ont ensanglanté l'Italie des années 1970. Fra Dolcino, le meneur de la secte hérétique, ne vient-il pas de Trente, ville où s'était formé, comme on sait, Curcio, le chef historique des BR, ancien élève de la Faculté théologique de sociologie ?

Un autre personnage du *Nom de la rose* peut nous aider à comprendre l'Italie de notre siècle et les excès auxquels s'y sont livrés les extrémistes de tout genre : Jorge de Burgos, doyen des moines de l'abbaye, octogénaire aveugle, au savoir encyclopédique, qui règne sur la bibliothèque et en possède tous les secrets. Allusion évidente à Jorge Luis Borges : voilà pour le jeu littéraire. Ce vieillard intransigeant a organisé la série d'assassinats dans le seul but d'interdire l'accès à un livre : lequel serait un inédit d'Aristote où le philosophe grec, père de la théologie catholique, aurait prononcé l'éloge du rire. Jorge de Burgos ne veut pas que les hommes se croient autorisés à rire : il faut, pense-t-il, les tenir ployés sous la terreur. Par amour excessif de Dieu il est devenu ce fou homicide, par désir de sainteté cet Antéchrist sanglant. Le rire, selon lui, anéantirait la crainte de Dieu et amènerait la ruine de l'Eglise. Transposons ce Moyen Age à l'époque stalinienne, brejnevienne ou même berlinguerienne : comment ne pas songer au thème majeur de *la Plaisanterie* ?

Or, dit Eco dans une phrase qui, sauf erreur, est bien de lui, « le devoir de qui aime les hommes est peut-être de faire rire de la vérité, *faire rire la vérité*, car l'unique vérité est d'apprendre à nous libérer de la passion insensée pour la vérité ». Sentence qui place ce roman, à la suite des contes philosophiques de Voltaire, parmi les classiques modernes de la tolérance, près des fables de Milan Kundera et des apologues de Leonardo Sciascia. Sous sa forme amusante de roman policier et savante de devinette érudite, *le Nom de la rose* est un vibrant plaidoyer pour la liberté, pour la mesure, pour la sagesse menacées de tout côté par les forces de la dérision et de la nuit.

Mystification gracieuse d'un côté ; de l'autre, himalayenne érudition : où situer Umberto Eco ? Entre les deux, comme nous l'a montré *le Nom de la rose*, vertigineux compromis entre la philologie et le roman noir. Pour qui désire connaître à l'état pur les deux tentations de ce diable d'auteur, voici, d'une part, publié aux savantes Presses Universitaires de France, un traité du langage, réservé aux alpinistes de la sémiotique *(Sémiotique et philosophie du langage)*, et d'autre part, échantillon de farces savantes facile à lire et désopilant, ces *Pastiches et postiches* (Messidor).

Comment serait reçu aujourd'hui, dans une maison d'édition, le manuscrit de certaines œuvres illustres ? Eco imagine les rapports de lecture, négatifs bien entendu, sur la Bible, où il y a tout ce qu'il faut d'adultères et de sodomie pour plaire à un public moderne, mais de trop nombreux morceaux de poésie, incomestibles ; sur *Justine*, où Sade, hélas, propose des dissertations philosophiques à des lecteurs avides uniquement de sexe ; sur Proust, qui serait publiable après un bon *rewriting*, etc.

Non moins savoureuse l'analyse des billets émis par la Banque d'Italie et déchiffrés comme des cryptogammes porteurs d'un profond message ; ou de *l'Amant de lady Chatterley*, relu comme une *love story* fleurant bon la nature et la lavande. On voit la méthode : prendre le contre-pied de l'opinion reçue, en faisant semblant de croire que les mœurs ont changé du tout au tout, et en présentant comme édifiantes les œuvres jugées naguère scandaleuses.

Nonita est une parodie de Nabokov, la gérontophilie *(nonna* signifie en italien « grand-mère ») remplaçant l'amour des nymphettes. Un chapitre décrit la culture grecque comme si elle était le produit de l'industrie culturelle, ce qui permet de voir dans la *Médée* d'Euripide une hystérique sanguinaire, à la Tennessee Williams. Le tableau de la répression sexuelle dans la plaine du Pô fournit un autre morceau de bravoure : Milan est considéré comme une horde de sauvages, et ce sont les indigènes de Samos, hautement civilisés, qui conduisent l'enquête, en se demandant si cueillir des noix de coco en grimpant pieds nus sur un palmier ne constitue pas un comportement supérieur à celui du « primitif » qui se nourrit de chips enfermées dans un sachet en plastique.

Toutes ces malices, et d'autres (la découverte de l'Amérique en reportage télévisé direct, la sociologie du strip-tease, les recettes de cinéma pour faire à volonté de l'Antonioni, du Godard, du Visconti) forment un recueil piquant. Mais non un passe-temps inutile, car en prêchant le faux, ces textes nous révèlent le vrai.

Enfantines

L'enfance et le mythe de l'enfance, absents de la littérature italienne plus longtemps que de n'importe quelle autre, n'y ont fait leur apparition qu'après-guerre. Depuis, au contraire, on ne compte guère de roman qui ne fasse place, soit à des personnages enfants, soit au mythe de l'enfance entendue comme le paradis perdu. Pourquoi ce long ostracisme, et pourquoi cette revanche subite ? Deux facteurs, sans doute, ont contribué, en Italie comme ailleurs, à faire prendre en considération l'âge puéril : l'avènement, presque simultané, de la psychanalyse, science de l'enfant, et de l'ethnologie, science des « primitifs », des peuples enfants. Ethnologie et psychanalyse sont arrivées plus tard en Italie que dans le reste de l'Europe. Troisième facteur : le développement de la civilisation industrielle et des grandes villes, qui épouvante l'adulte et le pousse à reconstruire son passé comme un refuge contre le bruit, la foule et l'anonymat. Là encore, on sait le retard italien et la récente, rapide expansion urbaine.

Le premier roman de Luigi Malerba, jeune auteur salué en 1966 comme la révélation de la péninsule, reflète ces divers courants de curiosité et de peur[1]. Il les reflète d'autant plus qu'il se présente comme un pur divertissement, une jonglerie en apparence gratuite, dépouillée de ce sérieux réaliste ou néoréaliste qui constituait depuis vingt ans, aux yeux des lecteurs étrangers, la marque du roman italien. *Le Serpent cannibale* est un récit impertinent et cocasse, étourdissant de drôlerie dans ses meilleurs chapitres, qui use du coq-à-l'ane, du syllogisme et de la science-fiction, une sorte de canular qui assaisonne les fantômes de Bouvard et de Pécuchet avec la grâce de Marcel Aymé et le mordant de Ionesco.

Mais, qu'on y prenne garde, sous les dehors burlesques se cache une profonde angoisse : l'angoisse de l'homme qui a perdu son enfance et qui court après elle comme un serpent mord sa queue. Le premier chapitre, qui évoque un fragment de l'enfance du héros et semble, de prime abord, un hors-d'œuvre sans rapport avec le reste du livre, ne s'explique que par la nécessité de poser, dès le départ, l'objet inavoué de la nostalgie. Toutes les conduites du héros restent obsédées par le souvenir du passé révolu et par le refus du monde actuel. Marchand de timbres et misanthrope, il préfère les petites effigies en papier des rois, explorateurs et généraux de son enfance, aux visages de ses contemporains. Il s'inscrit à une chorale, mais invente aussitôt, grâce au chant mental qui se déroule tout entier dans sa tête sans franchir la barrière de ses lèvres, un moyen de se désolidariser. Très intelligent et caustique, il s'exprime volontiers en niaiseries. « Monteverdi était un génie » : autre procédé qui le met à part des adultes, dans la félicité d'une régression innocente.

Innocent, « idiot », il l'est, jusque dans ses fureurs érotiques, plat de résistance du roman. Il fait l'amour à Myriam, jeune personne rencontrée à la chorale, selon des schémas musicaux que lui inspirent ses auteurs préférés. « L'épanouissement de l'érotisme est une question de souffle et de rythme », profère-t-il avec son imperturbable assurance de savant Cosinus. Avec les débutantes, il s'en tient au modèle classique : *allegro-adagio-minuetto*. Avec les plus expertes, il tâte du *basso ostinato* à la Corelli, du *tempo andante ma rubato* à la Sibélius. Les fugues prises aux messes du XVIIIe fournissent de dignes conclusions. Quand la partenaire, essoufflée ou trop pressée, manque le temps, c'est lui qui s'ajuste, grâce à sa précision de Vacheron et Constantin. Avec Myriam, il use d'un rythme de petite marche viennoise avant d'exploser dans un grand finale à la Dvorak. « Un triomphe. »

Eperdument jaloux de sa maîtresse, il recourt à la seule mesure efficace de protection : il endort Myriam, il la dépèce, il la mange. Il la déguste, dans l'arrière-boutique de son magasin. Entendez que, furieux d'avoir cédé au besoin de la femme, il réintègre le monde asexué de l'enfance. Myriam, d'ailleurs, n'a jamais existé. Incapable de vivre, le héros de Malerba s'est imposé un rituel solennel et absurde, il a transformé en fable son existence, pour avoir le droit de la refuser.

Et le titre ? Eh bien, le titre confirme que les deux sources du mythe de l'enfance sont la psychanalyse et l'ethnologie. Le serpent, symbole évident du sexe, empoisonne toute vie. Un seul moyen pour nier le sexe et retourner à l'enfance : manger la femme, avec l'allègre insouciance

1. Luigi Malerba, *Le Serpent cannibale*, traduit par Michèle Causse, Grasset.

des tribus anthropophages. Ajoutons que le roman se passe à Rome, que la grande ville, présente et pesante d'un bout à l'autre, contribue à la mythomanie du héros. Propriétaire d'une 600 lilliputienne qui lui donne des ennuis de batterie, il rêve de s'envoler dans les airs. Faute du paradis icarien, il se réfugie dans l'éden cannibale.

Etna

Fumées, flammes, fracas, profondeurs ténébreuses, forges d'Héphaïstos, fournaises des Cyclopes, grondements souterrains, épouvante : pour parler du plus grand volcan d'Europe, toujours actif et menaçant, ne conviendrait-il pas d'emboucher la trompette épique ? Le ton familier et culinaire du présent article, je l'attribuerais volontiers à l'influence de Vitaliano Brancati. Ce romancier passait ses vacances à Zafferana Etnea, village d'altitude accroché aux flancs de l'Etna, d'où nous partîmes en excursion vers le sommet. Brancati, le maître sicilien de l'humour, qui n'a cessé de railler ses compatriotes, tournant en dérision leurs rodomontades et prétentions à la virilité, n'aurait-il pas brocardé aussi la jactance éruptive du volcan ?

Le maire de Zafferana Etnea avait organisé notre ascension. C'était un 1er mai, et jamais froid plus cruel ne saisit touristes plus imprévoyants. Au point que, malgré la splendeur du spectacle, neiges blanches et noires scories mêlées, nous ne fûmes pas fâchés que l'accès au faîte fût barré, et les bords du cratère interdits, à cause des jets de pierres crachés en permanence par les abîmes. Le maire possédait (je mets le verbe à l'imparfait, car je crains que la dernière coulée de lave ne l'ait engloutie) une maisonnette sur la pente du volcan, à 1 500 mètres d'altitude. « Ma femme nous attend pour le déjeuner », nous dit-il, lorsqu'il nous eut vus transis.

Petite villa moderne, sans eau ni électricité. Intérieur absolument glacial. L'épouse de notre amphytrion s'affairait dehors, devant un fourneau rudimentaire fait de quelques pierres et alimenté au bois. A peine nous eut-elle aperçus, au bout du sentier tracé dans le chaos cendreux, qu'elle jeta dans l'eau bouillante d'une énorme marmite la *pasta* rituelle, et remit sur le feu un poêlon de sauce tomate, épaisse, parfumée, enrichie d'herbes de la montagne, de morceaux de lard, de petits pois, de bribes d'œufs durs, et de je ne sais combien d'autres ingrédients. A constater la corpulence et la jovialité de la cuisinière, on se disait que, même sans l'intention d'honorer des hôtes étrangers, elle n'eût lésiné ni sur le volume des portions ni sur la variété des condiments.

Si engourdis et affamés que nous fussions, ce pléthorique macaroni nous eut vite rassasiés. Je ne voyais pas sans inquiétude qu'un autre plat mijotait sur le fourneau, l'illustre *farsumagru* (en italien : *falsomagro)*, dont il est dommage qu'Alexandre Dumas n'ait pas eu vent. Pour escalader l'Etna, il n'avait emporté que quatre poulets et autant de bouteilles de vin. Comme à son *Dictionnaire de cuisine* manque la recette de ce mets entre tous fastueux, je la donne ici, telle que me l'a enseignée notre hôtesse. Le nom, déjà, est d'une savoureuse duplicité. Plat de viande, le *falsomagro* a la « maigre » apparence d'une escalope, mais la réalité truculente d'un garde-manger gargantuesque. Nourriture on ne peut plus riche et grasse, à cause de la farce dont on remplit la tranche de veau.

Pour un kilo de viande : hacher menu 250 g de mortadelle ; 250 g de saucisse fraîche ; deux tranches de *pancetta* (entre lard et jambon). Joindre 150 g de divers fromages (pecorino, caciocavallo, provoletta) coupés en dés. Amalgamer l'ensemble avec deux œufs, du persil haché, de l'ail et de l'oignon hachés, du sel et du poivre. On perce un trou dans l'escalope, on la creuse, on la bourre de cette farce. Et maintenant, continua l'experte matrone, en me montrant les morceaux de viande qui mitonnaient depuis plus d'une heure sur une friture d'oignons, voici ce qu'il ne faut pas oublier : une bouteille de vin rouge, qu'elle versa sur le fricot et qu'elle surveilla jusqu'à l'évaporation, puis une jatte de sauce tomate, dont elle inonda ce qui n'était plus, du veau originel, qu'un lointain souvenir.

Fausseté radicale de cette maigreur par antiphrase ! Une béatitude stupide nous envahit, à laquelle force libations de ce vin rouge à dix-huit degrés, qu'on tire des vignobles fertilisés par les cendres, ajoutèrent une capiteuse euphorie. Des pyramides de gâteaux, en provenance de Savia, la meilleure pâtisserie de Catane et peut-être d'Europe, achevèrent le festin. Ou plutôt, comme eût dit Dumas, les convives furent achevés. Nous ne vîmes plus rien, ce jour-là, de l'Etna.

Farinelli

Mythe et réalité

Qu'il s'agisse de Balzac, de Stendhal ou de Rossini, tous, ils furent d'accord : en interdisant, pour des raisons humanitaires, la castration des jeunes garçons, le siècle qui succéda à la Révolution française et en recueillit la leçon philosophique appauvrit l'art vocal et dessécha le champ du plaisir. Gain en morale, perte en bonheur. Désormais, il y aurait d'un côté les chanteurs hommes, de l'autre côté les cantatrices femmes : rivalité et lutte des sexes, qui remplaceraient la délicieuse ambiguïté des castrats. L'opéra ne serait plus le lieu de la fusion et de la confusion des rôles, mais la plate reproduction, sur une scène de théâtre, du conflit qui scinde la société en deux camps. D'où les castrats tiraient-ils donc un pouvoir si fabuleux de séduction, que, de leur vivant, on voyait en eux l'incarnation de la bisexualité des origines, la personnification du mythe primordial de l'androgynie ?

Dans les Etats du pape (Rome et Bologne), les femmes n'avaient le droit de chanter ni dans les églises ni dans les théâtres. A qui confier les parties de sopranos ? C'est ainsi qu'on eut l'idée de mutiler les petits garçons pour leur conserver leur timbre d'argent. Cette pratique remonterait au XVe siècle. Une telle explication reste insuffisante. Pourquoi les autres Etats de l'Italie, le royaume de Naples et la République de Venise en particulier, où aucune interdiction ne visait les femmes, adoptèrent-ils les castrats ? Pourquoi, pendant les XVIIe et XVIIIe siècles, dans l'Europe entière, de Lisbonne à Saint-Pétersbourg, et, au-delà de l'Europe, jusqu'en Amérique latine, les castrats furent-ils choyés, adulés, vénérés ? Ils se produisaient sur les scènes d'opéra en même temps que des femmes, des femmes chantaient à côté d'eux, preuve qu'on les recherchait pour leurs qualités spécifiques, non comme des substituts. Et, chose plus curieuse encore, ils interprétaient, non des rôles de femmes ou de personnages efféminés, mais incarnaient au contraire les héros les plus virils de l'histoire ou de la mythologie antiques. Achille, Alexandre, Jules César, Xerxès, jusqu'à Hercule ! Oui, l'auteur musclé des douze fameux exploits, le dieu du biceps lui-même apparaissait en scène vêtu avec extravagance, coiffé de panaches luxuriants et pourvu d'une petite voix flûtée qui faisait pâmer les spectateurs et produisait sur eux, hommes ou femmes, la même volupté dévastatrice qu'un orgasme amoureux.

Timbre d'argent, petite voix flûtée : que ces mots manquent de pertinence ! Je ne les emploie que par boiteuse analogie. Cette petite voix remplissait les théâtres, et, en fait de flûte et d'argent, elle évoquait la musique des anges, tout en remuant au fond des cœurs le souvenir d'émotions les plus païennement charnelles. Rien, en vérité, ne peut nous restituer aujourd'hui le moelleux, le pulpeux, le chatoyant de cette voix : ni le son cristallin des enfants ni le timbre des contre-ténors, trop sec et âpre. Les plus grands castrats étaient soprani, un contre-ténor ne sera jamais qu'un alto.

L'anathème qui frappa, dès la fin du XVIIIe siècle, l'habitude d'« améliorer » les garçons fut si complet, si implacable, qu'aucun biographe ni historien ne se risqua à recueillir la mémoire de cette immense aventure du chant. Jean-Jacques Rousseau avait donné le ton dans son *Dictionnaire de musique*, édité de son vivant. « Il se trouve en Italie des pères barbares qui, sacrifiant la nature à la fortune, livrent leurs enfants à cette opération, pour le plaisir des gens voluptueux et cruels qui osent rechercher le chant de ces malheureux. » L'hypocrite ! Celui qui faisait entendre ainsi la « voix de la pudeur et de l'humanité » avoua, dans ses *Confessions* destinées à la publication posthume, qu'il s'était pâmé, à Venise, en écoutant, du fond de sa loge du théâtre San Crisostomo, une voix qui n'était autre que celle du castrat Giovanni Carestini. « Quel ravissement, quelle extase ! » Mais les temps étaient révolus : il fallut renier son propre plaisir, décrier et honnir ce qu'on avait adoré. Carlo

Broschi lui-même, devenu, sous le pseudonyme de Farinelli, le plus illustre des castrats, tomba dans l'oubli.

La récente biographie de Patrick Barbier, *Farinelli, le castrat des lumières* (Grasset, 1995) rend enfin justice à ce personnage hors du commun. Naissance dans les Pouilles, en 1705. C'est le seul castrat issu d'une famille aisée. Tous les autres furent des fils de paysans de l'Italie du Sud, où l'espérance de vie était limitée à vingt-cinq ans. Les bien-pensants qui vitupèrent la « barbarie » de l'émasculation ignorent que l'enfant, pris en charge soit par le prince soit par le prélat du village où le curé avait remarqué ses dons, puis élevé aux frais de son protecteur dans un des quatre conservatoires de Naples, entrait dans la vie active avec un bagage inespéré pour un jeune homme de sa condition. Même avec un talent décevant qui ne lui assurait pas les succès et la fortune réservés aux vedettes du *bel canto*, il devenait prêtre, ce qui était déjà une formidable promotion sociale et la garantie d'une durée de vie deux fois plus longue qu'au milieu de ses cailloux natals.

Autre préjugé à démentir : la castration ne supprimait pas la vie amoureuse. Du moins quand elle était bien faite, elle consistait à couper les canaux déférents, en laissant intacts le mécanisme physiologique du plaisir et la possibilité de prendre et de donner de la volupté. Très recherchés par les dames, puisqu'elles pouvaient en user sans conséquences fâcheuses, les castrats, stériles mais non impuissants, obtenaient aussi les faveurs des messieurs. Erotisme polyvalent. Si l'androgyne séduisait d'abord par sa voix, il est hors de doute que son corps contribuait à attirer, à envoûter ceux et celles que fascinait ce miracle d'une nature double, non pas asexuée mais sursexuée, possédant les pouvoirs de l'homme et de la femme. Les portraits de Farinelli nous présentent un être — une créature ? — à la beauté ambiguë, d'une éternelle jeunesse. Même en tenant compte de l'idéalisation du modèle, qui était de règle dans les tableaux d'apparat, le don de la beauté et de la jeunesse semble avoir été partagé par tous ceux que leur mutilation, en les privant de certains des avantages attachés à la condition masculine, soustrayait à l'usure et aux avanies du temps.

Un autre aspect de sa carrière distingua Farinelli de ses congénères et rendit exceptionnel son destin. Il se produisait triomphalement dans les théâtres de Londres, quand la reine d'Espagne l'appela à Madrid. Le roi, Philippe V, atteint de ce qu'on appellerait aujourd'hui neurasthénie aiguë ou dépression cyclothymique, refusait de se lever et avait abandonné les affaires de l'Etat. Son épouse Elisabeth Farnese, une Italienne ambitieuse autant qu'énergique, eut l'idée de mander son compatriote et de l'installer dans la chambre du roi, derrière un rideau. Farinelli chanta quatre airs, qui tirèrent le souverain de sa somnolence. Le lendemain soir, même jeu. Au fil des jours, Philippe V reprit goût à la vie et à la politique, mais pendant quatorze ans, jusqu'à sa mort, il fallut que Farinelli lui chantât, tous les soirs, quelques airs. C'était sa cure, ses pilules, moyen que nous conseillons à tous ceux qui se méfient, à juste titre, des gourous de la psychanalyse.

Le fils de Philippe V, Ferdinand VI, étant affecté de la même maladie que son père, Farinelli resta une dizaine d'années supplémentaires à Madrid, remplissant les mêmes fonctions d'enjôleur et de guérisseur, moitié sorcier, moitié médecin. Le *divo* reçut des mains royales l'ordre de Calatrava, le plus élevé d'Espagne. Ne se contentant pas de chanter pour ses maîtres, il dirigea le théâtre d'opéra et mit en scène des spectacles (sans y chanter), et joua au milieu des intrigues européennes un rôle politique non négligeable. Charles III, nouveau roi, le renvoya en Italie, sur un bon mot qui montre comment la dérision et la cruauté se mêlaient toujours à l'adulation des castrats, aussi moqués et vilipendés en public qu'adorés et vénérés en secret : « Je ne veux de chapons que sur ma table. »

Farinelli se retira à Bologne, dans une villa qui abritait ses collections magnifiques de tabatières, de bijoux et de tableaux, entre autres des Vélasquez et des Ribera. De 1759 à sa mort en 1782, les pèlerins de la musique vinrent à lui. Du jeune Mozart au vieux Casanova, l'Europe entière affluait pour rendre hommage à celui qu'elle tenait pour le plus grand chanteur de tous les temps — titre que la postérité n'a pas encore réussi à lui contester, même après un Caruso, même après une Callas. Il faudrait citer tous les autres grands *musici* qui, sans atteindre à sa gloire, jouirent d'une réputation internationale, de Caffarelli à Carestini, de Guadagni à Pacchiarotti, de Rauzzini à Senesino. Velluti, le dernier d'entre eux, chanta encore dans l'*Aureliano in Palmira* de Rossini, en 1813. Rossini, le dernier des grands compositeurs à écrire pour les castrats, le premier à déplorer leur disparition. En 1864, il dédia sa *Petite Messe solennelle* « aux chanteurs des trois sexes », ultime et ironique geste de déférence envers des dieux à jamais déchus.

Avant lui, de Monteverdi, qui confia à un castrat le rôle d'Orfeo, à Mozart, dont les plus beaux opéras, *Idomeneo* et *la Clemenza di Tito*, furent écrits pour des castrats (et, de ce fait, sont tombés dans un demi-discrédit faute de voix pour les interpréter), tous les grands compositeurs succombèrent au charme du *musico*, Gluck, Händel, Vivaldi, Cimarosa, Pergolèse. Charme au sens fort du mot : sortilège non seulement musical, enchantement non seulement artistique, par la virtuosité exceptionnelle alliée à l'étrangeté absolue du timbre, mais possession physique de l'auditeur, par l'illusion d'un retour au paradis perdu, quand Eve était encore contenue dans les côtes d'Adam, quand l'humanité, ignorant la division des sexes et plus heureuse qu'aujourd'hui, planait dans le sentiment jubilatoire d'une harmonieuse totalité.

Mouton ou dieu ?

Quand on commence un article par : Attention ! c'est d'habitude pour alerter le lecteur sur un événement capital, à ne manquer sous aucun prétexte. Ici, Attention ! signifie le contraire : Attention danger ! Film à fuir ! Imposture à démasquer ! Car si *Farinelli il castrato* a obtenu, au moment de sa sortie en décembre 1994, un large succès public, c'est en profitant de l'ignorance phénoménale qui enveloppe encore le monde des castrats. Oui, vous tous qui avez trouvé ce film intéressant, sachez que vous avez été honteusement abusés, que votre crédulité a été surprise, et qu'en vous présentant ce que vous avez pensé être le « mystère » des castrats, on vous a refilé une fausse monnaie qui, s'il y avait des tribunaux pour les mauvais films, aurait dû conduire ses auteurs en prison.

Le titre, d'abord. *Farinelli il castrato* : première sottise, car en Italie *castrato* ne désigne qu'une seule et unique chose : le mouton. Un chanteur qu'on avait mutilé dans son enfance s'appelait *soprano* ou *dessus* (ayant conservé une voix plus élevée que celle du ténor), ou *musico* (le musicien par antonomase), ou carrément *divo*, divin. Telle était l'idée qu'on se faisait de ces chanteurs, à Naples au XVIIIe siècle, et dans toute l'Europe où ils étaient acclamés (sauf en France où le cartésianisme et le jansénisme gaulois leur fermèrent pratiquement les portes). *Musico, divo* : des titres d'excellence. Et le castrat (mot français, méprisant, d'un peuple un peu borné qui veut qu'un homme soit un homme et une femme une femme) était fier de l'être, fier d'être au-dessus du commun des mortels.

Or M. Gérard Corbiau a adopté, pour ce qu'il croit être la psychologie du castrat, un point de vue misérabiliste. Pour lui, c'était quelqu'un qui avait perdu sa « dignité » et était obsédé par les moyens de la reconquérir. En somme, il vivait un « douloureux problème », comme dirait Ménie Grégoire. Dès le début du film, on voit un des petits élèves du conservatoire où l'on élevait les castrats se jeter dans le vide. Sottise, sottise ! Aucun castrat ne s'est jamais suicidé. En ce siècle heureux, que les idées humanitaires n'avaient pas perverti, le plaisir comptait plus que la morale, et celui auquel on avait donné la chance de conserver sa voix d'ange et d'entreprendre une grande carrière dans les théâtres ne se serait pas laissé embourber dans de flasques états d'âme.

Pour M. Corbiau, le regret lancinant de la paternité impossible est le trait dominant chez Farinelli. Autre niaiserie, que de lui attribuer ce désir de petit-bourgeois. Lorsqu'on était *divo*, on se moquait bien de la reproduction de bébés. N'était-on pas déjà immortel ? Mais ici, nous avons un document inappréciable pour sonder l'abîme d'idiotie où se vautre le film. Dame Andrée Corbiau, coscénariste, a déniché un éditeur assez crédule pour publier la « novellisation » qu'elle a tirée du scénario *(Farinelli il castrato*, Actes Sud). On y retrouve, enrobés dans une sauce romanesque où les comtesses sont toujours « haletantes » et en proie à un trouble soit « intense » soit « insurmontable », les dialogues du film, tels quels. Un vrai régal ! De quoi rendre la gaieté à un fossoyeur ! Plus besoin de pilules contre la déprime ! Oyez plutôt. « Avez-vous à ce point, signor Farinelli, besoin de votre frère ? demande Mme de Bauer. Avez-vous besoin de lui pour bander ? » Là-dessus, l'interpellé lui met l'objet dans la main avec ce commentaire faraud : « Constatez, madame, qu'il m'en reste assez pour faire jouir toutes les femmes de la terre ! » Ah ! qu'en termes galants ces choses-là sont dites... Et comme le ménage Corbiau a une idée juste du langage dans la haute société du XVIIIe siècle ! Mais ce n'est pas tout, car la comtesse, d'un ton « rêveur », tire la conclusion de cette petite scène. « Carlo procure la jouissance et Riccardo ensemence ! Ensemble, les frères Broschi sont redoutables... » Ils besognent en effet la même dame, et la dernière image nous montre Carlo (le castrat) caressant avec une nostalgie pathétique le ventre gonflé d'une autre comtesse enceinte des œuvres de son frère. Fin lamentable et grotesque, négation de ce qui faisait la force et l'originalité des castrats, leur conscience d'appartenir à une autre humanité que celle des pouponnières. Un seul trait a été bien vu par les Corbiau : la capacité érotique, restée intacte chez celui que la mutilation rendait stérile, mais non impuissant.

Après l'imposture psychologique, la falsification historique. Certes, les auteurs d'un ouvrage de fiction ne sont pas tenus de respecter platement la vérité. Mais à condition qu'ils sachent imaginer dans le sens de l'histoire, en comblant les lacunes de la science historique, en nous racontant quelque chose de plus que ce qui peut être vérifié. Ce que nous savons de Farinelli, grâce à Patrick Barbier, est infiniment plus riche, plus intéressant, plus excitant que les maigres aventures évoquées dans le film. Le séjour à la cour d'Espagne ? Passé sous silence, compté pour nul. Rien sur les vingt-deux années (excusez du peu) que Farinelli passa à Madrid. Rien sur cette extraordinaire thérapie par la voix, sans exemple dans les annales des royaumes, comme dans les annales de la musique. Rien sur le rôle politique ni sur les honneurs exceptionnels qui échurent peu à peu au chanteur, devenu au fil des ans une sorte de conseiller occulte, de ministre sans portefeuille. Cas unique d'un artiste qui maintient en vie un souverain et règne par son talent sur un Etat. Il eût été passionnant de montrer en images cette cure musicale et les avantages inouïs qu'elle procura au médecin. Mais le film escamote purement et simplement cette énorme tranche de la vie de Farinelli, de loin la plus importante, en signification comme en durée.

Au lieu de cela, on a droit à des scènes interminables et ridicules entre les deux frères, le rôle de Riccardo étant abusivement gonflé en substitution d'un personnage lui aussi ignoré, Métastase, le grand librettiste du XVIIIe siècle, le Racine italien, qu'une tendre amitié unissait au *divo*. Et que dire de la rencontre avec Händel ? Le Saxon, avec un épouvantable accent alsacien, s'emporte contre Farinelli, en lui lançant, d'une voix « sifflante » (forcément) : « Sans la musique, vous n'existez pas ! Vous n'êtes qu'un animal sans couilles. » Et vous, spectateurs et spectatrices, vous ne serez que des têtes sans cervelle, si vous applaudissez encore à un tel fatras d'inepties.

Reste l'imposture esthétique. Mais là, on ne peut pas accuser M. Corbiau, sinon de nous présenter son chanteur en récital, seul sur une scène, comme salle Pleyel : contresens flagrant, les castrats ne se produisant que dans les opéras. Pour le reste, un contre-ténor, inévitable ersatz de castrat, quelle que soit son excellence — et Derek Lee Ragin est un des meilleurs aujourd'hui — ne rendra jamais le moelleux, le pulpeux du *musico*, ce qui faisait qu'on défaillait en l'écoutant, dans une extase de volupté. Le mariage avec une voix de soprano féminine, réalisé à l'IRCAM à coup d'ordinateur et de traficotage acoustique, ne donne pas une tambouille plus excitante. Nul orgasme à prévoir. Signalons que le jeune Angelo Manzotti, « sopraniste » italien, vient d'enregistrer, pour l'éditeur de Bologne Bongiovanni, un disque *Airs de Farinelli*, avec une voix qui se rapproche bien davantage de ce que pouvait être le fantastique organe d'un chanteur, capable, dit-on, de descendre trois octaves en trillant sur chaque note.

Alfred Deller est le premier, dans les temps modernes, qui ait remis à la mode les voix mâles de dessus. Excellent alto, cet ancien élève des maîtrises anglaises reste limité, comme tous ses congénères, par les possibilités réduites dont dispose un contre-ténor. Même remarque, à la fois louangeuse et réservée, à l'intention des Paul Esswood, James Bowman, René Jacobs, Gérard Lesne, Henri Ledroit, Jochen Kowalski, Andreas Scholl, pour ne citer que les principaux. Autre solution : un garçon soprano, avant la mue : voix fluette mais troublante. Ainsi du merveilleux petit Sebastian Hennig, à qui l'on doit (associé à l'alto René Jacobs) le plus beau *Stabat Mater* de Pergolèse. Enfin, si vous voulez découvrir le timbre du castrat, écoutez le rouleau (repiqué en compact, Opal CD 9823) gravé en 1902 par le dernier d'entre eux, Alessandro Moreschi, vieux et médiocre chanteur, mais authentique émasculé. Jusqu'en 1870, malgré la défense officielle, on continua à châtrer en douce, au Vatican, pour les papes, la chapelle Sixtine, interdite aux femmes, ayant besoin de sopranos.

Fellini

Avec Fellini, a disparu non seulement un géant du cinéma, mais le dernier grand Italien.

De 1906 à 1923, était née en Italie une génération prodigieuse, qui vint à maturité en 1945, et réintroduisit avec éclat dans le circuit des nations créatrices un pays débilité par vingt ans de dictature fasciste. En littérature : Moravia, Pavese, Vittorini, Elsa Morante, Sciascia, Pasolini, Calvino. Au cinéma : Rossellini, Visconti, Fellini. Tous morts aujourd'hui. Et sans qu'on voie poindre le moindre nom capable d'assurer la relève. Il y a ainsi des moments privilégiés dans l'histoire des peuples, où ils se rachètent eux-mêmes de l'abjection dans laquelle ils étaient tombés. Fellini naquit en 1920, entre Elsa Morante (1918) et Pasolini (1922). Trois créateurs qui ont suivi la voie émotive, par rapport à l'autre famille, plus intellectuelle, qui va de Rossellini (1906) et Moravia (1907) à Sciascia (1921) et Calvino (1923). Le rapprochement de Fellini, Elsa Morante et Pasolini n'est pas le résultat fortuit d'un caprice de la nature : venus au monde à l'époque où Mussolini prenait le pouvoir, ils étaient destinés à venger l'Italie d'avoir cru à cette baudruche dilatée.

Non pas qu'on trouve chez eux un gramme de bonne conscience. Fellini est l'exemple même du contraire. Toute son œuvre porte témoignage d'une fureur critique portée jusqu'au paroxysme. « Comment mes compatriotes ont-ils pu être assez bêtes pour prêter foi à ce clown ? » Question nullement rétrospective, car elle débouche sur une interrogation encore plus exaspérée : « Par quelle sottise n'aiment-ils que des fantoches ? Pourquoi suis-je né dans un pays aussi stupide ? » La stupidité, la veulerie des Italiens a été le thème constant de ses films, comme il l'a été des livres et des films de Pasolini. Ils ont été les deux Grands Inquisiteurs de leur temps, avec une rage parfois obscène. Mais voilà, n'eussent-ils fait que haïr l'Italie, leur œuvre serait froide et sans intérêt. Si elle nous touche autant, si elle nous bouleverse, c'est qu'ils adoraient en secret l'objet de leur exécration. Chant de haine, chant d'amour. Toujours excessif, parfois horripilant, jamais mou.

Nulle part mieux que chez Fellini n'éclate cette duplicité, cette complicité miraculeuse entre le projet conscient et la libido inconsciente. Les freluquets avachis, les pantins sexuels, les mammas géantes, ce ramassis de paresseux, d'obsédés et de momies, cette galerie de gitons, de cinglés et de monstres, ce muséum d'insectes et de dinosaures, tous, à l'insu de leur auteur, sont nourris d'une tendresse désespérée. Fellini est persuadé de les avoir en horreur ; il leur voue en secret une passion idolâtre. Prenons par exemple le *Casanova*, que je tiens pour son chef-d'œuvre. Il a déclaré qu'il vomissait ce personnage, qu'il ne faisait ce film que pour dénoncer et fustiger les travers ataviques et permanents de l'« Italien typique ». Et de dépeindre son antihéros comme un automate incapable d'amour mais aussi d'érotisme véritable, une marionnette aussi ridicule au lit que le hibou de métal qu'il transporte partout avec lui et qui se dresse sur son buste érectile en y allant d'un petit air pimpant, un éternel adolescent, un immature prisonnier à jamais de la caverne utérine.

Soit. Mais comment expliquer que les scènes de copulation soient si drôles ? Qu'on rie autant de la perfection vrombissante de ce petit moteur génital ? Que ce *figlio di mamma* en train d'épier à Londres la géante de 210 kilos prenant son bain dans un tonneau, en compagnie de deux nains, nous émeuve jusqu'aux larmes ? Qu'on soit sûr de ne jamais oublier la séquence finale, où Casanova voit en rêve passer un carrosse qui transporte sa mère, emplumée et souveraine, à côté du pape sarcastique et hilare ? Surgit alors une poupée en grands atours, et le séducteur, les yeux vides et lunaires, se met à tourner avec elle sur une place déserte de Venise. Jamais plus forte analyse de l'italianitude n'a été proposée : coincé entre une mère abusive et une Eglise qui étouffe, le fils gardera toujours l'allure et les mœurs d'un pantin. Mais si Fellini a cru diminuer et démythifier le célèbre aventurier, le film produit le résultat contraire : Casanova, cessant d'être un individu particulier, devient l'emblème d'une civilisation, comme don Juan pour l'Espagne, Tchitchikov pour la Russie, Rastignac pour la France.

Et pourquoi ce retournement ? Parce que Fellini, bon gré mal gré, s'identifie à celui qu'il déteste et que, s'identifiant à lui, il transfigure la puérilité en lyrisme, le burlesque en poésie. Seule la haine est féconde, on le savait depuis Flaubert. L'Italie actuelle, réconciliée avec elle-même, s'enlise dans une sorte d'américanisation flasque. Avec Fellini, a disparu le dernier Italien complètement et totalement italien, furieux d'être italien, piétinant le sol natal avec une obscénité iconoclaste, transformant le pays des gondoles et des voyages de noces en music-hall grotesque. Et réussissant par là même, grâce à cette alchimie mystérieuse dont seul est capable le génie, à hisser la caricature jusqu'au mythe.

Fenoglio

Très beau roman[1], complètement à part dans la littérature italienne, comme était à part son auteur, écrivain retiré et secret, nourri de littérature anglo-saxonne, mort à quarante et un ans en laissant ce livre posthume qui résume la grande expérience de sa vie, la Résistance dans les maquis piémontais contre les fascistes et les Allemands, pendant les deux derniers hivers de la guerre.

Le Piémont, et plus précisément les Langhe, ces collines d'accès difficile et de nature sauvage, immortalisées déjà par Pavese, qui, avant Fenoglio, fit, de leur terre natale, rude, orgueilleuse et aussi peu « italienne » que possible, l'héroïne de ses romans. La parenté entre les deux écrivains est évidente : même crispation hautaine, même dédain de l'anecdote. La guerre n'est qu'un prétexte pour interroger les mystères du sang et de la mort. Mais la ressemblance s'arrête là. Tandis que Pavese, torturé par le remords de la Résistance qu'il n'a pas faite, écrit des histoires figées qui racontent son propre échec, Fenoglio, emporté par le souvenir de l'aventure où il s'est jeté corps et âme, exprime la grandeur de l'épopée.

Mais ce roman d'action est aussi un roman de contemplation dont les sources doivent être cherchées du côté de la Bible et des élisabéthains. Jamais le partisan Johnny n'est plus combattant, plus fidèle à l'image du héros, que lorsqu'il se trouve seul à marcher sur la crête enneigée des collines, n'ayant plus à lutter que contre le froid, le vent et la férocité des éléments. Combattant de quoi ? de qui ? de quel dieu obscur en secret révéré ? La quête de Johnny fait penser à l'errance du capitaine Achab acharné contre la baleine blanche, et l'on n'est pas surpris d'apprendre que Fenoglio rêvait d'écrire un roman d'aventures marin, auquel, peut-être, l'illustre *Moby Dick* aurait pu servir de modèle.

Enfin, dernier sujet d'émerveillement : l'invention linguistique éblouissante, baroque, précieuse sans afféterie et révolutionnaire sans gratuité, dès lors que le bouleversement du langage ne fait que refléter la débandade des institutions. Distorsions verbales, néologismes, amalgames italo-anglais, dont il faut louer le traducteur, Gilles de Van, d'avoir trouvé sans défaillir les plus heureux équivalents.

---

1. *La Guerre sur les collines*, Gallimard. Ce titre, trop pavésien, n'est pas de Beppe Fenoglio, qui appelle son livre *il Partigiano Johnny* : primat de l'action sur la contemplation, au contraire de Pavese. Le roman fut publié en 1968, cinq ans après la mort de l'auteur.

Ferrare

Giorgio Bassani à Ferrare

Aujourd'hui, sans doute, le sénateur Roffi est mort ; et, avec lui, une certaine espèce d'hommes politiques italiens. Il avait quatre-vingts ans lorsque nous l'avons connu ; sénateur communiste de Ferrare, et, avec cela, connaissant à fond l'histoire de sa ville, marchant huit heures de suite sans se fatiguer, arpentant les avenues, explorant les ruelles, grimpant dans les palais, ne s'arrêtant que pour réciter, debout et solennellement, des strophes de l'Arioste. La maison du poète, à l'austère façade de briques, porte la célèbre inscription : « *Parva sed apta mihi.* » Petite mais à ma mesure : Roffi s'insurge contre toute interprétation désobligeante. Petit-bourgeois, l'auteur de l'*Orlando furioso* ? Pour les ignorants seulement, car tous les palais, à Ferrare, même les plus fastueux, n'ont jamais plus de deux étages, la ville étant construite sur l'eau. Nécessité technologique avant d'être choix esthétique ou moral, la devise de l'Arioste suggère qu'il se serait mis sur un plus grand pied, avec la permission du sous-sol.

L'érudition patriotique du sénateur Roffi commençait à la cuisine. Notre première rencontre eut lieu dans une maison amie, pour un déjeuner dont il avait lui-même préparé les plats. Menu typique, dont il nous commenta, de sa voix d'acteur, basse et profonde, les différents mets : *burlenghi della nonna Edmonda* (beignets de pâte frite, salés), *minestra in sacchetti*, *i tre lessi storici* (bœuf, poulet, langue), *zampone di Modena, burlenghi della zia Deborah* (les mêmes beignets, sucrés). Mélange d'emphase, accentuée par la déclamation du sénateur (les trois bouillons « historiques »), et de bonhomie provinciale, soulignée par le tablier de coton et les manches retroussées du cuisinier (les beignets, tantôt de la grand-mère, tantôt de la tante).

La visite de la ville débuta par un exposé sur l'urbanisme ferrarais et la modernité des Este. La cité reçut de ses princes, pendant les deux siècles de la Renaissance, une ordonnance géométrique, d'un type absolument inédit en Europe. On perça des avenues de seize mètres de large (corso Giovecca, corso Porta a mare). Le corso Ercole d'Este fut pourvu de trottoirs, les premiers au monde. A l'angle des palais nobles, construits en briques comme le reste des maisons, un pilastre de marbre est la seule marque de distinction.

Giovecca : l'étrangeté de ce nom, appliqué à la principale avenue de Ferrare, soulève mainte perplexité. Un dérivé du provençal *Iuec*, « jeu », le quartier étant réservé autrefois aux fêtes et divertissements populaires ? Ne serait-ce pas plutôt une variante du mot vénitien Giudecca, pour indiquer le lieu des Juifs ? Omniprésence des souvenirs juifs, à Ferrare ; et le sénateur, pour nous inviter à relire son œuvre, nous montre, près du corso Giovecca, contiguë au palais Bonacossi que distingue une tour crénelée, la maison natale de Giorgio Bassani, via Cisterna del Follo.

La citerne était la vasque où l'on purgeait la laine, au moyen de l'instrument dit *follo*. Dans la cour d'angle de la maison, débordant du mur d'enceinte, s'épanouit un splendide magnolia. Les Bassani le plantèrent en 1939, peu de temps après la promulgation des lois raciales en Italie. Non loin de là, sous les remparts, le cimetière juif, qui est, avec celui de Prague, le plus beau et le plus poétique des cimetières juifs au monde, a gardé un caractère rustique. Les sépultures, les stèles, loin d'être pressées les unes contre les autres comme à Prague, sont espacées dans la prairie. Elles suggèrent moins le noir d'une nécropole que le calme d'un jardin, moins un refuge de parias que la paix des élus, moins un ghetto maudit que la Jérusalem céleste.

Bien avant l'époque fasciste, évoquée dans les livres de Bassani, les Juifs furent persécutés à Ferrare. Et nous verrons, au palais Schifanoia, la fresque, peinte au XVe siècle, qui jette une lueur sinistre sur l'idéal « humaniste » attribué aux hommes de la Renaissance. Le défilé de la Saint-Georges y est raconté en termes crus. Ce jour-là, sous les sarcasmes du peuple, devant les nobles à cheval et les dames penchées aux fenêtres sur des tapis persans, on obligeait à courir dans la rue les prostituées, les idiots à dos d'âne, les Juifs nus.

Maison natale de Savonarole. Maison natale de Frescobaldi. Palazzina di Marfisa, à un seul étage, du nom de la fille naturelle de François d'Este. Sa grand-mère était Lucrezia Borgia, fleuron de la mythologie ferraraise, protectrice des arts et des lettres dans cette cour non moins raffinée que barbare. Marfisa fut elle aussi une mécène, et c'est chez elle que le Tasse lut pour la première fois sa merveilleuse *Aminta*. Une fresque de son palais, due à un élève de Giotto, représente Tristan et Iseult, que perce de flèches un archer. Casa Minerbi, un des joyaux de l'architecture médiévale, où un peintre mystérieux a laissé des fresques allégoriques de grand prix. La Justice, écartant sa chemise, montre ses seins à nu. Tombeau de l'Arioste, transporté, du couvent de San Benedetto à la Bibliothèque municipale, sur ordre du général français Miollis, gouverneur de Mantoue sous le Premier Empire. Place dédiée à l'Arioste : au milieu, belle colonne du XVIe siècle, édifiée pour supporter une statue équestre d'Ercole Ier. Diverses mésaventures ayant fait échouer le projet, plusieurs personnages illustres se sont disputé le piédestal. Le pape Alexandre VII l'occupa cent vingt et un ans, puis la Liberté quatorze ans, et Napoléon vingt-trois. L'Arioste, depuis 1833, s'en est emparé, et nous ne permettrons pas, dit le sénateur avec une intonation belliqueuse, qu'il en soit jamais délogé.

Entre toutes ces explications, toutes ces visites d'édifices publics ou privés, je me souviens surtout d'un palais et d'une église. Palazzo Schifanoia, la plus célèbre de ces *delizie* que les Este faisaient construire pour s'y retirer avec leur cour. Schifanoia : qui éloigne l'ennui. Séjour destiné exclusivement au repos, aux loisirs. Pas de cuisines, les mets étant apportés de la résidence ducale. Bâti au XIIIe siècle, remanié en 1493 par Biagio Rossetti, l'architecte auquel on doit le plan régulateur et les avenues rationnelles admirés du sénateur Roffi, le palais renferme un des plus curieux ensembles de fresques de toute l'Italie. L'école de peinture de Ferrare, si puissamment originale, s'harmonise avec le décor urbain, par une manière semblable, un art à la fois monumental et hallucinatoire.

Le chef de file fut Cosmè Tura, qui voyait les têtes en forme d'œufs gris (*Annonciation* et *Saint Georges* du musée de la cathédrale) et burinait les corps avec une sombre violence. Ses peintures ont l'air de tornades figées.

Francesco del Cossa et Ercole dei Roberti, les deux autres maîtres de Ferrare, ont travaillé dans le grand salon des Mois du palais Schifanoia. Sur trois registres superposés, ils déployèrent des bandes dont la signification ésotérique n'est pas près d'être élucidée. Les dieux de la mythologie grecque occupent la bande supérieure ; des scènes de la vie quotidienne et de la vie de l'Etat, la bande inférieure, glorification directe du duc Borso et de son gouvernement. Quant à la bande médiane, qui représente les signes du Zodiaque, au milieu de figures mystérieuses, c'est elle qui reste la plus intrigante. Le grand historien de l'art Aby Warburg suggère que les religions égyptienne, indienne, persane et arabe ont contribué à nourrir de leurs thèmes cette somme cosmologique de la première Renaissance.

Agacé que je m'intéresse à cet aspect des fresques, le sénateur Roffi attire mon attention sur la leçon qu'elles offrent à l'« homme d'aujourd'hui ». Par exemple, dans le secteur du mois d'avril, la bande médiane, consacrée au Taureau, comporte une étrange scène de famille. Une mère enseigne à son fils de trois ans à se détacher d'elle, à marcher pour son compte. Il voudrait revenir, il se tourne vers sa mère avec l'espoir d'être rappelé, elle résiste, sa main gauche, crispée contre sa taille, trahit l'effort qu'elle fait sur elle-même. Sa main droite est agitée d'un frémissement nerveux, autre indice du combat qu'elle mène pour ne pas courir reprendre son enfant. « La première mère laïque », selon notre mentor. En communiste cultivé, qui a lu et médité Gramsci, il sait que l'apprentissage de la démocratie et des responsabilités civiques ne peut commencer, en Italie, que par l'émancipation des fils et la défaite de la « mamma ».

« Et regardez cet épisode, continue-t-il, en nous montrant la joute musicale qui oppose Apollon et Marsyas. Quelle morgue, quelle arrogance chez Apollon ! Il joue de sa flûte, sûr de lui, devant le paysan Marsyas, qui l'écoute, à genoux, déjà soumis, déjà certain du sort qui l'attend. Le peintre ne cache pas son antipathie pour le dieu, sa sympathie pour le paysan — ce qui est contraire, remarquez-le bien, à toute la tradition iconographique. »

Dans la scène où le duc rentre de la chasse avec son escorte, Francesco del Cossa avait représenté un des courtisans de dos. Celui-ci exprima son mécontentement. Le peintre lui tourna alors la tête vers le spectateur, mais en forçant, exprès, le mouvement du cou. Cette torsion non naturelle tourna en ridicule la prétention du seigneur.

Couvent de S. Antonio in Polesine, remarquable par les fresques de l'église, giottesques. On voit le Christ montant de lui-même sur la Croix, par une échelle qu'il grimpe librement : autre révolution dans l'iconographie, et de bien plus ample portée. C'est la seule fois, dans toute l'histoire de la peinture, où l'on a représenté le supplice du Seigneur comme le résultat, non de la persécution, mais du libre arbitre. Pour le sénateur Roffi, le peintre aurait montré ainsi sa solidarité avec les Juifs, en les absolvant du crime qui les faisait honnir.

Mais comment expliquer cette autre curiosité ? La danse de Salomé fait partie des scènes de la Passion. Et, ô surprise ! Saint Jean-Baptiste et la brute qui l'a décapité ont exactement la même tête. Deux sosies : voilà une équivalence indubitablement « moderne », une identification, étonnante pour le XIVe siècle, entre victime et bourreau. Le sénateur Roffi a-t-il lu *le Zéro et l'infini* d'Arthur Koestler ?

Les nonnes sont célèbres par leurs confitures de pêches, qu'elles confectionnent avec les fruits de leur jardin. Elles chantent aussi : avec quelle pureté ineffable ! Je ne crois pas qu'on trouve de plus belle musique religieuse que le chant grégorien de ces femmes, gravé sur trois disques (EDI PAN) : trois messes (Noël, Pâques, Ascension) et un Requiem dont je ne connais nulle part l'équivalent, pour la flamme, l'élan, la bouleversante ferveur. On présente trop souvent comme art du Moyen Age de molles compilations monastiques, pour ne pas saluer dans les sœurs de ce couvent bénédictin le génie de la contemplation et de l'extase.

Si Ferrare possède aujourd'hui en Giorgio Bassani son écrivain, elle avait retrouvé depuis longtemps ses peintres : Giorgio De Chirico, Carlo Carrà, qui ne choisirent point par hasard l'esplanade du château en brique rouge des Este pour y dresser les terrifiantes créatures de leur rêve métaphysique. Bassani, sans doute, échappe à la tradition ferraraise. Il est, comme le cinéaste Antonioni (lui aussi originaire de Ferrare, dont il a filmé les environs dans *le Cri)*, un observateur plutôt qu'un visionnaire. On reconnaît pourtant les attaches de l'auteur à quelques détails qui reviennent avec insistance et font figure de symboles sous cette plume minutieusement réaliste. Le brouillard, qui flotte, estompant les contours. L'horloge, qui égrène ses coups dans la nuit silencieuse. N'est-ce pas la même que Giorgio De Chirico a peinte naguère, ronde et absurde dans un mur blanc et vide, au fond d'une place déserte ?

Moins ambitieuse, l'entreprise de Bassani n'en est que plus méritoire. Pour la première fois, un artiste de Ferrare s'intéresse à ce qui se passe dans Ferrare : les allées et venues des gens, leurs soucis, leurs misères, leurs espoirs. Comment se marient-ils ? Comment font-ils carrière ? Tout de suite, Bassani est fixé. Ce sont des provinciaux. Leur drame, ce n'est pas de manquer d'argent ou d'aimer qui ne les aime pas, c'est d'être de la province. On sait que toute l'Italie en est là. Bassani, né en 1916, appartient à cette génération d'écrivains qui, de Pavese à Moravia et à Carlo Cassola, explorent chacun une région différente, conscients des limites qu'une localisation trop étroite impose à leurs œuvres, mais aussi de l'avantage qu'il peut y avoir à montrer dans le marasme des provinces une variante du fameux ennui moderne.

Lida Mantovani, la plus moravienne des nouvelles de Bassani, est l'histoire d'une petite ouvrière qui a raté le mariage d'amour (mariage bourgeois en plus) et vivote entre sa vieille mère et le voisin compatissant qu'elle a fini par épouser. Les moments importants de sa vie ont été d'attendre les visites de son amant, puis les retours de son mari. Luisa Brondi, dans *Promenade avant dîner*, passe toutes ses soirées à épier l'arrivée de sa sœur cadette. Pino Barilari, le pharmacien de *Nuit 43*, a pour unique occupation de surveiller ce qui se passe dans la rue. Sans compter les oisifs assis aux terrasses des cafés. Il n'y a rien à faire en province, c'est connu. Bassani développe tant et plus ce thème. Il avoue là ses affinités avec un Henry James, avec un Tchekhov. La dernière des *Histoires de Ferrare, En exil*, où l'on voit le narrateur stupéfait, après trente ans d'absence, de retrouver sous les traits d'un gros paysan mou le jeune homme qui lui faisait si brillante impression autrefois, n'évoque-t-elle pas aussi le dernier chapitre de *l'Education sentimentale* ?

Ferrare, et uniquement Ferrare : voilà son monde[1]. Ceint étroitement de bastions et de remparts dont la description parfois laborieuse entretient l'obsession d'une vie recluse. Une topographie limitée : corso Giovecca, corso Roma, via Piangipane, via Mazzini, via Gorgadello, piazza Porta Reno, piazza Santa Maria in Vado, le château, la cathédrale, le théâtre, l'ancien ghetto et toujours, à l'ombre des murs de la ville, les sentiers qui tracent les confins. La proximité de la campagne, loin d'ouvrir un espoir d'évasion, rappelle que la ville s'est arrêtée trop tôt dans son développement. Au lieu des petits potagers étiolés ou de l'herbe sale foulée par les amants du dimanche, que n'y a-t-il, au moins, des faubourgs modernes ! Le cercle est bien clos : la mort elle-même ne donne pas au provincial une angoisse féconde, mais la préoccupation mesquine de sa place au cimetière, du bois dont son cercueil sera fait. Et s'il se déplace, l'été, sur les plages de l'Adriatique, Cesenatico, Marina di Cervia, Rimini ou Riccione, c'est moins pour contempler la mer que pour disputer à ses voisins la chaise longue ou l'ombrelle.

Etrange humanité que celle-là ! Qu'il soit le plus grand avocat de sa ville, comme le député Bottecchiari (on le retrouve de nouvelle en nouvelle, selon le procédé balzacien), ou le plus humble relieur, qu'il ait un cabinet d'oto-rhino-laryngologie ou une échoppe de savetier, le Ferrarais n'échappe pas au regard des autres, aux commentaires, aux cancans. Aucune promotion sociale ne le dispense de passer par les mêmes rues, devant les mêmes cafés, de soumettre à l'approbation ou au persiflage de la ville son horaire, ses habitudes, ses fréquentations. Si l'on va au cinéma, c'est moins pour voir le film que pour s'assurer que les lunettes d'or du célèbre docteur Fadigati brillent dans la pénombre. Les mères veillent sur leurs filles, les sœurs aînées sur leurs cadettes, moins par amour que par souci des convenances. La peur du scandale ! Elle mine, elle corrompt les rapports. Elle force Elia Corcos, un médecin promis au plus brillant avenir, à moisir sur place, flanqué d'une médiocre épouse *(Promenade avant dîner)* ; elle ruine la carrière du docteur Fadigati ; elle amène les fascistes au pouvoir, empêche les démocrates de s'organiser ; elle ne permet au Juif rescapé de Buchenwald qu'une révolte puérile *(Rue Mazzini : in memoriam)*. Insinuante comme la brume, l'opinion arpente les trottoirs, rôde sous les arcades, stagne derrière les fenêtres ; elle s'allonge même sur les plages, la paupière hypocritement baissée. Mussolini ? Pour réussir, il n'a qu'à mettre les commères et les badauds de son côté. Les estivantes de Riccione peuvent affirmer qu'il vient tous les week-ends de Rome voir sa femme, « d'une seule traite », au volant de sa voiture ; qu'il est « si simple, si humain » ; qu'il enlève son chapeau en les croisant ; et qu'il a pleuré quand il a reçu le télégramme lui

---

1. Que ce soit dans les *Histoires de Ferrare* (1956-1960), traduites en français sous le titre *Les Lunettes d'or* (Gallimard, 1962), son chef-d'œuvre, ou dans le roman plus ambitieux, *le Jardin des Finzi-Contini* (1962).

annonçant l'assassinat de son ami Dollfuss, tellement que « les larmes lui sillonnaient les joues ». Que redouter lorsqu'on s'est conduit publiquement de la sorte ? Tout est permis, pourvu qu'on soit respectable. Les gens n'existent pas en eux-mêmes mais par ce qu'on en dit.

Faire la « psychologie » du provincial serait un contresens. Bassani s'en garde bien. Même de ses « héros », Lida Mantovani, Clelia Trotti, Geo Josz, Athos Fadigati, il se défend d'interpréter la pensée ou les sentiments. Il ne fouille pas la réalité, il transcrit l'apparence. Il rapporte souvent au style indirect ce qui leur passe par la tête, pour souligner le côté vague, inconsistant de leurs rêveries. La composition des nouvelles est révélatrice : presque toujours, et surtout s'il va être question d'une histoire sanglante *(Nuit 43)* ou pathétique *(les Lunettes d'or)*, le récit commence par un compte rendu des va-et-vient de la foule. Le personnage principal, c'est elle. Bassani excelle à mélanger les témoignages, à comparer les points de vue. Les souvenirs, les calomnies, les hypothèses composent, malaxés ensemble, le limon gras où s'enlisent le courage, la passion, le génie. Si le docteur Fadigati succombe, c'est moins à son « vice » qu'à la stupide curiosité de la ville. Les fusillés de 43 sont autant les victimes de la peur collective que des assassins fascistes. Avec une méticulosité cruelle, Bassani orchestre tous les bruits qui circulent. D'où l'abondance, qui pourrait fatiguer le lecteur, des parenthèses et des incises. D'où la fréquence des retours en arrière, des retouches à ce qui vient d'être dit, des résumés de la situation (« il est de fait que... », « à croire que... », « bref », « par exemple », « à moins que... », etc.). D'où la longueur, la sinuosité de la phrase, son manque absolu de rythme. Le style de Bassani n'est pas exhaustif à la manière de celui de Proust, il reproduit, dans sa profusion inutile, le caquet des bourgeois.

La toute-puissance de ces termites aux mandibules infatigables, voilà le drame de l'Italie, la cause de la dictature mussolinienne et de la persécution raciale. Bassani ne cesse de revenir sur ce passé qui le hante. Mais quoi ! Ni les progrès du socialisme depuis les débuts du siècle, ni l'héroïsme des combattants de la Résistance ne seraient capables de donner aujourd'hui un nouveau visage à la province italienne ?

Le socialisme : voyez Clelia Trotti, la militante, l'institutrice pétrie d'idéal, mise par le régime fasciste en résidence surveillée. Bruno Lattes, le jeune Juif qui ose lui rendre des visites, à la veille de la guerre, est le premier à se rendre compte que « le monde meilleur, la société plus civilisée, plus honnête, dont Clelia Trotti était à la fois un témoignage et une épave » ne verraient jamais le jour. N'importe : Clelia ne cesse de faire des projets, de prodiguer des conseils, de rêver au triomphe final de la cause. Mais le moyen d'être dupe ? C'est la vieille fille qui croit dans l'avenir, qui s'exalte, et le jeune homme, Bruno, qui est conscient de l'aspect dérisoire de cette foi. Trois avocats socialistes sont dépeints comme « dévorés du désir d'agir ». N'est-on pas dans le même climat de comédie ironique que dans les nouvelles où Tchekhov met sur les lèvres de personnages notoirement incapables des déclarations enflammées sur le prochain renouveau de la Russie ?

Quant à l'espoir suscité par le travail clandestin des patriotes antifascistes ou l'héroïsme des Résistants tombés sous les balles allemandes, il a fait long feu. *Nuit 43*, la plus remarquable de ces nouvelles avec *les Lunettes d'or* (il faut commencer le livre par ces deux-là), raconte, avec un luxe typique d'ambages et d'ambiguïtés, le massacre de onze citoyens ferrarais, fusillés en représailles de l'assassinat d'un haut dignitaire fasciste, une nuit de décembre 1943, devant le fossé qui entoure le château. Le récit est conduit de manière à laisser l'impression que ce carnage a été absurde, que les victimes ont été choisies par hasard, que la population de la ville, au courant de ce qui se préparait, n'a pas songé une seconde à intervenir, qu'elle a fermé au contraire les yeux sur les coupables présumés, trop aise que leur fureur homicide ait trouvé des boucs émissaires. Même après la guerre, quand le procès aura lieu, celui que tout le monde soupçonne sera acquitté, parce que l'unique témoin du massacre, le pharmacien Pino Barilari, perpétuellement aux aguets derrière sa fenêtre qui fait face au château, ne voudra pas reconnaître qu'il a vu, en même temps que les assassins, dans le petit jour de l'aube, à l'autre bout de la place, sa femme : ce serait avouer qu'elle revenait d'une aventure, qu'elle le trompe. L'horrible s'estompe dans le ridicule. Tous les procédés sont bons à Bassani pour dégonfler le mythe de la Résistance : elle a existé, oui, mais pas autant qu'on a prétendu, et, surtout, elle a été le fait d'un très petit nombre — quelques intellectuels —, ses effets ont été nuls sur l'esprit, le cœur et le destin de la nation. Les ouvriers n'y ont pas pris part (il s'en trouvait un, Felloni, parmi les Onze, mais parce qu'une patrouille l'avait ramassé dans la rue tandis qu'il se rendait, « sans se douter de rien », à son travail) ; les communistes l'ont exploitée effrontément (lors des funérailles de Clelia Trotti, en 1946, la municipalité communiste de Ferrare a fait venir du fond des campagnes d'ignares matrones qu'elle a habillées de rouge et plantées autour du cercueil).

Pour bien comprendre le sens et la portée de *Nuit 43*, il faut se rappeler que trois des plus importants écrivains de l'après-guerre, Pavese, Vittorini et Calvino — Bassani est le cadet des deux premiers, et l'aîné du troisième — ont fait de ce mythe de la Résistance le levain de leur œuvre. Chacun, sans doute, y a coulé ses préoccupations personnelles : Pavese la hantise du sang et de la mort, Vittorini la haine de la violence et de l'injustice, Calvino le goût du jeu et de l'aventure. Mais tous les trois, le premier dans le registre lyrique, le deuxième dans le registre épique, le troisième dans le registre ludique, se sont servis des « années noires » pour bâtir une mythologie de la rédemption : dans le « bain de sang » l'Italie se serait rachetée de ses fautes et de ses crimes passés. Dix ans après, Bassani suggère qu'il n'en est rien ; que la Résistance a été une illusion, l'éveil de la conscience démocratique une utopie, la fin du provincialisme une chimère. Une petite phrase, qu'on lit au début de *Clelia Trotti*, est significative. Un spectateur averti qui aurait assisté aux funérailles de la vieille militante en 1946 se serait vite aperçu, dit Bassani, « combien trompeuse était l'impression première d'un retour magique à l'atmosphère de 1945 ». Notez bien les mots : « magique » (allusion aux mythologies) et « trompeur » (désormais le mensonge est flagrant). Rien n'a changé, rien ne changera jamais à Ferrare, malgré les discours et les promesses. Bassani rappelle Tchekhov, soit. Mais Tchekhov écrivait avant la Révolution ; son ironie n'était pas tout entière négative ; elle tendait seulement à mettre en garde contre l'abus des paroles et des programmes. Bassani écrit après la Révolution, après l'échec de la Révolution. L'Italie avait une chance, en 1945, de se donner des structures mentales et sociales neuves ; elle l'a gâchée. Bassani est le témoin et le chroniqueur des grandes espérances évanouies. La cendre a recouvert la flamme. Dans une grisaille voulue, il enregistre le désenchantement de sa génération.

Le provincial moisira donc toujours. Pourtant, il lui reste un moyen de se rendre intéressant pour les autres et pour lui-même : c'est de croire qu'il est une victime, que son sort eût été différent sans un concours de circonstances injustes à son égard. Pourquoi, par exemple, a-t-on décidé au siècle dernier de faire de Bologne le nœud ferroviaire du nord de l'Italie ? Ferrare n'a cessé de décliner depuis cette « résolution fatale ». Les quarante-cinq kilomètres de chemin de fer qu'il faut parcourir entre les deux villes — tous les jours pour les étudiants qui se rendent à l'université — symbolisent, dans *les Lunettes d'or*, la disgrâce d'une population condamnée au bannissement perpétuel. Reclus, le Ferrarais est aussi un exclu. Si la conviction qu'il est « à part » ne le sauvera pas de l'ennui, elle le préservera au moins de la petitesse. Elle mettra sur son visage plat le masque de la douleur. Elle lui rendra une dignité, un style.

Le Juif, traditionnellement tenu à l'écart, est l'image même du proscrit : désespéré mais fier. Girolamo Camaioli, Geo Josz, Bruno Lattes, Elia Corcos, le narrateur des *Lunettes d'or* ou celui du *Jardin des Finzi-Conti :* les Juifs sont les vrais héros de Bassani, à la fois torturés de se sentir inférieurs à leurs amis catholiques et puisant dans le sentiment de leur différence une humiliation exaltée. « Les voici, les échantillons, les prototypes de la race ! » se dit Bruno (d'un couple de jeunes gens blonds). Plus que beaux, ils lui semblent merveilleux, inaccessibles. Leur sang est meilleur que le sien, leur âme meilleure que la sienne ! Un ruban rouge noue les cheveux de la jeune fille. Et, aux yeux de Bruno, la faible lumière qui flotte paraît se ramasser tout entière sur ce ruban.

Le chef-d'œuvre de Bassani, *les Lunettes d'or*, est le récit d'une double mise au ban : celle des israélites (nous sommes en 1938 ; les lois raciales se préparent en Italie ; le narrateur et son père, juifs, sentent grandir autour d'eux la gêne et bientôt l'hostilité) et celle du docteur Fadigati (amoureux sur le tard d'un voyou qui le berne, il est acculé au suicide par la réprobation publique). L'histoire d'un homme rejoint l'histoire d'une race. L'homosexuel et le Juif prennent ensemble le chemin de l'exil.

Si on la compare aux littératures française, allemande ou anglaise, la littérature italienne porte un témoignage insignifiant sur l'homosexualité. Que trouverait-on dans le passé, hormis une allusion, d'ailleurs obscure, de Dante contre les sodomites, et les fragments de quelques grands de la Renaissance, Michel-Ange ou Cellini ? Et de nos jours ? Vasco Pratolini a introduit dans son roman *le Quartier* un pédéraste : mais ce Gino n'a guère d'autre utilité dans le livre que d'accuser la préférence de l'écrivain pour ses personnages « sains » de cœur et de mœurs. Moravia a mis au début du *Conformiste* une scène d'inversion : mais c'est pour expliquer que l'enfant qui en a été la victime, il ne faut pas s'étonner de le voir devenir un fasciste ultra, prêt à assassiner les ennemis du régime — s'il est vrai, comme le soutient l'auteur, que les aberrations politiques ont pour origine des égarements sexuels. Enfin, autant Pasolini a été peu dissimulé dans sa vie, autant dans ses livres les épisodes d'homosexualité se réduisent à quelques anecdotes pittoresques. Jamais rien de tragique autour de ce thème. Les écrivains refusent de prendre au sérieux l'homophobie, qui fait pourtant autant de victimes en Italie que partout ailleurs.

Dans ce domaine encore, Bassani innove. Il voit dans la passion d'Athos Fadigati moins une façon d'aimer qu'un moyen de se détruire. Ce qui compte pour le docteur, ce ne sont pas les récompenses qu'il peut attendre de son amant — et qu'il n'obtient pas — mais les preuves de lâcheté, de corruption et de folie qu'il accumule contre lui-même. Le délabrement progressif de ses facultés mentales et professionnelles le fascine plus, dirait-on, que le charme du jeune homme : autrement il ne se laisserait pas ridiculiser en public et dépouiller en secret. Cependant, qu'on pense à *la Mort à Venise*, et aussitôt on situera Bassani. Thomas Mann a symbolisé dans le penchant homosexuel de son héros l'appel du néant et de la mort. Gustave Aschenbach agonise seul, victime comme Phèdre d'une tragédie sacrée. Sa déchéance est intérieure, absolue. Fadigati, au contraire, ne s'avilit que par rapport aux bourgeois qui l'observent, le raillent et enfin le punissent en désertant son cabinet. Ce n'est pas son « vice » qui l'atteint le plus, mais les rumeurs qu'on colporte. L'Allemand a écrit le drame de la dégradation, l'Italien celui du déclassement. Cela dit, on n'oubliera pas de sitôt les pas étouffés du docteur dans le brouillard, ni l'éclat de ses lunettes dans la pénombre des cinémas.

Après les nouvelles, le roman, *le Jardin des Finzi-Contini* (Gallimard). Le jardin, ou plutôt le parc, des Finzi-Contini, une riche famille israélite de Ferrare, a été le vert paradis des amours enfantines, puis adolescentes, qui ont rapproché, avant de les brouiller, le narrateur, alors jeune, juif lui aussi, mais d'une famille moins exclusivement, moins orgueilleusement israélite, et Micol, la fille du professeur Ermanno et de la signora Olga Finzi-Contini et la sœur d'Alberto.

Amours qui ont tourné court, à cause de la maladresse de l'amoureux, à cause de la fierté, restée énigmatique, de l'aimée, à cause aussi, peut-être, de « cette sorte de paresseuse braise qu'est tant de fois le cœur des jeunes gens », braise que le narrateur devenu adulte remue avec un mélange de lucidité et de mélancolie ; enfin et sûrement à cause de la catastrophe finale où ont péri les Finzi-Contini, morts en déportation dans les camps de concentration allemands.

Le narrateur — nous l'appellerons, pour plus de commodité, G.B., tout en sachant qu'un roman n'est jamais pure autobiographie — se penche sur ce passé d'échec et de tragédie, l'échec individuel de son amour faisant écho à la tragédie collective de la communauté juive de Ferrare. Une des réussites de Bassani, c'est d'avoir intégré le drame privé dans le drame historique.

1929. G.B. a treize ans à peu près. Il se dépeint comme un petit bourgeois puéril, vaniteux, démonté par le moindre revers scolaire, et fasciné déjà par les Finzi-Contini — les deux enfants, les deux parents et la grand-mère — qu'il entrevoit de temps à autre au cours d'une cérémonie à la synagogue.

Au sein de la communauté israélite de Ferrare, qui est déjà un groupe social isolé dans la ville, les Finzi-Contini représentent un stade encore plus concentré de ségrégation : leur orgueil, leur richesse, leur style anglais de vie — qui confère à tout le roman un style nordique bien plutôt qu'italien —, leur vaste maison dont le petit G.B. n'aperçoit que de loin, du haut du rempart parallèle au mur d'enceinte du parc, les tourelles néogothiques, ce parc enfin, les séparent de leurs coreligionnaires eux-mêmes.

Il faut le hasard d'une rencontre entre le petit G.B., pleurnichant sur le rempart après un insuccès scolaire, et la petite Micol, à califourchon sur le mur d'enceinte du fameux parc, en face du rempart, pour établir entre les deux enfants une première entente, germe de la future, mais encore lointaine, connivence amoureuse.

Pour l'instant, le jeune garçon est tenu à l'écart, aussi loin du cœur fantasque de Micol que de la mystérieuse résidence de ses parents.

Le roman est le récit de la tentative entreprise pour réduire cette double distance. Encore le mot tentative est-il trop fort, trop explicite pour traduire cet obscur, incertain, presque inconscient mouvement d'approche qui va pousser G.B., bien des années plus tard, à la faveur de hasards concordants, d'abord dans le parc des Finzi-Contini, puis à l'intérieur de la maison des Finzi-Contini, puis dans la chambre de Micol et enfin sur ses lèvres — mais ce sera là le terme de cette conquête manquée et le baiser ravi avec trop de hâte aura été une erreur au même titre que les trop longs atermoiements antérieurs.

1938. Les lois raciales ferment aux Juifs l'entrée des clubs publics. Les Finzi-Contini proposent à leurs amis de venir jouer sur leur tennis privé. G.B., entre autres, est ainsi admis à l'intérieur du parc.

L'évocation des parties de fin d'automne, des promenades sous les vieux arbres, des explorations, G.B. et Micol en aparté, dans une remise odorante, de l'occasion perdue d'un premier baiser : voilà les pages les plus heureuses du livre. Sans qu'un mot soit dit, ni un geste osé, quelque chose de très fort est en train de se passer entre les deux jeunes gens, mais quelque chose qu'un rien pourrait abîmer.

Au moment où G.B., pris en affection par le père Finzi-Contini et par son fils Alberto, est enfin invité, non plus seulement dans le parc, mais dans la demeure familiale, Micol en disparaît, sous le prétexte de finir ses études à Venise.

L'amoureux est dans la place, mais la place est vide. C'est ici qu'apparaît le symbolisme profond de ce livre en apparence naturaliste. G.B. est comme puni d'avoir convoité en même temps l'amitié des orgueilleux Finzi-Contini et l'amour de Micol. Pour avoir mis sur le même pied, pour avoir poussé de front la vanité et la passion, il échoue dans la seconde à l'instant même où il triomphe dans la première.

Micol ne le lui dit pas, mais son attitude, désormais réservée et froide, le lui fait comprendre. Et quand, exaspéré, il arrive à l'embrasser de force, elle le repousse sèchement.

Tout le charme du livre est dans son mouvement, dans ses mouvements subtils qui en agitent imperceptiblement la surface comme des courants sous une eau immobile. D'abord le mouvement d'approche et de pénétration de la maison des Finzi-Contini.

Puis le premier mouvement continue — de la chambre d'Alberto à la chambre de Micol, de la chambre aux lèvres — mais alors le cœur de Micol s'est déplacé dans une autre direction — inconnue. Un autre courant souterrain a pris naissance, qui laisse le livre suspendu sur une interrogation sans réponse.

Le lecteur qui n'entrerait pas dans le jeu de ces lents déplacements d'intérêts, de sentiments, de passions, risque de piétiner un peu dans cette prose travaillée, dont les sinuosités ne trahissent pas un effort de connaissance — une connaissance exhaustive à la Proust aurait tué le roman — mais simplement la paresse du jeune amoureux, la confusion vaniteuse de ses sentiments.

Le Jardin des Finzi-Contini est un excellent témoignage sur la misère psychologique de l'adolescence, et son corollaire : l'impossibilité de transformer un amour enfantin, lumineux et pur dans le souvenir, en affection virile.

En deux seuls livres, celui-ci et les précédentes *Histoires de Ferrare* (dont certains personnages, le docteur Corcos, Bruno Lattes, l'institutrice Clelia Trotti, le docteur homosexuel Athos Fadigati, sont suggestivement évoqués dans le roman), Giorgio Bassani a réussi à créer un univers qui n'est qu'à lui.

D'abord, le monde physique de Ferrare, avec les tours carrées en brique rouge du château des Este, les hautes avenues aristocratiques, les remparts herbus. Puis le monde moral de cette province étouffée, étouffante, où les folles espérances de la jeunesse et de l'amour n'arrivent à vaincre ni le temps ni la mort.

Enfin, le monde poétique des époques, des familles, des styles de vie disparus, qui inculquent au survivant l'angoisse de n'avoir pas su les saisir et au lecteur, à tous les lecteurs, même aux plus étrangers à ce drame, la nostalgie de venir trop tard, sur une terre à qui il manquera désormais une part de beauté, un coin de ciel, une chance de bonheur.

En 1958, Bassani avait joué un rôle dans l'édition italienne, en publiant *le Guépard*, chez l'éditeur Feltrinelli. Elio Vittorini, alors responsable d'une collection chez l'éditeur Einaudi, avait refusé le manuscrit du prince de Lampedusa. Erreur littéraire ? Non, choix politique. Einaudi avait été, sous le fascisme, un bastion de la résistance à la dictature, et Vittorini ne concevait pas son métier d'éditeur comme une course au profit commercial, mais comme un sacerdoce intellectuel. Il ne mit pas en doute le talent du prince, il désapprouva sa philosophie. Dire, tel le héros du *Guépard*, que les révolutions sont inutiles, que rien ne changera jamais pour les hommes et que la seule sagesse consiste à contempler le ciel étoilé, a toujours servi à justifier les oppressions et la misère ; et l'on comprend qu'un pareil livre, à l'époque où un Danilo Dolci s'efforçait de lutter, en Sicile justement, contre le fatalisme stérile des moralistes désabusés, parût faux et irritant au fils du cheminot de Syracuse.

Les intellectuels de gauche emboîtèrent le pas à Vittorini. Quant à Bassani, les propos hautains et amers du prince avaient touché en lui quelque chose de profond. Les *Histoires de Ferrare* étaient toutes des histoires de défaite, et *le Jardin des Finzi-Contini*, quelques années plus tard, fut aussi la chronique d'une impuissance et d'un échec.

L'exotisme que les étrangers crurent y voir explique le triomphe du *Guépard* hors d'Italie. En Italie même, ainsi qu'il me l'exposa lors d'une interview pour *l'Express*, Bassani attribuait à une tout autre cause les cent cinquante mille exemplaires vendus dès la première année. « Il y avait chez nous deux littératures : une littérature nationale, qui s'adressait à une Italie nationale, avec optimisme et emphase ; Carducci, Croce, etc. Et une littérature dialectale, née avec Verga, qui dénonçait la misère réelle de l'Italie et opposait à l'optimisme officiel de la littérature nationale un *non* buté et farouche. Lampedusa a opéré la soudure entre le Nord et le Sud : le *non* qu'il oppose à la croyance au progrès ne vaut pas seulement pour la Sicile, comme celui de Verga ou de Vittorini, mais pour toute l'Italie. Pour la première fois, les lecteurs italiens de toute l'Italie ont pu lire un roman non dialectal qui exprimait le pessimisme de toute l'Italie, leur pessimisme. *Le Guépard* a dégonflé un siècle de littérature nationale. Les Italiens ont applaudi à leur défaite, qui n'est, comme je vous le disais, que l'inévitable défaite de toutes les résistances » (23 août 1962).

La sirène du défaitisme, déjà reconnaissable dans ses deux premiers livres, a fini par ensorceler complètement Bassani et par lui être fatale. Avant de s'enfermer dans le silence, il a donné encore un livre, *le Héron* (1970), qui semble un condensé de tout ce qui peut arriver de pire à un homme et une caricature de la philosophie pessimiste. Influence pernicieuse du *Guépard* ? Ou exagération de traits antérieurs, involution intellectuelle, selon cette tendance des écrivains italiens, que j'ai déjà notée et que je noterai encore, à vieillir mal, sans capacités de renouvellement ?

Dans la force de l'âge, mais secrètement miné par quelque mal de vivre, Edgardo Limentani part un matin de bonne heure de sa maison de Ferrare pour une journée de chasse dans le delta du Pô. Récit minutieux de cette journée, *le Héron* devient peu à peu l'histoire d'un chemin de croix, d'unc déchéance, d'un engloutissement. Rien ne réussit à Edgardo : la nourriture le dégoûte, la mort d'un héron le déprime, la brume noie le village où il fait halte, des souvenirs indésirables le hantent, la vue d'animaux empaillés à une devanture l'achève. Le soir, rentré chez lui, il se tue.

Pour soutenir les longues phrases inutilement sinueuses, le récit reprend haleine sur des *oui*, des *donc* récapitulatifs qui soulignent la gaucherie d'un style dont les prétentions exhaustives sont disproportionnées avec la pauvreté du sujet et l'inconsistance du personnage. Quelques beaux moments, sans doute, mais trop rares pour empêcher un fiasco dû au voisinage d'œuvres illustres que celle-ci évoque par une sorte d'autodérision pathétique. Car il ne suffit pas de décrire la banalité de la vie quotidienne pour faire du Tchekhov. De même qu'il ne suffit pas de s'intéresser à ce qui se passe dans les cabinets pour se rapprocher de Joyce d'un seul millimètre. Enfin, l'atmosphère lagunaire et crépusculaire du texte semble une parodie plutôt qu'une résurgence du monde de Thomas Mann. Bassani avait écrit, jadis, sa *Mort à Ferrare* : c'était *les Lunettes d'or*, l'histoire du suicide du docteur Fadigati. Ce qui gâte surtout *le Héron*, c'est justement la fin, le suicide, forcé, voulu, invraisemblable, purement littéraire. Le pauvre Edgardo digère mal : une bonne nuit aurait été plus indiquée qu'un coup de fusil au milieu du front. On regrette de terminer le portrait d'un aussi bel écrivain par un constat de naufrage.

François d'Assise

Contemporains, François d'Assise et Domingo de Guzmàn, saint François et saint Dominique, ont été dissemblables en tout. Saint François ne pouvait être qu'italien ; saint Dominique, qu'espagnol. Dans leur apostolat, ils diffèrent autant que les Italiens diffèrent des Espagnols dans leur passe-temps préféré. Les Italiens se défoulent par l'opéra, les Espagnols par la corrida ; les premiers par l'art, les seconds par le sang. Saint Dominique, aussi âpre dans la violence qu'une foule espagnole massée autour de l'arène, fut le premier à prêcher l'intolérance et à brûler les hérétiques, qu'ils fussent homosexuels, juifs ou maures. Après sa mort, on confia à ses disciples, les Domenicani, « chiens de Dieu » bien nommés, le tribunal de l'Inquisition.

Saint François, propagateur de la foi mais aussi rénovateur de la culture de son époque, peut être considéré comme un des pionniers de la modernité littéraire et artistique. Avec le *Cantique des créatures*, n'a-t-il pas écrit le premier poème italien en langue vulgaire ? De même, c'est sous son impulsion, et pour représenter les scènes de sa vie, si pleines de fraîche humanité, que les peintres, et Giotto en tête, ont renoncé aux figures hiératiques et à l'or trop solennel du Moyen Age. Enfin, comme il chantait les louanges de Dieu, il a encouragé l'essor d'une musique plus souple que les antiques psalmodies d'église.

Frère François, biographie par Julien Green : rien de plus opposé, en apparence, que ces deux personnages. Autant le romancier excelle dans le mystérieux, le flou, le non-dit, autant le saint offre un exemple de génie lumineux, solaire, éclatant. Nulle trace en lui de cette grisaille crépusculaire où parlent, à demi-mot, les héros de *Mont-Cinère*, de *Moïra*, mais une joie de chaque moment, franche, débordante. Il chantait à pleine gorge sur les routes d'Italie, et Giotto, dans les fresques d'Assise, nous a laissé le témoignage de cette allégresse colorée qui rayonnait autour de lui.

La première surprise est d'apprendre que, lorsque le jeune Julien se convertit, à l'âge de seize ans, il choisit comme nom de baptême celui du « Poverello ». La seconde surprise est de constater que, au soir de sa vie, le puritain d'Amérique a consacré au frère rieur d'Ombrie un livre très vivant, très réussi, traversé d'une ardente sympathie qui ne tourne jamais à l'hagiographie. S'il y a un saint que les non-catholiques et les athées puissent aimer, c'est bien celui-là, qui a, le premier, apporté, dans la raideur de la religion médiévale et les discussions abstraites de la théologie, le sourire d'un homme amoureux de la vie, des gens, des bêtes et des plantes, au point de se faire écouter des oiseaux et de choisir pour ermitages non pas d'horribles grottes austères, mais les lieux les plus amènes de la province la plus riante d'Italie.

Julien Green, dont on aurait pu craindre, d'après de nombreux passages de son *Journal*, un ton plus bondieusard, a été visiblement fasciné par la vitalité, l'exubérance de son modèle. Avant de se convertir, François fils d'un riche drapier de la petite cité ombrienne, né pendant que son père faisait un voyage en France, avait mené joyeuse et païenne vie, voulant être le premier en tout, à cheval, dans les fêtes, par la bonne chère, par les vêtements, avec un sens inné du faste et de la beauté. Italien de la pré-Renaissance, seigneur qui ne brillera dans la pénitence que parce qu'il avait excellé dans les plaisirs.

Sur la question particulière du plaisir sexuel, Julien Green revient à plusieurs reprises : lui qui se demanda un jour si le Christ avait connu la tentation charnelle s'interroge sur la place que François donnait au corps. Hésitante se montre d'ailleurs sa réponse : tantôt il félicite le saint d'avoir éliminé aussi énergiquement les « platitudes » de la volupté, tantôt il s'inquiète que François ait interdit à ses disciples, et se soit interdit à lui-même, non seulement de fréquenter les femmes mais même de leur adresser la parole, et il voit dans une exclusion si radicale un vestige fâcheux de manichéisme. Il aurait pu pousser plus loin la réflexion et se demander pourquoi cet homme qui aimait d'un amour si spontané toutes les manifestations de la vie, au point de réclamer (par écrit) à l'une de ses disciples femmes certains gâteaux dont elle avait le secret, réservait se réprobation et sa haine au seul sexe. Le sexe n'est-il pas aussi un don de Dieu ? Mais une telle question gênerait Green, comme elle gêne tous les esprits religieux.

En revanche, le biographe n'a montré aucune pudibonderie pour raconter l'épisode le plus saisissant de la vie de saint François. Le jeune homme de vingt-quatre ans, pour signifier qu'il renonçait au monde et n'appartenait plus qu'au Christ, se dépouilla de ses vêtements devant la principale église d'Assise, en présence de tous les habitants et en face de son père, à qui il rendait ainsi les biens qu'il avait reçus de lui. De tous ses vêtements, jusqu'au dernier : alors que la plupart des peintres, sans comprendre qu'ils rentrent par cette fausse pudeur dans la famille des pharisiens et des tartufes haïs par François, lui laissent un « linge » autour des reins, Green, rendant justice à la splendeur de son geste, le dresse tout nu sur la place publique. Nu pour une seconde naissance. Comme tous les livres qui racontent une histoire d'amour, celui-ci finit tristement. Après l'émerveillement des débuts, la petite troupe des « jongleurs de Dieu » qui s'étaient réunis autour de François et parcouraient les routes sans autre souci que de répandre la joie dont leur cœur débordait se heurta à deux problèmes graves : l'augmentation du nombre des disciples, qui obligea à établir une règle, à durcir la libre « fraternité » initiale en un « ordre » plus rigide, et la méfiance de l'Eglise. Le pape et le haut clergé de Rome ne voyaient pas d'un bon œil ce franc-tireur illuminé dont la pauvreté, vite légendaire, et la charité sans limite les mettaient indirectement en accusation. Les franciscains devinrent une puissance temporelle, mais ils ne répondirent plus que de loin à l'idéal de leur maître.

« Vive François d'Assise, patron des anarchistes », put lire l'an dernier, sur un mur de Bâle, Julien Green, qui, apparemment, souscrit à un tel jugement. On aimera ce livre écrit avec une simplicité toute franciscaine, où le frémissement greenien et cette manière unique de répartir les lumières et les ombres créent à chaque page une sorte d'enchantement.

Gadda

Au-delà du baroque

Pour un livre pareil, autant parler tout de suite de la traduction [1]. C'était une gageure que de transposer dans une langue depuis longtemps codifiée, où les dialectes font figure de curiosités périphériques et les expressions argotiques d'amusements pour super-lettrés, un ouvrage dont la force et la saveur résident tout entières dans la compénétration, l'amalgame, le pastis de dialectes et d'argots sentis comme la vraie langue vivante, la *vox populi* authentique. Cette gageure, Louis Bonalumi l'a tenue brillamment. L'éblouissante jonglerie verbale et orthographique qu'il nous propose donne aussi peu que possible l'impression de jeu, de gratuit. Par exemple, la lecture « moelleuse, chaude » que tel *dottore* fait de certain testament devient tout naturellement « perchuajive, efficachement orchestrée » ; le motif misogyne se trahit dans un raccourci énergique : « ceffames ! » ; et y a-t-il lieu de s'étonner si le commissaire encore à moitié endormi suspend sa chemise de nuit « à ain croché » ? La meilleure critique de *l'Affreux Pastis* serait un examen technique et philologique des moyens mis en œuvre par le traducteur pour arracher à la langue française des sons, des phonèmes, des vocables proprement inouïs.

L'épluchage du titre, à lui seul, fera comprendre la complexité et le sens de l'ouvrage. *Quer* (déformation dialectale du démonstratif *quel* = ce) *pasticciaccio* (*pasticcio*, « imbroglio, gâchis », mot de la langue officielle, mais comiquement alourdi par le suffixe) *brutto* (épithète en rejet, intention stylistique) *de Via Merulana* (omission de l'article ; via Merulana : rue très connue de Rome, mais dont le nom, dérivé du latin *merula* = merle, n'évoque pas plus cet oiseau à un Romain d'aujourd'hui qu'un Parisien prenant la rue de Bellechasse ne pense au clos giboyeux

1. *L'Affreux Pastis de la rue des Merles*, Seuil, 1963.

qu'elle traversait jadis). Comment rendre cet éventail d'allusions ? En particulier *pasticciaccio* est un piège : traduire par quelque chose comme « cette sacrée sale affaire » aurait mis l'accent sur le côté policier du livre, qui existe (et comment donc ! une comtesse vénitienne volée de ses bijoux et, dans l'appartement d'en face, une femme égorgée), mais seulement comme prétexte à une enquête philologiquement rocambolesque sur la société romaine et para-romaine, sur les couches qui la composent (ou la décomposent), sur les stratifications de langages qui s'embobinent l'un dans l'autre : le napolitain des policiers, le vénitien de la comtesse, l'argot des « filles », le « classique » de l'auteur, truffé de dialecte romain et de trouvailles *sui generis*. Ajoutez à ce pudding étonnant quelques raffinements de haute école, comme des citations du latin ou de Tolstoï, des pastiches des littératures les plus nobles, ou des ribambelles de termes savants que son métier d'ingénieur a pu fournir à Gadda.

Tout lui est bon (citons encore : le jeu de mots, l'onomatopée, la périphrase, qui transforme le petit vin blanc de Frascati en « spiritualité albine à 15° ») pour démantibuler la « langue de l'usage petit-bourgeois, ponctuelle, misérablement apodictique, gracile, décolorée »...

Bien entendu, cette fureur de Gadda contre les mots et les tournures d'usage exprime tout autre chose qu'un tranquille passe-temps de philologue. Des mots on remonte à la bouche et qui dit bouche dit lèvres, dit bave, dit repaire de désirs impudiques. L'Urbs semble agitée, en ce mois de mars 1927 où se déroule l'histoire, d'une folie érotique et génésique qui culmine en la personne de Liliane Balducci, désespérée d'être stérile et entourée de pseudo-nièces qu'elle adopte « plovisoilement », « dans toute la sincélité d'un espoir ». Folie qui bifurque tantôt dans la pompe imbécile de Mussolini, qualifié de Ganache en chef et de Magna Merda, tantôt dans les rêves lubriques des motards. Il n'y a pas jusqu'aux choses dont elle ne s'empare, des godasses du Révérend Père (« elles priapaient bellement hors d'la robe comme deux machins défendus »), aux bijoux (« globules, épingles et cornouilles »), somptueusement décrits dans leurs rotondités symboliques, et aux légumes, regorgeant de tumescente splendeur.

Rabelais ? Joyce ? Céline ? Queneau ? Tous ces noms (j'y ajouterais celui d'Audiberti) ont été rapprochés de celui de cet étrange auteur qui mène depuis un demi-siècle, à peu près isolé mais salué de génie par toute l'intelligentsia, son combat fantastique, dirigé moins contre la bourgeoisie (prise plus ouvertement pour cible dans les autres livres de Gadda, surtout la petite bourgeoisie milanaise) que contre une sorte de stupidité universelle, incarnée en particulier par l'idée fixe de la parturition. Dans les têtes s'agite un magma de convenances et de prudences, linguistiques et morales, un salmigondis de boursouflures, d'infatuations et de paranoïas misérables.

Œuvre fastueuse, baroque, macaronique, *l'Affreux Pastis* échappe à toutes les définitions comme à toutes les comparaisons. Acrobatie farcesque ? Rumination d'érudit ? Casse-tête chinois ? Satire sociale ? Rêverie jérômeboschienne sur la vanité de tout ? Livre d'humeur ? Livre de passion ? Livre de poésie ? Quelque chose d'unique, en tout cas, d'important, de fort. Bref, pour parler comme Gadda, un grand machin.

La vogue du néoréalisme en Italie et hors d'Italie a longtemps relégué dans l'ombre cet écrivain de première grandeur, ce solitaire, cet extravagant, qui, en plein fascisme (il est mort en 1973 à quatre-vingts ans), tandis que les Vittorini, les Pavese, les Moravia luttaient contre la dictature en renouvelant le contenu du roman italien, entreprit par la seule subversion du langage de ridiculiser le régime, la bourgeoisie qui le soutenait et la grandiloquence dans laquelle il se pavanait. En ce sens, Gadda peut être comparé à Flaubert, comme Mussolini à Napoléon III, bien qu'on le rapproche plus souvent de Joyce, de Borges, ou de Céline, à cause de la virtuosité sans pareille de ses manipulations langagières.

La Connaissance de la douleur[1], malgré le titre élégiaque, se présente comme un livre composite, baroque, turbulent, « hénaurme », garni de farces et attrapes, bourré de pétards incendiaires, qui explosent dans la traduction en feux d'artifice mirobolants grâce au travail de Louis Bonalumi et François Wahl (lequel a écrit aussi une postface illuminante, où il étale une non superfétatoire panoplie de clefs). Nous sommes dans un pays imaginaire d'Amérique du Sud, le Maradagal, où il n'est pas difficile de reconnaître la Lombardie, de même que Milan se laisse deviner sous le nom cossu de Pastrufazio, de même que les villas liberty champêtres désignent les résidences subalpines des lacs, de même que le croconsuelo gras et piquant « avec de riches moisissures d'un vert sourd dans l'ignominie des crevasses » renvoie paraphoniquement au gorgonzola.

Tout est autobiographique dans ce livre, dont le héros, ingénieur comme Gadda, semble bien le double de l'auteur, sous la dénomination ironiquement hyperbolique de Gonzalo Pirobutirro d'Eltino, hidalgo névrotique en lutte contre le monde entier non moins que contre lui-même, avec la mélancolie impuissante d'un Hamlet et le démentiel entêtement d'un don Quichotte. Il habite une villa isolée, pour laquelle il refuse la protection que lui offre une compagnie de vigiles nocturnes (allusion au refus opposé par Gadda lui-même à la « sécurité » offerte aux Italiens par le régime fasciste). Gonzalo vit avec sa mère, contre laquelle il se déchaîne avec une paranoïaque virulence, parce qu'il lui reproche d'avoir sacrifié à l'ambition de conserver cette villa bâtie autrefois par le père le maigre avoir familial et jusqu'à la santé de ses enfants, réduits à la misère et à la faim (thème lui aussi autobiographique). Le roman se termine sur l'assassinat de la mère, sans qu'on puisse savoir s'il s'agit d'un matricide, ou d'une vengeance fasciste, ou d'un crime de vagabonds, ou, tout simplement — éclatement de l'autobiographie vers l'imaginaire — d'un fantasme de l'auteur.

La mère, de même que la villa jalousement aimée/follement détestée, ne sont pour Gonzalo que les figures d'un mal universel qui a nom : famille, propriété, classe moyenne lombarde, bourgeoisie — et, plus encore, le moi, à commencer par le sien, le moi centre de toutes les infatuations, de toutes les impostures, de toutes les vulgarités. Moi, toi : « Les pronoms sont les poux de la pensée », et surtout je, « le plus abject des pronoms ». « La grosse asperge du Je : pimpant : en érection, empanaché d'attributs en tous genres : violacé, emplumé, bandé et turgescent :

1. Seuil, 1974.

comme un dindon : dans une roue de diplômes ingénieuriaux, de titres équestres : saturé de gloires familiales : plus chargé de quincaillerie et de coquilles de moules qu'un griot... » (Un griot ? Le texte dit en vérité : « un roi nègre », et on peut s'étonner de la pudibonderie des traducteurs soucieux de blanchir leur auteur du soupçon de racisme.)

Remarquons la non commune ponctuation, l'usage de ces deux points qui hachurent le discours, brisent la continuité et rendent ainsi compte de la folie du héros pour qui le monde se présente en petits bouts éclatés. Il faudrait énumérer tous les procédés de Gadda, dont le plus juteux est le pastiche, c'est-à-dire le déguisement burlesque de la réalité sous des oripeaux empruntés aux cultures les plus hétérogènes : pour démythifier les objets et les êtres, pour les piétiner dans leur radicale nullité, pour tourner en dérision l'importance qu'ils se donnent, Gadda emprunte tantôt les tournures nobles de la tradition compassée italienne (Manzoni, Leopardi), tantôt la précision du langage scientifique (il est ingénieur), tantôt le vocabulaire de la psychanalyse (il l'a pratiquée), tantôt le style de la satire carnavalesque (Rabelais n'est pas loin), tantôt celui du roman familial bourgeois, tantôt celui de la chanson de geste, sans compter les allusions philosophiques (Leibniz, Hume, Bergson) ou les références à Shakespeare, le tout avec une verve infatigable, une boulimie illimitée, qui trahissent un mélange de haine et d'amour pour la vie, de curiosité et d'horreur pour les choses.

Mélange inextricable, qui lie cet écrivain à ce qu'il déteste le plus et le condamne, tel un Prométhée fasciné par son propre vautour, à souffrir sans mesure et sans fin d'un tourment dont il se délecte. Par exemple, quand sonne l'heure de midi, il arrive à rendre dans une même phrase l'obscénité des cloches secouées dans l'espace et la gourmandise du mangeur alléché par son prochain repas : « Renversées dans l'hébétude et l'impudeur, elles exhibaient tour à tour leurs battants, tels de pesants pistils en folie... Ivres de son, elles se balancèrent longtemps avant d'évacuer la gloire — *gloria, gloria* — dont elles étaient repues : pour semer tout à coup la retentissante annonciation d'un petit peu de *puchero*. Et de *chiquoréa* coupée menu, assaisonnée à l'huile de linette. »

Exercice de haute voltige, macaronique divertissement de superlettré, génial pudding, règlement de comptes géant avec la bêtise humaine, concoction exhilarante de l'universel savoir, mais aussi macération autodestructrice, tragédie et vertige d'une descente aux gouffres sans fond du non moins universel néant, *la Connaissance de la douleur* fera connaître un des tempéraments littéraires les plus époustouflants du siècle.

Deux nouveaux Gadda traduits, en 1987 : *l'Adalgisa* (Seuil) et *Novella Seconda* (Bourgois). Cet auteur d'une lecture à la fois si ardue et si euphorisante ne nous a été livré qu'au compte-gouttes, tant les difficultés de traduction paraissent insurmontables. Un seul livre traduit de son vivant, *l'Affreux Pastis de la rue des Merles* (Seuil) ; deux ans après sa mort, survenue en 1973 : *la Connaissance de la douleur* (Seuil) et *le Château d'Udine* (Grasset). Bienvenue sera chaque occasion de se replonger dans cette prose biscornue, luxuriante, hérissée de néologismes burlesques, truffée de termes dialectaux, farcie de vocables scientifiques et techniques, et pour laquelle l'épithète de baroque est ridiculement insuffisante.

Rien de gratuit dans cet acharnement héroïque contre les mots : Gadda était le contraire d'un expérimentateur à froid, et l'avant-garde n'a jamais pu l'enrôler. S'il mène cette guerre furieuse contre le vocabulaire italien, c'est qu'il en veut à mort à ceux qui l'emploient, et en particulier à la classe des docteurs, professeurs, entrepreneurs, avocats, tous « pédants, baratineurs et emphatiques », réceptacle et miroir de la bêtise humaine. Comme il se délecte, par exemple, à montrer que la crainte de se faire voler leurs boucles d'oreille au détour d'une rue ténébreuse cache en réalité, chez les douairières rentrant du théâtre, l'envie d'une main « virilement prédatrice », qui apaiserait leur gourmandise du mâle ! O agression secrètement désirée ! Il y a du Flaubert et du Céline chez Gadda : c'est dire qu'il n'est pas un satiriste qui s'en prend du dehors aux travers de ses contemporains, mais qu'il s'inclut lui-même dans la satire, avec une rage autodestructrice qui communique à ses pages le frémissement de la souffrance.

Pages plutôt que livres ; mineures dans *Novella Seconda* (et quelquefois, curieusement, d'une platitude extrême, comme écrites une fois la colère retombée), majeures dans *l'Adalgisa*, supérieurement traduite par Jean-Paul Manganaro ; sans qu'on puisse discerner ni une intrigue romanesque ni même un dessein précis de l'auteur. On reconnaît Milan, certes, la grasse, opulente, turgide métropole, dont l'activité semble se réduire, dans la fantaisie hypocondriaque de Gadda, à trois rites particulièrement obscènes. D'abord le rite culinaire, l'art de fricoter des ragoûts et de ressusciter à force d'épices « les plus lugubres rogatons de bœuf bouilli ». La manie, ensuite, de rénover les maisons, où se traduit la virtuosité crapuleuse des fanatiques de l'immobilier ; enfin, et surtout, le stupide moutonnisme des habitués aux concerts. Voici comment il décrit l'entrée des jeunes demoiselles mélomanes, puis du reste du public, dans la salle du Conservatoire : « Le Giuseppe Verdi alléché par un hors-d'œuvre de hennissements d'oies, ingurgitait à présent un amalgame de matrones, jurisconsultes et fabricants de bretelles, avec l'avidité d'un louveteau famélique qui déglutit une galaxie de côtelettes crues. » Il faudrait multiplier les citations, parce que le pessimisme de Gadda éclate en pétards d'une drôlerie réjouissante. « Des archets folichons, électrisés par le zeste de colophane, chatouillaient à peine l'aine auguste des contrebasses... » Ce n'est pas Stendhal, dévot de la Scala, qui aurait bombardé de sarcasmes les instruments de sa chère musique ! Et pourtant le seul personnage envers qui Gadda montre indulgence et tendresse est une cantatrice, l'Adalgisa, héroïne éponyme du recueil, artiste à la petite voix et au grand cœur qui se console de ses échecs à l'opéra en époussetant les tombes du cimetière, bonne fille miraculeusement soustraite au fouet de la misanthropie.

Fastueuses, macaroniques, parfois horripilantes par excès d'amphigouri, tantôt drues comme du Rabelais, tantôt hermétiques comme le dernier Joyce, tour à tour d'une insistance pénible comme les tableaux de l'expressionnisme allemand, ou d'une allégresse juvénile comme les pieds de nez de Polichinelle, ces pages respirent en tout cas l'énergie, la santé, la passion, l'insolence — faut-il dire le génie ? Dans le chaudron linguistique de Gadda, ne mijotent pas les « lugubres rogatons » de la pédanterie et du formalisme, mais un pot-pourri délectable, un salmigondis désopilant.

Garibaldi

Principal artisan de l'Unité italienne ? Jouet entre les mains des politiciens ? Anarchiste irresponsable ? Ces questions ne cessent de se poser au sujet de celui qui est entré de son vivant dans la fable, mais à la suite de malentendus qui ont faussé l'appréciation de son action. Sa chemise rouge est-elle symbole d'héroïsme ou cache-t-elle du sang inutilement répandu ? Cent ans après la mort de Garibaldi, Max Gallo rouvre le dossier[1].

La partie la moins douteuse de l'épopée garibaldienne, c'est la folle aventure en Amérique latine, qui dura treize ans. Le jeune homme, né à Nice, alors italienne, avait déjà comploté en vue d'une insurrection patriotique qui soulèverait la péninsule. La conspiration fut démasquée, Garibaldi condamné à mort par la justice du roi de Piémont. Il réussit à s'enfuir et à s'embarquer pour Rio de Janeiro. Aux confins du Brésil, de l'Uruguay et de l'Argentine, le voilà devenu chef de bande au service d'une de ces jeunes républiques en voie de formation. Nuits à la belle étoile, ravitaillement précaire, charges héroïques : mélange de condottiere de la Renaissance et de Che Guevara internationaliste, Garibaldi forge alors sa légende, qu'Alexandre Dumas, fasciné par ce mousquetaire anachronique, sera un des premiers à recueillir. La fameuse chemise rouge ? Lors du siège de Montevideo, il fallait équiper de la tenue la plus économique possible la Légion italienne. Or une entreprise commerciale cherchait à liquider un stock de laine rouge que le blocus l'empêchait de vendre à Buenos Aires. Cette étoffe aurait dû habiller les ouvriers argentins des abattoirs et des saloirs. De bons vêtements, propres à dissimuler l'aspect sanglant de leur travail...

Rappelé en Europe par les événements de 1848, Garibaldi veut appliquer en Italie les méthodes qui lui ont réussi en Amérique latine. Hormis l'expédition sicilienne des Mille en 1860, qui fut une partie de poker réussie et lui assura définitivement la gloire, il faut bien dire que ses interventions dans la vie politique italienne furent une série de sottises, d'échecs et d'erreurs parfois tragiques. Il ne comprend pas que l'Italie, si elle veut réaliser son unité, doit louvoyer subtilement entre les grandes puissances, France, Prusse, Autriche. Les jeux diplomatiques de Cavour l'horripilent. Et Cavour, à son tour, craint les foucades intempestives de

1. *Garibaldi. La Force d'un destin*, Fayard.

ce desperado que son immense célébrité l'empêche de réduire au silence. Un des ministres de Victor-Emmanuel devra quand même, une fois, faire tirer les troupes piémontaises contre cet imbécile qui veut libérer Rome du pape, protégé par Napoléon III, dont la jeune Italie a besoin. Et il faudra de temps à autre le réexpédier à Caprera, l'îlot sarde que Garibaldi s'est acheté pour jouir des fruits amers de la solitude, chaque fois que les chancelleries l'obligent à remettre l'épée au fourreau.

Episodes que l'historiographie officielle italienne s'efforce d'occulter. De même qu'elle se tait sur d'autres conséquences criminelles de l'impréparation politique du héros. En Sicile, les paysans accablés par une misère ancestrale se moquaient bien de voir la monarchie des Bourbons remplacée par la monarchie de Savoie. Pour eux, « libération » signifiait redistribution des terres, accession à la propriété, fin du servage. Mais Garibaldi, en petit-bourgeois étranger aux problèmes sociaux, ne comprit pas leurs espoirs et fit massacrer par ses généraux ceux qui essayèrent de se soulever en son nom. Si la « question méridionale » n'a pas cessé depuis d'empoisonner la vie politique italienne, Garibaldi n'est-il pas le premier responsable ?

Dans sa vie privée, Garibaldi confondit aussi terres vierges des antipodes et subtilités érotiques de l'âge industriel. Au Brésil, il enleva sa première femme avec le panache du conquistador. Mais de la deuxième, une jeune marquise lombarde, il apprit le jour même du mariage qu'elle avait déjà deux amants et qu'elle était enceinte. Répudiation immédiate, et choix, pour finir ses jours à Caprera, de la grosse Francesca, nourrice de ses petits-enfants, l'épouse-mère-gouvernante dont rêve tout Italien.

On referme le livre sur une impression plutôt triste. Si chaque pays a besoin de sa Jeanne d'Arc ou de son Guillaume Tell, on se dit que l'Italie n'a pas eu de chance d'être tombée sur un héros si calamiteux.

Ginzburg

Une romancière du demi-mot

Au lieu d'exprimer, comme autrefois, les choses et les sentiments, les mots les masquent, les offusquent, les dénaturent. Le langage n'arrive plus à rendre compte de la réalité. Cette constatation, qui commande la plupart des entreprises littéraires de notre siècle, est aussi à la base des recherches de Natalia Ginzburg. Mais tandis que la découverte du divorce entre les mots et les choses incite les écrivains à défier, à tordre et à pulvériser le langage, Natalia Ginzburg se contente, plus discrètement, de montrer sa déchéance par des histoires, en général courtes, où les phrases que les personnages échangent, oiseuses et stéréotypées, contrastent avec la gravité des événements qu'ils subissent.

La romancière naquit à Palerme en 1916, d'un père juif triestin et d'une mère protestante milanaise. De l'un, il semble qu'elle ait hérité le sens de la vie, l'humour, la générosité. De l'autre, la rigueur et la modestie. Qualités contradictoires, qu'elle a su mettre en harmonie dans son art. Elevée à Turin, où son père enseignait l'anatomie — Turin était alors la capitale de l'antifascisme et le professeur d'anatomie un adversaire du dictateur —, la fillette grandit dans le culte de la liberté et l'horreur de la violence. Un de ses frères, qui introduisait en Italie des tracts clandestins, fut pris à la frontière : il se jeta dans le fleuve qui sépare l'Italie de la Suisse et gagna la rive étrangère à la nage sous les balles des carabiniers. Il se réfugia à Paris. La fille du peintre Modigliani fut pendant quelque temps sa femme. La sœur de Natalia se maria avec Adriano Olivetti, le fameux industriel des machines à écrire. Elle-même épousa Leone Ginzburg, Russe d'Odessa naturalisé italien, critique littéraire, essayiste politique et l'un des chefs de la Résistance à Turin. Les amis de Ginzburg s'appelaient Pavese, Carlo Levi, Giulio Einaudi. C'est peut-être dans la compagnie de ces jeunes hommes que Natalia apprit à se défier des mots : les fanfaronnades du régime mussolinien invitaient les intellectuels au silence et à l'action.

Elle écrivit son premier roman en 1941, dans les Abruzzes, où son mari avait été déporté. *La Route qui conduit à la ville* est un roman bref, une longue nouvelle. Si l'on n'appliquait pas l'épithète de « tchekhovien » à n'importe quel récit un peu gris, un peu plat, je dirais que Natalia Ginzburg est l'auteur qui fait le plus penser à Tchekhov. Enfant, elle regrettait que Turin ne fût pas Saint-Pétersbourg, que la Neva ne coulât point entre les quais à la place du Pô. Quand elle commença à écrire, elle s'attacha aux détails que pouvaient avoir en commun Saint-Pétersbourg et Turin : la brume, les charrettes, les flaques d'eau, les tas de neige, les bancs dans les jardins publics, le silence des espaces blancs.

Dans *La Route qui conduit à la ville*, les thèmes de son imagination et les traits de son art sont déjà fixés. Une jeune fille raconte à la première personne son aventure provinciale. Elle a aimé un jeune homme, n'a pas su le lui dire. Un autre jeune homme l'a engrossée, qu'elle n'aimait pas. Ses parents lui ordonnèrent d'épouser le séducteur. Elle quitta le village pour attendre son bébé dans une ferme isolée, chez une tante. L'ami de cœur mourut. La naissance, l'amour et la mort, voilà les protagonistes. Natalia Ginzburg fait toujours une place importante aux bébés : dans le ventre de leur mère ou dans les premières années de leur vie. L'*infans* : celui qui ne parle encore pas. Il a plus d'existence que ceux qui parlent trop, c'est-à-dire les parents. Entre les bébés et les parents, les jeunes gens, filles ou garçons, tâtonnent à la recherche de mots justes, mais l'événement les surprend avant qu'ils ne les aient découverts. Le monologue intérieur reproduit ces tâtonnements avec une grâce, un tremblé, un tact incomparables.

Peu de temps après, un drame bouleversa la vie de Natalia Ginzburg. Les Allemands arrêtèrent son mari, l'enfermèrent dans la prison romaine de Regina Cœli, le torturèrent. On le trouva mort dans sa cellule, le matin du 5 février 1944. La mâchoire fracassée, il avait eu la force de dire à un ami : « Nous ne devrons pas, dans l'avenir, garder de la haine contre les Allemands. » Il laissait trois enfants.

Natalia Ginzburg travailla après la guerre dans les bureaux de Giulio Einaudi, qui était devenu un grand éditeur. Elle termina en 1947 son deuxième récit long, *C'est arrivé ainsi*. Rien n'y transparaît de la blessure récente, sinon une âpreté nouvelle, le refus des mots poussé jusqu'au crime. Une jeune femme raconte comment, pourquoi elle a tué son mari. Il mentait, il reprenait une ancienne maîtresse en disant qu'il partait pour des voyages d'affaires. La jeune femme raconte sa vie, faite de menus moments dont la somme est une tragédie. L'humanité de Simenon, avec la technique de Gertrude Stein.

Natalia Ginzburg publia encore deux récits longs, *Valentino* et *Sagittaire*, deux romans, *Nos Années d'hier* et *les Voix du soir*, quelques nouvelles, un livre d'essais et de réflexions morales (qui contient le plus beau portrait qu'on ait fait de Pavese). Dans *Nos Années d'hier*, le jeune homme Ippolito se tue, sur le banc d'un jardin public, quand l'Italie entre en guerre au côté de l'Allemagne hitlérienne. Jamais suicide n'a été montré avec moins de phrases, avec moins d'explications, avec moins de références au monde intérieur du suicidé. « Sur le banc, assis, Ippolito était mort. » Dans *les Voix du soir*, le jeune Tommasino et la jeune fille Elsa rompent leurs fiançailles : une catastrophe pour Elsa, qui perd sa dernière chance.

« Comme tu es tranquille ! dis-je, tu ne pleures pas, tu dis ces choses tout tranquillement !

— Et moi, dit-il, que ferai-je ?

— Tu feras comme tu as toujours fait, dis-je.

— Et toi, dit-il, toi, que feras-tu ?

— Moi aussi, dis-je, je ferai comme j'ai toujours fait.

— Comme nous sommes tranquilles ! dit-il. Comme nous sommes froids, calmes, tranquilles ! »

Les livres de Natalia Ginzburg s'ordonnent autour d'une péripétie dramatique — une séduction dans *la Route qui conduit à la ville*, un meurtre dans *C'est arrivé ainsi*, l'échec conjugal d'un homosexuel dans *Valentino*, une escroquerie aux dépens d'une pauvre femme dans *Sagittaire*, un suicide dans *Nos Années d'hier*, une rupture dans *les Voix du soir* — mais la péripétie n'écrase pas l'histoire, non, au contraire, elle arrive quand on ne s'y attendait pas, ou plutôt, on découvre qu'elle était toujours là, masquée par les mots et les phrases, prête à démentir les mots et les phrases, aux aguets derrière les vaines tentatives de communication.

Natalia Ginzburg trouve sa mesure, plutôt que dans le roman, dans le récit long. Quatre-vingts ou cent pages, ce genre qui a donné des chefs-d'œuvre partout sauf en France : *Benito Cereno* de Melville, *le Bonheur conjugal* de Tolstoï, *Tonio Kröger* de Thomas Mann, *Agostino* de Moravia. S'il fallait indiquer des œuvres auxquelles rattacher les quatre récits longs de Natalia Ginzburg, ce seraient *l'Histoire ennuyeuse* ou *Ma Femme* de Tchekhov, les *Trois Vies* de Gertrude Stein. *Valentino* reçut le prix Viareggio en 1957.

En 1963, l'autre grand prix littéraire italien, le Strega, récompensa *les Mots de la tribu*[1]. La romancière avait écrit dans *les Mots de la tribu*

1. *Lessico familiare*, traduit en français sous ce titre, Grasset, 1966.

son autobiographie. Encore un monologue intérieur, qui ne rompt pas avec les ouvrages de fiction, mais les prolonge, les amplifie et les couronne. Natalia Ginzburg raconte son enfance et son adolescence : un père fantastique et bourru, une mère plaintive et optimiste, trois frères de tempérament riche et opposé, des amis promis à la gloire, comme Olivetti, Einaudi, Ginzburg, Carlo Levi, Pavese ; Turin, l'antifascisme, les arrestations, la guerre, la déportation, l'assassinat d'un mari aimé. A part l'évident intérêt documentaire, à part l'évocation si sobre et si émouvante de ce petit milieu piémontais qui sauva l'honneur de l'Italie pendant les années noires, *les Mots de la tribu* apportent une contribution neuve au fameux problème du langage.

Les « mots de la tribu », ce sont les phrases toutes faites, les formules ressassées, que la fillette entendit de la bouche de son père et de sa mère, qu'elle utilisa avec ses frères : ces phrases, ces formules qui constituent sans doute, non seulement le vocabulaire propre à chaque famille, mais le système d'explication du monde que les parents inculquent à leurs enfants. Tandis que les parents parlent et résument le monde en quelques jugements lapidaires, les enfants découvrent la résistance de la vie qui ne se laisse pas réduire en mots et leur oppose les meurtrissantes énigmes de l'amour, de l'action politique, de la guerre, de la mort.

La crise du langage se ramène ainsi pour Natalia Ginzburg à la crise des générations. Ceux qui manipulent les mots — les parents — n'ont plus qu'une vague connaissance des épreuves réelles de la vie. Ceux qui affrontent ces épreuves — les enfants, les jeunes gens — doivent d'abord se défendre des phrases mécaniques de leurs parents. Sans haine, d'ailleurs, car c'est le destin commun que de trouver le moyen de dire les choses seulement après qu'on ne les ressent plus. Le comique des mots contraste avec le tragique des événements : d'où le mélange d'humour, de pudeur et d'angoisse qui caractérise les rapports humains.

Leone Ginzburg, auteur d'une thèse sur Maupassant, avait traduit en italien et préfacé Pouchkine *(la Dame de pique)*, Gogol *(Tarass Boulba)*, Tourgueniev *(Une nichée de gentilshommes)*, Tolstoï *(Anna Karenine)*. Il préparait un livre sur Dostoïevski. Natalia Ginzburg, jusqu'à sa mort récente, vivait à Rome, veuve de son second mari, Gabriele Baldini, professeur de littérature anglaise à l'université, le meilleur connaisseur de Shakespeare en Italie. Elle a traduit elle-même *le Silence de la mer* de Vercors et *Du côté de chez Swann*. C'est dire la position européenne de cette romancière, le réseau de relations internationales qui l'ont aidée à se définir. Voix « mineure », assurément, cantonnée dans le registre un peu gris des émotions quotidiennes. Reste que peu de femmes écrivains se peuvent comparer à elle, dans notre siècle, pour la finesse de la sensibilité, la justesse de l'observation et l'art de rendre par petites touches égales, sans jamais élever le ton, l'expérience douce-amère de la vie.

Goldoni

L'Imprésario de Smyrne à la Comédie-Française

La France, pays puritain, ne connaît le plaisir que circonscrit, limité. Le rire occupe une place, mais une place à part dans nos activités. Une comédie de Molière nous amuse, mais en sortant du théâtre nous rentrons dans le courant des occupations plus sérieuses. Le plaisir à l'italienne est tout autre chose : c'est la vie elle-même faite plaisir, c'est l'existence tout entière vouée à l'amusement et au rire. Et surtout à Venise, qui a inventé la gaieté dans tous les arts, dans la musique avec Vivaldi, dans la peinture avec Tiepolo, dans le récit avec Casanova, et qui a donné les deux plus grands comiques italiens, Carlo Gozzi et Carlo Goldoni. Et surtout dans la seconde moitié du XVIIIe siècle, qui marque l'apogée de l'ère baroque, et en même temps le commencement de son déclin. L'ère baroque, plus que toute autre caractérisée par la recherche fiévreuse de ce qui délecte, charme et ravit. Assister à une comédie de Goldoni, ce n'était pas, pour les Vénitiens des années 1770, prendre quelques heures sur leurs occupations quotidiennes pour essayer de s'en distraire, mais continuer à s'amuser par d'autres moyens, chercher un surcroît de gaieté à ajouter à leurs jouissances du jour.

Pas de coupures entre les diverses sortes de plaisirs. Sur la scène de *l'Imprésario de Smyrne*, on mange et on boit beaucoup, de même que, dans les salles de spectacle à cette époque, le public dégustait des glaces dans les loges, en pleine représentation. La salle était tout en loges, c'est-à-dire en petits salons clos où on venait pour rire au spectacle mais, si le spectacle ennuyait, pour retrouver la gaieté sous une autre forme. A l'opéra, on appelait « air du sorbet » l'air un peu ennuyeux pendant lequel on cesse d'écouter, pour se consacrer à l'activité plus délicieuse de sentir fondre sur sa langue les fraîches fragrances de la framboise ou du cédrat. Plaisir de la bouche pour plaisir de la bouche, mieux valait une bonne glace qu'un méchant air. Triomphe de l'oralité ! Lorenzo Da Ponte raconte dans ses *Mémoires* comment, pour écrire le livret de *Don Giovanni* de Mozart, il avait sur ses genoux une jolie fille de seize ans et sur sa table une bouteille de Tokay. Jouir par tous ses sens, jouir de toutes ses forces, tel semblait être le credo d'une ville et d'une époque qui, à la veille de la catastrophe qui allait figer Venise dans un moment à jamais révolu de son histoire, s'adonnèrent à la plus folle joie de vivre.

Où s'amuser mieux (on a compris que par « amusement » il faut entendre non pas le passe-temps banal de gens qui s'ennuient, mais au contraire l'exaltation dionysiaque de toutes les puissances de la vie) qu'à l'opéra ? L'opéra a été en Italie pendant tout le XVIIIe siècle (et il l'est resté dans l'époque, plus bourgeoise et moralisante, qui a suivi) le lieu de jouissance par excellence. Moins intellectuel que le théâtre, l'opéra ne fait appel qu'accessoirement au langage, médiation toujours trop abstraite pour des fous de plaisir immédiat. C'est sans doute pourquoi, remarquons-le en passant, Goldoni n'accorde qu'une attention distraite à la forme de son texte : chevilles, répétitions de mots neutres tels que « faire », « dire », syntaxe approximative, son langage, encore très proche de celui de la *commedia dell'arte*, ne vise pas à séduire l'esprit par la précision des mots, mais à frapper vite et fort. Un peu comme des notes de musique cherchent à plaire à l'oreille plutôt qu'à faire réfléchir. Le chant, et c'est là un deuxième avantage sur le texte, est plus sensuel, plus physique : on se donne plus complètement au plaisir qu'il procure. Il ne convainc pas, il entête. Il n'enseigne pas, il enivre. Il est l'air lui-même qu'on respire, mais subsumé en un feu d'artifice de sensations et de délices.

Mais Goldoni ? dira-t-on. N'a-t-il pas choisi le théâtre contre l'opéra ? *L'Imprésario de Smyrne* n'est-il pas une satire assez féroce du milieu des chanteurs, chanteuses, librettistes et agents lyriques ? D'une façon plus générale, Goldoni, considéré à juste titre comme le réformateur de la comédie italienne, n'a-t-il pas voulu autant qu'amuser, convaincre et instruire ? Participer, par ses comédies à contenu psychologique et social, à ce grand mouvement des « Lumières » parti de France ? En somme, assumer une fonction pédagogique dans ce siècle dont la grande occupation fut de changer le monde ? Si *l'Imprésario de Smyrne* a touché si profondément les Comédiens-Français, s'ils ont choisi cette pièce entre les quelque deux cents de leur auteur pour la mettre en scène, c'est justement parce que, en plus de ses vertus comiques, elle leur présentait une sorte de code moral du théâtre, les règles d'un judicieux exercice de leur profession, en démontrant la supériorité du système de la coopérative théâtrale, où les risques, les gains et les pertes sont équitablement partagés entre les membres de la troupe, sur le système des imprésarios, où leur sort dépend tout entier de l'arbitraire et des caprices d'un financier qui peut être le plus borné, le plus étranger à l'art, le plus « turc » des hommes d'argent. Il y a donc une « leçon » de Goldoni, un dur noyau de vérité sous la pulpe aimable de l'amusement.

Goldoni n'en a pas moins écrit quantité de livrets d'opéra. Et même, sa première idée, sa première vocation, semble-t-il, était de devenir librettiste. Il raconte, dans ses *Mémoires* (texte succulent écrit directement en français, pendant l'exil parisien de sa vieillesse), comment il se rendit à Milan pour faire la lecture, devant un petit auditoire de connaisseurs réunis dans un salon, de son livret *Amalasunte* : nom qui, à lui seul, provoqua un rire moqueur dans l'assistance. Puis on lui énuméra tous les défauts de son livret : il commençait par le vif du sujet, alors que, pendant le premier quart d'heure, les spectateurs font du bruit en arrivant en retard et en s'installant sans gêne dans leurs loges. Et puis, où était l'ours, distraction indispensable ? Où était l'éruption du volcan, où, le naufrage du vaisseau ? Mais surtout, ce pauvre jeune homme n'avait pas compris que la seconde chanteuse ne pouvait pas avoir un rôle aussi long que la première, et qu'il aurait dû compter les mots qu'il fallait distribuer à l'une et à l'autre. Avait-il seulement pensé à faire alterner les airs de bravoure et les airs de tendresse ? Dix autres fautes impardonnables furent démontrées au malheureux débutant qui, une fois rentré à son hôtel, déchira son manuscrit et jura de faire carrière ailleurs qu'à l'opéra. Il avait découvert l'incroyable vanité, les prétentions, les rivalités, les caprices qui opposent les uns aux autres les chanteurs d'une même troupe dont le gagne-pain n'est assuré qu'en surclassant leurs camarades par une exhibition permanente de prouesses vocales : souvenir qui lui dictera les scènes désopilantes de *l'Imprésario de Smyrne*, où chacune des trois chanteuses préfère rester sans contrat et mourir de faim plutôt que consentir à n'avoir pas le premier rôle, et lui inspirera la sage leçon de la fin, le conseil donné aux acteurs d'unir leurs talents dans une coopérative au lieu de les disperser en une ruineuse concurrence.

Dans le salon de Milan, Goldoni avait aussi découvert que l'opéra doit répondre à des règles, que l'amusement a ses servitudes, qu'il y a un code du plaisir. Parmi ses auditeurs, se trouvait Caffariello, ou Caffarelli, un des plus fameux castrats du temps. Castrat sera aussi un des personnages principaux de *l'Imprésario de Smyrne*, Carluccio, dit « Grumeau » par référence ironique à Farinelli (« Farine »), le plus illustre de tous. Le castrat était doublement un objet de jouissance. D'abord par sa voix. Tous les contemporains nous disent que la voix du castrat, synthèse idéale de la voix de femme, de la voix d'homme et de la voix d'enfant, procurait à ceux qui l'écoutaient beaucoup plus qu'un simple plaisir esthétique, quelque chose qui ressemblait à la volupté. On se pâmait, on défaillait, on fondait dans une sorte d'orgasme. Et qu'y avait-il d'étonnant à cela, si toute la sexualité du castrat, retirée à une partie de son corps, jaillissait dans sa gorge, sur ses lèvres, dans son chant ? Il faisait l'amour avec sa voix, et, dans l'émotion qui envahissait le public, l'oreille n'était certainement pas l'organe le plus touché.

Seconde source de jouissance : la moquerie. Car on se moquait des castrats, même si on les adorait, et sans doute pour se punir de les adorer et les punir d'être aussi adorables. Certes, il fallait être français comme le président de Brosses, pour les traiter avec mépris de « chapons » (ni Rousseau ni Stendhal, qui se rangent parmi leurs adorateurs, n'eurent la suffisance bornée du magistrat bourguignon). Mais, en Italie même, ils n'échappaient pas aux railleries « Eléphants sonores », les appela un poète moralisateur. On riait d'eux, moyen bien connu pour se défendre d'un plaisir excessif dont on se sent coupable. Dans sa comédie, Goldoni joue admirablement sur les deux registres : Carluccio est celui que tout le monde envie et dont tout le monde se gausse. Le Turc représente l'étranger, une sorte de président de Brosses venu non pas de Dijon mais de Smyrne, celui qui s'étonne de cette voix inouïe et se moque par peur de se laisser séduire. A la promptitude de son refus, on mesure l'immense pouvoir d'envoûtement de « Grumeau ».

Pourquoi un Turc ? L'exotisme était à la mode, à Venise. On se souvient du tableau de Pietro Longhi, témoignage de la stupeur causée par l'apparition du premier rhinocéros. Toute l'Europe s'ouvrait à l'Orient. Après les Perses de Montesquieu, ce seront les Turcs de Mozart. Goldoni a choisi Ali pour une seconde raison. Un Turc, c'est l'homme des sérails, l'homme des harems, c'est par excellence l'homme à femmes, celui dont la réaction négative et immédiate devant le castrat prouve avec éclat les limites de sa propre sexualité et par conséquent la supériorité de Carluccio. Gardons-nous de voir en Carluccio un personnage uniquement ridicule. Il n'est ridicule que pour les Ali, que pour les hommes à femmes, que pour ceux qui se font une conception ridiculement étroite des rôles sexuels. Et rouvrons Casanova, à l'épisode de Bellino : Bellino est-il un homme ? Est-il une femme ? Est-il un vrai castrat ? Ou une femme déguisée en castrat ? Qu'importe ! C'est un objet de désir, et un expert tel que Casanova ne va pas s'arrêter, malgré ses protestations plus diplomatiques que sincères, à la question mesquine de la nature exacte de son sexe. Le castrat, au XVIIIe siècle, était la parfaite métaphore de cette liberté absolue du plaisir, liberté que le siècle suivant s'empressera de traquer, de réduire, de limiter par tous les côtés : au nom des grands principes humanitaires apportés dans toute l'Europe par la Révolution française, on supprimera la castration physique, mais pour la remplacer par une mutilation bien pire, cette morale sévèrement répressive dont la bourgeoisie à l'apogée de son pouvoir va faire l'instrument de sa domination.

On a peine à imaginer aujourd'hui l'extraordinaire vitalité de l'opéra en Italie pendant l'ère baroque. On écrivait et on représentait autant d'opéras nouveaux qu'on tourne de films à notre époque. Goldoni n'a pas mis en scène dans *l'Imprésario de Smyrne* des personnages et des situations exceptionnels, mais des êtres humains de tous les jours. Carluccio lui-même n'a rien du monstre sacré ni de l'oiseau rare ni du numéro de cirque. Chanteurs et chanteuses, avec leurs mamans et leurs petits chiens, faisaient partie du décor quotidien. Goldoni a rendu, avec un sens admirable de la compassion, la vie familière d'un petit nombre d'hommes et de femmes qui n'étaient ni bons ni méchants. Chroniquement désargentés, toujours à la recherche d'un sequin pour se faire livrer leur malle, obtenir une chambre moins inconfortable à l'hôtel ou payer le coiffeur, comment pourraient-ils se montrer tendres les uns envers les autres ? Pourtant, la dernière image qu'on garde est ce départ manqué à l'aube, lorsque, trahis par leur étoile, ils se serrent frileusement autour de leurs espoirs déçus, découvrant qu'ils sont solidaires dans la malchance et que la seule réponse aux perfidies du destin est de s'entraider en camarades.

P.S. Cet article a été écrit en 1985. Je le dédie aujourd'hui à la mémoire de Jean-Luc Boutté, metteur en scène de *l'Imprésario de Smyrne* à la Comédie-Française, qui me demanda de traduire la pièce de Goldoni, et de Richard Fontana, qui créa, avec un brio irrésistible, le rôle du castrat Carluccio.

Goncourt

Leur *Journal* et surtout leur prix ont éclipsé l'œuvre romanesque des Goncourt, qui pourrait revenir à la mode le jour où la pauvreté d'écriture de la plupart de nos contemporains rendra tout leur prestige aux fioritures et aux pâmoisons « artistes » des deux frères. Si *Madame Gervaisais*, leur dernier roman, a vieilli, c'est par l'aspect qui touche aux querelles religieuses de l'époque. Que cette riche Parisienne, minée par la tuberculose et qui part pour Rome se refaire une santé, tombe dans les filets des jésuites et se laisse par lâcheté convertir, peu nous importe aujourd'hui. Comme le dit dans sa substantielle préface Marc Fumaroli, le vrai personnage de ce roman, c'est Rome. Et, pour les amoureux de Rome, le livre sera une mine de surprises délicieuses.

Les Goncourt auraient pu, comme Zola trente ans plus tard dans *Rome*, se contenter de décrire palais et jardins ; ou, reprenant la tradition illustre de Chateaubriand, arrêter leurs regards sur les ruines. Infatigables explorateurs et rénovateurs du goût, ils ont, au contraire, mis l'accent sur une époque de l'histoire romaine négligée jusque-là et qui devrait attendre longtemps encore avant d'être étudiée et prisée à sa juste valeur : l'époque baroque. Madame Gervaisais, prenant presque en pitié la « pauvreté de pierre » des cathédrales gothiques, découvre avec enivrement l'art exubérant de la Contre-Réforme, « où la chaude magnificence des dorures, l'opulence des parois et la somptuosité des tentures semblent s'évaporer et se volatiliser dans un air agatisé par tous les reflets des porphyres et des jaspes ».

Par l'abondance même de leur écriture, les Goncourt nous donnent l'illusion d'être physiquement dans une de ces églises palpitantes de stucs et de lumières. De même qu'ils nous plongent dans la volupté musicale des chants éthérés de la chapelle Sixtine. Autre surprise de taille : nous apprenons qu'en 1869 les castrats, officiellement supprimés depuis le début du siècle, chantaient toujours pour les papes. L'admirable modernité des Goncourt se marque à leur émerveillement devant ces voix qui tiennent de l'enfant et de la femme. D'autres se seraient moqués : c'était le temps des voix viriles, des ténors héroïques, de Verdi, de Wagner, de la société bourgeoise et industrielle du Second Empire qui exigeait la séparation tranchée des sexes. Et voilà que les deux frères exaltent le *Miserere* d'Allegri, en avance d'un siècle cette fois puisque ce morceau sublime n'est revenu que tout récemment à l'honneur, grâce aux voix blanches des garçons du King's College de Cambridge. Même si on peut sourire d'entendre parler de « gémissante harmonie », force nous est de reconnaître qu'ils ont compris, aimé et font aimer l'étrangeté du chant baroque. Peu romanesque, *Madame Gervaisais* fascine et enchante à la manière d'un opéra.

Gozzi

Dans le quatuor des grands mémorialistes de Venise, Carlo Gozzi est celui qui surprend le plus. Il était né comte, lui, d'une famille aristocratique du Frioul, à la différence de Casanova, Lorenzo Da Ponte et Goldoni, tous enfants de fortune et aventuriers sans tradition ; et pourtant on trouve chez lui, dans ses *Mémoires inutiles* [1], une impatience encore plus vive de se raconter, de se justifier, de prouver ses mérites, comme s'il n'avait été qu'un parvenu. C'est que la noblesse des Gozzi, pour authentique qu'elle fût, s'accompagnait d'une misère non moins réelle. Nous avons du XVIIIe siècle vénitien une idée complètement faussée par des images de carnaval, de fêtes, de faste, de luxe ; en fait la décadence économique allait déjà bon train ; une famille noble, souvent, ce n'était plus, comme dans ce cas, qu'une nichée de gentilshommes désargentés grouillant dans les pièces vides d'une demeure délabrée. Rentrant à Venise après trois ans de service militaire, Carlo voulut descendre dans le palais de ses pères. Il découvrit une sorte de nécropole : en haut du bel escalier de marbre les fenêtres n'avaient plus de carreaux, des trous caverneux béaient dans le pavement, les tapisseries déchirées pendaient du mur. Seuls quelques portraits d'ancêtres, par Titien et Tintoret, attestaient l'ancienne gloire. « Je les regardais, ils me regardaient ; endeuillés, eût-on dit, et stupéfaits devant la désolation où ils étaient abandonnés. »

Une atmosphère à la Tourgueniev, à la Tchekhov, avec en plus la couleur du pays de Polichinelle et d'Arlequin. Gozzi passa une grande partie de sa vie à plaider, soit contre des membres de sa famille qui occupaient indûment des appartements de sa propriété, soit contre des locataires indélicats, soit contre des prétendants aux débris de son patrimoine. Il allait lui-même dans les études des avocats remuer les paperasses, et, pour un seul de ses procès, réussit à remplir quarante-deux volumes de grimoires, ce qui lui coûta six mois de temps et ouvrit un gouffre supplémentaire dans ses finances. Occasion d'interminables doléances et récriminations contre le sort, derrière lesquelles on devine, toutefois, l'allégresse de celui qu'aucune adversité ne parvient à abattre. De cette vitalité fabuleuse, il donnera mainte preuve : par une longévité exceptionnelle, qui le fera vivre jusqu'à quatre-vingt-six ans et enterrer tous ses adversaires ; par une polyvalence de talents grâce auxquels il saura, jeune soldat en Dalmatie, se concilier les bonnes grâces de son chef à l'aide d'un seul sonnet bien tourné, puis mener de front, à Venise, une quantité d'entreprises plus ou moins véreuses, et enfin, à bout de ressources, rebondir à nouveau, dans le commerce des dentelles, le trafic du vin de Chypre ou la vente de carrosses.

Quel personnage amusant ! Il lui arrive toujours des aventures saugrenues, qu'il raconte avec une délectation masochiste. Le barbier qui le coiffe ne raccourcit pas seulement ses cheveux, mais aussi ses oreilles. Sur la place Saint-Marc, il reçoit dans le dos une volée de coups de

1. Traduit par Nino Frank, Phébus.

poing, qui étaient destinés à un autre. Revenant de vacances, il découvre ses fenêtres grandes ouvertes, des domestiques en livrée à sa porte, son salon resplendissant de bougies et son voisin installé dans ses meubles en train d'y donner une grande fête. Toutes les femmes dont il tombe amoureux, comme étant de pures madones, se révèlent à l'usage de fieffées gourgandines. Malentendus, contretemps, gags en série pleuvent sur la perruque de ce clown triste, qui ne cesse de ronchonner et de pester, tout en se prêtant joyeusement à ce rôle de paillasse.

Comme tous les Vénitiens, il avait la passion de la comédie ; au point de devenir un des plus grands auteurs comiques de son siècle. A l'entendre, il ne se serait mis à écrire des pièces que pour contrecarrer l'influence de Goldoni, coupable à ses yeux d'avoir dénaturé la tradition, en introduisant au théâtre le réalisme psychologique, la vulgarité populacière et le langage dialectal. Innovations abominables pour un homme qui se vante de n'avoir jamais changé, en cinquante ans, le modèle des boucles de ses chaussures, et affiche sur tous les sujets un credo férocement conservateur. Le succès des comédies de Goldoni le porta à un tel point d'exaspération, prétend-il, qu'il voulut prouver à ses compatriotes qu'on pouvait remplir un théâtre avec n'importe quelle ineptie. Ainsi, de ce qu'il appelle un « conte de nourrice », une « puérilité bouffonne », il fit *l'Amour des trois oranges*, qui établit du jour au lendemain sa gloire.

Comment lui prêter foi ? Comment ne pas voir qu'il se joue encore une farce à lui-même en dénigrant ses propres inventions ? Car les comédies de Gozzi, entre le conte de fées, l'allégorie satirique et la fantaisie humoristique, ne sont nullement des « avortons fantasques », comme il le répète en vieil atrabilaire qui veut rouler son lecteur dans la farine ; et, au lieu de regarder vers le passé, elles ont ouvert une voie immense au théâtre, à la poésie et à la musique. Schiller et Hoffmann y ont découvert avec ravissement les prémices mêmes du romantisme. *L'Amour des trois oranges* a inspiré un opéra à Prokofiev, *Turandot*, un autre à Puccini, *le Roi Cerf*, un troisième à Hans Werner Henze. Arioste ou Shakespeare n'ont rien imaginé de plus merveilleux, de plus délicieux, que la fée Kerestani entrant dans le corps d'un serpent, ou l'oiseau apportant dans son bec un panier de victuailles à la reine de Monterotondo couchée dans son cercueil. Ici une femme en habit de fête porte sa tête dans ses mains ; là des statues remuent et sourient. L'eau d'une fontaine danse ; on entend un chœur de pommes. Gozzi nous fait souvenir que Venise est aux portes de l'Orient : aucun autre écrivain n'a su mieux que lui capter les fables et les mirages levantins pour les marier aux ors brunis et aux mosaïques chatoyantes de Saint-Marc.

Ses pièces remportèrent un triomphe si complet que son rival Goldoni, démodé, dégoûté, renonça à la compétition et s'en alla entreprendre une seconde carrière à Paris. Mais la place dont Gozzi était resté maître connut un autre vainqueur, bien plus redoutable, en la personne de Bonaparte, qui livra Venise à l'Autriche par le traité de Campoformio de 1797. Gozzi ne mourut qu'en 1806, après avoir vu l'ordre des choses qui lui avait été cher disparaître à jamais. Il avait eu le temps de terminer ses *Mémoires*, de les appeler, par une dernière coquetterie de misanthrope, « inutiles », et la mélancolique satisfaction de constater, par la ruine de sa patrie, qu'on a toujours raison d'être le plus pessimiste possible. La somptueuse, l'éclatante, la féerique Serenissima, la Souveraine de la lagune, la Cité des Doges en un mot, s'était effondrée sous la chiquenaude d'un petit général républicain.

Gramsci

On sait que tous les grands hommes italiens animés d'un génie révolutionnaire ont été voués à l'infamie et aux supplices : Dante à l'exil, Galilée à l'abjuration, Campanella au cachot, Giordano Bruno et Savonarole au bûcher. Gramsci est bien de leur race et, comme eux, il a payé d'une longue détention et de souffrances qui ont fini par le tuer l'honneur d'avoir tenu tête à Mussolini. On se fait en France, et même en Italie, une idée assez fausse de celui qui est un des grands écrivains italiens sans avoir eu le temps ni les possibilités matérielles de publier un seul livre de son vivant. Une idée fausse, d'abord parce que ses textes restent assez mal connus, ensuite parce que, ayant été un des fondateurs du Parti communiste italien, il passe pour un cerveau exclusivement politique, ce qui a l'avantage de lui rallier automatiquement les sympathies du clan marxiste, mais l'inconvénient d'écarter tous ceux, beaucoup plus nombreux, à qui l'appartenance à un parti déterminé et la suspicion qui s'y rattache masquent l'originalité, la singularité absolue d'une pensée vigoureusement indépendante.

La légende des origines paysannes de Gramsci a fait long feu, mais il reste que ce Sarde, fils d'un fonctionnaire de l'Enregistrement, connut l'enfance pauvre des opprimés du Mezzogiorno, son père ayant été condamné à cinq ans de prison pour fraude. Agé de quatre ans, le petit Antonio faillit mourir des conséquences d'une chute. Sa mère prépara le cercueil et le « costume du mort » qu'elle conserva pendant vingt ans. Une tante « ressuscita » le futur fondateur du Parti communiste italien en lui oignant les pieds avec l'huile d'une lampe consacrée à la Madone. Plus tard, Gramsci posa en termes politiques la « question méridionale », mais sans jamais oublier la misère, matérielle et morale, de son île, ni l'ambiguïté du rôle des mères, à la fois seuls refuges contre les humiliations et spélonques suffocantes de tendresse obscurantiste.

Au prix de mille privations, Gramsci réussit à faire des études secondaires à Cagliari puis universitaires à Turin, où il découvrit l'univers du prolétariat industriel. Les étapes de son adhésion au socialisme ont été examinées en tout sens par les historiens, mais on ne dira jamais avec assez d'insistance à quel point par socialisme il entendait non seulement une certaine politique mais aussi une certaine disposition d'esprit, une certaine vision du monde. Même dans ses écrits « politiques », il ne cesse de répéter que la révolution sociale doit commencer par la révolution culturelle.

Si Gramsci a bien été un militant il faut noter que sa carrière politique n'a duré que très peu d'années, de 1919, date de la fondation de l'« Ordine Nuovo », à 1926, année de l'arrestation. Avant 1919, il n'était que journaliste, un grand journaliste d'ailleurs, titulaire d'une rubrique où il passait au crible les travers, les vices et les scandales de la société italienne. Il tint également, pendant quatre ans (de 1916 à 1920), la critique dramatique de l'*Avanti !* avec le même souci prédominant de promouvoir, à travers l'examen des pièces de théâtre, une réforme des mœurs. Une œuvre d'Ibsen lui permet de dénoncer le scandale de la condition féminine en Italie, les œuvres de Pirandello (qui fait jouer à cette époque ses premiers chefs-d'œuvre) d'amorcer une réflexion sur les problèmes du Mezzogiorno et de la littérature dialectale, sur la crise de la civilisation occidentale.

Gramsci, dès cette période sans doute, a en vue la révolution sociale qui seule ferait de l'Italie un pays démocratique, mais il pose comme condition à cette révolution sociale non seulement le remplacement d'une littérature par une autre, le remplacement de la littérature bourgeoise par une littérature populaire, mais une refonte complète et radicale des moyens de transmission de la culture, c'est-à-dire de l'école, de l'université, des journaux.

Bien avant Nizan, Gramsci peut être considéré comme le premier contestataire en Europe de la culture bourgeoise, de l'université de classe. Rien de sectaire ni de préconçu chez lui, à qui une enfance difficile dans une Sardaigne misérable a donné une vue exacte de l'Italie des privilèges. Par sa conception de la culture, il se rattache à Vico et à Novalis. La vraie culture, dit-il, « est organisation, discipline du moi intérieur, prise de possession de sa propre personnalité, conquête d'une conscience supérieure, grâce à laquelle on réussit à comprendre sa propre valeur historique, sa propre fonction dans la vie ». Le marxisme n'aura pas gain de cause au terme d'une évolution spontanée et naturelle, mais grâce à la culture, à la critique, c'est-à-dire à la connaissance libre de l'activité historique. De la pensée de Marx, Gramsci approuve la démythification de la fatalité historique, le rationalisme objectif, mais il conteste que le facteur principal de l'histoire soit les faits économiques bruts, et non l'homme, non sa volonté. En 1917 il salue la Révolution russe comme le triomphe de l'énergie humaine. Religion de l'homme, culte de la volonté seront les principes cardinaux de la pensée gramscienne, et c'est en restant fidèle à ces principes que le captif de Mussolini trouvera la force de continuer son œuvre en prison, malgré l'isolement, les souffrances et les maladies. « Je hais les indifférents », pourrait être une de ses devises, l'autre étant la formule reprise à Romain Rolland : « Pessimisme de l'intelligence, optimisme de la volonté. »

En 1926 commence la deuxième partie de la vie de Gramsci et la deuxième série de ses écrits. Arrêté au mois de novembre à Rome, puis condamné à vingt ans de prison par un tribunal auquel Mussolini avait recommandé de s'arranger pour « empêcher de fonctionner » ce cerveau, il passe la plus grande partie de sa détention dans le pénitencier de Turi, près de Bari, dans les Pouilles. Miné par le mal de Pott, la tuberculose et l'artériosclérose, il est ramené dans une clinique de Rome où il meurt, d'une hémorragie cérébrale, le 27 avril 1937. Pendant ces onze ans de solitude, il rédige clandestinement trente-deux cahiers que sa belle-sœur Tatiana emporte en cachette au fur et à mesure et qui, publiés après la guerre, fournirent la matière de six volumes, que leur aspect fragmentaire n'empêche pas de s'imposer comme le plus important, le plus beau, le plus riche monument de la pensée marxiste contemporaine. Parallèlement à ces cahiers, il écrit de nombreuses lettres à ses proches, 428 en tout[1].

Comme pour toutes les correspondances, l'intérêt de celle-ci réside d'abord dans la familiarité où elle nous met d'un personnage public. Il faut dire que ces lettres (mais n'en a-t-on pas fait disparaître quelques-unes à dessein ?) laissent subsister bien des énigmes sur la vie privée de Gramsci, en particulier sur ses rapports avec la mère de ses enfants. Délégué de l'Internationale à Moscou en 1922, il y avait rencontré une certaine Giulia Schucht, fille d'un émigré russe antitsariste installé à Rome, où celui-ci avait élevé ses filles, Giulia rentrée en Russie et Tatiana restée à Rome. Cette rencontre bouleversa la vie de Gramsci, qui découvrit que l'héroïsme de la volonté pouvait être peu de chose à côté de l'abandon de l'amour. Il quitta, seul, la Russie en automne 1923. Son fils Delio naquit à Moscou en 1924. Giulia vint avec lui en Italie de l'automne 1925 à l'automne 1926. En septembre 1927 le second fils de Gramsci, Giuliano, naquit à Moscou. Gramsci ne le connut jamais, pas plus qu'il ne revit ni Giulia ni Delio. Giulia semble avoir été de santé fragile, tant physique que nerveuse. Gramsci, de sa prison, eut beaucoup de mal à obtenir d'elle une correspondance régulière. Une sombre animosité transparaît dans ses lettres. C'est auprès de Tatiana, dont il recevait de temps à autre les visites, qu'il trouva peu à peu la compréhension, l'appui et la chaleur impossibles à trouver chez Giulia ; c'est aussi à Tatiana que le plus gros des lettres est adressé.

La séparation de ses fils constitua sans doute le drame le plus profond de la vie privée de Gramsci. Et cela pour deux raisons. D'abord à cause de l'extraordinaire tendresse qui le liait à eux, unie au désir de leur épargner les privations et l'aridité affectives qui avaient marqué sa propre enfance. Puis en raison de l'importance exceptionnelle qu'il attachait aux problèmes pédagogiques. S'il est vrai que pour Gramsci la révolution politique passe par la révolution culturelle, celle-ci, à son tour, passe par la révolution pédagogique. Personne n'a dénoncé avec autant de vigueur les insuffisances et les scandales de l'éducation italienne. Personne n'a posé avec autant de lucidité comme base de la réforme nécessaire des mœurs un changement radical des méthodes d'éducation et d'enseignement, aussi bien dans la famille qu'à l'école. Une lettre étonnante du 5 mars 1928 dénonce le mythe de la « gentillesse » italienne, de la solidité de la structure familiale en Italie, le mythe de l'« amour » des parents italiens pour leurs enfants. Peu de peuples, dit-il, sont aussi cruels pour les jeunes que le peuple italien. A sa mère, qu'il aime pourtant tendrement, car elle l'a élevé en Sardaigne dans des conditions désastreuses, il reproche un excès d'affection qui pourrait bien, chez d'autres, tourner à l'abus. « Oh ! ces mamans, ces mamans ! Si le monde était resté toujours

1. *Lettres de prison*, Gallimard.

entre leurs mains, les hommes vivraient encore au fond des cavernes, vêtus seulement de peaux de boucs ! » (7 novembre 1927). Ailleurs, il soutient que l'expérience de l'élève, bien souvent, est un meilleur guide que l'autorité du professeur ; qu'il faut juger un enfant, non pas sur son « intelligence », critère vague et arbitraire, mais sur sa force de volonté et son amour du travail ; qu'il faut l'habituer et le forcer à rester assis devant une table pour lire, la lecture étant un acte contre nature ; enfin, que c'est un crime commis trop souvent par les pères que d'abandonner l'éducation de leurs enfants aux femmes et aux prêtres.

Du point de vue théorique, il reproche à Giulia de suivre la conception de Rousseau au lieu de celle de Marx, d'écouter (même sans le savoir) Freud plutôt que Lénine. « J'ai retiré l'impression que ta conception est trop métaphysique, c'est-à-dire qu'elle présuppose que dans l'enfant il y a en puissance l'homme tout entier, et qu'il faut l'aider à développer ce qu'il contient déjà de latent, sans coercition, en laissant faire les forces spontanées de la nature ou je ne sais quoi. Je pense au contraire que l'homme représente toute une formation historique, obtenue par la coercition (le mot n'étant pas seulement pris dans sa signification brutale et de violence extérieure) et je ne pense que cela : autrement on tomberait dans une forme de transcendance ou d'immanence » (30 décembre 1929). Et certes, quand il ajoute que « la psychanalyse de Freud » est en train de créer « des tendances semblables à celles qui existaient en France au XVIIIe siècle », « un nouveau type de bon sauvage corrompu par la société, c'est-à-dire par l'histoire », il fait un contresens sur Freud, pour lequel également l'homme est une « formation historique », le produit d'une histoire familiale et interparentale. Mais n'est-ce pas déjà admirable que lui, une intelligence avant tout politique, ait parlé de Freud sans le mépris habituel des communistes de son époque ?

Un autre sujet qui le préoccupe énormément, c'est l'inculture du peuple italien. La faute, croit-il, en incombe aux écrivains italiens, à la grande tradition littéraire italienne qui a toujours été aristocratique et hermétique. Les écrivains ne trouvent pas de lecteurs parce qu'ils n'écrivent pas pour être lus. Gramsci, prenant à rebours toute l'historiographie et la critique depuis Jacob Burckhardt, dénonce la Renaissance comme une époque néfaste, réactionnaire et stérilisante. La grande période de la culture populaire italienne, la seule période où il y eut une culture du peuple, ce fut le Moyen Age des communes. Au XVe siècle, la bourgeoisie ascendante confisqua la littérature à son profit, et depuis, les mandarins ont le monopole de la pensée et de l'écriture.

Cette analyse, assez étonnante, des causes de l'inculture italienne, et du caractère verbeux et redondant (comme c'est vrai !) de la littérature classique italienne, est complétée par une proposition encore plus surprenante : à savoir que, pour combattre le pouvoir des mandarins, il faudrait suivre l'exemple, non seulement de Dickens et de Balzac, mais carrément d'Eugène Sue, de Ponson du Terrail, de Xavier de Montépin. Gramsci fut un grand amateur de romans-feuilletons. Parce que, enfant d'une famille pauvre dans une Sardaigne misérable, ce sont les premiers ouvrages qui lui soient tombés sous les yeux ? Parce que, au pénitencier de Turi, dans les Pouilles, où il était incarcéré, la bibliothèque ne contenait que des livres de cette espèce ?

Ces explications circonstancielles ne doivent pas masquer l'originalité de la pensée de Gramsci. Constatant que le XIXe siècle italien, à la différence de ce qui s'est passé en Grande-Bretagne, en France ou en Russie, n'a pas eu de grand auteur romanesque, il se demande pourquoi. Les seuls génies populaires, en Italie, sont des auteurs d'opéras, Rossini, Verdi, Puccini. Il pense qu'une cure de romans-feuilletons, ou du moins un détour par le roman-feuilleton, serait une école salutaire pour les jeunes écrivains, le grand but étant d'instaurer une littérature *« nationale-populaire »*.

Gramsci a-t-il été écouté ? Pas assez selon les uns, trop selon les autres. Ce serait un beau sujet d'étude que d'examiner si ce qu'on a appelé le « néoréalisme » correspond de près ou de loin à l'idéal préconisé par Gramsci. S'il est certain que depuis Pavese, Vittorini et leurs successeurs un souffle nouveau est entré dans la littérature italienne autrefois emphatique et sclérosée, s'il est certain que des personnages de chair et de sang ont détrôné les fantoches de D'Annunzio, on peut se demander si le provincialisme, la timidité dans l'invention formelle, l'étroitesse des perspectives, tous ces défauts qu'on relève chez la plupart des écrivains néoréalistes (sauf chez Pavese et Vittorini qui, justement, ne sont pas des « néoréalistes ») ne constituent pas les séquelles de l'enseignement gramscien, ou du moins d'un certain enseignement gramscien mal compris. La découverte des écrits de Gramsci, après la guerre, a peut-être empêché bon nombre de jeunes écrivains de prêter assez d'attention aux grandes expériences de l'avant-garde internationale et, en Italie même, à l'œuvre de Svevo.

De toute manière, ce serait commettre une grave injustice envers le captif de Mussolini que de le rendre responsable des déviations posthumes de sa pensée. Les *Lettres de prison* foisonnent de réflexions neuves et profondes, arrachées au délabrement physique par un sursaut permanent de la volonté. On sera frappé par l'ouverture exceptionnelle d'esprit dont témoigne cette correspondance, surtout si l'on tient compte des conditions matérielles de la détention, de la pauvreté de la bibliothèque du pénitencier, de la difficulté à se faire envoyer par la poste d'autres livres.

Les *Lettres de prison* devraient attirer vers Gramsci tous ceux que l'étiquette de « fondateur du PCI » aurait pu rebuter. Ils découvriront une pensée vigoureusement indépendante, une vaste culture, un homme, un tempérament, un feu, comme l'Italie a le génie de les produire d'âge en âge, et le génie ensuite de les suffoquer. Comme je le disais au début, la prison de Gramsci répète l'exil de Dante, l'abjuration de Galilée, le cachot de Campanella, le bûcher de Giordano Bruno et de Savonarole : tant il est vrai que dans ce pays l'opprobre et le châtiment finissent par terrasser l'ardeur révolutionnaire.

Guccione

Peindre en Sicile

I. Exposition 1976

A lire tout ce qui a été écrit par ses compatriotes sur Piero Guccione, dans des textes obscurs fournis du vocabulaire le plus *aggiornato* en fait de critique d'art, il semblerait que ce peintre soit issu, comme tant d'autres, de la prodigieuse mêlée des écoles et des écritures qui a caractérisé les années 1950-1975. Certes, il est venu à Rome, encore très jeune ; il a participé à divers mouvements de la jeune peinture ; adhéré à des groupes où l'élaboration théorique prêtait ses béquilles savantes à la périlleuse aventure picturale. Mais envisager l'œuvre de Guccione sous cet angle, comme un produit de la réflexion nationale et internationale sur la peinture, c'est la réduire, me semble-t-il, à un dénominateur commun qui en ignore la splendide ingénuité.

Parce que le marché de l'art est concentré, en Italie comme ailleurs, dans quelques grandes villes, nous avons pris l'habitude de considérer les peintres comme les soldats d'une armée dont les généraux seraient les critiques d'art, les théoriciens et les historiens de la peinture : des pions, en somme, qui auraient intérêt à occuper la case que leur assigne cet état-major de docteurs. Mais si Piero Guccione était devenu peintre à la suite d'un combat secret avec le monde qu'il avait sous les yeux ? Si à nul autre stimulant il n'avait obéi, que le besoin de fixer sur la toile la beauté et l'enchantement, ou le poids et la tristesse funèbre, des choses captées par son regard ? Si la seule Sicile l'avait inspiré ? Ce n'est qu'une hypothèse, bien sûr, mais je rends précisément grâce à ce peintre de nous permettre de la faire, tant son œuvre me paraît étrangère aux « courants artistiques » romains, italiens ou autres, enracinée comme elle est dans une expérience locale intensément vécue.

Piero Guccione a quitté la Sicile à vingt ans, c'est vrai. Mais je suis plutôt frappé par le fait que, depuis vingt ans qu'il l'a quittée, il y revient chaque année ; et pour une période de cinq à six mois ; et dans une maison qu'il s'est fait construire à Cava d'Alga en face de la mer et par la fenêtre de laquelle il peint ce qu'il voit ou il voit ce qu'il peint. Le transfert juvénile de Guccione à Rome signifie sans doute que l'exercice social de la peinture est impossible en Sicile — ce qui est l'évidence même — mais ses retours et sa permanence par l'œil et par le cœur, et la nature comme la qualité de ses tableaux, prouvent avec éclat que l'exercice pictural de la peinture en Sicile ne dépendait que de la foi et de l'énergie d'un peintre.

Leonardo Sciascia appelle *sicilitude* ce mélange d'orgueil, de masochisme, de brio, de névrose et de folie qui fait le caractère sicilien. En grand nombre, des hommes de lettres, des hommes de théâtre, des poètes, des chanteurs — à une époque plus ancienne, des architectes et des sculpteurs baroques, dont Scicli, justement, la ville natale de Guccione, posée dans la montagne au débouché d'une gorge sauvage, garde des témoignages magnifiques —, des décorateurs de charrettes aussi, et des confectionneurs d'ex-voto populaires, ont exalté la *sicilitude* en œuvres naïves ou géniales. Mais de peintres, pour ainsi dire pas. Trop de soleil, trop de lumière tue la couleur et empêche de peindre, c'est connu. Piero Guccione fait acte extrême et splendide de *sicilitude* en plantant son chevalet, non pas devant ce que la Sicile pourrait lui fournir en images variées, pittoresques et picturales, mais au contraire devant ce qu'elle présente de plus plat, de plus immobile : les étendues de terres brunes et brûlées, la surface figée de la mer. Ce qui est admirable, c'est cette adhésion minutieuse, passionnée, tourmentée et violente (sous l'apparente sérénité) du peintre à son univers. Un univers aussi simplifié que possible, réduit à ses lignes essentielles : peinture métaphysique par le dépouillement, sensuelle et panique par l'engagement total de la main et du corps. Au point qu'on est presque gêné de se trouver là, à regarder ces tableaux : comme si, s'étant cru convié à un spectacle, on s'apercevait avec effroi qu'il s'agit d'une cérémonie secrète.

Pourquoi ces poteaux et ces câbles du téléphone, seule présence de l'homme dans ce décor cosmique ? Encore une profession de *sicilitude.* Le grand drame de la Sicile, c'est d'avoir été écartée de l'histoire, reléguée hors du progrès et du temps. Terre de contemplateurs, pour des contemplateurs. Nicolas de Staël n'est pas venu par hasard trouver en Agrigente (qui n'est pas très loin de Scicli) l'inspiration pour quelques-uns de ses plus beaux tableaux ; et Cézanne, auquel Guccione fait penser aussi, aurait pu troquer la mer de l'Estaque pour celle de Cava d'Alga. Mais quand on est né sicilien, on sait que la contemplation pure a sa contrepartie négative dans la résignation et le fatalisme stériles. D'ailleurs, se faire peintre, c'est accomplir un acte d'homme, un acte historique ; se faire peintre en Sicile, c'est aider à pousser la Sicile dans l'histoire.

Cette contradiction dialectique entre une peinture de l'immobilité et une peinture du mouvement explique certains des thèmes les plus curieux dans l'œuvre de Guccione : dans une série précédente de tableaux, la présence métallique et brillante d'une Volkswagen *(sa* Volkswagen d'ailleurs, qui lui sert pour monter de Cava d'Alga à Scicli et redescendre de Scicli à Cava d'Alga : détail qui infirme le mythe à la mode d'une création pure affranchie de toute référence autobiographique), l'étude des reflets, sur la carrosserie, d'une haie de fleurs ou d'un troupeau de nuages. Aujourd'hui : les poteaux téléphoniques plantés sur les rivages d'Homère. Tentative d'acclimater la laideur et de métamorphoser des objets industriels en bouteilles de Morandi. Mais aussi, hommage, involontaire tant qu'on voudra, au progrès.

Enfin, le cheminement insensible des rides sur la mer, ou l'étirement progressif des ombres sur les champs pelés, ne fascineraient pas tellement Guccione, si son cœur n'était secrètement partagé entre la nostalgie d'un monde tout de suite et à jamais éternel, et le désir de communier avec les forces en marche de la vie.

II. Exposition 1983

La Sicile, terre d'architectes et de musiciens, a toujours été pauvre en peintres. Quel tableau pourrait rivaliser avec le temple de Ségeste ? Quel poète des couleurs pourrait-on mettre en balance avec ce magicien des sons que fut Vincenzo Bellini ? Certes, il y a une peinture populaire sicilienne, une peinture naïve et charmante, qui couvre (qui a couvert, ce moyen de locomotion ayant disparu) les panneaux de charrettes, et leurs roues, de scènes vives empruntées à la légende de Charlemagne ou de Garibaldi ; mais il s'agit plus de coloriage que de véritable peinture ; jugement qui pourrait s'appliquer à Guttuso lui-même, lequel illustre en images tranchées et bigarrées quelques moments forts de la vie insulaire (mines de soufre, luttes paysannes, drames de la pêche et de la mer), plus qu'il ne médite sur l'espace ou sur la lumière. Du pittoresque, non du pictural. Reste le cas d'Antonello, mais l'œuvre de ce peintre nous apparaît encore aujourd'hui si mystérieuse que nous nous demandons comment, à la suite de quels voyages, il a pu travailler à Messine, ville demeurée à l'écart de l'histoire et de la culture, en manifestant une connaissance aussi approfondie des grandes conquêtes du Quattrocento.

Voici donc surgir une seconde fois devant nous, comme un explorateur dans une terre inconnue, Piero Guccione, Sicilien jusqu'au bout des ongles, Sicilien de la côte méridionale, où il vit et où il peint. Face à la mer, qui n'est pas pour lui un lieu de naufrages, une pépinière de veuves et d'orphelins, comme elle l'est dans les romans de Verga ou dans les tableaux de Guttuso, ni même une occasion de pêcher l'espadon, comme dans la fameuse toile de Salvador Dali, mais une masse de couleur et de lumière, un pur espace à conquérir par le minutieux travail des pinceaux. S'il est vrai que Cézanne a été sa première admiration, c'est le peintre de l'Estaque qui l'aura séduit. Privée de personnages, vidée de figurants humains, la peinture de Guccione est une interrogation passionnée sur l'eau et sur le ciel, sur les vagues et sur les nuages. On se l'imagine assis pendant des heures sur le rivage, scrutant chaque ombre sur la mer, chaque crispation de la surface, chaque reflet, chaque frisson. Rien de plus difficile à saisir que cet immense, monotone et pourtant incessamment varié spectacle de la Méditerranée, dont l'immobilité apparente cache une vie innombrable, une intense activité de plis, d'ondulations, de moirures.

Quel fin travail de purs éclairs consume
Maint diamant d'imperceptible écume...

Mais si, par sa manière abrupte d'attaquer de front la masse verticale des flots, Guccione est aux antipodes d'une approche impressionniste (quelle incongruité ce serait que de mettre des barques et des canotiers au milieu de cet azur tout métaphysique !), il ne semble pas prêt non plus à adopter la position intellectuelle d'un Valéry. La mer de Guccione, pan d'espace en dehors du temps, n'a rien de conceptuel : elle vit par toutes les stries qui la sillonnent, par ce réseau chatoyant de rainures qui la maintiennent dans une sorte de transe permanente bien que secrète. Si peu abstraite, cette mer pourtant dépourvue de bateaux et d'humains, que le peintre renonce pour la saisir aux formats définis par la tradition et invente des proportions absolument inédites : carrés de petite surface ou rectangles étirés. Chaque toile se présente ainsi distincte et originale, témoignant que l'artiste ne répète jamais devant son sujet la même opération, mais change chaque fois de point de vue, d'humeur, de pensée, découpe chaque fois son horizon d'une manière neuve.

Il y a des années que Guccione plante son chevalet devant la côte et nous livre le fruit de ses contemplations, ces longues bandes de rivage où poteaux et lignes de téléphone constituent le seul apport humain. Rappel de ce conflit immémorial qui oppose en Sicile l'homme et la nature, la civilisation et les éléments. Dans cette île, régulièrement envahie, depuis l'époque des Grecs qui en furent les premiers colonisateurs, par des armées spoliatrices, l'histoire a toujours été le symbole de la violence, de l'injustice et du malheur. D'où peut-être cette attitude, distante et un peu hautaine, de Guccione, ce refuge dans la contemplation, ce choix de l'éternel, ce dédain de l'action. Le téléphone ne saurait être synonyme de progrès pour un homme qui, lesté de la mémoire de tout un peuple, a sondé la perfidie de ses prochains.

Et qui la retrouve dans un nouvel et funeste épisode de cette guerre entre la civilisation et les éléments : dans le massacre qui est fait, actuellement en Sicile, du patrimoine forestier. Guccione a participé, il y a quelques années, à une exposition écologique destinée à alerter l'opinion sur le déracinement du caroubier, cet arbre d'origine arabe, qui est non seulement beau à voir mais utile à l'équilibre hydrique des terres où il pousse. Aujourd'hui il nous transmet, dans les œuvres qui tournent autour du thème de l'« arbre blessé », le choc qu'il a éprouvé devant l'abattage d'un arbre à Palerme. Ce n'est pas la tempête qui vint à bout de ce superbe spécimen de la flore méditerranéenne, mais bien la sottise et l'avidité des spéculateurs.

Ainsi, ce peintre qu'on aurait pu croire enfermé dans la tour d'ivoire de son effort créateur se révèle quelqu'un d'attentif à ce qui se passe autour de lui. Regardons mieux, après ce détour par l'arbre, ses tableaux de ciel et de mer. Nous y découvrirons une sensibilité vibrante, une tendresse qui nous avait peut-être échappé derrière l'impassibilité apparente. En quelques années, d'ailleurs, les sujets n'ont pas changé, mais la main s'est allégée, s'est décrispée. L'évolution est indiscutable. La mer reste debout, mais ce n'est plus une ennemie, comme dans les toiles plus anciennes, ce n'est plus le mur dense et fermé. Aujourd'hui, la mer dialogue avec le ciel, dans un échange de bleus pâles et de tons diaphanes qui disent l'abandon du peintre à ce qu'il voit, à ce qu'il aime. O merveille technique de ces petites touches croisées où le bleu, le jaune, le gris, le rose se fondent dans une fluide symphonie de murmures...

Au point qu'on ne sait plus ce qu'on admire le plus, de cette rigueur professionnelle, devenue si rare en notre époque de pseudo-audaces dépourvues de métier, ou de ce lyrisme ardent, de ce chant qui monte de la terre et de la mer comme une prière à l'infini.

Händel

Inutile de le cacher : son image de marque n'est pas très bonne. Sanguin de complexion, optimiste de caractère, expansif de tempérament, il ne possède pas, apparemment, cette rectitude intérieure sans laquelle aucun artiste, aujourd'hui, n'est reconnu digne de ce nom. Songez donc ! 40 opéras, 32 oratorios, 4 volumes de cantates italiennes, 22 duos italiens, 3 volumes de psaumes, 2 volumes de concertos d'orgue, 37 sonates, 12 concerti grossi, sans compter les Te Deum, les Odes, les compositions pour clavier et pour grand orchestre : un auteur sérieux, pénétré de l'importance de son art, se serait-il prodigué avec une telle abondance ? Ce n'est pas tout : il a emprunté à droite et à gauche, pillé un peu partout ; dans sa terre natale, la Saxe, le lyrisme sentimental commun à tous ceux qui ont été bercés dans le piétisme luthérien ; en Italie, où il a voyagé entre vingt et un et vingt-quatre ans, l'habileté mélodique dont il était dépourvu ; en Angleterre, où il a passé la plus grande partie de sa vie, le goût des grandes constructions impersonnelles solennelles comme la cathédrale Saint-Paul, achevée peu avant son arrivée à Londres ; en France, la tendance à mettre dans ses opéras et ses oratorios de grands conflits moraux, et aussi la mode de l'opéra-ballet et de l'opéra-comique. Si Corneille et Racine lui ont fourni le sujet de nobles drames traitant de l'honneur et du devoir, il a trouvé chez l'Arioste et le Tasse la matière de ses opéras fantastiques. Où est la personnalité de Händel, dans cette œuvre gigantesque mais sans direction ? Romain Rolland, dans son livre que les musicologues actuels estiment « dépassé » mais qui garde sur leurs travaux l'immense avantage du talent littéraire et d'une culture étendue à tous les domaines de la pensée et de l'art, parlait avec une sorte de gourmandise de cette faculté prodigieuse d'assimilation, de ce cosmopolitisme esthétique, de cette boulimie créatrice. La monographie de Romain Rolland date de 1911. Depuis, intimidés que nous sommes par les exemples souverains de Proust, de Kafka, de Joyce, de Schönberg, nous avons pris en méfiance la richesse des dons, l'exubérance, la diversité. Un artiste trop curieux de tout ce qui se passe à son époque, trop ouvert sur le monde, n'est pas pour nous un artiste authentique. Nous voulons qu'il soit austère, qu'il s'enferme chez lui et poursuive jusqu'à l'épuisement une œuvre qui nous plaira d'autant plus qu'elle aura le caractère rigoureux d'une ascèse.

Telle était du moins la situation jusqu'à une date très récente. L'excès de sécheresse qui afflige une partie de l'art moderne, le tarissement de l'imagination imposé par une certaine avant-garde, la pauvreté de la musique contemporaine (comme du roman, du théâtre et de la peinture) pourraient amener rapidement une révision du procès intenté à Händel. De même que la cote de Stendhal remonte au détriment de celle de Flaubert, et qu'après avoir idolâtré l'ermite de Croisset et sa conception religieuse de la littérature on recommence à trouver du bon au primesautier, fantasque et vagabond voyageur d'Italie, de même l'auteur de *Rinaldo*, d'*Orlando*, de *Giulio Cesare*, de *Saül*, d'*Israël en Egypte*, devrait reprendre bientôt sa place, dans nos admirations, à côté du plus pur et plus intransigeant mais non pas pour autant plus grand ni plus important Jean-Sébastien Bach.

N'est-il pas amusant, par exemple (mais il faudrait réhabiliter d'abord cette notion d'amusement, si discréditée en art), d'observer comment Händel transforme un thème, de l'une à l'autre de ses œuvres, ou de l'œuvre d'un de ses collègues à une sienne propre ? Voici la *Sérénade*, d'Alessandro Stradella, compositeur napolitain du XVIIe siècle : une musique vive, mais sans beaucoup d'épaisseur. Händel s'en empare et la récrit pour *Israël en Egypte*. Dans les grattements de guitare du Napolitain, il entend les ouragans de la Bible, et les frêles accords de la sérénade deviennent les formidables chœurs de la grêle et de la nuée des mouches. Voici *Almira*, le premier opéra de Händel, écrit à Hambourg en 1705, quand il n'a pas encore la pleine possession de ses moyens. Pour la Danse des Asiatiques, il écrit une mélodie langoureuse, mais qui ne s'adapte guère à la situation. Six ans après, il reprend cette mélodie pour son quatrième opéra, *Rinaldo*, créé à Londres : et c'est l'admirable et célèbre *Lascia ch'io pianga la mia cruda sorte*, un des sommets de l'émotion händelienne. Cet air, qui ne convenait pas dans un contexte gai, exprime au contraire toute l'affliction d'un cœur oppressé. Opération inverse de celle à laquelle se livrera un siècle plus tard Rossini, lorsque, ayant écrit une ouverture un peu trop enjouée pour son *opera seria : Elisabeth*, il la reprendra, telle quelle, pour le *Barbier de Séville*, où elle pétillera comme du bon champagne. Autre exemple de métamorphose chez Händel : la mélodie joyeuse du *Pastor fido*, qui se mue en une touchante phrase de l'*Ode funèbre*.

Le plus beau tour qu'il nous ait joué, c'est le fameux largo de *Serse*, *Ombra mai fu*, qui, chanté hors de son contexte, semble une plainte élégiaque, une effusion doloriste, alors qu'il s'agit tout simplement d'un hymne de reconnaissance à un vulgaire platane dont est célébrée la bienfaisante ombre. Que nous sommes loin du Häendel pompeux et guindé de la légende ! Comme tous les tempéraments puissamment vitaux, il débordait d'humour (le même humour supérieur qui incitait un Mozart à réemployer l'*Agnus Dei* mystique de la *Messe du couronnement* pour l'air ô combien humain et mondain de la Comtesse des *Noces de Figaro)*. Souffrance et gaieté, tristesse et drôlerie, désespoir et allégresse : il savait rendre tous les sentiments avec un égal génie, et c'est peut-être cela que nous lui pardonnons le moins. Car les grands musiciens romantiques qui ont établi une sorte de dictature sur l'opinion, Beethoven, Wagner, Mahler, sont uniformément doloristes, uniformément pathétiques, sans aucune distance vis-à-vis de leur art. J'en reviens à cette idée de sérieux : Händel ne se prenait pas au sérieux, bien que rien, dans toute l'histoire de la musique, ne puisse surpasser en émotion douloureuse les plaintes d'Admète ou le désespoir de Déjanire, et que, de Jules César, le compositeur ait fait un personnage d'une shakespearienne complexité. Mais la fécondité créatrice qui s'exerce librement, sans se croire obligée de prendre un visage grave et d'entrer en religion, voilà, en notre époque stérile, une faute qu'on ne pardonne guère.

J'ai cité Stendhal, parce que la grande Italie, en musique aussi, s'étend bien au-delà des frontières. Sans son voyage de jeunesse en Italie (que j'étudierai plus loin, à l'article *Opéra : Bach, Händel et l'opéra italien)*, Händel serait-il devenu Händel ? Avant Mozart, il est allé rincer dans les eaux de l'Arno et du Tibre les raides préceptes de la science musicale allemande. Il a appris, au contact des gondoliers et des *lazzaroni*, qu'on peut être artiste avec une profonde ignorance de ce qui est enseigné par les maîtres. Il s'est délivré une fois pour toutes du pédantisme, de la suffisance, en écoutant plaisanter le peuple le plus spirituel du monde. A la place de Stendhal, j'aurais pu mentionner Alexandre Dumas, auquel Händel s'apparente, par la corpulence, la facilité à écrire, le mélange des genres, la générosité, la gourmandise de la vie, vertus que notre siècle frileux commence à peine à ne plus bouder.

L'art baroque des coupoles, des trompe-l'œil, des rondes d'anges enfiévrées, des colonnes torses, des retables pléthoriques a longtemps été décrié aussi, et l'on continue à douter que la luxuriance et le délire des marbres et des stucs aient autant de valeur que l'austérité romane ou la rigueur gothique. Un jour que deux divas italiennes, la Bordoni et la Cuzzoni, se prenaient aux cheveux en pleine représentation, Händel, au lieu de chercher à les apaiser, excita la querelle à grands coups de cymbales. Théâtre dans le théâtre, spectacle improvisé, fécondation de l'opéra par la *commedia dell'arte.*

Une seconde anecdote illustre l'autre face de sa personnalité, la force et la grandeur de caractère, étayées par l'humour. Les cabales contre l'étranger allaient bon train à Londres. Ses ennemis soudoyaient des voyous pour aller arracher les affiches de ses concerts. Les dames du monde donnaient des thés et des fêtes les jours où devaient avoir lieu les représentations de ses oratorios. Un soir, devant une salle vide, il s'écria : « Ma musique n'en sonnera que mieux. »

Homosexualité

Censures et découvertes

La pauvreté de la littérature homosexuelle en Italie, je l'ai déjà notée (dans l'articles *Ferrare).* Plusieurs explications se présentent à l'esprit. On pourrait dire que l'homosexualité étant peu répandue dans ce pays, les écrivains n'ont pas à lui faire de place dans leurs œuvres. Chacun reconnaissant aussitôt le ridicule d'une telle opinion, on avancera l'hypothèse contraire : à savoir que l'homosexualité y est si générale, si universelle, qu'elle constitue une pratique si courante entre les mâles avant le mariage, qu'il n'y a rien à en dire. Le macaroni n'est pas non plus un sujet littéraire. Reste une troisième explication possible. La coutume sociale de l'homosexualité étant le propre des couches populaires (surtout à Naples et dans le Sud, où prospèrent les mœurs communes au bassin méditerranéen), et la production, la diffusion, l'enseignement de la littérature appartenant à la bourgeoisie, celle-ci veille à présenter une image conventionnelle et rassurante de l'Italie. Par tous les moyens en sa possession, qui vont de la falsification des biographies au truquage des citations, de la censure des textes au refus pur et simple de les publier.

Pour le truquage des citations, on citera les poèmes de Michel-Ange, publiés après sa mort. Le peintre, épris du jeune Tommaso dei Cavalieri, lui avait envoyé un sonnet qui se termine par ce vers : *Resto prigionier d'un cavaliere armato*. L'arrière-petit-neveu de Michel-Ange, qui établit la première édition, choqué par ce jeu de mots, transforma le vers, qui devint : *Resto prigionier d'un cuor di virtù armato*. Le « cavalier armé » (et pourvu de quelle arme, on l'imagine aisément) se décolora en « cœur armé de vertu ». En 1897 seulement, un érudit allemand examina les manuscrits et restitua la version authentique. Combien d'autres textes ont été dénaturés de la sorte ?

Pour la falsification des biographies, on dispose d'un exemple récent. Les amis du poète Pier Paolo Pasolini, assassiné sur une plage d'Ostie la nuit du 1er novembre 1975, ont essayé de faire passer sa mort pour un crime politique. Des fascistes auraient suivi sa voiture, et tué l'écrivain dont les articles incendiaires dénonçaient en effet les complots de l'extrême droite italienne. Qu'il ait reçu le coup fatal du voyou qu'il avait dragué à la gare de Rome, qu'une de ces rixes si fréquentes entre client et prostitué ait dégénéré en homicide, voilà ce que les intimes de Pasolini se refusent à admettre. Toute son œuvre, pourtant, prouve qu'une fin aussi ignoble répondait à ses fantasmes les plus insistants. Un de ses poèmes fait état d'un micheton écrasé à coups de brique par un giton de passage. L'affiche du film *Ostia*, réalisé par son ami Sergio Citti sur un scénario auquel il avait lui-même collaboré, montre un homme assommé à coups de bâton sur la plage d'Ostie — répétition métaphorique de la nuit de novembre. L'idée qu'on se fait du « grand homme » ne cadrant pas avec cette mort infâme, on a transformé l'assassinat du *finocchio* en immolation du héros. Une ancienne actrice reconvertie dans le veuvage a proclamé qu'elle était l'égérie secrète du poète, et qu'il voulait lui faire un enfant. De ce pas, on dira bientôt que les garçons n'ont été qu'un accident dans sa vie. C'est tuer une seconde fois Pasolini, que de le spolier des mœurs périlleuses qu'il pratiquait quotidiennement, et du sort abject auquel il aspirait depuis sa fuite de Casarsa et son arrivée à Rome. (Voir articles *Pasolini*.) Imagine-t-on Sophocle absolvant Œdipe de son crime et lui laissant la vue ? Les conditions atroces du meurtre — coups de planche cloutée, lapidation, écrasement du corps sous les roues de la voiture volée par la gouape en fuite — ont transformé ce qui n'aurait pu être qu'un fait divers des bas-fonds romains en cérémonie initiatique, en finale de tragédie grecque.

Pour la censure et l'escamotage des textes jugés scandaleux, les exemples sont évidemment plus difficiles à trouver, étant donné qu'un livre non imprimé reste ignoré de quiconque ne fréquente pas les archives. Il arrive toutefois qu'avec cent ans ou plus de retard, le voile soit levé sur une prétendue turpitude, et une injustice réparée.

En 1977 paraissait un roman inédit de Luigi Settembrini, *I Neoplatonici*. Settembrini (1813-1876) est un nom illustre dans la péninsule. Ce patriote napolitain, héros et conspirateur du Risorgimento, passa dix ans de sa vie dans les prisons bourboniennes. Parmi ses manuscrits conservés à la Bibliothèque nationale de Naples, figurait celui des *Neoplatonici* : bien connu des érudits locaux, en particulier de Benedetto Croce, l'illustre philosophe, qui a exercé sur la culture italienne une dictature de cinquante ans, jusqu'à sa mort en 1952. Bien qu'il habitât le palais Filomarino, en plein cœur de la Naples baroque, il niait toute valeur esthétique au baroque, affirmant que ce qui est baroque n'est pas de l'art, et que ce qui est art ne peut être baroque. Familier de ces oukases tranchés, il distribuait des jugements sans appel. C'est lui aussi qui décria les comédies de Pirandello et força l'auteur des *Six personnages en quête d'auteur* à chercher la gloire à l'étranger.

A son activité de critique il joignait celle de censeur. Il intervint pour empêcher la publication des *Neoplatonici*. Settembrini ne symbolisait pas seulement le courage civique et la grandeur nationale : ce Père de la patrie avait été aussi un père de famille réputé exemplaire. Ses souvenirs de prison faisaient partie des livres qu'on étudiait dans les classes. Toutes ces raisons incitèrent pendant un siècle les gardiens de l'ordre moral à laisser le manuscrit scabreux enfoui dans les coffres de la Bibliothèque nationale. Mais enfin l'Italie oratoire, paternaliste et mensongère de la culture officielle a cédé à l'Italie radicale de la contestation et de la liberté : et le roman intensément pédérastique du Héros au-dessus de tout soupçon a été divulgué, non sans quelques précautions risibles.

Certes, il ne s'agit pas d'un chef-d'œuvre. Présenté comme un récit traduit du grec et attribué à un certain Aristeo de Mégare, le texte de Settembrini a toutes les grâces un peu molles et les complaisances, les alambiquages d'un pastiche. Mais nul ne peut douter en le lisant que les amours rien moins que platoniques des deux jeunes Calliclès et Doro aient agité d'émotions plus que littéraires celui qui les racontait du fond de sa prison, entre deux lettres d'époux fidèle envoyées à sa femme.

Comme aucun des deux garçons, écrit-il dans son style impavidement élégant, ne réussissait à entrer « entre les belles pommes » de l'autre, ils avisèrent un vase d'huile blonde pour oindre de cette substance émolliente « la clef et la serrure ». *(Chiave*, la « clef », beaucoup plus expressif en italien, puisque de ce mot est dérivé le verbe argotique *chiavare*, « enfiler, foutre ».) Ayant réussi de cette façon à « jouir du premier fruit de leur amour », les deux amants grimpèrent sur la colline, entrèrent dans le temple de Pallas à qui est consacré l'olivier, et remercièrent la déesse de leur avoir suggéré d'utiliser l'huile, dont se servent également les savants pour alimenter leur lampe pendant leurs veilles studieuses. Cette dernière réflexion, qui unit ironiquement le trivial de la luxure et la noblesse de la « culture », aura sans doute indigné au plus haut point ceux à qui l'hétérosexualité semble un attribut indispensable du patriotisme.

Le roman de Settembrini abonde en digressions sur la supériorité de l'amour homosexuel. Le terme d'« homosexuel » ne se trouve pas, évidemment, dans son manuscrit. Lui qui parlait crûment de la clef et de la serrure ne se fût pas embarrassé de périphrases si le mot avait existé.

« Néoplatoniciens » n'est pas une mauvaise trouvaille pour désigner ceux que le persistant goût hellénisant appelait, il n'y a pas si longtemps, dans certains cercles, des « arcadiens ». Settembrini, professeur d'université et expert en littérature grecque, traduisit en prison Lucien de Samosate. A propos des amours de Jupiter et de Ganymède il proposa, au lieu de « pédéraste », le joli néologisme de *fanciullaio* (de *fanciullo*, « enfant », sur le modèle *latte-lattaio*, « lait-laitier »). Nous qui en étions encore à hésiter entre « pédéraste » et « pédophile », avant les scandales récents !

Si le livre paraît à certains endroits un peu ampoulé et mièvre, c'est que son auteur n'était pas indemne de toute autorépression. Il envoya ce manuscrit à sa femme, en protestant qu'il ne s'agissait que d'une traduction. « Si j'écrivais de ma propre plume, je me garderais bien de ces ordures. » Pieux mensonge, qui nous serre le cœur. Il est certain que Settembrini aurait laissé un récit d'une tout autre trempe s'il avait osé parler à la première personne, sans les voiles de la fiction grecque. Les artifices auxquels il a recouru étaient un moyen de protection nécessaire pour détourner les soupçons et déguiser en « littérature » l'impossible confession.

Ses deux héros, que le philosophe Codros a initiés aux pratiques homosexuelles collectives, puis qui ont partagé ensemble les faveurs d'une prostituée, finissent l'un et l'autre par se marier. « Et chacun d'eux aima et honora sa femme. » Fin édifiante, destinée à l'épouse. Voltaire comme Freud auraient vu dans ce triomphe de la monogamie la confirmation de leurs thèses sur l'homosexualité comme rite juvénile de transition. Pourtant, Settembrini est plus hardi, plus vrai et plus émouvant que tous les philosophes des Lumières et tous les docteurs du sexe. Car la phrase que je viens de citer n'est pas tout à fait la dernière. Il y en a une autre, qui clôt le livre. « Néanmoins, ils s'aimèrent toujours entre eux, et jusque dans leur vieillesse, lorsqu'ils se trouvaient de temps en temps par quelque hasard dans le même lit, ils mêlaient leurs pieds et s'embrassaient comme dans les premières années de leur jeunesse. »

Détail qui paraît « dégoûtant » au préfacier du roman (parce que seuls les jeunes, du fait de leur « innocence physique et psychologique », auraient le droit de « se retrouver dans un lit »), mais qui est, au contraire, le sceau d'authenticité posé sur ce texte et la victoire du courage (l'autre courage : pas celui seulement d'aller en prison) sur les conventions et les préjugés.

Illuminés

Le mot *illuminismo* n'a pas du tout le sens du français *illuminisme*. Par ce terme, nous désignons la philosophie de l'occultisme et les théories de Swedenborg, dont l'influence se répandit en France, dans le dernier quart du XVIIIe siècle, par l'intermédiaire de Louis Claude de Saint-Martin, le

« Philosophe inconnu ». Balzac et Nerval ont subi l'attrait de ce courant mystique. *Illuminismo* indique au contraire une doctrine de la raison : c'est le mouvement des « Lumières » français, adapté à l'Italie, l'ensemble des idées défendues par les Encyclopédistes. Diderot, d'Alembert, Montesquieu, Voltaire, Rousseau eurent dans la péninsule émules et disciples, qui se disaient *illuminati*, mais d'une révélation purement intellectuelle.

La même période historique, donc, engendra les deux termes, mais avec une acception bien différente en deçà et au-delà des Alpes. Les Italiens reçurent les « Lumières » de la France, les Français de la Suède. Pour les uns et les autres, ce qui éclairait venait du Nord, la lampe de l'esprit était septentrionale. Du Sud au Nord, il semble que tous voyaient un gain en esprit, en spiritualité. Les Italiens « éclairés » du XVIIIe siècle, qui jugeaient leurs compatriotes décadents et corrompus, demandaient à la France des leçons de sagesse, de morale, de progrès civique et politique. Certains Français, à la même époque, trouvaient borné, étriqué, le rationalisme propre à leurs écrivains. Ils se mirent en quête d'une doctrine plus immatérielle.

La poésie de Leopardi, le plus grand lyrique italien, passe mal en français, tout imprégnée qu'elle est de rationalisme et d'encyclopédisme ; « illuminée » au sens italien. Selon notre goût, il manque à ses vers pourtant si beaux, si simples, ce que les sonnets de Nerval nous offrent : une dimension mystique. Le mysticisme est sans doute la disposition la plus étrangère au tempérament italien.

Jardins

De Florence à Kassel

Un parc qui monte en amphithéâtre derrière un château, une colline parsemée de kiosques, de pavillons, de gloriettes, de grottes, de fontaines, de cascades, ce rêve italien d'une alliance entre la nature et l'homme a été entravé, en Italie même, par la pauvreté des sites. Les jardins Boboli, à Florence, sont l'exemple le plus connu de ce ratage. Derrière le palais Pitti, une butte de chiches proportions expose des versants pelés. Même si l'on tient compte du mauvais état de conservation des lieux, ceux-ci ne pouvaient se prêter à une « architecture du paysage » plus glorieuse. Les Italiens, bien qu'étant nés pour ces constructions à caractère fantastique (Frascati, Tivoli, Caserta), ne disposaient pas d'un pays à leur mesure ; et de même que, pour apprécier pleinement le génie de leurs architectes, il faut aller à Baalbek, à Palmyre, à Split, de même un des parcs où la richesse de leur imagination se manifeste avec le plus de splendeur se trouve en Allemagne du Nord, aux environs de Kassel, capitale de la Hesse.

Le Landgraf Karl von Hessen vécut de 1670 à 1730, contemporain presque exact du grand-duc de Toscane Gian Gastone (1671-1737), le dernier des Médicis, lequel habitait justement le palais Pitti. On sait à quelles débauches crapuleuses celui-ci consacra son pouvoir et ses richesses, tournant en dérision, par l'abus de ses orgies, le noble héritage de ses ancêtres. Si Laurent, à la fin du XVe siècle, a pu être qualifié de Magnifique, Gian Gastone mériterait de rester dans l'histoire comme l'Ignominieux. Au milieu d'une cour de voyous et de gigolos, il se livrait aux excès les plus innommables. Peut-être le spectacle qu'il avait de ses fenêtres, ces jardins Boboli où la disproportion entre l'ambition et le résultat s'étale si piteusement, ne fut-il pas étranger à son dessein pervers de vilipender, piétiner, réduire à néant l'illustre tradition florentine d'art et de beauté.

Pendant ce temps, Karl von Hessen, qui avait visité l'Italie en 1700 et en était revenu émerveillé, confiait à un architecte italien, Giovanni Francesco Guerniero, l'aménagement d'une montagne près de Kassel, appelée depuis Karlsberg. Guerniero construisit, de 1701 à 1718, un escalier monumental, dont les deux rampes bordent une cascade gigantesque. Des blocs de basalte à peine dégrossis mais entassés avec art, de manière à donner l'illusion d'un désordre naturel, hérissent les divers bassins d'une parure de rocaille. De ce chaos de pierre grise surgit tout à coup une statue blanche, un Centaure, un dieu Pan cornu, avec un lion couché à ses pieds.

Tout en haut se dresse un château sans pareil en Europe, masse compacte, octogonale, qui a l'air d'une ruine, et qui sert de socle géant à une pyramide, couronnée elle-même par une copie, haute de 9,2 mètres, de l'Hercule Farnese. La « grande Italie » n'aurait pu affirmer avec plus d'éclat sa suprématie intellectuelle et artistique en Europe. Hercule, le dieu de la Rome païenne ; Farnese, la famille princière de Parme ; cette statue, transportée au XVIIIe siècle à Naples : les trois Italies, antique, renaissante et baroque, s'unissent ici dans un triomphe symbolique.

Le château lui-même est une structure vide. Les voûtes et les arcades du pourtour ont la majesté ténébreuse des gravures de Piranèse. La cour, sans toit, ouverte en plein air, découpe sur le ciel un octogone parfait, comme à Castel del Monte, en Apulie. Là s'arrête la ressemblance entre la forteresse de Frédéric II et le Riesenschloss du Karlsberg : car autant la première, incarnant un projet rationnel, est en relation avec des spéculations philosophiques sur le nombre d'or, autant le second a quelque chose d'insensé et d'absurde. L'escarpement de la montagne, la raideur de la pente, la chute bouillonnante des eaux, l'amoncellement des rochers, la démesure du château ont permis à Guerniero d'appliquer au paysage les principes mêmes de l'esthétique baroque : gigantisme, extravagance, intégration de la nature à l'œuvre d'art, théâtralité, jeu de surprises infinies par la diversité des points de vue, selon l'endroit de l'escalier d'où l'on regarde l'octogone et le colosse de bronze qui le surmonte.

A la mort du Landgraf Karl, le site demeura pendant une cinquantaine d'années inchangé, jusqu'à ce que le Landgraf Friedrich II puis ses successeurs entreprissent d'aménager le reste du domaine. Au-dessous du bassin inférieur de l'escalier monumental, la pente continue, mais plus douce, couverte d'une forêt magnifique. Tout en bas fut élevé, entre 1786 et 1798, un château-caserne conforme au goût de l'époque, et plus allemand qu'italien. La « grande Italie » reprit ses droits dans l'espace intermédiaire. Des fabriques inspirées de l'Antiquité émaillent le parc joliment vallonné. On les découvre au hasard de la promenade, entre les arbres, les cascades et les rochers.

Le temple d'Apollon est un kiosque rond, à coupole, entouré d'un péristyle. Le temple de Mercure, de même forme mais dépourvu de coupole et de cellule, se réduit à un cercle de colonnes. Le « refuge de Socrate » — embardée vers la Grèce — consiste en six colonnes ioniques, arrondies autour d'un banc. Plus haut, voici le mausolée de Virgile, dont on a tronqué le cône, à l'imitation du tombeau supposé du poète, près de Naples. Une pyramide, toute moussue, reproduit en petit la pyramide de Caïus Cestius, à Rome. Quant à la grotte de la Sibylle, c'est un modèle, très réduit, du fameux antre de Cumes. Une grille ferme l'accès du souterrain, avec une pancarte informant que les « Amis de la nature » ont obtenu qu'on ne dérange plus les chauves-souris ni les hiboux. Détail exquis, typiquement allemand : les Italiens, non seulement détestent ces volatiles qu'ils trouvent hideux et chargent d'intentions malfaisantes, mais se moquent bien de respecter la faune.

A la toute fin du XVIIIe siècle, s'est ajouté, à ces réminiscences de l'Antiquité, le nouveau goût romantique. Le « pont du diable » (1792) surplombe vertigineusement une cascade. Löwenburg, bâti entre 1793 et 1798, singe un château fort médiéval, avec un donjon écroulé à dessein, et des tours en ruine. Mais le pastiche le plus réussi reste l'aqueduc (1788-1792), mélange de nostalgie néoclassique et d'hymne goethéen à la puissance des éléments. De hautes arcades dominent un à-pic de rochers moussus. Chaos savamment organisé, qui combine la sauvagerie du site avec le raffinement d'un tableau à la Hubert Robert.

Toujours la « grande Italie », qui ne s'est pas arrêtée, en direction du nord, à la Hesse, puisque, dans son parc de Tsarskoïe Selo, l'impératrice de Russie Catherine II, née princesse allemande, férue pareillement de fausses ruines, commandait à ses architectes un décor de jambages d'aqueduc, de colonnades effondrées, d'arcs suspendus dans le vide, tandis que son fils Paul Ier, à Pavlovsk, installait une copie de l'Apollon du Belvédère, au milieu d'un péristyle à dessein brisé. A Saint-Pétersbourg même, rien de ce qui fait la beauté de la ville qui ne soit dû à des Italiens : Domenico Trezzini sous Pierre le Grand, Bartolomeo Rastrelli sous Elisabeth Petrovna, Giacomo Quarenghi et Alberto Rinaldi sous Catherine II, Carlo Rossi sous Alexandre Ier ont bordé les avenues et les quais d'arcades et de portiques « romains »[1].

---

1. Le magnifique catalogue de l'exposition « Suisses en Russie, de Pierre le Grand à Alexandre Ier », qui s'est tenue au château de Penthes en 1996-1997, m'apprend que Trezzini et Rossi étaient des Italiens du Tessin, donc, par un certain côté, des Suisses. Trezzini, originaire d'Astano, près de Lugano, se forma à Rome puis travailla au

Kroumirs

Eloge de la biscuiterie italienne

Grand embarras pour la lettre K. Cette consonne, affirment les dictionnaires, n'est utilisée en italien que pour certains noms étrangers. Exemples : kaiser, kantiste, képi (mais qui s'écrit plus volontiers *chepi*), kilo (remplacé par *chilo*), kimono, kirsch. Rien à prendre, là-dedans. *Kaputt*, de Malaparte, lequel, né de père allemand, ayant un k dans son vrai nom (voir article *Malaparte)*, avait choisi ce pseudonyme ? Ce serait privilégier le livre qui, pour être le plus célèbre, ne me semble pas le meilleur de cet auteur fantasque, imprévisible et inégal.

Dino Buzzati, qui avait intitulé d'abord *Il Colombre* une de ses plus merveilleuses nouvelles, l'a rebaptisée *le K.* Voilà donc l'occasion, me disais-je, de saluer un écrivain qui mériterait, par l'éclat de son talent, d'occuper à lui seul un article.

Le « colombre » désigne un poisson de très grande taille, fort rare et d'aspect affreux. Buzzati imagine une histoire à la fois macabre et gaie. Ayant repéré à l'arrière d'un voilier le jeune Stefano, ce colosse marin au mufle noir se coule dans le sillage du bateau sans quitter des yeux le garçon. Le père, épouvanté, explique à son fils que c'est un squale d'autant plus redoutable qu'il obéit à des mobiles mystérieux. « Pour des raisons que personne ne connaît, il choisit sa victime et une fois qu'il l'a choisie, il la poursuit pendant des années, toute la vie s'il le faut, jusqu'au moment où il réussit à la dévorer. »

Stefano, devenu capitaine au long cours, voit pendant cinquante ans l'animal rôder autour du navire, le mufle noir levé vers sa proie. Le simple et laconique K, bien mieux que le nom savant complet, indique la fatalité inexorable qui s'attache à certaines existences. A la fin, Stefano, seul sur une chaloupe, s'avance à la rencontre du monstre. « Lui aussi doit être terriblement vieux et fatigué. Je ne peux pas tromper son attente. » Au moment où, décidé à offrir à cet ennemi fidèle le combat qu'il a mérité par son obstination silencieuse, il lève son harpon sur le K, celui-ci lui révèle, d'une voix humble et dolente, que, loin de nourrir la moindre intention hostile, il cherche à lui remettre, depuis un demi-siècle, de la part du roi des mers, une perle de taille phénoménale, qui donne à son possesseur fortune, puissance et amour. Trop tard pour

---

Danemark, de 1699 à 1703, avant d'arriver à Saint-Pétersbourg, où il résida jusqu'à sa mort, en 1736. Rossi était né à Saint-Pétersbourg, en 1775, ou à Naples, on ne sait au juste ; ce qui est sûr, c'est qu'il était originaire de Lugano. Il entra au service de la cour impériale en 1816 et fit toute sa carrière dans la capitale russe, jusqu'à sa mort en 1849. Rastrelli (1700-1771) était le fils d'un sculpteur italien passé au service de Pierre le Grand. Quarenghi, natif de Bergame, arriva à Saint-Pétersbourg en 1780 et y travailla jusqu'à sa mort, en 1817. Rinaldi, Romain, mourut à Rome en 1794, après avoir construit le Palais de Marbre à Saint-Pétersbourg, et, dans les environs, les divers pavillons du parc d'Oranienbaum.

Stefano, qu'on retrouve, deux mois plus tard, à l'état de squelette, au fond de sa barque échouée, serrant entre ses phalanges un galet arrondi.

Jolie fable, qui combine le cauchemar lugubre à la Kafka (et K est aussi une allusion à la malédiction qui pèse sur l'univers du Pragois), le *happy end* du conte de fées et l'onirisme surréaliste.

Cependant, j'ai trouvé un autre K encore plus séduisant, sur une boîte de biscuits en provenance de Casale Monferrato. Cette ville du Piémont, capitale de l'ancien duché de Monferrato, dans la région des truffes blanches si supérieures, pour la finesse et le parfum, aux noires boursouflures du Périgord, ne renferme pas seulement des églises et des palais, mais aussi, ce qu'ignorent les rédacteurs du Guide bleu, une fabrique exclusive de gâteaux secs appelés *krumiri* et présentés dans une boîte de fer rouge, dont le modèle n'a pas varié depuis 1886, année de la fondation de la fabrique. On voit sur le couvercle, au milieu d'un ovale entouré de feuilles de laurier et d'une guirlande de médailles, et surmonté du blason et de la couronne de la maison de Savoie, le portrait du fondateur, un certain Rossi, sans prénom mais non sans le faux-col dur, la cravate noire et la paire de moustaches en guidon de bicyclette, accessoires sans lesquels un commendatore de l'époque n'aurait pu se montrer en public.

Les inscriptions et légendes n'ont pas changé non plus, de « Fournisseur de S.M. le Roi d'Italie et des Altesses Royales, Princes d'Aoste et de Gênes » jusqu'à « Médaille d'or de la mairie de Casale », exquise fierté provinciale, après l'orgueil de servir les têtes couronnées. Insensibles aux variations de régime, imperméables aux vicissitudes de la vie politique, les kroumirs poursuivent depuis plus de cent ans leur existence immuable. Ils ont la forme d'un bâtonnet cannelé, coudé, et ce coude, très ouvert, leur donne un aspect légèrement serpentin, quelque chose comme l'allure d'un accent circonflexe allongé, seule fantaisie que se permettent ces rigides sentinelles placées à l'entrée du vaste parc chatoyant des sucreries italiennes. Sous une formule très simple, fruits d'une antique recette de famille, avec un nombre réduit d'ingrédients, les kroumirs recèlent un miracle de saveur et de fraîcheur. A emballage vieillot, éternelle jeunesse du contenu.

La biscuiterie italienne est la meilleure du monde, les habitués des produits Mulino Bianco, confectionnés pourtant à l'échelle industrielle, ne me contrediront pas. M. Barilla, le propriétaire de cette maison de commerce, est par ailleurs un mécène, qui finance de luxueuses éditions de livres d'art et conserve dans sa collection de tableaux des Morandi, des Nicolas de Staël. Certes, les biscuits italiens restent des gâteaux secs : ils n'ont pas la pulpe moelleuse, la poudreuse évanescence que possèdent les *mantecados* andalous ou les douceurs corfiotes. L'islam, malheureusement, n'a guère laissé de traces en Italie, sinon tout à fait au Sud, en Sicile, où les religieuses du couvent de Santo Spirito, en Agrigente, mitonnent encore des petits fours en forme de cœurs, fourrés de pâte d'amande et de fruits confits, merveilles ruisselantes d'une double onction, ecclésiastique et sucrière. A Parme comme à Casale Monferrato, on est moins hédoniste, plus pénétré de principes moraux. Ce que j'admire le plus dans les kroumirs, préparés dans l'austère province du Piémont, et par conséquent plus stricts que les Mulino Bianco de la grasse Emilie, c'est que, malgré un parti pris aussi puritain de sobriété et d'économie, ils exhalent un parfum si raffiné.

Laurent le Magnifique

Il y a des réputations abusives. Il est arrivé, au moins deux fois dans l'histoire, qu'on loue le petit-fils pour des mérites qu'on devrait attribuer au grand-père. Louis II de Bavière ? Un faible d'esprit, qui s'est laissé exploiter par Wagner, et s'est ruiné en hideux castels, qui tiennent du pastiche et du kitsch. Le grand Wittelsbach, c'était son grand-père, Louis Ier, qui, avant d'être roi, séjournait à Rome, où il s'entourait d'artistes et se procurait des trésors pour sa future capitale. Monté sur le trône, il transforma Munich, la dota de monuments à colonnes, à portiques et à propylées, et y ouvrit des musées pour les œuvres achetées en Italie. Le *Faune Barberini*, une des plus belles sculptures du monde, mérite bien la Glyptothèque construite exprès pour l'héberger. Louis Ier joua un rôle capital dans l'histoire des rapports artistiques entre l'Italie et l'Allemagne, et l'on regrette que son petit-fils, au lieu de continuer cette politique d'échange entre les deux pays, ait poussé la Bavière, par l'intermédiaire de la Tétralogie et de l'emphase nibelunguienne, vers le fanatisme du glaive et de l'anneau, préfiguration musicale du pangermanisme hitlérien.

De Munich, berceau du nazisme, passons à Florence, quand elle n'était pas cette ville morte qu'elle est devenue. Mes amis se récrient : non, Florence n'est pas seulement un cadavre où pullulent les touristes ! Si elle n'est pas un cadavre, dites-moi ce qu'elle a produit depuis la mort de Michel-Ange, en 1564. Aucun peintre qui compte, aucun compositeur de musique, aucun cinéaste, si peu d'écrivains que les doigts d'une main seraient trop nombreux pour les citer. Faisons le tour des musées de Florence et enfuyons-nous vers les lieux où l'Italie reste vivante.

En 1439, alors que Côme de Médicis, commerçant en laine et banquier, achève de prendre le contrôle politique de Florence, la ville accueille le concile œcuménique chargé de réunir les trois Eglises chrétiennes. L'empereur romain d'Orient, Jean Paléologue, et le patriarche de Constantinople, Joseph, viennent rencontrer le pape Eugène IV. Chaque souverain arrive à la tête d'une brillante cavalcade de seigneurs. Pour commémorer cet événement, Côme confie au peintre Benozzo Gozzoli le soin d'orner la chapelle de son nouveau palais de fresques où ses trois hôtes seront figurés en Rois mages. Vingt ans plus tard, l'œuvre est finie. En tête de la procession, voici l'empereur Jean et le patriarche Joseph, mais, ô surprise ! à la place du pape (avec qui Côme s'est brouillé entretemps), on reconnaît un élégant « éphèbe » de dix ans. C'est Laurent, le petit-fils de Côme, né en 1449, après le concile. Par cette substitution doublée d'un anachronisme, le chef des Médicis entendait consacrer le prestige de sa maison.

Avant d'être Laurent, l'héritier de la banque se trouvait donc déjà Magnifique. Après sa mort, la légende continua à l'auréoler de mérites imaginaires : il aurait fondé une sorte d'académie des beaux-arts pour y former de jeunes peintres et sculpteurs, dont le plus illustre aurait été Michel-Ange. Pure fable, forgée au XVIe siècle, au moment où les grands-ducs de Toscane crurent utile de célébrer la gloire de leurs ancêtres. En réalité, le mécénat de Laurent fut des plus modestes. Collectionneur avisé, son goût le portait vers les gemmes, les monnaies, les vases, les casques, les bibelots. S'il fit travailler Botticelli et Ghirlandaio, il ne comprit pas la grandeur de Léonard de Vinci, qu'il laissa filer à Milan. Bon poète, il ne dépassa jamais le niveau de l'églogue aimablement ciselée. Rien vraiment de « magnifique » dans cette carrière d'amateur éclairé, comme il y en avait cent autres dans une ville comblée alors par toutes les muses. Même au physique, Laurent était d'une puissante laideur, avec son nez écrasé, sa bouche en tirelire et son lourd prognathisme, si éloignés de la beauté gracieuse prêtée par Gozzoli au chérubin.

Son titre le plus sérieux à la gloire ? D'avoir, par son habileté politique, ses intrigues, ses ruses, ses cruautés réfléchies, sauvé Florence des convoitises de ses voisines plus puissantes, Rome, Naples, Milan, Venise, et transformé le comptoir textile du grand-père en solide Etat capitaliste. Son biographe[1] nous relate en détail les menées diplomatiques de Laurent, mais ce qui nous intéresse, aujourd'hui, c'est de constater quelle maigre part il a prise dans l'extraordinaire floraison des arts de son époque, remarquable aussi par la liberté et la gaieté des mœurs. Civilisation de la beauté et du plaisir qui entraîna, comme on sait, à la fin du siècle, la réaction du moine Savonarole : on jeta en vrac sur les bûchers tableaux de nus, instruments de musique, livres de poèmes, Botticelli délaissa les Vénus pour peindre des pietà, tandis que retentissaient dans la ville les anathèmes du dominicain fanatique et ses incitations à brûler vifs « les sodomites des deux sexes », selon la perle de notre historien d'habitude plus attentif.

Or, si Florence au XVe siècle a bien été, sous tous les aspects, l'Athènes moderne, c'est encore à Côme qu'on le doit. Les peintres, sculpteurs et architectes du grand-père — Fra Angelico, Uccello, Donatello, Brunelleschi — éclipsent sans peine ceux du petit-fils. Et quant à l'humaniste Marsile Ficin, qui traduisit et commenta les écrits de Platon, et mit les rapports de l'homme avec la divinité non plus sous le signe de la faute et de la crainte, comme dans le christianisme, mais sous le signe de la liberté et de l'amour, c'est également Côme, bien avant Laurent, qui le vénéra comme grand-prêtre de la philosophie antique.

Oui, ce que nous appelons Renaissance, cette alliance entre l'Evangile et la Grèce, cette exaltation de l'homme comme mesure du monde, ce culte voué à la nature, à la jeunesse et à la beauté, cette religion du bonheur dans l'accord de l'âme et des sens trouvèrent en Laurent un disciple enjoué plus qu'un acteur visité par l'Esprit. Mais telle est la

1. *Laurent le Magnifique*, par Ivan Cloulas, Fayard.

force des mythes : entre Côme, génial protecteur des arts et des lettres, et le pape Léon X, fils de Laurent et mécène infaillible de Raphaël et de Michel-Ange, le titre de Magnifique est resté, et restera pour l'éternité, au membre de la famille qui n'était ni le plus original ni le plus brillant.

Leiris

Eloge de la race opérine

Naguère, ceux qui estiment et aiment Julien Gracq furent consternés par son petit livre sur Rome *(Autour des sept collines)*, où il parlait des Italiens et de la langue italienne avec une niaiserie, tranquille et péremptoire, indigne de son talent. Avant lui, Michel Leiris avait donné l'exemple d'une certaine stupidité de l'intelligentsia française, en traitant Puccini d'*ordure*, dans un livre, *l'Age d'homme*, qui est par ailleurs un chef-d'œuvre. Les Français reconnaissent volontiers aux Italiens le génie des beaux-arts, mais, pour ce qui est de la musique et surtout de l'opéra, même les plus cultivés traitent le grand siècle qui va de Rossini à Puccini avec une sotte arrogance. C'est un lieu commun, en France, que de dire qu'après Monteverdi et Scarlatti la musique italienne a perdu toute dignité, tout sérieux. Aussi redoutais-je d'ouvrir *Operratiques*, ces notes posthumes de Leiris sur l'art lyrique.

Fameuse surprise ! Non seulement il s'y avoue « gêné plus que jamais » par l'« impair » commis autrefois sur Puccini, mais rend une justice éclatante à ce compositeur si méprisé des prétendus mélomanes. En l'héroïne de *Turandot*, il voit une synthèse miraculeuse des deux figures, jumelles et mythiques, de Judith et de Lucrèce. Tout Puccini lui paraît d'une densité et d'une violence fabuleuses, et c'est chez l'auteur de *Tosca* qu'il repère l'origine de cette lignée véhémente qui a continué par *Elektra* et *Salomé* de Richard Strauss, jusqu'à *Wozzeck* et *Lulu* d'Alban Berg. Puccini, père et champion de la modernité, et même « plus grand novateur que Debussy », voilà qui nous change des idioties habituelles sur la « vulgarité » de *la Bohème* ou l'« exotisme de pacotille » de *Madame Butterfly*.

Puccini est le plus abondamment et le mieux traité dans ces notes ; mais l'opéra italien tout entier s'y trouve à la fête. Ceux qui ont vu récemment à l'Opéra-Bastille *Un ballo in maschera* ont pu deviner, malgré la piètre qualité du spectacle, que la présence du robot Pavarotti ne rehaussait guère, l'art avec lequel Verdi a combiné le style tragique et la légèreté « commedia dell'arte ». Alliance que Richard Stauss a essayé à son tour de réaliser, dans *Ariane auf Naxos*, sur un livret de

Hofmannsthal que Leiris juge voulu, artificiel et d'une « indigence » insigne. Trouver Verdi plus profond que Strauss, encore un coup d'Etat qui bouscule la hiérarchie des valeurs établie par la mode. Admirable liberté de cet esprit, qui ne se gêne pas pour souligner les côtés « ignobles » de *Parsifal* ou racistes de *la Flûte enchantée.*

Je note encore, parmi les actes de réparation accomplis envers l'opéra italien : Donizetti, qui, dans *Lucia di Lammermoor*, atteint « purement et simplement à la poésie de Shakespeare », alors que le Guide bleu en est toujours à bafouiller que « ni la mélodie ni l'instrumentation ne sont toujours dignes d'intérêt » ; Rossini, dont la gaieté reste étrangement mystérieuse ; Leoncavallo qui, en faisant jaillir les larmes sous le rire et la vérité sous le théâtre, se montre aussi génial que Tirso de Molina dans *el Burlador de Sevilla.* Ces réflexions, qui sont le bon sens même, étonneraient moins si elles n'étaient pas formulées par le plus « intellectuel » des essayistes français. Elles prennent d'autant plus de poids qu'elles émanent d'un homme qui avait Sartre et Picasso pour amis, et passe pour un des représentants les plus audacieux du Tout-Paris littéraire. On est émerveillé de l'entendre reprocher à Antonin Artaud d'avoir invoqué, pour illustrer son idée de « spectacle total », les théâtres balinais ou chinois. Pourquoi chercher si loin ce que nous avons à notre portée ? « Je pense ici à l'opéra, si terriblement discrédité auprès, précisément, de ces esprits "d'avant-garde" qui se tournent vers l'Orient pour y puiser, en cette matière, un enseignement. » Tout ce que préconisait Artaud sous le nom de « théâtre de la cruauté » est réalisé depuis longtemps dans les pays occidentaux — et non seulement dans les opéras « intellectuels » (Monteverdi, Wagner, Berg, Debussy), mais surtout dans les opéras italiens les plus italiens et les plus populaires, les plus véristes et les moins théoriques.

L'inventaire de plusieurs thèmes récurrents (les travestis, le fantastique, l'érotisme, l'engagement, l'exotisme, etc.) prouve une connaissance étendue du répertoire lyrique. Leiris passe avec aisance de Weber à Offenbach, de Mozart à Gounod, de Britten à Moussorgski, de Verdi à Gershwin, non pour établir des comparaisons creuses à la Malraux, mais pour suggérer que, même entre les compositeurs les plus éloignés par les siècles ou les origines nationales, il y a un territoire commun, un fonds commun de symboles et de conventions. Chérubin, Octavian, Oscar, Fidelio, tous les rôles d'homme chantés par des femmes n'ont d'autre but que de nous dévoiler l'« essence même du théâtre : des êtres vivants mués en autre chose que ce qu'ils sont ».

Autres morceaux succulents : *Opéra et tauromachie* (Callas, qui a démodé ses consœurs comme Belmonte a envoyé au rancart Joselito), *Opéra et gastronomie (Pelléas* comparé à un menu végétarien, Mozart à une grillade, *Carmen* à un jambon cru), ou la distinction entre les opéras-messes (Wagner, Debussy) et les opéras-fêtes (Mozart, Verdi). Doutera-t-on un seul instant du genre préféré par Leiris ? Si l'on avait encore quelque hésitation, il suffirait de lire le dernier chapitre, « Ce que je trouve dans l'opéra », et l'aveu qu'une œuvre légère, un bon Rossini apporte un plaisir plus pur qu'une œuvre grave. Une fois refermé l'ouvrage, on se dit que le programme affiché au début : « Pour l'amélioration de la race opérine » a été pleinement réalisé. Grâce à la caution d'un écrivain si illustre, les aficionados de l'arène lyrique, n'étant plus retenus par la crainte de déchoir en applaudissant au *Barbier de Séville*, à *Rigoletto* ou à *Tosca*, vont pouvoir s'abandonner en toute liberté aux délices du *bel canto*.

Levi (Carlo)

L'univers magique de Carlo Levi

Devant Carlo Levi, le critique se sent gauche, mal outillé et inutile. Par quels traits cerner la personnalité d'un écrivain qui échappe si manifestement à toutes les définitions courantes, dont les livres n'appartiennent à aucun genre précis, dont le goût même pour écrire semble être né plutôt du hasard d'une résidence surveillée [1] que d'une vocation profonde et qui, enfin, malgré tant de beaux livres, pourrait aussi bien les avoir écrits de manière entièrement différente, en poésie, par exemple, ou en musique, ou (comme il l'a fait d'ailleurs) en peinture, ou même en politique (comme il l'a fait aussi) ? Pourquoi Carlo Levi serait-il écrivain plutôt que peintre ou que militant politique ou que n'importe quoi d'autre ? De livre en livre, qu'il parle de la liberté *(la Peur de la liberté)*, de l'Italie *(Un visage qui nous ressemble)*, de Rome et de Naples *(la Montre)*, de la Lucanie *(Le Christ s'est arrêté à Eboli)*, de la Sicile *(les Paroles sont pierres)*, de la Sardaigne *(Tout le miel est fini)*, de la Russie *(l'Avenir a un cœur antique)* ou de l'Allemagne *(la Double Nuit des tilleuls)* [2], il poursuit une certaine idée de l'homme qui n'est rien moins que littéraire et qui déborde toutes les catégories, la littérature aussi bien que la peinture, la politique aussi bien que l'art, une certaine idée de l'homme qui déborde même ce qu'on entend d'habitude par humanité.

Dans le monde rêvé par Carlo Levi, il n'y aurait aucune des limites qui cantonnent un homme dans sa physionomie particulière, dans son corps, dans son caractère, aucune des frontières qui le réduisent à n'être que cet homme-là et font de la masse de possibles contenue dans une créature humaine le maigre bilan représenté par un individu. Toute l'œuvre de Carlo Levi s'explique à partir de cette protestation contre ce que nous appellerons, pour plus de commodité, l'homme occidental. S'il

1. Pavese et Levi, Turinois tous les deux, l'un et l'autre antifascistes, contemporains à six ans près, furent relégués à la même époque (1935-1936), le premier en Calabre, le second en Lucanie. Le premier, qui écrivait déjà, continua à écrire, mais sans que le village où il avait échoué, ni ses habitants ni ses mœurs infléchissent en quoi que ce soit la ligne de son œuvre. Le second, qui n'avait jamais écrit, rapporta de son exil *Le Christ...*, tableau des habitants et des mœurs locales, livre de pure circonstance.

2. Seuls ont été traduits en français : *Le Christ s'est arrêté à Eboli*, Folio, *la Montre, la Peur de la liberté,* Gallimard.

a découvert et compris le Sud de l'Italie comme personne, c'est qu'il a trouvé dans ce monde archaïque et primitif le contrepoids nécessaire à l'Europe trop humaniste et trop civilisée. S'il écrit des livres de voyage, c'est pour opposer à l'idée des nations closes l'idéal d'une planète sans lignes de démarcation. Encore ne voyage-t-il pas au hasard, mais toujours vers le Sud (Naples, la Lucanie, la Sicile, la Sardaigne) ou vers l'Est (l'Allemagne, la Russie), et non point vers le Nord-Ouest, non point vers les nations qui, telles la France, l'Angleterre, l'Amérique, posent comme règle de vie qu'on soit distinct les uns des autres. L'Allemagne l'attire à cause des grandes catastrophes qui périodiquement l'engloutissent dans un chaos crépusculaire ; la Russie, à cause des espaces démesurés où les hommes n'ont pas encore appris à se retrancher de la communauté derrière des barrières individuelles. Carlo Levi ne sait ni l'allemand ni le russe, mais estimer qu'il faut savoir la langue d'un pays pour communiquer avec les habitants de ce pays est encore une idée occidentale, trop occidentale : à côté du langage rationnel fait de mots, Carlo Levi croit à un autre langage, irrationnel, magique et beaucoup plus efficace, qui lui permet de fraterniser avec les serveuses des brasseries de Munich et avec les ouvriers à Moscou. Et cette foi dans un autre langage qui n'est pas celui des mots rejoint en lui cette quête d'un type d'homme qui ne soit pas le type de l'homme occidental, cette recherche d'un royaume sud-oriental, mythique paradis d'une vie indifférenciée, chaleureuse et béate.

Pourquoi écrire, alors ? Directeur d'un journal au lendemain de la guerre, il avoue « la répugnance, en moi vive, pour cette tâche qui consistait à traduire les choses, les faits, les images en jugements, en schémas et en mots d'ordre ; à prétendre, avec les mots, faire mouvoir les hommes » *(la Montre)*. Répugnance qui s'étend à toute la littérature entendue comme activité distincte, séparée, séparante, autonome : et puisqu'il faut malgré tout écrire et non seulement des articles de journal mais des livres, on s'arrangera pour que les livres ressemblent aussi peu que possible à des livres. Par exemple, ils échapperont à toute classification par genres : Carlo Levi est à la fois essayiste, poète, romancier et voyageur, mais son œuvre ne se divise pas en livres de poèmes, en livres de voyage, en romans et en essais. Son essai *la Peur de la liberté* ressemble à un poème, ses livres de voyage à des romans, *la Montre*, son seul roman, appartient aussi à la littérature de souvenirs et de voyages : et dans ce refus de se laisser enfermer par aucune définition, on retrouve le grand rêve d'une liberté sans limites[1].

La structure même des ouvrages de Carlo Levi est révélatrice. Au lieu d'être centrés sur un petit nombre de personnages dont chaque chapitre (comme c'est l'usage) approfondit l'analyse et renforce les liens réciproques, ils offrent une galerie de portraits et d'épisodes que rien d'apparent ne relie. Passe encore que les livres de voyage soient écrits sans aucun souci de construction (mais Carlo Levi choisit d'écrire des livres de voyage justement à cause de cette désinvolture qu'ils permettent) : ce qui est caractéristique, c'est que l'unique roman, *la Montre*, n'est pas

1. Comme dans le choix des titres : *Le Christ s'est arrêté à Eboli, les Paroles sont pierres, Un visage qui nous ressemble, Tout le miel est fini*, phrases entières et non point étiquettes, négations implicites des titres classiques et de leur laconisme.

plus concerté et bâti que le reste. Le narrateur raconte tout ce qui lui arrive pendant deux jours : il se rend à son journal, il y rencontre deux journalistes qu'il présente en détail mais il les quitte aussitôt pour aller déjeuner dans un restaurant, dont il décrit les divers clients, les garçons et l'orchestre ; il tombe sur un ami, dont il rapporte l'histoire ; il accompagne cet ami aux environs de Rome et pénètre dans plusieurs maisons dont il dépeint les habitants ; il va ensuite prendre possession de son nouveau logis, et ne manque pas de nous faire faire connaissance avec la domestique et les amies de la domestique ; plus tard il gagne la typographie de son journal et entame la conversation avec les collègues et les ouvriers ; survient une panne de courant ; il se rend au café d'en face : nouveaux visages, nouvelles présentations. En rentrant se coucher chez lui, il découvre un mort sur le palier : il redescend et c'est l'occasion de bavarder avec le gardien de l'immeuble, avec les carabiniers, avec les voisins. Enfin, appelé par un télégramme, il doit partir pour Naples : il s'embarque dans un vieux taxi surchargé (à l'époque du roman, 1946, il n'y a encore ni trains, ni autobus, ni voitures) et, juste quand le livre allait s'achever, voici de nouvelles figures, de nouvelles conversations, voici « des hommes et des femmes sur les routes du monde », voici un bandit qui les assaille et un camionneur qui les délivre, une vraie épopée de western, avec ses rebondissements et sa délicieuse dissipation.

Cette technique, plus ou moins délibérée, permet à l'auteur de ne jamais parler deux fois du même personnage (ou peu s'en faut) et de nier par conséquent qu'aucun soit plus important qu'un autre : de nier, en somme, ce qui constitue, depuis toujours, la littérature. Un roman habituel isole de la vie et ramasse dans un moment de crise un certain nombre d'individus ayant entre eux des intérêts, ou des amours, ou des haines, ou des souvenirs, ou des projets communs. Un livre de Carlo Levi, au contraire, rassemble au hasard des hommes et des femmes qui ont le minimum de points communs entre eux : si bien que l'ouvrage a le moins possible l'air d'un ouvrage, et qu'on y circule et qu'on y respire comme dans la vie, entre des épisodes et des visages qui n'ont pas plus de liens les uns avec les autres que n'en ont les épisodes et les visages de la vie.

Mais qui sont ces hommes et ces femmes et dans quelle atmosphère se meuvent-ils ? De même que la littérature de Carlo Levi échappe à la classification des genres, de même les personnages de ses livres semblent préservés des contraintes qui pèsent sur le genre humain, contraintes qui se ramènent à deux principales : l'âge et le sexe.

L'âge : le mot « temps » revient continuellement, mais jamais comme chez les autres écrivains, qui n'en parlent que pour en déplorer la fuite. Le temps de Carlo Levi est « un rythme irrégulier et infini... une image pure d'un devenir éternel... le temps lui-même, le temps véritable d'avant les temps » *(la Montre)*. Il y a le temps des montres, le temps « occidental », et il y a l'autre, le vrai temps, que peut dévoiler aussi bien la rencontre d'un chien dans un escalier nocturne *(la Montre :* « Cet endroit était lointain et inconnu à tous les hommes : un fragment totalement indifférent du monde, qui durait dans son temps incompréhensible... ») ou une promenade dans les rues de Tübingen *(la Double Nuit des tilleuls)* : « Les songes de plusieurs siècles stagnent sous ces toits, dans les chambres serrées, dans les ruelles antiques, où tout est intact, pleines de temps et de mémoire... »), mais que révèle surtout, dans sa splendeur immémoriale et son antique déroulement, le monde de la Lucanie, de la Sicile et de la Sardaigne, ce Sud clos dans ses rites ancestraux, immobile et soustrait, selon une formule cent fois répétée, au Temps et à l'Histoire, ce Sud où, selon une autre expression familière, « rien n'arrive », « rien n'est arrivé » et peut-être rien n'arrivera.

« Ces femmes que nous voyons marcher sur une route écartée de Calabre portent avec elles l'enchantement mystérieux de l'ailleurs, d'un ailleurs qui n'est pas seulement celui des lieux, mais celui du temps » *(Un visage qui nous ressemble).* Carlo Levi a subi, semble-t-il, si fortement, d'abord pendant son séjour forcé à Gagliano, en Lucanie, puis au cours de ses innombrables voyages dans le Sud, la fascination de cet univers intemporel, installé de plain-pied dans une mystérieuse et indiscutable éternité, qu'il n'est jamais tout à fait redescendu dans l'autre monde, le monde du temps et des événements. Le livre qui fait suite à *Le Christ s'est arrêté à Eboli* s'intitule *la Montre* et le narrateur y raconte dès les premières pages comment il rêve d'avoir perdu la montre de gousset que lui a donnée son père, puis comment, à peine réveillé, il laisse échapper de sa main cette montre, qui tombe par terre et se casse. Rêve et action symboliques : perdre ou casser sa montre signifie se mettre hors du temps des horloges, des heures et des minutes, reprendre le fil intemporel de l'autre temps et, plus profondément encore, perdre sa propre identité et sa propre conscience, retrouver l'indifférenciation, la chaleur, la béatitude primitive d'une existence sans contraintes ni limites. Carlo Levi, dans *la Montre,* vit à Rome et se représente vivant à Rome, mais par ce subterfuge de la montre perdue et cassée, par cette négation du temps artificiel et mesuré, par cette reconquête du temps intemporel, il vit à Rome et fait vivre ses personnages à Rome comme si tout le monde habitait le Sud.

L'image de la coquille marine emplie du bruit de la mer exprime la poésie et le mystère de ce temps délivré du temps. *La Double Nuit des tilleuls :* « Le dédale des rues, les dénivellations des maisons, la tortueuse minutie des passages, l'envolée des toits, la variation des couleurs conduisent dans la spire indéfinie d'une coquille qui semble ramener à l'oreille le bruit perdu de la mer du temps. » *La Montre :* « Je restai, l'oreille tendue, à écouter ce silence à peine murmurant et sentis venir de loin, du fond des rues ou du fond de la mémoire ? la secrète rumeur de la nuit, le rugissement des lions, comme l'écho de la mer dans une coquille abandonnée. »

Mais c'est surtout dans la manière dont il choisit et présente ses personnages que Carlo Levi révèle sa confuse aspiration vers un univers allégé de toute sujétion temporelle. Ses personnages n'ont pas d'âge. On pourrait dire d'eux ce qu'il dit de la foule de Naples : « C'était comme si derrière chacun de ces hommes, de ces femmes, de ces enfants, de ces vendeurs, de ces artisans, de ces vieux, derrière cette foule aérienne, mobile et légère, il y avait un autre monde, déjà tout entier vécu selon une règle éternelle et immuable de douleur sans emphase » *(la Montre).* Les personnages de Carlo Levi, comme les anges des cathédrales gothiques, n'ont pas d'âge propre, mais l'âge du monde infiniment lointain et reculé d'où ils émergent ; ils n'ont pas d'âge sinon l'âge d'une vieillesse sans âge. Jamais de jeunes gens parmi eux, ni de gens jeunes, mais seulement des êtres affranchis de leur histoire physiologique et intronisés dans une antiquité solennelle.

Sans âge, et aussi sans sexe. Il y a un vitalisme profond et vigoureux à travers toute l'œuvre de cet écrivain, mais un vitalisme étrangement asexué. Quelles sont les grandes figures de femmes ? Giulia, la vieille gouvernante à moitié sorcière du *Christ...*, « barbare » et « solennelle » et « *antichissima* », Teresa, la vendeuse de cigarettes de *la Montre*, fagotée dans ses couvertures, Francesca Carnevale, dans *les Paroles sont pierres*, la mère du syndicaliste assassiné, toute prise par son désir grec de vengeance, « opaque comme une pierre », la vieille Sarde des environs de Cagliari, dans *Tout le miel est fini*, parée de bijoux comme une châsse. La plus grande épithète laudative que trouve Carlo Levi pour désigner une femme est de l'appeler : reine. Giulia s'installe dans la maison de l'exilé politique « comme une reine qui revient visiter après une absence une de ses provinces préférées ». Une femme entrevue dans la rue à Rome marche « droite, élastique et orgueilleuse, avec une allure de reine » *(la Montre)*. Une vieille ivrogne commande à boire dans un café : « un ordre de sorcière-reine » *(la Montre)*. Une autre femme dans un autre café porte, « comme une tige sa fleur, un impensable visage de reine » *(la Montre)*. Les Italiennes du Sud « qui portent les poids sur leur tête, les fagots, les sacs de blé, les tonneaux et les jarres et les amphores de l'eau, les paniers de fruits, marchent avec l'allure de reines » *(Un visage qui nous ressemble)*. Lors de son voyage en Allemagne, l'auteur consacre quatre pages à la reine égyptienne Nefertiti contemplée au musée de Berlin. Or on peut dire des reines qu'elles sont belles, qu'elles sont majestueuses, qu'elles sont supérieures, on peut les orner de toutes les qualités, hormis le charme érotique. Mais le charme érotique, Carlo Levi ne s'en soucie guère. Même une prostituée, chez lui, est définie par sa royauté avant de l'être par ses appas. « Il l'avait trouvée, toute blanche, grasse, moelleuse, tendre, avec le visage indifférent et les grands yeux vides des déesses, et il en avait aussitôt fait une idole, la Reine des Sirènes, une divinité terrestre et marine, le blanc corps immense de la Nature mère ; et il s'était laissé enlacer par les blancs serpents ronds des bras, serrer sur les douces montagnes blanches de la poitrine et ramener, dans un temps désiré et paradisiaque, à l'intérieur de la calme et blanche mer du giron » *(la Montre)*. Les femmes vraiment intéressantes sont à la fois reines, déesses et mères, elles transportent avec elles une majesté bien propre à décourager les amants. A Naples, « l'ovale du visage des femmes sous les boucles des cheveux dépeignés, classique et familier en même temps, a le superbe naturel des déesses » *(la Montre)* et, dans le Sud, le pas humble des paysannes, « la légèreté d'une déesse grecque qui danse » *(Un visage...)*. Quant aux femmes russes, elles se distinguent, elles, « par l'absence absolue, volontaire et presque ostentatoire, de tout érotisme, remplacé, manifestement, par d'autres volontés, d'autres idéals » *(l'Avenir a un cœur antique)*. Carlo Levi, on le sait, est le premier à avoir démystifié, dans *Le Christ...*, la légende de la férocité des mœurs dans le Sud : il a très bien montré comment les paysans voient dans l'amour une force de la nature si puissante qu'aucune morale ne peut s'y opposer. Un homme et une femme, s'ils se trouvent seuls ensemble, font l'amour et doivent le faire. L'unique morale possible, c'est d'empêcher un homme et une femme de se trouver ensemble. En somme, la sexualité dans le Sud est réduite à un naturel sauvage, les hommes se livrent au coït avec la même force impulsive que les bêtes : rien de moins érotique que cette façon-là de s'aimer, et Carlo Levi, justement, a compris mieux que personne cet aspect de la sexualité dégagé de toute la part de jeu, de coquetterie, de dissimulation qui pour l'homme « occidental » représente l'essentiel de la sexualité et de l'érotisme.

Monde sans âge, monde sans sexe, monde sans contours précis, où les adjectifs qui reviennent le plus souvent expriment une vague et insaisissable réalité, « mystérieux », « obscur », « invisible », « éloigné », « éternel », « immobile », « secret », « mythique ». Monde qui à l'instar de celui qui l'a créé *(la Montre* : « J'ai un caractère continuatif, qui a de la peine à commencer les choses et de la peine à les finir »), ne commence nulle part et ne finit nulle part et participe en chacune de ses métamorphoses au tremblement du début et au frissonnement de la fin. Monde enfin sans figures distinctes, ou presque.

« Ils ne peuvent pas, dit-il des paysans de Lucanie, avoir une vraie conscience individuelle, là où tout est lié par des influences réciproques, là où chaque chose est un pouvoir qui agit insensiblement, là où n'existent pas de limites qui ne soient rompues par une magique influence. Ils vivent immergés dans un monde qui se continue sans déterminations, où l'homme ne se distingue pas de son soleil, de sa bête, de sa malaria : où ne peuvent pas exister le bonheur, que leur prêtent les littérateurs paganisants, ni l'espoir, qui restent malgré tout des sentiments individuels, mais seulement la sombre passivité d'une nature douloureuse » *(Le Christ...)*. S'agit-il uniquement des paysans de Lucanie et n'est-il pas permis de voir dans ce monde « qui se continue sans déterminations », dans cette absence de limites entre les individus, dans cette conception magique des rapports humains, quelque chose du grand rêve unitaire poursuivi par Carlo Levi de livre en livre et de pays en pays ?

Une page de *la Montre* prouverait assez que l'auteur du *Christ...* n'a trouvé dans le Sud que ce qu'il portait déjà en lui.

« Les hommes vivent, leurs yeux brillent et se mouillent de larmes, leur cœur bat sans arrêt, le sang court dans les veines ; les pensées jaillissent ou stagnent comme des eaux immobiles ou courantes ; une pâleur, une rougeur soudaine apparaît sur leur joue — et nous savons, ou nous supposons, que tout cela existe, mais nous coupons une petite tranche de cette réalité infinie, nous en faisons une image partielle, nous lui donnons un nom, Casorin ou Moneta, nous la faisons entrer de force dans notre histoire, dans notre temps, dans nos mesures. Nous savons que tout le reste, ce que nous ne disons pas, et devons négliger, existe, et nous en sentons l'existence comme une nostalgie, une odeur de choses perdues, comme lorsque du train nous voyons les lumières s'allumer aux fenêtres des faubourgs et que nous découvrons, pendant une minute, sous la lampe, une mère qui verse la soupe dans l'assiette de ses enfants, ou une jeune fille qui s'appuie au rebord en chantant, ou un ouvrier en manches de chemise qui lit son journal sur le balcon, ou un enfant qui fait un signe de la main : vraies apparitions avec lesquelles nous voudrions nous arrêter. Qui sont-elles ? Mais le train nous emporte, et elles demeurent, immobiles dans leur geste unique, une femme qui verse la soupe, un enfant et son salut.

« Ainsi, sans le vouloir, nous faisons, du flot démesuré du réel, d'une personne qui, comme nous-mêmes, et identiquement à nous-mêmes, n'a pas de limites, un sujet de nouvelle, la carte colorée d'une mosaïque dessinée au préalable, un élément d'un jeu abstrait. »

Le « flot démesuré du réel », que le romancier désespère de pouvoir exprimer dans ses livres, qu'est-ce d'autre sinon le « monde qui se continue sans déterminations », où vivent spontanément les paysans du Sud ? Cette page de *la Montre* nous livre à la fois l'art poétique et l'art éthique de Carlo Levi. L'art poétique, car nous savons maintenant pourquoi l'écrivain passe de personnage en personnage, sans approfondir la connaissance d'aucun : parce qu'il ne veut pas se séparer de la « réalité infinie » en la découpant en petites tranches, parce qu'il lui importe plus de saisir, au moyen d'un perpétuel déplacement d'intérêt et grâce au clair-obscur d'adjectifs vagues comme « mystérieux », « invisible », « mythique », le « flot démesuré du réel » que chacune des figures qui le composent. L'art éthique, car l'homme replongé dans le « flot démesuré du réel » n'est autre que l'homme primitif, ou du moins l'homme sud-oriental dont je parlais au début, l'homme qui vit dans un rapport magique avec ses semblables et avec les choses, en deçà ou au-delà de la psychologie. L'Italie telle que la voit Carlo Levi dans *Un visage...*, c'est-à-dire le pays de ses rêves, plus imaginaire que réel, répond à la double loi artistique et morale de l'écrivain : « Ce monde ne parle pas sinon dans les choses ; et les visages eux-mêmes sont choses, où l'expression coïncide avec une réalité qui dépasse les aventures et les passions individuelles, et renferme en soi la forme humaine du temps. Aucune psychologie ne s'y manifeste, mais la poésie épique populaire : il n'est de place pour le roman, là où le temps ne se brise pas dans l'abstraction individuelle du fragment. »

Il y a toutefois pour Carlo Levi un moment légitime d'émergence des figures, un moment privilégié, émouvant et fragile, le moment où, sans manifester encore une « psychologie », l'individu prend conscience de lui-même. Les paysans de Lucanie restent au seuil de cette grande découverte : tous ressemblent un peu à Giulia, la sorcière-reine du *Christ...*, qui ne voulait pas laisser faire son portrait par Carlo Levi, de peur que le tableau ne lui subtilisât une partie de son être. Peur magique éprouvée par ceux qui n'ont pas encore assez confiance en eux-mêmes pour abandonner au peintre une image qui lui donnerait un pouvoir sur eux. En Sicile, au contraire, le seuil est franchi. Les ouvriers des mines de soufre, qui autrefois refusaient de se laisser photographier, accourent devant la caméra de Levi, lequel use d'une formule saisissante pour marquer la révélation en l'homme de sa propre humanité : « Ils avaient trouvé le courage d'exister, ils n'étaient plus ennemis de leur propre image » *(les Paroles...)*. Francesca Carnevale aussi, la mère du syndicaliste assassiné, qui accuse la Mafia en discours vengeurs, a trouvé ce courage : « Les mots qu'elle emploie résonnent d'une manière nouvelle et étrange dans son dialecte : termes juridiques et politiques, la loi, la réforme, le soixante et le quarante pour cent[1], la lutte, l'organisation, les opportunistes, et ainsi de suite. Mais dans sa bouche, devant la mort, ce langage, ce conventionnel et monotone langage de parti, devient un langage héroïque, comme la première façon d'affirmer sa propre existence, le chant aride d'une fureur qui existe pour la première fois dans un monde nouveau » *(les Paroles...)*. En Russie également, sur les visages des paysans en visite à l'Exposition d'agriculture de Moscou, la même aurore d'existence absolue s'est levée : « A l'intérieur de ces pavillons chargés d'ornements étaient exposés partout, à l'envi, les fruits de la terre et partout la foule des paysans et des soldats, mal vêtus et sérieux, attentifs et silencieux, s'arrêtaient, comme des personnes qui visitent un musée ou une bibliothèque pour apprendre et contempler. Ils viennent en groupes, des fermes les plus éloignées, à cette exposition qui est considérée vraiment comme le centre et le symbole d'un univers paysan, à la fois pour s'instruire et pour se sentir fiers d'eux-mêmes, pour parler de soi à travers ce blé, à travers ce raisin, à travers ces pommes et aussi pour visiter Moscou, et faire leurs achats et marcher dans les rues, non point comme des touristes ou des curieux, mais avec le sentiment d'être une part active dans le cœur de la ville et de la nation » *(l'Avenir...)*. Et plus loin, à Erevan, capitale de l'Arménie soviétique : « Belle ou laide, la ville se fait : maçons et architectes sont ici le centre de toute chose ; les murs s'élèvent, et les maisons et les rues, mais on dirait que le but n'est pas tellement ces murs, ces rues, ces maisons, que le seul fait de les élever. Tous ont compris et sentent et pensent que le travail sert en lui-même, comme élément de libération, comme idéal pratique, comme instrument pour la découverte du monde et de leur propre existence. » Quant à Rocco Scotellaro, le jeune poète de Lucanie dont Carlo Levi a exalté le caractère et les œuvres, c'est à travers la création littéraire qu'il est parvenu à cette découverte. Son autobiographie, *l'Uva puttanella*, est « le récit d'un monde nouveau qui trouve sa réalité en s'exprimant pour la première fois », et dans ses vers, il ne copie pas un vieux monde avec de vieux mots, il fait surgir une réalité qui n'avait jamais eu le droit à l'existence, conformément au génie de toute poésie authentiquement contadine, laquelle donne leur nom et leur existence aux choses en les nommant pour la première fois. (Préface à *l'Uva puttanella*.)

Il faut insister sur ce moment de la « première fois » chez Carlo Levi, car s'il est vrai que chaque écrivain organise son œuvre autour d'une image centrale mythique (la solitude de la prison chez Stendhal, l'impuissance de la paternité chez Balzac, la volupté de l'avilissement chez Dostoïevski, et, pour nous rapprocher de notre époque et de l'Italie, la blancheur des membres sous l'eau chez Moravia, la plainte du monde offensé chez Vittorini, l'attente de l'aube chez Pavese), l'image centrale mythique de Carlo Levi n'est autre que cet instant provisoire de la découverte de soi par des hommes qui s'étaient ignorés pendant des siècles, ce point d'équilibre entre la confusion primitive et l'éveil timide et fier de la conscience, ce mystère de la naissance et de l'avènement d'un monde nouveau. On devine l'écrivain heureux que les ouvriers de Sicile et les

1. Allusion à la lutte soutenue par Salvatore Carnevale pour faire respecter la réforme agraire et la répartition légale de la récolte entre propriétaires et cultivateurs.

maçons de Russie et Francesca Carnevale et Rocco Scotellaro se soient libérés des peurs qui continuent à tenir les paysans du Sud plongés dans un marasme crépusculaire, mais plus heureux encore qu'ils ne se soient pas pour autant séparés de leur communauté et qu'ils n'aient ni le temps, ni les moyens, ni peut-être même l'idée d'acquérir une épaisseur, une autonomie psychologique. Monde véritablement parfait et presque fabuleux que celui où les hommes ont assez de dignité pour revendiquer leur qualité d'hommes opprimés par des siècles de misère et d'injustice, mais aussi assez d'accointances magiques avec les choses pour ne pas se trouver isolés dans l'odieuse « abstraction individuelle du fragment ».

Maintenant, on peut se demander où existe ce monde idéal sans âge, sans sexe, sans contours précis, et où les figures humaines ne comptent que comme pures émergences. Dans le Sud, bien entendu, et dans l'Est, et plus généralement dans cette fictive patrie sud-orientale que Levi ne cesse d'opposer tacitement à l'Occident. Temporairement, et partiellement, ce monde, semble-t-il, a aussi existé dans la Résistance. *(La Montre :* « Chacun faisait ce qu'il faisait avec naturel, dans un monde indépendant et sans compartiments étanches... Il y avait eu un moment où les hommes s'étaient sentis tous unis entre eux et avec le monde... Tout était si naturel ces jours-là, tout se tenait si bien ensemble, dans cette unité de toutes les choses... ») Mais il existe surtout, depuis toujours et pour toujours, et splendidement : dans l'enfance. Bien avant d'être le Sud, le royaume imaginaire de Carlo Levi, c'est l'enfance. Cela n'est jamais dit — il n'y a même pas tellement d'enfants dans les livres de cet auteur — mais sans cesse et partout suggéré, et il faudrait être aveugle pour ne pas s'en rendre compte. Qui ne songe ni à l'âge ni au sexe, sinon les enfants ? Qui voit dans les femmes des mères, des reines ou des déesses, sinon les enfants ? Qui apprend à se découvrir soi-même, sans pour autant rompre le magique contact avec les choses, sinon les enfants ? Qui vibre aux impressions ineffables de la « première fois », sinon les enfants ? Qui ignore le temps et navigue dans un espace démesuré, sinon les enfants ? Qui regarde les grandes personnes comme une suite d'apparitions sans liens entre elles et incompréhensibles, sinon les enfants ? Et « la terreur devant la transcendance de la confusion, la peur de l'indéfini qu'éprouve celui qui se livre à l'effort d'autocréation et de séparation, voilà ce qu'est le sacré » *(la Peur de la liberté)*, pour qui, sinon pour les enfants ? Et « l'obscur fond vital de chacun de nous » *(la Montre)*, « la masse présente en chacun de nous, cachée dans des profondeurs plus lointaines que celles de la conscience et de la mémoire » *(la Peur de la liberté)*, où se trouvent-ils avec plus de fraîcheur que chez les enfants ? Il n'y a pas jusqu'à la technique narrative de Carlo Levi qui ne rappelle celle des enfants. Qui passe d'un personnage à un autre et juxtapose les épisodes sans transitions ni concaténation, sinon les enfants ? Qui se laisse balancer, sinon eux, au mol rythme de phrases alignées sans souci excessif de style, de langue ni de syntaxe ? Les livres de Carlo Levi pourraient être considérés, à la limite, comme des livres d'images, et de fait *Un visage qui nous ressemble*, un des textes les plus caractéristiques de l'auteur, n'est qu'une suite de légendes destinées à illustrer un album de photographies sur l'Italie, et *Tout le miel est fini* a commencé par n'être que l'accompagnement d'une série de photographies sur la Sardaigne [1].

Albums d'images, et aussi : contes de fées. *Le Christ*... est certainement le plus beau conte de fées moderne, avec de véritables fées, des sorcières et des dragons, et l'atmosphère magique et puérile où s'abolissent les frontières du réel. Il est curieux, à ce propos, de constater que l'Amérique elle-même a été sublimée par la magie. Je disais au début que Carlo Levi ne voyage pas en Amérique ou du moins que, s'il a fait un voyage aux Etats-Unis, il n'en a point rapporté de livre, et j'indiquais les raisons de ce manque d'intérêt pour l'Amérique, pays de l'hémisphère occidental et affligé de tous les travers de l'Occident, l'individualisation, la fragmentation, l'abstraction. Or, à trois reprises, et tout à fait au hasard, semble-t-il, l'Amérique surgit : une première fois dans *Le Christ*..., au sujet de l'émigration, une deuxième fois dans *la Montre*, quand une vieille femme rencontrée à Rome dans un café évoque ses souvenirs américains et ses échanges épistolaires avec Rose Verte (Roosevelt), une troisième fois dans *les Paroles*..., à l'occasion de la visite dans son village natal, Isnello en Sicile, du maire de New York Impellitteri. Carlo Levi s'est-il donc d'une manière ou d'une autre réconcilié avec l'Amérique de l'individualisation et de l'abstraction ? Point du tout : l'Amérique de Carlo Levi reste une Amérique enfantine et fabuleuse, l'Amérique du Far West et du Gold Rush, ou du moins, entre les deux Amériques possibles, celle de la loi et de l'effort et celle du rêve et du miracle, Carlo Levi a choisi la seconde, qui est aussi celle des paysans du Sud et celle des enfants. La New York volontaire et dure s'estompe derrière la Jérusalem céleste, Roosevelt perd son individualité abstraite d'homme d'Etat et d'homme d'Etat occidental en devenant Rose Verte, et Impellitteri, enfin, revenu visiter l'humble maison où il naquit, ressemble à s'y méprendre à Jésus-Christ en personne.

Un monde d'enfants. Quelle place y ont les hommes ? Il faut revenir sur ce problème, le problème le plus intrigant dans l'œuvre de Carlo Levi. Certes, il n'y a pas de mot qu'il répète plus souvent que celui de : hommes. Un lecteur superficiel pourrait le ranger parmi les doux humanistes contemporains, les Duhamel, les Saint-Exupéry, les Camus. Ce serait se méprendre du tout au tout. Les « hommes », dans le langage de Carlo Levi, c'est à la fois beaucoup plus et beaucoup moins que des hommes. Beaucoup plus, car ils sont des Dieux. Dans *Un visage qui nous ressemble*, qui est un portrait de l'Italie en vingt-six pages, les Dieux ne reviennent pas moins de dix-sept fois. « Il y a en eux (les Italiens) la beauté archaïque et présente d'un monde habité par les Dieux les plus antiques. » Les vieux mendiants, dans la foule de Naples, portent les signes de leur âge « comme des Dieux voyageurs, travestis, pour passer inconnus, sous de tremblantes et vétustes dépouilles » *(la Montre)*. Frappé de voir, à la Pinacothèque de Munich, comment les visages, énergiquement véristes, de Schongauer, de Grien, d'Altdorfer, de Dürer, de Grünewald, reflètent exactement la liberté animalesque qu'il a observée sur les faces des buveurs de bière, Carlo Levi se dit qu'en Italie, au

1. Ce livre, publié en Italie comme essai littéraire, a d'abord été édité en Allemagne sous forme de commentaire aux photographies de Janos Reismann, le photographe de *Un visage qui nous ressemble.*

contraire, le « beau idéal » créé par les peintres est devenu un modèle obligatoire pour la plus humble campagnarde. « La Madone de Raphaël qui, dans un pauvre chromo, est pendue au-dessus du lit d'une paysanne italienne, la contraint, sans qu'elle le sache, à la mesure de la beauté » *(la Double Nuit...)* J'ai déjà compté maint pas majestueux de reine traversant l'horizon de Carlo Levi : Reines, Madones ou Dieux, il y aurait de quoi s'étonner que le démocrate et le marxiste, l'anticlérical et le sénateur communiste, ait besoin de ces sublimes patronages pour sauver le genre humain de la médiocrité, si nous ne savions, justement, que pour un œil d'enfant chaque homme est Dieu et chaque femme Reine, et que, dans une conception puérile et magique du monde, les grandes personnes ont les mêmes dimensions mythiques que les paladins de France pour le public du petit théâtre de marionnettes à Palerme.

Hommes-Dieux, mais aussi : hommes-animaux, hommes-choses, hommes-plantes. Dans l'univers imaginaire de Carlo Levi, « il n'existe pas de distinction entre l'homme et l'animal, entre l'homme et la plante ; et le soleil, la pluie, la forêt, la génération et la mort, le monde entier qui nous environne ne font qu'un avec la personne qui vit comme un arbre, s'enracine dans le sol, fleurit, donne ses fruits et, le temps venu, se dessèche » *(la Montre)*. « Combien de fois ai-je peint ces visages qui sont des paysages, des vallées et des montagnes, et des pierres de douleur lointaine... Il y a ici (en Italie), peut-être plus qu'ailleurs, une douceur perceptible dans chaque corps qui se sent arbre, animal, racine, soleil, et qui jouit du simple fait d'être au monde » *(Un visage...)*. Bien mieux, parmi les personnages les plus « humains » de Carlo Levi, se trouvent des animaux, le fabuleux chien Barone du *Christ...*, à la double nature de baron et de lion, et le chien rencontré dans l'escalier nocturne de *la Montre*, qui défend son maître mort avec la ferveur des pleureuses antiques, et les deux merveilleuses corneilles rapportées de Sardaigne ; et non seulement des animaux, mais quantité de choses auxquelles personne ne songe à s'adresser sauf Carlo Levi : les fleurs du plafond de sa chambre, les nuages dans le ciel de Rome, les lumières éparses dans la vallée du Neckar. Et dans ce monde unitaire où chaque homme est en rapport avec les objets et avec les animaux, et respire une plénitude harmonieuse qui innocente jusqu'à l'oisiveté, il arrive même, en de solennelles occasions, que les paroles deviennent pierres [1].

Hommes-Dieux ou hommes-plantes, mais jamais hommes-hommes. L'originalité principale de Carlo Levi, c'est que son humanisme se sépare radicalement de l'optimisme de ceux qui ont « confiance dans l'homme », et rejoint deux courants de poésie contradictoires, l'un très ancien et l'autre très nouveau. Le courant de poésie nouveau, c'est celui qui se manifeste, en France par exemple, dans les œuvres d'André du Bouchet. Simple coïncidence, bien entendu, mais on ne peut manquer d'être frappé par la ressemblance : la pierre, l'arbre, la branche, voilà les personnages

---

1. Cette expression, qui a fourni le titre au livre sur la Sicile et s'explique par le monologue implacable de Francesca Carnevale contre la Mafia, Carlo Levi l'avait employée une première fois dans *la Montre*, à propos d'une histoire vraie qu'il disait ne pas vouloir raconter, tant qu'il ne serait pas si vieux que les paroles lui sortent de la bouche comme des pierres.

de du Bouchet, qui rappelle à la vie les objets abandonnés dans « la chaleur vacante » et dresse contre l'homme, autrefois seul privilégié, la puissance des choses retrouvées. Seulement, la poésie d'André du Bouchet (ou d'Eugenio Montale en Italie) est d'une aridité, d'une sécheresse proprement terrifiante, sécheresse et aridité auxquelles l'œuvre de Carlo Levi échappe parce qu'elle s'abreuve à un autre courant de poésie, vieux comme le monde, à la source jaillissante et intarissable de l'art immémorial des troubadours et des conteurs de fables. Le poète ancien chante les Dieux et les Reines et le poète nouveau chante les pierres et les plantes, et, de cette conjonction de deux poétiques éloignées dans le temps et contradictoires dans leur contenu, naît cette œuvre étonnante qui n'est d'aucun temps et ne répond à aucune définition, inégale comme tout ce qui ne se distingue pas trop de la vie, parfois aussi paresseuse et pour les mêmes raisons, mais toujours magicienne et évocatrice de ce monde perdu qui est l'enfance, où les sexes n'étaient pas encore séparés, ni le moi de l'autre, ni les trois règnes de la nature entre eux, ni la fable de la réalité, ni la vie de la mort, où chaque geste était célébré avec l'emphase propitiatoire des rites, où les contrariétés, s'il en survenait, étaient aussitôt abolies dans une chaleureuse harmonie unitaire.

Brisés et divisés d'avec nous-mêmes, nous le sommes deux fois, une fois en tant qu'adultes et une autre fois en tant qu'Occidentaux, et s'il est vrai que le voyageur étranger descendu des Alpes a toujours cherché et continue à chercher en Italie une mystérieuse seconde enfance, plus vraie souvent que la première, et faite de générosité, de simplicité, mais d'abord d'un art inconnu ailleurs, l'art de se sentir en bons rapports avec les autres et avec soi-même — s'il est vrai que seule l'Italie sait rendre réels et vivants les verts paradis enfouis pour toujours dans les arcanes de la mémoire, alors il est vrai aussi qu'il n'y a pas d'écrivain plus italien que Carlo Levi, aucun qui exprime avec plus de naturel la gentillesse et la grâce et l'indolence de son pays, aucun dont la lecture puisse nous restituer avec plus d'évidence les royaumes qui dormaient au fond de nous, aucun envers qui nous ayons autant de gratitude, pour nous avoir délivrés du commerce des hommes et réappris le langage des Dieux qui est aussi celui des pierres et des arbres.

Levi (Primo)

L'univers tragique de Primo Levi

Plus jeune de dix-sept ans que son homonyme, sans lien de parenté avec Carlo Levi, mais, comme lui, Piémontais et Juif, et, comme lui encore, écrivain de pure circonstance, qui n'avait aucune vocation pour la littérature et que seuls les événements et l'horreur de l'expérience subie déterminèrent à témoigner par l'écriture, Primo Levi appartenait à cette communauté israélite de Turin qui, bien qu'assimilée depuis plusieurs générations, avait gardé ses pratiques et ses rites. La biographe de Primo Levi [1] décrit les usages de cette petite société, assez semblable à celle de Ferrare telle que Giorgio Bassani l'a évoquée dans *le Jardin des Finzi-Contini*. Le jeune Primo apprit assez d'hébreu à l'école du Talmud pour célébrer, à treize ans, sa bar-mitzva, mais, comme il s'agissait d'une formalité familiale plus que d'une conviction intérieure, il oublia ensuite ce qu'on lui avait enseigné de la langue hébraïque, jusqu'à ce que la tragédie où il fut entraîné le poussât à s'y intéresser à nouveau. Son père, quoique fidèle à la loi juive, se faisait couper par le charcutier, pour les dévorer en cachette, quelques tranches du jambon dont il raffolait. Victoire de la sensualité sur l'abstraction, leçon dont le fils profiterait pour donner à *la Trêve*, son deuxième livre, la couleur et la saveur de la vie.

Au lycée Massimo d'Azeglio, Primo Levi eut pour professeur de lettres Cesare Pavese, dont il n'a pas gardé, semble-t-il, grand souvenir. A quatorze ans, il décida d'être chimiste. Pour ce qui est de la littérature, il conserva le culte de certains auteurs classiques, l'Arioste, Leopardi, Manzoni. Dante surtout, dont il avait appris des passages par cœur, que plus tard, au Lager d'Auschwitz, il pouvait se réciter, tout en se désolant de ne pouvoir retrouver tous les vers. Cependant, les sciences exactes l'attiraient plus. A la recherche d'une clef qui lui ouvrirait la compréhension de l'univers, il concevait la science de la matière comme une discipline poétique. Nul doute que cette double disposition d'esprit lui ait permis ensuite, et de se montrer extraordinairement attentif à l'expérience du camp de concentration, au lieu de se laisser sombrer, comme les autres détenus, dans le désespoir, l'apathie, et d'exprimer cette expérience dans un style concis, précis, sans emphase.

En 1937, après le baccalauréat, Primo Levi entra à l'Institut de chimie. Les lois raciales, promulguées en 1938, firent défense aux Juifs d'étudier dans les établissements publics, sauf pour ceux qui étaient déjà inscrits. Le jeune homme put ainsi terminer ses études et obtenir, en juillet 1941, le doctorat de chimie. La vie des Juifs à partir de 1938 devint difficile mais non insupportable. Soumis à de nombreuses vexations, ils n'étaient pas persécutés. Mussolini avait voulu singer Hitler, mais ni lui ni personne en Italie n'était farouchement antisémite. Parmi les mesures plus humiliantes, figurait l'interdiction de se marier ou d'avoir des rapports avec les chrétiens. En 1942, Primo Levi transportait sur sa bicyclette une certaine Gabriella, qu'il conduisait chez un garçon rival. Dans un de ses livres tardifs, *le Système périodique*, il se rappelait encore quelle mortification lui faisaient endurer ces promenades. « Un goy, et elle une goy, selon la terminologie ancestrale : ils auraient pu se marier. Je sentis grandir en moi, pour la première fois peut-être, une sensation écœurante de vide : c'était donc cela que voulait dire "être différent", le prix à payer pour être le sel de la terre. Porter sur sa bicyclette une fille que l'on désire, et en être tellement éloigné qu'on ne pouvait même pas en être

1. Myriam Anissimov, *Primo Levi, ou la tragédie d'un optimiste*, Lattès.

amoureux ; la porter sur son cadre dans le viale Gorizia pour l'aider à devenir la femme d'un autre et à disparaître de ma vie. »

Cependant, les autorités restaient si débonnaires avec les Juifs que beaucoup d'israélites, fuyant l'Allemagne et l'Europe de l'Est, venaient se réfugier en Italie. Tout changea à partir de 1943, après l'armistice séparé conclu entre le gouvernement Badoglio et les Alliés, et quand Mussolini, replié à Salò, dans le nord de la péninsule, eut reconstitué, sous la protection de l'armée allemande, une République sociale beaucoup plus dure et fanatique que l'ancien régime fasciste. Le premier camp de concentration italien fut créé en décembre 1943, à Fossoli di Carpi, près de Modène. On calcule que de six à sept mille Juifs italiens y transitèrent, avant d'être expédiés par les Allemands dans leurs camps d'extermination.

Dès septembre, Primo Levi et plusieurs de ses amis avaient rejoint dans la montagne proche de Turin les partisans du groupe Giustizia e Libertà, qui rassemblait des intellectuels de premier plan, tels Carlo Levi, Leone Ginzburg, Franco Antonicelli, lequel serait le premier éditeur, après la guerre, de Primo Levi. Des traîtres livrèrent le jeune chimiste et ses camarades aux miliciens. En décembre il fut un des premiers à être internés au camp de Fossoli di Carpi. Cent cinquante Juifs s'y trouvaient alors parqués. Quelques semaines plus tard, ils étaient six cents. Au mois de février 1944, les six cents premiers Juifs italiens furent embarqués par les Allemands vers l'Europe de l'Est, dans un convoi de douze wagons de marchandises plombés.

Primo Levi avait vingt-quatre ans. Tandis que Carlo Levi avait été relégué en Lucanie, dans une terre du Sud, qui, pour être arriérée et misérable, n'en était pas moins chauffée par le soleil et embellie par la vitalité de ses habitants, Primo Levi échoua en Pologne, par un des hivers les plus froids de la guerre, dans un camp satellite d'Auschwitz, le Lager de Buna-Monowitz, qui fournissait des travailleurs à l'usine de caoutchouc voisine. De son séjour, qui avait ressemblé à une villégiature forcée plus qu'à une prison, Carlo Levi rapporta *Le Christ s'est arrêté à Eboli*, ce livre merveilleusement coloré et savoureux (1945). Deux ans plus tard, Primo Levi proposait aux éditeurs ses souvenirs de déportation, sous le titre *les Engloutis et les Rescapés*, texte noir et nu, témoignage presque insoutenable d'un des très rares survivants.

Le manuscrit aurait dû, se dit-on, retenir l'attention de Giulio Einaudi, ancien du groupe de résistance Giustizia e Libertà, et éditeur particulièrement sensible aux thèmes antifascistes. Parmi ses collaborateurs se trouvaient Cesare Pavese (voir article *Pavese*) et Natalia Ginzburg. Pavese eut connaissance du manuscrit. Il le refusa, ainsi que d'autres livres sur l'holocauste. Quant à Natalia Ginzburg, née Levi, et dont le mari, Leone, Juif aussi, était mort sous la torture dans la partie allemande de la prison romaine de Regina Coeli, elle rendit, contrairement à tout ce qu'on aurait attendu d'elle (voir article *Ginzburg*), un rapport également négatif. « Texte inopportun », jugea-t-elle.

Les survivants dérangeaient. Ecarté par tous les grands éditeurs, le livre parut chez De Silva, un petit imprimeur de Florence, sous un titre, plus sobre et meilleur, suggéré par Franco Antonicelli, *Si c'est un homme*. Tirage de 2 500 exemplaires, dont la plupart demeurèrent invendus, malgré un élogieux compte rendu du jeune Italo Calvino, dont le premier roman, *le Sentier des nids d'araignée* (voir article *Sciascia*), sortait au même moment. A part cet article, publié dans *l'Unità*, le journal du parti communiste, mutisme de la presse et indifférence du public. Au bout de vingt ans, les six cents exemplaires qui restaient dans le magasin de stockage furent détruits par les eaux boueuses de l'Arno, lors de la crue de l'automne 1966.

En 1947, l'Italie sortait du fascisme et ne tenait pas à se retourner sur les crimes dont elle s'était rendue complice. Une autre raison explique que la reconnaissance ne soit arrivée que si tard. Un tel ouvrage, par sa force terrible et sa sobriété implacable, réduit à néant presque tout le reste de la littérature. Les autres livres paraissent déplacés, frivoles, légers, inconsistants, en comparaison d'un pareil récit. Il était naturel que l'intelligentsia italienne en voulût sourdement à Primo Levi d'avoir « bénéficié » d'une expérience si exceptionnelle, de s'être « enrichi » d'un capital de souffrances, d'émotions et de réflexions inaccessible aux écrivains ordinaires. Quels que fussent les sujets qu'ils traitaient, ceux-ci paraissaient n'avoir rien à dire, rien qui valût la peine d'être dit, à côté de ce que disait ce franc-tireur de la littérature, narrateur d'occasion, dépourvu de papiers professionnels, fort seulement du martyre enduré pendant treize interminables mois et de la volonté de parler au nom des millions de ceux qui n'avaient pas survécu.

Ni Moravia, avec qui je parlais souvent de l'actualité littéraire en Italie, ni aucun des écrivains, critiques littéraires, journalistes que je fréquentais dans les années 60 à Rome ne m'ont jamais parlé de Primo Levi. Ferdinand Camon est peut-être le premier écrivain d'importance qui l'ait salué publiquement *(Entretiens avec Primo Levi*, 1982-1986, Gallimard, 1991) et mis à sa juste place, plus haut que Soljenitsyne lui-même : parce que Camon, appartenant à la génération suivante, n'avait pas à se sentir frustré d'une expérience que les contemporains de Primo Levi avaient « manquée », si l'on peut dire. Nombreux, parmi les hommes de lettres italiens, étaient les Juifs qui durent adopter des mesures de précaution pour échapper aux lois raciales fascistes. Ils s'en tirèrent sans trop de mal, tels Bassani, pour qui le préjudice se limita à l'interdiction de monter dans les tramways, d'entrer dans une salle de cinéma ou de jouer au tennis dans son club, ou Moravia, qui se cacha pendant quelques mois dans les montagnes près de Rome, séjour qui lui fournirait le décor et la trame d'un roman, *la Ciociara*. Un rescapé du génocide ne cadrait pas avec l'image que l'Italie voulait se donner d'elle-même. L'antisémitisme ? Il n'avait été, dans ce pays, qu'une comédie supplémentaire.

En France, publié par Corréa, en 1961, mais dans une traduction exécrable désapprouvée puis interdite par l'auteur, sous le titre déjà faux *J'étais un homme*, le livre disparut à peine imprimé. Il n'est ressorti qu'en 1987, après le suicide de Primo Levi, très bien traduit cette fois, mais trop tard pour avoir tout le retentissement nécessaire.

Vous qui vivez en toute quiétude
Bien au chaud dans vos maisons,
Vous qui trouvez le soir en rentrant

La table mise et des visages amis,
Considérez si c'est un homme
Que celui qui peine dans la boue,
Qui ne connaît pas de repos,
Qui se bat pour un quignon de pain,
Qui meurt pour un oui pour un non.
Considérez si c'est une femme
Que celle qui a perdu son nom et ses cheveux...

Je cite le début du poème liminaire, parce que c'est la seule page du livre où perce une ombre de ressentiment contre la société civile. De retour à Turin, Primo Levi s'était aperçu que son témoignage, sa présence gênaient ceux qui n'avaient même pas entendu parler des Lager et qui, maintenant, éprouvaient une sorte de honte, non seulement d'être restés inactifs devant cette tragédie, mais d'avoir continué à vivre en l'ignorant. Pourtant, et je vois là un des caractères les plus remarquables de *Si c'est un homme*, on n'y trouve ni rancœur ni esprit de revanche. Contre personne, ni contre les tièdes de l'arrière, ni contre les bourreaux du front. Aux lycéens avec qui, dans la suite, il venait discuter de son ouvrage et qui s'étonnaient de n'y repérer aucune trace de haine contre les Allemands, Primo Levi répondait qu'il avait délibérément recouru au langage retenu et posé du témoin, « plutôt qu'au pathétique de la victime ou à la véhémence du vengeur », persuadé que son texte serait d'autant plus crédible qu'il apparaîtrait plus objectif et dépassionné.

Il s'ensuit un livre absolument unique, un des plus grands de ce siècle, et déjà un de ces classiques dont on est sûr qu'il survivra d'âge en âge. Elie Wiesel et Primo Levi, s'étant rencontrés des années plus tard, crurent pouvoir établir qu'ils avaient partagé la même baraque à Buna-Monowitz. Ils ne gardaient aucun souvenir l'un de l'autre. Pour ce qui est du traitement littéraire de leur expérience, rien n'est plus éloigné du lyrisme et de la surenchère biblique à l'œuvre dans les livres de Wiesel, que l'austérité, la neutralité de l'Italien.

L'arrivée au Lager, et le début de ce qui va être, d'emblée, la « démolition d'un homme » : « En un instant, dans une intuition quasi prophétique, la réalité nous apparaît : nous avons touché le fond. Il est impossible d'aller plus bas : il n'existe pas, il n'est pas possible de concevoir condition humaine plus misérable que la nôtre. Plus rien ne nous appartient : ils nous ont pris nos vêtements, nos chaussures, et même nos cheveux ; si nous parlons, ils ne nous écouteront pas, et même s'ils nous écoutaient, ils ne nous comprendraient pas. Ils nous enlèveront jusqu'à notre nom : et si nous voulons le conserver, nous devrons trouver en nous la force nécessaire pour que derrière ce nom, quelque chose de nous, de ce que nous étions, subsiste. »

Les fanfares et les chansons militaires dont les SS, chaque matin, accompagnent le départ des déportés pour le travail expriment la « folie géométrique » qui préside à l'anéantissement des prisonniers. « Quand cette musique éclate, nous savons que nos camarades, dehors dans le brouillard, se mettent en marche comme des automates ; leurs âmes sont mortes et c'est la musique qui les pousse en avant comme le vent les feuilles sèches, et leur tient lieu de volonté. »

La faim, le froid sibérien de Pologne, l'humiliation permanente, l'entassement sur trois étages de paillasses, dans les chambrées surpeuplées, les épidémies, l'enfer de boue, de glace, de puanteur, l'horreur scientifiquement organisée par la rationalité germanique, tout le monde a lu ou devrait lire ces pages que l'épithète « admirables » qualifie faiblement. Mais pourquoi, me suis-je demandé, est-ce un Italien qui a médité le plus à fond sur l'expérience des camps, pourquoi un Italien a-t-il le mieux compris l'essence de cette déshumanisation méthodique, pourquoi est-il revenu à un Italien de dégager la valeur universelle de cette entreprise de destruction ?

Je crois qu'il a été aidé dans cette tâche par le fait d'appartenir à une culture qui avait déjà beaucoup réfléchi sur « l'homme ». Peut-être n'avait-il pas lu *Conversazione in Sicilia*, de Vittorini (1941), ni *Uomini e no* (1945), du même auteur (voir article *Vittorini)*. Mais Vittorini n'était lui-même que le porte-parole d'un vaste mouvement de pensée, dans l'Italie mussolinienne, et il est impossible que Primo Levi, vivant dans une des capitales intellectuelles de la péninsule, n'ait pas été marqué par ce qui se disait et se publiait autour de lui.

Uomini e no : le titre français *les Hommes et les autres* ne rend pas la brutalité du titre italien. Vittorini veut dire que la dictature politique, mais aussi la dictature capitaliste de l'argent, non seulement nient les droits de l'homme, mais cherchent à dépouiller les hommes de leur qualité humaine. Il se trouve que « l'homme », néanmoins, est d'autant plus authentique qu'il est réduit à lui-même. Retrouver, sous les superstructures sociales, culturelles, la réalité humaine, pure et irréfutable, voilà la tâche des temps nouveaux. Le « non-homme » devient le seul homme vrai. L'« offense » qu'il subit lui rend sa dignité première. Et toute la culture appelée improprement « néoréaliste » (« néohumaniste » conviendrait mieux), dont Vittorini fut, avec Pavese, le principal héraut, ne se proposait d'autre but que de déceler et déterrer, à l'intérieur des hommes dépourvus de culture, de vernis bourgeois, et soumis à l'exploitation capitaliste, leur qualité d'hommes ignorée, enfouie, brimée depuis des siècles.

Primo Levi, certes, n'exalte pas la « dignité » du déporté. Il le décrit comme il l'a vu, comme il s'est senti lui-même, avili, anéanti, rabaissé à l'état de « non-homme ». (Le mot se trouve dans son livre, ainsi que d'autres expressions à la Vittorini, comme l'« offense ».) Reste que le fil conducteur de *Si c'est un homme*, ce qui donne au livre sa tension, son mouvement extraordinaires, c'est la découverte de « l'homme » dans sa nudité élémentaire, de la créature humaine réduite à son « mécanisme primordial ». Il ne s'agit plus de savoir à quelle classe sociale appartiennent les détenus : parmi eux se trouvent des gens de toute origine. Ce qu'ils étaient dans leur vie antérieure ne compte plus. Ils ne sont plus que des « hommes », ou des « non-hommes », affranchis de tout ce que la vie civile avait fait d'eux, unifiés par le pyjama rayé, les guenilles, les privations, les souffrances, l'anonymat ; formant une nouvelle société, sans classes, sans barrières d'argent, de métier, de culture, et donc, pour un passionné de la nature humaine, un terrain d'observation infiniment plus riche, plus varié, plus probant que les Siciliens de Vittorini ou les

Piémontais de Pavese. Etant plus radicale, l'expérience du Lager est plus universelle.

« Enfermez des milliers d'individus entre des barbelés, sans distinction d'âge, de condition sociale, d'origine, de langue, de culture et de mœurs, et soumettez-les à un mode de vie uniforme, contrôlable, identique pour tous et inférieur à tous les besoins : vous aurez là ce qu'il peut y avoir de plus rigoureux comme champ d'expérimentation, pour déterminer ce qu'il y a d'inné et ce qu'il y a d'acquis dans le comportement de l'homme confronté à la lutte pour la vie. »

Que reste-t-il de l'homme, débarrassé des superstructures du monde civilisé ? Une brute ? Une loque ? Ou au contraire une étincelle prouvant son origine divine ? Bien que Primo Levi se garde de conclure, on devine qu'il n'aurait pas volontiers partagé l'enthousiasme lyrique de *Conversazione in Sicilia*. Le chimiste qui était en lui l'a sauvé de toute amplification rhétorique : il se contente de noter, comme il faisait dans son laboratoire en étudiant les propriétés des corps, les réactions des individus soumis à l'épreuve du Lager. Pour cette raison, *Si c'est un homme* gardera intactes, à jamais, la puissance et la beauté d'un constat scientifique. Dans quel autre « laboratoire » littéraire a-t-on observé aussi nettement, sans préjugés, sans aucun des filtres que posent les convictions idéologiques, avec l'objectivité et la compétence du savant, ce qu'est l'« humanité » ?

Le témoignage dépouillé, austère de *Si c'est un homme* pouvait faire penser que l'auteur n'avait pas les ressources d'un véritable écrivain. On sait maintenant, par certains textes écrits ultérieurement et qui servent de compléments au premier (par exemple *Lilith)*, que Primo Levi était loin d'avoir tout raconté d'emblée. Seules quelques anecdotes émaillent le tissu noir de *Si c'est un homme*, ouvrage composé et mûri comme une œuvre d'art, avec le souci, non de faire un tableau complet d'une année de camp, mais d'en extraire un condensé, rigoureux comme une tragédie antique.

Dès 1963, le deuxième livre de Primo Levi, écrit moins par inclination naturelle que sous la pression de ses amis, apportait un démenti éclatant à ceux qui doutaient de ses dons. Récit aussi différent de *Si c'est un homme*, par le ton et l'allure, que l'aventure du retour en Italie avait été différente de l'enfermement à Monowitz, *la Trêve* (traduction française en 1966, chez Grasset) relate les péripéties du rapatriement. Après que les Russes les eurent libérés, Levi et ses rares camarades survivants furent embarqués dans un convoi qui, au lieu d'être dirigé sur l'Italie, partit dans le sens contraire. Ils vagabondèrent plusieurs mois à travers la Pologne, la Russie, l'Ukraine, la Roumanie, la Hongrie, la Slovaquie, l'Autriche et l'Allemagne, avant de franchir le col du Brenner et d'arriver à Vérone.

Dans le seul passage de *Si c'est un homme* où Levi se rappelait qu'il était un homme du Sud, il avait évoqué « ces quelques rescapés de la colonie juive de Salonique, au double langage, grec et espagnol, et aux activités multiples... dépositaires d'une sagesse concrète, positive et consciente où confluent les traditions de toutes les civilisations méditerranéennes ». Epopée picaresque, pittoresque, drôle malgré les effroyables tribulations, *la Trêve* est le pendant méditerranéen du glacial témoignage sur le camp. Toute l'italianitude de l'auteur, refoulée derrière les barbelés du Lager, et toute la chaleur, la générosité du tempérament juif, surgirent à nouveau dans ce récit.

Et d'abord le goût et l'art du portrait. Il n'y avait pas de portraits dans *Si c'est un homme*, sauf quelques esquisses, dix lignes çà et là, les détenus étant justement des créatures interchangeables, qui avaient perdu leur nom, leur identité, et qu'on ne désignait plus que par leur numéro tatoué sur le bras. A peine la liberté revenue, hommes, femmes, enfants reprennent des traits distincts. Voici le petit Hurbinek, chétif gamin de trois ans, qui mourut des suites de l'anémie, quelques jours après la libération, mais non sans laisser autour de lui un souvenir indélébile. On ignorait d'où il venait, personne ne lui avait appris à parler, mais ses yeux, « perdus dans un visage triangulaire et émacié, étincelaient, terriblement vifs, suppliants, affirmatifs, pleins de la volonté de briser ses chaînes, de rompre les barrières mortelles de son mutisme » ; « Le besoin de la parole jaillissait dans son regard avec une force explosive », force si irrésistible qu'il réussit à s'emparer d'un mot, un seul, que personne ne sut déchiffrer, et qu'il emporta dans sa tombe, à jamais incompréhensible et mystérieux.

Voici Jadzia, la jeune Polonaise, tourmentée par le désir de l'homme, de n'importe quel homme. Le premier mâle qui passait sous son regard, elle « le fixait de ses yeux hagards et hébétés, se levait de son coin, avançait vers lui d'un pas incertain de somnambule, en cherchait le contact ; si l'homme s'éloignait, elle le suivait à distance, en silence, pendant quelques mètres, puis, les yeux baissés, elle retombait dans son inertie ; si l'homme l'attendait, Jadzia l'entourait, l'absorbait, en prenait possession avec les mouvements aveugles, muets, tremblants, lents mais sûrs qu'ont les amibes sous le microscope ».

Jamais non plus on n'oubliera aucun des compagnons, grecs ou italiens, avec qui Levi partagea une sorte d'école buissonnière à travers l'Europe. Lui, le puritain, l'introverti, s'abandonna, avec une curiosité amusée, aux surprises des incidents quotidiens. Pour survivre, ils se livraient à d'invraisemblables trafics, qui rappellent ce qu'on observe à Naples, dans les bas-fonds de Forcella ; cependant que, dans les gares où ils échouaient, lâchés par une locomotive à bout de souffle, ils regardaient passer l'Armée rouge qui rentrait : « spectacle à la fois choral et solennel comme une migration biblique, désordonné et bariolé comme un déplacement de saltimbanques ».

Le contact avec les militaires soviétiques ne fut pas toujours agréable aux rescapés. Quel soulagement, toutefois, après avoir été broyés dans les engrenages de l'implacable machine nazie, d'avoir affaire à l'indolence anarchique, à l'incurie poétique, à la gaieté bon enfant des nouveaux maîtres russes ! Le 8 mai 1945, à l'annonce de l'armistice, ceux-ci se déchaînèrent en un paroxysme d'allégresse. Et le narrateur de s'émerveiller devant les « ferments gigantesques » qui soulèvent ce pays démesuré, « entre autres, une faculté homérique de joie et d'abandon, une vitalité primordiale, un talent païen, vierge, pour les manifestations, les réjouissances, les kermesses ».

L'errance à bord du train dura presque neuf mois, dans une improvisation de chaque jour et une pagaille indescriptible. On faisait halte pendant quelques heures ou pendant plusieurs mois. Voies défoncées, gares saccagées, partout les stigmates de la guerre, partout des difficultés sans fin, aggravées par l'impéritie de l'administration soviétique. Lorsqu'on demandait au mécanicien en quelle partie de l'Europe on s'était arrêté, quand on repartirait, dans quelle direction, il répondait : « Je ne sais pas. Nous allons là où nous trouvons des rails. » Le plus long séjour eut lieu au milieu de la forêt russe, en bordure d'une route droite à perte de vue, dans cet espace « immense, héroïque », où un Italien, habitué aux paysages bien dessinés, se sent pris de vertige. Le passage de la camionnette du cinéma militaire fut l'événement le plus mémorable. Les séances, qui durèrent trois jours, donnèrent lieu à de grandioses épisodes d'hystérie collective. Les soldats russes, très jeunes, presque des enfants, s'abandonnaient à un enthousiasme « sismique ». Il fallait un Italien, je crois, pour se montrer si sensible et témoigner une telle sympathie à un peuple qui, malgré les différences de climat et d'histoire, vit dans la même gabegie chaleureuse et le même fatalisme cordial que les hommes du Sud.

Après l'entrée en Roumanie, réapparut, aux yeux des voyageurs stupéfaits, « un décor incroyablement domestiqué : à la place de la steppe primitive, les collines verdoyantes de la Moldavie, avec des fermes, des meules de blé, des rangées de vigne ». A Linz, sur la ligne de démarcation avec l'Ouest, les Américains se substituèrent aux Russes, et soumirent sans tarder la horde crasseuse et dépenaillée à une désinfection aussi méthodique qu'efficace. Foi dans l'hygiène et philanthropie militante. « Ce fut sous cet aspect de purification et d'exorcisme que l'Occident prit possession de nous. »

A Turin, Primo Levi retrouva sa mère et les membres de sa famille. La tourmente les avait épargnés. Il retrouva son appartement de Corso Re Umberto et ses habitudes. Peu d'écrivains, sans doute, ont été de tempérament aussi sédentaire : il était né dans cet appartement, il n'en déménagea jamais, et, quand il eut décidé de se tuer, il ne prit pas la peine, comme Pavese, d'aller s'enfermer dans une chambre d'hôtel, mais se contenta de franchir le palier devant son appartement et de se jeter dans la cage d'escalier de son immeuble. En même temps, les livres qu'il aimait le plus étaient des livres d'aventures, remplis d'exploits héroïques. Au Lager, juste avant la libération, il tomba sur un roman français, qu'il lut avec passion : *Remorques*, de Roger Vercel, histoire du capitaine Renaud, que son métier de sauveteur en haute mer oblige à affronter l'océan déchaîné, au secours des navires en perdition. Familier d'Homère, de Marco Polo, d'Herman Melville, de Joseph Conrad, d'Isaac Babel, de Saint-Exupéry, Primo Levi apprécia le petit récit de Mario Rigoni Stern publié par Vittorini en 1953. Un auteur de circonstance, lui aussi, mais qui ne dépare pas la galerie de ces grands noms. Il racontait, dans *le Sergent dans la neige*, la retraite des armées allemande et italienne à travers les plaines glacées de l'URSS. Le casanier Levi ne pouvait s'empêcher de rêver à ses longs mois de vagabondage forcé, ni de demander aux livres de l'entraîner à nouveau sur les routes du monde.

La Trêve remporta le prix Campiello, qui a cette particularité d'être décerné par des centaines de lecteurs anonymes votant par correspondance, sur une liste de cinq noms sélectionnés par un jury d'écrivains. Redevenu chimiste, Levi continua à écrire, par intermittence. 1975 : *la Clef à molette*, aventures d'un ouvrier monteur, spécialiste de structures métalliques. 1979 : *le Système périodique*, parabole autobiographique construite d'après la table des éléments de Mendeleïev. Associer à nouveau culture littéraire et culture scientifique, comme au temps de Léonard de Vinci et de Galilée, introduire dans le roman les problèmes de la plus moderne technologie, tels étaient les buts de l'auteur. Pleinement atteints, à en juger par le succès de ces deux livres, cette fois immédiat, d'abord en Italie, puis dans le reste du monde. Cependant, malgré des prix littéraires prestigieux (Prato, Strega), la méfiance, sinon l'hostilité, de l'intelligentsia italienne ne désarmait pas.

Premier sujet de conflit : la conception même du travail. Le travail rend-il l'homme indépendant ou fait-il de lui un esclave ? En montrant, dans *la Clef à molette*, que « le travail d'un simple technicien peut être source d'inspiration et matière à roman », en mettant en scène un ouvrier qui, à l'écart des débats syndicaux et des revendications politiques, s'ingénie à perfectionner ses méthodes et à tirer le meilleur parti de son métier, Primo Levi enfreignait gravement la doctrine en vogue dans la Turin des années 70 et dans l'Italie des Brigades rouges, doctrine selon laquelle le travail était à ranger parmi les formes les plus répugnantes de l'aliénation (voir article *Névroses*), l'usine n'étant qu'un succédané, à peine plus acceptable, du camp de concentration. Révolte indignée du rescapé de Buna-Monowitz, qui avait vu, au-dessus de la porte du Lager, l'inscription dérisoire placée par les SS : *Arbeit macht frei*, « le travail rend libre ». Levi adhérait à l'éthique du travail, que les nazis avaient voulu détruire. « Aimer son propre travail constitue la meilleure approximation concrète de la félicité sur terre. La compétence est une expérience de la liberté la plus accessible et la plus utile à l'humanité. »

Fortes paroles, mais si à contre-courant de la rhétorique révolutionnaire qui enflammait l'Italie, alors prospère, en pleine expansion économique et à l'abri du chômage, qu'elles accrurent la hargne contre Levi. « Si tout le monde refusait de travailler, on mourrait de faim », disait celui qui savait ce qu'avoir faim veut dire. A présent directeur général de la Siva, une usine de vernis (Italo Svevo aussi avait eu comme gagne-pain un emploi dans une affaire de vernis !), il occupait une position qui discréditait automatiquement ses éloges de l'inventivité ouvrière et de la responsabilité par le travail.

Deuxième sujet de conflit : le problème du style. Levi recherchait l'exactitude et la clarté. Il voulait être compris de ses lecteurs, sans les rebuter par des obscurités ni les égarer par des ambiguïtés. Rigueur du chimiste, qui pèse les molécules sur sa balance de précision. Mais aussi conviction du citoyen, qui conçoit le métier d'écrivain comme un service public. « Quand j'ai écrit *la Trêve*, j'ai choisi la langue la plus claire possible, dans l'espoir que l'information arriverait sans déformation au lecteur, lequel en achetant mes livres passe un contrat avec moi. Ce serait une fraude commerciale de ne pas lui offrir ce qu'il attend, et une impolitesse d'écrire d'une façon qu'il ne comprendrait pas. Pour ces raisons, je m'impose une clarté maximum et la concision la plus grande. » Naïveté ? Simplisme ? Ignorance de ce qu'est la vraie nature du message littéraire, toujours en avance sur les capacités d'entendement du lecteur, afin d'emmener celui-ci, justement, plus loin qu'il ne serait allé tout seul ? Myriam Anissimov rapporte aussi, dans son excellent livre, le décalogue que s'était fixé Levi. « ... Tu éviteras les fioritures et les superstructures... Tu sauras dire de chaque mot que tu as utilisé pourquoi tu as choisi celui-là et pas un autre... »

Religion du mot juste : en ces années d'expérimentation et d'iconoclasme, de tels préceptes vouaient aux gémonies leur auteur. Un des représentants les plus brillants de l'avant-garde (voir article *Manganelli)* polémiqua durement contre Levi, à propos d'un article où celui-ci avait pourfendu l'« écriture obscure » et toute la littérature « de l'ineffable, du non-être, du grognement animal ». Manganelli incrimina de terrorisme celui qui avait une confiance si aveugle dans la raison. L'accusé répliqua qu'un langage articulé et immédiatement accessible rend mieux compte du désordre du monde qu'une débandade incohérente de mots. « Croire que la page écrite est le symbole du chaos ultime auquel nous sommes voués est une idée typique de notre siècle. » Et de conclure, dans un effort de conciliation : « Il est beau et étrange que Manganelli et moi nous nous trouvions d'accord sur une proposition selon laquelle aucun auteur ne comprend au fond ce qu'il a écrit ; mais, pour lui, cette incompréhension semble normale, même désirable, et, pour moi, elle est une carence et un souci. »

En dépit des récompenses littéraires, malgré le succès public, en Italie et dans le monde, Levi souffrait de n'être pas reconnu par ses pairs. Il les dominait presque tous, mais, sous l'étiquette d'« écrivain juif » ou comme « celui des camps », ils l'excluaient de la littérature, qui n'est rien si elle n'est pas universelle. La conscience de son isolement a-t-elle joué un rôle dans sa décision finale ? Le 11 avril 1987, sans prévenir personne, sans laisser aucun message, il ouvrit la porte palière de son appartement, enjamba la rambarde de l'escalier et se précipita dans le vide. Graves soucis de famille et problèmes de santé influencèrent sans doute son geste. Peut-être aussi l'atavisme, son grand-père paternel s'étant suicidé. Les thèses révisionnistes sur les camps, qui commençaient à circuler en Europe, avaient bouleversé et scandalisé Levi. L'explication la plus probable, cependant, c'est qu'il continuait à vivre, au-dedans de lui, plus de quarante après, l'abjection du camp, et qu'un beau jour, à l'improviste, le souvenir de cet enfer l'étouffa.

La plus probable, mais peut-être pas la plus vraie. « Auschwitz m'a marqué mais ne m'a pas ôté le désir de vivre », déclarait-il. Il gardait confiance dans la vie, confiance dans l'homme et « pariait », disait-il, sur l'optimisme. Plusieurs fois, il condamna le suicide, comme une dérobade interdite à un individu responsable. Turin, depuis toujours, était une citadelle du rationalisme et de la croyance au progrès. L'Unité italienne n'était-elle pas l'œuvre du Turinois Cavour ? L'antifascisme n'avait-il pas trouvé à Turin son bastion ? Primo Levi avait hérité de cette foi robuste dans les pouvoirs de l'esprit humain. Le choix d'une carrière scientifique en est un indice supplémentaire. Le pessimisme systématique de Cioran, s'il en a eu connaissance, ne pouvait que lui déplaire. Pavese, antifasciste et piémontais, mais suicidé, en laissant un journal intime qui est un bréviaire du désespoir, ne le séduisait guère. Ni le poète autrichien Georg Trakl, suicidé, dont la fin tragique, pensait-il, n'était pas sans rapport avec le caractère obscur, inintelligible de l'œuvre. Il se permit d'éreinter aussi Paul Celan, poète roumain d'expression allemande, juif, et qui s'était suicidé à Paris, en 1970, à cinquante ans, en se jetant dans la Seine, peut-être pour rejoindre ses parents massacrés dans l'holocauste. « Si son message est un message, celui-ci se perd dans le bruit ; il n'est pas une communication, il n'est pas un langage, tout au plus est-il un langage encombré et manchot, tel celui de qui va mourir, seul comme nous le serons à l'agonie. » Critique déconcertante, dédain d'une œuvre admirable, faux pas dû à une réflexion indigente et au culte, ici trop primaire, de la « clarté ». L'hostilité de l'ancien prisonnier des nazis contre toute forme d'autodestruction n'est pas non plus étrangère à une telle méprise.

Alors, pourquoi s'est-il suicidé ? Raptus brutal, comme le suggère sa biographe ? Elle mentionne un épisode très intéressant de sa carrière littéraire, qui donne peut-être une clef. En 1982, Giulio Einaudi engagea plusieurs écrivains italiens de renom à retraduire des classiques étrangers. Il proposa *Lord Jim* à Calvino, parce que celui-ci apologisait le roman d'aventures, et, à Natalia Ginzburg, parce qu'elle était femme, *Madame Bovary*. Le même simplisme le poussa à confier à Primo Levi, parce qu'il était juif, *le Procès*. Cesare Cases, germaniste de la maison Einaudi, jugea la traduction fautive, et obligea Levi à la reprendre. Myriam Anissimov a obtenu de Cases des précisions qui éclairent mieux que tout commentaire la personnalité du traducteur.

« Einaudi s'était dit, Kafka a prévu Auschwitz, Levi a vécu Auschwitz, ça va donc être génial. Ça ne l'a pas été du tout ! Levi était un homme foncièrement optimiste. Malgré son suicide, le pessimisme de Kafka lui était complètement étranger. Il l'a d'ailleurs dit dans la postface de sa traduction. Kafka est énigmatique et Levi était un philosophe des Lumières, un positiviste, un homme de science. Il croyait à la Vérité qu'on peut démontrer, établir. Kafka n'était pas fait pour lui. » Et d'alléguer, en exemple, une des premières lignes du *Procès*, où Joseph K, constatant que la cuisinière de sa logeuse ne lui a pas apporté le petit déjeuner, se dit : « *Das war noch niemals geschehen.* » Il semblerait impossible d'avoir une phrase plus simple à traduire. « Ce n'était encore jamais arrivé. » En italien : « *Non era ancora mai successo.* » Les mots italiens collent exactement aux mots allemands, sans l'ombre d'équivoque. Eh bien, Primo Levi s'est arrangé pour leur imprimer sa marque personnelle, le sceau de ses convictions. « *Era la prima volta che succedeva.* » « C'était la première fois que cela arrivait. » Par cette distorsion, selon Cases, Levi montrait qu'il gardait foi dans la continuité du temps, alors que Kafka avait voulu marquer une coupure après laquelle le temps n'existe plus. « Presque un contresens. »

Levi a avoué que le roman de Kafka le gênait. « Je suis italien et beaucoup moins juif que lui. Je m'efforce d'avoir du monde une vision rationnelle. » Il aurait préféré, dit-il, traduire Conrad ou Thomas Mann. Je crois que le détenu n° 174517 n'aurait survécu, ni physiquement ni mentalement, à l'épreuve du Lager, si l'écrivain avait éprouvé plus d'attrait pour l'univers clos, resserré, absurdement logique et systématiquement déréglé de Kafka.

Littérature

Introduction à la littérature italienne

La littérature italienne est d'un abord difficile. Souvent ennuyeuse, elle exige toujours un effort particulier du lecteur. Parmi les plus grands écrivains, on n'en trouve que très peu qu'on puisse prendre à livre ouvert, et lire pour le plaisir de lire, en se passant d'introductions historiques et de gloses philologiques. Lire en Italie a toujours été une affaire grave, un peu solennelle, pour laquelle il faut se dépouiller de son habit commun et revêtir une veste de cérémonie.

Plusieurs circonstances expliquent cette singularité. D'abord, l'expression écrite n'a pas une importance primordiale en Italie, pays qui manifeste son génie dans les arts plastiques et dans la musique et accessoirement dans la littérature. Dès le XIVe siècle, à l'époque où Dante portait la littérature italienne à un point d'excellence qu'elle n'a pas rejoint depuis, la littérature était déjà seconde par rapport à la floraison des urbanistes, des architectes, des peintres et des sculpteurs. La Renaissance donna d'innombrables érudits et humanistes, mais pas un poète ou un conteur qu'on puisse comparer même de loin à un Piero della Francesca ou à un Palladio. Au XVIIe siècle et au XVIIIe siècle la littérature est en agonie, tandis que les Bernin et les Borromini, les Monteverdi et les Vivaldi affirment avec éclat l'ère baroque. Au XIXe siècle, le seul artiste qui touche le grand public n'est pas un romancier, comme Balzac, Dickens ou Tolstoï, mais un auteur d'opéras, Verdi. Le peuple italien, pour livrer ce qu'il a à dire, recourt à d'autres moyens que les mots.

Le problème de la langue

C'est qu'il ne dispose guère d'un langage qu'il puisse reconnaître pour sien. Le fameux problème de la langue n'a jamais été résolu. Né, comme les autres langues romanes, du latin dégénéré, l'italien écrit est toscan par le vocabulaire, mais reste latin par la syntaxe : dès l'origine le divorce entre langue écrite et langue parlée est consommé en Italie, et jusqu'à nos jours la littérature italienne souffre de cette situation. L'italien écrit que les Italiens trouvent dans leurs livres n'est pas la même langue que celle qu'ils parlent. C'est un italien rhétorique, redondant, comme vaniteux de sa supériorité sur l'italien usuel. Le cas le plus typique est celui de Boccace : Boccace écrit des contes qui débordent de vie, d'esprit, d'astuce, où les épisodes se succèdent tambour battant, mais il les écrit dans une prose oratoire copiée sur la prose latine, et la période trop ample et trop lourde de ses phrases dilue la saveur du récit. Ce qui était vrai au XIVe siècle n'a pas cessé de l'être au XXe. Le plus « grand » philosophe, essayiste et critique de notre époque, Benedetto Croce, n'est qu'un pédant qui écrit ses livres comme des dissertations, avec des balancements oratoires qui en rendent la lecture fastidieuse toujours, souvent insupportable.

Le souvenir de la Rome antique et de ses splendeurs a été fatal pour la littérature italienne. Depuis la chute de l'Empire romain jusqu'à la formation de l'Unité italienne, en 1860, la péninsule fut la proie, sans aucune trêve ni répit appréciable, soit d'invasions, soit de guerres civiles entre républiques ou souverains rivaux, soit, le plus souvent, des deux sortes de maux en même temps. Plus d'une fois, les Italiens virent se battre sur leur sol deux armées étrangères : ainsi, au XVIe siècle, la péninsule servit de champ de bataille aux soudards de François Ier et aux lansquenets de Charles Quint. Trois siècles plus tard, Napoléon et les Autrichiens se disputèrent la plaine du Pô.

Le sentiment du malheur national, de l'infériorité politique, est une des sources d'inspiration les plus constantes de la littérature italienne. Dante et Machiavel, les deux plus grands écrivains de l'âge classique, sont hantés par le spectacle des luttes intestines et bâtissent toute leur œuvre, l'un autour de la figure de l'Empereur, l'autre autour de celle du Prince, mythes de l'impossible unité. Le seul grand roman du XIXe siècle de type européen, *les Fiancés*, de Manzoni, a pour sujet l'occupation espagnole du Milanais au XVIIe siècle. Foscolo, auteur des *Dernières Lettres de Jacopo Ortis*, le *Werther* italien, mêle à l'histoire d'un amour impossible la tragédie de l'exilé chassé de sa Vénétie natale par le traité de Campoformio.

Bien plus importantes me paraissent les conséquences indirectes, ou moins visibles, des malheurs de la patrie : un sentiment précaire de l'existence, qui expose les cœurs faibles aux tentations du marasme, qui incite les âmes fortes à l'énergie du désespoir. Faute d'une bourgeoisie solide et responsable (comme en Angleterre ou en France), ou d'une classe militaire (comme en Russie), on vit dans l'insécurité, le mécontentement et la peur. S'il y a un pays où l'on ne puisse nier que les écrivains optimistes soient les mauvais écrivains, c'est bien l'Italie. Le génie italien, contrairement à l'idée solaire qu'on s'en fait trop vite, déteste la lumière et le bonheur.

Mais depuis l'achèvement de l'Unité, au moins, la nation n'a-t-elle pas trouvé l'intégrité, l'équilibre, la santé ? Aucunement. Je ne songe point tant aux vingt années noires du fascisme, qui rendirent les écrivains à l'exil (Salvemini, Silone), à la prison (Carlo Levi, Pavese, Gramsci), au supplice (Piero Gobetti, battu à mort, Leone Ginzburg, torturé par les Allemands, Giaime Pintor, tombé dans la Résistance : trois espoirs de la pensée italienne massacrés en pleine jeunesse). Je peux même négliger le fait que pendant vingt mois, de septembre 1943 à avril 1945, les Américains d'Eisenhower et les Allemands de Kesselring mirent à feu et à sang la péninsule, depuis la Sicile jusqu'au Brenner. Mais la guerre civile, sournoise et féroce, qui oppose depuis cent ans l'Italie en deux moitiés hostiles, le Nord et le Sud, on n'en dira jamais assez les ravages.

Le Piémont, pour imposer aux anciennes provinces du royaume de Naples la démocratie libérale, un système moderne d'impôt, le service militaire et surtout une économie qui profitât au grand capital concentré dans le Nord, dut envoyer une armée de soldats et de policiers : la « guerre des brigands », entre 1860 et 1865, fit plus de victimes que les campagnes contre l'Autriche pendant la durée entière du Risorgimento. Aujourd'hui, si le Sud paraît soumis à l'Etat centralisateur, au gouvernement de Rome, il l'est comme un pays colonisé à la métropole : avec un sentiment de rancœur et de frustration. Est-ce un hasard si la moitié au moins des écrivains importants de ce dernier siècle proviennent des provinces les plus méridionales ? Verga, Pirandello, Carlo Levi (piémontais d'origine, mais sudiste d'adoption), Vittorini, Brancati, plus récemment Giuseppe Tomasi di Lampedusa et Leonardo Sciascia expriment dans leur œuvre le drame de l'unité manquée, de la coexistence désastreuse entre un Nord évolué et riche et un Sud sous-développé, en proie à la faim, à la misère, à la maladie. Ils traduisent l'amertume et le découragement de populations abandonnées du pouvoir central et tentées de compenser par un orgueil stérile la conscience de leur infériorité.

Si les infortunes de la patrie ont inspiré quelques-uns de leurs plus beaux accents aux écrivains, ils ont puisé pour les exprimer dans le seul trésor resté intact parmi tant de désastres, à savoir l'intarissable réserve de belles phrases tournées et polies à l'époque glorieuse par les orateurs latins et en particulier par le plus illustre d'entre eux, Cicéron. C'est ainsi qu'un avocat, un rhéteur, un virtuose du balancement et du chantage oratoire, habitué, par son métier même, à noyer l'objet du débat dans des cadences symétriques propres à flatter l'oreille non moins qu'à endormir l'esprit, préside aux destinées de la prose italienne. S'étonnera-t-on qu'elle nous paraisse si lente, si encombrée de généralités, de pléonasmes et de chevilles, si peu moderne enfin ? Qu'un Boccace, qu'un Pétrarque, qu'un Leopardi même (dans son journal intime, si intéressant) eussent gagné à écrire plus vite, en sautant les transitions, en rompant la monotonie d'un rythme obstinément didactique ! Aujourd'hui, il est presque impossible de trouver un livre de critique littéraire, de critique d'art qui ne tombe des mains, à cause de cette prolixité, de ce verbiage pâteux.

C'est là une véritable maladie nationale. Gramsci en faisait remonter la cause à la fracture qui marqua la fin des communes libres du Moyen Age et l'avènement des principautés de la Renaissance. Tandis qu'au temps des communes la langue utilisée pour écrire fut vraiment la langue du peuple, les professionnels de la littérature que furent les humanistes auraient imposé un retour au latin et à la langue « cultivée », expression de la caste au pouvoir. Cette thèse prend le contre-pied de tout ce que Burckhardt et ses successeurs ont dit sur la Renaissance comme époque de renouveau, de splendeur, d'épanouissement. Selon Gramsci, la Renaissance fut au contraire un mouvement de réaction contre les libertés populaires qui s'étaient affirmées pendant les communes et furent définitivement déconfites par l'installation au pouvoir de la bourgeoisie d'affaires.

Quoi qu'on pense de cette thèse, on ne peut s'empêcher de constater que, dans le domaine de la culture au moins, la plupart des intellectuels, en passant du côté du pouvoir, perdirent cette fraîcheur d'inspiration qui caractérise par exemple le *Cantique des créatures* et toute la littérature franciscaine. Désormais, pour être « écrivain », il fallait se séparer du commun, monter sur les échasses de la « culture » et se draper dans un langage docte. Un même écrivain italien peut être sobre et simple dans ses lettres et ses mémoires, et oratoire et ampoulé dans ses écrits « littéraires ». Rien n'est plus frappant, aujourd'hui en Italie, que de voir les deux registres d'expression de l'intellectuel, du professeur moyen : en tant qu'homme il s'exprime comme tout le monde, en tant qu'intellectuel ou que professeur il recourt à un langage « supérieur » inintelligible sans initiation et décourageant pour le citoyen.

Une bonne partie de la littérature italienne est ainsi le fait de professionnels qui s'adressent à d'autres professionnels : c'est la littérature italienne officielle, la littérature des « classiques », qui dégage pour tout esprit libre un ennui insupportable. Parini, Alfieri, Vincento Monti, Carducci, Pascoli, D'Annunzio, Croce, même Manzoni, même Verga : qui assure leur survie sinon d'autres professeurs ? Ce sont encore les professeurs qui affirment que le seul italien « correct » est le toscan ; mais pourquoi le toscan, quand il y a beau temps que Florence a perdu son hégémonie intellectuelle et que la vitalité littéraire du pays a ses épicentres en Sicile et dans le Piémont, à Milan, à Trieste ? Déjà Goldoni écrivait ses meilleures pièces en vénitien, et depuis on ne compte plus les très bons écrivains qui ne s'expriment que dans leurs « dialectes » (en fait, des langues aussi sérieuses que le toscan) ou en infligeant à la langue officielle des incorrections riches de significations littéraires : ainsi Carlo Emilio Gadda, le maître de la contamination linguistique.

Isolés et autodidactes

Parallèlement à la littérature officielle, à la littérature triomphante, il y a toujours eu, heureusement, en Italie, une littérature d'isolés et d'humiliés. Rien de plus instructif que d'examiner le sort terrestre des écrivains qui comptent à nos yeux : tous vilipendés de leur vivant, honnis et persécutés. Dante, Machiavel, Foscolo ont gémi dans l'exil. Savonarole et Giordano Bruno ont péri sur le bûcher. Marco Polo, Benvenuto Cellini, Galilée, Campanella ont moisi en prison. Gramsci est mort dans sa geôle après onze ans d'incarcération. Quand la mise au ban n'est pas matérielle, elle est symbolique. On admire Machiavel, le seul prosateur de l'âge classique à écrire sec et nerveux comme Pascal, mais sa prose n'a pas fait école, et on s'est empressé de revenir à l'italien aulique et ampoulé. Vico, le génial philosophe napolitain, vécut dans l'obscurité la plus totale, et il fallut attendre Hegel et Michelet pour sortir son œuvre au grand jour. Italo Svevo, le romancier le plus moderne de l'Italie contemporaine, le créateur du roman psychanalytique, resta complètement inconnu en Italie jusqu'au jour où, passé la soixantaine, il fut découvert par Joyce et par Valery Larbaud. Enfin l'admirable Gramsci, s'il a des disciples politiques qui continuent son œuvre de chef de parti communiste, n'a pas fécondé une renaissance intellectuelle : on a lu, mais avec une curiosité distraite ou hargneuse, ses nombreuses réflexions littéraires éparses dans ses articles de jeunesse et dans ses cahiers de prison.

En plus des isolés et des humiliés, l'Italie a la chance de compter bon nombre d'écrivains autodidactes ou d'occasion. Autant les professionnels semblent obsédés par le souvenir de la grandeur antique et craignent de ne pas mettre assez de pompe dans leurs phrases, autant, en effet, les francs-tireurs de la littérature inventent des moyens de rendre le mouvement, la couleur, la saveur des impressions immédiates. Les prosateurs classiques italiens qu'on peut lire sans préparation, à livre ouvert, comme des auteurs modernes, sont rares, et toujours issus de l'école buissonnière : le moine anonyme des *Fioretti*, Benvenuto Cellini, orfèvre et sculpteur, qui écrit un horrible italien mais forge une langue merveilleuse. Marco Polo n'était qu'un marchand, Casanova qu'un aventurier. Le plus succulent livre de l'Italie contemporaine, *Le Christ s'est arrêté à Eboli*, est l'œuvre d'un médecin et d'un peintre, devenu par hasard écrivain. La *Lettre à une maîtresse d'école* (1967), œuvre collective et anonyme des enfants de Barbiana, critique savoureuse et impitoyable des travers de l'enseignement en Italie, peut être citée comme le dernier en date de ces chefs-d'œuvre en fraude[1].

La poésie

Peut-être parce qu'il est dans la nature de tout poème de se présenter au lecteur comme un objet dur, hermétique, difficile à forcer, ou bien parce que le don d'isoler tout à coup des fragments de beauté, de suspendre le temps, de racheter les malheurs d'une vie par des extases contemplatives est inscrit dans le génie italien, on peut admirer la poésie italienne, sa ligne de crête et de feu qui va de Dante à Sandro Penna, sans aucune des réticences qui retiennent devant les monuments de la prose. N'est-il pas étrange que les deux romans les plus vivants, les moins académiques, les plus romanesques soient deux romans en vers, le *Roland furieux* de l'Arioste et la *Jérusalem délivrée* du Tasse, le premier surtout, à cause des illuminations qui en constellent la trame ? Dante et ses amis de jeunesse, en premier lieu Guido Cavalcanti, donnent d'emblée à la poésie italienne son éclat, qui atteindra sa plus haute intensité dans le dernier chant du *Paradis* ; et si l'on essaye de définir ce qui caractérise la poésie italienne à travers les âges, on a la surprise de pouvoir lui appliquer la phrase de Mallarmé sur l'art de rendre aux mots de la tribu leur sens le plus pur, leur force toute fraîche et inouïe. Autrement dit, la poésie italienne est aussi peu encombrée de rhétorique que la prose en est étouffée. A part Pétrarque peut-être, un peu plus mélodieux, les poètes italiens tendent vers le sec, vers le nu, vers l'âpre, qu'ils obtiennent soit par une vigueur intellectuelle inaccessible à toute mollesse, comme Dante, soit par une brutalité hautaine, comme Michel-Ange, soit par un dépouillement hivernal, comme Leopardi, soit en heurtant les

1. Voir l'article *Barbiana*.

mots dans une bousculade rocailleuse, comme Montale, soit en les frottant pour en faire jaillir une flamme blanche, comme Ungaretti. Contrairement à l'opinion répandue, il n'y a pas de poésie moins musicale, au sens banal et édulcoré du terme, que la poésie des grands poètes italiens, et une étude thématique ferait ressortir la fréquence et l'insistance, ininterrompues au cours des siècles, des images du désert, du roc, de la blancheur solitaire et absolue.

Résistance et compromis

Quelques constantes qu'on retrouve à travers toute la littérature italienne donnent à la culture transalpine un ton, une physionomie particulière. Le sentiment du malheur national, de l'infériorité politique et économique, la rage ou l'humiliation devant la patrie déchirée, envahie et persécutée, alimentent un courant héroïque qui a ses trois cimes en Dante, Savonarole et Gramsci. Dante, victime des factions locales, en appelle à l'empereur, mythique Père unificateur. Savonarole, prophète de la décadence, voudrait tout détruire pour tout sauver. Gramsci, témoin de l'échec de l'Unité de 1860 et du fossé qui sépare aujourd'hui le nord et le sud de l'Italie, préconise l'alliance des ouvriers du Piémont et des paysans méridionaux contre la bourgeoisie au pouvoir.

Ces solutions, aussi héroïques qu'improbables, n'apportent aucun remède aux mille dangers qui menacent l'existence dans un pays en proie à l'insécurité et au sous-développement chronique, à la faim et à la peur ; aussi la littérature qu'on pourrait appeler de la résistance tient peu de place à côté de la littérature qu'on pourrait appeler du compromis. Dante, Savonarole et Gramsci [1] restent de splendides isolés : en Italie la grande affaire n'est pas de reconstruire le monde selon une ordonnance aussi admirable qu'utopique, la grande affaire est de s'accommoder du réel, d'apprendre à le connaître pour en prévenir les traîtrises.

Il y a la méthode empirique, celle que dicte le bon sens, le répertoire de trucs, qui permettent, non pas de dominer les événements mais d'exploiter l'occasion, de se tirer d'affaire au jour le jour. L'art, si typiquement italien, de la *combinazione*, n'a pas d'autre origine que la nécessité de manœuvrer dans l'existence entre les embûches et les mauvais coups. Boccace porte d'emblée cet art à la perfection. Faute de vivre dignement, il faut survivre. Une illustre lignée de fourbes, de séducteurs, d'entremetteurs propage cette sagesse qui est la forme dégradée du réalisme, la seule qui ne soit pas chimérique dans un pays où les caprices de la Fortune se jouent de la bonne volonté des hommes. Cellini, cet Alexandre Dumas italien, l'Arioste, le Machiavel de la *Mandragore*, Goldoni, entre autres, proposent chacun une technique de débrouillardise où la rouerie n'est que le masque de l'humilité.

Pas de plus profonds pessimistes que ces prétendus amuseurs. La *virtù*, c'est-à-dire l'énergie individuelle débarrassée de préjugés, que Machiavel recommande au dirigeant politique, n'est que l'envers, plus ambitieux, de l'*astuzia* populaire. Les hommes sont méchants, cupides, vaniteux, sots et lâches : il suffit de le savoir et d'exploiter leurs défauts pour les

1. Et Pasolini, le dernier en date des utopistes, et qui tient de chacun des trois premiers.

gouverner à son aise. Savonarole, qui a cru réformer Florence en lui proposant une idéologie, a renouvelé l'erreur de Dante : on n'est jamais assez pessimiste sur la nature humaine si on entend conduire un peuple. L'idéal, religieux ou philosophique, ne mène qu'à l'exil ou au bûcher. Tout progrès est une utopie. Avec un cynisme féroce, Machiavel s'acharne à réduire les actions des hommes à leurs mobiles les plus bas. Admirable psychologue, il formule en maximes, comme un romancier moderne, les découvertes de son expérience.

Avec Léonard de Vinci et Galilée, il appartient à l'âge d'or du positivisme italien. Léonard de Vinci scrute les mystères de la nature, Galilée ceux de l'univers. Connaître à fond les lois dont dépend notre destinée, voilà la plus haute exigence que s'impose l'intelligence réaliste, dans une époque livrée aux hasards des conquêtes, des spoliations, des tyrannies. On remarquera que les trois hérauts de la pensée moderne formulent leur sagesse sous la forme d'un cercle, d'un retour éternel. Pour Machiavel, le maximum de la réussite politique serait de revenir aux types de gouvernement dont l'excellence a été prouvée dans l'Antiquité. Léonard, plus confiant dans l'avenir de l'esprit, conçoit l'univers comme une totalité harmonieuse. Galilée établit que la sphère terrestre obéit à des révolutions circulaires. Deux siècles plus tard, Vico, qui complète leur œuvre en découvrant les lois du devenir historique, distingue trois âges dont le retour éternel assigne à l'humanité une voie étroite, un horizon limité. Parmi tant de doctrines, aucune qui propose des chances neuves. Pour ces esprits, virils mais persuadés de l'infirmité humaine, l'effort individuel ne débouche jamais sur un progrès. Par révolution, ils entendent retour obligatoire des choses, non pas libération.

Le masochisme

A côté de la solution utopique (Dante), à côté de la solution réaliste (Machiavel), il existe une troisième manière de conjurer le sentiment précaire de la vie. Elle consiste à tirer une jouissance du sein même du malheur, à se délecter de ce qui fait souffrir. En plein milieu du XIVe siècle, Pétrarque inaugure, dans un petit livre aux résonances étrangement modernes, qu'il appelle son *Secretum*, le genre de la confession. A contre-courant de toute la tradition classique et humaniste qui fait un devoir à chacun de combattre ses faiblesses et d'affermir son caractère, Pétrarque revendique le droit de se garder incertain, vague et triste. S'inscrivant en faux contre l'enseignement de Cicéron, d'Epictète et de saint Augustin, il déclare qu'il est malheureux malgré lui et qu'il éprouve dans l'anxiété qui l'assaille un plaisir délicat et inconnu, dont la nouveauté même le flatte, le séduit, l'effraye. Il feint de demander à la philosophie antique et chrétienne un remède contre sa mélancolie, mais laisse en même temps deviner qu'elle lui tient bien plus à cœur qu'aucune santé morale. Tristesse douce-amère, vague à l'âme, de quel nom appeler ce domaine d'impressions molles, musicales, indécises, délicieusement lancinantes, qui constituera le fonds à la fois de la poésie romantique et du journal intime ? Si on ne craignait l'anachronisme, il faudrait dire que Pétrarque a inventé le spleen, cette contemplation morose et exquise de sa propre infirmité, cette langueur qui naît de se savoir livré sans défense aux sensations du moment comme une feuille d'automne à la brise.

Le second relais important du masochisme en Italie, on le trouve chez Leopardi. Plusieurs motifs poussent Leopardi à choisir la souffrance comme règle de vie : des raisons extérieures, comme sa condition de provincial condamné à végéter dans un village des Marches à l'écart des voies de communication, ou la situation désastreuse de l'Italie à l'aube du XIXe siècle. Des raisons intérieures : le poète de Recanati souffre d'une maladie psychologique commune aux introvertis et aux intimistes, qui consiste à ne pouvoir vivre que dans le passé ou dans l'avenir, par les espoirs ou par les regrets, par les souvenirs ou par les illusions. Incapable de s'adapter au présent, blessé par le contact des choses, par ce qu'il appelle dans une des *Petites Œuvres morales* l'« état violent », il a besoin de se mettre à distance, d'interposer entre le monde et lui une médiation qu'il trouve dans l'éloignement, la remémoration et le ressassement des impressions d'enfance. Convaincu de l'inutilité de tout effort, il rumine des pensées de suicide et ne se sauve d'un sentiment intolérable d'échec qu'en proclamant la supériorité du nihilisme sur toutes les philosophies. Ces divers raisonnements aboutissent à un texte très étrange, *Mœurs des Italiens*, où Leopardi, élargissant à toute la nation son expérience particulière, fait un mérite à ses compatriotes de leur inaction. Comme ils possèdent le don, dit-il, de sentir plus vivement que les autres peuples la vanité des choses, ils ont bien raison de se moquer de ce qu'ils font et de vivre sans se soucier de leur honneur. « Le plus sage parti n'est-il pas de rire indistinctement et habituellement de tout et de chacun, en commençant par soi-même ?... Les Italiens rient de la vie : ils en rient bien plus, et avec plus de vérité et de conviction intime de mépris et de froideur que n'importe quelle autre nation. » On mesure le chemin parcouru depuis Machiavel : le cynisme de Machiavel était une recherche d'efficacité, celui de Leopardi n'est plus qu'une démission. Machiavel voulait exploiter les défauts des hommes pour agir sur le cours de l'histoire, Leopardi trouve plus commode de subir les avanies du destin dont il se console en les raillant.

Cent vingt ans plus tard, Pavese invoque aussi l'autodérision pour justifier le triomphe du fascisme. « Nous obéissons seulement à la force. Puis, avec l'excuse que c'était la force, nous nous en rions. » Pavese représente une troisième étape du masochisme italien. Ce n'est plus seulement, comme Leopardi, une diffuse et romantique difficulté d'être qui l'obsède : c'est la peur de l'impuissance sexuelle. Et la vie lui pèse de manière si insupportable que tous les expédients, le refuge dans l'enfance, la création littéraire, le journal intime, se révèlent inutiles. A quarante-deux ans, il se donne volontairement la mort. Son œuvre apparaît comme le commentaire fiévreux et crispé d'une névrose d'échec. Stefano, le héros de son premier roman, *la Prison*, se laisse posséder par une femme qu'il déteste, sans oser conquérir celle qu'il convoite. Corrado, dans *la Maison sur les collines*, essaye de justifier par une crise mystique sa dérobade de l'été 1943, lors de la grande épreuve qui mobilise dans la Résistance tous les hommes de cœur. Ginia, dans *le Bel Eté*, sacrifie sa virginité et la pureté de ses sentiments à un mythe futile de la dépravation. Le petit campagnard du dernier roman, *la Lune et les feux*, se consume de larmes et de vains cris tandis que les charrettes emmènent à la fête les jeunes filles. Heureux parce que leur jeunesse les préserve des femmes, malheureux parce que leur inexpérience les en prive, et ne sachant s'ils doivent retarder ou précipiter l'épreuve, les jeunes garçons de Pavese, fascinés par la société des « femmes entre elles » à qui ils prêtent une vie collective mystérieuse, ne quittent leur solitude que pour rencontrer, dans le choc contre le réel, un émerveillement contaminé par l'horreur.

L'instinct autodestructeur a gouverné également un écrivain qu'on pourrait s'étonner de trouver à cette rubrique : Pier Paolo Pasolini. En apparence, sa vitalité insatiable, ses engagements politiques, la virulence de ses polémiques sur la jeunesse, la police ou l'avortement (voir les *Ecrits corsaires* [1]) le désignent plutôt comme un combattant intrépide que comme une victime soumise. Il a été trouvé mort sur une plage d'Ostie, le 2 novembre 1975. Assassiné par le garçon qu'il avait « levé » à la gare de Rome, soutiennent les uns, par plusieurs personnes conjurées, affirment les autres. Crime de mœurs ou meurtre fasciste ? L'œuvre du romancier et du poète répond à cette question. Avant d'écrire des livres et des films « durs » qui ont pour cadre la banlieue misérable de Rome, Pasolini a été l'auteur d'un roman élégiaque, *le Rêve d'une chose*, et de poèmes tendres jusqu'au sentimental : œuvres de jeunesse inspirées par le Frioul rustique et maternel de son enfance. Le provocateur et le blasphémateur des années 60-70 a commencé par être un adolescent doux et romantique dont les modèles étaient Narcisse et le Christ. Un sentiment profondément religieux a continué d'imprégner ses œuvres même quand elles sont devenues athées et iconoclastes. Et aussi un intense sentiment de culpabilité dérivé de son éducation chrétienne. Cet homosexuel militant (mais qui ne s'est jamais déclaré tel dans ses livres) n'était rien moins qu'affranchi. D'où, sans doute, cette instabilité affective qui le poussait à rechercher chaque soir un nouveau partenaire ; d'où, également, le choix de garçons connus pour être les plus cyniques et les plus dangereux de Rome. Refusera-t-on de conclure qu'un obscur besoin d'autopunition l'a guidé inconsciemment vers celui qui devait être son bourreau ?

Le bonheur domestique

Enfin, à côté des trois plus grands courants de la littérature italienne, l'utopisme héroïque, le réalisme de combat et le masochisme, on distingue une quatrième tradition, plus modeste mais non moins tenace, qui s'appuie sur les valeurs domestiques. Les circonstances ayant voulu que l'Etat en Italie fût toujours impotent, fragile et dépourvu d'autorité, il en résulte que les valeurs paternelles n'ont jamais eu d'influence dans ce pays. Si Machiavel, par exemple, considère les hommes comme prisonniers de leur nature et incapables de s'améliorer, c'est qu'il n'accorde aucun crédit au pouvoir éducatif de l'école. Aujourd'hui encore, dans la péninsule — surtout dans le Sud — le percepteur et le gendarme, ces images caricaturales du Père, remplacent le professeur et le juge, les symboles absents du « bon » père. Or, en l'absence d'une autorité ferme et équitable qui institue le droit et la liberté, en l'absence des pères et de

1. Flammarion, 1976.

leurs représentants, le soin de protéger des embûches et d'organiser la vie revient aux mères. Mais les mères, en prenant le pouvoir, imposent leurs valeurs : non point la liberté, mais la sécurité ; non point la justice abstraite, mais la chaleur inconditionnelle du foyer.

C'est ainsi que l'idéal d'un bonheur domestique, petit-bourgeois, sentimental, protégé des grandes tempêtes, alimente un filon important du roman italien. Les héros, d'origine provinciale, dépourvus d'ambitions mais forts d'une irréprochable honnêteté, arrachés de leur maison et de leur bonheur par les vicissitudes d'une histoire hostile, mais confiants dans les desseins mystérieux de la providence, guettent, les yeux fixés sur leur clocher, le moment de retrouver la tranquille médiocrité des pénates. Incapables de vraies révoltes comme de profonds désespoirs, ils donnent l'exemple édifiant de la résignation chrétienne. *Les Fiancés*, de Manzoni, offrent le modèle le plus connu de cette sagesse d'intérieur. La chambre à coucher, loin d'être le théâtre de joutes érotiques, n'est plus que le *thalamos* nuptial, préparé par les mères, béni par le prêtre et sanctifié par la progéniture. On peut s'étonner que l'Italie, pays prétendu religieux, n'ait pas, après Manzoni, produit de romanciers catholiques dignes du nom d'écrivain. Il n'y a pas, c'est vrai, d'auteurs catholiques dans l'Italie moderne, comparables à un Péguy, à un Claudel ou à un Bernanos. Mais un catholicisme diffus, réduit à la notion de paix domestique et de sécurité familiale, un sentiment religieux qui s'inspire bien plus de la Madone et des tableaux de la Sainte Famille (père lointain et comme inexistant, mère berçante et généreuse, enfant roi) que de la figure trop abstraite du Dieu omnipotent, circulent dans le roman italien, à l'insu, le plus souvent, de l'auteur lui-même. On les retrouve chez des écrivains aussi différents que Riccardo Bacchelli ou Carlo Cassola, et des traces n'en manquent pas jusque dans l'agnostique Moravia ou le communiste Pratolini.

Les deux Italies

Je viens de citer des noms parmi les plus populaires en Italie. Hélas, à peu près les seuls qui le soient. La culture italienne est depuis l'origine une culture savante, intellectuelle, aristocratique. Le morcellement de la péninsule en petites cours, où des mécènes réunissaient autour d'eux l'élite des lettrés, entrava le développement d'une littérature populaire. Même dans les temps modernes, pour les raisons dites plus haut, l'Italie est restée pauvre en écrivains qui sachent se faire entendre en dehors d'un cercle d'initiés. Gramsci, dans *Littérature et vie nationale*, insiste, pour le déplorer, sur le caractère « non populaire » de la littérature italienne, qui n'a rien produit de comparable au roman français, anglais ou russe du XIXe siècle. La seule littérature « populaire », c'est celle qui exalte les valeurs domestiques. Dans ce domaine comme dans beaucoup d'autres, l'exemple de Pavese est le plus curieux et le plus troublant. Pavese veut lutter contre le défaut originel de la littérature italienne : il prend ses modèles en Amérique, choisit pour personnages des paysans, des ouvriers, des travailleurs manuels, des vagabonds. La figure centrale de son univers, pourtant, c'est celle de l'homme seul, coupé du monde, inapte à vivre, jaloux de l'ardeur aux choses et du bonheur sans problèmes qu'il prête, dans son ingénuité, à l'homme du « peuple » : la figure, en somme, de l'intellectuel.

De Dante à Pavese, le chemin est plus direct qu'on ne pense. Celui des *Dialogues avec Leucó* (l'œuvre la plus chère à Pavese) qui s'intitule *la Bête sauvage* met en scène Endymion et raconte les amours, platoniques, du berger et de la déesse Artémis. Fasciné par l'apparition nocturne de la belle intraitable, l'amoureux (un intellectuel, ce jeune homme, bien plus qu'un gardeur d'ouailles !) se prosterne à ses genoux sans rien lui demander d'autre que de l'adorer en silence. Ne reconnaît-on pas ici le thème même de la *Vita nuova ?* Le masochisme de l'adolescent qui renonce à la possession de la femme aimée, la délectation dans la contemplation distante, la joie de souffrir et d'être exclu mettent Pavese dans la tradition la plus raffinée et la plus aristocratique de la culture italienne : avant même la *Vita nuova*, cette tradition a son point de départ dans l'œuvre du premier grand poète italien, ami de jeunesse de Dante et champion du *dolce stil nuovo*, Guido Cavalcanti, qui dépeint l'amour comme un tyran cruel soumettant à son despotisme l'âme impatiente de s'immoler. Après Dante, on retrouve ce courant de mysticisme laïque dans le *canzoniere* de Pétrarque, dans les compositions funèbres du peintre Piero di Cosimo, dans les sonnets de Michel-Ange, dans les madrigaux des musiciens baroques Gesualdo da Venosa et Monteverdi *(lasciatemi morire)*, dans les élégies de Leopardi. On a trop tendance, à l'étranger, à insister sur l'Italie sanguine et optimiste, expansive et oratoire, l'Italie de Véronèse et de Bernin, de Manzoni et de Verdi, de Carducci et de D'Annunzio. C'est oublier l'autre Italie, secrète et crispée, contemplative et orgueilleuse, dont la plainte sourde retentit d'âge en âge, l'Italie hautaine, renfermée, dédaigneuse de sentiments aussi vulgaires que la soif du bonheur ou le désir de succès.

Le problème du roman

Peu de romans, en Italie, on le sait. Excepté les laborieux *Fiancés* de Manzoni — qui ne sont guère populaires qu'en Italie, sans qu'on puisse incriminer les difficultés de la traduction — et l'admirable *Conscience de Zeno* de Svevo — mais y a-t-il Italien plus isolé dans son pays que ce Triestin, si proche de la tradition intimiste mittel-européenne ? — on citerait difficilement un grand roman transalpin. Le génie italien s'exprime en œuvres courtes : l'opuscule de cent ou cent vingt pages paraît la mesure qui lui convient le mieux. Les *Fioretti*, la *Vita nuova* de Dante, le *Secretum* de Pétrarque, *le Prince* de Machiavel, les *Dernières Lettres de Jacopo Ortis* de Foscolo, *Agostino* de Moravia. Pavese intitule « romans » des textes qui ne dépassent pas quelques dizaines de feuillets. Depuis Boccace, la nouvelle est restée en honneur. Que valent les romans d'un Verga, d'un Pirandello, à côté de leurs nouvelles ? Moravia, méchant romancier (à part son coup d'essai, *les Indifférents)*, excelle dans le récit bref. Dino Buzzati écrit des contes fantastiques dans la foulée de Poe, Gogol ou Kafka. Les mêmes raisons sociologiques, sans doute, qui expliquent le caractère non populaire de la littérature italienne, rendent compte de la rareté des romans : le morcellement du pays, la persistance et la force des traditions locales, l'absence de capitale et, conséquemment, d'un public assez homogène pour exiger une forme nationale d'expression, la pluralité des histoires provinciales qui freine la constitution d'une histoire collective, voilà des motifs suffisants pour entraver un genre littéraire qui n'a pu s'épanouir en Angleterre, en France ou en Russie que parce que les conditions s'y prêtaient.

Mais, au-delà des raisons sociologiques, ne peut-on en trouver de moins évidentes, de plus liées à l'histoire intérieure du tempérament italien ? L'art du roman suppose le sens du développement, la capacité de mûrir : la différence entre une nouvelle et un roman réside dans l'introduction de la durée. Un roman d'amour, c'est l'art de faire vivre dans le temps l'illumination de la première découverte. L'histoire d'un couple constitue le modèle parfait du roman d'amour, du roman : il s'agit de concilier le temps-extase et le temps-durée, d'observer, de décrire comment l'expérience transforme la stupeur initiale. Or on remarque qu'il n'y a pas de couples dans la littérature italienne, pas d'histoires de couples : l'amour en Italie est toujours isolé dans l'extase. Brûlant avec l'intensité d'un début absolu, il se révèle incapable de se modifier dans une durée, de s'enrichir par l'expérience, de mûrir sous l'effet du temps. Il se consume sur lui-même, avec une ardeur souvent admirable. Mais peut-on l'appeler amour ? Dissocié de la sexualité, du temps, de l'élément périssable qui fait la grandeur et le pathétique d'une aventure humaine, l'amour italien semble un feu destructeur qui n'a pas d'autre prix que la clarté de sa flamme. S'il faut indiquer l'origine de cette conception mutilée de l'amour, c'est encore à Dante qu'on doit remonter, à cette curieuse *Vita nuova*, histoire d'une passion qui tire son éclat de la mise à distance, de l'exclusion de la femme.

Entre Dante et Béatrice, rencontrée une première fois à neuf ans, une seconde et ultime fois neuf ans plus tard, de quel amour s'agit-il ? On y discerne trois éléments : le mutisme obstiné de la jeune fille, les obstacles infranchissables qui séparent les deux partenaires, la purification morale imposée à l'homme. Où est le rapport, où est le dialogue, entre Dante et Béatrice ? Le salut qu'elle envoie au poète, quand ils ont dix-huit ans, constitue leur seul échange. Sept ans plus tard, elle meurt, sans lui avoir jamais adressé la parole, ni reçu de lui la moindre confidence. Mais si elle avait vécu, aurait-elle inspiré la *Vita nuova*, rédigée dans sa plus grande partie après la mort de la *gentilissima ?* Aurait-elle plus tard servi de guide et de lumière à Dante pour écrire *la Divine Comédie ?* Aurait-elle seulement intéressé le poète ? C'est par sa qualité d'absente qu'elle l'a fasciné. Il avoue n'avoir vu Béatrice qu'en de très rares occasions et de loin, entourée d'autres femmes ; et même, un jour où il ne s'attendait pas à la rencontrer, sa seule issue fut de s'évanouir.

Mais il y a plus. La *Vita nuova* porte les traces de deux arts d'aimer successifs et contradictoires. Dante a d'abord espéré trouver chez Béatrice la réciprocité de son amour. Il lui a fait une cour en règle, selon les usages du temps. Le plus important de ces usages voulait que fût tenue secrète l'identité de la femme aimée. Dante a donc feint d'écrire pour une autre les poèmes qu'il adressait à Béatrice. Mais il passa la mesure et Béatrice, s'estimant trahie, refusa de lui renouveler une seconde fois son salut. Dante décide alors d'avouer franchement son amour ; mais avec le résultat de s'attirer les moqueries des compagnes de Béatrice, sans obtenir le pardon de celle-ci.

Brusquement il comprend qu'il a fait fausse route ; que l'espoir de trouver la réciprocité de son amour chez Béatrice est une faute de tactique, qui l'expose sans cesse aux rebuffades et aux humiliations : le seul art d'aimer satisfaisant serait celui qui, au lieu de tenir compte des sentiments de la femme, les ignorerait purement et simplement. Dante prend donc le parti de se limiter à « ce qui ne peut venir à lui manquer », c'est-à-dire la louange, l'exaltation de Béatrice. Nul ne peut l'empêcher de célébrer les mérites de l'aimée, pas même la mort de celle-ci. Bien au contraire, la mort de Béatrice donne son libre essor à une ferveur qui, refusant de prendre en considération la nature, les goûts, les sentiments et jusqu'à la présence de l'*autre*, se nourrit de sa seule combustion intérieure.

L'amour-échange, l'aventure, imparfaite et menacée, de deux êtres humains qui cherchent à se comprendre, il semble que le génie de Dante l'a discrédité, en Italie, une fois pour toutes. Archétype de l'éros dissocié, la *Vita nuova* s'impose comme modèle psychologique à la culture italienne. La séparation de l'homme et de la femme devient la condition de leur amour. Les *promessi sposi* manzoniens sont un couple de chastes fiancés. La passion de Jacopo Ortis pour Thérèse se réduit à un seul furtif baiser. Zeno aime une des sœurs Malfenti et en épouse une autre. Les amants de Pavese ne savent s'arracher à la contemplation passive de leurs maîtresses que pour les assassiner sauvagement. Les Siciliens de Brancati, éperdument amoureux de jeunes filles auxquelles ils n'osent pas adresser la parole, exhalent leur fougue érotique avec des prostituées. Mara et Bube, les *promessi sposi* de Cassola, doivent attendre quatorze ans avant d'avoir le droit de vivre ensemble. Micol, la jeune fille mystérieuse du *Jardin des Finzi-Contini* de Bassani, échappe à son adorateur. Enfin, chez Elsa Morante, l'amour n'est jamais un rapport de réciprocité, mais la prosternation éperdue d'esclaves aux pieds de leurs maîtres.

Le mythe de l'enfance

Au refus du temps, de la sexualité, de l'âge adulte, correspond l'exaltation de l'enfance. Le mythe du paradis perdu commence avec Leopardi, dont la vie s'est comme arrêtée à dix-sept ans, sans autre possibilité de développement que celle, tout intérieure, de remonter le cours des années à la recherche des premiers souvenirs. Au XXe siècle, apparaissent les héros enfants : dix ans pour Dino de *la Maison sur les collines* et Cinto de *la Lune et les feux*, treize ans pour le proustien narrateur du *Jardin des Finzi-Contini*, quatorze ans pour les garçons des deux chefs-d'œuvre de Moravia (Agostino du récit homonyme et Luca de *la Désobéissance)* et pour Arturo, le héros du très beau roman d'Elsa Morante *l'Île d'Arthur*. Héros enfants, mais surtout mythe de l'enfance : toute la destinée est fixée dans les premières années de la vie. Aux héros adultes, il ne reste qu'à entreprendre le pèlerinage aux sources, comme le protagoniste de *Conversation en Sicile* de Vittorini, celui de *Chronique familiale* de Pratolini, celui du *Guépard* de Lampedusa.

Certes, le thème subit d'importantes variations. Pour Lampedusa, le retour à l'enfance signifie refus de l'histoire, de la révolution, du progrès : le prince Salina quitte Palerme, foyer de la rébellion antibourbonienne, pour Donnafugata, siège d'une éternité immobile et réactionnaire. Pour Vittorini, autre Sicilien, le retour à l'enfance signifie exactement le contraire : non pas régression complaisante à un passé historique condamné, mais plongée dans la nudité de la matrice en vue d'une renaissance de l'homme. Pavese célèbre l'irresponsabilité heureuse du jeune garçon à qui son âge épargne le heurt mortifiant du réel. Moravia et Elsa Morante décrivent, l'un en clinicien, l'autre en poète, le trauma du passage de l'enfance à l'adolescence. Mais tous ces écrivains, si différents soient-ils, conçoivent l'épreuve de la vie comme un désenchantement. On ne devient pas un homme : on est précipité dans l'âge adulte à la suite d'une mystérieuse effraction qui profane à jamais un bonheur dont aucune conquête virile ne saurait donner l'équivalent. Pasolini, pour sauver ses *ragazzi di vita* de la déchéance adulte, les fait mourir au seuil de l'adolescence.

L'Italie, pays longtemps agricole, à peine engagé dans l'ère industrielle, apparaît tout entière, à travers sa culture, comme un pays enfant. Enfantine, ou primitive, c'est dans les terres du Sud qu'il faut aller, pour la surprendre intacte. *Humilem Italiam*, telle que Carlo Levi la découvrit dans un village de Lucanie, telle que Pasolini l'a chantée [1], l'Italie des paysans, préexistante à la conquête d'Enée, immuable à travers les siècles, recouverte par les invasions successives mais jamais étouffée. Une Italie sans histoire parce qu'elle n'évolue pas dans le temps mais demeure, hors de la durée, figée dans une éternité immobile. L'Italie de l'histoire, des lois, de l'Etat, cherche non sans peine à implanter le modèle européen et occidental de civilisation, dans cette terre réfractaire au progrès, fidèle aux origines. Réfractaire également à certaines acquisitions de la culture moderne. On aurait tort de s'étonner de l'extraordinaire répugnance que manifestent les écrivains italiens pour la psychologie et sa version plus récente, la psychanalyse. A part le *Zibaldone* de Leopardi (qui est plus un cahier de notes qu'un vrai journal intime) et le *Métier de vivre* de Pavese (seul journal d'introspection), on ne trouve en Italie aucune œuvre d'autoanalyse ; le roman psychologique y est pour ainsi dire inexistant ; quant à la psychanalyse, elle n'a pénétré que très lentement en Italie, et par ses marches les plus excentriques, Trieste et Venise. L'hostilité de l'Eglise, combinée à celle de Benedetto Croce et à celle du fascisme, n'explique pas tout entière cette hostilité envers Freud, qui n'est pas seulement un refus intellectuel. Il y a quelque chose dans le tempérament italien qui se dérobe à l'analyse et au regard sur soi. L'Italien est mythologue, non psychologue, et ce trait imprègne toute la littérature, qui n'est pas tournée vers la vie et la connaissance de la vie, mais vers un âge d'or impossible à atteindre, sinon par l'illumination, le fragment, la stupeur extatique.

---

1. *L'Umile Italia* s'intitule un poème du recueil *les Cendres de Gramsci*.

Mafia

Aucun mot ne prête à autant de confusions. Quand la Mafia est-elle née ? Pourquoi est-elle apparue ? Symbolise-t-elle un état d'âme ? Résume-t-elle une réalité économique et sociale ? A-t-elle été le bras armé du romantisme, avant de devenir un club de vulgaires assassins ? Existe-t-elle encore ? Oui, elle continue à sévir, mais tellement changée depuis l'époque des embuscades dans les champs qu'on a peine à la reconnaître sous sa forme actuelle. Reconvertie dans le trafic des stupéfiants, elle ne ressemble à l'ancienne que parce qu'elle peut compter, elle aussi, sur des protections haut placées. S'il lui arrive encore de faire sauter la voiture de quelque magistrat trop entreprenant, elle évite désormais les manifestations spectaculaires. Comme toute chose en Italie et même en Sicile, la Mafia s'est banalisée, fondue dans le tissu social — au point de perdre sa majuscule et de s'écrire « mafia », tel un nom commun, une pièce ordinaire de l'échiquier politique. On parle maintenant de la mafia russe, parce que, à Moscou aussi, on tire parfois dans la rue. Plus la Mafia est forte, disait Sciascia, moins elle a besoin de tirer. A la belle époque, un paysan à qui on avait volé ses moutons venait se plaindre auprès du *capomafia* de son village. Celui-ci, sans répondre, convoquait ses séides et leur donnait, par signes, des ordres. Le lendemain, le troupeau était restitué à son propriétaire, moins une brebis, prix de l'intervention. Toute l'affaire s'était déroulée en silence, sans même parvenir aux oreilles de la justice. De même, aujourd'hui, la vraie Mafia, il faut la chercher, non dans les épisodes qui font la une des journaux, mais dans les pratiques de corruption, quotidiennes, discrètes, presque invisibles, qui gangrènent un peu partout les Etats, quitte à éclater parfois au grand jour, en « affaires » plus ou moins retentissantes.

Devenue le symbole de la décomposition universelle, la Mafia a d'abord été, et pendant plus de cent ans, une réalité strictement locale, un produit du terroir sicilien, Mafia avec le grand M de la tradition insulaire. C'est cette Mafia-là que je me propose d'évoquer, en me plaçant au début des années 70, quand elle a touché son apogée. Elle gardait alors un aspect pittoresque, une saveur provinciale, malgré les exactions et les scélératesses froidement perpétrées. J'eus l'occasion, à cette époque, d'enquêter sur place avec une équipe de la télévision suisse romande, et c'est au cours de ce voyage que j'ai recueilli la plupart des renseignements consignés ici. Ils portent leur date. Mais conservent leur utilité, car si, après un quart de siècle, non seulement *gabellotti* et *lupara*, mais *cosca* et *boss* appartiennent à un vocabulaire obsolète, on ne comprendrait rien à ce qui se passe aujourd'hui, sans connaître les coutumes et les rites d'autrefois.

Dans la partie de l'île où la Mafia (la Mafia « historique ») a toujours été inconnue, c'est-à-dire dans les provinces de Messine, de Catane, de Syracuse, les terres sont bien cultivées, les propriétés moyennes, les échanges faciles, la bourgeoisie petite et moyenne solidement implantée. Tocqueville visita cette région en 1827. Ayant constaté que « c'est la seule partie de la Sicile où le paysan possède », il se demanda pourquoi le morcellement des propriétés, considéré comme un mal en France, devait être regardé comme un bien en Sicile. Résultat de ses réflexions : « Je comprends bien, en effet, que dans un pays très éclairé où le climat porte à l'activité, où toutes les classes ont envie de s'enrichir, comme en France et surtout en Angleterre, par exemple, l'extrême morcellement de la propriété puisse nuire à l'agriculture, et par conséquent à la prospérité intérieure, parce qu'il ôte de grands moyens d'amélioration et même d'action à des gens qui auraient la volonté et la capacité de les utiliser ; mais au contraire, quand il s'agit de stimuler et de réveiller un malheureux peuple à moitié paralysé pour lequel le repos est un plaisir, chez lequel les hautes classes sont engourdies dans leur paresse héréditaire ou dans leurs vices, je ne connais pas de moyen plus efficace que le morcellement des terres. Si donc j'étais roi d'Angleterre, je favoriserais la grande propriété, et si j'étais maître de la Sicile, j'encouragerais de tout mon pouvoir la petite[1]. »

Peut-on avoir mieux compris la Sicile que ce jeune homme de vingt-deux ans ? Assez naïf, sans doute, et puritainement français, pour estimer que le plaisir doit être dissocié du repos, mais observateur si perspicace, et sociologue déjà si lucide, que, « maître de la Sicile », comme il en fait la plaisante hypothèse, il en eût modifié l'histoire. La Mafia n'existait pas encore en 1827, et cependant Tocqueville décrit exactement les raisons pour lesquelles elle apparaîtrait, quelque cinquante ans plus tard, dans l'autre moitié de l'île, soumise à un relief, à un climat et à un régime de propriété différents.

La Sicile mafieuse, qui s'étend à l'ouest et comprend les provinces de Palerme, d'Agrigente et de Trapani présente un aspect qui n'a rien à voir avec la Sicile de l'est : montagnes arides dressées contre l'horizon, absence de plaines fertiles, grosses agglomérations nichées le plus souvent entre deux vallées, au sommet de pitons difficilement accessibles, domaines d'un seul tenant, étendus à perte de vue.

Vers 1970 encore, il n'était pas rare de voir, à l'aube, sortir de ces bourgades, très éloignées l'une de l'autre, des processions de paysans qui se rendaient à dos de mulet vers le lieu de leur travail, distant de plusieurs kilomètres, et dont ils ne revenaient que le soir, écrasés de soleil et de fatigue, dans un nuage de poussière et de mouches. Puis le tricycle motorisé, ou Vespa carrossée, a remplacé la mule, ce qui a diminué le nombre des mouches mais épaissi les nuages de poussière.

Il y a cent ans, le travailleur des champs était livré sans défense à ceux qui voulaient l'exploiter. Aucune ferme pour rompre la monotonie de ces étendues désertiques, aucune police pour assurer la sécurité des paysans, aucun tribunal devant qui l'on pût réclamer. Ajoutez à cela l'analphabétisme, l'inculture, la superstition, la peur. Toutes les terres appartenaient à un petit nombre de richissimes propriétaires, ducs et princes siciliens, qui ne résidaient pas dans leurs immenses *latifundia*, mais dans la capitale, à Palerme, quand ce n'était pas à Naples ou à Rome. En leur absence, ils confiaient la gestion de leurs domaines à des intendants, les

---

1. Alexis de Tocqueville, *Voyage en Sicile*, in *Œuvres complètes*, tome V, 1, Gallimard, 1957.

gabellotti. Ceux-ci ont constitué les premiers cadres de la Mafia, qui était, à ses origines, il y a une centaine d'années, exclusivement rurale.

Les *gabellotti*, maîtres absolus sur les terres, sous-louaient à des prix exorbitants les *latifundia* laissés à leur merci. En outre, nul ne pouvait élever ses brebis ou récolter son blé sans être obligé de leur verser un tribut. On les voyait, à califourchon sur leur mule, entourés de leurs gardiens armés, inspecter l'étendue démesurée des fiefs.

Malheur à qui refusait leur « protection » ! Il découvrait un beau matin ses vignes coupées sur pied ou ses arbres fruitiers abattus : premier avertissement, dans le langage symbolique propre à la Mafia. Si le récalcitrant s'obstinait, on s'en prenait à son troupeau. Des inconnus tailladaient pendant la nuit le jarret de ses moutons ou de ses veaux. Enfin, troisième degré dans l'escalade de la punition, si l'entêté ne voulait pas comprendre, deux tueurs, le visage dissimulé sous une cagoule, attendaient le rebelle au détour d'un chemin pour décharger sur lui les projectiles de la redoutable *lupara*, ce fusil à deux canons tronqués, inventé pour la chasse au loup et employé pour la chasse à l'homme.

Dans les années comprises entre 1900 et 1925, on compte par milliers le nombre des vachers, bouviers, laitiers, petits cultivateurs abattus de la sorte pour avoir refusé de s'acquitter du tribut.

Mais comment, dira-t-on, de telles choses ont pu être possibles ? N'y avait-il donc aucun moyen de protection contre ces bandits ? Voilà bien la question : la Mafia n'a rien à voir avec le banditisme. La Mafia est née des conditions géographiques et de la structure économique et sociale de la Sicile occidentale, mais une autre cause, et non des moindres, a été la carence de l'Etat italien après la réalisation de l'Unité. Sans doute les *gabellotti* et leur régime de terreur existaient déjà sous les Bourbons. Mais ils n'étaient pas constitués en syndicat du crime, ils travaillaient au détail, en amateurs.

Le mot de *Mafia* a fait son apparition dans le vocabulaire seulement en 1863, c'est-à-dire deux ans après le rattachement de la Sicile à l'Italie. Cette coïncidence n'est nullement un hasard. Quels furent les bénéfices du rattachement pour la Sicile ? Nuls, il faut bien le dire, et le résultat de l'opération s'est même révélé négatif. « L'unité de l'Italie, écrit le grand historien Gaetano Salvemini, a été pour le Sud un vrai désastre, et le dernier des Bourbons avait raison lorsque, fuyant de Naples à Gaëte, il disait à ses anciens sujets qu'il y perdait son trône, mais que les Piémontais ne leur laisseraient, à eux, que les yeux pour pleurer. »

Le Piémont se rendit coupable de cinq fautes au moins.

1. Il s'appuya sur la vieille classe dirigeante de l'époque bourbonienne, l'aristocratie incapable et démissionnaire, avec l'illusion qu'elle pût assumer les devoirs que la bourgeoisie remplissait dans l'Italie septentrionale.

2. Il étendit son système d'impôts, calculé pour un pays industrialisé et riche, à des provinces pauvres et arriérées. L'augmentation de la taxe sur le blé porta l'injustice à son comble : l'indigente Sicile dut payer au fisc autant que la cossue Lombardie. Bien avant Salvatore Giuliano et les séparatistes de 1943, on pouvait soutenir qu'il fallait rendre son indépendance à l'île si le gouvernement central bafouait à ce point l'équité.

3. Il obligea les provinces méridionales, qui n'avaient pas de dettes en 1860, à payer les intérêts de ses propres dettes.

4. En confisquant au profit des finances nationales les biens ecclésiastiques du royaume de Naples et de Sicile, il frustra le Sud d'énormes quantités de capitaux.

5. Faute la plus grave enfin, il établit une barrière douanière avec la France pour protéger de la concurrence ses industries naissantes, sans prendre garde que les agriculteurs du Sud, qui exportaient du vin et des agrumes, seraient ruinés par le protectionnisme.

Ces différents points sont très importants à retenir, car ils ont déterminé cent ans de vie sicilienne et en particulier cent ans de Mafia. L'aveuglement du Piémont serait lui-même incompréhensible, si on ne tenait pas compte d'un préjugé, à tel point tenace encore aujourd'hui qu'il continue à mettre en péril la réussite de l'Unité italienne. Cavour et les présidents du Conseil suivants jugèrent inutile de se rendre en personne dans les provinces méridionales. Trompés par les souvenirs antiques, qui nous ont livré l'image d'une Grande Grèce fertile et prospère, ils étaient persuadés qu'il n'y avait pas de région où la nature fût plus riche. Si la misère y sévissait, la faute en retombait donc sur la paresse et l'incapacité des indigènes. La Mafia ? Une invention polémique. Quelques années de bon gouvernement parlementaire suffiraient à rétablir l'ordre sans qu'il y ait lieu ni de provoquer une enquête scientifique sur les conditions du Midi ni de préparer une législation spéciale.

Pour beaucoup de Piémontais et de Lombards, sans compter les étrangers, Rome, de nos jours, demeure l'extrême limite de leur voyage vers le Sud, au-delà de laquelle commence, selon le double mythe toujours solidement ancré, un pays favorisé par le ciel mais condamné par la fainéantise de ses habitants.

Comment réagir contre tant d'injustice ? La protestation sicilienne prit deux formes. L'une fut le banditisme, protestation individuelle et anarchique. L'autre fut la Mafia, protestation organisée et réfléchie, et qui constitue donc l'inverse exact du banditisme.

Puisque l'Etat central se conduisait d'une manière aussi stupide, méprisante et insultante envers la Sicile, eh bien ! il ne restait plus qu'à se substituer à l'Etat, à créer un contre-Etat, avec ses lois, sa hiérarchie, sa philosophie, et ce fut précisément la Mafia, appelée aussi l'« honorable société », véritable Etat dans l'Etat.

Constituée d'abord par les *gabellotti* de campagne, elle réunit peu à peu une bonne partie de la classe riche ou aisée de la Sicile, les propriétaires ruraux, mais aussi les bourgeois des villes. Au lieu d'exploiter seulement les paysans, elle se mit, selon les mêmes règles du chantage et de l'extorsion par la violence, à rançonner les artisans et les petits commerçants.

On se heurte ici à une contradiction manifeste. Si la Mafia est née pour remédier aux carences et aux injustices du pouvoir central, comment se fait-il qu'elle ait exercé une tyrannie mille fois plus injuste et plus abominable que celle de l'autorité piémontaise ? Comment se fait-il surtout qu'elle ait pu jouir, malgré ce rôle oppressif et sanguinaire, d'un prestige incontestable ?

Beaucoup de gens, aujourd'hui encore, vous disent que la Mafia obéissait vraiment aux principes de l'honneur, qu'elle rendait vraiment la justice dans les innombrables cas où il était impossible de l'obtenir des tribunaux constitués.

En 1889, un grand sociologue et ethnologue palermitain, Giuseppe Pitré, définissait le plus sérieusement du monde le mot de *Mafia* comme un synonyme de « beauté, gracieuseté, perfection, excellence ». Une jeune fille d'aspect avenant était dite *mafiosa*. *Mafiosa* une maison bien tenue, *mafioso* un balai qui remplissait son office. Pour un homme, à l'idée de beauté, le qualificatif de mafieux ajoutait celle de valeur et de supériorité dans le meilleur sens du mot : « Conscience d'être un homme, fermeté d'âme et, dans le cas extrême, orgueil, mais jamais forfanterie prise en mauvaise part, jamais arrogance, jamais outrecuidance ». D'où la célèbre et consternante définition « La *Mafia* est la conscience de son propre être, la notion exagérée de la force individuelle. »

Pour démentir cette suite surprenante d'affirmations, qui s'appliqueraient beaucoup mieux au banditisme sicilien qu'à la Mafia, il suffit de savoir comment les chefs de la Mafia opèrent réellement.

Prenons l'exemple d'une affaire criminelle qui défraya la chronique il y a presque un demi-siècle. Le commissaire Tandoj fut tué, en Agrigente, d'une balle dans le dos, parce qu'il gênait les activités de la Mafia locale, ou plutôt des différents groupes mafieux d'intérêts, antagonistes entre eux, qui se disputaient le contrôle du marché des fruits et des légumes à coups d'extorsions et d'assassinats. Chacun de ces groupes ennemis s'appelle, dans le langage symbolique et savoureux de la Mafia, une *cosca*.

La *cosca* est la couronne des feuilles de l'artichaut. Image qui indique parfaitement le caractère compact, hiérarchique et secret de l'organisation. Une *cosca* a ses chefs, *capi*, qui décident, ses intermédiaires, qui transmettent les ordres, ses *pisciotti* qui les exécutent. Le meurtre du commissaire Tandoj fut accompli dans les règles. Deux chefs qui avaient arrêté sa mort chargèrent deux intermédiaires de faire appliquer la sentence ; lesquels, à leur tour, confièrent la besogne à un jeune paysan, contre deux cent mille lires de récompense.

Une hiérarchie politique complète la hiérarchie criminelle. La Mafia ne se contente pas de « contrôler » les affaires rentables dans une zone donnée — terrains à bâtir, construction de routes et de maisons, abattoirs, moulins, mines de soufre, marché des fruits et des légumes — par des procédés rituels d'intimidation, empruntés aux méthodes de la Mafia rurale originelle (1 : incendie d'un dépôt ou détérioration d'une machine aux dépens de l'entreprise qui ne veut pas accepter la « protection » de l'« honorable société » ; 2 : balle nocturne qui effleure sans le toucher le sujet récalcitrant ; 3 : assassinat). Elle a besoin de s'assurer la complicité et l'appui d'un certain nombre d'hommes politiques, qu'elle achète en leur procurant les votes nécessaires à leur élection.

Donc, contrairement à ce qu'on croit d'habitude, le tempérament, la fougue n'entrent pour rien dans un crime de Mafia : un meurtre s'accompagne de soigneuses précautions. Il n'est pas net, personnel, d'homme à homme, mais mijoté à l'avance, cuisiné comme une *caponata* d'aubergines, ce plat national sicilien fait d'un mélange gluant d'aubergines, de courges, de tomates et d'olives. Impossible par conséquent de suivre Pitré quand il définit la Mafia comme une forme exaspérée d'individualisme. A l'entendre, le mafieux revendique la liberté absolue : il se dresse contre l'Etat parce qu'il ne tolère d'être soumis à aucune limitation de sa propre puissance. En réalité, le chef de Mafia est tout le contraire d'un loup sauvage. Il tire de sa poche deux cent mille lires pour envoyer un tueur abattre dans le dos un importun. Non sans savoir, par surcroît, qu'il peut compter sur des protections haut placées, dans les conseils municipaux, au parlement régional de Palerme, au parlement national de Rome. C'est un grand électeur avant d'être un rebelle.

Le plus important annaliste de la Sicile, Leonardo Sciascia, a raconté dans une sorte de roman policier, *le Jour de la chouette*, comment il était impossible, pour un enquêteur, même honnête et courageux, de faire toute la lumière sur un crime de Mafia. Il peut réussir à mettre la main sur l'exécutant matériel du meurtre, mais les vrais responsables lui échappent toujours, puisqu'il faudrait remonter, au-delà des tueurs, aux hommes d'affaires qui les soudoient, et, au-delà des hommes d'affaires, jusqu'aux députés, voire aux ministres, qui couvrent l'assassinat.

Les choses auraient-elles évolué depuis l'époque de Pitré ? Ne faut-il pas penser plutôt que l'indulgence ou même l'admiration manifestées par tant de Siciliens pour la Mafia sont à mettre sur le compte de la psychologie insulaire ?

Parmi les causes qui expliquent l'invulnérabilité de la Mafia, on doit mettre au premier rang, non seulement la complicité de beaucoup de Siciliens, mais la susceptibilité de tous les autres, qui éprouvent un sentiment d'infériorité vis-à-vis du « continent », et ne souffrent pas qu'on s'en prenne au bon renom de leur île. Ainsi vous entendez souvent déclarer en Sicile que « la Mafia, ça n'existe pas », même par des gens qui n'en font pas partie, mais préfèrent garder le silence par peur de ternir le blason national.

Le peuple silicien, d'ailleurs, a su prendre, indirectement et inconsciemment, sa revanche. Parmi les nombreux types de marionnettes reproduits par d'ingénieux artisans, on relève, outre les personnages classiques du théâtre des *pupi*, tels que Charlemagne ou Roland, et quelques héros plus modernes, comme le président Kennedy, les figures des célèbres bandits Pasquale Bruno, Giuseppe Musolino, Salvatore Giuliano : aucun chef de l'« honorable société », pas même le légendaire don Calogero de Villalba, n'a été jugé digne d'entrer dans le répertoire.

Pareillement, on ne compte plus les romans-feuilletons, les poèmes, les chansons écrits à la gloire des bandits. Les plus féroces brigands jouissent de la popularité qui manque à la Mafia, parce que, dans leurs débuts au moins, les mêmes motifs qui auraient poussé à l'émeute un peuple moins « paralysé », par exemple une injustice subie ou une misère impossible à endurer plus longtemps, les incitèrent à la révolte.

Le banditisme peut passer pour une sorte d'exagération criminelle du sentiment de frustration, alors que, tout Sicilien le sait bien, pour peu qu'il laisse de côté l'« honneur » de son île et le faux romantisme attaché à toute société secrète, la Mafia n'est qu'un système minutieusement réglé d'oppression des plus faibles par les plus forts.

Mais pourquoi, alors, à part quelques écrivains, quelques journalistes courageux, et quelques syndicalistes héroïques qui y laissèrent leur vie, pourquoi personne n'a combattu ouvertement cette Mafia ? Pourquoi, faute de tribunaux fiables, ses victimes ont-elles supporté passivement, depuis un siècle, sans essayer de s'unir contre elle et d'ameuter l'opinion publique, un régime si despotique ?

On arrive ici au centre du mystère. La Mafia n'a pas véritablement une philosophie à elle — à moins qu'on n'appelle philosophie la loi du plus puissant — mais elle se sert, elle abuse de la philosophie des Siciliens. Et cette philosophie peut se résumer à ceci : les choses siciliennes doivent rester entre Siciliens. Mieux encore : les choses d'une famille, d'un clan sicilien, doivent rester à l'intérieur de cette famille, de ce clan.

Même si la justice fonctionnait convenablement, même si la police faisait son métier, au lieu d'être souvent de connivence avec les chefs de l'« honorable société », le juge, le policier seraient toujours des étrangers, donc des ennemis.

La scène suivante est arrivée plusieurs fois à Palerme. Plusieurs consommateurs sont installés à la terrasse d'un café. Deux hommes font irruption, déchargent leurs armes sur l'un des clients, puis s'éloignent. Personne n'a bougé. Quand la police arrive et voit le cadavre recroquevillé sous une table, elle commence son enquête. Qui a tiré ? Combien étaient-ils ? Comment les choses se sont-elles passées ? Silence. Enfin, d'un air suprêmement étonné, quelqu'un répond :

— Tiens ! Il y avait un cadavre sous la table ! Aucun de nous ne s'en était aperçu !

Voilà ce qu'on appelle l'*omertà*, la loi du mutisme. Le client assassiné sera vengé, bien entendu, mais par un autre crime qui entraînera à son tour une série de nouveaux assassinats. A Brancaccio, un village de la banlieue de Palerme, deux familles s'entre-tuèrent pendant douze ans. Il y eut vingt-sept victimes et il ne resta plus, au bout de ce temps, de part et d'autre, que sept survivants mâles adultes.

En 1919, à Favara, dans la province d'Agrigente, on commit cent cinquante homicides. Cette année-là, un octogénaire mourut de mort naturelle. Comme il était le premier habitant qui depuis dix ans eût quitté la vie sans en être arraché, ses parents commémorèrent l'événement par une épitaphe bucolique : « Mort au sein de la nature ».

L'exemple le plus extraordinaire d'*omertà*, qui montre aussi avec quel cérémonial se déroule un crime de Mafia, et à quel point les esprits peuvent être impressionnés par ce rituel de sang et de mort, et combien également le code familial est strict, ne laissant aucune place aux réactions individuelles, l'exemple donc le plus typique d'*omertà* eut pour décor une salle de festin. Un fameux chef de *cosca* palermitain, Giovanni Zangara, a prouvé comme il suit qu'il savait se faire « respecter ».

Ayant décidé d'épouser la charmante Anna, il déclara à ses futurs beaux-parents qu'il n'entendait pas voir, parmi les invités de la noce, leur fils, le frère d'Anna donc, connu pour ses attaches avec une *cosca* rivale. Les beaux-parents ne se le firent pas répéter deux fois et le jeune homme ne parut ni à l'église ni au banquet. Mais les soixante-dix convives espéraient qu'au moment des toasts la brebis galeuse rejoindrait le troupeau et se ferait pardonner par son beau-frère. On le vit apparaître, en effet, vers la fin du repas, tremblant et pâle dans son frac noir. Il traversa la grande salle devenue soudain silencieuse et s'avança, la main tendue, vers le mari de sa sœur.

Giovanni Zangara le regardait fixement. Il se leva avec une lenteur calculée, porta la main à son gilet, sortit son revolver et fit feu par trois fois : le jeune homme tomba foudroyé, tandis que les fleurs blanches d'oranger se coloraient de sang.

— Je lui avais dit de ne pas se montrer, fit Giovanni Zangara en rentrant son revolver.

L'épouse s'était évanouie ; on la ranima. Le festin se poursuivit. Quand arriva la police, le couteau qu'elle trouva entre les doigts du cadavre avalisa la thèse de la légitime défense. Aucun des soixante-dix convives, pas même le père ni la mère du mort, ne dénonça le meurtrier. Anna, convaincue désormais qu'elle avait affaire à un « homme d'honneur », à qui il ne faut pas manquer de « respect », fut une épouse modèle et lui donna six enfants.

La férocité des luttes entre les factions rivales s'explique par l'évolution qu'a suivie la Mafia depuis ses lointaines origines. A partir de 1950, à peu près, l'« honorable société » a cessé de s'intéresser aux campagnes, en partie à cause des réformes agraires (démembrement des propriétés de plus de deux cents hectares, sous-location interdite), mais surtout parce que le sol et les cultures rendent infiniment moins que les nouvelles industries de Palerme.

Autant la vieille Mafia, agricole, avait intérêt à maintenir les paysans dans la misère et l'ignorance pour les exploiter plus aisément, autant la jeune Mafia urbaine s'est employée à favoriser l'essor économique, dont elle tirait de gros gains. Contrôle des halles centrales de Palerme, trafic de la drogue, spéculation immobilière : tels étaient désormais ses centres principaux d'activité.

Faisons le point, en prenant 1970 comme année type. L'énormité des bénéfices fait que chaque affaire suscite des rivalités implacables. On s'est mis à appeler *boss* les chefs et *killers* les tueurs, car non seulement les méthodes mais aussi le vocabulaire des gangsters américains ont déteint sur la Mafia sicilienne.

Le plastic et la mitraillette ont remplacé la *lupara*, l'Alfa Romeo a remplacé la mule, le complet-veston a remplacé la casquette à visière et les braies de futaine. Mais pour le reste, la Mafia est demeurée la même, sauf qu'elle est devenue beaucoup plus puissante et qu'elle a jeté définitivement le masque, puisque rien, dans ses activités actuelles, ne permet de dire qu'elle les exerce pour un but de justice ou d'ordre social, comme ce pouvait être le cas à ses débuts. Au contraire, c'est au détriment des citoyens et du corps social tout entier qu'elle opère, aussi impunément qu'impudemment.

Sa zone d'action favorite est la spéculation immobilière. Dans ce domaine, il faut souligner le rôle de ses accointances politiques. La Mafia n'aurait jamais pu s'emparer du pouvoir dont elle dispose à Palerme si elle n'avait bénéficié de connivences avec les services publics et administratifs, en premier lieu la municipalité.

Les amis (c'est ainsi qu'on appelle les membres de la Mafia, surtout depuis qu'elle s'est dérusticisée, et comme fonctionnarisée et embourgeoisée, avec toutes les apparences de la respectabilité propre aux notables) ont réussi à faire infléchir le plan régulateur dans le sens qui servait leurs intérêts.

Par exemple, une société immobilière acheta les soixante-dix hectares de la villa Sperlonga et promit de créer un parc public de dix-huit mille mètres carrés si on lui laissait bâtir le reste. Aux quelques conseillers municipaux qui lui reprochaient d'avoir sacrifié une forêt aux portes de Palerme, le maire répondit qu'il y avait été contraint : chaque nuit des inconnus déracinaient les arbres et bientôt à la place de la forêt on n'aurait plus trouvé qu'une lande déserte. Pour garder dix-huit hectares au parc, il avait dû en accorder cinquante aux spéculateurs.

Les procédés plus brutaux ne manquent pas. Qu'il le veuille ou non, le propriétaire d'un terrain à bâtir sur lequel la Mafia jette son dévolu se trouve contraint tôt ou tard de le vendre, au prix fixé par l'acheteur. Un refus lui coûterait la vie, après plusieurs avertissements symboliques : par exemple, il recevra un jour dans son courrier la tête de son chien ficelée dans un paquet.

Palerme fut mise en coupe réglée par deux bandes de spéculateurs dont la rivalité fournit en six ans d'innombrables victimes : d'abord parmi les membres des deux clans, le clan des Greco et le clan des La Barbera, mais aussi parmi les forces de l'ordre (sept carabiniers déchiquetés en 1963 par l'explosion d'une voiture piégée), et même parmi des personnes complètement étrangères à ces luttes, témoins involontaires supprimés par précaution ou passants innocents tués par mégarde.

Pendant les six ans que dura ce carnage, les *boss* ne manquaient pas d'exercer leur « protection » sur quiconque, entrepreneur ou architecte, cherchait à faire son métier.

Autrefois on escamotait les cadavres des récalcitrants en les précipitant dans une crevasse de la montagne. D'autres étaient jetés, une pierre au cou, dans un fleuve qui les emportait vers la mer. Mais un risque subsistait que le corps, quelque jour, remontât vers la surface. Le nouveau système a consisté à enfermer le mort dans un bloc de ciment armé, qui sert ensuite à la construction d'un immeuble.

Un des mystères du marché de Palerme, toujours en 1970, c'est que les oranges et les citrons y coûtent plus cher qu'à Milan, bien que ces fruits proviennent de la Conque d'Or, la plaine si fertile qui ceint Palerme d'une oasis de vergers. Palerme, la ville la plus pauvre d'Italie, se trouve donc être aussi la plus chère. Pourquoi ? Parce que le cultivateur d'agrumes doit compter d'abord avec la Mafia de l'eau, qui possède les puits et les appareils de pompage et distribue à qui elle veut et au prix qu'elle veut l'eau nécessaire pour l'irrigation. Parce que, ensuite, il doit recourir, faute de crédit agricole en Sicile, au crédit privé, à la Mafia des intermédiaires. Enfin, comme une troisième Mafia, la Mafia des quartiers, perçoit un tribut sur les revendeurs de détail, on ne s'étonnera plus que les fruits soient vendus au prix fort.

D'innombrables légendes circulent sur la Mafia. On est incertain sur l'origine du mot, sur la manière même dont il faut l'orthographier. On a prétendu qu'elle constituait une véritable société secrète, avec des rites d'initiation aussi rigoureux que dans la franc-maçonnerie. Les nostalgiques du romantisme et les épigones du nazisme voudraient que des scélérats de cette trempe vendent leur âme au diable par des pactes de sang et de feu. Ces légendes sont amusantes mais fausses et profitent à des convoitises répugnantes qui arrivent ainsi à se draper dans les plis fascinants du mystère.

Quand on parle de don Vito, de don Calogero et de Genco Russo comme de « chefs suprêmes » de la Mafia, l'expression n'est correcte que si on se réfère à leur autorité morale acquise par leur ascension financière : jamais ils ne se sont prévalus d'une souveraineté légale reconnue par une constitution.

Même s'ils savent écrire, les *boss* se gardent bien de se compromettre par des documents, de laisser des traces écrites de leurs manipulations ténébreuses. Ils communiquent entre eux et avec leurs tueurs par messages seulement oraux, et encore, la plupart du temps, ils préfèrent n'échanger que des signes, des clins d'yeux ou des mouvements du petit doigt, langage silencieux, imperceptible et incompréhensible à tout autre qu'eux.

Faute de preuves, ils sont régulièrement acquittés lorsqu'un scandale trop énorme force le gouvernement de Rome à mettre en branle sa justice poussive. Leur impunité, la brume impénétrable qui estompe leurs agissements, le sang-froid avec lequel ils perpètrent leurs crimes, le mutisme dont ils ne se départent jamais, sans compter leurs victoires insolentes sur les lois officielles et toujours impopulaires de l'Etat, tout cela augmente considérablement leur prestige et les pare d'une auréole indue. En réalité, pour démythifier une bonne fois la Mafia, il faudrait commencer par renoncer à l'appeler *la* Mafia. En tant que société secrète, la Mafia n'existe pas. La Mafia, aujourd'hui comme hier, ce n'est qu'une partie de la classe dirigeante, un ensemble d'hommes d'affaires, de chefs d'entreprise, de gros commerçants, et aussi de politiciens et d'avocats, décidés à exploiter la persistante faiblesse du pouvoir central pour tourner la loi à leur profit et réaliser d'énormes gains illicites sur le dos de citoyens incapables de se défendre.

Cependant, ni la situation économique de l'île ni sa structure sociale ne suffisent à expliquer tout. La Mafia c'est aussi un état d'esprit, une manière de sentir, d'où sa permanence à travers les époques et les variations de régime politique ou social. Appétit de violence chez les uns, résignation et fatalisme chez les autres, familiarité avec la mort chez tous : on ne résoudra pas le problème de la Mafia en envoyant quelques *boss* en prison ni en modifiant la distribution des richesses. Verga, Pirandello, Lampedusa et tous les écrivains siciliens nous ont assez dépeint le défaitisme crépusculaire si naturel à des cœurs siciliens.

Pétrie par deux mille cinq cents ans d'invasions étrangères et d'occupations prédatrices, la Sicile reste une terre étrange, énigmatique, avec ses femmes en noir, son horreur du soleil, sa peur du plaisir, son besoin de souffrir, sa fierté taciturne, qui l'expose d'âge en âge à tous les coups, à toutes les avanies. Etrange et prodigieusement attachante, plantée comme une écharde sanglante au flanc d'une Europe édulcorée par le progrès.

Chaque peuple n'a-t-il pas sa névrose, sa folie ? Beaucoup de grands peuples se sont illustrés par leurs guerres et leur frénésie destructrice. On a décoré cette folie-là du nom de grandeur militaire, comme si l'ambition de la gloire justifiait conquêtes et massacres. La folie des Siciliens, mille fois plus sympathique après tout, consiste à s'entretuer entre soi, avec un sens jaloux du secret, un goût baroque de la mise en scène, un mépris tout arabe du bonheur, une fierté tout espagnole de mourir pour rien.

Magie

D'Aldo Palazzeschi à Tommaso Landolfi

En 1946 parut en France, publié par un petit éditeur du Jura sous le titre *Italie magique*, un admirable recueil de nouvelles, qui passa complètement inaperçu. Pour deux raisons : d'abord parce qu'il présentait des écrivains qui avaient vécu et publié sous le régime fasciste, sans être fascistes mais sans participer non plus à la lutte antifasciste. Et cette neutralité leur coûtait cher, puisqu'on englobait leur œuvre dans le discrédit qui frappait tout ce qui s'était fait au-delà des Alpes entre 1922 et 1942. Ils avaient à payer le péché collectif de l'Italie mussolinienne.

L'autre motif, c'est que, dans l'après-guerre, le succès, immédiat et spectaculaire, du cinéma néoréaliste italien accrédita l'opinion que ce courant esthétique était le seul légitime. En dehors des scènes populaires et des tranches de vie, l'Italie, pensait-on, n'avait rien d'intéressant à exporter. Or les auteurs d'*Italie magique* ne possédaient en commun que de haïr la vérité brute, les épisodes de rue, les bicyclettes et leurs voleurs, les *pizzaiole* et leurs gros seins, les banlieues et leur misère.

Un nouvel éditeur a republié, en 1991, le même volume, dont il s'est contenté de modifier le titre : *Italia magica*. Changement infime, mais judicieux, pour suggérer qu'il existait une autre Italie que celle de Rossellini et de Vittorio De Sica, de Gina Lollobrigida et de Sophia Loren, une Italie plus mystérieuse, intraduisible, à qui il faut garder son nom d'origine. Cette Italie, qui n'était pas à la mode en 1946, tentons de la ressaisir aujourd'hui, avec la caution du seul peintre surréel connu en France, Giorgio De Chirico, dont les éditions Phébus, fort à propos, ont choisi un tableau pour orner la couverture de leur livre.

Comment la qualifier, cette Italie non vériste, non réaliste ? « Rêveuse », pour l'opposer à l'Italie « positive » des films ? « Fantastique », selon l'épithète qui a cours aujourd'hui ? La littérature fantastique a toujours été très pauvre en Italie, où l'on a les pieds sur terre, peu de dispositions pour voyager dans l'au-delà, et aucun attrait pour ce qui n'est pas tangible, évident. Alexandre Dumas explique par le climat cette répugnance aux aventures psychiques et aux embardées du spiritisme.

« L'Italie, avec son ciel pur, n'est pas le pays des traditions surnaturelles ; aux fantômes, aux spectres, aux apparitions, il faut les longues et froides nuits du Nord, il faut la Forêt-Noire, les brouillards de l'Angleterre, les vapeurs du Rhin. Que ferait une pauvre ombre égarée au milieu des ruines de Rome, sur le rivage de Naples, dans les plaines de la Sicile ? où se réfugierait-elle, mon Dieu ! si elle était poursuivie par l'exorciste ? Pas la plus petite vapeur où fuir, pas le plus petit brouillard où se cacher, pas la plus petite forêt où chercher un asile ; elle serait traquée, prise au collet, conduite à la lumière. Peuplez donc la nuit de rêves quand la nuit est votre jour, quand la lune est votre soleil... Oh ! Juliette !... vous ne vous êtes levée sur votre tombeau que parce que Shakespeare, le poète du Nord, vous a dit : "Lève-toi !" Et à la voix de ce puissant enchanteur, auquel rien ne pouvait résister, vous avez obéi, belle fleur du printemps de Vérone ! Mais nul compatriote à vous n'avait songé auparavant, ni n'a songé depuis à vous donner un pareil ordre. »

N'accusons pas Dumas de simplisme ni de balourdise. C'était l'ami intime de Gérard de Nerval, en compagnie duquel il partit pour l'Allemagne, à la recherche de la Lorelei et des filles du Rhin. Il s'y connaissait en spectres et en apparitions, lui qui a écrit *les Mille et Un Fantômes*, huit cents pages d'histoires fantastiques, en s'excusant, par les lignes qu'on vient de lire, de n'y avoir introduit qu'un court épisode transalpin. Son diagnostic ne manque pas de justesse : les écrivains d'*Italia magica* gardent eux-mêmes un fond de réalisme. Tout leur art consiste à faire surgir de la réalité des aspects insolites, étranges. « Magique » convient donc mieux pour qualifier cette opération silencieuse, discrète, qui s'effectue sans fracas ni moyens spectaculaires, à force d'attention aux choses, de tendresse, d'humour. Le Florentin Aldo Palazzeschi, mort en 1974 à quatre-vingt-neuf ans, reste insurpassable dans ce registre. Observateur narquois de la vie familière, il la transforme, avec la dextérité d'un prestidigitateur, en tableaux légèrement burlesques et intensément poétiques. De tous les écrivains méconnus en France, c'est sans conteste le plus original, celui dont l'œuvre manque le plus dans le panorama que les Français ont établi de la littérature italienne de ce siècle.

Pour le présenter en quelques formules bien insuffisantes, disons qu'il chasse sur les mêmes terres que Moravia — la petite bourgeoisie, avec ses phobies, ses complexes, ses ridicules — mais avec une fantaisie ailée qui fait défaut à son plus célèbre contemporain. La comparaison de l'unique nouvelle de Moravia retenue dans *Italia magica* avec les cinq du Toscan sera cruelle au Romain, décidément terre à terre, chaussé de gros sabots, fils du soleil selon Dumas. Palazzeschi a transité par le futurisme : il y a puisé le goût de poser des pétards dans les salons de province, dans les cercles de notables, dans les cafés bien fréquentés, à titre expérimental, afin d'étudier les désordres subits provoqués par son impertinence. Mme Costanza, digne veuve aux prises avec une situation financière difficile, vivote en sous-louant une partie de son appartement. Elle a beau depuis trente ans veiller jalousement sur la moralité de ses locataires, il lui suffit de s'absenter une seule nuit pour retrouver chez elle au petit matin un pandémonium scandaleux. Et qui aurait pu s'attendre à voir M. Fanfulla, fonctionnaire au-dessus de tout soupçon, rentrer dans son appartement à trois heures du matin, vêtu de sa seule chemise ?

Détraquer le train-train des habitudes quotidiennes : Palazzeschi excelle dans ces tours de sorcellerie. Au point que le gros roman qui est son chef-d'œuvre, *les Sœurs Materassi*, publié en 1934 (traduction, bien trop tardive, en 1989, aux éditions du Promeneur), utilise comme ressort romanesque l'intrusion d'un élément hétérogène dans un cadre routinier. Les trois sœurs Materassi, vieilles filles désuètes et misanthropes, tiennent un atelier de broderie sur les collines de Florence. Vie terne et sacrifiée, jusqu'au jour où fait irruption un neveu de quatorze ans. Par sa beauté provocante, par son toupet, par ses manières canailles, par son talent à exploiter le fond de tendresse de ses tantes et les restes brasillants de leur libido, il va déchaîner un cataclysme.

Ce qui n'était au début qu'une description savoureuse de la province toscane se transforme peu à peu en parabole sur les dangers du refoulement sexuel. La vigueur insolente d'un jeune mâle et la soumission exaltée d'esclaves trop heureuses de servir un tel maître donnent lieu à des scènes d'une innocence scabreuse. Jamais on n'a évoqué avec des moyens plus ambigus le pouvoir érotique d'un adolescent, et je ne crois pas forcer le texte en soupçonnant l'auteur d'avoir utilisé les tantes et la violence de leur passion avunculaire comme simple alibi pour exprimer l'intensité de son propre émoi. Le roman joue tour à tour sur l'élégie et l'ironie, l'amour et l'humour, avec une liberté, un brio qui manquent au *Théorème* de Pasolini, film construit sur le même thème de l'ange séducteur et perturbateur, mais avec une application quelque peu scolaire.

Tommaso Landolfi est l'autre grande figure d'*Italia magica*, quoique ni Cesare Zavattini (le seul connu, à cause du cinéma), ni Enrico Morovich, ni Nicola Lisi ne soient à négliger. Landolfi a été victime de son raffinement : les Français, mais les Italiens aussi, ne pouvaient s'imaginer qu'un contemporain exact de Moravia, de Vittorini, de Pavese, voguât si loin des eaux bourbeuses du vérisme, si loin des marécages de l'engagement politique, dans cette mer intemporelle et mystérieuse qu'un Poe, un Hoffmann, un Pétrus Borel, un Gogol, un Kafka ont allumée de leurs scintillements.

Né en 1908, mort en 1979, auteur d'une douzaine de livres, dédaigné par la critique de son pays, négligé dans le nôtre, malgré trois volumes parus chez Gallimard, un roman, *la Pierre de lune*, et deux recueils de nouvelles, *la Femme de Gogol* et *la Muette*, il échappe à toutes les écoles, à toutes les classifications. Trouble, romantique, nocturne : telles sont les épithètes qui reviennent sous la plume des commentateurs, et en particulier du plus enthousiaste d'entre eux, André Pieyre de Mandiargues, pour qualifier l'univers de cet écrivain, que sa subtilité hautaine et mystérieuse rapproche des conteurs russes et allemands plus que d'aucun Latin.

De ces récits où le rêve se mêle étroitement au réel, on sort émerveillé et un peu honteux, comme si on avait assisté à une cérémonie secrète et qu'on se fût rendu complice du meurtre perpétré sous nos yeux. Trop passionnés pour se contenter d'une possession imparfaite, les héros que Landolfi imagine recherchent la satisfaction dans le crime.

Gogol (dont on sait qu'il fut chaste toute sa vie) est présenté comme l'inventeur, le fabricant et l'amant d'une poupée de caoutchouc, grandeur nature et couleur chair, pourvue de tous les organes (y compris les génitaux), gonflable à volonté (par une pompe introduite dans l'anus) et plus femme en un mot que beaucoup de femmes en chair et en os. Tellement femme que Gogol, un jour, saisi d'une crise de tendresse extatique, la fait éclater puis en jette les morceaux dans le feu (comme il a fait, en réalité, du manuscrit de la seconde partie des *Ames mortes).*

Si *la Femme de Gogol* est la plus étonnante, la plus spectaculaire de ces nouvelles, celle qui donne son titre à l'autre recueil, *la Muette*, me paraît la plus belle, la plus émouvante. Un homme qui vient d'assassiner une fillette de quinze ans, une jeune muette, raconte comment ont grandi en lui conjointement les pulsions érotiques et les pulsions meurtrières, jusqu'au crime final ressenti comme une délivrance et une transfiguration. En tout point admirable, l'art avec lequel Landolfi a décrit le progrès de cette folie amoureuse, l'épanouissement de cette fleur de mort. Nous entrons dans les pensées les plus secrètes de l'assassin, nous partageons avec lui ce mélange de ravissement et d'horreur qui le subjugua depuis le jour où il aperçut la nymphette et comprit de quelle nature était le sang qu'elle devrait verser.

Le titre, en italien, regorge d'ambiguïtés que le français appauvrit. Car la *muta*, c'est bien sûr cette jeune « muette » retranchée dans l'infirmité et le silence, victime soumise du rite sanglant. Mais c'est aussi la « meute » des instincts meurtriers qui prennent le criminel à la gorge, et encore l'« attelage » de deux êtres disparates sous le joug du destin, et enfin la « mue » qui transforme un quinquagénaire en paranoïaque homicide.

Partout, dans ces livres, éclate en accents maldororiens un chant sauvage de malédiction de la vie. En somme, il faudrait dire que Landolfi, bien plus qu'un écrivain fantastique ou magique, est un écrivain dionysiaque : célébrant l'irruption, dans le gris de la vie quotidienne, d'une flamme très haute et très pure qui tue ce qu'elle illumine.

La nouvelle retenue dans *Italia magica* est moins terrible, moins sinistre. Du démoniaque encore, mais du démoniaque commun à chacun de nous, où nous reconnaissons nos propres fantasmes — ce que Freud appellerait l'inconscient. Voici deux hommes qui ne supportent pas la splendeur du rayonnement lunaire. Ils réussissent à attraper la lune dans leur cheminée, à l'enfumer et à la barbouiller de suie, afin que, remontée au ciel, elle ne les épouvante plus de son funeste éclat. Complexe du loup-garou, vêtu d'une parure poétique. Un demi-siècle après ce volume de 1946, suggère le préfacier de la nouvelle édition, on y aurait ajouté quelque fable d'Italo Calvino. C'est dire la permanence de ce courant d'enchanteurs et de sorciers, et l'utilité d'une telle anthologie, qui n'est pas le témoignage d'une bizarrerie accidentelle, mais le reflet d'une tradition continue.

Malaparte

Dans les années 50, lorsqu'on ne connaissait encore à l'étranger ni Pavese, ni Vittorini, ni Moravia, la littérature italienne se réduisait à un seul nom : Malaparte. Adulé des uns, honni des autres, célèbre autant par ses duels que par sa chevelure gominée de play-boy, il avait en tout cas rejoint ce qui semblait être son but principal : la gloire. La gloire à tout prix. Il est, avant Malraux (dont le rapprochent également le goût de l'emphase, la passion de l'aventure et le génie des sujets exotiques), le premier écrivain à avoir calculé presque scientifiquement les moyens de faire le plus de tapage possible et de se maintenir sans répit à la une de l'actualité. Même si la postérité ne retient pas tous ses ouvrages, l'histoire devra prendre note qu'il inaugura avec brio la stratégie du bluff, du mensonge, de la palinodie et du scandale comme méthode publicitaire. Avant tout le monde il comprit qu'à l'époque des médias le tam-tam organisé autour d'un livre compte autant et plus que ce qui est écrit dedans.

Exemple : avoir fait croire qu'il avait été condamné à cinq ans de déportation dans les îles Lipari à cause de son essai *Technique du coup d'Etat* interdit en Italie et publié en 1931 à Paris chez Grasset. Hitler aurait été si furieux de ce livre qu'il aurait persuadé Mussolini de punir l'insolent auteur. Or il est prouvé aujourd'hui que Hitler, occupé alors à prendre le pouvoir, ignorait jusqu'au nom de Malaparte, et que la condamnation à cinq ans résulte d'une obscure et peu glorieuse querelle avec Italo Balbo, un hiérarque du régime... *Technique du coup d'Etat* n'avait d'ailleurs nul besoin de cette réclame : c'est une étude vive, percutante et toujours actuelle, dans la lignée du *Prince* de Machiavel, sur les mécanismes de la dictature à travers les siècles et les pays, indépendamment de toute considération morale. Mais Malaparte, qui avait commencé par être fasciste et se pavaner en compagnie des Chemises noires puis au bureau directorial de *La Stampa*, devina tout le parti qu'il y aurait à tirer du rôle de victime et martyr de la liberté.

A la fin de sa vie, après l'échec de deux pièces de théâtre (l'une mettait en scène Proust, l'autre Karl Marx, il ne doutait vraiment de rien !) et d'un film, il ne trouva rien de mieux pour remonter sur la crête des vagues que d'annoncer par voie de presse qu'il allait traverser les Etats-Unis à bicyclette, 6 000 kilomètres de New York à San Francisco, pour protester contre la mécanisation excessive de la vie moderne et encourager le retour à la nature.

Mais ses coups les plus fumants, il les réussit sur son lit de mort, peu avant d'être emporté par un cancer, en 1957. Il avait été rapatrié d'urgence de Chine, où il était allé rencontrer Mao Zedong, dont il loua « le profond sens de l'équilibre et de l'humanité », bien des années avant que le maoïsme ne fît les ravages que l'on sait dans l'intelligentsia parisienne. A Rome les hommes politiques, de droite comme de gauche, se précipitèrent à son chevet, chacun avec son photographe, de manière à s'approprier l'héritage spirituel de l'écrivain et les lambeaux de sa renommée.

On vit accourir Fanfani, chef de la Démocratie chrétienne, auprès du moribond. On vit accourir aussi Togliatti, ce qui est bien plus stupéfiant, étant donné qu'Elio Vittorini, par exemple, le plus grand écrivain communiste de l'après-guerre, n'avait jamais réussi à se faire recevoir par le secrétaire du Parti communiste italien. Non seulement Togliatti passa une heure avec Malaparte mais il lui envoya, quatre jours plus tard, la carte du Parti, signée de sa main...

On croit rêver, quand on connaît le passé de l'écrivain et ses retournements de veste. « Caméléon », disait-il de lui-même. Se demander s'il était au fond fasciste ou antifasciste n'a aucun sens : il se moquait pas mal de savoir où était la justice, la vérité. De la race des aventuriers, à ranger à côté de D'Annunzio, de Hemingway, de T.E. Lawrence, il n'avait d'estime que pour les hommes forts et d'attirance que pour les paysages dévastés où sifflent les balles et pleuvent les bombes. A dix-sept ans, en 1915, il s'enfuit déjà du collège pour s'engager en France comme soldat. En 1941, Frank, le bourreau de la Pologne, le dégoûte mais le fascine. Mépris de la démocratie, accompagné d'un mépris encore plus radical de ses compatriotes. Peu de lignes aussi lucides, aussi atroces ont été écrites sur les Italiens par un des leurs. « Le vrai, le seul programme de tout Italien, c'est d'être en bons termes avec le parti au pouvoir. » « En Italie, il n'y a ni liberté, ni justice, ni égalité : il n'y a qu'une profonde fraternité dans la conscience de la servitude et de la misère communes. » Publié en 1948, en pleine euphorie de la Libération, le petit livre qui contient de telles phrases (*Deux Chapeaux de paille d'Italie*, Denoël) ne pouvait que faire haïr son auteur, même si le ballet des politiciens autour de son lit de mort les justifie entièrement. Malaparte disait tout haut ce que chacun pense tout bas : avec un cynisme, une volonté de provocation et aussi un masochisme autodestructeur qui font de lui la quintessence de l'Italien, une sorte d'archi-Italien, brillantissime et insupportable.

Pourtant, italien, il ne l'était qu'à moitié. Car, autre paradoxe de ce personnage qui n'en finit pas de dérouter, son vrai nom était Karl Suckert, et si sa mère était une Italienne de Lombardie, son père, Erwin Suckert, était un Allemand de Saxe, envoyé par la firme de teinture d'étoffes Klinger und Klöser dans la succursale toscane de Prato. Ainsi, avec Visconti, bien que pour des raisons diverses, Malaparte (pseudonyme qui dénonce à lui seul le romantisme de l'autodénigrement) appartient à cette lignée d'Italiens qui ont entretenu avec l'Allemagne et en particulier avec l'Allemagne nazie des rapports passionnels et ambigus.

Pour l'auteur de *Kaputt* et de *la Peau*, ses deux œuvres majeures, qu'il ne faut surtout pas juger d'après la plate adaptation cinématographique de la seconde, le germanisme a consisté à se laisser envoûter par tout ce qu'il peut y avoir de plus horrible et de plus macabre. *Kaputt*, gigantesque collection des atrocités perpétrées dans les pays d'Europe centrale pendant la guerre, est un livre absolument unique dans la littérature italienne, par la place accordée au sang, aux supplices, à la cruauté, à la mort. Inoubliables, les descriptions des chevaux gelés dans les glaces du lac Ladoga, ou des survivants du ghetto de Varsovie. Même violence et même dérision que dans les tableaux d'un Georges Grosz, les opéras d'un Alban Berg. Himmler tout nu dans un sauna finlandais ressemble à un de ces personnages grimaçants et blêmes du peintre expressionniste Otto Dix. De Naples, Malaparte n'a retenu dans *la Peau* que les aspects monstrueux, grotesques, mais soulevés par un souffle visionnaire qui manque complètement à la pauvre Cavani.

Le goût de l'outrance est malgré tout ce qui a empêché Malaparte de devenir un tout à fait grand écrivain. Car s'il est certain que l'oubli où il est tombé aujourd'hui en Italie et ailleurs est profondément injuste et prouve surtout le soulagement des collègues moins doués débarrassés d'un talent tapageur, Malaparte n'a que rarement réussi à élever ses récits au niveau du mythe : faute de savoir que le travail du romancier n'est pas celui du reporter et que les grands sujets ne sont pas forcément les plus spectaculaires. Reste une œuvre forte, tourmentée, convulsive, et sans doute la seule en Italie qu'on puisse rapprocher de celle d'un Céline, non pour la qualité littéraire, mais comme témoignage sur la crise de l'Occident et le naufrage de ce qu'on a appelé si longtemps, en se fiant au mirage d'Athènes et de Rome : l'humanisme.

Pas tout à fait un grand écrivain ? Je me demande si je ne me suis pas laissé agacer par le personnage, et si les rodomontades du provocateur ne m'ont pas rendu injuste envers le styliste. Je me demande même s'il n'arrivait pas à Malaparte d'exagérer à dessein les défauts de son style, de soigner les outrances, de forcer le trait volontairement, pour se faire taxer de mauvais écrivain, et jouir *in petto* de la cécité des critiques abusés par sa supercherie. Il était l'homme des contradictions, du risque, s'exposant à être méjugé, et savourant l'embarras de ceux qui essayaient de le comprendre.

Par exemple, il soignait son apparence physique avec une coquetterie si imprudente qu'on se prenait à douter de ses mœurs. Ses amis le trouvaient au lit avec deux biftecks crus sur le visage, moyen de garder plus lisses et polies ses joues légendaires. Mettant de la poudre de riz sur ses mâchoires, du rimmel sur ses cils, se rasant les aisselles avant de descendre sur la plage, il n'en fallait pas plus, dans l'Italie des années 50, pour se rendre suspect d'homosexualité. Un de ses biographes, Giordano Bruno Guerri, repousse avec indignation une telle conjecture, sous prétexte que, dans un de ses livres, *Mamma marcia*, Malaparte impute à la franc-maçonnerie des « pédérastes » la décadence de l'Occident. Qu'en était-il au vrai ? Jouait-il à se faire passer pour ce qu'il n'était pas, à la seule fin d'épater et de scandaliser ? Ou bien, protégé par ce jeu même et par l'incrédulité qu'une ostentation si voyante ne pouvait manquer de susciter, se livrait-il en secret à des passions illicites ? De nombreux indices, aussi bien dans sa vie que dans son œuvre, corroboreraient le soupçon : non pas la gomina sur ses cheveux, certes, mais la sympathie chaleureuse, affichée dans *la Peau*, pour les *femminielli* de Naples, ces hommes-femmes qui adoptent les habits et les mœurs de l'autre sexe et se marient entre eux ; ou l'exaltation de la camaraderie entre soldats ; ou le mépris manifesté pour les femmes, à moins qu'elles n'appartiennent au grand monde ; ou le choix de Capri pour y établir sa résidence.

Il se fit construire dans l'île, en pleine guerre, une villa qui est restée fameuse. Par la position, sur une pointe rocheuse, en face des Faraglioni ; par le fait qu'on n'y accède qu'à pied, en descendant un raidillon abrupt, ou en bateau ; par la forme insolite. Il la dessina lui-même, avec l'aide de l'architecte Adalberto Libera. « Triste, dure, sévère », ainsi voulut-il sa maison. Un toit allongé en ciment la recouvre, terrasse pour prendre le soleil et faire de la bicyclette. Le désir de posséder, au sud, un équivalent du Vittoriale, la villa que D'Annunzio s'était fait bâtir sur le lac de Garde, à l'autre extrémité de l'Italie, ne fut pas étranger à l'entreprise de Malaparte. Ce qui frappe, c'est le contraste — un de plus — entre la nudité, l'austérité de cette bâtisse, et l'abondance, le lyrisme, l'emphase de son écriture. Du conteur baroque ou de l'ermite puritain, quel était le vrai Malaparte ? Habitué des chambres d'hôtel et des logements exigus, il insista pour avoir, dans ce lieu désert presque inaccessible, un salon de dimensions colossales, quinze mètres sur huit mètres, qu'il laissa cependant à peu près vide, pour ne pas distraire les regards des quatre fenêtres à pic sur la mer.

Malaparte légua cette maison à la Chine, en demandant qu'on y établît une fondation pour les artistes chinois. Les héritiers firent casser le testament. Inutilisée, abandonnée, dégradée, la villa, qu'on aperçoit d'en haut quand on fait le tour de l'île, ressemble, dans son vieil ocre écaillé, à une piste d'atterrissage pour hélicoptères absurdement coincée sur le roc.

Grand voyageur, c'est dans le reportage que Malaparte est inégalable. Il a hissé ce genre au niveau de l'œuvre d'art. « Le lac était comme une immense plaque de marbre blanc sur laquelle étaient posées des centaines et des centaines de têtes de chevaux. Les têtes semblaient coupées net au couperet. Seules elles émergeaient de la croûte de glace... » Cette description mérite de demeurer célèbre. Elle est tirée de *Kaputt* (1944), témoignage du temps où Malaparte servait comme correspondant de guerre sur les fronts polonais, russe, finlandais. Les chevaux de l'armée soviétique, qui s'étaient réfugiés dans le lac Ladoga, près de la rive, pour fuir la forêt en feu, furent surpris par le gel et restèrent pétrifiés dans la glace. Trop spectaculaires, ces images ? Peut-être pas véridiques ? Peut-être une seule tête morte, à la crinière figée, jaillissait-elle de la surface blanche, et non des centaines et des centaines ? Que ceux qui mettent en doute l'authenticité de ce passage se reportent à un autre livre, antérieur d'un an, qui traite de la même époque et de la même expérience, *la Volga naît en Europe*, livre presque inconnu, publié en France par un éditeur, Domat, qui a disparu, livre qui n'a pas fait le bruit de l'autre. Plus sobre, il semble plus juste, plus vrai. En tout cas plus émouvant, c'est sans doute le chef-d'œuvre de Malaparte.

La Russie communiste exerçait sur lui, depuis plus de vingt ans, un attrait bizarre, qu'il avait exprimé en quatre livres d'analyse politique, *la Révolte des saints maudits* (1921), *Intelligence de Lénine* (1930), *Technique du coup d'Etat* (1931), *le Bonhomme Lénine* (1932). En 1941, il partit comme journaliste militaire sur le front roumain, et participa, avec les troupes de l'Axe, aux campagnes de Bessarabie et d'Ukraine.

La Volga naît en Europe commence par un merveilleux tableau de Galati, port fluvial de la Moldavie roumaine, au bord du Danube. Panaït Istrati lui-même, le grand romancier roumain, originaire de cette région, n'a pas évoqué en termes plus poétiques cette atmosphère déjà orientale, ce brassage de populations entre Grecs, Arméniens, Tsiganes, Turcs, Juifs, ce mélange de cris, de crasse, de rires, de beauté, cette fraternité levantine entre pâtissiers aux mains ruisselantes de miel, barbiers aux énormes sourcils noirs, parfumeurs, cordonniers, tailleurs, ce laisser-aller charmeur, cette incurie féconde, « dans cette odeur d'urine de cheval et d'essence de roses qui est l'odeur de la mer Noire ».

Sur les champs de bataille, Malaparte eut l'occasion d'observer le comportement des soldats russes. La sympathie qu'ils lui inspirèrent lui valut des démêlés avec la censure italienne. Il admira leur courage, leur esprit de sacrifice, résultat de la « morale ouvrière » dont ils étaient imprégnés : non plus simples militaires, mais combattants d'une idée. « J'ai été frappé de la violence morale des communistes, de leur esprit abstrait, de leur indifférence à la douleur et à la mort. Je parle, bien entendu, des communistes purs, des vrais communistes, et non de cette innombrable classe de fonctionnaires du Parti et des organisations syndicales d'employés de l'Etat et des trusts industriels et agricoles, qui perpétuent, en Russie, sous des noms différents et avec un aspect différent, les faiblesses, l'égoïsme, les compromis mesquins de l'ancienne petite bourgeoisie, la caractéristique *oblomovtchine* de la petite bourgeoisie russe. »

Pas d'idéalisation, donc, mais une tendresse lucide pour les garçons russes, d'autant plus irritante aux yeux des autorités italiennes que ce qui se passait du côté des troupes de l'Axe ne retenait aucunement l'attention du reporter. Pas un mot sur les soldats allemands ou italiens. Il ne s'intéressait qu'à l'ennemi. Lorsqu'ils se retirent, les Soviétiques n'abandonnent pas leurs morts sur le champ de bataille et ne les enterrent pas sur place. Ils les emportent, constata-t-il, et vont les enterrer à trente kilomètres à l'arrière, dans un bois touffu, dans un fond de vallée. Cette coutume fascina l'écrivain. « Il y a quelque chose de terrible, de mystérieux dans cette inhumation clandestine, dans cet enlèvement des morts. » Malaparte eut l'impression que les morts, après s'être remis eux-mêmes debout, s'étaient éloignés en s'aidant les uns les autres, à travers les prairies et les bois, pour ne laisser aucune trace du carnage et rendre à leur paix les champs de blé, les étendues dorées de tournesols.

En 1942, pendant l'hiver le plus terrible, il assista au siège de Leningrad, observé du côté de la Finlande, qui était aux mains des Allemands. Nous possédons de nombreux témoignages russes sur le blocus de Leningrad, sur l'horreur de ces neuf cents jours de famine et de privations, sur l'héroïsme de la population qui refusa de capituler, mais le texte de Malaparte est le seul à nous donner le point de vue de l'adversaire. Un adversaire si peu hostile, si rempli de compassion et d'admiration pour le stoïcisme des assiégés, qu'il semble les encourager à résister, plutôt que souhaiter la victoire de son camp. Le front n'était qu'à quelques kilomètres de la ville. Malaparte décrit le ciel embrasé par l'incendie des maisons, les navires de la flotte de guerre soviétique emprisonnés à Kronstadt dans les glaces, les transports de camions organisés par les Russes sur le lac Ladoga gelé, les patrouilles de skieurs dans la forêt, les cadavres de parachutistes suspendus dans les arbres, et, pour servir dignement de cadre à cette immense tragédie, la splendeur et l'épouvante de la nature hivernale.

Peu de détails à proprement parler militaires. Ce correspondant de guerre n'avait d'yeux et de curiosité que pour les secrets de l'« âme russe », le mystère de ce formidable courage, de cette capacité phénoménale d'endurer le froid, la faim, la souffrance, la mort. Un jour, il part vers l'arrière visiter à Kuokkala la villa où le grand peintre Répine s'était réfugié après la révolution d'Octobre, et dans le parc de laquelle il était enterré. Il découvre une maison biscornue, en bois, dans le style de l'architecture russe du début du siècle et des décors de Bakst pour les ballets de Diaghilev, des fenêtres en fer à cheval, des terrasses creusées dans la masse de l'édifice, une haute pyramide de troncs d'arbres sur le toit, tandis que l'intérieur, meublé de tables aux pieds sculptés en forme de pattes de lion griffues et de fauteuils à jambes de femme, lui rappelle les intérieurs de Jean Hugo pour l'*Orphée* de Cocteau ou les machines surréalistes de Salvador Dali. Impressions d'autant plus étranges qu'on entend gronder non loin les canons de Kronstadt, et que, dans ce lieu placé maintenant sous le tir des obus soviétiques, sur cette plage jadis à la mode, où venaient se prélasser Tchekhov et Tchaïkovski et où Lénine trouva refuge pour échapper, quelques mois avant l'insurrection, à la police de Kerenski, tous les souvenirs de l'histoire russe se pressent à la mémoire du visiteur.

Cependant, ce qui l'étonne le plus, c'est la chambre de Répine, et d'apprendre que le peintre dormait sur la véranda ouverte entourée d'une balustrade de colonnettes en bois sculpté. « Répine, pendant les quatre-vingt-six années de son existence, n'a jamais dormi dans une chambre. A tel point que, lorsqu'il voyageait à Paris, à Berlin, à Vienne, il traînait son lit sur le balcon. En plein hiver russe, par trente à quarante degrés au-dessous de zéro, il dormait à l'air libre sur son grabat ; ce n'était pas un lit à proprement parler, mais plutôt une espèce de divan sans bordure. Il dormait, pour ainsi dire, au bord de l'horizon. Il avait une horreur insurmontable des pièces fermées, l'angoisse de la prison. Une horreur typiquement russe. »

Généralisation trop hâtive ? Exagération ? Malaparte nous a tellement habitués à le tenir pour menteur que nous le soupçonnons de hâblerie et de fausseté, même quand son émotion, comme ici, au milieu des sapins noirs, des pins cuivrés et des bouleaux blancs, est sincère, et son jugement dicté par le seul souci de rendre hommage et justice à la grandeur, à la force d'âme du peuple russe.

Manganelli

C'est une malchance, pour l'auteur de *l'Almanach de l'orphelin samnite* (Editions W) et du *Discours de l'ombre et du blason* (Seuil), que d'avoir été assimilé, à ses débuts qui eurent lieu dans les années 60, aux auteurs du Gruppo 63, séquelle italienne du telquellisme français. Le chef de file de cette milice bruyante, Edoardo Sanguineti, esprit brillant, protéiforme, explorait avec délices l'affolante rhétorique issue de la combinaison du roman américain, du nouveau roman français, de Wittgenstein, d'Adorno et de la musique atonale. Il était le seul à donner un tour personnel à ce fatras d'idées reçues. Les autres, inégaux épigones, criaient fort pour qu'on les entende : stratégie, toujours fructueuse, du charivari.

De Manganelli, on a cru qu'il faisait cause commune avec ces pions d'avant-garde, ces conformistes du nouveau à tout prix, alors qu'il y a peu d'esprits aussi indépendants, aussi allergiques à quelque école, secte ou chapelle que ce soit. S'il faut l'inscrire dans une lignée, on lui assignera comme ancêtres ou cousins ces grands humoristes, pince-sans-rire et virtuoses du soliloque caustique, que furent un Lichtenberg en Allemagne, un Alexandre Vialatte en France, un Gadda en Italie. Mais d'abord, et toujours en Italie, car ces figures de misanthropes lunatiques, armés d'érudition jusqu'aux dents, semblent une spécialité de la péninsule, le singulier Alberto Savinio, dont Manganelli semble être le petit-fils, par ses lubies divagatrices, sa fureur arbitraire et jusque par sa drolatique habitude d'exploiter les lapsus de sa machine à écrire.

L'Almanach de l'orphelin samnite, recueil d'articles parus dans les journaux (autre point commun avec Vialatte), est un catalogue des sottises de notre temps, à commencer par les vacances de masse, qui transforment les bords de la Méditerranée en « gigantesques latrines azur », mais au moins ont cela de bon qu'elles laissent goûter le charme des villes devenues soudain désertes, jusqu'au culte des automobiles et à la religion des insanités publicitaires. Mais à côté de ces remarques qui, si elles n'étaient pas formulées en termes saugrenus, pourraient paraître du bon sens rassis, fusent les plus disparates pétards, d'une fantaisie empanachée. A propos de la crémation, par exemple, il oppose l'Angleterre, où l'on épargne dans l'année, grâce à ce mode de se débarrasser des cadavres, une superficie égale à six cents terrains de football, à son propre pays, où la fidélité des défunts à l'enterrement traditionnel contribue à la décadence du *calcio*.

Les travaux de percement du métro ayant causé des lézardes aux structures de la cathédrale de Milan, notre humoriste voit là le fruit d'une manœuvre, non le résultat d'un accident. Milan n'avait pas de ruines, elle était jalouse de Rome, et, en faisant tomber ici un peu de flèches, en creusant là un trou au milieu de la nef, en garnissant les fissures de lierre et de lézards, n'y aurait-il pas l'espoir de faire ressembler un tout petit peu le Duomo au Colisée ? Quant au divorce (il aurait fallu préciser en note que le texte *Objection au divorce* a été écrit avant 1973), Manganelli en repousse le projet pour deux raisons irréfutables.

Primo : l'élite culturelle se ruinerait en pensions alimentaires, n'aurait plus d'argent pour acheter des livres, et toute trace de vie intellectuelle disparaîtrait en Italie.

Secundo : le mariage indissoluble, qui produit deux millions de couples irréguliers, est la seule école d'anarchie et de liberté dans un pays soumis à la coercition de l'Etat. Le divorce, partout et toujours, signifie triomphe de la loi et conformisme des mœurs. Une analyse à laquelle Pasolini aurait pu souscrire.

Le Discours de l'ombre et du blason, plus ambitieux, moins amusant, est un essai sur la littérature, ou plutôt sur l'impossibilité d'aligner des mots sans déclencher une avalanche de malentendus, mensonges, escroqueries intellectuelles. Les « chroniqueurs littéraires » en prennent pour leur grade, eux qui parlent des livres des autres et contribuent à épaissir l'imposture.

Manganelli, qu'on s'imagine d'après ce livre comme un bonhomme ronchon et quinteux, haïssant les mots dont il ne peut se passer, voit dans la littérature une maladie inévitable, qui sévissait avant même l'invention de l'écriture. C'est la partie la plus drôle de ce *Discours*, que les chapitres consacrés à la préhistoire de l'humanité, quand toute la bibliothèque du monde était encore pendue aux branches et enclose dans les forêts. Les futurs auteurs, les futurs éditeurs, les futurs professeurs de lettres et critiques littéraires attendaient, langue pendante, l'apparition de l'objet qui justifierait leur existence.

Il n'y avait alors ni ruisseaux — puisque dire « ruisseau » au lieu de « petite rivière », c'est déjà de la littérature —, ni amour, sentiment inconcevable avant les troubadours, ni fleurs, puisque les fleurs ne se sont mises à embaumer qu'après l'arrivée des poètes. On pourrait objecter à Manganelli que la citation d'un seul paradoxe d'Oscar Wilde (« la nature imite l'art ») aurait pu le dispenser de ces brillantes variations. N'était-il pas le premier à le savoir ? Il savait aussi que, logique avec lui-même, il aurait dû choisir le silence. Ce pessimiste absolu a vécu dans la même contradiction que Cioran. Prêcher l'inanité de tout sans renoncer à se taire ni à imprimer, tel est le lot de ces écrivains misanthropes.

Mezzogiorno

Lettre d'amour à Naples

Quand je dis à mes amis que j'aime Naples, ils me répondent : « Ah oui ! La mer, la via Partenope, Villa Chiaia, l'ombre sous les pins parasols, et, là-bas, les reflets étincelants du soleil sur les vagues ! » Je secoue la tête et je dis alors : « Non. Il est vrai que j'ai beaucoup de plaisir à me promener le long de la mer, il est vrai que les arbres de Villa Chiaia sont parmi les plus beaux du monde et que, tout au bout du jardin, rien n'est plus agréable que de s'asseoir à Mergellina en face des barques qui clapotent doucement. Mais ce n'est pas pour cela que j'aime Naples. L'amour, c'est autre chose !

— Et pour quoi l'aimez-vous alors ? Je parie que vous êtes féru d'antiquités grecques et romaines. Vous passez vos matinées au Musée national, et, dès que vous en trouvez l'occasion, vous courez à Pompéi, à Ercolano... »

Comment faire comprendre à mes interlocuteurs que je ne dédaigne pas Athènes ni Rome, et que les grands bronzes noirs du Musée national sont parmi les statues qui me touchent le plus, mais que Naples, je l'aime pour des raisons qui n'ont rien à voir avec le goût que je peux avoir pour les choses du passé, pour la culture, pour le « patrimoine de l'humanité » ?

Au contraire, quand j'arrive à Naples par la route de Terracina et de Gaeta (la route obligatoire pour qui veut comprendre l'originalité absolue de l'ancien royaume du Mezzogiorno), je suis pris, voilà le mot, pris, c'est-à-dire enlevé à tout ce que j'étais auparavant, à mes goûts, à ma culture, à mes richesses d'Européen élevé dans le respect des belles choses, à mes constructions intérieures patiemment édifiées au cours des années d'éducation et de formation, oui, dépouillé de tout cela d'un seul coup, arraché à mon identité trop précise et précipité dans une nébuleuse de sensations indistinctes, exactement comme la rencontre de deux personnes destinées à s'aimer les prive chacune de ce qu'elles croyaient qu'elles étaient et de ce qu'elles s'efforçaient d'être, les dépossède de leur état civil et les dénude soudain, les laissant démunies, sans défense, plus désarmées qu'un enfant.

L'enfance... Si je dis qu'il faut aborder Naples par Cumes, j'espère que l'on comprendra que je ne rends pas hommage à Virgile ni à la Sibylle, mais que je conseille la visite à la grotte et le parcours du souterrain comme une épreuve d'initiation, de dépouillement, comme un retour à la matrice nue de l'enfance.

Et alors, puisque j'en suis à l'enfance, commençons par le début : les gâteaux. J'aime Naples à cause des gâteaux qu'on ne mange nulle part ailleurs, et qui ne sont pas seulement des gâteaux, mais la pulpe du monde devenue friandise, un mélange de sucre, de crème, de glace et de sirop qui est à la pâtisserie ordinaire ce qu'une Vénus de Giorgione est à une effeuilleuse des Folies Bergère. Quelque chose qui n'a d'égal que l'intérieur de certaines églises napolitaines. San Gregorio Armeno, par exemple. O ces voûtes croulantes de nappes onctueuses, ô ces anges plus joufflus que des pièces montées, ô ces vieux ors brunis comme des fleuves de caramel ! J'avoue que j'éprouve là des états d'abandon et d'extase absolument réprouvés, non seulement par le « bon goût » qui juge ce style excessivement ampoulé et tarabiscoté, mais aussi par la morale ordinaire et par le bon sens, qui recommandent à chacun de nous d'être « viril » et « conscient » de ses responsabilités.

Eh bien, oui ! Les extases dans les églises baroques, de même que les flâneries sans fin dans Spaccanapoli (car la vraie Naples n'est pas à chercher le long de la mer mais dans les quartiers espagnols du XVIIe et du XVIIIe siècles) ou les pâmoisons dans certaines cours de palais adorablement vétustes et moussues, ou l'ascension d'escaliers solennels et contournés comme des coquillages, ou la contemplation des étalages de victuailles sous les arcades du marché de Via dei Tribunali, ou le marchandage avec les voleurs de Forcella, ou les pauses sous les balcons ruisselants d'appoggiatures et de trilles, ou la palpation des têtes de mort en bronze plantées en pleine rue et usées par les mains jointes des amoureux qui s'y donnent rendez-vous, ou la dégustation de la *mozzarella* imbibée d'origan, fromage sublime fait avec du lait de bufflonne (on ne le trouve pour cette raison qu'à Naples) qui fond sous la langue par petits atomes d'arômes — tout cela fait partie indiscutablement de ce que les gens comme il faut, les bien-pensants de la psychologie moderne, appellent une « régression ».

A Naples tout me rappelle les émotions de la première enfance, le bonheur de humer, de palper, de regarder, d'entendre, de jouir par tous mes sens d'une réalité merveilleusement variée et savoureuse, sans me poser de questions, la félicité d'être pleinement moi-même, de m'éprouver comme une totalité de sensations, l'euphorie jubilatoire d'ignorer le temps, l'horaire et toutes les tâches assignées à la raison, à la conscience, à la maturité.

Maturité : la civilisation occidentale a fait de ce mot sa bannière, son fétiche, sa fierté, son obsession. Depuis que Shakespeare a dit : « La maturité est tout », chacun reçoit l'ordre dès sa plus tendre enfance de s'efforcer vers ce but. Mais qu'est-ce, au fond, que de mûrir ? C'est se mutiler peu à peu des possibilités infinies de sa nature, c'est renoncer à des milliers de voies ouvertes pour n'en choisir qu'une seule. Mûrir, c'est se résigner à n'être que d'un seul sexe, à se fixer dans un seul métier, à monter les échelons d'une seule carrière, à faire partie d'un seul pays, d'une seule classe, d'un seul groupe, d'une seule famille. Les pressions de l'Etat, de l'école, de la famille, de la morale, de la psychiatrie sont si fortes qu'on trouverait bien peu de gens résolus à ne pas mûrir, à ne pas mourir de cette sorte.

Toutes les villes aussi ont dû se plier à cette loi et se « développer » en grandes villes. Toutes les villes sauf Naples, qui a reçu des dieux le privilège de rester éternellement enfant. Quelle est la ville qui était plus brillante au XVIIIe siècle qu'aujourd'hui ? Naples. Quelle est la ville dont les plus beaux édifices ont rarement été terminés ? Naples. Quelle est la ville dont le dernier souci est de s'adapter aux nécessités de la vie moderne ? Naples. Quelle est la ville qui se moque bien d'obéir aux lois de la prospérité et de l'enrichissement ? Naples. Certes, depuis des événements très récents (une réunion du G7, qui a apporté des millions, l'arrivée d'une nouvelle administration municipale, plus dynamique et efficace), on constate que d'énormes « progrès » ont été accomplis : moins de bruit, moins d'ordures, plus de discipline dans la rue, le patrimoine artistique remis en valeur, certains monuments qui étaient toujours fermés rouverts, etc. Des carences scandaleuses, des abus intolérables sont enfin supprimés, ou sur le point de l'être. Comme tout le monde, je m'en réjouis. Je ne pense pas cependant que des améliorations techniques dans la vie quotidienne des Napolitains, améliorations indispensables, réussissent à modifier leur état d'esprit ni l'idée qu'ils se font de la vie. Les peuples ne changent jamais, même si on donne des ascenseurs à ceux qui montaient à pied, ou des poubelles à ceux qui jetaient leurs déchets dans le caniveau. Je cherche à définir ici ce qui me semble permanent dans le caractère des Napolitains. L'histoire de leur ville n'est pas faite seulement d'événements subis, elle est en grande partie le résultat d'un choix, de convictions qui, sans être formulées, distinguent nettement le peuple napolitain des Italiens du centre et du nord.

L'Italie, j'entends la vraie Italie, celle qui a quelque chose à nous dire, l'Italie dont la disparition sous un excès de « progrès » serait un désastre irréparable, cette Italie commence à Naples. Jusqu'à Naples, l'Italie n'est que l'appendice méridional de l'Europe. Plus coloré, certes, plus aimable, moins ennuyeux, mais participant aux mêmes valeurs, tendant vers le même idéal : produire, réussir, prospérer. De Milan à Bruxelles, c'est la même course au mieux-être, au pouvoir, au succès, par la discipline dans la vie privée, le respect des lois, l'ordre dans l'économie.

Se soustraire aux pressions de l'Etat, de la famille, de l'école, de la morale, de la psychiatrie, et à leurs conseils odieux (« Sois un homme ! Epanouis-toi ! »), ignorer les contraintes de l'âge adulte, flotter dans la libre, irresponsable et jubilatoire disposition de soi-même : cette utopie qui nourrit la méditation des poètes, cette grâce de vivre loin des préceptes de la raison commencent au sud de Rome, à partir de la zone où paissent les bufflonnes au poil noir, où les matrones vêtues de noir, assises devant les haies de cactus, offrent au voyageur les pastèques opulentes.

Certes, tous les Italiens qui entendent hisser leur pays au niveau de la compétition européenne et mondiale déplorent d'avoir à traîner comme un boulet rivé à la botte ce Mezzogiorno calamiteux. De même qu'il y avait après la guerre un séparatisme sicilien, expression de l'antique méfiance du Sud contre l'Etat piémontais, de même il y a aujourd'hui un séparatisme septentrional, la volonté, exprimée par un certain nombre d'hommes politiques, d'abandonner à l'Afrique ce bout du monde incapable d'un effort sérieux. Incapable ? Ne s'agit-il pas, encore une fois, d'un choix philosophique ? Naguère l'usine Alfa Romeo de Naples perdait des centaines de millions, du simple fait que les ouvriers, quand une voiture était terminée, ne pouvaient s'empêcher d'arrêter la chaîne pour aller contempler, caresser, exalter en lyriques dithyrambes la nouvelle merveille. Victoire du principe de plaisir sur le principe de réalité ! Quelques autos en moins, la métallurgie ne s'en portait guère plus mal, mais beaucoup mieux l'Occident, de savoir qu'il restait un coin de terre dédié au jeu, à la grâce, à l'ironie, à tout ce luxe délicieux de l'échec. « Qui veut sauver sa vie la perdra » : dans quelle autre partie de l'Europe le message a-t-il gardé sa force ? A Terracina, au-dessus de la porte qui introduit à l'ancien et toujours vivace royaume des Deux-Siciles, il faudrait inscrire, non en lettres d'or, trop matérialistes, mais de lave rapportée des flancs de l'Etna ou de corail pêché au large des côtes siciliennes : « Nul n'entre ici s'il n'est enfant. »

Il arrive souvent, dans une famille, qu'un père et une mère, qui se sont durement contrôlés pour se conformer au modèle social et moral de la famille bourgeoise idéale, engendrent un fils qui se laisse aller par revanche à tous les démons de la paresse, du désordre et de la licence. Ils le contemplent alors avec un mélange d'horreur et d'émerveillement, d'horreur parce qu'il a rompu les règles de son milieu, d'émerveillement parce qu'il réalise les désirs qu'ils ont lutté toute leur vie pour réprimer en eux-mêmes. La civilisation occidentale peut être comparée à ce couple familial : n'a-t-elle pas sacrifié le plaisir de suivre ses instincts aux lois de fer du rendement, du profit, du développement économique et de la prospérité matérielle ?

L'Europe regarde Naples et le Mezzogiorno avec sévérité, avec effroi, avec angoisse, avec envie, avec mélancolie : l'Europe mutilée et châtrée soupire après l'Eden méridional.

Michel-Ange

Michel-Ange et les musiciens

Rien n'indique que Michel-Ange ait eu le moindre goût pour la musique. A part les trompettes du *Jugement dernier*, il n'a mis aucun instrument aux mains de ses personnages. Ni David avec sa harpe, ni Apollon, ni Orphée avec leur lyre n'ont attiré son attention. Son contemporain Benedetto Varchi affirme qu'il chantait ses poèmes en s'accompagnant de la lyre, mais nous n'avons aucune confirmation de ce témoignage, pieuse affabulation sans doute, volonté hagiographique de présenter le Héros comme un artiste absolument complet, sans laisser l'avantage à son rival Léonard de Vinci, connu, lui, pour sa virtuosité au luth. En réalité, Michel-Ange s'intéressait si peu à la musique que, lorsqu'on lui envoyait un de ses poèmes sous forme de madrigal à chanter, il en prenait à peine connaissance et n'en manifestait nul plaisir.

Les grands compositeurs de son époque et des époques suivantes lui ont rendu la pareille. On est surpris de constater qu'aucun de ceux dont l'écriture fiévreuse, la déclamation intense se seraient accordées à la rhétorique enflammée du poète n'ont songé à en utiliser les textes. Cyprien de Rore comme Gesualdo da Venosa, Monteverdi comme Roland de Lassus l'ont ignoré. Et même Emilio dei Cavalieri, dont l'oratorio *Rappresentazione di Anima e Corpo*, exécuté à Rome en 1600, marqua un tournant décisif dans l'histoire de la musique italienne, ne s'est pas souvenu (à moins qu'il n'ait tenu à occulter l'épisode) qu'autrefois pour son père, le beau Tommaso, le vieux Michel-Ange avait brûlé d'un tumultueux amour, à l'âge de quatre-vingts ans.

A la fin du XIXe siècle seulement, les compositeurs découvrent l'extraordinaire pouvoir expressif et la richesse émotive de cette poésie. En 1886, Richard Strauss, dans les *Fünf Lieder* op. 15, inclut un madrigal de Michel-Ange. Dix ans plus tard, Hugo Wolf décide de consacrer un cycle entier à des textes de Michel-Ange. Il n'eut le temps que de publier, avant de sombrer dans la folie, les *Drei Gedichte von Michelangelo*, sa dernière œuvre, empreinte d'une mélancolie funèbre.

Les deux plus grands compositeurs du XXe siècle ont dédié chacun un cycle de lieder à des poèmes de Michel-Ange ; pour l'un et pour l'autre, ce cycle compte parmi leurs chefs-d'œuvre ; mais chacun a été fasciné par un aspect complètement différent de la personnalité du poète. Personne, à vrai dire, n'a jamais présenté deux visages aussi opposés. Le Michel-Ange le plus connu, celui qui est entré dans la légende, c'est l'athlète taillé en puissance, le démiurge intrépide, qui se mesure à l'éternité et conçoit la sculpture comme une furieuse empoignade avec la matière, le rebelle politique aussi, qui fulmine contre la corruption de l'Eglise et vitupère l'abaissement de Florence. Chostakovitch — comment s'en étonner ? — a choisi cet aspect.

Conformément à son propre tempérament de lutteur et de dissident, les onze poèmes qu'il a retenus, pour en faire une suite homogène, d'une hauteur et d'une rigueur ascétiques, expriment l'angoisse du combattant solitaire mais aussi une farouche volonté de résistance. *Vérité*, *Courroux*, *Création* (« Si mon rude marteau taille dans la pierre dure »), *Nuit*, *Mort*, *Immortalité*, les titres sont déjà éloquents. A travers ces poèmes, le compositeur revit les tortures et les défis qui ont scandé sa carrière sous la dictature stalinienne. *Dante* et *A l'exilé* évoquent l'altière figure de celui qui, victime d'une patrie ingrate, supporta fièrement l'injustice. Onze mélodies pour basse, la voix grave, profonde, pouvant seule rendre la dimension tragique de ce combat d'un homme seul contre la tyrannie du pouvoir. Onze professions de courage et de virilité. *(Suite sur des poèmes de Michel-Ange*, 1974, pour basse et piano op. 145, pour basse et orchestre op. 145a. La version orchestrée est plus belle, plus forte. Création de l'œuvre par Nestorenko. Excellent enregistrement par Sergei Leiferkus.)

Changement complet avec les *Seven Sonnets of Michelangelo*, de Benjamin Britten (1942). Ecrits pour ténor et piano, ils ont été créés par Peter Pears, le compagnon du compositeur : double signe que celui-ci, délaissant l'image plus conventionnelle du titan, du surhomme, a débusqué la part secrète et féminine du poète, sa fragilité d'amant déchiré et blessé. Les sept sonnets choisis ont tous pour dédicataire Tommaso dei Cavalieri, le jeune et beau seigneur déjà cité, qui inspira au poète le jeu de mots scandaleux : « *Resto prigionier d'un cavalier armato* ». Si scandaleux que l'arrière-petit-neveu du poète, qui établit la première édition, posthume, de ses œuvres, édulcora ces mots en : « *Resto prigionier d'un cuor di virtù armato* ». Il a fallu attendre jusqu'à 1897 pour qu'un érudit allemand, ayant examiné les manuscrits, restituât la version originale. Il s'agissait bien de « vertu » !

Aucune hypocrisie, on s'en doute, chez Britten, qui utilise, dans le sonnet XXXI, le vers provocant, et le charge d'une non équivoque ferveur. Rarement l'éros interdit, doublement interdit, par le sexe et par l'âge, n'a vibré d'une émotion aussi violente. Autant Chostakovitch reste russe et russifie Michelangelo, autant Britten s'italianise pour rendre à ces textes leur sensualité raffinée. Sonnet LV : « Tu sais que je sais, ô mon Seigneur, que tu sais que je suis venu ici pour jouir de toi de plus près. » Préciosité excessive ? Non, langage codé de la transgression. La musique épouse chaque nuance, chaque sursaut de ce pathos fébrile, et, dans le dernier tercet, « Le bien que j'apprends à désirer dans ton beau visage est mal compris par les esprits humains : pour le connaître, il faut d'abord mourir », le saut d'octave qui marque le bondissement du désir, avant l'alanguissement final sur le mot « mourir », rappelle les audaces de Gesualdo da Venosa. (Sublime enregistrement par Pears et Britten au piano.)

Hommes du Nord, Chostakovitch et Britten ont privilégié, chez Michel-Ange, l'un, l'énergie dans l'action, l'autre, l'intensité dans la passion. Seul un Italien, peut-être, pouvait entrer dans les contradictions du poète et traduire en musique des sentiments inconciliables. Ascèse torturée et sereine contemplation de Dieu, extases mystiques et mortels désespoirs, tourments de la chair et rébellions de l'âme, on trouve tous ces aspects dans les *Rime e Sonetti di Michelangelo* du Sicilien Girolamo Arrigo. De 1956 à 1979, il a écrit une douzaine de pièces sur des poèmes ou fragments de poèmes les plus variés. Elles ont en commun d'être chantées par un chœur *a cappella*. Arrigo, selon son propre témoignage, a passé de nombreuses heures, pendant ses années de conservatoire à Palerme, à copier des œuvres de Palestrina et à s'initier à la polyphonie. Le concile de Trente, on le sait, prescrivait aux compositeurs de faire correspondre à chaque syllabe une note, afin que les textes sacrés fussent intelligibles, et Palestrina réforma la musique de son temps en appliquant cette méthode.

Ce n'est pas mû par des convictions religieuses qu'Arrigo s'en est servi à son tour, mais pour exprimer dans tous leurs détails les beautés poétiques du texte. Le madrigal *Sol io ardendo, all'ombra mi rimango* offre l'exemple le plus saisissant de cette identité entre livret et musique. « Solitaire, brûlant, je demeure dans l'ombre » : *sol* à l'unisson des cinq voix sur le *sol* initial (par jeu de mots, bien dans l'esprit de Michel-Ange : *sol* en italien signifiant à la fois « solitaire » et la note *sol*). Dernier vers de ce quatrain : « *Prostrato in terra, mi lamento e piango* » : « Prostré à terre, je me lamente et pleure. » Le chœur chante *la-men-to e pian-go*, en détachant les syllabes et fractionnant les notes, comme un balbutiement exténué. Syncopes, silences, l'extrême soupir d'un cœur poussé à bout. (Enregistrement par l'ensemble Michel Tranchant.)

D'après Nanie Bridgman, spécialiste de la musique de la Renaissance ou dérivée de la Renaissance, Michel-Ange aurait inspiré aussi Liszt (qui a placé en épigraphe à sa deuxième *Ode funèbre pour orchestre* le quatrain *la Notte*), l'Italien Ildebrando Pizzetti, le Suisse Othmar Schoek, le Russe Taneiev, élève de Tchaïkovski.

Modernité

La nouvelle vague des romanciers

En France, pays de livres brochés, on mesure le pouvoir d'un auteur au fait qu'il obtient de son éditeur un tirage à part de quelques exemplaires sur grand papier. En Italie, pays de livres reliés, Alberto Moravia exigeait — et c'était le seul à jouir de ce privilège — que ses romans fussent cousus par une ficelle au lieu d'être collés. Sur son trône de papier, le « vieux lion », comme on l'appelait, même si l'on était plus séduit, vers la fin de sa vie, par les vertus commerciales que par la valeur littéraire de ses livres, a dominé, jusqu'à sa mort, en 1990, la scène italienne. Au terme d'une évolution qui avait duré plus d'un demi-siècle, il restait dans la course : jadis peintre de la bourgeoisie romaine, héraut d'une esthétique réaliste ou néoréaliste, et ensuite, par son cosmopolitisme, son éclectisme, son adresse à s'assimiler les modes européennes (thèmes de l'ennui, de l'absurdité, de l'aliénation), montrant le chemin à suivre si on voulait que l'Italie restât dans le G7 de la littérature. Ses petits-fils ont entendu la leçon, et ils se bousculent pour arriver en tête. Il est toujours dangereux de dresser un palmarès, même provisoire ; certains noms que je vais citer sont peut-être déjà retombés dans l'oubli ; d'autres, plus importants, m'auront échappé.

J'en distingue une demi-douzaine, d'Antonio Tabucchi, l'aîné (1943) (voir article *Tabucchi)*, à Marco Lodoli (1955), en passant par Roberto Pazzi (1946), Aldo Busi (1948), Daniele Del Giudice (1949), Andrea De Carlo (1952). Pier Vittorio Tondelli (1955) est mort du sida. Tout doucement, avec quelques livres qui commencent à être traduits en France et dans le monde, ils sont en train d'imprimer au roman italien, sinon une révolution (mot trop fort pour leur manière lisse, ennemie du spectaculaire), du moins une mutation remarquable, qui va changer toutes nos idées sur la littérature transalpine.

Sans se concerter, cependant. Il serait faux de parler d'école ou même de « mouvement », pour des auteurs qui vivent chacun dans une ville séparée, se rencontrent rarement, n'ont écrit aucun manifeste, ne disposent d'aucune revue. On serait tenté de dire que la première chose qu'ils aient en commun, c'est l'air du temps. Or le temps, en Italie comme en France, n'est plus ni à l'idéologie, ni à la politique, ni à la psychanalyse, ni à la théorie. Oublié 68, gommés le terrorisme et les Brigades rouges. Effacés même les problèmes permanents et particuliers à l'Italie, qui alimentaient une bonne partie du roman italien : le sous-développement économique du Sud, la misère de Naples, la condition féminine, etc. On remarquera, à ce propos, que les nouveaux écrivains sont tous originaires du nord et du centre de l'Italie, leur ancrage le plus méridional étant Rome. Le boulet du Mezzogiorno, qui, au dire de certains, pèse encore si lourdement sur le pays, ne les encombre pas.

« Dégagés » : tels ils apparaissent, dans le double sens du mot. Par le ton léger et désinvolte, et par le refus de s'embarrasser de responsabilités civiques. Si l'on pense à la génération précédente, aux Bassani, Pasolini, Morante, Sciascia, aux larmes et au sang dont était pétrie leur littérature, on se dit que la nouvelle vague reflète l'Italie nouvelle, du bien-être, de la réussite, de la consommation. Calvino est le seul, parmi les anciens, qui avait montré la voie, en revendiquant pour le roman la liberté de jouer plutôt que le devoir de témoigner. Calvino a lancé en Italie le premier livre de Daniele Del Giudice, mais tous ces jeunes auteurs ont en partage une conception ludique du roman, le désir de raconter pour raconter, la fantaisie, l'humour.

Qui recouvrent parfois des projets plus ambitieux, quoique non dits. Ce premier livre de Daniele Del Giudice, *le Stade de Wimbledon* (Rivages), relate la quête d'un jeune homme parti sur les traces d'un mystérieux intellectuel (qui a existé réellement : Robert Bazlen, mort en 1965, éminence grise de la littérature italienne sans avoir rien publié). Il n'est question ni de Bazlen lui-même, ni de tennis, ni des villes visitées, Trieste et Londres, ni des intentions du jeune homme. Une errance blanche, une contemplation stupéfaite de petits détails, une écriture minimale raréfiée jusqu'à l'asphyxie, une manière délicate de se mouvoir dans l'espace et d'établir une nouvelle perception de soi-même et du monde.

Art très subtil, qu'on retrouve dans le deuxième livre de cet auteur. *Atlas occidental* met en scène un physicien et un écrivain, et trahit plus explicitement la volonté de faire passer dans l'écriture les nouvelles relations de l'homme avec l'espace et le temps mises au jour par la physique moderne. Janséniste, expérimentateur aux limites de l'abstraction, Del Giudice est plus austère que les autres, bien que sa rigueur pointilleuse soit une forme d'aventure. Pour risquer une comparaison avec la France, il fait penser, plus qu'à la défunte « école du regard », à un Jean-Philippe Toussaint.

Un autre représentant de cette génération est Andrea De Carlo, qui a débuté par quelques brillants livres, avant d'alimenter le marché de la consommation par des sous-produits de Moravia. *Oiseaux de cage et de volière* (Liana Levi), *Chantilly Express* (Rivages), *Macno* et *Yucatan* (Grasset), voilà ses titres intéressants. Dans *Macno*, il nous transmet une quantité de signaux, sans qu'il soit possible d'isoler une seule phrase ayant du « sens ». Deux envoyés de la télévision (il s'agit encore d'une enquête, genre en vogue chez ces auteurs) arrivent dans son palais pour filmer le dictateur Macno, ancien chanteur de rock parvenu au pouvoir en manipulant les médias. Satire du monde politique ? Variations sur l'influence des nouveaux moyens de communication ? Sans doute, mais *Macno* vaut surtout par l'écriture, tout à fait neuve, et difficile à cerner, sinon par une métaphore. Les pages défilent comme des images sur un écran de télévision. Voilà la mutation annoncée. Le roman glisse sous vos yeux, sans profondeur, sans aspérités, vite et silencieusement, et à la fin vous avez dans la tête une provision de charme, d'élégance, de drôlerie, de mystère, qui s'est accumulée à votre insu.

A noter que la narration se déroule le plus souvent au présent, temps bref et fugace qui accentue l'impression d'un spectacle télévisuel. *Yucatan* raconte les aventures d'une équipe de cinéma, objet de menaces énigmatiques distillées au téléphone. A la fois excursion touristique, farce policière et fable théologique, ce livre confirmait l'habileté de l'auteur pour toucher légèrement aux choses sérieuses.

Que le cinéma, la télévision, la grande presse deviennent la matière même des romans et renouvellent jusqu'à leur forme, il n'y a rien de bien étonnant à cela. Plus surprenante est la volonté de se dénationaliser affichée par ces jeunes écrivains. Songeons, une fois de plus, à leurs aînés, enracinés dans leur province, leur ville, leur village, Trieste pour Svevo, Turin pour Pavese, Ferrare pour Bassani, les banlieues romaines pour Pasolini, Racalmuto pour Sciascia. *Macno* se passe dans un pays imaginaire, *Yucatan* aux Etats-Unis et au Mexique, les récits d'Antonio Tabucchi ont pour cadre la France, l'Inde, New York, Lisbonne, le Maroc, *Atlas occidental* Genève, un roman de Roberto Pazzi la Russie de 1917. De Carlo baptise ses héros Liza Förster, Ted Merley, Dru Resnik. Del Giudice appelle les siens Ira Epstein (c'est un homme) et Brahé. Chez Aldo Busi, le seul de ce groupe qui aime la provocation et le scandale, on trouve un Witzleben, un Belart, un Bazarovi. Noms qui ont perdu toute couleur italienne, et même, pour certains, toute couleur nationale : noms de science-fiction.

Tout se passe comme si les nouveaux écrivains avaient honte du passé de la littérature italienne, de son provincialisme, de ses saveurs de terroir, et voulaient en faire un produit sans frontières.

Le cas de Pier Vittorio Tondelli, trop tôt disparu, illustre le danger littéraire auquel expose ce passage brutal du clocher à la fusée. Après un premier roman très brillant mais d'une italianité presque folklorique, *Pao Pao* (Seuil), chronique sentimentale et bouffonne du service militaire, il a voulu lui aussi se placer sur orbite planétaire, en publiant *Rimini*, un roman où la ville balnéaire de l'Adriatique, transformée pour l'été en simulacre de Hollywood, devient un lieu de rencontre international. Journalistes, drogués, érotomanes, toute une faune, débarquée de l'avion, de parasites et de désaxés, échangent sur le *no man's land* de la plage leurs caprices et leurs névroses. Ouvrage facile, médiocre, à l'écriture alerte et plate, répertoire de recettes qui font vendre un livre dans les gares. Préférons garder, comme dernier souvenir de cet écrivain doué, *Chambres séparées*, inspiré par l'expérience du sida.

La mutation du roman italien a-t-elle été trop rapide ? Ces écrivains ont-il fait le bon choix en sacrifiant leur identité méditerranéenne ? En Italie, l'on a accusé certains d'entre eux de chercher, délibérément, à conquérir les marchés étrangers, surtout le marché américain. Accusation injuste, sans doute. Néanmoins, on peut se demander si la meilleure façon d'atteindre à l'universel consiste bien à gommer les particularismes. Leonardo Sciascia, de son minuscule observatoire sicilien, n'embrasse-t-il pas le monde entier ? Mais on comprend l'impatience de la nouvelle génération. Il y avait un trop grand décalage entre l'Italie des autoroutes, du *design*, des radios libres, des vidéo-clips, et le roman italien, attardé du côté des *ragazzi di vita*, des *mafiosi* et autres spécialités locales. Voici, pour la première fois, une littérature « moderne ». Prenons acte de sa naissance.

Mœurs

Places

Toute ville, tout village italien s'organise autour de la *piazza*. Elle ne porte pas de nom particulier, elle est *la* place. Vous demandez en arrivant : « Où est la place ? », et on vous indique l'endroit qui est le centre et le cœur de l'agglomération.

Trois exemples, du nord au sud.

Vigevano, petite ville ducale de Lombardie, où Bramante a dessiné pour Ludovic le More une place oblongue, dont les deux côtés longs et un des côtés courts sont faits d'arcades qui soutiennent les maisons alignées sans solution de continuité et décorées de motifs peints. Le dernier côté, c'est la façade elle-même, légèrement concave, de l'église. Cette façade est percée de quatre portes. Les deux du milieu introduisent dans le temple, celle de gauche est le débouché d'une rue, celle de droite mène à un petit terrain découvert. L'architecte a fait en sorte que, lorsqu'on se trouve sur (ou plutôt dans) la place, on n'aperçoive aucune des rues d'accès, les unes étant dissimulées sous les arcades, l'autre par la fausse porte de l'église. On goûte l'illusion d'être enserré dans un lieu clos.

Sienne, en Toscane. On appelle la place le Campo. En forme de coquille, incliné vers le Palais municipal, le Campo de Sienne enferme encore plus complètement le passant à l'intérieur de ses courbes gracieuses. Des règles précises, édictées par le pouvoir municipal, ont codifié à la fin du XIIIe siècle les dimensions, la forme et jusqu'aux décorations des palais qui ceignent la place enchâssée comme un rubis rose dans son écrin de pierre. Là aussi, on a pris soin de masquer le plus possible les issues.

Pachino, en Sicile, province de Syracuse. La place, un grand carré régulier aménagé au sommet d'une colline et vers lequel confluent toutes les rues de cette ville construite en damier, est l'ancienne aire où les paysans venaient battre leur blé. Les maisons, au cours du XIXe siècle, se sont peu à peu élevées sur le pourtour. On a planté sur les quatre côtés des chênes verts dont le feuillage touffu abrite des centaines d'oiseaux et cache les petites rues qui partent perpendiculairement.

Trois variétés climatiques de la place, mais aussi trois variétés historiques et sociologiques. La place de Vigevano est une place de la Renaissance, une place d'art, voulue par un seigneur et réalisée par un des plus grands architectes du temps. La place de Sienne est une place du Moyen Age, fruit de la volonté d'un gouvernement démocratique, lieu de rassemblement pour les citoyens. La place de Pachino, au début lieu de travail pour les paysans, garde, dans sa configuration géométrique et simpliste, le souvenir de son origine utilitaire. Toutes les trois cependant, quelles que soient les différences de latitude, de destination, d'ambition, de mode de financement, ont ceci en commun qu'elles forment un monde clos, protégé, apparemment sans issues. Elles favorisent les rêveries d'intimité, de douceur, de bien-être.

On observera ce même caractère dans toutes les places italiennes. Ce que l'Italie abhorre, c'est la place courant d'air, à la française, lieu de passage et non lieu de refuge, de reprise, de resserrement. Objection : mais la place du Peuple à Rome, avec sa grande ellipse ouverte à tous les vents et ses rues en étoile ? Peu d'endroits illustres font l'objet de malentendus aussi graves. D'abord la place du Peuple est faussement nommée ainsi, par une confusion entre les deux homonymes latins *populus* = peuple et *populus* = peuplier. Elle devrait s'appeler place du Peuplier, en souvenir de l'arbre qui croissait là jadis. Ensuite ce n'est pas une place italienne. Jusqu'à la fin du XVIIIe siècle, ce n'était qu'un terrain vague, de forme rectangulaire. Quand Rome eut été annexée à l'Empire de Napoléon, l'administration française décida de l'aménager en ellipse, pour faire pendant à la place Saint-Pierre et opposer à l'ombilic du pouvoir religieux (dont le maître, Pie VII exilé à Savone, s'obstinait à défier l'empereur) un lieu de mêmes dimensions, de même forme et de même prestige, à la gloire du pouvoir civil. L'architecte français Louis-Martin Berthault, qui avait dessiné les jardins de la Malmaison et de Compiègne, fit le plan de la nouvelle place.

Idée bien française. L'ellipse de la place Saint-Pierre, fortement enserrée dans la colonnade du Bernin, est le contraire de l'ellipse ouverte et comme informe de la place du Peuple. Laquelle n'est pas du tout faite pour rassembler le peuple : flagrant apparaît le contresens sur son nom. Il fallait lui laisser celui de peuplier, qui eût suggéré la parenté avec la nature, avec ce qui vibre et frémit. Pas un seul Romain ne s'arrête place du Peuple : il est impossible d'y suivre le cours d'une rêverie un peu tendre. On ne peut que la traverser. Elle ressemble à la place de la Concorde à Paris, archétype de la place courant d'air et aberration pour un Italien.

Pourquoi ce désir d'un lieu clos ? Parce que la place italienne est le lieu où l'on vit. En France on vit chez soi, à l'intérieur de la maison. Quand on sort, c'est pour se rendre dans une autre maison. En pays latin, on ne vit pas chez soi, on vit dehors : mais il faut que ce dehors, pour être lieu de vie, ressemble à un dedans. D'où le compromis de la place : lieu extérieur mais fermé, où l'on savoure la sensation d'être en sécurité, à l'abri. L'avantage de la place sur la maison, c'est qu'on y est ensemble. Le Latin a horreur de rester chez lui, parce qu'il s'y sent retranché, exclu de la chaude compagnie des hommes et des femmes. Voilà le point essentiel. La place répond à la double aspiration vers le refuge et vers la compagnie. La pensée de Pascal qui exalte l'isolement de la chambre ne pouvait venir qu'à un Auvergnat. Seul dans sa chambre, l'Italien subit la privation de tout ce qui l'attend au-dehors : les échanges de regards, les frôlements, les promesses innombrables du hasard et de la vie. Rester chez soi serait une erreur, une faute, une manifestation d'égoïsme et de mesquinerie. La place symbolise le programme italien de solidarité affectueuse entre tous les membres de la communauté, autant que la chambre symbolise le programme français d'ascèse individuelle et de perfectionnement par l'effort.

Profondément citadin, le Latin ne se plaît guère dans la nature, pour laquelle il n'éprouve ni respect ni tendresse. Il souille la campagne d'images publicitaires et d'ordures. Dans la nature il se dilue, il se perd, lui qui a besoin de se sentir enveloppé et soutenu, et qui trouve dans la *piazza* son espace idéal, assez étroit pour lui offrir la protection d'un décor plastique bien cerné. Le ciel lui-même, découpé par la ligne des toits, n'est plus au-dessus de sa tête un abîme vertigineux, mais un complément mesuré de beauté, une note délicate qui parachève l'harmonie.

Plages

Ne compter que sur soi : pas de devise plus anti-italienne que celle-là. Allez sur une plage, l'été. Le mot qu'on entend le plus souvent, c'est *aiuto !* A l'aide, au secours ! A peine la vague l'effleure, le gamin crie : *aiuto ! Aiuto !* lance la matrone dont le pied a glissé sur un galet, *aiuto !* le père de famille qui a égaré ses lunettes. Appel général au secours, en l'absence de tout danger. Il ne s'agit pas de se protéger du danger, il s'agit de se rassurer, de vérifier si l'on peut compter sur les autres, de sentir les autres autour de soi, leur tiède et enveloppante sollicitude. Ces trois syllabes sonores clament le bonheur d'être ensemble, la jubilation de traverser la vie accroché au bras de son voisin.

Les Latins n'aiment guère l'eau. Nager n'est pas leur affaire. Rarement on en voit qui s'aventurent à plus de dix mètres du rivage. Car nager est toujours un acte solitaire, héroïque, une manifestation d'énergie individuelle, un défi, un repliement dans la cellule janséniste. Barboter à dix dans cinquante centimètres d'eau est au contraire une manière de reformer le clan primitif. Vive la promiscuité familiale rendue encore plus délicieuse par l'élément liquide, sorte de plasma qui replonge dans le milieu des origines !

Le mouvement janséniste, invention flamande et française, n'a jamais pris en Italie et ne pouvait pas y prendre. La sainteté italienne court sur les routes poudreuses dans le froc ambulant de saint François. A quoi tient cette horreur de la solitude dans les pays latins ? Tout Italien pense que la solitude est contre nature, et la raison en est bien simple : jamais, à aucun moment de sa vie, il n'a été seul. Conçu dans le ventre de sa mère, il a, dès la première seconde où il a jailli du néant, connu la moite, chaude et tendre complicité de la caverne maternelle. *Aiuto !* c'est la réminiscence de cette époque magique, où la symbiose parfaite avec le corps maternel était l'état de grâce, avant l'arrachement et l'exil. C'est le cri nostalgique indéfiniment répété, l'invocation aux ténèbres primordiales. On appelle au secours pour protester contre la condition humaine, cet intolérable isolement de la créature jetée par injustice dans le monde.

Mammas

Sur ce chapitre les clichés abondent, et beaucoup de choses peuvent être dites, qui semblent se contredire.

1. *Procès aux mammas.* Ce n'est pas qu'elles soient grosses et vêtues de noir qui gêne, mais qu'elles étouffent leurs fils, les empêchant d'être eux-mêmes et de rejoindre la maturité psychologique. Gramsci écrivait, le 7 novembre 1927, à sa mère qui s'inquiétait de sa santé (il était en prison depuis un an) : « Oh ! ces mammas, ces mammas ! Si le monde était resté entre leurs mains, les hommes vivraient encore à l'intérieur des cavernes, vêtus seulement de peaux de bouc ! » Et Brancati, dans le roman *les Années perdues* publié en 1941, fait dire à son héros : « Oh, les mammas sont nos pires ennemies. Ces mammas siciliennes qui font les fils et ensuite les avalent. » (On pourrait discuter cette traduction, puisque Brancati écrit « *i figli* », mot qui recouvre les enfants des deux sexes. « Les fils » me semble plus approprié à la pensée de l'auteur, qui dénonce ici cet amour possessif des mères pour leur descendance mâle. Les filles ne comptent pas : expulsées dès leur naissance, elles ne sont qu'une bouche à nourrir.)

Le premier de ces témoignages est dû à un Sarde, le second à un Sicilien : avec eux, nous sommes en pleine terre de latinité. Encore qu'il n'y ait rien de plus opposé que la Sardaigne et la Sicile. Les mammas siciliennes, tout voyageur a pu le constater, sont l'archétype de la mamma latine : plus grosses, plus envahissantes, plus impérieuses qu'ailleurs, au point que, pour rendre leur molle abondance physique et leur souveraine autorité morale, il ne faudrait pas seulement trois *m* mais une multiplication de ces consonnes à la plantureuse splendeur maternelle. Les mammas sardes sont maigres, sèches, silencieuses. Elles ne crient ni ne pleurent. Elles se tiennent droites sur leur seuil, à l'image des blocs de granit qui scandent leur horizon. Rien de l'affalement bruyant ni de la redondance sentimentale de leurs consœurs siciliennes. Et pourtant (à la différence du romancier Brancati, humoriste dont on ne sait jamais s'il ne force pas sur la vérité par goût de la plaisanterie), nul ne soupçonnera le pur et austère Gramsci d'avancer plus que ce qu'il tient pour la stricte vérité. Son témoignage est irréfutable : la mamma latine maintient son fils prisonnier dans la caverne originelle de sa tendresse, de son pathos, de son lait trop nourrissant.

Elle ne se console pas qu'il soit né et voudrait le garder non seulement avec elle, mais en elle, fondu, englué dans la chaleur intime des neuf premiers mois. C'est encore Gramsci qui accuse les mammas de ne faire aucun effort pour éduquer leurs fils. Le principe de toute éducation étant d'apprendre à l'enfant à se rendre indépendant de sa mère, la mère italienne ressentirait ce devoir comme une atteinte à ses droits les plus sacrés. D'où son refus d'imposer à son fils la moindre contrainte. Elle le plaint d'avoir à se lever le matin, elle le plaint d'avoir à se laver, qu'il doive aller à l'école lui déchire la poitrine de gémissements. Il n'est ainsi aucune des petites obligations auxquelles est soumis le jeune être qui

GIO CALABRIA : Musée,
s grecs de Riace [488]

ontre) Ile de MOZIA :
ée, éphèbe grec [489, 576]
e précédente) NAPLES :
ée National, *Antinoüs* [312]

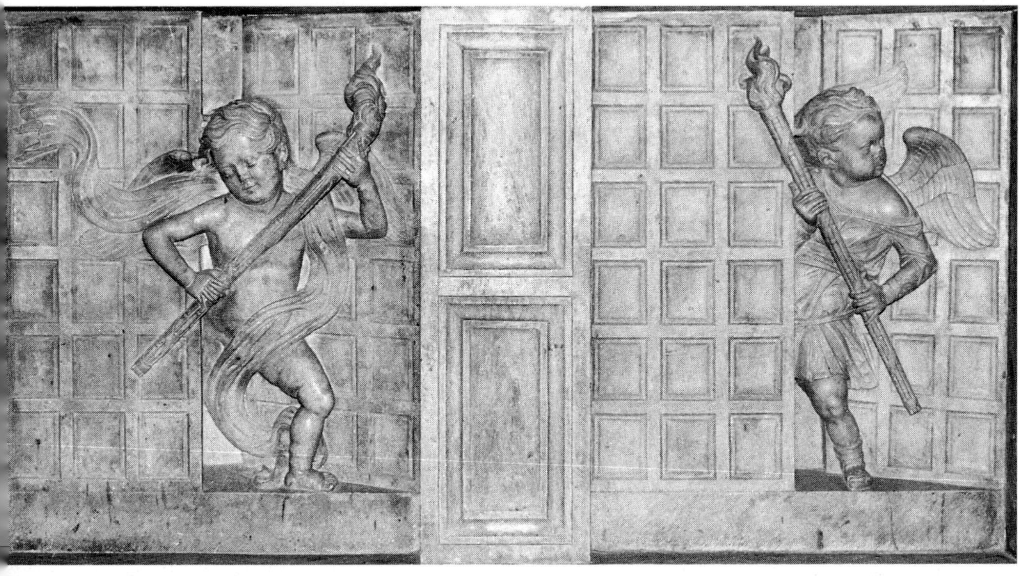

(haut) BOLOGNE : San Domenico, anges par Nicoló dell'Arca et Michel-Ange [58]
(bas) TROGIR (Croatie) : Cathédrale, génies funéraires par Nicola da Firenze [124]
(ci-contre) PALERME : Santa Caterina, ange de l'autel [560]

ROME : Galerie Borghese, *Daphné* par G. L. Bernini [500]

ROME : Galerie Borghese, *Proserpine* par G. L. Bernini [500]

(haut) ROME : Galerie Borghese, *Pauline Borghese* par A. Canova [457]
(bas) ROME : San Francesco a Ripa, *Ludovica Albertoni* par G. L. Bernini [287, 457, 535]

FLORENCE : Musée de La Specola, *La peste* par G. Zumbo [535, 663]

POSSAGNO : Gypsothèqu
Amour et Psyc
et la *Danse des fils d'Alkino*
par A. Canova [45

'URZBURG (Allemagne) :
esidenz, *Apollon* par A. Bossi [29]
APLES : Musée de Capodimonte,
iint Sébastien par M. Preti [287, 318]

BOLOGNE : Santa Maria della Vita, Pietà par Nicolò dell'Arca [58]
(ci-contre) VENISE : Musée Correr, *Orphée* et *Eurydice* par A. Canova [383, 458]

(ci-contre) Fabrizio CLERICI dans son atelier romain [91]
Vincenzo CONSOLO à côté d'anciennes céramiques siciliennes [290, 575]

Francesco ROSI devant San Petronio de Bologne [33, 547]
Pier Luigi PIZZI dans son palais vénitien [348, 444]

(ci-dessus et ci-contre) PARIS : Théâtre du Châtelet, *Rinaldo* de Haendel mis en scène par Pier Luigi Pizzi en 1985 (Ewa Podles, Gianna Rolandi et James Bowman, Terry Cook) [449]

ROME : Galerie Borghese, *statue équestre de Louis XIV* par G. L. Bernini [53, 286]

SABBIONETA : Théâtre par V. Scamozzi [613]
(ci-contre) NAPLES : Théâtre San Carlo
par G. Medrano et A. Nicolini [117, 282, 616]
(pages suivantes) TURIN : Chapelle du Saint-Suaire par G. Guarini,
dévastée par l'incendie du 10 avril 1997 [117]

VENISE : Reflets dans un canal [377, 627]

BAGHERIA : Villa Palagonia, miroirs du grand salon [575]
(page suivante) PALERME : Villa Igieia, salle à manger par E. Basile [362, 455]

pousse, dont elle ne souligne l'injuste cruauté par une abondance de soupirs et de geignements. L'envoyer au lit à neuf heures du soir ? *Poverino !* (Je parle d'un bambin de quelques années à peine.) Comment lui infliger cette souffrance, cette humiliation ? Quiconque a des amis italiens sait quel supplice c'est de dîner chez eux parmi les hurlements de la marmaille épuisée de fatigue mais qui pour rien au monde n'irait se retrancher dans la prison du sommeil. Encouragés par la mère à jouir le plus longtemps possible des charmes de la compagnie, ils escaladent les meubles, trépignent, se roulent sur les tapis plutôt que d'aller se coucher.

Habituer le fils à se créer un univers autonome, à se débrouiller seul, à vivre seul, ce serait s'exposer à ne plus l'entendre crier *aiuto !* à tout bout de champ, et alors à quoi bon être mère ?

2. *Plaidoyer pour les mammas.* La tâche de l'avocat de la défense est plus difficile, dans la mesure où l'on peut dire que le fils est tel que l'a fait la mère. Mais enfin, essayons. Le *figlio di mamma* (autre expression italienne intraduisible) exploite à fond ce privilège. Tout enfant, il a une manière de crier (*strillare* : encore un mot difficile à traduire) non seulement avec son gosier, mais avec toutes les forces dont est capable son petit corps : protestation véhémente qui le fait frémir, vibrer et presque exploser de fureur et de désespoir dès que sa mère l'abandonne un instant. Avec l'âge, cette revendication tumultueuse de propriétaire se mue en calme domination. Tant qu'il n'est pas marié, le fils reste chez les parents, où il se fait servir en tout repos de sa conscience. J'ai vu des gaillards de trente ans, sans travail, sans occupation, attendre tranquillement que la mère ait mijoté les plats du déjeuner (toujours compliqués, même la simple *pasta*, à cause de la sauce tomate qui *doit* être faite à la maison : gare à celle qui oserait la sortir d'une boîte !) puis mis le couvert, s'attabler et manger à leur aise, retourner ensuite s'asseoir dans un coin de la pièce pour digérer, pendant qu'elle emporte les assiettes et lave la vaisselle. Jamais il ne leur viendrait à l'idée de prêter main-forte, de rendre tant soit peu de cet *aiuto* dont ils quémandent sans cesse les bienfaits. L'homme n'entre pas dans la cuisine : de cet axiome dont il a fait un des articles de son code d'honneur, le Latin se sert pour se tenir à jamais exempt des corvées ménagères.

Je précise que tout ce qui est dit ici s'applique surtout à ce que j'observe au sud de Terracina, ville-frontière de l'ancien royaume de Naples. L'Italie du centre et du nord a évolué, sous l'influence des mœurs européennes et américaines, c'est-à-dire en perdant de son caractère latin. Les mammas n'y sont plus si corpulentes, le double *m* leur suffit, mais c'est peut-être plus un progrès dans l'hygiène alimentaire qu'un changement de mentalité. Sur le chapitre des enfants, en tout cas, la mutation reste infiniment lente. Le garçon-roi n'a pas encore perdu son trône, ni dans le Piémont ni dans le Frioul.

Inépuisable bonté des mammas ! Elles savent qu'il n'y a qu'un seul amour inconditionnel au monde, celui de la mère pour son fils. Pourquoi apprendraient-elles à leur enfant à s'éloigner d'elles, puisque jamais il ne retrouvera ailleurs ce qu'elles seules sont capables de lui donner, cette molle prodigalité de tendresse et de compassion ? A quoi bon l'envoyer dans le monde, souffrir et se tourmenter dans la solitude, alors qu'il peut espérer auprès d'elles un demi-siècle de confort, d'attentions, de soins, de bonheur ?

Il y a plus : ces mères latines ont un lien profond avec la terre et avec la mort. Dans le nouveau-né qu'elles mettent au monde, elles voient déjà le cadavre que la terre reprendra. Chaque garçon est un Christ, et chaque mamma une Madone. Toute maternité est vécue comme une Passion. En cette identification inconsciente je vois la clef de ces rapports mère-fils si étranges à comprendre pour un esprit non latin. L'obsession du métier, de la carrière, qui domine le système d'éducation dans la famille bourgeoise européenne, est étrangère à ces sublimes mammas, pour qui une vie d'homme n'est qu'un court passage dans la vallée des larmes avant la descente au tombeau. Alléger le poids de la couronne d'épines, essuyer la sueur du front, veiller au pied de la Croix sera toujours leur seul et unique devoir.

3. *Femmes esclaves.* Ainsi les présente une inépuisable littérature, qui n'est pas forcément féministe. Le père de famille règne d'un pouvoir absolu. Il commande chez lui, tient son épouse enchaînée au fourneau, lui interdit de sortir, alors que lui-même se permet tous les divertissements. Aucune égalité, c'est vrai. L'homme au café, la femme à la maison : sur toutes les côtes méditerranéennes le spectacle est le même. En Sicile, la femme tire sa chaise devant le seuil mais s'assied le dos tourné à la rue : elle n'a pas le droit de regarder ce qui s'y passe. L'épouse adultère est désignée comme un objet d'abomination. Il n'y a pas si longtemps que le code pénal italien a aboli la clause du « crime d'honneur » qui permettait au mari de tuer sa femme en quasi-impunité (trois ans de prison). Le frère qui surprenait sa sœur avec un amant ou le fils qui découvrait sa mère avec un concubin pouvait également faire justice de sa propre main. Au contraire, avoir des maîtresses, pour un mari, pour un fils, n'est pas seulement autorisé, mais encouragé, flatté, applaudi. Que serait un homme incapable de prouver sa vaillance par le nombre de ses conquêtes ?

4. *Femmes souveraines.* Créatrice de vie, gardienne de la mort, la femme en réalité se moque bien des petites aventures de son mari. L'amour n'entre que pour une part très faible dans le couple latin. Les mariages sont fondés, non pas sur le sentiment individuel, mais sur le devoir de procréer, de continuer la lignée. L'essentiel, c'est la maison, au sens physique et au sens moral. Le dos tourné à la rue, la femme tient à l'œil la maison, centre du pouvoir. Qui gouverne la maison détient le pouvoir. L'homme peut bien aller se promener dans la rue, bavarder au café, coucher avec des femmes de rencontre, tout cela n'a aucune importance. Amusements de potache, qui n'entament en rien l'autorité de l'épouse. Celle-ci pourrait dire à son mari ce qu'elle dit à ses enfants : « Va jouer dans la rue. » Les choses sérieuses se passent dans la maison.

Tout voyageur aura observé qu'il y a très peu de cafés en Italie où l'on peut s'asseoir. Les hommes fréquentent assidûment les cafés, mais consomment debout. Le café n'est pas une seconde maison : ce n'est qu'un lieu de passage et de palabres, qui ne saurait faire concurrence aux pénates gardés par la déesse-mère.

Même quand elle gémit, la femme latine commande. Elle commande par ses gémissements, par son insistance à obéir. Dans sa cuisine, elle s'affaire avec le maximum de bruit, en faisant claquer le couvercle des casseroles. Lorsqu'elle se plaint de la chaleur et qu'elle évente sa grosse poitrine en agitant un torchon, elle commande encore. Elle se soumet à son mari et à ses fils, mais avec une redondance dans la soumission qui les force à reconnaître sa souveraineté. Ils ne peuvent oublier sa présence ni méconnaître ses sacrifices : elle les entretient dans une perpétuelle mauvaise conscience qui les rive au foyer. Le garçon aura beaucoup de peine à trouver le courage nécessaire pour se marier. Quant à l'époux, il est très rare qu'il prenne une maîtresse fixe, qu'il ait une double vie. Ils ne sont pas libres, elle les a châtrés une fois pour toutes par la pléthore de ses doléances et l'exhibition de son dévouement.

Là encore, admirons la dimension mythique de cette Mère universelle, qui du fond de sa cuisine garde la haute main sur la maisonnée, Parque sombre dont la cuiller à pot débonnaire voisine avec la paire fatale de ciseaux.

Quelle énergie dans ce corps massif ! Plus on va vers le Sud, plus on s'enfonce en pays de latinité, et plus grande est la proportion de veuves dont on croise les funèbres atours. Un homme seul ne pourrait guère survivre : chétive créature, hochet d'abord de sa mère, puis jouet de sa femme, privé depuis toujours de toute autonomie, comment réussirait-il à subsister par ses propres moyens ? Aussi le veuf est-il une espèce rare, alors que la veuve abonde : image noire et triomphale de la mamma, qui est parvenue à transformer son époux en Christ, en fils mort et enseveli, tandis qu'elle, vigie inébranlable, continue à dérouler entre ses doigts le fil des destinées humaines. Qu'importe qu'elle ait peiné toute son existence entre l'évier et le sac à ordures, qu'elle se soit usé les mains à la lessive et les yeux au ravaudage, qu'elle ait été trahie et bafouée, si du grand secret de la vie et de la mort elle reste la seule dépositaire. Ne vous laissez pas tromper par les scènes rituelles de déploration, par le pathos du deuil. Toute femme du Sud aspire passionnément à l'état de veuve, qui l'intronise enfin dans la dignité suprême de grande prêtresse, de confidente de Dieu, de mystagogue initiée aux vérités dernières.

Sexualité : la comédie

A observer le spectacle de la rue, à les entendre eux-mêmes, il semblerait que les hommes italiens soient obsédés par les femmes, n'aiment que les femmes et ne pensent qu'à les conquérir. C'est un des lieux communs du folklore latin, que cette passion exclusive du mâle pour l'autre sexe. Regardez-les au café, ou sur la place publique : une jolie fille vient-elle à passer, toutes les têtes se tournent vers elle, et une abondance de commentaires détaille ses charmes. Ils ne disent pas qu'elle est belle, mais *buona*. Bonne à quoi ? La nuance utilitaire de cette observation met nettement l'accent sur l'usage sexuel de la grâce féminine. Les étrangères, surtout si elles sont blondes, connaissent cette sorte de stupeur hébétée qu'elles laissent dans leur sillage.

Brancati, dont les romans décrivent les mœurs de Catane en Sicile, nous a donné tous les détails de cette comédie érotique. Comédie dans les deux sens : parce qu'on rit de voir ces hommes lancés sans répit dans une chasse le plus souvent infructueuse, et parce que tout se passe comme au théâtre. Le mâle italien est perpétuellement en représentation : seul, il n'attacherait peut-être pas autant d'attention à la femme qui traverse le champ de son regard. Au café, sur la place publique, il n'est jamais seul. D'autres hommes sont avec lui : c'est pour eux qu'il joue la comédie de l'obsession sexuelle, c'est pour ne pas les décevoir qu'il s'exclame sur les formes rebondies de la jolie fille. Il y a entre tous les amis une émulation réciproque qui les incite à s'extasier d'une seule voix.

A Catane, le plaisir de parler des femmes est supérieur au plaisir qu'elles peuvent donner, affirme Brancati, dont toute l'œuvre révoque en doute l'existence d'un courant spontané et vrai entre l'homme et la femme. L'homme clame en public son désir de la femme, mais, devant la possibilité d'un tête-à-tête, d'un véritable échange amoureux, il se dérobe. Ainsi de ce Catanais qui cherchait éperdument (croyait-il) à se procurer une maîtresse. Il en trouva une : seulement, elle n'était disponible qu'entre deux et quatre heures de l'après-midi, pendant le moment où il faisait sa sieste. Il renonça donc à l'aventure. Par paresse, selon la suggestion de Brancati ? Mais dans cette paresse il faudrait déjà voir l'indice d'une sexualité faible et vite résignée à se passer de satisfaction. L'homme se jouait la comédie du désir : et comme il n'y avait aucun témoin pour l'encourager, il est vite retourné à sa vérité profonde, faite d'indifférence pour la femme.

Le Bel Antonio, le roman le plus célèbre de Brancati, raconte l'histoire d'un jeune don Juan de quartier dont les prouesses galantes défrayent la chronique locale. Vient le jour du mariage, et, après tant de fanfaronnades, le moment de l'épreuve. L'épouse révélera bientôt qu'il n'a jamais réussi à remplir son devoir conjugal. Le bel Antonio n'est qu'un impuissant. Cette parabole illustre la faille profonde qui existe en pays latin entre la comédie et la réalité du sexe. Brancati ne veut pas dire que tous les Italiens sont impuissants, mais que le comportement de coq qu'ils affichent si souvent (le *gallismo* vantard et bruyant) ne correspond pas à un désir véritable de l'autre sexe.

Paresse, impuissance ? Reprenons l'analyse au point où le romancier l'a laissée et disons que l'hétérosexualité, en Italie, est un phénomène de culture — du moins cette hétérosexualité militante, ce *gallismo*, cette affectation de courir après toutes les femmes, en dehors du désir de perpétuer l'espèce. Phénomène de culture, imposé par l'opinion. Par culture, j'entends ce code non écrit qui gouverne les mœurs d'un bord à l'autre de la Méditerranée. L'honneur commande de tourner la tête vers la jolie fille qui passe, d'interrompre la conversation pour la suivre des yeux en mugissant des exclamations enthousiastes, de prolonger cette extase par des commentaires dithyrambiques. Si l'on veut passer pour un homme, il faut se plier à tous ces rites d'une dévotion publique et tapageuse.

L'influence des mœurs européennes et américaines a gommé certains traits typiquement latins des mœurs italiennes, mais ici, le contraire s'est produit. La grande presse, le cinéma, la publicité propagent des modèles culturels exclusivement hétérosexuels. La star est toujours femme, et ceux qui s'arrêtaient exorbités pour fixer la blonde en vacances, de quel œil ne regardent-ils pas, à moitié nue sur les affiches, Claudia Schiffer ou Linda Evangelista ?

Un exemple plus précis va nous montrer comment les nouveaux médias ont apporté un renfort considérable à la culture dominante. Le spectacle le plus populaire à Palerme et dans toute la Sicile était il y a trente ans encore le théâtre des *pupi*, marionnettes d'un mètre de haut à peu près, cuirassés, casqués, empanachés, car les *pupi* (mot masculin) incarnaient les paladins de France, Charlemagne et ses compagnons. Le cycle de la geste complète durait un an, à raison d'un épisode par soir. On raconte que, le jour où mourait Roland, les cochers de fiacre de Palerme prenaient le deuil. Or que voyait-on dans ces petits théâtres ? Une mêlée continuelle de guerriers, preux contre traîtres, des coups d'épée formidables, une débauche d'énergie homosexuelle déguisée en faits d'armes, avec en prime les larmes du vieil empereur lorsqu'un de ses fidèles était tué. Aucune femme, si l'on excepte une Bradamante, une Clorinde, elles-mêmes habillées en soldats et guerroyant comme des spadassins. En tout cas pas d'amour. Seulement de rudes empoignades, des corps à corps fougueux accompagnés de mâles imprécations.

La télévision a tué le théâtre des *pupi*, qui était ouvert le soir, à l'heure des émissions populaires. Les films de Hollywood ou imités de ceux de Hollywood ont remplacé la geste des paladins. Les héroïnes aux yeux dilatés et aux bouches peintes ont supplanté les compagnons de Charlemagne. Même dans les westerns, où le vrai centre d'intérêt est ce qui se passe entre hommes, une image sublimée de la femme donne le change. Il faut aimer la femme, pas de salut hors de la dévotion à la femme, le cinéma a rendu cette obligation plus contraignante qu'elle n'avait jamais été.

Dans la pratique quotidienne, aussi, un autre changement a renforcé le devoir imposé aux hommes. Jusqu'à une date récente, les deux sexes ne se mêlaient pas, sur la place publique ou le long du corso. Il y avait les groupes d'hommes d'un côté (souvent d'un côté de la place ou de la rue, avec une évidence concrète), les groupes de femmes de l'autre côté. Hommes entre eux, se tenant par le bras, femmes entre elles. Aujourd'hui qu'il est permis à un homme et à une femme de se promener en couple, cette autorisation oblige l'homme à se choisir une compagne pour déambuler avec elle en public. Pasolini avait signalé, pour la dénoncer, cette conséquence inévitable de la permissivité. Du moment que l'homme a le droit de sortir avec une fille, il est forcé d'utiliser ce droit. Dernier acte de violence commis par la culture aux dépens de la nature.

Sexualité : la réalité

La nature du mâle italien est nettement homosexuelle. La paresse, l'impuissance auprès des femmes sont des symptômes d'homosexualité latente. Le goût d'être ensemble, et séparés des filles, caractérise les jeunes gens italiens. Même quand ils ne se rendent pas en groupes à cette grande liturgie homosexuelle que sont les jeux du stade, il suffit de les voir se tenir par le cou ou par l'épaule, dans une rue, pour comprendre où réside leur bonheur. Je ne dis pas dans l'accomplissement de l'acte sexuel (la pression de la culture est trop forte pour leur faire accepter leur nature), mais dans une douce promiscuité de gestes et de langage, dans une communion tranquille et chaste qui est une façon de faire l'amour beaucoup plus intéressante, et délicieuse, que la fornication toujours brutale.

Entre hommes, on peut parler de choses qui valent la peine, telles que la politique ou le sport, ce qui est impossible avec les femmes élevées dans la tradition latine. Ce point est essentiel à comprendre, si l'on veut comparer la société italienne à la société antique. La femme grecque, cantonnée dans le gynécée, utilisée seulement pour la reproduction de l'espèce, était confinée dans un monde à part. Gardienne du foyer, elle ne participait pas à la vie extérieure, ne savait pas ce qui s'y passait, ne s'intéressait pas aux activités de son mari. Sa culture était nulle, de même que sa curiosité. Aucun échange intellectuel et moral ne pouvait s'établir entre les sexes, rien de ce qui alimente et fortifie l'amour. D'où l'institution de la pédérastie, qui permettait à un adulte d'avoir avec un éphèbe des relations complètes, non seulement physiques, mais d'esprit à esprit, de cœur à cœur. Ceux qui en France déplorent aujourd'hui (leitmotiv du discours gay) la disparition de cette société grecque et des facilités homosexuelles accordées presque officiellement à l'Athénien de l'époque classique oublient que la jeune fille moderne, depuis qu'elle a conquis son autonomie, qu'elle fait des études et s'intéresse aux événements publics, est devenue l'égale de l'homme et peut lui donner la réplique que le Grec demandait à son jeune amant. La jeune fille cultivée, ou simplement avertie de ce qui se passe dans le monde, c'est l'éphèbe de notre civilisation.

En Italie du Sud, et partout où la tradition antique s'est gardée, la femme est restée semblable à la femme grecque : bonne pour la cuisine, le ménage et les enfants. Tout ce qui intéresse les hommes échappe à son cerveau borné aux tâches domestiques. L'homosexualité italienne est d'abord faite d'un désir de communication. Par exemple, discuter de Maradona, ce footballeur argentin engagé par l'équipe de Naples et dont les portraits enguirlandés d'inscriptions exaltées ornaient les rues et les boutiques de la ville, était impossible avec les « fiancées », encore plus avec l'épouse. Qu'auraient-elles à dire sur Paris, sur New York, sur Buenos Aires, toutes ces capitales qui font rêver ? Que connaissent-elles des groupes de musiciens dont les rugissements secouent les juke-box ? Lisent-elles seulement le journal ? Quel avis pourraient-elles avoir sur les prochaines élections ?

Le christianisme ayant jeté l'anathème sur la pratique homosexuelle, le Latin d'aujourd'hui a perdu la possibilité d'entente harmonieuse avec un égal, sans trouver dans la *casalinga* (femme vouée à la *casa*, à la maison) la remplaçante de l'éphèbe. S'il court ainsi après les étrangères, ce n'est pas seulement parce qu'elles sont minces et avenantes (il préfère les grosses, signe de santé dans le Sud), mais dans l'espoir qu'il pourra parler avec elles de quelque chose qui ne soit pas marmaille, vaisselle et torchons. L'envie du sexe le pousse peut-être, mais d'abord le désir d'échange. Cet échange, il le trouve avec ses camarades, mais comme l'union complète entre garçons est interdite, il en éprouve une inconsciente déception qui le jette avec d'autant plus d'ardeur sur les blondes de passage. Insolubles contradictions, dans lesquelles on le voit se débattre avec une comique frénésie.

Ce qu'on appelle, par un lieu commun approximatif, « frustration sexuelle » du mâle est donc un phénomène beaucoup plus complexe. Il y a d'une part frustration intellectuelle et morale avec la femme partenaire sexuel, et d'autre part frustration sexuelle avec l'homme partenaire intellectuel et moral.

Dès le Moyen Age les esprits les plus vigoureux avaient essayé de trouver un compromis. Ce fut la création de Béatrice, de Laure, de toutes ces demoiselles idéales en qui Dante, Pétrarque et leurs disciples honorèrent des éphèbes travestis en filles et objets d'un culte qu'ils ne pouvaient pas adresser à leurs compagnes plus charnelles. Cependant, le dédoublement de la vie amoureuse, la dissociation entre le corps et l'esprit, n'est jamais une solution bien satisfaisante. Tant que la femme du Sud n'aura pas conquis son autonomie culturelle, ou tant que la permissivité ne se sera pas étendue aux pratiques homosexuelles, on peut prédire que le Latin restera mécontent de lui-même, désorienté et toujours guetté par le fiasco brancatien.

Femminielli

La seconde solution lui conviendrait sans doute mieux. Par nature, ou parce que l'emprise de la mamma est si forte qu'elle ne lui laisse pas les ressources psychiques nécessaires pour s'unir complètement à une autre femme, il reste incertain sur son propre sexe, même si le code d'honneur l'oblige à une perpétuelle affectation de virilité.

Une coutume qui survit à Naples révèle à l'état (presque) pur cette incertitude et cette ambiguïté. Dans les quartiers populaires, l'homme-femme, appelé *femminiello*, est libre de s'habiller en femme et de vaquer aux besognes traditionnellement féminines : acheter la nourriture au marché, faire la lessive, coudre, etc. On le respecte, on l'entoure d'affection, quitte (nous allons voir dans un instant pourquoi) à l'assaillir de plaisanteries. Pino Simonelli et Gennaro Carrano ont montré comment cette institution de l'ancienne Naples a été dévoyée sous une double influence. La misère économique pousse le *femminiello* à se prostituer, passant ainsi de la catégorie du travesti à celle de l'homosexuel. D'autre part, sous la pression de la culture dominante, le *femminiello* est tenté de mimer les coutumes de la société hétérosexuelle : il y a des mariages entre *femminielli* organisés en grande pompe, des simulacres de naissance, de baptême (Malaparte en a décrit un dans *la Peau*).

A l'origine, le *femminiello* est la figure mythique de l'androgyne : il est l'être fabuleux à la double identité, souvenir de l'époque où la division des sexes n'existait pas, où la sphère de Platon était complète, où Eve logeait encore dans la poitrine d'Adam. Si les hommes le respectent, c'est parce qu'il prend sur lui et extériorise cette part de féminité qu'ils n'osent ni assumer ni montrer. S'ils se moquent de lui, c'est pour la même raison, parce qu'ils exorcisent par le rire ce qu'ils n'ont pas envie de reconnaître dans leur propre nature.

La dimension mythique du *femminiello* est attestée par l'autre nom qu'on lui donne parfois : *farinello*. De Farinelli, le plus illustre castrat du XVIIIe siècle, gloire de l'école napolitaine de chant. Les castrats jouaient, pour le public des théâtres baroques, le même rôle dont les *femminielli* se chargent à présent pour les habitants de la ruelle : tout spectateur qui se pâmait à leur voix en profitait pour vivre à fond la moitié féminine de son être. Portés aux nues, adulés, vénérés par les uns, moqués et tournés en dérision par les autres, selon que chacun était prêt ou non à avouer sa propre ambiguïté sexuelle, les castrats n'incarnaient pas des personnages de femmes, mais de héros légendaires pour leur virilité : Hercule, Xerxès, rois, empereurs, capitaines. Le héros n'est jamais d'un seul sexe : à cette grande vérité du mythe grec renvoie l'obscur *femminiello* du XXe siècle, quand il a su résister à la pression de la culture dominante qui lui répète (encouragée, en Italie, par vingt ans d'idéologie fasciste) : si tu n'es pas un homme, c'est que tu es une tante !

A Barcelone le travesti est une figure reconnue et admise : à l'intérieur de la culture espagnole et du code d'honneur viril, il remplit la même fonction libératrice que le *femminiello* napolitain.

Deux épisodes récents (été 1985) serviront à illustrer l'insécurité permanente du Latin au sujet de son identité sexuelle.

Près d'Oristano, en Sardaigne, sur une plage publique mais à l'écart des baigneurs et sans intention de les provoquer, un jeune homme de dix-neuf ans prenait le soleil tout nu. Il fut repéré, entouré, injurié par une bande de jeunes gens qui lui crièrent qu'il les dégoûtait. Le nudiste s'excusa, disant qu'il n'avait voulu offenser personne. A ces mots ses agresseurs devinrent fous furieux et commencèrent à lapider le malheureux et à lui enfoncer dans le corps le pieu de son parasol. Les journaux rapportèrent qu'on devait lui ôter un rein et que le foie avait subi une importante lésion. Peut-être le blessé ne survivrait-il pas. Pourquoi cette sauvagerie soudaine ? Parce qu'il fallait punir celui qui avait transgressé cette règle du code d'honneur selon laquelle aucun homme n'a le droit de se déshabiller complètement en public. Se montrer nu, dans la mentalité latine, c'est offrir sa nudité, c'est faire l'Endymion. L'homme qui ôte ses vêtements s'offre, et l'homme qui s'offre se conduit comme une femme : voilà la faute impardonnable. Les assaillants d'Oristano ont châtié, dans le baigneur dévêtu, son double féminin — leur double féminin, la tentation, permanente au fond d'eux-mêmes, d'abandonner leur hâblerie de bravaches pour une langueur d'odalisques.

Ils n'avaient pas seulement un maillot, ils étaient debout, et l'agressé n'était pas seulement nu, il était couché. A travers cet affrontement on distingue le même cliché qui traverse toute la grande culture plastique de la Renaissance. Les artistes ont représenté des hommes nus : tous les David, par exemple, de Michel-Ange, de Donatello, de Verrocchio. Mais ces hommes nus sont toujours debout, dans une attitude supposée virile. La position couchée, quand on a ôté ses vêtements, n'est permise qu'à la femme : Vénus ou Danaé, de Titien, de Giorgione, de Véronèse. Coucher un homme nu, ce serait réveiller chez le spectateur le souvenir de ce dont il ne veut à aucun prix raviver la mémoire. Le baigneur d'Oristano, surpris dans un moment féminin d'abandon, avait commis le crime capital.

La grande peur déclenchée en Italie par le sida est un autre symptôme d'ambiguïté sexuelle. A Naples — ce qui prouve la juxtaposition dans cette ville d'un fond de latinité authentique[1] et d'une couche de morale bourgeoise importée — on a organisé des expéditions punitives contre les travestis et les homosexuels : agressions en pleine rue, volées de coups, pour leur apprendre à ne plus propager l'épidémie. Avec, bien sûr, le même discours sous-entendu : « Vous voulez vous comporter en femmes. Nous vous avons tolérés jusque-là. Mais maintenant la mesure est comble. Si non seulement vous êtes coupables mais encore nocifs et dangereux, le moment est venu de payer la faute ! » La faute n'étant pas d'être soupçonnés de porter le sida réputé contagieux, mais d'avoir renoncé au masque de la virilité.

Dans toute l'Italie la chasse aux sorcières a été ouverte contre les homosexuels, avec une virulence qui a rappelé à certains observateurs les circonstances de la fameuse peste de Milan au XVIIe siècle. Pour expliquer la diffusion rapide de cette peste, on accusa des *untori* (de *ungere*, oindre) d'aller répandre nuitamment des mixtures empoisonnées dont ils barbouillaient les portes des maisons. Plusieurs furent pris, arrêtés et exécutés. Par impuissance à trouver un remède scientifique au sida et par besoin de désigner des coupables moraux, l'opinion du XXe siècle a réagi (au début) à ce nouveau fléau comme les Milanais du XVIIe siècle réagissaient à la peste. Avec cette différence que le sida est une peste du dedans, qui révèle au pays à quel point est fragile la frontière entre l'homme et la femme, et précaire la distribution des rôles qui avait l'air si bien établie. Tout mâle porte en lui la figure, délectable et honnie, du *femminiello*.

Opéra

Comédie, représentation, castrats, tout nous renvoie à l'autre scène de la vie italienne où se concentre, comme sur la place publique, le spectacle des mœurs : la salle d'opéra.

On pourrait d'abord faire la liste des plus belles, qui manquent dans les guides et les récits de voyage, diserts sur la moindre église, mais silencieux sur ces édifices si représentatifs du génie des architectes et des décorateurs, et bien plus spécifiquement italiens. A commencer par l'extraordinaire théâtre Farnese en bois, construit à Parme au début du XVIIe siècle par Giovanni Battista Aleotti. A Florence, on trouverait le

1. Dans l'Antiquité, rappelons-le, la société romaine reconnaissait aux adultes mâles le droit d'avoir des relations sexuelles avec les deux sexes. Non seulement tolérance, mais indifférence vis-à-vis de l'homosexualité. Cf. John Boswell, *Christianisme, tolérance sociale et homosexualité*, chap. 3, Gallimard, 1985.

théâtre de la Pergola, par Ferdinando Tacca ; dans le nord de l'Italie, les chefs-d'œuvre des divers Bibiena : le Filarmonico de Vérone, par Francesco ; le Comunale de Bologne, le Scientifico de Mantoue, I Rinnovati de Sienne, par Antonio. A côté des trois salles les plus spacieuses et les plus célèbres, la Scala de Milan, la Fenice de Venise et le San Carlo de Naples, il faudrait, comme preuve que le goût de construire des théâtres n'a pas été limité à l'ère baroque, mentionner toutes les créations du XIXe siècle, en insistant sur leur dispersion géographique, indice qu'un tel goût ne se cantonnait pas dans les zones de la bourgeoisie « cultivée » : du Regio de Parme au Petruzzelli (aujourd'hui brûlé, voir article *Désastres*) de Bari, dans les Pouilles ; du Nuovo de Spolète au Verdi de Salerne, en Campanie ; du Grande de Trieste au Massimo de Palerme.

La petite ville de Busseto en Emilie construisit en 1856 un ravissant petit théâtre pour son citoyen d'honneur Giuseppe Verdi, lequel n'y mit jamais le pied, pour se venger de l'affront subi un jour où, ayant assisté à la messe en compagnie de la chanteuse Giuseppina Strepponi, simple concubine à qui ne l'unissait pas le lien sacré du mariage, il s'était fait insulter au sortir de l'église.

Plus significatifs encore les exemples de salles édifiées dans de minuscules bourgades rurales, comme à Vetriano, en Toscane, dont les habitants se cotisèrent et fondèrent un consortium pour s'offrir un théâtre, au début du XXe siècle, ou à Racalmuto, village perché dans l'arrière-pays d'Agrigente, où, dans une ruelle que parcouraient encore il n'y a pas si longtemps les siciliennes mules chargées d'olives, de tomates, de raisin, s'ouvre pour une poignée de spectateurs un bijou de théâtre à deux rangs de loges. L'arène antique de Vérone a été aménagée pour l'opéra, ainsi que le Sferisterio de Macerata, dans les Marches, étonnante construction à ciel ouvert faite d'un vaste demi-cercle de gradins et de colonnades et destinée originellement à un jeu de paume privé.

A Naples, il m'est arrivé d'assister à une représentation de routine de *la Bohème*, donnée à six heures de l'après-midi, assis derrière une rangée de matrones qui fredonnaient, quelques secondes avant les chanteurs, tous les airs qu'elles connaissaient par cœur. L'objection que l'opéra en Italie serait le hochet d'une élite ne peut venir qu'à l'esprit des citoyens de pays étrangers où la culture lyrique reste en effet marginale et une soirée avec Verdi rien d'autre qu'un divertissement snob et coûteux. Max Ernst a raconté comment, hôte d'une amie dans un château près de Parme, il travaillait à un tableau qui figurait une forêt touffue et luxuriante, lorsque les domestiques du château se rendirent en ville à une représentation d'*Aïda*. « Mais c'est la forêt embaumée ! » s'exclamèrent-ils le lendemain devant le tableau, en se rappelant le grand air que chante l'esclave éthiopienne au souvenir des forêts de sa patrie, tandis que l'orchestre évoque l'évanescente magie d'une chaude nuit de lune miroitant sur le Nil. *La foresta imbalsamata* : Max Ernst, en gardant ce nom pour son tableau, rendit au sentiment populaire l'hommage de la haute culture. Lors des grandes soirées d'opéra, il faut entendre avec quelle fureur se déchaîne l'enthousiasme. Sans remonter à l'époque où le préfet de Milan devait limiter par décret la durée des applaudissements à la Scala de peur que le théâtre ne s'écroule sous les ovations qui accueillaient chaque apparition de la Malibran, il n'y a aujourd'hui aucun chanteur, aucune chanteuse de renom qui ne soient salués, à la fin de leur air, d'un *« Sei grande ! »* (« Tu es grand(e) ! ») ou *« Sei un angelo ! »* (« Tu es un ange ! ») jeté du haut d'une loge par un spectateur en délire.

Le plaisir que cause la lecture de romans en France pourrait être comparé au plaisir que cause l'opéra en Italie, à ceci près que la lecture est une occupation solitaire, qui requiert l'usage de la raison et demande un effort, alors qu'on ne jouit de l'opéra que dans la chaleur d'une salle pleine et que cette jouissance est exclusivement émotive.

Opéra en Italie et corrida en Espagne : le parallèle serait plus approprié. L'arène espagnole est également un lieu clos, arrondi, quelquefois d'une architecture superbe, comme à Ronda, en Andalousie, resserré sur une cérémonie collective qui sert à purger la communauté du bouillonnement de ses passions. Comme à l'opéra, il y a les comparses — serviteurs, picadors, banderilleros — et les premiers rôles, jusqu'aux divas follement acclamées, qui sont des hommes en Espagne — le torero, qu'en appelant « toréador » la plupart des Français confondent avec le fanfaron de Bizet, sans soupçonner à quel rituel précis, aussi difficile à exécuter qu'une partition de musique, obéit chacun de ses gestes. La mise à mort de l'animal se fait selon un code rigoureux, de même que dans le *bel canto* romantique la cabalette suit obligatoirement la cavatine — ce qui n'exclut pas, dans les deux cas, la variation libre, mouvements du corps pour le matador, fioritures pour la chanteuse. Toute faute est sanctionnée par les huées du public, mais si l'artiste se surpasse dans son numéro, la température monte de plusieurs degrés dans l'assistance, et les traits virtuoses déclenchent une véritable hystérie. L'épée enfoncée d'un seul coup est l'équivalent assez exact du contre-ut victorieusement décoché. Dans les deux cas il s'agit de l'exploit attendu mais dont la difficulté technique tient jusqu'au dernier moment le public dans une anxiété délicieuse que transforme en orgasme voluptueux le soulagement de la tension.

Si les analogies sont évidentes — recherche d'une jouissance érotique déguisée sous l'apparat d'une cérémonie minutieusement codifiée —, non moins manifestes apparaissent les différences. En Espagne on demande au geste (la musique n'étant qu'accessoire) la libération de la libido refoulée, en Italie on la demande (la gestuelle des acteurs comptant peu) à la voix. Une autre divergence essentielle concerne le sexe de l'idole : mâle en Espagne, féminine en Italie. Très peu de chanteurs réussissent à concentrer sur leur personne ces ondes de désir fluctuant qui provoquent le délire des foules. Quand un ténor se fait acclamer, c'est en toute objectivité, pour la qualité de sa voix. La diva féminine au contraire, si beau que soit son chant, déclenche des réactions qui n'ont rien à voir avec la perfection de son art. Les compositeurs italiens d'opéras le savent bien, qui confient toujours le premier rôle à une femme. Les compositeurs russes, en revanche, privilégient les basses, parce que l'opéra russe fonctionne sur une tout autre économie de l'inconscient qu'en pays latin.

Dans la grande variété des livrets italiens, on distingue une situation type : la femme malheureuse, dolente, occupée à se plaindre, parce qu'elle est trahie ou incomprise ou persécutée. De Norma à Lucia, de Desdémone à Tosca, de Violetta à Mimi, les héroïnes de l'opéra italien offrent une longue galerie de victimes offertes à la compassion du spectateur.

L'homme qui tue en Espagne, la femme qui gémit en Italie : chaque peuple se révèle par le divertissement qu'il préfère. Bien qu'il faille être prudent en s'avançant dans ce domaine, on pourra dire que l'histoire nationale respective de ces deux pays se reflète dans leurs spectacles. Le matador perpétue le comportement belliqueux, l'humeur indomptable des insurgés de 1808, des héros de la guerre civile de 1936. L'Italien, qui a derrière lui une longue histoire de conquêtes et de spoliations par des armées étrangères, peu de souvenirs d'insurrection et aucun de révolution, s'identifie plus volontiers dans le personnage élégiaque d'une infortunée malmenée par le destin.

Plus difficile semble à comprendre le symbolisme sexuel de l'opéra. Si le geste du torero plantant son épée dans le garrot de la bête est la mimique à peine stylisée de l'acte sexuel auquel participe par ses cris, par son excitation l'arène tout entière, après quels détours plus complexes la voix de la diva parvient-elle à libérer le spectateur de son énergie érotique ?

Derrière l'affligée qui clame son malheur sur la scène, il perçoit trois figures de femmes différentes.

1. La mère, la mère dolente et gémissante. Tout ce pathos des héroïnes qui se lamentent sur leur sort lui rappelle le spectacle quotidien de sa mère sacrifiée sur l'autel des vertus domestiques. Une mort dramatique, conclusion obligatoire des opéras, entoure la *prima donna* d'une auréole grandiose qui la sauve in extremis des humiliations subies de son vivant. Parmi ces femmes plaintives, il y en a quelques-unes qui osent se révolter et se poser en vengeresses de leur sexe et de leur condition (telles Médée, Tosca ou Turandot), mais pour devenir vraiment populaires, il faut qu'elles succombent à leur tour. Médée, on la regarde de loin, avec curiosité et effroi, tandis que le suicide de Tosca ou la reddition de Turandot les font rentrer dans le schéma de la déploration élégiaque.

2. La Madone, la Mater dolorosa. La coupure entre la scène et le théâtre, l'isolement du plateau sous le flot des projecteurs accentuent le caractère sacré du drame. Les gestes stylisés des acteurs, le ralentissement de l'action dû aux contraintes du discours musical contribuent aussi à la solennité hiératique du spectacle. Dans les opéras romantiques, qui sont toujours les préférés du public, il est courant qu'un détail de costume, de mise en scène ou d'éclairage souligne la sainteté de l'héroïne. Ainsi Norma apparaît-elle vêtue d'une robe blanche dans laquelle elle descend quelques marches avant d'entonner *Casta diva* (c'est d'ailleurs, comme la Vestale de Spontini, une prêtresse), ainsi la Somnambule ou Lucia chantent-elles le grand air de l'égarement isolées au milieu du plateau dans un halo de lumière blanche qui laisse le reste de la scène dans l'ombre. La mort de la Traviata ou de Mimi, couchées sur leur petit lit, évoque la fin édifiante des martyres. Beaucoup de grandes scènes d'opéra montrent l'héroïne en prière, telle Leonora de *la Force du destin* ou Desdémone chantant l'air du saule.

3. Nimbée de cette double aura maternelle et religieuse, la diva est par excellence la femme inaccessible : la perfection de l'idéal féminin, mais à jamais hors de portée. La beauté même de son chant l'éloigne dans une

sphère où il est impossible à celui qui l'écoute d'espérer la rejoindre. Elle plane, emportée vers le ciel des anges sur les ailes de la mélodie. Métamorphosée elle-même en *angelo*, comme l'un ou l'autre des spectateurs ne manque pas de le lui crier. Si l'obsession brutale du sexe qu'on prête au mâle d'après son comportement dans la rue était vraiment sa préoccupation dominante, on ne comprendrait pas que la vision de femmes éthérées et irrémédiablement hors d'atteinte le plonge dans une aussi profonde extase.

Quel est donc le plaisir qu'il trouve à l'opéra ? La confirmation que la femme est un pur objet de rêve, un fantasme splendide qui ne correspond à rien dans la réalité. Il ressort du théâtre avec l'intime persuasion que le monde des hommes et le monde des femmes sont deux univers complètement séparés et sans aucune possibilité de communication. Les frustrations permanentes de sa vie quotidienne entre des femmes avec qui il ne peut pas avoir de véritable échange se trouvent ainsi justifiées et comme rachetées par la conviction que la femme, toute femme appartient à une planète inabordable.

Seule sa voix, la partie la plus immatérielle de son être, est mise à la portée de celui qui peut alors en jouir à fond, les yeux fermés et le corps abandonné dans son fauteuil, selon le rituel d'un acte d'amour enfin vécu dans sa plénitude, puisque tout ce qui est sexe, réalisation matérielle de l'amour, se voit dévalorisé, discrédité, rabaissé à des gestes misérables que ne pareront jamais ni les faisceaux colorés des projecteurs ni l'envolée harmonieuse de la mélodie ni aucun de ces sublimes artifices d'où l'opéra tire son prestige.

Cinéma

Le cinéma néoréaliste n'a jamais connu que des succès mitigés en Italie. On s'est souvent étonné que de grands créateurs comme Vittorio De Sica, Roberto Rossellini ou le premier Fellini aient été reconnus d'abord à l'étranger. Seuls les films américains de stars plaisent vraiment aux Latins. Parce qu'ils leur proposent des figures de femmes aussi lointaines et inaccessibles que des héroïnes d'opéra. Ava Gardner ou Marilyn Monroe rejoignent Renata Tebaldi et Maria Callas dans l'empyrée des déesses qu'on adore à distance. La vendeuse de poissons ou l'employée des postes sont beaucoup trop réelles, beaucoup trop proches, beaucoup trop conformes aux modèles observés dans la vie quotidienne, pour intéresser, émouvoir ou subjuguer ceux qui ont franchi le seuil de la salle obscure avec l'intention de fantasmer librement sur des sylphides idéales. Ils se sentent floués et frustrés par une œuvre d'art qui renonce aux sortilèges de l'art. Ce genre de films leur semble une tricherie. Ou alors — ce qu'on peut constater d'après les lazzi obscènes et l'agitation qui secoue le public d'une salle populaire — ils ne voient plus, dans cette petite marchande de fruits pauvrement fagotée, qu'un trophée de chair, un corps à saisir. Ce n'est plus une héroïne, ce n'est qu'une partenaire sexuelle presque aussi appétissante que s'il n'y avait pas d'écran (certains ne se privent pas de gestes éloquents comme s'ils espéraient la toucher). Du ciel des mères et des saintes elle est descendue sur la terre des putains.

Une telle contradiction ne doit pas surprendre. Pour le Latin il est très difficile qu'une femme ne soit pas une mère-Madone ou une putain, le passage d'une catégorie à l'autre pouvant avoir lieu sur-le-champ. De Violetta la courtisane et de Mimi la grisette il garde pour finir l'image d'une sainte, mais ces métamorphoses subites ne sont pas le privilège de l'opéra. Dans la vie courante c'est le contraire qui se produit. Mère-Madone tant qu'elle lui reste soumise, l'épouse en cas d'infidélité choit au rang de putain. La fiancée qui accepte de coucher avec son amoureux avant le mariage risque de se voir reprocher cette faveur, par celui-là même qui en a profité, comme un signe de dépravation. Lire, pour une jeune fille comme pour une femme mariée, s'absorber dans le plus honnête des romans, peut suffire à se faire traiter de dévergondée par le mâle jaloux de ses prérogatives (dont, en ce cas précis, il use d'ailleurs fort peu). Sotte, il la méprise. Cultivée, il en a peur. Il ne sait pas lui-même comment il la préfère. Au moins, dans les films américains, n'étant plus qu'un point lumineux dans le firmament insondable, la star se présente à lui dans la quintessence de sa féminité, sans l'obliger à réagir en homme. Solution inespérée pour celui que rien n'effraye autant que de devoir affronter la vie de couple, l'impossible échange entre égaux.

De la gesticulation quotidienne à la dramatisation baroque

Exprimer très fort et tout de suite ce qu'on ressent, manifester son émotion par les moyens les plus spectaculaires, est une obligation pour le Latin à qui toute réserve, toute médiation réfléchie apparaît signe d'insensibilité, de frigidité psychique. Gesticuler, crier, pleurer, s'évanouir à l'annonce de tout événement un peu fort, qu'il y ait lieu de s'en affliger ou de s'en réjouir, voilà ce qui désigne à ses proches l'homme ou la femme pourvus d'un tempérament généreux. Il faut vivre comme si l'on était sur un plateau de théâtre : on en revient toujours à cette emphase de la voix et du geste qui fait de la rue et de la place publique le meilleur champ d'étude pour l'observateur des mœurs italiennes. Inutile de soulever, comme Asmodée, le toit des maisons pour regarder ce qui se passe à l'intérieur : de même qu'il vit au-dehors et ne rentre chez lui que pour dormir, le Latin n'a pas d'espace intérieur protégé, aucune zone réservée, aucun lieu de retraite où il aime rester seul avec lui-même. Tout ce qu'il éprouve peut et doit être vu et entendu de tous, et celui qui ne montre rien ne ressent rien.

L'art baroque, né à Rome, traduit fidèlement cette conception de l'existence. Tous les critères que de savants historiens ont assignés au baroque : agitation, métamorphoses, goût de l'éphémère et du fugace, déséquilibre, instabilité, ne sont que des façons d'être quotidiennes mises en forme pour les besoins de l'art. On ne connaît un homme que lorsqu'il est en mouvement, disait Bernin en recommandant à Louis XIV, dont il faisait le portrait, de marcher de long en large devant lui : manière de proclamer qu'il n'y a pas de « nature » humaine, encore moins de « secret » caché derrière le visage, mais seulement des instants psychologiques liés à la position du corps. Les Latins ne croient pas à l'« éternité », malgré la double leçon de la Rome antique et de l'Eglise catholique, ou peut-être à cause de cette double leçon, dont ils mesurent la vanité. Seule compte l'intensité physique de ce qui les bouleverse dans la minute présente. Leurs amis étrangers croient souvent qu'ils sont légers et infidèles parce que, après les grandes protestations de tendresse faites au moment du départ, aucune lettre n'arrive jamais d'Italie. Cela signifie simplement qu'ils mettent en hibernation pour vous leurs disponibilités affectives. Celles-ci sont nées d'un contact personnel, elles se réveilleront intactes aux premières retrouvailles, on ne vous oublie pas pendant votre absence, mais on ne peut rien vous donner faute de vous voir ou de vous entendre. Les Italiens, piètres épistoliers, sont intarissables au téléphone. Les habitants d'une même ville s'appellent chaque jour pour maintenir la circulation du sentiment.

Les deux émotions majeures de tout être humain — l'exaltation de l'amour et la peur de la mort — sont aussi les deux sujets préférés des peintres et des sculpteurs baroques. Spectacle de l'angoisse devant la mort : la bienheureuse Ludovica Albertoni, du Bernin, dans l'église de San Francesco a Ripa. Spectacle de la jubilation amoureuse : la sainte Thérèse, du même Bernin, dans l'église, également romaine, de Santa Maria della Vittoria. Craindre et jouir peuvent se combiner dans ce qui est alors l'effusion de saint Sébastien, héros favori des baroques, qui ont transformé le jeune homme rigide et stoïque de la tradition iconologique du Moyen Age et de la Renaissance en Adonis langoureusement pâmé.

Ces choses-là sont connues de tout le monde, et, plutôt que de nous y attarder, promenons-nous un matin dans le marché de Naples ou de Palerme. Première constatation : il n'y a pas de lieu à part pour le marché, pas d'emplacement réservé aux étalages de fruits et de légumes, aux piles de fromages et de charcuteries, aux expositions de viandes et de poissons : c'est la rue elle-même qui devient, pendant quelques heures, éventaire, devanture, marché. Les autos ne peuvent plus circuler, les piétons eux-mêmes ne se frayent qu'à grand-peine un passage entre les amoncellements de victuailles : au mépris de tout ordre rationnel, place à la pure émotion alimentaire ! Laquelle trouve d'ailleurs une magnifique expression esthétique, dans l'arrangement savoureux des étals, dans l'harmonie audacieuse des couleurs, le violet de l'aubergine voisinant avec le jaune des citrons, le noir des olives avec le rouge des piments. Lieu de plaisir, lieu de débauche sensorielle, le marché traduit à l'état brut la sensibilité populaire : sorte d'opéra quotidien (auquel ne manquent ni la forte musique des cris modulés avec art ni la fièvre entêtante des odeurs), il possède, sur l'opéra en salle, l'immense avantage de se jouer en plein air, dans une mobilité et une promiscuité délicieuses des corps. Au lieu de rester assis dans un fauteuil, condamnés à une solitude mal supportée, hommes et femmes se côtoient, se frôlent, se poussent, se mélangent dans une chaude, vociférante et sensuelle intimité. Petites rues obscures, alcôves ensoleillées, où se fait une grande débauche d'énergie érotique, selon le mode préféré des Latins, dans l'anonymat de la foule, la confusion des sexes, la passivité des heurts, l'absence d'effort, et sans qu'aucune responsabilité vienne alourdir de son poids d'obligations ennuyeuses le pur et paresseux plaisir du contact rapide, fugitif, sans conséquence.

Art de rire, art de vivre

Tous ces caractères des mœurs latines — étalage bruyant des émotions, rhétorique théâtrale, exhibitionnisme, inégalité des sexes, domination des mères — ne semblent pas disposer à un art de vivre bien enviable. Et pourtant, nulle part on ne sait mieux s'arranger avec l'existence qu'au sud d'une certaine ligne au-delà de laquelle on laisse derrière soi les principales acquisitions de la civilisation bourgeoise. Certes, il faut payer d'un prix élevé — maisons inconfortables, chauffage insuffisant, carence des transports en commun, incurie des administrations, engorgement des bureaux de poste, etc. — l'agrément offert par un pays où rien ne fonctionne par la seule force de l'institution et où sans relations personnelles on n'arrive à rien. Mais en échange de quelques incommodités patentes on a le bonheur à portée de la main. Il est difficile d'expliquer en quoi consiste ce bonheur à quelqu'un qui ne l'a pas éprouvé par lui-même, un soir embaumé de corso, sous les chênes verts de la place.

Le climat, la douceur de l'air y contribuent bien sûr. Et aussi : la beauté de la jeunesse, le feu des regards. Mais c'est encore ne rien dire, que de répéter ces clichés. L'ironie : voilà une composante essentielle du savoir-vivre latin. Y a-t-il quelque chose sur la terre ou au ciel qui mérite d'être pris au sérieux ? Cette interrogation se lit au fond de toutes les prunelles. Les Italiens ne croient à rien, se moquent de tout, et, quoi qu'il puisse leur arriver de désagréable ou de pénible, ils en triomphent par le rire — quitte à souffrir de leur manque d'illusions et à se bercer dans l'amertume d'un éternel désenchantement.

Leopardi note, comme un des traits forts de leur caractère, ce penchant à la raillerie et à l'autodérision. Lorsqu'on a percé à fond la vanité et la misère de la vie, écrit-il, « le plus sage parti est de rire indistinctement et habituellement de toute chose et de tout le monde, en commençant par soi-même ». Là où l'on pourra les taxer de lâcheté, il félicite ses compatriotes d'être les premiers en cynisme. « Les Italiens rient de la vie : ils en rient plus, avec plus de vérité et de persuasion intime de mépris et de froideur, que toute autre nation. » Tel est le constat qu'il établit dans son *Discours sur l'état présent des mœurs des Italiens*, étonnant texte écrit en 1824 par un jeune homme désabusé de vingt-six ans, qui ne se sentait pas d'accord avec l'idéalisation romantique des habitants de la péninsule faite par Mme de Staël dans *Corinne*. « Qu'on ne m'oppose pas, continue-t-il, les pratiques religieuses... des Italiens, parce que celles-ci en Italie, comme je l'ai dit, sont des usages et des habitudes, non des mœurs, et tout le monde en rit, et il ne se trouve plus en Italie de fanatiques d'aucune sorte, sinon parmi ceux qui par métier ont intérêt à la conservation d'une espèce ou l'autre de fanatisme et d'illusions. »

La politique les inspirerait-elle plus que la religion ? S'y jettent-ils avec une ferveur plus sincère ? Ces discussions enflammées sur le seuil des cafés, correspondent-elles à des convictions ? Un autre observateur aigu de leurs coutumes, Pavese, commente ainsi (dans son roman *la Maison sur les collines*, 1948) le succès du fascisme. « Nous autres Italiens obéissons seulement à la force. Puis, avec l'excuse que c'était la force, nous en rions. » Force de la dictature en régime despotique, ou force des élections en régime démocratique, le comportement est le même. Attitude estimée au plus haut point immorale par les peuples imbus de leur « mission ». On songe au jugement de Wagner sur Rossini : le compositeur le plus doué que je connaisse, mais qui a manqué de « foi » dans son art pour devenir tout à fait « grand ».

De ce point de vue, il faudrait séparer du tronc romain la branche espagnole. Alors qu'en Italie la crainte d'être dupe retient de tout engagement sérieux, en Espagne on prie, on se bat, on s'entre-égorge, on se donne à des causes pour de bon. Si nous comparons deux de leurs héros nationaux en chasse sur le même terrain, éclatante apparaît l'opposition. Don Juan prend terriblement à cœur sa tâche de transgresseur et de blasphémateur. Il est persuadé qu'il viole l'ordre du monde. Le plus clair de sa jouissance, nul doute qu'il ne la tire de la conscience des forfaits qu'il perpètre. Sa quête fiévreuse du crime trahit le sombre entêtement d'un fanatisme à rebours. Rien de tel chez Casanova, le symétrique italien de don Juan. Indifférent à la loi, imperméable au remords, étranger au ciel, le chevalier de Seingalt ne séduit pas les femmes pour braver la puissance divine, mais parce qu'elles lui plaisent. Là où don Juan s'emporte et jette des défis, Casanova s'amuse. Comme le personnage de Brancati, il renoncerait à une conquête si elle devait déranger ses aises. L'un vit dans les transes de la tragédie, l'autre dans les malices de la comédie. De ces deux paladins de l'éros méridional, je crois que le second est le plus latin, si par latinité il faut entendre cette disposition au bonheur propre à ceux qui sont restés païens, réfractaires à toute transcendance, dépourvus d'ambition comme d'orgueil, et prompts à saisir de la vie ce qu'elle peut donner dans l'instant.

Monreale

Etant retourné à Monreale pour recevoir le diplôme d'*Accademico honoris causa* de l'Accademia siculo-normanna, je ne pensais pas trouver, dans cette petite ville accrochée au flanc du mont Caputo, un spécimen aussi touchant, aussi délicieux, aussi savoureusement obsolète de microsociété littéraire.

On m'a reçu dans l'*aula magna* du palais municipal, qui fait l'angle avec la célèbre cathédrale. Sans doute le voisinage de l'auguste monument, qui fond dans une harmonie incomparable les différents styles épanouis en Sicile, et présente un amalgame unique de robustesse normande, de subtilité arabe et de majesté byzantine, explique-t-il cette passion pour les lettres et les arts, dans une bourgade rurale de vingt-cinq mille habitants. L'académie a été fondée en 1974 ; elle est dirigée par un comité de sept membres, le professeur Pino Giacopelli ayant le titre de recteur. Les académiciens, choisis en Sicile, en Italie ou à l'étranger, le sont tous *honoris causa*. Leur seule obligation est de venir, le jour de leur investiture, retirer leur diplôme. Il y en a à peu près quatre-vingts, classés en « écrivains » (dont Vincenzo Consolo, le meilleur romancier sicilien vivant, et André Chouraqui), « poètes » (Ignazio Buttitta, génial barde de l'épopée populaire dialectale, presque centenaire à présent, Raphael Alberti, Evgueni Evtouchenko, Georges-Emmanuel Clancier), « savants », « médecins », « artistes » (Renato Guttuso en était). Je vois même, en bas de la liste, un « athlète » : Toto Antibo.

La plus prestigieuse de ces « artistes », aujourd'hui, semble être la signora Francesca di Carpinello. Arrivée une des premières dans l'*aula magna*, elle m'offre immédiatement d'emporter en hommage une de ses œuvres, peintes à la détrempe. J'ai le choix entre quatre énormes productions végétales, hypertrophies de fleurs, sur fond noir. Elle me glisse sous le plastique protecteur un récapitulatif de ses titres et de ses mérites, qui lui valent d'être reconnue, affirme le prospectus, parmi les grands noms de l'art international. Après m'avoir remis mon cadeau, sûre désormais de m'avoir tiré d'une inqualifiable ignorance, elle va s'asseoir derrière l'estrade, sous une affiche qui proclame sa gloire ; et là, pendant toute la cérémonie, elle va trôner, dans son manteau de fourrure, immobile, souriante, le visage emplâtré de plusieurs couches de fard, majestueuse, bienveillante, idole versant sur l'assemblée de ses fidèles la bénigne onction de son talent.

La salle s'est peu à peu remplie : dames en fourrure, malgré la tiédeur de ce printemps précoce, messieurs en complet-veston et cravate. Le maire, jeune, dynamique, poupin, trouve le moyen, en dix minutes de harangue, de citer douze fois Monreale, le plus connu, selon lui, de tous les centres touristiques du monde, le plus visité. Suivent quelques allocutions d'usage, après quoi le professeur Pino Giacopelli, un petit homme vif et malicieux, m'adoube académicien. Le tout n'a pas duré trop longtemps, dans une atmosphère de bonhomie cordiale, sans solennité ni pédanterie. Mais c'est ensuite, lors du rafraîchissement offert par le maire, que m'a été révélé le véritable but de cette sympathique réunion.

Je suis tout à coup entouré d'une dizaine d'hommes et de femmes (académiciens ? simples mortels ?), qui me tendent chacun un opuscule, de format et de couleur divers, mais invariablement fort plat. Le nombre des poètes à Monreale est inimaginable ; ils le reconnaissent eux-mêmes en riant. Tout ce qui fréquente l'académie écrit des vers ou peint. On ne peut vivre, décidément, à l'ombre du Duomo de Guillaume II sans en recevoir un stimulant extraordinaire pour les productions de l'esprit.

Selon la légende, ce roi normand chassait sur les pentes du mont Caputo lorsque, fatigué, il s'étendit sous un caroubier et s'endormit. Pendant qu'il dormait, lui apparut la Madone. Il creusa la terre sous le caroubier et trouva un monceau de pièces d'or. Avec ce pactole, il construisit la cathédrale, qui reflète, par la masse trapue de son architecture, le réalisme normand du monarque, et, par le luxe oriental de sa décoration, le songe fantastique d'où elle est née.

Le sommeil en Sicile, comme on le voit par cet exemple, n'est pas une activité inféconde. C'est pourquoi, sans doute, on a ici le culte de la sieste ; pas de moment plus sacré. Je suppose que nombre de ces bourgeonnements poétiques dont l'anxieuse courtoisie de mes confrères tient à m'honorer se sont échappés par la porte d'ivoire de leurs rêves.

Incroyable aussi la multiplication des minimaisons d'édition de poètes, à Palerme et dans les environs. Il signor Tommaso Romano a fondé sa propre maison, Thule. Il m'offre son neuvième recueil, *l'Anacoreta occulto*, orné de papyrus sur la vignette. Pas de ponctuation, trait commun à tous ces poupons des Muses : que diable, on est moderne !

Et si la fatigue pèse
jusque sur les écueils lointains
ou les cimes inviolées
et bourdonne sans pareille
l'aphasique voracité

Avec parfois un ton plus épique, comme ces vers en l'honneur de Giovanni Falcone, le juge de l'antimafia assassiné :

Les montagnes qui dégouttent de sang
pollution jusqu'aux racines

La signora Anna Maida Adragna m'offre deux échantillons de sa lyrique et bilingue ferveur. Le premier, édité par Guido Guidotti, porte le titre *Vis à vis* (en français) et aligne côte à côte les deux versions, française et italienne, de chaque poème, car, nous dit le préfacier, depuis D'Annunzio, personne en Italie n'a ressenti aussi intensément l'étroitesse opprimante d'une seule langue ni le besoin d'une expression double.

A l'improviste
l'été
se meurt
dans mes bras

Les éditions Logos publient un autre recueil bilingue, qu'un second préfacier loue pour son pouvoir « de nous réveiller de notre torpeur spirituelle en montrant les délicates nuances du cœur et de l'esprit féminins ». Par exemple :

Je n'aime que le chant
naïf
de mon stylo

Loin de moi l'idée de sourire de ces gracieux exercices ni des sincères transports qui les inspirent. Ce n'est pas plus mauvais que ce qu'on publie à Paris, prétention en moins.

Au moment où je prends congé du professeur Pino Giacopelli, il m'avoue que lui aussi compose — pas moins d'une dizaine de recueils déjà — et il m'en offre trois, *Flauto di cristallo* (éd. Portofranco), *Opus incertum* (Il Liocorno) et *Maghilda* (Il Vertice).

La fureur l'apaisement
puis la distance. Le plaisir.
Un roseau brisé
que la neige transforme
en flûte de cristal.

« Eh ! eh ! me dit-il, en clignant de l'œil devant mon imposante pile d'offrandes, vous voilà bien chargé ! Vous pourrez toujours les jeter par la fenêtre ! » Mélancolie désabusée, dénigrement, sans illusion ni méchanceté, des académiques passe-temps de leur cercle, sicilianissime autodérision, qu'il souligne en mimant le geste — encore poétique — d'éparpiller au vent les pétales d'une fleur. Opuscule par opuscule, selon lui, je sèmerai mes cadeaux. Le fait que j'ai rédigé ce chapitre presque un an après notre rencontre lui prouvera que j'ai gardé pieusement, comme témoignage de leur gentillesse et de leur aspiration à « changer la vie », ces vers qui en valent beaucoup d'autres.

Soudain, dans le salon bourdonnant de bavardages, retentit l'aigre grelot d'un *telefonino* — la plus récente passion des Italiens. Confusion, émotion générale : qui cherche-t-on à joindre ? Les dames portent leur sac à leur oreille. La sonnerie ne jaillit-elle pas plutôt du monceau de fourrures entassées sur le canapé ? Et chacune de fouiller dans le tas, espérant qu'on les appelle de la maison, que le *figlio* ou la *sorella* ne les a pas oubliées, que le contact va être rétabli avec la *casa* à peine quittée mais déjà, malgré l'enthousiasme pour la littérature, passionnément regrettée. Sur tous les visages, en plus, je lis l'excitation qu'apporte, dans leur club suranné, l'intrusion de la modernité technologique.

(Monreale, séance du 28 février 1997.)

Montale

Bien qu'il soit né à Gênes, au bord de la mer, Eugenio Montale n'a pas été un poète de l'immensité, de l'infini — sauf à découvrir, dans les détails infimes qui seuls retiennent son attention, la dimension cosmique qu'ils recèlent. Un jour, paraît-il, amené par des amis au pied d'un glacier dans les Alpes, il se détourna du spectacle majestueux, disant qu'il y avait là trop de grandeur, et qu'il ne portait intérêt qu'aux petites choses. Goût personnel sans doute, mais aussi polémique implicite contre

D'Annunzio, qui régnait sur la poésie italienne, à coups de cymbales et d'emphase. *Odes navales* ou *Chants de la geste d'outre-mer* s'intitulaient les marines envolées du *vates* officiel. Aussi, lorsqu'il publia, à vingt-neuf ans, en 1925, son premier recueil, Montale se contenta-t-il de l'appeler, sobrement, durement, *Os de seiche.*

Sa vision du monde, sa sensibilité, son esthétique tiennent déjà tout entières dans le titre. *Os de seiche* : il s'agit d'objets, donc d'une poésie impersonnelle, dépouillée de tout le sentimentalisme qui imprègne si profondément la poésie italienne du XIXe siècle ; pure même du lyrisme autobiographique qu'on trouve, à la même époque, chez le jeune Ungaretti. Il s'agit d'objets secs : l'univers est une croûte rocailleuse, aride et stérile, dont l'homme fouille chaque crevasse en quête d'une goutte d'eau. Il s'agit d'objets froids : Dieu est mort. Il s'agit d'objets solaires, miroirs de l'ardeur méridienne : on brûle au sein des glaces. Il s'agit d'objets marins : nous sommes le grand poète de la Méditerranée, nous, et pas l'histrion des Abruzzes. Il s'agit enfin de débris : l'existence est comme un perpétuel naufrage. La mer grignote les terres, le temps mange la vie, les épreuves tuent l'enfance, l'absolu s'effrite en épaves.

Peut-être le poète évoque-t-il, dans ces paysages sans consolation, les lieux de sa propre enfance ligurienne, les Cinq Terres, dont les misérables habitants disputent leurs maigres champs à la fureur dévastatrice des éléments, aux éboulements, à l'érosion ; les Cinq Terres, petit fragment resté sauvage en marge de la Riviera prospère et fleurie. Reste que l'univers de Montale est surtout un univers intérieur. L'image léopardienne du genêt solitaire rendrait assez bien l'amer arôme de ces étendues nues, âpres et crispées.

On a comparé maintes fois *Os de seiche* à *The Waste Land*, et bien que la grandeur apocalyptique d'Eliot fasse défaut à Montale, il est certain que les deux poètes portent témoignage sur la stérilité et le chaos du monde contemporain. Pure coïncidence, d'abord. Puis Montale découvre Eliot, en traduit des fragments et en assimile la technique. Certains procédés qu'on trouve dans *les Occasions* (1939) viennent du poète américain : comme les allusions à des expériences personnelles, les citations en langue étrangère, les notes ajoutées en éclaircissement au texte.

Poésie métaphysique, les vers de Montale frapperont le lecteur français par leur aspect familier. *Les Citronniers* montre bien ce parti pris de simplicité. Le poète s'appuie sur un « tu », la voix se fait murmure, chuchotement. Un peu plus loin, on dirait qu'il n'est pas ce spectateur stoïque d'un univers désolé, comme il voudrait le faire croire, mais tout simplement un intimiste, ébloui par le soleil trop fort.

Montale bouscule ses mots comme des boules de billard (l'image est de Mandiargues, sauf erreur) : le moins possible de termes copulatifs, un rythme heurté et brisé, les articles omis, souvent. On ne pouvait sans doute mieux traduire cet intraduisible carambolage que ne l'a fait Patrice Angelini, auteur, par surcroît, de notes fort ingénieuses. Les observations qui vont suivre ne tendent nullement à diminuer ses mérites, mais à souligner la nature si particulière de l'œuvre en question.

Ouvrez, sans rien savoir du poète, un de ses livres à une page quelconque. Vous aurez souvent l'impression d'avoir affaire à un symboliste attardé. L'emploi réitéré de « azur », par exemple, fait rue de Rome au lieu de faire ciel de Gênes. Et surtout, un tissu conjonctif apparaît çà et là, trop voyant et trop lâche. « Flèches décochant leur lumière » n'est en rien l'équivalent de « *Guglie scoccanti luci* ». Le « leur », ce terrible possessif français (Nantua, son lac, ses quenelles) est en trop, est affreux. Il fallait serrer les écrous. Proscrire absolument les alexandrins. *La Maison des douaniers* (qui figure dans son deuxième recueil, *les Occasions)*, très beau poème du non-retour, du vide, devient en traduction une sorte de recherche du temps perdu, presque un poème de la plénitude. Cela tient à des impondérables, certes ; mais aussi pourquoi rendre le très simple et nu « *Né qui respiri nell'oscurità* » par le redondant « Et ton souffle n'est point ici parmi tant d'ombre » ? Si Montale, dans sa jeunesse, songea à devenir baryton, il a depuis fort proprement tordu le cou au *bel canto*. La densité haletante de ses vers, l'obscurité à laquelle il atteint en sautant les intermédiaires, le français n'a que trop tendance à les diluer dans un discours. Ces os de seiche, un rien les transforme en éponges. Mais, encore une fois, il faut rendre hommage à l'honnêteté scrupuleuse de Patrice Angelini, qui n'a ignoré aucune des difficultés de sa tâche.

J'aurais voulu me sentir épuré, essentiel,
comme les galets que tu roules,
mangés par le sel ;
éclat hors du temps, témoin
d'une volonté froide qui ne passe pas.
Je fus autre : homme attentif qui regarde
en lui-même, en autrui, l'effervescence
de la vie fugace — homme qui tarde
à l'acte, que nul, ensuite, ne détruit.

La mer se brisant sur la rive
qui se dresse soulève un tourbillon d'écume
que l'étendue résorbe. C'est là
que nous jetions un jour sur la côte minérale,
plus haletante que le flot, notre
espérance ! — et le gouffre stérile verdoie
comme aux jours qui nous virent vivants[1].

Le prix Nobel, en 1975, n'a guère contribué, en France, à tirer de l'obscurité ce grand alchimiste des vers, qui par son art austère, hermétique, rocailleux, se situe quelque part entre T.S. Eliot et René Char, sur les pics de la poésie contemporaine. Paradoxalement, le recueil des textes qu'il publiait dans des journaux de Milan et qu'il jugeait sans doute subalternes pourrait aider davantage à sa gloire. *La Maison aux deux palmiers* nous offre, dans l'excellente traduction de Mario Fusco, un premier choix de ces pages qui, conçues d'abord comme de simples articles, se révèlent par la fraîcheur de l'inspiration et la vivacité de l'humour rien de moins que des joyaux d'écriture[2].

---

1. Extraits de *Mediterraneo* et de *I Morti*, *Poèmes choisis*, Poésie/Gallimard.
2. Editions Fata Morgana.

Une première séquence de textes concerne les souvenirs d'enfance du poète. Il évoque cette côte ligure, aux environs de Gênes, où il a grandi dans l'odeur de la mer et le fracas des vagues. Mais au lieu de se contenter d'explorer le passé et de tomber dans le lieu commun de la littérature de réminiscences, Montale superpose au plaisir de se rappeler l'amère conscience de la vieillesse. Il s'imagine, par exemple, attendant à la sortie de l'école la femme de ménage qui était chargée de le reconduire à la maison quand il était gamin. Depuis longtemps elle est morte, il le sait bien, depuis aussi longtemps qu'il n'est plus gamin : ce qui ne l'empêche pas de dialoguer avec elle et de poursuivre avec ce fantôme une poignante recherche du temps perdu.

La plupart de ces souvenirs, cependant, sont d'une franche drôlerie, d'autant plus étonnante qu'on ne l'attendait pas de ce poète si sévère et si abrupt. Revanche de l'italianité ? Depuis la grosse donna Juanita et ses filles, cloîtrées dans une villa au bord de la plage par un Italien revenu d'émigration dont l'unique souci est de se faire construire un tombeau de famille en marbre de Carrare confié à un sculpteur qui le ruine, jusqu'à la voisine qui récupère son linge tombé sur la terrasse du dessous avec une canne à pêche, c'est une suite de portraits hauts en couleur et en saveur, et qu'on aurait tendance à qualifier de folkloriques, s'ils n'étaient revêtus d'une parure verbale toujours raffinée.

La malice et la verve du poète se déchaînent dans les textes sur l'opéra. Tout Italien ressent l'opéra comme sa véritable patrie culturelle, il se trouve en outre que le jeune Montale avait travaillé sa voix pour se lancer dans la carrière de chanteur. De basse, plus précisément. Et déjà il rêvait d'interpréter les rôles d'empereurs, de rois et de grands prêtres, d'arracher du fond de sa gorge les sonorités caverneuses dont Boris, Philippe II ou Sarastro font trembler les théâtres, quand son professeur lui révéla qu'il pourrait tout juste être baryton, et devrait borner ses espoirs à porter le fez orné de plumes de Iago ou le monocle de Scarpia.

Pages irrésistibles, de même que celles où Montale nous initie aux dessous de la claque, ou évoque ce vieux collectionneur de disques, gardien méticuleux des reliques vocales de leur jeunesse, auquel il finit par arracher son secret : passionné de l'art du chant, cet homme avait passé ses meilleures années en cherchant en vain à parvenir à l'exécution parfaite d'un air de Verdi. La voix avait mûri progressivement mais lorsque, au bout de trente ans, il se crut prêt, il s'aperçut que c'était trop tard, qu'elle avait perdu son timbre et sa consistance.

Merveilleuse également de cocasserie la séquence *(la Plume d'autruche)* où le poète avant de s'endormir reçoit la visite de deux illustres chanteurs, dont l'un, basse profonde aux larges épaules, est « le plus sépulcral forgeron de notes situées hors de portée que le théâtre italien ait connu ». Les deux intrus s'assoient sans façon au piano et commencent à déclamer des airs d'opéra, tandis que leur hôte guette terrifié les réactions des locataires que ne manquera pas d'indigner ce tapage en pleine nuit.

Il ne s'est agi que d'un rêve, bien entendu, mais où se mêlent, comme dans la vie diurne, amour de l'art et peur des voisins, puissantes envolées lyriques et menus soucis du quotidien. Peut-être une façon pour l'auteur de se moquer de lui-même et de se faire pardonner, par le plaisir immédiat qu'il procurera à ses lecteurs, l'ascèse et la fatigue auxquelles il les contraint quand il les entraîne sur les cimes de ses méditations poétiques.

Morante

Après quelques nouvelles insignifiantes, Elsa Morante débuta en 1948 par un chef-d'œuvre, *Mensonge et sortilège*, livre prodigieux mais si déconcertant que la critique italienne n'a jamais su le traiter qu'avec le dédain mêlé obligatoirement à l'éloge d'un roman « féminin ». 1948 : il faut dire que l'après-guerre italien, voué, comme en France, aux polémiques sur l'engagement et sur le réalisme, était aussi peu fait que possible pour accueillir un ouvrage aussi insolemment désengagé et aussi passionnément poétique que *Mensonge et sortilège*, épopée plutôt que roman, ou mieux encore construction fabuleuse et *cavalleresca*, dont le modèle, s'il faut en chercher un à tout prix, ne peut être trouvé que dans l'Arioste et dans la tradition épique des paladins, vivace jusqu'à nos jours dans le théâtre des marionnettes siciliennes.

Un roman d'amour, un des plus beaux romans d'amour de la littérature contemporaine : voilà la première formule qui s'impose, si on essaye de définir cette masse énorme d'épisodes en apparence disparates, mais dont on finit par s'apercevoir qu'ils sont construits avec la rigueur d'une architecture symphonique. Rosaria, jeune personne de mœurs légères, aime Francesco, bâtard de campagne, lequel aime Anna, fille pauvre de la ville, laquelle aime Edoardo, riche héritier, lequel n'aime que lui-même. Chacun de ces amours obéit à des lois identiques : d'abord il isole celui qui en est le héros et le martyr dans le cercle d'un monde entièrement subjectif, clos et insulaire. Ensuite il règne en souverain absolu sur le cœur qui l'héberge. Enfin, conséquence inéluctable des deux premières lois, il tourne à la monomanie et condamne ses victimes aux lugubres ressassements de la folie. Etant à la fois *sortilège*, qui transporte ses élus dans le septième ciel, et *mensonge*, tant les félicités qu'il procure s'acquièrent au mépris de toute vérité, il conduit ceux qu'il subjugue dans les « vapeurs lunaires et vagabondes » du dérangement mental. Si Rosaria, qui se trouve en bas de la chaîne d'amour, s'en tire encore grâce à la générosité bon enfant de son cœur plébéien, à mesure qu'on remonte vers le foyer d'incandescence, le vaniteux Edoardo serti dans les nobles murs de son palais, la passion se fait plus trépidante et plus exclusive, au point de renoncer à un objet extérieur à elle-même et de se concentrer, comme dans le cas du jeune hobereau, sur son propre diamant narcissique.

Comme tous les grands romans, celui-ci crée sa propre langue. Il faudrait relever toutes les fois que reviennent les adjectifs hyperboliques comme « splendide », « magnifique », « héroïque » ; toutes les fois que, pour désigner l'homme aimé, sa dévote l'appelle « roi » et « empereur », se considérant elle-même comme une « esclave », tandis que l'amoureux pare sa belle des qualificatifs de « princesse » ou « magicienne ». Voici quelques exemples qui feront mieux comprendre ce que les personnages de *Mensonge et sortilège* entendent par amour. « Oh, s'écrie l'un d'eux, plaisir de livrer ses trésors à la personne qui les exalte ! » Un autre voudrait réduire son épouse imaginaire à « une sorte de prêtresse dont le seul devoir serait d'adorer ses beautés à lui, l'époux ». L'amour physique, rare dans ce roman, étant donné la disproportion entre la tête et le corps, est assimilé à un envol vers l'Empyrée, dont on se réveille « morts et déjà glorieux au Ciel ». Il faudrait aussi relever toutes les fois que reviennent les thèmes de la fête, ou des prodiges, ou des bijoux, ou du chanteur d'opéra, ainsi que tous les autres symboles qui font d'une vie dédiée à l'amour une fantasmagorie enchantée.

Une fantasmagorie, mais non moins un rite. Roman d'amour, *Mensonge et sortilège* est aussi un roman religieux. Le plus bel épisode me semble celui qui, sous le titre *le Cousinage*, raconte les amours, incandescentes, blanches et cruelles, d'Anna et de son cousin Edoardo. Anna éprouve pour le beau jeune homme les transports d'une cuisinière pour son prince ; et lui, tout en commençant par glorifier sa cousine et la couvrir de pierreries comme une Madone byzantine, ne fait qu'assouvir un caprice de son égoïsme enfantin. Comme une de ces idoles barbares qui imposaient des sacrifices humains à leurs fidèles, il persécute la jeune fille au point de l'enchaîner davantage par la profondeur même de son humiliation. L'amour n'est jamais chez Elsa Morante un rapport de réciprocité, mais la protestation éperdue d'esclaves aux pieds de maîtres et de dieux dont la générosité se mesure à la férocité des sévices qu'ils infligent.

A ce point de l'analyse, on serait tenté de donner raison aux réticences de la critique italienne envers l'esthétisme parfois appuyé de ce livre, si l'on ne se rendait bientôt compte que la ferveur idolâtrique des divers amants renvoie moins à des références littéraires (l'Arioste, la poésie chevaleresque), quelque peu suspectes en raison de leur anachronisme, qu'à une expérience bien enracinée dans le cœur de tout mortel. Chacun des personnages d'Elsa Morante s'est trouvé lié, pendant son enfance, à un de ses parents, par un attachement aussi emphatique que naturel : Edoardo à sa mère Concetta, Anna à son père Teodoro, Francesco à son père Nicola, Elisa, la jeune fille narratrice de tout ce récit, à sa mère Anna. Et de fait, il semble que le grand sujet de cet écrivain singulier soit l'idéalisation du père ou de la mère dans un cœur juvénile. Par exemple, la petite Anna ne voit pas en Teodoro, son père, le vil et délabré ivrogne qu'il est effectivement, mais un grand seigneur acharné à vouloir sa déchéance, « un de ces fanatiques qui alimentent le feu dans lequel ils veulent être consumés ». Elisa contemple sa mère comme une Notre-Dame parée de ses bijoux. Auprès de son père, Francesco se sent aussi fort que sous l'aile d'un archange victorieux. Et ainsi de suite : les héros morantiens, une fois devenus adultes et transpercés d'amour, ne savent que reproduire en face de la personne aimée l'émerveillement extatique et aveugle qu'ils éprouvèrent enfants pour le parent empereur et dieu.

L'infantilisme idéalisateur, qui est à la base de la psychologie morantienne, explique le rêve oriental qui assiège tous les personnages. Francesco, entre autres, épris d'Anna. « Il eût voulu être riche pour la parer comme une favorite, et il caressait l'idée de la protéger, de la cacher aux yeux d'autrui et de travailler pour qu'elle ignore, dans son cœur enfantin, toute fatigue et toute difficulté. De la faire fleurir et s'épanouir dans l'oisiveté et le faste, dans un palais dont il serait lui-même le maître jaloux. »

Elsa Morante a donné avec son deuxième roman, *l'Île d'Arthur*, publié en 1957, un prolongement féerique à *Mensonge et sortilège.* L'île (le symbole insulaire se trouve matérialisé cette fois) est Procida, entre Naples et Ischia, heureusement ignorée des touristes ; et Arthur, un jeune sauvage de quinze ans, félin qui a pour cache une vétuste, immense et magique construction, dressée à l'écart du village. Stevenson ne l'eût pas désavoué. Livré aux fantasmes de son imagination, il se construit une vie héroïque où toute faiblesse lui est interdite. Gloire, Orgueil et Dédain sont les compagnons ordinaires de son âme et de ses jeux. Il voue à son père, qui délaisse l'île pour de fréquents et mystérieux voyages, une admiration sans bornes, et à sa belle-mère, à peine plus âgée que lui, créature simplette et soumise (merveilleux portrait de la jeune *mamma* napolitaine), un mépris écrasant. Comment ce mépris se change en amour ; comment Arthur découvre que son père, en fait de périples inouïs, courtise de mauvais garçons qui l'exploitent ; comment enfin cette île, si belle, si pure, si heureuse aux yeux d'Arthur enfant, devient un lieu de souffrance et de cauchemar pour Arthur adolescent : voilà le mouvement dramatique du livre, moins symphonique et plus linéaire que *Mensonge et sortilège.* Alors que *Mensonge et sortilège* raconte la première phase, idéalisante, du développement psychique de l'enfant, *l'Île d'Arthur* décrit l'étape suivante, le moment crucial et amer de la désacralisation [1].

On relève entre les deux chefs-d'œuvre d'Elsa Morante une différence non négligeable d'atmosphère. Les personnages de *l'Île d'Arthur*, au lieu d'être coupés du monde, du cosmos, par leurs préoccupations intérieures, sont intimement mêlés aux événements de l'univers, saisons, battements de la mer, cris des oiseaux, soleil, fraîcheur des soirs, rochers, ombres, lumières. Cette dimension homérique manque à *Mensonge et sortilège*, mais l'énergie toute stendhalienne [2] d'Arthur trempe déjà l'âme de la jeune Elisa. *L'Île d'Arthur*, plutôt qu'un roman psychologique, est un livre, un livre à reprendre au hasard, à feuilleter, un livre de Nature, un livre de Beauté. Il ne souffre d'aucun des deux défauts qui se peuvent reprocher à ce genre de littérature. D'abord aucune trace de symbolisme, d'esthétisme. La multiplicité des significations ne vient que de la profusion de la nature elle-même. Si le père d'Arthur, ce héros, ce preux, mordu un jour par une méduse, se laisse « vaincre par une horreur qui le fait pâlir jusqu'aux lèvres » devant son fils terrifié, et si, au même instant,

---

1. Cf. aussi la longue nouvelle *le Châle andalou* (1963). Un jeune garçon, épris avec passion de sa mère, la découvre un jour dans sa pauvre vérité de danseuse déchue.

2. Elsa Morante, en se faisant elle-même garçon, en se mettant au centre du monde avec les yeux du *ragazzo* Arthur, n'a pas accompli une moindre prouesse que Stendhal, lorsqu'il se métamorphosait en *ragazza* pour dépeindre l'univers de Lamiel.

dans le grand silence qui est tombé sur la plage, un cri de mouette déchire l'air comme une plainte funèbre, il ne faut admirer là aucun hermétisme des correspondances, mais simplement l'ouverture simultanée à plusieurs ordres de sensations, dont la somme aboutit à une perception complète, harmonieuse, poétique de l'univers.

Ensuite ce livre, ruisselant de poésie et de beauté, n'exploite jamais la veine facile et périmée du frisson, de l'extase, du mystère à bon marché. Les traits sont fermes et le contenu, limpide. Aucune de ces allusions gratuites à un au-delà qui baignerait la réalité présente, procédé qui infecte le roman dit « poétique ». Elsa Morante a fait du mystère naturel du monde le protagoniste de son histoire, et non pas un alibi commode pour justifier une petite intrigue. Même sûreté de main que dans *Mensonge et sortilège*, même refus du clair-obscur vague, même acuité dans les contours.

Si les complexes de la petite enfance et leur prolongement dans l'âge adulte justifient du point de vue du réalisme analytique un livre comme *Mensonge et sortilège*, l'enracinement sociologique du roman légitime une seconde fois l'idolâtrie passionnée des héros. *Mensonge et sortilège* se passe dans une petite ville du Sud qui reste mythique dans la mesure où son nom demeure tu, mais qui est bien réelle par son climat et par ses mœurs. En particulier par l'éducation qu'on donne aux garçons. On sait que le *mammismo* n'est que l'exagération funeste du sentiment maternel, exagération qui pousse les mères du Sud à épargner toute contrariété à leurs fils, à les servir dans leurs moindres lubies, à les aduler mieux que des rois, à fausser pour la vie leurs possibilités d'adaptation au réel. L'égocentrisme forcené d'Edoardo et sa prédisposition à recevoir en dieu les hommages d'une femme-esclave ne font que reproduire une situation à laquelle sa mère, donna Concetta, l'a dès le berceau habitué. Les rapports de la mère et du fils forment la clef de voûte de l'ouvrage entier. Jamais peut-être on n'a dépeint aussi bien de quelle sollicitude dévastatrice une génitrice méridionale arrive à corrompre le cœur de son garçon. D'abord jalouse des maîtresses d'Edoardo, Concetta en devient bientôt fière. « Elle apprit à considérer les femmes aimées par Edoardo comme de gracieuses victimes brûlées en l'honneur de celui-ci ; et au lieu d'en avoir de la jalousie, elle se mit à apprécier en son for intérieur ce tribut, toujours renouvelé, accordé à l'autel de son bien-aimé. Plus les victimes étaient belles et plus grande était sa fierté ; plus leur flamme était ardente et plus douloureuse serait leur agonie quand elles seraient abandonnées, et donc plus grande sa fierté. »

Fils gâté, fils pourri par sa mère, quoi d'étonnant si Edoardo envisage son mariage comme un vasselage tyrannique imposé à l'épouse ? « Une fois que nous serons mariés, je pourrai aller me promener, me rendre à des réceptions, à des fêtes, et voyager à travers le monde, mais toi, il faudra que tu restes à m'attendre, enfermée à la maison. Avant de sortir, je collerai des bandes de papier aux fenêtres et aux portes, et j'écrirai dessus ma signature, afin de m'assurer à mon retour que tu es restée enfermée et que tu ne t'es même pas mise à la fenêtre... En outre, je ne veux pas que tu restes belle, car ta beauté serait un calvaire pour moi ! Une épouse ne doit pas être belle : elle doit être sainte. Jusqu'au moment où tu seras vieille, tu seras toujours ou enceinte ou en train de nourrir un enfant... Alors que moi, je serai toujours aussi maigre et léger que maintenant où j'ai dix-huit ans et demi, et je volerai et vagabonderai à travers le monde... J'aurai aussi des maîtresses, mais mon véritable amour, ce sera toi. Ne crois pas que, lorsque tu seras grosse et vieillie, je t'aimerai moins ; au contraire, je t'aimerai davantage, car chaque fois que je te regarderai, je penserai que c'est moi qui t'ai rendue aussi laide, toi qui étais si belle quand tu étais jeune fille. Plus que ta beauté, cette laideur sera à moi, et pour cette raison elle me fera devenir fou d'amour. »

Eh bien, de même que le rêve de Madone byzantine de Francesco est une imitation du rapport filial initial, de même le rêve de souillon ménagère d'Edoardo exprime, à peine outré par l'exagération mythologique, un état d'esprit répandu abondamment dans le Sud. Et, certes, on s'en voudrait d'apporter un aussi plat certificat de réalisme à une œuvre aussi magnifiquement inspirée si, une fois de plus, il n'était nécessaire de défendre Elsa Morante du soupçon d'esthétisme, de gratuité et de loufoquerie infantile. Radicalement coupé de l'histoire par son parti pris d'insularité poétique et d'extrémisme romantique, *Mensonge et sortilège* n'en est pas moins un roman doublement enraciné dans un temps et dans un lieu, le temps de l'enfance idolâtre et le Sud des jalousies archaïques.

Tandis que le premier livre d'Elsa Morante décrit l'effort d'une poignée de « héros » pour s'accrocher aux privilèges de leur enfance, *l'Île d'Arthur*, second volet du diptyque, raconte l'apprentissage déchirant de la vie. Que signifie, pour Arthur, passer de l'âge puéril à l'adolescence, sinon s'arracher au monde imaginaire du Père paladin et sultan, et entrer dans un autre monde où il ne trouvera plus personne à admirer en bloc, dans la ferveur et l'ingénuité d'une idolâtrie absolue ? Arrachement symbolisé, à la fin du livre, par l'abandon de Procida, du Paradis insulaire, la décision désespérée de se mêler à l'univers faux et trouble des adultes.

Et que signifie l'homosexualité du père d'Arthur ? Rien d'autre qu'une nostalgie poignante d'un royaume perdu où ni le temps, ni la douleur, ni la mort n'aurait cours, temps, douleur et mort étant apparus sur la terre avec la présence des femmes : « Sans les femmes, l'existence serait une jeunesse éternelle ; un jardin ! On serait beau, libre et insouciant, et *s'aimer* voudrait dire seulement : *se révéler, l'un à l'autre, toute la beauté qu'on a*. L'amour serait un ravissement désintéressé, une gloire parfaite : comme se regarder dans le miroir ; il serait... une cruauté naturelle et sans remords, comme une chasse merveilleuse dans un bois royal. Le véritable amour est ainsi : il n'a aucun but et aucune raison et ne se soumet à aucun pouvoir qui n'est pas la grâce humaine. L'amour des femmes, au contraire, est un esclave du destin, qui travaille pour perpétuer la mort et la honte. »

La misogynie du père jaillit de la même source qui alimente les rêveries héroïques du fils. La grande réussite de l'écrivain est d'avoir fondu deux motifs aussi différents dans un chant à l'unisson. Protester contre la vie, qui est décadence, amertume, dépérissement, n'est pas moins dans la logique d'un adolescent obligé de renoncer à ses songes que dans celle d'un homme attaché puérilement à un idéal impossible. L'un et l'autre vivent à fond leur mythe, le fils comme un moment de son histoire, une pause avant l'apprentissage de la maturité, le père avec tout le sérieux et le pathétique de ce que le sens commun appelle un raté. A travers sa prédilection pour ce personnage de l'homme-enfant, du « raté », Elsa Morante ressuscite, tant dans *Mensonge et sortilège* que dans *l'Île d'Arthur*, une des plus anciennes fonctions du génie romanesque, illustrée par *Don Quichotte, Robinson Crusoé* ou *l'Idiot* : faire vivre plausiblement à des personnages un mythe qui est la négation de la vie.

Rien d'aussi étrange que la carrière de cet écrivain. Qu'Elsa Morante soit le plus grand romancier italien depuis Italo Svevo, il faudrait être de mauvaise foi pour en douter. Cependant, elle n'a acquis ce titre, à l'étranger et en Italie même, qu'avec *la Storia*, énorme roman publié en 1974, à soixante ans passés. Or *la Storia* n'est nullement son chef-d'œuvre. Tiré à cent mille exemplaires par son éditeur Einaudi, ce qui ne s'était jamais vu en Italie, lancé avec un luxe spectaculaire de publicité, ce livre retrace les événements de la guerre et de l'occupation allemande : effort tolstoïen pour intégrer les vies privées dans l'histoire publique. C'était faire le pas plus long que la jambe. A côté de très belles pages et d'inoubliables portraits, comme ceux du chien et du bébé, l'indiscret étalage d'une idéologie factice gâche le propos. On découvre non sans agacement que l'éloge de la bête et de l'*infans* n'est qu'un moyen de déprécier l'adulte, cause de tous les maux sur la terre. Les chefs-d'œuvre d'Elsa Morante, insistons sur ceux-ci, il faut les chercher bien loin en arrière : dans *l'Île d'Arthur*, où la peinture du Sud ruiné et somptueux se révèle plus directe, plus suggestive que dans *le Guépard* publié un an après (la trop fameuse description, par exemple, du palais Salina étant alourdie de réminiscences littéraires) ; et encore plus dans *Mensonge et sortilège*, le premier et le plus méconnu de ses livres. Hymne aux amours juvéniles, analyse des rapports d'idolâtrie à l'intérieur de la passion, tableau mythologique de la famille, résurrection du microcosme sicilien évoqué dans la polyphonie funèbre de ses liturgies secrètes, ce livre reste ce qu'on a écrit de plus fort en prose en Italie depuis *la Conscience de Zeno*.

A sa parution, ce fut un fiasco. Les Italiens, dominés par la mode du vérisme et de l'engagement, jugèrent « décadent » un ouvrage superbement anachronique, dont les personnages, tels des paladins de Charlemagne, se mouvaient dans un mépris complet des problèmes économiques et sociaux. Elsa Morante, alors, était bien en avance sur son temps ; si en avance qu'elle dut payer cher, par des années d'obscurité et d'effacement à l'ombre de son médiatique époux (Alberto Moravia), la hardiesse de son imagination et de son langage.

Peut-être même éprouva-t-elle le besoin, par découragement devant l'incompréhension d'autrui, ou sous l'influence d'amis pervers désireux de la voir à l'honneur, de *se mettre à la page*, d'entrer dans le nombre des écrivains *dont on parle*. Il est difficile de s'expliquer autrement, en tout cas, la chute de tension, la déperdition de substance qui marquent d'un pénible sceau *le Monde sauvé par les gamins*, publié en 1968. Certes, ce roman a été écrit en 1966 et 1967, on ne pourrait donc qualifier de soixante-huitard un livre qui a prophétisé, en quelque sorte, la révolte étudiante. Cependant, bien avant l'explosion, les idées traînaient dans l'air, surtout dans l'air italien. Et il semble qu'Elsa Morante n'ait fait que récolter, dans ce qui n'est qu'un florilège un peu simpliste de l'anarchisme, les slogans les plus aptes à plaire à un public immature.

Le signe le plus clair de cette complaisance à la mode (elle qui avait jusque-là méprisé toute mode !), je le vois dans la forme choisie : non plus la prose, cette prose riche, ample, sinueuse, épaisse, unique dans la littérature italienne, mais des vers, qui tiennent plus de la chanson que du poème, sans avoir ni la légèreté, la musicalité de celle-là, ni la profondeur, le mystère de celui-ci. Le roman en vers est toujours un genre détestable, et Elsa Morante, dont le langage poétique est fait de pièces rapportées, confirme cette loi. Quelques jolies trouvailles, noyées dans un fatras de lieux communs. On ne fera pas injure à sa mémoire en disant que, comme poète, elle ne vaut pas deux sous.

Hélas, la pensée de ce roman versifié est elle-même bien faible. Les gamins, les vauriens, les sans-le-sou, les paumés composent le sel de la terre ; pour être heureux, il faut être asocial, marginal, ennemi des lois ; la détention de la moindre parcelle de pouvoir corrompt immédiatement ; avoir des papiers en règle suffit à vous classer dans l'horrible catégorie des bourgeois, tous exploiteurs, tous dégueulasses, et d'ailleurs (bien fait pour eux !) tous malheureux ; les adultes poussent les enfants au désespoir parce qu'ils leur livrent un monde inhabitable, etc. La litanie court sur presque trois cents pages. Encore une fois, en 1966 et 1967, ces assertions étaient moins éculées, moins passe-partout qu'elles ne le sont devenues. On y entend tinter néanmoins, avec un agaçant bruit de fer-blanc, la petite monnaie d'un rousseauisme, d'un rimbaldisme épuisés par des années d'exploitation sans risques. Cesare Pavese, qui a célébré comme personne la mythologie du *ragazzo* (gamin), savait, lui, quel risque on court en refusant la maturité.

On est triste de voir un grand auteur tomber dans de tels clichés, clichés sympathiques, sans doute, mais clichés. Certes, il était bon de publier ce livre, dans le cadre des œuvres complètes (Gallimard). On frémit de penser qu'un nouveau lecteur, qui ne connaîtrait rien de cet écrivain, commence, sur la foi de sa réputation, par ce pot-pourri de gentillesses libertaires.

Servir la bonne soupe aux bien-pensants du gauchisme, se faire étiqueter comme cantinière populiste, quand on a passé toute sa vie à l'écart, indépendante, fière, n'aimant que les chats et les homosexuels !

Moravia

Entrò Carla (Carla entra) : le choix et l'ordre de ces deux premiers mots de son premier livre, publié en 1929, résument l'œuvre entière de Moravia. Tout le monde a reconnu l'attaque célèbre des *Indifférents*.

Mais, parmi les innombrables gloses provoquées par ce roman, qui reste son meilleur, personne ne s'est jamais avisé qu'en mettant le verbe en tête *(entrò)*, le jeune auteur de vingt-deux ans installait la primauté de l'action, à une époque où celle-ci commencerait bientôt à déserter le roman ; ni qu'en faisant agir d'abord un personnage féminin (Carla), Moravia indiquait le rôle prépondérant des femmes dans la société italienne.

Sur la première de ces affirmations, on sera sans doute d'accord, alors que la seconde fera bondir. J'admire Moravia d'être resté, jusqu'à présent, fidèle au primat de l'action dans le récit. Le sujet des *Indifférents* était pourtant le refus de l'action et la difficulté d'agir : sujet qui apparente ce roman à la *Nausée* de Sartre, parue neuf ans plus tard. Sartre et Moravia ont en commun cette conviction que l'existence a quelque chose de dégoûtant ; conviction qui aurait dû aboutir, dans la logique d'un flaubertisme exacerbé, à l'impossibilité de continuer à écrire des romans. Sartre en effet s'est arrêté bientôt. Il est intéressant de se demander pourquoi Moravia a réussi à surmonter la contradiction.

A l'horreur sartrienne de la nature (« Les arbres flottaient. Un jaillissement vers le ciel ? Un affalement plutôt », etc.), Moravia oppose la vision de « feuillages arrondis » *(Agostino)*, de « verdure gonflée et immobile » *(Retour à la mer)*. C'est en observant une racine dans un jardin public qu'Antoine Roquentin a la révélation de sa « nausée ». On se souvient, au contraire, des corps nus des jeunes nageurs comparés, dans *Agostino*, à « de blanches ramifications de plantes » affleurant vers la lumière. Regarder les autres manger donne des haut-le-cœur à Roquentin : la nourriture, chez Moravia, est signe de santé, de gourmandise, de robustesse. Enfin, tout ce qui a trait au corps et au sexe est répugnant chez Sartre (la bouche comparée à un « bifteck cru », le vagin à une « grosse fleur de chair mouillée », qui a « des clapotis et des bâillements velus »). Moravia aussi utilise l'image de la fleur, mais en renversant le symbole : « Il eut la sensation comme d'une fleur secrète... qui s'ouvrait à quelque chose qui était le soleil pour l'obscure nuit charnelle. » (« Il » : le mari de *Lune de miel, soleil de fiel*, qui étreint, pour la première fois, son épouse.)

Cette triple confiance dans la nature, dans le corps et dans le sexe se retrouve tout au long de l'œuvre de Moravia, la sauvant de la stérilité et de l'abstraction. Même quand il décrit la solitude, l'amertume, l'échec (les sujets de tous ses romans), il encadre ces thèmes « négatifs » dans un décor « positif ». C'est ce que j'appellerais son « italianitude » : ce sens d'un rapport affectueux avec le monde, cette qualité indéfinissable de perception et de sensualité, qui est peut-être due autant à la beauté naturelle des paysages italiens, des femmes et des hommes italiens, qu'à la générosité foncière de l'œil qui sait regarder, de la main qui sait palper. Giorgione, peignant une femme isolée et peureuse dans *la Tempête*, ne peut s'empêcher de rendre un hommage vibrant à la splendeur d'une campagne dorée. De même Moravia, dont le thème principal est la malédiction de l'homme moderne, retrouve le geste catholique de bénir le créateur invisible des arbres, des fruits, des corps. Comment expliquer autrement qu'il soit un des rares grands écrivains de ce siècle dont la fécondité ne s'est jamais démentie, qui raconte des histoires alors qu'il n'est pas plus dupe que Pirandello de l'illusion des choses racontées, et qui, enfin, réussit à faire de vrais romans sur des sujets d'antiromans ?

Un autre motif d'étonnement, pour l'observateur étranger, est de voir, dans la fresque romanesque la plus considérable de l'Italie contemporaine, tout le pouvoir dévolu aux femmes. Mères, elles gouvernent les fils *(Agostino, la Désobéissance)*, les filles *(la Provinciale)* ; épouses, elles règnent sur les maris *(l'Amour conjugal, le Mépris)* ; prostituées, elles dominent leurs clients *(la Belle Romaine)* ; amantes, elles disposent comme elles veulent de leur compagnon *(l'Amant malheureux)*. Leur pouvoir peut être fait aussi d'une certaine attitude de fuite, d'une façon de se mettre à distance, de se laisser posséder physiquement tout en restant inaccessibles mentalement : telles la Cecilia de *l'Ennui* ou la Baba de *l'Attention*. Rien d'étonnant si, dans un des derniers romans, *Moi et Lui*, l'homme et son prestige phallique se trouvent réduits à une dimension comique, traités à la manière de Boccace et de Brancati. Or Moravia, en tant qu'homme de combat et de liberté, est sans doute convaincu de la situation « inférieure » de la femme en Italie et de la nécessité de la cause féministe. Mais, en tant qu'Italien, viscéralement et « catholiquement » italien, il donne à voir dans ses livres ce que n'importe quel voyageur soupçonne immédiatement : à savoir que, si le statut juridique et social de la femme italienne peut paraître choquant, c'est elle, grande Mère Méditerranée issue de la terrestre Cérès et de la céleste Madone, qui tient l'homme sous sa botte, ne serait-ce que parce qu'elle « le met au monde, le fait cocu et l'enterre », selon un proverbe russe particulièrement approprié pour résumer l'œuvre de Moravia.

J'ai longtemps pensé que l'apport le plus original de cet écrivain était d'avoir exploité la psychanalyse et sauvé ainsi le roman du naturalisme. Cette affirmation est peut-être valable pour son premier roman. Pourquoi Michel, le protagoniste des *Indifférents*, n'arrive-t-il pas à agir contre l'amant de sa mère, l'ignoble Leo ? Une première fois il lui jette à la tête un cendrier, mais sans l'atteindre ; une autre fois il essaye de le gifler, mais sans y réussir ; enfin il lui tire dessus, mais, par un oubli caractéristique, il a omis de charger le revolver. La critique traditionnelle, historique ou marxiste, explique cette apathie, cette incapacité d'agir, par la situation historique de la bourgeoisie italienne en 1929. Michel, fils de cette bourgeoisie qui vient d'abdiquer devant le fascisme, se sent privé de toute justification. La classe dont il fait partie a failli à sa mission, et lui-même ne peut que passer en étranger dans un monde devenu méprisable. Mais cette analyse sociologique de l'« *indifferenza* » ne nous dit pas pourquoi Michel éprouve précisément à l'égard de Leo, l'amant de sa mère, ce mélange ambigu d'agressivité et de passivité. Le secret de cette ambivalence ne s'expliquerait-il pas, pour le héros de Moravia comme pour le prince danois de Shakespeare, par la nature de la tâche à remplir ? Comment Michel pourrait-il punir Leo ? Celui-ci a pris la place que le jeune homme, inconsciemment, voudrait lui-même occuper auprès de sa mère. Cette suite d'actes manqués — le cendrier qui passe à côté du but, la gifle interceptée, le revolver non chargé — exprime le dédoublement du personnage en une partie consciente, qui est hostile à Leo, et une partie inconsciente, qui est complice de Leo. En somme, l'« *indifferenza* » apparaît comme une réaction de compromis, le seul moyen possible de concilier, d'équilibrer, dans une sorte de neutralité aboulique, le désir de tuer l'heureux rival œdipien et le désir contraire de se prosterner en admiration devant lui.

Pourtant, Michel n'est pas le Hamlet de notre siècle. Moravia ne fait aucune mention de son père. L'ombre du géniteur ne pèse pas sur le destin du jeune homme. Il manque à ce roman un élément essentiel pour qu'on puisse le rattacher à la psychologie des profondeurs. Aucune plongée dans le passé infantile de Michel : il vit dans le présent, uniquement dans le présent. Il souffre de son inaction, mais pourquoi en souffre-t-il ? Parce qu'il ne se sent pas en accord avec les stéréotypes de son milieu. Les autres agiraient, se dit-il, dans toutes les occasions où il reste passif et veule. Un fils « conventionnel » jetterait à la porte l'amant de sa mère : lui, non, il assiste fasciné à la tragi-comédie de l'adultère. Voilà la clef de sa conduite et de son malaise : l'inadaptation aux clichés en vigueur, à la morale de l'honneur et de la vengeance, au code familial de la bourgeoisie fasciste. Freud au fond n'intéresse pas tellement Moravia. Ce qu'il a pressenti, dès l'époque des *Indifférents*, c'est l'influence des lieux communs sur le destin individuel. Et ce qu'il montre dans le reste de son œuvre, ce qu'il dénonce, surtout depuis les années 60 et l'expansion économique de l'Italie, c'est la pression aliénante des médias et de la publicité sur le comportement de chacun.

Beaucoup de ses livres font le procès de cet asservissement des esprits, de ce fascisme culturel qui ne menace pas seulement l'Italie. Impossible d'être soi-même, dans un monde dominé par les monopoles, où l'individu est manipulé par la presse, le cinéma, la télévision. Si Moravia a pu croire jadis dans les vertus de la psychanalyse, il a compris ensuite qu'elle est devenue une technique policière, un moyen de « normaliser » les dissidents et de faire rentrer les contestataires dans le troupeau. Une amusante nouvelle des années 70, *Mon Ange*, raconte les efforts d'une mère pour se mettre à la page (toujours l'obsession de la mode) et remplacer l'ancien amour maternel, ce « sentiment confus fait d'attachement charnel et d'ignorance crasse », par un véritable « rapport mère-fils » fondé sur la discussion loyale du complexe d'Œdipe. Tentative dérisoire et bouffonne, qui donne lieu à une fort jolie satire, non moins qu'à une espèce d'autocritique désabusée : puisque l'un des premiers écrivains à avoir démasqué sous l'innocence apparente des relations entre mère et fils le jeu subtil des pulsions incestueuses, c'est précisément Moravia, dans son admirable récit *Agostino*. Mais le même sujet qui pouvait fournir en 1944 un chef-d'œuvre de psychologie sociale et sexuelle est devenu la tarte à la crème des nigauds. La société de consommation a accaparé l'inconscient lui-même, elle en a fait un produit qu'elle lance sur le marché et impose à la clientèle, ni plus ni moins qu'une marque de dentifrice.

Automatisation progressive et conformisme galopant : l'analyse de Moravia rejoint celle de Pasolini. Mais là où le pamphlétaire s'est déchaîné avec une virulence lyrique, le romancier oppose contre l'oppression de ce siècle la robuste sérénité de sa prose. La société industrielle est en train de libérer l'humanité de ses préjugés moraux et de ses tabous sexuels, mais pour mieux la broyer sous le rouleau compresseur de la mode, de l'imitation, de la série. Et d'abord du langage médiocre et planifiant des médias. Par la force et la pertinence de leur style, les livres de Moravia sont le meilleur témoignage que la vraie dignité de l'homme est dans la manière dont il parle.

Un de ses derniers livres, avant de mourir, a été *1934*. Comme chez certains vieillards dont le visage se creuse en laissant apparaître l'ossature, ce roman ressemble aux précédents mais en plus maigre, en plus émacié, de sorte que sous la vivacité habituelle on aperçoit mieux la trame. Ce n'est pas seulement le titre qui est réduit à une date, c'est l'intrigue qui montre la corde. « Peut-on vivre dans le désespoir sans désirer la mort ? » Telle est la phrase initiale d'où le livre entier découle. Un jeune intellectuel italien débarque à Capri en juin 1934, décidé à trouver le moyen de « stabiliser » son désespoir, c'est-à-dire d'éviter le suicide. Dans tous les romans de Moravia, on repère ainsi une « idée », plus ou moins philosophique, qui sert de noyau générateur. Ici l'« idée » est posée dès le début : le travail du romancier consistera à imaginer des personnages et des situations pour étoffer ce schéma. Contrairement à la plupart des écrivains qui partent d'une impression ou d'un souvenir, Moravia cherche à résoudre un problème. De tous ses livres, *1934* est celui qui ressemble le plus à un théorème, à un squelette habillé de chair.

Ce qui ne veut pas dire sécheresse ni pauvreté d'invention. Au contraire, comme un mathématicien que ses hypothèses entraînent à des spéculations de plus en plus folles, Lucio se laisse embarquer dans un invraisemblable réseau d'intrigues, où apparaissent un nazi sanguinaire, son épouse allemande, la sœur jumelle de cette épouse qui n'existe d'ailleurs peut-être pas puisque les deux sœurs ne se montrent jamais ensemble, et que la seconde peut fort bien n'être que l'invention de la première, et vice versa ; une vieille femme russe ex-révolutionnaire et recyclée dans la nymphomanie ; sans compter l'île elle-même, cette Capri qui a souvent inspiré Moravia et qu'il fait revivre une fois de plus avec la netteté angoissante de ses falaises abruptes. Dommage que la traduction, approximative et flasque, ne rende pas justice à l'acuité du trait moravien, et se permette d'hilarantes incongruités, tel ce « surhomme » attribué à Nietzsche.

Car Nietzsche est aussi au rendez-vous, ainsi que Heinrich von Kleist. Lucio croit comprendre qu'une des deux jumelles veut bien coucher avec lui, à condition qu'ils se tuent ensuite ensemble, comme Heinrich et Henriette, auteurs du double et plus célèbre suicide de toute l'histoire littéraire. Le trouble rapport de fascination réciproque entre l'Allemagne et l'Italie, qui obsède tant d'Italiens, à commencer par Visconti, court tout au long de ce livre. 1934, c'est l'époque où l'on se mettait à s'interroger dans la péninsule sur l'alliance du fascisme et du nazisme. Le désespoir de Lucio tient en partie à la situation politique de son pays. Du moins Moravia a-t-il l'habileté de déguiser et d'embellir en drame de conscience ce qui n'aurait pu être qu'une banale aventure de vacances à la mer

Une autre source d'intérêt du roman, c'est qu'on y retrouve, comme un abrégé de toute son œuvre, bien des thèmes familiers à Moravia. Par exemple la description, à la fois horrifiée et fascinée, d'une langue de femme réduite à pure turgescence érotique, dotée d'une vie autonome comme un gros animal immonde ; ou cette équation bizarre, déjà posée dans *le Conformiste*, entre fascisme et homosexualité, comme si le fait d'être « anormal » dans sa vie privée poussait au pire conformisme politique. Idée qui ne fait pas trop honneur à Moravia, et qui date son livre, même si Sartre, jadis, l'a partagée.

Variation sur l'impossible synthèse entre romantisme germanique et stoïcisme méditerranéen, ou anecdote de plage hissée à la dignité de problème métaphysique ? Au fond ni la première ni la seconde définition ne conviennent à *1934*, qui est avant tout un témoignage lucide sur la solitude de l'homme moderne, rendue plus poignante par ces sortes d'interrogatoires que les personnages se font subir les uns aux autres, avec une volonté cruelle de s'entre-détruire. Encore un thème qui n'est pas nouveau dans l'œuvre de Moravia, puisque, depuis plus de cinquante ans, sous le nom d'indifférence, de dégoût, de mépris ou d'ennui, cette œuvre n'a fait que dépeindre la tragédie de la sécheresse intérieure. Mais la poésie, l'illusion lyrique entouraient d'un mystère diffus ce petit chef-d'œuvre qu'était *Agostino*. Ne reste plus ici qu'un constat d'échec, aussi dépouillé, aussi nu qu'un cadavre sur une table d'opération.

A relire cette œuvre d'une abondance et d'une tenue exceptionnelles, et qui a exercé une sorte de magistère intellectuel pendant soixante ans, je suis frappé de deux traits. Tout en dénonçant le pouvoir des médias, Moravia en a été la victime : je veux dire qu'il a peu à peu perdu les qualités qu'il possédait au début, avant tout une indépendance, une originalité de pensée incontestables, pour s'adapter aux idées véhiculées par les médias. Ses nouveaux thèmes, à partir de la cinquantaine, ont été l'ennui et l'aliénation, notions qu'il n'a pas inventées, mais reprises dans le fatras des lieux communs dégorgés par la presse, la télévision, le cinéma. Autant, en 1929, il anticipait, en décrivant l'« indifférence » de Michel, ce que Sartre appellerait la « nausée » et Camus le sentiment d'être « étranger » au monde, autant, par la suite, il s'est conformé à ce que ses lecteurs attendaient de lui.

Quand s'est produite la coupure ? Peut-on dater le moment où il a cessé de chercher, pour se mettre à la remorque des modes ? 1960 me semble l'année charnière. Moravia publie *l'Ennui*, histoire d'un peintre raté, pris de dégoût pour son art et pour la vie, et qui essaye, par une liaison tourmentée malgré une apparence facile, de rendre un sens à son existence.

En vain. Cecilia se donne à Dino, trois fois par jour s'il le veut, mais elle ne donne que son corps, sans rien céder de son intimité, de ses pensées ni de ses sentiments, dont le peintre, exaspéré, cherche inutilement à percer le mystère. Ce n'est pas qu'il aime Cecilia : mais, s'il veut surmonter sa répugnance à vivre, son « ennui », il ne peut se contenter d'une simple possession physique, rendue dérisoire par les airs indifférents, énigmatiques et fuyants de sa maîtresse. D'où une persécution en règle, des interrogatoires sans fin, un jaloux espionnage de chaque instant ; jusqu'à ce qu'un providentiel accident de voiture délivre le peintre de sa fixation névrotique et le rende à la contemplation désintéressée d'un arbre, par la fenêtre de sa chambre de clinique.

1960, en Italie, a marqué le début du « miracle » économique. Un pays jusqu'alors rural et archaïque entrait en trombe dans l'ère industrielle. Moravia a immédiatement compris à quelles conséquences, morales et sexuelles, conduirait cette révolution. La femme italienne traditionnelle n'avait le choix qu'entre trois types : la sainte nitouche, la ménagère et la prostituée. Place à un quatrième type, désormais : la femme-objet, version rénovée de la putain. Le corps-idole, dissocié du caractère, de la volonté, du sentiment. L'abandon feint, qui protège une âme verrouillée. Le baiser, l'étreinte, le coït, mais de glace. Le sexe prodigué, mais insignifiant. Cecilia incarne ce nouveau type. Au succès qu'obtint le roman, on put mesurer le soulagement des Italiens : ils n'étaient plus des provinciaux attardés, ils nageaient en pleine modernité.

Deux autres créateurs de premier plan attrapèrent eux aussi, à la même époque, le virus de la femme-objet. Renonçant complètement à la fantaisie colorée et au brio onirique dont chatoyaient ses contes et nouvelles, Dino Buzzati (voir articles *Bilan* et *Kroumirs*) se lança dans un roman laborieux, *Un amour* (1962), histoire de l'amour contrarié entre un quinquagénaire et une sémillante *ragazza-squillo*, terme nouveau pour désigner cette réalité nouvelle. La langue italienne, plus hardie que la française, a créé ce vocable, là où, incapables d'inventer « fille-téléphone », nous nous sommes ralliés à « call-girl ». De *l'Ennui* à *Un amour*, on retrouve un lot de thèmes identiques, devenus déjà des clichés : la possession qui, au lieu d'apaiser, désespère, la dérision d'une liaison qui met la femme hors de portée de son amant, le faux-semblant du sexe — de même qu'on les retrouve, grossis par l'image jusqu'à la caricature, dans les films d'Antonioni (voir article *Antonioni)* qui ont succédé à *l'Avventura* (1960), œuvre encore magnifique, originale : *la Nuit* (1961), *l'Eclipse* (1962), *le Désert rouge* (1964). La concordance des années souligne avec quel empressement servile une partie de l'intelligentsia italienne a obtempéré aux nouveaux mots d'ordre.

Après Dino, le peintre raté de *l'Ennui*, Moravia lui donna un double, en la personne de Francesco, le romancier raté de *l'Attention* (1965). Après Cecilia, Baba : encore la femme qui échappe, encore l'homme qui enquête, avec une minutie inquisitoriale, encore la misère sexuelle et l'impossibilité d'aimer. Ces deux romans, qui ont inauguré la seconde manière de l'auteur, et l'ont porté au faîte d'une célébrité que ne lui avaient acquise ni *les Indifférents* ni les très belles nouvelles des années 1927-1950, publiées en 1952 sous le titre *Racconti*, ne sont pas vraiment mauvais. Pis que cela, ils se lisent comme des feuilletons. A mesure que les lieux communs de l'époque ont envahi ses livres, Moravia a perdu l'énergie littéraire du véritable écrivain. Les deux disgrâces sont allées de pair, châtiment de celui qui voulait par tous les moyens rester dans le vent, garder la position dominante que lui reconnaissaient les médias, tout en se faisant agréer des diverses avant-gardes, qui félicitaient le vieux maître de s'être dégagé, par cette technique de l'interrogatoire et du ressassement obsessionnel, du ringard et miteux naturalisme.

Examiner la courbe de cette œuvre nous invite à une deuxième conclusion. Par son aptitude naturelle à raconter, par son intelligence critique (il est aussi un essayiste remarquable et un voyageur de haute volée), par la lucidité de ses analyses et le talent de les envelopper sous une fiction plausible, Moravia avait les moyens de devenir le Thomas Mann ou le Jean-Paul Sartre de l'Italie. On attendait de lui une *Montagne magique* ou un *Idiot de la famille* : le développement, l'épanouissement, dans une somme à la fois littéraire et philosophique, de ses intuitions de jeunesse. Or, après un départ foudroyant, il s'est peu à peu desséché, appauvri, répété en médiocre. Quelle involution, des *Indifférents* à *l'Ennui* ! Les années 1940-1950 ont marqué l'apogée de ses dons, avec *Agostino* (1944), *la Romana* (1947), les longues nouvelles formant l'essentiel des *Racconti, la Désobéissance* (1948), *l'Amour conjugal* (1949), *le Mépris* (1954).

Pour expliquer le déclin à partir des années 60, en pleine force de l'âge, alléguera-t-on le prix à payer pour une précocité exceptionnelle ? Ou les vicissitudes de la vie privée ? La séparation, en 1962, d'avec Elsa Morante, et le choix, ensuite, de compagnes peut-être plus faciles à vivre, mais d'un modèle plus banal, d'un exemple moins stimulant ? Ou l'essor de la télévision ? Ou la fermeture des bordels, bien plus importante, pour la modernisation de l'Italie, que la multiplication des autoroutes ?

Ou encore, et ce serait mon opinion, cette sorte de fatalité qui bien souvent empêche un écrivain italien, non seulement d'amplifier les thèmes contenus dans ses premiers livres, mais de se maintenir à la hauteur de ses débuts ? Ni Bassani, ni Cassola, ni Elsa Morante elle-même n'ont échappé à ce destin, pour ne citer que des œuvres déjà mentionnées. Moravia, par sa longévité et le nombre de ses livres, donne à voir avec le plus d'évidence le manque d'ampleur, la déception des promesses non tenues. Il n'était pas seulement un narrateur, lui, il était aussi un grand intellectuel. L'Italie comble de dons ses enfants, pour leur en ravir les fruits. Mère-marâtre, dans ce domaine également (voir article *Mœurs*).

Mythes

Les travaux d'Hercule, les amours de Jupiter, les forges de Vulcain dans l'Etna, Didon abandonnée par Enée, Aphrodite naissant de la mer : même si le grec et le latin ne sont plus guère pratiqués aujourd'hui, tout lycéen se familiarise encore très vite avec les dieux et les héros de l'Antiquité. Et tout adulte, n'aurait-il pas relu un vers de Racine depuis le bachot, les rencontre pendant ses vacances dans les musées du monde entier, où, depuis la Renaissance, ils excitent la veine des peintres. Claudel déplorait que la Bible fût si peu lue dans notre pays. C'est un fait que dans la France, pourtant chrétienne, la culture classique a toujours subi la domination des mythes gréco-latins.

La première surprise, en ouvrant ce nouveau et somptueux *Dictionnaire des mythologies*[1], est de découvrir que bien peu a changé, que notre horizon s'est à peine élargi. Quoi ! Depuis une centaine d'années l'Europe méridionale et le monde méditerranéen n'ont-ils pas été réduits à une importance très relative par rapport aux cultures des autres mers et des autres continents ? Depuis qu'ethnologues et anthropologues ont acquis la place que l'on sait dans les sciences humaines, les mythologies d'Afrique, d'Amérique et d'Asie ne pouvaient-elles prétendre à supplanter le vieux panthéon de nos manuels scolaires ? Eh bien non, il n'en est rien. La moitié des articles restent consacrés à la Grèce, à Rome et au pourtour du bassin méditerranéen. Les chamans de Sibérie, les divinités de l'Inde et du Japon, les sorciers d'Angola, les génies du Mexique, les totems des Algonquins ont beau faire l'objet de doctes notices, tous leurs efforts échouent pour détrôner l'antique Jupiter de sa suprématie olympienne.

Le merveilleux *Rameau d'or* de Frazer, écrit dans les années 1900 par un professeur de Cambridge qui n'était jamais allé sur le terrain, laisse une tout autre impression de foisonnement planétaire : ce qui est stupéfiant, puisque à cette époque on n'avait que dédain pour les peuples sans écriture (dits alors « primitifs ») et leurs « superstitions », tandis qu'aujourd'hui on reconnaît la même dignité au griot bantou qu'à la Sibylle de Cumes. Avant de quitter Frazer, lequel est à peine mentionné dans ce *Dictionnaire*, et avec un mépris d'une scandaleuse injustice, disons que si l'ouvrage du gentleman britannique est « dépassé » du point de vue scientifique, il demeure, et de loin, pour le lecteur profane le meilleur initiateur à la poésie des mythes et des rites, parce qu'il a été l'œuvre inspirée d'un écrivain, ce qui ne peut être le cas, évidemment, d'un travail collectif de compilateurs hyperspécialisés. La caution d'Yves Bonnefoy, le plus grand poète français vivant, ne suffit pas à donner l'unité à cette mosaïque d'informations.

Ces réserves étant faites, force est de reconnaître l'admirable tenue de l'ensemble. Si Athènes et Rome continuent à se tailler la part du lion, les méthodes d'analyse sont renouvelées de fond en comble. Plus question de raconter les secrets d'alcôve de Mars, les polissonneries des naïades, les colères de Junon. La nouvelle école historique plane loin au-dessus de l'anecdote. Par mythe, il faut désormais entendre, selon les définitions de Mircea Eliade, non plus une fable ornementale, mais un acte fondateur. Chaque peuple confie à ses mythologies le soin de lui révéler les modèles exemplaires de toutes les activités humaines significatives : l'amour et le mariage, la naissance et la mort, l'agriculture et l'art.

Avec cette clef simple mais efficace, on peut entreprendre le voyage autour du monde : à commencer par l'Hexagone, car une autre surprise de ce *Dictionnaire* est de nous revéler qu'il n'y a pas besoin d'aller en Sicile pour assister à des pratiques rituelles et magiques. De la France, le lecteur s'embarquera dans la direction qu'il lui plaît : rien de ce que pensent et de ce que croient les différents peuples de la terre ne lui restera

---

1. *Dictionnaire des mythologies*, sous la direction d'Yves Bonnefoy, Flammarion, 1981.

étranger une fois qu'il aura vogué du Maghreb à l'Amérique du Sud, sillonné les fleuves de la Mésopotamie, erré avec les Turcs, escaladé les montagnes de l'Oural, pénétré dans les pagodes du Japon, navigué entre les îles de l'Océanie, fait ses ablutions dans le Gange et son igloo chez les Esquimaux.

Et qu'il ne craigne pas la technicité des articles, rédigés avec un louable souci de clarté et une sainte horreur du jargon. Quant à l'aspect un peu monotone et rébarbatif de tout dictionnaire, il est corrigé par les caprices de l'alphabet, qui réintroduisent de la fantaisie à la barbe de la nomenclature. En effet, si les études de synthèse nous assènent les vérités fondamentales (« Celtes », « Religion romaine », « Slaves », « Mésoamérique », « Tsiganes »), tout ce qui ne rentre pas dans ces tableaux synoptiques surgit au hasard des vingt-six lettres, avec des effets parfois surprenants. Ainsi les « âmes » ne semblent voyager qu'en Sibérie, les « arbres » ne pousser que chez les Turcs et les Mongols, le « mal » ne poser de problèmes qu'en Mésopotamie, les « montagnes » n'intéresser que les Japonais, le « soleil » ne fasciner que les Indiens d'Amérique.

Pour le public qui n'a ni formation ni curiosité ethnologique particulière, la grande ressource de cet ouvrage sera l'ensemble très fourni d'articles consacrés aux rapports de la mythologie et de la littérature. Sur le fantasme de l'androgyne, sur la fusion du paganisme et du christianisme pendant le Moyen Age et la Renaissance, sur la survivance des fables antiques dans la conscience occidentale, de Hölderlin à Joyce, sur les mythes du symbolisme et de la décadence chers à Mallarmé comme à Gustave Moreau, à D'Annunzio comme à Gide, on trouvera une série de points de vue bien documentés, sans oublier une ingénieuse percée sur Tolkien, Lovecraft et la science-fiction.

Mais, ici, une nouvelle perplexité nous chagrine. Pourquoi, si le principe était retenu de suivre les mythes en dehors de leur fonction religieuse, dans leurs prolongements esthétiques, s'être borné aux mythes littéraires ? La poésie, le théâtre et le roman sont-ils les seuls à avoir renouvelé l'imaginaire mythique des hommes ? Le Collège de France, l'Ecole des hautes études et les universités françaises ont fourni la très grande partie des rédacteurs. Comme le souligne Yves Bonnefoy, cet ouvrage montre l'excellence de l'école française d'histoire, de sociologie et d'analyse des religions. Mais aussi, ajoutons-nous, la vieille infirmité de l'esprit français, pour qui la culture se réduit à la culture littéraire.

Les arts plastiques sont présents, certes, à titre d'appoints illustratifs. Mais il y a deux lacunes de taille. Le cinéma, d'abord. Pas un mot de Pasolini à propos d'Œdipe ou de Médée, ni de Fellini au sujet de Giton. Et un Dreyer, un Eisenstein, un Buñuel, un Abel Gance ne sont-ils pas des créateurs de mythes aussi puissants que le Satan de Victor Hugo ou le Mazeppa de Byron ?

L'autre oubli est vraiment confondant. S'il y a un genre qui a maintenu vivants les mythes gréco-latins et en même temps a été capable d'en créer de nouveaux, c'est bien l'opéra. Or, à part une petite colonne sur Wagner et une allusion à Mozart dans l'article sur l'Egypte, cette équipe bien française, trop française, a complètement négligé ce domaine. D'où le ridicule de certains articles, par exemple ceux sur Orphée, qui citent Nerval, Shelley, Maurice de Guérin, mais ni Monteverdi ni Gluck ! Que signifie de s'étendre longuement sur Hercule sans mentionner ni Cavalli ni Haendel ni aucun des innombrables opéras de l'école napolitaine ? Le don Juan qui parle aux hommes d'un bout à l'autre de la planète est-il celui de Pouchkine, celui de Mérimée ? Si on prenait la peine d'aller étudier les jumeaux chez les Bambaras, ne pouvait-on s'aviser qu'un certain Rameau avait écrit un certain *Castor et Pollux ?* Ignorées, la Médée de Cherubini, la Vestale de Spontini. La musique, nous ne le savons que trop, reste l'éternelle Cendrillon de la culture française, même si nulle part autant qu'ici elle n'eût mérité de trouver parmi les gros bonnets de l'université une tête un peu moins sourde pour devenir sa princesse Aurora.

Naples

Rêver

La plus belle ville du monde, selon les uns ; un labyrinthe bruyant et puant, selon les autres. S'il est une ville sur laquelle personne ne peut porter le regard neutre du touriste, c'est bien Naples. Ou bien on la chérit d'amour, en passant sur le désordre, la saleté, les risques divers (précarité de l'hygiène, astuce des filous), ou bien on la rejette d'un bloc, sans en comprendre ni les merveilles architecturales ni les leçons de sagesse. Naples ne se livre qu'à ceux qui l'aiment : inutile donc de s'y rendre sans être prêt à s'y perdre. Le voyageur qui refuse de tenter l'aventure ne rapportera que de maigres satisfactions. Les deux musées, certes, lui permettront d'enrichir sa culture. Dans l'un, la pinacothèque de Capodimonte, il sera ébloui par de nombreux chefs-d'œuvre de la peinture européenne, dont les auteurs s'appellent Masaccio, Giovanni Bellini, Titien, Guido Reni, Caravage, Bruegel. Dans l'autre, le Musée national, il admirera les statues grecques et romaines, les bronzes noirs d'Herculanum, l'Antinoüs Farnese, un des plus parfaits qu'on connaisse, les mosaïques de Pompéi, une des plus vastes collections au monde d'art antique. Mais s'en tenir à ces témoignages de la « haute » culture lui fermerait l'accès à ce que Naples a d'unique à lui offrir, une culture populaire, orientale, grasse, odorante, plus que « basse », et d'un enchantement sans limites. A commencer par cette *smorfia*, ces mystérieux paris sur le rêve, dont il n'aura même pas eu vent s'il s'est cantonné dans les activités habituelles du touriste. Une excursion à Capri, une visite à Pompéi, un bain à Positano ; pour le reste, se confiner dans son hôtel ou ne se hasarder qu'avec précaution sur la promenade du bord de mer, en serrant son sac contre soi. Et, son devoir de visite ainsi rempli, prier une des nombreuses

Madones installées au coin des rues dans de petits tabernacles aux ampoules multicolores, qu'une grève des transports ou des pompistes ne l'oblige pas à prolonger son séjour : tel est encore, à peine caricaturé, le schéma de l'expérience napolitaine pour les milliers de victimes des préventions et des clichés.

Naples était à la fin du XVIIIe siècle la troisième ville d'Europe, après Paris et Londres ; la capitale d'un royaume florissant et un centre intellectuel et artistique de premier plan. « Paris et Naples, les deux seules capitales », disait encore Stendhal. L'Unité italienne, faite au bénéfice des villes et des industries du Nord, a ruiné Naples, traumatisme dont les Napolitains ne se sont jamais relevés. Qu'on évite de perdre de vue ces vicissitudes de l'histoire, si l'on veut comprendre ce mélange de grandeur et de misère, de foi robuste dans la vie et de récurrente démoralisation, d'emphase orgueilleuse et de démission autodestructrice, qui s'offre aujourd'hui au voyageur dans les vieux quartiers de Spaccanapoli.

De même qu'on doit garder présent à l'esprit l'extraordinaire bouillonnement géologique du sol et du sous-sol. D'un côté le Vésuve, volcan toujours en activité et dont une éruption est toujours à craindre ; de l'autre côté la solfatare, ce champ de laves en ébullition, ces geysers de sable et de cailloux qui attestent la fermentation souterraine de grandes forces capables de se réveiller à tout moment. Elles se sont réveillées, en novembre 1980, et comment ! lorsque la terre a tremblé et qu'aucun édifice à Naples, privé ou public, ne s'est retrouvé sans lézardes. Dans l'Antiquité, qui avait le sens du sacré, les environs de Naples étaient considérés comme des lieux mythologiques, visités par les dieux en colère. De nos jours, même si on ne croit plus ni à Vulcain, maître du feu, ni à Pluton, seigneur des enfers, nul n'oublie qu'il n'a sous les pieds qu'une croûte prête à se fendre et à engloutir les maisons. Cette conscience de la précarité des choses explique tout ce qui surprend et choque le voyageur : le sens théâtral de la vie, la gesticulation, l'infidélité en amour, l'absence d'un système économique raisonnable fondé sur le travail et l'épargne, le recours aux expédients, la paresse, l'insouciance, l'art d'allonger la main et de prendre dans la poche du voisin ce qu'on n'a pas envie de gagner par soi-même, la hâte de jouir de l'instant présent, fatale à toute idéologie du progrès.

Mais aussi : une philosophie particulière de la vie, un pessimisme ironique, un fatalisme souriant, une liberté à l'égard des horaires, une manipulation gracieuse du temps, qui apparaîtront d'un prix inestimable à quiconque, arrivant du nord de l'Europe après une année rationnellement découpée en obligations tyranniques et ennuyeuses, aspire à un bain de jouvence.

Il y a deux façons de se promener dans les vieux quartiers de Naples : une façon bourgeoise et stérile, qui consiste à se lamenter sur le délabrement des palais, la vétusté des églises, la saleté des rues, à pester chaque fois que le pied s'enfonce dans une ordure ou que le monument qu'on veut visiter est fermé sans explication ; et une autre manière, libre, poétique, rêveuse et enrichissante, qui consiste à découvrir un style de vie, des habitudes, une mentalité qui n'ont plus cours dans l'Occident superindustrialisé et informatisé. Naples est le paradis des vrais flâneurs, de ceux qui pensent que c'est en perdant son temps qu'on sauvera sa vie.

Que suivre son plaisir est plus important que se conformer à la loi. Que l'enfance, légère, irresponsable et sans entraves, est une époque plus belle que l'âge adulte. Et enfin, que le rêve est le plus sûr moyen de s'emparer de la réalité.

Je rêve un cheval : dès le lendemain, j'irai jouer tel chiffre au jeu public de *lotto*. Un mort : tel autre chiffre. Une femme m'apparaît dans mes songes : promesse aussi de fortune, si je joue le chiffre qui correspond aux apparitions féminines. Voilà, sommairement résumé, le principe de la *smorfia*. *Smorfia* : en italien, grimace. Il est déjà significatif qu'à ce jeu on ne peut plus sérieux les Napolitains aient donné ce nom presque péjoratif, qui indique un sentiment dérisoire, un jugement sarcastique sur leur propre invention. Mais il y a dans la *smorfia* une contradiction encore beaucoup plus saisissante : entre la rationalité apparente de ce jeu et le pur délire imaginatif qu'il suppose. Faire correspondre à chaque image née du sommeil un chiffre précis, établir un décompte minutieux de toutes les apparitions nocturnes et leur attribuer un numérotage arithmétique, imprimer tout cela dans un livre, en colonnes dûment alignées (car ce Bottin des songes existe), c'est une idée qui semble inspirée par la raison la plus froide, la plus méthodique. Mais comme il ne s'agit que de songes, de désirs, de fantômes sans consistance ni réalité, ces calculs ressortissent à la plus errante fantaisie. Quel peuple est plus incapable de pensée rationnelle que le peuple napolitain, soumis comme il est à la double pression du marasme économique et du désordre tellurique ? En même temps, il éprouve la nostalgie d'une vie mieux réglée, où chaque chose serait bien à sa place, où les chevaux, les morts et les femmes feraient partie d'un monde ordonné, peigné, discipliné, où les résultats correspondraient aux prévisions, où les prévisions engendreraient des résultats. D'où ce compromis de la *smorfia*, compromis pathétique, puisque à ce comble d'irrationalité se réduit l'unique effort de rationalisation napolitain ; mais compromis efficace, qui fond dans une synthèse harmonieuse l'incapacité de se conduire selon la raison et l'aspiration à sortir du chaos existentiel.

Harmonieuse ? Disons plutôt : folle à son tour, et surréaliste. Freud avait pris l'habitude de noter tous ses rêves, et certains rêves de ceux qui venaient le consulter : pour tirer de l'ensemble de ces divagations nocturnes un système complet de l'inconscient humain. *Traumdeutung*, appela-t-il le gros livre qui sortit de ce travail de décodage et de classification. Une sorte de « science des rêves », ou du moins un embrigadement du songe qui prétend être science. D'après Freud, l'horloge et son tic-tac se rapporteraient à une phobie du père, les dents signifieraient l'angoisse de castration : lugubres analogies professées comme vérités d'évangile. Avec l'entêtement de celui qui a été formé à la double école de la médecine et de la philosophie, le docteur autrichien veut tout expliquer par la misère sexuelle des patients qui constituent sa clientèle, tout rattacher à la frustration de ces bourgeois.

Qu'est-ce que son système, sinon une *smorfia* intellectualisée, alourdie de présomption doctorale, faussée par l'atmosphère de Vienne ? Et qu'est-ce que la *smorfia*, sinon une « science des rêves » spontanée, instinctive, populaire, c'est-à-dire une négation chatoyante de toute science, un pur hymne aux forces magiques qui viennent nous hanter, pendant la nuit, lors du sommeil de la raison, nous guérir des contrariétés et des déboires subis durant la journée, apportant le courage de vivre et la joie d'espérer ? Les dents, angoisse de castration ? Allons donc ! Pourquoi pas l'envie de mordre dans un fruit, dans une épaule ? Appétit mandibulaire ou désir érotique, le songe napolitain a plus d'allant, plus de gaieté que dans la sinistre vulgate de la Bergstrasse.

S'il y a une chose à laquelle les Napolitains ne rêvent pas, c'est bien la mer. Ils habitent pourtant un port, au fond d'un golfe splendide, sur un des plus beaux rivages du monde. Toute rêverie, si l'on en croit Baudelaire, tend à gagner le large et à embrasser l'infini. Sauf à Naples, qui a tout produit, hormis des navigateurs. *Il Mare non bagna Napoli*, selon le titre du roman d'Anna Maria Ortese. Naples n'est pas au bord de la mer, la vraie Naples, qui se tapit dans les boyaux obscurs du centre bourbonien, dont l'un, le plus miteux des tunnels, est baptisé ironiquement *vicolo del sole*, par défi au soleil qui n'y entre jamais.

Peindre

Agitée ; convulsive ; théâtrale ; superficielle. Telles sont quelques-unes des épithètes couramment accolées à la peinture napolitaine. Entre toutes les grandes écoles qui ont fait la gloire de la péninsule, c'est la parente pauvre. Et d'abord, n'est-elle pas apparue tardivement ? Avant le XVIIe siècle, peut-on citer un peintre ? Ensuite, parmi les grands artistes qui ont travaillé à Naples, combien furent-ils à être nés ou formés à Naples ? Venu de Lombardie, Caravage ; d'Espagne, Ribera ; de Bologne, Guido Reni. N'est-on pas fondé à dire que Naples n'a trouvé à s'exprimer par la peinture que dans la vision fiévreuse et outrancière de quelques épigones du baroque, discutés et discutables, comme Luca Giordano, Mattia Preti ou Salvator Rosa ?

Aucune époque n'a été plus défavorable aux beaux-arts que le XVIIe siècle napolitain : catastrophes naturelles ou historiques s'enchaînèrent sans répit, tremblements de terre et éruptions du Vésuve, famines et épidémies, séditions et révoltes populaires, dont la plus célèbre fut le soulèvement de Masaniello en 1647, suivi d'une répression féroce. Sang et mort, bruit et fureur : dans un climat si différent de celui qui permit aux peintres florentins de méditer sur les lois de la perspective, aux peintres d'Ombrie de refléter dans leurs toiles la douceur des collines et l'harmonie des paysages, aux peintres de Venise d'être attentifs aux jeux subtils de la lumière, s'étonnera-t-on qu'à Naples la peinture ait pris un tout autre caractère ? Nulle paix, ici, nul recueillement possible, aucune de ces conditions qui semblent nécessaires à l'épanouissement d'un art fondé sur l'amour et la contemplation tranquille du beau : mais une turbulence, une violence, qui laissaient à peine aux artistes le temps de choisir leurs couleurs ou d'essuyer leurs pinceaux. Voilà la première singularité de la peinture napolitaine, et son premier titre de gloire : d'être une peinture en action, sur le vif, non plus une méditation d'esthètes retranchés dans le calme de leur atelier, mais une participation aux peines et aux misères du peuple, un engagement, un acte social autant qu'artistique.

Caravage ? Son fort enracinement plébéien, son attirance pour les garçons du port, son goût des bagarres le désignaient pour être le premier et le plus grand interprète de ce chaos de souffrances et de passions qu'on appelle Naples. *Les Sept Œuvres de la miséricorde*, une de ses œuvres majeures, fascine comme une somme de tous les malheurs possibles : la faim, la soif, la maladie, la solitude, la pauvreté et jusqu'à la mort, rien de ce qui accable la condition humaine n'est absent de ces six mètres carrés de toile. Particulièrement géniale, l'idée de fondre en une seule action deux des préceptes charitables : nourrir ceux qui ont faim, visiter les prisonniers. La jeune femme, à droite du tableau, ne se contente pas de conforter de sa présence le vieillard enfermé dans sa geôle, elle lui tend son sein, et on voit le prisonnier téter la mamelle entre les barreaux. Voilà une scène, d'intense pitié, de communion à la fois charnelle et mystique, qu'aurait pu imaginer Dostoïevski : et c'est bien à Dostoïevski que Caravage me fait penser, Caravage qui s'oppose à Raphaël comme Dostoïevski à Tolstoï. D'un côté la sérénité créatrice qui s'exprime en lignes harmonieuses, de l'autre côté le tumulte, le bouillonnement intérieur qui aboutit à ces raccourcis dramatiques, à ces clairs-obscurs fuligineux. Pathos misérabiliste ! s'écrieront les nostalgiques de la Renaissance et de la beauté classique. Naissance du goût moderne, dirons-nous, fièvre de la grande ville et des foules, transmise dans le frémissement des ombres.

Car Naples, au XVIIe siècle, est déjà une métropole. Dès le XIVe siècle, Boccace l'avait décrite ainsi, sentine d'intrigues et de vices. Quel point commun pourrait-il y avoir entre le paisible gentilhomme campagnard Tolstoï et l'insomniaque promeneur de Saint-Pétersbourg Dostoïevski ? L'auteur des *Nuits blanches* se serait arrêté devant ces trois enfants de Mattia Preti, le peintre des grandes pestes de Naples. Trois petits mendiants, qui demandent l'aumône. Contrairement à toute la tradition picturale italienne, la lumière est concentrée dans le fond du tableau, d'où émergent à contre-jour les silhouettes. Est-ce l'ombre ou est-ce le dénuement qui obscurcit ces jeunes corps ? On devine leur grâce, leur beauté fruste et tendre, leur innocence d'enfants — autre motif dostoïevskien. Regardez comme leurs yeux brillent au fond des visages noirs : c'est toute la vitalité de Naples qui éclate ici, cette vitalité des *lazzaroni* et des *scugnizzi* (les « gamins »), garante de la pérennité d'une ville qui aurait dû périr depuis longtemps, accablée sous le poids de ses maux.

Comment réagir à cette fatalité adverse, à ce destin obstinément ennemi ? On peut, bien sûr, comme Ribera, se laisser aller à une contemplation de la mort, surtout si, en Espagnol de souche, on subit la fascination masochiste des têtes coupées, des yeux clos, des chairs blêmies d'où s'est retiré le sang. Une autre réponse est la réponse théâtrale, tellement décriée en peinture : oui, pourquoi pas le théâtre, c'est-à-dire l'exagération spectaculaire, qui n'est rien d'autre que la foi dans la vie et sa glorification par le mouvement ? N'oublions pas que cette ville, si elle est moins connue par ses peintres, s'est rattrapée par ses musiciens, que Naples a été, dès le XVIIe siècle, sous l'impulsion d'Alessandro Scarlatti, un des deux centres d'opéra dans le monde. L'école lyrique napolitaine n'a trouvé que dans celle de Venise une rivale pendant les deux siècles de l'ère baroque. L'opéra, une manière de s'étourdir, de se griser, de conjurer par la magie du chant les désastres quotidiens de l'histoire. Il était naturel que les héros du *bel canto* fussent accueillis par les peintres : en Luca Giordano, saluons le principal artisan de cette promotion. Saint Michel, qui terrasse le dragon, n'a-t-il pas l'air de sortir d'un livret de Métastase ? Au lieu de l'archange de la Bible, n'est-ce pas plutôt Achille, à la guerre de Troie, transperçant Hector de son glaive ? Persée, qui brandit la tête de Gorgone, pour mettre en fuite les ennemis venus interrompre ses noces, ne ressemble-t-il pas comme un frère au belliqueux Alexandre ou à l'Hercule en colère du répertoire lyrique ? Ne possède-t-il pas, de ces paladins batailleurs, la courte tunique, les cuisses nues, les brodequins, l'épée, le regard de feu ?

Tous ces tableaux se trouvaient à l'exposition de peinture napolitaine organisée, en 1983, au musée de Capodimonte, ancienne résidence royale. Bien entendu, il n'y avait là que des échantillons, prélevés dans les collections locales, de cette immense production. L'école napolitaine, moins universelle en apparence que les autres écoles italiennes, n'en a pas moins essaimé dans le monde. Sauf à Paris. Le Louvre est très pauvre en peintres napolitains, pour la simple raison que le convoi de tableaux, pillés par les soldats de Napoléon et prêts à être expédiés en France, ne prit jamais la route. N'ayant pu quitter Naples, les trésors des églises et des palais ne sont pas venus enrichir les collections du musée Napoléon, installé dans le Louvre, où avait déjà afflué tout ce que Rome, Florence, Venise, Milan comptaient de chefs-d'œuvre. Ce butin fut exposé dans la Grande Galerie. Même après 1815 une partie y resta, un certain nombre de tableaux n'ayant pas été restitués. Les Français purent croire qu'au sud de Rome aucun pinceau ne s'était distingué. Le jeune Henri Beyle, dont la culture artistique s'est formée, sous l'Empire, au musée Napoléon, fut la première victime de cette méprise. Il a méconnu, que dis-je ? vilipendé, dans son *Histoire de la peinture en Italie*, acte inaugural de l'incompréhension des Français pour la peinture napolitaine, la patrie de Mattia Preti, de Micco Spadaro, de Massimo Stanzione, de Gian Battista Caracciolo, de Francesco Solimena, de Luca Giordano. « Le Dominiquin, qui alla peindre à Naples l'église de Saint-Janvier, y fut empoisonné par les artistes du pays. Voilà tout ce que la peinture doit dire de cet Etat. »

Si l'esprit réputé le plus indépendant de son siècle a pu lâcher une telle énormité, on devine avec quelle force le préjugé s'est installé en France. Quelle n'a pas été ma surprise, en visitant le palais de Gatchina, près de Saint-Pétersbourg, d'y découvrir, au bas d'une admirable toile, la signature de Luca Giordano, celui qui a le plus souffert de cette prévention ! Sous un ciel d'orage, livide, aux mauves et aux gris plombés, un ange, armé d'une épée de feu, chasse Adam et Eve. Eve se retourne, dans un geste de supplication ; elle intercède, elle espère, quand Adam, la figure cachée entre ses mains, n'attend plus rien de la miséricorde céleste. De son pied, il foule une feuille de papier déchirée ; le serpent qui l'a mordue en a arraché un bout ; le peintre a mis sa signature sur ce lambeau, qui n'a rien d'un phylactère triomphal. Aucune emphase, pour une fois : la constatation nue, accablante, du désastre. Et non plus rien de bâclé, comme souvent chez celui qu'on avait surnommé, pour cette hâte à finir, Luca Fa Presto. Un travail des plus soignés, au contraire, une pâte somptueuse, la recherche des teintes les plus aptes à rendre la malédiction de la chute, un art qui se ressent de Caravage et de Ribera.

Gatchina est lié au souvenir de Paul Ier. C'était sa résidence favorite. Encore grand-duc, il faisait manœuvrer dans la cour du château un régiment de soldats, n'ayant de goût que pour cet exercice, et n'estimant les hommes utiles qu'à marcher au pas, obéir et parader. A la prussienne, son idole étant Frédéric II. Empereur, il se signala par des lubies si cruelles que ses proches se résolurent à l'assassiner. Si c'est lui qui a choisi ce tableau, on comprend qu'un prince si désabusé sur la nature humaine ait pris pour emblème cette image désolée du péché. Si c'est sa mère, Catherine II, qui le lui a donné, on devine que, inquiète de voir l'héritier de la couronne sans défense devant ses pulsions criminelles, elle a voulu attirer son attention sur la conséquence, inéluctable, qui enchaîne le châtiment à la faute.

Devant ce tableau, Stendhal eût-il osé dire de Naples : « Voilà tout ce que la peinture doit dire de cet Etat » ? Heureusement, plus connaisseur en musique, il corrigea cette bévue par la phrase immédiatement suivante : « Mais il devait être illustré par un art différent, montrer, trois siècles après, que l'Italie fut toujours la patrie du génie, et lui donner des Cimarosa et des Pergolèse, quand elle n'avait plus de Titien ni de Paul Véronèse. » Mieux informé, Stendhal se serait aperçu du lien très étroit qui, à Naples, unit la peinture au chant. En dehors de Luca Giordano, on peut s'amuser à trouver aux personnages des tableaux napolitains leur équivalent dans le mélodrame. Si le saint Sébastien, prostré et dolent, de Mattia Preti ouvrait la bouche, n'en sortirait-il pas les plaintes arrachées à Orphée par la mort d'Eurydice ? Le Silène ivre de Ribera nous évoque Lucain, le compagnon de débauche, caricatural et grotesque, de Néron dans *le Couronnement de Poppée*. Dans la mort du gladiateur romain représentée par Lanfranco, nous reconnaissons le meurtre de César ; et la Cécile de Sellito, la Madeleine d'Artemisia Gentileschi, en proie à une attente inquiète, ne nous rappellent-elles pas la Pénélope de Monteverdi soupirant après le retour d'Ulysse ? Dénigrer ces tableaux comme étant trop agités, trop extérieurs, d'un dramatisme et d'un exhibitionnisme excessifs, ce serait montrer le même jugement que ceux à qui la musique d'opéra répugne sous prétexte qu'une fugue de Bach détient seule le secret de la beauté.

Reste le cas de Guido Reni et de son étrange tableau, *la Rencontre du Christ et de saint Jean-Baptiste*. Rien de napolitain, en apparence, dans cette douceur, cette suavité caractéristiques du maître de Bologne. On apprend cependant avec curiosité que cette toile a été peinte pour l'église des Gerolomini, où elle se trouve toujours ; et que, en face de cette église, du temps de Guido Reni déjà (il séjourna à Naples en 1622), fonctionnait, dans le palais orné d'un palmier dans la cour, devenu aujourd'hui un séminaire ecclésiastique, un des quatre conservatoires où l'on élevait les jeunes castrats, gloire et monopole de l'école napolitaine de chant. Simple coïncidence ? Comment le peintre n'eût-il pas été influencé par le bruissement de trilles, d'arpèges, de vocalises qui lui arrivait de l'autre côté de la rue ? Il y a dans son tableau quelque chose de si musical, de si intimement mélodieux, qu'on ne peut s'empêcher de l'imaginer peint aux sons de quelque aria délicate modulée par une voix blanche. Ce n'est pas une « rencontre », c'est un « duo ». Au lieu du désert de la Bible, n'aperçoit-on pas, dans le fond, les feuillages touffus d'une forêt ? Détourés, ces arbres fourniraient un décor de théâtre.

Lyrique : la meilleure épithète, au bout du compte, pour définir l'ensemble de l'école napolitaine de peinture. Lyrique dans le sens moderne d'élan, d'effusion, d'éloquence ; mais d'abord dans le sens premier, de déclamation avec gestes et musique, sur la scène du monde prise comme plateau d'opéra.

Névroses

Les romans de Paolo Volponi

L'ouvrier est-il un nouveau venu dans la littérature ? La question a l'air absurde. Et pourtant, qu'on y réfléchisse : il serait impossible de trouver — sauf dans quelque roman américain —, parmi les nombreux héros du travail mis en circulation depuis Zola et Gorki, un seul personnage d'ouvrier qui ne tienne, justement, par un côté ou un autre, du héros : soit que l'auteur le voie comme un champion tout à fait, un surhomme — tel Roger Vailland, naguère, dans *325 000 francs* —, soit qu'il en fasse le porte-parole de ses propres idées politiques et le lance comme un brûlot dans la société.

D'une manière ou d'une autre, l'ouvrier a toujours fait figure dans le roman d'un personnage de folklore, d'un monstre sacré, que l'écrivain charge d'une mission symbolique et à travers lequel il exprime un point de vue particulier sur le monde.

Mais l'humanité de l'ouvrier ? Les romanciers se moquent bien d'étudier quelles conséquences, quelles variations, quels drames produit sur un comportement humain l'univers concentrationnaire du travail organisé.

Au mépris de l'honnêteté la plus élémentaire, ils négligent de se mettre à la place de leur personnage. Ah ! si c'est la femme adultère, le bleu qui affronte la bataille, le prêtre en crise, le jeune bourgeois angoissé... mais l'ouvrier : non. L'ouvrier est commode pour incarner une situation limite, à la frontière du monde connu de l'écrivain. C'est tout.

Sauf, peut-être, et depuis peu, en Italie. En Italie, la frontière a été franchie, l'univers du travail intégré dans l'univers du roman, l'ouvrier regardé comme un homme.

Pourquoi en Italie ? Pour deux raisons concordantes : la civilisation industrielle y est arrivée tard et elle y est arrivée vite.

Avant 1950, l'économie italienne était essentiellement rurale. Après 1950, c'est le début du « miracle », l'industrialisation fulgurante, l'exode des populations agricoles du Sud vers les métropoles du Nord. En dix ans, la population de Turin a augmenté de 500 000 habitants, celle de Milan de 600 000 habitants. Il était inévitable qu'un phénomène d'une telle ampleur, aussi brusque et bouleversant qu'une guerre, produisît les effets qu'une guerre, justement, produit dans la littérature : non seulement elle fournit en quantité inépuisable de nouveaux sujets, mais elle provoque une remise en question des valeurs, une crise de conscience. La vieille Italie bourgeoise et campagnarde s'est vu submerger par une nouvelle Italie industrielle et prolétaire, qui a empoigné l'imagination et la curiosité des écrivains.

Le nombre de romans nés de cette fascination de l'usine, des faubourgs, des ouvriers, ne se compte plus. La plupart de ces œuvres se ressentent de la hâte avec laquelle les auteurs ont affronté leur nouvelle tâche. Beaucoup d'entre elles, documents plus qu'œuvres d'art, se réduisent à de simples cahiers de notes, à des croquis pris de l'extérieur. Le premier roman d'une tenue hautement littéraire inspiré par la civilisation industrielle est *Pauvre Albino*, de Paolo Volponi, publié en 1962[1].

Paolo Volponi avait quarante ans. Ce n'était pas un ouvrier, mais un intellectuel, auteur de poèmes, qui lui ont valu le prix Viareggio. L'usine très moderne d'une petite ville du Piémont qu'il a prise pour décor de son roman, il y a lui-même été attaché comme psycho-sociologue. Il a donc reproduit du dedans la vie froide, machinale, automatique des ateliers, sous la plume fictive de son personnage principal, le fraiseur Albino Saluggia.

Quelques pages suffisent pour le présenter, mais ces pages sont essentielles, car elles éclairent le propos de l'auteur. Nous apprenons qu'Albino habite, seul avec sa mère, une petite maison de campagne au bord d'un lac. Il obéit à une religion enfantine et vote pour la Démocratie chrétienne. Autant de traits qui définissent l'Italien moyen. Albino sera donc tout le contraire de l'ouvrier de choc, de l'ouvrier révolutionnaire, c'est-à-dire tout le contraire de l'ouvrier stéréotypé des romans, qui obnubile les écrivains bourgeois.

Un des mérites de Paolo Volponi est d'avoir écrit un roman sur l'usine qui ne soit pas un roman politique.

La petite maison de campagne, le lac, la neige des longs hivers (essentiel le rôle de la blancheur dans ce livre, blancheur des surfaces gelées, blancheur des murs de l'usine, blancheur du nom même d'Albino : comme si, là encore, l'auteur avait voulu décrasser son sujet des clichés sur la suie, la saleté, le noir, à la faveur desquels, longtemps, les ouvriers ont pu paraître aussi exotiques que des nègres), les va-et-vient d'Albino entre sa maison et l'usine dans les trains ou les autocars, les fugitives rencontres de femmes pendant ces trajets font un arrière-plan poétique à ce livre qui, à vrai dire, n'a avec la sociologie que le rapport strictement nécessaire.

Dès l'ouverture, nous savons à quoi nous en tenir : « Mes misères sont arrivées à un point tel que je ne peux me retenir de les crier. » Un cri : la longue confession d'Albino ne va être qu'un cri, et pas une ligne de

1. Traduit en 1964 par Maurice Javion, Grasset.

ses récriminations tourmentées n'échappera à cette garantie de spontanéité lyrique donnée à la première page.

Albino, lors de la guerre, a été prisonnier en Allemagne. Ce dernier renseignement est indispensable pour expliquer son aventure à l'usine. L'obsession de la captivité ne cesse de le persécuter. L'atelier va lui paraître comme une prison, ses supérieurs comme des gardiens acharnés à lui nuire, ses égaux comme des espions. Il a en outre rapporté d'Allemagne une faiblesse pulmonaire qui va se transformer peu à peu en tuberculose et être pour lui une source sans fin de maux, mi-réels, mi-imaginaires.

L'histoire, maintenant ? Eh bien ! elle est double. Il y a d'un côté l'histoire d'un ouvrier parmi d'autres ouvriers, dans une usine moderne, et il y a, parallèle à la première mais liée à elle inextricablement, l'histoire d'un mythomane, d'un fou, aux prises avec ses « misères » dont il égrène les litanies. Le grand talent de Volponi est d'avoir superposé les deux histoires avec une adhérence si parfaite que le lecteur, sans cesse en alerte, se demande quand parle l'ouvrier et quand le fou, quand la raison guide Albino et quand il bascule dans la démence.

Certaines pages, consacrées à l'analyse de la valeur particulière du temps à l'usine, font penser, pour leur précision, à des textes de Simone Weil. Moravia, lui, a surtout été sensible au thème de l'aliénation : il n'a pas hésité à comparer *Pauvre Albino* au roman de jeunesse de Dostoïevski, *le Double*. Albino croit en effet que les médecins qui ont découvert sa tuberculose sont des ennemis décidés à le renvoyer de l'usine. Et, comme chez Dostoïevski, le délire de persécution est poussé jusqu'à une sorte de transfiguration fantastique du réel.

La signification symbolique du livre est claire : l'ouvrier, dans une usine moderne, est dépouillé de sa personnalité, offert tout vif au feu de la folie. De même, n'importe quel homme, dans la société moderne... *Pauvre Albino*, c'est un peu nous tous. Volponi n'est pas le premier à le dire, sans doute. Mais la façon dont il le dit est originale.

D'abord sa critique de l'automatisme ne verse pas dans le registre comique, trop facile aujourd'hui, après René Clair et Charlot.

Ensuite, il se garde de toute emphase polémique, piège non moins usé.

Enfin, il allie le réalisme minutieux à la libre fantaisie : et c'est dans le passage continuel d'un plan à l'autre, du plan de la description au plan de l'imaginaire, que réside l'intérêt de ce roman.

Il fallait dépeindre, *hic et nunc*, en historien, l'ouvrier. Il fallait en même temps libérer chez l'ouvrier le mythomane tapi dans le cœur de chaque homme. Avec *Pauvre Albino*, Paolo Volponi ne nous a donné rien de moins qu'un roman-fable, le premier roman-fable sur l'usine.

Anteo Crocioni, le héros du deuxième roman de Volponi[1], ressemble comme un frère à Albino Saluggia : à ceci près qu'il n'est plus ouvrier d'usine mais petit cultivateur dans la très rurale province des Marches et que, fort d'une culture d'autodidacte, il travaille à la rédaction d'un « système » et à l'élaboration d'une machine qui devra réorganiser le

1. *Le Système d'Anteo Crocioni*, 1968, traduit par Maurice Javion, 1969, Grasset.

monde et le sauver du désordre coupable où la folie des hommes le précipite.

Le thème reste identique sous les variations : il s'agit de la violente protestation d'un individu contre les pressions de la société — révolte d'autant plus impétueuse qu'Anteo Crocioni se réfère sans cesse à une sorte d'éden rousseauiste pour dénoncer les infamies de la société de consommation.

Alors que l'après-guerre était dominé par les problèmes du chômeur et de l'artisan, et que le « voleur de bicyclette » reste le personnage emblématique de cette époque, on n'a plus compté ensuite les romans dont le héros est moins un individu particulier que l'organisme industriel, qui le broie dans ses engrenages implacables. L'obsession est devenue si générale qu'Anteo Crocioni lui-même, dans sa lutte désespérée contre la société de masse, ne trouve pas de meilleur expédient que d'emprunter à cette civilisation qu'il exècre son arme principale : la machine. Il rêve de remplacer toutes les machines destructrices des valeurs humaines par une seule machine qui sauvera le monde.

Mais le roman de Volponi serait sans doute resté d'une excessive froideur et abstraction s'il ne s'était alimenté à une autre grande source découverte dans les années 60 en Italie : la névrose d'aliénation, explorée ici jusque dans ses manifestations cliniques. Anteo Crocioni n'est pas seulement la victime d'une société qui refoule impitoyablement son idéal campagnard de vie pacifique et pure, il est aussi la victime de ses propres fantasmes, obsessions et délires paranoïaques, qui le dominent d'autant mieux qu'il en ignore la nature, puisqu'ils agissent dans les profondeurs de son inconscient.

Qu'un individu mortellement atteint dans son intégrité psychique s'avise de réformer l'univers, voilà qui suscite chez le lecteur tour à tour le rire et la pitié. Volponi, avec un art consommé, utilise à fond les ressources de l'humour comme les effets de la tragédie, et il n'est pas une des longues phrases sinueuses et enchevêtrées dans lesquelles il fait s'exprimer son personnage (qui parle à la première personne) où n'apparaissent simultanément la grandeur courroucée du juste qui accuse et la misère du névropathe, que sa faiblesse inéluctablement expose aux coups, aux humiliations, à la défaite.

Ses rapports avec sa femme, la douce et simplette Massimina, mais résolue, dans son obscur instinct féminin, à préserver sa sécurité contre les ténébreuses folies de son époux, forment le nœud dramatique et la charge émotionnelle du roman. Anteo Crocioni, convaincu qu'il est seul à pouvoir sauver sa femme du gouffre où roule l'humanité aveuglée, se conduit d'une manière si absolue, si intransigeante et si inadmissible pour qui ne partage pas ses passions ou ses folies que la pauvrette se voit contrainte de s'enfuir en l'abandonnant à ses fatales chimères ; rien de plus déchirant que ce malentendu entre deux êtres qui s'aiment, mais qui conçoivent la vie l'un comme une lutte incessante contre d'invisibles démons, et l'autre comme une humble acceptation de tâches sans éclat.

Qui est sage ? Qui est fou ? Celui qui met en procès la société au nom d'une pureté impossible ou ceux qui végètent dans le compromis, l'imperfection et la lâcheté ? Où est la véritable aliénation ? Si Anteo est un personnage positif ou s'il est un personnage négatif, s'il faut le ranger parmi les révolutionnaires de l'avenir ou parmi les misanthropes du passé, c'est au lecteur à en décider. A moins, comme je le lui souhaite, qu'il ne trouve son plaisir dans la jouissance même de cette ambiguïté.

Opéra I

L'opéra comme psychodrame de la société italienne

Le défaut le plus courant qu'on reproche à l'opéra est l'invraisemblance psychologique. Personnages de sorcières et de traîtres, caractères tout d'une pièce, déguisements et travestis qui sautent aux yeux, situations de famille ridicules, imbroglios inextricables, retournements subits, l'unique motivation de toutes ces absurdités étant la nécessité de répartir les airs entre les différents personnages. Une autre sorte d'invraisemblance n'est pas moins vivement dénoncée : celle qui consiste à faire chanter à tue-tête un mourant, ou brailler deux amoureux clandestins à quelques mètres de ceux qui les persécutent, ou à rapprocher sur la scène plusieurs personnages en supposant qu'ils ignorent la présence les uns des autres. On trouve le comble du grotesque qu'au beau milieu de l'action, et quand il devrait au plus vite prendre une décision et l'exécuter, le chanteur se plante devant le public et le gratifie d'une confession interminable. Quant au chœur de soldats qui répètent pendant dix minutes : « Partons, partons sauver la ville » et néanmoins restent sur place, on le cite comme preuve d'une puérilité sans remède. Pour aimer l'opéra il faudrait se faire *une âme d'enfant*, et il n'est pas rare que des amateurs d'opéra eux-mêmes négligent de prendre connaissance du livret et dédaignent de s'intéresser à l'histoire qui leur est racontée : seule la musique serait belle, seule la musique mériterait attention.

Une telle opinion trahit une curieuse exigence de réalisme de la part du spectateur. Il voudrait en somme que chacun se conforme à la situation où il se trouve : le soldat de la ville assiégée devrait s'élancer sur les remparts, les amoureux traqués devraient chuchoter d'une voix inaudible. Or quoi de plus borné, quoi de plus faux psychologiquement qu'un réalisme de ce genre ? Le soldat voudrait vouloir s'élancer au secours de sa ville, et il chante donc avec conviction : « Partons, partons » ; mais en même temps il préfère mille fois rester chez lui à l'abri du danger, et il reste donc à piétiner sur place. Les amoureux savent qu'il serait plus sage de se taire ; mais la passion déborde malgré eux sur leurs lèvres ; ou bien ils se taisent en effet, mais chacun d'eux n'en entend pas moins le chant jaillir de la bouche de l'autre. L'opéra, loin de tomber dans l'invraisemblance psychologique, rend manifestes les contradictions de la vie : sous le silence *réel* des deux amoureux poursuivis, il entend et fait entendre la clameur *psychologique*, c'est-à-dire la vérité de leur amour.

D'une manière plus générale, il faudrait montrer que certaines conventions propres à l'opéra, au lieu de nuire à l'intérêt psychologique du drame représenté, permettent à l'auteur de projeter et au spectateur de reconnaître certaines de ses obsessions les plus profondes. La première et la plus importante de ces conventions est la lenteur. La musique, inévitablement, ralentit l'action. Ce qui pourrait être dit en trois minutes demande un bon quart d'heure pour être chanté. La deuxième de ces conventions est le grossissement. La musique élimine les nuances et ne présente d'un caractère que la ligne de force. Un traître d'opéra est plus traître qu'un traître de Shakespeare. Mais c'est justement cette infériorité apparente de l'opéra qui lui assure une originalité incomparable : l'opéra met au jour les grandes pulsions instinctives du personnage, que le théâtre ne peut montrer qu'élaborées. Le théâtre est le royaume du *moi*, l'opéra le royaume du *ça*. Le personnage de théâtre est un homme déjà organisé psychiquement, le personnage d'opéra une force nue, brute, élémentaire. L'analyse, les nuances, les subtilités psychologiques conviennent donc au théâtre autant qu'elles conviennent peu à l'opéra. Mais il serait inexact de dire que le théâtre reflète la vérité psychologique, alors que l'opéra ne la reflète pas. Ces deux genres correspondent à deux sortes de psychologie, à deux stades de l'évolution psychologique. Encore faut-il corriger cette phrase, qui laisse à penser qu'un stade serait supérieur à l'autre, que le théâtre s'occuperait de la partie la plus élevée, la plus noble de l'homme, et l'opéra de la partie la plus basse. Du point de vue psychologique, le *ça* et le *moi* présentent la même dignité, le même intérêt. Bien mieux, ils cohabitent dans le même homme, dans chaque homme, tout le long de sa vie. A aucun moment de sa vie un homme ne peut se dire qu'il a vaincu définitivement le *ça*. Cette expression n'aurait aucun sens, car c'est justement le *ça*, ses poussées, ses exigences, qui alimentent le *moi*, c'est ce chaos d'instincts qui demande à être organisé. Sans le *ça*, il n'y aurait pas de *moi*, et une personnalité résulte du conflit dialectique de ces deux partenaires. Plus le *ça* est riche, plus est riche également le *moi*. Quand je dis que l'opéra met au jour les pulsions instinctives du personnage, gardons-nous de donner à ce mot d'instinct aucune signification morale péjorative. L'opéra révèle une dimension de l'homme ignorée par le théâtre. Il la révèle grâce à ce ralentissement et à ce grossissement qui lui sont propres ; et à leur tour ce ralentissement et ce grossissement sont merveilleusement appropriés à ce qu'ils signifient : car si le *moi*, la partie organisée de l'homme, se caractérise par la variété, la mobilité, le renouvellement incessant, le *ça*, la partie élémentaire et primordiale de l'homme, se caractérise par une certaine monotonie, un certain ressassement obsessionnel. Le *ça* étant donné une fois pour toutes, constituant ce fonds d'émotions et d'angoisses formé dès la petite enfance, il serait psychologiquement faux que le personnage d'opéra présente une trop grande richesse psychologique : les opéras prétendument « subtils » sont de mauvais opéras, de même que les pièces de théâtre trop « grosses » sont de mauvaises pièces. L'opéra est peut-être le seul genre esthétique qui soit capable d'exprimer dans toute leur puissance, sauvage et compulsionnelle, les conflits, les fantasmes qui composent notre structure psychique.

Enfin, dernier argument en faveur de la vraisemblance psychologique, ces forces primitives sont celles qui ont été soumises au refoulement : il est donc normal que lorsqu'elles arrivent à s'exprimer, ce ne soit pas à travers la forme mesurée et raisonnée qui est celle du dialogue théâtral, mais à travers la forme excessive et paroxystique qui est celle de l'effusion lyrique. L'outrance de l'opéra, l'insistance parfois pénible d'un même thème, les longueurs, le besoin de recommencer *da capo* une explication, quand depuis longtemps le spectateur a compris de quoi il s'agissait, tout cela prouve la vérité profonde de l'opéra, qui ne véhicule pas des contenus intellectuels, mais des contenus émotionnels, archaïques, impossibles à contrôler, et jaillissant avec d'autant plus d'impétuosité qu'ils ont été plus vigoureusement comprimés dans l'inconscient par la censure.

A l'appui de ce qui vient d'être dit, à la fois au sujet de la répartition des deux domaines de la psychologie entre les deux grands genres dramatiques, et au sujet de l'égalité de ces deux domaines, le domaine du *ça* et le domaine du *moi*, on peut remarquer que les pays où triomphe l'opéra ne sont pas les mêmes que ceux où triomphe le théâtre. L'Italie et la Russie semblent vouées tout particulièrement à l'opéra ; la France et l'Angleterre, au théâtre. C'est en France et en Angleterre qu'on prête le plus d'attention aux subtilités de la psychologie ; c'est dans ces deux pays que l'on confond, par une prétention abusive, la psychologie et la subtilité psychologique ; c'est en France aussi qu'on entend les critiques les plus péremptoires contre l'opéra [1]. Pour ma part, je considère comme un singulier appauvrissement de la culture française cette obstination à renfermer la psychologie dans les limites de l'analyse psychologique, ce refus de connaître que la culture d'opéra non seulement est tout aussi belle et riche que la culture de théâtre, mais tout aussi instructive sous le rapport de la connaissance psychologique de l'être humain.

Il suffit d'ailleurs, pour s'en rendre compte, de revenir à la phrase citée plus haut. Pour aimer l'opéra, il faudrait se faire *une âme d'enfant*, disent ses détracteurs. Or c'est en partie vrai, mais ce que je conteste, c'est l'intention dénigrante contenue dans ce jugement. Ce jugement, à mon sens, est plutôt positif et flatteur. Nous avons appris aujourd'hui à reconnaître la valeur psychologique immense que renferment les contes de fées, les contes de Grimm par exemple. Le seul critique français qui ait parlé avec profondeur de Verdi, Marcel Moré [2], est également le premier qui ait réhabilité Jules Verne. Et on attend toujours les travaux qui sortiraient du ghetto de la « littérature pour l'enfance » des œuvres aussi pleines de vérité psychologique que les romans de Stevenson ou d'Alexandre Dumas. Songeons que *Moby Dick* de Melville, reconnu

---

1. « Une sottise chargée de musique, de danses, de machines, de décorations, est une sottise magnifique, mais toujours une sottise » (Saint-Evremond, *Lettre sur les opéras*, 1677). Se sont exprimés dans le même sens : Boileau *(Fragment d'un prologue d'opéra)*, La Bruyère *(Des ouvrages de l'esprit)*, La Fontaine *(Epître à M. Nyert)*, Voltaire *(Questions sur l'Encyclopédie)*. L'excessive complication des machineries de l'époque ne justifiait qu'en partie cette sévérité.

2. Marcel Moré, *la Foudre de Dieu*, Paris, 1969.

aujourd'hui pour un des grands romans de l'inconscient, ou *Don Quichotte* de Cervantès, considéré par la critique plus récente comme un ancêtre de Kafka, ont été longtemps traités dédaigneusement de « livres pour enfants ». Les chefs-d'œuvre de l'opéra présentent un intérêt aussi considérable, pour l'explorateur de l'inconscient, que ces chefs-d'œuvre de la littérature ; le rapprochement avec les contes de fées est particulièrement frappant, à cause du rôle important réservé aux rois, aux sorcières et aux traîtres. Il y a plus : les dessins d'enfants sont une des sources principales, aujourd'hui, de la connaissance de l'âme enfantine. Qu'est-ce qui nous frappe dans ces dessins d'enfants ? Que tout y soit grossi, simplifié, que chaque objet représenté revête une valeur unique, absolue : l'enfant ne dessine pas une maison, avec des détails réalistes, mais toujours la même maison, qui est, dans l'absolu, *la* maison. Sur cette maison, il pose *le* soleil, rond et fort. Une grosse femme représente *la* sorcière, etc. Cette simplification n'est nullement le signe de la pauvreté de la psychologie enfantine, comme on l'a longtemps cru. Cette simplification trahit au contraire la profondeur des émotions enfantines, *le* soleil c'est *le* père, *la* maison c'est *la mère*, la sorcière c'est *la* mauvaise mère. Or la simplification et le grossissement qu'on trouve dans l'opéra ont le même sens et la même origine : le roi équitable et bon n'est pas un personnage tout d'une pièce qui manque de subtilité, il est la projection du père, du père unique et uniquement bon, tel que l'enfant le voyait. De même que le roi méchant et tyrannique n'est pas une caricature grossière, il est la projection du mauvais père. L'opéra fournit ainsi l'occasion, tant à l'auteur qu'au spectateur, de reconnaître ses plus anciens fantasmes de bonheur ou d'angoisse, de revivre les uns, de se délivrer des autres, dans un immense psychodrame qui se joue en public et accomplit de la sorte son rôle cathartique. Un homme, n'importe lequel, même le plus intelligent, même le plus libre, n'arrive à progresser que s'il peut de temps à autre se purger par une régression.

Soit dit entre parenthèses, les reproches qu'on adresse aux décors d'opéra, à leur aspect conventionnel, sont justes en partie et en partie erronés. La plus grande bévue consiste à réclamer des décors plus vrais, plus réalistes, plus proches de la vérité et du réalisme des adultes. Il faudrait modifier en effet l'esthétique des décors d'opéra, mais dans le sens opposé à ce réalisme-là, en s'inspirant des dessins d'enfants, en restituant sur la scène la vérité stylisée, naïve et en même temps passionnée, qui est la seule vérité des enfants.

Examinons brièvement quelles raisons peuvent expliquer que l'Italie soit la terre d'élection de l'opéra. Stendhal s'était posé la question dès 1824, en écrivant sa *Vie de Rossini*. Comme réponse, il invoqua « le despotisme minutieux qui depuis deux siècles enlace et étouffe le génie italien ». La censure, disait-il, a empêché le développement de la pensée écrite. « Jusqu'à ce que l'Italie ait un gouvernement modéré, comme celui dont on jouit en Toscane depuis dix-huit mois, je demande en grâce, et je puis dire en justice, qu'on ne la juge que sur cette partie de son âme qu'elle peut révéler par les beaux-arts. Aujourd'hui il n'y a que les espions ou les nigauds qui impriment. » A la fin de l'ouvrage, diagnostic encore plus tranchant : « Comment lire, dans un pays où la police intercepte les trois quarts des livres, et note ensuite sur un livre rouge les imprudents qui lisent l'autre quart ? On ne lit donc pas en Italie ; toute véritable discussion est prohibée ; et un livre, à force de déshabitude, est devenu pour les jeunes gens une corvée dont la seule apparition fait frémir. »

Comme corollaire à sa théorie, Stendhal justifiait de la sorte la place prépondérante occupée par l'amour dans l'opéra italien : « De toutes les passions généreuses, la tyrannie ne permet en Italie que l'amour... Comment des gens à qui la gloire était défendue, et qui ne voyaient dans les armes qu'un instrument d'insolence et d'oppression, auraient-ils pu trouver du charme à rêver aux sensations guerrières ? »

Cette illustre opinion attribue donc à la seule situation politique, et le développement de l'opéra au détriment des œuvres littéraires, et l'exaltation de l'amour au détriment de tous les autres sentiments. Régime policier des Bourbons à Naples, censure pontificale à Rome, occupation étrangère (espagnole puis autrichienne) à Milan et à Venise, pendant trois siècles[1]. Sans sous-estimer l'importance de ce facteur, on peut se demander s'il explique vraiment tout.

Première objection : dès *Mosé* (Moïse), représenté en 1818 à Naples, Rossini avait écrit un opéra politique de préférence à un opéra d'amour. Les tribulations du peuple juif à la recherche de sa délivrance étaient une claire allusion aux souffrances du peuple italien sous le joug étranger. Plus tard, en 1831 et en 1835, Bellini, le génie pourtant le plus mélodique, le plus enclin à exalter l'amour, fit une place non négligeable au sentiment patriotique dans ses deux opéras *Norma* et *I Puritani*. Enfin et surtout, on sait que le jeune Verdi, avant 1850, c'est-à-dire avant la libération et l'unification de l'Italie, dut ses premiers succès aux allusions politiques contenues dans *Nabucco, I Lombardi alla prima crociata, la Battaglia di Legnano*. Les spectateurs de ces divers opéras ne s'enthousiasmaient pas seulement pour des histoires d'amour, ils trouvaient aussi, contrairement à ce que pensait Stendhal, « du charme à rêver aux sensations guerrières » et, plus que du charme, une incitation à conquérir leur liberté. L'opéra, loin d'être un pur art d'évasion, servit à exprimer les aspirations les plus sérieuses du peuple italien. D'ailleurs un des principaux prophètes et artisans du Risorgimento, Giuseppe Mazzini, assignait une place de choix à l'opéra dans le renouvellement moral et social de son pays[2]. L'opéra, bien plus que le roman ou que la poésie, véhicula le grand mouvement d'indépendance du XIXe siècle italien.

Deuxième objection : après 1860 et le triomphe du Risorgimento, on constate que les œuvres les plus représentatives du génie italien continuent à être des opéras plutôt que des œuvres littéraires. Il faut se demander pourquoi.

---

1. Même avis exprimé en 1700 par un Allemand : « La musique détourne des études sérieuses ; elle prive le pays de bien des têtes qui auraient pu s'employer à son service. Ce n'est pas sans motif que les politiques la favorisent : ils le font par raison d'Etat. (...) L'Italie en est un exemple ; ses princes et ses ministres l'ont laissée infecter par les charlatans et les musiciens, afin de n'être pas troublés dans leurs affaires » (Cité par Romain Rolland, *Voyage musical au pays du passé*, Hachette, 1922, p. 21.)
2. Giuseppe Mazzini, *Filosofia della musica*, 1836.

L'abondance et le succès des opéras italiens sont en étroit rapport avec la rareté et la médiocrité des romans et des pièces de théâtre. En dehors des *Promessi Sposi* de Manzoni, aucune œuvre littéraire n'a réussi à jouer un rôle important dans la vie intellectuelle et artistique italienne au XIXe siècle. Non seulement il n'y eut pas de très grands auteurs littéraires comme Balzac et Flaubert en France, Dickens et Hardy en Angleterre, Tolstoï et Dostoïevski en Russie, mais même le genre du roman historique « populaire », à la Hugo ou à la Dumas, fit défaut. C'est Antonio Gramsci le premier qui a attiré l'attention sur cette étrange carence de la culture italienne. « Pourquoi, demande-t-il dans un de ses cahiers de prison, la démocratie artistique italienne a-t-elle eu une expression musicale et non littéraire [1] ? » La réponse évidemment n'est pas simple. Elle dépendrait sans doute d'une réflexion, qui n'a jamais été faite et qui ne peut être ici qu'ébauchée, sur la valeur et la fonction du mot dans la société italienne. Le mot, surtout le mot écrit, n'a guère de force en Italie, peut-être parce que, comme chacun peut le noter, ce peuple a besoin de sensations immédiates, physiques, qu'il se procure plus facilement en voyant un beau palais, une belle statue, en écoutant une belle musique. Une culture de théâtre suppose de la confiance dans les mots, dans la possibilité de faire évoluer une situation à travers l'expression verbale. De même, pour qu'il y ait roman, il faut que les personnages se parlent, il faut qu'ils trouvent qu'il y ait intérêt à se parler.

Le roman d'amour est sans doute la forme la plus typique du roman ; en tout cas, on peut vérifier ce principe en Italie, par la négative : l'amour italien ne fait pas l'objet de romans, au XIXe siècle, et c'est pourquoi cette nation n'a pas eu de romans. Mais d'où vient que l'amour italien n'a pas été peint dans des romans ? Est-ce parce que, selon la thèse stendhalienne, il serait trop vif, trop emporté, trop impatient, trop passionné pour permettre à quiconque d'en raconter l'histoire ? N'est-ce pas plutôt pour une tout autre raison ? Une histoire d'amour, c'est-à-dire un roman, suppose l'introduction de la durée dans l'éblouissement de la première minute. En d'autres termes, les amoureux qui viennent d'être frappés par le coup de foudre n'ont le choix qu'entre deux solutions : ou se quitter pour toujours et vivre sur le souvenir de cet instant ineffable, ou se mettre à se parler, à se raconter leurs histoires et à mettre en commun leurs problèmes. Il semble que la première solution soit de loin la plus conforme au tempérament italien : du moins, c'est celle que Dante a immortalisée et fixée en modèle au seuil d'une longue tradition littéraire. Dante n'aperçut qu'en deux occasions Béatrice, il ne lui adressa jamais la parole ; elle mourut avant qu'il n'ait pu connaître qui elle était. Cependant, elle lui inspira l'admirable *Vita nuova*, rédigée en grande partie après sa mort, et il lui rendit dans *la Divine Comédie* un culte posthume sans égal.

Maintenant, si nous quittons le terrain de la haute culture et si nous descendons dans la rue observer ce qui s'y passe tous les jours, nous aurons la surprise de constater que n'importe quel Italien, à quelque classe qu'il appartienne, éprouve beaucoup de difficulté à verbaliser son amour. Regardez un homme et une femme en Italie : ils ne se parlent

1. Antonio Gramsci, *Letteratura e vita nazionale*, Einaudi, 1950, p. 69.

pas, ils n'ont rien à se dire. Il faut reconnaître que l'école les a dégoûtés des mots. La plupart des professeurs, même s'ils s'expriment simplement dans la vie courante, se croiraient déshonorés si, une fois installés dans leur chaire, ils n'employaient un langage rhétorique, compliqué, oraculaire et pâteux. Gramsci, écrivain nerveux et rapide, a dénoncé comme une maladie nationale ce culte du discours d'apparat. Encore Gramsci n'avait-il en vue que les dégâts causés à la prose littéraire, surtout à la prose d'essai. Les conséquences sont bien plus graves s'il est vrai que les citoyens formés par cet enseignement arrivent à la vie adulte sans disposer de l'instrument verbal. D'où, entre autres dommages, cette incommunicabilité entre époux. Mari et femme peuvent se crier des injures, ils ne s'en privent pas, ce qui est une autre façon de dévaluer les mots. Les jeunes sortent le plus souvent en bandes et même les gens d'âge mûr se rendent en *comitiva* au restaurant, comme s'ils cherchaient à éviter, grâce au bavardage collectif, l'épreuve affreuse du tête-à-tête. On serait tenté de dire que la *Vita nuova* s'est imposée non seulement comme modèle littéraire à la haute culture italienne mais comme modèle psychologique aux habitants de la péninsule. Hypothèse absurde, bien entendu : c'est Dante, au contraire, qui a codifié dans son petit livre une habitude de timidité et de silence entre les sexes déjà largement répandue à son époque.

Il est possible aussi que l'échange des mots entre les individus ne se généralise que dans une société qui ait intérêt à disposer d'un langage clair, pratique, efficace, c'est-à-dire dans une société dominée par une bourgeoisie d'affaires. La défaite de la bourgeoisie italienne, à la fin de la Renaissance, et le rétablissement des féodalités jusqu'au milieu du XIXe siècle auront précipité l'Italie dans l'atonie verbale. Le mot n'a pas de force en Italie, il n'en a sans doute jamais eu, parce que les vicissitudes historiques ont confirmé les Italiens dans l'opinion qu'il est inutile de se parler, d'articuler un discours qui fasse un sens et rejoigne un but. La grande littérature italienne est la poésie, qui ne connaît ni développement ni sens, qui est âpre, dure et nue, qui brûle comme une flamme blanche dans un désert silencieux, hors du temps. La musique d'opéra, elle, crie fort et répète : pas d'œuvres où le mot soit plus dévalorisé, mais pas d'œuvres non plus où le simple cri, la transe purement physique, apparaisse plus émouvante, plus belle, plus gorgée d'art. L'amour, dans l'opéra, ne connaît que des triomphes fulgurants ou des désastres spectaculaires.

L'examen des mots qui servent de support à la musique est néanmoins du plus haut intérêt. L'habitude de dénigrer les livrets, de leur refuser toute valeur littéraire ou psychologique, remonte loin, puisque Rossini se moquait ouvertement de la signification de ses opéras, simples prétextes, selon lui, à de jolis airs. Il aurait pu mettre en musique avec autant de plaisir, disait-il, la note de sa blanchisseuse. De son côté, Stendhal a beaucoup contribué à discréditer le livret d'opéra. Il avait pris, dans sa jeunesse, des leçons de chant à Grenoble. « J'achetais des airs italiens, un entre autres où je lisais *Amore* ou je ne sais quoi, *nel cimento* ; je comprenais : *dans le ciment, dans le mortier*. J'adorais ces airs italiens auxquels je ne comprenais rien[1]. » Plus tard, en écrivant la *Vie de*

1. *Nel cimento* : dans l'épreuve, dans le tourment.

Rossini, il continua d'afficher le plus grand mépris pour le texte des opéras, bien qu'il en comprît, maintenant, le sens. « Je refais toujours, pour mon compte, les paroles d'un opéra. » C'était d'ailleurs un usage répandu en Italie que quelqu'un dans la loge donnât le *mot* des principaux airs, c'est-à-dire une indication sommaire sur l'état d'âme dominant — joie, désespoir, mélancolie, attente — du personnage en train de chanter. « Il ne faut pas avoir l'imprudence de lire le *libretto* », écrit Stendhal à propos de *l'Italiana in Algeri*. « A Vicence, je vis qu'on le parcourait la première soirée pour prendre une idée de l'action. A chaque morceau on lisait le premier vers qui nomme la passion ou la nuance de sentiment que la musique doit peindre. Jamais, durant les quarante représentations suivantes, il ne vint à l'idée de personne d'ouvrir ce petit volume couvert de papier d'or. » Certes, à cette époque, la plupart des livrets d'opéra étaient d'une médiocrité ou d'une invraisemblance déconcertantes. Le premier poète d'opéra un peu sérieux au XIXe siècle fut Felice Romani, le librettiste attitré de Bellini. Verdi et Puccini, en revanche, prenaient soin de ne mettre en musique que des textes dont la valeur littéraire et dramatique fût passable. Pourtant, la mauvaise poésie n'a cessé de remplir l'opéra vériste lui aussi, et la remarque de Stendhal demeure pertinente : « Il faut être littérateur français pour s'aviser de juger un opéra par le mérite des paroles. » Seulement, ce que Stendhal n'a pas vu, c'est que tout livret, même le plus médiocre en tant qu'œuvre littéraire, est très révélateur comme document psychologique et sociologique. L'analyse stendhalienne de *l'Italiana in Algeri* reste courte, précisément en raison du mépris affiché pour la signification profonde, cachée du texte. Les mots ici, en dépit de leur agencement simpliste ou ridicule, sont porteurs d'une vérité précieuse.

Un problème préalable mériterait d'être considéré à part : pourquoi les sujets d'opéra italien sont-ils presque toujours étrangers ? Etrangers, ils le sont doublement. D'abord parce qu'ils s'inspirent d'une œuvre non italienne : Shakespeare et Schiller, Beaumarchais et Walter Scott, Victor Hugo et Dumas fils, Eugène Scribe et Victorien Sardou ont été les grands pourvoyeurs de l'opéra italien, et non pas Goldoni ni Alfieri ni Manzoni. Ensuite parce que l'action se déroule presque toujours en dehors de l'Italie : l'Espagne du *Barbier de Séville* et de *Don Carlo*, le Paris de *la Traviata* et de *la Bohème*, l'Egypte de *Mosé* et de *Aïda*, la Suisse de *Guillaume Tell* et de *la Sonnambula*, l'Angleterre des *Puritani* et de *Lucia di Lammermoor*, sans compter l'Amérique, le Japon et la Chine mis à l'honneur par Puccini, sont bien plus souvent représentés que l'Italie sur une scène d'opéra italien. Les grands héros d'opéra qui parlent au cœur du peuple italien sont rarement des héros italiens. Roméo et Juliette, Othello eux-mêmes ne sont revenus en Italie que rehaussés du prestige et garantis par l'autorité de Shakespeare. Quand on cherche un opéra italien qui traite un sujet italien imaginé par un auteur italien, on ne trouve guère à citer que *Cavalleria rusticana* et *Paillasse* ou des œuvres secondaires comme la *Francesca da Rimini* de Zandonai. Voilà une première indication sur les rapports particuliers que le peuple italien entretient avec sa culture : choisir de s'incarner dans des héros qui appartiennent à un autre monde, et cela précisément à l'époque où l'Italie réussissait à se libérer de l'oppression étrangère, révèle un scepticisme, une timidité, une méfiance singulière à l'égard de son propre destin.

Plus que les mots eux-mêmes, il faut étudier dans les livrets les situations dramatiques et les similitudes qu'on trouve de l'une à l'autre dans différents opéras. S'il apparaît que les situations parentales ou conjugales obéissent à des schémas répétitifs, il conviendra de dégager des modèles types. Enfin, il sera fructueux de se demander si entre la nature des voix (ténor, soprano, etc.) et la catégorie psycho-sociale des héros (le roi, l'amoureux, le père, la fille, etc.) on ne peut pas repérer des correspondances significatives.

Certes, le jeu des comparaisons nationales appelle bien des réserves. Cependant, puisque l'opéra est un psychodrame collectif, il n'est pas interdit de penser que certaines constantes nationales dans l'opéra trahissent certaines vérités collectives de la vie psychique d'un pays. Les deux pays où l'activité d'opéra accapare presque entièrement l'activité musicale sont l'Italie et la Russie. Il va donc être particulièrement instructif de tenter un rapprochement, d'autant plus que les différences sautent aux oreilles.

Examinons le traitement des voix masculines dans l'opéra russe et dans l'opéra italien. Les grands rôles du répertoire masculin russe sont réservés à des voix de basse : le tsar et Pimène dans *Boris Godounov*, le prince Ivan Khovanski et le grand prêtre Dossiféi dans l'autre opéra de Moussorgski, *Khovanchtchina*. Chez Borodine, tous les personnages principaux du *Prince Igor* : le prince lui-même, le boyard Galitski et le khan Kontchak. Même chose pour Glinka, pour Rimski-Korsakov. Il convient encore de faire remarquer ceci : les personnages à voix de basse, même quand ils commettent des erreurs politiques (comme Ivan Khovanski) ou quand ils se rendent coupables d'un crime (comme Boris Godounov), nous apparaissent comme revêtus de puissance et de majesté. Sans aucune équivoque possible, ce sont eux les héros. Les ténors, chez Borodine et chez Moussorgski, jouent au contraire un rôle lamentable. Vladimir, le fils du prince Igor, prisonnier avec son père du khan Kontchak, se laisse séduire par la fille de leur vainqueur, et, tandis que Igor s'évade pour se remettre à la tête des armées russes, il épouse, lui, la belle Polovtsienne, au mépris de son devoir national. Dans *Boris Godounov*, le duo d'amour entre Marina et le faux Dimitri est non seulement une supercherie à fins politiques, c'est aussi, musicalement, la partie faible de l'œuvre. Dans *Khovanchtchina*, autant le prince Ivan Khovanski, basse, est conscient de ses prérogatives et de ses devoirs de classe, autant son fils André, ténor, dépense frivolement son temps en intrigues amoureuses. Ainsi les voix de basse, bien plus nombreuses, représentent aussi les éléments positifs, héroïques de la société.

Le cas de Tchaïkovski mérite une analyse à part. On entend souvent accuser ce compositeur d'avoir été « moins russe » que les Cinq, de s'être « occidentalisé ». C'est un fait qu'il voyageait chaque année en Europe, se plaisait à Berlin, à Paris, à Florence. Le choix de ténors pour les rôles principaux, comme Lenski dans *Eugène Onéguine* ou Hermann dans *la Dame de pique*, pourrait être porté au compte de cette « occidentalisation ».

J'ai moi-même soutenu cette opinion écervelée. Je n'étais jamais allé en Russie, et ne savais pas que Tchaïkovski est l'idole de son peuple. On joue là-bas dix fois *Eugène Onéguine* pour une fois *Boris Godounov*. Je n'aurais eu qu'à lire Stravinski : « le plus russe des Russes », dit-il de Tchaïkovski, auquel il a rendu un vibrant hommage dans *le Baiser de la fée*. Alors, pourquoi des ténors ? Et pourquoi des ténors qui, loin de s'aliéner le public, attirent irrésistiblement sa sympathie ? La vérité est qu'il y a deux Russie, la Russie, asiatique et archaïque, de Moscou, du Kremlin, des boyards, des moines, et la Russie, moderne et européenne, de Saint-Pétersbourg, laquelle a relégué au rang des accessoires folkloriques les églises à bulbes, les processions religieuses, les ivrognes, les khans, les intrigues et les félonies de palais. Tchaïkovski s'est voulu l'interprète de cette seconde Russie, la Russie quotidienne, familière, qui n'est pas moins Russie que l'autre, qui est la Russie où les Russes d'aujourd'hui se reconnaissent le mieux.

Notre vision, en France, de la Russie artistique est faussée depuis 1908, année où Diaghilev fit découvrir, aux Parisiens éblouis, *Boris Godounov* et *le Prince Igor*, avec ce chanteur d'exception qu'était la basse Fiodor Chaliapine. D'où notre entêtement, depuis un siècle, à confondre la Russie et la Russie de Chaliapine, l'opéra russe et l'opéra des Cinq. L'opéra russe que je compare ici à l'opéra italien n'est, en vérité, qu'une partie, une moitié de l'opéra russe, l'opéra des Cinq, qui, pour être plus connu à l'étranger, n'a aucun titre à représenter l'ensemble de la production lyrique en Russie. Quand je dis que les basses ont le beau rôle dans l'opéra russe, et les ténors les emplois de traîtres ou d'évaporés, qu'il soit clair que je me réfère uniquement aux œuvres des Cinq. La situation a changé avec les auteurs plus modernes, Tchaïkovski, Rachmaninov, Chostakovitch. Dans *Lady Macbeth de Mtsensk*, elle est même complètement renversée, puisque le personnage odieux du beau-père y est tenu par une basse, et que Sergueï, le rayon de lumière dans ce monde de ténèbres, chante par la voix d'un ténor.

Dans l'opéra italien du XIXe siècle, on ne trouve pas de rôles importants réservés à des basses — à l'exception de Philippe II dans *Don Carlo* et de Fiesco dans *Simon Boccanegra*. Les vrais, les seuls héros, ce sont les ténors. Qui veut faire carrière à l'opéra en Italie et ne possède pas une voix claire peut charger d'imprécations le destin. Quel nom de basse ou de baryton est passé dans le grand public ? D'Enrico Caruso à Beniamino Gigli, de Mario del Monaco à Giuseppe di Stefano, de Carlo Bergonzi à Luciano Pavarotti, seuls les ténors font délirer les foules : moins par leur talent, quelquefois (je pense en particulier au dernier nom cité), que par la figure qu'ils incarnent, figure invariablement au-dessus du commun, toujours grande et noble dans la pire adversité.

La plupart des opéras italiens se laissent réduire à un schéma semblable, sinon identique : le héros, qui est un ténor, poursuit une héroïne, qui est une soprano, contrecarré par un troisième personnage, lequel, sans être une basse, possède quand même une voix de baryton, c'est-à-dire plus grave que celle du ténor. Pour les exemples, on n'a que l'embarras du choix. Donizetti : Enrico, baryton, s'oppose à ce que sa sœur, Lucia di Lammermoor, aime Edgardo, ténor. Verdi, *la Traviata :* M. Germont, baryton, met fin à la liaison entre son fils Alfredo, ténor, et Violetta. *Il*

Trovatore : le comte de Luna, baryton, essaye par tous les moyens d'enlever Leonore à son amant Manrique, ténor. *Un Ballo in maschera :* l'idylle amoureuse entre Amelia et Riccardo, ténor, provoque la vengeance du mari d'Amelia, Renato, baryton. *Don Carlo :* l'infant d'Espagne, ténor, dispute Elisabeth à son père le roi Philippe II, basse. *Otello :* Iago, baryton, s'insinue entre Otello, ténor, et Desdemona. Puccini, *Tosca :* le baron Scarpia, baryton, se dresse entre Mario Cavaradossi, ténor, et Floria, sa maîtresse. *La Fanciulla del West :* les amours de Minnie et de Johnson, ténor, doivent triompher des manœuvres du shérif Rance, baryton. Et quand Mascagni, dans *Cavalleria rusticana*, doit répartir les voix des deux rivaux, la convention est tellement bien établie qu'il attribue à Turiddu, l'amant de cœur, la voix du ténor, et au mari, Alfio, celle du baryton. Le beau rôle est toujours dévolu au ténor, le vilain rôle au baryton. Ce qui faisait dire à Bernard Shaw, dans une boutade célèbre : « Un opéra, c'est une soprano et un ténor qui veulent coucher ensemble, et un baryton qui s'efforce de les en empêcher. »

Bien entendu, il faut tout de suite distinguer Verdi des autres compositeurs. Chez Verdi, comme on l'a fait remarquer justement[1], ce n'est pas le ténor, malgré les apparences, qui a le rôle dramatique principal. Les ténors verdiens sont réduits exclusivement à être des amoureux. Leur influence sur l'action ? Presque nulle. Ils subissent le destin, ils ne modifient pas les événements. Du point de vue musical, ils sont cantonnés dans le pur lyrisme, ce qui trahit leur nature intime d'êtres faibles, de jouets entre les mains de forces qui les dépassent. La voix de ténor, chez Verdi, n'est pas une voix soliste, parce que le personnage qu'il représente n'est pas un homme seul, capable d'être seul : l'inconsistance humaine du ténor se révèle à ce trait qu'il chante presque toujours en duo avec la soprano, qu'il a besoin pour être complété de trouver une réponse dans une voix féminine. Le personnage actif, le vrai moteur du drame verdien, c'est le baryton. La gamme de ses sentiments est beaucoup plus étendue. S'il lui arrive d'être amoureux, il n'est jamais dominé par l'amour. Loin d'être soumis au destin, il le plie à sa volonté, de même qu'il s'impose au plus faible ténor. Il est seul, isolé dans sa souffrance comme Rigoletto, ou dans son démonisme comme Iago. Le critique italien Massimo Mila considère qu'en donnant cette importance au baryton, Verdi a sorti l'opéra de l'unilatéralité du sentiment amoureux où l'avaient enfermé ses précurseurs, Bellini et Donizetti[2], et où l'enfermera à nouveau, peut-on ajouter, son successeur, Puccini.

Tout cela est vrai. Les barytons, et non pas les ténors, sont les acteurs de l'opéra verdien. Néanmoins, si on pousse plus loin l'analyse, on s'aperçoit que cette action s'exerce toujours dans un même sens : dans le sens de l'empêchement et de la destruction. Même chez Verdi, la situation de départ c'est toujours un amour entre le ténor et la soprano. Et l'action du baryton vient se mettre en travers de cet amour, pour le faire échouer. Alors que le spectateur de l'opéra des Cinq est invité à mépriser le ténor, le spectateur de l'opéra italien s'identifie avec le ténor,

1. Paul Bekker, *Wandlungen der Oper*, Leipzig, 1934.
2. Massimo Mila, *Giuseppe Verdi*, Bari, 1958, p. 226.

malgré sa faiblesse ou peut-être à cause de celle-ci. Je ne vois qu'un exemple de ténor italien franchement vil et indigne de compassion, le duc de Mantoue dans *Rigoletto*. Il est temps de dégager la signification de cette différence fondamentale entre les deux écoles d'opéra.

La voix de basse est perçue immédiatement comme appartenant à un homme d'un certain âge : elle est le signe de son ancienneté, de sa majesté, de son autorité. Il n'y a d'ailleurs guère de chanteur russe à voix de basse qui ne soit pourvu d'une ample barbe, autre symbole d'autorité et de majesté. Les héros de l'opéra russe ont dépassé l'âge du premier amour : ce sont tous des pères. Ils sont des pères au sens physiologique, car ils ont engendré des fils, qui font piètre figure à côté d'eux. Mais, surtout, ils sont des pères au sens moral et philosophique, qui portent sur leurs épaules le poids de la société et de l'Etat. Le problème de l'Etat est le seul sujet de tous les grands opéras des Cinq. Le prince Igor cherche en plein Moyen Age, avant Ivan le Terrible, à unifier la jeune nation russe sous son sceptre ; et il se heurte à l'ambition d'un autre prince, le boyard Galitski, autre basse, qui voudrait réaliser cette unité à son profit. Boris Godounov est un usurpateur qui s'efforce de légitimer sa couronne de tsar. *Khovanchtchina* raconte la révolte désespérée d'un clan de féodaux guidés par le prince Ivan Khovanski et soutenus par le chef des Vieux Croyants, le grand prêtre Dossiféi, révolte contre le despotisme croissant du tsar réformateur Pierre le Grand. Or de tels sujets seraient impossibles dans l'opéra italien, parce que, en Italie, pour les raisons historiques énoncées par Stendhal, l'Etat, la préoccupation pour l'Etat n'a jamais été au centre des intérêts populaires. Et ceux qui incarnent l'Etat, c'est-à-dire les hommes d'un certain âge, les Pères, n'auraient jamais pu être ni reconnus ni aimés comme des héros. Avec un instinct très sûr de la signification psychologique des voix de basse, Verdi a confié à une basse le rôle de Philippe II, dans son opéra le plus politique, où la préoccupation pour l'Etat a le plus de place. N'empêche que *Don Carlo* lui-même est en grande partie un opéra d'amour, parce que dans un pays longtemps en proie à des divisions territoriales, morcelé entre une pluralité de petits Etats dont aucun n'avait la puissance de devenir l'Etat, la seule ambition permise était l'amour. Et le ténor, incarnation de la jeunesse avide et tapageuse, quoi de plus naturel qu'il fût le dieu d'un peuple à qui les satisfactions plus mûres de la vie politique étaient refusées ?

Dans l'opéra des Cinq les fils ténors apparaissent comme des gêneurs, sots et irresponsables, au milieu de l'immense engrenage politique. Dans l'opéra italien, les pères barytons apparaissent comme des destructeurs, méchants et antipathiques, de l'insatiable quête amoureuse[1]. En Italie comme en Russie l'opéra est donc bien le psychodrame de la société tout entière. D'un côté une société sans Etat, sans Pères, où toute l'énergie est tournée vers les femmes. De l'autre côté une société accablée par la surabondance de l'autorité paternelle. Dans l'opéra italien, une situation triangulaire : deux hommes qui se disputent une femme. Dans l'opéra russe, une multitude de dignitaires qui se disputent l'Etat. Une autre

1. Des pères ou des frères aînés qui assument la fonction paternelle, comme Enrico dans *Lucia di Lammermoor* ou, dans *la Forza del destino*, don Carlo (baryton) qui persécute sa sœur Leonora et l'amant de celle-ci, Alvaro (ténor).

différence frappante entre les deux écoles musicales, c'est la place accordée aux chœurs : considérable en Russie, minime en Italie. Le peuple russe commente sans cesse l'action de ses princes, parce que l'Etat intéresse la collectivité entière. L'amour au contraire n'est que l'exaltation du sentiment individuel. Quand il y a des chœurs chez Verdi, ce sont presque toujours des chœurs de moines ou de prêtres, la religion étant le contrepoids naturel de l'amour humain. Un autre fait moins couramment observé, c'est l'absence de rôles continus dans l'opéra des Cinq. Alors que dans l'opéra italien les trois personnages principaux sont constamment en scène et que le culte de la vedette fait partie du système mélodramatique italien, les personnages de l'opéra des Cinq n'ont chacun qu'un rôle limité. Dans *le Prince Igor*, le boyard Galitski ne chante qu'au premier acte, le khan Kontchak ne chante qu'au deuxième. Même Boris Godounov, dans l'opéra gigantesque de Moussorgski, ne chante guère en tout plus d'une demi-heure. Le théâtre Bolchoï de Moscou ou le théâtre Mariinski de Saint-Pétersbourg peuvent donner simultanément plusieurs représentations des grands opéras russes, les voix étant interchangeables. Quand Boris Christoff, la célèbre basse, une vedette dans le sens italien, a enregistré *Boris Godounov*, il s'est cru obligé pour donner sa mesure de cumuler trois rôles, celui du tsar, celui de Pimène et celui de Varlaam. Eh bien, cette différence elle aussi s'explique psychologiquement : quand on détient le pouvoir, ou qu'on ambitionne de s'en emparer, on n'a pas besoin de s'étaler en public, la discrétion est même de rigueur ; tandis que la liberté d'exhaler ses sentiments amoureux peut être considérée comme une sorte de compensation ironique au fait qu'on est exclu de la direction des affaires. Aux ténors les satisfactions bruyantes de la vanité ; aux basses les jouissances secrètes du pouvoir.

La comparaison de l'opéra italien et de l'opéra des Cinq nous révèle les caractéristiques fondamentales de deux sociétés, l'opposition radicale de deux mondes. En Russie le monde des Pères, qui s'exprime psychologiquement par le mépris de la jeunesse et de l'amour et politiquement par une recherche effrénée de puissance. En Italie le monde des Fils, obsédés par le souvenir du paradis perdu de l'enfance, et cherchant avec frénésie à ressusciter cette époque dans l'amour. N'est-il pas symptomatique que Verdi, dans son opéra consacré à la grandeur et à la souffrance du sentiment paternel, *Rigoletto*, n'ait pu s'empêcher de choisir comme une image idéale du Père un bouffon, difforme et bossu, objet de la raillerie universelle ? Et pourtant Verdi, nous l'avons dit, a joué un rôle actif dans le Risorgimento, il s'est passionnément intéressé au problème de l'Etat et de l'unité italienne, et plusieurs de ses opéras qui exaltent le sentiment patriotique, comme *I Lombardi alla prima crociata* ou *Ernani*, lui ont valu, de son vivant, une bonne part de sa célébrité. Mais dans une œuvre plus réussie comme *Rigoletto*, là où s'est exprimé, en plus du cri de malédiction contre la tyrannie, le langage plus secret de l'inconscient, Verdi a créé une image du Père dépourvue de toute majesté, il n'a pu mettre en scène qu'un géniteur contrefait et humilié, aussi pitoyablement comique que les tuteurs bernés de Rossini. Et comme testament musical, comme dernière création de son génie, il ne nous a pas laissé un Garibaldi ou un Cavour, mais un Falstaff, ultime avatar de la virilité bafouée.

On pense immédiatement à l'œuvre d'un autre grand artiste italien, à

Conversation en Sicile d'Elio Vittorini, un roman cette fois, mais écrit, au dire même de l'auteur, à la manière d'un opéra, avec l'intention d'envelopper la trame réaliste de l'anecdote sous l'incantation des mots, de même que la musique d'un opéra transfigure le livret. Or *Conversation en Sicile*, roman-opéra commencé en 1936 sous le choc des premières nouvelles de la guerre d'Espagne, livre gonflé de passion politique et de colère antifasciste, n'est rien d'autre que l'histoire d'un fils qui part à la recherche de sa mère dans le cœur de l'antique Sicile, et qui évoque avec sa mère la figure bouffonne et ridicule du père disparu. Rien d'autre que la réunion mythique, la fusion amoureuse du Fils et de la Mère, après que le constat de déchéance du Père a été prononcé, à l'intérieur de la Sicile qui est elle-même le symbole du royaume souterrain des Mères.

Mais ici nous devons nous éloigner de l'Italie et comprendre pourquoi les spectateurs du monde entier s'enthousiasment pour l'opéra italien. Revenons à la fameuse situation triangulaire typique. Disputer une femme à un autre homme, c'est revivre les puissantes émotions œdipiennes de l'enfance[1]. Le spectateur s'identifie avec ce fils qui au mépris du danger auquel il s'expose en bravant le courroux et la vengeance du père recherche ardemment l'étreinte de sa mère, comme aux jours bienheureux où l'intime union était réalisée. Et l'échec inévitable de cette tentative, le châtiment qui la punit, la catastrophe finale qui engloutit ce rêve sublime mais insensé remplissent l'âme du public d'une horreur où se mêle un compréhensible soulagement. Sur la scène s'est joué en trois heures le drame du désir interdit et de la répression de ce désir. Certains des opéras les plus populaires de Verdi semblent vérifier plus particulièrement ce schéma. Dans *Rigoletto*, le bouffon et sa fille vivent non pas comme un père et une fille mais à la manière isolée et recluse de deux amants, au point que toute la ville tient Gilda pour la maîtresse du vieillard. Le fait que le duc soit volage n'infirme pas notre interprétation : le donjuanisme est une forme bien connue d'attachement à la mère. Quant à Gilda, qui s'immole à la place du duc félon, son sacrifice est si étrange qu'il s'expliquerait, moins par le désir d'une amante de sauver un amant parjure, que par l'invincible instinct maternel. Dans *la Traviata* (l'opéra qui a bouleversé Vittorini et lui a inspiré son roman sur les Mères), Alfredo et son père s'opposent au sujet d'une courtisane, or nous savons depuis Freud que pour l'inconscient la prostituée représente la mère, la mère qui trahit le fils en appartenant au père. Dans *Don Carlo*, enfin, l'infant d'Espagne poursuit d'un amour proprement incestueux la femme de son père. Les paroles du livret ne laissent aucun doute. « *Tua madre, giusto cielo* », s'écrie Posa en recevant l'aveu de Carlo. Les amants s'appellent entre eux « *figlio* » et « *madre* ». Elisabeth, pour repousser les avances trop pressantes de son fils-amant, l'encourage avec une ironie désespérée à imiter point par point le héros de Sophocle : « Accomplis l'œuvre,/ cours assassiner ton père,/ et alors, de son sang souillé,/ tu pourras conduire à l'autel/ ta mère » (acte II, scène 2).

D'une façon générale, assister à l'opéra italien, c'est se permettre une régression libératrice dans le monde fabuleux et intact du premier amour

1. Plus rarement on trouve dans l'opéra italien la situation inversée, deux femmes qui se disputent un homme. Exemples dans *Norma* de Bellini et dans *Aïda*.

d'enfance. Et tout autant sinon plus que la situation respective des personnages qui chantent sur la scène, c'est le chant lui-même, ce sont les flots d'harmonie et les lignes sinueuses de la mélodie qui emportent l'âme dans un bercement primordial. En raison de sa fluidité et de ses cadences itératives, la musique est le lieu maternel par excellence, le bain de rajeunissement où, toutes les censures étant abolies, les forces œdipiennes trouvent leur satisfaction.

Si maintenant nous entendons par psychodrame la représentation qu'un auteur donne en public de ses conflits individuels, il paraîtrait tout indiqué de nous tourner vers une de ces œuvres les plus manifestement chargées d'intentions psychologiques, une de celles qui trouvent grâce même auprès des amateurs de musique les plus exigeants, j'ai nommé l'*Orfeo* de Monteverdi, le *Don Giovanni* de Mozart, la tétralogie de Wagner, le *Wozzeck* d'Alban Berg. Or, précisément parce que chez ces auteurs, en tout cas chez les deux derniers, l'opéra est utilisé consciemment comme un psychodrame et que la lecture en semble relativement aisée, ils présenteront moins d'intérêt pour nous qu'un musicien moins intellectuel, plus spontané, préoccupé surtout de plaire, et qui a malgré lui écrit d'étonnants psychodrames, Giacomo Puccini. Les opéras de Puccini ne sont rien d'autre que des psychodrames de la petite bourgeoisie internationale, écrits pour le public petit-bourgeois international, par un homme qui réunissait en lui les caractéristiques du petit bourgeois de tous les pays.

Qu'est-ce qu'un petit bourgeois ? Un homme qui épouse le substitut de sa mère, avec lequel il ne s'entend pas et qu'il trompe avec des maîtresses occasionnelles, sans les aimer vraiment. L'objet véritable de son amour, c'est sa maison, autre substitut de la primitive cavité maternelle, mais qui a cet immense avantage sur une épouse aux humeurs changeantes d'être toujours agréable, confortable et de tout repos. Dans la biographie de Puccini, nous retrouvons ce schéma : marié à une femme autoritaire et difficile à vivre avec qui il s'était enfui au lendemain de la mort de sa mère et qu'il supporta jusqu'au bout, il n'eut aucune liaison d'amour, mais seulement de nombreuses passades, aussi superficielles que rapides, avec des femmes de rang inférieur, des domestiques de préférence, seule issue permise à son intense érotisme. Comme trait plus particulier à Puccini, on peut relever ce fait qu'il perdit son père à cinq ans et qu'il fut élevé avec ses cinq sœurs par une mère volontaire et énergique, situation qui ne put que renforcer son complexe maternel. Si les figures de pères sont rares ou mutilées chez Verdi, elles ont disparu complètement chez Puccini. Comme trait plus particulièrement italien, on peut relever l'intensité de son attachement pour sa villa de Torre del Lago : un chaînon de plus dans le mythe de la *casa*, qui va de Manzoni à Verga, de Pavese à Bassani. Les opéras de Puccini contiennent plusieurs allusions nostalgiques ou passionnées à la *casa*, au bonheur d'être enfermé douillettement dans un endroit bien clos et bien chaud : qu'on pense au rendez-vous que la Tosca donne à son amant (« *Non la sospiri la nostra casetta/ che tutta ascosa nel verde ci aspetta ?* ») ou à l'étonnant trio des masques dans *Turandot*. Et le fait que la demeure de Pinkerton soit une maison japonaise en papier, à murs mobiles, n'est-il pas le signe qui annonce l'échec du bonheur domestique de Mme Butterfly ?

Avec Verdi nous nous sommes occupés surtout des personnages masculins. Avec Puccini, petit bourgeois obsédé par les femmes parce qu'il n'a pas résolu le problème de la dissociation entre l'amour et la sexualité, le premier rang revient aux personnages féminins. Presque tous ses opéras portent le nom de l'héroïne : *Manon Lescaut, Tosca, Butterfly, Fanciulla del West, Rondine, Suor Angelica, Turandot.* Sauf *Turandot*, son dernier opéra, que nous examinerons à part, toutes les héroïnes de Puccini, si différentes soient-elles, répondent à un modèle identique. J'emprunte à l'excellent ouvrage de Mosco Carner[1] la description suivante de la typologie féminine chez Puccini. Les héroïnes du compositeur se ressemblent entre elles par trois points. 1°) Elles sont de rang inférieur, grisettes ou geishas, comme Manon Lescaut, Mimi de *la Bohème*, Mme Butterfly, ou de moralité douteuse, comme Tosca l'actrice, Minnie la « *fanciulla del West* », tenancière de bar et escroc, Giorgetta l'adultère du *Tabarro*. Chacune, en somme, porte une faute grave, chacune gît au pied de l'autel sur lequel Puccini a placé sa mère. 2°) Grâce à cette humiliation préalable il peut les aimer, s'ingéniant même à les rendre le plus sympathiques possible, allant jusqu'à modifier les drames d'origine pour que les pécheresses vénales deviennent des anges radieux. 3°) Malgré cette idéalisation, il ne peut s'empêcher de les faire mourir, c'est-à-dire de les punir d'avoir pris dans son cœur la place de l'image maternelle. La catastrophe finale arrive pour soulager son propre sens de culpabilité. Dans l'univers puccinien, tout amour d'homme à femme revêt ainsi une forme sadomasochiste, qui trouve sa meilleure expression musicale dans le fameux *lamento*, compromis entre l'excitation fébrile et la langueur angoissée. Les opéras de Puccini alternent entre l'érotisme tendre miné par un sadisme subtil (c'est la série *Bohème, Butterfly, Rondine*) et l'agressivité féminine brutalement châtiée (c'est la série *Tosca, Fanciulla del West, Tabarro*). En résumé, jusqu'à *Turandot*, toutes les héroïnes de Puccini sont d'un rang inférieur ou d'une moralité douteuse, et toutes payent de leur vie le privilège coupable d'avoir été aimées[2]. Le complexe maternel du petit-bourgeois s'est donné son psychodrame : le fils resté attaché à sa mère ne peut aimer que des femmes qui ne la valent pas, et encore, il doit les tuer pour apaiser le sentiment de sa faute.

Avant d'examiner *Turandot*, disons un mot de *Suor Angelica*, deuxième volet du *Trittico*, lequel est l'avant-dernier opéra de Puccini. Le personnage de Suor Angelica est celui d'une fille-mère, de noble famille, qui a pris le voile en expiation de son péché. Toujours le type, donc, de la femme équivoque et punie. Mais pour la première fois apparaît en opposition un nouveau type de femme, représenté par la tante d'Angelica, la Zia, une grande dame altière qui vient faire au couvent une scène de reproche si violente à sa nièce que celle-ci se suicide.

1. Mosco Carner, *Puccini, a critical biography*, Londres, 1958. Traduction italienne *Giacomo Puccini*, Milan, 1961. Traduction française *Puccini*, J.-C. Lattès, 1984.

2. Le *happy end* de la *Fanciulla* n'étant qu'une exception, qui s'explique par le désir de conquérir le public américain, pour lequel spécialement cet opéra fut écrit. *Happy end* musicalement faible et peu convaincant.

Pour la première fois apparaît une femme non pas « inférieure » mais au contraire « supérieure », à la fois socialement et psychologiquement. La signification de ce personnage ? La « tante » n'est que la projection de l'image maternelle, elle n'est autre que la Mère, lointaine, élevée, inaccessible et cruelle, à qui il faut offrir en holocauste la femme qu'on a osé aimer : le suicide d'Angelica symbolise cette loi implacable.

Si on excepte ce petit drame en un acte, *Turandot*, la dernière œuvre de Puccini, sa plus belle et à vrai dire un des plus beaux opéras de tout le répertoire, marque un renouvellement capital dans l'inspiration du compositeur. Je rappelle très brièvement l'argument, avant de tenter une interprétation. Le rideau se lève sur une immense place, à Pékin, dominée par les hautes murailles de la grande cité violette. Plantés dans les murs, des pieux supportent des têtes de suppliciés. La princesse Turandot, fille du vieil empereur Altoum, fait annoncer qu'elle n'épousera qu'un prince de sang royal ayant pu résoudre trois énigmes particulièrement obscures : si le prétendant succombe à cette épreuve, il sera décapité. Pendant qu'on emmène au supplice un jeune prince persan qui n'a pu résoudre les trois énigmes de Turandot, un autre jeune homme, perdu dans la foule, le prince Calaf, tombe en extase devant la beauté lointaine et cruelle de la princesse chinoise. Calaf est le fils du vieux Timour, un roi dépossédé, et tous deux voyagent incognito, accompagnés de Liù, une jeune esclave entièrement dévouée au service de Timour, par amour de Calaf. Calaf, n'écoutant ni les prières de son père Timour ni les supplications de Liù, décide de tenter l'épreuve des trois énigmes. Du haut d'un escalier monumental, Turandot pose les trois devinettes, auxquelles Calaf trouve chaque fois la réponse. Turandot, qui avait juré de n'appartenir à aucun homme, est désespérée. Calaf, alors, généreusement, lui propose à son tour une énigme : si avant l'aurore elle réussit à découvrir son nom, il acceptera de mourir. Turandot fait saisir et torturer Timour et Liù, pour leur arracher le secret du jeune inconnu. Liù, plutôt que de parler et de livrer celui qu'elle aime, se poignarde. Calaf, tout en reprochant sa cruauté à la princesse, la prend soudain dans ses bras et lui donne un baiser, qui a le pouvoir de transformer magiquement Turandot. Suit un grand duo d'amour, après quoi Turandot déclare publiquement qu'elle a découvert le nom du prince, et que ce nom c'est : Amour. L'opéra se termine dans la liesse générale.

Telle est la trame de cette étrange histoire, imaginée par Carlo Gozzi, revue par Schiller et transformée par Puccini lui-même. Il faut avoir assisté à une représentation de cet opéra pour en comprendre le magnifique symbolisme. La scène culminante est celle des trois énigmes, quand Turandot, habillée tout en blanc, du haut d'un escalier monumental, soumet le prétendant à l'inhumaine épreuve. Cette scène, qui a été voulue par Puccini dans tous ses détails, est une exaltation sans pareille de l'image maternelle. L'escalier, la pose figée de Turandot, sa robe blanche symbolisent matériellement la supériorité et l'inaccessibilité de la Mère idéale, vierge et lointaine. C'est vraiment la Mère-sommet, la Mère-montagne recouverte de son manteau intact de neige[1]. Il est par ailleurs fort

1. Vittorini s'est-il souvenu de cet escalier en écrivant *Conversation en Sicile* ? Le village où habite la mère du héros est un village de montagne, sa maison se trouve en haut de ce village, et la porte d'entrée est précédée d'un escalier : encore une mère-sommet, qu'on ne peut atteindre qu'au prix d'une triple escalade. Autres indications : la

instructif de relever la transformation que Puccini a fait subir au contenu des trois énigmes. Chacune prise à part ne présente pas une signification particulière, mais la série qu'elles forment est du plus haut intérêt. Chez Gozzi les trois réponses aux trois questions étaient : Soleil, Année, Lion de Venise. Chez Schiller, trois nouvelles questions, trois nouvelles réponses : Année, Œil, Charrue. Deux séries d'abstractions, d'allégories sans mystère. Puccini a modifié une nouvelle fois les questions, pour obtenir les trois réponses suivantes : Espoir, Sang, Turandot. Il suffit de relier ces trois mots pour lire la phrase complète et combien révélatrice : Espoir du Sang de Turandot. Cette fois le sens est si transparent que je n'insiste pas. Le désir prohibé ne saurait être exprimé avec moins de détours. L'atmosphère solennelle, dramatique, d'une tension presque insupportable, où baigne cette scène colossale, le hiératisme des positions, la monotonie grandiose de la phrase chantée qui se fait entendre par trois fois, tout cela exprime admirablement, dans le registre musical et dans le registre visuel, à la fois la fixation névrotique du désir du fils sur la mère, et l'interdit qui frappe ce désir et le renvoie au-delà des choses possibles, dans la sphère supraterrestre de l'horreur sacrée.

Autour de ce binôme tragique Mère-Fils, Puccini a introduit d'autres personnages, les uns empruntés à Gozzi et à Schiller, les autres inventés de toutes pièces. Parmi les personnages empruntés, figurent les trois ministres chinois Ping, Pang et Pong, qui dérivent de la commedia dell'arte et égayent un peu de leur présence burlesque le sombre drame. Mais même ceux-ci, le musicien a réussi à les pucciniser. Intelligents, fourbes, serviles, ayant peur du danger, horreur de l'héroïsme, ne tenant qu'à la paix, regrettant la tranquillité de la *casa* familiale, pleins d'un humour masochiste dont ils accablent leur lâcheté, avides en même temps d'honneurs (ils sont tous les trois ministres) malgré les périls de la charge et malgré les critiques adressées au souverain, Ping, Pang et Pong sont en somme l'expression mythique, à peine stylisée, du petit bourgeois moyen. Leur présence est essentielle dans l'opéra parce qu'elle prouve que ce drame en apparence fantastique et surnaturel projette et reflète les conflits érotiques du petit bourgeois moyen. Autant Puccini avait besoin de la localisation extrême-orientale dans une Chine fabuleuse pour déguiser par la mise à distance l'intensité de ses fantasmes infantiles, autant il jugea nécessaire de nous rappeler, par le détail familier de ces trois masques, que l'aventure de Calaf nous concerne tous, au plus profond de nous-mêmes.

Puccini a trouvé aussi chez ses prédécesseurs les deux figures paternelles de Timour et d'Altoum, mais il les a déformées dans un sens significatif. Timour, le père de Calaf, est un père noble, viril, généreux, mais il est si vieux qu'il est presque aveugle, tombe par terre à tout bout de champ et ne peut apporter aucune aide à son fils. Quant à l'autre père, l'empereur Altoum, père de la princesse Turandot, il trahit par sa voix chevrotante une déchéance due au gâtisme. Deux figures paternelles, oui, mais deux images de l'impuissance, conformes à l'évolution de la société occidentale, laquelle a mis fin, comme on sait, au règne des pères.

---

neige recouvre ces montagnes, cette mère est *una donna alta*, elle porte une écharpe rouge, couleur sang.

Il y a encore dans *Turandot* un personnage né de l'imagination de Puccini, la petite esclave Liù, qui ne se trouve ni chez Gozzi ni chez Schiller, parce que nul autre que Puccini ne pouvait l'inventer. Liù, soumise humblement à son maître Timour et éperdument amoureuse du prince Calaf, c'est-à-dire doublement inférieure, doublement esclave, socialement et psychologiquement, réincarne Mimi et Butterfly, dernier chaînon dans la série des héroïnes pucciniennes pantelantes et humiliées. Liù sert de contrepoids indispensable à Turandot : d'un côté la mère inaccessible, de l'autre côté la grisette-geisha-esclave. Les deux pôles de la dissociation masculine : d'un côté la dévotion amoureuse pour une image transcendante hors de portée, de l'autre côté l'assouvissement sans amour d'un instinct tenu pour vil. Turandot, nous l'avons vu, fait torturer Liù et la contraint au suicide : là encore, il faut admirer la logique profonde de ce symbolisme. L'objet sexuel d'occasion doit être immolé à la Mère, c'est le rituel de la castration. Avec un déploiement de moyens somptueux et dans une atmosphère de terreur mystique, *Turandot* est bien la messe noire de l'érotisme maudit. Sacrifice de la femme utilisée à la femme vénérée, nécessité de punir l'amour par la mort, échec sadomasochiste du fils inhibé : le grand cérémonial de l'autodafé s'accomplit dans une splendeur funèbre [1].

Mais pour la première fois dans sa vie, et juste à la veille de mourir, Puccini a senti qu'il manquait dans son univers un troisième type de personnage féminin : la femme en tant qu'égale de l'homme, ni supérieure ni inférieure, objet ni d'adoration ni d'exploitation, la femme comme élément du couple, la partenaire d'une relation à deux. D'où ce finale surprenant, unique dans l'œuvre de Puccini : Turandot, conquise par l'amour de Calaf, descend tout à coup de son piédestal de marbre, et on entend un vrai duo entre les deux partenaires, un véritable échange entre une femme et un homme ; régénérés par la puissance salvatrice de l'amour, ils commencent une relation qui engage leur personnalité tout entière. Puccini, comme on sait, travaillait à ce finale quand la mort le surprit. Il y avait deux ans déjà qu'il avait commencé à rédiger le duo et l'hymne à l'amour en tant que force non plus destructrice mais créatrice et vitale. Nous avons le témoignage, par les lettres de Puccini, de l'effort immense que lui coûta la mise en forme de ce thème si nouveau pour lui, et du sentiment d'impuissance et de désespoir qui le gagna à mesure qu'il constatait l'échec de sa tentative. En fait il est probable que même s'il avait terminé la scène finale, elle n'aurait pas été meilleure qu'elle n'est actuellement. Cette scène déçoit beaucoup, tant du point de vue musical que du point de vue dramatique. Elle est gauche, forcée, sans vérité intime. Mais qu'aurait-elle pu être d'autre, de la part d'un homme dont toute la vie amoureuse avait été si profondément dissociée ? Il ne put, même en le voulant, fondre dans un modèle unique les deux types de femme qui l'avaient depuis toujours hanté. L'échec musical du finale de *Turandot* constitue à vrai dire la meilleure preuve de la vérité

---

1. Mosco Carner établit un rapport entre l'invention des deux couples Zia-Angelica et Turandot-Liù et un épisode réellement arrivé dans la vie de Puccini : sa femme Elvira (substitut de sa mère) l'accusa de concubinage avec leur petite bonne Doria. En butte à l'acharnement jaloux de sa maîtresse, la toute jeune fille se suicida.

psychologique de l'opéra : l'inhibition de Puccini devant l'image du couple était telle que la scène destinée à célébrer l'apothéose de l'amour entre un homme et une femme réactiva inconsciemment toutes les forces psychiques décidées à empêcher une telle fête.

Opéra II

Le pathos corrigé par l'humour

Il y a trente ans, le mélomane n'allait guère à l'opéra, sauf si l'on donnait du Mozart ou du Wagner, *Boris*, *Pelléas* ou *Wozzeck* : répertoire considéré comme de la « bonne musique », c'est-à-dire sans les incongruités, extravagances, facilités et autres scories qui encombrent les œuvres de *bel canto* et discréditaient sans appel l'opéra italien. Aujourd'hui, le même mélomane se rue à l'opéra, en particulier pour un de ces ouvrages naguère si décriés, et dans l'espoir non seulement d'écouter une musique qui ne lui paraît plus du tout frivole ni superficielle, mais d'assister à un spectacle complet, où la musique ne tient qu'une part entre dix autres sources de plaisir. Dire, comme certains avec condescendance, qu'il s'agit d'une « mode » est absurde, car si un petit public snob se presse en effet aux premières, la vogue actuelle de l'opéra est un mouvement profond qui touche les spectateurs de tout âge et de toute condition.

A chacun d'avancer ses explications. Pour moi, je croirais volontiers qu'il faut mettre le goût du théâtre lyrique en rapport avec le déclin du théâtre et du roman traditionnels. Depuis la fin des années 50, il est admis, sous l'influence en particulier des auteurs du « nouveau roman » et du « théâtre de l'absurde », que le mode traditionnel d'exposition et de narration des événements est périmé. La fermeté du sens, la plénitude sans faille de la réalité, les assurances chronologiques et causales, la non-contradiction, la linéarité de l'intrigue selon les lois de l'enchaînement, voilà ce que notre époque sensible aux trous et aux vides du réel reproche au roman et au théâtre du XIXe siècle, et ce qu'Alain Robbe-Grillet, presque en ces termes exacts, critique chez Balzac, dans un de ses derniers livres, *le Miroir qui revient*, sorte d'autobiographie intellectuelle où l'auteur de *la Jalousie* nous confie que l'opéra a joué un grand rôle dans sa formation, mais seulement *Tristan* et *Pelléas*, bien entendu !

Or la vogue actuelle de l'opéra me semble être la revanche du public contre ce qui a été le long « terrorisme » (voulu ou non) de Robbe-Grillet et de Sarraute, de Barthes et de Beckett, la vengeance du « sens » et du « plein » contre l'esthétique du manque, de la faille, de l'esquive. Où retrouver, aujourd'hui, des hommes et des femmes en proie à des passions violentes sinon à l'opéra ? Quel écrivain, sinon un auteur de romans de gare, oserait décrire l'agonie d'une femme minée par une maladie mortelle ? Ni Mimi ni Violetta ne seraient possibles aujourd'hui au théâtre ou dans un livre. L'opéra offre un répertoire inépuisable de situations fortes — duos d'amour sous la lune, départs pour la guerre, serments d'amitié éternelle, empoisonnements et crimes de toute espèce, morts spectaculaires — évacuées de la culture du XXe siècle par l'affinement de nos moyens de connaissance qui nous les représentent comme une grossière mascarade derrière laquelle se cache le non-sens de l'univers. Mais, grossières ou non, ces situations fortes ont gardé intacte leur puissance d'envoûtement, et, puisqu'il n'y a plus de romancier capable d'enfoncer un poignard dans le cœur de son héroïne, on ira en applaudissant *Carmen* exorciser son goût de la tragédie.

Les livrets d'opéra (notons que dans la vogue actuelle de l'opéra l'intérêt se porte sur les livrets presque autant que sur la musique : on découvre la dramaturgie de Verdi, on psychanalyse Puccini, etc.) fournissent des histoires complètes, des drames typiques, des caractères énergiquement accentués, tout ce qui a disparu du théâtre et du roman contemporains où ce serait faire injure à l'auteur que de le soupçonner d'avoir voulu bâtir une intrigue ou suivre un fil logique. Les opéras regorgent de sens, de ce sens honni par la mauvaise conscience moderne, et voilà pourquoi l'homme du XXe siècle, qui n'ose plus lire Dickens et Victor Hugo, se précipite à *Don Carlo* et à *la Traviata*. Cependant, si Verdi et Puccini étaient l'équivalent exact de Dickens et de Hugo, il est probable qu'ils ne passeraient plus la scène, et que nous les rejetterions en trouvant que leur trame est vraiment trop épaisse et ne répond plus à notre expérience moderne de l'illogique et de l'absurde.

Il faut donc qu'il y ait dans les opéras du XIXe siècle un élément qui ne se trouvait pas dans les romans et dans les drames du XIXe siècle, et qui est resté (ou devenu) moderne : et cet élément, c'est justement ce qui fait la spécificité de l'opéra, des opéras de tous les temps. Cette petite fêlure dans la vraisemblance, cette faille dans le sens, qui aujourd'hui nous permettent de nous pâmer devant Norma ou Lucia sans adhérer pleinement à leur histoire. Druides qui défilent pompeusement sous les chênes, châtelains qui errent entre les tombes, soldats qui s'époumonent en piétinant sur place, sorcières qui attisent des fourneaux, tout ce dont on s'est moqué si longtemps pour discréditer le genre lyrique entre aujourd'hui comme une composante essentielle dans notre plaisir. Le pathos de l'opéra, que nous ne supporterions plus tel quel, est corrigé par l'humour involontaire des situations, quelquefois l'humour du décor lui-même. Nous jubilons de bon cœur, si la toile qui représente une solide forteresse se met à trembler sous un courant d'air, et les austères murailles à gondoler.

Il y a une dizaine d'années, lors d'une reprise de *Tosca* à l'Opéra de Paris, le magasin des accessoires fournit à Pavarotti, chanteur aussi expressif qu'une armoire, un tabouret joliment chantourné qui s'effondra sous les cent vingts kilos du mastodontesque ténor, pendant qu'il pressait contre son sein pléthorique sa frêle partenaire. On entendit un craquement terrible. Le couple s'affaissa et termina le duo à genoux. Larmes pour la beauté du chant, rires pour la défaillance du matériel. Un peu plus tard, redoublement du gag : le préfet Scarpia ayant ordonné, d'un geste improvisé, de déblayer le plateau, le valet emporta le meuble sinistré puis, s'étant aperçu qu'il en restait un pied par terre, revint sur ses pas pour ramasser le débris. Incident beaucoup moins anodin qu'il ne semble. *Tosca* passe pour le chef-d'œuvre de l'opéra vériste. Puccini voulait que tout y fût vrai, dramatique, efficace. Donc, plus de ces machineries délirantes et capricieuses qui avaient enchanté jusqu'en 1800, ni de ces invraisemblances dans l'action, dont souffraient encore les opéras de Verdi. Seulement du solide et du sérieux ! L'écroulement du tabouret fut une vengeance de l'opéra baroque, et la preuve qu'on peut réintroduire la loufoquerie dans un genre dont les pontifes du XIXe siècle avaient chassé l'humour.

Il est curieux de constater que *Tosca* n'en était pas à sa première parodie. Une fois, on vit la chanteuse qui, après s'être jetée de la terrasse du château Saint-Ange vers la partie postérieure du théâtre, rebondissait sur le matelas disposé pour la recevoir, catapultée par les ressorts trop tendus. Une autre fois, la robe resta accrochée à un créneau ; et la diva, Montserrat Caballé je crois, qui avait raté sa chute, tira l'étoffe à elle d'un geste rageur.

Le dessèchement du théâtre et du roman contemporains nous ont redonné soif de vérisme ; mais le vérisme seul ferait honte à notre éducation d'hommes modernes. L'opéra nous offre une synthèse idéale entre le sens et le non-sens, entre le récit fidèle d'un événement et une série de trous mystérieux dans la continuité des significations, entre la plénitude d'une histoire et le burlesque des détails.

Des incidents comme ceux du tabouret ou du matelas ne sont pas rares. La grande Vichnevskaïa faisait ses adieux à l'Opéra de Paris, dans son rôle fétiche, la Tatiana de Tchaïkovski. On se rappelle la dernière scène, où Onéguine, rentrant d'un long voyage, retrouve mariée la jeune fille d'autrefois. Ayant repoussé les avances d'Eugène, qu'elle aime toujours mais qu'elle n'est plus libre d'aimer, Tatiana quitte le salon et se retire dans son appartement. La porte à deux battants, dans le fond du décor, était fermée. Vichnevskaïa s'approche, veut tourner la poignée et faire une sortie majestueuse. Or un seul des battants s'ouvrait ; l'autre était peint sur la toile ; et ce fut à ce battant factice qu'elle se heurta, en faisant onduler toute la paroi. La salle aurait pu s'esclaffer. Dans cet opéra chargé d'émotion, c'est la scène la plus pathétique : par sens du devoir et de l'honneur conjugal, Tatiana renonce définitivement au seul homme qu'elle ait aimé. Tout le monde nota la fausse manœuvre, mais nul ne songea à rire. Une double perception avait fonctionné : on pouvait à la fois participer pleinement au pathos de la situation et s'amuser d'une inadvertance du metteur en scène. L'esprit critique, loin de nuire à l'émotion, permettait au spectateur de s'y abandonner sans réserve. La crainte d'être dupes, qui nous éloigne des épreuves d'Oliver Twist ou des tribulations de Cosette, ne s'interposait plus comme un écran au plaisir. Représenter aujourd'hui *la Dame aux camélias* ? Impossible. Mais *la Traviata*, on y courra toujours, en espérant dans l'anicroche comique qui nous rappellera que nous sommes au théâtre, libres de notre jugement, tout en vibrant aux malheurs de l'infortunée poitrinaire.

Quant à l'opéra baroque, où des héros empanachés descendent d'une colline au son de la trompette ou deviennent fous au fond de souterrains ténébreux, il va sans dire que la redécouverte de telles incongruités est l'œuvre de notre époque. Une narration suivie, l'histoire de Rinaldo, d'Orlando ou d'Alcina, mais qui fait une large part au fantastique et au merveilleux, voilà encore un moyen pour nous de participer sans mauvaise conscience ni impression d'être intellectuellement retardés à la fête de l'esprit et des sens qui a déserté les autres arts.

Mais, puisqu'on réhabilite Lully, Cavalli, Vivaldi, Händel — et le tour de Traetta, Porpora, Jommelli ne tardera pas à venir —, pourquoi ne pas renouer avec les habitudes délicieuses de cette époque ? Quand un personnage secondaire débitait un air inintéressant, on cessait d'écouter, on se faisait apporter des glaces : c'était *l'aria del sorbetto*. Il y avait aussi *l'aria del baule*, l'air de la malle. Les artistes transportaient avec eux — dans leurs bagages — un air à succès, et ils l'introduisaient de force dans le spectacle du soir, quelle que fût l'œuvre à chanter. En Italie, les loges pouvaient se fermer du côté de la salle par des rideaux. Quand le spectacle languissait, on tirait ces rideaux, et la loge se transformait, au gré des occupants : en tripot, pour jouer aux cartes, en salle à manger, pour la *pasta*, en alcôve, pour faire l'amour.

Pourquoi sommes-nous devenus si sérieux ? Pourquoi supportons-nous, pour telle docte élucubration donnée récemment à Paris, de rester assis pendant six heures d'affilée, quitte à pleurer, non d'émotion, mais à force de réprimer les bâillements ? (Il est vrai que certaines ouvreuses conseillaient baroquement, après le premier acte, de s'en aller dîner et de ne revenir qu'au troisième.) Cette gravité, cette raideur de maintien dans notre fauteuil, nous savons à qui nous les devons, nous pouvons désigner les coupables : Verdi, et surtout Wagner. Ce sont eux qui ont transformé la salle d'opéra en temple, le spectacle en messe, le compositeur en grand prêtre, les abonnés en bigots, la musique en pensum, eux qui ont dévoyé l'art lyrique en exigeant que le divertissement devînt une cérémonie, le passe-temps une solennité, l'amateur un initié, confit en dévotion.

Entre le *Trovatore* des Marx Brothers *(Une nuit à l'opéra)* et celui de Visconti *(Senso)*, je me demande lequel des deux a rendu le plus service à Verdi, et si la charge burlesque vaut moins que l'esthétisme appuyé. Un esprit, de nos jours, possédait le talent d'être à la fois drôle et émouvant, caustique et magicien, acerbe et sentimental. Lui seul, par son autorité, aurait pu imposer un retour à la tradition ludique : Fellini, virtuose de la double perception. Comme on regrette qu'il n'ait mis en scène aucun opéra ! Mais on a son film, *E la nave va*, croisière vocale sur les flots du *bel canto*. Satire féroce ? Dithyrambe frénétique ? Ayant entrepris de railler les conventions et les mensonges d'un art injustifiable, il n'a réussi qu'à nous le rendre encore plus cher, à nous en faire aimer plus passionnément l'exubérante emphase, la préciosité ampoulée, la redondance fleurie, si éloignées du langage quotidien.

Opéra III

Bach, Händel et l'opéra italien

Pourquoi Bach n'a-t-il écrit aucun opéra, et pourquoi Händel en a-t-il composé quarante ? Comme il serait beau et plairait à notre goût des grands parallèles historiques (Montaigne/Pascal, Voltaire/Rousseau, Verdi/Wagner) d'opposer :

1° Le luthérien de stricte observance, austère, puritain (tel qu'en a fixé l'image le film adamantin de Jean-Marie Straub), entièrement dévoué à ses fonctions de cantor et à ses devoirs liturgiques, ennemi par conséquent de tout ce qui est frivole et distrayant, et considérant que l'opéra est un genre subalterne et indigne, d'autant plus que, à son époque, qui dit « opéra » dit « opéra italien » (il n'y a pas d'opéra allemand, et il faudra attendre Mozart pour créer une école nationale). Or, si l'Italie offre quelques modèles musicaux intéressants (Bach transcrit pour l'orgue des concertos de Vivaldi), dans l'ensemble c'est un pays tenu pour peu sérieux, terre de bateleurs et de charlatans. Il est donc logique que l'auteur des *Cantates*, des *Passions* et des *Oratorios*, écrits sur des textes allemands et pour le service divin, ait dédaigné le théâtre lyrique, par essence mondain et inférieur.

2° L'homme du monde qui, tout en restant fidèle à la religion réformée (à Rome il refuse de se convertir au catholicisme, alléguant qu'il veut s'en tenir à la confession dans laquelle il est né), quitte encore jeune son pays d'origine pour courir les capitales étrangères, Rome, Naples, Venise puis Londres, en quête de gloire et d'argent, et ne reculant devant aucun moyen qui lui permette de se faire un nom et une fortune. Or le principal moyen de réussir pour un musicien étant l'opéra italien, Händel se précipite dans cette voie qui lui ouvre les portes de la célébrité. Il devient un artiste international, conquiert Londres, jusqu'au jour (et quelle meilleure preuve avancer qu'il n'a écrit de si nombreux opéras italiens que par calcul et intérêt ?) où, la mode en Angleterre ayant changé et l'opéra ne plaisant plus autant, il se met à l'oratorio, et sur des textes anglais.

Le provincial obscur, chargé d'une famille pléthorique, se faisant une idée sacrée de sa mission artistique, s'oppose ainsi à l'intrigant cosmopolite (et célibataire), à l'arriviste versatile. Pour l'un le refus de l'opéra est conséquent avec sa droiture intérieure, sa pureté, sa rigueur, pour l'autre l'exploitation de l'opéra va de pair avec ses ambitions et son sens de la carrière.

Antithèse si frappante qu'elle explique le discrédit où l'on a tenu si longtemps l'œuvre théâtrale de Händel et d'où elle commence à peine à sortir. On compte pour rien les difficultés inouïes qu'il eut à surmonter pour imposer ses opéras à Londres, les cabales dont il fut victime et qui faillirent lui ôter sa santé et sa raison, enfin l'échec final de cet effort gigantesque. Non, ce n'est pas un de ces artistes rectilignes et ascétiques (en effet, il mangeait trois menus à chacun de ses repas) comme en raffole notre siècle terrorisé par l'exemple de Proust et de Kafka, et comme Jean-Sébastien Bach, justement, nous en propose un exemple parfait.

Examinons cette austérité de Bach. Elle a tenu aux circonstances bien plus qu'au tempérament. Ni dans aucune des petites villes où il résida avant Leipzig, ni à Leipzig, ville luthérienne braquée contre les plaisirs, il n'y avait de théâtre d'opéra. Sans commande, qui eût eu la folie d'écrire pour la scène ? Mais il serait imprudent d'affirmer que Bach n'avait pas le goût de la scène. Lors de son voyage juvénile à Hambourg, qui était la capitale de l'opéra en Allemagne, il s'empressa de courir au théâtre. Et, plus tard, dès qu'il pouvait s'échapper de Leipzig, il se précipitait dans la voisine Dresde, qui avait la chance de vivre sous un prince catholique et où, par conséquent, l'opéra et les artistes italiens triomphaient. Le puritain, le rigoriste (mais capable d'avaler le festin pantagruélique dont on trouvera le menu dans le *Jean-Sébastien Bach* de Roland de Candé) y rencontrait son ami le compositeur italianisé d'opéras Adolf Hasse et l'épouse de celui-ci, la célébrissime cantatrice italienne Fausta Bordoni (qui avait chanté à Londres tant d'opéras de Händel). Il les rencontrait, et assistait à leurs spectacles, et en retirait vive jouissance.

Ah ! quel dommage qu'il ait dû chaque fois reprendre son service dans une ville si hostile aux beaux-arts ! De même que Leipzig ne possède pas de grand musée de peinture (alors que l'électeur catholique de Saxe constituait une des plus admirables galeries d'Europe), de même elle s'est privée de chefs-d'œuvre lyriques. Peu de musiciens ont été doués de génie dramatique autant que Jean-Sébastien Bach. Les preuves de ce que j'avance ? Une seule, mais confondante. Le spectacle monté par Pier Luigi Pizzi à la Fenice de Venise, et dont la première a eu lieu le 18 décembre 1984. Une date historique, la révélation de Bach en tant qu'auteur d'un opéra appelé *Passion selon saint Jean*.

Pizzi a commencé par transformer la salle. Il a ôté les fauteuils du parterre et installé à leur place une sorte de longue plate-forme légèrement inclinée qui descendait en pente douce depuis le fond du plateau jusqu'au pied de la loge royale. Cette plate-forme, en bois revêtu de papier peint rose et blanc imitation marbre, figurait l'espace idéal d'une église. Au fond, tout au bout du plateau, un grand orgue (toujours en bois revêtu de papier) et un groupe de statues (en matière synthétique), la Vierge éplorée au pied de la Croix entre saint Jean et Marie-Madeleine : évocation (admirable) du baroque bavarois, entre le pastiche et la stylisation, et préparation au spectacle, les acteurs étant amenés (au moment de la crucifixion) à reprendre la pose des statues. En revenant du fond du plateau vers la loge royale, l'œil s'arrêtait successivement sur : un autel (bois et papier peint) de forme baroque, qui servirait aussi de table mortuaire pour le Christ descendu de la Croix ; une trappe d'accès avec quelques marches par où les acteurs monteraient sur la plate-forme et redescendraient dans les coulisses ; une chaire (bois et papier peint, style baroque) pour l'Evangéliste, qui tournerait les pages du livre saint sur un pupitre en forme d'aigle ; enfin la loge royale, aménagée en caverne d'orgue, et d'où le chef d'orchestre dirigerait l'ensemble des musiciens et des chanteurs, c'est-à-dire : au fond, assis en soutane rouge sur deux rangs, les hommes et les enfants qui chanteraient les chorals ; groupés autour de la chaire, les membres de l'orchestre (soutane rouge) ; et, au milieu, les acteurs-chanteurs qui viendraient et iraient par la trappe, le chœur (le peuple) et les divers protagonistes (Jésus, Marie, Jean, Pierre, Marie-Madeleine, Pilate).

Avant même que la musique ne commençât, on était saisi par la beauté exceptionnelle de ce qui était donné à voir. Imaginez la Fenice, transformée en arène, avec les rangées de loges (éclairées, pour l'occasion, par des ampoules-torches qui resteraient allumées) enveloppant le spectacle. Pas de séparation entre la salle et la scène : on allait assister, non pas à un opéra entre mille, mais à l'opéra par excellence, à celui qui concerne chacun, croyant ou incroyant ; pour les uns, le drame du Christ ; pour les autres, au-delà du récit évangélique, la tragédie de tous les innocents persécutés, que les raisons en soient religieuses, politiques, sexuelles ou raciales. Non que Pizzi ait exploité tendancieusement l'œuvre de Bach : de tous les metteurs en scène « novateurs » de notre époque, c'est sans doute le seul qui ne force jamais les textes. A Bach, il ne fait jamais rien dire que Bach n'ait voulu dire, mais, de la *Passion selon saint Jean*, il tire tout ce que Bach y a mis et que nous découvrons pour la première fois.

Et d'abord : la compénétration entre l'austérité luthérienne de son projet et la luxuriance baroque de sa musique. Bach, malgré lui, par la splendeur même de son art, n'a pas été un porte-parole de la Réforme (qui proscrivait la splendeur en art) mais de la Contre-Réforme (qui voulait que tout fût magnifique). Il suffisait de traduire en images plastiques les scènes de son oratorio pour nous amener à reconnaître que Bach fut le contemporain de Dominique Zimmermann (né, comme lui, en 1685), l'auteur de la célèbre Wies, de Balthazar Neumann (1687), architecte de la Résidence de Wurtzbourg, de Johann Michael Fischer (1692), architecte de Zwiefalten et d'Ottobeuren, des frères Asam (1686 et 1692), auteurs de la délirante église Saint-Jean-Népomucène à Munich, bref de tous les grands constructeurs qui ont baroquisé l'Allemagne du sud. La *Passion selon saint Jean* date de 1723. Pendant ce temps Juvarra élevait à Turin la basilique de Superga, Hildebrandt le Belvédère à Vienne, F. de Sanctis l'escalier de la place d'Espagne à Rome, L. de Arevalo la sacristie de la Chartreuse à Grenade. Ce puissant mouvement qui a bouleversé l'Europe en l'arrachant à l'idéal sévère de l'harmonie « classique » pour l'entraîner dans le jeu, dans la fête (1717, c'est l'année où Watteau peint l'*Embarquement pour Cythère*, et 1721, l'*Enseigne de Gersaint)*, dans l'opéra, a soulevé aussi Jean-Sébastien Bach, en dépit de ses attaches puritaines. Que le ralliement au programme de la Contre-Réforme de toucher, d'émouvoir par les sens l'ait sauvé de la morosité protestante, Pizzi l'a prouvé avec éclat, en empruntant les tableaux de son spectacle à la statuaire baroque bavaroise, mais aussi au grand répertoire plus ancien des formes catholiques, que ce soit aux toiles du Guerchin, de Caravage, de Ribera ou de Rubens.

Mais voici l'entrée du chœur : gestes, mouvements, costumes, tout est beau, fort, à la fois mesuré et violent. Etoffes chatoyantes, lumières de crépuscule ardent. Dès les premières mesures, nous sommes au cœur de la tragédie. Au fond, devant les chanteurs des chorals, sont venus s'asseoir un évêque et ses quatre diacres, qui vont présider la cérémonie, avec une muette solennité. Quels détails seraient à retenir en priorité ? Les préciosités plastiques, comme le velours jaune du casque des soldats, le turban de métal doré des deux gardes ? Non, venons-en tout de suite à l'essentiel : les grandes scènes d'opéra, dont la première fut la Flagellation. Autour du Christ attaché presque nu, à une colonne revêtue de papier blanc et rose, deux jeunes bourreaux, également déshabillés, miment une danse très lente en maniant un fouet à lanières, rituel de cruauté d'où se dégage une étrange sensualité, mais pas plus choquante que celle qui s'exprime dans les tableaux religieux de Caravage. Le Christ de la tradition iconographique a été doublé, en quelque sorte, après la Contre-Réforme, par saint Sébastien, personnage qui autorisait les artistes à représenter en même temps la douleur et la volupté, et c'est ce Christ-Sébastien que nous voyons souffrir/jouir, dans un paroxysme de torture et d'extase. Fête sadomasochiste de la victime et de ses bourreaux, dans ce même théâtre où, quelque cent trente ans plus tôt, Verdi avait fait créer *la Traviata*, opéra du sadomasochisme païen. Une telle scène aurait pu prêter à rire : tous les spectateurs retenaient leur souffle. Et plusieurs se sont mis à pleurer, lors de la Crucifixion. Cloués sur trois croix qu'on a ensuite dressées derrière l'autel, le Christ et les deux larrons, vêtus d'un pagne d'étoffe, ont surgi dans le clair-obscur, comme du fond d'un tableau de Tintoret. Autres images inoubliables : les soldats, assis dos à dos, au pied des croix (thème populaire, caravagesque) ; les cadavres des deux larrons, laissés couchés au milieu des soldats ; le corps du Christ, étendu sur l'autel ; la déploration au pied de l'autel, Marie, Marie-Madeleine et saint Jean reproduisant dans leurs poses les attitudes des statues dressées au fond du plateau ; l'ensevelissement du Christ, dans un linceul blanc, par la trappe transformée ainsi en tombeau ; la Résurrection, figurée par un grand lustre en forme de croix, qui montait lentement de la trappe, hérissé de bougies.

Exécution musicale hors pair, les acteurs (y compris les deux jeunes garçons du Tölzknabenchor qui chantaient les deux premiers airs de soprano et d'alto) jouant leur rôle avec une conviction passionnée. Quand Marie a chanté l'air sublime *Alles ist vollbracht*, une femme en noir est venue la rejoindre près de l'autel, pour l'accompagner avec sa viole de gambe : la troisième Marie. Pendant le chœur final, le joueur de trompette est apparu dans la loge royale, comme pour rendre plus éclatante la Résurrection. Merveilleuse Italie où, dans un théâtre aux prises avec des difficultés économiques sérieuses, on a monté pour cinq représentations seulement ce spectacle qui éclipse par sa magnificence et sa justesse tout ce qui se fait ailleurs. Et qui a dû consoler Jean-Sébastien Bach, si son fantôme erre encore parmi nous, d'avoir échoué non à Dresde, la ville des théâtres et des plaisirs, mais à Leipzig, qui boudait l'opéra et l'Italie.

Händel, lui, au lieu de se laisser confiner dans une province allemande, a beaucoup voyagé, et d'abord en Italie, où il passa trois années, de 1706 à 1709, à la fois capitales pour la maturation de son génie, et mystérieuses par la pénurie de nos informations. Le jeune homme, comme tous ses compatriotes, n'avait que dédain pour l'art italien. Lors d'un séjour à Hambourg, il rencontra Jean-Gaston de Médicis qui sut le persuader d'aller parfaire à Florence son apprentissage. Jean-Gaston, fils (et non frère, selon une erreur faite par Romain Rolland et répétée par Jean Gallois) du grand-duc Cosimo III, était un personnage aussi abject que fascinant. Il partageait son temps entre les plaisirs de Bacchus et ceux de Ganymède. Second fils de Cosimo (mais son frère aîné Ferdinand mourut avant leur père), il monta sur le trône et fut le dernier des Médicis. Il s'entourait de mignons crapuleux et menait une vie de débauche qui annonce les orgies de Louis II de Bavière, cette autre fin de race. Quels furent les rapports de Händel avec Jean-Gaston ? On n'en sait strictement rien. De même qu'on ignore, sauf la brièveté de ce séjour et son relatif échec, les circonstances de sa halte à Florence. Il y rencontra Ferdinand, le prince héritier, lequel le reçut dans sa villa de Pratolino où il avait fait aménager un théâtre. Fou d'opéra, Ferdinand avait commandé cinq ouvrages à Alessandro Scarlatti et engagé comme décorateur un des derniers Bibiena. Et même (faiblesse mentale commune avec son frère, ou passion de la musique poussée jusqu'à l'oubli de ses devoirs princiers), il était tombé sous la dépendance psychologique et politique d'un castrat, Cecchino, surnommé de Castris à cause de sa mutilation. Il est étrange de penser que Händel, qui écrira pour des castrats ses plus grands rôles (Jules César, Admète, Orlando, Rinaldo), a fait la connaissance de ces êtres à tout point de vue exceptionnels dans le climat de décadence et de folie qui éclaire d'une lueur tragique le règne des derniers Médicis. Comment a réagi le jeune Saxon, dont la santé, physique et mentale, était à toute épreuve ? Quelles conséquences aura eues sur son œuvre la fréquentation de ces princes moribonds ? Sur ce point également, mystère absolu. Mais on ne peut s'empêcher de rêver sur la fécondation du génie, un peu trop carré, jovial et rubicond, de Händel, par les effluves délicatement empoisonnés qui soufflaient sur la cour de Florence.

La suite de son premier voyage italien (il en fit deux autres, en 1728 et en 1733, pour se mettre au courant des nouveaux styles d'opéra et recruter les chanteurs dont il avait besoin à Londres) est mieux documentée, encore que ses deux séjours à Venise (1707 et 1709, avec la création d'*Agrippina*, son troisième opéra et son premier grand succès) soient enveloppés de ténèbres par où notre imagination peut aisément s'engouffrer. Alejo Carpentier n'a pas résisté au plaisir de reconstituer la rencontre de Händel, de Vivaldi et de Domenico Scarlatti, dans son délicieux *Concert baroque*, que nous prendrions pour un récit historique si, aux dernières pages, nous ne retrouvions les trois compères en train de pique-niquer dans le cimetière de San Michele sur la tombe de Stravinski. Quelles traces ont laissées dans l'œuvre de Händel ces vraies ou fausses conversations et parties de plaisir dans la ville des canaux et des gondoles ? Je ne parle pas des influences stylistiques seulement, mais de ce qui a pu marquer la sensibilité du jeune homme et former sa vision du monde.

On a relevé dans ses opéras toutes les imprégnations étrangères : le mélodrame d'Alessandro Scarlatti et d'Agostino Steffani, dans les premiers opéras de Londres *(Rinaldo*, *Teseo*, *Silla)*. Le théâtre en musique de Bononcini, avec qui il rivalisa ensuite. La tragédie française, d'où il tira l'inspiration noble de ses drames musicaux, qui traitent de la fidélité, du devoir moral, de l'honneur *(Giulio Cesare* dérivé du *Pompée* de Corneille, *Rodelinda*, du *Pertharite* de Corneille, *Poro*, de l'*Alexandre* de Racine). La chanson de geste italienne, les épopées du Tasse et de l'Arioste, où il puisa ses sujets fantastiques *(Rinaldo*, *Orlando)*. Les opéras-ballets à la mode française, qui l'orientèrent vers un goût plus léger *(Ariodante*, *Alcina)*, et lui inspirèrent des opéras presque bouffes *(Serse*, *Deidamia)*. De cette aptitude prodigieuse à s'approprier le style des autres est née la légende — péjorative — d'un Händel impersonnel et dépourvu de ligne directrice, de vision intérieure. Comment expliquer alors les grandes scènes récitatives, d'un accent si étrange et bouleversant ? La méditation de César, devant la tête coupée de Pompée, la mort de Bajazet, au dernier acte de *Tamerlano*, l'agonie d'Admète, la folie d'Orlando, le désespoir de Déjanire, dans *Héraklès* : à quelles sources aurait puisé l'auteur de tant d'airs violemment pathétiques (et il y en aurait bien d'autres à citer), sinon en lui-même, dans les profondeurs de son être ? Et à quel âge devient-on ce qu'on est, sinon entre vingt et vingt-cinq ans, l'âge, justement, du premier voyage en Italie ?

Simple hypothèse, bien entendu, mais il faudra bien qu'un jour on s'interroge, non plus sur les origines livresques de son style, mais sur les secrets de son humaine aventure. Si dans ses opéras on trouve, à côté de la vigueur proverbiale dérivée de sa complexion sanguine et de son hérédité plébéienne (son père était barbier), une fièvre, une inquiétude qui nous touchent si vivement aujourd'hui, suggérons que le passage par Florence, Rome, Naples et Venise n'a pas été étranger à cette métamorphose du corpulent Saxon en précurseur de la modernité.

Otello

De Rossini à Verdi

1816 : Napoléon avait perdu son trône, Domenico Barbaja affermissait le sien. L'empereur du *bel canto* avait commencé comme garçon de café à Milan. Enrichi d'abord par l'invention de la crème fouettée, puis à force de jouer, et surtout de tailler au pharaon, entré en possession d'une fortune de plusieurs millions, il était devenu imprésario des deux théâtres lyriques de Naples, alors les premiers dans le monde, le San Carlo et le théâtre del Fondo. Il arriva plus tard à diriger en même temps les opéras de Naples, de la Scala à Milan et de Vienne. Homme de taille moyenne, mais bâti en hercule, la poitrine large, les épaules carrées, le poignet de fer, il régna pendant quarante ans sur l'Europe lyrique. Passé du commerce des sucreries au négoce des voix, champion toutes catégories de l'oralité, il ne pouvait que fasciner Alexandre Dumas. « Après avoir amassé sou par sou sa fortune, Barbaja la dépensait noblement en prodigalités royales et en généreux bienfaits. Il avait un palais pour loger les artistes, une villa pour traiter ses amis, des jeux publics pour amuser tout le monde. Génie vraiment extraordinaire et instinctif, n'ayant jamais su écrire une lettre ni déchiffrer une note, et traçant avec un parfait bon sens aux poètes le plan de leurs *libretti*, aux compositeurs le choix de leurs morceaux ; doué par Dieu de la voix la plus criarde et la plus dissonante, et formant par ses conseils les premiers chanteurs de l'Italie. »

Barbaja attira à Naples Rossini, alors âgé de vingt-quatre ans mais déjà célébrissime, l'installa dans son palais, lui fournit vins fins, bonne chère et domestiques, à la seule condition d'écrire dans les six mois un nouvel opéra. Les deux compères en cuisine et en trilles (si l'un s'illustra dans la crème fouettée, l'autre laissa son nom à un tournedos) s'entendaient à merveille. Les cinq premiers mois, le jeune maestro se contenta d'aller à la chasse, à la pêche et de ripailler. Le premier jour du sixième mois, il eut la surprise, en se réveillant, de tirer en vain le cordon de sa sonnette : les domestiques avaient disparu. Puis il s'aperçut qu'on avait muré sa porte. Barbaja, par une fenêtre, l'informa qu'il retrouverait sa liberté seulement quand la dernière scène du nouvel opéra lui serait remise. Le soir même, Rossini envoya quelques feuillets de musique sur lesquels était écrit en grandes lettres : *Ouverture de l'Otello*. Le premier acte fut livré le lendemain, le reste trois jours après. Le jubilant Barbaja, sans lire, expédia la partition aux copistes. La veille de la première, répétition générale. On joua l'ouverture, saluée d'applaudissements frénétiques. Les musiciens tournèrent la page, Rossini se remit à son piano, le premier violon leva l'archet : ce fut de nouveau l'ouverture. « Bravo, bravo, cria l'imprésario, mais passons à la cavatine. » L'orchestre, néanmoins, continua à jouer l'ouverture : et ainsi de suite pendant une demi-heure. Rossini avait fait copier autant de fois ce morceau qu'il fallait pour obtenir un cahier d'une épaisseur raisonnable. Fureur de Barbaja, qui dut prétexter l'indisposition de la *prima donna* pour remettre à huit jours la première. Huit jours après, le 4 décembre 1816, on jouait *Otello*, qui devint aussitôt avec *Tancredi* l'opéra le plus célébré et le plus joué pendant vingt ans. Cette vengeance ne suffit pas à Rossini : le lendemain de son triomphe, il déguerpit avec la *prima donna* en question, qui était la maîtresse de son imprésario, et dont il fit sa femme, Isabel Colbran.

J'ai emprunté ce récit à Alexandre Dumas. Vrai ou faux, il nous met bien dans l'atmosphère de l'époque. Rossini était plus attentif à la confection de ses *cannelloni* qu'à la composition de ses opéras, et c'est cette désinvolture envers son propre génie, ce refus de se prendre au sérieux, cet humour et cette irrévérence à l'égard des Muses qui lui ont valu la longue éclipse de ses opéras serias, après que Wagner et les wagnériens eurent introduit le culte de l'Art avec un grand A et la sacralisation pompeuse de ce qui n'était pour l'impertinent pensionnaire de l'ancien garçon de café qu'une affaire d'émotion immédiate, de plaisir des sens, de bonheur.

Les récitatifs sont beaucoup trop longs dans l'*Otello* : même le finale du premier acte commence par un quart d'heure de récitatif, contrairement à tous les usages. La hâte avec laquelle l'œuvre fut écrite se reconnaît là. Rossini économise la musique. Mais dès que le chant s'élève, il « monte », comme les crèmes jadis battues par le bouillant imprésario. Cette joie toute physique de nous délecter à de beaux sons, quel autre compositeur au monde nous l'a donnée ? Un autre motif explique l'ostracisme qui a frappé si longtemps l'*Otello* : le mauvais traitement infligé par le librettiste au drame de Shakespeare. Stendhal, qui adorait la musique de cet opéra, fut outré par le contresens total commis par « M. le marquis de Berio, aussi aimable comme homme de société qu'il était privé de talents comme poète ».

Est-ce si sûr ? En 1816, le romantisme a depuis longtemps subjugué l'Allemagne, mais, en Italie, on est encore en plein néoclassicisme. Canova règne sur les beaux-arts, Cherubini et Spontini imposent dans l'opéra le style gréco-romain, noble, compassé. Rossini, qui a vingt-quatre ans et le feu de la jeunesse, met à profit le livret en demi-teintes du marquis pour écrire le premier ouvrage romantique italien. On méconnaît trop souvent cet aspect de son génie. *Le Barbier de Séville* datait du mois de janvier précédent, et la légende de l'*amuseur* était née. Elle dénatura l'image de Rossini, et continue à l'altérer. Au créateur si gai, si désinvolte de Figaro, comment attribuer la moindre préoccupation un peu *sérieuse*, un peu *élevée* ?

Pourtant, c'est bien Rossini lui-même qui eut l'idée d'introduire au troisième acte d'*Otello* le chant du gondolier, ces trois vers tirés de l'*Enfer*, contre l'avis de son librettiste, qui soutenait que les bateliers de Venise chantent peut-être les strophes du Tasse mais non les stances de la *Divine Comédie.* « Il n'y a pas de plus grande douleur que de se rappeler les temps heureux dans la misère. » Les deux écrivains qui deviendraient bientôt les dieux tutélaires de la nouvelle culture romantique, Dante et Shakespeare, se trouvaient ainsi associés par le compositeur. Contrairement à Verdi, qui insistera sur le motif brutal de la jalousie et fera un drame puissamment réaliste, Rossini s'en tient à des nuances élégiaques. Ni la jalousie ni Iago n'occupent une grande place dans son opéra, qui est plutôt la tragédie des occasions perdues, des malentendus fortuits. Desdemona et Otello ne se rencontrent jamais en tête à tête avant la scène du meurtre, ils se cherchent à tâtons dans les brumes du sentiment amoureux. Verdi en fera des êtres mûrs qui s'affrontent, Rossini a peint deux adolescents maladroits. Le climat est sentimental : nous sommes à l'aube d'un grand amour inexprimé, non à sa conclusion violente.

Atmosphère favorable au *bel canto*, à l'art de combiner les voix. Rossini disposait au théâtre del Fondo de cinq ténors, de deux sopranos et d'une basse, affiche tout à fait inhabituelle. D'où plusieurs duos de ténors : Otello et Iago, Rodrigo et Iago dans le premier acte, Otello et Iago, Rodrigo et Otello dans le deuxième. Desdemona et Emilia chantent aussi de leur côté un admirable duo, chef-d'œuvre de l'opéra selon Stendhal, qui y voyait la pureté et la simplicité du style de *Tancredi*, avec plus de feu et de hardiesse dans la cantilène. Ce qui est curieux, c'est le goût de séparer ainsi les sexes. Verdi, Tchaïkovski feront dialoguer un ténor et un baryton, un baryton et une basse : rapports d'autorité, tissés dans l'échange amical. Mais deux ténors ensemble : gémellité, ou homosexualité ? Cette similitude des tessitures, dans le registre tendre, jette une lumière nouvelle (et peut-être plus shakespearienne qu'il ne paraît) sur les véritables relations entre Otello et Rodrigo, entre Otello et Iago (pour Iago, on s'en doutait).

Desdemona chante devant Emilia la fameuse romance du saule, bien plus belle que chez Verdi, et qui demanderait une analyse musicale détaillée : après la première strophe purement syllabique, d'allure populaire, la ligne se charge d'ornements, pour rendre le trouble et l'angoisse de la jeune femme. La voix s'étrangle sur une dissonance à la fin de la troisième strophe, et s'arrête net avant la fin de la quatrième. Introduction de la psychologie dans les grâces du *bel canto* ! Il y a bien entendu des ensembles, spécialité indiscutée de Rossini, tel le trio Desdemona-Emilia-Rodrigo, puis le finale du premier acte, où les voix, entrant l'une après l'autre, expriment la stupeur qu'inspire une situation sans issue — ou le finale du deuxième acte, dans lequel Desdemona clame sa douleur d'encourir la colère paternelle. Mais il faut attendre le troisième acte, la fin de l'ouvrage et le moment du crime, pour entendre Otello et Desdemona chanter ensemble, le seul et unique duo entre un homme et une femme ! Cinq minutes *in extremis* pour ce qui est considéré comme la pierre de touche et l'apogée du grand opéra : encore un joli pied-de-nez à la tradition passée, présente et future.

Ce duo donna lieu à un épisode cocasse. Le ténor espagnol Manuel Garcia, qui avait créé le rôle d'Almaviva dans *le Barbier de Séville* à Rome, partit pour les Etats-Unis avec sa petite famille et présenta à New York les premiers opéras italiens jamais entendus sur le nouveau continent : *le Barbier*, *Tancredi*, *Don Giovanni* (en présence du vieux Da Ponte âgé de soixante-dix-sept ans !) et *Otello*. Dans la distribution : Garcia père (Otello), Garcia fils (Iago), Mme Garcia (Emilia), Mlle Garcia (Desdemona). Garcia fille, alors âgée de dix-sept ans, n'était autre que la future Malibran, la plus grande chanteuse, avec Pasta et Callas, de tous les temps. Son père l'avertit, avant la première représentation, le 7 février 1826, qu'il la tuerait sur scène, pour de bon, si elle chantait mal. Maria, terrorisée depuis l'enfance par la pédagogie plus que brutale de son tout-puissant géniteur, s'aperçut fort bien que le poignard (la Desdemona du marquis de Berio étant poignardée, non étranglée) qui brillait dans la main d'Otello n'était pas l'habituel accessoire en caoutchouc, mais une arme en acier achetée peu de jours auparavant à un Turc. Son visage se couvrit d'épouvante ; une sublime pâleur se répandit sur ses traits. Comme elle voyait la lame scintiller devant ses yeux, elle arrêta la main qui s'abaissait vers elle et la mordit jusqu'au sang. Garcia poussa un cri de douleur qui passa pour un cri de fureur, et l'acte s'acheva sous un délire d'applaudissements.

Heureux temps, où le spectacle sur la scène n'était pas moins riche d'imprévu que l'activité au fond des loges ! (Voir article *Opéra*, « Le pathos corrigé par l'humour ».) Les faiblesses qu'on peut reprocher aujourd'hui à l'*Otello* tiennent à notre pédantisme et à notre manque d'humour. Nous voudrions deux heures et demie de tension continue, oubliant que les contemporains de Rossini, nullement disposés au masochisme dévot des salles perverties par la religion de la culture, avaient l'agréable habitude de fermer leurs oreilles aux passages inintéressants.

Quel toupet, ces Italiens ! Qu'un blanc-bec s'attaque au chef-d'œuvre des chefs-d'œuvre, passe encore ; on mettra cette impertinence sur le compte de la jeunesse. Mais qu'un vieillard de plus de soixante-dix ans, une gloire nationale et internationale, la conscience politique de son pays, le prophète à barbe blanche ose, lui aussi, écrire un *Otello*, c'est un peu fort, non ? Et sans le *h*, de nouveau, sans la lettre de noblesse que Shakespeare avait ajoutée au personnage un peu simpliste inventé par Giambattista Giraldi, dit Cinthio. D'accord, Otello n'appartient pas au dramaturge anglais ; il l'a trouvé dans la septième nouvelle de la troisième décade des *Ecatommiti*, publiés en 1567 à Venise. Mais que d'innovations, de la nouvelle à la tragédie ! Quel progrès spectaculaire ! Chez Cinthio, Otello fait tuer Desdemona par Iago lui-même, qui lui défonce le crâne à l'aide d'un bas rempli de sable ; après quoi, les deux assassins, pour dissimuler leur crime, démolissent le plafond et ensevelissent la victime sous les gravats. Où est la noblesse, dans cette histoire sordide ? Où est le conflit entre l'âme et le démon qui la ronge ? Entre le bien et le mal ? Sans le *h* qui a donné de la hauteur à cette trame, celle-ci ne vaudrait pas plus qu'un fait divers crapuleux.

Et pourtant, Verdi, le vieux Verdi, relevant le défi, écrit à soixante-quatorze ans son *Otello* et en fait un des plus beaux opéras du monde, que sa concision et sa force égalent à la pièce de Shakespeare. A un âge où les autres se répètent en plus mou, il renouvelle son style. Eliminée, toute trace d'emphase. Proscrites, les vulgarités, les boursouflures. Bannis, les airs agressifs, les contre-ut catapultés, les cabalettes pompières. Ni prouesses gratuites de *bel canto*, ni brutalités véristes : mais un flux musical continu, un glissement perpétuel du récitatif au chant, du chant au récitatif, un drame intérieur conduit en demi-teintes.

On s'est beaucoup interrogé sur un changement aussi net que mystérieux. L'influence de Wagner ? Il n'en est rien, même si le désir de soigner la partie orchestrale, point toujours faible chez les Italiens, peut en partie s'attribuer à la concurrence internationale. Croire que Verdi, sur le tard, s'est wagnérisé, c'est un mensonge propagé par les wagnériens, pour qui une musique écrite par un Italien ne peut être considérée comme belle et sérieuse que si elle découle de la musique allemande. Il serait plus judicieux de penser que l'avant-dernier opéra de Verdi est un manifeste antiwagnérien, la réponse de l'esprit méditerranéen aux longueurs interminables de *Tristan*. Alliance mystique d'Eros et Thanatos, le sujet est le même ; mais ce que Wagner cherche laborieusement pendant des heures, Verdi l'obtient dans les quelques secondes de l'ineffable conclusion.

Arrigo Boito, le nouveau librettiste de Verdi, apporta le bain de jouvence. De trente ans plus jeune, écrivain de talent, poète, compositeur, auteur du superbe opéra *Mefisto*, il épura la pièce de Shakespeare et l'allégea avec génie. Il possédait assez d'autorité sur le vieux maître pour le pousser dans des voies inédites. Entre Boito et Verdi eurent lieu un échange d'idées, une fécondation mutuelle, une osmose créatrice analogues à la collaboration, dans le passé, de Lorenzo Da Ponte et de Mozart, et, dans l'avenir, de Hofmannsthal et de Richard Strauss, de Forster et de Britten. Pas de chef-d'œuvre du théâtre lyrique sans bon écrivain à la clef.

Boito élimina le premier acte de Shakespeare et concentra l'action à Chypre. Le farouche air d'entrée d'Otello, *Esultate*, par lequel le héros livre d'emblée son caractère, n'a pas son équivalent dans le modèle anglais. Ni le fameux *Credo* de Iago, où le félon professe le nihilisme absolu où se vautre son âme scélérate. Verdi se demanda s'il n'intitulerait pas son opéra *Iago*. A l'enseigne revient en effet le rôle moteur, conformément aux lois de l'opéra italien, où les amours du ténor et de la soprano ne donneraient lieu à aucune action, si le baryton n'y faisait obstacle.

Chez Shakespeare, le Doge se fait raconter par Othello comment il a obtenu l'amour de Desdemona, et comment Desdemona a obtenu le sien. Cette explication, un peu longuette et bizarre en pleine salle du Conseil, Boito la transforma en effusion privée. Les deux jeunes gens, seuls devant la mer, se remémorent le début de leur passion. Verdi saisit l'occasion d'écrire son premier duo d'amour apaisé, palpitant d'une douceur extatique. Il fait chanter aux amants les mêmes phrases à tour de rôle, tout en introduisant, par des touches d'une subtilité inouïe, d'infinitésimales nuances, pour distinguer leurs caractères, la brusquerie impétueuse du militaire africain de la rêveuse sérénité de la blonde Vénitienne. Griserie nocturne d'un amour partagé. Tout reste mesuré, dans la fluidité alanguie d'un chant alterné.

Après quoi, se met en marche l'implacable mécanisme de l'insinuation perfide et du soupçon torturant. Le dialogue où Iago excite le doute dans l'âme d'Otello, tout en le mettant en garde contre les ravages de la jalousie, n'est pas inférieur à la fameuse *temptation scene*. Par des effets purement musicaux, phrases répétées en écho, un ton plus bas, Verdi suggère aussi fortement que Shakespeare l'irréversible avilissement du Maure. La machine de la destruction est en marche. *Otello* est le seul opéra, avec le *Don Giovanni* de Mozart, où la qualité individuelle des voix compte moins que le mouvement d'ensemble, la pulsion fiévreuse qui pousse les héros vers la catastrophe.

Et Desdemona, cependant ? N'est-elle pas la figure « touchante » qu'on attend dans un opéra ? Ce qu'elle chante au dernier acte est si beau qu'on oublie qu'elle joue dans l'économie générale de l'œuvre un rôle bien secondaire. La cantilène du saule est inspirée de Shakespeare. Boito et Verdi n'auraient pas été italiens s'ils n'avaient ajouté, dans la bouche de la jeune femme terrifiée par les accès de jalousie de son mari, une prière élégiaque à la Vierge. Deux morceaux d'intense effusion poétique, qui mettent un répit dans le déroulement du drame. Deux réminiscences du *bel canto*, et comme un adieu de Verdi à un style qu'il avait porté au triomphe mais qu'il jugeait à présent périmé.

Airs sublimes, assurément, mais dépassés encore par le finale. Otello se poignarde sur le corps de Desdemona, et meurt sur son rêve brisé, en prononçant, par trois fois, les mots « un baiser ». *Un bacio... un bacio ancora... un altro bacio...* Le rideau tombe sur ce balbutiement, à la fois enfantin, sensuel et funèbre. Les mauvais ténors y vont d'un vulgaire coup de glotte, alors que Verdi, renonçant à la conclusion spectaculaire de règle à l'opéra, termine sur un *pianissimo* de l'orchestre, en harmonies plaintives où l'extase se mêle à la désolation, la volupté au crime.

P.S. Quel enregistrement recommander ? *Otello* étant un opéra de chef, plus que de voix, Toscanini (RCA, 1947) reste la référence absolue, par la rapidité des *tempi*, l'énergie presque mécanique, le sentiment aigu de la fatalité. Verdi tenait si fort à ce que la jouissance du beau son ne pût distraire l'auditeur qu'il n'a écrit, pour une fois, ni prélude ni ouverture. Une vague d'eau furibonde saute aux oreilles dès les premières mesures. Tullio Serafin (RCA, 1960) dispose de voix d'une pointure supérieure : Leonie Rysanek en Desdemona, Tito Gobbi en Iago, Jon Vickers en Otello. Vickers a enregistré aussi le rôle sous la direction de Karajan (EMI, 1974), avec des partenaires plus modestes. Verdi détestait les ténors braillards et avantageux, qui continuent à défigurer ses œuvres.

Un Otello-Stentor, toujours au maximum de sa puissance, la bave de la fureur aux lèvres, est un contresens, auquel le préjugé raciste n'est peut-être pas étranger. Le Maure a beau venir d'Afrique, il n'a rien d'un sauvage, le sang ne lui monte pas à la tête parce qu'une femme blonde lui est tombée dans les bras. Le plus grand Otello du siècle aura été Vickers : lui seul, de sa voix tourmentée, faite pour les héros blessés, Florestan, don José, Peter Grimes (il est incomparable dans ces rôles), a su rendre l'inquiétude, la fêlure intime du personnage, partagé entre la gloriole du général vainqueur et la hantise de l'époux soupçonneux.

Palaces

De Venise à Palerme

Quittons un moment le style neutre, qui sied à un dictionnaire. L'hôtellerie de luxe est un sujet démodé. Barnabooth n'est plus notre contemporain. Afin d'adapter l'article *Palaces* à ce monde obsolète, où le carton à chapeaux et le nécessaire en cuir de Russie pour le thé faisaient partie du bagage, jetons-y quelques pétales de rhétorique, émaillons-le de quelques tournures plus fleuries.

Suite vénitienne

• Départ en Orient-Express...

Le culte de la vitesse, orgueil et plaie de notre époque, a tué la magie des voyages. Arriver de Paris à Venise par avion, c'est sauter d'un monde dans un autre, sans ces transitions nécessaires qui vous permettent de quitter celui ou celle que vous étiez, pour revêtir un nouvel être, frais, dispos, régénéré. Le premier charme de cet Orient-Express remis en service depuis 1982, c'est de prendre son temps, c'est-à-dire de vous laisser le vôtre. Au lieu de piquer droit sur l'Italie, il fait l'école buissonnière. Traverse la Suisse par Bâle et Zürich, emprunte les vallées neigeuses de l'Autriche, souffle à Innsbruck, se hisse jusqu'au col du Brenner, redescend par le lac de Garde et Vérone. Et s'arrête à toutes les gares, comme une bonne vieille diligence d'antan. Presque vingt-quatre heures de dérive, un luxe inappréciable aujourd'hui.

Pour compléter l'illusion, votre voiture n'est pas un wagon de série, mais une œuvre d'art. Si tous portent la livrée uniforme aux couleurs bleu marine et or de la Compagnie des wagons-lits, chacun est différent à l'intérieur, chacun a d'ailleurs une histoire, un passé, dûment établis par des documents d'archives grâce auxquels on a pu les reconstituer. Les plus grands maîtres des arts décoratifs avaient travaillé entre les deux guerres à orner les voitures de laques et de marqueteries. Le train se remit à rouler après 1945, mais les nouvelles conditions de transport, la duperie de la vitesse propagée par l'essor de l'aviation envoyèrent bientôt sur les voies de garage les merveilles ambulantes qui avaient véhiculé sur tous les grands axes européens, de Londres à Istanbul, de Paris à Bucarest, rois et princesses, stars de cinéma et escrocs internationaux, diplomates et espions, selon cette mythologie de l'Orient-Express qui est dans toutes les mémoires. *Une femme disparaît* d'Alfred Hitchcock, *Bons Baisers de Russie* de Terence Young, *le Crime de l'Orient-Express* de Sidney Lumet n'existeraient pas sans la légende de ce train ; et *la Madone des sleepings* de Maurice Dekobra comme *Stambul Train* de Graham Greene sont nés eux aussi du beau mirage ferroviaire, qui déroulait ses anneaux de la Manche à la mer Ionienne.

Tout a été patiemment, méticuleusement restauré. Les panneaux arts déco de René Prou, auteur aussi d'incrustations en plâtre de Paris sur bois de sapelly, les lits tigrés en marqueterie de Nelson, les décorations florales de Morison, les motifs en trapèze de Maple, les bacchantes de Lalique, les laques de Chine, tout a été récupéré dans les voitures à l'abandon, nettoyé, révisé, remonté à sa place originelle. Gérard Gallet a dessiné la vaisselle, l'argenterie, la cristallerie d'après les croquis conservés dans les archives. Une équipe d'artisans a capitonné les banquettes, verni au tampon les portières, brodé les serviettes. Il n'y a pas jusqu'aux danseuses grecques de l'ancien wagon de Diaghilev qui n'aient été ombrées au sable brûlant, pour que la ronce de frêne recouvrât son éclat.

Vous avez quitté un Paris sale, bruyant, enlaidi, et tout à coup vous voilà replongé dans la griserie légère des années 1930, bercé de songes nostalgiques et d'imaginations excitantes. Pour un peu vous vous étonneriez que la vieille dame qui occupe le compartiment voisin ne soit pas Agatha Christie. Mais si on pousse la porte de votre cabine, ce n'est pas pour livrer passage à l'assassin. Entre un charmant steward, qui dépose sur la tablette d'acajou le petit déjeuner ou le thé. Les repas, vous allez les prendre dans le wagon-restaurant, qui est à lui seul une anthologie de l'art moderne. Le poêle qui chauffe votre wagon est alimenté, comme autrefois, au charbon. La ventilation du wagon-restaurant est assurée par de larges pales de cuivre. Et que dire des savantes inventions du chef ? Je doute que, même à l'époque de Valery Larbaud et de Paul Morand, ces légendaires voyageurs, on trouvât à bord cuisine plus raffinée.

Votre voyage n'a pas été seulement le déplacement utilitaire d'un point à un autre, il a été dégustation de l'espace, jouissance du temps, euphorie de la locomotion, magie de la résurrection.

- Un week-end au Gritti...

Si, arrivant dans leur ville, vous dites tout fier à vos amis vénitiens : « Je descends au Danieli ! », ils vous regarderont avec un sourire à la fois indulgent et ironique. Indulgent, pour ne pas vous décevoir ni refroidir votre enthousiasme, car ce sont gens de cœur. Ironique, à cause de votre naïveté. Nous ne sommes plus à l'époque où George Sand et Alfred de Musset abritaient dans le palace de Riva degli Schiavoni leurs amours tumultueuses. Dickens et Wagner, et même Proust et D'Annunzio, hôtes illustres du Danieli, s'éloignent eux aussi dans le temps. Aujourd'hui, pour vous faire reconnaître comme un véritable amateur des charmes de Venise, vous devez dire à vos amis : « Je descends au Gritti. » Ils salueront en vous le dévot averti, le pèlerin subtil. Oui, loin des foules qui envahissent la place Saint-Marc et déambulent nuit et jour sur Riva degli Schiavoni, c'est dans ce temple moins voyant, retiré sur une petite place silencieuse, et dont l'entrée est si discrète qu'il faut être initié pour la trouver, c'est là, à quelques minutes de Saint-Marc et pourtant protégé de la cohue et du bruit, que vous savourerez la plénitude du bonheur dont Venise est prête à combler ses plus fervents adorateurs, pour le dire avec un reste de dannunzianisme.

Vous pouvez accoster à la flottante terrasse de l'hôtel par le Grand Canal. Occasion d'admirer la façade, où les croisées gothiques rythmées par de fines colonnettes, les balcons de blanc travertin et la maçonnerie de brique rose composent une symphonie délicate. Ce n'est pas un bâtiment neuf qui vous accueille, ce n'est pas un palace clinquant, c'est un vieux palais vénitien authentique, une demeure patricienne de l'ancien temps. Dans le hall, du haut de son portrait vénérable, le doge Andrea Gritti en personne vous attend, barbu, vêtu de la cape d'hermine et coiffé du célèbre bonnet à corne. Il vous toise d'un air sévère : c'est pour vérifier que vous êtes digne d'être son hôte, et que vous ne regrettez pas ce calme, ce silence, cet éloignement du monde qu'il vous offre, à peine son seuil franchi.

Une maison où vous êtes chez vous : voilà le principal, l'inestimable avantage du Gritti. Des conditions idéales de confort, bien sûr, mais d'abord la paix, l'intimité d'un refuge domestique. Relativement peu de chambres, ce qui permet un service attentif, empressé, mais en même temps discret, sans l'ostentation habituelle. Une cuisine raffinée, elle aussi exempte de ces outrances nourricières que trop de restaurateurs prennent pour le luxe de la table. On est bien, au Gritti, phrase plate mais qui est le vrai critère du bonheur. On voudrait s'installer à demeure, et, lorsqu'on ouvre sa fenêtre sur ce qui est une des plus belles églises du monde, la Salute octogonale surmontée de ses baroques coupoles, lorsqu'on découvre ce paysage de marbre et d'eau qui tremble dans la brume dorée, on se dit qu'une longue résidence n'épuiserait pas les délices du séjour.

Hemingway lui-même se laissa prendre au piège. Délaissant les chasses au Kenya et les arènes andalouses, ce barbare prit ses quartiers dans une des suites qui donnent sur le Grand Canal. Elle porte encore son nom, en souvenir du roman *Au-delà du fleuve et sous les arbres* écrit derrière les fenêtres. Parions que l'impénitent baroudeur déposa sa carabine à l'entrée et n'osa s'avancer que sur la pointe des pieds dans ce décor à la Tiepolo rajeuni par Fortuny. Meubles chantournés du XVIIIe siècle, épais tapis, tentures murales, verreries de Murano, miroirs rococo, tout concourt à créer une atmosphère feutrée et coquette, à la fois sérieuse et libertine, comme l'eût aimée Baudelaire. Faites-vous monter le cocktail inventé par le barman Giuseppe Fontana et baptisé « Vivaldi » en hommage au fougueux compositeur (10 cl de vin blanc sec, 2 cl de rhum blanc sec et 2 cl de Bitter Campari), et vous aurez l'illusion, la légère griserie de ce mélange aidant, que des tapisseries aux subtiles arabesques s'exhalent les musiques pétillantes du prêtre roux, comme on l'appelait d'après sa chevelure flamboyante. Gardez votre tête cependant, pour monter sur le toit et vous pencher du haut de l'*altana*, cette petite plate-forme en bois qui orne le faîte de tous les palais vénitiens. Les dames autrefois s'y retiraient en grand secret et, couvertes d'un chapeau de paille sans fond qui protégeait leur visage (il importait, alors, de le garder blanc comme neige) mais laissait leurs cheveux à l'air libre, obtenaient par une longue exposition au soleil cette nuance unique de blond immortalisée par les peintres. Les opulentes déesses du Titien et de Véronèse ont délaissé ces belvédères, hélas, mais le panorama qu'elles contemplaient s'offre toujours à vous : le palais Venier, inachevé, où le musée Guggenheim abrite la plus prestigieuse collection d'art moderne en Italie ; le palais Dario, revêtu de marbres et d'incrustations polychromes ; et toutes ces façades qui mirent dans les eaux glauques, derrière les bittes d'amarrage plantées comme des pieux de parade, balcons et loggias au dessin exquis.

Le Gritti ne serait pas le Gritti, c'est-à-dire une promesse aussi complète de félicité, si, en plus de la voie aquatique et ducale qui vous y conduit par canot ou gondole, vous ne pouviez y arriver ou en sortir par les petites rues de pierre, dédale propice aux flâneries romantiques comme aux aventures galantes. A commencer par la place si poétiquement nommée Sainte-Marie-du-Lis, où, à minuit, autour du puits, le sabbat langoureux des chats en amour sera l'ultime musique de la journée enfuie. Après le tintement des cloches, le mugissement des sirènes, le roucoulement des pigeons, le clapotement des vaguelettes, ou simplement le martèlement des pas et les sonores appels par lesquels les Vénitiens, quand il y a du brouillard, se reconnaissent à la voix, avant de distinguer leurs silhouettes, fantômes mystérieux sitôt évanouis dans la brume.

• Cocktail au Harry's Bar...

Minuit : à cette heure tardive, et entre toutes merveilleuse, du concert nocturne des félins, sans doute rentrerez-vous d'une halte, la dernière, au Harry's Bar. Un autre lieu mythique de Venise, qui vous aura d'abord surpris par son extrême simplicité. La porte s'ouvre dans une ruelle qui finit un peu plus loin dans l'eau. Quoi ? C'est là, dans ce cadre moderne, entre ces murs blancs, autour de ces tables basses quelconques, sur ces sièges à peine confortables, c'est là que tant de célébrités se sont retrouvées et continuent à se retrouver pour bavarder ou pour rêver ? Hemingway lui-même, décidément séduit et entortillé par les blandices lagunaires, était un fidèle habitué. Mais vous aussi, peu à peu, vous aurez succombé au charme, et pas seulement à cause de la chère exquise, ne seraient-ce que ces croque-monsieur dont la pâte mordorée fond toute seule dans la bouche, comme s'ils voulaient démentir leur nom.

Parce que vous ne pouvez pas errer dans Venise sans être roulé dans un flot de sensations capiteuses, suffoqué par cette surabondance d'émotions esthétiques, il est reposant de s'asseoir dans un endroit dépouillé, presque nu, où sur votre tempe n'est pas braqué le pistolet des œuvres d'art. Là, vous faites le point sur ce que vous avez admiré au cours de votre promenade, vous vous recueillez, vous oubliez un instant, lors de cette pause salutaire, que vous êtes dans la ville où il n'y a pas une pierre qui ne porte un grand nom, pas une toile qui n'ait été peinte d'une main illustre.

Court répit, néanmoins. Venise l'implacable vous submerge tout aussitôt sous le souvenir de ses gloires. Car, lorsque vous aurez commandé au barman le cocktail dont la maison est le plus fière, un mélange inouï de champagne et de jus de pêche, et qu'il l'aura posé avec un sourire radieux sur votre table, que vous répond-il, si vous lui demandez le nom de ce nectar des dieux ? « Bellini. » Alors, en voyant trembler dans votre verre cette même ineffable nuance rose pâle qui illumine le ciel derrière les Madones du plus vénitien des peintres, vous vous dites que, de la Renaissance mystique au drink américain, la tradition de la Serenissima est sauve.

La beauté, la douceur ne manqueront jamais à Venise, si la Cité des Doges vous donne à boire ce qui est en quelque sorte le suc de ses tableaux les plus célèbres. Luxe, calme et volupté : jamais les paroles du poète ne se sont mieux appliquées qu'à ce club, dont la modestie apparente n'est qu'une coquetterie supplémentaire, la signature d'un bon goût si parfait qu'il dédaigne les artifices de la séduction.

Villa Igiea à Palerme

C'est d'abord le site qui enchante. Les fenêtres donnent sur la baie de Palerme, une des plus belles du monde. La ville s'étend à droite, à peine masquée par les gros navires en réparation et les grues du nouveau port.

Leurs puissantes silhouettes, loin de nuire au paysage, nous rappellent que nous sommes aux portes d'une très grande ville, magnifique et mystérieuse. De l'autre côté de la rade, des montagnes découpent leur profil abrupt sur la mer. Sous les fenêtres, les jardins de l'hôtel descendent doucement jusqu'au rivage, par des terrasses où les essences de la flore méditerranéenne exhalent jusqu'à nous leurs fragrances. Pins maritimes, palmiers d'Afrique érigés sur leur tronc, palmiers nains de Sicile, yuccas aux branches horizontales comme des candélabres et aux feuilles pointues, lauriers-roses, hibiscus dont les fleurs rouges dardent un pistil protubérant. Derrière le rideau d'arbres, la piscine surplombe la mer, à laquelle on peut accéder par un petit escalier. La vue est splendide : cargos au mouillage, ferrys dont la coque blanche trace un sillage éblouissant, silhouette grise du porte-avions américain, barques de pêche, yachts, voilà une baie vivante, en mouvement, qui change de couleur et d'aspect avec le passage des heures, l'ascension et le déclin du soleil. Comment se lasser d'un tel spectacle ? Pourtant l'hôtel lui-même, quand on commence à le découvrir, devient une source de surprises et d'émerveillements. On parle toujours de la Palerme grecque, de la Palerme arabe, de la Palerme normande, de la Palerme espagnole, de la Palerme baroque, à juste titre d'ailleurs, car peu de villes offrent un aussi riche amalgame de civilisations. Mais pourquoi, alors, négliger la Palerme Liberty, dont cette Villa Igiea est justement le témoignage le plus insigne ? L'édifice fut construit en 1900, par l'architecte Ernesto Basile, qui ajouta au modern style européen des touches typiquement siciliennes. Ainsi, l'extérieur se présente comme un palais arabo-normand, massif, à deux grosses tours, crénelé. Fenêtres pointues en ogive. A l'intérieur, d'immenses couloirs et des escaliers majestueux en proportion ont une grande allure de palace, mais l'architecte et le décorateur se sont surpassés dans les diverses salles à manger. Celle d'été, du côté de la mer, prolongée par une terrasse, est dans le goût néoclassique : agrémentée de fresques chinoisantes, de lustres feuillus à abat-jour roses, de miroirs à montures incrustées, de plafonds à moulures sinueuses, c'est un bon exemple de kitsch 1900. Le bar, bien que situé au rez-de-chaussée, est voûté comme une cave : mythe de l'ombre et de la caverne fraîche au pays du soleil !

Mais la merveille des merveilles, c'est la grande salle à manger d'hiver, achevée en 1908, chef-d'œuvre du goût Liberty, dont elle exalte avec une amusante rigueur la végétale exubérance. Le mobilier lui-même, les guéridons, les fauteuils, les paravents de cristal, ainsi que les armatures des portes et la corniche des miroirs, montrent le même style contourné et tarabiscoté que les nervures de la voûte et les poutres du plafond. Aux murs, qui sont très élevés (la salle a une hauteur de deux étages), d'immenses fresques dues au peintre Andrea de Maria célèbrent le triomphe de la femme, dans une nature aussi évanescente que sophistiquée. D'un côté, on voit le soleil surgir de la mer, et des bacchantes, à moitié nues ou drapées d'étoffes à fleurs, brandir des coupes pleines d'encens, courir dans un champ de narcisses, s'enivrer de lumière. Ailleurs, près d'un étang où des cygnes s'étirent entre des plantes aquatiques, elles dansent de dionysiaques farandoles en agitant des guirlandes de roses. Sur le troisième mur, ce sont d'autres pâmoisons, d'autres extases, toujours dans ce style délicatement floral. Teintes pastel très pâles, comme il convient à ce ballet de sylphides, que Wagner aurait pu choisir telles quelles, et dans le même décor, pour ses filles-fleurs, s'il avait écrit *Parsifal* vingt ans plus tard, en élisant comme domicile à Palerme, au lieu de l'hôtel des Palmes, la Villa Igiea.

Du plafond pend un lustre extravagant, tout en longueur, soutenu par quatre paires de serpents en fer forgé, moins lustre que rampe de lumière, hérissée de feuilles de cristal. Beaucoup de miroirs multiplient l'image des meubles et des fresques, et c'est la salle tout entière qui semble entrer dans la danse et s'abandonner aux rites et aux délires du printemps. Salle de bal idéale pour un *Guépard* 1900, plus que salle à manger... Ah ! qui dira encore que les Siciliens sont un peuple misogyne, après cet hommage éclatant rendu à la grâce et aux sortilèges féminins ? Ces rondes de jeunes personnes court vêtues reposent l'œil et rachètent l'île des austères *mammas* en noir encore en faction devant leur seuil dans les rues tortueuses de Palerme.

Palerme I

Les souvenirs stendhaliens de Michele Palmieri di Micciché

Michele Palmieri naquit le 3 novembre 1779 à Termini Imerese, près de Palerme. De sa mère, donna Rosalia Morillo e Guccione, fille du baron don Ferdinando di Trabonella, on ne sait rien. Son père, en revanche, occupe une place de premier plan dans les souvenirs de Michele : nous verrons même que l'ombre du père n'a cessé de planer sur le destin du fils et qu'il n'est pas jusqu'aux choix politiques de Michele Palmieri qui n'aient été déterminés par le fantôme du formidable don Placido Palmieri, baron de Micciché[1].

La famille des Palmieri de Micciché était originaire de Caltanissetta, et le fief de Micciché, d'où elle tirait son nom, se trouvait en plein cœur de l'île. Placido Palmieri fonda en 1790 dans son fief — une immense étendue désertique de collines brûlées — un village, auquel il donna le nom de Villalba — ce même Villalba qui est devenu célèbre lors de la Seconde Guerre mondiale pour avoir été la résidence du *capomafia* Calogero Vizzini. Don Placido Palmieri peupla la nouvelle bourgade et fit prospérer l'agriculture dans la région, tant et si bien que le roi Ferdinand lui conféra en 1813 le titre de marquis de Villalba.

Voilà la seule lumière d'intelligence qu'on puisse mettre au crédit du personnage. Pour tout le reste, il nous apparaît comme un tyran orgueilleux et cruel. Il possédait une fortune considérable, puisqu'il disposait

1. Prononcer : Mitchiqué.

de vingt-quatre domestiques, d'une dizaine de chevaux et de quatre domiciles : à Caltanissetta, le palais de via Cassarello ; à Villalba, le château ; à Termini, le palais de via Badia ; à Palerme enfin, le palais Comitini de via Maqueda. Il aurait pu facilement assurer à ses sept enfants une position confortable mais, renchérissant sur la loi en vigueur, qui voulait que le patrimoine revînt entièrement au fils aîné, le marquis de Villalba réservait ses largesses, ses soins et son amour à son premier-né, Niccolò. Les autres enfants manquaient souvent, non seulement du superflu, mais du strict nécessaire. Michele, qui n'était que le quatrième fils, se plaint de la pauvreté à laquelle sa jeunesse fut contrainte. Il ne recevait, ainsi que les autres cadets, Ferdinando, Vincenzo et Rodrigo, qu'un pécule mensuel de vingt-cinq lires, qui devait, dans l'esprit du père, leur suffire pour « s'habiller décemment, s'amuser, payer les billets au théâtre, faire des cadeaux à leurs maîtresses, donner des pourboires aux domestiques de celles-ci ». Il ne s'agissait plus d'enfants, donc, mais bien de jeunes gens, jetés dans le milieu riche et oisif de Palerme sans avoir les moyens de soutenir leur rang, exclus des plaisirs par le despotisme borné de leur père. Un seul moyen d'y prendre part : en tentant la chance au jeu, en se couvrant de dettes. Le jeu de hasard fut durant toute sa vie la faiblesse, le drame et la ruine de Michele Palmieri : expédient financier, certes, pour subvenir à ses besoins, mais aussi moyen psychologique d'affirmer sa personnalité contre l'autorité paternelle.

« Je n'ai que rarement — écrit-il — dîné à la table de mon père, parce qu'il faisait comme Dieu, qui prive de sa présence le pécheur ; et comme il ne me donnait aucun argent, ma pauvre mère avait l'extrême bonté de me faire dîner dans les chambres des domestiques. » Plusieurs épisodes nous montrent que le marquis de Villalba poussait l'orgueil de son nom jusqu'aux confins de la folie. Par exemple, il s'opposait à la construction de routes dans les campagnes. « Tout le commerce à dos de mulet ! Les voies carrossables ne serviraient qu'aux voleurs ! » Fort de ce principe, le marquis Placido, chaque fois qu'il se rendait de Palerme à Villalba, devait descendre de voiture une lieue avant le village, et terminer le voyage à cheval, car il s'était refusé à faire élargir le sentier d'accès, qui passait par une gorge très étroite. Arrivé à Villalba, le marquis, selon l'usage féodal, était accueilli par tous ses vassaux, dans le vacarme des pétards et des coups de fusil tirés en signe d'hommage et de réjouissance. Cependant, il restait tourmenté du désir de faire son entrée, non plus à cheval mais, majestueusement, au fond de son carrosse blasonné. Ce désir contredisant sa volonté de ne pas construire de routes, il résolut de passer outre à la contradiction et de nier, comme tous les despotes, la résistance des choses. Il fit atteler à sa voiture un mulet et deux chevaux anglais et ordonna à son cocher de monter en cet équipage jusqu'à Villalba. Devant l'entrée de la gorge, le cocher arrêta la voiture, faisant remarquer à son maître qu'il était impossible de passer. « Imbécile, rétorqua le marquis, fouette tes chevaux et passe au grand galop, l'élan qu'ils communiqueront à la voiture la fera passer, c'est moi qui t'en réponds. » Le cocher obéit, fouetta les bêtes, et l'équipage se fracassa contre les rochers. Les chevaux anglais et le mulet furent broyés, la voiture mise en pièces, le cocher et le marquis blessés. Les enfants virent revenir le lendemain à Palerme, sur un char tiré par des bœufs, les débris du carrosse.

Michele Palmieri nous apprend encore que son père se prit un beau jour de passion pour les objets de cristal et remplit ses palais de lustres, de chandeliers, de tables, d'horloges en cristal. Le cristal : cette matière pure et froide n'est-elle pas le meilleur symbole de l'orgueil du marquis, de sa morgue stérile ? Inutile d'ajouter que les enfants, sans le sou, affamés et indignés des folles dépenses de leur père, mutilaient en secret les objets de cristal : pour ne pas se sentir châtrés, ils châtraient à leur tour les emblèmes de la souveraineté paternelle.

Aristocrate hautain et stupide, Placido Palmieri nous apparaît comme le type psychologique du *mauvais père*. Il exigeait que ses fils cadets, déjà grands et pourvus de maîtresses, rentrassent au palais de via Maqueda pour minuit. Les fils tournaient l'interdiction en soudoyant le concierge. Un soir, le père, ayant eu vent du stratagème, ferma lui-même la porte du palais et emporta la clef. Les jeunes gens rentrèrent à trois heures du matin, par une nuit d'hiver glaciale. Ils frappent. Le portier leur déclare qu'il n'a pas la clef. Ils courent chez un maçon voisin, qui leur ouvre et leur prête une échelle, qu'ils appuient contre le large balcon du palais. Sur ce balcon, qui court le long de la façade, donnent les chambres à coucher. Les jeunes gens comptent frapper à la fenêtre de leur sœur. Michele monte en tête, suivi de Ferdinando. Mais il se trompe de fenêtre, et c'est le père qui leur apparaît, armé d'une canne, « grandi par les ténèbres de la nuit, comme le génie de la vengeance ». Les garçons battent en retraite à toute vitesse mais Ferdinando, perdant l'équilibre, fait une chute qui lui fracasse une jambe. Cet incident, s'ajoutant aux privations et aux déboires de son adolescence, acheva d'ôter la raison au jeune homme. « Il est là — commente son frère Michele — estropié d'abord, puis fou, victime déchirante de la partialité paternelle, exemple parlant et terrible des résultats de la sublime institution du droit d'aînesse. »

Que les fils aient une terreur mortelle de leur père, on le comprendra sans peine si l'on sait que la loi permettait aux géniteurs de faire enfermer à leur guise, et selon le plus parfait arbitraire, leurs enfants derrière les murs de la sinistre Quinta Casa, mi-couvent, mi-prison. Avant l'épisode du balcon, Ferdinando, dont son père était follement jaloux à cause d'une femme, avait langui deux ans et demi dans cette geôle. Un autre frère de Michele, Vincenzo, tâta aussi de la Quinta Casa. Quant à Michele, il y échappa de justesse, dans les circonstances suivantes. A court d'argent, le jeune homme s'était rendu, à dos de mulet, jusqu'à Villalba, où il préleva dans les immenses réserves de son père quelques sacs de froment pour les vendre. « Cet attentat inédit à ses possessions, au dire de mon père, demandait un exemple : il s'adressa donc au chevalier Paternò, président de la Grande Cour, qui avait aussi la haute direction de ce délicieux purgatoire qu'est la Quinta Casa. » La « Cinquième Maison » était un des six couvents (d'où son nom) que les jésuites possédaient à Palerme. « On y enfermait les voleurs et les voleuses, et les fils de voleurs dont on voulait faire de bons Siciliens ; les mauvais sujets, les banqueroutiers, les ravisseurs de femmes et les femmes qui se laissaient ravir ; et en outre on permettait aux pères mécontents de confier leurs garçons à la tendre surveillance du père Girolamo ; et leurs filles à la maternelle sollicitude de donna Virginia. » Tels étaient les noms des deux « corpulents et athlétiques personnages » qui distribuaient aux cadets poursuivis par la haine de leur père « vingt, trente ou quarante coups de nerf de bœuf par semaine, sur une partie du corps que la pudeur m'empêche de nommer ».

Michele Palmieri, lui, demanda une entrevue au président Paternò et lui expliqua que s'il avait volé quelques sacs de blé, c'était parce que son père lui refusait le nécessaire. Paternò libéra le jeune homme. Cet épisode acheva, sans nul doute, de former en Michele Palmieri une conception du monde, une « philosophie », qui l'accompagna sa vie durant. Certes, l'auteur des *Pensées et souvenirs* est un tempérament trop impulsif, trop extraverti, pour avoir eu conscience des principes qui régirent en secret sa conduite ; mais ces principes n'en étaient pas moins cachés au fond de toutes ses actions, de ses opinions, de ses jugements. Il ne cessa de poursuivre de son ressentiment les *mauvais pères*, les figures évocatrices du vrai père détesté, et s'attacha au contraire avec un enthousiasme souvent naïf à des personnages qui jouèrent à ses yeux le rôle d'un père idéal. Premier de ces *bons pères*, de ces pères libéraux, le président Paternò — doublement père, à cause de sa fonction et à cause de son patronyme. Inversement, les directeurs-correcteurs de la Quinta Casa, Girolamo et Virginia, sont décrits comme « corpulents et athlétiques » : la grande taille, on le sait, étant un attribut dont l'enfant revêt son père. Les hommes gros et forts réveillèrent toujours la haine de Michele, comme si leur aspect physique les avait identifiés à la figure originelle du mauvais père. Le jeune homme vit un jour de la fenêtre de sa chambre, dans une cour d'école, un « très grand et vigoureux moine » brandir une « énorme férule » sur un enfant de sept ans ; et, mû par l'antique colère du fils opprimé, il se précipita pour arracher l'enfant à son tortionnaire. Peu s'en fallut que le téméraire ne fût lapidé par les moines accourus. La haine contre « le père-géant », comme il appelle le pion à la férule, lui avait fait braver la mort.

Bagarreur, Michele Palmieri le fut à tout propos. Il livra à vingt ans son premier duel, suivi d'une infinité d'autres. « A cette époque je me battais non seulement pour moi, mais aussi pour mes parents, pour mes amis, pour mes amies, pour les amis de mes amis, pour des enfants, pour des vieillards, pour les domestiques de notre maison, pour une chanteuse, et même pour un cheval ou un chien. » Comment ne pas voir, dans cette fureur belliqueuse, le désir d'affirmer une virilité compromise par les prépotences du marquis ? Il est d'ailleurs significatif que Michele ait choisi pour ses deux premiers adversaires, d'abord le comte F.L., officier de cavalerie, muni d'un superbe et long sabre, puis encore un officier, un certain Formica, capitaine des hussards. A travers ces personnages, symboles de l'autorité militaire, le jeune Michele ne visait-il pas toute forme de pouvoir exercé par un plus fort sur un plus faible ?

La renommée qu'il s'acquit par ses duels lui valut plusieurs arrestations, mais aussi les faveurs du grand monde et l'amitié de la princesse de Belmonte, française d'origine. La princesse lui donna une lettre de recommandation pour Marie-Caroline, la reine de Naples, et il débarqua, vers la fin de l'année 1805, dans la capitale parthénopéenne, pour s'engager contre les troupes du général Masséna et de Joseph Bonaparte qui envahissaient la Campanie. « Le meilleur cœur et la plus mauvaise tête qui existât dans les deux royaumes » : c'est ainsi que la princesse avait défini son protégé. Il n'eut pas le temps de rejoindre son régiment : le roi Ferdinand, le 23 janvier 1806, s'enfuyait pour la seconde fois en Sicile, et Michele Palmieri assista à l'entrée triomphale de Joseph Bonaparte dans Naples. Il loua une barque pour retourner à Palerme mais, jeté par la tempête sur la plage de Paestum, il tomba aux mains de brigands qui manquèrent l'assassiner (ce qui ne l'empêcha pas, plus tard, de rendre un vibrant hommage au banditisme méridional).

Revenu enfin à Palerme, il fut le témoin indigné du second exil de la cour. Le roi et ses courtisans napolitains, bien qu'ils fussent débarqués en fuyards, se conduisaient comme des vainqueurs et traitaient avec mépris la noblesse et la population siciliennes. Sous le juste courroux de Michele Palmieri, on peut lire, une fois de plus, la déception et l'amertume contre le roi Ferdinand, nouvel avatar du mauvais père. Au lieu d'apporter en Sicile la chaleur, l'affection et la générosité du bon pasteur, il se conduisit en despote égoïste et frivole. C'est sans doute pourquoi Michele Palmieri devint anglais de cœur : les Anglais occupaient alors — en alliés — la Sicile, pour la défendre d'une attaque française. Palmieri adopta les idées libérales anglaises : choix politique, sans doute, mais derrière lequel se cache le désir de changer de patrie (de père).

Sous la direction d'un général anglais, on monta une expédition pour reprendre Naples. Le marquis de Villalba ayant refusé à son fils les moyens nécessaires pour l'achat de l'uniforme, de l'équipement et des armes, Michele Palmieri dut recourir à la générosité de ses amis. Pendant la traversée, de Palerme à Naples, il occupa son temps à jouer avec sept ou huit gentilshommes, le comte Statella, un prince Ruffo, le chevalier d'Afflitto, le marquis de Donnaperla, le duc de Campobello, tous fort riches. Favorisé par une chance extraordinaire, Palmieri ne cessa de gagner, accumulant jusqu'à quatre cents fèves, qui représentaient plus de dix mille livres. Soudain, sans pouvoir s'expliquer son geste, il s'empara de ces fèves et les jeta par-dessus bord dans la mer. Nous avancerons deux explications : le jeu n'était pas pour Palmieri une manière de gagner de l'argent mais bien, comme nous l'avons déjà dit, une occasion d'affirmer sa personnalité. En second lieu, bien qu'il cherchât dans le jeu un moyen de s'affranchir de son père, il restait, beaucoup plus qu'il ne le croyait lui-même, lié aux interdits paternels : en sorte que, délivré par sa victoire au jeu de la pauvreté imposée par son père, il ne put longtemps supporter cette infidélité. En jetant ses gains par-dessus bord, c'est-à-dire en rentrant dans la sujétion filiale, il apaisa un sentiment inconscient de culpabilité.

L'expédition échoua et Palmieri, de retour à Palerme, observa les funestes effets du séjour en Sicile du roi Ferdinand. La cour épuisait les finances du pays, cependant que toutes les charges lucratives étaient réservées aux Napolitains. Le conflit entre le monarque et le parlement sicilien paraissait inévitable. Le roi demandait sans cesse de l'argent au Parlement, qui le lui refusait, pour ne pas réduire le peuple à la misère par de nouveaux impôts. En février 1811, Ferdinand établit par décret une taxe d'un pour cent sur toutes les opérations commerciales, en violation des lois de l'Etat. Une quarantaine de nobles rédigèrent une protestation. Le roi fit arrêter les meneurs, les princes de Castelnuovo, de Belmonte, d'Aci, de Villafranca et le duc d'Angiò. C'était un coup d'Etat. L'Angleterre, qui avait intérêt à maintenir la tranquillité publique en Sicile, où elle abritait sa flotte, intervint alors. Elle envoya à Palerme, avec pleins pouvoirs, lord Bentink, qui éloigna le roi de la capitale, élimina la reine des affaires politiques, libéra les cinq nobles libéraux dont trois furent nommés ministres et enfin, rénovant l'antique Constitution sicilienne d'après le modèle anglais, divisa le Parlement en deux branches, une Chambre des communes et une Chambre des pairs. 1812 reste ainsi pour la Sicile une date historique.

Pour Michele Palmieri, un épisode de sa vie privée facilita encore l'identification de lord Bentink à l'archétype du *bon père* idéal. Bagarreur comme toujours, Palmieri provoqua un soir au théâtre des spectateurs qui sifflaient un chanteur de ses amis. Il distribua les invectives et les horions avec une telle vigueur qu'on dut baisser le rideau et interrompre la représentation. On mit le trublion aux arrêts et il eût moisi en prison, si lord et lady Bentink, ses « anges tutélaires », comme il les appelle, n'étaient intervenus en sa faveur. Hélas, l'anglomanie de Palmieri reçut un coup fatal en 1814, quand les Anglais, désormais sûrs de la victoire sur Napoléon, abandonnèrent la Sicile à la réaction despotique de Ferdinand. Palmieri reprocha aux Anglais d'avoir tenu ce raisonnement hypocrite : « Les Siciliens ne sont pas assez mûrs pour la liberté ; ils préfèrent l'absolutisme. » Les jugements très sévères de Palmieri sur l'Angleterre trahissent sa grande déception : il ne pardonne pas aux Anglais d'avoir rendu la Sicile au roi Ferdinand, renonçant eux-mêmes à la mission que le jeune homme leur avait ingénument assignée.

En 1820, une révolution éclata en Sicile, sous l'impulsion des libéraux qui entendaient moins s'élever contre le roi de Naples qu'affirmer l'indépendance de la nation sicilienne. La Sicile orientale resta fidèle au roi, tandis que Palerme se déclarait pour la révolution. Michele Palmieri, est-il besoin de le dire ? s'engagea dans l'armée d'indépendance. Ici encore, nous pensons qu'il obéit à des motifs psychologiques inconscients bien plus qu'à des idées politiques. Un fils qui supporte mal la tyrannie de son père n'est-il pas toujours enclin à briser, après la tyrannie privée du milieu familial, la tyrannie publique du souverain abusif ? Avant Palmieri, déjà, Mirabeau, enfant battu par son père, avait donné l'exemple de l'aristocrate qui se rebelle contre le monarque. Palmieri, qui commença par provoquer des directeurs d'école et des officiers, devait finir par s'insurger contre l'autorité suprême. De la bagarre à la révolution, son destin était tout tracé. Avec un bataillon dont il avait le commandement, il renforça les troupes du prince de San Cataldo dans l'assaut de Caltanissetta. Mais l'armée napolitaine, sous les ordres du général Florestano Pepe, eut bientôt raison des insurgés. Le prince de San Cataldo se réfugia en Angleterre et les autres libéraux, proscrits du royaume, durent s'exiler. Avec son frère Rodrigo, Michele Palmieri arriva en décembre 1820 à Paris, où il devait rester vingt-cinq ans.

Si l'exil mit fin à la carrière politique et mondaine de Palmieri, il fit de lui un écrivain. Loin de la Sicile, au contact d'une société plus mûre, il repassa en esprit les épisodes marquants de sa jeunesse et décida d'en tirer un bilan, une leçon. Abandonnant l'épée pour la plume, il rédigea en français les *Pensées et souvenirs historiques et contemporains*, qui parurent en deux volumes, à Paris, en 1830, le premier avant, le second après la révolution de Juillet[1]. Ouvrage qui n'a rien perdu, à nos yeux, ni de sa fraîcheur, ni de sa vivacité. On voit un Sicilien, originaire d'une des grandes familles patriciennes de l'île, juger et critiquer l'aristocratie sicilienne, grâce à la distance que lui donne l'éloignement. « Qu'est-ce que la noblesse sans l'illustration personnelle ? C'est un vieil habit de cour dont le drap est râpé et la dorure ternie, ou bien une décrépite qui a des prétentions malgré ses fausses dents, son fard et ses rides. » Ne fallait-il pas beaucoup de lucidité, et de courage, à un fils de famille sicilien, pour écrire ces lignes en 1830 ? Outre le croquis du roi Ferdinand et de sa nullité égoïste, certains portraits de nobles siciliens éclairent d'une lumière implacable cette classe qui avait trahi sa mission historique. Le comte de Caltanissetta, raconte Palmieri, commandait un régiment de cavalerie dans l'armée chargée de défendre Naples, en 1799, contre les troupes françaises du général Championnet. Le comte, sans attendre l'ennemi, fit faire demi-tour à son cheval et rentra ventre à terre à Naples, abandonnant dans sa hâte son chapeau, sa perruque et une de ses bottes. Tout cela ne serait rien, ajoute Palmieri, si la réputation du comte était sortie ternie de l'incident : mais, bien au contraire, et quoique sa fuite fût de notoriété publique, le comte poursuivit à Palerme une brillante carrière politique et mondaine. Chargé d'emplois et d'honneurs, il devint préfet de police de la capitale sicilienne. Son père (un prince) et son frère (un duc) avaient immortalisé son exploit en faisant peindre un tableau qu'ils conservaient dans leur palais, bien exposé à la vue : on apercevait au premier plan le comte galopant sur un beau cheval anglais ; un peu plus loin, une de ses bottes ; encore plus loin, son chapeau et sa perruque ; et, tout au fond, l'avant-garde française à laquelle le comte tournait le dos. De retour à Palerme, ce valeureux cavalier défraya la chronique de ses conquêtes galantes. Il invitait les maris à souper, feignait au cours du repas une indisposition, qui lui permettait de s'éclipser et de courir en cachette chez l'épouse adultère. Un dernier trait achève de peindre le personnage. Se piquant d'être un grand violoniste, il avait imaginé un stratagème pour établir sa réputation. Après avoir enduit de matière grasse l'archet, il se mettait au balcon de son palais, qui donnait sur la promenade principale de Palerme, et là, devant la foule de piétons et de carrosses qui montaient et descendaient l'avenue, il agitait les bras et frottait avec feu les cordes de son violon, d'où nul son ne sortait. Derrière lui, caché par le volet, le meilleur violoniste de l'époque jouait des airs merveilleux : la ville, extasiée, ne tarissait pas de louanges sur le talent du comte, qui devint ainsi, par le mélange de Casanova et de Paganini, la coqueluche de Palerme.

Les *Pensées et souvenirs* fourmillent d'anecdotes savoureuses qui, à elles seules, suffiraient pour qu'on tire cet ouvrage de l'oubli où il est injustement tombé. Michele Palmieri connut à Paris Stendhal, qu'il rencontra chez la célèbre Giuditta Pasta. Comme Stendhal, Palmieri déteste l'hypocrisie, la fausse gravité, l'ignorance prétentieuse. Il voit dans les

1. Réédition à Palerme, Edizioni della Regione siciliana, 1969.

courtisans et dans les prêtres les deux plus grands ennemis du genre humain. Si son livre reste, à notre avis, d'une force et d'une actualité étonnantes, c'est moins à cause des anecdotes que parce que l'auteur sait en dégager une leçon. Lui-même, dans sa modestie, ne se croyait pas plus qu'un conteur ; il se révèle, en fait, comme un moraliste et comme un sociologue, et les réflexions que lui inspirent les choses et les mœurs de Sicile ne nous paraissent nullement caduques aujourd'hui.

Sur un point surtout, il se montre d'une clairvoyance et d'une fermeté admirables : tous les maux de la Sicile, selon lui, proviennent du manque d'instruction et du manque d'institutions. « Mon éducation a été celle de la quasi-totalité des gens de noble condition de mon pays, c'est-à-dire incomplète ou, pour dire la vérité, nulle », déclare-t-il en guise de préface aux *Pensées et souvenirs*, pour s'excuser de la difficulté qu'il éprouve à composer un livre. « La plus crasse ignorance domine dans toute la Sicile. » L'éducation est confiée aux prêtres, qui sont d'une « ignorance impossible à décrire » et abrutissent les enfants de coups de fouet et de bâton. Michele Palmieri se souvient d'un curé qui, dans le château de son père, disait *Dominus vobiscus* au lieu de *Dominus vobiscum*, afin, proclamait-il, d'accorder l'adjectif au substantif. « J'aurais voulu être né en France, y avoir reçu une bonne éducation... » Le problème de l'école est ainsi, pour notre auteur, le problème capital d'où dépend l'avenir de la Sicile et du Mezzogiorno italien. Par exemple, explique-t-il dans une page qu'on peut citer comme un modèle d'analyse sociologique, l'opinion courante affirme que les Méridionaux manquent de courage et que l'état de servitude où végètent les populations du royaume des Deux-Siciles résulte de leur indolence. Or, s'il est vrai que les Méridionaux sont incapables de se battre pour la liberté ou pour la patrie, ce n'est aucunement faute de vaillance. Voyez, dit Palmieri, avec quelle vigueur ils se sont défendus contre les Français en 1799, lorsqu'ils ont cru attaquées leurs maisons, leurs femmes, leur religion. Chaque fois que leur intérêt personnel est en jeu, ils font preuve de courage ; le malheur est que, dépourvus d'instruction, ils sont incapables de s'émouvoir pour quelque chose qui ne les touche pas dans leur vie quotidienne, physique. « Le courage, qui est au fond de leur cœur, ne se réveille que dans les cas où les seuls intérêts qui les touchent sont attaqués. Parlez-leur patrie, liberté, ils resteront impassibles ; ils ne savent seulement pas ce que vous voulez dire... Il ne s'agit donc plus, en leur donnant de l'instruction d'abord et puis des institutions, qu'à leur donner des intérêts autres que ceux qu'ils connaissent. » Palmieri étend d'ailleurs au reste de l'Italie son analyse : « Depuis que je vis, je n'entends dire que : moi je suis romain, moi je suis napolitain, moi je suis lombard, moi je suis toscan, moi je suis piémontais, moi je suis sicilien ; et jamais : moi je suis *italien* ». Se proclamer italien, ce serait s'élever de la notion concrète de la province à la notion abstraite de la patrie ; de même que vouloir vivre en hommes libres, se délivrer du despotisme et de la corruption, ce serait s'élever de la notion concrète de la famille, de la sécurité personnelle, à la notion abstraite de la liberté, du bien public. De la diffusion des idées abstraites et universelles par l'enseignement dépend donc le destin historique du Mezzogiorno : le diagnostic s'est révélé juste, et aujourd'hui encore, il faudrait rappeler à tous ceux qui accusent les Méridionaux de

« fatalisme » et de « passivité » qu'un peuple privé d'écoles et de professeurs suffisants borne nécessairement ses intérêts au cercle étroit des préoccupations matérielles.

De l'idée qu'il est indispensable de créer des écoles, Palmieri en vient naturellement à celle qu'il faut doter la Sicile d'institutions. Là encore, il part d'une expérience autobiographique : un pays où les pères ont licence d'envoyer les fils en prison sans aucune forme de procès est un pays condamné à la tyrannie. Des tribunaux, des magistrats intègres, des pouvoirs publics en qui l'on puisse se fier : voilà les conditions qui transformeront les sujets en citoyens. Comme Palmieri voyait juste ! Ne sait-on pas, aujourd'hui, que le succès de la lutte contre la Mafia dépend de l'implantation d'une police et d'une justice efficaces ? S'élevant contre Montesquieu et sa théorie des climats, Palmieri ne cesse de répéter que « l'éducation et les institutions sont seules capables de faire les hommes tels qu'ils sont ». Il adjure les gouvernements : « Donnez de bonnes institutions, si vous voulez avoir des hommes, si vous voulez que les peuples soient affectionnés à leur pays et à leurs princes. C'est le seul moyen de produire le bien-être et le bonheur des gouvernants et des gouvernés. Si vous ne le faites pas, à la place d'hommes vous aurez des fantoches qui chantent et qui rient. » On méditera avec profit, nous semble-t-il, cette interprétation, originale et pénétrante, du rire sicilien : ce rire, toujours sarcastique et grinçant, qui n'est pas l'expression de la gaieté et du bonheur, mais trahit au contraire le secret désespoir d'un peuple contraint de se venger par l'autodérision des vexations qu'il doit subir. Ce rire dont les échos amers retentissent dans l'œuvre des humoristes siciliens, de Pirandello à Brancati, de Lampedusa à Leonardo Sciascia.

Sur un autre point encore, Palmieri se montre un moraliste et un sociologue d'une remarquable perspicacité. « L'amour est tout en Sicile », remarque-t-il. Mais alors que, d'un esprit plus conventionnel, on pourrait s'attendre à l'éloge de la capacité érotique des méridionaux, Palmieri interprète le casanovisme des jeunes Siciliens comme une preuve du retard intellectuel et social de la malheureuse île. « Dans les pays où il n'est donné aucun développement quelconque aux facultés morales, où l'on défend à la pensée intellectuelle de s'occuper de ce qui intéresse le plus les hommes, le cœur et le physique prennent nécessairement la place de celles-là. » L'amour devient ainsi la préoccupation exclusive de tous les instants, la pensée habituelle de chaque heure du jour et de la nuit ; et Palmieri de raconter avec humour comment sa propre jeunesse fut obsédée par l'idée de la femme. Bien avant Brancati, il a démythifié la légende de l'homme du Sud héros de la virilité. Les hommes du Sud courent après toutes les femmes, c'est vrai ; mais parce qu'ils sont incapables de se concentrer sur une pensée plus sérieuse. Leurs exhibitions érotiques sont bien moins le signe d'une supériorité virile que d'un infantilisme impossible à dépasser. Jugement qui rejoint certaines réflexions de Stendhal, sauf quand celui-ci prête foi au mythe « romantique » de la passion méridionale, du surhomme qui méprise tout ce que ne lui inspire pas son cœur.

Les *Pensées et souvenirs* furent écrits, nous l'avons dit, en français, et il nous reste à dire un mot de la qualité de la langue et du style.

Après toutes les déclarations de l'auteur sur son ignorance, son manque de préparation, ses difficultés pour écrire, on est stupéfait de le voir manier avec tant d'aisance une plume trempée dans une encre d'adoption. Le français de Palmieri est le plus souvent excellent ; si nous avons relevé les quelques erreurs qu'il commit, ce n'est point pour rabaisser son mérite, mais au contraire pour souligner la qualité de l'ensemble. Commençons par les vétilles : Palmieri écrit *apitoyé* et *éclopé* avec deux p, *stigmatiser* avec un y, *râpé* sans accent circonflexe. Il met *hydre* au masculin. Il introduit quelques italianismes : *mettre dedans* pour « emprisonner », *facteurs* (de *fattori)* pour « fermiers », *évoquer à soi* pour « ramener à soi ». Il invente certains mots qui n'appartiennent à aucune des deux langues : *commotion* pour « émeute », *compasser* pour « mettre de l'ordre ». Deux ou trois tournures restent gauches ou incorrectes : *il faisait bon voir, le soir du bal* pour « c'était amusant de voir... », *la société m'impose* pour « m'en impose », *c'est dans l'existence des prêtres que se trouve le pourquoi le Mexique a tant de peine à se constituer* pour « c'est dans l'existence des prêtres que se trouve la raison pour quoi... ». Nous croyons avoir établi ainsi la liste à peu près complète des erreurs de Palmieri : on admire qu'elles soient si peu nombreuses. D'autant plus qu'il use d'une syntaxe souvent complexe et difficile à manier, recourant à des propositions subjonctives sans achopper dans les mille pièges de leur emploi. Il sait qu'on met le subjonctif après la tournure concessive « si... que... » mais de préférence l'indicatif après « tout... que... ». Enfin, une remarque qu'il met au bas d'une page prouve quel sens subtil il possède de la langue (ou plutôt des deux langues) : le mot *strascico*, dit-il, est intraduisible en français : « Il exprime le bruit d'une robe qui se traîne sur le pavé ou sur le plancher ». Le style de Palmieri, vif et coloré, rend son ouvrage d'une lecture facile et amusante.

Le premier volume avait été écrit à Genève (dont le gouvernement protestant fit une forte impression sur Palmieri) juste avant les journées de Juillet, le second fut rédigé à Paris, juste après la révolution, lors de l'avènement de Louis-Philippe. Les sentiments de Michele Palmieri pour Louis-Philippe passèrent par les mêmes alternances de ferveur et d'antipathie que ses sentiments pour lord Bentink, et pour les mêmes raisons : le fils du marquis de Villalba (lequel était mort en 1818) continuait, à cinquante ans passés, à se chercher un *bon père*. Déçu par lord Bentink et par les Anglais, il avait changé une deuxième fois de patrie, remplacé l'anglomanie par la francomanie, et voici qu'il croyait trouver, dans la personne de Louis-Philippe, un bon roi, un bon père, d'autant plus proche de son cœur qu'il avait épousé une princesse italienne, Maria Amalia, fille du roi Ferdinand, et maintenant reine des Français.

Michele Palmieri avait connu Louis-Philippe, alors duc d'Orléans, quand celui-ci vivait à Palerme, exilé. Le parlement de Sicile, lors des fiançailles du duc avec la princesse Maria Amalia, avait décidé de quintupler la dot qu'il était l'usage d'accorder aux princesses royales en de telles circonstances : et il semble que Michele Palmieri soit intervenu en personne auprès de plusieurs membres du Parlement pour vaincre leur répugnance à gratifier le jeune couple d'une faveur si exceptionnelle. Pour cette raison, et aussi parce que Louis-Philippe passait pour un prince libéral, Michele Palmieri et, avec lui, le petit groupe de proscrits siciliens qui se trouvaient à Paris, pensèrent que le roi des Français épouserait la cause de l'Unité italienne contre l'Autriche et la papauté. Ces espoirs, on le sait, furent vite déçus ; non seulement le gouvernement français abandonna l'Italie à la réaction austro-papale, mais la presse officielle attaqua les émigrés italiens. Michele Palmieri répliqua dans un opuscule, *Le Duc d'Orléans et les émigrés français en Sicile, ou les Italiens justifiés*, où il reprocha à Louis-Philippe son ingratitude, à la politique française sa duplicité : le gouvernement, pour se débarrasser des exilés italiens, les encourageait à rentrer en Italie, les exposant par là même aux persécutions. Palmieri réfutait, une fois de plus, le vieil argument anti-italien, selon lequel les Italiens ne sauraient pas se battre pour la liberté. L'opuscule connut un certain retentissement en France : le brillant journaliste républicain Armand Carrel profita de l'occasion pour attaquer le gouvernement, et Giuseppe Mazzini, de Marseille, envoya à Palmieri une lettre enthousiaste. La presse officielle mena campagne contre Palmieri, qui répliqua par deux nouveaux ouvrages : encore un libelle, *A chacun selon sa capacité, à chaque capacité selon ses œuvres, ou le Faux Doctrinaire et le libéral*, et un drame satirique, *le Nouveau Gargantua*, que l'auteur fit passer pour un vieux manuscrit italien anonyme, trouvé dans les fossés des Tuileries et traduit en français par ses soins.

Le héros de cette pièce, dénommé Gargantua, n'est autre que Louis-Philippe, vilipendé pour sa cupidité et pour sa peur et dépeint, ainsi que son entourage, avec une verve sarcastique qui frise la grossièreté. Derrière les noms fictifs, on reconnaît facilement les personnages réels : *Orgilomoro* figure Casimir Perier, président du Conseil, responsable de l'abandon de l'Italie ; *Testium Gaurodolomedi*, ambassadeur du *Roi des Chiens au poil rouge*, est l'ambassadeur de Russie ; *Bourreauciro*, ambassadeur du *Roi des Fouaces (Focacce)*, représente l'ambassadeur du roi de Naples, ce Fabrizio Ruffo, prince de Castelcicala, de sinistre mémoire, qui, président de la junte d'Etat à Naples, dirigea la répression des patriotes qui s'étaient ralliés à la République parthénopéenne et assassina juridiquement Domenico Cirillo et Mario Pagano : bête noire de Michele Palmieri, symbole à ses yeux de la caste la plus réactionnaire de l'aristocratie napolitaine. Le seul personnage qui ne soit pas odieux à la cour de Gargantua est *Basbec*, la douce et timide Maria Amalia. Tant de virulence contre Louis-Philippe et contre la France (désignée sous le nom de pays de la *Berlue)* cache mal un immense amour trompé, l'amertume de découvrir sous le bon père idéal un nouvel avatar du mauvais père.

Michele Palmieri écrivit encore une pièce de théâtre, *les Carbonari*, et surtout, en 1837, son deuxième grand ouvrage, *Mœurs de la cour et des peuples des Deux-Siciles*. De la même veine que les *Pensées et souvenirs*, les *Mœurs* relatent de nouvelles anecdotes sur le monde napolitain à l'époque de la jeunesse de l'auteur, sur le roi Ferdinand, sur lady Hamilton et l'amiral Nelson, sur des brigands célèbres. En outre, c'est dans cet ouvrage que Palmieri, déjà proche de la vieillesse, évoque plus particulièrement des souvenirs intimes, son père, les épisodes du carrosse fracassé et des objets de cristal, la Quinta Casa, le président Paternò. S'il est probable que Stendhal ignora les livres de Palmieri, il est sûr qu'Alexandre Dumas les a lus attentivement[1]. L'idée même du *Corricolo* est prise à un passage des *Pensées et souvenirs*. Quant au roman-fleuve *la San Felice*, le dernier roman historique de Dumas et l'un de ses plus forts, on y retrouve des personnages et des épisodes empruntés aux ouvrages de Palmieri.

Michele Palmieri, ayant reçu enfin sa grâce des Bourbons, rentra à Palerme en 1845. Il assista à la Révolution de janvier 1848, crut que son vieux rêve libéral serait enfin réalisé mais, une fois de plus déçu par le nouveau gouvernement, qui avait commis la faute de libérer des prisons bourboniennes les criminels de droit commun et de laisser leurs violences se déchaîner à travers la Sicile, il stigmatisa les erreurs qui portèrent au rétablissement de l'absolutisme.

Généreux et enthousiaste toute sa vie, prêt à embrasser les causes qui lui paraissaient contenir une promesse de justice et de liberté, aussi prompt à les quitter dès qu'elles lui semblaient avoir dévié de leur but, portant inguérissable en lui la blessure de sa première éducation et du despotisme paternel et cherchant, à son insu, des substituts de l'idole déchue, se donnant corps et âme avec la naïveté d'un don Quichotte tantôt à un lord d'Angleterre tantôt à un roi de France, capable de changer de patrie parce que désireux de trouver un nouveau père, Michele Palmieri, ennemi juré de l'ignorance et de l'hypocrisie, continue à nous séduire par un mélange d'ardeur ingénue, de désintéressement chevaleresque et de perspicacité prophétique. La phrase de Stendhal sur les émigrés italiens, qu'on lit dans *Souvenirs d'égotisme*, n'est-on pas tenté de l'appliquer plus particulièrement à notre auteur ? « Je n'ai jamais connu rien de plus poétique et de plus absurde que le libéral italien ou *carbonaro* qui entre 1821 et 1830 peuplait les salons libéraux de Paris. » Poétique et absurde, Michele Palmieri ; mais aussi, observateur sagace des mœurs et des travers humains. Détestant l'esprit de système, il n'était pas à une contradiction près : tandis que son cœur s'enflammait, son esprit, resté froid, analysait. Ainsi, il proclamait d'une part, comme nous l'avons vu, la nécessité d'abolir toutes distinctions entre Siciliens, Napolitains, Romains, Piémontais, et célébrait la notion lyrique de patrie italienne ; mais, d'autre part, il soulignait les irréductibles différences entre des peuples séparés par le caractère, l'histoire, les institutions, les préjugés : « Il y a de la franchise, et souvent de la vérité, dans la redondance des mots et des gestes des Napolitains. La phrase brève du Palermitain, au contraire, cache presque toujours la défiance... Les premiers jouissent et ne pensent pas, ne s'aperçoivent pas de leur misère ; le second rarement s'abandonne à la gaieté, il pense à ses affaires et si le besoin ou la pauvreté le frappent, l'abattement et le désespoir s'emparent de lui. » Après plus de cent ans d'Unité italienne, les choses ont-elles changé ? La « redondance » napolitaine ne s'oppose-t-elle pas toujours au mutisme sicilien ? Les enthousiasmes de Palmieri n'offusquent jamais l'acuité de son regard ; et, inversement, il sait être réaliste sans tomber dans les

1. Dumas rencontra plusieurs fois Palmieri à Paris, cf. le prologue de *Pascal Bruno*.

facilités du cynisme. Ardeur et lucidité : le mélange de ces dons devrait lui procurer la sympathie de nouveaux lecteurs.

Michele Palmieri mourut à Palerme, en 1863, âgé de quatre-vingt-quatre ans.

Palerme II

Les souvenirs proustiens de Fulco di Verdura

Un coup de cloche pour annoncer un homme seul, deux coups pour un couple ou pour les dames, trois coups pour les membres de la famille, quatre pour le maître de maison. Tel était le protocole rigoureux observé par le concierge du palais Verdura, à l'aube de ce siècle. Les prêtres faisaient l'objet d'un compromis : personnages du sexe masculin, donc bénéficiaires du coup de cloche unique et viril réservé aux hommes ; mais, en hommage à leur soutane, féminine, un tintement délicat prolongeait la sonnerie. Quand l'hériter du nom, auteur de ce récit, revint de l'enterrement de son père, encore abasourdi et les esprits confus, il ne prit conscience de la perte qu'il venait de subir que lorsque le portier, en l'honneur du nouveau chef de famille, fit retentir la cloche quatre fois.

Où serions-nous, sinon à Palerme ? Dans cette Sicile archaïque et rituelle dont Pirandello dénonçait le formalisme étouffant, quoique non dénué d'humour, à la même époque exactement où le jeune Fulco déroulait les jours heureux de son enfance entre la villa Niscemi, aux portes de la ville, le palais Verdura, intra-muros, et une troisième demeure, presque aussi somptueuse, dans la banlieue élégante de Bagheria. Résidences patriciennes qui rappellent irrésistiblement celles qui sont décrites dans *le Guépard* par le prince de Lampedusa, auquel Fulco était d'ailleurs apparenté. Enfilades de pièces sombres, surchargées de meubles, débordantes de bibelots, aux tentures rouge sang, d'une tristesse crépusculaire, le tout donnant l'impression d'un mausolée plutôt que d'une habitation à usage familial.

Et pourtant, rien de plus charmant et de plus drôle que ce livre de souvenirs[1], qui nous restitue un monde à jamais disparu, d'une saveur exceptionnelle, où le goût du cérémonial était poussé jusqu'à l'absurde. Parmi les nombreux animaux élevés dans le parc de la villa Niscemi figurait un couple de babouins dont on essayait de noyer l'odeur sous une profusion de daturas plantés près de leur cage. Pourquoi les gardait-on ? Mystère, répond l'auteur. La seule réponse étant, péremptoire et loufoque : « Il fallait avoir des babouins dans son jardin... »

---

1. *Une enfance sicilienne*, d'après Fulco di Verdura, par Edmonde Charles-Roux, Grasset.

Que d'autres obligations, moins désagréables, mais presque aussi bizarres ! Bien que les pâtisseries fussent nombreuses et excellentes à Palerme, interdiction pour les membres de la famille Verdura de s'approvisionner en confiseries ailleurs que dans les couvents, où les nonnes cloîtrées se surpassaient en spécialités sucrières, tourtes de pistaches, coquilles de massepain, et jusqu'aux célèbres « seins de vierge », gâteaux impudiques en forme de tétons, sans compter le majestueux dessert appelé « triomphe de la gorge ». Pour les glaces, on était autorisé à s'arrêter devant une gelateria de la ville, mais à condition de ne pas descendre de sa voiture armoriée et de se faire apporter la cassata ou la granita par le garçon. S'asseoir à une table posée sur le trottoir eût été d'une suprême inconvenance.

C'est à l'Opéra que l'obsession de l'étiquette et du cérémonial confinait à la folie. L'Administration et l'armée occupaient le premier rang de loges. Le deuxième, de beaucoup le plus recherché, s'étendait de part et d'autre de la loge royale : réservé à la haute aristocratie. Le troisième aux grands bourgeois, souvent bien plus riches que les nobles, mais à qui tout l'argent de la terre n'aurait pas suffi pour être admis dans les loges du deuxième rang. Au cinquième rang se regroupaient les familles en deuil, les jeunes filles qui n'avaient pas encore fait leur entrée dans le monde et les patriciens ruinés, qui préféraient cet exil temporaire aux loges du quatrième rang, refuge honteux de tout ce qui n'avait pu se caser ailleurs. L'horreur de l'horreur étant les fauteuils d'orchestre, bons pour les commis voyageurs et les étrangers de passage.

En dépit de ce système rigide de castes, une authentique « maladie d'opéra » tourmentait les Palermitains, et en particulier le jeune Fulco, qui, à l'âge de sept ans, se pâmait dans des flots de larmes aux malheurs de Norma, d'Aïda et de Mimi. Ce chapitre est le plus savoureux de tout le livre et aidera le lecteur français à comprendre quel rôle joue l'opéra dans la vie culturelle et sociale de l'Italie.

D'une manière générale, Fulco est meilleur quand il décrit, en ethnologue involontaire, les mœurs si curieuses de son île que lorsqu'il se lance dans le portrait psychologique. Peut-être parce qu'en Sicile la pesanteur des rites et des traditions étouffe le développement des individus. Les quelques cas qu'il décrit — le duc qui tire au fusil sur une religieuse coupable de faire sonner trop fort les cloches de son église, la vieille marquise bouffe-curé qui, au moment de mourir, accepte la communion, mais à condition que le prêtre, caché derrière un paravent, lui tende l'hostie au bout d'une gaule — ressortissent plus à la curiosité anthropologique qu'à l'étude de caractère. Cela dit, il y avait du romancier en lui, et on s'explique très bien à quel double titre Edmonde Charles-Roux s'est intéressée à ce texte, au point de nous en donner une traduction non seulement excellente mais remodelée, remaniée, enrichie de détails indispensables pour le lecteur français et, par surcroît, augmentée d'une substantielle postface où elle a pris la peine de vérifier, textes historiques à l'appui, les affirmations les plus extravagantes du duc.

La scène où, pour essayer de marier la repoussante tante Gertrude, on l'expose dans une loge d'opéra, habillée et parée comme une châsse, en face de la loge où on a invité le préfet de Messine, dans l'espoir que cet important fonctionnaire, désireux de s'établir dans la noblesse, passera sur la hideur de l'éventuelle épouse, trompé par la pénombre et par l'émotion lyrique, cette scène, d'un haut comique et d'une cruauté atroce, aurait enchanté Proust. Auquel on pense souvent, tout au long de ces pages qui dépeignent une fin de race et le déclin d'une époque, sans le génie littéraire d'un grand écrivain, bien sûr, mais avec la probité d'un témoin et la mélancolie d'un survivant. Il n'y a, à ma connaissance, aucun document sur la Sicile qui évoque avec autant de grâce et de malice cet univers au carrefour de l'Europe, de l'Afrique et de l'Orient, où l'arrivée d'un chameau faisait sensation mais où on ne s'étonnait pas de voir les familles pique-niquer dans les cimetières le jour de la Toussaint ni les lourds portails des palais rester fermés un an après la disparition du chef de la lignée, et ne s'ouvrant, pendant un an encore, qu'à un seul battant, en signe de demi-deuil.

Palladio

Attiré par les sortilèges de Venise, le voyageur brûle les étapes et se hâte vers la cité des doges. La beauté, la puissance, le charme de l'ancienne République maritime se résument, pour lui, à ce qu'il en voit dans la ville de Venise. Un mélange unique de pierre et d'eau, l'harmonie incomparable d'une architecture aquatique, le jeu des reflets qui font danser à la surface moirée des canaux les façades ajourées de marbre, ce paysage lagunaire, cette incantation fluide accaparent sa curiosité et épuisent ses facultés d'admiration. Soupçonne-t-il seulement que, derrière Venise, sur la terre ferme, s'étend une province qui mériterait de longs séjours ? A-t-il entendu parler de la Vénétie ? La langue italienne distingue l'adjectif *veneziano*, « vénitien, de Venise la ville », et l'adjectif *veneto*, « de Vénétie, de Venise la terre ferme ». Le français ne dispose que d'un seul mot : *vénitien*. Par « Vénètes », nous entendons une curiosité archéologique, le peuple indo-européen qui s'est installé pendant le premier millénaire sur les rives de l'Adriatique. L'adjectif « vénitien », le seul qui soit resté dans l'usage courant, nous renvoie exclusivement à Venise-ville : comme si la Vénétie de l'intérieur, cette civilisation raffinée et aimable qui s'est épanouie sur la terre ferme du XVe au XVIIIe siècle et à laquelle il faudrait appliquer l'épithète rajeunie de *vénète*, comme si ce monde de belles demeures noyées dans une campagne opulente n'était pas digne d'attention.

Pourtant, il suffirait de se rappeler les chefs-d'œuvre de la peinture vénitienne, pour comprendre qu'ils n'ont pas été peints à Venise. Que nous donnent à voir *la Tempête* de Giorgione, *le Concert champêtre* de Titien, les fresques de Véronèse ? Des hommes et des femmes immergés au sein d'une nature munificente, des arbres magnifiques qui balancent leurs frondaisons touffues, des prairies gonflées de sève et de chlorophylle. Si Baudelaire eût raffolé de Venise-ville, de ce pur rêve de pierre d'où a été banni tout ce qui n'est pas la stérilité minérale, il eût détesté Venise-terre ferme, où l'abondance végétale s'est assuré une revanche éclatante. Ici, plus de palais de marbre, plus de canaux morts, plus de ruelles désertes endormies dans un crépuscule élégiaque, mais une terre bien grasse, de foisonnantes plantations, et tous les signes d'un culte païen de la santé et de la vie. Giorgione, Titien, Véronèse ne sont pas des peintres « vénitiens », mais des peintres « vénètes », si nous adoptons ce dernier adjectif pour désigner cette religion de la prospérité rustique dont leurs tableaux sont les autels.

Un autre magicien de la couleur, Carpaccio, a peint pour le palais des Doges le lion de saint Marc, emblème et gloire de la République. Le fauve a les deux pattes arrière dans l'eau de la lagune, d'où il sort pour gagner la terre ferme, sur laquelle il s'appuie de ses deux pattes de devant, prêt à s'enfoncer dans le paysage luxuriant de l'intérieur. Cette toile n'est pas seulement un manifeste esthétique, la revendication, de la part d'un habitant de Venise-ville, des beautés recelées par la Vénétie, elle est aussi l'allégorie vibrante d'un programme économique. On ne doit jamais oublier, quand on étudie la Renaissance italienne, que les plus hautes réalisations artistiques ont dépendu étroitement des circonstances économiques. Or, au début du XVIe siècle, la noblesse capitaliste de Venise, après avoir gagné des sommes fabuleuses pendant le siècle précédent grâce au commerce avec l'Orient, commence à chercher d'autres sources de profit. Les échanges par eau n'étaient pas à l'abri du risque, un vaisseau pouvant toujours sombrer dans un naufrage ou être arraisonné par les pirates. En outre, la découverte de l'Amérique, en 1492, annonçait l'ouverture de nouvelles voies commerciales et la fin de l'hégémonie vénitienne. La mer, qui avait enrichi Venise et fait sa grandeur, contribuerait peut-être à l'appauvrir et provoquerait sa décadence. Il devenait donc nécessaire de trouver des investissements plus sûrs, en acquérant des propriétés agricoles et en remplaçant les bénéfices maritimes par l'exploitation des terres.

Selon James S. Ackerman, professeur à l'université de Harvard et auteur de la meilleure étude sur Palladio (*Palladio*, Penguin Books, 1966, traduction française Macula, 1981), trois innovations importantes favorisèrent l'essor de l'agriculture dans la Vénétie de Casanova et de Titien. D'abord l'assèchement des marécages, au moyen de canaux et de digues, et le défrichement des sols, par de grands travaux de bonification, entrepris sous la surveillance des autorités publiques, qui fondèrent en 1556, pour coordonner cette politique, un Bureau des terres incultes. Ensuite la distribution des terres inutilisées à des investisseurs qui s'engageaient à les mettre en valeur. Enfin l'introduction d'une nouvelle céréale importée de Turquie, le maïs (en italien : *granturco*, grain turc) qui eut le double avantage de fournir une meilleure alimentation au paysan et de susciter une amélioration des méthodes de l'agriculture.

Cette révolution économique ne pouvait être menée à bien que par les propriétaires eux-mêmes, qui décidèrent de quitter Venise-ville pour s'installer au milieu de leurs domaines. On fera observer ici que, à la différence de l'aristocratie napolitaine ou sicilienne, à la fois trop orgueilleuse, trop nonchalante et trop dépensière pour s'occuper elle-même de ses propriétés, qu'elle confiait à des intendants peu scrupuleux, situation qui a causé l'appauvrissement progressif de l'agriculture méridionale, la noblesse vénitienne s'est toujours montrée, sinon avare, du moins soucieuse de ses intérêts et résolue à surveiller de près la bonne marche de ses affaires.

Une autre circonstance favorable à l'expansion de la civilisation « vénète » fut la sécurité dont jouissaient les campagnes autour de Venise : ni la ville ni ses domaines de terre ferme n'avaient été envahis par aucun ennemi, depuis presque mille ans. Cas unique en Europe. Sans cette certitude d'une paix perpétuelle, s'expliquerait-on la floraison de belles demeures en pleine campagne, de résidences (qui n'étaient presque jamais secondaires) ouvertes sur les champs, de villas dépourvues de cette austérité et de cette rudesse que présentent les constructions analogues dans le reste de l'Italie ? En Vénétie, tout ne sera que charme voluptueux, grâce légère, accord entre l'architecture et le paysage.

Les nouveaux propriétaires, habitués à leurs palais de ville, n'auraient pu se contenter de maisons quelconques, que ne relevât point l'art le plus raffiné. Pour se consoler de leur exil à la campagne, il leur fallait un décor noble, empreint de sérénité et d'élégance classiques. La plupart étaient de fins lettrés, nourris d'humanités grecques et latines. Ils entendaient profiter, dans leur séjour rustique, de cet *otium* qui faisait dans la Rome antique les délices de Cicéron, d'Horace, et de tous les amateurs de retraites aux champs. Plus près d'eux, dans le temps, Pétrarque avait remis à la mode les plaisirs de la villégiature. Mais ils n'oubliaient pas, non plus, qu'ils se trouvaient là pour augmenter le rendement de leurs terres. Trop de luxe eût été déplacé, et, puisqu'il fallait vivre au milieu de ses paysans, le logis ne devait pas se signaler par un faste ostentatoire, mais seulement par une harmonie de bon goût. La préoccupation économique avait donné naissance à ces constructions : elles refléteraient donc, en même temps que la culture antique de leurs propriétaires, le souci pécuniaire qui les avait décidés à s'éloigner de la place Saint-Marc. Pas de matériaux coûteux, pas de marbre ni d'incrustations polychromes, comme à Venise, mais de la brique et du stuc. Non pas des palais, mais des villas. Et de briques grossières revêtues de stuc seront les plus magnifiques villas vénètes du XVIe siècle. Même les colonnes ne seront pas en pierre mais en brique, la pierre n'étant réservée qu'à quelques détails plus soignés, tels les chapiteaux ou les encadrements de fenêtre. Rappelons que *villa*, en italien, n'a pas cette connotation fâcheuse attachée en France à l'architecture prétentieuse des banlieues et des stations balnéaires. *Villa* évoque l'unité poétique d'une maison et d'un jardin isolés dans la verdure.

Parmi les grands créateurs, on peut distinguer deux espèces. Il y a ceux qui, sans tenir compte des aspirations de leur époque, semblent la défier au contraire et puiser leur inspiration dans une sombre révolte contre tout ce qui les entoure : ainsi un Michel-Ange, un Beethoven, un Van Gogh, un Gaudi, un Eisenstein sont des génies individualistes et asociaux. D'autres, au contraire, résument dans leurs œuvres les besoins épars de leur temps ; ils n'apparaissent que pour être le miroir de leur siècle. Au lieu de proposer une nouvelle conception du monde, de forger un univers jamais vu, ils ont l'air d'être nés de la demande de leurs contemporains. C'est leur époque qui les a créés. Phidias, Vélasquez, Mozart, Fellini incarnent les désirs et les rêves de la société où ils ont vécu. De même Andrea Palladio, au XVIe siècle et pour la Vénétie, fut l'homme de la situation.

Plutôt que d'inventer un nouveau style, il se plia aux besoins des nouveaux propriétaires et aux conditions de la vie à la campagne. Un architecte qui leur fournît à portée de main leurs instruments agricoles et en même temps les flattât dans leurs goûts d'humanistes encore imprégnés d'éducation urbaine ; qui exploitât les solutions techniques rendues possibles par la paix et la tranquillité vénètes ; qui construisît à peu de frais leurs résidences, sans répugner à la brique ni au stuc, pour respecter leur propension à l'économie, mais élevât des édifices non inférieurs pour la beauté à leurs palais de Venise, pour choyer leurs ambitions artistiques : les Pisani, les Badoer, les Emo, les Barbaro, tous les patriciens passés de la lagune à la terre ferme trouvèrent en la personne de Palladio celui qui exprima avec génie à la fois leurs goûts individuels et les réalités de leur époque.

Il était né à Padoue, en 1508, de son vrai nom Andrea di Pietro (fils de Pietro) della Gondola. Mis en apprentissage à treize ans chez un tailleur de pierre, il ne serait sans doute devenu qu'un modeste chef d'entreprise si, à trente ans, le comte Trissino ne l'avait appelé pour ajouter une loggia à sa villa près de Vicence. Ce Trissino, mécène local et humaniste réputé, réunissait chez lui de jeunes nobles, auxquels il invita Andrea à se joindre, tout en le revêtant, comme d'une toge classique, d'un nouveau patronyme inventé par lui, Palladio. Un nom qui, par une manière de prophétie, détacherait son porteur de la lagune et des gondoles (il travailla peu à Venise-ville) et le placerait sous la protection de Pallas Athéna, la déesse grecque de la sagesse et de la raison. Le jeune homme, au milieu de ce cénacle éclairé, put parfaire son instruction et s'initier aux ouvrages théoriques des grands architectes passés, Vitruve, Alberti, Serlio ; il voyagea aussi, visita Rome et Naples ; mais, soit par inclination naturelle soit qu'il fût inhibé par le souvenir de son humble origine, il resta toujours un maître d'œuvre plutôt qu'un doctrinaire, faisant passer le savoir-faire pratique avant l'érudition et la spéculation. Les quelque vingt villas qui nous restent de lui, essaimées entre Vicence et Venise, montrent à quel point son génie consista à bâtir pour ses commanditaires les demeures les plus conformes à leur nouveau statut de gentilshommes campagnards.

Palladio se soucia d'abord de leurs commodités, en créant pour eux des maisons qui seraient à la fois des villas de plaisance et des fermes de rapport, en sorte qu'ils puissent jouir de la villégiature sans quitter de l'œil les travaux des champs. L'échantillon le plus accompli de la villa-ferme est la villa Barbaro, à Maser, village situé au nord de Venise, près d'Asolo. On s'y tromperait, et le visiteur, ébloui par les fresques de Véronèse, ne songe guère aux vertus fonctionnelles de cette construction qui lui semble destinée exclusivement au plaisir des yeux et à la volupté des sens. Pour se tirer de cette erreur, qu'il évoque la villa de Tivoli, près de Rome, bâtie par Pirro Ligorio pour le cardinal Hippolyte d'Este : sous l'appellation identique de maisons de campagne, se cachent deux réalités bien différentes. Les deux villas sont contemporaines et répondent apparemment au même but : permettre à un seigneur de la ville de séjourner à l'air frais, dans un cadre de verdure reposant. Mais la villa d'Este, bien qu'établie à l'écart de la foule et du bruit, est une résidence faussement champêtre. Non seulement de hauts murs la séparent de la campagne environnante, mais elle trône au sommet d'une colline, comme un belvédère d'où la vue embrasse de lointains horizons, sans que celui qui l'habite puisse se mêler de quelque façon à la vie de ses voisins villageois ou paysans. Le cardinal venait ici se délasser des fatigues de la capitale, il n'entendait aucunement participer aux travaux agricoles.

La villa Barbaro, au contraire, située à mi-hauteur de la colline et au milieu des champs et des vergers qui l'entourent, sans murailles de protection qui isolent le bâtiment de son cadre rustique, proclame la volonté d'immersion dans la nature, de fusion entre l'humain et le végétal, de réconciliation entre le loisir et le labeur. Palladio flanqua le corps principal de deux portiques aux arcades noblement régulières, mais pourvus d'une fonction plus pratique qu'esthétique. Ils servaient à abriter les charrettes, le bétail, le fourrage, on y rangeait les instruments aratoires et le reste du matériel agricole, sous l'œil des maîtres, installés à Maser non pas pour se soustraire à l'agitation de la grande ville, mais pour veiller aux semailles et aux récoltes.

Le visiteur le moins averti est frappé par un autre aspect de la villa Barbaro ainsi que de toutes les autres constructions de Palladio. Comment ne pas remarquer qu'il s'agit d'une architecture pour ainsi dire à claire-voie, largement ouverte sur le dehors, où le vide des arcades, des portiques, des loggias semble plus important que le plein des murs ? Cette particularité s'explique par les conditions politiques de la Vénétie exposées plus haut : aucun besoin de se barricader contre l'ennemi, dans ces campagnes miraculeusement protégées des guerres et des invasions. Palladio n'a fait qu'étendre aux résidences champêtres le style qui avait prévalu à Venise. Michelangelo Muraro, dans son ouvrage fondamental *Civiltà delle Ville venete* (Magnus, 1986, traduction française Mengès, 1987), montre bien l'influence de la paix et de la sécurité publiques sur l'architecture de la cité des doges. Les premiers édifices de la lagune, à l'époque où régnait encore la crainte d'un possible envahisseur, avaient tenu de la forteresse et de la tour : en font foi certaines survivances toponymiques, tels que les noms de Torcello (« Petite Tour ») pour désigner l'îlot fameux, ou de Castello (« Château ») dont se pare encore aujourd'hui un quartier de Venise. Lorsqu'il fut établi que la flotte et la puissance de la *Serenissima* la mettaient définitivement à l'abri des surprises, se développa le nouveau style, ouvert, ajouré, aéré, tout en colonnades, en fenêtres, en creux, en échancrures, qui caractérise les palais vénitiens. Le doge Sebastiano Ziani, qui présida aux destinées de la République entre 1172 et 1178, remplaça l'ancienne résidence ducale, qui ressemblait à une forteresse, par le palais des Doges tel qu'on l'admire de nos jours : entouré de portiques et de loggias, percé de multiples jours, et béant sur la ville et sur la mer par des façades en dentelle. Contrairement à Florence qui ne renonça jamais à l'architecture austère et rébarbative de ses monuments conçus comme des camps retranchés, Venise, à l'abri de tout conflit armé, put s'abandonner aux délices d'abolir l'opacité des murs pour construire des édifices en harmonie avec l'environnement.

Environnement aquatique pour Venise-ville, environnement agreste pour Venise-terre ferme. Comparons les villas de Palladio, soit avec les châteaux français de la Renaissance, hérissés de tours, de créneaux, ceints de remparts et de douves, défendus par des ponts-levis, soit avec les villas toscanes, sévères manoirs qui ont l'air de citadelles, et nous apprécierons mieux l'originalité de ces maisons venètes, ouvertes sur le monde, sur la splendeur des arbres, la luminosité du ciel et la calme beauté des champs.

Au style en quelque sorte militaire de toutes les demeures bâties en Europe loin des villes, s'oppose le style pictural, unique, des villas de Palladio. Ces paisibles alignements de colonnes où la lumière dorée joue avec les ombres chaudes exhalent une riche et nonchalante sensualité. Bien que construites d'après des plans d'une stricte géométrie, ces heureuses maisons semblent nées, comme les femmes nues de Titien, de l'expansion féconde du sol lui-même. Fruits magnifiques de la terre, elles s'étirent avec la même indolence que si elles étaient des plantes épanouies au rythme des saisons. Elles se fondent si bien avec la nature qu'elles laissent dans le souvenir la même impression indéfinissable qu'une journée fraîche de printemps ou un opulent coucher de soleil.

Le plus connu de ces chefs-d'œuvre est la Rotonda, près de Vicence, villa à plan central, surmontée d'un dôme et précédée sur chacun des quatre côtés d'un portique identique auquel mènent les majestueux gradins d'un large escalier. Pourtant, de tous les édifices de Palladio, c'est le moins représentatif de son génie. Située au sommet d'une colline, et dépourvue d'annexes utilitaires, la Rotonda n'eut jamais aucune fonction rurale. Celui qui la commanda à l'architecte n'était pas un gentilhomme campagnard décidé à mettre en valeur ses terres, mais un ecclésiastique à la retraite qui voulait y donner des réceptions. Les quatre portiques ouverts sur les quatre points cardinaux n'avaient pour but que de favoriser une contemplation toute gratuite et poétique du paysage.

Plus significative est la villa Foscari, dite la Malcontenta, dont la façade sur le canal de la Brenta disparaît sous l'exubérance chatoyante des saules pleureurs. Là aussi, les escaliers extérieurs occupent une place de choix. À la différence des Napolitains, par exemple, Palladio n'a pas utilisé les escaliers intérieurs comme un élément expressif d'architecture. Ils étaient relégués dans des coins obscurs et ne servaient qu'à monter à l'étage supérieur, réservé au stockage des grains, ou à descendre à l'étage inférieur, celui des cuisines et des chambres de domestiques. Le *piano nobile*, l'étage des maîtres, se trouvait relié au jardin par l'escalier extérieur, celui-ci dessiné avec la solennité requise par sa destination. On peut voir aussi, dans ce surélèvement des maisons au-dessus du sol, comme un moyen de les mettre en valeur et de contribuer à leur épanouissement, de la même manière qu'une fleur est plus belle balancée au sommet de sa tige, ou un fruit plus éclatant, qui se détache de son support feuillu.

Architecture picturale, ai-je dit, tel un prolongement en brique des toiles de Titien et de Véronèse, et d'ailleurs souvent complétée par des fresques. J'ai envie d'ajouter : style musical aussi, en commettant une sorte d'anachronisme. Car si le XVe et le XVIe siècles furent pour Venise et la Vénétie la grande époque des peintres, la musique attendit le XVIIe siècle, avec Monteverdi, et le XVIIIe, avec Vivaldi, pour devenir l'art prépondérant sur le territoire des doges. Goldoni, au XVIIIe siècle, se moquait des nobles et des bourgeois enrichis qui allaient dépenser leur temps et leur argent dans les loisirs d'une villégiature désormais séparée de l'activité productive. Villégiature au sens moderne, de passe-temps frivole et mondain. Après Palladio, on continua à construire des maisons de campagne, comme on en avait construit avant lui. Et la musique, quelquefois sous la forme de petits opéras qu'on jouait en famille sous les portiques, remplaça l'agriculture, violons et flûtes se substituant aux charrues et aux faux, et vocalises des sopranos couvrant les trilles des rossignols. Le compositeur Galuppi, sur des livrets de Goldoni, écrivit des opéras pour tourner en dérision cette manie de s'égosiller au milieu de la verdure, tels *l'Arcadia in Brenta* (1749) ou *il Filosofo di campagna* (1750). Boroni, autre compositeur vénitien, y alla de ses *Villeggiatrici ridicole* (1765), sur livret de Bianchi ; Perillo d'une *Villeggiatura di Mestre* (1771) ; et l'illustre Niccoló Piccinni, qui vint ensuite à Paris se mesurer à Gluck, emprunta, toujours à Goldoni, le sujet de sa *Villeggiatura* (1762).

Dès le XVIe siècle, cependant, avant même la naissance de l'opéra, les fresques des villas palladiennes exaltent non seulement la musique, mais certains des personnages historiques ou mythologiques qui deviendront des héros d'opéra. Sur les murs de la villa Emo, le peintre Giambattista Zelotti représente Scipion, Vénus, une joueuse de luth. A la villa Caldogno, Zelotti peint une nouvelle fois Scipion, et Giovanni Antonio Fasolo des scènes de danse. Les fresques de Véronèse elles-mêmes, à la villa Barbaro de Maser, suggèrent un décor d'opéra. A Thiene, près de Vicence, Fasolo et Zelotti ornent les parois de l'ancienne villa Da Porto Colleoni, construite au XVe siècle, de scènes où paraissent Scipion, Sophonisbe, Antoine et Cléopâtre, Vénus et Vulcain. Au XVIIIe siècle, bien sûr, l'opéra triomphant s'étalera sur les murs et aux plafonds, dans les fresques de Giambattista Tiepolo à la villa Pisani de Stra et surtout à la villa Valmarana ai Nani près de Vicence. Les séquences peintes tirées d'Homère, de Virgile, du Tasse ou de l'Arioste, avec Agamemnon et Iphigénie, Didon et Enée, Renaud et Armide, Angélique et Médor, sont un reflet des grandes déclamations vocales qui occupent alors les théâtres lyriques de toute l'Europe.

Mieux encore, c'est pour la villa Falier de Casella d'Asolo que le jeune Canova sculpta vers 1775 les deux statues d'Orphée et Eurydice exposées maintenant au musée Correr de Venise : deux statues qui ne portent absolument pas témoignage de la révolution néoclassique où s'engagerait bientôt leur auteur, mais qui illustrent au contraire, par leur attitude dolente, emphatique et pâmée, ainsi que par leur sujet même, la pose extatique des grands héros d'opéra. Comme si le lyrisme qui se dégage de ces édifices devait trouver son complément naturel dans une décoration qui exalte directement l'art des sons.

Civilisation des villas vénètes : avec et après Palladio, ce fut une civilisation qui unissait tous les arts, l'architecture, la peinture, la musique, dans une fusion harmonieuse pour l'esprit et les sens.

Et même la sculpture, plus rare que dans les villas baroques de Naples et de Sicile, mais çà et là présente. Pour monter à la Rotonda de Vicence, on longe un mur sur lequel sont disposées quelques statues. L'une d'elles représente un jeune homme nu, la tête inclinée vers l'épée qu'il vient de s'enfoncer dans la poitrine. Qui est l'auteur de cette statue, on ne sait ; quel personnage elle figure, non plus. Peut-être Pyrame, mais peut-être quelque autre héros vaincu par une fatalité adverse. On ne s'attendrait pas à rencontrer, comme ornement d'un édifice si classique, si sereinement ordonné selon ses quatre portiques symétriques, si conforme à l'idéal éthéré du prélat qui y finit ses jours dans la contemplation du paysage, un tel exemple de violence et d'angoisse. Personnage échappé d'une tragédie de Shakespeare, il est venu éclabousser de son sang le verdoyant décor de cette retraite champêtre. Confiant que ses mânes ne pourraient trouver d'apaisement qu'au contact de la mesure palladienne, le jeune désespéré a choisi pour mourir le temple circulaire, image de l'absolu, reflet sur terre de la perfection.

Pasolini I

La victime

Une victime ? Un rebelle ? Un cinéaste érotique ? Un poète virgilien ? Dix autres approches seraient possibles. Protéiforme, contradictoire, insaisissable, Pasolini ne se laisse pas aisément déchiffrer. Les lignes de sa vie, de son œuvre s'entrecroisent, tantôt se recoupant, tantôt divergeant.

Quitte à revenir sur les épisodes marquants de ce destin exceptionnel, quitte à me répéter, j'essaye ici de démêler l'écheveau, de dégager ce que je crois en être le fil unique.

De 1949 à 1977 (la dernière étant posthume, oui), Pier Paolo Pasolini, assassiné le 2 novembre 1975, a été la cible de quelque trente-trois procédures judiciaires. De quoi ne l'a-t-on pas accusé ! Obscénité d'abord : ses livres, ses films étaient régulièrement saisis. Mais encore : agression à un pompiste, vol de manuscrit, calomnie des plages calabraises, propagande antinationale, outrage à la religion d'Etat. Ses accusateurs ? La droite classique, bien sûr, l'Eglise, la Démocratie chrétienne, mais aussi : le parti communiste, et même la gauche extraparlementaire, qui ne lui a pas pardonné d'avoir écrit qu'il préférait les flics, enfants du peuple, aux révolutionnaires de 68 et après, fils de bourgeois.

Il semblait être né pour scandaliser : n'hésitant pas à écrire une épigramme féroce contre le pape Pie XII, coupable d'ignorer dans quels taudis s'entassaient des familles entières à deux cents mètres des lambris dorés du Vatican ; mais s'en prenant également aux cheveux longs et aux blue-jeans des garçons, polémiquant avec fureur contre la légalisation de l'avortement, déplorant acerbement le nouveau laxisme sexuel. Il se mettait à dos les partis politiques, déçus de ne pouvoir l'embrigader, et déconcertait jusqu'à ses amis, dont tous ne lui ont pas témoigné de son vivant la même affection zélée qu'ils lui manifestent aujourd'hui. Dissident par excellence, Pasolini a heurté tous les pouvoirs. Un psychiatre déclara devant le tribunal que c'était un « sujet aux instincts profondément tarés, avec de graves sources d'insécurité », et il s'est même trouvé un père jésuite qui, au lendemain de sa mort, jouant sur les trois lettres de son prénom et de son nom, a barbouillé les murs de Rome de l'inscription : Pig Pig Pig.

Il était tentant dans ces conditions de récrire toute la vie de Pasolini comme une longue persécution ininterrompue ; et de voir dans son meurtre (commis, on le sait, sur une plage d'Ostie, par un jeune prostitué qu'il avait dragué à la gare), non pas un banal fait divers, mais un complot sciemment ourdi. Pelosi (l'homicide) n'aurait été que l'instrument d'une conjuration ; fasciste, il va sans dire. Et certes, bien des détails consignés dans la version officielle de l'assassinat restent étranges ; on s'explique mal que l'écrivain, robuste, râblé, sportif, adepte du football, se soit laissé piétiner et lacérer par un éphèbe, lequel sortit indemne de la rixe. En outre, cette justice sommaire rendue sur une plage déserte par une nuit froide de novembre a tout l'air d'une vengeance accomplie par quelques tueurs au nom de la société italienne exaspérée contre l'insolence de son prophète.

Pourtant, et malgré le sérieux de la documentation réunie par les amis de Pasolini [1], cette thèse ne convainc pas entièrement, dans la mesure où elle tente une réhabilitation de caractère hagiographique (est-ce « salir sa mémoire » que de présenter son meurtre comme une simple affaire de mœurs, comme le dit Félix Guattari qu'on ne savait pas si bégueule ?), transforme l'écrivain en victime fortuite de son bourreau et méconnaît les pulsions masochistes et suicidaires de l'auteur d'*Accattone*. La contribution la plus intéressante de ce dossier est le long récit de la jeunesse de Pasolini, avant son arrivée à Rome. Ici on entre vraiment dans le secret de sa destinée. Pasolini était instituteur dans une petite école du Frioul, le pays de son enfance, le pays de sa mère. Surpris un jour avec de jeunes garçons dans un rapport qui n'était pas purement pédagogique, il eut beau protester en disant qu'il avait tenté une expérience littéraire à partir d'un roman de Gide, on l'expulsa de son école. Le parti communiste, dont il était membre, prononça son exclusion. Il s'enfuit de son village, avec sa mère, et gagna Rome. Il avait vingt-sept ans. Tel fut le premier des trente-trois procès, la « scène primitive », qui l'a marqué à vie. Non seulement il avait tout perdu : métier, parti, maison, lieux d'enfance, mais en débarquant à Rome dans la banlieue sordide des émigrés et des sous-prolétaires il eut l'impression d'avoir été chassé du paradis.

D'où sa radicale mutation psychologique, et la nouvelle figure qu'il

---

1. *Pasolini : Chronique judiciaire, persécution, exécution*, par un collectif sous la direction de Laura Betti, Seghers, 1979.

se donna, celle qui est entrée dans la légende : bagarreur aux mâchoires serrées et au regard fixe, romancier et cinéaste des voyous, contempteur de la société italienne, spécialiste de la provocation et du scandale. En réalité c'était un tendre et un doux, comme le montrent les poèmes écrits avant le départ pour Rome[1]. Il n'y est question que de Narcisses en extase, de gracieuses pâmoisons d'adolescents. Les rythmes sont brefs et dansants, on y sent l'influence de Rimbaud, de Machado, de Sandro Penna, cet immense poète italien. Pasolini évoque un Frioul rustique, archaïque, d'autant plus mythologisé que la langue employée est le dialecte, par hommage à sa mère et par vague désir de ressusciter une sorte d'éden paysan. Autre sujet de surprise : la fréquence du motif religieux. La mère assimilée à la Vierge et le poète qui s'identifie au Christ dialoguent en ritournelles élégiaques.

Bien meilleur poète que romancier ou cinéaste, Pasolini, en beaux accents intimistes, nous révèle la face cachée de son cœur, avant que le trauma de 1949 ne change ce François d'Assise en Savonarole, avant que la découverte de Rome et de l'enfer suburbain ne lui fasse troquer la lyre de Verlaine contre le fouet de Luther.

Pasolini II

Le rebelle

Jusqu'ici, il y avait deux versions de la mort de Pasolini. Les uns disaient qu'il avait été victime d'un complot fasciste et assassiné par un commando de tueurs. Aucune preuve n'est jamais venue étayer cette hypothèse, née d'une pieuse volonté d'hagiographie posthume. Pour les autres, les plus nombreux, et qui se fondent sur les habitudes du poète, c'est bien le jeune Pino Pelosi qui a tué, seul, Pasolini, la nuit du 1er au 2 novembre 1975, sur une plage d'Ostie. Drame de mœurs, qui concluait dignement le destin d'un homme dont l'éros était depuis toujours lié à l'attirance du danger et au désir de mort. M. Nico Naldini, cousin de l'écrivain, nous apporte une version inédite[2]. « Pasolini est assassiné par un garçon de dix-sept ans », se contente-t-il de dire, sans une ligne de plus, sans préciser que ce garçon était un prostitué de la gare de Rome ni que Pasolini, depuis son arrivée dans la capitale, vingt-cinq ans plus tôt, allait draguer dans ce lieu réputé fort dangereux, dans ce milieu de durs, de voleurs et de tueurs. Ainsi résumée par cette phrase laconique,

---

1. Voir article *Pasolini IV*, « Le poète virgilien ».
2. *Pasolini, biographie*, par Nico Naldini, Gallimard.

la mort de Pasolini perd toute signification, toute importance ; elle se réduit à un incident de parcours, dénué de la moindre valeur.

On devine bien ce qui a poussé M. Naldini à cette falsification : le désir de dédramatiser une mort sur laquelle on a peut-être trop glosé, la volonté de mettre l'accent non sur la fin trop spectaculaire du poète mais sur sa carrière et sur son œuvre. Soit. C'est pourtant ne rien comprendre à cette œuvre, et c'est trahir son auteur, que de ramener l'assassinat de Pasolini à un simple fait divers. Autant dire que Clytemnestre a tué Agamemnon par hasard, et qu'Oreste a sacrifié ensuite sa mère par pure inadvertance. Pasolini avait depuis longtemps, dans ses livres et dans ses films, décrit et annoncé sa propre mort ; peut-être serait-il exagéré de soutenir qu'il a cherché cette mort ; ce qui est sûr, c'est qu'il ne l'a pas repoussée quand elle s'est présentée à lui. Pourquoi, depuis vingt-cinq ans, allait-il lever ses partenaires parmi la pègre de Rome ? Pourquoi les emmenait-il sur cette plage horrible d'Ostie, sorte de dépotoir ? Pourquoi, le 1er novembre, qui est froid même à Rome, ne préférait-il pas le confort d'une chambre d'hôtel, lui que *le Décaméron* avait rendu millionnaire ? M. Naldini serait bien en peine de répondre à ces questions car, ignorant du b.a.-ba de la psychanalyse, n'ayant sans doute jamais entendu les mots de masochisme ou d'autopunition, il ne se les est même pas posées. Cette oraison funèbre, si scandaleusement inappropriée à celui qui a réussi à être, dans ce siècle de la consommation et de la facilité qu'il haïssait, un héros de tragédie grecque, suffit à discréditer ce livre. On connaissait les veuves et les sœurs abusives (Pasolini en a d'ailleurs une, sous la forme de Mme Laura Betti). M. Naldini nous donne aujourd'hui un bon exemple du cousin abusif.

Le seul intérêt de sa biographie, platement événementielle, réside dans les nombreuses citations tirées des journaux intimes en sa possession (mais *Actes impurs*, paru chez Gallimard en 1984, contient, sous un habit à peine romancé, le principal de ces divagations pédérastiques) et des lettres. Puisqu'un choix substantiel de ces lettres est disponible par ailleurs, on préférera de loin cette lecture [1]. Correspondance vive, fiévreuse, passionnée et passionnante, bien qu'il y manque bon nombre de pièces capitales : ainsi, il ne s'y trouve aucune des lettres adressées à Maria Callas, à qui, pendant et après le tournage de *Médée*, le cinéaste fut lié d'une longue et forte amitié.

La vie de Pasolini se divise en deux périodes très nettes : avant et après 1950. (Il était né en 1922.) Deux tiers de la correspondance datent de la première période : époque des amitiés les plus ferventes, des émotions les plus fortes, des découvertes littéraires décisives, et même de certaines expériences musicales qu'on croyait étrangères à cet écrivain. La littérature française semble la grande absente de ses lectures, bien que, au détour d'une phrase, on s'aperçoive qu'il avait une connaissance étonnamment précise des œuvres et de la pensée de Gide. Il n'arrive pas à « digérer » Rimbaud, pour la raison exposée dans une lettre à Franco Farolfi, le plus intime de ses correspondants de jeunesse : « Peut-être, étant donné que tu lis Baudelaire, est-il normal que tu trouves du poète maudit en moi ; mais entre ma poésie et ce genre de poésie, il y a une

1. *Correspondance générale (1940-1975)*, Gallimard.

différence fondamentale : chez moi, la poésie maudite ne représente que des contingences irrégulières, alors que chez les poètes maudits c'est le parti pris, le fondement, l'essence ».

Jusqu'en 1950, Pasolini passe le gros de son temps à Casarsa, dans le Frioul, le village de sa mère. Ces années de bonheur et de grâce, dans cette campagne encore archaïque qui était consubstantielle à ses goûts, voient l'éclosion d'un poète, élégiaque sans mièvrerie, d'une douceur tendre, narcissique et rêveuse (il insère ses poèmes dans ses lettres), un troubadour spontané ou délicieusement sophistiqué que s'appliquera à démentir, plus tard, l'auteur pesamment marxiste des *Cendres de Gramsci*. Deux traumas, pourtant, ruinent l'idylle de cette adolescence : la mort de son frère cadet, Guido, engagé dans la Résistance et tué par des communistes d'un autre réseau de maquisards, et surtout la découverte d'une homosexualité précoce, gourmande, impérieuse, qui s'adresse exclusivement à des jeunes de moins de vingt ans, et souvent de beaucoup moins. Tantôt cette fièvre s'apaise dans l'agreste fantasme du joueur de flûte qui emmène les enfants hors du village (« Le mars de vos membres est doux, tendres oiseaux, échappés du bois ! N'entendez-vous pas les sanglots des mères ? Elles pleurent sur les lits vides ! »), tantôt elle prend les teintes plus sombres de la culpabilité et de l'angoisse. Il confie à Silvana Mauri (10 février 1950), la plus proche de ses amies, qu'il ne se résigne pas à être ce qu'il est. « J'ai souffert tout ce qu'il m'était donné de souffrir, je n'ai jamais accepté mon péché, je n'ai jamais pactisé avec ma nature et je ne m'y suis même pas habitué. J'étais né pour être serein, équilibré et naturel : mon homosexualité était en plus, elle était au-dehors, elle n'avait aucun rapport avec moi. Je l'ai toujours vécue à côté de moi, comme un ennemi, je ne l'ai jamais sentie en moi. »

Voilà qui relègue définitivement au rang de pieux mensonge la fable du « fait divers » d'Ostie. En 1949, le premier châtiment, sans doute provoqué, s'abat sur Pasolini. Dénoncé par un des élèves de l'école où il était professeur, il est exclu de l'enseignement, expulsé du parti communiste, et contraint de s'enfuir à Rome, où va commencer pour lui une nouvelle vie, sa vie publique d'auteur, durcie et faussée par ce scandale qui transforme le gracieux Narcisse en croque-mitaine de l'Italie du miracle.

Blessé à mort, fou d'inquiétude pour sa mère bien-aimée, il en veut à tout le monde désormais, avec une rage et une frénésie grandissantes : aux mass media, aux partisans de l'avortement, aux étudiants contestataires de 68 (qualifiés de bourgeois, et auxquels il préfère les flics, authentiques prolétaires), au pape, à la droite, à la gauche, tous responsables, selon lui (mais bien sûr il ne leur livre pas le secret de sa révolte), d'avoir transformé le pays des idylles juvéniles en marché de consommation. Il aura un moment l'espoir de retrouver dans les banlieues de Rome, les sinistres *borgate*, le monde sauvage et innocent de son enfance, mais, quand il aura constaté que les *ragazzi di vita* se sont laissé eux-mêmes contaminer par l'idéologie du bien-être (et donc de l'hétérosexualité), il élira comme terres de prédilection le tiers monde — Maroc, Yémen, Afrique noire —, réserve intacte de vitalité brute. Auteur de films de plus en plus exhibitionnistes, jusqu'à l'ultime *Salò*, il ira se retremper la nuit parmi les voyous de la gare, miraculeux rescapés des ravages causés par le progrès économique.

Destin exceptionnel, à vrai dire. Plus que par ses œuvres, fort inégales et quelquefois mauvaises (les romans surtout), Pasolini restera par sa volonté d'assumer, en plein XXe siècle, le rôle du héros romantique, du rebelle, du hors-la-loi ; par son refus de s'assagir ; par son mépris intrépide des règles de la société qui exigea, et obtint, le sacrifice du paria.

Pasolini III

Le cinéaste érotique

Le *Décaméron* (1971), suivi des *Récits de Canterbury* (1972) et des *Mille et Une Nuits* (1974), forme le premier volet de ce que Pasolini appelait *Trilogia della vita* ; son avant-dernier travail de cinéma, avant *Salò*. Par *vita* il entendait quelque chose de bien précis : la vie sauvage, élémentaire, du sous-prolétariat non encore embourgeoisé. Son premier roman (1955) s'intitulait *Ragazzi di vita*, c'est-à-dire « Garçons de (mauvaise) vie », ces jeunes gars de la périphérie romaine qu'il avait découverts en arrivant dans la capitale italienne, en 1950, et qui lui fourniraient, pendant vingt ans, les personnages de ses livres et de ses films. Au début des années 70, cependant, l'Italie avait changé ; désastreusement changé, aux yeux de Pasolini. C'était devenu un pays de la consommation et du bien-être, où les petites brutes sympathiques des faubourgs s'étaient dénaturées en clients des supermarchés, en abrutis des juke-box. C'est pourquoi, cherchant à exalter, dans la *Trilogia della vita*, cette vie libre d'avant la massification capitaliste, il transporta sa caméra d'abord à Naples, pour le *Décaméron*, puis dans le Moyen-Orient, pour les deux autres volets de la trilogie.

Naples : quand Pasolini eut découvert cette ville, il comprit que les valeurs auxquelles il tenait s'étaient réfugiées là, dans les boyaux tortueux de l'ancienne métropole bourbonienne. Et quand il eut relu Boccace, il s'aperçut qu'aucun écrivain ne servirait mieux de rempart contre la stupidité du monde moderne que le conteur toscan du XIVe siècle. Le *Décaméron* de Pasolini, c'est d'abord la célébration du corps humain et de son symbole majeur, le sexe. Le film fit scandale à l'époque, car l'on y voit des jeunes gens nus, et leurs organes sexuels en splendide évidence. Le plan le plus célèbre représente un couple endormi : la fille tient sa main sur le membre généreux et les couilles, dodues à souhait, de son amant. « Vers la fin des années 60, commentait Pasolini, lorsque commença à triompher l'irréalité de la sous-culture des médias, il n'y avait plus pour défendre la réalité que les corps, les corps avec leur innocence, avec la sombre et vitale violence archaïque de leurs organes sexuels. »

Le *Décaméron* n'est donc pas seulement une plaisante et malicieuse illustration des gaillardises de Boccace ; c'est un film polémique, une machine de guerre contre le faux progrès qui avait envahi l'Italie et l'Europe. Au début de son travail, Pasolini pensait qu'il était nécessaire de contribuer au développement démocratique de son pays en militant pour la libération sexuelle des jeunes ; d'où cette apologie du sexe et du plaisir physique. Puis il reconnut son erreur, et cette prise de conscience lui fut si cruelle que, le 15 juin 1975, moins de cinq mois avant d'être assassiné, il « abjura » dans un texte retentissant la *Trilogia della vita*. Ce progrès apparent, déclara-t-il, cette émancipation des corps, cet affranchissement des vieux interdits judéo-chrétiens ne sont qu'une imposture. La tolérance instaurée par la société des années 70 ? Rien d'autre qu'une escroquerie. Les jeunes ne devenaient pas libres ; ils passaient à un nouvel esclavage, celui de la consommation et de l'amusement à tout prix. Maintenant, puisqu'il n'y avait plus aucun obstacle à l'amour, puisque même la société encourageait les jeunes à coucher ensemble, à voyager ensemble, à dépenser ensemble, coucher et faire l'amour devenait une obligation, et, comme toutes les obligations, quelque chose de contraignant et d'odieux ; une soumission répugnante aux lois du marché.

Les polémiques de Pasolini contre la libération sexuelle de la jeunesse italienne et contre la victoire de la permissivité forment le chapitre le plus déroutant de l'activité intellectuelle de ses dernières années. En réalité, pour comprendre une telle extravagance, qui lui aliéna bon nombre de ses admirateurs, il faut se rappeler quels étaient ses problèmes personnels. L'Italie de la répression sexuelle, où les filles restaient inaccessibles jusqu'au mariage, favorisait l'homosexualité des jeunes. Du jour où les garçons purent se procurer des compagnes, Pasolini trouva moins de disponibilité parmi les *ragazzi* de Rome. C'est pourquoi il se mit à voyager plus souvent en Afrique et au Moyen-Orient, là où, les vieux tabous demeurant efficaces, les mâles continuaient à se satisfaire entre eux et à offrir leurs services à un étranger. C'est pourquoi aussi il choisit Naples pour tourner le *Décaméron*, Naples où le culte de la virginité féminine et la séparation des sexes perpétuent la tradition antique des jeux entre garçons.

Le *Décaméron*, c'est un hommage à Boccace, bien entendu, à l'extraordinaire verdeur et gaieté d'un des écrivains européens les plus libres et les plus drôles, et le plus robuste antidote contre l'hypocrisie catholique et la tartuferie de l'alors toute-puissante Démocratie chrétienne. Mais c'est avant tout un hommage à Naples. Naples, une tribu qui ne change pas, disait Pasolini. C'est-à-dire une ville restée intacte à travers les siècles, fleuron et symbole de la civilisation méditerranéenne, labyrinthe sordide et glorieux, avec sa misère, sa joie de vivre, son goût du plaisir et de la beauté, son rire plus fort que tous les déboires et les échecs. On voit dans ce film Ninetto Davoli, le jeune compagnon de Pasolini, et nul doute que, en emmenant le petit frisé à Naples, en le plongeant dans cet univers poisseux et joyeux, Pasolini n'ait voulu le sauver de la corruption de la société permissive, en préservant le trésor de sa juvénile, joviale, juteuse virilité.

Salò, terminé peu de temps avant sa mort, est, par rapport au *Décaméron*, une palinodie complète. Inspiré des *120 journées de Sodome* de Sade, transposé dans la République de Salò, dernier et sinistre avatar de l'Italie fasciste, écrit laborieusement, avec une application scolaire, catalogue de tous les sévices possibles et imaginables, c'est un film funèbre, le tombeau des illusions libertaires, l'illustration de cet esclavage sexuel que la libéralisation des mœurs, selon Pasolini, avait introduit en Italie. Prendre cette œuvre pour un manifeste érotique, un hymne à la sensualité, parce qu'on y voit des filles et des garçons nus, des revues de culs, de l'étalage de chair, est un contresens absolu. Il s'agit du film le plus austèrement moraliste, le plus tristement puritain, qui ait jamais été tourné. Viols, sodomie, coprophagie, supplices, énumérés sans joie, sans gaieté, cette révulsive débauche de turpitudes ne peut donner qu'une envie : courir se réfugier dans un couvent, en renonçant à jamais au sexe. A toutes les bonnes sœurs qui mettent en doute leur vocation, il suffirait, pour les conforter dans leurs vœux, de projeter *Salò*. Lors de la première, posthume, à Paris, dans un cinéma des Champs-Elysées, je me souviens d'avoir vu les spectateurs, des invités pour la plupart, des amis idéologiques de Pasolini, fermer les yeux aux passages les plus répugnants. Ce qui ne les empêcha pas, à la sortie, de vanter la « liberté » du cinéaste, son « audace » érotique. Enième façon de trahir celui qui, par ce film, solennelle et lugubre cérémonie des adieux au plaisir, suicide mental avant l'immolation physique, avait renié publiquement le culte dionysiaque des corps.

Pasolini IV

Le poète virgilien

D'abord poète. Et poète dialectal. Ne jamais oublier cette priorité, si l'on veut comprendre la courbe vitale de Pasolini. Son premier livre, publié à Bologne en 1942 et tiré à 375 exemplaires, est un opuscule de vers, *Poesie a Casarsa*. Poèmes à Casarsa, village où il n'est pas né, mais où il a passé une grande partie de son enfance et de son adolescence, dans la maison de sa mère, Susanna Colussi. Poèmes en dialecte frioulan. Pourquoi ce choix ? Non par goût du folklore, ni fétichisme du passé, mais par solidarité avec sa mère, avec la langue de sa mère et de ses parents maternels, les Colús. Le père était de Ravenne ; officier de carrière et fasciste, symbole haï de l'autorité, il utilisait la langue officielle, l'italien de Rome, la langue de l'Etat et de l'Eglise, l'idiome du pouvoir central. Pier Paolo, au moment de s'affirmer, à l'âge de vingt ans, comme écrivain, répudie cet italien de Rome, cette langue du pouvoir, et opte pour le dialecte de sa mère. Casarsa, village du Frioul à l'extrême nord-est de la péninsule, appartient à peine à l'Italie. Pasolini se sent d'emblée solidaire de la périphérie, des sentiments et des mots de la périphérie. Choix sentimental, sans doute, démonstration verbale de l'affection pour la mère, rejet du père autoritaire. Mais aussi choix politique et social, le refuge dans la marginalité géographique et linguistique préfigurant la lutte contre tous les pouvoirs — Etat, Eglise, Partis, Conformisme, Modèle viril — et la solidarité avec tous les exclus.

En publiant en 1954 *la Meglio Gioventù* (qu'on pourrait traduire par « la meilleure jeunesse », sans rendre la nuance fruitée du titre), Pasolini entend récapituler ses années de jeunesse dans le Frioul rustique et archaïque de l'avant-guerre, terre bénie qui a conservé intactes jusqu'aux années 1950 ses couleurs et ses vertus. Le recueil comprend les anciennes *Poesie a Casarsa*, complétées par une *Suite furlana* (frioulane) et plusieurs autres séquences. On trouve là certains des poèmes les plus frais, les plus beaux de Pasolini. Il évoque le monde paysan de son enfance, non sans célébrer un éros tourné vers les jeunes garçons. *Le litanie del bel ragazzo*, *Danza di Narciso*, *A Rosario*. Tout est grâce et légèreté encore, émois et frissons de la puberté, jeux d'adolescents, ignorance de la véritable homosexualité. On pense aux bergers de Virgile ou de Théocrite, à Corydon et aux rites innocents de plein air, sous le hêtre mythique de Tityre.

Pasolini publia ces poèmes accompagnés d'une traduction en italien, solution qu'il jugeait préférable à l'établissement d'un glossaire. Plutôt que de n'être pas lu, disait-il, mieux vaut être lu dans ces traductions[1].

En dédicace à *la Meglio Gioventù*, on lit ces trois vers :

> *Fontaine d'eau de mon village.*
> *Il n'y a pas d'eau plus fraîche que dans mon village.*
> *Fontaine de rustique amour.*

Vingt ans plus tard, en 1974, il republia son recueil de jeunesse, en première partie d'un volume deux fois plus gros intitulé *la Nuova Gioventù*. Cette « Nouvelle Jeunesse » offre, dans la seconde partie, une *Seconda Forma de « la meglio gioventù »*, toujours en dialecte, avec deux sections intitulées de nouveau *Poesie a Casarsa* et *Suite furlana*, plus une troisième section, *Tetro Entusiasmo* (« Sombre enthousiasme »). Plusieurs des poèmes de cette seconde partie reprennent non seulement les titres de ceux de la première partie, mais leur sujet, leur forme, jusqu'à certains de leurs vers en écho. C'est comme un *remake*, la seconde version du même livre, mais inversée en quelque sorte, enténébrée et noircie par vingt ans de malheurs historiques et de déboires personnels. *A Rosario* I (1954) chante la légèreté de la faute charnelle purifiée par

---

1. Dont j'ai donné une version française dans *Poèmes de jeunesse*, Poésie/Gallimard, 1995.

la lumière du matin, alors que *A Rosario* II (1974) constate le tarissement du rire et l'étiolement du sexe réduit à une « bite froide et sèche ».

Saisissante et mystérieuse palinodie, dont on pourrait multiplier les exemples. Le cri d'allégresse de *Villotta* I (« Je chante et je marche reposé ») s'est mué dans le lamento de *Villotta* II (« Je chante et je ne chante plus,.../ quelque chose d'humain est fini »). Le Narcisse de 1942 déambulait joyeusement, dans l'ivresse de ses quatorze ans. Celui de 1974 obéit aux lois de saint Paul. « La Parole enfuie, le Livre est resté. » La dédicace de 1974, inversion et caricature de la dédicace de 1954, donne d'emblée le ton du nouveau recueil :

Fontaine d'eau d'un village qui n'est pas le mien.
Il n'y a pas d'eau plus vieille que dans ce village.
Fontaine d'amour pour personne.

1974 : Pasolini n'a plus qu'une année à vivre. Pour comprendre un tel reniement de son village, de son passé, de l'Italie de son enfance, pour mesurer la profondeur du désespoir où il est alors plongé et qui lui inspire son dernier film, *Salò*, il faut reparcourir brièvement, aussi bien l'histoire économique et sociale de l'Italie pendant ces vingt ans, que les aventures et mésaventures personnelles de Pier Paolo depuis son départ de Casarsa.

Début des années 1960 : essor économique sans pareil de l'Italie, ce qu'on a appelé le « boom », et qui s'est traduit par un bouleversement soudain et radical des structures et des équipements. Construction accélérée d'autoroutes, motorisation populaire, exploitation du métane, industrialisation du Mezzogiorno, exode des masses rurales vers les grandes villes du Nord : une véritable révolution, qui transforme en quelques années un pays agricole et traditionnel en nation moderne. On passe brutalement du siècle des ânes et des bicyclettes à l'ère de la vitesse et de la communication instantanée. Autoroutes et télévision provoquent ce que cent ans d'unité politique artificielle n'avaient pu obtenir : la conscience d'appartenir à une même terre, à une même langue. A Venise comme à Palerme, on entend désormais un idiome unifié, et les différentes façons de parler se fondent rapidement en une seule. Un langage homogène s'instaure : celui qui est diffusé de Rome à travers les postes récepteurs, et se répand jusqu'au fond des campagnes les moins scolarisées.

Mais c'est un langage bureaucratique, stéréotypé, atrophié. S'il a, sur les anciens dialectes, l'avantage d'être compris par tous, il présente aussi l'inconvénient d'une neutralité insipide. Pasolini ne tarde pas à dénoncer cette énorme déperdition de sens et de saveur. Il s'en prend non moins violemment aux autres conséquences d'une modernisation trop hâtive et bâclée : l'émigration du Sud vers le Nord ; l'entassement dans les banlieues sinistres de Milan ou de Turin des paysans arrachés aux terres méridionales ; la soif de consommation qui s'empare des Italiens et leur fait renier les valeurs traditionnelles de leur culture ; la nouvelle idolâtrie de l'argent et du progrès ; la corruption politique qui en découle. Il n'y a pas jusqu'à la disparition des lucioles qu'il ne déplore, dans un célèbre poème où il accuse les insecticides utilisés en vue d'un meilleur rendement d'avoir éliminé cette parure lumineuse des campagnes. L'Italie a vendu son âme au Veau d'or.

Sur ces calamités nationales se greffe le drame individuel de Pier Paolo. En 1949, il vit encore à Casarsa, maître d'école dans un village voisin. Lors d'une fête, il attire de jeunes élèves dans un buisson. Dénoncé pour corruption de mineurs, il est révoqué de son poste, exclu du parti communiste, réduit à la honte du paria. Avec sa mère, qui seule lui reste fidèle, il s'enfuit du Frioul et débarque à Rome en janvier 1950. Cet événement, aux conséquences incalculables, qu'il vit comme l'expulsion du paradis, orientera désormais sa vision du monde. Il y avait l'*avant*, cet éden campagnard de l'enfance et de l'adolescence, quand l'Italie était encore fraîche et indulgente aux ébats virgiliens, maintenant il y a l'*après*, le monde hostile et pervers des adultes, symbolisé par Rome. Pier Paolo et sa mère sont trop pauvres pour loger dans la ville elle-même. Ils s'installent dans les faubourgs, au milieu du sous-prolétariat que la révolution industrielle agglutine aux portes de l'Urbs.

Ajoutons que, tout en se professant athée, Pier Paolo a reçu de sa mère profondément catholique (à laquelle il confiera le rôle de la Madone dans son film sur l'Evangile selon saint Matthieu) une imprégnation religieuse qui le marque à jamais. Les poèmes dialectaux de jeunesse fleurent l'encens et la sacristie. Plus tard, dans ses invectives contre le pape, on relèvera des accents dignes de Savonarole. Or la pédophilie peut se réclamer de l'Eglise, les jeux avec les garçons s'abriter sous la parole d'amour du Christ. Laissez les enfants venir à moi... Jusqu'au jour où l'antique prescription du Lévitique reprend force de loi. Expulsé du paradis, pour le péché innommable stigmatisé par Moïse et saint Paul, Pasolini prend soudain conscience de sa faute : il se découvre coupable. De pédophile gidien, il devient homosexuel. A Rome il poursuit non plus les enfants, mais les brutes musclées des banlieues. Avec une fureur batailleuse qui a pu faire illusion. Certains voient en Pasolini un homosexuel affranchi, qui a revendiqué sa différence. Il n'en est rien. Nulle part dans son œuvre, ni dans ses livres ni dans ses films, il ne s'est déclaré ouvertement. Au contraire, un intense sentiment de culpabilité a continué de le gouverner jusqu'à sa mort. Aucune honte chez lui, assurément ; un penchant audacieux à la provocation ; mais provoquer, c'est encore respecter le pouvoir qui énonce l'interdit. La conscience du péché, le défi à la loi parcourent tous ses poèmes et leur donnent un accent où la fierté se mêle à la douleur, par une contradiction inexplicable sans cette composante chrétienne ou christique.

Masochisme récurrent, dont ses conduites amoureuses fournissent une preuve indiscutable. Pendant vingt-cinq ans, selon Moravia, de son arrivée à Rome à sa mort, il est allé draguer à la gare centrale, dans le milieu le plus dur, le plus dangereux des prostitués de la capitale italienne. Pratique à haut risque, qui expose à se faire voler, rosser — ou tuer. Au début, peut-être, de telles mœurs s'expliquent par les conditions économiques précaires de Pasolini : il n'avait pas de lieu à lui, il était condamné aux amours de rue. Vingt-cinq ans plus tard, c'est un multimillionnaire qui fait monter le jeune Pino Pelosi dans son Alfa Romeo, Giulia GT. Le *Décaméron* l'a enrichi. Il possède un château près de

Rome et un appartement luxueux à l'EUR, le Neuilly de Rome. Emmène-t-il le garçon chez lui ? Non, il partage l'appartement avec sa mère, et, s'il invite parfois ses jeunes amis à déjeuner, faire l'amour dans le nid maternel serait impensable, bien que les chambres à coucher ne manquent pas. Conduit-il Pelosi à l'hôtel ? A-t-il loué ou acheté un studio pour y rencontrer ses amants ? Non, il continue à préférer les lieux les plus laids, les plus inconfortables, les moins faits pour l'amour.

En l'occurrence, en cette nuit du 1er au 2 novembre 1975, l'Idroscalo, un bout de plage sordide à l'embouchure du Tibre, où de minuscules cabanes en planches et en tôle, improvisées pour les loisirs balnéaires de la classe la plus pauvre, alternent avec des papiers sales, des gravats, des dépotoirs. Même à Rome, il fait froid une nuit de novembre. Ces diverses circonstances montrent avec éclat comment Pasolini a besoin de se punir des libertés qu'il s'accorde. Au plaisir doit être mêlé le châtiment. Pas d'éros moins libre que celui qui a besoin de se rouler dans les ordures, pas de volupté moins affranchie de l'interdit que celle qui prend pour décor un lugubre environnement de masures et de détritus.

On imagine sans peine la scène finale, à la fois rixe abjecte et splendide apothéose. Le gosse — dix-sept ans au moment du crime — se dispute avec son client au sujet des services à lui rendre ; la querelle dégénère en bagarre ; une planche ou un pieu se trouve à portée de main. On a objecté que Pelosi étant un gringalet et son adversaire un adepte du karaté, la lutte aurait dû tourner à l'avantage de Pasolini. C'est ignorer les motivations profondes du poète. Au lieu de parer les coups que l'autre lui assène avec son arme improvisée, il reconnaît l'ange meurtrier depuis toujours attendu. Mourir de la main de son amant, c'est réaliser enfin l'union mystique d'Eros et de Thanatos.

Au reste, il y a longtemps qu'il a décrit sa propre mort, dans ses romans ou ses poèmes. Le micheton qu'on assassine à coups de bâton revient dans son œuvre comme un fantasme itératif. En 1970, son ami Sergio Citti tourne un film, *Ostia*. Le scénario est de Pasolini. L'affiche du film montre un homme tué d'un coup de bâton, son cadavre étendu sur une plage — la plage d'Ostie, justement. Dès 1944, le poème frioulan *le Jour de ma mort* indique l'obsession majeure et le désir secret de Pasolini : tomber mort, en chemise claire, encore jeune, sous le regard d'un garçon frisé.

Autre sujet de douleur et de rage pour Pier Paolo ; la transformation sexuelle des garçons. Dans l'Italie rustique et archaïque de son enfance, les sexes étant rigoureusement séparés, il n'y avait pas d'amour possible en dehors du mariage. Aussi les garçons, comme encore aujourd'hui dans le bassin méditerranéen où la ségrégation des filles encourage l'homosexualité de passage, cédaient-ils volontiers aux messieurs. Age d'or des *ragazzi*, célébré dans le roman *Ragazzi di vita* (1955) ou le film *Accattone* (1961). Puis est arrivée, avec l'essor économique, la libération des mœurs. Les garçons n'ont pas tardé à se tourner vers les filles, maintenant qu'elles n'étaient plus hors de portée. Ils ont succombé à l'hétérosexualité, soit que celle-ci correspondît à leur vraie nature, soit (opinion de Pier Paolo) que par conformisme le giton païen adoptât les mœurs de la majorité.

D'où les invectives de Pasolini contre la société permissive : si l'amour est permis, il devient obligatoire, disait-il dans ses articles d'une véhémence retentissante. Les garçons ne peuvent plus ne pas coucher avec des filles. Qu'ils en aient envie ou non, les voilà contraints de passer au service de l'autre sexe. Ce qui signifiait : malheur à moi, qui ai de plus en plus de mal à trouver des partenaires prêts à répondre à mes avances. Malheur à l'Italie, qui s'enfonce dans la convention et cesse d'être un vivier de jeunes amants. Rosario I, chair lumineuse, a « trahi », il s'est transformé en Rosario II, « bite froide et sèche ». La désolation de *Salò* s'explique par cet effondrement de l'Italie virgilienne. La frénésie voyageuse qui s'empare de Pasolini à la fin de sa vie n'a pas non plus d'autre origine. Maroc, Yémen, Inde, Afrique noire, il sillonne le tiers monde, là où l'interdit reste jeté sur les femmes et où il est sûr de trouver des *ragazzi* disponibles.

Les poèmes écrits en italien entre 1943 et 1949 et publiés en 1958 sous le titre *l'Usignolo della Chiesa cattolica* vibrent du même frisson et de la même palpitation rossignolesque que les poèmes dialectaux de cette époque. On est toujours dans le cadre d'un Frioul archaïque, en compagnie de petits mâles scandaleusement innocents, livrés aux ambiguïtés d'une sensualité errante. Ce Pasolini-là, aux antipodes des audaces et des violences qui le rendront célèbre, se révèle supérieur au poète politique et polémique des années 60, il est plus vrai, plus convaincant que le ratiocineur marxiste en guerre contre les pouvoirs. Ce tendre, cet élégiaque par nature, le conformisme et l'hostilité de ses compatriotes l'auront contraint à se durcir, à provoquer, à agresser, à attirer sur lui les foudres de la justice — trente-trois procès contre Pasolini ! Avant 1950, nous le trouvons encore dans sa douceur et sa fragilité de Narcisse campagnard. C'est le cousin de Lorca et de Machado, étranger au lyrisme discursif qui le tentera ensuite et s'épanouira fâcheusement dans les grands recueils de la maturité, *les Cendres de Gramsci* (1957), *la Religion de mon temps* (1961), *Poésie en forme de rose* (1964), *Transhumaniser et organiser* (1971). Exercices laborieux, souvent indigestes, où l'auteur renoue à son insu avec la tradition rhétorique de son pays, illustrée, entre autres, par les vers patriotiques de Leopardi ou national-pompiers de Carducci.

Quelques heureuses exceptions, cependant. Ainsi, dans *les Cendres de Gramsci*, ces évocations géographiques et historiques qui ont nom *L'Apennin* ou *Tableaux frioulans*. Pasolini se voulait homme de son temps, engagé dans les luttes de son temps, comme en témoigne un autre poème de ce recueil, *Meeting*, fort bien venu d'ailleurs — mais une partie encore plus importante de lui-même était tournée, bon gré mal gré, vers le passé. Sa corde la plus sensible, on l'entend vibrer chaque fois qu'il se remémore un pan de l'Italie disparue. Tel ce paysage de blancheur lunaire, « de Pise/ éparse sur l'Arno en une fête de lumières/ sans vie, à Lucques, pudique dans la grise/ lumière de son immuable perfection catholique... ».

On sait que Pasolini, à ses heures peintre et dessinateur, avait une connaissance profonde de l'art italien classique, au point d'incarner Giotto dans un de ses films. Rarement, cependant, il s'est laissé aller à des descriptions de statues ou de tableaux, par défiance du tourisme artistique et des promenades élégantes. D'autant plus précieuse apparaît cette séquence consacrée au monument funéraire d'Ilaria del Carretto à Lucques, le tombeau de marbre diaphane sculpté par Jacopo della Quercia au XVe siècle, figure éthérée de jeune fille bien éloignée, en apparence, du brutal monde masculin où se complaisait le poète.

Avec Ilaria Jacopo sculpta l'Italie
perdue dans la mort, à son âge
le plus pur et le plus nécessaire.

Amalgame subtil de D'Annunzio et de Rilke, la rectitude franciscaine du second corrigeant l'esthétisme alambiqué du premier.

Le Frioul, bien sûr, met en branle de poignantes et délicates réminiscences, où passent dans une vision estompée par la distance joueurs de flûte et mosaïques d'Aquileia, canaux gelés des blancs matins et bacs aux amarres vermoulues, gaietés pascales et fatigues de journaliers, bals du dimanche et retours à bicyclette dans le soir.

La Religion de mon temps renferme un poème, *A un adolescent*, qui exploite un des thèmes les plus consubstantiels à Pasolini : la comparaison désolée de l'Italie d'autrefois et de l'Italie d'aujourd'hui. Le poète s'adresse à un adolescent de 1957 et lui prête le désir de savoir ce qui s'est passé lorsqu'il était enfant. Comment la génération précédente a-t-elle vécu les drames du fascisme, de la guerre, de la Résistance ? « Jeunes gens désespérés dans une patrie offensée » : il se fait le porte-parole de ces convulsions historiques qui ont changé le destin de la nation, entraînant Eglise et Etat dans l'effondrement de toutes les valeurs.

Occasion pour Pier Paolo d'évoquer son frère Guido, qui s'était engagé dans la Résistance et fut tué par les partisans de Tito, le long de la frontière yougoslave. Sombre épisode de la rivalité entre maquisards d'obédience différente, et sujet de remords permanent pour Pier Paolo, qui, lui, était resté auprès de sa mère, se contentant d'accompagner son frère à la gare. « Lui seul, assurément, pourrait te répondre,/ puisque le monde fut en lui, comme en toi, pure espérance. » Les souvenirs de cette époque inspirent au poète une très belle séquence, d'un lyrisme nostalgique et amer. « Cette douleur qui obscurcit encore notre cœur » réveille la figure de « celui/ qui est resté là-bas, dans la lumière des larmes » et n'est pas revenu le jour de la Libération, quand les mouchoirs rouges et les drapeaux tricolores en lambeaux pendaient aux balcons. Leur mère, naïvement confiante dans le retour de son fils, le guettait en vain au fond de la route. « Mais c'est la vie qui est en toi qui a raison : la mort,/ qui est dans ce garçon de ton âge et en nous, a tort. » Conclusion un peu lourde, où le poète ne peut s'empêcher de raisonner à nouveau, de brandir l'étendard d'un héroïsme forcé, pour être fidèle à son programme d'une « vitalité désespérée ».

A côté de cette élégie au jeune mort, *la Religion de mon temps* présente, dans une suite d'*Epigrammes* cinglantes, l'autre versant du talent de Pasolini, la virtuosité satirique, grande tradition également de la poésie italienne, née avec Dante. De l'autocritique (« le plus coupable, c'est moi, desséché par l'amertume ») à la célèbre sortie contre le pape (« ne point faire le bien, voilà le vrai péché »), en passant par les apostrophes adressées à la France pour sa politique coloniale ou aux hommes de lettres pour leur vanité babillante, c'est un déchaînement de sarcasmes qui culmine dans la fière adresse *A ma nation*, cri d'indignation et de révolte contre les gouvernants corrompus, les fonctionnaires charognes et les petits bourgeois semblables à des porcs. Le meilleur Pasolini s'exprime dans ces vers lapidaires, préfiguration imagée des grands articles où le journaliste inspiré, nouveau Bernanos, fustigera sans pitié les fautes et les vices de son temps — articles recueillis plus tard dans ce qui reste peut-être le legs pasolinien le plus précieux, *Ecrits corsaires* et *Lettres luthériennes* — deux mots, corsaire et luthérien, qui résument l'esprit et l'œuvre de ce franc-tireur doublé d'un rebelle, de cet hérétique impénitent.

Le massif aridement idéologique de la *Poésie en forme de rose* (plus d'épines que de parfum) laisse éclore une vraie fleur printanière, cette *Poésie mondaine* où Pasolini ébauche d'une plume légère un autoportrait ironique. « Je travaille tout le jour comme un moine/ et la nuit je rôde, comme un matou/ cherchant l'amour... » Il observe, dit-il, son propre massacre « avec le tranquille courage du savant » et, loin de se livrer à la haine, écrit des vers « pleins de ponctuel amour ». Retour à une poésie calme, posée, prosaïque, qui a elle aussi ses lettres de noblesse en Italie, de Pascoli à Pavese.

Mais, pour garder l'image la plus pure du poète, mieux vaut s'en tenir aux *Poésies inédites* des années 1950-1951, ou aux *Petites Poésies nocturnes* des années 1952-1953 — tant il est vrai que les engagements politiques, les batailles publiques et les polémiques furibondes de la maturité, s'ils ont transformé le frêle Corydon du Frioul en magnifique lutteur romain, digne de poser au plafond de la Sixtine, ont opéré cette mutation au détriment de la musique intérieure, de la voix première et intime. En 1950, déjà expulsé du paradis, déjà blessé et sanglant, il reste en contact avec son enfance (« l'enfance blême sous la barbe/ poussée pendant le sommeil »). Au milieu du décor sordide des banlieues, parmi les « muets échafaudages » et les tuyaux d'écoulement, sur « l'asphalte défoncée », « parmi les brins d'une herbe âcre/ d'excréments et des esplanades/ noires de boue », le voilà comme un « étranger », à la recherche de l'éden perdu.

Quant aux quatre *Petites Poésies nocturnes*, on remarquera que : 1°) les poèmes posthumes de Lorca, sans doute les plus beaux de toute son œuvre, s'intitulent *Sonnets de l'amour obscur* (mais Pasolini ne les connaissait pas, ils n'ont été publiés qu'en 1981, à part deux d'entre eux qui avaient paru dans des revues espagnoles) ; 2°) par une autre coïncidence troublante, trois des poèmes de Pasolini présentent la forme du sonnet, genre très rarement, sinon jamais, utilisé par lui ; 3°) l'invocation à la nuit rapproche Pasolini du poète de l'« amour obscur » par l'atmosphère mystérieuse où baignent ces vers ambigus.

Elle s'élargit sans fin
dans l'obscurité de la nuit
du samedi, la frontière
à l'intérieur de laquelle nos

présences corrompues sont
humaines : dans le silence
un autre silence, et l'écho
du cosmos dans l'écho

mourant de la rue.

Strophes d'une énigmatique fluidité, qui résonnent à nos oreilles comme la chronique d'une mort annoncée — annoncée plus de vingt ans à l'avance, mais sans erreur sur le jour de la semaine, puisque, la nuit du samedi 1er novembre 1975, Pasolini embarqua dans sa voiture le jeune prostitué qui serait son assassin. Plus une ligne, désormais, plus un mot, sinon l'écho de la romance d'autrefois :

Je reviens d'une virée
désespérée... je brûle glorieusement
de vie : proie de forces
tantôt vives tantôt mortes.

Revenons une dernière fois sur les circonstances de cette mort : l'idée qu'on se fait de Pasolini dépend tout entière de la manière dont on croit qu'il a été tué. En Italie, beaucoup de ses amis refusent d'admettre que Pelosi a été l'assassin. Une mauviette de dix-sept ans terrasser un homme dans la force de l'âge, adepte des sports martiaux ! Ce qu'ils ne disent pas, c'est qu'ils répugnent à reconnaître les mœurs du poète. Pousser si loin la passion (aux deux sens du mot) homosexuelle, voilà qui les dérange, les heurte, leur paraît insupportable et contraire au cliché du « grand homme ». Le héros étant mort, commence l'idéalisation. Le clan des veuves se déchaîne et organise une version des faits qui s'accorde à leur pieux désir d'embellir une fin décidément trop misérable, trop choquante pour attiser une dévotion posthume (ainsi a-t-on vu, après la mort de Michel Foucault, ses amis de « gauche » nier le sida, comme explication trop « honteuse » pour ces prudes). D'où la trouvaille du complot. Pelosi n'a été que l'appât jeté par une bande de tueurs fascistes. Ceux-ci ont suivi dans une seconde voiture la voiture de Pasolini, et, arrivés sur la plage, ont tabassé et occis le poète. Il a été victime, non d'une irrépressible et condamnable libido, ni d'une nécessité métaphysique, mais de son courage politique et de ses polémiques incendiaires contre le *palazzo* (ainsi appelait-il le pouvoir démo-chrétien) et les forces de la réaction. La volonté hagiographique des amis et des veuves se représente ainsi l'assassinat de Pasolini.

Même Moravia, le plus lucide, le plus intelligent de ses amis, a défendu ce scénario édifiant. « Pasolini, m'a-t-il affirmé, était porté par un magnifique instinct vital. D'un combat contre le seul Pelosi, il serait sorti vainqueur. » Force du vitalisme italien, incarné par le romancier d'*Agostino* ! Moravia pouvait à la fois reconnaître que Pasolini fréquentait, avec une persévérance obsessionnelle, les milieux les plus durs de la prostitution romaine, et soutenir le point de vue du lutteur qui cherche à défendre sa peau — sans comprendre que, chez certains sujets, l'amour de la vie n'exclut nullement l'attrait irrésistible du châtiment. Au cours de leurs voyages communs en Afrique, Moravia voyait son compagnon revenir au petit matin couvert de bleus et de bosses — des Noirs l'avaient battu et rossé —, mais, là encore, il refusait d'intégrer ces épisodes dans une vision moins simpliste du cinéaste d'*Accattone*.

Outre qu'aucun début d'indice n'est venu corroborer la thèse du complot, aucune trace de seconde voiture, aucun signe de la présence de tueurs professionnels, aucun témoignage, c'est, me semble-t-il, insulter à la mémoire de Pasolini que d'estimer « sale » et déshonorante l'image du micheton zigouillé par son gigolo. C'est voler sa mort au poète, que de lui refuser cette apothéose sacrificielle, ce délire d'immolation inconsciemment recherchés depuis vingt-cinq ans. Je ne dis pas que Pasolini a provoqué volontairement sa mort — pas de tempérament moins suicidaire que le sien, Moravia a raison sur ce point : me trouvant un jour à Turin pour tourner un film sur Cesare Pavese, et ayant rencontré au même hôtel Pasolini, celui-ci accepta de venir devant la caméra, pour déclarer que cet écrivain, et son idée fixe du suicide, ne l'intéressaient pas du tout. Je dis que, lorsque cette mort s'est présentée, sous la forme d'un éphèbe bouclé, aussi beau que répugnant, il l'a acceptée, comme le fruit naturel, l'aboutissement souhaité, l'épanouissement rêvé de son destin. « Te voici, toi que j'attendais sans te connaître depuis mon départ du Frioul, ange de joie et messager de l'enfer, prince de la vie et de la mort, donne-moi la mort pour me donner la vie, tue-moi pour me rendre immortel. »

Dans notre siècle plat, Pasolini a été le dernier possédé du *fatum*, le dernier héros de tragédie antique, celui que son étoile a conduit jusqu'au bout de sa courbe existentielle, celui qui n'a pas dévié de son but, si terrible que fût le prix à payer. Le dernier homme *entier*, sans faille, sans compromission avec les instincts faciles de bonheur, de survie. On peut le comparer aux grandes figures du théâtre grec, à Œdipe (qui lui a inspiré un de ses plus beaux films), à Médée (même remarque). Accepter les conséquences extrêmes de la mission pour laquelle on est né, tel est le devoir d'une âme haute et inflexible. Choisir l'apocalypse, si elle est nécessaire, contre les tiédeurs de la vie courante. On peut le comparer aussi — et cette rencontre de cultures hétérogènes dans une seule personne n'est pas l'aspect le moins fascinant de son cas — à un martyr chrétien.

Il y a à Rome, dans l'église Saint-Louis-des-Français, un tableau du Caravage, qui représente le supplice de saint Matthieu. Matthieu, âgé, barbu, étendu par terre sur le dos, les bras en croix, regarde dans les yeux le jeune homme nu qui, debout devant lui, anatomie et visage magnifiques, s'apprête à le transpercer de son épée. Bourreau aimé de sa victime, victime consentante à la mort reçue d'une telle main, aucune autre image ne permet de mieux comprendre ce qui s'est passé sur la plage d'Ostie la nuit du 1er novembre 1975. Autre tableau du Caravage : le *David et Goliath* de la galerie Borghèse. Ici, le crime a été perpétré, le sacrifice accompli : le jeune David brandit la tête coupée de l'homme mûr. Ce n'est pas solliciter abusivement des œuvres que de recourir, pour illustrer la mort de Pasolini, à un peintre dont l'art comme les mœurs, le goût des clairs-obscurs dramatiques, comme la passion excessive des voyous, ressemblent de si près aux tendances du poète.

« La vie de la plupart des hommes est un chemin mort et ne mène à rien. Mais d'autres savent, dès l'enfance, qu'ils vont vers une mer inconnue. Déjà l'amertume du vent les étonne, déjà le goût du sel est sur leurs lèvres — jusqu'à ce que, la dernière dune franchie, cette passion infinie les soufflette de sable et d'écume. Il leur reste de s'y abîmer ou de revenir sur leurs pas » (François Mauriac, *les Chemins de la mer*, 1939). Lignes étonnantes, où le décor du sacrifice est planté — la mer, le sable, la dernière dune —, où quelqu'un d'absolument étranger à l'univers pasolinien dessine avec acuité le destin de Pasolini : ce qui montre en celui-ci, une fois de plus, un extraordinaire croisement d'influences divergentes et complémentaires, une fusion sans exemple entre le païen et le mystique, par-delà toute limite de temps et d'espace.

Sa vie n'a pas été un chemin qui ne mène à rien. Elle l'a conduit, avec une précision infaillible, sur le rivage du sacrifice, derrière la dernière dune, là où, prophétisé par tant de ses propres poèmes, il a vu se dresser devant lui, nu et sauvage, adorable et repoussant, l'exécuteur des œuvres suprêmes, horrible et séduisant bourreau, figure de l'ἀνάγκη euripidienne, l'« inévitable destinée réglée par les dieux ».

Pavese I

L'homme

Le hasard de l'ordre alphabétique fait succéder à Pasolini, l'Italien le plus représentatif de l'après-guerre et du « miracle » économique des années 60, Pavese, l'Italien le plus représentatif de l'époque fasciste et de la Résistance. Que ces deux écrivains se trouvent rangés côte à côte, eux qui, ensemble, couvrent la totalité des problèmes de l'Italie contemporaine, chacun intériorisant un aspect de cette histoire et le poussant jusqu'au paroxysme, voilà qui ne leur eût pas fait plaisir, mais qui, à nous, apporte une sorte de satisfaction intellectuelle. Il n'y a pas jusqu'à leur fin respective, également dramatique, mais dans deux registres opposés, qui n'illustre les deux versants de l'Italie de ce siècle : pour Pavese, le suicide, reflet de l'Italie pâle, opprimée, étouffée ; pour Pasolini, le meurtre, écho de l'Italie affranchie, flambante, exacerbée.

Né en 1908 dans la région la plus sauvage du Piémont, au milieu de collines recouvertes de vignes et de roseaux, Pavese se donna la mort en

1950, dans une chambre d'hôtel de Turin. Il avait publié une douzaine de livres, poèmes, essais, nouvelles, romans dont le dernier venait de recevoir le plus important prix littéraire italien.

Pourquoi ce suicide d'un homme en pleine gloire ? On a avancé à l'époque plusieurs raisons extérieures : la désillusion politique (il avait rompu avec le parti communiste, auquel il s'était rallié un moment), une déception sentimentale. En fait, il a suffi plus tard de lire les premières pages de son *Journal* posthume, commencé en 1936, pour savoir que, dès l'âge de vingt-huit ans, le suicide avait été son obsession majeure, fondée sur la conscience d'une infirmité sexuelle.

Aujourd'hui, les biographies de Pavese nous permettent de remonter encore plus loin dans le temps. Pavese, orphelin de père à six ans, fut élevé par une mère seule, puritaine, autoritaire, portée à d'autant plus de rigueur envers son fils que l'exiguïté de son budget la rendait plus austère. Les psychologues modernes nous ont appris à voir dans ce type d'éducation les origines affectives de ce qui était considéré autrefois comme des troubles de constitution. Il semble bien que l'impuissance de Pavese (sous forme d'« acte bref »), clef de sa vie et de son œuvre, n'ait pas eu d'autre cause qu'une fixation exclusive et prolongée à sa mère, fixation inconsciente qui a joué le rôle d'un interdit dans toutes ses entreprises amoureuses.

Il est passionnant de suivre la formation, le « progrès » de cette impuissance, car, de toute évidence, ce n'est pas une anomalie aussi étrangère à l'humanité commune qui aurait rendu l'œuvre de Pavese représentative de l'angoisse et du tragique modernes, si cette anomalie n'avait pas été elle-même une de ces névroses qui présentent, grossis, les traits psychologiques d'un caractère où des milliers de lecteurs se reconnaissent. L'impuissance de Pavese est comparable à l'épilepsie de Dostoïevski : impossible d'en parler comme on parlerait de la forme de son nez ou de la couleur de ses cheveux, sans la rattacher à l'ensemble complexe et mouvant de son organisation psychique.

A quatorze ans et demi, il arriva à Pavese un premier incident étrange. Amoureux d'une de ses compagnes de classe, nommée Olga, il n'osait lui adresser la parole. Son amour était une sorte d'obsession silencieuse, dont il tentait de se libérer en faisant avec ses amis de grandes promenades le long du Pô. Un jour, devant une barque qui portait un nom écrit en rouge sur le côté, il s'arrêta tout à coup, blêmit et tomba évanoui. Le nom était : Olga.

Tels sont les faits. Essayons de les interpréter. Pensons à la situation de Pavese élevé par une mère seule, poussé plus ou moins par elle à assumer trop tôt les fonctions d'un adulte, terrifié à l'idée de ne pouvoir y réussir et hanté plus tard toute sa vie par la terreur de l'échec. Pensons aussi au puritanisme de sa mère et au désir conséquent de Pavese de ne pas lui déplaire en prenant trop d'intérêt aux femmes. Voilà qui explique déjà la méfiance de Pavese vis-à-vis de ses propres engagements affectifs, son silence auprès d'Olga. Joignons à ces deux causes la conscience d'être laid, celle d'être malade (l'asthme), celle d'avoir l'air trop gauche, trop paysan pour séduire une jeune fille de la ville : on arrive sans peine à comprendre l'extraordinaire désarroi de Pavese engagé dans son premier amour. Il n'aurait pu surmonter ses complexes physiques et sociaux que si l'idée même d'aimer une femme n'avait pas été entachée, du fait de sa dépendance à sa mère, d'un intense sentiment de culpabilité. Un homme placé dans un état d'infériorité naturelle peut toujours renverser la chance, mais inférieur et coupable à la fois, il n'a plus qu'à démissionner.

L'évanouissement de Pavese devant la barque qui portait le nom d'Olga fut l'expression symbolique de cette démission. Après l'usage de la parole, il perdait l'usage de ses sens. A son tour, cet évanouissement, en le rendant conscient d'une nouvelle faiblesse, d'une nouvelle maladie, d'un nouveau ridicule, renforça sa timidité et lui fit craindre que le jour où il devrait faire ses preuves, non plus devant le nom de sa bien-aimée peint sur une barque, mais devant elle-même vivante et en chair, il perdrait à plus forte raison ses moyens. De cette crainte au fiasco, il n'y avait qu'un pas. Ainsi, la peur de devoir renoncer à l'amour de sa mère amena le jeune Cesare à se défendre d'aimer Olga ; cette autocensure du sentiment amoureux, en interdisant à Pavese d'avoir une conduite qui fût conforme à ce sentiment, le laissa démuni, paralysé, convaincu qu'il ne parviendrait jamais à ses fins ; cette conviction à son tour l'empêcha réellement plus tard d'y parvenir. Il ne faut voir dans l'impuissance de Pavese que l'exagération de sa timidité.

Ces raisonnements pourront paraître bien compliqués, puisqu'il ne s'agit que d'un garçon de quinze ans. Mais les aventures successives de Pavese (à dix-sept ans nouvel amour, pour une danseuse de cabaret ; il obtient un rendez-vous à la porte du local où elle travaille ; à l'heure dite elle ne se montre pas ; il attend pendant six heures sous la pluie, sans oser pénétrer, la laissant filer par une autre porte avec un autre soupirant. Résultat : une pleurite qui le tient deux mois alité. Puis, quelques années plus tard, son grand, son fameux amour pour « la femme à la voix rauque », qui finit par épouser un autre sans même le prévenir) prouvent que toutes ses défaites d'homme ont dérivé d'un intime défaitisme hérité de ses années d'enfance. Il suffit, à ce propos, de lire ses lettres de lycée, un des plus bouleversants témoignages que je connaisse sur l'angoisse d'un jeune garçon au seuil de la vie, hanté par l'impuissance, la peur de l'agonie et, déjà, le suicide.

Il ne faudrait pourtant pas s'imaginer Pavese un homme faible. Il lutta avec une extrême énergie contre son penchant à la mort, contre son « vice absurde », comme il l'appelait. Il fut un des plus admirables hommes de culture de son temps. Directeur littéraire de la grande maison d'édition Einaudi, à Turin, il traduisit et présenta au public italien, en plein régime fasciste, les romanciers américains, de Melville à Faulkner. Bien mieux, il n'hésita pas à collaborer avec divers groupes antifascistes, paya ces collaborations d'un exil de six mois en Calabre (1935), garda toujours des contacts étroits avec les milieux d'opposition. Mais, au moment décisif, c'est-à-dire quand il devait payer de sa personne, Pavese fléchissait, « cassait », et il y a des analogies étranges entre sa conduite en politique et sa conduite en amour.

Quand, après l'armistice de 1943, les partisans prirent les armes dans le nord de l'Italie contre les soldats allemands d'occupation, et que presque tous les amis de Pavese entrèrent dans la Résistance, y compris son élève de seize ans Gaspare Pajetta, à qui il répétait : « Souviens-toi qu'on ne peut pas être un bon Italien si on ne tue pas un Allemand », Pavese, lui, au lieu de gagner le maquis, se terra, se « planqua » dans les collines et n'en redescendit que vingt mois plus tard, après la Libération. A Turin, il apprit que beaucoup de ses amis étaient morts au combat et, parmi eux, le jeune Gaspare. Son inscription au parti communiste, quelque temps après, doit être considérée comme un geste d'expiation. Mais comment cette décision, tout abstraite, eût-elle pu apaiser son sentiment de culpabilité, poussé dorénavant jusqu'à une sorte d'incitation secrète au suicide ?

A la lumière de la biographie de Pavese, on comprend que son œuvre n'a été qu'un gigantesque, un héroïque effort de rationalisation de ses manques et de ses échecs. Ses romans, ses nouvelles, sont dominés par une vision sadomasochiste de l'impossibilité du couple. L'incommunicabilité de leurs natures condamne l'homme et la femme à un rapport de violence agressive. La femme, c'est avant tout le corps, dans ce qu'il a de nu, de brut, d'opaque à la conscience, comme une pierre. Que reste-t-il à faire pour l'homme, sinon abattre ce corps par le viol, la brutalité ou le meurtre ? « Vient un jour, écrit Pavese dans son dernier roman, *la Lune et les feux*, où un homme, pour toucher quelque chose, pour se faire connaître, étrangle une femme, lui tire dessus dans son sommeil, lui brise la tête avec une clef anglaise. » Les femmes rendent l'homme fou, mais elles le paient cher : les unes se suicident, les autres sont assassinées, et celles qui s'en tirent sombrent dans la bêtise et la vulgarité d'un mariage dérisoire. Typique la remarque suivante du *Journal* : « Une femme qui n'est pas une sotte rencontre tôt ou tard une épave humaine et s'emploie à la sauver. Elle y réussit quelquefois. Mais une femme qui n'est pas une sotte trouve un homme sain et elle en fait une épave. Elle y réussit toujours. »

Tous les rapports humains, dans l'univers de Pavese, ne sont pas frappés au sceau de la violence agressive. A côté du thème fort de l'amour, il y a le thème faible des camaraderies. On glisse dans la vie entouré de compagnons, avec qui on erre, la nuit, d'auberge en auberge, de colline en colline. Vaine disponibilité et vagabondage sans issue : Pavese appelle « frivolité » ce rapport fluide avec autrui, il le dépeint admirablement.

Une seule voie d'issue dans les romans de Pavese : quitter tout le monde, quitter la ville, s'isoler dans les campagnes, se livrer aux rêveries secrètes entre les collines propices. La solitude rustique est une solitude heureuse, l'homme qui contemple le champ de blé n'a point à regretter d'être exclu des rapports humains. La campagne, en outre, a été pour Pavese le lieu de son enfance. Rien d'étonnant donc si, au fur et à mesure qu'il a avancé dans son œuvre, il a développé ce double thème de la nature et du passé. Il a même mythologisé dessus, comme Proust. L'univers champêtre de l'enfance compose, dit-il, un trésor d'événements « qu'une valeur unique, absolue, arrache à la causalité naturelle et isole au milieu de la réalité ». Se remémorer ces événements, en approfondir le sens, voilà ce qui est apparu à Pavese, de plus en plus, comme le seul « métier de vivre [1] » qui vaille.

1. C'est le titre de son journal posthume.

Chaque homme est clos dans un monde autonome qu'il a hérité de sa première jeunesse. Chacun des gestes qu'il accomplit vraiment — avec la force d'une conviction intime, mise à part toute agitation frivole — n'est que la répétition, plus ou moins consciente, d'un cérémonial très ancien. Pareille philosophie servait à justifier Pavese de ses inhibitions sexuelles et sociales, à déconsidérer par avance tous les efforts qu'il aurait pu faire pour échapper à sa condition d'emmuré. La richesse et la multiplicité de la vie, il les a reportées du monde actuel au monde passé, du monde extérieur au monde intérieur, du champ de rivalités et de luttes commun à l'humanité, à la zone gardée de la conscience individuelle. Cette philosophie, peut-être l'a-t-elle aidé à vivre, à être moins malheureux. Mais c'était un moyen dangereux, une sorte de mise à la retraite prématurée, une anticipation à peine déguisée du suicide.

Restent des pages très belles, de méditation contemplative. Reste une voix basse, rauque, obsédante, prête à s'étouffer d'un moment à l'autre. Tenant à la fois d'Amiel et de Baudelaire, de Kierkegaard et de Drieu la Rochelle, Pavese est un témoin exemplaire de notre temps. Son œuvre se définit comme une double postulation vers une connaissance objective (l'amour, les autres) et vers une extase subjective (la solitude, la mort). A la fois refus et exaltation de l'homme intérieur, elle se situe au croisement des littératures purement réalistes et des littératures purement individualistes. C'est dire toute son importance dans l'histoire des poétiques contemporaines.

Pavese II

L'épistolier

L'événement qui a dominé l'année littéraire 1966 en Italie, c'est la publication, par les soins de Lorenzo Mondo et d'Italo Calvino, en deux volumes, qui font ensemble 1 400 pages, de la correspondance complète de Pavese. Les grandes correspondances sont celles qui apportent un éclairage nouveau sur la vie privée de l'auteur et en même temps sur l'époque et sur la culture dont il a fait partie : dans ce double sens, les lettres de Pavese peuvent être dites une grande correspondance[1].

La chose est d'autant plus remarquable que l'Italie n'a jamais brillé dans ce genre littéraire. Quiconque a des amis italiens sait à quel point il est difficile d'entretenir avec eux des relations épistolaires : aussi prolixes et généreux dans la conversation qu'avares en missives, on dirait

1. Cesare Pavese, *Lettere 1924-1950*, Einaudi. Un choix de ces lettres a été publié en français, *Lettres 1924-1950*, Gallimard, 1972.

qu'ils ont besoin de voir, d'entendre, de toucher l'interlocuteur pour lui communiquer ce qu'ils pensent. Peuple épris de contacts directs, à qui une lettre semble un rapport déjà trop abstrait.

Pavese a cultivé la correspondance comme un genre littéraire : les copies qu'il gardait de la plupart de ses lettres en font foi. Adolescent et jeune homme, il écrivait surtout sur soi. Plus tard, directeur littéraire chez Einaudi, il parle surtout de ses lectures, en critique, en conseiller et en juge. Le second volume de cette correspondance, qui couvre les années 1945-1950, servira de document fondamental à qui voudra écrire l'histoire de la culture italienne dans l'après-guerre. La maison d'édition Einaudi, fondée à Turin en 1933 pour lutter contre les programmes fascistes d'autarcie littéraire, et sitôt devenue le foyer de la jeune intelligentsia, réaffirme après la Libération son rôle de pilote et de phare. Grâce à la diligence, aux scrupules et aux initiatives de Pavese, qui montre dans ses lettres une personnalité assez différente de celle qu'il confie à son journal intime, *le Métier de vivre*. La curiosité universelle qu'il affiche le ferait prendre pour un extraverti. Il a des correspondants répartis en Italie et en Europe et jusqu'aux Etats-Unis, se fait communiquer les nouveautés des deux mondes, s'enthousiasme pour Hermann Broch dès 1947, pour Malcolm Lowry dès 1948. Il suit de très près les traductions et s'occupe en particulier de celle de l'*Iliade*, pour laquelle il multiplie les suggestions et rédige une préface.

Si l'on voulait indiquer sommairement l'orientation que les goûts du dernier Pavese impriment à la culture italienne, il faudrait relever : un renouveau d'intérêt pour les classiques grecs, qui contrebalance la persistante américanophilie ; une certaine prudence, ou méfiance, envers la littérature contemporaine française ; une ouverture assez notoire du côté de la culture allemande. Sans doute, Pavese s'occupe de faire mettre en train une édition complète de Proust, pour lequel il déclare son admiration ; mais il trouve que Gide, en tant que romancier, « fait rire » et que le défaut habituel du roman français est de « manquer d'un langage ». Il prend la défense du *Mur* de Sartre contre une menace imbécile de censure, bien que ce livre ne « mérite » pas qu'on se batte pour lui. Quant au *Deuxième Sexe* de Simone de Beauvoir, il le rejette carrément, comme trop « léger ». Chaque fois qu'il peut relever un défaut dans le caractère des intellectuels français, il n'y manque pas, et peut-être doit-on voir là une salutaire réaction de la jeune culture italienne qui commence à peine à se dégager de l'étouffante et séculaire tradition francomane. La culture allemande sert d'alliée. L'intérêt que manifeste Pavese pour Jung, Kerenyi et l'école ethnologico-poétique berlinoise le fait d'ailleurs se déprendre des romans et du genre romanesque pour se consacrer à partir de 1948 aux essais sur les sciences de l'homme. Il fonde une collection d'*Etudes religieuses, ethnologiques et psychologiques*, dont les premiers titres sont *le Moi et l'Inconscient* de Jung et *Il Mondo magico* du grand ethnologue napolitain Ernesto De Martino.

On notera que sur Freud, exclu de la collection comme de tout le catalogue Einaudi, Pavese ne montre pas plus de chaleur dans ses lettres que dans son journal. Réserve d'autant plus étrange qu'on sait par ailleurs qu'il avait une connaissance approfondie du Viennois et que ses lettres de jeunesse fourniraient un assez bon sujet d'étude à un psychanalyste.

De seize à vingt ans, il s'ouvre avec une relative franchise à ses camarades de ses obsessions majeures : la peur de se savoir en proie tantôt à un état de ferveur exaltée tantôt à un état d'abattement mélancolique (cyclothymie aiguë), l'attente anxieuse des femmes, la peur d'une lente agonie, la crainte d'être impuissant, la fascination du suicide. Alors qu'il commence à rédiger son journal intime seulement en 1936, à vingt-huit ans, quand les jeux étaient faits, ses lettres de jeunesse permettent de suivre la genèse des grandes composantes de son psychisme et ici, loin de le démentir, la correspondance complète *le Métier de vivre.*

Rien sur les parents, bien entendu, selon les lois du refoulement. Mais le souvenir de la mort du père domine la jeunesse de Pavese, non moins que la présence omnipotente d'une mère puritaine. Pavese n'avait pas six ans quand il vit son père mourir, après une douloureuse opération au cerveau. Comment expliquer, sinon par ce souvenir, la peur de l'agonie et le souhait d'une mort rapide, si étranges chez un adolescent ? On sait que Pavese, l'année de son suicide, se plaignait de violents maux de tête. Dès les années d'enfance, et d'une manière beaucoup plus sournoise, la mort du père causait l'obsession du suicide. Le père, en mourant, avait démissionné, il s'était montré incapable de soutenir l'épreuve de force qu'est la vie. Mort honteuse, que le fils ne pouvait ni admettre ni pardonner, mais seulement prendre sur lui à son tour, par imitation et identification.

Les dérobades politiques, dont la carrière de Pavese est jalonnée, n'auraient-elles pas été, elles aussi, des moyens de rejoindre le père, de s'associer à cette défection primitive, restée inexplicable et fascinante ? Grâce aux précieuses notes dont Lorenzo Mondo et Italo Calvino ont enrichi l'édition de ces lettres, on apprend que Pavese s'inscrivit au parti national fasciste en 1932 et qu'il en fut expulsé en 1935. Voilà une légende qui s'écroule. La légende d'un Pavese sûr de lui, homme de gauche éclairé et antifasciste résolu. Davide Lajolo, lui-même fasciste repenti devenu communiste au moment opportun, a pris soin de cacher, dans sa biographie de Pavese, grossière et tendancieuse, l'épisode fasciste de la vie de son modèle. Si Pavese fut fasciste, ce n'est nullement par conviction, bien entendu, mais par indifférence profonde à la politique, et pour se punir, en quelque sorte, de se savoir indifférent à la politique. Après la guerre il devint communiste, nullement par conviction, mais pour se punir de s'être caché chez sa sœur pendant les vingt mois de la Résistance (cf. *la Maison sur les collines)*, alors que tous ses amis avaient pris le maquis et que beaucoup y moururent. Fasciste par masochisme et communiste par sentiment de culpabilité, Pavese n'a jamais été libre dans ses choix politiques, qui obéissaient à d'obscurs, infantiles et irrépressibles déterminismes.

Il n'était pas plus libre dans ses choix amoureux. Inhibé par une mère austère et puritaine, on constate qu'il s'attache ou bien à des femmes viriles, dominatrices, castratrices, ou bien à des femmes déjà promises à un autre. Il leur adresse des lettres ampoulées et doloristes, où il se dépeint sous le jour le plus minable, comme « un orgueilleux, un stupide, un lâche, un enfant, un criminel en puissance, un séducteur sans courage, un homme de lettres ignorant, un délinquant rentré, un stupide, stupide, stupide » (Lettre à E., 23 octobre 1932). Dira-t-on que c'est là pure coquetterie, commandée par l'espoir secret d'une protestation de la partenaire ? Il faut lire toutes ses lettres aux femmes pour se rendre compte que, avec toutes, il a cherché l'échec. Son aventure fait penser beaucoup à celle de Baudelaire, un Baudelaire qui ne se serait jamais tout à fait débarrassé d'un mauvais goût à la D'Annunzio. Quand il écrit à une certaine Luty que « même quand tu me parles de ton grand amour pour un autre, je trouve un motif de t'embellir encore, d'élever plus haut ton rêve de Madone blonde » (7 septembre 1927), il rejoint le Baudelaire de la « lettre à une inconnue ». Pavese adorait, d'un amour successivement exclusif et paroxystique, des actrices ou des danseuses de cabaret : par mauvais goût d'abord, puis parce qu'une actrice est publique, appartient à tous.

Freud a analysé le cas des hommes qui ne peuvent tomber amoureux qu'à certaines conditions, en apparence fort disparates. La femme doit appartenir à un autre homme, elle doit posséder une réputation douteuse mais en même temps le sujet lui attribue une grande valeur et la considère comme unique. Selon Freud, c'est une fixation précoce et tenace à la mère qui explique ces contradictions. La réputation douteuse de l'être aimé découle de la découverte des rapports sexuels parentaux, la femme doit appartenir à un autre comme elle appartenait au père, mais elle reste une divinité comme la mère pour l'enfant. Ajoutons que, dans le cas de Pavese, l'impuissance sexuelle sous forme de fiasco *ante portas* peut bien n'avoir été qu'une conséquence de cette vénération idolâtrique.

Le choix de la dernière « maîtresse », la fameuse actrice américaine dont la trahison aurait poussé Pavese au suicide, rentre dans cette économie du masochisme. Constance Dowling était américaine, supposée dure, dominatrice, mais c'était une actrice, donc une femme « répandue » et « facile ».

A la lecture du *Métier de vivre*, des pointes dirigées contre certains collègues, on pouvait encore se demander : qui était Pavese ? Un petit-bourgeois, conscient de ses infériorités sociales et physiques, envieux de ses amis littéraires plus doués, victime dépitée d'une Italie en pleine transformation ? Ou bien avait-il choisi délibérément de vivre une expérience d'échec aussi totale que possible, afin de gagner une sorte de pari philosophique ? La correspondance donne à comprendre que Pavese cultiva la conscience de ses limites et encouragea ses défauts, pour s'ôter tout moyen de se récupérer à ses propres yeux : ruses suprêmes du masochisme. L'admirable intelligence et le jugement infaillible dont il fait preuve quand il n'est pas obnubilé par lui-même montrent assez ce qu'il aurait pu être, s'il n'avait pas été prisonnier de l'image qu'il s'était construite de lui-même, ou que son destin lui avait imposée.

Mais cette correspondance, à son tour, soulève un autre problème. Si l'on admet qu'elle fait partie de l'œuvre de Pavese, au même titre que *le Métier de vivre*, la figure qui restera de Pavese risque de se trouver modifiée. Tenu, aujourd'hui encore, surtout pour un romancier, un styliste, un créateur de rythmes et de cadences, il se pourrait bien qu'il demeure dans l'histoire littéraire surtout comme un intimiste, un autodestructeur. Encore faudrait-il qu'on renonce à feindre de croire que les problèmes de l'homme n'ont eu aucune incidence sur l'œuvre. Nous touchons au grand problème. La critique la plus récente, en Italie, récuse toute interprétation psychologique de Pavese. Si la « nouvelle critique », en France, s'attaquait à son œuvre, elle opposerait la même fin de non-recevoir. Or les lettres, par leur importance, confirment ce que *le Métier de vivre* faisait soupçonner : les poèmes, les romans, les nouvelles sont en rapport direct avec les expériences d'échec. Une lecture purement formelle de cette œuvre serait donc bien vaine et, faute d'une lecture psychanalytique, on s'expose à ne rien y entendre. Pavese lui-même fit tout son possible pour orienter ses critiques vers une interprétation formelle de ses livres : d'où le silence sur Freud, qu'il pratiquait pourtant assidûment, mais sans vouloir qu'on le sût, sans vouloir avouer qu'il savait que son œuvre littéraire était secrètement gouvernée par ses traumatismes infantiles.

Pavese III

Le mythologue

« S'il eût été possible, on se fût volontiers passé de tant de mythologie. » Dès la déclaration liminaire des *Dialogues avec Leucò* [1], Pavese ruse, prend ses distances, feint de croire et fait croire que mythes et mythologie ne lui sont point nécessaires. Au vrai, toute la dernière partie de son existence, il la vit obsédé par la recherche de mythes, c'est-à-dire de modèles *a priori*, de schémas antérieurs à toute perception, qui lui livrent filtrée, tamisée, adoucie, la terrifiante réalité des hommes et des choses.

Paralysé par une série de complexes sociaux et affectifs, sujet à une inhibition sexuelle presque totale, Pavese décide un coup d'Etat : rien de ce qui arrive au jour le jour n'a d'importance, seul compte le modèle initial, la première fois, mythique et absolue, dont chaque événement que nous subissons, chacun de nos gestes, est une répétition rituelle, par conséquent extatique, presque heureuse.

« Nous n'avons rien de commun avec les voyageurs, les expérimentateurs, les aventuriers, écrit-il encore dans l'avertissement aux *Dialogues*. Nous savons que le moyen le plus sûr — et le plus rapide — de nous étonner est de fixer toujours sur le même objet un regard imperturbable. Un beau moment, cet objet nous semblera — par miracle — n'avoir encore été jamais vu. »

Ce qui revient à dire : toute la richesse, toute la beauté du monde, il ne faut pas l'attendre de rencontres, qui sont des chocs destructeurs, mais de contemplations, de retours sur soi, de méditations sur les origines. La vie

1. *Dialogues avec Leucò*, par Cesare Pavese, traduit de l'italien par André Cœuroy, Gallimard.

n'est digne d'être vécue que dans une magique suspension du temps, du flux naturel de la vie.

Fort de cette doctrine qui lui permet de rationaliser une fois pour toutes ses échecs, Pavese lit et commente Hérodote, Vico, Frazer et compose ses *Dialogues avec Leucò*, livre dense, lourd, hermétique et, tel qu'il est livré dans une traduction française douteuse, sans aucune préface ni note, assez difficilement compréhensible pour un public non préparé.

Qui est cette Leucò, par exemple ? La nymphe Leucothée, dont le nom signifie : déesse blanche. Pour peu qu'on ait pratiqué Pavese, on sait le rôle du blanc dans son œuvre, quand il est associé à une femme. Femme blanche, c'est : femme froide, femme inaccessible. En outre, à l'époque des *Dialogues*, la femme qui compte dans sa vie s'appelle Bianca, Blanche. Une mythologie personnelle, intime, se superpose ainsi d'emblée, se mêle à la mythologie objective, grecque.

La plus grande erreur de lecture consisterait à prendre ces *Dialogues* entre divinités hellènes (Hermès et Chiron, Eros et Thanatos, Héraclès et Prométhée, Dionysos et Déméter, Ariane et Leucò, etc.) pour une tentative de réexaminer sérieusement les mythes grecs. La pensée de Pavese reste faible, floue, hésitante.

Par exemple, la catégorie du sauvage, qui tient tant de place, a deux significations contradictoires : c'est tantôt ce qui saute à la gorge avec une brutalité terrifiante, la fleur-sexe mortelle pour laquelle l'homme se consume en vain, et tantôt le bénéfique royaume du chaos primitif, où les rapports sociaux et les humiliations qu'ils font subir n'existaient pas. Le sang, de même, comme le feu ou l'ivresse, a un aspect heureux, quand il se réfère à l'univers archaïque, pur de contraintes sociales, et un aspect douloureux, quand il se rapporte au monde empoisonné du sexe, de l'amour, de la femme.

L'idée capitale des *Dialogues* concerne le destin. De ces colloques surnaturels, il n'y en a guère où ne se trouve une formule comme : « Nul n'échappe à son destin », ou : « Tu ne possèdes rien que ton destin », ou : « Ce qui a été sera » (deux fois), ou : « Ce que tu fais, tu le feras toujours ». Retenir la notion de fatalité d'une exploration dans la mythologie grecque, avouons que c'est la banalité même.

Nous sommes au contraire émus si nous nous rappelons le cas particulier de Pavese, la situation de cet homme dont la vie n'avait été qu'une suite d'échecs et qui cherchait désespérément, trois ans avant de cesser toute lutte (1947 : *Dialogues* ; 1950 : suicide), à s'expliquer ces catastrophes, à trouver un sens, à mettre de l'ordre dans ce désastre. Quoi de plus consolant que de se dire : ce qui m'est arrivé, il était impossible qu'il en fût autrement ? Ce que j'ai souffert, il était décidé de toute éternité que je dusse le souffrir ? En plaçant ses mésaventures dans l'ombre d'un destin attaché à ses pas, Pavese cessait d'être le simple mortel que toutes les femmes, l'une après l'autre, abandonnent, il se haussait au rang des grandes victimes mythiques, il devenait Prométhée, Ariane, Orphée : son existence, de misérable et grotesque qu'elle était, se transformait en drame liturgique entouré d'une aura sacrée.

Décevants sur le plan de la pensée, les *Dialogues avec Leucò* sont passionnants dès qu'on y découvre les obsessions de Pavese, et ses efforts pour les conjurer. Il attribue à l'Antiquité grecque une hantise du sang, de la mort, du sexe, qui est la sienne propre. Tous les ferments, les tumultes, qui travaillent son corps et son cœur usés par les revers, il en apaise la violence en les éloignant de lui, en les repoussant dans une distance magique, jusqu'à l'horizon mystérieux des collines athéniennes.

Le plus beau des *Dialogues*, pour moi, est *la Bête sauvage*. Pavese y refait le récit de son grand amour de jeunesse manqué pour celle qu'il n'a jamais appelée autrement que « la femme à la voix rauque ». Il célèbre mythiquement cet amour et l'idéalise et le purifie de tout ce qui l'avait rendu si atroce. Endymion, visité une nuit par Artémis, raconte à un étranger de passage l'horreur et l'extase de cette vision :

« Je fus au moment de tomber prosterné mais elle me retint comme on retient un enfant, la main sous le menton. Je suis grand et robuste, tu me vois, elle était fière et n'avait que ses yeux — une maigre fille sauvage — mais je fus comme un enfant... O dieu voyageur, sa douceur est comme l'aube, elle est la terre et le ciel révélés. Et elle est divine. Mais pour d'autres, pour les choses et les bêtes, elle, la sauvage, a un rire bref, un commandement qui anéantit. Et nul ne lui a jamais touché le genou. » Et l'étranger : « Endymion, résigne-toi dans ton cœur mortel. Nul dieu, nul homme ne l'a touchée. Sa voix qui est rauque et maternelle est tout ce que peut te donner la sauvage. »

Deux répliques qui pourraient être deux strophes de poèmes, comme en avait écrit Pavese pour la femme à la voix rauque, comme il en écrira, juste avant de se tuer, pour l'Américaine, la dernière aimée. Les mêmes obsessions, les mêmes mots : l'aube (blancheur, encore), la voix rauque, la maîtresse-mère, l'amant-enfant, autrui insaisissable. Mais, ici, la douleur transfigurée dans le mythe : si la femme est déesse et déesse inaccessible, si elle ne peut donner que sa diaphane et impalpable voix, le berger éconduit participe de cette divinité et trouve dans le souvenir exalté de l'apparition nocturne une suffisante justification de tout ce qu'il a souffert, de tout ce qui lui reste à souffrir.

Diane, et aussi : Hélène, Clytemnestre, Médée, Circé, Calypso. Parmi les femmes de la mythologie, est-il étonnant que Pavese ait choisi celles qui ont « les yeux froids et homicides » ? Il a trouvé dans l'Antiquité grecque les modèles mythiques des femmes qui l'ont blessé et l'illusion, provisoire mais fascinante, d'être lui-même devenu dieu par ces blessures.

Pavese IV

Le romancier

La Bella Estate (le Bel Eté)

Les beautés de ce livre échapperont presque certainement au lecteur mal informé de l'univers pavésien. Il n'apercevra qu'un exercice de style néoréaliste, là où de toute part éclate le drame spirituel. Un roman de Pavese est toujours un roman sur la solitude intérieure de l'homme, comprise comme paralysie du cœur, inhibition sociale et sexuelle, incapacité au rapport humain, haine et peur de la vie. Le réalisme, ou le néoréalisme, n'a été pour l'écrivain Pavese qu'un moyen d'entrer en relation avec autrui, à travers la peinture objective d'autrui. Ce n'est jamais le réel qui importe à l'auteur du *Bel Eté*, mais le rapport manqué entre l'homme et le réel.

Le volume se compose de trois courts romans : *le Bel Eté* proprement dit, *le Diable sur les collines, Entre femmes seules* : tous les trois peignent des êtres en proie à l'isolement, qu'aucune expérience d'amitié ou d'amour n'arrive à délivrer. Chaque tentative pour établir une communication avec autrui se termine par un désastre. Dans l'univers pavésien, il n'y a pas de souffrances d'amour, il n'y a que des souffrances de manque d'amour.

Pour la jeune héroïne du *Bel Eté*, la découverte de l'amour se réduit à la découverte du corps humain, du corps nu, et le nu signifie opacité irréductible, le nu est symbole du cloisonnement des consciences. *Le Diable sur les collines*, roman plus tardif et plus complexe, manifeste (comme *la Maison sur les collines*, qui a paru en français dans le volume *Avant que le coq chante)* la double tentation qui a déchiré Pavese : désir de justifier sa solitude quand il ne la pouvait briser ; désir de briser sa solitude quand il ne la pouvait justifier. Pour justifier sa solitude, Pavese a créé une mythologie de la colline, de la campagne, de la vie à la campagne : la solitude dans les collines est une solitude heureuse ; l'homme qui contemple le champ de blé n'a point à regretter d'être exclu des rapports humains. Pour briser sa solitude, Pavese a recherché les expériences d'amour et d'amitié. Inutile et fatal effort : découvrir autrui, c'est se heurter au déploiement d'une existence brute et opaque. Entre homme et femme surtout, le seul rapport est un rapport d'agression. Si la vie solitaire dans les collines était praticable par chacun, chacun serait sauvé ; tant que nous sommes condamnés à tenir compte d'autrui, notre vie est un fardeau et un enfer.

L'idée de salut est au centre de l'univers pavésien. On pourrait dans *le Diable sur les collines* relever une double série de symboles qui expriment l'impossibilité du salut. Il y a les symboles violents : le feu, le sang, le plein soleil, l'alcool, le corps nu ; des symboles-choses, objets à l'état pur, dressés hermétiquement devant la conscience qui vient battre dessus. Il y a les symboles doux : la rue, la plage, le bal, le café, l'automobile : cadres habituels des romans pavésiens, la rue, la plage, le bal, le café, l'automobile symbolisent la vaine disponibilité, le vagabondage sans issue ; non le heurt, mais le parallélisme des consciences. Tragédie égale : les rapports de camaraderie laissent chacun dans une solitude aussi complète que les rapports d'agression. Entre les symboles violents et les symboles doux, elle-même symbole à la fois violent et doux, il y a la femme. La femme c'est le corps, le corps nu, objet de lutte et de possession, et c'est aussi l'amie parallèle et inaccessible, la vaine compagne des promenades et des parties de plaisir, celle aux côtés de qui l'homme parle, danse et boit, éprouvant jusqu'au désespoir sa propre solitude.

Entrechoquement des volontés antagonistes ou supplice des camaraderies inutiles, le monde de la ville et des rapports humains est le monde maudit. Le salut c'est de vivre à part, replié sur soi. En même temps que la mythologie de la colline et de la solitude heureuse dans les collines, Pavese a créé (ou repris aux Grecs, à Proust, à Joyce, à Conrad) une mythologie de l'enfance, du souvenir, du retour au passé. Retrouver nos impressions d'enfance signifie échapper au monde extérieur et à autrui, rentrer en nous-mêmes, trouver la paix qui n'est possible qu'en marge du monde et d'autrui. Ce thème du retour dans le temps est habituellement chez Pavese lié au thème du retour dans les collines et dans la solitude des collines. *Entre femmes seules* fait exception. Clelia, native de Turin, retourne à Turin, après qu'elle a vécu longtemps dehors : à travers ses souvenirs d'enfance, c'est elle-même qu'elle désire retrouver. Mais la terrible cohérence de l'univers pavésien écrase même Clelia. Parce que ses souvenirs d'enfance sont des paysages de rues et d'hommes, il n'y a pas de salut possible pour Clelia. Clelia a commis la faute de revenir dans une ville et de retourner vers autrui. D'autrui ne peut naître que la haine ou la futilité. Il faut choisir sans espérer un compromis : ou bien la colline, la solitude, le repli sur soi et l'attente de la paix intérieure, ou bien la ville, le rapport humain, l'enfer, auquel il n'y a pas d'autre issue que le suicide.

L'adhésion de Pavese au néoréalisme américain (qu'il a fait connaître en Italie) doit être entendue correctement. Pavese était par nature beaucoup plus un Grec qu'un Américain. Ses chefs-d'œuvre sont les volumes de nouvelles et d'essais (et *la Lune et les feux*, son dernier roman), œuvres lyriques tendues vers la découverte d'une vérité intérieure et intemporelle. Se faire romancier, et romancier réaliste, écrire *le Bel Eté* a signifié pour Pavese échapper à lui-même, chercher au-dehors une libération qui lui apparaissait chaque jour plus nécessaire. Imaginez un Proust qui aurait refusé d'être proustien, un contemplatif qui ne croirait plus à la contemplation. Négation violente de sa mythologie familière, effort désespéré pour s'accorder avec autrui, le volume du *Bel Eté* est le livre le plus *critique* de Pavese : de l'avoir écrit, et vainement écrit, allait le rejeter pour toujours sur les voies intérieures du silence et de la mort.

La Luna e i falò (la Lune et les feux)

L'homme doit abolir les femmes. La femme est l'ennemie, la femme est l'*autre* ; si la femme n'existait pas, l'homme aurait une chance de s'en tirer, une possibilité d'être heureux. Cent fois, Pavese reprend ce « leitmotiv » qui donne à toute son œuvre ce ton, à la fois pathétique et sourd, orgueilleux et plaintif, qui ne s'oublie plus.

Premier grief : la femme, d'abord, est celle qui rompt le rapport privilégié et magique que l'homme entretient avec la nature. Dès que la femme apparaît dans le champ visuel de l'homme, celui-ci est arraché à sa passive contemplation, et contraint soit d'aimer, soit de haïr, soit de fuir, soit de tuer. Adieu les longues pauses immobiles, les stupeurs solitaires, les extases devant un carré de blé, un ciel, une colline. La femme apporte avec elle un monde de violence et d'angoisse. Elle est pire que la guerre. Le héros de *la Maison sur les collines*, habitué pourtant au spectacle quotidien des sanglants combats du maquis, le sait bien : « Nous avions une chose en commun : pour nous l'idée de la femme, du sexe, ce mystère brûlant, ne cadrait pas avec le bois, nous gênait. Moi à qui les ravins, les racines, les fossés rappelaient à chaque fois le sang répandu, la férocité de la vie, je n'arrivais pas à imaginer, au fond de ce bois, cet autre sang, cette autre chose sauvage qu'est l'étreinte d'une femme. »

Second grief : la femme dépouille l'homme de son enfance. Elle force l'enfant qu'il était, et qu'il veut continuer à être, à devenir l'homme dont elle a besoin. Prétention absolument scandaleuse pour Pavese, qui, né lui-même et élevé à la campagne, dans les collines qui séparent Turin de la mer, identifie le monde de la nature au monde de l'enfance, et fait de ce double et même univers le paradis perdu.

C'est pourquoi, au moment de boucler son œuvre, Pavese la termine par un retour au monde d'avant les femmes. *La Lune et les feux* pourrait s'intituler aussi bien *Entre hommes seuls*. Anguille, le narrateur, revient à quarante ans (l'âge même de Pavese quand il écrit son livre) dans les collines de son enfance (les collines mêmes de Pavese enfant). Il retrouve un ami d'enfance, Nuto. Nuto est un menuisier, c'est-à-dire un homme inséré dans la vie. Il regarde en face les choses, et s'inquiète du sort des paysans, et voudrait des communistes préparés et responsables : bref, il est le contraire d'Anguille-Pavese, toujours velléitaire et vagabond, qui a erré longtemps en Amérique sans réussir à se fixer nulle part, versatile en amour et indécis en politique, et qui ne se trouve véritablement à l'aise que dans ses souvenirs.

« Pouvais-je expliquer que ce que je cherchais, c'était seulement de voir quelque chose que j'avais déjà vu ? » Essentielle cette dimension de la mémoire, qui permet de vivre en retrait, en marge de la vie, dans une longue saison unique faite de mille instants confondus. D'autant plus que le narrateur, qui avait été autrefois garçon de ferme, découvre en Cinto, un enfant de dix ans, garçon de ferme lui aussi, une image de son moi ancien avec laquelle il peut s'identifier, un double qui lui sert d'écran contre sa propre vie actuelle.

Le dernier livre de Pavese, élégie plus que roman, est une suite discontinue de séquences lyriques, de rêveries sur le passé, de méditations sur la campagne ; dans toute l'œuvre si tourmentée de Pavese, peut-être son seul livre heureux.

L'écrivain y règle, une fois pour toutes, leur compte aux femmes. Anguille, en effet, ne cesse d'évoquer les trois jeunes filles, brillantes et capricieuses, de la riche ferme où il travaillait. Il y avait Irène et Silvia, et puis la petite Santina, leur demi-sœur, une fillette encore. Irène et Silvia paralysaient le jeune garçon de timidité, il se couchait par terre et regardait les étoiles pendant qu'elles dansaient au bal avec leurs amoureux (excellents, ces passages, où Pavese prête à son héros-enfant ses propres inhibitions d'adulte devant l'autre sexe). Mais quelle revanche, depuis ! Irène s'est mariée avec un aigrefin qui l'a battue et ruinée, Silvia est morte en se faisant avorter.

Quant à Santina, Anguille apprend de la bouche de Nuto quel a été son sort. Maîtresse et espionne des fascistes pendant la Résistance, les partisans l'ont fusillée. Puis ils ont brûlé son cadavre. « A midi, il ne restait que des cendres. L'année dernière on en voyait encore la trace, comme le lit d'un feu. » Le livre s'achève sur cette phrase, sur ce sacrifice symbolique qui non seulement délivre le monde de la femme, mais encore purifie les collines de tout vestige de son corps.

Il n'a donc pas fallu moins que ce bûcher funèbre, pour exorciser la hantise du sexe, du couple et de l'amour. Hantise qui a torturé Pavese toute sa vie et dont on trouve un curieux témoignage dans son récit *la Plage*, publié par l'éditeur français dans le même volume que *la Lune et les feux*, mais écrit dix ans plus tôt et dans un tout autre registre.

Le narrateur de *la Plage* est en observation devant un couple ami : s'aiment-ils ? S'aimeront-ils longtemps ? Et lui-même, que souhaite-t-il ? Qu'ils s'aiment ou qu'ils ne s'aiment plus ? Que leur mariage réussisse ou échoue ? C'est l'ambiguïté de cette attente qui donne le ton au récit, fait de notations courtes, de dialogues serrés (une technique opposée à celle de *la Lune et les feux)*. Plus qu'une interrogation sur le mariage, *la Plage* est une variation sur l'ambivalence des réactions d'un homme seul devant l'amour, le bonheur des autres. Et le couple en question n'est qu'une image de la vie, de même que la plage d'été n'est que le microcosme de la société, dont l'homme seul se fait le dolent, perfide et masochiste voyeur.

Solitude douloureuse dans *la Plage*, solitude euphorique dans *la Lune et les feux*, Pavese s'est-il véritablement libéré ? Comme épigraphe à son dernier livre, il a inscrit la phrase de Shakespeare : *Ripeness is all* (la maturité est tout). Et au-dessus, la dédicace : *for C.* C. était Constance, cette Américaine dont la trahison, quelques mois plus tard, allait conduire Pavese au suicide.

Mais le suicide de Pavese, il faut en chercher ailleurs les vraies causes. Qu'est-ce que cette maturité, faite avant tout de renoncement ? Qu'est-ce que cette sagesse, qu'est-ce que ce « métier de vivre », qui consiste à se retrancher de la vie ? Qu'est-ce que ce bonheur, qui repose sur des échecs ? Et y a-t-il rien qui trahisse mieux la déconfiture d'un homme, que ce puéril holocauste du sexe féminin ? « Il est quelque chose de plus triste que de vieillir, c'est de rester enfant », avait-il noté dans son journal, avec sa lucidité coutumière. Qu'il n'ait jamais réussi à devenir un homme, sur aucun plan, voilà sans doute la clef de son drame. Ceux qui l'ont connu l'attestent, en particulier Natalia Ginzburg, dont le *Portrait d'un ami*, publié dans *les Petites Vertus* (Flammarion), est le plus juste, le plus discret, le plus émouvant témoignage sur Pavese.

Le retour d'Anguille dans les collines de son enfance, la joie de se retrouver seul avec ses souvenirs, au lieu de marquer une étape vers la maturité, signifient au contraire le point ultime d'une régression. Quand Pavese eut achevé son roman du retour au passé, qu'avait-il d'autre à faire dans ce monde ? Il n'avait plus qu'à se renouveler ou à mourir. Il ne sut pas se renouveler. Il traîna encore quelques mois, puis le suicide, qu'il méditait depuis l'âge de quinze ans comme l'événement qui le rendrait à lui-même, mit fin à cette perpétuelle aliénation de soi dans les choses et dans autrui qu'était pour lui l'existence.

Pavese V

Le poète

Plus connu comme romancier et comme auteur d'un noir et bouleversant journal intime *(le Métier de vivre)*, Pavese s'est voulu d'abord poète. Le premier livre qu'il publie, en 1936, est un recueil de poèmes : *Travailler fatigue*. Recueil de poèmes, encore, le dernier texte qu'il laisse sur sa table avant de se tuer, en 1950 : *la Mort viendra et elle aura tes yeux*. Si le reste de son œuvre est narratif ou critique, le travail poétique occupe les deux pôles extrêmes de son activité littéraire.

Dans *Travailler fatigue*, le jeune Pavese (il est né en 1908 et le premier des poèmes date de 1930) se raconte en une sorte d'autobiographie stylisée, bien que, comme tous les écrivains de son âge, il pense avant tout innover techniquement, faire œuvre de théoricien. Sans négliger l'aspect expérimental, on reconnaîtra d'abord, dans ces pièces au rythme clair et monotone, les éléments d'une mythologie personnelle. Pavese a été élevé dans les collines piémontaises, au cœur d'une région particulièrement rustique et sauvage : les Langhe, vallées étroites et difficiles d'accès, encore tout imprégnées d'une antique civilisation paysanne. La découverte de la grande ville, Turin, métropole tumultueuse et brillante, fut pour le jeune homme un choc, dont il ne s'est jamais bien relevé. D'autre part, en plus de ce conflit géographique, de ce déchirement entre deux espaces incompatibles, l'espace archaïque de la campagne et l'espace urbain de la modernité, il traverse, au moment de ses premiers essais littéraires, une crise d'âge, il vit le drame de l'entrée dans l'univers adulte et du nécessaire arrachement au « paradis » de l'enfance. Pavese ne s'est jamais guéri, ni de l'effroi du petit campagnard jeté dans les rues de la grande ville ni de l'angoisse de l'enfant confronté avec les tâches de la maturité. Jamais il n'a pu s'adapter au monde où il devait vivre, et, de cette incapacité existentielle qui le poussera au suicide, *Travailler fatigue* nous donne comme un journal tendu et crispé, sous l'apparente sérénité des poèmes.

Deux personnages principaux : la colline et la rue. La colline, c'est l'élément plein, rond, terrestre, maternel. Pavese la place au début du poème, dont elle devient comme le noyau générateur. « Un soir nous marchons le long d'une colline. » « La colline s'étend sous la pluie qui l'imprègne en silence. » Ces collines sont très peu qualifiées : « nues »,

« insensibles », « incultes », elles n'ont que la couleur du ciel ou de la terre : blanc, noir, vert, jaune. Pavese, dans la postface, parle de l'intérêt qu'il éprouve pour la peinture. Le style de ces collines évoquerait, à supposer qu'il les connaisse, les derniers tableaux de Cézanne, les Sainte-Victoire squelettiques et blêmes. Le poème *Dépaysement* contient une profession de foi anti-impressionniste : « Je vois seulement des collines et pour moi, proches ou lointaines,/ elles remplissent ciel et terre de leurs flancs fermement dessinés./ Mais les miennes sont âpres et striées de vignobles/ qui poussent avec peine sur un sol calciné. Mon ami les accepte/ mais il veut les vêtir de fleurs et de fruits sauvages/ pour y découvrir, en riant, des filles plus nues que les fruits./ Ce n'est pas nécessaire : un sourire ne manque pas à mes rêves les plus âpres. »

Pas d'équivoque possible : le songe à la Renoir, ornemental et sensuel, de son ami, déplaît à Pavese. Les plantes maigres, vignes, fougères, qui poussent sur ses collines, ne doivent pas être considérées comme des éléments décoratifs, ni ses collines comme des lieux de plaisance ou de détente. Elles n'ont d'autre fonction que de former un volume, un bloc d'espace, qui présente au regard un fragment d'univers concentré.

Les poèmes de la rue alternent avec les poèmes de la ville. « Chaque rue s'ouvre en grand, on dirait une porte. » « Ce vent nous lave, qui arrive du fond des rues/ ouvertes à la nuit. » Pavese, pour suggérer l'atmosphère de la ville, ne retient que les rues, les boulevards, les enfilades. Ce monde géométrique (suggéré en partie, sans doute, par la topographie si particulière de Turin, par ce quadrillage en grandes percées rectilignes) fait songer au premier De Chirico. La rue de Pavese n'est jamais un prétexte à description. Ou bien, vide, déserte, elle joue le rôle presque abstrait de structure de l'espace. Ou bien s'y meuvent des personnages, femmes, ouvriers, enfants, qu'aucun trait individuel ne distingue, et dont la valeur pittoresque est nulle. Ils n'ont d'autre fonction que de se promener sans fin à travers la ville, de parcourir d'un bout à l'autre les boulevards interminables. Simples points de repère, ils ne servent qu'à jalonner la dimension spatiale et à construire la perspective.

Pavese avait six ans quand son père est mort : événement dont il n'a jamais parlé, dont il n'a pas mesuré les conséquences ni les retentissements intérieurs, mais qui semble avoir installé en lui un vide, dont il multiplie dans ses poèmes les figures. Les hommes et les femmes de *Travailler fatigue* aiment regarder par une fenêtre. « La fenêtre qui donne sur la rue est un gouffre/ toujours vide. » Elle permet à l'observateur d'assister passivement au spectacle de la vie. Autres attitudes trahissant une sorte d'instinct démissionnaire : le silence, la solitude, l'immobilité. « Un peu de silence suffit et les choses s'immobilisent/ à leur place réelle, pareilles à mon corps immobile. » Certaines conduites de disponibilité, telles que la paresse et le vagabondage, certains actes de fuite, comme fumer, boire, accusent un mal de vivre analogue. « Nous sommes nés pour errer au hasard à travers ces collines,/ sans femmes, et garder nos mains derrière le dos. » « Pendant vingt ans il s'est baladé par le monde. » « La nuit,/ on finit par aller s'enfermer dans le fond d'un bistrot,/ perdus dans la fumée, et on boit. »

L'éclairage dans lequel baignent la plupart de ces poèmes est lui-même révélateur : lumière nocturne, lunaire ou aurorale, qui engage moins à l'action ou à la découverte qu'à la rêverie et à la méditation. « Rien ne peut déranger le matin et tout peut arriver. » L'aube, image d'une disponibilité où « tout peut arriver » mais où rien n'engage vraiment : à ce thème se rattache celui du jeune âge, de l'adolescence, de l'aube de la vie. « L'enfant marche dans la rue. Il ne court pas les filles/ mais ne joue plus par terre. » Les filles, les femmes, la terre : voilà les obstacles réels, que le jeune garçon, toujours en train de se sauver, élude, par la grâce de son âge. Comme y échappent les hommes seuls, les contemplatifs, les vagabonds, les buveurs, les fumeurs, tous ceux à qui Pavese s'identifie et qui incarnent sa fondamentale incapacité de s'insérer dans le monde.

Le plus curieux, c'est qu'au lieu d'accepter sa condition de « poète », de se désengager totalement sous le couvert de l'« écriture », il reste fasciné par tout ce qu'il voit de fort et de violent autour de lui : les corps humains, dans leur nudité « terrifiante » ; les femmes, incompréhensibles dans leur opacité, mères ou putains à qui il fait payer cher, par le sadisme ou par l'assassinat, leur irréductible altérité ; les ouvriers, choisis parmi les professions exigeant un travail de force : cantonniers, sablonniers. Et encore : des êtres en marge de la loi physique ou morale, ermites, mendiants, ivrognes. Etrange comédie humaine, tachée de sang, déracinée malgré les références au Piémont archaïque des collines, misogyne malgré la fascination qu'exercent les femmes sur ces enfants, ces errants, ces impuissants. La *Maternité* de Pavese ne ressemble guère aux Madones transmises par plusieurs siècles d'iconographie : c'est plutôt un matricide, sanglant et vindicatif. « Il y a eu une femme,/ une femme au corps ferme, qui sur chacun des fils/ a répandu son sang et qui est morte au troisième. »

Une postface, *le Métier de poète*, ainsi que des pages de journal publiées sous le titre de *Secretum professionale* nous renseignent sur le travail expérimental, théorique et technique, de Pavese. Son idée maîtresse consiste à faire « de chaque poème un récit », c'est-à-dire à créer une poésie narrative, en réaction contre la poésie lyrico-musicale de D'Annunzio, une poésie virile, en réaction contre les déliquescences exsangues des *crepuscolari* (pendants italiens des post-symbolistes français) ; enfin une poésie largement intelligible, en réaction contre l'obscurité des hermétiques tels que Montale ou Ungaretti. D'où sa technique si particulière : non pas le vers libre à la Whitman, qui l'exposerait au danger de la déclamation oratoire, ni le vers traditionnel italien, impropre à être employé avec la même simplicité que la prose, mais une sorte de compromis, qui rappelle l'hexamètre ou le pentamètre classiques. Modèle quasiment prosaïque, qui serait à mettre en relation avec la persistance dans la Haute-Italie d'un substrat celtique et avec le goût épico-narratif des Celtes, goût étranger au génie italien. Selon le critique musical Massimo Mila, ami d'enfance de l'écrivain, « la fonction poétique de Pavese semble aujourd'hui singulièrement proche de celle des nouveaux musiciens italiens, de Casella à Petrassi, de Busoni à Dallapiccola, de Malipiero à Nono, engagés dans une double tâche : conquérir d'une part les positions de la culture européenne contemporaine, récupérer d'autre part les positions d'une antique civilisation instrumentale italienne, oblitérée pendant l'invasion de l'opéra au XIXe siècle ».

L'histoire des idées et le désir de jouer un rôle dans la culture de son temps n'expliquent peut-être pas tout entière l'entreprise « celtique » de Pavese : ne peut-on penser qu'elle s'intègre dans l'effort général et souvent inconscient de l'écrivain, pour découvrir une sorte d'anti-Italie ? C'est l'époque où il traduit Melville, Sherwood Anderson, Joyce, Dos Passos. Les manifestations exubérantes de l'instinct national — profusion torrentielle de l'opéra, certes, mais d'abord exhibition casanovienne de la sexualité — ne blessent-elles pas à tout moment un homme que sa vitalité chiche tient à l'écart des prouesses physiques ? Il cherche où il peut une autre patrie, plus sévère, moins sensuelle, propre à ce qu'il appelle, dans *le Métier de poète*, une « virilité misogyne ». Il aspire à trouver un refuge allogène, qu'il soit celte ou américain. Créer une poésie narrative lui rapporte le même bénéfice qu'explorer les Etats-Unis : il met « à distance » l'injurieuse pléthore italienne.

L'aspect « objectif » de *Travailler fatigue* est inséparable de l'aspect « narratif ». L'objet constitue l'unité de mesure de la poétique pavésienne — l'objet élémentaire, primordial, la colline, la pierre, l'arbre — l'élément lui-même : la terre, l'eau, le ciel, et encore : le soleil, la lune, la nuit. Le rapport du mot à l'objet est aussi direct que possible. Ayant à le définir, Pavese emploie les termes de « immédiateté adorée », « adhérence serrée, jalouse, passionnée à l'objet ». Toute la beauté de *Travailler fatigue* tient en effet à l'ardeur du regard. Le heurt des sens contre l'opacité des choses : voilà le message poétique de Pavese. Il ne peut que nommer, par une tension ininterrompue du langage, la réalité extérieure, hommes ou choses, comme si un rien devait suffire à lui en faire perdre le contact. Sans doute n'adopte-t-il une technique si intransigeante de l'« adhérence » que parce qu'il craint, à tout moment, que sa prise ne lui échappe. La proclamation si passionnée d'une objectivité si exclusive montre seulement que ce rapport équilibré entre l'homme et le monde, qu'on appelle rapport objectif, fait défaut au poète.

Ne le sait-il pas lui-même ? Les réflexions enregistrées dans le *Secretum professionale* éclairent les doutes de Pavese, qui oscille entre le désir de se plonger dans la vie et le désir contraire de s'en retirer. Le 24 novembre 1935, il déclare se rallier à une « contemplation inquiète des choses ». Mais il s'aperçoit, le 5 décembre suivant, qu'un de ses sujets préférés est « la réduction de toutes les expériences sensorielles en équivalents du sexe ». Et d'ajouter : « Comment s'accorderont cette malice sexuelle et l'inquiétude contemplative ? » Le sexe représente ici l'archétype des valeurs fortes, irréductibles, l'archétype de la réalité que son trop-plein rend insaisissable. La contemplation représente l'extrême opposé, la mise à distance des choses, la fuite hors de la réalité. De quelque côté qu'on étudie les premiers vers de Pavese, on y trouve les indices de ses troubles d'adaptation, indépendamment des aventures et des mésaventures amoureuses du jeune homme, et en particulier du refus qu'il a essuyé de la femme désignée dans certains poèmes par sa voix « rauque ». Le 16 octobre 1935, il s'accuse d'avoir jusqu'à présent révélé « une tendance à célébrer dans la vie plutôt les facultés de jouissance statique que les facultés actives de renouvellement ».

Le livre fini, il note, dans son journal, le 22 avril 1936 : « J'ai ignoré le mot pensé. Mes mots n'ont été que des sensations. Mes portraits ont été des tableaux, non des drames. Je me suis fixé sur certaines figures et je les ai tellement ruminées et contemplées que j'en ai donné une transfiguration satisfaisante. J'ai réduit le monde à une banale galerie de gestes de force ou de plaisir. Il y a le spectacle de la vie dans ces pages, non pas la vie. Tout est à recommencer. »

« Le spectacle de la vie, non pas la vie » : quel meilleur jugement que celui du poète lui-même sur son œuvre ? Il aurait pu ajouter : malgré le naturalisme apparent, le vrai sujet de *Travailler fatigue* est l'absence et la mort. Mais interrogeons-nous d'abord sur le sens de ce titre. Pour Pavese, élevé par une mère seule, l'identification entre la vie et le travail, le travail ingrat qui fatigue, c'est-à-dire la mère qui se fatigue au travail (vie = mère), n'est-elle pas inévitable ? La mort, confondue avec l'image du père disparu et regretté, étincelle dans la nuit comme une étoile magique. Ce n'est pas tant travailler qui fatigue, que vivre. Vivre, quelle usure inutile : la seule manière d'exister qui ne soit pas absurde est d'attendre la mort.

La colline, la rue ou la fenêtre sont les figures de cette expectative. En face d'une colline, au bout d'une rue, devant une fenêtre, le poète suspend son souffle et attend : la poésie est le lieu de l'attente, rien d'autre que ce lieu. La volonté initiale de « narration » a cédé la place à une stupeur extatique. « Tout peut arriver », se plaît à répéter le poète embusqué, sûr maintenant que l'événement ne le touchera pas de plein fouet. Auparavant, *rien* n'aurait pu arriver, car le poète, mêlé de trop près aux choses et aux gens, eût simplement refusé de voir, d'entendre, de respirer. Pavese est de ceux qui n'ouvrent les yeux que dans le noir, ou sous la lueur de l'aube, quand le monde est vide et que celui que tout contact blesse n'a point à redouter le choc d'une présence inconnue. *Travailler fatigue* est l'aveu d'une intime capitulation. Il faut se mettre *à distance* des choses pour arriver à entrer en rapport avec elles. Colline, rue, fenêtre, aube. Mais aussi : solitude, silence, immobilité. Et si jamais quelque être ou objet surgit dans le champ du regard, Pavese recourt à une technique hypnotique de la contemplation, qui fige l'intrus dans un brouillard flottant et permet de ne plus le voir.

Cette poésie d'esquive et d'exorcisme est aussi, paradoxalement, une poésie de choc, hantée par des figures de la violence : le dieu-bouc éventreur de chèvres, l'assassin, le massacre politique, le voleur de fruits dans la nuit, l'ivrogne, le manœuvre, hirsute et puant. Qu'est-ce à dire ? Est-il juste de voir ici, comme on n'a pas manqué de le faire, le dessein d'une poésie politique, d'une poésie « engagée », réponse implicite à la dictature fasciste ?

Il faut, je crois, interpréter cette introduction — neuve, en effet, dans la poésie italienne — de prolétaires, de déclassés, de réprouvés, non pas comme un désir d'« aller vers le peuple », mais d'après l'ensemble des rapports, fuyants et terrifiés, du poète avec le réel. L'univers vide, indéfiniment disponible, de *Travailler fatigue*, comment pourrait-il se peupler de ce que la nature, une femme, des fleurs offrent de simple et de beau ? Une présence, pour y être admise, doit y faire irruption. Les seules fleurs qui peuvent y pousser sont de sang et de feu. Celui qui entre par effraction dans la demeure du solitaire ne le dérange pas vraiment : il est le thème d'un spectacle qui reste étranger au spectateur, lequel, une fois de plus, subit, attend, regarde, sans participer.

Les femmes, en particulier, entrent « en force » dans les poèmes misogynes (il faudrait dire plutôt : asexués) du jeune Pavese. Les femmes, moins présentes que trop présentes, uniquement et trop *là*. Mais leur plus grand triomphe — donner la vie — marque aussi la fin dramatique de leur règne, par la mort. Du reste les poèmes de *Travailler fatigue* où « quelque chose » arrive montrent tous la même courbe : la montée de l'événement (grossesse, assassinat, acte sexuel, épreuve quelconque de force), terrible, suffocante, insupportable (on soupçonne, là encore, que le poète ferme les yeux pour ne pas voir), suivie d'une sorte de retombée, d'affaissement, comparable à la déflagration qui libère une charge explosive. La femme en couches meurt, l'ivrogne roule dans le fossé, les amants épuisés s'assoupissent (ou s'entre-tuent), l'ouvrier exténué erre comme un somnambule. Et le poète qui, de loin, avait assisté à ce déferlement d'énergies constate, apaisé, justifié, qu'elles étaient inutiles.

La deuxième édition de *Travailler fatigue*, publiée en 1943, avec l'ajout de plusieurs poèmes écrits jusqu'en 1940, n'apporte pas de nouveautés notables ; sinon la découverte de la mer, qui remonte au séjour en résidence surveillée en Calabre, à la suite du démantèlement par la police d'un réseau antifasciste à Turin. La mer, masse d'eau stérile, représente, pour le terrien Pavese, l'unité cézanienne de mesure et de référence extensible à tout le monde créé. Jamais le sentiment de la solitude et de l'inutilité de vivre n'a revêtu une expression plus poignante. « Il n'est chose plus amère que l'aube d'un jour/ où rien n'arrivera. Il n'est chose plus amère/ que l'inutilité. »

Il faut attendre 1945 et le groupe de poèmes intitulé *la Terre et la Mort* pour surprendre un Pavese radicalement différent. Remords élégiaque de n'avoir pas participé à la Résistance et retour aux sources mythologiques de la civilisation méditerranéenne donnent à ces vers au rythme court et dansant une saveur absolument inédite de chansons agrestes. Le même caractère se retrouve dans les ultimes pièces de *la Mort viendra et elle aura tes yeux*, elles aussi bâties sur le mètre iambique, avec une virtuosité pleine de grâce. L'amour malheureux pour Constance Dowling, une actrice américaine rencontrée en 1950 à Rome, inspire ces cantilènes à la musicalité douce mais facile. Ces deux groupes de vers ont fait la gloire de Pavese poète. Ils ont été mis en musique, gravés en disques, chantés comme du Prévert ou de l'Eluard, alors que *Travailler fatigue* n'a jamais intéressé que les lettrés. Sans contester leur réussite ni bouder une des rares expériences poétiques italiennes devenues véritablement populaires, on admettra sans peine que les poèmes puritains et austères de la première manière l'emportent en originalité et en force.

L'involution est patente. Dans les derniers vers, qui s'enchaînent avec la fraîcheur surannée de rengaines et le charme alangui des valses lentes d'autrefois, il semble que Pavese non seulement oublie, mais renie toute l'époque de *Travailler fatigue*, le dur labeur de régénérer la poésie par des œuvres sévères et contrôlées. Les romances de 1945 et 1950 marquent un retour pur et simple, d'une part au sensualisme aimablement mélodieux de D'Annunzio (« La pluie tombera encore/ sur tes doux pavés,/ une pluie légère/ comme un souffle ou un pas »), d'autre part à la ritournelle, à la chansonnette, à ce café-concert dont Pavese, dans sa jeunesse, était si grand amateur. « Tu es la vie et la mort. » « Ton pas léger / a rouvert la douleur. »

Si Pavese s'est tué quelques mois après avoir écrit ces vers, c'est, bien sûr, parce que, abandonné par Constance, dans des circonstances atrocement humiliantes, il n'a pas trouvé la force de surmonter cette crise ; mais c'est aussi, peut-être, parce que, dans son travail d'écrivain, il s'est aperçu qu'il était en pleine régression. D'Annunzio et la chansonnette : valait-il la peine d'avoir écrit toute son œuvre, de poète, de romancier et d'essayiste, pour aboutir là ? Pavese, qui avait cherché à se démarquer du tempérament national italien, qui s'était fait celte, américain, qui avait choisi une sorte d'exil intérieur pour se boucher les oreilles au *bel canto* sentimental de ses compatriotes, se découvrit tout à coup plus italien, plus national, plus « banal » qu'aucun d'eux. L'association de la femme à la terre, au sang et à la mort, l'érotisme vaguement panique et dolent qui gémit dans les derniers poèmes sont en effet un lieu commun de la poésie et de la culture italiennes. Même un Pasolini n'a pas entièrement échappé à la tentation du madrigal rustique et plaintif. Encore une fois, le talent, la sincérité de l'auteur de *la Mort viendra et elle aura tes yeux* ne sont pas en cause. Mais, pour un homme qui avait construit son œuvre comme une forteresse à la limite du désert, il a dû être amer de constater que, désirant plaire à la femme aimée, il l'invoquait, non différemment de n'importe quel bon élève du Parnasse, sous les noms de « nuage », « hirondelle », « visage de printemps ».

Pour nous, le grand poète est ailleurs. Il est dommage que l'éclat du suicide ait illuminé rétrospectivement des œuvres mineures, intéressantes surtout comme témoignages d'une crise sentimentale suivie d'une dépression nerveuse ; et que le vrai travail poétique de Pavese soit resté un peu dans l'ombre. *Travailler fatigue* était un des livres auxquels il tenait le plus : à juste titre, car les beautés altières qu'on y découvre à chaque page, le stoïcisme viril qui l'imprègne de bout en bout, la manière si pleine de représenter le vide, l'art si intense des silences et des pauses assurent à ce recueil une place unique dans la poésie italienne et européenne, à mi-chemin entre l'hermétisme des uns et le populisme des autres : œuvre suspendue entre le réel et l'irréel, rêve éveillé, mélange de feu et de glace, exemple inimité de stupeur extatique et de hiératisme passionné.

Penna

Réservé, solitaire, bien que ses lieux d'élection soient l'autobus, ou le train, emplis de « mordante jeunesse populacière », comme eût dit Colette, jamais, en tout cas, la sotte et discriminante automobile. Délicat, rêveur, bien que ses personnages, mécaniciens en salopette, recrues en permission, fils de concierges, rôdeurs de gares, parcourent la ville à bicyclette ou se cachent dans le coin obscur des cinémas. Amateur de beauté et de sexe, bien qu'un seul regard, un contact furtif suffisent le plus souvent à son extase. Possédé de l'amour le plus haut et le plus exigeant, comme l'indique le titre d'un de ses recueils, *Croce e delizia*, bien que ni *la Traviata* ni Verdi ne soient les meilleures clefs pour entrer dans le sanctuaire de Sandro Penna, dont les poèmes ne sont pas plus ouverts aux femmes que les cafés du Sud italien aux filles d'Amphitrite.

Une simplicité extrême, une attention presque religieuse à la grâce des jeunes garçons, une singularité scandaleuse jointe à l'horreur du scandale, la surprise chaque jour renouvelée d'être ce qu'il est, de sentir comme il sent, la stupeur de se retrouver malgré lui du côté des tragiques, des maudits : de cet équilibre fragile est fait le génie de ce poète, dont l'œuvre tient en deux volumes, *Tutte le poesie* (1970), *Stranezze* (1976), et qui est mort le 20 janvier 1977, à soixante et onze ans, dans sa maison-casbah de Rome.

Il était né à Pérouse, et, de l'Ombrie peut-être, tenait ce doux mysticisme qui identifie le bien avec le plaisir, le sourire de Dieu avec le tressaillement du cœur.

Sapho au masculin : je ne saurais mieux le présenter que par cette première définition approximative. On trouvera chez lui, évidemment, moins de colonnes grecques que d'édifices à plus triviale destination (mais portant, tout de même, le nom d'un empereur romain). Sapho, il l'est par ses rythmes brefs, ses ellipses, ses silences, ses pudeurs syntaxiques. Par la concision strophique de ses délires contrôlés. Par l'intensité retenue de son cri, par sa manière de se perdre, de se reprendre et de s'égarer encore, de tomber foudroyé au détour d'une rue, par son besoin d'animaliser la joie et de purifier la luxure. Sobre entre les sobres, maître de l'épigramme lyrique, il condense en quatre vers, en deux vers quelquefois, l'éclat fugitif de ses illuminations : un soldat qui s'étire dans un train à l'aube, un nageur qui d'un bond se laisse tomber dans la mer. Nul détail érotique : mais le frémissement ininterrompu de l'excitation amoureuse.

Dire l'interdit : tels furent la gloire et le tourment de ce poète. Mais attention : aucune culpabilité, ni religieuse ni morale, n'a jamais pesé sur lui. Il était de la race des seigneurs, non de celle des esclaves. Ce serait se méprendre complètement que de le croire en lutte avec lui-même et aux prises avec les affres de l'autorépression. A une époque où il était encore beaucoup plus difficile qu'aujourd'hui de s'accepter pour ce qu'on était, Sandro Penna a été, sans la moindre mauvaise conscience, avec le courage de l'honnêteté et l'allégresse tranquille que donne le sentiment d'être dans la vérité, un poète homosexuel, exclusivement homosexuel. N'éprouvant ni le besoin, comme Verlaine (avec qui, cependant, il eût pu dire : « Mes amants n'appartiennent pas aux classes riches :/ Ce sont des ouvriers faubouriens ou ruraux »), de donner le change par des poèmes alternatifs en l'honneur de l'autre sexe, ni l'envie, comme Cocteau, d'aiguiser son désir (ou de le masquer par prudence) avec des tarabiscotages précieux.

Penna s'avance à visage découvert, le cœur nu et purifié de tout ce qui n'est pas l'amour des garçons. Il n'a, dans les temps modernes, qu'un seul prédécesseur en poésie : le Grec d'Alexandrie Constantin Cavafy. Mais, comme Cavafy justement, la réprobation sociale le rejetait parmi les parias. Et, plus grave encore que la réprobation sociale, la persécution légale, à cause de ses instincts nettement pédophiles. Ainsi, on ne surprendra jamais Sandro Penna à pleurer, à verser les lâches larmes du remords sur un plaisir qu'il sait pur, naturel et légitime. Mais il arrive que la peur brille dans son regard, et qu'il doive se contenter d'une impression visuelle à la place d'un acte illicite, et qu'il tremble de honte d'être pris pour un voleur, lui le droit, le juste par excellence.

Pasolini affirmait que, de tous les poètes italiens, c'était lui qui méritait le prix Nobel. On sait que, par réaction contre l'abondance rhétorique d'un Carducci, d'un D'Annunzio, les grands poètes de ce siècle, un Ungaretti, un Montale, ont choisi la concision la plus abstruse, l'hermétisme le plus hautain. C'était, peut-être, trahir une seconde fois la poésie, l'enlever au peuple pour la confier aux initiés. Avec Penna, la poésie est redevenue la voix du peuple : non seulement parce que le marin dans la tasse ou l'apprenti graisseux peuvent s'y reconnaître. Mais dans un sens plus profond et plus emblématique. Parce que le seul point commun, le seul trait d'union entre les hommes, est la droiture d'un sentiment vrai, qui n'a pas besoin de circonvolutions savantes pour toucher le cœur.

« Amour, amour/ gai déshonneur » : en ces deux vers se résume toute la poésie de Sandro Penna. La soif inextinguible d'amour, rendue par la répétition ; l'euphorie intérieure du rôdeur gai (et gay) ; l'amertume baudelairienne de l'albatros méprisé, humilié ; la parfaite intelligibilité d'un art aussi simple que de la prose. Les Anciens vénéraient en chaque mendiant un hôte sacré, qui aurait pu être un dieu, descendu incognito sur la terre. Sandro Penna — autre trait de sa parenté avec les Grecs — est ce mendiant. Dans les pauvres habits d'une métrique sans recherche, avec les mots de tous les jours, le voilà qui s'avance, montré du doigt par la foule, humble client des transports en commun. Dans son regard brille l'étincelle divine, écoutez-le, c'est lui le messager de la bonne nouvelle, le monde peut encore être sauvé [1].

Un peu de fièvre est son seul recueil de proses. Brefs chapitres, que distinguent le même laconisme, la même forme, ramassée, concise, les mêmes préoccupations, les mêmes fantasmes, les mêmes personnages. Gamins de rues, mousses en bordée, acrobates en herbe, cyclistes de quinze ans, il n'aimait qu'eux, les jeunes à l'âge du premier duvet, avec un mélange de gourmandise et de crainte, d'appétit de leur beauté et de respect pour leur innocence.

« Extase et larmes et angoisse » : cet ingénu s'était trompé de plusieurs siècles. La pureté était en lui, mais la société le déclarait coupable. « Pour moi la loi autorise le vice, elle n'autorise pas l'amour. » Il aurait dû naître dans l'Athènes de Platon, dans la Sicile de Théocrite, dans la Rome de Virgile et de Corydon, ou dans Le Caire de Mouhammad al-Nawâdjî, cet aède musulman du XVe siècle, auteur de *la Prairie des gazelles*. Mais,

---

1. Une anthologie de ses vers a été publiée en français, sous le titre *Une étrange joie de vivre*, Fata Morgana, 1979.

sans doute, dans le bazar que son père tenait à Pérouse, avait-il respiré un avant-goût d'Orient.

Il vécut en bohème, entouré de l'affection de quelques amis — Elsa Morante en premier lieu. Son appartement ressemblait au souk de son enfance. On retrouva, après sa mort, le plancher jonché de bouteilles de lait vides.

Mais dans ses vers, frappés comme des médailles, aucun laisser-aller.

Entre deux canailles en fleur,
dérision de mon cœur.

La douceur qui est enfouie
entre les montagnes de la force.

Piero della Francesca

Un des plus beaux tableaux du monde, conservé au musée d'Urbino, représente la flagellation du Christ, mais la scène sacrée n'occupe que le fond du tableau. Une grande distance, rendue avec une maîtrise extraordinaire de la perspective, sépare le Christ flagellé de trois personnages debout au premier plan, dont l'identité est toujours restée mystérieuse. Or, sous le Renaissance, une œuvre d'art n'était jamais gratuite, son sujet obéissait toujours soit à une commande précise, soit à une intention particulière de l'auteur. Qui sont ces trois personnages ? Et quelle est la signification du tableau, dont on ignore jusqu'à la date où il a été peint ?

L'Italie, où les beaux-arts font partie de l'enseignement secondaire, se passionne pour ce genre d'énigmes. Le nouveau détective qui s'est lancé sur la piste a d'autant plus remué l'opinion qu'il n'est pas un historien de l'art, mais un historien tout court, et par surcroît un des plus brillants représentants de la « nouvelle histoire » européenne. Ses méthodes de décryptage ? Non point l'analyse stylistique, où il déclare, non sans quelque coquetterie, son incompétence, mais la recherche de l'identité des personnages, et de celle des commanditaires. Une fois écartée l'hypothèse traditionnelle, selon laquelle le jeune blond du premier plan aurait été le duc Oddantonio d'Urbino assassiné en 1444 (et les deux hommes qui l'entourent, ses mauvais conseillers, la tragédie contemporaine du duc faisant écho au drame historique du Christ trahi par les siens), il fallait reprendre l'enquête à zéro.

Carlo Ginzburg[1] commence par identifier le personnage de droite, au crâne rasé et à la somptueuse robe de brocart, dont il a retrouvé le portrait

1. *Enquête sur Piero della Francesca*, Flammarion.

dans d'autres œuvres de Piero, et qui serait un certain Giovanni Bacci, membre de la riche famille qui commanda au peintre les fresques d'Arezzo. Or Bacci fut envoyé en 1440 à Constantinople par le pape, en qualité de nonce extraordinaire, pour annoncer à l'illustre prélat de l'Eglise grecque Bessarion la nouvelle de sa nomination au cardinalat. Le personnage de gauche, doté d'une barbe, ne serait autre que ce Bessarion, et tout le tableau n'aurait pour but que de recommander l'unité des Eglises afin de résister au martyre que les Turcs (dont l'un, vu de dos et coiffé d'un turban, assiste à la Flagellation) s'apprêtent à infliger aux chrétiens d'Orient, symbolisés par le Christ à la colonne du fond. Le jeune blond du premier plan serait Buonconte de Montefeltro, fils illégitime du duc Federico d'Urbino, pupille préféré du cardinal Bessarion, victime de la peste à dix-sept ans et proposé ici, avec son regard sans expression fixé sur un lointain invisible, comme un soldat du Christ fauché prématurément par la mort.

Quoi qu'on pense de ces conclusions — ce n'est pas à nous d'en juger —, on ne peut être que frappé par la densité du raisonnement et séduit par les nombreux aperçus qui en cours de route viennent étayer la démonstration. Ainsi de la découverte que la taille du Christ dans le tableau, 17,8 cm, est dans un rapport de 1 à 10 avec la taille réelle du Christ, 178 cm, telle que la lui attribuait une tradition fondée sur les quatre colonnes-reliques du Latran. Piero, que nous considérions déjà métaphoriquement, d'après ses autres œuvres, comme un mystique de la mesure, a donc construit celle-ci à partir des dimensions exactes de l'Homme-Dieu, modèle de toute perfection, y compris corporelle.

Fort convaincants aussi les rapprochements inattendus avec Benozzo Gozzoli, ou la comparaison encore plus insolite entre la *Flagellation* et la célèbre toile de Carpaccio conservée à Venise dans la petite église de San Giorgio degli Schiavoni sous le nom de *Saint Jérôme en son étude*, titre erroné puisqu'il s'agit d'une *Vision de saint Augustin*, l'analyse iconographique le prouve sans conteste.

Alors que tant d'historiens de l'art dévident de creuses paraphrases, ce petit livre, si stimulant pour l'esprit, lève, avec des moyens scientifiques de la plus grande rigueur, un coin du voile sur le mystère de la beauté.

Pirandello I

Le Sicilien

Pirandello avait déjà cinquante-quatre ans lorsque les *Six Personnages en quête d'auteur*, joués en 1921 à Rome et dans le monde, établirent du jour au lendemain sa gloire. Encore aujourd'hui, la plupart de ses admirateurs réduisent son génie à la révolution que cette pièce a apportée dans l'histoire du genre dramatique : théâtre dans le théâtre, dédoublement des acteurs, critique de l'action, critique du langage, et dix autres innovations fondamentales où, de Brecht à Jean Anouilh, de Ionesco à Beckett, les dramaturges ultérieurs puiseraient à l'envi. Comme cette comédie se présente sous l'aspect d'un exercice intellectuel, comme elle semble énoncer une théorie, comme elle est située dans une sorte de *no man's land* de l'esprit, hors d'un lieu et d'un temps déterminés, elle a accrédité le mythe d'un Pirandello cérébral, désincarné, cosmopolite.

Les commentaires inspirés par son œuvre se ramènent d'habitude à une filandreuse logorrhée. Leonardo Sciascia, originaire de Racalmuto, bourgade des environs d'Agrigente, et donc *pays* de Pirandello, sachant à quoi s'en tenir sur les sources de son théâtre, prend le parti contraire : quelques articles secs et noueux comme les vieux oliviers de Sicile, pas plus longs que des notices de dictionnaire, et disposés dans l'ordre alphabétique [1].

La plupart ont trait à la *sicilitude* de Pirandello. Au lieu de rattacher son œuvre au séjour du jeune homme en Allemagne et à quelque *Weltanschauung* tirée de ses études philosophiques à l'université de Bonn, Sciascia l'ancre dans le territoire natal. On apprend que les noms des personnages, loin d'être inventés, sont empruntés à l'annuaire d'Agrigente ; que « chrétien », dans cette province, a le sens péjoratif de « malveillant, enclin à jouir du mal d'autrui » : souvenir de l'époque où les musulmans, après avoir occupé la Sicile en maîtres, s'y trouvèrent en minorité, en butte au prosélytisme agressif des catholiques. Racines arabes de Pirandello, mais aussi racines espagnoles : Sciascia souligne l'influence de *Don Quichotte* sur la conception des *Six Personnages*. Et même racines auvergnates et jansénistes : Pascal (Blaise) est-il étranger à l'invention de feu Mathias Pascal, le héros du roman homonyme ?

A l'heure des polémiques sur Heidegger, sur Cioran, on notera avec perplexité que Pirandello, autre maître à penser du XXe siècle, adhéra au fascisme. Dès 1924. Sciascia n'élude pas le problème ; il ne cache pas son embarras. Tout le théâtre pirandellien repose sur la distinction entre la Vie (mouvement perpétuel qui désagrège les formes) et la Forme (qui glace la vie et la condamne à mort). Exemple : l'amour serait Vie, le mariage serait Forme. Transposée sur le plan politique, cette distinction permit à Pirandello d'opposer au régime parlementaire, supposé exsangue, le bouillant Mussolini, champion de l'élan vital. Simple bévue d'intellectuel ? Ou confusion d'esprit qui doit nous faire révoquer en doute l'essence même du pirandellisme ?

Quelques éclaircissements biographiques viendraient ici à point nommé. Pirandello a d'abord été un homme, on l'oublie trop souvent. Interrogeons sa vie, dans l'unique biographie disponible en France [2], pour apprendre un ou deux secrets de son œuvre. A quatorze ans, le jeune garçon se risque dans une tour isolée, qui servait de morgue à la ville d'Agrigente. Il aperçoit, étendu sur une table, son premier

1. *Pirandello de A à Z*, Maurice Nadeau.
2. *Luigi Pirandello*, par Georges Piroué, Denoël.

cadavre. Vision fascinante, mais pas au point de le rendre sourd à un léger bruit rythmé qui monte de la pénombre. Il regarde, et que parvient-il à distinguer ? Deux amants ont trouvé là refuge et s'adonnent à une rapide parce que illicite fornication, que scandent leurs soupirs, les râles de l'homme, le froissement des dessous amidonnés de la femme.

Mort et amour révélés d'un même coup : quel souvenir impérissable, pour celui qui fera, du « sentiment du contraire », le principe même de son œuvre ! Sentiment du contraire, baptisé « humour », dans un essai[1] où Pirandello étudiera les conséquences de ce dédoublement, subite mise à distance qui paralyse l'action. Si l'on se regarde faire une chose, comment continuer à la faire ? Le mari trompé, selon l'optique naturaliste, tue son rival ; saisi par l'humour, il se voit brandir son couteau, évalue le ridicule de ce geste et laisse retomber sa main.

Contre l'institution du mariage, forme sociale vide d'amour, Pirandello, on le sait, a exercé son sens critique. Or, ici aussi, l'origine autobiographique est patente. Le père de Luigi, commerçant en soufre, voulut le marier à la fille de son associé. Les deux jeunes gens ne s'étaient jamais vus. Les familles organisèrent la rencontre. D'Agrigente, où habitaient les Pirandello, une calèche partit en direction de Porto Empedocle, où résidaient les parents d'Antonietta. De Porto Empedocle, une calèche identique prit la route d'Agrigente. A mi-chemin, on se croisa, on s'arrêta, on descendit des deux voitures. Sous l'œil des géniteurs qui décidèrent le mariage, les deux fiancés firent connaissance.

Mariage de pure raison, forme vide, mais qui serait bientôt remplie par une réalité inattendue, envahissante, terrible : la folie d'Antonietta, à la suite de l'inondation de la mine de soufre où son père avait investi l'argent de sa dot. Pirandello vécut plus de dix ans, avant de se résoudre à l'interner, au côté d'une épouse démente. Occasion de constater que *Henri IV* et toutes les pièces sur la folie ont elles aussi des racines siciliennes.

Le futur dramaturge commença par écrire des nouvelles : elles sont plus proches de son enfance, de ses premières émotions, de ses expériences fondatrices[2]. Impossible de donner une idée, même approximative, d'un tel foisonnement. A partir d'une donnée réaliste, Pirandello dérape vers le poétique, le fantastique, le métaphysique. C'est toute la Sicile qui flambe dans ces pages, avec son mélange explosif de tragique et de cocasse, d'exubérance et d'austérité, de coutumes fixées par la tradition et de baroquismes inventés par la fantaisie d'un peuple qui réagit aux agressions de l'histoire par l'ironie, l'hystérie, la féerie ou le crime. A un prêtre qui lui demande si elle veut faire bénir son fils ou sa chèvre, également malades, la paysanne répond : « la chèvre », et laisse mourir son enfant. Un exemple, entre deux cent trente-cinq (Pirandello aurait voulu écrire trois cent soixante-cinq « nouvelles pour une année »), qui montre la subversion des valeurs, sur une terre où le présumé bon sens populaire s'envole au vent de la folie.

---

1. *L'Humour et autres essais*, Michel de Maule.
2. Une demi-douzaine de volumes traduits, Gallimard.

Tous les personnages souffrent plus ou moins du « mal de lune », objet de la nouvelle portée au cinéma par les frères Taviani dans le film *Kaos*. Tous se débattent et luttent contre des tourments qui ne doivent rien à une « philosophie » de l'existence, mais plongent dans le malheur originel de l'île.

Pirandello II

Le romancier

La littérature italienne est encombrée de gros romans historiques, célèbres là-bas, incomestibles dans notre pays. A commencer par *les Fiancés*, de Manzoni, bible en Italie dès la classe de 4e, mais dont on doute que la récente réédition en France réussisse à faire passer le didactisme minutieux, le catholicisme geignard et la pesante ironie. Même de Pirandello, auteur pourtant illustrissime sur les bords de la Seine, où il trouva la consécration internationale, qui, à part les spécialistes, avait entendu mentionner *les Vieux et les Jeunes*, grande fresque sicilienne parue en 1909 et traduite pour la première fois en 1982 ?

On aimerait saluer sans réserve le courage de l'éditeur (Denoël) qui s'est chargé de réparer cette injustice. Mais il aurait dû veiller avec plus de soin à la traduction. Dès le premier paragraphe, on tombe sur une cascade de quatre « qui » et « que » (dans le texte italien il n'y en a qu'un) propre à décourager le lecteur. D'autant plus qu'il s'agit d'une œuvre déjà lourde par sa structure et lente par son développement. En 1909, ce post-naturalisme pouvait paraître encore jeune : de nos jours, il date terriblement. Certes, on apprend beaucoup de détails intéressants sur la Sicile à la fin du XIXe siècle, sur le triple échec du Risorgimento, de l'Unité italienne et du socialisme, sur le malaise méridional, maladie incurable de l'Italie, sur la corruption des milieux politiques et la faillite des grands idéaux : mais le tout raconté à travers une corpulente saga familiale qui est, à l'élégant et lumineux *Guépard* écrit cinquante ans plus tard, à peu près sur le même sujet, ce qu'est une choucroute à un ortolan.

Et l'on se demande : est-ce bien Pirandello l'auteur de ce devoir d'école, plus laborieux que brillant ? Comment celui qui a conquis la gloire en dénonçant l'illusion de toute chose et en démontant la mécanique humaine comme si chacun de nous n'était qu'un pantin, comment ce maître du trompe-l'œil, ce champion de l'absurde a-t-il pu se laisser aller à prendre tellement au sérieux la réalité de ses personnages ?

1909 : évidemment, le grand Pirandello n'était pas né. *Chacun sa vérité*, la première des comédies importantes, date de 1917. On comprend tout de suite pourquoi l'auteur d'*Henri IV* ne pouvait exprimer son génie que dans le théâtre. Si l'on voit les hommes comme des marionnettes, si l'on met en doute leur identité et jusqu'à leur existence, on les représentera bien mieux en les réduisant à une simple silhouette découpée à contre-jour. Le roman — en tout cas le roman naturaliste de cette époque — exige des personnages en chair et en os, des états civils définis, des paysages et des décors circonstanciés. Pirandello s'est essayé comme il a pu à donner à ses héros une épaisseur romanesque : mais, devant lutter contre son tempérament, il est allé au-delà du but, n'omettant aucun détail et devenant fastidieux par l'excès de précisions.

Pourtant, même au faîte de sa carrière dramatique, il n'a jamais renoncé au roman. En 1926, il publie *Un, personne et cent mille*[1]. Nouvelle surprise : cette fois, c'est du pirandellisme à l'état pur, une quintessence de cette virtuosité dialectique qui a éclaté cinq ans plus tôt dans les *Six Personnages en quête d'auteur*. Plus aucun effort pour faire vrai. Le sujet est contemporain, ou plutôt, il est de tous les temps. Le narrateur se réveille un matin, et s'entend dire par sa femme que son nez pend vers la droite. Révélation qui le bouleverse, car il ne s'était jamais aperçu de cette particularité. Le nez, bien entendu, comme chez Gogol, ne sert que de prétexte à une aventure qui prend tout de suite un tour fantastique et métaphysique. Si mon nez pend sans que j'en aie jamais rien su, se dit notre raisonneur, c'est que je ne suis pas pour les autres ce que je suis pour moi. D'où une série de déductions aux conséquences incalculables : 1°) il est impossible de se regarder vivre ; 2°) on est donc étranger à soi-même ; 3°) les autres font de vous ce qu'ils veulent, puisque vous n'avez pas une seule existence, mais autant d'existences qu'il y a de regards sur vous ; 4°) chacun est cent mille à la fois, torture dont on ne guérit qu'en se résignant à n'être personne.

Eclatement de la personnalité en une poussière de « moi » que ne lie plus le sentiment d'être « quelqu'un » : tout le pirandellisme est là, dans ce constat que l'homme ne possède pas d'identité propre mais change selon ce que les autres font de lui, par leur regard et par leur jugement. Et, au-delà du pirandellisme, le sartrisme et mainte philosophie moderne du doute et de l'absurde.

Ce roman pourrait être excellent s'il n'était par trop discoureur et gâté par le vice de l'expérimentation à tout prix. Il y a bien des trouvailles savoureuses, comme cette scène où le héros devient fou de jalousie, puisque le corps qu'étreint sa femme est le corps d'un autre, les lèvres qu'elle baise sont les lèvres d'un autre qui n'est pas lui. Mais, dans l'ensemble, le raisonnement se substitue à la vie. Pirandello se fait le professeur de ses théories : il nous assène une leçon de pirandellisme, comme si nous n'avions pas compris, assis dans notre fauteuil de théâtre, les ressorts de sa dramaturgie.

Et pourtant, entre le vérisme trop concret de *les Vieux et les Jeunes* et la logique trop abstraite de *Un, personne et cent mille*, il avait trouvé une fois l'équilibre. Dès 1904, voici *Feu Mathias Pascal*, un vrai chef-d'œuvre, reconnu d'ailleurs tout de suite comme tel, et qu'il n'est pas besoin de réhabiliter[2]. C'est l'histoire d'un homme qui réussit à se faire

1. Traduction française Gallimard/L'Imaginaire.
2. Traduction française Calmann-Lévy.

passer pour mort et à continuer sous un nom d'emprunt, loin de sa femme et de sa belle-mère détestées, une existence pleine d'aventures imprévues, à commencer par des gains fabuleux à la roulette de Monte-Carlo. Mais c'est aussi une critique du roman traditionnel, et le premier peut-être des antiromans. Avant que Valéry ne proférât sa fameuse phrase sur l'impossibilité d'écrire des fictions qui débutent par « La marquise sortit à cinq heures », Pirandello faisait dire à son personnage : « La comtesse mit une robe lilas... Eh, bon Dieu, que voulez-vous que cela me fasse ? », remarque qui suffirait à assurer à cet ouvrage une place glorieuse dans l'histoire du roman.

Mais, à la différence de tant d'antiromans squelettiques dont la littérature aujourd'hui entrechoque les lugubres ossements, celui-ci garde la fraîcheur et la spontanéité de la vie. Quelle tendresse dans la déception de Mathias, quand il découvre qu'il ne peut même pas s'acheter un petit chien faute de papiers d'identité ! Quelle humanité, quelle délicatesse dans ses efforts infructueux pour se rapprocher de la jeune Adrienne ! Son séjour dans la pension romaine, entre un vieux monsieur féru de spiritisme, une professeur de piano sur le retour, une amoureuse timide et un aigrefin agrémenté du nom, déjà comique en soi, de Térence Papiano, les intrigues entre ces différents personnages qui s'affairent, paumés et chimériques, de la table de cuisine à la table tournante, leurs disputes, leurs cris, leurs furtifs échanges de caresses font penser irrésistiblement à une séquence de Fellini.

C'est là du plus grand art, où l'humour sert de révélateur à la bouffonnerie fondamentale de la condition humaine, mais sans nuire au mouvement romanesque. « Pourquoi ? Pourquoi ? » se demande un jour Mathias Pascal au bord de la mer, en proie à une inquiétude métaphysique scandée par le murmure des vagues. « Le résultat était que je me mouillais les pieds. »

Une autre fois, en regardant la tragédie d'Oreste dans un théâtre de marionnettes, il réfléchit sur ce qui arriverait au héros de Sophocle si, au moment où il s'apprête à tuer sa mère, on faisait une déchirure dans le ciel de papier du petit théâtre. Les bras lui en tomberaient, pense-t-il. « Oreste, en somme, deviendrait Hamlet. » Un trou dans le ciel de papier : plutôt qu'à Shakespeare, c'est à Pirandello lui-même que cette formule renvoie. Suspendre son geste par excès de lucidité critique, vivre jusqu'à l'impuissance le conflit entre la conscience et l'action, telle est en effet l'essence du pirandellisme, lequel, ici, est présenté sans cette sophistication alambiquée qui gâte certaines pièces de théâtre.

En résumé, si l'on s'intéresse à la Sicile, il faut lire *les Vieux et les Jeunes*, document de première main et par surcroît témoignage significatif des tâtonnements d'un génie à la recherche de lui-même. Si au contraire on a envie de démonter les rouages de ce génie, alors c'est *Un, personne et cent mille* qui s'impose. Mais si vous cherchez un bon roman, ni trop conventionnel comme le premier, ni trop original comme le second, *Feu Mathias Pascal* fera exactement votre affaire : drôle mais aussi chaleureux, dosage subtil d'amertume et de gaieté.

Pirandello III

Le dramaturge

A la lecture

Le théâtre de Pirandello, et notamment *Six Personnages en quête d'auteur*, paraît lié de si près aux problèmes philosophiques du début de ce siècle (crise de la conscience occidentale, explosion du subjectivisme et du relativisme) qu'on a vu dans le « pirandellisme » comme une branche italienne de la pensée européenne, une sorte de jeu spéculatif et abstrait, en oubliant que les vraies sources de ce théâtre ne sont pas à chercher du côté de l'Allemagne ou de la France, mais dans la Sicile natale de l'auteur, dans la province archaïque et tumultueuse d'Agrigente.

Né en 1867, Luigi Pirandello a vécu jusqu'à la vingtième année dans son île. Quand il commence à écrire, ce sont des romans et surtout des nouvelles. Des nouvelles enracinées dans le terroir et les mœurs locales, des nouvelles puissamment réalistes, qui font de lui un Maupassant méridional. Il ne viendra au théâtre que bien plus tard (passé la quarantaine), beaucoup de ses pièces tirant leur sujet d'une nouvelle préexistante. Les inventions apparemment « intellectuelles » de Pirandello ne sont ainsi le plus souvent que des faits divers, racontés d'abord sur le mode naturaliste, et transposés ensuite pour la scène. Exemple : l'épisode central des *Six Personnages*, la découverte par la Mère des relations incestueuses du Père et de la Belle-Fille, renvoie à un événement précis de l'adolescence de l'auteur. Stefano, le père de Luigi, avait une maîtresse (et, d'elle, un enfant adultérin) à Palerme. Le jeune garçon, âgé de quinze ans, alla surprendre un jour les amants dans le couvent où la mère abbesse, modèle de la future Mme Pace, favorisait leurs rencontres (cf. la nouvelle *Ritorno*, qui relate le juvénile esclandre).

Il y aurait bien d'autres « sicilianismes » à relever dans le chef-d'œuvre dramatique de Pirandello. Le carcan, que représente la famille ; les mères voilées de noir, figées dans leur douleur, statues de la désolation ; les bâtards, revanche du conformisme social ; et d'abord, l'extraordinaire complaisance du Père, qui cède sa femme à son secrétaire et les expédie vivre ailleurs leur amour. Pourrait-on imaginer comportement plus contraire à tout ce qu'on sait du « code d'honneur » italien et de la jalousie féroce des maris ? Leonardo Sciascia, héritier spirituel de Pirandello, a le premier attiré l'attention sur la « sophistication de la morale sexuelle traditionnelle », telle qu'on l'observe en Sicile : due, explique-t-il, aux nombreuses absences des hommes (Mafia, prison, clandestinité) et à l'acceptation du cocuage comme accident prévisible.

Plus que de simples anecdotes autobiographiques, tout un climat, typiquement sicilien, revit dans le théâtre de Pirandello. Quand on sait que l'auteur des *Six Personnages* fut marié par son père, sans qu'il eût à donner son avis, sans même qu'il connût la jeune fille ; que la première rencontre entre les fiancés eut lieu à mi-chemin des domiciles des deux familles, en présence des parents, on mesure de quel poids le formalisme le plus rigide écrasait en Sicile la destinée des individus. Avant de faire partie des « affres de son esprit », le « tragique et immanent conflit entre la vie qui bouge continuellement et qui change, et la forme qui la fixe, immuable » a été pour Pirandello une expérience concrète. Uni contre son gré à une femme jalouse que la folie acheva de transformer en une compagne purement fictive, Pirandello, victime du mariage « à la sicilienne », a éprouvé jour après jour la rébellion de l'instinct vital, avide de mouvement et de changement, contre la forme sclérosée d'un pacte juridique.

Typiquement sicilien également est le mélange de mutisme et de loquacité qui enferme chacun dans un silence impénétrable jusqu'au jour où ce qui a été longtemps refoulé explose en plaidoiries et en récriminations véhémentes. Le Père et la Belle-Fille d'un côté, la Mère et le Fils de l'autre, illustrent ainsi les deux pôles du tempérament insulaire : éloquence irrépressible ou refus absolu de parler. Terre d'avocats, où Cicéron vint donner le modèle de la harangue chicanière, la Sicile est en même temps le territoire de la Mafia (la province d'Agrigente en particulier), où tenir sa langue est bien souvent le seul moyen de conserver sa vie. En dénonçant le « leurre de la compréhension réciproque irrémédiablement fondé sur la vide abstraction des mots », Pirandello, dans la préface aux *Six Personnages*, n'entend pas mettre en doute la possibilité de communication entre les hommes ni faire une critique philosophique du langage : il a appris seulement, par expérience, qu'en Sicile les mots ne sont pas le véhicule des messages, et que, si on y parle beaucoup, on prend soin de cacher ce qu'on pense.

Enfin, troisième grande « idée » exposée dans cette préface, Pirandello insiste sur la « multiple personnalité de chacun selon toutes les possibilités d'être qu'il y a en chacun de nous ». Le Père n'a pas d'autre drame, en effet, que de refuser de se reconnaître dans ses actes. Tous ses efforts tendent à dénier à autrui le droit de le juger sur un seul aspect de son caractère ou un seul événement de sa vie. Là encore, il faut chercher à Agrigente, dans l'histoire sans cesse bousculée et chaotique de cette province soumise au cours des siècles à des occupations et à des spoliations continues, la clef de ce scepticisme universel. Antonio Gramsci, dans un de ses cahiers de prison, a le premier souligné les conséquences du passé historique sicilien sur la formation intellectuelle du jeune homme. Le « pirandellisme », qui n'est que la constatation de l'impossibilité pour quelqu'un de n'être que ce quelqu'un-là et point un autre, point dix autres en même temps, a dû s'imposer très tôt à l'esprit du natif d'Agrigente, bien avant que ses études à Rome et en Allemagne ne l'eussent conduit à méditer sur la crise subjectiviste de l'Occident et les problèmes d'identité. De quelle espèce, de quelle communauté peut se sentir le citoyen d'une ville qui fut Akragas sous les Grecs, Agrigentum sous les Romains, Kerkent sous les musulmans, et dont le nom moderne hésite entre Agrigento dérivé de la domination latine et Girgenti de l'occupation arabe ? Dans quelle strate implanter ses racines ? A quelle vérité se raccrocher ? Comment échapper à ses contradictions ? Comment ne pas s'habituer à observer les contradictions dans la personnalité des autres ? Et enfin, quoi de plus naturel que de concevoir le drame de la vie comme le drame de ces contradictions ?

Rien de moins « cérébral », donc, que le théâtre de Pirandello ; et, malgré le paradoxe apparent, rien de plus « populaire », au sens où le doute sur soi-même et la recherche passionnée de sa propre image qui agitent chacun des six personnages sont vécus quotidiennement par le peuple sicilien, toujours à se demander : qui suis-je ? La transposition, au théâtre, des problèmes populaires siciliens, a donné une dimension européenne et cosmopolite aux premières expériences de l'enfant d'Agrigente : depuis le jour où, ayant surpris dans la morgue de sa ville, à côté d'un cadavre exposé sur un banc, un couple absorbé dans les gestes et les murmures de l'acte sexuel, il conclut à la similitude de l'amour et de la mort, et, par là même, à l'identité des contraires.

A la scène

(A propos de *Six Personnages en quête d'auteur* mis en scène par Antoine Bourseiller à la Comédie-Française)

- Un drame naturaliste

Au départ, une pièce naturaliste, un drame de famille comme on en faisait tant à l'époque (1921). Un homme, le Père, cinquante ans, genre notable de province, dont les bonnes intentions et les aspirations « à une solide santé morale » provoquent une série de catastrophes, a successivement épousé une femme sans l'aimer, par pitié de son « humble origine » ; mis leur fils en nourrice à la campagne, pour qu'il grandisse plus fort au contact de la nature ; encouragé son épouse à le quitter pour suivre son secrétaire et fonder avec lui une autre famille, d'où sont issus trois enfants. Le Père, toujours mû par sa bonne volonté désastreuse, s'est intéressé à ces trois enfants, un peu trop au gré de leur père, qui a emmené sa famille dans une autre ville. Bien des années après, la Mère, devenue veuve de ce deuxième homme et réduite à la misère, est revenue dans sa ville d'origine, avec ses trois enfants ; dont l'aînée (la Belle-Fille) a dû se placer chez une couturière, Mme Pace, en réalité une entremetteuse. Par le plus grand des hasards, le Père, client honteux de cette maison de rendez-vous, a manqué de commettre avec sa propre belle-fille, maintenant adulte et méconnaissable, un inceste interrompu seulement par l'arrivée fortuite de la Mère. Le Père, alors, a décidé de ramener tout le monde chez lui. Les six membres de cette étrange famille se retrouvent avec des sentiments de haine et d'exaspération les uns pour les autres : le Fils monté contre la Mère, parce qu'elle l'a abandonné autrefois ; la Belle-Fille indignée contre le Père, à cause de sa visite chez Mme Pace ; le Père ulcéré par la Belle-Fille, parce qu'elle le juge sur ce seul crime ; le Fils méprisant à l'égard de la Belle-Fille et des deux autres petits bâtards, parce qu'il se considère le seul enfant légitime. Et tous d'essayer de plaider leur cause et de se justifier avec passion.

Donnée naturaliste ; nœud de vipères à la sicilienne (thèmes spécifiquement méridionaux : la complaisance du mari, l'adultère, les bâtards, la fixation de la mère à ses enfants) ; sauf que, pour traiter ce drame avec l'efficacité nécessaire, il aurait fallu la violence d'un Ibsen ou d'un Strindberg ; et que Pirandello, justement, ayant compris l'impossibilité de porter au théâtre une œuvre réaliste sans retomber dans les schémas conventionnels et les poncifs du genre, décida de représenter, non pas directement l'histoire tumultueuse des *Six Personnages*, mais leurs vains efforts pour trouver un auteur capable de l'exposer. Au début du spectacle, nous ne voyons donc pas le Père ni aucun des protagonistes, mais une troupe de comédiens professionnels en train de répéter une pièce (de Pirandello : malice de l'auteur dirigée contre ses critiques, alors aussi bêtes que féroces). Et c'est pendant la répétition du *Jeu des rôles* qu'arrivent, à l'improviste, les six personnages en quête d'un auteur ; résolus à persuader les comédiens, et, avant tout, le directeur de la troupe, que leur propre cas fournirait un bien meilleur sujet de pièce ; mais en même temps remettant en question, par leurs discours et par leur comportement, la possibilité de devenir des héros de théâtre. Autrement dit, Pirandello a substitué, à la tragédie naturaliste initiale, une autre œuvre, qui est comme la dérision de la première et constitue une sorte de procès général du théâtre. De l'antithéâtre avant la lettre : d'où l'importance historique de cet ouvrage, son succès jamais démenti depuis la création ; d'où aussi la difficulté de le mettre en scène.

• De l'antithéâtre

La Mère, qui ne veut pas qu'on soulève son voile et qui se déclare hostile à l'exhibitionnisme du Père, le Fils, qui se montre encore plus catégorique dans son refus de participer à l'action, critiquent implicitement la dramaturgie ibsénienne, faite de franchise et de « tranches de vie » crûment étalées. La Belle-Fille, elle, qui, à l'inverse de la Mère et du Fils, voudrait accaparer pour elle seule toute la scène, rappellerait un personnage de Strindberg, autre auteur à l'apogée de sa gloire dans les années 1920. Pour bien montrer qu'il répudie la dramaturgie strindberguienne, Pirandello, par la bouche tantôt du directeur de la troupe tantôt du Père, ne cesse de couper la parole à la Belle-Fille, coupable d'envahir le plateau par sa subjectivité débridée.

Les monologues confiés au Père portent un coup beaucoup plus rude, non seulement au théâtre de tel ou tel dramaturge, mais à la possibilité même de continuer à faire du théâtre. Les mots, explique-t-il, ne servent à établir une communication entre les hommes qu'au prix de malentendus calamiteux, puisque celui qui reçoit le message ne lui donne pas le même sens que celui qui l'a émis. On croit se comprendre, on ne se comprend jamais. Quant aux gestes que nous faisons, ils nous dénaturent eux aussi, ils nous falsifient : dans la mesure où nous avons plusieurs personnalités, indépendantes l'une de l'autre, et où une action commise par une de ces personnalités n'engage pas l'ensemble de notre moi. Qualifier d'incestueux un père qui couche avec sa belle-fille serait méconnaître l'infinie complexité de l'être humain. Un vol ne crée pas le voleur. Chacun de nous est « un », « cent mille » et « personne ». Or, jusqu'à Pirandello, le théâtre reposait sur l'unité de la personnalité. Les mots et les gestes échangés par les personnages leur tenaient lieu d'état civil. A son amour pour sa cassette, on identifiait l'avare. Du moment que les mots et les gestes ne signifient plus rien de notre moi, c'est le dialogue même qui est mis en cause, la vie sociale qui devient absurde, l'action dramatique qui se révèle impossible et le théâtre entier qui est condamné à disparaître. Une mise en scène des *Six Personnages* doit faire apparaître, et le conflit des passions dans leur réalité vivante, et l'inanité de la tentative de communication et d'explication entre les membres de la famille. D'Ibsen à Beckett, le chef-d'œuvre de Pirandello résume cent ans d'histoire du théâtre. Importance du trou du souffleur, qui remplace le manuscrit absent, et désigne le vide à venir.

- Le problème des comédiens et du directeur de la troupe

A travers les comédiens en train de répéter *le Jeu des rôles*, Pirandello a voulu aussi nous livrer un document sur le milieu théâtral de son époque. Voilà une des raisons qui ont conduit Antoine Bourseiller à restituer les *Six Personnages* dans leur cadre d'origine (costumes cubistes de Sonia Delaunay, fox-trot de Francis Salabert), à dater historiquement le comportement du directeur et de sa troupe. Aujourd'hui, les choses ont bien changé. La présentation que fait Pirandello de comédiens au travail, la satire de leurs caprices nous paraissent chargées, caricaturales, « réactionnaires ». Aucun metteur en scène ne crierait avec cette brutalité méprisante : « Silence ! » à ses acteurs. Aucun metteur en scène ne monterait une pièce qu'il n'aime pas, comme ce directeur à qui le seul nom de Pirandello arrache des sarcasmes. Les acteurs, de leur côté, ont perdu l'habitude de cracher sur la pièce qu'ils jouent. Comment gommer toute cette hargne qui semblerait au spectateur moderne d'une invraisemblance criante ? Le contentieux qu'il pouvait y avoir entre Pirandello et les troupes de son temps, son acrimonie d'auteur longtemps refusé n'intéressent plus personne. On peut imaginer, par exemple, que si le directeur rudoie ainsi ses comédiens, c'est par solidarité avec eux, parce qu'il souffre de les voir jouer une pièce aussi mauvaise (dont quelques fragments, alors, seront effectivement joués en attendant l'entrée des Personnages : la scène du miroir entre Guido et Silia ; la scène des œufs et du bonnet de cuisinier). Les « Silence ! », les rappels à l'ordre seront prononcés sur le ton de la complicité affectueuse.

La troupe des comédiens représente tantôt l'opinion publique, sotte et frivole, tantôt le chœur, intéressé et compatissant, à la manière du théâtre antique. Quant au directeur, il doit se composer une figure, qui ne soit ni trop riche, trop dense (pour ne pas concurrencer les six personnages), ni uniquement fonctionnelle. Comment le rendre humain, attachant ? En supposant qu'il a la responsabilité de son théâtre et que l'absence de bonnes pièces le tourmente. En transformant sa rencontre avec le Père en un affrontement non dépourvu de sous-entendus psychologiques et sociologiques. Le directeur, Italien du Nord, froid, pragmatique, est surpris, intrigué, choqué, amusé, par l'irruption de ce Sicilien raisonneur, oratoire, passionné. En même temps (et peut-être Pirandello n'y a pas songé), il est frappant de constater comment ces deux hommes, venus d'horizons culturels opposés, se retrouvent solidaires, aussi bien contre la frénésie ravageuse de la Belle-Fille que contre le mutisme réfrigérant de la Mère. Combat entre les sexes, comme entre deux camps ennemis : cet aspect de la pièce n'avait jamais été mis en lumière.

• Le problème des Personnages

Pirandello a multiplié les didascalies : décrivant minutieusement les six personnages (dont, soit dit en passant, seuls la Mère et les trois bâtards sont en deuil). Ils doivent se distinguer immédiatement des comédiens professionnels, par leur aspect figé, presque de statues. Ils sont des « personnages » justement, définis une fois pour toutes par leur sentiment dominant, la douleur pour la Mère, le remords pour le Père, le mépris pour le Fils, la vengeance pour la Belle-Fille. Ils portent en eux leur destin achevé. Pirandello avait même pensé les affubler de masques (projet jamais réalisé). Pleins à ras bord de leur drame, sous pression continuelle, ils affichent leur passion sur leur visage. Voilà pour la ligne générale qu'ils doivent observer. Néanmoins, il serait impossible de les montrer pendant toute la durée du spectacle dans cet état paroxystique, sans les transformer en pantins. Le problème est de leur ménager des instants de liberté, de grâce. Obsessionnels, raidis à jamais dans leurs traumas, ils n'en ont pas moins droit à des ruptures de tension, à des contradictions, à des mots ou des gestes imprévus. Destin et liberté, ou pour le dire en termes plus pirandelliens, Forme et Vie se jouent à travers eux une lutte ininterrompue, subtile, à rendre par tel geste, telle intonation qui brise la logique de leur rôle.

La Mère est sans doute la moins mobile de tous : une vraie veuve et mère sicilienne, avec son voile de deuil, son refus de le soulever, qui traduit son refus d'être considérée comme une femme, comme un individu. Elle n'est qu'un emploi, elle incarne la double fonction sacrée de la maternité et du veuvage. N'empêche qu'elle a pu aimer, d'amour, son second homme, passant outre aux obligations de réserve imposées aux femmes siciliennes ; de même qu'elle a haï, physiquement, le premier.

Le Père n'est-il vraiment qu'un hypocrite, un salaud ? Le monologue sur la misère de la chair chez un quinquagénaire, trop vieux pour plaire aux femmes, trop jeune pour s'en passer, est mis d'habitude sur le compte de sa politique générale d'autojustification. Il y a là, cependant, peut-être un aveu sincère, émouvant, un reflet de ce que Pirandello a pu éprouver lui-même. Dans toute l'œuvre de Pirandello, narrative ou théâtrale, on ne trouve pas une seule fois un sentiment d'amour. Ce qui pousse hommes et femmes les uns vers les autres, c'est ou bien l'ambition sociale du mariage, ou bien le désir « bestial » des sens. Mais la « bête » est-elle uniquement « bête » ? Ne souffre-t-elle pas d'être tombée dans cette condition déchue ? Et si toute la rhétorique dont le Père s'encombre n'était qu'un moyen de se cacher à ses propres yeux le ratage de sa vie ? D'oublier le désespoir d'une existence qui aura passé à côté du bonheur sans jamais l'atteindre ?

La Belle-Fille, apparemment la plus fanatique, la plus obsédée (jusqu'au fétichisme : elle réclame pour rejouer sa scène chez Mme Pace les meubles, les vêtements exacts de la première fois), est aussi le personnage à qui sa jeunesse et son allant permettent les ruptures les plus spectaculaires. C'est, par tempérament, une sensuelle, bourrée de charme et de drôlerie. Pour faire rire les comédiens, elle quitte son rôle de belle-fille outragée et leur chante un refrain à la mode. Clairvoyante, elle a toute l'astuce qui manque au Père. Chaque fois que celui-ci risque d'indisposer le directeur par son emphase trop insistante, elle intervient pour détendre la situation, glisser une note de séduction, de chic féminin. Si elle portait un masque, on sent qu'elle l'ôterait dans ces instants-là. Et voici un exemple plus précis. Elle évoque le chapeau orné de roses de mai que le Père lui a donné un jour en cadeau, alors que, petite fille encore, il allait l'attendre à la sortie de l'école. Trois façons de dire cette réplique sont possibles. Avec un rire de sarcasme (le père était si « comique » dans ses manœuvres d'approche). Avec une moue de dégoût (à la lumière de ce qui aura lieu plus tard, chez Mme Pace, où les chapeaux joueront aussi un grand rôle ; rappelons à ce propos que Pirandello, enfant, assista par hasard à une scène de coït dans une morgue entre un homme et une femme qui n'avait pas ôté son chapeau : d'où la connotation érotique, et péjorativement érotique, du « chapeau », avec une nuance de répulsion, dans toute l'œuvre pirandellienne). Ces deux façons d'évoquer le cadeau du Père seraient pleinement conformes aux deux « personnages » du Père et de la Belle-Fille : lui figé dans son érotomanie mielleuse, elle dans son acharnement démystificateur. Mais il y a une troisième manière de raconter l'épisode du chapeau, qui est peut-être la meilleure, surtout si la comédienne chargée du rôle sent les choses ainsi. Le Père peut avoir été désintéressé, touchant, une fois dans sa vie, et la Belle-Fille veut conserver de lui au moins ce souvenir, d'un beau-père généreux apportant un cadeau sans arrière-pensée. Elle pourrait facilement abîmer ce souvenir, en pensant à ce qui a suivi. Mais elle préfère ici être émue, garder ce coin d'enfance pur dans sa mémoire.

Pour justifier cette interprétation, il suffit de prendre garde à ce qu'elle dit (à deux reprises) sur son avenir. Quand elle se sera débarrassée de son obsession en ayant mimé la scène de Mme Pace, quand elle se sera délivrée de son passé à travers ce psychodrame, elle « prendra son vol ». Elle se remettra à vivre. Il y a donc en elle, intacte, la possibilité de cesser d'être le « personnage » muré dans son destin, de recommencer à être une femme libre. Notons que si le Père, avec sa lourdeur et sa myopie mentale, représente l'élément « terre », si la Fillette, qui s'évade de ce drame par la noyade, représente l'élément « eau » et l'Adolescent, qui se tue d'un coup de revolver, l'élément « feu », la Belle-Fille, décidée à s'envoler, représente l'élément « air », symbole de ses réserves vitales. A son dynamisme foncier, rien n'a pu rogner les ailes.

- Un peu de psychanalyse

La version présentée en 1978 à la Comédie-Française constitue une sorte de première pour le public français. En effet, jusqu'à maintenant, on jouait la pièce dans la traduction de Benjamin Crémieux, faite sur la première édition italienne des *Six Personnages*. Or Pirandello, après les nombreuses représentations nationales et internationales, apporta d'importantes modifications à son texte. Michel Arnaud a retraduit entièrement la pièce, d'après la version définitive de Pirandello. Certaines retouches s'expliquent par le besoin de renforcer le spectacle à l'aide d'éléments anecdotiques et visuels. Ainsi l'adjonction, au début de la première partie, du machiniste qui cloue les planches, et le détail piquant du retard du grand Premier Rôle Féminin, la *prima donna* de la tradition d'opéra italienne, qui joue de son toupet et de son petit chien pour calmer l'irritation du directeur. Par souci d'efficacité dramatique, Pirandello a transféré le grand monologue de la Belle-Fille, du début de la seconde partie presque à la fin de la pièce. Rien que de très naturel dans ce déplacement. Mais, de la première version des *Six Personnages* à la rédaction définitive, on relève un autre changement, une suppression cette fois, une très étrange suppression, absolument pas justifiée par l'économie générale de la pièce. Le Fils, au début de la seconde partie, racontait, dans un bref aparté, qu'il avait surpris son père et sa mère dans l'attitude d'un homme et d'une femme, et que ce choc émotionnel valait bien celui que le Père et la Belle-Fille avaient subi en se reconnaissant chez Mme Pace.

Passage capital, qui éclaire le personnage assez mystérieux du Fils, et motive son refus de participer à l'action, son mutisme crispé. Témoin dans son enfance de ce que Freud appelle la « scène primitive » (le coït des parents), le Fils est resté à jamais traumatisé. Le voilà mis en face de son œdipe, tenté non moins qu'épouvanté par l'acte maudit, contraint désormais à une discipline stricte : se tenir à distance de sa mère, le plus loin possible, sans se laisser approcher ni toucher. Parallèlement au rapport incestueux, et quasiment avoué, du Père et de la Belle-Fille (qui donnent l'impression, souvent comique, de former un vieux ménage), un autre rapport incestueux, mais celui-là énergiquement refusé et refoulé, unit la Mère et le Fils. Ce Fils qui ne peut ni se détacher complètement de sa famille ni accepter d'y jouer son rôle, obnubilé comme il est par un fantasme qu'il repousse de toutes ses forces sans pouvoir s'en libérer. Les deux plus jeunes bâtards redoublent, en quelque sorte, la figure du Fils : eux complètement muets, poussant le refus de la tentation œdipienne jusqu'au suicide. La noyade de la Fillette et le coup de feu de l'Adolescent restent des énigmes incompréhensibles, si l'on ne tient pas compte de cette culpabilité qui pèse sur des innocents [1].

Reste à savoir pourquoi Pirandello a retiré en un second moment l'aparté révélateur du Fils, et s'il ne serait pas utile de le rétablir à la représentation. Il l'a retiré parce que ce passage, surprenant l'auteur lui-même, lui révélait les abîmes de son propre inconscient. Le centre de tout le drame des *Six Personnages*, c'est peut-être moins, en définitive, le scandale de l'inceste presque réalisé entre le Père et la Belle-Fille que la hantise de l'inceste, non réalisé, irréalisable, mais toujours obsédant, entre la Mère et le Fils ; la fascination et l'horreur que tout Fils a éprouvées pour l'acte tabou. On s'explique alors le sens profond de la pièce, et la raison pour laquelle Pirandello l'a abandonnée en cours de route. Les six personnages n'étaient pas seulement des inventions d'homme de théâtre ; leur intrusion sur le plateau signifiait l'effort du refoulé cherchant à se frayer un chemin vers la conscience. (C'est pourquoi la

1. Voir à ce sujet les neuves et pertinentes analyses d'André Bouissy dans *Lectures pirandelliennes*, Paillart, 1978.

trouvaille de Pitoëff, de faire descendre les Personnages des cintres, par l'ascenseur de service, est encore perfectionnée, si on les fait monter par une trappe, hors des « profondeurs » du sous-sol : de héros « fantastiques », créations gratuites de l'imagination, ils deviennent des héros « fantasmatiques », conditionnés par les traumas d'enfance de l'auteur.) Pirandello se jouait à lui-même son propre psychodrame, l'autoanalyse prenant peu à peu le pas sur le simple travail littéraire ; jusqu'au moment où, s'identifiant avec le Fils, il a senti l'impossibilité d'aller plus loin dans la cure ; et congédié les six personnages, pour ne pas avoir à rester plus longtemps avec celui du Fils ; interrompu la pièce, c'est-à-dire renvoyé dans les ténèbres du refoulement la part la plus secrète, la plus inavouable de lui-même ; non sans avoir, d'ailleurs (didascalie rajoutée après coup : un geste en disant moins qu'une confession écrite), indiqué que le Fils saisissait à bras-le-corps le Père, se colletait avec lui et le jetait par terre, « au milieu de l'horreur générale » : allusion évidente à l'assassinat rituel de Laïos.

De l'antithéâtre, oui. Acceptons cette formule, mais à condition de comprendre que Pirandello, bien loin de s'en tenir au rôle d'expérimentateur et de théoricien dans lequel on le confine souvent, avait ici un intérêt vital à ne pas aller jusqu'au bout de la représentation. Le procès fait au théâtre dissimule l'angoisse de montrer au public, de se montrer à soi-même, un désir, un conflit, un crime qui doivent rester cachés. Le dénouement est rapide, brutal, inattendu : que tout rentre au plus vite dans le silence de la censure, dans la paix du non-dit. Plutôt la mort que l'aveu. Seulement, si on supprime l'aparté du Fils, on ôte à son personnage tout ce qui en fait l'intérêt. Il ne sera plus qu'un jeune coq bougon, drapé rhétoriquement dans la proclamation de sa « légitimité ». On prendra pour de la mauvaise humeur une blessure incurable. C'est pourquoi il a semblé bon de rétablir les quelques lignes sur la « scène primitive » ; et même, de les déplacer, du début de la seconde partie, où elles figuraient dans la version originale, à la fin de la première partie, où elles ressortiront avec éclat.

Pitré

La terre du soupçon

Recommandé par le vice-roi, et reçu pour cette raison avec des égards particuliers par les moines du couvent de San Martino, Goethe raconte que l'abbé en personne vint le saluer au dessert. Et Pitré, commentant ce passage : « Le silence sur le nom de l'abbé excite la curiosité de l'historien[1] ».

Un avocat du barreau de Palerme avait été chargé par le gouvernement français d'enquêter sur les origines de Joseph Balsamo, dit Cagliostro. Grâce à cet avocat, Goethe put avoir des informations inédites sur le fameux imposteur. Il fit même la connaissance de sa sœur et de sa mère. Et Pitré : « Qui peut avoir été à Palerme l'avocat chargé par le gouvernement de France d'enquêter sur les origines de Cagliostro ? »

Que le lecteur de Pitré ne s'attende pas à des révélations sensationnelles de noms illustres. Quand il aura appris que l'abbé du monastère de San Martino s'appelait don Filippo Benedetto De Cordova, et que l'avocat du gouvernement français était un certain baron Antonio Bivona, il pourra s'étonner que Pitré se soit mis en peine de rappeler à notre mémoire des personnages aussi modestes. De même que nous laisse passablement intrigués le soin qu'il prend à rectifier la localisation de l'hôtel où Goethe est descendu pendant son séjour à Palerme. Dix pages d'enquête minutieuse pour établir que s'il a vu passer sous sa fenêtre un malfaiteur sortant de prison, cet hôtel ne pouvait pas se trouver près de la porta Felice, comme on l'affirme, mais via di Porto Salvo, en face d'une des entrées du pénitencier. Pourquoi, continue Pitré, Goethe a-t-il passé sous silence le nom de la propriétaire de l'hôtel, Mme Montaigne ? Et le nom de la famille qui hébergea le poète allemand à Agrigente ? Et le nom du consul qui lui servit de guide à Messine ?

Chaque fois qu'il le peut, Pitré remplit les lacunes laissées par le grand voyageur. Avec une sorte d'exultation quand il y parvient ; avec une sorte de désespoir quand sa propre enquête se révèle infructueuse. Exultation et désespoir qui dépassent de loin les sentiments que peut dicter à un érudit le souci de l'exactitude historique. La passion qui anime l'opuscule de Pitré sur le voyage de Goethe en Sicile et qui le rend si vivant pour le lecteur d'aujourd'hui est un bon témoignage sur une manifestation très curieuse de *sicilitude* (pour reprendre le mot forgé par Leonardo Sciascia, lequel se sera sûrement diverti de trouver des allusions à Joseph Hager et à l'abbé Vella, falsificateur du code de San Martino et personnage de son roman historique *le Conseil d'Egypte*, et en général aura pu apprécier l'esprit de détective qui s'affirme dans ces pages à la saveur parfois policière). Pour nous, lecteurs de la fin du XXe siècle, ce ne sont pas tellement les précisions supplémentaires ajoutées par Pitré au récit de Goethe qui nous retiennent ; ni les rectifications apportées aux erreurs ou aux oublis du poète ; ni même ce qu'un Sicilien du début de ce siècle pouvait penser des impressions laissées par un voyageur allemand de la fin du XVIIIe siècle.

Si cet opuscule nous apprend quelque chose de neuf et d'excitant, c'est bien sur un aspect bizarre et névrotique du caractère sicilien. Demandons-nous ce qu'un homme comme Pitré, savant de réputation bien établie, donc fort éloigné de l'incertitude existentielle qui guette le paysan

1. Giuseppe Pitré, ethnologue palermitain (1841-1916), organisa à Palerme le merveilleux Musée du folklore sicilien et publia en vingt-cinq volumes, d'une saveur rare, une *Bibliothèque des traditions populaires siciliennes*. Le séjour de Goethe lui inspira un petit ouvrage : *Goethe in Palermo*.

encore prisonnier d'une conception magique de la vie, demandons-nous ce qu'un tel homme attendait d'abord de la relation de voyage de Goethe. La réponse ne manque pas de stupéfier : il attendait de lire le nom exact de personnages inintéressants en eux-mêmes. Ce qui signifie : le sentiment de sa propre identité est si précaire chez le Sicilien, même chez le Sicilien cultivé et savant, qu'il a besoin de se sentir confirmer dans son existence par l'attestation d'un témoin autorisé. Pitré ressent comme une offense personnelle l'omission du nom de l'abbé de San Martino, l'omission du nom de l'avocat du gouvernement français : comme si, faute d'avoir été cités, ils s'étaient évanouis à jamais dans la nuit de la non-existence ; et comme si lui, Pitré, se voyait menacé du même sort ; et voyait en même temps la Sicile tout entière prête à basculer dans les ténèbres d'une nuit compacte et définitive. Dans son esprit, un voyageur aussi important que Goethe avait un seul service à rendre aux Siciliens : les nommer, les appeler par leurs noms, afin de leur permettre de croire à leur propre identité et de croire à la réalité de la Sicile. Telle est en effet la Sicile, terre qui s'inquiète de n'être qu'une pure illusion, un fantasme flottant sur la mer, sans consistance et sans histoire. Et tel est un aspect de la *sicilitude* des Siciliens : la peur de se volatiliser comme des fantasmes ; l'angoisse de n'être pas reconnus comme des hommes, comme des personnes individuelles ayant une identité particulière ; le besoin pathétique de quêter des preuves de leur passage sur la terre ; et le soupçon, toujours recommencé, d'être spoliés de leur destin.

Qui suis-je ? Suis-je même sûr d'être quelqu'un ? Eternelle, anxieuse question, qui agite les personnages de Pirandello, comme ceux de Brancati, comme ceux de Vittorini. Il est très instructif de constater qu'elle n'est pas étrangère aux savants eux-mêmes : et ainsi on peut affirmer que le petit livre de Pitré relève, dans son genre précis, réfléchi et érudit, de la même inspiration qu'on trouve à l'origine de tous les monuments durables de la littérature sicilienne.

Autant Pitré nourrit de rancœur contre Goethe pour avoir manqué à son devoir de confirmateur d'existence, autant il lui manifeste de gratitude pour s'être intéressé aux pierres, à la minéralogie de l'île, ainsi qu'à la « plante primitive », l'*Urpflanze*, modèle mythique de toutes les plantes possibles, dont l'idée lui serait venue dans les somptueux jardins de la villa Giulia de Palerme. Cette réaction de Pitré semblerait assez étrange, si elle ne s'accordait parfaitement au jugement qu'il porte sur la grotte de Santa Rosalia : il félicite Goethe d'avoir loué la simplicité du culte dédié à la sainte protectrice de Palerme. Dans la religion comme dans les pierres et dans les plantes, Goethe a su voir l'aspect « primitif », c'est-à-dire solide et sécurisant, de la Sicile ; l'aspect qui, justement, peut soustraire les Siciliens au sentiment vertigineux de leur non-existence. Lorsque Pitré rend grâce au poète allemand d'avoir compris le caractère simple, robuste et pour ainsi dire minéral de la dévotion à Santa Rosalia, nous devinons qu'il pousse lui-même un soupir de soulagement : voilà, dans la nudité de ce sanctuaire et dans l'harmonie dépouillée du simulacre de la sainte, une raison enfin de cesser de douter sur soi-même. La religion « touche » sentimentalement le cœur dans la mesure où sa représentante se laisse « toucher » matériellement, concrètement.

Dans ces conditions, il faut réfléchir un peu avant d'accabler Pitré parce qu'il approuve sans réserve le dégoût exprimé par Goethe devant les statues, pour nous sublimes, de la villa Palagonia. Cette décoration, qui aurait pu faire les « délices » des visiteurs, provoque seulement en eux la « nausée », déclare notre érudit, d'habitude plus modeste pour avancer une appréciation en matière esthétique. « Des hommes avec des têtes de femmes, des femmes avec des têtes d'hommes, des chevaux avec des pattes de chiens... » La répulsion de Goethe, élevé à l'école de Winckelmann, s'explique très bien par le goût néoclassique alors à son apogée. Celle de Pitré, plus d'un siècle plus tard, répond à d'autres motifs : et, plus précisément, à cet aspect de la *sicilitude* déjà mentionné. Des hommes-femmes, des femmes-hommes, de chevaux-chiens : le génie baroque de la Sicile exprime magnifiquement le vertige existentiel dont chaque Sicilien, un jour ou l'autre, devient la proie. Qui suis-je ? Suis-je un homme ? Suis-je une femme ? Un cheval n'est-il pas aussi un chien ? Le pseudo-comte de Cagliostro, le magicien, l'imposteur, l'homme aux pseudonymes et aux métamorphoses, est lui aussi une émanation typique de cet âge baroque et de cette névrose sicilienne : rien d'étonnant que Pitré, à la suite de Goethe, s'interroge sur le mystère de ce Joseph Balsamo, avec un mélange significatif de curiosité et d'antipathie. Pour les « monstres » de Palagonia, reste seule l'antipathie : violente, haineuse. Parce qu'ils lui présentent bien en face ce qu'il fuit le plus en lui-même : un état civil bouleversé et incohérent, une image tourmentée et délirante de la condition humaine.

Dans l'opuscule de Pitré nous retrouvons ainsi, affrontées dans un combat qui durera sans doute aussi longtemps que la Sicile elle-même, les deux tentations permanentes du génie insulaire : se laisser aller à la volupté de se perdre, jusqu'à la confusion des sexes et des espèces, dans une sorte d'égarement existentiel paranoïaque — figures de Palagonia qui ont « la bouche sur le front et le nez au nombril » — ; et se reprendre, se ressaisir, se sauver par l'enquête érudite et la minutie d'archives — le travail « positif » de Pitré. Quant à nous, étrangers du XXe siècle — s'il m'est permis de conclure par une remarque personnelle —, aimerions-nous tellement la Sicile, si elle ne se livrait, encore aujourd'hui sous nos yeux, à cette lutte trépidante de la folie et de la raison ?

Pizzi

Un baroque janséniste

C'est au début des années 80 que Pier Luigi Pizzi, par une suite de spectacles éclatants, fit main basse sur Paris. Coup sur coup : *Orlando furioso* de Vivaldi, *les Indes galantes* et *Hippolyte et Aricie* de Rameau,

Ariodante et *Rinaldo* de Händel, *Alceste* de Gluck. A Venise, la *Passion selon saint Jean* ouvrit l'année Bach, au théâtre de la Fenice. Oui, l'oratorio sacré exhibé sur les planches. Un véritable coup d'Etat, et l'un des plus beaux spectacles de Pizzi, en tout cas le choc le plus fort sur les mélomanes, dans la mesure où ils découvraient le génie dramatique d'un compositeur qui n'avait jamais écrit d'opéra. Nulle entorse à la partition. Qu'est-ce que le récit de la Passion, sinon l'archétype d'une histoire qui, de l'*Orfeo* de Monteverdi à l'*Otello* de Verdi, en passant par l'*Alceste* de Gluck et l'*Idomeneo* de Mozart, la *Beatrice di Tenda* de Bellini et la *Lucia di Lammermoor* de Donizetti, met en scène la trahison des hommes et la perfidie du destin ? Dans le drame du Christ, croyants et incroyants pouvaient voir la tragédie, éternelle et transposable à toutes les époques, de l'innocence persécutée. Pour décor, une foison de statues, d'orgues, d'autels et de chaires baroques, qui occupait le parterre de la Fenice depuis le fond du plateau jusqu'à la loge royale. On avait enlevé les fauteuils d'orchestre, cantonné les spectateurs dans les loges. Comme des *aficionados* encerclant l'arène, ou comme des pêcheurs de thon penchés sur la *mattanza*, ils supputaient, dans chacune de ses phases, le rite cruel et somptueux de la mise à mort. Et tout cela pour cinq représentations seulement, dans un théâtre dont les difficultés financières et la gestion hasardeuse défrayaient la chronique — moindre mal, comme on sait, en comparaison du désastre qui a suivi (voir articles *Opéra, « Bach, Händel et l'opéra italien »,* et *Désastres).*

Telle est l'Italie : menacée, fragile, mais toujours prête à faire des folies pour une jouissance un peu vive. Et tel est Pizzi : l'héritier de la grande tradition scénographique des Torelli, des Bibiena, des Bernin. Il a décoré lui-même son appartement parisien : murs et plafond saumon clair, moquette brique, très peu de meubles, quelques beaux vases, un torse de nu masculin, des peintures d'artistes baroques aussi rares que troublants, Francesco del Cairo ou Trophime Bigot. Espace presque vide, prolongé, comme un fond de décor, par les arbres des Tuileries. A Venise, il a élu domicile sur le Grand Canal, à l'étage noble du palais Contarini delle Figure, surnommé ainsi à cause des deux personnages sculptés qui en ornent le portail. A l'intérieur, mobilier moderne aux lignes très pures, en harmonie avec un petit nombre d'objets étranges, pyramides, sphères, bustes lisses et blancs, qui semblent provenir d'un magasin d'accessoires mais suggèrent, par leurs formes dépouillées et géométriques, un théâtre idéal où tout ne serait que « luxe, calme et volupté ». Pas plus que Baudelaire, le maître de maison ne paraît avoir d'amitié pour le monde végétal, élan de force instinctive non soumise au contrôle de l'esprit. Quand il admet, par dérogation à son peu de sympathie envers ces « légumes sanctifiés », un arbre sur la scène, comme pour la *Perséphone* de Stravinski, c'est une plante stylisée à l'extrême, dont le feuillage métallique est aussi avare de sève que pauvre en chlorophylle.

Vêtu de souples lainages, élégant, discret, le front dégagé, l'œil attentif, le collier de barbe soigneusement taillé, Pizzi n'est pas sans ressembler à Freud. Apparence on ne peut plus trompeuse, car s'il y a un homme qui doit haïr la prétention et la morgue doctorales, le jargon psychanalytique et surtout les distorsions infligées aux opéras par tant de metteurs en scène en mal de complexes, c'est bien lui. Fils du soleil et non des ténèbres, Pizzi aborde les œuvres par leur aspect physique : sons, couleurs, matières, étoffes. « Je vais choisir moi-même les tissus, dans un atelier de couture de Rome. » Un décor de Pizzi se reconnaît au premier coup d'œil : par l'emploi de certains revêtements laqués, de certaines matières lisses qui font des surfaces réfléchissantes. « Elles agrandissent l'espace. »

L'espace : mot clef pour celui qui a commencé par faire des études d'architecte. « A Milan, où j'ai tout de suite été attiré par le théâtre. A dix-sept ans, j'ai été mime au Piccolo Teatro, dans le *Richard II* de Strehler. A vingt et un ans, premier spectacle à Gênes, décors et costumes. Rupture avec ma famille, et transfert à Rome. Le hasard a voulu que je trouve une chambre via del Babuino, à deux pas de la place d'Espagne. Pensez donc ! A une extrémité de la rue j'avais les deux anges du Bernin à S. Andrea delle Fratte, à l'autre bout les deux tableaux du Caravage à Santa Maria del Popolo. » Il n'y a pas de hasard, Pier Luigi ! Ces messagers célestes à la grâce si exquisement charnelle attendaient le néophyte pour lui annoncer, évangile du futur homme de théâtre, qu'il n'est pas de beauté si pure qu'elle ne dégage un pouvoir sensuel ; et, devant la crucifixion de saint Pierre et l'éblouissement de saint Paul, il découvrirait, dans le mystère d'un clair-obscur qui semble réglé par des projecteurs de scène latéraux, quelle violence émane d'un simple entrecroisement de lignes obliquement disposées.

Révélation et enivrement d'une époque, d'une sensibilité, d'un style qu'il s'est appliqué ensuite à ressusciter sur les plateaux de théâtre. Son *Parsifal* de Venise n'était convaincant que dans l'acte de Kundry, beaucoup plus sensuel et « italien » (écrit d'ailleurs à Ravello) que les scènes d'exaltation mystique. La civilisation baroque a culminé, comme on sait, dans les arts du spectacle, et Pizzi, autant par goût personnel que par sens de la tradition historique, a renoué avec le faste et l'éclat de ses ancêtres italiens.

« Tous ces martyrs, ces saintes, ces pâmoisons, ces extases qui font le paysage de Rome ! » Et dont le metteur en scène s'est inspiré, par exemple, pour la pose de Marie après la mort du Christ, ou pour les défaillances amoureuses des guerriers händeliens. « Après l'Italie, il y a eu Rembrandt. Son dernier tableau, *le Fils prodigue*, au musée de l'Ermitage ! Après Caravage, c'est Rembrandt qui m'a appris à éclairer une scène. J'ai beaucoup voyagé, très jeune : l'Espagne, l'Andalousie, l'Allemagne. » Toujours l'aire des anges déhanchés, des spirales, des volutes, du stuc et du sucre, du pathos orné. Et puis, surprise : parmi ses expériences fondatrices, Pizzi cite l'Asie. L'Inde, avec Fatehpur Sikrī, et ses pavillons d'une architecture à la fois tarabiscotée et simple, posés sur une esplanade rose comme des éléments de décor sur un plateau de théâtre. Le Japon, où il a trouvé l'antidote nécessaire à l'exagération et à la boursouflure, pièges éternels du baroque. « Face à Versailles, qui est dilatation et emphase, le Japon donne une leçon de rigueur, de nécessité. Il y avait à Katsura le même faste qu'à la cour de Louis XIV, mais contenu dans les limites d'une géométrie sévère. Le Japon m'a appris le dépouillement. Les jardins de sable et d'arbres guidés, contrôlés, m'ont appris à traiter la nature comme un fait théâtral. Jamais, dans mes spectacles, un végétal qui n'ait l'air faux. »

Voilà le secret de Pizzi. Ce mélange de luxuriance romaine et de pureté orientale. L'Asie l'a sauvé de la gratuité ornementale, de l'enjolivure rococo — défauts que Visconti, l'autre grand scénographe à qui il fait penser, n'a pas toujours évités. Son premier spectacle baroque, l'*Orlando furioso* de Vivaldi en 1978, puis la *Sémiramis* de Rossini à Aix, ont imposé son style : surfaces laquées comme des miroirs, prédominance du blanc (parce que cette couleur révèle le volume essentiel, la structure des choses et des êtres : vieux songe d'architecte), costumes tout d'une pièce où les personnages sont pris comme des statues, colonnes, spirales, cercles. Cependant, aucune « théorie » du spectacle ne sous-tend ces recherches. Aussi loin de Strehler que de Freud, Pizzi abhorre tout ce qui n'est pas l'émotion première, le choc immédiat de la beauté. Il incarne à l'état pur le génie italien des formes plastiques. Ce qui lui attire, évidemment, les remontrances de certains docteurs en théâtralogie, Trissotins pédants pour qui la beauté est un luxe suspect. « Elle cacherait le vide, selon eux. Pour moi, elle est le véhicule qui nous conduit au cœur des choses. C'est seulement à travers le plaisir esthétique qu'on arrive à la vérité. »

Pensée qui a guidé Dostoïevski (« La beauté sauvera le monde »), un esprit pourtant aussi peu latin que possible, et, avant lui, les grands créateurs de la Renaissance. Pizzi sait renouveler ses décors sans cesser d'être fidèle à son style : la colonne de porphyre éclatée d'*Ariodante*, d'où surgissent, comme les pépins d'une grenade mûre, guerriers empanachés et mousseuses vocalises, le péristyle arrondi d'*Alceste*, les corniches brisées d'*Hippolyte et Aricie* (Rameau, hum ! il me semble que cette musique empesée, d'un auteur qui détestait les Italiens, a moins inspiré celui qui, lors de la fameuse Querelle des Bouffons, en 1752, se serait rangé du côté de Pergolèse, de Diderot et de Jean-Jacques Rousseau, contre la rigidité un tantinet scolaire de l'opéra français), l'escalier de briques blanches de *Sémiramis*, les cuirasses de plâtre des paladins, les casques de velours, les cothurnes géants, chaque fois, pour le spectateur, c'est la surprise et l'émerveillement.

Et l'occasion de découvrir la couleur propre de chaque œuvre. Noblement mélancolique chez Gluck, discrètement pathétique chez Händel, endiablée chez Vivaldi, délirante chez Rossini. La leçon du baroque revisitée grâce à un emploi judicieux de matériaux modernes, une empathie intelligente avec ses stars préférées (l'élégiaque Shirley Verret, la « latinement désordonnée » Montserrat Caballé, la « pétulante » Marilyn Horne), un sens infaillible de la beauté et le courage de passer pour « esthète » alors qu'il est un profond philosophe de la vie, le goût de vivifier les œuvres sans les dénaturer, voilà comment, sous les mains de ce méticuleux artisan et parfait artiste, l'opéra se transforme, de convention vieillotte, en fête pour l'esprit et les sens.

On aurait pu croire — et, en France du moins, le hasard des programmes a longtemps accrédité cette opinion — que ses goûts et ses dons condamnaient Pizzi à n'opérer que sur un certain type d'opéras, appartenant à une aire géographique précise — l'Italie ou l'Europe plus ou moins italianisée — et à une période historique non moins délimitée — les XVIIe et XVIIIe siècles. Il n'en est rien. A considérer l'ensemble de ses travaux, on constate que son style, si personnel et singulier soit-il, s'adapte à un répertoire beaucoup plus large.

Qui l'aurait attendu dans Verdi ? Auprès de beaucoup de bons esprits, même en Italie, Verdi passe pour « vulgaire ». C'est lui qui, brisant la ligne élégante et les cadences raffinées du *bel canto*, a introduit dans l'opéra le désordre et l'outrance. Délires de joie, cris de douleur, sanglots de rage, il n'y a aucun excès, aucun paroxysme que ne se permette un compositeur plus sensible, apparemment, à la virulence et à la démesure des passions qu'à l'idéal du beau. Les voix humaines, il les oblige à étendre leur tessiture et à monter en puissance : la soprano passe au *lirico spinto*, le mezzo et le baryton doivent rejeter les limites où les cantonnait la tradition, et le ténor arracher de sa gorge des notes suraiguës. Le spectateur, au lieu de se laisser bercer par de longues phrases harmonieuses, comme lorsqu'il assistait à un opéra de Händel, de Gluck, de Mozart, de Bellini, est projeté dans un monde convulsé et violent.

Si l'on peut comparer Bellini à Lamartine, encore respectueux de la prosodie classique malgré un nouveau clavier d'émotions, c'est à Hugo que fait penser Verdi : comme le poète français qui met en pièces l'alexandrin et tord le cou à la syntaxe par d'audacieuses innovations, le compositeur italien rompt avec les usages de son pays. Il ne cherche plus à plaire, à charmer, il agresse l'auditeur, il le malmène, il le bouscule. Il pense que le réveil politique du peuple italien et la révolution nationale doivent commencer par un bouleversement de ses habitudes musicales. Il est le premier romantique de l'opéra, par sa tendance au forcené, à l'échevelé, son manque d'humour, son adhésion crédule à la psychologie plus que sommaire de ses personnages. Que dire, en effet, des livrets qu'il met en musique ? Ce ne sont que vengeances féroces, défis sanglants, duels ou batailles spectaculaires, dans des décors lugubres de châteaux forts moyenâgeux ou de palais satrapiques. Que peut-il y avoir de compatible, se demande-t-on, entre des situations aussi exagérées, des outrances aussi absurdes, des déchaînements aussi privés de vérité intérieure, et le goût d'un homme connu pour son raffinement extrême ? Comment un esthète aussi fin, décorateur jusqu'au bout des ongles, réussit-il à s'accommoder d'une dramaturgie aussi grossière ? Entre Verdi le plébéien, qui se complaît dans les effets tapageurs et les tons criards, et Pizzi le grand seigneur, épris de mesure aristocratique et fort d'une ironie qui était la gloire de l'ancien régime, où trouver le trait d'union ?

Dans l'italianité commune aux deux artistes. Dans la capacité de Pizzi de comprendre un univers qui, même s'il semble aux antipodes de ses préoccupations et de son instinct, a jailli du même sol natal. Si Pizzi peut être considéré comme un prince de la Renaissance, par la perfection des formes qu'il crée, il partage aussi avec les meilleurs esprits de cette époque la curiosité encyclopédique. Bien plus, il est arrivé à nous montrer que l'image du Verdi simpliste et vulgaire véhiculée dans le monde est une fausse image, une déformation, un détournement du Verdi véritable, dus aux mauvaises habitudes des chanteurs et des metteurs en scène, et à la perversion du public par le *malcostume* des producteurs de spectacles. Sait-on, par exemple, que le contre-ut de poitrine qui termine en fanfare l'air « *Di quella pira* » de Manrico, dans *il Trovatore*, n'a pas été écrit par Verdi ? Un des premiers ténors titulaires du rôle (Tamberlick sans doute) l'a rajouté de son chef. L'air n'est pas très fameux sans doute, il est trop brillant, trop voyant, mais c'est le contre-ut qui le transforme en morceau de bravoure agaçant, en exhibition de pompiérisme, en miroir aux alouettes pour les gobeurs de prouesses. Je résumerais l'apport de Pizzi à la dramaturgie verdienne en disant qu'il a débarrassé les opéras de leurs contre-ut abusifs, qu'il les a purifiés de leurs scories. Les Parisiens ont pu s'en apercevoir lors des mémorables représentations de *Macbeth*, il y a une quinzaine d'années : un *Macbeth* stylisé, épuré, où les sorcières n'étaient plus de haillonneuses viragos, mais des figures géométriques inscrites dans un schéma rigoureux.

Les décors et les costumes pour *la Battaglia di Legnano*, *I due Foscari*, *Attila*, *la Forza del destino* — opéras qui comptent parmi les plus « frénétiques » de leur auteur — témoignent cette volonté de mettre au jour la structure cachée des œuvres, leur vérité intime dépouillée du clinquant et de l'emphase que presque un siècle de préjugés et de clichés a déposés sur les partitions. Voici un Verdi affiné, passé par une cure d'amaigrissement et de style — et même, dans la scène du malheureux « Rataplan » de *la Forza del destino*, l'éventail des rayons de feu qui irradient du canon transfigure l'épisode bruyamment militaire en pyrotechnique abstraction. *Aïda* a fourni à Pizzi une autre occasion de réhabiliter Verdi : à l'Egypte de pacotille trop souvent associée à cet ouvrage, il a substitué de fortes et hautaines architectures, scansions de pilastres, alignements de statues, étagements de gradins, qui ramènent une œuvre injustement galvaudée à ce climat de dignité religieuse et de sévérité puritaine que Karl Friedrich Schinkel avait imaginée, jadis, à Berlin, pour *Die Zauberflöte*, autre hommage de la musique aux cultes d'Isis et d'Osiris. Le temple de Memphis, chez Pizzi, n'est plus une ondulation de carton-pâte mais un véritable sanctuaire.

Les Russes ont attiré aussi le décorateur de *la Khovanchtchina*, de *Boris Godounov*, de *la Dame de pique* : on s'étonne moins de cette incursion au domaine des tsars, si l'on admet qu'entre le génie russe et le génie italien l'intelligence et la complicité sont infiniment plus grandes qu'entre le génie italien et, par exemple, le génie français — bien que *Faust*, *Les Troyens* ou encore *le Rapt de Perséphone* du jeune André Bon aient reçu de Pizzi une non négligeable parure. Le cliché des « sœurs latines » a la vie dure : rien de plus semblable à une villa napolitaine que la demeure décrépite de *la Cerisaie*, et un campanile montre plus d'analogie avec un bulbe moscovite qu'avec une flèche de cathédrale. Au reste, San Marco n'a-t-il pas l'air importé de quelque steppe orientale ? En tout cas, le Kremlin imaginé pour *Boris* semble une variation, en plus blanc et plus froid, de la basilique vénitienne : les formes bizarres de l'architecture orthodoxe nous apparaissent comme un avatar du grand songe baroque, tel qu'il se déploierait dans un paysage gelé.

Quant à *la Dame de pique*, dont l'action se déroule à Saint-Pétersbourg, ville construite et ornée au XVIIIe siècle par des Italiens, Pizzi ne pouvait se sentir plus à l'aise que dans ce monde né de la fantaisie raffinée d'artistes méditerranéens transportés au pays de la neige et du silence. Les vasques et les fontaines des jardins, les statues des palais, le mobilier des chambres, ce sont des fragments d'Italie revus à la lumière polaire, l'élégance et le faste du Sud renouvelés par un séjour dans le Nord, un décor d'été épuré par l'hibernation.

Et telle est, en fin de compte, la leçon de Pizzi : que le baroque, souvent et à tort jugé comme une explosion désordonnée d'extravagances, un débordement arbitraire d'excentricités, une gratuite efflorescence de lubies sans loi, est au contraire l'art qui exige le contrôle le plus strict. Pizzi redresse toutes nos idées fausses sur un style où la discipline n'est pas moins importante que l'imagination, où la pensée du tout prime sur la liberté de l'ornement, où la soumission à la règle compte plus que le caprice de la fantaisie. Un style qu'on qualifie à la légère de jésuite, alors que, dans le décorateur de *Rinaldo* et de *Sémiramis*, je vois l'âme hautaine et la main intraitable du janséniste.

Poésie

« Baffo, ce fameux vérolé, surnommé l'obscène, que l'on peut regarder comme le plus grand poète priapique qui ait jamais existé... » Ainsi Apollinaire présentait l'œuvre du patricien de Venise, qu'il s'était donné la peine de traduire. Baffo vécut au XVIIIe siècle, et nous donne de la cité des doges un aperçu bien différent des clichés habituels sur les masques et les gondoles. Il va droit au fait et déshabille ses contemporains qu'il réduit à de purs animaux sexuels, et dont il détaille les obsessions comme l'anatomie avec les mots les plus crus. Sans lui, dit encore Apollinaire, « on n'imaginerait pas tout ce que fut la décadence pleine de volupté de la Sérénissime République ». L'édition du poète français remonte à 1910. Depuis, rien ! Aussi est-on heureux que les éditions Zulma republient intégralement ces textes, dans la traduction, non d'Apollinaire, mais d'A. Ribeaucourt, tirée à 20 exemplaires en 1876, plus fidèle aux particularités du dialecte vénitien. Ces poèmes d'une verdeur et d'une audace uniques donnent un coup de vieux aux velléités pornographiques de nos contemporains.

C'est pourquoi, sans doute, une collection aussi respectable que la Bibliothèque de la Pléiade a cru plus prudent de ne pas affronter une censure éventuelle. Pas un vers de Baffo, pas une mention de son nom ! On ne saurait croire que les auteurs de cette *Anthologie de la poésie italienne* de presque 1 800 pages ignorent Apollinaire. La seule explication de cette éclatante omission ne peut être que la peur, la pudibonderie, le retour à l'ordre moral. Et pourquoi, sinon pour les mêmes motifs, ont-ils exclu aussi le plus grand poète du XXe siècle ? J'ai nommé Sandro Penna, que Pasolini proposait pour le prix Nobel, et qui est une sorte de Cavafy italien, dont il a la concision, la grâce, la pureté, l'innocence. Tel son homologue grec, il chantait la beauté des jeunes garçons, en courts poèmes frappés comme des médailles. Mais, décidément, pour entrer dans la Pléiade, il ne faut être audacieux ni dans l'hétéro ni dans l'homosexualité. Verlaine en savait déjà quelque chose, lui dont les *Œuvres poétiques complètes* excluaient, jusqu'à une date toute récente, sans même en prévenir le lecteur, les poèmes érotiques de *Hombres*.

A part ces lacunes scandaleuses, et quelques autres de moindre importance (comme Isabella Morra, une Louise Labé calabraise), cette anthologie mérite des compliments. C'est un travail de professeurs, fort bien fait, dont le seul défaut est de trop respecter les valeurs établies par les manuels scolaires, au détriment de la vraie poésie. Donner moins de pages à D'Annunzio, authentique poète malgré sa mauvaise réputation, qu'à Carducci, raseur patenté, voilà un exemple de cette myopie. En général, le XXe siècle est sous-estimé (trois seuls poèmes pour l'immense Umberto Saba de Trieste ! un seul pour Pasolini !), et le XVIIIe siècle, pépinière de pédants plus prosaïques et assommants l'un que l'autre, largement surévalué.

Les points forts, maintenant. Avant tout, l'importance accordée aux poètes épiques de la Renaissance, en tête l'Arioste et le Tasse, dont la Pléiade devrait accueillir les œuvres complètes, et qui, en attendant, sont représentés ici par un choix abondant, plus de cent pages chacun. Occasion de rappeler que les deux plus grands romans italiens, le *Roland furieux* et la *Jérusalem délivrée*, ont été écrits en vers. Parce que, peut-être, le génie italien répugne à la prose. Il n'y a jamais eu de grands romanciers dans ce pays, malgré un certain essor au XXe siècle. Le don d'isoler des fragments de beauté, de suspendre le temps en brèves illuminations, de racheter les malheurs d'une vie par des extases contemplatives, voilà la qualité maîtresse d'un peuple plus porté aux jouissances fulgurantes qu'à la dégustation de la durée.

Si vous voulez rencontrer de vrais personnages, vivre des aventures à la Dumas écrites dans le style de Virgile, partager des amours palpitantes, fréquentez Roland et Bradamante, Roger et Angélique, Renaud et Armide, tous ces preux et ces héroïnes qui ont alimenté pendant des siècles l'imaginaire européen, et continuent à tirer les ficelles des *pupi* populaires du théâtre de marionnettes de Palerme.

On a confié les traductions à une escouade de spécialistes divers, sage précaution. Eliminé, pour la *Divine Comédie* (autre chef-d'œuvre romanesque), les ridicules traductions en pseudo-vieux français patoisant de M. Pézard, publiées jadis dans la Pléiade (un travail à refaire en entier). Choisi parfois des écrivains pour certains des auteurs les plus difficiles, comme Pierre Leyris pour Michel-Ange ou Michel Orcel pour Leopardi. Tout cela est excellent et nous met en face de la vérité. Contrairement à l'idée reçue sur le *bel canto* de nos voisins, la grande poésie italienne n'est jamais molle ni même mélodieuse. Hautaine avec Dante, dédaigneuse avec Michel-Ange, dépouillée et hivernale avec Leopardi, rocailleuse avec Montale, sèche et pétillante avec Ungaretti, nummulaire avec Sandro Penna, véhiculant à travers les âges des images du désert, du roc, de la flamme, elle porte le souvenir de ses lointaines origines, le *Cantique du soleil* de François d'Assise et le *Stabat Mater* de Jacopone da Todi, modèles de poésie nue, essentielle.

P.S. Pour les traductions complètes, récentes, de *la Divine Comédie*, voir l'article *Dante*. Pour *la Jérusalem délivrée*, on dispose maintenant de l'excellente version intégrale de Jean-Michel Gardair (Garnier/Flammarion). Cette épopée chevaleresque, dont Mme de Staël entendait chanter les strophes par les gondoliers de Venise, a été traduite pas moins de vingt-quatre fois, entre 1595 et 1868. Ensuite, plus rien. Sans cette récente publication, il serait tout simplement impossible de lire un auteur aussi important pour la culture européenne que Shakespeare ou Goethe. Tancrède et Clorinde, Renaud et Armide n'ont cessé d'inspirer les peintres (Poussin, dont le merveilleux *Tancrède et Herminie* se trouve à l'Ermitage, Rubens, Tiepolo), les écrivains (de Voltaire à Cocteau), les musiciens. Le *Combat de Tancrède et Clorinde*, de Monteverdi, *Rinaldo*, de Händel, *Armide*, de Lully ou de Gluck, *Tancredi* de Rossini sortent tout droit du Tasse, dont la mélancolie crépusculaire, le délicat clair-obscur, la fantaisie élégiaque s'accordent particulièrement bien à l'esthétique du madrigal et de l'*opera seria*.

Quel merveilleux sujet de biographie fournirait ce poète ! Passant d'une cour à l'autre, instable, vagabond, asocial, le Tasse est le prototype de ceux que leur « différence » voue à la réprobation publique. Il fut accusé de folie et mis en prison, selon le schéma décrit par Michel Foucault. En somme, il possède tous les papiers en règle pour appartenir à cette « modernité » qui n'a pas attendu notre siècle pour produire des figures de marginaux persécutés. Même l'homosexualité fut son lot. « Climat hystérique d'intrigues de cour et de liaisons particulières..., esclandre avec un giton », dit pudiquement son traducteur. Voilà donc une recrue pour le clan des Caravage et des Pasolini. Un paria qui, dans son œuvre même — et c'est là le plus important —, a tiré de ses drames et contradictions intimes un nouveau style et une nouvelle psychologie. En face du viril et solaire Dante, tout d'une pièce et d'une seule fierté, c'est le poète de la nuit, du doute, de l'angoisse, des états intermédiaires, de l'union du masculin et du féminin dans une âme et un corps déchirés.

Reste l'Arioste, autre géant de la culture européenne, complètement absent de nos librairies. Plus allant, plus gai, plus ironique, et dont la virtuosité chatoyante serait un antidote salutaire à la mode du pessimisme et de l'échec.

Pompéi

L'excellent « Omnibus » que voici[1] ! Il réunit des textes, de diverses provenances et de différentes époques, qu'a inspirés le destin mystérieux

1. *Pompéi, le rêve sous les ruines*, Presses de la Cité.

de cette ville engloutie pendant dix-sept cents ans et découverte, plus par hasard que par sagacité d'archéologues, dans le deuxième tiers du XVIIIe siècle. Ville qui a excité les fantasmes de chacun, et fourni, pour chaque type de littérature, une sorte de modèle parfait. On sait que la catastrophe elle-même, qui raya de la carte les trois cités de Pompéi, d'Herculanum et de Stabies, en l'an 79 de notre ère, ne laissa guère de témoins en état de raconter l'événement. Il n'y en eut qu'un, le grand Pline le Jeune, dont les deux admirables lettres à Tacite, qui ouvrent le recueil, relatent la mort de son oncle, le non moins grand Pline l'Ancien, parti, dès les premiers signes de l'éruption du Vésuve, observer de près (de trop près), en savant curieux des choses naturelles, les convulsions du volcan.

Goethe, Chateaubriand, Stendhal visitèrent Pompéi : mais l'exhumation était encore trop récente, et ces grands esprits restèrent secs devant ce qui leur parut seulement un champ de fouilles. Il serait intéressant de connaître à quel moment et pour quelles raisons ces ruines demeurées incomprises des romantiques se hissèrent au niveau du mythe. En tout cas, le destin littéraire de la ville commença en 1834, avec le roman de Bulwer-Lytton, *Les Derniers Jours de Pompéi*, devenu aussitôt populaire, réédité sans interruption dans toutes les langues, et prolongé, depuis l'année 1900, par une quinzaine de films-péplums, ainsi que nous l'apprend le copieux dossier établi par Claude Aziza. L'auteur était un jeune Anglais, et, d'un coup, il réussit à créer le modèle du roman historique, dans un genre qui était alors tout neuf. Non pas le roman visionnaire à la Walter Scott ou à la Hugo, mais le récit minutieux, lent et documenté d'une ville et d'une époque, tel que les dames le pratiquent aujourd'hui avec tant de succès, en déplaçant leur centre d'intérêt vers le Moyen Age, l'Italie de la Renaissance ou l'Egypte des pharaons.

On trouvera plus de plaisir à relire Alexandre Dumas, lequel, en remerciement des services qu'il avait rendus à Garibaldi, occupa pendant quelques mois le poste de surintendant des beaux-arts à Naples. Occasion pour lui de visiter en détail les ruines de Pompéi, et d'en rapporter, en touriste exemplaire doublé d'un gourmand de la vie, une description non seulement succulente (on s'y attendait) mais d'une précision et d'une élégance remarquables. Les Guides bleus, si platement convenus, devraient prendre une leçon de style dans ces pages où l'auteur, avec un humour hautement roboratif, tourne en dérision les hypothèses divergentes des innombrables savants, et préfère exposer au lecteur ce qu'il a vu de ses yeux.

Théophile Gautier, lui, brode un conte fantastique, *Arria Marcella*, où il suppose qu'un jeune homme de 1852, après avoir contemplé au musée l'empreinte d'un sein féminin creusée dans un morceau de cendre coagulée, rêve avec tant de force à la propriétaire de cette gorge parfaite qu'il la voit surgir devant lui, dans les rues abandonnées de la ville, au cours d'une hallucination nocturne. « Rien ne meurt, tout existe toujours ; nulle force ne peut anéantir ce qui fut une fois. Toute action, toute parole, toute forme, toute pensée tombée dans l'océan universel des choses y produit des cercles qui vont s'élargissant jusqu'aux confins de l'éternité. » Pour le familier des songes, il n'est pas plus étonnant qu'Arria renaisse après dix-huit siècles que de voir Faust conduire dans son château gothique la belle Hélène de Sparte.

Admirable texte, et prototype du conte fantastique, ignoré, hélas, de Freud, qui utilisa, pour étayer ses thèses sur le refoulement et le retour du refoulé, une nouvelle de l'Allemand Wilhelm Jensen, qui traite le même sujet que Gautier, mais sans une once de talent ni de poésie. Le jeune archéologue Norbert Hanold a toujours vécu dans ses livres, comprimant tout instinct sexuel. En séjour à Pompéi, il croit reconnaître, en chair et en os, la jeune fille dont il vénère l'image sculptée dans un bas-relief antique, et il la poursuit dans les rues, sans s'étonner qu'elle lui réponde en allemand, jusqu'au jour où il découvre que c'est sa voisine de palier, en Allemagne. Trop absorbé dans ses bouquins, il ne l'avait jamais regardée ! Telle est cette *Gradiva*, émaillée de platitudes et d'invraisemblances, dénuée de la moindre grâce, et qui, loin d'être une nouvelle fantastique, exsude un plat réalisme. Mais, plus sensible au parallèle entre le réveil de la sexualité enfouie du professeur et la résurrection de la ville engloutie qu'à la qualité littéraire du texte, Freud conclut gravement de sa lecture que « le refoulement, qui rend le psychique à la fois inabordable et le conserve intact, ne peut mieux se comparer qu'à l'ensevelissement de Pompéi », et assura ainsi à cette œuvre débile une gloire imméritée.

Récits de voyage, romans dont l'histoire fournit la trame, dérives oniriques, spéculations psychanalytiques : on voit que Pompéi, le miracle de sa découverte et le spectacle ensorcelant de ses maisons en ruine et de ses rues à l'abandon ne frappent pas seulement le visiteur d'un juste émerveillement, mais sont à l'origine des genres littéraires les plus en vogue aujourd'hui. Sous les cendres du Vésuve couvait la littérature moderne.

Et les autres arts ? On sait quel rôle a joué la résurrection des villes mortes dans le passage du baroque au néoclassicisme. A partir des années 1750, le goût se porta vers l'imitation des formes antiques. Les lignes droites succédèrent aux lignes courbes, l'ordre au désordre, l'harmonie, la sérénité, une noblesse froide et lisse furent les nouveaux critères de la beauté, en architecture, en sculpture et en peinture. Canova et David détrônèrent Bernini et Rubens. Cependant, la catastrophe de l'an 79 continua à susciter des rêveries plus violentes. Le peintre russe Karl Brioullov peignit en 1833, à Rome — un an avant la publication du roman de Bulwer-Lytton — *les Derniers Jours de Pompéi*, puissant tableau de la ville en feu, parcourue de fuyards, déjà jonchée de morts, sur une place bordée de maisons qui s'écroulent. Sans le préjugé contre la peinture russe (le Louvre ne possède pas un seul tableau de cette école, comme s'il n'y avait plus rien eu après les icônes !), ce peintre aurait son rang à côté de Delacroix et de Géricault.

Le premier à traiter le sujet avait été un compositeur, le Sicilien Giovanni Pacini, qui fit jouer, au San Carlo de Naples, en 1825, *l'Ultimo Giorno di Pompei*. Cet émule de Rossini n'était guère armé pour rendre, par les moyens trop gracieux du *bel canto*, la terreur suscitée par le volcan. Comme Bulwer-Lytton, il a pris pour héros le premier magistrat de la cité, Salluste, personnage historique dont la maison avait été découverte en 1812. L'opéra se termine sur l'éruption du Vésuve. Au lieu du fracas de l'explosion, on entend passer les échos plus bénins de l'orage du *Barbier de Séville* ou de la tempête sur le lac de *Guillaume Tell.* L'ouvrage n'en est pas moins d'une bonne facture, et reste la seule œuvre musicale inspirée par le cataclysme.

Poncifs

Est-elle si éloignée de nous, l'époque où l'Italie ne plaisait que par les vestiges de l'Antiquité disséminés sur son territoire ? L'avons-nous répudié définitivement, le cliché d'un pays-musée ? Jusqu'au milieu du XIXe siècle, les voyageurs venaient chercher à Rome, à Vérone, à Naples, en Sicile, un reflet de l'Italie latine, des souvenirs de Virgile, Cicéron ou Horace, des Apollons mutilés et des Vénus sans bras. Il n'est que de relire le voyage de Goethe ou les pages célèbres de Chateaubriand sur les campagnes du Latium, pour comprendre à quel point les imaginations, alors, étaient frappées par le contraste entre la grandeur de la nation antique et la misère de la nation actuelle. On venait en Italie, comme l'auteur des *Mémoires d'outre-tombe*, pour méditer sur la fragilité des civilisations et se répandre en élégies sur la mort. Hubert Robert, dans le même temps, ne savait peindre que des ruines. Terre de pleurs, dont le passé glorieux demeurait enseveli par un arrêt sans appel de l'histoire, il semblait que l'Italie ne fût plus qu'un vaste, poétique et décourageant cimetière.

Notre siècle a renversé en partie cette image. Il a découvert la vitalité extraordinaire d'un pays à qui les difficultés ne manquent pas — disparité économique entre le Nord et le Sud, racisme des métropoles industrielles du Nord qui craignent et méprisent la plèbe méridionale, carences des institutions, clientélisme, corruption, Mafia — mais qui se débrouille et arrive à prospérer, l'ingéniosité et le dynamisme des particuliers remédiant aux défaillances de l'Etat.

Pourtant, l'idée est longue à s'éteindre, d'une Italie vouée aux dorures prestigieuses d'un interminable crépuscule.

Du Nord au Sud, le malentendu persiste. Venise, à la plupart des touristes, apparaît comme une nécropole opulente. Ils la voient sous les couleurs funèbres dont Visconti l'a parée. Le choléra dont meurt Aschenbach, en contemplant l'inaccessible beauté du jeune Tadzio, leur semble la métaphore adéquate d'une cité qu'ils aiment s'imaginer moribonde, malgré la rude vitalité et la virile allégresse des habitants, qui marchent plus vite que dans aucune autre ville au monde.

En Sicile, les clichés n'ont pas la vie moins tenace. On ne la visite, le plus souvent, que pour les ruines des monuments grecs et romains. Ségeste, Sélinonte, Agrigente, Syracuse, Taormine, Piazza Armerina bornent la curiosité des voyageurs. L'époque moins antique se réduit, pour eux, aux vestiges du XIIe siècle, aux mosaïques de Monreale et au palais des rois normands. Un monsieur P. Lévêque, professeur d'université, dans un guide *la Sicile*, de la collection grand public « Nous partons pour... », publié en 1974 aux savantes Presses Universitaires de France, osait terminer son ouvrage par le chapitre sur Frédéric II, sans même mentionner qu'il y avait eu ensuite de nombreuses autres Siciles, aussi fécondes et passionnantes que celle de sa spécialité, la Sicile aragonaise, la Sicile espagnole, la Sicile bourbonienne, la Sicile baroque, la Sicile Liberty. Ignorance ? Cécité mentale ? Mauvaise foi ? Imposture ? De même que Pompéi et la grotte de la Sibylle de Cumes éclipsent Naples pour la plupart des voyageurs, de même, à Palerme, les métopes du musée archéologique ou le décor de la chapelle Palatine ont plus d'attrait que l'intérieur flamboyant du Gesù ou les fresques, dannunziennes et florales, de Villa Igiea.

Encore du passé, dira-t-on. Qu'a produit notre siècle en Sicile ? La terre y tremble tous les trente ans à peu près et se charge de renverser des villages entiers. Ainsi en a-t-il été de Gibellina, bourgade de l'intérieur, rasée en 1968. Vous croiriez peut-être que les habitants ont accepté ce désastre avec une résignation teintée de ce fatalisme qu'on attribue, par commodité, aux riverains de la Méditerranée soumis aux influences de l'Afrique ? Pas du tout. Les hommes et les femmes de Gibellina ne sont nullement convaincus, eux, que leur île est vouée depuis 1250 à une misérable agonie. Sous l'impulsion de leur maire, Ludovico Corrao, ils ont reconstruit un autre village, tout neuf, à vingt kilomètres des ruines. Je cite Ludovico Corrao, parce qu'il me semble un des plus récents échantillons de cette race d'hommes, à la fois bâtisseurs, organisateurs et grands poètes de la vie, qui ont honoré l'Italie, qu'ils fussent papes, architectes, hommes d'affaires ou artistes, de Jules II à Urbain VIII, de Mattei à Benetton. Ce simple maire d'un village perdu dans la montagne a fait orner Gibellina nouvelle de sculptures par des artistes d'avant-garde, tel Pomodoro, et recouvrir, par le grand Alberto Burri, les ruines de Gibellina ancienne d'un linceul de chaux blanche. Respectant le tracé des rues et des places, immense suaire de plusieurs hectares qu'on voit de loin étinceler sur la pente, l'œuvre de Burri constitue à vrai dire un des monuments les plus étonnants, les plus forts, les plus émouvants de ces dernières années en Europe.

Lénine pensait que, lorsque l'Europe serait entièrement bolchévisée, l'Italie devrait être transformée en une vaste maison de repos pour les travailleurs méritants. Henry James venait d'un horizon opposé, mais son opinion sur l'Italie ne différait guère, au fond, de celle de l'homme d'Etat. Ceux qui aiment les phrases sinueuses et retorses du romancier retrouveront dans les pages du voyageur, traduites sous le titre *Heures italiennes* (La Différence), le même style, nonchalant, élaboré. Henry James considère la péninsule comme une collection de monuments, une galerie d'œuvres d'art, et rien d'autre. Les deux visions, soviétique et utilitaire du Russe, esthète et dilettante de l'Américain, se recoupent parfaitement, dans la mesure où elles négligent ce qu'il y a de vivant et de créateur dans l'Italie de leur époque, pour privilégier ce qu'on y trouve de beau et de mort.

Imbu de la conviction qu'après la Renaissance plus rien d'intéressant ne s'est fait en Italie, Henry James a borné sa curiosité, en quarante ans de fréquentation, à la triade sacrée des villes humanistes, Rome, Florence et Venise. Le Sud ? Ignoré. En quarante ans, il n'a connu personne, ne s'est fait aucun ami et s'est contenté de promener sa hautaine et raffinée sensibilité devant les chefs-d'œuvre des vieux siècles. Très peu de scènes de rue, et c'est d'autant plus dommage qu'il y aurait fort bien réussi, comme en témoigne la savoureuse description du petit garçon à la glace observé dans un café de Sienne.

Incompréhension totale du baroque, évidemment, mais attribuer à Palladio la façade construite un siècle et demi plus tard par Juvarra pour le palais Madame à Turin passe quand même la mesure de ce que son époque lui donnait le droit d'ignorer. Lamento général sur la dégradation de l'Italie moderne. Les *vaporetti* en faisant des vagues rongent la base des palais de Venise (déjà, en 1892 !), les fiacres, ô scandale, stationnent au pied du campanile de Florence. Les gracieux tableaux de Botticelli, de Filippino Lippi, de Perugino enchantent le voyageur, qui regarde d'un œil plus soupçonneux les rudes fresques de Giotto ou de Signorelli.

Là où il se surpasse, c'est dans les pages consacrées à Venise. La ville lui paraît « réduite à gagner sa vie comme un magasin de curiosités » (déjà !), délabrée, vétuste, sur le point d'être engloutie. Antienne qui n'était pas même une nouveauté, puisque Taine, dès 1864, dans son *Voyage en Italie*, prévoyait, en observant les briques des maisons grignotées par l'eau, et le bas des pilotis usé et aminci, l'effondrement de la *Serenissima*.

Les chapitres sur les couleurs de Venise, sur les ors brunis de San Marco, sur Torcello, sur Tintoret palpitent d'une émotion sincère, et il faudra désormais les ranger à côté des plus belles harmonies crépusculaires inspirées par le déclin de la cité des doges à un Barrès, à un Thomas Mann, à un Henri de Régnier. Henry James, plus imprévu que ses confrères européens, ne cache pas sa surprise devant le paradoxe de cette ville. La « loi générale qui rend la décadence et la ruine à Venise plus brillantes que toute prospérité » épate l'Américain débarqué d'un pays en pleine expansion. Beaucoup de choses qu'il disait restent justes. A condition de ne chercher en Italie qu'un musée où dorment dans la poussière d'étincelants témoignages du passé, on pourra emporter ce livre comme le plus aimable recueil de poncifs.

Possagno

Antonio Canova chez lui

Ce fut longtemps un lieu commun, que d'opposer les deux statues féminines les plus célèbres de Rome. Double opposition, entre la *Sainte Thérèse* de Bernini et la *Pauline Borghese* de Canova. Bernini avait à représenter une sainte ; il a sculpté une femme en proie, non à l'extase céleste, mais à une fureur orgiastique ; et son œuvre, qui scandalisait les pèlerins de l'église Santa Maria della Vittoria, continue à choquer les visiteurs. Canova a fait le contraire : la sœur de Napoléon, connue pour ses mœurs légères, il l'a figée en déesse hautaine, lointaine, inaccessible.

André Maurel, auteur d'*Un mois à Rome*, publié par Hachette en 1913, fait bien sentir cette double inadéquation du traitement au sujet. Son parallèle, classique en son temps, reste un bon miroir des sentiments que suscite un jugement moral sur ces deux œuvres [1].

« Thérèse laisse un ange ouvrir sa robe et, d'un geste polisson qu'un regard aguiché accentue, lui décocher sa flèche — un ange ou l'Amour ? » En face de ce dévoiement de la ferveur mystique en profane impudicité, la statue de Canova respire la décence et la retenue, « sans rien, à aucun point de vue, qui soit malsain, ni bas... Pauline Bonaparte fut éhontée ; elle ne nous inspire (ici) que de l'admiration ».

La réputation de froideur faite à Canova dérive de ce type d'appréciation. La gloire dont jouissait le sculpteur de son vivant — gloire immense, européenne, qu'on ne peut comparer qu'à la royauté d'un Titien, d'un Rubens — a contribué à envelopper de mystère sa personnalité. Froid, Canova ? Il suffit de regarder les dessins du musée de Bassano (ou de feuilleter l'album *Disegni di Canova*, Electa, 1982), pour découvrir, à travers la série de nus représentés dans les poses les plus provocantes, torse rejeté en arrière, jambes écartées, sexe modelé en puissance, un érotisme incandescent. Seulement, ces nus sont d'hommes : la veine érotique de Canova ne s'enflammait pas pour les dames. La *Pauline Borghese*, son œuvre la plus célèbre, n'est pas la meilleure, et de loin ; on l'a rendue célèbre, au nom de cette convention selon laquelle admirer une femme nue ne prête à aucun soupçon fâcheux. Mais un homme nu ! Le regarder de trop près pourrait signifier qu'on prend trop d'intérêt au modèle et déclare des goûts réprouvés.

Si la *Pauline Borghese* a éclipsé tant de statues plus belles, plus vivantes, ce n'est pas pour une autre raison. Aujourd'hui que cette crainte ridicule a disparu, il est temps de s'apercevoir que Canova fut un amant passionné des corps virils, le contraire du glaçon que nous présente le cliché. Sur sa vie privée, on sait peu de chose ; mais ce peu (« l'artiste ne se créa pas de famille », selon l'euphémisme des biographes) nous

---

1. Il eût pu, avec encore plus de pertinence, prendre pour exemple une autre statue féminine de Bernini, la *Ludovica Albertoni*, dont la pose est presque identique à celle de la *Pauline Borghese*.

laisse deviner que, derrière la prudence imposée au « grand homme » soucieux de sa carrière, se cachait un tempérament rien moins qu'hivernal.

Possagno, à soixante-dix kilomètres au nord de Venise, renferme la maison natale de Canova, ainsi que le temple qu'il fit construire pour remplacer l'ancienne église : une sorte de panthéon, circulaire, coiffé d'une coupole surbaissée et précédé d'un portique à colonnes, en haut d'un escalier majestueux. Pour ne pas accuser l'artiste de mégalomanie, il faut se rappeler qu'il devait être enterré dans l'église des Frari à Venise, où, d'ailleurs, se trouve son monument funéraire, en forme de pyramide. Seul le cœur est resté dans ce monument, le corps ayant été rapporté à Possagno.

La maison natale, et le musée adjacent, conservent de nombreuses peintures et sculptures de Canova. Les peintures, inspirées des fresques pompéiennes, sont assez conventionnelles. Elles témoignent la vogue qu'avait à la fin du XVIIIe siècle la civilisation ensevelie sous les laves du Vésuve et oubliée jusqu'aux fouilles des années 1750. Canova, né en 1757, passe pour le maître de la statuaire néoclassique : cette épithète n'a pas peu contribué à congeler son image. Ses statues sont toujours blanches, c'est vrai, de la couleur du marbre pur qu'il utilisait. Mais pourquoi ce choix exclusif ? On découvre, à Possagno, le décor naturel où Canova a grandi. A l'arrière-plan du village, se dresse une barrière de montagnes dont le sommet reste enneigé plusieurs mois. Voilà sans doute l'origine de cette blancheur qu'on reproche à l'artiste, sans comprendre qu'il ne la tirait pas de son cœur, mais d'un spectacle familier à l'enfant.

Dans le musée, on a réuni l'œuvre au complet : non tous les marbres, évidemment, disséminés en Italie, en France, à Genève, en Angleterre, à Saint-Pétersbourg. L'Ermitage en détient la plus riche collection, achetée sur l'initiative d'amateurs nés eux aussi dans la blancheur des glaces polaires et fascinés par cet Italien si peu, en apparence, méditerranéen. En revanche, tous les plâtres, blancs également, tous les modèles, en gypse ou en terre, en taille réelle ou en format réduit, des statues futures sont rassemblés dans le grand bâtiment à voûtes cintrées appelé Gypsothèque. On se promène à l'intérieur d'un monde, on explore les fantasmes d'un créateur, expérience qui n'est offerte, il me semble, nulle part ailleurs aussi exhaustivement. Tous les rêves, toutes les obsessions d'un homme trahissent ici leur indiscrète splendeur, à travers ces modèles faits de la propre main de Canova, à la différence des marbres, exécutés souvent avec des aides.

Faisons la part des commandes : papes, hommes d'Etat, Madeleines ; des statues féminines, elles aussi moins inspirées. Reste un épanouissement d'hommes nus, une exhibition de torses lisses, de ventres brillants, de membres polis, une floraison d'androgynes. Les anges des monuments funéraires, l'Endymion alangui, l'impubère Icare, l'Adonis fleuri, le gracile Apollon, l'imberbe Orphée indiquent assez à quelles formes de volupté charnelle s'abandonnait, en songe ou en réalité, Canova. Et la blancheur, blancheur du marbre, blancheur du plâtre, renvoie aux voix blanches et à l'érotisme juvénile de l'ambiguïté, de l'indifférenciation sexuelle. Le petit Antonio perdit son père à l'âge de quatre ans : un psychanalyste tirerait parti de cette circonstance.

Mention particulière méritent trois bas-reliefs, assez mal exposés d'ailleurs, trop haut pour être détaillés à loisir — et sans doute le traitement trop hardi des nus a-t-il dicté ce choix pusillanime. La *Mort de Priam* illustre le livre II de l'*Enéide*. Pyrrhus, dressé sur les marches d'un autel, empoigne le roi de Troie par les cheveux et brandit son glaive contre le vieillard. Le jeune meurtrier, entièrement nu, correspond à la description enflammée de Virgile. « Il a laissé ses dépouilles, neuf et brillant de jeunesse... » Au pied de l'autel, gît sa première victime, Politès, un des fils de Priam : couché sur le dos tout de son long, en tenue non moins adamique, les bras rejetés derrière la tête, étiré de manière à mettre en valeur son extraordinaire beauté, éphèbe offert à la contemplation du voyeur.

Briséis remise aux hérauts ; sujet tiré de l'*Iliade*, prétexte à montrer, en Patrocle qui soutient la jeune fille et en Achille qui lève les yeux au ciel pour réclamer vengeance, deux magnifiques anatomies viriles, l'une ployée, languissante, l'autre tendue et bandée.

Enfin, chef-d'œuvre de cette série, la *Danse des fils d'Alkinoos* évoque un épisode de l'*Odyssée*. Au milieu d'un cercle de spectateurs fascinés, bondissent deux jeunes gens de la plus merveilleuse élégance. Ils se tiennent par la main, l'un enlace son compagnon par la taille. Le voile qui flotte au-dessus de leurs têtes en dessinant une gracieuse arabesque tempère cette scène un peu crue d'une lascivité nonchalante.

Praz

De celui qui a la réputation d'être un *jettatore*, un jeteur de sorts, on ne prononce pas le nom sans frayeur, dans l'Italie du Sud à partir de Rome. Ni sans raison, car l'esprit fort qui se targue d'être au-dessus de ces superstitions trouve tôt ou tard son châtiment. Mario Praz — tant pis, allons-y, il y a presque vingt ans qu'il est mort mais qui nous assure que son œil torve n'exerce plus son pouvoir maléfique ? — possédait tous les caractères qui attachent à un homme cette épithète redoutable : la laideur puissante, le pied bot, le front vaste, l'intelligence pénétrante, l'érudition prodigieuse. Il faut en effet un mélange de supériorité intellectuelle et d'infériorité physique pour s'attirer la qualification de *jettatore*, personnage qui résume l'impuissance de la culture à dompter le cours adverse des choses. Profonde sagesse du Sud, qui sait que la seule philosophie possible consiste, non pas à nier les charmes sorciers du sort, mais à en rire. Tout le monde riait de M.P. à Rome, mais tout le monde le craignait. Les mâles, s'ils rencontraient le méchant trouble-fête, palpaient en hâte ces attributs dont la nature les a dotés.

Etait-il invité au palais Farnese, à l'ambassade de France, que le *cameriere* se prenait les pieds dans le tapis et s'étalait au milieu du salon avec le plateau des tasses à café. J'ai assisté à cette scène, de même que, ayant reçu du Professeur (ainsi l'appelait-on par antonomase, pour éviter de dire à haute voix la syllabe fatale) un de ses livres que j'avais mis dans le coffre de ma voiture neuve, un pneu éclata sur la route, j'allais dire sans raison. Nul ne sortait indemne d'une visite au palais romain de via Giulia où le Professeur habitait, dans un fouillis de meubles et de bibelots, surtout Empire, style qu'il affectionnait, malgré des goûts littéraires opposés. Il a écrit une *Philosophie de l'ameublement* et préférait les objets aux idées, choix qui limite la portée théorique de ses ouvrages, sans rien ôter de leur saveur.

Angliciste et américaniste (voir article *Amérique)* de réputation internationale, il se passionnait pour les préraphaélites, les crépusculaires, les excentriques. Ruskin, Walter Pater et les esthètes de Londres comptaient parmi ses favoris. De là, sans doute, son intérêt s'était étendu à tout ce qui fleurait la fin de siècle, l'Art Nouveau, le kitsch, le style Liberty. Les divers essais consacrés à ces ramifications exquises et légèrement vénéneuses de la culture européenne remplissent les trois volumes de *le Pacte avec le serpent* (Christian Bourgois). Tout ce qui était biscornu, alambiqué, tordu l'attirait : aussi bien le roman gothique anglo-saxon que les théâtres de la peste d'un sculpteur sur cire sicilien, étrange personnage qu'il a été un des premiers à réhabiliter (voir article *Zumbo)* — sans oublier, bien sûr, Oscar Wilde, Henry James, Proust, D'Annunzio, les dieux préférés de son panthéon.

L'édition française a été très injuste envers ce pionnier des marginaux. Son chef-d'œuvre, *la Chair, la Mort et le Diable*, fut publié à Florence en 1930 et traduit tout de suite en anglais sous le titre suggestif *the Romantic Agony*, mais il fallut attendre 1977 pour le lire en français (Denoël). Beaucoup trop tard pour que cet incomparable sourcier du saugrenu et du bizarre fût reconnu selon son mérite. Les entrées de ce livre ? « La beauté de Méduse » (de Shelley à Baudelaire), « les métamorphoses de Satan » (du cavalier Marin à Byron), le sadisme littéraire (de Richardson à Maldoror), « la Belle Dame sans merci » (de Swinburne à Laforgue), « Byzance » (de Gustave Moreau à Lorrain), l'Androgyne. Thèmes et figures absolument neufs en 1930, mais qui, un demi-siècle plus tard, pouvaient paraître usés, parce que, entre-temps, ils étaient passés dans l'inconscient collectif, par infiltration naturelle dans l'air du temps, quand ce n'était pas par pillage éhonté. Somme de renseignements, mine de suggestions, ouvrage de référence sur le décadentisme européen, le livre n'eut en France aucun retentissement. Parmi ceux que les vampires, les femmes fatales, les anges déchus font rêver, bien peu pourraient citer le nom du franc-tireur qui le premier est allé réveiller ces fantasmes.

Tout en restant, comme je l'ai dit, de goûts beaucoup plus traditionnels pour ce qui touchait à l'ameublement et aux arts décoratifs. Directeur de la fondation Primoli, il contribua à enrichir les collections de ce qui est, à Rome, le musée Empire. *Goût néoclassique* (Le Promeneur) est le titre d'un autre de ses ouvrages, ce qui prouve l'éclectisme d'un esprit aussi à l'aise pour vanter les statues dépouillées de Canova que les tarabiscotages faisandés d'Aubrey Beardsley.

Curiosité universelle, le disposant aussi à être un voyageur hors pair. Comme Angelo Maria Ripellino *(Praga magica)* ou Giovanni Macchia *(les Ruines de Paris)*, il appartenait à cette race de grands érudits italiens qui renouvellent la vision des pays qu'ils visitent. En fait foi *le Monde que j'ai vu*, recueil d'impressions planétaires (Julliard).

A Cracovie, il est déçu de retrouver le style italien abâtardi d'influences nordiques. « Somme toute il advient à la Renaissance florentine ce qu'il advient au chianti d'exportation, c'est-à-dire à un vin qui supporte moins que tout autre d'être envoyé à l'étranger. » A Vienne, il s'arrête devant une colonne baroque « qui est une prodigieuse acrobatie de nuages et de figures et qui ayant perdu aujourd'hui son fond de maisons anciennes, sa coquille naturelle en quelque sorte, paraît tout ébaubie comme une pièce montée qui se retrouverait dans un garage ». A Moscou, il rapproche de l'art des icônes, images archétypes qui, révélées une fois pour toutes, étaient recopiées fidèlement, les portraits en série de Lénine. « Le Pantocrator s'est mis la casquette du cycliste, voilà tout. » En Andalousie, il compare les banquets anglais, où la bonne humeur et la plaisanterie virevoltent entre les convives, aux agapes en pays latin, « sévères et tragiques comme des funérailles ».

Il bannit de ses récits tout exotisme, qui serait complaisance aux clichés, et refuse de tomber dans les pièges touristiques. Ainsi, aux Etats-Unis, n'attendez pas de ce nostalgique du classicisme toscan (eh oui ! il avait aussi cette faiblesse) qu'il s'extasie devant la modernité des gratte-ciel. Elle l'horripile au contraire. Ce qui l'intéresse, à New York, ce n'est pas le laxisme sexuel du Village, mais un appartement de la Quatrième Rue conservé tel quel depuis 1825, avec ses lampes à huile de baleine et son lit à baldaquin rouge. Il visite une à une les vieilles demeures historiques de Boston, Concord ou Charleston, guidé par des dames décrépites. A Paris, il a pour amis non les possesseurs de toiles de Rothko ou de Pollock, qui lui paraissent un retour au chaos primitif, mais une Liliane de Rothschild, une Leonor Fini, à cause de leurs collections de bibelots, et de leur héroïque obstination à perpétuer une « société dans laquelle on puisse vivre ». Cette passion des objets poursuit cet hédoniste jusqu'au Brésil, où il ne voit ni la splendeur physique des hommes et des femmes ni l'originalité fabuleuse des créateurs baroques (qui ne tirent de sa plume trop italocentriste que des lieux communs), mais se promène longuement dans le musée des objets impériaux, berceaux chargés de breloques et de pompons usés, cape de plumes jaunes de toucan, carrosse à dragons héraldiques, tout en sachant qu'il erre dans un bazar de choses mortes. Ecrivain majeur de sujets mineurs.

Et c'est cette contradiction entre l'amour des babioles inutiles et souvent assez laides, et la conscience de s'attarder dans un goût désuet, qui rend ce livre vivant et touchant, au lieu d'être un simple catalogue de curiosités. On voit ici, non un pédant, mais un homme, snob, un peu réactionnaire, qui a du mal, en 1955, à donner à la Bohême, ancienne colonie de l'Autriche, son nom républicain de Tchécoslovaquie (il serait vengé aujourd'hui !), et nie que la multiplication des salles de bains et du confort puisse suppléer au manque des « serviteurs fidèles de jadis ».

En somme, il ne devait pas être si mécontent que cela de passer pour *jettatore*, épithète qui, dans cette Italie de plus en plus américaine, pragmatiste et idolâtre du progrès, constituait comme un titre d'ancienne noblesse.

Publicité

On se rappelle de quel cœur palpitant le jeune Marcel Proust guettait sur les colonnes Morris l'annonce des spectacles où paraîtrait son actrice préférée, la grande Berma. Le petit Marcel de 1982, s'il tombait amoureux de Daniela Silverio, la protagoniste du film d'Antonioni [1], devrait, pour la contempler, descendre dans les couloirs du métro, endroit pourtant bien plus dangereux pour la moralité des jeunes gens que les innocents trottoirs de la ville de Paris. Tel est en effet le ridicule de cette nouvelle affaire de censure : on pourra admirer l'affiche où figure, nue, la belle Daniela dans les sous-sols de la capitale, mais non sur les colonnes en plein air qui affichent les spectacles.

Regardons de plus près l'objet du litige : on voit un corps nu allongé sur le dos, mais il est difficile de décider s'il s'agit du corps d'un homme ou d'une femme : le sexe est caché, le sein n'a rien d'une mamelle et gonfle à peine une poitrine qui a l'air plate. Au fait, le scandale est peut-être là : dans cet hermaphrodisme tranquillement exposé. Où irons-nous, si le féminin ne se distingue plus du masculin ? A l'arrière-plan, un visage souriant d'homme, lui non plus pas si homme que cela. En somme, si cette affiche fait l'apologie de quelque chose, c'est plutôt de la chasteté que de l'érotisme. La scène est délicate, asexuée. La censure, comme on sait, n'est pas seulement odieuse, elle est toujours bête. Elle s'attaque ici à une actrice qui est la distinction en personne, et, même nue, garde une pudeur naturelle. Daniela est du Frioul, terre aux confins de l'Autriche et de la Yougoslavie, terre peu italienne, et l'héroïne d'Antonioni est plutôt du genre des beautés froides, nullement lascives, qui plaisent à ce cinéaste. L'unique reproche que les censeurs pouvaient faire à cette affiche, c'était donc de montrer quelques centimètres carrés de peau nue. Pourquoi la nudité reste-t-elle le grand tabou de notre société ? En Italie, où règne pourtant une tradition catholique encore forte, la publicité est dix fois plus érotisée qu'en France. Faut-il que la misère sexuelle et les frustrations qui l'accompagnent soient grandes chez nous, pour que ce que Paul Valéry appelle « un sein nu entre deux chemises »

---

1. En posant étendue nue pour l'affiche du film de Michelangelo Antonioni *Identification d'une femme*, Daniela a déclenché, aux yeux de certains, le scandale. Une compagnie d'affichage — qui gère 574 panneaux dans Paris — a, en effet, décidé de ne pas accepter d'afficher cette publicité.

provoque un scandale et menace l'ordre public ! C'est cela qui est attristant dans cette affaire : de sous-estimer la maturité des Français, au point de les juger incapables d'apercevoir la silhouette d'une gorge, l'ébauche d'une cuisse, sans avoir envie de jeter en l'air famille, enfants, métier, et de se ruer dans la débauche. Car toute censure est préventive : si Daniela Silverio met en péril la moralité de la France, c'est que la France est supposée infantile, niaise et vouée à la ceinture de chasteté.

Botticelli, il y a quelque cinq cents ans, peignit une certaine Vénus sortant de l'onde, sur une coquille, sans l'ombre d'un voile : on appelait cette période la Renaissance italienne, et c'est à elle qu'on doit le renouveau des arts et des lettres dans tout l'Occident chrétien. Quant à Titien, il opposait dans une célèbre toile l'amour profane et l'amour sacré, sous la forme respectivement d'une femme habillée et d'une femme nue. Eh oui ! Pour les Italiens de la Renaissance, la nudité, loin d'être un signe de dépravation ou de luxure, était le symbole même de la pureté et de la vérité. Mensonges que tous les vêtements ! Saint François, quand il se fut converti et engagé sur le chemin de la sainteté, commença par se mettre tout nu sur la place d'Assise. Il tendit ses habits à son père et resta sans le moindre linge, sous les yeux de tout le village, entendant par là dire qu'il n'appartenait plus à sa famille charnelle, mais au seul seigneur des cieux. Antonioni sait bien la valeur de la nudité, lui qui, selon les paroles de Daniela, réussit à raconter la réalité d'une manière métaphysique.

Et puis, après tout, tant mieux que nous ne puissions voir cette image que dans les couloirs du métro : de même que le cinéma ne révèle ses splendeurs que dans le mystère des salles obscures, de même la moiteur et la promiscuité du sous-sol feront rejaillir par contraste l'harmonie androgyne du corps de Daniela. Un des autres effets de la censure sera de surévaluer l'objet défendu et de transformer la curiosité distraite du passant en ferveur d'amoureux. Comme les premiers chrétiens qui descendaient dans les catacombes pour honorer leur dieu, les fidèles du septième art s'enfonceront dans les galeries souterraines à la recherche de leur idole.

Puccini

Un moment de jeunesse éternelle

La Bohème de Puccini ne serait pas l'opéra le plus joué dans le monde, si le livret, à la mise au point duquel le compositeur, selon son habitude, prêta une minutieuse attention, ne possédait une valeur dramatique exceptionnelle. Les *Scènes de la vie de bohème*, d'Henry Murger, d'où l'opéra fut tiré, sont tombées injustement dans l'oubli. Le livre, publié en 1851, fixa une fois pour toutes les traits de cette jeunesse parisienne, pauvre, insouciante et créatrice, dont l'existence précaire était comme « la préface de l'Académie, de l'Hôtel-Dieu ou de la Morgue ». Par ces paroles, Murger réactivait le mythe romantique, selon lequel un artiste n'a que deux voies ouvertes devant lui : ou s'embourgeoiser en faisant une carrière officielle, ou mourir jeune, fidèle à son idéal. Le dernier chapitre des *Scènes* montre Rodolphe et Marcel installés dans des appartements confortables. Ils ont « réussi » ; les voilà « lancés ». « La jeunesse n'a qu'un temps », s'intitule d'ailleurs ce dernier chapitre. La Mimi de Murger meurt à l'hôpital (« l'Hôtel-Dieu »). Avec elle, les quatre bohèmes enterrent leur jeunesse. Puccini s'est bien gardé de conclure son opéra par une scène aussi désenchantée. Du pathétique, oui, mais sans la note dérisoire qui détruit le pathétique. Les spectateurs n'imaginent pas que les quatre amis, après la mort de la jeune fille, puissent vieillir et rentrer dans le rang. Comme tous les chefs-d'œuvre, *la Bohème* se définit par l'effort d'arracher au temps un morceau d'immortalité et de le cristalliser dans un moment de jeunesse éternelle.

En la faisant mourir à l'hôpital, en marge de leur vie quotidienne, Murger autorisait en quelque sorte les bohèmes à oublier la grisette et à reprendre leur course allègre vers le succès. Chez Puccini, Mimi agonise dans la mansarde de Rodolphe : la Mort s'inscrit dans l'épaisseur, dans la chair de l'Amour. Amour et Mort se trouvent à nouveau associés : les aventures, modestement réalistes, de Mimi et de Rodolphe, rejoignent les amours légendaires de Tristan et Iseult, de Roméo et Juliette. Entre la mansarde du Quartier latin et le palais de Vérone se tisse la continuité du mythe : tel est le coup d'Etat opéré par Puccini, et le trait le plus éclatant de son génie dramatique.

Tout, dans l'opéra, concourt à l'exaltation du couple Eros/Thanatos. Et d'abord le caractère même de Mimi, laquelle, en passant du roman à la scène, subit une complète métamorphose. Mimi, dans le roman, n'apparaît qu'au chapitre XIV, à la moitié du volume. Elle n'est qu'une entre dix de ces jeunes demoiselles légères qui circulent sur les trottoirs de Paris et changent d'amants comme de robes. « Son visage semblait l'ébauche d'une figure aristocratique ; mais ses traits, d'une extrême finesse et comme doucement éclairés par les lueurs de ses yeux bleus et limpides, prenaient en de certains moments d'ennui ou d'humeur un caractère de brutalité presque fauve, où un physiologiste aurait peut-être reconnu l'indice d'un profond égoïsme ou d'une grande insensibilité. » Puccini n'a gardé que le premier aspect du personnage : finesse, douceur, lumière intérieure. Il a gommé l'envers de ce délicat angélisme. Richard Strauss, qui ne visait pas au mythe mais à la variété psychologique, eût exploité le côté pervers de Mimi. Puccini s'en est tenu à une prudente idéalisation. Une Mimi « égoïste », une Mimi « insensible » : le mythe était par terre. Pour la même raison, dès qu'il la voit apparaître, le spectateur est averti qu'elle est minée par un mal inexorable. Mimi n'est rien d'autre qu'un ange de la mort, grâce à qui, dans l'univers bon enfant des bohèmes, font irruption la tragédie et le deuil.

Les quatre amis, dans le roman, avaient une importance égale. Pour achever la transfiguration de Mimi en Juliette, Puccini a privilégié Rodolphe, son amant. Il lui a donné une place primordiale, non sans le magnifier jusque dans ses traits physiques. Plus d'« énorme buisson de barbe multicolore », ni de « calvitie précoce », comme chez Murger. Un héros de la passion amoureuse, un prince du cœur, un Roméo du boulevard Saint-Michel pourrait-il se présenter avec un crâne semblable à un genou ? Il lui faut une longue chevelure, corollaire symbolique des sanglots toujours prêts à jaillir de son élégiaque poitrine.

Toutefois *la Bohème* n'est pas *la Traviata* : le tour de force de Puccini, c'est d'avoir écrit un hymne à la mort sous les couleurs chatoyantes de la vie. Pas de prélude funèbre, comme chez Verdi. L'acte de la mansarde, puis l'acte du Quartier latin, sont des chefs-d'œuvre d'impressionnisme musical, qui trompent sur les intentions profondes du compositeur. Puccini a enveloppé son message romantique dans le manteau du réalisme terre à terre.

Le vieux paletot élimé de Colline, la célèbre *vecchia zimarra* du dernier acte, pourrait fournir, à cet égard, un autre symbole à l'opéra. L'art d'insuffler une vie poétique aux objets inanimés caractérise le génie de Puccini dans *la Bohème.* De multiples détails dans la partition soulignent tel ou tel moment de l'action scénique. Des accords de sixte ajoutée suggèrent la danse joyeuse des flammes dévorant le manuscrit de Rodolphe ; au contraire, dans l'acte III, un trémolo frissonnant de quintes à vide aux violoncelles, superposé aux arpèges de la harpe et aux plaintes de la flûte, évoque la chute des flocons de neige, par un matin blafard de février. Le rythme des saisons revêt une grande importance dans *la Bohème* : le petit monde des poètes faméliques et des rapins sans le sou est plus sensible aux variations du climat que la société installée des bourgeois. Une mansarde est exposée aux courants d'air, et il arrive que le vent éteigne réellement les bougies, sans quoi le subterfuge de Rodolphe pour retenir Mimi serait inimaginable. L'illustre *manina gelida* est bien une menotte de lorette rougie et engourdie par le froid. Puccini et ses librettistes ont laissé passer une seule invraisemblance : leurs personnages s'attablent, par une nuit glacée de Noël, à la terrasse du Café Momus ! Peut-être songeaient-ils, en écrivant cette scène, à la Galerie couverte de Rome. A Paris, quel cafetier laisserait ses chaises dehors un 25 décembre ?

Quelque cent cinquante ans après le roman, plus de cent ans après l'opéra, pourquoi les jeunes gens de Murger et Puccini ont-ils pris une dimension universelle ? Typiques d'une certaine ville à une certaine époque, ils ont échappé pourtant à leur milieu originel pour devenir les représentants légendaires de la minorité frondeuse de tous les temps. Les éditeurs aujourd'hui se disputent les moindres bribes de manuscrits, et Rodolphe ne serait plus condamné à brûler ses feuillets dans son poêle. Il n'y a d'ailleurs plus de poêle, à charbon, à bois ou à papier, de même que la tuberculose ne fauche plus les jeunes personnes. Et cependant Mimi, Rodolphe, Marcel, Colline, Schaunard sont nos contemporains. Comment expliquer ce paradoxe ? Si les bohèmes ne hantent plus le Capoulade (disparu et remplacé par un fast-food !), l'aspiration qui les guidait est plus que jamais vivante. Sous le nom de hippies, on les a vus resurgir vers les années 60, et, de nos jours, d'innombrables variétés de marginaux ont pris la relève. Schaunard, qui écrivait une symphonie initiatique intitulée « De l'influence du bleu dans les arts », serait un adepte de l'écologie ; Colline, dans le groupe, serait l'objecteur de conscience ; et Rodolphe et Marcel, toujours en train de déménager, se rallieraient à l'évangile nomade des aventuriers sans frontières.

Le vrai miracle de *la Bohème*, c'est que Puccini, un homme foncièrement petit-bourgeois, casanier et conservateur (voir article *Opéra I* « L'opéra comme psychodrame de la société italienne »), ait su capter avec un tel bonheur le frémissement de la jeunesse éternellement vagabonde.

Quasimodo

La plus grande chance de Salvatore Quasimodo n'est pas d'avoir eu le prix Nobel (en 1959), mais de posséder un patronyme si rare qu'on ne peut pas ne pas le remarquer. Un nom qui commence par un *Q* remplit à lui seul la dix-septième lettre de l'alphabet. Dans un dictionnaire sur l'Italie, il est sûr d'occuper une entrée, faute de concurrents. Comme autre mérite, Quasimodo, né à Syracuse, aurait celui d'être sicilien. Seulement, dans cette magnifique famille d'écrivains, il fait figure de parent pauvre. Les vrais poètes de Syracuse, ce sont le Grec Théocrite, du IIIe siècle avant notre ère, ou l'Allemand August von Platen, qui, tourmenté par l'amour des garçons, quitta son pays pour se réfugier dans la ville d'Archimède, où il mourut, en 1835, à trente-neuf ans. Du choléra, disent pieusement les biographes. Si c'est plus vrai de lui que de Tchaïkovski, il aurait fini comme Aschenbach à Venise. Il est enterré au fond du parc devenu l'enclos du nouveau Musée archéologique, sous un buste posé au milieu de fleurs sauvages.

Jusqu'à la guerre, Quasimodo, qui parcourait l'Italie comme géomètre du Génie civil, de Milan où était sa résidence, publiait d'aimables plaquettes, où passaient, en bribes mélodieuses, les souvenirs de son enfance et l'évocation nostalgique de son île. Un Albert Samain méridional. L'Académie de Stockholm, qui avait porté son premier choix sur Sully Prudhomme, préféré à Zola, ne se déjugeait donc pas. D'autres motifs, cependant, étaient entrés en jeu. Un des académiciens avait traduit Quasimodo en suédois, et, raison moins intéressée, le poète était sorti de la guerre métamorphosé. L'occupation allemande à Milan, les violences, les humiliations subies par son peuple avaient transformé l'intimiste en barde, le poète secret en poète engagé. S'étant « ouvert » au monde, aux peines et aux souffrances d'autrui, il avait même adhéré au parti communiste. Après le choix de Pasternak, l'année précédente, les Nobel devaient prouver qu'ils restaient « de gauche ». Ayant manqué Eluard, ils couronnaient son pâle cousin transalpin.

Plutôt qu'une œuvre, Quasimodo a une évolution, et l'on sait que, pour plaire à des socialistes puritains, il importe moins d'être un véritable créateur que de présenter une ligne de vie exemplaire, de montrer qu'on a à cœur les valeurs morales et le bonheur de l'humanité.

Complètement nul, pourtant, Quasimodo ne l'est pas. Traducteur d'Homère, des lyriques grecs, de Catulle, il a retrouvé pleinement, dans ces exercices admirables, sa nature solaire et cristalline de méditerranéen. Exemple : les fragments de Sapho. Là où la langue française s'empêtre dans les clichés, il restitue la simplicité, la nudité originelle du texte antique.

André Bonnard, *la Poésie de Sapho* (Mermod, 1948) :

Mon corps ruisselle de sueur,
un tremblement me saisit toute,
Je deviens plus verte que l'herbe.
Je crois mourir...

« Ruisseler de sueur » est convenu. « Plus verte que l'herbe » ne veut rien dire. Sapho écrit qu'elle se décolore comme une herbe foulée aux pieds : sublime image, rendue par le poète italien.

Marguerite Yourcenar, *la Couronne et la lyre* (Gallimard, 1979) :

Moi je tremble et je sue et ma face est hagarde
Et mon cœur aux abois...
La chaleur et le froid tour à tour m'envahissent ;
Je ne résiste pas au délire trop fort ;
Et ma gorge s'étrangle et mes genoux fléchissent,
Et je connais la mort...

C'est bien pire qu'André Bonnard : des mots déclamatoires, « hagarde », « cœur aux abois », des balancements oratoires, la molle rhétorique de l'alexandrin, et jusqu'à la convention de la rime.

Quasimodo, *Lirici greci* (Mondadori, 1944) :

E tutta in sudore e tremante
come erba patita scoloro :
et morte non pare lontana
a me rapita di mente.

Ragusa

L'unique livre sur la ville croate de Dubrovnik, vendu à Dubrovnik, en face du couvent des franciscains, par un des auteurs lui-même, qui se vante de l'avoir écrit et a souligné son nom sur mon exemplaire, Nikola Bagarić, tourne au dithyrambe, dès le récit des origines.

Epidaure, plus à l'est, aujourd'hui Cavtat, était une ville romaine, dont les habitants, chassés au VIIe siècle par l'invasion des Slaves et des Avars, se transportèrent dans un autre site, plus facile à défendre, de la côte dalmate. Le mystérieux scribe, connu sous le nom de « cosmographe de Ravenne », mentionne, en 670, « *Epidaurum id est Ragusium* », ce que M. Bagarić traduit crânement par « Epidaure c'est Dubrobnik ». Sur l'étymologie de Dubrovnik, il nous suggère deux versions : le nom pourrait venir d'une contraction de « Epidauro Novo », à moins qu'il ne dérive des mots slaves *dub* (chêne) et *dubrava* (chênaie), les premières maisons ayant été construites avec les arbres des forêts voisines, avant les grands incendies du Moyen Age, qui incitèrent à ne plus utiliser que la pierre.

De Ragusa, il n'est pas question, bien que ce nom se retrouve gravé mainte fois sur les murs de Dubrovnik. Pour M. Bagarić, il est clair que le siècle et demi de domination politique vénitienne — de 1205 à 1358 — n'a été qu'une parenthèse insignifiante. Il insiste sur le courage des habitants, qui réussirent à garder leurs franchises, puis, à peine tombés au pouvoir du roi de Hongrie et de Croatie, surent conserver une certaine indépendance. Ragusa se maintint petite République libre, jusqu'à la conquête française en 1806 — qui procura à Marmont le titre de « duc de Raguse » — puis l'annexion par l'Autriche en 1815.

Soit. On ferait pleinement confiance au savoir de l'historien si, page 15, arrivant à l'époque contemporaine, il n'avait éprouvé le besoin de coller, par-dessus la dernière colonne de son texte, un cache gris portant les armes de la ville. A contre-jour, on déchiffre un passage à la gloire de la Yougoslavie communiste, du maréchal Tito et de la vaillante jeunesse progressiste.

Dubrovnik, qui n'a pris ce nom qu'en 1919, est si splendidement italienne que je continuerai à l'appeler Ragusa, non par saugrenu expansionnisme latin, mais en raison de son urbanisme et de ses monuments, qui portent avec tant d'éclat la marque de Venise. En 1409, le roi de Naples vendit la Dalmatie à la *Repubblica Serenissima*, sauf Ragusa, précise M. Bagarić, qui resta un Etat libre. Le paiement d'un tribut aux Turcs lui assura le libre commerce dans l'Empire ottoman, et le rôle d'intermédiaire entre la Cité des Doges et Constantinople. En art aussi, les influences de Venise se sont combinées avec celles de Byzance, mélange qui, par le plus heureux des miracles, a permis l'élaboration d'un style propre.

D'accord sur ce point. Ragusa diffère de Venise par un urbanisme et une architecture communautaires : en ce sens qu'on n'y voit pas de grands palais, aucun édifice de prestige. Le Sénat avait édicté des règlements rigoureux, pour juguler les initiatives privées et imposer un modèle uniforme. Riches et pauvres, nobles et plébéiens étaient logés à la même enseigne, dans des maisons d'égale apparence, d'égale hauteur, sous des toits inclinés selon la même pente et couverts de tuiles identiques. Même le palais du Recteur — le magistrat suprême, élu pour un seul mois, par le Conseil des nobles — ne se distingue que par une élégante loggia, vénitienne, à chapiteaux sculptés, sous laquelle se lit l'inscription : « *Ragusei Nobiles Providentissimique Cives* » (Nobles et très sages Citoyens de Ragusa), loués pour leur dévotion à saint Blaise, le protecteur de la ville. On le voit partout, saint Blaise, en peinture ou sculpté, sur les portes de la ville ou au fronton de son église, avec sa mitre et sa crosse d'évêque, portant à la main une maquette de la cité. Titien ne l'a pas représenté autrement, dans le tableau des dominicains, une toile d'atelier, de routine, peinte, visiblement, pour l'exportation balkanique.

Pas de ville plus homogène que Ragusa. Des maisons très simples, en pierre blanche, à deux étages, séparées par des ruelles en damier. Les rues sont pavées de dalles blanches. Entre les murs blancs et le dallage blanc, aucune solution de continuité. Tout est blanc et net. Compacité minérale. Parfois la rue s'élargit et forme un *campo*, un *campicello* à la vénitienne. La rue principale, Placa, forme avec Pred Dvorom, l'autre rue un peu large, un angle qui rappelle l'angle de la piazza San Marco et de la Piazzetta.

Près de chacune des deux monumentales portes fortifiées, un imposant couvent monte la garde, dominicains à l'est, franciscains à l'ouest, comme si la formidable ceinture de remparts avait été jugée une protection insuffisante, sans le secours spirituel des moines. Chez les franciscains, merveilleux cloître, à fines colonnettes, odorant de buis et de citronniers. Dans un coin, le péristyle abrite la plus antique pharmacie d'Europe, dont les comptoirs sont peints en blanc. Le chevalier Ignatius Amerling, « *Eques Ragusinius* » (donc, à cette époque, pas de nationalisme croate) a restauré en 1901 ce vénérable *pharmacopolium*.

Tout près des franciscains, énorme fontaine polygonale, à bouches nombreuses, coiffée d'un dôme (influence turque ?). C'était le point d'arrivée de l'aqueduc construit en 1436 par Onofrio della Cava. Cet architecte, un Italien, a bâti aussi le palais du Recteur. A l'origine, l'édifice comptait deux étages. Le second a disparu, dès 1463, soufflé, volatilisé, parce qu'on y entreposait la poudre à canon, marchandise très précieuse, mais non moins désireuse d'exploser.

En haut d'un magnifique escalier baroque, à double rampe et à balustres, émule de l'escalier romain de la Trinité des Monts (Francesco De Sanctis, 1726), construit en 1738 par le Sicilien Padalacqua, s'élève le troisième édifice des grands ordres religieux, le collège des jésuites, annoncé en latin dès le premier palier de l'escalier : Collegium Rhagusinum, avec un *h* de majesté, ou pour le naturaliser slave. Cette institution, qui avait le monopole de l'enseignement, domine la ville de sa haute masse grise — c'est la seule construction à ne pas être blanche. Belle façade de l'église, dessinée par le grand Andrea Pozzo (le peintre et théoricien jésuite de S. Ignazio à Rome), qui vint en personne à Ragusa. A l'intérieur, fresques d'un autre Sicilien, Gaetano Garcia. Histoires de saint Ignace, mais le peintre, se jugeant trop mal payé, omit de représenter la Madone. Cet afflux d'artistes siciliens m'intrigue. On l'explique par l'importance des échanges commerciaux, Ragusa ayant ravi à Venise le monopole du commerce avec le sud de la Méditerranée. Ragusa dériverait du mot *laus*, rocher. Comment oublier, cependant, qu'il existe en Sicile une ville, une des plus belles, appelée aussi Ragusa ? Pure coïncidence ? Laquelle des deux fut la première ?

Encore une fois, peu importe des divers monuments, palais, églises ou chapelles. C'est l'ensemble qui est extraordinaire, par l'unité et la simplicité, par le blanc de la pierre, par la dure harmonie de ce monde sans couleur. Nous y étions le jour de Pâques. Ruelles vides, toute la ville affluant dans la grand-rue, Placa, qui cesse, aux heures de pointe, d'être une rue, pour devenir un salon, un salon en plein air, analogue à la piazza San Marco. La population de Venise est vieille. Ici, premier sujet d'étonnement, je ne vois que des jeunes. A midi, premier rassemblement : ils déambulent, très lentement, ou s'adossent contre un mur ; garçons et filles en groupes séparés, qui s'observent, se croisent, sans se parler ; comme autrefois en Italie, les deux sexes n'ont garde de se mêler ; deux camps distincts. Cette retenue surprend, de la part de gaillards aussi bien bâtis, au visage aussi franc et ouvert. Choix ? Tradition ? Poids de l'Eglise ? Masque ?

Ils et elles sont de grande taille. Les filles portent de longs manteaux noirs, des pantalons noirs, et même des lunettes noires, par cette journée sans soleil ; la mode est aux talons noirs, très hauts, carrés, massifs, véritables socles. Elles se peignent les lèvres de rouge vif. Les garçons, très beaux, dont le moins avantagé par la nature mesurera 1,80 mètre, sont en noir aussi. Jeunesse noire sur dallage blanc. *Che bella gioventù* ! De l'allure surtout, de la fierté. La conscience de tourner une nouvelle page de l'histoire, après la grisaille de l'époque communiste.

Finesse slave, élégance italienne. Mais par quelle prouesse arrivent-ils à s'habiller aussi bien ? Où est le ressort économique de leur coquetterie ? Le salaire moyen est de deux mille kunas, l'équivalent de deux mille francs. Les prix ? Aussi élevés qu'en France, ou même plus, à cause de la taxe de guerre, qui porte à 50 % les taxes sur le prix des produits importés. Comment font-ils ? Mafia ? Double ou triple métier, comme dans les anciens pays de l'Est ? Ici, me dit-on, c'est par la diaspora que survit, et prospère, la nation. Quatre millions huit cent mille Croates en Croatie, autant à l'étranger. De l'Allemagne ou du Chili, de l'Australie ou du Canada, ces émigrés, qui réussissent très bien, envoient de l'argent au pays. En somme, ce qui a été longtemps le système napolitain, le système sicilien.

Autre moyen de se débrouiller : on fait de temps en temps une expédition de groupe, à Trieste pour acheter des vêtements, au supermarché de Graz, en Autriche, pour les vivres. Chez les voisins, tout est moins cher.

Le tourisme ? Il reprendra, oui, lorsque le spectre de la guerre aura disparu. Les Croates sont sortis vainqueurs du conflit, ne serait-ce que parce qu'ils ont gardé les côtes de l'ancienne Yougoslavie. La Riviera dalmate, dont on estime le rapport à quatre milliards de dollars par an, suffira, à elle seule, à les nourrir. Mais Ragusa envahie par les étrangers, ce sera la praguification, la destruction par la vulgarité, autre forme de l'horreur moderne.

« Les Italiens, me dit un ami de Zagreb, poussent des clameurs, parce que onze mille Albanais ont débarqué chez eux. Nous, pays vingt fois plus petit, nous avons accueilli cinq cent mille réfugiés de Bosnie, et le monde n'en a rien su. Parmi eux, il y avait beaucoup de musulmans, que nous avons traités selon leur religion, leurs coutumes. »

De midi à une heure, dans Placa, la foule défile. Passe un troupeau de nains : des Japonais. A sept heures du soir, nouvel afflux. Toujours des jeunes, seulement des jeunes. Enfin, la nuit, de tous les petits bars campés dans les ruelles qui montent en escalier vers Prijeko, une parallèle de Placa, jaillit une musique tonitruante ; et, à l'intérieur des bars ou sur les marches, tout le monde se met à danser, selon la tolérance nocturne, rituelle elle aussi, des pays catholiques. Rome redevient païenne à la fin du jour, abandonnant aux saturnales l'obscurité.

Le reste de la ville somnole, désert et silencieux.

Dans Placa et dans Pred Dvorom, de grandes dalles plus luisantes forment une bande au milieu du pavé mat. Le sol, qui a l'air mouillé, reflète les promeneurs et leur ombre.

Auxquelles de ses sœurs me fait penser Ragusa ? Placa : plus large près des dominicains, la rue se resserre en se rapprochant des franciscains. Effet de trompe-l'œil, scénographie à la Bibiena. Ulica od Puća : la plus mystérieuse, la nuit. Parallèle à Placa, elle serpente, d'une très légère ondulation, entre deux rangées de lanternes, longe la mosquée, puis l'église serbe orthodoxe, abandonnée, fermée, grillagée (et, à sa taille, on se dit que l'exode a dû être important), passe devant une très jolie chapelle vénitienne, avant d'aboutir à la fontaine d'Onofrio. Je note une maison incendiée, dont il ne subsiste que la façade. En général, les dommages causés par la guerre sont déjà réparés. C'est du haut des remparts qu'on mesure, au nombre des toits de tuiles mécaniques qui ont remplacé les vieilles toitures brunes, la gravité des dégâts.

Lecce ? Ortigia ? Oui, pour l'homogénéité, pour la qualité et la couleur de la pierre (avec en plus, avantage inappréciable, l'absence totale de voitures et véhicules d'aucune sorte). Rien ne dépare l'ensemble, mais l'harmonie en est nue, sans les agréments baroques qu'on trouve en Apulie et en Sicile. Rhodes ? Malte ? Saint-Malo ? Peut-être, à cause de la mer, omniprésente, des remparts, de l'atmosphère d'aventures et de chevalerie. C'est pourtant à Venise que je songe, en suivant, sur le pavé dur, le bruit des pas qui s'éloigne, en entendant, d'un mur à l'autre des étroites ruelles, vibrer les voix sonores. Mais tandis qu'à Venise les maisons, faites de brique, sont badigeonnées de couleurs diverses, rose, ocre, bleu, ici, la pierre de taille reste apparente, du beau calcaire blanc de Korćula. Chaque moellon est cerné d'un trait, chaque mur divisé en lignes régulières, chaque maison isolée sur une case du plan en damier. Façades plates, mates, sans balcons ni ornements. Calme évidence de ce qui est simple et vrai.

Blanche, pure, nette, et en même temps d'une douceur infinie : telle je me rappellerai cette ville, minuscule par les dimensions, malheureuse dans son histoire, incertaine dans son identité, unique par la perfection de son urbanisme et l'unité de son décor.

Régnier

Vivre à Venise

La postérité est dure pour ceux dont le style manque de simplicité. Ce qui paraît singulier, brillant, « original » à une époque, semble maniéré, chichiteux, insupportable à la suivante. Même un écrivain d'une aussi grande stature que Chateaubriand a du mal à se remettre — et ne s'est pas encore tout à fait remis — du jugement acéré de Stendhal. « Je n'ai jamais rien trouvé, note celui-ci dans son *Journal* le 14 décembre 1829, de si puant d'égotisme, d'égoïsme, de plate affectation et même de forfanterie sur de prétendus dangers à la mer que le début du deuxième volume de *l'Itinéraire à Jérusalem*, que j'ai ouvert ce matin pour avoir une idée du talent de M. de Chateaubriand. Au lieu de faire connaître le pays, il dit *je* et *moi* et fait de petites hardiesses de style. »

Comment eût-il réagi devant les pages de voyage d'Henri de Régnier ? Paul Léautaud, arrière-petit-neveu de Stendhal pour ce qui est d'écrire sec et vite, nous a fourni la réponse *(Journal littéraire*, 14 mars 1934) : « Dans *la Revue de Paris*, ce matin, numéro du 15 mars, article de Régnier : *Promenades dans Rome...* Absolument illisible. Des fioritures, de jolies phrases de poète, des digressions à n'en plus finir... Pas une idée. Pas un trait. Pas un détail, un mot qui arrête ou retient. Rien que du style. Stendhal aurait bien ri en en lisant ce *brillant* morceau. » Sur *l'Altana ou la Vie vénitienne*, verdict aussi péremptoire (24 novembre 1927) : « Illisible, écrit en style fleuri insupportable, plein de descriptions qui font tomber le livre des mains. »

Il n'est pas très diplomatique de commencer une préface [1] en citant les pièces à charge contre l'auteur qu'on a mission de défendre, mais le cas de Régnier paraît d'abord si désespéré, la louange, qu'on lui décerne dans les manuels, de « trait d'union entre symbolisme et Parnasse » si peu rassurante aujourd'hui, sa parenté même si suspecte (de son beau-père, José-Maria de Hérédia, à son épouse, Gérard d'Houville), la réhabilitation enfin si lourde à entreprendre, qu'il vaut mieux avertir tout de suite le lecteur des obstacles qu'il aura à surmonter. Lorsqu'il lira que les trois églises de la Giudecca « unissent leurs cloches aux innombrables sœurs sonores balançant leur branle dans les campaniles vénitiens », ou que « les arcs courbes de ses ponts me perçaient de toutes les flèches du plaisir », qu'il ne jette pas l'ouvrage au fond du canal ! Henri de Régnier valait mieux que cela. Deux influences ont perverti son naturel : une admiration éperdue pour D'Annunzio (dont il donne dans *la Vie vénitienne* de comiques exemples, osant écrire qu'il est « le plus grand écrivain d'Italie », en 1899, alors que Pirandello avait déjà trente-deux ans et Svevo publié *Senilità)*, et l'ambition académique. Quand il évoque « le mystère » et « les magies » de Venise, au lieu du tour attendu « les mystères » et « la magie », on devine qu'il cherche à étonner, mais qui,

1. A *la Vie vénitienne*, Mercure de France, 1986.

sinon les messieurs du quai Conti ? Cette phrase est de 1911, et c'est en 1911 qu'il fut élu sous la coupole. Les jeunes amis français qu'il pilotait à Venise, Claude Farrère, Abel Bonnard, Jean-Louis Vaudoyer, Edmond Jaloux, Emile Henriot, on les retrouvera tous, qui plus tôt, qui plus tard, à l'Académie ! Pas de chance, ou pas de flair : Régnier n'était pas à Venise en 1900, l'année du voyage de Proust.

Sans cette double attirance pour le tarabiscoté et pour le conventionnel, l'écrivain aurait peut-être gardé ses qualités humaines. « Une grande distinction, une grande simplicité », dit de lui Léautaud (23 mai 1936), qui ne pouvait souffrir ses amphigouris. « Je l'aime énormément », confessait le jeune Gide. Si *la Vie vénitienne* mérite de survivre dans le naufrage de ses romans, c'est que l'homme y tient plus de place que l'écrivain.

Examinons le titre. Régnier va nous raconter, non pas un voyage à Venise, mais comment il y a vécu, au cours de neuf séjours échelonnés entre septembre 1899 (il a trente-cinq ans alors) et novembre 1924. Vraiment vécu : non pas à l'hôtel, mais chez des amis, dans des maisons particulières, prêtées ou louées. Titre originel complet du livre paru en 1928 au Mercure de France : *l'Altana ou la Vie vénitienne*. L'*altana* est une petite plate-forme de bois que les Vénitiens se font construire sur leur toit pour prendre le frais vespéral. Les femmes y montent pour exposer leurs cheveux au soleil qui les nimbe de cette fameuse nuance de blond doré. En choisissant l'altana comme symbole de Venise, Régnier marquait sa préférence pour le grand air, pour le vent, pour ce qui circule et tonifie. Pas l'engoncement et la pourriture des canaux étroits, mais le soleil et le souffle des hauteurs ! Vingt-cinq ans de fréquentation intelligemment amoureuse : expérience unique, qui confère à son livre force, saveur, authenticité.

Excellentes les pages, par exemple, où il décrit, soit l'escalier et la chambre de la casa Zuliani, dans un style neutre, étonnamment moderne, de code civil, soit les pièces délabrées du palais Vendramin qu'il entreprit de nettoyer et meubler, et qu'il évoque avec une viscontienne nostalgie. Il hanta le palais qu'on appelait alors Venier et qui porte maintenant le nom de sa dernière propriétaire américaine, Guggenheim (demeure inachevée pour les raisons qu'il nous expose), ainsi que le palais Fortuny, converti aujourd'hui en musée.

Qui habite Venise ne peut manquer de s'intéresser à la vie quotidienne du peuple vénitien. Comme il nous plaît mieux, le patricien normand, lorsque, dépouillé de ses aristocratiques langueurs, il marche dans la rue et parle aux gens ! Le voici dans la boutique du libraire, du pharmacien, du vendeur de perles, du marchand de vin, le voici chez l'antiquaire (plus souvent chez l'antiquaire, reconnaissons-le : noblesses obligent !). Il raconte avec vivacité les étapes de la restauration du palais Dario : comment on a déposé la façade de marbre, ceinturé l'édifice avec une chaîne de fer, comment on l'a isolé du canal au moyen de claies imperméables et comment on a pompé l'eau à l'intérieur de cette cuve et remplacé les pilotis. Tout ce qu'il dit aussi du radoubage des gondoles, de ce décor de vase et de goudron où s'exercent certains métiers, de la misère de la Venise laborieuse, est juste, simple, émouvant. Les gondoles, thème sur lequel on pouvait craindre le pire, lui portent bonheur.

Ce « singulier bec de métal dentelé qui leur donne je ne sais quel air pharaonique », voilà qui n'est pas mal vu. Quant au style pourtant recherché de cette phrase, il me semble qu'il n'est pas si mauvais que d'habitude : « Tout vous attire au-dehors et on ne résiste guère à la tentation de laisser l'encre et les plumes et d'aller voir les gondoliers, scribes des eaux, inscrire du bout de leurs longues rames, à la surface des canaux et sur la page fluide de la lagune, les lettres d'un alphabet mystérieux ».

Heureusement qu'il nous a prévenus, le soir où il est arrivé pour la première fois à Venise par clair de lune, qu'il s'était promis de s'interdire « le plus possible tout lyrisme et tout romantisme » ! On l'eût peiné sans doute en l'avertissant que le principal atout de son livre pour être encore lu en l'an 2000 serait sa valeur involontairement documentaire. Pourtant, c'est par ce côté qu'il continue à nous retenir. Quand il qualifie l'admirable fontaine baroque de la place d'Espagne à Rome de « comique Barcaccia », ou qu'il parle des volutes qui s'enroulent, à l'église des Gesuiti, « avec des grâces d'alcôve et des pompes d'opéra », nous haussons les épaules. Clichés de touriste ignare ! Mais lorsqu'il débarque à Venise en 1903 peu de temps après l'écroulement du campanile de Saint-Marc, nous dressons l'oreille, friands de détails (qui hélas ne viendront pas). Nous apprenons avec un vif intérêt que *l'acqua alta*, qui passe aujourd'hui pour une des causes principales de la ruine de Venise, était bénie en 1899 à cause de ses vertus régénératrices. « Elles se font sentir à l'intérieur de Venise, ces grandes marées, elles la gorgent d'une eau fraîche et dont se purifient ses petits canaux. C'est une sorte de jeunesse marine qui s'insinue aux veines de la ville. » Voilà une observation que ne devraient pas dédaigner les historiens de la Cité des Doges.

De même que les historiens de l'art pourraient faire leur profit des nombreuses et belles pages sur les peintres de Venise. Le plus souvent à cause de leur pertinence : sur les mosaïques de Saint-Marc, où il rejoint Henry James (qui y était passé quelque temps avant), en parlant de la « splendeur amortie de ses ors », sur Carpaccio et la Scuola degli Schiavoni dont il déplore, comme James, l'obscurité ; sur Giovanni Bellini, sur Gian Battista Tiepolo ; mais surtout, car un tel engouement est plus inattendu, sur l'énergique et viril Tintoret. « De ses toiles sortent de furieuses rumeurs, à moins que ne pèsent sur elles de terrifiants silences. Elles sont traversées de vols d'anges et de torsions de belluaires, de battements d'ailes et de détentes de muscles. » Malraux aurait pu signer ces lignes. (Compliment ambigu, à vrai dire : car je ne suis pas sûr que Malraux ne paraîtra pas aussi démodé, dans cinquante ans, que Régnier ; et même bien plus démodé, parce que plus emphatique encore et trop fier pour s'intéresser au radoubage des gondoles.)

D'autres fois, le commentaire nous semble entaché de lourdes erreurs, mais c'étaient les erreurs du temps, le jugement du temps, devenus pour nous précieuses informations sur l'état des connaissances artistiques et du goût pictural en 1900. Ainsi en est-il de *la Tempête*, un des tableaux vénitiens que nous admirons le plus aujourd'hui. D'abord nous apprenons qu'il ne se trouvait pas encore au musée de l'Académie, mais dans la collection privée du palais Giovanelli. Puis qu'on ne l'appelait pas *la Tempête*, mais *la Famille du peintre*, comme si Giorgione s'y était représenté avec sa femme et son bébé ! Le jugement de Régnier nous laisse pantois. « Je ne puis le regarder sans déception. Ce paysage disparate que meublent des fabriques, un pont, des débris de colonne antique, des arbres, une rivière ; cette sorte de berger debout dans un coin, cette femme assise à demi dévêtue, allaitant un enfant ! Cette pastorale de famille n'est guère émouvante, et j'aime mieux réserver mon admiration à l'admirable *Fête champêtre* du Louvre. »

N'accablons pas Régnier. On pourrait rire aussi bien de tous ceux qui, après lui, ont analysé ce tableau comme une « tempête », avec une jeune mère essayant de préserver son enfant de l'orage, sous la protection de son mari. Il n'y a que très peu de temps qu'on a donné une lecture correcte de cette toile. Il s'agit, non d'une « mère de famille », mais de la nymphe Io. Elle a eu son enfant de Jupiter, figuré par l'éclair. Le jeune homme n'est autre que Mercure, envoyé par Jupiter pour défendre la nymphe contre le courroux de Junon, l'épouse légitime. Si les experts ont attendu 1960 pour déchiffrer le chef-d'œuvre de Giorgione, peut-on reprocher à un simple amateur de s'être mépris sur ce qu'il croyait être le « sentimentalisme » du peintre ? Quant à la *Fête champêtre* du Louvre, on l'attribue présentement à Titien... Que cet exemple nous invite à rester modestes et à ne pas trancher trop vite sur un tableau !

Plus surprenante et moins pardonnable nous paraît la bévue au sujet de la musique. « Je ne crois pas que de grands musiciens soient nés à Venise. » Il ne cite que l'« aimable Galuppi » et les séjours de plusieurs étrangers, Monteverdi (écrit encore Monteverde), Cimarosa, Wagner. Régnier était-il particulièrement sourd ? Ou n'est-il qu'un témoin de l'inculture musicale française ? Comment pouvait-on ignorer que, jusqu'à la fin du XVIIIe siècle, il y avait eu deux grandes écoles de musique en Italie et par conséquent dans le monde, la napolitaine et la vénitienne ? Régnier mentionne les « hôpitaux » qui servaient de conservatoires aux jeunes filles, mais il oublie que dans celui de la Pietà, sur la Riva degli Schiavoni, enseignait Vivaldi. Je veux bien admettre que Vivaldi, en 1906, était encore méconnu. Mais enfin, le président de Brosses l'avait rencontré et en parle dans ses *Lettres*. Et Benedetto Marcello ? Et, avant eux, les deux Gabrieli, Andrea et son neveu Giovanni, qui, organistes à Saint-Marc, exploitèrent dès le XVIe siècle les ressources stéréophoniques de la basilique en fragmentant les chœurs et les fanfares de cuivre pour les distribuer dans les quatre tribunes ? Et le sublime Francesco Cavalli, appelé à faire jouer devant Louis XIV l'*Ercole amante* ?

Côté mœurs, *la Vie vénitienne* nous fournit un savoureux document sur la révolution naturiste du premier après-guerre. On s'amuse fort de l'étonnement effarouché que provoque chez Régnier l'essor de « cette étrange mode balnéaire » observée au Lido, où « tout un peuple de baigneurs, plus qu'à demi nus sur le sable, s'occupe à se rôtir les membres et le corps et à acquérir toutes les teintes de la cuisson par l'eau salée et le soleil. Les deux sexes et tous les âges visent à ce résultat avec une émulation qui ne craint pas l'impudeur. On y pratique toutes les audaces du traitement qui, peu à peu, transforme les nouveaux venus et leur procure la couleur requise, si bien que cette plage adriatique semble être devenue le lieu de campement d'une tribu sauvage, etc. ». Nous sommes en 1924, désormais : dans les années où le jeune Paul Morand donnait leurs lettres de noblesse littéraires au corps, à la nudité, au bain de soleil, à la plage. Un siècle, plus qu'une génération, sépare les deux hommes. Quand on se souvient que Morand, dans sa vieillesse (et quoique devenu académicien, lui aussi), établissait un parallèle lyrique entre la place Saint-Marc, haut lieu des souvenirs, et la place de la Gare, promue, grâce aux campements de hippies cosmopolites, basilique du présent[1], on s'avise qu'il y a entre les deux écrivains une différence non point tant d'époque que de tempérament.

Henri de Régnier est né vieux. Les moustaches blanches de ses portraits tardifs semblent lui avoir appartenu dès le berceau. Aussi parle-t-il bien de Venise, devenue dès la fin du XVIIIe siècle une ville de vieux. Et son livre redevient d'actualité, aujourd'hui que les jeunes Vénitiens ont déserté la cité lagunaire pour aller chercher du travail dans les bureaux de Mestre ou les usines de Porto Marghera. Plus vrai que jamais ce qu'il écrit de l'étendard de Saint-Marc : « Ses plis n'ondulent plus qu'au vent du passé. » (Onze pieds, coquetterie pour échapper à la cadence de l'alexandrin dont le poète était pourtant friand, ainsi que son épouse, dont il cite extasié, meilleur mari que connaisseur, ce vers sur Vérone : « L'Adige rouge et jaune où pleura Juliette ».) Et vraie encore nous semble la leçon de sagesse qu'il tira de ses séjours. « D'avoir vécu sa vie en toute sa courbe, de la splendeur à la décrépitude, de l'apogée à la décadence, Venise a gardé de cette perfection de son destin une dignité et une sérénité... Là, plus que nulle part ailleurs, on est à l'abri de tout désir. Nul lieu n'est plus propice que celui-là au détachement de soi et à la paix intérieure. » Comment ne pas souscrire aux conseils qu'il nous donne ? « Le point essentiel et le précepte fondamental est de vivre à Venise comme on vivrait partout ailleurs, d'y rester soi-même et de ne pas s'y faire une âme factice. » Vous aimez les églises ? Visitez-les. Les tableaux ? Regardez-les. Les couchers de soleil ou les clairs de lune ? Contemplez-les. Mais sans obligation. Le café ? Asseyez-vous à une petite table du Florian. La lecture ? Restez dans votre chambre. La marche ? Au diable les gondoles !

« Venise n'oblige à rien, pas plus à se grimer en romantique qu'à se déguiser en esthète. » Pour apprécier cette phrase, écrite en 1903, il faut se rappeler que Barrès, la même année, publiait *Amori et Dolori sacrum*, avec le chapitre *la Mort de Venise* et ses lugubres harmonies ; qu'en 1909, Henry James publiera *Heures italiennes*, dont le plus beau chapitre traite du déclin de Venise ; et Thomas Mann, en 1912, *Mort à Venise*. Honneur donc à Henri de Régnier qui, dans ce climat de dévotion funèbre, écrivait, non pas la mort, mais la vie à Venise, *la Vie vénitienne* ou : comment vivre à Venise sans s'abandonner aux sortilèges de la décadence.

1. Paul Morand, *Venises*, Gallimard, 1971.

Renaissance

Tableau du Cinquecento

De Léonard à Raphaël, de Michel-Ange à Titien ; de *la Joconde* au plafond de la chapelle Sixtine, des tombeaux des Médicis à Florence à la Chambre de la Signature au Vatican ; des premières ébauches du nouveau Saint-Pierre de Rome à l'aménagement de la place Saint-Marc à Venise : pendant le premier tiers du XVIe siècle, un foisonnement d'ouvrages sans pareils confirme la suprématie que la péninsule avait acquise au cours du Quattrocento dans les divers arts plastiques, peinture, sculpture, architecture, urbanisme. Le temps des génies : toute la question est de savoir s'ils se sont rencontrés par hasard ou si l'éclosion simultanée de quelques chefs-d'œuvre de l'art italien peut se rattacher à une pensée commune.

L'hégémonie romaine

Première évidence : alors que le Quattrocento s'est accompli presque entièrement à Florence, le nouveau siècle voit Rome prendre la tête du mouvement artistique italien. Sous l'impulsion de Jules II, pape de 1503 à 1513, puis de Léon X, pape de 1513 à 1521, l'Urbs redevient la capitale de la péninsule. L'architecte Bramante arrive à Rome en 1499, Michel-Ange en 1506, Raphaël en 1508. La promotion de Rome comme centre d'art et de culture au détriment de Florence marque l'apogée de la Renaissance. Plusieurs idées maîtresses de l'humanisme trouvent en effet leur accomplissement. D'une part la grandeur impériale de Rome est restituée dans tout son éclat ; d'autre part l'institution d'un ordre universel semble préparer la rénovation du monde. Surtout, l'hégémonie romaine signifie le double triomphe de l'Eglise et de l'Antiquité, et la réalisation du vieux rêve qui paraissait presque impossible : la réconciliation du monde païen et du monde chrétien. Les grandes trouvailles archéologiques ont lieu précisément dans les premières années du XVIe siècle, l'Apollon d'Antium, le Laocoon, le Torse : et pour accueillir ces vestiges du paganisme dans les collections pontificales, Jules II fait aménager le palais du Belvédère.

Le temps des génies est aussi l'ère des synthèses. Comme l'a très bien montré André Chastel, le mythe de la Renaissance s'est cristallisé à Rome sous la forme de quatre projets grandioses, auxquels architectes, peintres et sculpteurs appelés dans la capitale furent associés : le nouveau Saint-Pierre, commencé par Bramante ; le mausolée de Jules II, dessiné par Michel-Ange ; le « miroir historial », peint par Michel-Ange au plafond de la chapelle Sixtine ; enfin le « miroir doctrinal », confié au pinceau de Raphaël dans la Chambre de la Signature [1].

---

1. André Chastel, *Art et Humanisme à Florence au temps de Laurent le Magnifique*, p. 450-484, Presses Universitaires de France, 1961.

La première pierre de la nouvelle église type pour la chrétienté est placée le 18 avril 1506. Bramante a choisi le plan central, c'est-à-dire quatre bras d'égale longueur inscrits dans un carré. Ce plan a la préférence des humanistes, parce qu'il rappelle le Panthéon antique, suprême achèvement de l'architecture impériale, et aussi parce que la parfaite symétrie des parties, avec la coupole posée au-dessus de la croisée, est la plus propre à représenter le cosmos, dans sa double acception rationnelle et divine. Les plus belles réalisations d'architecture chrétienne de cette époque, comme le Tempietto de San Pietro in Montorio à Rome (Bramante) ou l'église de San Biagio à Montepulciano en Toscane (Antonio da Sangallo), respectent le plan central.

Destiné à être placé sous la coupole du nouveau Saint-Pierre, le tombeau de Jules II ne fut jamais terminé. Celui qu'on voit aujourd'hui dans l'église de San Pietro in Vincoli, misérablement réduit à la statue de Moïse encadrée par les deux allégories de la Vie active et de la Vie méditative, ne donne aucune idée des projets initiaux. Michel-Ange avait l'intention de superposer dans un monument autonome trois étages de statues, chaque étage correspondant à une étape de la vie intérieure de l'âme en marche vers son salut : à l'étage inférieur les Esclaves, symboles de l'erreur païenne et de la prison où se débat le corps ; à l'étage intermédiaire Moïse et saint Paul, symboles du nouveau genre de vie inauguré sous le règne de la foi ; à l'étage supérieur, le pape et la Vierge, symboles de la libération spirituelle et de la paix éternelle. Un tel monument, élevé à la manière des Triomphes antiques, aurait pu être lu comme un poème religieux, à la gloire de la religion catholique, ou, selon le schéma platonicien, comme l'image des divers degrés de l'existence humaine dans son ascension progressive vers les délices de la contemplation. Ces deux lectures, la païenne et la chrétienne, ne sont nullement contradictoires pour l'époque, et c'est en quoi la Renaissance à son apogée réalise la plénitude de l'histoire universelle.

La voûte de la chapelle Sixtine, peinte entre 1508 et 1512, fournit à Michel-Ange l'occasion de mener à bien cette audacieuse synthèse entre philosophie antique et philosophie chrétienne. Charles de Tolnay a déchiffré une fois pour toutes l'ordonnance rigoureuse qui gouverne cet ensemble unique de peintures[1]. Le plafond proprement dit raconte en une suite de neuf tableaux l'histoire de la Création et du Péché, depuis la séparation de la lumière et des ténèbres jusqu'à l'ivresse de Noé. Cependant, l'ivresse de Noé est peinte au-dessus de l'entrée, la séparation de la lumière et des ténèbres au-dessus de l'autel, la lecture devant s'effectuer dans le sens contraire de l'ordre chronologique. Le fidèle, de la sorte, est invité à méditer d'abord sur le spectacle de la misère humaine, puis à découvrir peu à peu, à mesure qu'il remonte vers le tabernacle, la splendeur de Dieu. Mais les neuf tableaux du plafond ne constituent eux-mêmes qu'une des parties de l'ensemble, la zone supérieure d'un organisme architectonique divisé, comme le tombeau projeté pour Jules II, en trois étages bien distincts. A l'étage inférieur, dans les triangles et les lunettes, se trouvent les Ancêtres du Christ, suite de figures prostrées, accablées, peintes dans une atmosphère crépusculaire

1. Charles de Tolnay, *Michel-Ange*, p. 46-78, Flammarion, 1970.

oppressante, images du désespoir humain, ou plutôt, d'après le double sens chrétien et néoplatonicien, symboles des vicissitudes de l'humanité privée de la lumière spirituelle et condamnée à traîner dans l'ombre une vie larvaire. A l'étage intermédiaire, les Sibylles et les Prophètes, qui n'appartiennent pas encore au monde de la Grâce mais qui l'entrevoient avec les yeux de l'esprit. Quant aux merveilleux Ignudi, placés aux quatre coins des tableaux, ils figurent une autre catégorie d'esprits intermédiaires, les Anges de la tradition chrétienne, métamorphosés, par la suppression des ailes et l'adjonction d'un bandeau sur le front, en Eros de la tradition platonicienne. Chez eux comme chez les Prophètes, l'agitation croît à mesure qu'ils se rapprochent de l'autel. Ainsi, les parties s'enchaînent rigoureusement les unes aux autres : l'étagement des trois zones, zone inférieure abandonnée aux ténèbres, zone médiane éclairée par le pressentiment du divin, zone supérieure illuminée par l'apparition de Dieu, constitue une première ascèse pour l'âme, au terme de laquelle commence une seconde ascèse, celle qui part des scènes de Noé et conduit à la révélation suprême du grand Etre cosmique.

Dans la chapelle Médicis de Florence, conçue par Michel-Ange comme un seul ensemble architectural et sculptural, qu'il exécute entre 1520 et 1534, on retrouve la même ambition de fondre Platon et Jésus-Christ, et la même répartition tripartite. Depuis le dallage jusqu'à la coupole, voici une image synthétique de l'univers, avec la zone inférieure occupée par les quatre figures allégoriques du Jour, de la Nuit, du Crépuscule et de l'Aurore, personnifications de ce marasme sans nom qui pèse sur l'âme captive emprisonnée dans la matière, puis la zone intermédiaire, où les ducs, délivrés par la mort de leurs chaînes corporelles, sont admis à la contemplation de la vraie Vie, enfin la zone supérieure, constituée par la calotte sphérique, ciel des Idées selon Platon, ciel de la Grâce selon l'Eglise.

Raphaël complète le nouveau « miroir historial » proposé par le plafond de la chapelle Sixtine, en ornant la Chambre de la Signature au Vatican, entre 1509 et 1511, d'une série de panneaux où s'affirme le nouveau « miroir doctrinal » de l'époque. L'accord humaniste du monde antique et de la spiritualité chrétienne reçoit ici son expression la plus sereine. Au reste, n'importe laquelle des Madones peintes par Raphaël, n'importe lequel de ces visages où la langueur la plus voluptueuse est associée à l'extase la plus séraphique, suffirait à prouver que nul artiste n'était plus apte à rendre, indissolublement mêlés, le frisson de l'éros terrestre et la suavité de l'amour divin. Dans la Chambre de la Signature, il réordonne l'édifice de la Scolastique médiévale, en mettant sur un pied d'égalité absolue la Poésie, la Justice, la Philosophie et la Théologie, c'est-à-dire le Savoir des Sages et la Révélation des Initiés. En particulier, *l'Ecole d'Athènes* fait pendant au *Triomphe du Saint Sacrement.* Il faudrait étudier en détail le langage symbolique de chacune de ces fresques. Les deux personnages qui figurent au centre de *l'Ecole d'Athènes* sont l'un, Aristote, avec sa main tendue horizontalement, geste qui fait allusion à l'organisation du monde par l'Ethique, l'autre, Platon, avec son bras levé verticalement, geste qui illustre le devoir de quitter l'univers sensible pour se hausser jusqu'au ciel des Idées. La fresque du *Parnasse* montre, affectueusement unis, poètes grecs et latins, comme

Homère, Virgile ou Sapho, et poètes italiens, comme Dante, Arioste ou Sannazzaro. Un détail symbolise cette fraternisation euphorique des Anciens et des Modernes, aspiration suprême de la Renaissance : par un anachronisme voulu, Raphaël met dans les mains d'Apollon, le dieu qui préside à cette fête, au lieu de la lyre grecque à sept cordes, une *lira da braccio* à neuf cordes, instrument moderne inconnu de l'Antiquité.

Apogée ou déclin ?

Et pourtant, la plénitude des temps n'a jamais été plus près de finir qu'au moment où on la célèbre avec tant de ferveur. La mort précoce de Raphaël, à trente-sept ans, en 1520, mais surtout de très graves événements publics entraînent le naufrage du rêve humaniste. La crise religieuse, commencée en Europe avec la révolte de Luther en 1517, gagne peu à peu l'Italie et déclenche la Contre-Réforme. La crise politique, plus brutale, éclate en 1527, avec le sac de Rome par les troupes de Charles Quint et l'asservissement de la péninsule sous le joug espagnol. Du coup, le climat de confiance et d'optimisme où la Renaissance a pu s'épanouir est ruiné. Les répercussions sur les arts se font immédiatement sentir. En architecture, la nécessité de lutter contre la Réforme en accueillant dans les églises des foules de plus en plus nombreuses explique l'abandon du plan central et de l'harmonie rationnelle qu'il symbolise. Lorsque, après de nombreux remaniements, Saint-Pierre de Rome sera enfin terminé, au début du XVIIe siècle, la croix latine à nef principale allongée aura supplanté la croix grecque à bras égaux ; et, du projet humaniste de Bramante et de Jules II, il ne restera rien, sinon un gigantesque réceptacle à pèlerins.

Le mausolée de Jules II subit la même mésaventure. Sans doute, il faut tenir compte ici du caractère singulier de Michel-Ange, de ses brusques accès d'angoisse, de ses retournements d'humeur qui lui font abandonner en route tant d'œuvres à peine ébauchées. Mais la « tragédie de la sépulture », comme il l'appelle lui-même, la réduction du projet initial au monument de 1542 qu'on voit aujourd'hui dans l'église San Pietro in Vincoli à Rome, la dispersion des Esclaves déjà exécutés (les deux plus beaux se trouvent au Louvre), le renforcement de l'élément chrétien au détriment des allusions païennes attestent aussi la mutation des temps. Comme le dit Erwin Panofsky, « le résultat final ne témoigne pas seulement d'une frustration personnelle infligée à l'artiste ; il symbolise également l'échec du système néoplatonicien dans son espoir d'aboutir à une harmonie définitive entre les tendances divergentes de la culture au lendemain du Moyen Age : un monument à "l'harmonie entre Moïse et Platon" a évolué en un monument de la Contre-Réforme [1] ».

Autre signe de cette involution désastreuse : vingt-cinq ans après avoir orné le plafond, Michel-Ange complète la chapelle Sixtine en peignant sur le mur du fond l'immense *Jugement dernier* (1536-1541). Quelle différence entre les styles de ces deux œuvres, et comme la distance qui les sépare résume le passage d'une époque sûre d'elle et de son système d'explication du monde, à une époque incertaine, hantée de sinistres pré-

1. Erwin Panofsky, *Essais d'iconologie*, p. 282, Gallimard, 1967.

sages et vouée à une défaite prochaine ! L'humanité, entraînée dans un mouvement giratoire incessant, tourne pesamment dans le vide, assujettie à une fatalité cosmique. L'optimisme, la croyance dans la liberté ont disparu. Et, en comparaison de la splendeur juvénile des corps d'Adam et des Ignudi, que dire de ces nus lourds et flasques par où l'artiste semble désavouer son ancien culte de la beauté physique ?

Partout en Italie les inquiétudes se font jour à travers un style nouveau qu'on appellera maniérisme et qui exprime le trouble des esprits, une sorte de mal du siècle. L'ancêtre, s'il y en a un, doit être désigné en la personne de Léonard de Vinci. Il n'a pas participé, lui, à l'apothéose romaine, il est resté en marge des affirmations triomphales de la Renaissance, il est mort en 1519, en France, où il avait apporté *la Joconde*, peinte au début du siècle à Florence. Il a marqué un peu tout le monde de son influence, par sa personnalité mystérieuse et par l'ambiguïté indéchiffrable de ses tableaux, qui ne proposent aucune réponse positive aux grands problèmes de l'époque, mais se retranchent dans un doute universel générateur d'un malaise indéfinissable.

Le premier maniérisme s'étend surtout en Toscane et dans la vallée du Pô. En Toscane, trois peintres imposent d'étranges visions [1] : Beccafumi aux effets de lumière sulfureux dans une pénombre inquiétante, Rosso Fiorentino aux découpages bizarres, aux tons froids et livides, Pontormo qui substitue aux portraits rassurants de l'âge classique des visages propres à déconcerter. A Parme, Parmigianino étire les formes avec une fantasmagorique élégance, tandis que Corrège, avec ses fresques évanescentes en trompe-l'œil, annonce directement l'art baroque. Enfin, si on compare le massif palais Farnèse de Rome, commencé en 1511 par Antonio da Sangallo, symbole de la solidité d'un monde gouverné par une Raison universelle, au palais du Té construit et décoré par Jules Romain à Mantoue entre 1525 et 1535, univers enchanté et bizarre de formes en liberté, on constate que, dans l'architecture aussi, le modèle de l'œuvre compacte et fermée, contenant en elle-même son sens, est abandonné pour la tentation grisante de l'aventure et du caprice, aux antipodes de l'humanisme romain.

De David à Vénus

Une nouvelle péripétie de la Renaissance commence avec l'ascension de Venise au ciel des beaux-arts. Cette ville dédiée jusque-là surtout au commerce et aux fêtes va profiter de l'abaissement de Rome et de Florence après l'invasion espagnole pour affirmer un idéal artistique absolument indépendant du Quattrocento. L'architecte toscan Jacopo Sansovino, réfugié à Venise en 1527, devient l'agent le plus spectaculaire de cette éclosion. Il réorganise la place Saint-Marc, en abandonnant la vision plastique chère aux Florentins pour une vision purement luministe qui subordonne les volumes et les masses aux effets de lumière et de clair-obscur. La promotion de la lumière est le grand événement et la gloire de la culture vénitienne. Tandis que le dessin, la fermeté du

1. Ludwig H. Heydenreich et Günter Passavant, *le Temps des génies*, Gallimard, 1974. Daniel Arasse et Andreas Tönnesmann, *La Renaissance maniériste*, Gallimard, 1997.

contour et la prépondérance accordée aux structures caractérisent l'art de Florence, la monumentalité et le sens des ensembles l'art de Rome, l'art de Venise est fondé sur la lumière, la couleur, l'atmosphère, les effets picturaux et l'harmonie musicale, en architecture aussi bien qu'en peinture. Rien d'étonnant à cela, si on considère que le monde des pierres faisant le décor de Florence et de Rome invite aussi naturellement à la dureté et à la grandeur que le monde des eaux toujours changeantes et diversement moirées où se reflète Venise invite aux modulations nuancées.

Du dessin à la couleur, donc. Mais également : de l'homme à la femme. Venise horizontale, Venise couchée au milieu de la lagune s'oppose à Florence debout et virile. Le grand *David* érigé par Michel-Ange en 1504 place de la Seigneurie est le symbole même de l'esprit florentin, fait de courage, d'énergie et de fierté. Le corps humain célébré par les artistes du Quattrocento, les peintres comme les sculpteurs, est toujours un corps masculin. Michel-Ange continue et parachève avec les Esclaves du mausolée et les Ignudi de la Sixtine la tradition de Donatello et de Verrocchio, de Pollaiolo et de Signorelli. L'idéal néoplatonicien est lié à l'exaltation exclusive du nu viril. Botticelli est un des premiers à peindre à Florence des nus féminins : mais qu'on regarde *la Naissance de Vénus* ou les Trois Grâces (d'ailleurs légèrement voilées) du *Printemps*, on voit qu'il s'agit d'une Vénus encore verticale, peu sexuée et céleste, de Grâces encore androgynes, de corps chastes ayant conservé intacte une virginité toute gothique. Les vraies Vénus, charnelles, moelleuses, pulpeuses, apparaissent avec les peintres vénitiens. Et, pour mieux montrer à quel point l'idéal vertical, maigre et viril des *David* est passé de mode, ils ne représentent leurs Vénus que penchées avec mollesse ou assises avec langueur ou tout bonnement couchées, résolument, plantureusement féminines.

La première grande manifestation du culte hédoniste de la femme est le *Concert champêtre* de Giorgione (1477-1510), peint peu de temps avant la mort du maître. Deux jeunes gens habillés et deux femmes nues, ce qui a presque la valeur d'un manifeste ; et non pas deux adolescentes graciles, mais deux femmes d'amples proportions et bien dodues. A la différence des tableaux florentins ou romains peints toujours par des humanistes, celui-ci ne raconte aucune histoire, ne contient aucun symbole. Pour la première fois, le spectateur est convié à une jouissance qui n'est pas intellectuelle, mais purement sensuelle. Renoir ne peindra pas d'hymne plus charnellement ému à la beauté féminine. Giorgione laisse à son disciple Titien (né en 1485) le soin de prendre la relève. Dès 1515 Titien apporte en hommage à la nouvelle idole un tribut vibrant : *l'Amour sacré et l'Amour profane*. Certes, dans ce tableau qui représente une femme nue et une femme somptueusement habillée, Panofsky[1] croit reconnaître l'opposition, fidèle au schéma néoplatonicien, entre la Beauté temporelle, qui s'orne de charmes accessoires tels que vêtements, parures, bijoux, et la Beauté éternelle, dont la nudité marque le mépris envers les biens périssables du monde. Mais, comme le fait observer non sans malice Kenneth Clark, si on considère le tableau comme un poème

1. Panofsky, *op. cit.*, p. 224.

et non comme un message chiffré, l'effet obtenu est absolument inverse [1]. La chaleur et la sensualité rayonnent de ce corps indolemment offert, et, s'il y a une chose qu'on pense en dernier devant « cette éblouissante panoplie de chair », c'est bien qu'elle puisse ouvrir la voie à des méditations spirituelles.

De David à Vénus : il ne s'agit pas seulement d'un renouvellement des thèmes, c'est toute une conception de la culture et du rôle des artistes qui bascule. La féminisation de la sensibilité engage la peinture dans une direction qu'elle va suivre pendant quatre siècles, jusqu'à l'impressionnisme y compris, et même au-delà, si l'on songe à Matisse. Après Michel-Ange, le nu viril disparaît presque entièrement de l'espace visuel occidental : et, en même temps qu'on abandonne le nu viril, on renonce à mettre les arts plastiques au service de spéculations intellectuelles, ce qui était le propre de la Renaissance. Le culte de la beauté féminine impose un nouveau rapport entre l'amateur et l'œuvre : la rêverie voluptueuse ; une nouvelle échelle de valeurs : les surfaces plutôt que les structures, les courbes plutôt que les angles, le flou plutôt que le dur, l'imprécis plutôt que le trait ; un nouveau domaine d'exploration : la gamme infinie des couleurs et des jeux de lumière ; un nouveau répertoire de sujets : l'opulence heureuse des paysages. Que tout concoure, désormais, à faire valoir dans leur splendeur éphémère la palpitation irisée des corps pleins.

De Palestrina aux Gabrieli

Et la musique, qu'on étudie toujours à part des autres arts et plutôt du point de vue technique, comme si elle ne reflétait pas autant que la peinture et l'architecture la vie et la culture de son temps ? Avec le décalage d'une ou plusieurs générations (Palestrina est né en 1525, Andrea Gabrieli en 1515 et son neveu Giovanni en 1557), on retrouve chez les musiciens du XVIe siècle le contraste entre l'art doctrinal romain et la sensualité inventive vénitienne.

Palestrina le Romain, maître de chapelle des papes, compléta l'œuvre des architectes et des peintres de Saint-Pierre par la cathédrale sonore de ses messes et de ses motets. *La Messe du pape Marcel*, en son bloc hiératique, exprime bien la volonté pontificale de pouvoir et d'hégémonie. (Il n'est que de comparer à cette œuvre sévère et un peu compassée l'incroyable fantaisie que pouvait se permettre en Angleterre, à la même époque, un Byrd, sur qui ne pesait pas la lourde hiérarchie de l'Eglise romaine.) Cependant, il faut nuancer. Le XIXe siècle, de Hugo à Wagner, a tellement brodé de légendes sur Palestrina qu'on a du mal, encore aujourd'hui, à considérer son œuvre en dehors de la Contre-Réforme. « Sauve la musique religieuse ! » aurait dit le pape Marcel à Pierluigi, selon une tradition dont Hans Pfitzner s'est fait l'écho dans son opéra *Palestrina* écrit en 1917. En réalité, si la carrière du compositeur et le concile de Trente se sont déroulés presque simultanément, l'œuvre de Palestrina est absolument indépendante des directives fixées par l'Eglise en matière musicale. Celle-ci prescrivit, il est vrai, la simplicité de

1. Kenneth Clark, *le Nu*, le Livre de poche Art, 1969, tome I, p. 199.

l'écriture et l'intelligibilité du texte ; mais dans une des toutes dernières séances du concile, quand le musicien avait déjà mis au point son style personnel. Un style simple, clair, dépouillé, qui est le fruit d'une exigence intérieure, non d'une volonté politique.

En tout cas, il existe un Palestrina intime, recueilli, un Palestrina du dedans, conjointement au Palestrina officiel, au héraut du pouvoir pontifical. Ses messes et ses motets sont tous écrits *a cappella*, c'est-à-dire pour voix seules, sans accompagnement instrumental. Une formation qui exclut le faste et la pompe. Pompe et faste seront du côté des Gabrieli, les Vénitiens, et des fanfares cuivrées dont ils feront retentir les voûtes rutilantes de Saint-Marc. Saint-Marc contre Saint-Pierre : l'éclat solennel des cuivres contre le recueillement modeste des voix. Est-ce possible ? Rome aurait donc abandonné à Venise une partie de son monopole de la grandeur et de la monumentalité ? Une écoute plus attentive corrige cette première impression : à la droiture austère de Palestrina s'oppose le chatoiement ambigu des Gabrieli. Eux aussi, comme les peintres de Venise, ont introduit la couleur dans leur art ; et, avec la couleur, tout ce qui va caractériser la sensibilité moderne : inquiétude, fièvre, nervosité, sentiment du temps qui passe, anxiété délicieuse de l'instant.

L'assurance tranquille d'être de plain-pied dans l'éternel ne suscite guère la création artistique : voilà peut-être une des raisons pour lesquelles Rome a produit elle-même très peu d'artistes, très peu d'écrivains. Aucun musicien important depuis Palestrina. Comme capitale et siège des pouvoirs, elle a pu fournir du travail à des étrangers tels que Michel-Ange, Raphaël ou Bramante. Ils s'étaient formés au-dehors, ils ont apporté avec eux à Rome leur capital de génie et d'expérience. Dieu n'est ni peintre ni musicien. La première Renaissance a eu lieu surtout en Toscane, en Ombrie et dans les petites cours de Lombardie, d'Emilie et des Marches : à distance de Rome, mais à une distance encore assez courte, marquant plutôt le respect que la volonté d'indépendance. La seconde Renaissance, celle du baroque et de l'opéra, qui sera plus musicale que plastique, et prélude plus directement à l'ère moderne, rayonne à partir de centres carrément périphériques et excentriques : Venise et Naples. Une fois soulevé le couvercle de Saint-Pierre et rejetée la tutelle de la Mère impériale.

P.S. La restauration des fresques de la Sixtine a fait découvrir le génie coloriste de Michel-Ange, ses teintes crues, acides, déjà maniéristes. Les Ancêtres du Christ, que le temps avait noyés dans la grisaille, sont au contraire d'une vivacité éclatante. C'est le seul point où il faille corriger ce que Tolnay dit de l'atmosphère « crépusculaire » et « oppressante » des lunettes.

Reni

Entre Stendhal et Mishima

Il était tellement célèbre en France, Guido Reni, qu'on l'appelait : le Guide. Stendhal en raffolait. Puis, avec toute l'école de Bologne (les Carrache, le Guerchin, le Dominiquin, eux aussi à redécouvrir), il avait chu dans un complet discrédit. On le trouvait mièvre, emphatique, virtuose mais extérieur, creux. Roberto Longhi acheta un de ses tableaux à Londres, en 1947, pour quatre livres sterling. Presque à la même époque, l'adolescent Mishima, à Tokyo, tomba sur une reproduction du *Saint Sébastien* du Palazzo Rosso, à Gênes. Comme aucune idée préconçue ne faisait obstacle à son émotion, il fut bouleversé. « Tout mon être, a-t-il écrit dans une page mémorable de *Confession d'un masque*, se mit à trembler d'une joie païenne. » L'incomparable nudité blanche, rayonnant sur un fond de crépuscule, les bras musclés, le jeune corps, ferme et parfumé, les yeux grands ouverts tournés vers le ciel, toute cette odeur de chair et de plaisir porta le jouvenceau à une telle excitation que, d'un geste instinctif, pour la première fois de sa vie, sans que personne lui eût enseigné à se masturber, il fit jaillir son sperme devant le livre ouvert, dans un « enivrement aveuglant ».

On s'excuse de ce préambule érotique, qui n'a d'autre intérêt que de présenter un point de vue différent de l'enthousiasme manifesté par Stendhal. « Dans ses têtes de jeunes gens et de jeunes femmes, il surpasse en beauté tous les peintres et même Raphaël », lit-on dans l'*Histoire de la peinture en Italie.* A vrai dire, les jeunes femmes intéressaient plus Stendhal que les jeunes gens. « La grande Madone du Guide. Si cette figure, qui a de la sensibilité recouverte de fraîcheur, levait les yeux, on en deviendrait amoureux fou. » *(Journal*, 24 septembre 1811.)

Qu'un peintre ait pu plaire à la fois à un esprit froid et ironique comme Stendhal et à un tempérament porté au pathos sensuel comme Mishima devrait nous inciter à réviser notre jugement. Tous les deux ont un trait en commun : ils avouent que, à travers le tableau, c'est le modèle qui les attire ; confusion du sujet et de la forme, faute grave aux yeux des critiques, vice de méthode rédhibitoire dans l'opinion de ceux qui prônent l'autonomie de l'objet artistique. Leur façon pédante de s'intéresser aux tableaux, comme s'ils étaient de purs assemblages de lignes et de couleurs, a sans doute contribué à décrier un peintre qui demande furieusement à être aimé, même si la manière japonaise lui paraîtrait excessive.

A Bologne, sa ville natale, s'est tenue, en 1988, la plus grande rétrospective jamais organisée. Quatre-vingt-trois toiles, sur les quelque trois cents qu'on a dénombrées. Le musée de la ville en conserve trois ou quatre, dont *le Massacre des Innocents*, œuvre où le désir d'imiter la beauté grecque, notait Stendhal, l'emporte sur la recherche de l'expression. Les autres sont éparpillées dans le monde, de Rome à Naples, de Paris à Londres, de Madrid à Potsdam. A Nantes se trouve un admirable

Saint Jean-Baptiste. Parmi les griefs faits au peintre, on lui reproche d'avoir été si fécond. Notre siècle, chiche en natures généreuses, regarde avec méfiance un homme qui ignore les affres de l'impuissance et travaille dans la gaieté. Prolifique comme Rubens, son contemporain, Reni menait la vie à grandes guides : couvert de gloire et d'or, il dépensait au jeu ses énormes gains, ce qui le forçait à une surproduction continuelle. D'où une certaine hâte, un certain négligé, une certaine tendance à l'enflure... C'est ce qu'on disait, du moins, à l'époque où, méprisé, il passait pour le représentant trop amène de la peinture « religieuse ». Pas de verdict plus inique ; c'est un grand créateur, pourvu d'un métier formidable et d'une inspiration d'autant moins ordinaire qu'elle devait s'exercer sur des sujets conventionnels : Madones, Christs, scènes de la Bible et de l'Evangile. Son seul défaut, peut-être : d'avoir été trop inconstant. Il a changé souvent de manière. La grande *Crucifixion*, sur fond de ciel orageux, fait penser à Ribera, la suave et sublime *Immaculée Conception* à Murillo (que Reni précède), le Christ mort de la *Piété des Mendiants* à Holbein. Le *Bacchus et Ariane*, d'une étonnante modernité, avec ses couleurs acides et ses corps irréels, est un cas unique dans son œuvre, tandis que les toiles de la fin, hésitantes comme les derniers Frans Hals, démentent l'application méticuleuse privilégiée jusque-là.

Et puis, reste un grand obstacle à la réhabilitation de Guido Reni : la comparaison, qu'on ne peut manquer de faire, et que faisaient déjà les contemporains, avec son rival Caravage, de deux ans seulement son aîné. Si, devant beaucoup de Guido Reni, on hésite à identifier l'auteur, Caravage ne se laisse confondre avec personne. De plus, son style violent, sombre, tourmenté, s'accorde aussi bien au goût de notre époque que le ton gracieux et mondain de Reni s'en éloigne. Mais attention ! Ce n'est là peut-être qu'une apparence. Les deux peintres devaient avoir plus de choses en commun qu'on ne pense. Guido Reni « fait » quelquefois du Caravage, comme dans le surprenant *David et Goliath* du Louvre, où le jeune héros exhibe une toilette bien étrange. Le modèle de *l'Amour sacré* de Gênes, garçon d'une beauté ambiguë, aurait pu poser pour le *Narcisse* de Caravage.

A l'exposition de Bologne, on s'est rendu compte que, malgré sa versatilité due surtout aux commandes à satisfaire, Guido Reni, comme tout artiste qui se respecte, se laissait guider par des obsessions récurrentes. La légende dit qu'il mourut, à soixante-sept ans, vierge. En tout cas, on ne manquera pas de s'interroger sur une constante de son œuvre. Les femmes, sauf rares exceptions, sont habillées, drapées, les yeux tournés vers le ciel, éplorées, dépourvues d'érotisme. Sujets préférés : des Vierges extatiques, des Madeleines repentantes, des Cléopâtres appelant la mort. Les hommes au contraire sont jeunes, nus, séduisants, comme dans l'admirable *Atalante et Hippomène* de Naples, ou la troublante *Rencontre du Christ et de saint Jean*. Ce qui n'exclut pas un tendre et subtil dolorisme, moins évident que chez Caravage, mais non moins attachant, comme en témoigne la série des trois *Saint Sébastien*, dont le dernier, celui du musée de Bologne, plus estompé, plus émouvant encore que celui de Gênes, tout en nuances grises, se dissout dans un camaïeu tremblé. Perdu dans la solitude d'un paysage désolé, c'est un imberbe nu attaché à un arbre, objet de pure contemplation, au point que le peintre, par un coup d'Etat iconographique, a supprimé les flèches. Aucun détail anecdotique, pour cette élégie de la jeunesse abandonnée.

Le « céleste » Guide, comme on l'appelait, d'abord par admiration, puis par dérision, donna le ton à son siècle. Il fut imité, plagié, pillé, académisé et saint-sulpicié par une tourbe d'épigones.

Respighi

A part les trois poèmes symphoniques sur Rome, qui connaît encore Ottorino Respighi ? Il a écrit pourtant une douzaine d'ouvrages lyriques, dont le disquaire-éditeur de Bologne, Bongiovanni, à qui les mélomanes sont redevables de tant de résurrections (voir article *Bologne)*, fut le premier à nous redonner le goût, en publiant *Lucrezia* et *Maria Egiziaca.* De Hongrie (Hungaroton) nous est arrivée en 1985 *la Fiamma*, un des plus beaux opéras du XXe siècle, bien qu'inconnu du Kobbé. L'effacement de Respighi depuis la guerre n'a pour cause que son attitude politique sous le fascisme... Ce musicien, mort en 1936 après avoir succédé à Puccini comme compositeur national, s'était compromis avec la dictature, et son œuvre a sombré dans le naufrage de Mussolini.

Né en 1879 à Bologne, il avait respiré dans sa jeunesse l'air saturé de parfums et de poisons qui émanait des livres de Gabriele D'Annunzio. Et hyperdannunzienne se trouve être cette *Fiamma*, créée en 1934 à Rome, à l'apogée du fascisme. Mais l'emphase, la violence, les outrances qu'on tolère difficilement dans la poésie et dans le roman ne sont pas déplacées en musique, on le sait depuis *Salomé* et *Elektra.*

Nous sommes à Ravenne, dans le haut Moyen Age, en pleine atmosphère byzantine si chère à tous les décadents, qu'ils s'appellent Gustave Moreau, Oscar Wilde ou Maurice Barrès. Sur fond de mosaïques scintillantes, de mausolées ténébreux et de chœurs extatiques, s'élève une double « flamme » : celle qui consume Silvana, seconde épouse de l'exarque Basilio, pour le jeune Donello, son beau-fils, et celle du bûcher qui attend les hérétiques. On y brûlera l'incestueuse, en châtiment de sa folle passion. Sur ce livret tordu, aux tarabiscotages torrides, Respighi y est allé d'une musique capiteuse, crépitante, d'une richesse et subtilité orchestrale où flotte le souvenir de ses deux maîtres, Rimski-Korsakov et Richard Strauss. L'écriture vocale, tendue jusqu'au paroxysme, exige des chanteurs une virtuosité et un sens dramatique que possèdent pleinement Ilona Tokody, dans le rôle de Silvana, éblouissante d'intensité fiévreuse et de pathos embrasé, et Tamara Takacs, en sorcière.

Entre Janacek, Alban Berg et Britten, Respighi, qui soutient la comparaison, a maintenu glorieusement la tradition, mélodramatique et sensuelle, de l'opéra italien.

Riace

Les deux héros de bronze

Les deux grandes statues de bronze repêchées dans les eaux de Riace attirent la foule au petit musée de Reggio Calabria, à la pointe méridionale de la péninsule. Retrouvées par hasard sous la mer, en 1972, à trois cents mètres des côtes de Calabre, restaurées à Florence puis exposées à Rome, elles y soulevèrent pendant l'été 1981 une hystérie nationale. Vingt mille visiteurs défilaient chaque jour, une queue d'un kilomètre piétinait devant le Quirinal, les gens voulaient toucher et baiser le pied des statues gardées militairement, comme si c'étaient saint Paul et saint Pierre en personne. Depuis 1982, elles sont installées à Reggio. On se réjouit que ni Florence ni Rome, qui les réclamaient, ne les aient obtenues. Ayant coulé sans doute au cours d'un naufrage, la ville la plus proche du lieu de l'accident méritait de les garder.

Guerriers ? Dieux ? Les « Héros » de Riace, plébiscités sous ce nom par le public, les archéologues les désignant par « statue A » et « statue B », offrent deux splendides échantillons de la sculpture grecque du ve siècle, comparables seulement au *Zeus* d'Athènes ou à l'*Aurige* de Delphes. Une des plus grandes découvertes de ce siècle, assurément, mais leur beauté et leur état presque intact de conservation n'expliquent pas cette popularité foudroyante qui continue à pousser vers un musée de province totalement méprisé jusque-là une multitude de curieux accourus de toutes les régions d'Italie. Les Italiens s'enflamment volontiers pour les œuvres d'art (l'affaire des faux Modigliani, naguère, a rempli pendant un mois les journaux), mais pas au point de descendre tout le pays en autocar pour une visite de dix minutes, dans une ville qui défraie régulièrement la chronique criminelle. La plupart d'entre eux ne la connaissent que pour sa fâcheuse réputation d'être le repaire d'une variété locale de mafia, bien qu'elle présente bien d'autres et plus recommandables motifs d'intérêt.

Touristes ? Pèlerins plutôt, à voir avec quelle gravité religieuse ils se recueillent devant les statues. Deux mille cinq cents ans de clandestinité sous-marine, puis cette mystérieuse résurrection : le retour du passé agit toujours avec un pouvoir magique, même sans l'or et les lapis-lazulis de Toutankhamon. Rien de moins figé, il est vrai, que ces deux bronzes. Les lèvres et les bouts de sein en cuivre, les dents et les cils en argent, les yeux en verre, ivoire et ambre font palpiter le métal et augmentent l'illusion de la vie. Légèrement déhanchés, les bras en action (ils devaient tenir un bouclier et une lance), ils semblent prêts à se mouvoir. Intensément présents, mirage accru par les jeux de la lumière sur les surfaces polies de l'airain, ils n'invitent pas à la contemplation immobile.

On les a d'ailleurs placés au centre de la salle blindée construite exprès pour les recevoir. Les visiteurs, passé la première stupeur, commencent à tourner autour des statues. La dévotion culturelle fait place à une gourmandise qui colore les visages. Les yeux détaillent et dévorent les formes puissantes de ces deux colosses à l'opulente virilité. Bouche entrouverte, lèvres sensuelles, abondante chevelure pour « A », subtil alanguissement pour « B », organes génitaux modelés avec un luxe de détails anatomiques et pileux et un enthousiasme érotique auxquels ne nous ont guère habitués les sculpteurs grecs : les naufragés de Riace avaient tous les attributs pour être sacrés champions. Et l'opération qui depuis presque cinq cents ans profite au *David* de Michel-Ange s'est renouvelée ici : chacun, couvert par l'alibi de la culture, vient assouvir des fantasmes sexuels avec ces paladins de charme. On a vu à Rome des bonnes sœurs se pâmer, des vieilles filles s'évanouir, des adolescents rougir, des pères de famille se troubler. Les gays italiens les ont pris pour emblèmes.

Mais il y a plus. Le pays, profondément démoralisé par la corruption ou l'incapacité de ses dirigeants politiques, se cherche en vain des modèles. Depuis que Mussolini a perverti l'image du surhomme, le pays ne peut se tourner, dans les heures de doute et d'angoisse, que vers des intercesseurs féminins : les diverses Madones, par bonheur généreuses en miracles, qui versent sur leurs joues de pierre ou de métal des pleurs au bon moment. Dans ce vide de l'autorité masculine, ont surgi providentiellement deux seigneurs, deux princes, deux indubitables mâles, d'une beauté cependant trop élégante pour être condamnés comme machistes. Phallocratie bien tempérée, à laquelle personne ne peut trouver à redire.

En 1982, les vainqueurs du « Mundial » donnèrent à la nation l'illusion d'être devenue une pépinière d'athlètes. Les joueurs de *calcio*, hélas, ne sont pas toujours exempts de malversations, et puis, dans l'Europe du football, la concurrence s'est faite rude, et l'on perd plus souvent qu'on ne gagne. L'art, en fin de compte, déçoit moins, est plus sûr que le sport.

Dans le soir tiède de Reggio, les visiteurs qui achètent une des innombrables statuettes en marbre, en albâtre, en plâtre, en bronze, en bois, en liège, vendues sur le bord de mer, emportent bien plus qu'un souvenir de voyage : un réconfort moral, un élixir de santé, un talisman contre la décadence, la certitude d'être à nouveau en bonnes mains, sous un pouvoir viril et vigoureux.

L'Italie s'est retrouvé des pères. Affirmation trop facile ? Freudisme bon marché ? Voici une contre-épreuve éloquente. La découverte, non moins prodigieuse, d'un éphèbe grec, en marbre, dans l'îlot de Mozia, au large des eaux siciliennes de Marsala, en 1979, n'a pas causé la même sensation. Il s'agissait pourtant d'un événement archéologique de la même importance ; et la statue, un jeune homme dont la tunique, traitée comme un tissu humide, moule étroitement les formes sveltes avec une ravissante indécence est encore plus belle. Les spécialistes s'accordent pour l'estimer un chef-d'œuvre de l'art grec du ve siècle, d'autant plus précieux qu'ils ne connaissent guère d'autre exemple d'une statue masculine habillée. Mais ce n'est qu'un éphèbe, à la virilité équivoque, plus charmant que robuste. Ne répondant pas à la demande morale et politique du pays, il n'intéresse que les archéologues, les esthètes, les nostalgiques de l'androgynie.

Ricci

Deux frères napolitains

Le théâtre de la Fenice vint présenter en 1986 au théâtre des Champs-Elysées une comédie musicale napolitaine du milieu du siècle dernier, dans la mise en scène de Roberto de Simone.

Un mot d'abord sur celui-ci, personnage extraordinaire de la société intellectuelle napolitaine, moitié entrepreneur et moitié mage, chef de troupe et troubadour, savant et mystique, homme de théâtre mais d'abord musicologue et ethnologue de la musique. Expert de partitions oubliées, explorateur de l'immense répertoire napolitain, aussi bien oral qu'écrit, son plus grand titre de gloire est d'avoir redécouvert le véritable folklore de Naples. Les chants qu'il a enregistrés, en parcourant la Campanie à la recherche de la tradition authentique, chants de prison, chants de travail, chants d'amour, violents, sombres, presque parlés souvent, proches de la mélopée arabe, ont démontré une bonne fois quelle escroquerie représente la chanson dite napolitaine, toute cette collection de tubes sirupeux, *O sole mio, Santa Lucia*, etc., lancés au début du siècle à l'intention des touristes, et relayés depuis par des ténors qui ne craignent pas de se déshonorer en débitant pareille guimauve. Aujourd'hui encore, un Pavarotti prête sa voix et son nom à cette imposture culturelle.

Le spectacle apporté par Roberto de Simone était un régal de fraîcheur, de légèreté, de grâce heureuse — avec des moments de franche cocasserie, comme la dispute des trois médecins, et d'autres d'une mélancolie poignante, tels les passages (rajoutés et écrits par de Simone) où le chanteur de rue (l'excellent Pino de Vittorio) se promenait dans la salle, accompagné d'un violon et d'un accordéon. Mélange de lyrisme et de Commedia dell'Arte, fusion du charme vénitien et de la malice napolitaine, *Crispino e la Comare* fut éreinté par la presse parisienne. Les critiques se signalèrent par leur ignorance, présomption et grossièreté. Entre la condamnation dédaigneuse (« Aux oubliettes... », recommandait un grand journal du soir) et la désertion pure et simple du spectacle pendant l'entracte, c'est à qui fit preuve de plus de sottise et de muflerie. Que voulez-vous, les frères Ricci, Luigi et Federico, sont inconnus au bataillon, *Crispino e la Comare* ne figure pas au Kobbé. Nos braves moutons se sont mis à bêler contre ce qu'ils ont ressenti comme une agression à leur incompétence. Heureusement le public, qui n'a pas besoin de consulter ses fiches pour savoir s'il éprouve du plaisir, se montra enchanté.

L'action se passe à Venise, mais les frères Ricci étaient de purs Napolitains. Dans leur œuvre, écrite en 1850, on trouve comme le résumé de la culture d'opéra bouffe des cent années précédentes. Rappelons que l'*opera buffa* est née à Naples, dans le premier tiers du XVIIIe siècle, réaction populaire contre l'*opera seria*, réservée aux sujets historiques et mythologiques, aux rois et aux dieux. C'est Pergolesi qui fit le premier monter sur la scène des hommes et des femmes du peuple *(la Serva padrona)*, les fit chanter en dialecte napolitain, remplaça les intrigues puisées dans l'Antiquité par des scènes de la vie quotidienne, et, enfin, introduisit le comique dans un genre cantonné jusque-là dans les sentiments élevés et nobles. Le romantisme chassa cette veine de l'opéra, et l'on revint au pathos du mélodrame. A part quelques exceptions, dont cette comédie écrite à quatre mains.

La Despina de Mozart ni le Basilio de Rossini n'y auraient été déplacés. La satire des médecins y occupe une bonne place, charge qui nous renvoie au Dulcamara de Donizetti. La scène finale du banquet funèbre, où la Mort (c'est elle, la Commère) vient demander des comptes à Crispino qu'elle a sauvé jadis de la misère, est un écho du festin de *Don Giovanni*. La réplique de Crispino, *Buona notte*, sur un ton mi-figue mi-raisin, anticipe sur le *Reverenza* de Mrs Quickly.

Crispino est un jalon essentiel dans l'histoire du théâtre lyrique italien. La gloire de Verdi a offusqué longtemps tout ce qui n'était pas le « grand opéra », sans empêcher une autre forme de spectacle musical de circuler sur les scènes de province : populaire (Crispino est un pauvre savetier de quartier), local, souvent dialectal (il s'exprime dans le langage qu'on parle dans les ruelles de Spaccanapoli), napolitain ou héritier de la tradition napolitaine, et, au lieu de monarques, de guerriers, de grands prêtres, mettant en scène des notaires, des aubergistes, des pharmaciens. Verdi et Puccini eux-mêmes, à la fin de leur carrière, sont revenus puiser à cette source vivifiante. Ni *Falstaff* ni *Gianni Schicchi* ne s'expliqueraient sans la permanence de cette seconde culture : ces deux chefs-d'œuvre ne sont pas nés par hasard, mais comme l'efflorescence merveilleuse d'une gaieté jamais éteinte en Italie, et dont les frères Ricci ont été les plus brillants échantillons, mais non les seuls. Par exemple, l'œuvre du Véronais Carlo Pedrotti serait elle aussi à exhumer.

Puisque j'ai cité le Kobbé, et que j'aurai l'occasion de signaler d'autres graves lacunes d'un ouvrage que les opéramanes ont adopté pour bible, je vais exposer rapidement pourquoi, à mon sens, il faudrait refaire ce livre en entier. Gustave Kobbé, né à New York en 1857, mort dans un accident d'hydravion en 1918, critique musical des principaux journaux américains, avait eu l'idée de recenser tous les opéras du monde, classés par écoles et dans l'ordre chronologique à l'intérieur de chaque école, donnant pour chacun un résumé de l'action, les caractéristiques musicales, les distributions de la première et des reprises les plus importantes. Travail exécuté avec un soin des détails, une clarté de rédaction dignes de tous les éloges. Chaque réédition de l'ouvrage, publié après la mort de l'auteur, a fait l'objet de mises au point, ajouts, rendus nécessaires, soit par l'apparition de nouveaux opéras, soit par la redécouverte du répertoire ancien, baroque surtout, méconnu au temps de Gustave Kobbé.

Ces retouches, cependant, ne suffisent plus. La structure même du livre serait à modifier de fond en comble. J'ai sous les yeux la traduction française, parue chez Bouquins/Laffont, édition de 1988. A la fin du XIXe siècle, le triomphe de Wagner avait discrédité toutes les autres écoles ; et Gustave Kobbé, qui avait été correspondant du *New York World* pour la création de *Parsifal* à Bayreuth, persuadé lui aussi de la supériorité de la musique allemande, étale à son insu cette naïve conviction. Le Kobbé 1988 compte mille cent pages. Wagner apparaît dès la page 169, et couvre les soixante-dix pages suivantes, au mépris de l'ordre chronologique, au mépris du plus élémentaire bon sens. A quoi est due cette surestimation boursouflée ? A la croyance que tout ce qui a précédé Wagner n'a été qu'une préparation à Wagner, et tout ce qui a suivi Wagner une conséquence du wagnérisme. Kobbé a écrit sur l'opéra, comme la critique du XIXe siècle écrivait sur la peinture : Raphaël était considéré alors comme l'aboutissement de toute la peinture précédente, tout ce qui était venu après lui passant pour un irréversible avilissement d'une perfection jugée absolue.

Notre siècle est revenu de cette vision crédule et idéaliste, mais le Kobbé reflète encore le dogme de l'hégémonie allemande. Au détriment, principalement, de l'école italienne, des nombreuses écoles italiennes. Des soixante-dix opéras de Vivaldi, deux seuls sont recensés. Pergolesi, cité pour un seul intermède, Cimarosa, choisi pour un seul opéra, représentent chichement la foisonnante école napolitaine. Rien sur Paisiello, dont *le Barbier de Séville*, avant celui de Rossini, fut un miracle de drôlerie, et qui, le premier, dans *Nina pazza per amore*, comédie sentimentale, a écrit une scène de la folie, ouvrant la voie à Bellini et à Donizetti. Ignoré, Galuppi. Ignoré, Salieri. Ignoré, Pacini. Ignoré, Mercadante. Pour le XXe siècle, ni Respighi, comme on l'a vu, ni Malipiero n'ont été retenus. Si Gustave Kobbé peut présenter comme circonstance atténuante l'époque où il a vécu, intoxiquée de pangermanisme après les victoires militaires de Bismarck, les remanieurs de son ouvrage n'ont aucune excuse pour rabâcher un préjugé et perpétuer ce qui est à la fois une exagération ridicule et un déni de justice.

Rires

D'Italo Calvino à Luigi Malerba

A mesure que s'est accélérée la révolution industrielle en Italie, tout ce qui caractérisait la littérature de l'après-guerre — aussi bien l'âpreté révolutionnaire que le pathos néoréaliste — tendit à s'effacer, à disparaître ; et un peu partout on vit renaître un trait fondamental du caractère italien, déjà noté par Leopardi : le goût de rire de tous et de tout, un scepticisme impitoyable, un mépris élégant pour l'action.

Deux romans, publiés en France en 1970, *Temps zéro*, par Italo Calvino (Seuil), et *Saut de la mort*, par Luigi Malerba (Grasset), confirmèrent cette tendance. Et s'il était normal que Luigi Malerba, qui appartenait à la nouvelle génération et à l'avant-garde littéraire, poussât jusqu'au burlesque le style de l'*opera buffa*, le livre de Calvino, écrivain célèbre depuis plus de vingt ans, fit comprendre encore mieux combien de chemin l'Italie avait parcouru pendant ce temps.

Temps zéro fait suite aux *Cosmicomics*. Le mystérieux Qfwfq continue ses récits sur l'origine du monde, quand la lune pleurait des larmes de caramel sur la terre, et que les premiers oiseaux apparurent, et que le sang qui coule maintenant dans nos veines constituait une mer chaude où baignaient les vivants. Ceux qui avaient aimé les *Cosmicomics* retrouvèrent ici la même veine fantastique, le même talent, le même humour, ce mélange très particulier de cocasserie aventureuse et de précision mathématique qui fait de chacun des courts textes de ce recueil un bijou de science-fiction : Borges y cligne de l'œil à l'Arioste, à travers les siècles et les galaxies, dans un joyeux tourbillon de cristaux scintillants et de déjections molles.

Mais si l'on se réfère à toute l'œuvre antérieure de Calvino, on s'aperçoit que *Temps zéro* marque une étape nouvelle. En 1947, à vingt-quatre ans, Calvino, dès son premier roman, *le Sentier des nids d'araignée*, s'imposait comme le chef de file de la seconde génération néoréaliste, et c'est bien ainsi que le présentèrent au public ses deux maîtres, Pavese et Vittorini. Centrés sur l'expérience de la guerre et de la résistance, les textes de Calvino, alors membre du parti communiste, illustraient, sous la forme de documentaires lyriques, la grande colère des exploités et des humiliés, leur lutte pour accéder enfin, après des siècles d'aliénation, à la dignité humaine. Poèmes de l'offense du monde, chants de révolte, d'indignation, d'espoir : la voix du jeune romancier de Ligurie s'unissait au chœur âpre et fervent des écrivains qui avaient préparé le réveil de la culture italienne. Sans doute, dans l'orchestre, c'était lui déjà qui faisait entendre ce petit air de flûte pimpant : l'agilité, la désinvolture le distinguèrent aussitôt. De Pavese : alors que le problème du mal et de la souffrance devenait pour l'auteur du *Métier de vivre* une obsession mortelle, Calvino en tirait des variations alertes. Et de Vittorini : tandis que le monde clos et primitif de son île arrachait au Sicilien les sombres fureurs d'un pathétique concentré, Calvino, homme du Nord, jetait les regards plus loin, prenait l'Europe dans ses filets, pêchait du côté de Stevenson et de Voltaire. Justement, vers les années 50, on attendait de lui, de son aisance, de sa mobilité, de sa culture, comme une ventilation du néoréalisme : toujours menacé de s'enliser en de provinciales ornières, celui-ci allait peut-être obtenir ses passeports pour les grandes routes du continent.

Il n'en fut rien. Calvino n'a point élargi le néoréalisme, il l'a contourné par la fantaisie, la facétie, l'astuce, le privant à la fois des attaches concrètes qui faisaient son originalité et de la tension qui faisait sa grandeur. *Le Vicomte pourfendu*, *le Baron perché*, *le Cavalier inexistant* ont formé une trilogie de moralités plaisantes, faciles, dans l'esprit du XVIIIe siècle français. La plus brillante, et qui devint tout de suite célèbre, de ces pochades est la deuxième. A douze ans, en 1767, Côme du Rondeau, après s'être brouillé avec son père, châtelain des environs de Gênes, décide de passer le restant de sa vie dans les arbres. Et là, sautant d'une branche à l'autre, à quelques mètres du sol, il découvre à quel point l'existence qu'on lui faisait mener était sotte, et combien il est plus attrayant de s'occuper des plantes, de la nature, des cours d'eau, des pauvres gens qui vivent dans la forêt. Le public se pâma sur la parabole du petit baron à queue poudrée, sans voir que ces atours, ces perruques, ces menuets avaient servi à Calvino à se travestir lui-même, pour surmonter une crise qui n'était pas seulement la sienne, mais celle de sa génération. Dans les années 60, les grandes espérances de 1945 étaient mortes, le mythe communiste s'était affaissé, le sentiment de la misère et de l'injustice sociales n'avait pas suffi à promouvoir une nouvelle culture. Pavese s'était donné la mort, Vittorini, Carlo Levi, Pratolini gardaient le silence. Italo Calvino tenta crânement le sauvetage : intégrer le roman italien dans la culture européenne, par le biais de l'allégorie et de l'humour.

A-t-il vraiment réussi ? Sans doute insatisfait du résultat, il se tourna vers une troisième manière. Abandonnant définitivement, avec les *Cosmicomics*, l'espace et le temps historiques, et renonçant en même temps à toute fiction réaliste, Calvino nous entraîna dans de vertigineuses et burlesco-poétiques spéculations sur l'ère préhumaine des nébuleuses, des dinosaures et des protoplasmes.

Cette régression vers les abîmes du monde, vers le point zéro de l'espace et du temps, a trouvé son aboutissement dans le recueil intitulé justement *Temps zéro*. En voici la nouveauté : cette remontée aux origines peut s'interpréter aussi dans un sens psychologique, les abîmes du monde sont les abîmes de l'inconscient, le voyage interplanétaire n'est qu'une projection du voyage intérieur au terme duquel l'homme se trouve confronté à son enfance. On note dans *Temps zéro* une bachelardienne imagination des matières, réparties dans les deux catégories du dur et du mou, du cristallin et du baveux, du croûteux et du dégoulinant. Opposition qui reprend, en termes poétiques et drôles, le sérieux passionné des jeux enfantins avec l'eau, le sable, la cire à modeler.

Calvino avait souvent mis en scène des enfants. Jamais il n'en avait fait, comme ici, les héros d'une comédie psychanalytique. « Ce que nous prétendons être en notre forme extérieure compte peu en regard du programme secret que nous portons imprimé dans chacune de nos cellules, où continuent à s'affronter les ordres contradictoires du père et de la mère. » Ainsi, devenu sourcier des origines, Calvino pouvait écrire cette phrase étonnante, qui non seulement nie le réalisme optimiste de l'après-guerre mais tourne en dérision les notions de nature humaine, d'autonomie, de liberté : « Nous croyons que nous marchons vers nos noces et ce sont encore les noces des pères et des mères qui s'accomplissent à travers notre attente et notre désir. Ce qui nous paraît être notre propre bonheur n'est peut-être que le bonheur d'une autre histoire qui finit là où nous pensions que la nôtre commençait ».

Calvino n'était plus à découvrir. Pour le lecteur à qui avait échappé *le Serpent cannibale* (voir l'article *Enfantines*), Luigi Malerba, avec son deuxième roman, *Saut de la mort*, était une vraie révélation.

L'œuvre fait souvent penser aux pochades du jeune Rossini, où tout est invraisemblable et succulent. Quelque part dans la campagne romaine, un crime a été commis : on a découvert dans l'herbe une jambe, « et, fixé à cette jambe, le corps d'un homme, la gorge coupée ». Là-dessus commence l'enquête, c'est-à-dire une avalanche de questions saugrenues adressées à un certain « Joseph dit Joseph », assassin présumé, par un supposé détective, qui pourrait bien s'appeler aussi Joseph. D'ailleurs, tous les hommes s'appellent Joseph, comme Garibaldi, tandis que la seule femme du livre est nommée tour à tour Rosanna, Rosangèle, Rosella, Rosalie, Rosemonde, Rosalma, etc., cette équivoque sur l'identité des personnages s'inscrivant clairement dans la lignée de la commedia dell'arte.

Comme le dit un de ces Joseph, « je sens quelque chose dans ces menottes, ce doit être mes poignets ». Malerba s'est-il sciemment inspiré de tous les jongleurs et prestidigitateurs de la littérature ? Le lecteur rencontre au fil des pages, non sans un vif plaisir, un couteau sans lame auquel il manque le manche, comme chez Lichtenberg, un émoucheur avec son bidon de mélasse, qui a l'air de sortir tout droit de Giraudoux ; il assiste à des coïncidences aussi troublantes que dans *la Cantatrice chauve* de Ionesco ; il fait la connaissance d'un boucher, d'un maître nageur et d'un amiral que Marcel Aymé n'aurait pas désavoués ; n'arrive pas à savoir si le petit chien bâtard qui se promenait le jour du crime avait le poil roux et le museau noir, ou inversement ; recueille des tuyaux fort instructifs sur les avantages comparés du refroidissement par air et par eau ; et enfin, récompense suprême, est initié aux délices d'un jeu érotique chinois, qui consiste à se faire lécher l'œil. « Un peu plus fort à présent, elle disait, essaie d'imprimer un mouvement rotatif à ta langue et moi je te suis d'un mouvement giratoire de l'œil : c'est ça, tourne plus vite, comme une roue. »

Calembours, retournements inspirés de phrases, passage abrupt du « je » au « tu » et au « vous », mise en question perpétuelle de chaque fait, contestation permanente de l'espace et du temps : Malerba, dans cet exercice de haute voltige littéraire, est arrivé, malgré des réminiscences de tout genre, à se créer un ton à soi. Comme beaucoup de romans d'avant-garde, celui-ci était une parodie de toute la culture préexistante, la récapitulation dérisoire des lieux communs où notre « civilisation » avait abouti. Le propos en lui-même n'était pas neuf. Le neuf, et pleinement réussi, c'était d'avoir écrit sur cette donnée un roman amusant qui tenait en haleine, ni plus ni moins qu'un roman policier. Au lieu de créer l'attente par l'enchaînement des faits, l'auteur comptait sur la logique insidieuse cachée dans les mots.

La critique italienne considérait que Malerba était un des rares écrivains à sortir l'avant-garde du ghetto de l'expérimentation. En effet, mettre en boîte le langage tout en se faisant lire, c'était un « saut périlleux » qu'on eût aimé voir tenter plus souvent, et non seulement en Italie.

Quelques années plus tard, paraissait *Sa Majesté*, drolatique roman, dont le protagoniste n'était autre que le Centre vital générateur, le Moteur du monde en personne, bref Sa Majesté l'Organe, magnifié par les Egyptiens sous forme d'obélisques et par les architectes baroques sous forme de clochers à bulbes, mais à part ça contraint de mener une existence obscure, ignominieuse. Léonard de Vinci disait déjà : « A tort il semble que l'homme ait honte de le nommer, mais aussi de le montrer... » Il était piquant de constater qu'à la même époque où les femmes réclamaient à grands cris de s'émanciper de l'autorité masculine et de la phallocratie, leur adversaire n° 1, le Donjon de leur millénaire servitude, se plaignait à son tour de devoir vivre caché, incompris, méconnu.

Désireux de prendre sa revanche, Sa Majesté, qui s'est entièrement asservi son propriétaire, se dresse d'une érection pour ainsi dire autonome sur les toits de Rome et, de là, travestie en antenne de radioamateur, envoie des messages péremptoires aux demoiselles du voisinage, tout en rêvant de pénétrations encore plus complètes et euphorisantes, qui ne laisseraient intacts ni les momies du musée du Vatican, ni le cheval de Garibaldi sur le Janicule, ni même le tunnel qui passe sous le Quirinal. Cette dernière performance ferait danser dans son fauteuil le président de la République.

Simples gaudrioles dans la tradition de l'Arétin ? Ou continuation de la salubre entreprise de démolition par le rire ? Sa Majesté, si fière de se comparer aux campaniles de Borromini, n'est pas à l'abri de piteux fiascos : d'où la nécessité, pour échapper au déshonneur, de recourir à de désopilantes gymnastiques. Tout est drôle dans ce livre, écrit à coups de pirouettes, de coq-à-l'âne et d'inconguités verbales, mais tout aussi est fort et amer, d'un burlesque ténébreux redoublant Ionesco par Beckett.

Par la suite, Malerba a déçu, avec de gros romans sérieux, ambitieux, ennuyeux. Une fois de plus, après Bassani, Cassola, Moravia et tant d'autres, on a constaté qu'un romancier italien, après être parti en flèche, peine à trouver un second souffle. Débuts brillants, suivis d'une incapacité à mûrir. C'est un problème national, qui dépasse le cas particulier de la littérature.

Rome I

Le mythe

Dans l'imaginaire des peuples, il y a des villes légères et d'autres qui sont perçues comme lourdes. Légère Bruges, avec ses maisons de dentelle rose et son beffroi aérien ; légère Venise, avec ses gondoles à la proue finement découpée et ses rosaces de pierre ; légère Cambridge, avec ses chapelles flamboyantes et sa rivière ombragée de saules ; légère Amsterdam, avec ses cercles de canaux et ses façades à pignon ; légère Lübeck, avec ses sept clochers pointus. Lourde au contraire Munich, dont les bâtiments sans grâce semblent nourris à la bière ; lourde Paris, pesamment ancrée sur les rives de la Seine ; mais plus lourde que toutes, celle qu'on appelle l'Urbs par excellence, la Cité éternelle, comme si elle résumait dans ses monuments l'histoire de l'humanité, comme si sur ses pierres plusieurs fois millénaires pesait le poids de tant de siècles.

La Rome païenne nous a légué les édifices les plus massifs que

Paysage de l'île de SAN PIETRO (Sardaigne) et *(ci-contre)* l'ETNA [125, 136, 604]
(page précédente) TOSCANE, la route des crêtes, environs de Sienne [576]
(pages suivantes) GIBELLINA VECCHIA, sculpture de A. Burri [51, 455]

BOMARZO : Monstres du jardin [60]

BAGHERIA : Villa Palagonia, mur d'enceinte [59, 128, 443, 565]

RAGUSA (actuelle Dubrovnik, Croatie) : *Roland* devant l'église Saint-Blaise [468]

BITONTO (Apulie) : Église des Âmes-du-purgatoire [89]

BERGAME : Cathédrale et baldaquin de Santa Maria Maggiore [44]
(ci-contre) LECCE : place de la Cathédrale [89, 652]

(haut) NAPLES : Via Arena, escalier par F. Sanfelice [29]
(bas) VENISE : Campo San Giovanni Evangelista [378, 627]

NAPLES : Spaccanapoli, palais Carafa della Spina [260]

PALERME : Palais sur le corso Vittorio Emanuele [529]

(haut) PALERME : quartier du Capo ; *l'équipe des rues* devant la cathédrale.
(bas) ROME : Villa Médicis, façade sur les jardins [645]

SIENNE : Cathédrale [581]

SPLIT (Croatie) : Palais de Dioclétien [119]

RAGUSA (actuelle Dubrovnik, Croatie) : escalier du collège des Jésuites [469]
(ci-contre) RAGUSA (Sicile) : San Giorgio par R. Gagliardi [559]

KARLSBERG (environs de Kassel, Allemagne) : Schloss Wilhelmshöhe par G. F. Guerniero [193]
(ci-contre) CASTEL DEL MONTE : Château de Frédéric II de Hohenstaufen [88, 193]
(pages suivantes) SAN GALGANO : Abbaye [529] et ROME : Via Appia Antica [101, 111, 528]

l'homme ait jamais conçus : Colisée, Thermes de Caracalla. La Rome chrétienne a multiplié les coupoles, dont la plus haute, la plus grande et la plus célèbre, celle de Saint-Pierre, donne bien l'image d'un couvercle posé sur l'agglomération. Les villes légères sont des villes de clochers ; les villes lourdes sont des villes de coupoles. Le clocher monte et perce le ciel ; la coupole étouffe. A la force ascensionnelle du clocher s'oppose la pesanteur du dôme. Le clocher, qui peut revêtir plusieurs formes, qui peut être carré ou pointu, se terminer par une lanterne ou par une flèche, le clocher est varié, changeant ; la coupole est toujours la même, sa forme ronde est définitive. Le globe symbolise la perfection : une ville coiffée d'hémisphères est comme serrée à jamais dans le corset d'une discipline.

Peu de clochers à Rome, peu de liberté dans cette ville. Qu'il s'appelle empereur, pape ou Duce, il y a toujours quelqu'un pour confisquer le pouvoir, donner un coup de poing sur les têtes et rappeler aux Romains qu'ils doivent obéir. De toutes les villes d'Italie, qui ont conquis si tôt leurs libertés municipales, et les ont exprimées sous forme de tours et de clochers (rappelons-nous la rivalité de Florence et de Sienne, et la lutte en hauteur des deux beffrois), Rome est la seule qui se soit tout de suite et pour toujours inclinée devant l'autorité, la seule qui ait laissé écraser son front sous le poids des coupoles.

Et pourtant... Plaçons-nous sur le pont Saint-Ange et regardons le château qui porte le même nom, bien qu'il s'agisse du mausolée que s'était fait construire l'empereur Hadrien : masse cylindrique et pesante, où semblent se donner la main, dans la même volonté de faire lourd et solide, la Rome antique et la Rome chrétienne. Mais, dans le champ de notre regard, qu'apercevons-nous qui nous déconcerte et nous trouble ? Une double rangée d'anges, hissés sur le parapet du pont, et comme en équilibre instable au-dessus du fleuve. Vacillants et précaires, ceux-ci, autant que le château paraît robuste et taillé dans l'éternité. Ces statues, qui sont du Bernin ou d'élèves du Bernin, démentent absolument l'idée d'une Rome figée et corsetée sous la loi : pour un peu, défiant la pesanteur du matériau, elles déploieraient leurs ailes et s'envoleraient pour de bon. Alors ? Où est la vérité de Rome ? Dans l'obéissance ou dans la rébellion ? Cette ville qu'on dit lourde n'a-t-elle pas dû se donner du lest pour combattre une propension innée à la légèreté ? Sans les couvercles dont elle s'est coiffée, aurait-elle réussi à durer ? A voir tous ces anges du pont Saint-Ange, mais aussi tous les autres suspendus aux autels des églises ou accrochés comme par miracle aux saillies d'une façade, à se tordre le cou pour les suivre dans leurs poses acrobatiques, dans leurs virevoltes périlleuses, on se demande si les dômes et les coupoles de Rome n'ont pas été nécessaires à la survie de l'Urbs.

Ville de pierres, semble-t-il au premier abord. Nulle part ailleurs on n'éprouve le sentiment physique de la pierre comme à Rome : à cause de toutes ces ruines qui découvrent, si l'on peut dire, le matériau à l'état brut. A Paris, à Londres, on regarde des maisons, des monuments ; à Rome on regarde des troncs de colonnes, des blocs de marbre, des socles de travertin. Une promenade dans le Forum est une promenade au royaume des pierres. Chaque vestige, en vieillissant, a pris une beauté propre, est devenu lui-même monument, indépendamment de la fonction qu'il occupait lorsqu'il n'était qu'un élément dans un ensemble architectural. A Paris, à Londres, les pierres n'ont qu'une fonction ; à Rome elles ont un être. Elles vivent par elles-mêmes, autonomes, splendides, avec leur grain, leur couleur, leur odeur. Cette colonne, par exemple, du temple de Vesta, dont le temps a effacé les cannelures, révèle l'intérieur de son marbre : elle est comme retournée à son origine, à l'époque immémoriale où elle n'était qu'un fragment de montagne, avant tout effort des hommes pour la sculpter. La pierre romaine est retournée à son état informel : voilà ce qui nous émeut tant. Et que dire des murs, dont beaucoup ont survécu alors que le reste de l'édifice s'est écroulé ? Murs sans plus aucune utilité, murs absolus, comme celui de la Villa Adriana, qui se dresse au milieu des oliviers, et chante aux portes de Rome le combat fraternel du minéral et du végétal. Voûtes de la basilique de Maxence, arcs effondrés des Thermes de Caracalla, rougeoiements de briques d'Ostie, masse écrasante du Colisée ou simples débris dans un pré de gazon, les pierres de l'Urbs parlent le langage rude des forces telluriques primordiales. Les visiteurs, attirés par les prestiges d'une grande civilisation, se doutent-ils qu'ils prennent un bain de jouvence au sein des éléments ?

Pour s'en convaincre, ils n'ont qu'à s'interroger sur une autre présence caractéristique de Rome : l'abondance des fontaines. Cette ville dominée en apparence par la pierre n'appartient-elle pas secrètement à l'eau ? Réfléchissons un moment sur l'étrange rapport que Rome entretient avec son fleuve. Si elle avait voulu le rayer de sa carte, elle ne s'y serait pas mieux prise. Le Tibre traverse l'Urbs, mais en cachette, presque honteusement. Penchez-vous au-dessus des parapets : vous ne verrez aucun flâneur sur les berges. Descendez sur les quais : vous serez frappé de les voir aussi négligés, aussi abandonnés. On ne les a jamais aménagés. Boue, mauvaises herbes, détritus, ils servent de dépotoir. La Seine est liée intimement à l'histoire de Paris : elle fait partie de sa mythologie. Le Tibre ne compte pas dans la mythologie de Rome. Pasolini, certes, a choisi les quais du Tibre pour faire jouer à ses *ragazzi* plusieurs scènes importantes de leur vie turbulente et marginale : mais une vie marginale, justement, et le Tibre fut élu en tant que lieu périphérique, étranger à Rome. Une sorte de banlieue. Aujourd'hui, les seuls clients de ces berges sinistres sont les drogués : le long des escaliers d'accès et sur les pavés, vous marcherez sur des couches de seringues. Le Tibre continue à être exclu de la vie diurne et chaleureuse de Rome. La seule époque où il ait compté dans l'histoire de l'Urbs est la période de l'Antiquité où la ville était encore un port : les navires remontaient de la mer jusqu'au pied de l'Aventin, à l'endroit où se trouve maintenant le marché aux puces de Porta Portense. Les premiers Juifs, les premiers chrétiens, saint Paul, saint Pierre débarquèrent ainsi par le fleuve : mais, notons-le bien, ils débarquèrent aux portes de Rome. Même alors, le Tibre n'était animé, vivant, qu'une fois sorti de la ville. Les Romains n'ont jamais voulu de leur fleuve, telle est la vérité.

Pourquoi ? Parce que l'eau, de toutes parts, par tous les trous de son sol, menaçait déjà de l'inonder, de la noyer. Que de noms ingénieux ont été donnés aux fontaines de Rome pour essayer de cacher la réalité du péril aquatique ! Abeilles, Triton, Tortues, Maure, Coquilles : évocations d'animaux pittoresques, de formes exotiques, comme s'il fallait à tout prix faire travailler l'imagination et s'éviter de penser à ces centaines de sources jaillissant du sous-sol de Rome et prêtes à la submerger. Entre la pierre et l'eau, qui vaincra ? Symbole de cette lutte jamais terminée : la fontaine dite « Barcaccia » (Barque défoncée, Barque en péril) connue du monde entier puisqu'elle se trouve place d'Espagne, en bas du célèbre escalier. D'habitude, une fontaine est faite pour *contenir* l'eau. Contenir dans les deux sens ; dans le sens de : être remplie de ; et dans le sens de : empêcher de déborder. Toutes les fontaines du monde marquent ainsi le triomphe de la pierre sur l'eau. Toutes les fontaines sauf la Barcaccia, où c'est le contraire qui se produit. La vasque de pierre est taillée en sorte que l'eau en déborde de partout : on dirait une embarcation en train de couler. Ici, la pierre n'a pas réussi à emprisonner l'eau. L'eau victorieuse affirme sa suprématie sur la pierre, l'élément fluide et léger l'emporte en chantant sur l'élément solide et lourd.

L'auteur de cette fontaine ? Pietro Bernini, le père de l'illustre sculpteur-architecte. La Barcaccia inaugure, en quelque sorte, l'âge du baroque. Gian Lorenzo, le fils, qui inventera le style baroque et l'imposera à Rome, ne fera que traduire en mille idées accessoires l'idée fondamentale du père. Qu'est-ce que le baroque, en effet, sinon la défaite du stable, du robuste, du permanent, devant l'instable, le précaire, le variable ? On s'étonne seulement que ce style, qui convient si bien au génie de Rome, ait attendu le XVIIe siècle de l'ère chrétienne pour exploser. Ou plutôt on se dit que ce style n'a été refoulé si longtemps que parce que les Romains essayèrent par tous les moyens de se protéger contre le vertige, contre l'excès d'émotion, contre les pâmoisons de l'esprit et des sens, contre tout ce qu'ils sentaient fermenter en eux-mêmes. Hommes de l'eau, du mouvement, de la dispersion, ils ont réussi pendant les dix-sept premiers siècles de l'ère chrétienne et tous les autres de l'ère païenne à donner le change sur leur véritable nature.

Mais ensuite, quelle revanche ! Quel déferlement d'extravagances et de bizarreries ! Quelles débauches de stucs et de marbres dorés ! Combien d'anges, déséquilibrés au bord d'une corniche ou prêts à s'envoler d'un pilastre, emplissent Rome du bruissement de leurs ailes ? Combien d'églises y déploient des façades ondulantes, toutes en courbes et en contre-courbes, comme Sainte-Agnès de Borromini, Saint-André-du-Quirinal de Bernini, Sainte-Marie-de-la-Paix de Pietro da Cortona ? Bernini, en tordant le bronze du baldaquin de Saint-Pierre, parvint même à vaincre la résistance de ce matériau entre tous pesant et rigide. La sagesse, l'austérité, la dignité classique de Rome ? Pieux mensonge, oui, pour dissimuler la folie de cette ville qui, bien avant que Fellini ne la filmât en images délirantes, confiait au père Andrea Pozzo le soin de peindre au plafond de Saint-Ignace un trompe-l'œil si fallacieux qu'on croit avoir sur la tête non pas une voûte affresquée, mais le ciel lui-même.

Et pourtant... (On n'arrête pas, en parlant de Rome, d'interrompre un développement par un « et pourtant », qui n'est pas ici la formule de rhétorique habituelle, mais le signe des nombreuses contradictions romaines.) Et pourtant l'art de la Renaissance, l'art « classique » n'a-t-il pas trouvé son apogée à Rome, avec les grands travaux de Bramante, de Raphaël et de Michel-Ange ? La Villa Borghese, sous son apparence paisible de grande demeure patricienne, abrite un mélange détonant de chefs-d'œuvre. On a rassemblé là quelques-unes des meilleures sculptures de Bernini — *David, le Rapt de Proserpine, Apollon et Daphné* —, statues qui exaltent le mouvement, la métamorphose, mais aussi *la Déposition* de Raphaël, *l'Amour sacré et l'amour profane* de Titien, toiles où triomphent l'équilibre de la composition et l'harmonie des couleurs. Seulement, il faut se souvenir que n'étaient romains ni Raphaël, venu d'Urbino, ni Titien, originaire de Venise, ni Michel-Ange, accouru de Florence, ni aucun des grands artistes de l'âge classique, appelés à Rome par les commandes pontificales et peut-être aussi par l'illusion, commune aux voyageurs, de rencontrer ici la patrie de la sagesse et de la mesure.

C'est toujours un sujet d'étonnement, de penser que Rome n'a produit pour ainsi dire aucun grand homme : elle attire les artistes et les écrivains, mais reste elle-même inféconde. A tous les siècles de l'ère moderne, on trouve, pour faire la gloire de cette ville, presque exclusivement des non-Romains, qu'ils soient italiens ou non-italiens : étrangers au même titre, qu'ils s'appellent Michel-Ange ou Poussin, Canova ou Thorvaldsen, Ungaretti ou Keats, Pasolini ou Zola. Paris a eu Balzac, Saint-Pétersbourg a eu Dostoïevski, Londres a eu Dickens, Rome attend encore son romancier. Le sol de l'Urbs n'est-il vraiment qu'un lit de cendres ? Du Bellay, Mme de Staël auraient-ils eu raison de ne voir dans Rome qu'une cité funèbre d'urnes, de cyprès et de tombeaux ?

Ne les croyez surtout pas. Comparer la Rome d'aujourd'hui à la Rome antique, et déplorer la décadence de l'une par rapport à l'autre, a toujours été l'exercice favori des littérateurs ; mais un exercice justement, un jeu rhétorique pratiqué aux dépens de la vérité. Il est frappant de constater que ni Mme de Staël ni Chateaubriand n'ont voulu prêter attention à la ville baroque de Bernini et de Borromini ; même à Stendhal, observateur tellement plus fin, ce témoignage éclatant de vitalité a échappé. Il faut cesser une bonne fois de reprocher à Rome de n'être plus à la hauteur de ce qu'elle était dans l'Antiquité. Cette obsession de la grande ancêtre a tourné la tête à Mussolini : voulant faire du « romain », il n'a réussi qu'à construire ces belles bâtisses, mais blanches, froides et mornes, de l'EUR. La Rome vivante, vraie, chaleureuse se rit de cette nostalgie mégalomane. Elle s'installe aux tables du Transtévère devant un verre de vin blanc de Frascati, elle flâne sur les marches de la place d'Espagne, elle va applaudir le pape devant Saint-Pierre, elle se laisse bercer entre les colonnes que Bernini a pris soin d'arrondir sur la place comme des bras humains. Et surtout, elle a le génie de l'irrespect et de la métamorphose.

Les temples païens ? Ils ont fourni les pierres pour les églises chrétiennes. Bramante fit détruire la basilique de Constantin pour entreprendre la reconstruction du Vatican. Bernini trouva au Panthéon le bronze nécessaire aux colonnes du baldaquin. Peu s'en fallut, à la fin du XVIe siècle, que le Colisée ne fût transformé en filature, avec des logements pour les ouvriers. Profanations ? Scandales ? Ou au contraire preuves de vitalité créatrice ? Les époques qui placent au premier plan — comme la nôtre — le souci de la conservation sont des époques-musées. A Rome, de tout temps, on a rasé pour rebâtir, on a modifié pour moderniser.

Exemple : les obélisques. L'empereur Auguste en avait rapporté une quarantaine d'Egypte, en signe de ses triomphes et de la suprématie de la civilisation romaine. Oubliés ou détruits pendant le Moyen Age, ils gisaient à l'abandon, quand le pape Sixte Quint, à la fin du XVIe siècle, eut l'idée de les relever. Mais aussi de les transformer. Le premier fut inauguré en grande pompe au milieu de la place Saint-Pierre. On fixa une croix au sommet du monument, et le cardinal-évêque de Rome prononça les paroles rituelles :

— Je t'exorcise, ô créature de pierre, au nom de Dieu tout-puissant... Afin que tu deviennes pierre exorcisée pour soutenir la Sainte Croix, afin que tu te laves de toute souillure du paganisme, et afin que tu résistes à tout assaut des esprits maléfiques.

La cérémonie d'exorcisme recommença pour les trois obélisques de l'Esquilin, du Latran et de la place du Peuple, ainsi que pour les deux colonnes, de Trajan et de Marc-Aurèle, également relevées par Sixte Quint. Au siècle suivant, on continua à redresser obélisques et colonnes, mais en renonçant aux exorcismes. Rome compte peu de clochers, mais une douzaine d'obélisques et une demi-douzaine de colonnes. Celui de la Trinité des Monts, en haut de la place d'Espagne, symbolise mieux que tous les autres le doigt de Dieu pointé vers son royaume.

Le ciel serait pour vous un espace vide, il reste, avec ou sans Dieu, le ciel. Les sept collines de Rome sont autant de balcons ouverts sur l'azur : nulle part ailleurs la voûte céleste n'est si présente, nulle part les couchants ne rougeoient avec une telle splendeur.

Déjà la nuit en son parc amassait
Un grand troupeau d'étoiles vagabondes.

Du Bellay ne connaissait pas encore Rome lorsqu'il écrivit ces vers de *l'Olive* ; un poète qui frémissait avec cette intensité tendre aux mystères du firmament n'était-il pas fait pour vibrer aux nuits, aux aurores, aux crépuscules de Rome ?

Et les étoiles brillaient... et la terre
embaumait... La porte du jardin
grinçait... Un pas effleurait le sable.
Elle entrait, parfumée,
elle tombait dans mes bras.
Oh ! doux baisers, ô caresses langoureuses,
tandis que, tout tremblant,
je la dégageais de ses voiles...
A jamais s'est enfui mon rêve d'amour...

Giacosa et Illica, les deux librettistes de *Tosca*, n'étaient certes pas aussi bons poètes que le mélancolique auteur des *Regrets*, mais dans leurs vers naïvement sirupeux on trouve tout ce qui fait le charme de Rome, tout ce qui émeut dans Rome : les étoiles, les parfums, les jardins... Puccini venait de Lucques, Rome n'étant capable de produire ni grands compositeurs, ni grands peintres, ni grands écrivains. Chose plus curieuse à remarquer, Rome n'a servi de décor qu'à un très petit nombre d'opéras. Venise, Paris, l'Egypte ou même la Suisse ont fourni au théâtre lyrique leurs rues, leurs déserts ou leurs montagnes, mais les collines, les palais, les ruines de Rome ne semblent avoir eu qu'un effet décourageant. Il fallait l'habileté, le flair commercial de Puccini pour faire un opéra « romain », comme il ferait un opéra « japonais », un opéra « américain », un opéra « chinois ».

Le choix des lieux de *Tosca* est typique : on le dirait dicté par une agence de voyages, afin que le plaisir musical se double pour le spectateur d'une sorte de jubilation touristique. Ne l'emmène-t-on pas visiter, non seulement trois des plus prestigieux monuments de la Ville éternelle, mais trois monuments qui reflètent chacun une des trois périodes majeures de l'histoire et de l'art romains ?

Premier acte : l'église S. Andrea della Valle, chef-d'œuvre de l'âge baroque. Deuxième acte : palais Farnese, gloire de la Renaissance, où le paraphe final de Michel-Ange (le dernier étage) exalte le robuste travail de l'architecte San Gallo. Troisième acte : la terrasse du château Saint-Ange, apogée du génie antique. A mesure que, d'acte en acte, monte la fièvre musicale, à mesure qu'il s'identifie plus étroitement au destin pathétique de Floria et de Mario, le spectateur remonte d'âge en âge vers l'origine même de la perfection en architecture, selon le cliché qui veut que l'Antiquité ait posé le modèle insurpassable de tout art, la Renaissance ne valant que par l'imitation de l'Antiquité, et l'art baroque illustrant la décadence des temps modernes.

Quand Mario chante sa dernière cantilène, tout concourt donc à porter notre émotion à son comble : la nuit parfumée, la conscience de nous retremper à la source de la civilisation, l'euphorie d'un air magnifique, la mélancolie d'un amour brisé... Amour ? Non : plutôt *amore*, ou même *amor*, sous sa forme élidée, plus chère aux musiciens, employée, pour la première fois, par Monteverdi. Pas de chance pour le spectateur français, qui perd le jeu de lettres, l'équivalence entre AMOR et ROMA. ROMA, contrepartie géographique d'AMOR. ROMA, capitale d'AMOR. AMOR, inversion troublante de ROMA.

Tout s'éclaire, désormais : la « frivolité » romaine, fustigée par les polémistes qui, de Dante à Fellini, accusent l'Urbs de n'être qu'une sentine de vices, une Babylone moderne ; de même que l'« ennui » romain, dénoncé par Chateaubriand, par Stendhal, par Zola : si l'on n'est pas amoureux de Rome, on s'y ennuie profondément. Dès l'Antiquité, des sanctuaires souterrains propageaient sous les monuments officiels de la capitale des cultes interdits : tels la basilique pythagoricienne de la porte Majeure, ou les antres naturels dédiés à Mithra, ou cette crypte consacrée à Hécate, au fond de laquelle on descendait par autant de marches qu'il y a de jours dans l'année.

Que cherchaient-ils, ces anciens Romains, dans ces cavernes ténébreuses, qu'espéraient-ils y découvrir, grâce à l'astrologie dont ils étaient si friands, sinon le dernier mot, le secret ultime de l'univers, la formule magique qui les rendrait maîtres d'AMOR ? Aujourd'hui, tous les amateurs d'opéra savent que la réponse à l'énigme du monde, il ne faut plus la quérir au fond de catacombes obscures, mais au sommet du château Saint-Ange, là où, sous le regard extasié des anges du pont, Puccini a musiqué la sublime anagramme.

Rome II

La réalité

Ce ne fut qu'un cri d'indignation, une clameur exaspérée : Macdonald installait un de ses restaurants place d'Espagne ! Quoi, en plein cœur de l'Urbs, dans le lieu le plus beau et le plus prestigieux du monde, avoir permis à cette horreur américaine de hisser le pavois de la vulgarité ! Il y a quelque dix ans, il n'était bruit, dans Rome, que de ce scandale sans précédent. A peine arrivé, je courus voir ce que tous les journaux présentaient comme une atrocité, une infamie. Première surprise : le visage de la place d'Espagne n'avait pas changé, aucune enseigne au néon, pas le moindre clignotement agressif, impossible même de trouver l'endroit incriminé. Je fis en vain le tour de la place. Enfin, après un examen plus minutieux — c'est dire si l'apparence a été scrupuleusement respectée —, je découvris l'entrée : une simple façade de magasin, qui ne se distingue en aucune manière de la façade du magasin de chemises voisin, et observe l'unité architecturale de la place. Le fameux Macdonald est caché à l'intérieur de l'immeuble. On y pénètre au bout d'un long couloir, et il consiste en une sorte de jardin couvert, spacieux et aménagé avec goût. En somme, il me sembla que Rome avait tout à gagner à l'installation de ce nouveau local, qui ne défigurait en rien l'harmonie baroque de la place d'Espagne, et donnait aux Romains l'occasion de se restaurer en peu de temps et à bon marché.

Pourquoi ce tollé, alors ? Par antiaméricanisme primaire ? Je me demandai s'il n'y avait pas un autre motif. Le Macdonald n'était ni laid ni vulgaire, il n'attentait pas au sens esthétique des Romains. Simplement, il heurtait profondément leurs habitudes alimentaires et sentimentales. Bien plus qu'en France encore, le repas du milieu de la journée est sacré en Italie. La vie s'arrête à une heure, et ne reprend pas avant quatre heures de l'après-midi. Que se passe-t-il, entre une heure et quatre heures ? On rentre à la maison, on se fait plaindre, consoler et cajoler par la *mamma*, on s'attable devant l'inévitable *pasta*, et puis, ma foi, surtout si l'on est dans la saison chaude, on se laisse aller à un petit somme, prélude ou conclusion de quelque divertissement érotique suggéré par la pénombre de la chambre et le silence qui engourdit la ville. Des plaisirs de la chère aux délices de la chair...

Il n'y avait pas, avant le Macdonald, de restaurant rapide dans le centre de Rome. Les petites trattorias étaient toujours pleines, l'attente interminable, ce qui encourageait le retour au foyer domestique. L'installation d'un *fast-food* a apporté une révolution dans les mœurs. C'est le *fast* qui a choqué le plus, dans l'affaire. Inviter les Romains à manger à toute vitesse, loin de chez eux, sans espoir de sieste ni de récréation sexuelle, c'était commettre à leur égard la pire des agressions. On voulait donc leur arracher tout ce qui fait la douceur de la vie ? Douceur qu'ils payent d'ailleurs fort cher, par la paralysie du trafic automobile deux fois par jour, une fois pour rentrer chez eux à une heure, une autre fois pour retourner au bureau ou au magasin à quatre heures. Mais qu'importe ! En leur suggérant de rester sur place et d'avaler un plat tout préparé, on avait l'air de leur conseiller d'embrasser un peu moins souvent la *mamma*, on les incitait à restreindre leurs ardeurs auprès de la « fiancée » ou de l'épouse. Atteinte insupportable à leur vie privée !

Depuis longtemps, les touristes avaient tourné la difficulté, en achetant des fruits et des sandwiches qu'ils venaient manger sur une des cent trente-sept marches de la place d'Espagne, échelonnés le long du colossal escalier, qui fonctionnait — et continue à fonctionner, même en hiver, pour peu que le soleil soit de la partie — comme un gigantesque *fast-food* en plein air. Les jours de pluie, il y a maintenant le Macdonald, et quiconque ne tient pas à sa sieste ou n'a pas la possibilité de la prolonger par d'agréables délassements sera heureux de profiter des services de la firme américaine. Quant aux nostalgiques des élégances d'antan, ils peuvent toujours se réfugier chez Babington, le salon de thé à l'ancienne qui se trouve au pied de l'escalier, à gauche de la place, symétriquement par rapport au Macdonald. On y sert de subtiles salades, des gâteaux raffinés, d'exquis breuvages de l'Inde ou de Chine, dans un décor hautement *british* et distingué.

Par restaurants interposés, c'est la jeune, dynamique, expéditive Amérique qui livre une guerre amicale à la vieille Angleterre surannée. Le choc des continents s'ajoute au brassage des nations. Rome est depuis longtemps un carrefour cosmopolite, et, passé la première stupeur, la ville devrait s'habituer aux hot-dogs de l'oncle Sam comme elle s'est accoutumée aux toasts de la reine Victoria. Son nom à lui seul fait de la place d'Espagne le lieu le plus symbolique de l'Urbs. Elle tire ce nom du palais qui depuis le XVIIe siècle est le siège de l'ambassade d'Espagne auprès du Vatican. Le célèbre escalier lui-même a été bâti au XVIIIe siècle grâce à un legs d'un ambassadeur français, et il a longtemps appartenu à la France, ainsi qu'en témoignent les lis des Bourbons qu'on voit en bas des marches. A un angle de la place s'élève le palais de la congrégation de la Propagation de la Foi, compagnie qui a juridiction sur l'Afrique, l'Asie, l'Océanie, ainsi que sur les territoires orthodoxes, protestants et musulmans d'Amérique et d'Europe. Elle compte vingt et un cardinaux et envoie des missionnaires dans tous les Etats du globe, sauf l'Afghanistan mahométan et le Tibet bouddhiste, fermés à toute pénétration.

Telle est la vocation universelle de Rome, depuis que le principal des douze apôtres du Christ en a été le premier évêque. Le Danube, le Nil, le Gange et le Rio de la Plata, sculptés par Bernin sur la fontaine des Fleuves, place Navone, ou le plafond de l'église Saint-Ignace, où le père Andrea Pozzo a peint en trompe-l'œil les quatre parties du monde, réparties entre les jésuites pour qu'ils y portent la parole de l'Evangile, montrent bien que l'intrusion du Macdonald, loin d'être une innovation scandaleuse, est conforme au génie du lieu. Preuve supplémentaire des capacités œcuméniques dévolues à la cité de saint Pierre, l'établissement américain n'est pas plus incongru que le cimetière des Anglais, un des buts de promenade les plus poétiques de la capitale, les obélisques rapportés d'Egypte et plantés sur toutes les places, ou la grande vasque en marbre granité d'Afrique installée depuis le XVIe siècle devant la Villa Médicis et peinte quatre fois par le Français Corot.

Dans ce melting-pot international, y a-t-il des Romains ? Qu'est-ce qu'être romain ? Rome, dans l'Antiquité, avait le sens, le respect, la religion des lois. Grandeur romaine et vigueur juridique étaient quasiment synonymes. Or, pour des héritiers de Cicéron, pour des légataires de la grande tradition latine du barreau, les Romains d'aujourd'hui montrent un mépris extraordinaire de la loi, s'ingéniant par tous les moyens à tourner les interdictions. Je conseillerais à ce sujet la lecture du *Journal romain* (P.O.L., 1987) de Renaud Camus, qui a séjourné deux ans là-bas comme pensionnaire de la Villa Médicis, et en a rapporté des conclusions difficilement réfutables. La loi, dit-il, n'est jamais pour les Romains l'instrument d'une harmonie sociale, « mais une désagréable pression à laquelle il est naturel de se soustraire autant qu'il est possible ». Les rapports de force se substituent aux rapports de droit. Chacun se demande : « Ai-je le moyen, la possibilité matérielle de faire cela ? » au lieu de se poser la question en termes de responsabilité légale. Il s'ensuit une série de conséquences qui rendent l'existence quotidienne extrêmement problématique et souvent pénible. Il faudrait en finir une bonne fois avec le mythe des Italiens « gentils » et de la vie « délicieuse ». En réalité, tout est impratique et difficile à Rome, parce que chacun n'en fait qu'à sa tête, au nom de sa sacro-sainte liberté. Montesquieu, s'inspirant des Romains de l'Antiquité, avait établi ce principe, que la liberté de chacun s'arrête là où commence celle de son voisin. Il y a beau temps que, par une inexplicable régression, ce principe est abandonné aux bords du Tibre. J'ai envie de faire du bruit ? J'appuie sur le klaxon de ma voiture le plus fort possible. J'ai acheté dans un bar un beignet et je veux me débarrasser du papier d'emballage ? Je le jette sous un des pins parasols de la Villa Borghese. Tenir la porte à une femme ? Fi donc ! ce serait abdiquer une partie de ma virilité. Sans-gêne et muflerie sont les preuves de ma souveraineté. Je ne permettrai à personne de restreindre mon champ d'action. Rome a été jadis la maîtresse du monde, et obéir à un ordre, supporter une entrave, accepter une limitation ne serait rien de moins que consentir à mon asservissement.

La ville est bruyante et sale, et rien n'y fonctionne de façon satisfaisante. Retirer l'argent dans une banque est une entreprise héroïque, qui met les nerfs à l'épreuve. Les cartes de crédit ne sont acceptées que le matin. Pourquoi cette bizarrerie ? Parce que la banque doit téléphoner au siège central, et vérifier si votre compte est dûment approvisionné. Autrement dit, on ne fait aucun « crédit » à votre carte, et on suppose, soit que vous l'avez volée, soit que vous essayez d'embobiner la banque, initiative qu'on vous prête parce que, sans doute, un porteur romain de carte de crédit se conduirait ainsi. Non pas pour frauder (but secondaire), mais pour montrer qu'il est au-dessus des lois, qu'il est un citoyen « libre ». Puisque la ville est une jungle, à chacun de s'arranger et d'être le plus fort ou le plus malin. La conquête d'un billet de théâtre ou d'un reçu à la poste exige des prouesses où vous laissez votre énergie, à moins que vous ne connaissiez la « personne » qui résoudra votre affaire, l'ami de l'ami, sans l'intervention duquel on vous fermera le guichet au nez.

Vous pestez d'abord, vous regrettez que des habitudes plus

démocratiques ne se soient pas installées en même temps que l'égalitaire Macdonald. Et puis, peu à peu, vous découvrez le revers positif de ces vexations quotidiennes. Comme la vie est plus amusante, dans un pays où le fonctionnement des choses est laissé à l'arbitraire des uns, à la débrouillardise des autres ! La moindre opération pratique, qui se règle toute seule ailleurs, par le jeu normal des institutions, demande ici du talent. Il vous faut du talent pour vous habituer à Rome et pour aimer Rome. Si le don vous manque, si vous n'êtes pas disposé à créer vous-même les conditions de votre existence quotidienne, autant repartir tout de suite. Sans loisir, sans goût de perdre votre temps, sans art personnel d'imaginer et d'inventer, sans aptitude à tisser avec autrui des rapports d'amitié et d'affection, inutile de rester.

A Paris, on ignore son voisin de palier, on peut habiter vingt ans un immeuble sans échanger deux mots avec ceux qui logent au-dessus ou au-dessous. A Rome, ou bien on dépérit dans son coin, ou bien on devient membre d'une communauté qui vous prend en charge, vous épaule, vous réconforte, vous assiste. Les Romains fuient la solitude. Pour apprécier la solitude, il faut être citoyen d'un Etat assez fort, qui assure à chacun, également et anonymement, les garanties nécessaires. Rome a deux gouvernements, mais d'Etat italien, il n'y en a toujours pas, après quelque cent quarante ans d'Unité nationale. En l'absence d'institutions dans lesquelles ils puissent avoir confiance, les habitants n'ont qu'une ressource : se constituer en clans, liés par les affinités réciproques, en mafias pacifiques. On croit souvent, lorsqu'on entre dans un restaurant romain, que le local a été réquisitionné pour un banquet. Des tablées de douze, de quinze, de vingt convives semblent festoyer allègrement. Il n'en est rien : c'est la coterie qui s'est déplacée pour son repas quotidien.

Les écrivains, à l'époque où j'habitais Rome, se rencontraient presque tous les jours au bar du café Canova, place du Peuple. Je voyais arriver Alberto Moravia et Elsa Morante, qui habitaient dans une rue voisine, mais aussi Giorgio Bassani ou Pier Paolo Pasolini, qui venaient de loin. On buvait un verre, puis on allait tous dans une petite trattoria du quartier, à moins qu'on ne rendît visite, en bande également, à Carlo Levi qui occupait, dans le parc de la Villa Strohlfern au-dessus de la porte du Peuple, un atelier encombré de ses toiles et de ses manuscrits. Même Pasolini, le farouche, le sauvage Pasolini, je ne l'ai jamais vu seul. Il ne disait rien, il fronçait les sourcils et crispait les mâchoires, mais il était là, avec les autres, au milieu des autres. Protégé, soutenu par une douzaine d'amis.

Autre symptôme de cet instinct grégaire, qui est une nécessité à Rome, la condition du bonheur : la saturation, permanente et exaspérante, du réseau téléphonique. On s'appelle dès neuf heures du matin, on se raconte ce qu'on s'est déjà cent fois raconté, pour le seul plaisir de vérifier que les autres sont là, autour de vous, de sentir leur voix, de jouir de leur présence. Bien trompeuse, donc, est l'impression des touristes qui, à la suite de Chateaubriand, ne jurent que par la solitude de Rome, ne rapportant de leur voyage que des impressions de splendeur désolée. « Un homme est seul avec lui-même dès que les choses qui l'entourent sont plus grandes que lui », a écrit le poète Giuseppe Ungaretti, lequel, né à Alexandrie d'Egypte, ne s'installa à Rome qu'à l'âge de trente-deux ans. Il est vrai que le château Saint-Ange, les Thermes de Caracalla, le Panthéon, le Colisée, le théâtre de Marcellus, les murs du Palatin ont quelque chose d'écrasant. Raison pour laquelle, sans doute, les hommes et les femmes nés au milieu de ce décor se sont arrangés pour ne jamais être seuls, pour nier toutes ces « choses plus grandes », infiniment plus grandes qu'eux-mêmes. L'isolement deviendrait vite mortel à Rome : on serait accablé par le souvenir de cette pompe, de ce faste révolus, par le contraste entre la magnificence des monuments antiques et leur caducité, par la majesté impassible de ces ruines. Stendhal, Chateaubriand, Berlioz, Taine, Zola, Rilke, tous les voyageurs ont prétendu que Rome était une ville ennuyeuse et triste. Par ennui, par tristesse, ils voulaient dire sentiment d'impuissance devant les vestiges des Césars. C'est qu'ils n'avaient pas eu le temps, ou les moyens, de s'intégrer à une des tribus qui campent dans ce désert et le fertilisent par leurs petites sociétés nomades déambulant de bar en bar, de restaurant en restaurant.

Vivre à Rome est très différent de visiter Rome. L'hôte de passage se sent tout petit et perdu en face des reliques de l'Eternité. Le Français se plaint qu'il y ait très peu de cinémas dans la capitale. C'est exact. Malgré la proximité de Cinecittà, malgré le talent des réalisateurs italiens, les Romains se rendent rarement dans les salles obscures. Parce qu'elles sont obscures justement, et qu'on s'y retrouve, dans les ténèbres, absolument seul avec soi-même. Au plaisir solitaire du film, les Romains préfèrent les plaisirs collectifs. Faute de cirques, comme autrefois, ils se contentent du théâtre, de l'opéra, de la place publique, à condition de pouvoir y accéder en voiture. Pourtant, dès la nuit, les rues sont vides, ce qui est une autre contradiction. Il est très difficile de trouver à dîner après le spectacle, et dénicher une *gelateria* ouverte avant d'aller se coucher est une autre de ces prouesses dont la répétition met votre patience à bout. Pour ce qui est de l'horaire des locaux publics, la situation est relativement récente. Les longues années de terrorisme, marquées par la domination des Brigades rouges et l'assassinat d'Aldo Moro, ont détourné les Romains de la vie nocturne. Le rétablissement de la paix civile n'a rétabli que peu à peu les anciennes habitudes. Ajoutez à cela les exigences des syndicats, qui obligent à tirer le rideau de fer avec une ponctualité allemande.

Le corso principal, entre la place du Peuple et la place de Venise, rendu aux piétons, voilà qui devrait inciter à la promenade. Il n'en est rien. Dans les lieux piétonniers de Rome, on est surpris de ne rencontrer aucun Romain. L'escalier de la place d'Espagne, l'arène de la place Navone grouillent de monde, mais de monde étranger. Un vrai Romain ne sort pas à pied, ne marche pas dans les rues. L'usage des jambes est considéré comme humiliant. Pas de bicyclettes non plus, ces ersatz dégradants du cheval. Quand on a dominé le monde, ce serait indigne de se servir de ses muscles locomoteurs, moyen de transport réservé aux esclaves. Ne sommes-nous pas un peuple de seigneurs ? semblent-ils dire, coincés dans leur auto au milieu d'embouteillages babyloniens, en toisant les touristes qui se faufilent le long des murs, faute de trottoirs qui n'existent pas puisque, à Rome, qui se respecte ne va pas à pied.

Les Romains des années fascistes ont pris, notons-le, bien des accommodements avec les traditions républicaines de leurs ancêtres et se sont montrés plutôt légataires des mœurs politiques de l'Empire. Mussolini s'est emparé sans coup férir de la capitale, la fameuse « marche sur Rome » n'a été, comme on sait, qu'un voyage confortable en train, la résistance à la dictature s'est limitée à quelques protestations inefficaces. Si l'on songe à ce qui est advenu, quatorze ans plus tard, en Espagne, à la guerre civile déclenchée par les ambitions de Franco, on mesure à quel point la fibre héroïque des anciens Romains s'est affaiblie dans notre siècle.

Les souvenirs de l'Antiquité luttent quelquefois aussi avec la conscience chrétienne, ou, du moins, avec les conventions bourgeoises. Renaud Camus, parmi les griefs qu'il adresse aux Romains, les accuse d'hypocrisie sexuelle. Cet amateur de garçons n'avait jamais beaucoup de mal à dénicher des partenaires, mais, déclare-t-il irrité, aucun de ceux qui prenaient leur plaisir avec lui n'admettait d'être homosexuel. Ils couchaient pour l'argent, ou par curiosité, ou par désœuvrement, ou faute de femme, gardant en eux-mêmes la conviction d'être de vrais *maschi*, et pleins de mépris pour le gay endurci. En somme, selon ce témoignage, les hétérosexuels ont confisqué à leur profit exclusif les promesses contenues dans l'anagramme — et, je dois le reconnaître, Puccini les a encouragés, par son emphase gynocentrique, à ce détournement.

On a souvent commenté la superposition des différentes cultures à Rome. Il n'est pas rare de retrouver, à l'extérieur ou à l'intérieur d'une église, des restes du temple sur l'emplacement duquel les chrétiens l'ont bâtie, en utilisant les matériaux antiques. La même remarque peut être faite en Sicile. Le temple de la Concorde, sur la colline d'Agrigente, n'a même été sauvé de la destruction que parce que les disciples du Christ, dès le VIe siècle, l'ont transformé en basilique, en ouvrant des arcades dans les parois de la cellule pour la mettre en communication avec le péristyle.

La différence entre Rome et la Sicile, c'est que l'île est restée ancrée dans le système mental du Mezzogiorno ; païenne, archaïque, prébourgeoise, malgré les rafistolages de monuments. Les *ragazzi* qui posaient nus, à Taormine, devant le baron photographe Wilhelm von Gloeden, ne s'embarrassaient pas de chichis. Rome a beau regorger de rôdeurs sur le Pincio, de loubards qui écument les jardins du Capitole, de jeunes canailles aux abords de la gare, de gitons sortis tout droit de Pétrone, l'Urbs reste située à mi-chemin du Nord et du Sud. Les deux morales s'y combattent, s'y mélangent, chacune dénaturant l'autre. C'est pourquoi l'enchantement qu'on éprouve à Rome se teinte souvent d'exaspération, selon qu'on ne trouve pas la ville assez européenne, pour ce que l'Europe a de bon, ou qu'elle semble insuffisamment africaine, pour ce qu'on apprécie en Afrique.

Rossini I

Lettre à Sergio Segalini, directeur d'*Opéra international*

Mon cher Sergio,

Tu me demandes d'expliquer ce que j'aime en Rossini, de définir « mon » Rossini. J'ai d'abord essayé d'écrire un article en bonne et due forme, puis je me suis aperçu que cela m'était impossible. Je considère Rossini comme un ami personnel, non comme un membre de l'innombrable communauté artistique. D'amis personnels parmi les créateurs, je ne compte que deux autres : Stendhal et Schubert. Il y en a trois en tout, et pas un de plus. Peut-on faire un exposé sur un ami ? Non, évidemment. On ne peut qu'en parler à un autre ami, dans une conversation ou sous forme de lettre. Parler de l'ami Rossini à l'ami Segalini, qui est italien comme lui et comme lui bourdonne de malice et de gaieté, devient un plaisir, un plaisir aussi vif que me semblait pesante l'obligation de disserter sur les qualités et les défauts de celui que j'aime d'une affection toute fraternelle.

Je n'arrive pas à le ranger dans la catégorie des « grands compositeurs ». Le « grand compositeur » est quelqu'un qui ressemble en tout aux autres hommes, sauf qu'à certains moments il se retire sur les hauteurs où le soulève son inspiration, et se met à écrire son « œuvre ». Beethoven bien sûr est le prototype éclatant du « grand compositeur », mais même Bach, malgré sa bonhomie familière, même Mozart avec son enfantine spontanéité, sont des gens qui changent de vêtement pour composer et endossent, au lieu de la veste ordinaire, la simarre d'apparat. Rossini ne possède ni habit spécial ni coin pour travailler parce que dans sa tête il n'y a pas de place pour la conscience de son génie : il reste homme en toute occasion, même lorsqu'il écrit. Il écrit de la musique *aussi*, en plus de tout ce qui l'occupe par ailleurs. Le fait d'écrire de la musique ne lui paraît pas être quelque chose d'extraordinaire et qui mérite d'être souligné. Lorsque nous parlons, nous n'aurions pas l'idée de nous considérer comme des « parleurs ». Parler fait partie de notre façon de vivre ; l'usage de la parole est co-naturel à notre être au monde. Eh bien, lorsque Rossini compose, il ne fait que ce que nous faisons quand nous parlons : un acte si naturel qu'il ne s'aperçoit même pas qu'il l'accomplit. L'air du « riz », il le bâcle sur une table d'auberge, et c'est un des joyaux de *Tancredi*. Une autre fois, couché dans son lit, comme l'encre lui fait défaut et qu'il n'a pas envie de se lever, il trempe sa plume dans la sauce caramel du flan qu'il est en train de déguster, et achève, en poissant sa feuille, un délicieux *duetto*. Ses émotions ne sont pas des émotions « élevées » d'artiste, mais toujours des réactions de dépit, de satisfaction, de joie ou de chagrin, primesautières et physiques comme celles d'un enfant. Des deux fois où il a pleuré dans sa vie, l'une était pour le fiasco du *Barbier* à Rome, l'autre pour la perte de la poularde du pique-nique tombée dans la rivière.

Je ne cite pas ces anecdotes parce qu'elles sont amusantes ou pour rappeler que Rossini était bon vivant, farceur et paresseux, mais parce qu'elles illustrent le trait de sa personnalité qui me plaît le plus : ce manque absolu de distance entre l'homme et l'œuvre. En quoi il était bien un héritier du XVIIIe siècle, un survivant de l'époque de Diderot et de Casanova. On a spontanément du génie, on n'en fait pas une pose. Le XIXe siècle a imposé un type si différent d'artiste (pour le distinguer de la masse envahissante des bourgeois et des philistins) qu'on a peine à imaginer comment l'auteur du *Barbier* pouvait apparaître au voyageur de rencontre (Stendhal en l'occurrence, qui raconte l'anecdote) « un très bel homme blond, un peu chauve, de vingt-cinq à vingt-six ans », aux idées « nettes, brillantes et plaisantes », et le voyageur ne découvrait qu'ensuite, par un hasard de la conversation, qu'il était en train de parler à l'homme le plus célèbre d'Italie.

Se figure-t-on Wagner dans cette charmante simplicité ? J'espère que tu n'aimes pas trop Wagner, mon cher Sergio, mais ce que je vais dire n'engage que moi, et tu dévieras sur ma tête l'orage de protestations qui va s'abattre sur ta revue ! De quelque façon qu'on juge sa musique, Wagner incarne l'image la plus détestable du créateur imbu de sa personne et de sa « mission ». Ce n'est pas lui qui voyagerait incognito, sans brandir devant lui (ou la faire brandir par Cosima) la bannière où est écrit en lettres de feu : « Je suis le grand Wagner ! » Il a porté un coup fatal à l'opéra, en le transformant en rituel sacré, où il faut subir pendant des heures une cérémonie interminable, sans avoir le droit ni de rire quand c'est trop ennuyeux, ni d'avaler un sorbet quand on étouffe de chaleur. Rossini n'en reviendrait pas, et il ferait des gorges chaudes à n'en plus finir, s'il voyait qu'on essaye de faire de Pesaro, sa ville natale, un Bayreuth miniature, avec dévotion, gravité et solennité à l'appui. Il se mêlerait aux spectateurs dans le vestibule du petit théâtre, et leur soufflerait à l'oreille : « Que diable ! Décoincez-vous ! Et ne vous apprêtez pas à tout admirer avec le même sérieux. Il y a au premier acte un air plutôt mauvais, que j'ai transporté d'ailleurs d'un autre opéra, et au second acte un morceau franchement raté, pendant lequel je vous aurais conseillé, si on se trouvait encore à mon époque bénie où de telles commodités existaient, de tirer le rideau de votre loge pour conter fleurette à votre jolie voisine, occupation mille fois plus agréable que d'écouter la voix aigrelette de la signora X dans un rôle que j'ai bâclé.

— Comment ? s'écrierait le wagnérien outré. Vous n'avez donc pas foi dans votre art, pour me dissuader de me recueillir avant le lever du rideau ? Ce théâtre n'est donc pas un temple pour vous ? — Pas précisément, mon bon monsieur. Le théâtre, la musique, l'art sont affaire de jeu, non de religion. — Vous êtes resté incurablement baroque !

— Et vous, pédantesquement romantique ! » rétorquerait Rossini, si son exquise ironie ne répugnait aux grossières étiquettes. Aux souffles exaltants du romantisme n'a-t-il pas été lui aussi sensible ? Sa conception ludique et gourmande de l'opéra n'a pas empêché l'inventeur du tournedos d'écrire des pages aussi « belles », aussi « inspirées » que les plus pompeux des Allemands. Il n'est ni Franz Lehar ni Offenbach, il est un des plus « grands » compositeurs qui aient jamais existé — malgré lui. Ce *malgré lui* fait toute la différence avec les autres et lui donne cette touche unique de génie. Mélanger le sublime et l'humour : tâche impossible sinon à celui « qui n'y croyait pas ».

Parlons un peu musique, mon cher Sergio, car je sens que tu t'impatientes. Le leitmotiv wagnérien, porté aux nues comme l'invention du siècle, n'est en réalité qu'un grossier procédé approprié au nouvel art de masse : le spectateur étant jugé inculte et imbécile, il faut étayer son faible entendement par des points de repère inlassablement répétés, lui seriner à tout bout de champ : « Ici c'est l'amour ! Là c'est l'argent ! Voici la hache ! Thème de la guerre ! Thème de la mort ! ». Semblable à Zola, qui a fait pour le roman la même opération de martelage et de bourrage au moyen de détails choisis pour leur valeur symbolique et ressassés sans vergogne, Wagner a eu la suprême intelligence de se dire qu'on ne pouvait rallier à l'opéra les foules démocratiques qu'en fournissant des béquilles à ce nouveau public ignare et avide de comprendre. La suite leur a donné amplement raison à tous deux.

Rossini est plutôt l'homme des crocs-en-jambe. « Mon ouverture pour *Elisabetta* vous a plu ? Vous y avez apprécié le sens mélodramatique, l'instinct de la tragédie, la tension frémissante, indispensables pour introduire aux malheurs de l'infortunée reine d'Angleterre ? Que direz-vous alors en retrouvant la même symphonie, exactement la même, au début du *Barbier de Séville* ? » L'auditeur, tout confus, avouera qu'il n'y a rien de plus gai, de plus pétillant, de plus entraînant que ce morceau. Rossini est tout entier dans ces malices. Ce qui l'amuse, c'est de brouiller les cartes, décontenancer l'enthousiasme de ceux qui cherchent à l'encenser. Jeu qui a failli lui coûter cher, car jusqu'à ces dernières années, avant la redécouverte de *Tancredi* et de *Semiramide*, on le tenait pour un musicien comique exclusivement. Il était l'inventeur du *crescendo*, il n'était aimé que de ceux qui osent reconnaître qu'ils adorent Alexandre Dumas, il constituait le remède souverain contre la déprime. Qui aurait résisté à la cure de bonne humeur en compagnie de Rosina ou d'Isabella ? Le gros Gioacchino lui-même, souriant modestement dans les coulisses, semblait se contenter de ce rôle de bateleur — par horreur, sans doute, du nouveau siècle qui hisserait au pinacle les bardes chevelus, les prophètes survoltés, les grands prêtres en transe, les Berlioz, les Meyerbeer, les Beethoven, les Wagner.

Or nul n'était plus doué que lui pour l'élégie tendre et poignante : à preuve ce *Maometto II*, qu'on vient d'exhumer à Pesaro (heureuse conséquence du « culte » rossinien !) et qui a révélé, chez l'aimable bouffon des espagnolades et des turqueries : 1°) un bouleversant poète de l'amour ; 2°) un souffle politique et épique qui préfigure (en les dépassant) les rafales belliqueuses de Verdi. Mais je m'éloigne du ton de la lettre et tombe dans le genre scolaire qui aurait fait rire celui que nous désirons honorer. Tout est si naturel, une fois de plus, chez Rossini ! Il ne prépare pas, comme Bellini, par des cadences suavement balancées, la douce musique du cœur, il ne nous dit pas : « Attention ! Moment sublime ! Fermez les yeux ! », et il ne nous annonce pas non plus, comme Verdi, par un grand tapage dans l'orchestre, que nos poitrines vont avoir à se gonfler de mâles émotions. Tout va très vite avec lui : nous ne nous rendons compte qu'après coup que nous venons d'entendre une page fabuleuse. A peine s'il nous laisse jouir des trésors qu'il nous dispense :

lui, qu'on prétend si paresseux, nous empêche de nous prélasser et se fouette lui-même pour galoper plus loin. Il faut le suivre à bride abattue vers le prochain rendez-vous de bonheur. D'où cette fièvre nerveuse, cette jubilation physique qui nous saisit à l'écouter — jointe à une pointe de regret pour la brièveté de cette euphorie.

Une seule fois il a voulu poser au pontife, faire dans le déclamatoire et dans le : « Regardez un peu à quoi je suis bon ! », et ce fut, malgré la dépense de talent, un échec justifié. Ce *Guillaume Tell*, une faiblesse qui lui coûta trente-neuf ans de silence, par punition. Comme Vatel qui s'était suicidé parce que la marée n'était pas arrivée à temps pour la fête organisée en l'honneur de son maître le prince de Condé, Rossini jugeait impardonnable d'avoir servi un plat manqué.

Là où je le trouve sans rival, c'est dans le *concertato*, bien que, dans les histoires de la musique, je ne voie guère qu'on lui reconnaisse ce don. Bâtir un trio ou un quatuor en faisant entrer une à une les voix qui reprennent le même motif avec des variations imperceptibles, voilà un art qui s'est complètement perdu et qui à moi me donne mes plus fortes jouissances musicales. Un art qui ne « rend » pas, qui ne sera jamais populaire, parce qu'il n'est pas fait d'airs plus ou moins faciles à retenir et à fredonner (comme telle romance de Verdi ou de Puccini), mais de matière sonore à l'état pur, qui disparaît de notre mémoire dès qu'elle a cessé de retentir à nos oreilles. Impossible à fixer, musique non pas « abstraite » (ô horreur !) mais qui n'a d'existence que dans sa fugace et déroutante labilité.

Trop longue cette lettre, mon cher Sergio ! Et sans doute inutile, puisque notre époque, férue de messes culturelles et d'hommages à rendre aux grands hommes, a inscrit Rossini dans son cahier de charges, en oubliant qu'il ne nous demande pas de l'aimer par devoir, mais par plaisir. Uniquement par plaisir ! Plutôt un seul amateur qui en fasse ses délices, qu'une procession de dévots consciencieux ! Choses à ne pas dire, bien sûr, au directeur d'une grande revue musicale. « *Pietà* », mon cher Sergio, « *Pietà* », sur l'air sublime de Moïse dans la prière au bord de la mer Rouge...

Rossini II

Six moments dans la vie du *maestro*

1813 : Rossini a tout juste vingt et un ans. *Tancredi* est son dixième opéra. Voilà la première chose à retenir : la précocité de ce musicien. Parce qu'on ne le voit d'habitude que sous les traits empâtés de sa maturité bien nourrie, de sa vieillesse parisienne, occupé à étaler une truffe sur un tournedos ou à farcir de viande un rouleau de pâte (ce fut l'invention du cannelloni), on oublie qu'il partage avec Mozart et Schubert la gloire d'avoir écrit avant vingt-cinq ans des œuvres immortelles. Et encore, Mozart avait un père cultivé, fin connaisseur de la musique, Schubert reçut une bonne éducation musicale : tandis que le petit Gioacchino, son père jouait du cor dans les orchestres de province, sa mère fut pendant quelques années une cantatrice de deuxième ordre. Ballotté de théâtre en théâtre, de ville en ville, selon les vicissitudes des troupes ambulantes où ses parents trouvaient à s'agréger, il apprit tout par lui-même.

En 1813, il en était à son dixième opéra, mais le premier dans le genre sérieux. Jusque-là, il n'avait fait que des œuvres bouffes, dans la lignée de Pergolèse et de Cimarosa : en égalant déjà ces maîtres, sinon en les surpassant. *La Pierre de touche*, donnée en 1812 à la Scala de Milan, fut un triomphe. Pour n'être pas en reste, la Fenice de Venise lui commanda ce *Tancredi :* une histoire de chevalerie et d'amour, bien en rapport avec l'âge et la pétulance du jeune *maestro*, mais aussi avec les temps qui couraient. Car 1813, c'étaient, pour les contemporains qui ne savaient pas qu'elle finirait si tôt, le fracas et l'ivresse de l'épopée napoléonienne : sentie, en Italie du moins, comme une tempête libératrice. Les tyrans locaux avaient été balayés par les armées de la Révolution. De toute façon, la guerre n'était pas alors ce qu'elle est devenue depuis. Faite d'exploits personnels qui tenaient du duel et du tournoi, elle avait de quoi exciter l'imagination d'un jeune homme dont les seules lectures avaient été les strophes héroïques et guerrières du Tasse. Tout cela : la jeunesse du compositeur, ses bouillantes et changeantes conquêtes féminines, son apprentissage dans le style bouffe, c'est-à-dire dans la rapidité insolente et nerveuse, le bruit des armes dont résonnait l'Europe, le vent de patriotisme qui commençait à soulever l'Italie, tout cela, donc, explique que pour son coup d'essai dans *l'opera seria* il ait bousculé les conventions qui maintenaient le genre dans une manière noble et compassée. Et fait une œuvre d'une fraîcheur, d'un brio, d'un éclat à ravir quiconque n'a pas oublié qu'il a eu vingt ans lui aussi.

L'ouverture : Rossini, sans se gêner, emprunta celle de *la Pierre de touche*. Telle quelle. Quoi ? dira-t-on. Avoir si peu le respect de son art, qu'on écrive en tête d'un drame d'amour et de guerre les mêmes notes qui ont servi à introduire une simple farce, une turquerie ? C'est ici qu'éclate la modernité de Rossini. Pensons aux expériences des cinéastes russes des années 1920. A celle que Koulechov, un des maîtres d'Eisenstein, réalisa avec le gros plan d'un acteur dont le regard était volontairement inexpressif. Koulechov raccorda une fois ce gros plan au plan d'une assiette de soupe posée sur un coin de table ; une seconde fois au plan d'un cadavre allongé par terre ; une troisième fois au plan d'une femme nue étendue sur un sofa. Puis il projeta les trois scènes devant des spectateurs non prévenus. Tous se récrièrent sur le talent de l'acteur, capable d'exprimer à la suite les sentiments de la faim, de la tristesse et du désir. Rossini, cent ans avant, avait inventé ce procédé : il fit éprouver à ses auditeurs, avec les mêmes notes, une fois la gaieté et l'insouciance qui précèdent l'attente d'une comédie bien enlevée, une autre fois la gravité, la tendresse qui précèdent l'attente d'une histoire de cœur et d'épée. L'œuvre d'art n'a aucune valeur expressive par elle-même, l'effet qu'elle produit dépend du contexte dans lequel l'amateur la reçoit : voilà la grande loi découverte par la divine paresse de Rossini, et bien plus intéressante, à coup sûr, que les spéculations wagnériennes sur les thèmes chargés — à en couler — de sens philosophique.

Cette loi, Rossini eut d'autres occasions de l'appliquer. Pour l'ouverture du *Barbier de Séville*, par exemple, qu'il emprunta à *Elisabeth, reine d'Angleterre*, mélodrame on ne peut plus éloigné du comique : opération inverse de celle de *Tancredi*. Ou dans le finale du premier acte de ce même *Tancredi*. Rappelons brièvement la situation. Les Sarrasins assiègent Syracuse. Amenaïde, la fille d'Argirio, un des notables de la vile, est soupçonnée d'avoir écrit à Solamir, le chef des assaillants, pour lui livrer la cité. Stupeur et indignation générales, traduites par une accélération dans le rythme et une précipitation haletantes. Qui ne sont autres que le fameux *crescendo*, essayé par Rossini dans ses premières œuvres bouffes pour rendre la confusion joyeuse devant un quiproquo indémêlable, et plus tard perfectionné, avec le génie qu'on sait, dans les grands opéras comiques, *l'Italienne à Alger, le Barbier de Séville, Cendrillon*. Ici, le *crescendo* « exprime » vraiment l'horreur et le chagrin qu'inspire la trahison d'une fille, d'une amante, d'une citoyenne, aussi adéquatement qu'il saura « exprimer » dans *le Barbier* la surprise et la jubilation des comploteurs devant la déconfiture de Bartolo.

Très beau ce premier finale de *Tancredi*. D'autant plus qu'à la trépidation frénétique du *crescendo* se mêle un motif élégiaque, la plainte d'Amenaïde qui proteste de son innocence. Un *lamento*, doucement pathétique, dont les accents annoncent ceux des plus déchirantes héroïnes de Bellini ou de Donizetti, et même, au-delà, des verdiennes Elisabeth, Violetta ou Desdémone : elles aussi cherchant en vain à se disculper d'une faute qu'elles n'ont pas commise.

Pourtant, le premier opéra sérieux de Rossini, s'il triompha, ce fut à cause des airs de solistes et des duos d'amour. Avant tout, grâce à la célèbre entrée de Tancredi. Le chevalier Tancredi, autrefois exilé de Syracuse, débarque aux rivages siciliens et chante sa double joie, teintée d'amertume et de soupçons, de revoir, en même temps que son ingrate patrie, sa bien-aimée mais peut-être infidèle Amenaïde. Le récitatif « *O patria* » et l'air « *Di tanti palpiti* » permirent au compositeur d'épancher sa tendresse amoureuse non moins que ses impatiences nationalistes. En réalité, un autre air avait été prévu à cet endroit. Mais, la veille même de la première représentation, la Malanotte qui devait le chanter, capricieuse comme il convenait à une *prima donna* de l'époque, déclara qu'elle n'en voulait pas. Rossini en improvisa sur-le-champ un autre, qui fut le bon : en quinze minutes exactement, sur un coin de table du restaurant, le temps qu'il fallut au cuisinier de son auberge pour faire bouillir le riz de son dîner. D'où ce surnom d'*aria dei risi* qui est resté à ce morceau : un peu de trivialité gastronomique semblant devoir s'attacher aux inventions les plus poétiques de la muse rossinienne, par une ironie du sort qui ne déplaisait certainement pas à ce petit farceur de *maestro*. Du sérieux, oui, mais pas de la cuistrerie doctorale.

Laissons là l'anecdote, qui cache l'essentiel : à savoir la beauté, l'élan de cette *aria*. Quinze minutes pour la composer, cela ne surprend pas de la part d'un homme qui mit quatorze jours à écrire le *Barbier*, et ne dut pas en employer davantage pour l'ensemble de *Tancredi*. Les paroles mêmes de « *Di tanti palpiti* » sont bien venues, bien mieux que ce qu'on attend d'un librettiste de cette époque. « *Mi rivedrai, ti rivedrò* ». « Tu me reverras, je te reverrai. » Tout est dit, de la tendresse, de l'impatience, de l'anxiété après une séparation si longue. « Tu me reverras » mis avant « je te reverrai » : cette fatuité heureuse de Tancredi, cet oubli des convenances, si typiquement italiens, ravissaient Stendhal. Mais moins, évidemment, que la musique elle-même de cet air, la mélodie d'abord, et aussi l'accompagnement orchestral, entièrement nouveau pour 1813. Les vents ne se contentent pas de doubler la partie chantée, mais peignent les sentiments secrets du héros, une part de son âme qui lui échappe à lui-même. L'orchestre acquiert une existence autonome, indépendamment de la ligne vocale. C'était une sorte de révolution, pour l'opéra italien. Par sa grâce et par sa mélancolie presque mozartiennes, ce « *Mi rivedrai, ti rivedrò* » devrait être aussi proverbial que l'« *Addio* » du premier acte de *Così fan tutte* : et proverbial, il le devint en effet, à Venise, immédiatement. Chanté à tous les coins de rue, par le grand seigneur comme par le gondolier. Au point que dans les tribunaux, les juges furent obligés d'imposer silence à l'auditoire, qui fredonnait, à l'intention des accusés, pour les conforter dans leur box : « *Ti rivedrò* ». Ce passage n'est pas le seul à mériter une résurrection. Citons au moins la cavatine éplorée d'Amenaïde en prison, avec le si joli accompagnement de hautbois, ou le duo fièrement belliqueux entre Amenaïde et Tancredi au moment où celui-ci tire son épée : « *Il vivo lampo* ». Morceaux de bravoure ou de tendresse, tout, même les faiblesses, dans cet opéra, selon le jugement de Stendhal, « offre la manière de sentir d'un grand homme dans sa candeur virginale ».

Reste, pour nos contemporains, soumis aux règles d'un rationalisme indiscuté, une énigme, voire un scandale : l'emploi d'un contralto féminin dans le rôle titulaire. Est-ce là, dira-t-on, une manière naturelle de sentir, que de confier à une voix de femme le soin de chanter les émotions d'un chevalier, d'un soldat ? La Malanotte créa le rôle ; qui fut repris, tout de suite après, par Velluti, le dernier des grands castrats de l'école napolitaine. Si l'immense répertoire de l'*opera seria* du XVIIIe siècle italien est tombé aujourd'hui dans l'oubli ; si *Tancredi* est difficile à représenter depuis cent cinquante ans : c'est précisément au nom d'un certain bon sens, d'un certain goût de la vraisemblance choqués par la bizarrerie de ces travestissements. *Tancredi* est un des derniers exemples de subversion sexuelle dans l'opéra.

Quelle perte irremplaçable l'art des sons a subie avec la disparition des castrats, il est inutile de le répéter. Quel appauvrissement intellectuel et philosophique il s'est ensuivi pour l'opéra, on le sait aussi. En faisant chanter un castrat ou un contralto féminin dans des rôles masculins, les hommes du XVIIIe siècle (en ce sens Rossini appartient bien plus au siècle de Mozart et de Cimarosa qu'à celui de Verdi et de Puccini) renouaient tout simplement avec la tradition orphique et platonicienne de l'androgynie. Ils ne leur faisaient pas chanter n'importe quels rôles masculins : mais les plus virils, ceux de rois, de capitaines, de baroudeurs, tel

Tancredi. Tant il est vrai que le héros authentique, dans la plus haute tradition grecque, qu'il s'appelle Achille ou Hercule (Achille l'incomparable chef de guerre élevé en fille chez le roi Lycomède, ou Hercule, le dieu du muscle et de l'exploit, déguisé en femme et filant la laine aux pieds d'Omphale), possède les deux sexes à la fois. Il est en même temps homme et femme, en même temps adulte et enfant.

Des travestis, on continua à en voir dans l'opéra, et jusqu'à notre époque. Mais les femmes habillées en hommes cessèrent, après 1825, de représenter des monarques, des guerriers : elles incarnèrent des éphèbes. Comme le Chérubin de Mozart, ces très jeunes gens présentent des traits d'indifférenciation sexuelle. Confier leur rôle à des femmes ressortit à une vision réaliste, aussi bien de la morphologie que de la psychologie des adolescents. On ne s'étonne pas de leur voix claire. Le Roméo de Bellini, le page Oscar du *Bal masqué* de Verdi, le petit Siebel, dans le *Faust* de Gounod, le troubadour Walter, dans la *Wally* de Catalani, l'Octavian du *Chevalier à la rose* de Richard Strauss, le tendre Alyeya, dans *la Maison des morts* de Janacek sont de gracieux jouvenceaux, presque des enfants encore, bien éloignés de leur plénitude masculine. Qu'ils se montrent sous une apparence féminine ne nuit ni à la vraisemblance ni au bon sens. Rien à voir avec le choix d'un travesti pour personnifier un chef, un mâle dans la plus virile acception du terme ; rien à voir avec cette métaphysique des sexes, dont le jeune Rossini, héritier instinctif de la tradition musicale italienne, se faisait l'écho en griffonnant l'*aria dei risi* sur un coin de table de son auberge.

Faste fut le séjour de Rossini à Naples, de 1815 à 1820. Il y fréquenta deux personnes dont la rencontre orienta son destin : Domenico Barbaja, ancien garçon de café, inventeur de la glace au chocolat, devenu, à cause de ses gains fabuleux aux cartes, mais aussi d'une oreille fort sensible, directeur du San Carlo ; et Isabel Colbran, soprano, maîtresse de Barbaja. Rossini, gourmand comme il était, se délecta à la fois de la glace au chocolat et de la compagne de son hôte. Isabel deviendrait bientôt son épouse légitime... Pour honorer son contrat, et comme dédommagement de ce rapt, il écrivit une demi-douzaine d'opéras pour le patron du San Carlo, dont *Elisabetta*, *Otello*, *Armida* et *la Donna del lago*, échantillons du *bel canto* à son apogée ; mais également un ouvrage d'un ton presque opposé, *Mosé in Egitto*, qui connut aussitôt un succès phénoménal à travers toute l'Europe, effaçant la gloire de *Tancredi* comme celle du *Barbier*.

Rien de moins rossinien, pourtant, que ce grand drame sacré illustrant la captivité d'Israël et les souffrances du peuple juif prisonnier des Egyptiens. Il y avait bien une intrigue amoureuse, entre une jeune Israélite et le fils du Pharaon, mais le grand rôle revenait à une basse, et sur toute l'œuvre planait une ferveur religieuse jusque-là étrangère à l'auteur de *l'Italienne à Alger*. En 1827, Rossini récrivit son ouvrage pour l'opéra de Paris, et sur un texte français. Plus qu'une simple révision, *Moïse* fut une refonte totale de *Mosé* : suppression de ce qui faisait trop italien, trop *bel canto*, et ajout d'un acte entier, le premier, presque entièrement choral. L'intrigue amoureuse passa au deuxième plan, on y perdit quelques airs et quelques duos exquis, mais on y gagna des pages d'une émotion presque mystique. C'est cette seconde version qui, retraduite en italien, s'est imposée lors des quelques reprises. L'opéra s'était transformé en oratorio, le frivole amateur de sorbets avait élargi le plateau aux dimensions du désert africain. « Les images de la Bible s'émeuvent dans notre âme », selon la duchesse Cataneo.

Pour une fois, en effet, ce n'est pas à Stendhal qu'il faut demander son avis, mais à Balzac qui, dans sa nouvelle *Massimilla Doni* (un joyau des *Etudes philosophiques)*, s'est livré à une analyse minutieuse et dithyrambique de *Moïse*. « Ecoutez attentivement cette introduction, qui a pour sujet la terrible élégie d'un peuple frappé par la main de Dieu. Quels gémissements !... Cher Rossini, tu as bien fait de jeter cet os à ronger aux *Tedeschi*, qui nous refusaient le don de l'harmonie et la science ! » On voit que la querelle entre la musique des Allemands *(Tedeschi)*, réputée seule savante, et la musique des Italiens, jugée trop légère, n'a pas commencé avec la rivalité de Wagner et de Verdi. Le *Moïse* de Rossini renverse tous les lieux communs sur la futilité méditerranéenne. Même si l'on évite de s'écrier avec Balzac : « Vieux maîtres allemands, Händel, Sébastien Bach, et toi-même Beethoven, à genoux, voici la reine des arts, voici l'Italie triomphante ! », on ne manquera pas de reconnaître dans l'opéra égyptien de Rossini une profondeur, une gravité qui en font une œuvre insolite et unique.

Pourquoi cette embardée vers le solennel et vers le mystique ? C'est que, en 1819, on était encore dans le XVIIIe siècle, et l'intrigue galante tenait la première place au théâtre ; tandis que, en 1827, Hugo et lord Byron ont déjà rugi, les peuples se sont éveillés, le nationalisme dresse partout la tête, en Grèce mais aussi en Italie, qui commence à vouloir secouer les chaînes de l'oppression étrangère. L'aspiration à la liberté est devenue un des thèmes majeurs du romantisme politique. Quand on pense que le chœur de *Nabucco* « *Va pensiero* » date de 1842, on est stupéfait de se dire que la prière entamée par Moïse et reprise par le chœur, « *Dal tuo stellato soglio* », tout aussi belle et poignante, traduisant la même ferveur populaire et la même soif d'indépendance, a été écrite plus de vingt ans auparavant, par un compositeur de vingt-sept ans dont le principal souci ne passe pas pour avoir été les malheurs de sa patrie.

En vérité, il y avait chez Rossini, bien avant la *Messe* et le *Stabat Mater*, une veine religieuse qu'il essayait d'oublier sous les fioritures mais sans réussir à étouffer la foi de son enfance. Cet homme qu'on se représente toujours la mâchoire fendue jusqu'aux oreilles en train de rire de ses farces, était capable de pensées graves. « Avec quel art ce grand peintre a su employer toutes les couleurs brunes de la musique et tout ce qu'il y a de tristesse sur la palette musicale ! Quelles froides ténèbres ! Quelles brumes ! N'avez-vous pas l'âme en deuil ? » Et Balzac continue son analyse en montrant que Rossini a réservé les cuivres pour exprimer les souffrances d'Israël, alors qu'il revient aux instruments à cordes pour dépeindre le jour qui succède aux ténèbres. Le grand critique musical qu'aurait pu être l'auteur de *la Comédie humaine* ! Il rentre dans les détails les plus techniques (par exemple cet accord d'*ut*, répété sans cesse, « auquel Rossini n'a mêlé qu'un accord de quart de sixte »), sans perdre cet enthousiasme qui apparente sa prose à celle de Baudelaire.

Enthousiasme qui devrait renaître chez le spectateur contemporain. La modernité de *Moïse* est encore plus éclatante aujourd'hui, à la lumière de la musique qui a été écrite depuis. Ainsi, dans la version italienne de Naples, Rossini concluait son opéra par un finale bruyant conforme aux exigences des chanteurs et au goût du public. Pour la version de Paris, le compositeur a choisi une solution révolutionnaire : pas de cris pour traduire l'engloutissement des Egyptiens dans la mer Rouge, pas de voix qui s'égosillent à la recherche de la note percutante, mais un long flot de musique purement orchestrale, les cordes qui s'éteignent dans un murmure harmonieux. La mer, gouffre et consolation, giron primordial et abîme maternel : finale préwagnérien, où passent déjà les frissons de *Tristan*.

Allemand, ou russe ? Cet ouvrage porte en lui plusieurs traits de ce que sera l'opéra des Cinq : effacement du ténor et de la soprano, prédominance de la basse et des chœurs, subordination de l'amour à la politique... Etrange chef-d'œuvre, à vrai dire, qui dément la légende d'un Rossini blagueur irresponsable, mais aussi le cliché napolitain selon lequel, au pied du Vésuve, on ne pourrait se livrer qu'aux sautillements et aux cabrioles de la tarentelle.

La redécouverte de Rossini ne doit d'ailleurs pas s'arrêter à la redécouverte de ses opéras méconnus. Même quand il maniait le genre bouffe, il faisait des œuvres plus « engagées » qu'on ne l'a longtemps cru. Mettre en musique en 1816, dans l'Italie de la restauration et de la réaction, *le Barbier de Séville*, c'était une façon de poursuivre le combat commencé par Beaumarchais. Sous la mise en boîte en apparence anodine du docteur Bartolo, transparaît une satire féroce du pouvoir. Les opéras « comiques » du jeune Rossini ne sont pas remarquables seulement par leur musique, mais aussi, il serait temps de s'en apercevoir, par leur dramaturgie. Derrière les vocalises, les trilles, les rythmes endiablés, une pensée se fait jour. Quel type de femmes choisit le pétulant *maestro* ? Toujours des natures énergiques, presque des viragos, dont la voix grave souligne le tempérament viril : Rosina, l'Italienne et Cenerentola étant à l'origine des mezzos. Et à qui confie-t-il les rôles de basses, pour tourner en dérision l'autorité naturelle qu'on associe à un organe caverneux ? Aux chefs de famille, aux tuteurs, aux pachas. Toutes ces femmes intrépides, tous ces barbons raillés, il y avait là une critique de la société italienne, une raillerie de la tyrannie paternelle et une revendication féministe tout à fait neuves et subversives.

Même aujourd'hui, la fameuse scène de « *Pappataci* » de *l'Italienne à Alger* peut être montée en référence à notre époque. On se rappelle la situation : Isabella, une Italienne prisonnière du bey d'Alger, prépare son évasion et celle de ses compagnons de captivité. Pour occuper pendant ce temps son maître et geôlier, elle l'invite à entrer dans l'ordre très noble et très ancien des *Pappataci*, au cours d'une cérémonie dont elle profitera pour prendre le large. Or *pappataci* ne signifie rien d'autre que « mange » (impératif de *pappare*, « manger » dans le langage enfantin) et « tais-toi ». La jeune femme ne peut pas montrer plus de mépris pour ce personnage imbu de son pouvoir qu'en jugeant possible d'endormir sa méfiance par une solennité culinaire. Au moment où il se met à table, elle entonne, pour encourager ses compagnons à la fuite, le fameux air patriotique « *Pensa alla patria* ». Cette scène, si on la présente comme je l'ai vu faire à la Fenice, avec un plat de spaghetti devant le crédule Mustafà, redevient, conformément, je pense, aux intentions de Rossini, lui-même grand amateur de pâtes et fixé sur la lâcheté alimentaire de ses compatriotes, une charge mordante du mari italien, tyranneau domestique vaincu par une assiette de farineux.

En 1822, le gâteau au chocolat connu sous le nom de Sachertorte avait-il été inventé ? En tout cas, Vienne était déjà la capitale mondiale de la pâtisserie, et quand Rossini, à la fin du mois de mars, arriva pour un séjour de quatre mois dans la métropole autrichienne — son premier voyage à l'étranger — il dut regretter de n'avoir qu'un estomac pour livrer amoureuse guerre à tant de sucrières délices. Même la fameuse crème glacée napolitaine, trouvaille de Domenico Barbaja, ex-garçon de café et maintenant impresario du théâtre San Carlo, qui avait transporté sa troupe à Vienne et entraîné Rossini dans l'aventure, parut au maestro bagatelle un peu simplette en comparaison des somptuosités offertes à sa gourmandise sur les rives du Danube.

Quatre mois de fêtes ininterrompues, pour l'auteur adulé de *Cenerentola* : gastronomiques avant tout, il va sans dire. Les historiens indiquent bien que Rossini, quatre jours après son arrivée, assista à la première viennoise du *Freischütz* ; qu'il se rendit ensuite à un concert, exprès pour entendre l'*Eroica* de Beethoven ; et que, dès lors, il n'eut plus de cesse qu'il n'eût obtenu, à force de prières et d'intrigues, une audience du vieux maître, muré dans la surdité et l'isolement. La misère et l'abandon où vivait Beethoven serrèrent le cœur de Rossini ; et il en fit public reproche aux courtisans de l'empereur François, lors d'un banquet donné par le prince de Metternich en son honneur.

Qu'avait dit Beethoven à Rossini ? « C'est vous l'auteur du *Barbier de Séville* ? Bravo. C'est un excellent opéra bouffe. Ne cherchez pas à faire autre chose que des opéras bouffes. » Rossini objecta qu'il avait écrit de nombreux opéras sérieux : *Tancredi*, *Otello*, *Mosé*. « Je les ai parcourus en effet. Mais, croyez-moi, pour traiter le vrai drame, vous autres Italiens n'avez pas une préparation scientifique musicale suffisante. » Rossini s'est-il contenté d'un sourire mental de pitié pour le vieil original, comme le supposent tous les historiens ? Les paroles de Beethoven n'ont-elles pu laisser dans l'esprit du jeune *maestro* quelque trace plus profonde ? Je suis frappé par la frivolité des musicologues, eux qui taxent Rossini de frivolité et oublient de se demander si le séjour à Vienne n'a pas exercé une influence musicale sur l'évolution du compositeur. Cette curiosité passionnée pour Weber et pour Beethoven, les étoiles du romantisme naissant, rapprochons-la de l'ancienne application montrée par le petit Gioacchino à Bologne, quand il étudiait les quatuors de Haydn et de Mozart, ses seuls maîtres. A quinze ans, l'élève du Conservatoire avait dirigé *la Création*. Hier Haydn et Mozart ; aujourd'hui Beethoven : et l'on oserait nier que Rossini fût venu chercher dans la capitale autrichienne d'autres émotions que buccales ? On se permettrait de réduire l'importance de son séjour viennois à la découverte émerveillée de recettes pâtissières ?

La réponse musicale de Rossini aux émotions musicales de Vienne, c'est peut-être le nouvel opéra écrit pour le carnaval de Venise de 1823, *Sémiramis*. Ne peut-on avancer l'hypothèse qu'il a cherché à relever le défi de Beethoven et à prouver que le « vrai drame » n'était pas hors de la portée des Italiens ? Seul Stendhal — est-il besoin de dire que sa *Vie de Rossini*, publiée au mois de mai 1824, reste le livre indépassé et sans doute indépassable, triomphe insolent de la critique amateur sur toute critique savante ? — a soupçonné l'origine septentrionale des innovations rossiniennes. « Le degré de germanisme de *Zelmire* n'est rien en comparaison de la *Semiramide* que Rossini a donnée à Venise en 1823. Il me semble que Rossini a commis une erreur de géographie. Cet opéra qui, à Venise, n'a évité les sifflets qu'à cause du grand nom de Rossini, eût peut-être semblé sublime à Koenigsberg ou à Berlin. »

Malgré une certaine approximation *(Zelmira*, 1822, est encore un opéra de la veine typiquement napolitaine : Stendhal n'avait pas vu cette œuvre au théâtre, pas plus que *Sémiramis* d'ailleurs, entendue seulement chanter au piano) et une mauvaise foi manifeste (Venise délira pour *Sémiramis)*, ce jugement lapidaire, qui s'explique par l'horreur de Stendhal pour tout jargon métaphysique, en musique comme en littérature, demande appel, bien entendu. Mais, sur le fond, admirons le flair du critique. « Rossini finira peut-être par être plus allemand que Beethoven. » Diable ! Est-ce à dire que la fameuse reine de Babylone ne ressemble plus en rien aux héroïnes limpides, dessinées d'un seul trait, qui n'avaient pas plus d'épaisseur que la ligne mélodieuse de leur chant, Tancrède, Aménaïs, Elisabeth, Desdémone, la Dame du lac ? Et qu'il faille voir en elle l'ancêtre de ces massives dames casquées, abreuvées de bière, qui bientôt arracheraient l'opéra aux délices trop simplistes du *bel canto* pour le hisser sur les philosophiques cimes de nébuleux Walhallas ?

Examinons les « germanismes » supposés de l'ouvrage écrit au retour de Vienne.

Peut-être le sujet, d'abord. Tiré d'une tragédie de Voltaire, il offre tous les ingrédients d'un « grand spectacle » : une séance solennelle du trône, où la souveraine doit désigner son nouvel époux ; la terrifique apparition du spectre de Nino, le monarque défunt ; une grande scène où Sémiramis et Assur se rappellent l'un à l'autre comment ils ont empoisonné Nino, ce que nul à la cour ne soupçonne encore ; une autre grande scène où Arsace (rôle travesti, chanté par une mezzo), choisi par Sémiramis pour partager son trône et sa couche, apprend horrifié de la bouche du grand prêtre qu'il n'est autre que Ninias, le propre fils de la reine, jadis mystérieusement disparu ; la crise de folie où Assur, assailli par le remords, voit se dresser devant lui le fantôme de celui qu'il a tué ; enfin une course-poursuite dans les souterrains du tombeau de Nino, entre Sémiramis, Assur et Arsace, lequel réussit enfin à poignarder le meurtrier de son père.

L'orchestre, pour la première fois chez Rossini, tient une grande place. L'ouverture, particulièrement longue et développée, présente plusieurs thèmes de l'opéra : révolution de la part de Rossini, qui jusque-là plaquait n'importe quel morceau symphonique en tête de ses ouvrages, n'hésitant pas à réutiliser pour le bouffe *Barbier* l'ouverture écrite précédemment pour *Elisabetta* (*opera seria*), ni, inversement, à mettre en tête du sérieux *Tancredi* la symphonie de *la Pietra del paragone* (*opera buffa*). Exemples de cette désinvolture qui choquait si fort Wagner. « Que n'eût-il pas produit, déclara l'auteur de *Lohengrin* après sa fameuse entrevue avec Rossini en 1860, si moins italien et moins sceptique il avait senti en lui la religion de son art ? » En 1823, Rossini fit un effort pour mettre de côté l'humour et pour *croire* dans son art : d'où cette ouverture thématique ; d'où, en maint endroit, la présence bruyante des cordes et des cuivres, qui soulignent la solennité des événements ; d'où, même ! l'ébauche d'un leitmotiv (thème du Spectre) qui circule à travers l'œuvre pour symboliser la force du destin. La scène de la folie d'Assur est précédée d'une introduction symphonique qui contient un plaintif solo de clarinette. A noter aussi l'importance des chœurs, autre hommage rendu au goût transalpin.

Dans quatre articles publiés lors de diverses reprises parisiennes, Stendhal eut l'occasion de nuancer l'éreintement de 1824 (Cf. *Notes d'un dilettante*, publiées par Martineau en 1932 dans *Mélanges d'art*). Il se plaint toujours « de la terreur continue et du tapage musical », mais ne peut s'empêcher de louer l'« admirable partition de *Sémiramis* ». Le grand défaut, soutient-il, est l'excès de longueur. Donnons raison à Stendhal sur ce point. Celui dont le plus grand titre de gloire est d'avoir introduit la vitesse dans la musique empruntait aux Allemands le travers qu'ils développeraient tant et plus dans leurs opéras interminables. Mais, parmi les innovations introduites pour dérider le front sévère de Beethoven, notons avec une stupeur ravie des motifs préverdiens bien plus que préwagnériens : un avant-goût des trompettes d'*Aïda* au début de la grande scène du trône ; et le dessin, déjà très net, du « *Miserere* » du *Trouvère*, dans l'air de la reine « *Qual mesto gemito* » avant l'apparition du Spectre.

Reste, à nos yeux, la vertu première et éclatante de *Sémiramis* ; qui échappa à Stendhal lui-même, tant, à cette époque, le *bel canto* coulait à flots sur les scènes d'Italie et de Paris, comme l'élément naturel où baignaient les amateurs de musique. La paradoxale singularité du nouvel opéra de Rossini passa inaperçue de tous. Au moment où le *maestro* essayait de se mettre à la bière allemande, c'est l'ivresse des breuvages latins qui l'inspira à nouveau. Lorsqu'il s'efforçait de rivaliser avec les maîtres de Vienne, l'air sec et nerveux de Naples entra en rafale par sa fenêtre ; et croyant avoir suffisamment sacrifié à la muse germanique par quelques scènes un rien pompeuses et raides, il s'abandonna éperdument à la sirène Parthénope. En sorte que cet opéra, qui devait être le monument élevé par la mauvaise conscience italienne à la gloire de la musique allemande, se transforma chemin faisant (dans les trente-trois jours que prit la composition) en un arc de triomphe fougueusement et génialement national. *Semiramis* exalte, comme jamais auparavant, les possibilités magiques du chant italien. C'est, avant Bellini, le premier apogée du *bel canto*. Cette reine de Babylone, dont les exquises pâmoisons vocales démentent la majesté et l'énergie, montre plutôt les divines faiblesses des héroïnes blessées du Sicilien que la robuste santé des femmes danubiennes.

Il faudrait citer le quatuor initial « *Di tanti regi e popoli* », où la voix de soprano se balance élégiaquement au-dessus des voix mâles ; le duo entre Sémiramis et Assur ; l'air d'Arsace « *In si barbara sciagura* », mélange mirobolant de *canto spianato* et de *canto ornato* ; l'air de folie de la basse, avec chœurs ; le trio final « *L'usato ardir* » ; débauches de colorature émue, feux d'artifice langoureusement étirés retombant en soupirs et en murmures. Mais surtout les deux duos entre Arsace et sa mère, sommets de la partition et cimes presque absolues du *bel canto*, que ne dépasseront en beauté pure que les duos entre Norma et Adalgisa. Même distribution : soprano et mezzo. Les plus illustres cantatrices du XIXe siècle se disputèrent les rôles : Pasta, Malibran, Grisi, Sontag, Patti pour Sémiramis. Pisaroni, Viardot, Alboni pour Arsace. De nos jours, Sutherland a recréé le rôle de Sémiramis, en 1962 à la Scala, avec Simionato ; puis l'a enregistré avec Horne, laquelle s'est retrouvée à Aix, en 1980, au côté de Caballé.

Décrire ces duos serait une entreprise totalement infructueuse. Je place le second encore au-dessus du premier. « *Giorno d'orrore.../ e di contento !* » chantent les deux femmes embrassées, dont l'une est supposée être un homme, qui vient par miracle d'échapper au crime d'épouser sa propre mère, laquelle découvre qu'elle était amoureuse de son fils. La psychanalyse n'a rien à voir dans ces effusions lyriques ; comment jurer, cependant, que la double équivoque du travesti et de l'inceste n'ajoute quelque trouble supplémentaire à ces voix extasiées ? Elles s'enlacent, se séparent, se reprennent, se fondent dans une sorte d'orgasme liquide dont les ondes font trembler l'air d'une voluptueuse suavité.

Sémiramis fut le dernier opéra de Rossini écrit en Italie et pour les Italiens. Le *maestro* vint s'installer à Paris. On sait la suite : le nouvel effort, avec *Guillaume Tell*, pour se montrer à la hauteur des temps nouveaux, qui exigeaient du pathos et du faste romantiques ; la croyance, erronée, que Meyerbeer représentait cet idéal « allemand » vainement poursuivi par lui-même ; le dégoût d'une telle musique ; le choix de la retraite (à trente-sept ans !) et du silence ; l'invention consolatrice des cannelloni et du tournedos truffé (les souvenirs de 1822 lui conseillant sagement de laisser à Vienne le monopole de la pâtisserie). Il ne savait pas que, avec *Sémiramis*, il avait donné l'exemple parfait et, je crois, unique, d'équilibre entre les opulences tapageuses du « grand opéra » et les délices aiguës du *bel canto*.

1825 : on couronne Charles X à Reims. Pour cette occasion, Rossini fait jouer à Paris une nouvelle comédie, *il Viaggio a Reims*, prenant pour décor un hôtel de luxe dans la station thermale de Plombières, et pour personnages une petite société de curistes. Venus de tous les coins d'Europe, ils décident de se rendre à Reims pour assister aux fêtes du sacre. Une première originalité du livret, c'est que leur projet échoue : faute de chevaux disponibles, ils doivent renoncer au voyage ; avec l'argent de la caisse, ils organisent un banquet : thème des illusions perdues, de l'évasion impossible, de la prison déguisée en rite culinaire. Une deuxième originalité, c'est d'avoir réuni dans le même lieu des représentants de neuf nations différentes. Conséquence du grand brassage effectué par les guerres napoléoniennes ? Manifeste en faveur du décloisonnement des frontières ? Toujours est-il que Plombières, pour le temps d'une soirée, est transformé en une sorte de parlement européen.

La France est représentée par la comtesse de Folleville, jeune veuve parisienne habillée à la dernière mode, qui mourrait de désespoir si elle perdait son carton à chapeaux, et par le chevalier Belfiore, joli cœur et, croit-il, coq irrésistible. L'Italie par don Profondo, homme de lettres, collectionneur d'antiquités, membre de plusieurs académies, et par Corinne, improvisatrice romaine, sortie tout droit, avec le même nom, du roman de Mme de Staël ; elle ne se déplace pas sans sa harpe, et célèbre en strophes mélodieuses l'amour fraternel et la paix entre les hommes. La Pologne par la marquise Melibea, veuve d'un général. L'Espagne par don Alvaro, amiral, aussi fier qu'ombrageux. La Russie par le comte de Libenskof, jaloux et querelleur. L'Angleterre par lord Sidney, amoureux transi de Corinne, à qui, au lieu de déclarer sa flamme, il fait livrer secrètement des fleurs. Le Tyrol, par Madama Cortese, propriétaire de l'hôtel. L'Allemagne, par le baron de Trombonok, fanatique de musique. La Grèce par Delia, jeune orpheline dévouée à Corinne. Il y a aussi le médecin thermal, le majordome, le garçon de courses, le valet de chambre, la gouvernante, la camériste — dix-huit rôles en tout, dont dix premiers rôles.

Le Voyage à Reims est une énorme farce lyrique, décapante comme du Voltaire, dépaysante comme du Jules Verne, d'une vitalité et d'une gaieté inépuisables, qui culminent dans le *Gran pezzo concertato a quattordici voci*, le plus grand ensemble jamais écrit pour un opéra.

Intrigues amoureuses, disputes de couloir, rivalités auprès des dames, satire des travers nationaux, l'action file à toute vitesse, dans ce huis clos cosmopolite, émaillée de parodies musicales (de l'hymne russe à la chanson espagnole, du jodel tyrolien au style *alla polacca*), de *crescendos* survoltés, de cabalettes volubiles, mais aussi de pages profondément émues, d'effusions sentimentales exquisement ouvrées, d'adagios suavement alanguis.

Le médecin commence par défendre aux curistes de quitter l'hôtel, sous prétexte qu'ils n'ont pas terminé le programme balnéaire, puis, contraint de céder à leur impatience, change tout à trac de thérapie, et prescrit le voyage à la place des bains. La Parisienne est frivole, le lord anglais chauvin (il ne prétend connaître que le *God Save the King*), le général russe aussi impétueux qu'un cosaque de Gogol, le Grand d'Espagne aussi raide que l'hidalgo cervantin. Le major teuton cite Bach et Mozart, le maniaque de vieilleries italien cherche partout l'épée de Fingal et la cuirasse du roi Arthur, tandis que le damoiseau français roucoule sa galanterie en gracieuses romances, et que, planant au-dessus des ridicules et des cocasseries de ce petit monde désœuvré, Corinne, imperturbablement, égrène les délicates harmonies dont déborde son cœur poétique.

Après quelques représentations, Rossini retira son œuvre des scènes. Le manuscrit en avait disparu. On en retrouva des fragments au cours des années 1970, et l'œuvre, enfin reconstituée, commence à être représentée à nouveau. A la fois stupéfiante curiosité musicale et témoignage d'une extraordinaire maîtrise de tous les styles, du parodique à l'élégiaque, du goguenard au tendre, c'est un chef-d'œuvre sans pareil dans l'histoire de l'opéra, un jardin enchanté où les fleurs bleues du rêve poussent entre les chardons de la raillerie.

Pourquoi Rossini a-t-il abandonné une telle partition ? Pourquoi s'en est-il soudain désintéressé ? Encore une énigme, dans cette vie en apparence transparente. Prodigalité de grand seigneur, qui jette sa vaisselle d'or après le festin ? Menace de censure, ce contrepoint ironique des cérémonies royales ayant déplu aux gardiens de l'étiquette ? Dégoût du culte des œuvres d'art, qui commençait à se répandre dans son siècle, pied de nez à la dévotion esthétique ? Ou, simplement, jugeait-il impossible de réunir une seconde fois une troupe aussi nombreuse de chanteurs ?

Là réside en effet le principal obstacle. De nos jours, Claudio Abbado a relevé le défi, en enregistrant à trois reprises ce qui restera la plus importante résurrection musicale de notre époque. La première gravure (DG) est sans doute la meilleure. Elle réunit le Gotha du *bel canto*, Cecilia Gasdia en Corinne extatique, Lella Cuberli en Française évaporée, Francisco Araiza en Russe véhément, Samuel Ramey en amoureux excentrique, Ruggero Raimondi en amateur d'antiquailles. Reste de la distribution à l'avenant.

De même qu'il y a le silence de Racine et le silence de Rimbaud, il y a le silence de Rossini, l'énigme d'un homme qui, après avoir écrit quarante opéras, cessa brusquement de composer. Il n'avait que trente-sept ans, il lui en restait trente-neuf à vivre. C'était en 1829, et son dernier opéra, créé à Paris, s'appelait *Guillaume Tell*. Il passa la suite de sa longue existence à recevoir ses amis, à leur préparer de petits plats, inventant pour eux le bifteck à la truffe et la seringue à farcir les macaronis. Voilà l'auteur du *Barbier de Séville* passé de l'écritoire aux fourneaux. A entendre son dernier opéra, les raisons de cette retraite apparaissent un peu moins obscures. Rossini était un homme du XVIIIe siècle, fin, sceptique, ironique. Né le 29 février 1792, en équilibre instable sur cette date improbable d'une année bissextile, il se demandait lui-même s'il appartenait à l'Ancien Régime de février, ou déjà au mars de la Révolution. Pas de doute pour nous, son œuvre plonge tout entière dans les parfums épicés de Versailles, non dans le sang de la Terreur.

Or, en 1829, les histoires de jeunes filles délurées qui se vengent de barbons autoritaires, et de valets insolents résolus à prendre leur revanche sur des maîtres abusifs avaient fait leur temps. Au fil des ans, à mesure que les conquêtes de 1789 étaient entrées dans les mœurs, ces revendications, ces frondes étaient devenues vieillottes. Et franchement obsolètes, à la veille de la révolution de Juillet. Sensible aux fluctuations du public, Rossini décida de se mettre au goût du jour, et de produire une œuvre qui le replacerait à l'avant-garde des compositeurs.

On entrait dans l'ère de l'industrie, des foules, du nationalisme, de l'emphase dépourvue d'humour. Rossini s'adapta au nouveau credo humanitaire et patriotique, et, ouvrant la voie à Verdi et à Wagner, fabriqua cette grosse machine bruyante, où le héros à la pomme soulève la

Suisse contre le méchant oppresseur. Aucun sujet n'était plus contraire au génie de l'espiègle *maestro. Guillaume Tell*, c'est du sérieux, du solennel, du Victor Hugo (en fait, du Schiller, qui a inspiré le livret). Et pourtant, telles étaient les ressources de ce diable d'Italien que, dégoûté du nouveau siècle, et avant de tirer sa révérence, il lui donna une magistrale leçon de « grand opéra », le modèle des superproductions à venir.

On trouve dans cette œuvre les deux ingrédients majeurs du romantisme. D'une part la fièvre d'indépendance évoquée plus haut, cette traînée de poudre qui enflammait toute l'Europe et avait incité Byron à s'immoler pour le peuple grec. D'autre part l'exaltation du sentiment de la nature, la suggestion d'une Suisse rousseauienne et idyllique, où les montagnards taillent à la hache les rondins de leur cabane et les pêcheurs poussent la romance au bord du torrent. Quoi de plus opposé à l'impertinence et à la désinvolture du XVIIIe siècle, que ce double pathos sentimental et politique ? Quoi de plus dépourvu d'humour que ce tableau d'une Helvétie partagée entre les plaisirs champêtres de ses villageois et la virile révolte de leur chef ?

Rossini s'exécuta brillamment, mais, on veut bien le croire, la mort dans le cœur. Dans les scènes de foule, on sent l'effort, et le premier acte montre à quel point la nouvelle rhétorique violentait ses dispositions. Mais ensuite, que de moments magnifiques ! Le duo du deuxième acte entre Arnold et Mathilde, le trio des trois conjurés, l'air de Mathilde, la scène de la pomme elle-même, la fameuse romance d'Arnold et tant d'autres trouvailles prouvent que la grandiloquence de l'ouverture et le pompiérisme des chœurs n'étaient qu'une concession dédaigneuse au goût détestable de cette bourgeoisie qui s'apprêtait à porter Louis-Philippe au pouvoir.

L'effort de s'adapter à la mode fut si exorbitant pour son génie naturellement pointu et acide qu'il tarit à jamais son inspiration. Non, l'auteur de *l'Italienne à Alger* n'était pas fait pour la lourdeur et le sérieux de la nouvelle époque. Ni les serments héroïques ni les effusions au clair de lune ne pouvaient l'exalter. La création de *Robert le Diable*, en 1831, puis des autres productions de Meyerbeer, pompeuses, allemandes à souhait, le confirma dans l'idée que l'ironie, la gaieté, apanages du tempérament italien, n'étaient plus en mesure de lutter contre les pesantes bombardes tudesques. Il abdiqua donc, se contentant désormais de se dépenser pour les autres, aidant Bellini et Donizetti à percer sur les scènes parisiennes, inventant pour ses amis d'ingénieuses recettes de cuisine.

Rossini III

L'expérimentateur

Il est faux, cependant, de dire qu'après *Guillaume Tell* il se tut. Tout le monde connaît la *Petite Messe solennelle* et le *Stabat Mater*, commandes dûment honorées, œuvres brillantes, effusions d'une piété sincère, facile, ensoleillée, mais le reste de sa considérable production de vieillesse demeure en grande partie ignoré. Morceaux brefs, de caractère privé, pour le piano ou pour la voix, airs, duos, trios, réservés à la petite société qui affluait rue de la Chaussée-d'Antin, lors des raouts présidés par la seconde épouse, Olympe Pélissier, patronyme bourgeois précédé d'un prénom aulique, comme ces pavillons de banlieue qui se dotent d'une marquise en ferronnerie compliquée, vraie farce du destin dont le *maestro* devait rire *in petto*. Il composait donc, par dizaines, des piécettes, on en a dénombré plus de deux cents, qu'il recueillit dans les deux séries des *Soirées musicales* et des *Péchés de vieillesse*. Sans faire grand cas, semble-t-il, de ces amusements du dimanche. Il s'ingéniait même à dissuader la postérité de les admirer, en les affublant de titres fantaisistes ou grotesques.

Valse lugubre, *Ouf ! les petits pois*, *Fausse couche de polkamazurka*, *Etude asthmatique*, *Prélude pétulant*, *l'Amour à Pékin, petite mélodie sur la gamme chinoise* : œuvrettes d'un impressionnisme délicat, sous ces dehors mystificateurs. Le gastronome regroupa sous l'appellation de *Mendiants* quatre morceaux pour piano : *Figues sèches*, *Raisins de Corinthe*, *Amandes*, *Noisettes*, et, sous l'étiquette non moins fallacieuse de *Hors-d'œuvre*, quatre autres blagues apparentes : *Cornichons*, *Anchois*, *Radis*, *Beurre*. Apparentes, car sous les boutades des titres se cache un fin travail de ciselure. Baptisés « impromptus » ou « préludes », ces joyaux seraient au répertoire de tous les pianistes.

Erik Satie, comme on voit, n'est pas le premier qui se soit moqué du public. Le musicien d'Arcueil avait un prédécesseur. Connaissait-il les *Soirées musicales* et les *Péchés de vieillesse* quand il écrivait les *Morceaux en forme de poire*, les *Valses du précieux dégoûté* ou la *Sonatine bureaucratique* ? Le Prokofiev des *Sarcasmes* et de la *Suggestion diabolique* n'avait-il pas une dette lui aussi ? Dans l'œuvre de piano de Rossini passent des échos de Chopin *(Prélude soi-disant dramatique)*, de Liszt *(Memento homo* ou *Un cauchemar)*, de Schubert *(Un profond sommeil)*, mais elle nous frappe surtout par une anticipation de l'avenir. Non seulement Satie et Prokofiev, mais Chabrier, mais Debussy, mais Bartók, mais Poulenc sont les héritiers de cet art de la miniature, qui utilise le piano tantôt pour ses qualités poétiques tantôt comme instrument de percussion et de persiflage. En adoptant la brièveté comme antidote au romantisme, à l'emphase, aux outrances qui dilatèrent et pervertirent la musique à partir des années 1850, et culmineraient dans les symphonies de Mahler et de Bruckner, Rossini ouvrait le chemin à la modernité, qui serait faite de concision, densité, suggestions légères, mystère du non-dit, laconisme ironique.

Il intitula une suite pour piano *Un petit train de plaisir comico-imitatif*, en fournissant le commentaire des divers fragments : pistons, bavardages dans le wagon, accident, un mort au paradis (arpège ascendant), un mort en enfer (arpège descendant), marche funèbre, galop final (la douleur aiguë des héritiers). Quand Meyerbeer mourut, en 1864, Rossini, malade et proche de sa fin, composa, à la mémoire de celui qui l'avait détrôné des théâtres, un *Chant funèbre à Meyerbeer*, pour chœur masculin avec accompagnement de tambour. Plus qu'un éloge académique, c'était, sous le double jeu des lamentations, bel et bien un enterrement de son vieil ennemi. Et un enterrement de première classe, à cause de la beauté du thrène.

Les pièces vocales ne sont pas moins intéressantes. Rossini s'y livra à une activité qui n'était pas nouvelle pour lui, mais qu'il put, loin des feux de la rampe, développer plus librement. Nous avons vu comment, à deux reprises, en réemployant une ouverture d'opéra totalement inadaptée, en principe, au nouvel ouvrage (l'ouverture *buffa* de *la Pietra del paragone* qui devient l'ouverture *seria* de *Tancredi*, l'ouverture *seria* d'*Elisabetta* qui devient l'ouverture *buffa* du *Barbiere)*, Rossini avait donné, sous la seule forme qu'on pût attendre de lui, c'est-à-dire malicieuse et irrespectueuse des credos et des dogmes, sa profession de foi esthétique : l'art n'exprime rien, la sincérité en art est une sottise, ce qui importe, quand on écrit, ce n'est pas d'être sincère, mais d'aligner les notes de manière à procurer le maximum de plaisir.

Point de vue, étonnamment moderne, de l'expérimentateur. Soit, dans les *Péchés de vieillesse*, la série intitulée *Musique anodine*. N'en croyez rien : « anodin » dissimule au contraire la plus révolutionnaire des expériences. Rossini choisit un texte : « *Mi lagnerò tacendo... Crudel, in che t'offesi* » (« Je me plaindrai par mon silence... Cruel(le), en quoi t'ai-je offensé(e) »), et, sur les mêmes paroles, compose six variations, en variant chaque fois le ton, pour extraire, de ces mots identiques, une demi-douzaine de significations différentes. Il y a la version élégiaque, chantée par la contralto ; la version recueillie, solennelle, chantée par le baryton ; la version douloureuse, confiée à la soprano ; la version éperdue, avec pointes dans le registre aigu (soprano) ; la version véhémente, chargée de reproches (contralto) ; la version légère, désinvolte (baryton).

Cette merveille date de 1857, année où Verdi donne *Simon Boccanegra*, Wagner commence *Tristan*, Berlioz continue *les Troyens*. Le *maestro*, désabusé mais toujours caustique, s'amusait pendant ce temps à reparcourir tout le vocabulaire des livrets d'opéra, tous les mots clefs de l'opéra passé, présent et futur, « plaintes », « amour », « espoir », « cruauté », « offense », en les accommodant à la sauce tour à tour lyrique, sentimentale, pathétique, hystérique, dramatique, comique. *Wozzeck* d'Alban Berg, *le Joueur* de Prokofiev, *le Nez* de Chostakovitch, *the Rake's Progress* de Stravinski n'ont-ils pas transformé l'« anodin » en chefs-d'œuvre ? Et n'est-ce pas Rossini, n'est-ce pas celui que je tiens pour le plus italien de tous les Italiens, l'homme qui résume le mieux, dans sa vie et dans son œuvre, la spécificité du génie italien, n'est-ce pas ce faux désinvolte et ce cynique au grand cœur qui a inauguré la musique du XXe siècle ?

Ruines

Le goût des ruines ne remonte pas à une époque très ancienne. Jusqu'à la moitié du XVIIIe siècle, « ruines » avait une valeur purement négative ; c'était le synonyme de décrépitude. Les vieilleries de l'Antiquité, on les pillait pour en extraire les matériaux de nouveaux édifices : elles n'avaient pas le droit à une autre forme d'appréciation. Le temple de Minerve, à Rome, qui dominait le forum de Nerva, fournit les pierres à la fontaine Paola sur le Janicule. Certains vestiges furent conservés, quand ils pouvaient être intégrés dans un bâtiment moderne : ainsi les colonnes du temple d'Athéna, à Syracuse, ont servi de piliers à la cathédrale chrétienne.

A partir de 1740, deux événements ont changé du tout au tout l'opinion italienne et européenne, mettant les ruines à la mode et la « poésie des ruines » en honneur. D'abord, la découverte de Pompéi et Herculanum. Les premières fouilles déclenchèrent un engouement extraordinaire à travers toute l'Europe. On accourait à Naples et dans la campagne napolitaine, pour voir resurgir les temps d'Auguste. Le grand paradoxe, c'est que cet enthousiasme archéologique ne fut pas une fixation sur le passé. Il favorisa au contraire, dans une Italie essoufflée, presque exsangue, après le double essor du Rinascimento et du baroque, une renaissance exceptionnelle des arts. Les maisons exhumées de la cendre, les statues, les peintures, les mosaïques retrouvées dans les villas du Vésuve donnèrent l'élan à un nouveau goût, à une nouvelle esthétique, à une nouvelle conception du monde, dont Winckelmann allait se faire l'apôtre. On n'avait pas, encore, redécouvert la Grèce antique. C'est des ruines de Pompéi et d'Herculanum qu'est parti le grand mouvement artistique connu sous le nom de néoclassicisme. La modernité est née au contact des décombres. Et, depuis, le mot « ruines », ayant perdu son sens péjoratif, n'évoque plus, en Italie, une réalité défunte, révolue. Toute ruine, dans ce pays, au lieu de suggérer la mort, parle de vie et de renouveau.

Second événement : les publications des gravures de Piranèse. 1745 : les *Prisons*. 1756 : les *Antiquités romaines*. Le premier de ces recueils est aujourd'hui le plus célèbre, à cause de la puissance visionnaire du trait, et parce que le cauchemar carcéral, encore imaginaire au XVIIIe siècle, est entré dans les mœurs du XXe siècle. Les *Antiquités romaines*, plus sages, plus proches de la « réalité », conquirent d'emblée un large public. Répertoire encyclopédique des monuments de l'Urbs, ce recueil est pourtant loin d'être un simple catalogue. Piranèse était né à Venise, en 1720, dans la paroisse centrale de San Moisé. Il se forma dans la ville des peintres, avant d'arriver à Rome, en 1740. Henri Focillon a souligné comment l'atmosphère picturale où baigne Venise a influencé le graveur. Les ruines de Piranèse ne sont pas des études anatomiques de vieux blocs de pierre : le peintre qui était en lui les a transformées en paysages, il les a habillées de plantes sauvages et d'herbes folles, et peuplées de personnages bien vivants. Choisis, non dans la « bonne » société, mais parmi la plèbe de Rome, gardeurs de chèvres, gueux, bossus, estropiés, ils égayent ces décors austères d'une animation pittoresque.

L'influence des *Antiquités romaines* fut considérable. Elles ont sauvé les ruines du discrédit où on les tenait ; elles ont contribué à créer ce qui serait le goût romantique des ruines ; elles ont mis les ruines au premier rang des genres qui, aujourd'hui encore, nous séduisent et nous émeuvent. Au point que, en Italie, il n'est pas une seule ruine, de l'Antiquité ou des temps modernes, que nous ne comparions, consciemment ou non, à une des *vues* de Piranèse. De même que Cézanne nous a révélé la poésie d'un compotier ou Monet la beauté d'une gare de chemin de fer, Piranèse a chassé des ruines toute idée de tristesse, de vétusté, de laideur.

A présent, non seulement on aime et on respecte les ruines, mais on les consolide et on les restaure. La curiosité du public a entraîné la sollicitude de l'Etat.

A la fin de sa vie, Piranèse se rendit dans la Grande Grèce et fut le premier à s'intéresser à Paestum, d'où il rapporta vingt planches. Qui éprouve, de nos jours, un attrait pour les ruines visite, outre Rome et Ostie, Herculanum et Pompéi, Paestum et Métaponte, les splendides vestiges de Sicile. Cependant, après avoir admiré les sites classiques de Ségeste, Sélinonte, Agrigente, Syracuse, qu'il tourne les yeux vers les ruines « modernes », non moins fascinantes, non moins piranésiennes. A Palerme, pendant la dernière guerre, les bombardements ont endommagé maint édifice prestigieux. Beaucoup n'ont pas été reconstruits (voir article *Mafia)*. Les ruines, souvent, ont été laissées en l'état. Les bombes démolirent le palais Bonagia, un des plus magnifiques palais baroques. On a déblayé les décombres, sauf l'escalier intérieur, monumental comme tous les escaliers princiers de cette époque. Palais dans le palais, rehaussé de colonnes et d'arcades, orné de fenêtres, décoré de frontons, il se dresse maintenant dans le vide, loggia triomphale et funèbre, digne des temples de l'Antiquité.

Quelquefois les tremblements de terre se chargent de piranésiner un édifice et de le transformer en monument intemporel : ainsi du palais maternel du prince de Lampedusa, à Santa Margherita di Belice, dans la Sicile occidentale. La masse s'est écroulée, il ne reste que la façade, deux perrons démantibulés, des volets que personne ne poussera plus pour s'appuyer à l'élégante ferronnerie des balcons intacts.

Le Moyen Age, bien entendu, a fourni un important contingent de ruines. Au sud de Sienne, l'abbaye de San Galgano semble un morceau de bravoure. Galgano Guidotti était un gentilhomme toscan qui, après une jeunesse dissipée, reçut la grâce et se convertit, tel François d'Assise. Pour signifier qu'il renonçait à la vie mondaine, il planta son épée dans un roc : geste rituel au Moyen Age, la poignée, la garde et le début de la lame formant une croix, emblème de la foi chrétienne. Quatre ans après sa mort, Galgano fut canonisé ; et, la même année 1185, on éleva, pour lui servir de tombeau, sur la colline de Montesiepi, une église circulaire, à la fois panthéon et mausolée. L'édifice est intact ; à l'intérieur, au centre, on voit le roc et la poignée de l'estoc enfoncé jusqu'à la garde. Il est probable que cette épée est fausse. Regardons plutôt la coupole, faite de quarante-huit anneaux, alternativement de pierre blanche et de brique rouge. Cette accumulation de cercles qui montent vers le faîte en devenant de plus en plus resserrés crée une sorte de spirale ascendante, symbole de l'aspiration de l'âme à rejoindre son Créateur. Le cercle, en outre, passait au Moyen Age pour la figure de l'infini et de la perfection. Chaque point se trouve équidistant du centre, et aucun angle ne brise l'harmonie du mouvement.

Au tout début du XIIIe siècle, des moines cisterciens arrivèrent du sud de Rome. La colline de Montesiepi étant trop exiguë, ils descendirent dans la vallée et y fondèrent une abbaye. Après une période de prospérité, commença une rapide décadence. En 1550 il ne restait que cinq moines ; un seul à l'orée du XVIIe siècle. L'église fut abandonnée. Il en subsiste les murs extérieurs et intérieurs, les hautes nefs, le transept, l'abside, les arcades gothiques, les colonnes à chapiteaux, les architraves de la façade, les fenêtres pointues et les rosaces opulentes. Seul le toit et le pavement ont disparu. Les colonnes surgissent en plein ciel ; à la place du dallage, une pelouse recouvre le sol. Moineaux et colombes du matin, corneilles du soir peuplent seuls ce navire de pierre échoué en pleine campagne, loin de toute habitation. Alternance du travertin et de la brique ; azur par toutes les ouvertures béantes ; ombre et lumière dans le désert toscan.

Rusticello

Le nègre de Marco Polo

Quatre livres à la fois en 1984[1]. Marco Polo, qui vécut vingt-cinq ans en Extrême-Orient à la fin du XIIIe siècle et fut l'un des premiers voyageurs européens à se familiariser avec les Mongols et leur immense empire de Chine, continue d'encombrer notre imaginaire : le récit qu'il fit de ses aventures étant plein de lacunes et d'obscurités invérifiables aujourd'hui, c'est à qui échafaudera de nouvelles hypothèses sur son itinéraire exact et sur ses fonctions à la cour du Grand Khan. Et même sur sa vie privée, encore plus mystérieuse. Mais quand, tel Jean Lartéguy, on renonce à la loupe du savant pour la flamberge du romancier, pourquoi lésiner sur les péripéties amoureuses ? Et voilà notre Vénitien, comme s'il était le modèle lointain de son compatriote Casanova, entouré de femmes. Pour les clichés, Lartéguy ne craint personne.

Quant au titre, qui se voudrait provocant, il répond à une interrogation

---

1. *Marco Polo*, par Jacques Heers, Fayard. *Marco Polo, espion de Venise*, par Jean Lartéguy, Presses de la Cité. *Vie de Marco Polo*, par Alvise Zorzi, traduit par Bernard Guyader, Laffont. *Le Voyage de Marco Polo*, par Victor Chklovski, traduit par Marc Slonim, Payot.

que tous les chercheurs formulent : Marco Polo était-il un simple marchand, ou espionnait-il les provinces de Chine au profit de Venise ou de l'empereur des Mongols ? Faute de réponses appropriées, les historiens se contentent de paraphraser son récit, en l'enrichissant de commentaires : avec la sécheresse bureaucratique du Soviétique Victor Chklovski, ou avec les couleurs plus chatoyantes de l'Italien Alvise Zorzi, grand spécialiste de l'histoire de Venise.

Une troisième méthode restait à essayer : celle qui consiste à soumettre à une critique radicale le corpus d'anecdotes et de légendes attribuées à Marco Polo. L'éminent médiéviste Jacques Heers a choisi ce parti, qui assure à son livre la première place dans le lot des concurrents. Première étape de la démythification : contrôler le titre du livre, qu'on croit souvent être *le Million*, ou *le Livre des merveilles*, alors que le titre authentique, *le Devisement du monde*, signifie un discours, une conversation. De cette mise au point initiale dérive une seconde : Marco Polo ne revint pas de ses pérégrinations exotiques couvert d'or, de bijoux et de fourrures. L'examen de sa position à Venise après son retour de Chine prouve qu'il n'avait pas rapporté de grandes richesses : il s'installa dans le négoce d'une façon modeste, plutôt besogneuse, se maintenant tout juste dans le courant des affaires et faisant pauvre figure à côté des fastueux patriciens de la Cité des Doges.

Quand on lit attentivement *le Devisement du monde*[1], on trouve peu de chiffres, peu de renseignements précis sur les activités commerciales de la Chine, au point que Jacques Heers se met à douter que Marco Polo fût d'abord un marchand ou un financier. Thèse de l'espion ? Non : il travaille peut-être pour le compte de l'Occident, mais comme pionnier des missionnaires catholiques, pour préparer le chemin à leur apostolat ; et, s'il est vrai que le souverain de Chine utilisa les services du jeune homme (il était parti de Venise à l'âge de quinze ans), ce fut pour se faire rendre compte de ce qui se passait dans les provinces les plus lointaines de son empire, selon l'habitude des chefs mongols de se tenir informés sur l'état, les mœurs, les cultes et les rites de leurs sujets.

Mais qui a écrit le livre de Marco Polo ? L'étude de Jacques Heers aboutit au résultat le plus original et le plus fécond lorsque nous apprenons que le voyageur, de retour à Venise, resta trois années entières sans conter ses aventures, ce qui laisserait à penser qu'il n'était pas plus écrivain que marchand. Si, ensuite, au cours d'une guerre contre les Génois, il n'avait pas été fait prisonnier et conduit à Gênes ; si, dans sa cellule, il n'avait pas rencontré un homme de plume à qui il se mit à raconter ses souvenirs, il n'y aurait pas eu de *Devisement*, et le nom de Marco Polo serait oublié.

Qui était donc ce Rusticello de Pise, providentiel compagnon de captivité ? Un écrivain professionnel familier de la cour d'Angleterre, jongleur, féru de romans de chevalerie, qui s'était déjà fait connaître en racontant les hauts faits des héros de la Table ronde. Le mélange de traité didactique et de récit merveilleux était alors à la mode : Rusticello trouva dans les souvenirs de son codétenu une occasion inespérée de faire briller son propre talent. Si tant d'obscurités et d'invraisemblances cassent

1. Réédité en deux volumes aux éditions La Découverte/Maspero.

depuis si longtemps la tête des historiens, c'est qu'elles correspondent aux passages inventés par la fantaisie de Rusticello, selon les règles de la littérature de cour, afin de séduire ses futurs auditeurs ou lecteurs. Ecrit pour être dit ou lu comme une encyclopédie amusante, le livre est moins un récit de voyage qu'une vaste fable agencée pour obéir aux exigences d'un public avide de s'enthousiasmer aux plus étonnantes merveilles.

Ainsi, au terme de cette enquête intéressante de bout en bout, nous avons perdu Marco Polo, mythe d'un grand homme d'affaires qui n'a jamais existé, mais nous avons gagné Rusticello, réalité d'un très bon romancier.

Saba

En 1975 paraissait un court roman, singulier à plus d'un titre. L'auteur, mort depuis dix-huit ans, avait tenu à Trieste une librairie célèbre, où se donnait rendez-vous la classe littéraire, extraordinairement fournie dans cette ville située au carrefour de quatre cultures (voir article *Trieste)*. La librairie existe toujours, fouillis fabuleux de vieux livres d'occasion entassés dans plusieurs pièces mal éclairées, sans aucun ordre. J'y ai déniché, en 1996, une rareté française, *l'Italie des Italiens*, de Louise Colet, la maîtresse et correspondante de Flaubert, les volumes 3 et 4, *Rome* (495 pages) et *Italie du Sud* (372 pages), documents de premier intérêt sur le goût français des années 1860.

Saba était aussi un poète ; avec Penna, Ungaretti et Montale, un des quatre grands poètes italiens de ce siècle ; et justement renommé pour ses vers d'un lyrisme intense et secret. Nul ne se doutait qu'il eût écrit un roman ; et encore moins que ce roman, à l'indiscutable saveur autobiographique (le protagoniste a seize ans en 1898, l'âge de l'auteur à cette époque), pût se révéler comme un chef-d'œuvre de la littérature homosexuelle.

Voici donc cet *Ernesto*, traduit en 1979 [1]. « Ce récit est tout imprégné de maternité, a confessé l'auteur. J'ai eu moi-même, pendant que je l'écrivais, la nette impression d'être enceinte. » Et encore, dans une autre lettre qui accompagne l'édition italienne : « Un poème est une érection ; un roman est un accouchement. » Commencé à soixante-dix ans, resté inachevé, *Ernesto* raconte l'éducation, plus sexuelle que sentimentale, d'un jeune garçon de Trieste à la fin du siècle dernier.

Employé comme stagiaire dans une maison de commerce (le commerce, ce despote qui tyrannisait le port de l'Autriche-Hongrie),

1. Par Jean-Marie Roche, Seuil.

Ernesto cède de bon cœur, avec la crânerie innocente de l'adolescence, aux avances du journalier qui décharge les charrettes dans les magasins de l'entreprise. L'acte de sodomie a lieu, précis et décrit sans ambages, sur des sacs de farine, de celle qui est marquée double zéro, la qualité la plus blanche et la plus fine et pour cette raison stockée dans un coin obscur de l'entrepôt, les commandes des boulangeries ne se portant que rarement sur ce produit de luxe.

« Savez pas ce qui me plairait tant de vous faire ? » demande l'homme (qui parle en dialecte). Et Ernesto de répondre tranquillement : « Me la mettre au cul », à la stupeur du manœuvre, moins libre malgré ses manières franches et directes que ce jeune homme totalement ingénu. Le « style » d'Ernesto : « une façon d'aller au cœur des choses, d'atteindre le noyau incandescent de la vie, en dépassant résistances et inhibitions, sans périphrases ni détours en paroles inutiles ; qu'il s'agît de choses jugées basses et vulgaires, voire interdites, ou d'autres jugées sublimes : les situant — comme fait la nature — toutes sur le même plan ». La seule peur du garçon est que l'acte proposé par l'homme ne lui cause quelque douleur physique ; appréhension qu'apaise le journalier en lui apportant la seconde fois, non pas de l'huile d'olive comme dans le roman de Settembrini, mais un suppositoire de beurre de cacao (voir article *Homosexualité*).

Il faudrait tout citer de l'histoire d'Ernesto : ses rapports avec sa mère, si tendres et touchants dans leur rauque maladresse ; avec sa tante riche ; avec l'argent ; sa première barbe chez le coiffeur ; comment il se désaltère à une fontaine publique. Chacun de ses gestes est empreint d'une grâce naturelle et juste. Pour nous en tenir à sa trajectoire sexuelle, disons qu'après quelques expériences avec l'homme il en tente une avec une prostituée : passant au travers de cette nouvelle aventure avec son imperturbable candeur de primitif. Quand il avoue l'affaire des sacs de farine à sa mère, il est tout étonné qu'elle réagisse aussi placidement ; et plus surpris encore lorsque, ayant raconté également la visite à la putain, cette deuxième confession, par laquelle il croyait se laver de la première, blesse bien plus profondément le cœur jaloux de sa mère.

La femme après l'homme : est-ce que Saba, à la suite de Voltaire, tolérait l'homosexualité comme une étape de l'adolescence ? Est-ce que lui aussi, qui avait pratiqué Freud, donnait raison à la théorie évolutionniste de la psychanalyse, et, par là même, à la société répressive qui admet la « déviance » juvénile mais pourchasse le choix homosexuel adulte ? Pas du tout, et pas plus que Settembrini, car le dernier chapitre, malheureusement interrompu au bout de quelques pages, conte un nouveau tournant dans la vie d'Ernesto : la découverte éblouie, lors du concert donné par un grand violoniste qu'il vénère, d'un jeune garçon de son âge, l'intimidant Ilio ; puis le début de leur amitié, fondée sur la pratique commune du violon mais aussi sur l'admiration mutuelle de leur jeunesse et de leur beauté. Aurore d'un grand amour, assurément ; et si le plaisir sexuel a été le seul lien entre Ernesto et le journalier, on peut parier qu'ici l'ardeur réciproque des deux adolescents ne restera pas longtemps platonique et que la communion spirituelle trouvera son accomplissement dans l'intimité des corps. Ilio ne demeurera pas indéfiniment celui qu'Ernesto, dans son imagination enflammée, compare au fils du pâtissier de Bagdad dans les *Mille et Une Nuits* : un enfant qui agrée le présent d'un gâteau ou d'un sorbet, mais refuse les caresses du donateur et lui intime, en l'éloignant d'un geste : « Restez tranquille à votre place. Contentez-vous de me regarder et de me servir ».

Il y a, dans ce petit livre initiatique, l'audace piquante de Colette et la profondeur mystérieuse de *Tonio Kröger*, l'union de la clarté latine, du charme slave, de la gravité germanique et de l'humour juif. Trieste, au carrefour de quatre mondes, n'était pas seulement le port de l'Autriche-Hongrie, mais son prolongement marin naturel. La Vienne nocturne de Musil et de Hofmannsthal palpite dans ces pages cristallines où tout est dit sans gêne, avec l'assurance paisible du grand âge. La discrétion d'Umberto Saba ne l'a pas empêché de mettre en radieuse lumière un thème que l'Occident culpabilisé confine presque toujours dans le domaine tragique.

Sade

Le marquis de Sade en Italie

Cachait-il son jeu, par peur de la censure, de la prison ? Ou bien le marquis de Sade en voyage reprenait-il, malgré lui, le ton, correct et distingué, du gentilhomme plus soucieux de faire apprécier sa culture que d'exhiber ses fantasmes ? Toujours est-il que le *Voyage d'Italie*, fruit d'un *grand tour* effectué entre juillet 1775 et mai 1776, le seul texte sadien composé avant les longues années de détention, se révèle étonnamment peu sadiste. Ce qui ne lui ôte rien de son intérêt, nous donnant au contraire l'occasion de découvrir l'homme et l'écrivain en dehors de leur réputation sulfureuse, dans les goûts et les curiosités d'un grand seigneur confronté aux beautés de la péninsule.

Trois capitales explorées : Florence, Rome, Naples (comme Stendhal). Et, chaque fois, pour rendre la lecture plus piquante, on cherche, sous le vernis des jugements convenus, où va pointer l'oreille du loup. « Les mœurs dépravées » de Jean-Gaston, le dernier des Médicis, débauché génial qui aurait dû exciter la fantaisie du marquis ; la remarque, devant l'*Hermaphrodite* des Offices, que « l'intempérance des Romains osa chercher la volupté jusque dans ces espèces de monstres » ; l'enthousiasme pour la fade Vénus Médicis, « qui emploie ses mains à couvrir sa gorge et ce que la pudeur ne permet pas de nommer » (!) ; l'indignation contre les castrats, « ces espèces de demi-hommes qui durent originairement leur dégradation aux recherches les plus honteuses de la débauche, et que le goût de la musique conserva, en dépit de l'humanité qui gémit et se révolte contre cet horrible usage » ; la critique du penchant florentin à « trahir son sexe », les femmes s'arrangeant comme les hommes et les hommes comme les femmes, de manière à « confondre les sexes et les déshonorer tous deux » : tout cela respire le lieu commun et nous semble d'un moralisme bien plat et timoré.

Le loup ne montre son oreille que devant les cadavres en cire de Zumbo. Sade semble avoir été le premier visiteur à s'arrêter devant ces spectacles de la décomposition du corps humain, « d'une vérité effrayante ». Tout ce qui est dans la nature l'attire : motif, sans doute, de sa répulsion contre les castrats, produits de l'artifice.

Les opinions sur les œuvres d'art de Florence sont dépourvues d'originalité. Enumération de Baedeker, assaisonnée du regret naïf que Michel-Ange ait laissé tant de statues incomplètes. En revanche, le côté sombre et rébarbatif des palais n'a pas échappé à Sade, et la gloire passée des Florentins ne l'abuse nullement sur leur mesquinerie présente, leur avarice, leur ignorance crasse. Avant Stendhal, il dégonfle, avec une belle indépendance d'esprit, le mythe de la cité du lis.

De Stendhal, encore, il se montre le précurseur, lorsque, à Rome, il nomme ses peintres préférés : Raphaël, Guido Reni, Corrège, Guerchin. Il passe en revue minutieusement les tableaux des églises Santa Maria del Popolo et Saint-Louis-des-Français, sans même noter la présence des chefs-d'œuvre du Caravage, peintre trop plébéien et violent pour cet aristocrate policé. Enthousiasme pour la *Sainte Thérèse* du Bernin : le marquis n'est pas dupe du sujet et perçoit la vibration érotique de cette jolie femme languissante que l'Ange s'apprête à percer. La *Sainte Cécile* de Maderno lui inspire une très jolie page, où le critique d'art se révèle enfin. En général, la sculpture provoque en lui des réactions plus personnelles que la peinture. A cause de la plus grande sensualité de cet art ? Il aime bien le Bernin, ce qui était faire preuve de liberté intellectuelle, en cette époque néoclassique et antibaroque, mais manifeste des réserves devant la *Ludovica Albertoni*, justifiées, dit-il, par l'éloignement de la nature. Toujours le même credo : la perfection s'obtient par le respect scrupuleux de la vérité, sans l'adjonction de grâces factices.

A Rome, Sade se libère un peu de son moralisme. Il note « un joli Cupidon, qui le serait presque assez pour faire oublier sa mère », palinodie du jugement florentin sur le déshonneur des équivoques sexuelles ; et, devant l'*Hermaphrodite* de la Villa Pamphili, déplore que la pruderie du propriétaire ait fait casser les parties masculines, « de façon que la statue, n'ayant plus que le caractère féminin, a perdu tout son prix et ne ressemble plus à rien ». Mais c'est dans l'arsenal du château Saint-Ange, devant un arc fait pour envoyer des épingles empoisonnées dans la foule au sortir des églises, « sans autre intention que celle d'une destruction gratuite », que le loup, cette fois, découvre ses dents. « Cette manie bizarre de faire le mal pour le seul plaisir de le faire est une des passions de l'homme la moins comprise et par conséquent la moins analysée, et que j'oserais cependant croire possible de faire rentrer dans la classe commune des délires de son imagination. » Moins de dix ans plus tard, le marquis, pour remplir ce programme, composerait *les Cent Vingt Journées de Sodome*.

On l'attendait à Naples, surtout, la seule ville d'Italie qui, par ses bas-fonds ténébreux et sa vitalité sans frein, fût à la mesure de son génie. Quelle déception, d'abord, de le trouver si pusillanime, si obtus ! « Le plus beau pays de l'univers habité par l'espèce la plus abrutie », la « dépravation » à chaque coin de rue, « les plus horribles débauches », les mères qui vous offrent leurs enfants, mâle ou femelle, selon vos penchants, le regret que le libertinage le plus abject ait éliminé toute trace d'amour, « ce sentiment délicieux qui naît de l'union de deux cœurs » (!) : le loup s'est-il déguisé en grand-mère ? Pas tout à fait heureusement : devant un Christ de Michel-Ange, Sade se demande si le sculpteur, par religion de la vérité, a fait lier et garrotter le modèle devant lui. Il aurait même dû le faire crucifier pour de bon, ajoute-t-il, si les préjugés, « l'écueil du vrai talent », ne l'en avaient empêché.

La somptueuse édition du *Voyage d'Italie* (Fayard, 1995), par les soins de Maurice Lever, est d'autant plus précieuse qu'elle est enrichie, non seulement des nombreux et délectables croquis exécutés par le peintre Jean-Baptiste Tierce, ami de l'écrivain et compagnon de ses déambulations, mais d'importants chapitres inédits. Fort substantiels, en particulier, ceux qui sont consacrés aux environs de Naples. Où éclate enfin la trompette sadiste, devant une statue du Minotaure. « Qu'on me permette ici une réflexion. » Quelle réflexion ! Derrière le mythe grec du monstre dévorateur de jeunes gens, Sade met au jour la réalité psychologique d'un « second maréchal de Rais », conduit, par ses passions effrénées, « à ce dérèglement barbare qui fait trouver du charme à la destruction de l'objet qui vient de satisfaire nos sens ou qui plutôt n'en fait goûter qu'aux excès de la cruauté la plus réfléchie ».

Salieri

Salieri : dans *Amadeus*, film par ailleurs estimable, les auteurs ont eu grand tort de ne pas faire soupçonner que cet homme, peut-être envieux en effet de Mozart, était lui-même un musicien considérable. Etre nommé à vingt-quatre ans maître de chapelle de l'Opéra italien à Vienne, à trente-huit ans maître de chapelle de la cour, voilà qui eût dû inciter Forman à plus de circonspection. Dans une ville et à une époque où les compositeurs en renom étaient aussi nombreux que les cinéastes aujourd'hui, on n'arrivait pas à de telles charges sans talent. Quarante opéras à son actif, et la gloire d'avoir eu pour élèves Beethoven, Schubert, Liszt. C'est dire avec quelle impatience j'attendais la résurrection de Salieri Honneur à la firme Hungaroton, qui la première, au lieu de nous proposer l'énième mouture du *Trouvère*, de *la Traviata* ou du... *Falstaff* de Verdi, nous offre ce *Falstaff* originel (pas tout à fait cependant, puisque deux déjà l'avaient précédé, celui de Peter Ritter en 1794 et celui de Ditters von Dittersdorf en 1796). Celui-ci date de 1799. Inconnu au Kobbé.

Trois personnages principaux : Falstaff, basse bouffe, et le couple Ford, ténor et soprano. Un couple accessoire, les Slender, baryton et mezzo, à la place des Page de Shakespeare. Ni Anne ni Fenton. Un serviteur de Falstaff, Bardolf, baryton, et une camériste, Betty, soprano, librement inventée. Ford, mari jaloux, est en même temps un amant tendrement épris de sa femme : en lui se mélangent l'ardeur colérique de l'époux shakespearien et l'indolence élégiaque de Fenton. Il a le second rôle le plus important dans l'opéra, et, alors que le climat de l'œuvre est résolument comique, il se meut dans la sphère noble des sentiments élevés. *Opera buffa* et *opera seria*, commedia dell'arte et lyrisme de haute volée se fondent ainsi dans un ouvrage dont la première originalité est de réussir cette synthèse presque impossible.

Il est évident que le librettiste, Carlo Prospero Defranceschi, s'est inspiré du *Don Giovanni* de Da Ponte. L'opéra commence par une fête chez Slender, où les convives s'excitent à la gaieté au son d'un petit orchestre. Bardolf, comme Leporello, regimbe contre les lubies érotiques de son maître. Le duo d'amour feint entre Falstaff et Mrs Ford rappelle la rencontre de Don Giovanni et de Zerlina. Mais — et la chose devient beaucoup plus piquante si l'on se souvient de la légende selon laquelle Salieri aurait fait empoisonner Mozart — la musique elle-même évoque sans cesse l'auteur de *Don Giovanni* et de *Così fan tutte*. (Notez la clarinette solo dans l'air « *Or gli affannosi palpiti* » de Ford.) Parfois des citations littérales, et partout un air viennois de famille, cette élégance, ce raffinement, cette tendresse qui chantent dans toutes les mémoires.

Le *Falstaff* de Salieri est lent : beaucoup plus lent que le *Don Giovanni* de Mozart, beaucoup plus lent que le *Falstaff* de Verdi. Le génie consiste à faire vite, et Salieri prend son temps : longs récitatifs (donnés ici sans coupures : bravo !), airs, duos, trios, ensembles qui ne se pressent pas. Musique à déguster plutôt qu'à enfiévrer. En contrepartie, on mettra à l'actif de Salieri cet effort, déjà signalé, pour marier le sérieux à la farce, une veine sentimentale fin de siècle, des élans à la Greuze (voir le délicieux duo de réconciliation entre les époux Ford) ; et aussi des traits réalistes tout à fait nouveaux pour l'époque, tel cet étonnant monologue de Bardolf où, pour rendre l'état de sommeil et les bâillements du valet, Salieri s'est servi uniquement des cordes graves : deux altos en sourdine, un violoncelle solo et la contrebasse. En comparant avec ce que Paisiello avait imaginé pour exprimer la somnolence de l'Eveillé dans *le Barbier de Séville* écrit en 1782, on mesurera comment, en dix-sept ans, la musique est entrée dans un nouveau siècle. Salieri sert de pont entre Mozart et Beethoven, lequel, l'année même de *Falstaff*, fut si frappé par cet opéra qu'il écrivit sur le duo « *la stessa, la stessissima* » une suite de variations pour piano.

L'œuvre est dans l'ensemble ravissante, pleine d'inventions savoureuses ou cocasses. La scène des fées paraît un peu bâclée : le fantastique ne devait pas être le fort de Salieri, esprit sérieux et un tantinet bourgeois. Tout l'opéra, en fait, tourne autour de la question : la jalousie inconsidérée de l'époux, et les espiègleries imprudentes de l'épouse, qui invite à trois reprises Falstaff, auront-elles raison du ménage Ford ? Quel soulagement que ce dénouement heureux ! *Fidelio* et la mystique conjugale sont dans l'air.

Savinio

« A la tête de cette forme d'art qui prit ensuite le nom de surréalisme, il y avait le peintre Giorgio De Chirico et l'écrivain Alberto Savinio. » Alberto Savinio, de son vrai nom Andrea De Chirico, était le frère de Giorgio. André Breton fait allusion ici au premier avant-guerre, lorsque les deux frères séjournaient à Paris.

Autant et plus que surréalistes, qualifions de métaphysiques les nouvelles étranges de cet écrivain[1]. Pas seulement parce que ses lieux favoris, villes désertes comme des maquettes, rues tracées au cordeau, gares aux horloges inquiétantes, font penser aux tableaux de son frère. Pas seulement parce qu'un de ses thèmes préférés est l'ennui, l'immense ennui qui plane comme une ombre surnaturelle sur la vaine agitation des humains et règne en despote sur les cités italiennes réduites à d'absurdes décors plantés dans le vide.

Le surréalisme métaphysique de Savinio peut se décomposer en deux éléments : d'abord un réalisme minutieux, très éloigné de tout délire onirique, puis l'irruption du « sur », de ce qu'il y a « de l'autre côté ». Ses nouvelles commencent à la manière réaliste : un homme arrive dans une ville inconnue porter un message à la fiancée de son ami mort, une vieille fille fait l'emplette d'un piano, un voyageur s'assied dans un train. Peu à peu, avec un art souvent génial de la transition servi par un vocabulaire aussi luxuriant que précis, tout se détraque, les personnages voyant se dresser devant eux leurs propres fantasmes, grotesquement et pathétiquement matérialisés. Par exemple, le piano à queue, symbole pour la quinquagénaire et toujours vierge Mlle Fufu de ses désirs érotiques refoulés, accouche d'une portée de pianelets fringants.

La psychanalyse est passée par là, certes, mais la vision de Savinio se nourrit à une philosophie personnelle, hautaine et amère. S'il cherche l'« autre côté » de la réalité, c'est que celle-ci lui paraît plate et bornée, spécialement dans les deux formes sous lesquelles les hommes la vénèrent : la vie d'une part, d'autre part la maturité. M. Didaque se fait embaumeur d'animaux puis assassine un couple de jeunes gens à seule fin de les naturaliser pour les soustraire à ce scandale qu'est le devoir-vivre, le mouvement, le temps, la corruption. Lui aussi est vierge, comme la plupart des personnages de Savinio. L'amour et le mariage sont tournés en dérision, en tant que collaborations ridicules à l'élan vital, et en tant qu'aspirations non moins stupides à l'épanouissement.

Savinio n'aime que deux sortes de héros : les enfants, qu'il fait passer directement de la puérilité à la sénilité ou à la mort, comme dans *Ame, Eonio, Toute la vie, Fauteuimaman*, les plus belles nouvelles — et les vieillards, qui sentent (dans les deux sens) l'odeur de la mort, tel l'extraordinaire M. Munster, qui s'observe en train de commencer à être mort et voit son propre corps tomber petit à petit en morceaux.

---

1. *Toute la vie*, Gallimard.

Une Italie inattendue, un peu folle et très merveilleuse, dans la lignée de l'Arioste et de Pirandello.

En notre époque pourtant fervente de commémorations, nul n'a songé à fêter en 1977 le centenaire de la naissance d'Isadora Duncan. Le hasard de la publication en français d'un livre italien vieux de trente-six ans[1] fut seul à rendre un hommage réparateur à la mémoire de la danseuse américaine. Hasard ironique, car nul plus qu'Alberto Savinio ne répugnait à la rhétorique des anniversaires. Né en Grèce de parents italiens, tel son frère plus fameux mais non pas plus génial Giorgio De Chirico, il se présentait plaisamment comme le fruit de l'union d'une sirène ligure et d'un centaure toscan. Et si, au début de sa biographie d'Isadora, il vante le privilège d'être né à l'ombre du Parthénon, le lecteur, à qui vingt lignes plus bas on dit que les temples grecs offrent aujourd'hui au ciel leurs « caries illustres », sait tout de suite à quoi s'en tenir au sujet de cet écrivain bizarre, lunatique et irrévérencieux.

Seule une famille de Los Angeles, comme celle des Duncan, pouvait à la fin du XIXe siècle idéaliser encore comme la patrie de la Beauté et de l'Art cette Hellade avachie par plusieurs siècles de domination turque, pendant laquelle de molles sphères humaines à figure de pacha avaient tangué sur leurs babouches en gondole. Mais, avec leur foi candide de pionniers, Isadora, sa sœur et ses frères, légère tribu volatile, survivants de l'âge ornithologique du monde, entreprirent de ressusciter les tuniques, les pieds nus et les chorégraphies de l'époque de Phidias et de Sophocle. Les voici embarqués pour l'Europe, dans un cargo qui transporte un chargement de bœufs. Malmenés par la tempête, les quadrupèdes arrachés aux verts pâturages du Middle West et destinés aux estomacs londoniens emplissaient les cales de mugissements lugubres non moins que d'une puanteur nauséabonde. Mais Isadora, penchée sur l'écoutille, fondait de pitié culturelle pour ceux en qui ses lectures grecques reconnaissaient les enveloppes de Jupiter métamorphosé selon son habitude et multiplié en bovins.

Tragique fut le destin de la danseuse, dont les deux enfants périrent noyés dans la Seine et qui mourut elle-même étranglée par son écharpe moins aérienne qu'elle ne pensait ; mais comique par le constant décalage entre l'enthousiasme éthéré de ses aspirations et la trivialité de ses expériences. A Londres, elle s'exhibe devant des ladies qui la dévisagent derrière leurs faces-à-main en déglutissant des confitures. A Paris, elle échappe à grand-peine à la ferveur labiale de ses admirateurs et au déchaînement plus que labial du grand Pan Auguste Rodin. En Grèce, elle découvre les fûts de colonnes doriques mais aussi les punaises de l'Hellade, homériques elles aussi à leur façon, « que les Grecs appellent anglaises pour certaines affinités de couleur avec les vieux uniformes rouges de l'infanterie de marine britannique ». Et, partout, le scandale de danser pieds nus, de troubler la paix des familles avec l'audace des gymnopédies, après vingt siècles pendant lesquels les pieds des jeunes gens comme des dames les plus vaporeuses s'étaient tenus, « silencieux

1. *Hommes, racontez-vous*, Gallimard.

et réservés, dans leurs enveloppes de box-calf ou de vachette, seuls avec leurs durillons, leurs œils-de-perdrix et leurs doigts se chevauchant ».

La plume grinçante, l'œil sarcastique, Savinio aligne ainsi les vacheries. D'où vient qu'il nous touche autant, que son portrait de l'Icarienne Terpsichore nourrie au *corned-beef* soit aussi émouvant ? Du fait qu'il s'implique lui-même dans la raillerie, qu'il n'oublie jamais son propre destin d'Italo-Grec héritier de deux grandes civilisations aujourd'hui déchues, et, plus généralement, son sort mortel d'être vivant, guetté à chaque coin de rue par la blême camarde. A tous les motifs d'être amer et de persifler l'agitation des bipèdes, ajoutons le sentiment d'être injustement méconnu dans son pays et hors de son pays, bien que Savinio, immense écrivain international, l'un des plus importants en Europe de sa génération, de surcroît peintre et auteur de quatre opéras, soit le dernier assurément sur lequel il convienne de verser des larmes de crocodile.

Dès 1910, à Paris, il avait rencontré Apollinaire, Satie, Picasso, et c'est à lui que Breton rendra l'hommage que j'ai cité. Mais, plein d'aversion pour tout ce qui est pape ou évêques, il n'aurait pu être, dans ce Vatican sans humour d'où pleuvaient les excommunications, que le grand moutardier, maître des condiments incongrus et des pieds de nez espiègles. Va-t-il rendre visite à Apollinaire, il remarque d'abord à quel point la sonnette du riche, qui vibre lointaine et inquiète dans la profondeur des appartements, diffère de celle du pauvre, qui retentit immédiate et joyeuse, tel le carillon champêtre dans l'atelier du poète bohème. Lequel, apprend-on, redoutait la foudre au plus haut point, tout comme Caligula. Nous ne saurons guère plus sur le père de la modernité que deux ou trois détails de ce genre. Et c'est cela, d'ailleurs, que Savinio entendait par surréalité : l'accumulation, chère à Stendhal aussi, de petits faits vrais, pris dans les ordres d'idées les plus hétéroclites.

Parmi les quinze biographies ou profils rassemblés dans *Hommes, racontez-vous*, plus qu'un Verdi ou un Jules Verne, figures trop imposantes que notre auteur s'agace lui-même d'égratigner sans résultat, des personnages plus secrets, plus subtils, fournissent à sa verve musarde et encyclopédique une matière première capiteuse. Les quatorze pages sur Stradivarius, le célèbre luthier de Crémone, donnent l'exemple le plus parfait de sa manière. Quelle joie, d'abord, pour le profond étymologiste qu'il était, de découvrir que « viole » et « violon » descendent d'un verbe latin signifiant « gambader comme un veau » ! Un des rares portraits du musicien nous le montre le regard perdu au loin, rêveur. Quant à la bouche entrouverte, d'où on pourrait conclure qu'il a été peint en train de chanter, « elle est pour nous indice de végétations adénoïdes ». A Crémone, à la place de son atelier, siège maintenant une académie de billard : occasion de brosser une pochade réaliste des vaillants caramboleurs en manches de chemise, un cigare toscan au travers de la bouche. Pour remonter ensuite sur les cimes de la méditation littéraire, avec une page étonnante sur la douleur des violons inactifs qui dorment dans leurs écrins, loin de l'épaule et de la main qui les faisaient chanter.

Versatile, déconcertant, d'une diabolique dextérité langagière qui ne sent jamais son laboratoire, toujours drôle, souvent mélancolique et poignant, le génie de Savinio échappe à toutes les étiquettes. Comment classer un écrivain aussi à l'aise dans la satire que dans la spéculation métaphysique, et qui mêle sans cesse à ses recherches d'érudit les souvenirs personnels d'une vie riche en anecdotes ? Le voici, à un dîner de magistrats à Paris, plongeant sa cuiller dans une crème renversée en forme de pneu d'automobile ; reniflant, à Salzbourg, dans la foule des mélomanes sortant de l'Opéra, les veinures sinueuses du parfum Arpège mélangées aux relents de transpiration axillaire. Et puis, s'élevant d'un bond au-dessus de cette veine grotesque, le voici qui interroge, dans un étourdissant raccourci, les mystères de la nuit et de la mort tels qu'ils apparurent à Nostradamus, au cours d'une existence déchirée (leitmotiv savinien) entre les aspirations célestes et les douleurs terrestres. L'astrologue provençal eut une vieillesse errante et désolée : « réduit à l'état d'un fantôme qui n'aurait pas réussi à se défaire de sa dépouille mortelle et la traînait derrière lui comme le Highlander sa cornemuse dégonflée ; ou comme saint Barthélemy portait sa propre peau sur le bras pliée à la façon d'un pardessus mi-saison ».

Depuis les années 1980, l'édition française a rattrapé son retard, et les plus importants titres de Savinio sont disponibles en traduction. Citons l'éblouissant essai sur Maupassant, *Maupassant et l'« autre »* (Gallimard), l'*Encyclopédie nouvelle* (Gallimard), une sorte de dictionnaire drolatique, genre où il était vraiment insurpassable, et le recueil de ses articles de critique musicale, *la Boîte à musique* (Fayard), aussi personnels, drôles et pertinents que ceux de Bernard Shaw. *Ville, j'écoute ton cœur* (Gallimard) se présente comme un voyage à l'intérieur de Milan. Oui, à première vue, il ne s'agit que d'explorer la capitale lombarde, après un court mais déjà savoureux détour par Venise, Padoue et Vicence. Malgré Stendhal qui en faisait sa ville préférée, Milan est toujours restée incompréhensible aux étrangers, qui la trouvent laide et l'évitent, sinon pour une halte à la Scala. D'opéra, il est question bien entendu dans ce livre, et longuement. Voici Chaliapine, déroulant « des kilomètres et des kilomètres de voix grave, chaude, puissante, vaste et paisible comme les fleuves de son pays », et puis voici Verdi, dont presque chaque rue à Milan évoque le souvenir. Mais Savinio, contrairement au respect gourmé qui est de règle aujourd'hui quand on parle d'art lyrique, raille à belles dents les ridicules de la profession. Le défilé des sopranos, avec la « pléthore mammaire » de leurs seins plantureux et l'arrondi de leurs lèvres gonflées par l'*ut* de poitrine, est un morceau désopilant.

Pour rire, on rit beaucoup, y compris des fautes de frappe que sa machine à écrire commet toute seule, et où Savinio décèle une signification souvent aussi profonde, et à coup sûr plus cocasse, que Freud dans les lapsus de ses patients. La curiosité universelle entraîne, comme conséquence nécessaire, le développement du sens comique. A voir dans chaque chose ses tenants et aboutissants, plus rien ne mérite d'être pris au sérieux. Tout devient hilarant : les monuments de la ville, ses grands hommes, les avantages comparés de l'huile et du beurre comme signes de l'éternelle rivalité entre le Sud et le Nord, les remèdes contre la calvitie, les vertus de la chasteté, tout autant que l'art perdu des visites que s'échangeaient autrefois les dames parées de leur boa, de leur manchon et de leur bouquet de violettes.

Liberté de ton souveraine : les souvenirs s'enchaînent aux impressions, les réflexions sur la peinture aux digressions sur la cuisine, sans autre loi que celle du caprice, du coq-à-l'âne, ou de la vertigineuse érudition. Savinio est un autre de ces Italiens omniscients, dont le prototype reste le fabuleux Pic de la Mirandole, qui à trente ans connaissait toutes les langues et était initié à toutes les philosophies. Vous croyez, sur la foi des noms propres et des renseignements toponymiques, que vous avez affaire à un guide de Milan, mais, au lieu de vous mener dans les rues d'une ville, c'est dans les secrets du cosmos que vous conduit ce cicérone inspiré. Cicérone ? Magicien, théosophe, psychopompe. Oh ! sans vous fatiguer de discours, à coups de jeux de mots, associations fortuites, suggestions du dictionnaire. La crasse de vos vieilles idées s'en va au souffle décapant de ce Socrate goguenard, et, croyant être partis pour une courte promenade, vous vous retrouvez en moins de rien et sans effort sur les pics de la culture internationale.

Sciascia I

L'amour de la Sicile

Pépinière de rebelles, d'écrivains et de névrosés, la Sicile rappelle par bien des côtés l'Irlande : insulaire, séparatiste, autonomiste, maladivement orgueilleuse de se sentir à l'écart de la métropole, mais en même temps hyperconsciente de son infériorité politique, taciturne, sinon pour se dénigrer soi-même, prête à s'accabler de reproches pour prévenir ceux du continent, susceptible, intraitable, préférant cacher ses qualités plutôt que de les exposer à être incomprises, la Sicile éclate de toute part dans les limites trop étroites que la nature lui a données. « Navire corsaire, avec son beau léopard à la proue, avec les couleurs de Guttuso étalées au grand pavois, avec ses cocus raisonneurs, avec ses fous, avec ses démons méridiens et nocturnes, et ses cadavres plein la cale : la Sicile coule, la Sicile sombre. »

L'auteur de cette formule, Leonardo Sciascia, né en 1921 dans un village de la Sicile intérieure[1], soutient sans faiblir la comparaison avec une illustre lignée d'écrivains, dont il est le dernier représentant : Verga, Pirandello, Lampedusa, Brancati, Vittorini. Romancier, essayiste, conteur, mémorialiste, historien, il n'écrit que pour s'interroger sur le mystère persistant de son île, marmite dont les ferments géniaux détrui-

1. Racalmuto, dont il écrivit la douloureuse, invraisemblable chronique dans son premier livre, *le Parrocchie di Regalpetra*, Laterza, 1956. Traduction française par Mario Fusco : *les Paroisses de Regalpetra*, Denoël, « Les Lettres nouvelles ».

sent dans un bouillonnement déréglé leurs promesses pourtant éclatantes. A quoi bon vivre ? Pourquoi lutter ? Le découragement, le sentiment d'impuissance, la résignation à une fatalité dont on ne raille les inconséquences que pour s'y soumettre en esclave alimentent depuis un siècle le masochisme sicilien. Passivité absolue chez Verga, délabrement de la personnalité chez Pirandello, hymne à la mort chez Lampedusa, effritement de la virilité chez Brancati, fureurs abstraites chez Vittorini : le héros sicilien est constamment un anti-héros, qui se désagrège, qui abdique, prisonnier d'un passé qui l'englue dans le souvenir d'un paradis illusoire ou victime d'un destin qui grignote sa volonté inerte.

Seule l'enfance valait la peine d'être vécue : entre l'enfance et la mort, s'étend une lande ingrate semée d'ennemis et d'embûches, où le voyageur sursitaire attend les coups en fermant les yeux. Cette démission s'explique par l'histoire de la Sicile, terre qui, depuis les premiers colons grecs du VIIIe siècle avant notre ère, passa de main en main sans s'appartenir jamais à elle-même, proie d'incessantes invasions, déprédations et spoliations. *Last, but non least*, l'occupation piémontaise de 1860, qui fait peser encore aujourd'hui sur l'île un régime colonial. Que pourrait un homme seul dans cette bousculade de tyrannies étrangères ? Professer le scepticisme et l'ironie (Pirandello, Lampedusa), rire de soi-même (Brancati). Le héros sicilien rassemble toute son énergie dans l'unique effort de récupérer son enfance. Vittorini retrouve dans le cœur pur de son île la nudité primitive du berceau, Brancati dépeint avec sarcasmes la régression des hommes vers le monde asexué des Mères. Lampedusa quitte Palerme pour Donnafugata : Palerme, siège de la révolution et de l'histoire, pour Donnafugata, foyer intact des souvenirs.

Leonardo Sciascia rompt avec éclat cette tradition du masochisme sicilien. Non moins brillant, non moins doué pour l'impertinence et l'humour que ses devanciers, dialecticien éblouissant, il est le premier en Sicile à employer ses dons, non point dans l'autodérision, l'élégie funèbre ou la volupté d'anéantissement, mais au service de causes qui rétablissent l'homme dans l'estime de lui-même.

Dans l'excellente traduction de Mario Fusco, voici *les Oncles de Sicile* [1], quatre nouvelles écrites en 1958 et en 1960, les premiers essais romanesques de Sciascia. *Quarante-huit* raconte l'histoire du baron Garziano, seigneur du petit village de Castro, trousseur de servantes, réactionnaire, bourbonien, allié à l'évêque pour réprimer les troubles révolutionnaires de 1848 — le tout sans plus de conviction que cela. Féroce par frivolité, cruel par libertinage, cet Almaviva ne se fait pas faute d'accueillir, en 1860, quand le vent a tourné, Garibaldi victorieux. Indifférence à la politique ? Cynisme ? Endurcissement aux contradictions historiques siciliennes ? « Le soir descendit, glacial, plein d'étoiles, sur les morts de Calatafimi. » (La victoire de Calatafimi a ouvert la Sicile aux soldats de Garibaldi.)

On pense tout de suite au *Guépard*, qui parut à la fin de l'année 1958, quelques mois après la nouvelle de Sciascia. Au soir du plébiscite de 1860 qui rattache l'antique possession des Bourbons de Naples à la monarchie de Savoie, Lampedusa fait dire à son porte-parole, le prince

1. Denoël, « Les Lettres nouvelles ».

Salina : « Quelques pétards tricolores grimpèrent vers le ciel sans étoiles. A huit heures tout était fini, et seule l'obscurité demeura, comme tous les soirs, depuis toujours ». De prime abord, l'analogie paraît évidente : qu'importe la nature du régime politique, qu'importent les vicissitudes de l'histoire, en regard de la pérennité, de l'immuabilité des lois physiques de l'univers ? — semblent dire les deux écrivains. En fait, on saisit dans cet épisode tout ce qui les sépare. Lampedusa, solidaire de son protagoniste, invoque la nuit et la voûte céleste pour faire ressortir la mesquinité, l'inutilité de toute action humaine. Sciascia, au contraire, explique le ralliement du baron à la nouvelle monarchie par l'inconsistance, l'arrivisme de son personnage. Le prince Salina professe une sagesse d'astronome dédaigneux des contingences, le baron Garziano s'agrippe aux événements comme un chien qui a peur de perdre son maître.

La supériorité « philosophique » de Lampedusa, Sciascia la dévoile pour ce qu'elle est : une mystification qui fourvoie souvent, en Sicile, les bons comme les mauvais esprits. A force d'avoir été dépossédés d'eux-mêmes, les Siciliens sont en effet enclins à confondre dans le même haussement d'épaules bien et mal, erreur et vérité. Sciascia, lui, croit dans les valeurs. Le baron Garziano, loin d'être un pyrrhonien sublime, n'est qu'un intrigant vulgaire. La deuxième nouvelle du recueil, *l'Antimoine*, met en scène un pauvre mineur de soufre volontaire dans la guerre d'Espagne, du côté de Franco. Là encore, ironie, duperie, absurdité : ces « volontaires » de Mussolini ne sont que des miséreux, des analphabètes, qui s'enrôlent uniquement pour ne pas mourir de faim dans leur île. Mais au lieu de décrire avec l'habituel scepticisme sicilien cette nouvelle bouffonnerie de l'histoire, Sciascia tourne le sujet autrement : son personnage prend peu à peu conscience qu'il est du même bord que les républicains qu'on l'a chargé de tuer. Il découvre l'escroquerie de cette guerre et, lorsqu'il rentre en Sicile, un homme nouveau est né en lui, prêt à lutter contre la classe des riches et des oppresseurs. « Si je n'avais pas perdu une main, je serais retourné à la soufrière : la soufrière, c'était encore l'Espagne, l'homme exploité comme une bête et le feu de la mort aux aguets prêt à vous fondre dessus par une fissure, l'homme avec ses blasphèmes et sa haine, l'espoir grêle comme les pousses blanches du blé tendre... » Très beau récit, qui est à la hauteur des meilleurs romans inspirés par la guerre d'Espagne : mais surtout témoignage de la conviction d'un Sicilien, qui refuse de mettre dans le même sac les bons et les méchants, les salauds et les braves, les pauvres et les riches, avec l'excuse que « tout est pareil ». Non, tout n'est pas pareil : le protagoniste de *l'Antimoine* apprend justement à distinguer le faux du vrai, le bien du mal, le juste de l'inique.

Rien de moins simpliste, pourtant, que la morale de Sciascia. S'il croit dans les valeurs, il sait aussi qu'elles ne se laissent pas réduire à une doctrine, au programme d'un parti. Disciple de Voltaire — qu'il rappelle par son ton sec, sans bavures —, il dirige ses flèches contre tous les suppôts de l'intolérance, qu'ils soient de droite ou de gauche. Les deux dernières nouvelles du recueil, *la Tante d'Amérique* et *la Mort de Staline*, dégonflent, l'une, la chimère de l'eldorado yankee, l'autre, la baudruche de l'infaillibilité communiste.

Après *les Oncles de Sicile*, Sciascia s'est imposé par deux romans : *le Jour de la chouette*[1] et *le Conseil d'Egypte*[2]. Deux romans qui, pour la première fois dans l'histoire de la littérature sicilienne, s'organisent autour de la figure d'un héros. Le capitaine Bellodi (un Parmesan, un homme du Nord il est vrai) enquête sur un crime de mafia, et oppose aux menées ténébreuses de l'honorable société la droiture de ses convictions démocratiques. Il est vaincu dans ce combat, certes, et doit repartir les mains vides : mais vaincu, non point humilié ni avili. *Le Conseil d'Egypte*, qui a pour cadre la Palerme des années 1790, met en scène un avocat, Francesco Di Blasi, disciple des Lumières et instigateur d'un complot républicain : lui aussi perd la partie (on lui tranche la tête), mais avec honneur et sans abdiquer un seul des principes de sa foi.

Troisième roman : *A chacun son dû*[3]. De nouveau un petit village sicilien, la *piazzetta* ensoleillée, l'ombre du château féodal, les oisifs cancaniers et perfides, un crime, qui s'enliserait comme tant d'autres dans la peur et l'oubli, si le professeur Laurana, épris de vérité, ne décidait de se substituer à la défaillante police. Il découvre les coupables et les mobiles du meurtre, mais commet une imprudence qui lui coûte la vie. « Un imbécile », dit-on de lui, en guise d'oraison funèbre. Certes, un don Quichotte, trop en avance, par sa passion de la justice, sur une société encore engluée dans le double piège du sexe et de la religion.

Dans deux petits livres, qui sont peut-être ses chefs-d'œuvre, Sciascia s'en prend à l'Eglise. *Feste religiose in Sicilia*[4] illustre avec brio l'inanité du sentiment religieux dans le Sud. *Morte dell'Inquisitore*[5], apologue historique, attaque la tyrannie des prêtres. Au XVIIe siècle, un certain Diego La Matina, accusé d'hérésie, réussit à tuer l'inquisiteur espagnol dans les couloirs de sa prison, en lui assenant de ses menottes plusieurs coups à la tête. Pour cet acte de courage et de foi dans l'homme (car l'hérésie ne consistait qu'à rappeler la doctrine sociale des Evangiles), Diego La Matina, après d'infâmes tortures où il refusa de se rétracter, périt sur le bûcher. Encore un « caractère », quelqu'un qui croit et qui agit en conséquence. Sciascia rappelle en passant comment, aujourd'hui encore, on considère les prêtres en Sicile : comme une classe privilégiée, à qui la confession donne la liberté sexuelle de chasser sur le terrain d'autrui. Le célibat constitue leur ruse suprême : aucune femme ne disposant de leur « honneur », ils ne courent pas le risque de se retrouver cocus. Les voilà donc invulnérables.

Auteur de récits historiques *(Mort de l'Inquisiteur* et *le Conseil d'Egypte)*, Sciascia fouille les archives de la Sicile. Auteur de romans policiers *(le Jour de la chouette* et *A chacun son dû)*, il procède avec la minutie du limier. Dans les deux cas, la démarche est la même : Sciascia enquête. Il enquête dans le passé de la Sicile, afin de récupérer les quelques héros authentiques retombés dans l'oubli par la faute des défaitistes et des cyniques. Il enquête dans le présent, afin d'indiquer où se

---

1. Einaudi, 1961. Traduction française Flammarion.
2. Einaudi, 1963. Traduction française Denoël, « Les Lettres nouvelles ».
3. Einaudi, 1966. Traduction française Denoël, « Les Lettres nouvelles ».
4. Leonardo da Vinci, 1965. Traduction française : dans le volume d'essais *le Cliquet de la folie*, Denoël, « Les Lettres nouvelles ».
5. Laterza, 1964. Traduction française : dans le volume *les Paroisses de Regalpetra*.

trouvent, parmi tant de mensonges et de contradictions, la lucidité, l'honneur, le courage. Impitoyable pour les défauts siciliens, mordant satiriste, il s'emploie à repérer les îlots de résistance, les exemples à suivre, les champions d'une éventuelle renaissance. Il s'y emploie avec la modestie du paléographe et avec la patience du détective. Modestie et patience d'autant plus remarquables qu'il est bien plus tentant, dans le marasme général, de se laisser glisser à la dérive, de sombrer avec le navire, dans le gouffre exquis du nihilisme intégral.

Si tous les autres écrivains siciliens vivent sur le mythe de l'enfance, Sciascia propose un mythe de la maturité : l'énergie au service de la raison. Leçon d'intelligence et de civisme, mais administrée sans la moindre lourdeur didactique. Une accumulation de petits faits précis, pittoresques, de traits qui portent, avec une préférence pour l'arme comique : voilà tout l'art de Sciascia. Des détails, uniquement des détails, dépouillés de la gangue oratoire. Si l'on pense le plus souvent à Voltaire, à Beaumarchais et au siècle des Lumières, Molière n'est pas loin, et Stendhal non plus. Au lieu de l'« honneur », ce thème, si typiquement sicilien, fait de rodomontades que crève la première chiquenaude, Sciascia introduit l'idéal de la virilité, qui ne consiste en rien d'autre que dans le goût de l'exactitude et du travail accompli. Insensible au vertige crépusculaire où les hommes du soleil se délectent, Sciascia prouve qu'un esprit sain n'est pas forcément un esprit inférieur. Inutile d'ajouter qu'il occupe une position isolée, non seulement en Sicile, mais dans toute l'Italie. Les Italiens, comme le faisait déjà remarquer Leopardi, se moquent de tout, à commencer par eux-mêmes. Les vicissitudes malheureuses de leur histoire leur ont appris que le seul moyen de combattre un sentiment intolérable d'échec, c'est de tourner en dérision tout effort, celui des autres et le sien. Avec Sciascia, originaire pourtant de la province la plus éprouvée, la plus piétinée d'Italie, on voit pour la première fois le rire employé, non point à détruire la dignité humaine, mais au contraire à la restaurer.

Rond, taciturne, compact : un vrai Sicilien, sauf qu'au lieu de la folie ou de la résignation fataliste, ces deux tentations de l'île pluriséculairement humiliée, son œil abrite une lueur gaie, malicieuse, ironique, combative. « L'Italie ? — Elle descend, répond-il sans perdre son flegme, mais elle ne touche pas le fond. » Réponse ambiguë, qui peut signifier soit la crainte que la situation n'aille se détériorant de plus en plus, soit la conviction que c'est une situation sans fond, c'est-à-dire ouverte à des impondérables qui peuvent la retourner à tout moment. Et celui qui parle ainsi est le plus lucide politiquement des écrivains italiens, le plus engagé, à tel point qu'il s'est fait élire en juin 1975 comme communiste indépendant (il souligne l'adjectif) au conseil municipal de Palerme [1], mais aussi le plus libre et le plus solitaire, puisque, dans ses petits livres percutants, il s'en prend tour à tour à la Mafia, à la Démocratie chrétienne, au parti communiste, à l'extrême gauche.

---

1. Et en juin 1979 comme député radical, à la fois au Parlement italien et au Parlement européen.

D'un de ses romans, *le Contexte*, le grand cinéaste Francesco Rosi a tiré un film, *Cadaveri eccellenti*, qui a déclenché de furieuses polémiques. Ses tirages, jamais inférieurs à 100 000 exemplaires, peuvent monter jusqu'à 300 000, chiffres fabuleux pour l'Italie, et stupéfiants pour plus d'une raison. Leur auteur vit toute l'année en Sicile, et sans la nécessité de faire continuer leurs études à ses filles, me dit-il, il ne serait même jamais venu s'installer à Palerme, il aurait fixé sa résidence dans le village où il est né, Racalmuto, province d'Agrigente. Ses livres aussi ont un enracinement local étroitement circonscrit. Pour point de départ, un fait divers du coin : dans *Todo Modo*, un groupe de dignitaires démocrates-chrétiens fait retraite dans un couvent à fin d'exercices spirituels (habitude répandue en Sicile) ; dans *la Disparition de Majorana*, un physicien se volatilise entre Naples et Palerme (événement historique qui eut lieu, pour de bon, en 1938). Le suicide de l'écrivain français Raymond Roussel à Palerme a fourni à Sciascia le sujet d'un de ses textes les plus forts. On sait depuis Pirandello que le petit triangle de terre appelé Sicile a une vocation universelle. N'empêche qu'on n'avait jamais vu avant Sciascia un écrivain pousser aussi loin la provocation provinciale, et repérer dans l'univers tant de choses, d'importance nationale et mondiale, en se contentant de son clocher pour observatoire.

Qui veut avoir une idée de son esprit et de son talent devrait commencer par *la Disparition de Majorana*[1]. En cent pages, s'y trouvent : démontée une énigme policière, puisque Ettore Majorana, jeune savant de trente-deux ans, collaborateur de Fermi à l'Institut de physique théorique de Rome et considéré par ce dernier comme un génie, disparut sans laisser de traces après s'être embarqué à Naples, en faisant croire à son suicide, hypothèse ici réfutée sur la base d'indices minutieusement inventoriés. Raillée la stupidité des méthodes de la police fasciste (et, peut-être, de toutes les polices). Expliquée, en une page admirable, l'originalité de Stendhal. Evoqués les scrupules de Heisenberg et des autres physiciens allemands qui travaillaient à la bombe atomique dans le Reich d'Hitler. Posé le problème de la responsabilité des hommes de science contraints par le Pouvoir à œuvrer pour la destruction et la mort. Reconnue enfin, dans la fuite volontaire du jeune Majorana, la décision d'un homme qui, prévoyant dès 1938 les conséquences catastrophiques pour l'humanité de la fission de l'atome, refusa de jouer plus longtemps un rôle dans cette tragédie.

Cent pages laconiques, denses, bourrées de références culturelles et de détails érudits. Pour finir, l'enquêteur-narrateur, visitant le couvent sicilien où il est persuadé que Majorana s'était retiré, médite parmi les tombes anonymes du jardin dont l'une contient sans doute son corps. Nous restons sur l'image tourmentée et poignante d'un prophète, voyageur fulgurant de l'espace : Rimbaud nucléaire, enseveli vivant dans sa solitude métaphysique, les yeux pascaliennement grands ouverts sur « l'épouvante dans une poignée d'atomes ».

Pascal encore, et Voltaire, et La Rochefoucauld, et Sade, cités dans *Todo Modo*[2], attestent l'imprégnation française de Sciascia et, d'une

---

1. Editions de la Quinzaine littéraire, traduction Mario Fusco, 1976.
2. Denoël, « Les Lettres nouvelles », 1976.

manière générale, l'accueil privilégié fait à la philosophie des Lumières dans cette île passionnément discoureuse, qui s'intéresse plus aux idées qu'aux femmes.

Un lot de ministres et de parlementaires démocrates-chrétiens se trouve réuni dans une sorte de couvent-hôtel : pour raisonner, justement, de leurs problèmes, qui ne sont pas tous spirituels, comme voudrait le faire croire don Gaetano, le directeur de cette retraite d'un genre particulier. Car au beau milieu des « exercices » un participant tombe assassiné, puis un autre. Crimes de routine entre grands patrons, règlements de compte banals dans cette mafia qu'est la classe dirigeante italienne. *Todo Modo* : en espagnol, « par tous les moyens ». Le titre est une claire allusion aux mœurs politiques qui depuis trente ans avaient mené l'Italie là où elle se trouvait en 1974.

Mais *Todo Modo* c'est, plus précisément, la devise d'Ignace de Loyola, représenté ici par don Gaetano, jésuite brillant, profond et retors. Toute l'histoire est racontée par un peintre athée, hôte involontaire de cet hôtel où il est tombé par hasard. Entre le peintre et don Gaetano s'établit, à mots couverts, pendant les promenades ou les repas au réfectoire, une joute serrée sur les buts et les méthodes de l'Eglise. Au-delà de la comédie de mœurs politique, c'est cet aspect du roman le plus intéressant. A la fin, il y a une troisième victime : don Gaetano en personne. Malgré le mystère qui entoure cette mort comme les deux premières, on comprend qu'il a été tué par le peintre lui-même. Lequel avoue ainsi son impuissance à se débarrasser autrement de l'Eglise, de Rome, du sortilège et de la mystification catholiques, qu'il déteste tout en en subissant l'irrésistible séduction.

En apologues secs, élégants et précis, mais vibrants de subtils harmoniques entrecroisés, Leonardo Sciascia nous invite à réfléchir nous-mêmes sur l'attitude à prendre devant ces deux forces qui gouvernent le monde, amies et ennemies de l'homme, pourvoyeuses ambiguës de sa liberté comme de son asservissement : la science et la religion.

Publiés, à trente ans d'intervalle, par les deux meilleurs écrivains de leur génération (Calvino est né en 1923, Sciascia en 1921), deux romans illustrent admirablement l'évolution spectaculaire que l'Italie a connue depuis la fin de la guerre.

1947 : le tout jeune Calvino, dans son premier livre (enfin traduit en français [1]), raconte l'histoire d'une bande de partisans dans les collines au-dessus de Gênes. C'est un peu le *Drôle de jeu* italien : même rapidité que chez Vailland, même coup d'œil, même coup de patte, sauf que le héros principal est un gamin de douze ans, Pino. Au clairon de la Résistance se mêle le fifre de l'enfance. Il en résulte un roman d'une fraîcheur et d'une vivacité peu communes, intactes aujourd'hui.

Pour maquisards, Calvino a choisi des personnages marginaux, que leurs activités dans la vie civile (petits délinquants, déclassés de toute sorte : la sœur de Pino est une prostituée, il a grandi dans les milieux du vol et de la contrebande) permettent de situer parmi les échantillons de

1. *Le Sentier des nids d'araignée*, Julliard, 1978.

cette Italie éternellement anarchiste et rebelle, où les Brigades rouges, un quart de siècle plus tard, recruteraient leurs troupes. Mais voilà : en 1947, le climat était encore à l'espoir, à la confiance. Le commissaire Kim, étudiant, communiste, assoiffé de logique, pétri d'idéal, qui vient rendre visite au détachement, exprime sa conviction que la lutte contre les fascistes et les Allemands servira à canaliser la violence de tous ces hors-la-loi, qu'elle lui donnera un sens et un but civiques. C'est cela la raison de leur combat, explique-t-il : une grande envie de rachat, élémentaire, anonyme, née de toutes les humiliations. Pour l'ouvrier, celle d'être exploité ; pour le paysan, celle de son ignorance ; pour le petit bourgeois, celle de ses inhibitions ; pour le paria, celle de sa corruption.

Littérairement, le roman de Calvino, sans appartenir au courant néoréaliste (l'espièglerie et l'humour l'en préservent, de même que l'influence de Stevenson, de Babel, plus forte que celle de Pavese), témoigne d'une foi solide dans le monde, dans les choses, dans les hommes, décrits avec une abondance de détails. Pas de doute : le romancier, comme son porte-parole Kim, croit sérieusement à la volonté et à la capacité de régénération politique de l'Italie, après les années noires du fascisme.

Or, au moment même où les maquisards de Calvino tentent de prendre en main leur destin et le destin de la nation, Sciascia fait naître, dans une grotte de Sicile, la nuit du débarquement anglo-américain, en juillet 1943, le héros de son sixième roman[1]. Candido, sera-t-il baptisé, en hommage à Voltaire, certes, dont Sciascia, ici plus que jamais, recueille la leçon d'intelligence et de scepticisme, mais surtout pour une autre raison : ce bébé sera la page blanche (« candide ») où la nouvelle Italie, celle de Kim, s'apprête à écrire l'histoire toute neuve de la démocratie et des libertés républicaines.

Hélas, malgré l'optimisme et la bonne foi qu'il partage avec son homonyme, Candido découvrira bientôt l'inanité de telles chimères. Premier signe inquiétant : l'aisance avec laquelle son grand-père, général et ex-dignitaire fasciste, se fait élire député de la Démocratie chrétienne. En suivant la bonté naturelle de son caractère, le jeune garçon ne va pas tarder à provoquer une série de catastrophes. En toute naïveté, il désigne par deux fois les vrais auteurs de crimes : fautes impardonnables en Sicile, où sévit *l'omertà*, c'est-à-dire l'habitude de faire payer des innocents. La première fois, cette faute coûtera la vie à son père ; la seconde fois, son ami et mentor, l'archiprêtre, sera démis de sa charge par l'évêque.

Candido, fils de famille, n'a pas seulement un jardin à cultiver, mais de grandes terres : le jour où il se décide à les mettre lui-même en valeur, il s'attire la haine des fermiers. Devenu militant communiste, par goût des problèmes concrets et par amitié des gens simples, il se heurte à l'hostilité du Parti, dont la stratégie se moque bien des aspirations populaires. Candido veut-il donner gratuitement un terrain pour le nouvel hôpital de la ville ? On l'accuse d'exhibitionnisme. Propose-t-il de distribuer ses terres aux paysans ? On l'expulse carrément du Parti. Tandis que l'ex-archiprêtre fait le compte de toutes les impostures commises par les catholiques, Candido détecte un par un les mensonges de la nouvelle Eglise. Avec une telle simplicité de cœur et une telle indépendance d'esprit qu'on le traite partout

1. *Candido, ou Un rêve fait en Sicile*, Denoël, « Les Lettres nouvelles », 1978.

d'imbécile et qu'on l'envoie à l'hôpital psychiatrique, pour voir s'il n'est pas fou pour de bon.

Jamais, pour dénoncer les complicités mafieuses des partis politiques et l'universelle corruption de la vie publique italienne, Sciascia n'avait montré autant de force, d'ironie. Voilà son meilleur roman, celui où le pessimisme sicilien se coule le plus brillamment dans la causticité voltairienne. Voilà aussi le témoignage le plus lucide qu'un compatriote de Berlinguer et de Moro puisse porter sur le pays où les fautes du pouvoir non moins que les carences de l'opposition laissent le champ libre aux aventuriers de tout poil, aux factieux noirs comme aux *desperados* couleur sang.

La droite et la gauche sont renvoyées dos à dos, ennemies toutes les deux du bonheur de l'homme. S'agit-il seulement de l'Italie ? A Madrid, l'ambassadeur de Mao assiste, au côté de Franco, au défilé commémoratif de la guerre civile. Au Caire, où pullulent les techniciens russes, Candido voit mettre en prison un étudiant soupçonné d'être communiste. La parabole s'étend à l'univers entier. Chose étrange et qui intriguera le lecteur français, le jeune homme et sa compagne Francesca décident de s'installer en France, à Paris, la seule ville, se disent-ils, où l'on peut encore flâner, où il y a des chats assis devant les boutiques, où les agents de police ressemblent à des badauds. Acceptons cet hommage, mais disons à l'auteur que son héros, indécrottable, ne viendra donc jamais à bout de ses illusions.

Contrairement au *Sentier des nids d'araignée*, le roman de Sciascia est tout en ombres chinoises, en silhouettes : autre signe des temps nouveaux, que ce refus du détail physique, de la description réaliste. Les hommes dont la Résistance devait faire des citoyens responsables ne sont plus, trente ans après, que des marionnettes manipulées par des fils trop visibles. Cette déréalisation de l'Italie a conduit à la situation des années 70 : où Brigades rouges, autonomes et autres bouffons absurdes du P. 38 ont pris une consistance tragique ; où la violence gratuite est devenue la seule réalité. *Candido*, ainsi, nous paraît bien plus vrai, plus inquiétant, que tous les reportages sur l'Italie. De même que *Todo Modo* et *Cadavres exquis*, roman et film qui avaient un air de science-fiction, ont fait figure, ensuite, d'œuvres prophétiques.

Sciascia II

La crainte de la littérature

Au début des années 80, les limites de l'écrivain Sciascia commencèrent à apparaître. Que s'était-il passé ? Avait-il changé de manière ? S'était-il essoufflé ? Non : c'est l'Italie, c'est la Sicile qui avaient changé. Surmontée la bourrasque des Brigades rouges, amorti le choc de l'assassinat de Moro, estompée l'urgence du combat politique, le style de Sciascia, fait de précision sèche et incisive, se révéla trop sec, trop pauvre, pour nourrir une œuvre plus proprement littéraire. La Sicile elle-même n'était plus cette terre de désolation qu'elle était encore dans les années 50, lors des débuts de Sciascia. Excellent tant qu'il s'agissait de dénoncer, celui-ci se montra moins à l'aise, lorsque, la crise aiguë étant passée, il fallut se battre, non plus contre les événements, les injustices, les scandales, mais contre les mots, la matière des mots.

Les quelques remarques qui suivent ont pour objet, non de diminuer la valeur de Sciascia comme témoin de son temps, conscience critique de la Sicile, mais d'indiquer par des exemples en quoi la transformation du militant en écrivain n'a pas été une opération facile. Déjà dans *Candido* (1977), on peut regretter que la scène d'amour entre le héros et Paola, au lieu d'être décrite, soit remplacée par cinq lignes recopiées dans le *Candide* de Voltaire. « Les bouches se rencontrèrent, les yeux s'enflammèrent, les genoux tremblèrent, les mains s'égarèrent. » N'y a-t-il pas, dans cet effacement du romancier, un aveu d'impuissance romanesque ?

Toutes ses photos le montrent dans la même attitude : le regard attentif et scrutateur, la bouche serrée, souvent sur une cigarette. Un homme qui observe, écoute, enregistre, et parle peu. Toujours sur ses gardes, sans un instant d'abandon. Le contraire du caractère qu'on prête aux Italiens. Rien d'expansif ni de volubile en lui. Et d'abord, parce qu'il est non pas italien, mais sicilien. Différence capitale sur laquelle on ne saurait trop insister. La Sicile est non seulement une île géographique, mais un îlot historique et culturel complètement détaché de la péninsule, une nation à part, avec ses agaves, ses mafiosi, ses mœurs et ses lois, dont la première est de savoir tenir sa langue.

Sicilien, Sciascia l'est doublement, par naissance et par choix. Alors que tous les écrivains de là-bas ont fini tôt ou tard par s'installer à Rome ou à Milan, Pirandello, Vittorini, Brancati, lui reste solidement accroché à Palerme. Point d'observation idéal d'où il promène sur l'Italie, sur les horreurs et les crimes des années de plomb, son œil impassible de détective. Mais aussi forteresse retranchée d'où il élabore, contre le délabrement politique et moral de son pays, une sorte de stratégie de la résistance.

N'attendez pas de lui qu'il se drape dans une toge et prononce un réquisitoire ; ni qu'il s'arme du fouet de la satire et en fustige ses compatriotes. Ce seraient là des réactions d'Italien. De Dante à Savonarole, de Leopardi à Pasolini, les exemples ne manquent pas, de ces grands contempteurs de la pourriture italienne. Rien ne fera mieux comprendre l'originalité de la réponse sicilienne que de comparer l'auteur de *Noir sur noir* à Pasolini : un écrivain qu'il aimait et estimait, auquel il rend hommage, dont il se sentait proche, et auquel il ressemble, en effet, par le sens civique, le goût de la politique, le dégoût des hommes au pouvoir, l'obstination combative et le courage polémique, mais absolument pas par le tempérament. En style de boxe, on dirait que Pasolini est le champion du coup droit et de l'uppercut ; Sciascia, le roi de l'esquive. Le premier fonce et s'expose, la garde découverte ; le second se cache derrière son bras — en l'occurrence une moue taciturne et sceptique. Pasolini gagne — ou perd — par knock-out, Sciascia l'emporte aux points[1].

A l'inverse de Pasolini, qui ressassait jusqu'à la nausée ses accusations contre le gouvernement et ses anathèmes contre le pouvoir, Sciascia ne s'attaque jamais de face à l'adversaire. Il a écrit un livre entier sur l'affaire Moro. En vain y chercherait-on un début d'indice sur les responsables du crime. La délinquance politique et l'affaire Moro encore figurent en bonne place dans ce *Journal*. Mais que le lecteur ne croie pas qu'on va lui soulever le voile.

Art de la réticence et de la feinte, soumission à *l'omertà*, cette loi du silence appliquée d'Agrigente à Trapani : avouons que, parfois, cette répugnance à s'engager nous agace et que nous préférerions un ton plus direct, jusqu'au moment où nous nous rendons compte que nous venons de raisonner avec un gros bon sens sartrien ou mauriacien, citoyens d'un pays où le fonctionnement, même imparfait, de certaines institutions démocratiques garantit les droits de l'opposition.

Plus fondé serait notre étonnement sur le style et l'esthétique de Sciascia, où la dérobade se taille une part décidément trop belle. Ainsi, ayant fait un rêve et s'interrogeant sur cette énigme, il y trouve, nous dit-il, une explication très subtile, très littéraire. « L'écrirais-je, il en résulterait une jolie page. C'est bien pourquoi je ne l'écris pas. » Trop souvent, les lecteurs de ses romans ont été déçus par des refus de ce genre, par un laconisme d'autant plus frustrant qu'il s'agit de romans réalistes et policiers. Très peu de descriptions, un vocabulaire restreint, jamais de paillettes, sinon celles de l'intelligence, l'érotisme systématiquement escamoté, le lyrisme gommé, avec, pour résultat, une page nue où manque parfois jusqu'à la puissance expressive. Et, certes, on reconnaît là un choix dicté par une horreur toute sicilienne du plus grand des vices littéraires italiens : cette tendance à l'oratoire et au redondant qui afflige les petits-fils de Cicéron.

Nous devinons à quoi Sciascia s'oppose ; nous devinons plus mal où il tend. Tout en lui reconnaissant l'immense talent de nous séduire par des pages sans séduction, de nous charmer par des pages sans musique, de combler notre sens littéraire par des pages sans littérature. *Noir sur noir* abonde en réussites de ce genre. La réflexion sur les hippies de la place d'Espagne, les nombreuses anecdotes historiques sur des personnages siciliens ont une coupe, un rythme, une beauté classiques. Et qu'on ne s'avise pas de contester le mérite de la fermeté à un homme qui dit oui à la tolérance et non à la confusion, réclame une censure pour les films, déplore que les chrétiens aient évacué la pensée de la mort et juge Raymond Roussel un auteur insignifiant — pour ne citer que trois exemples qui le montrent en guerre contre le laxisme, la facilité, la mode.

---

1. *Noir sur noir, Journal de dix années, 1969-1979*, par Leonardo Sciascia. Traduit par Nino Frank, Lettres Nouvelles — Maurice Nadeau/Papyrus.

1912+1

Sous ce titre étrange, Sciascia a publié en 1986 un de ses livres les plus significatifs.

Heureusement, ce n'est pas un roman, genre où ce bon écrivain n'excelle pas, si grande est sa répugnance à l'égard de tout ce qui n'est pas la vérité nue. Si la littérature doit être faite d'ornements et d'artifices, eh bien ! il s'inscrit en faux contre la littérature. Quant à la poésie, coupable de tromper son monde par des mélodies fallacieuses, il la tient en horreur. Au point de recopier quelques vers de D'Annunzio sans respecter la coupe métrique, comme si c'était de la prose, pour mieux montrer leur absurdité, « car la prose ne pardonne pas ». Peu de poèmes résisteraient à ce traitement : si l'on en supprime la musique, le rythme, la beauté sonore, il n'en restera en effet que des bribes de non-sens ampoulé. D'Annunzio, qui a porté au plus haut point dans la littérature italienne le goût du tarabiscotage et de l'enflure, est depuis toujours la tête de Turc de Sciascia, paladin de la sobriété, et qui a fondé toute sa carrière d'écrivain sur la lutte contre les diverses impostures, artistiques ou politiques. Le principal intérêt de ce nouveau texte, plutôt mince, est de nous présenter comme le manifeste esthétique de Sciascia, sous la forme d'un règlement de compte avec le poète qui poussait le ridicule jusqu'à dater la dédicace d'un de ses livres *1912+1*, pour éviter le fatidique nombre 13. Geste particulièrement grotesque aux yeux d'un Sicilien, puisque dans le sud de l'Italie, c'est le nombre 17 qui est pourvoyeur de malheurs.

Cette année 1913 donc, une comtesse, épouse d'un capitaine de bersagliers, ayant tué d'une balle de revolver le jeune ordonnance en service chez elle, Sciascia, selon ses habitudes d'archiviste et de détective, rouvre les pièces du procès. Prétexte pour s'en prendre, une fois de plus, aux maux chroniques de la société italienne : la rhétorique (spécialement visée dans la prose des avocats), le fascisme toujours latent (dès cette époque), les magouilles politiques des catholiques et, bien sûr, la littérature elle-même, raillée à travers les deux ténors du temps, dont l'autre est le futuriste Marinetti, cité par un texte d'ailleurs superbement baroque qui met en parallèle le tango et *Parsifal*, responsables du ramollissement et de la gélatinification de l'Europe.

Il ne faudrait pas croire pourtant, au vu de la traduction[1], pâteuse et n'évitant pas toujours le charabia, que ce livre soit totalement dépourvu de mérites littéraires. Un « étonnant travail d'écriture », nous annonce en fanfare le traducteur, dans une note d'autant plus cocasse que pour rendre cette merveille étagée à « différents niveaux linguistiques », il nous inflige les bourdes les plus grossières, telles que « avatar » pour « aventure » ou « ne pas faire long feu » au lieu du correct « faire long feu ». Au demeurant, on aurait tort de faire passer pour un grand écrivain celui qui mène une polémique aussi constante contre tout ce qui est plaisir et jouissance du texte. *1912+1* vaut, comme tous les livres de Sciascia, par le scintillement de l'intelligence et la rapidité du trait. Les premières pages, surtout, sont excellentes : radiographie, toujours valable aujour-

1. Fayard, 1989.

d'hui, de l'Italie d'il y a trois quarts de siècle. C'est un opuscule à ranger, à côté de *Mort de l'Inquisiteur*, de *la Disparition de Majorana* et des *Actes relatifs à la mort de Raymond Roussel*, parmi les ouvrages les mieux venus de ce curieux scribe-commissaire, qui, pour tordre le cou à l'éloquence si prisée de ses compatriotes, fait plus sec que Voltaire et Borges réunis.

La comtesse fut acquittée. Parce qu'elle était comtesse, et parce que le parfum de l'amour, qui flottait sur le tribunal, monta à la tête des juges et des jurés. L'amour : une autre des bêtes noires de Sciascia, surtout l'amour-passion, qui brouille la raison et se nourrit de mensonges, et au degré suprême l'amour dannunzien, dionysiaquement échevelé. Sciascia n'a jamais réussi à écrire une scène d'amour, par crainte de tomber dans le ridicule. Il se contente ici d'une allusion parodique, procédé qui montre à la fois l'ingéniosité de sa malice et les limites de son talent. Pour vérifier si par le trou de la serrure l'ordonnance a pu surprendre la comtesse avec un autre amant, le tribunal nomme un expert et on procède à la reconstitution, avec les figurants disponibles. « Sur le divan, le procureur général embrasse le greffier : par le trou, l'expert voit, jure, certifie. » Voilà le meilleur Sciascia : brillant, incisif, court — mais court dans tous les sens du terme.

Faits divers

Stendhal, quoiqu'il prétende l'avoir visitée, n'a jamais mis le pied en Sicile. Ayant brigué le poste de consul à Palerme, il obtint, comme on sait, Civitavecchia. Que serait-il arrivé, s'il avait pu réaliser son rêve ? Comment aurait-il jugé la Sicile ? « La haine, en ce beau pays — écrit-il dans *la Duchesse de Palliano* —, ne provient jamais d'un intérêt d'argent. » Pure chimère, rétorque l'impartial Sciascia : l'argent, ou du moins l'avidité des biens, de la terre, étant l'affaire suprême des Siciliens. Mais il est fort à craindre que Stendhal, même s'il s'était rendu sur place, ne serait pas revenu sur son préjugé, celui-ci faisant partie de sa mythologie personnelle. En Italie, et à plus forte raison dans son extrémité méridionale, il voulait croire que les ardeurs amoureuses et les tragédies de l'honneur occupaient seules les énergies. Il aurait donc fermé les yeux sur tout ce qui démentait sa vision d'un pays exclusivement voué aux ravages de la passion. Bien pis, estime Sciascia : il aurait vanté, comme des exemples de cette *virtù* à l'état pur qu'il localisait dans le Sud, la Mafia et les mafieux, leurs intrigues et leurs crimes. « C'est le moment de dire que tout ce qui, de la Sicile, étreint et angoisse tout Sicilien droit de sentiment et de raison, aurait été pour Stendhal un motif d'attirance, d'amour ou d'exaltation. » On voit ainsi Sciascia partagé entre le regret que le voyage manqué de Stendhal nous ait privés d'un témoignage capital sur son île, et le soulagement de se dire que son auteur préféré a perdu l'occasion d'une bévue.

L'honnêteté intellectuelle : telle est la qualité principale, avec la curiosité érudite et l'instinct de détective, de ces textes sur la Sicile réunis sous le titre de *Faits divers d'histoire littéraire et civile*[1]. De même qu'il

1. 1989. Traduction française Fayard, 1991.

souligne les réserves qu'il convient de faire sur l'italomanie de Stendhal, de même il réhabilite, et c'est tout à son honneur, *le Guépard* de Tomasi di Lampedusa. A la parution de ce roman, toute l'intelligentsia italienne, Sciascia y compris, et Vittorini en tête, qui l'avait refusé pour l'éditeur Einaudi, manifesta agacement ou irritation devant la philosophie nihiliste du prince, son scepticisme de grand seigneur, son refus d'essayer de changer quoi que ce soit au destin calamiteux de la Sicile, son dénigrement hautain de l'histoire. Eh bien ! avoue à la fin de sa vie Sciascia, il serait bon de relire aujourd'hui ce livre ; et, pour les jeunes, de le connaître, riche comme il est de notre plus profonde vérité. Ceux qui l'ont toujours aimé apprendront que Donnafugata est en réalité Palma di Montechiaro, près d'Agrigente, mais que le palais de vacances où se rend en calèche la famille du prince Salina est celui de Santa Margherita Belice, beaucoup plus proche de Palerme — et détruit par le tremblement de terre de 1968 : exemple de la fusion de deux mémoires, la généalogique et la personnelle ; la mémoire objective, documentaire, et la mémoire proustienne. Ajoutons ce que Sciascia ne dit pas : à savoir que la destruction d'un tel palais, chef-d'œuvre de l'architecture baroque civile, illustre la précarité de toute chose en Sicile, et qu'il faut tenir compte de cette menace tellurique permanente pour expliquer l'humeur fantasque et instable des Siciliens.

Mais Sciascia, ennemi juré de tout ce qui pourrait ressembler à une psychologie des peuples, s'en tient aux faits, ou, s'il avance quelque hypothèse, ne s'y risque-t-il qu'avec la plus grande prudence. Son recueil fourmille de trouvailles savoureuses. Le lecteur découvrira pourquoi Molière — association avec le rapt de Perséphone entraînée par Hadès dans l'enfer — a déplacé d'Espagne en Sicile la scène de son *Dom Juan* ; les rapports inattendus entre le romancier vériste Giovanni Verga et Sacher-Masoch ; comment, malgré la longue occupation espagnole de l'île, aucune trace littéraire n'en est restée. Certains chapitres, tel *le Savetier de Messine*, forment une véritable nouvelle ; et *Une histoire simple*, chronique d'un crime de mafia, publiée à part[1], aurait pu être incorporée dans *Faits divers*, de même que les nouvelles plus anciennes du recueil *la Mer couleur de vin*[2]. Même style, un « style de choses », par aversion du « style de mots » qui, depuis d'Annunzio, empoisonne la prose italienne. La sécheresse, le laconisme font merveille dans ces enquêtes réduites à l'os ; autant qu'ils gênent dans les romans plus développés, où le refus de toute « littérature » conduit souvent à l'indigence. *A chacun son dû*, *Todo Modo*, *le Contexte*, les livres qui ont assuré la gloire à leur auteur, car ils reflétaient l'actualité politique italienne, et servaient de caisse de résonance aux terribles événements des années 70, ont vieilli, parce que trop pauvres en harmoniques ; alors que les textes du genre « rapports de police » font de l'écrivain sicilien une sorte de Borges, plus réaliste, plus enraciné dans un terroir.

1. 1989. Traduction française, Fayard.
2. 1973. Traduction française, 1984, Gallimard/L'Imaginaire.

Sicilitude I

Traditions et mythes

Les devinettes populaires en forme de tercets ou de quatrains occupent une place aussi importante dans le folklore sicilien que les panneaux de charrettes, les peintures sur verre, les marionnettes du théâtre des *pupi*, la décoration multicolore des oratoires en plein air.

Il est rond sans être le monde
Rouge sans être le feu
Eau sans être fontaine
Vert sans être tige de blé.

Pour désigner le melon d'eau, *cocomero*, ou pastèque, le poète fait appel au sens cosmique de son auditeur (le globe de l'univers comme image de la perfection géométrique), à ses craintes (le feu du soleil, de la canicule, de l'incendie), à ses désirs (l'eau qui désaltère, qui irrigue), à ses soucis (la récolte du blé) — car ce monde est encore exclusivement agricole, à peine évolué depuis l'époque où le grand Théocrite transformait les bergers de Syracuse en joueurs mélodieux de pipeaux.

Le même fruit, béni dans un pays où il remplace l'eau potable, donne lieu à de nombreuses variantes.

La variante marine :

Un ciel vert (l'écorce)
Une mer rouge (la pulpe)
Les poissons noirs (les grains).

La variante terrienne :

Les murs verts
La terre rouge
Les pierres noires.

La variante féerique :

Un palais aux murs verts
Aux chambres rouges
Aux fenêtres noires.

Et même la variante tragique, non inattendue dans cette terre de violences et de crimes :

Oh quelle odeur de peau
Quel rougeoiement de tranches

Silence, silence, au lieu de crier
Approche et goûte comme cela est tendre.

Pour le voyageur abordant aux rives de l'antique Trinacrie la tête pleine des illustres mythes grecs, l'humble mythe du *cocomero* semblera peut-être une introduction décevante. Pourtant, s'il veut comprendre quelque chose à la Sicile d'aujourd'hui, il apprendra plus en méditant sur les métamorphoses du melon d'eau dans l'imagination populaire (et sur le fait même que, à partir d'un objet aussi simple, aussi évident, l'imagination populaire sicilienne trouve autant à rêver) qu'en repassant dans sa mémoire les dieux et les prodiges de la mythologie ancienne. Il est vrai que certaines des premières légendes du monde ont ici leur lieu : c'est en Sicile que les Géants ont été défaits par Jupiter, c'est à la Sicile, son séjour préféré, que Cérès fit le cadeau du froment, c'est en Sicile que Dédale se réfugia pour fuir la colère de Minos. Sur la côte orientale, Vulcain et ses Cyclopes avaient leurs forges dans les gouffres de l'Etna, Polyphème sa caverne au pied des escarpements de Taormine ; et, à l'autre extrémité, face au couchant, Vénus Aphrodite venait chaque année de Délos tirée par ses colombes sacrées visiter son temple d'Eryx.

Mais trop de guerres, d'invasions, de colonisations, de spoliations se sont succédé depuis l'époque heureuse de ces fables, pour que le paysan sicilien d'aujourd'hui puisse chercher dans les mythes grecs les symboles de son destin. La pastèque, qui suggère l'idée d'universalité par sa forme sphérique, de mystère par le contraste entre son extérieur lisse et dur et la pulpe juteuse qu'elle renferme, et enfin de prodige par cette alliance merveilleuse du rouge sanglant et du frais qui apaise, n'est pas moins significative des secrets et des contradictions de l'existence humaine, tout en ayant ce caractère de familiarité que les légendes antiques présentaient, justement, pour leurs contemporains.

Un autre mythe d'une simplicité extrême et en même temps susceptible de plusieurs interprétations : le tablier de la femme de Pietraperzia. Je le transcris d'après la version qu'en a donnée Francesco Lanza, un écrivain sicilien du début de ce siècle, un de ces écrivains qui se sont appliqués à recueillir par écrit les traditions orales dont regorge cette terre.

« La femme de Pietraperzia portait sur elle un tablier si rapiécé que les morceaux se chevauchaient, impossibles à compter, et de toutes les couleurs ; en sorte qu'il avait pris le double d'épaisseur et paraissait la housse de l'âne.

« Son mari, qui le lui connaissait depuis le jour de leurs noces, n'en pouvait plus de la voir y mettre sans cesse la main pour le rapiécer, les morceaux n'étant jamais suffisants et le tablier s'en allant de partout ; et le jour de la foire étant arrivé, il lui en acheta un nouveau.

« La femme en le voyant n'avait pas assez d'éloges, car il était à fleurs ; et entre-temps elle disait :

« — Quels beaux morceaux à découper là-dedans pour mon vieux tablier usé, comme ça je pourrai me le mettre même quand il y aura jour de fête.

« Et s'étant armée d'une paire de ciseaux, elle commença à découper en tous sens des morceaux pour son vieux tablier ; et, le travail fini, elle le montra toute contente à son mari :

« — Regardez, mon mari, comme mon tablier est maintenant si bien rapiécé qu'il a l'air flambant neuf. »

L'habitude de la misère, des haillons, ne suffit pas à expliquer le geste de la femme de Pietraperzia ; et celui qui verrait seulement dans cette anecdote une allusion à la pauvreté séculaire, à la pénurie existentielle du peuple sicilien, manquerait la signification première de ce mythe : la jubilation du bariolé et du composite. Le tablier offert par le mari était beau, de diverses couleurs, et à motif floral : mais il avait le défaut d'être d'une seule pièce, d'un seul tenant. Un tablier rapiécé, fait de pièces et de morceaux, est le seul qui puisse convenir à une femme de Sicile : c'est-à-dire d'un pays qui n'a pas une seule identité, mais d'innombrables. Qui a été sicane, sicule, grec, carthaginois, romain, byzantin, normand, souabe, angevin, espagnol, piémontais. Et qui ne sait pas encore aujourd'hui s'il est italien ou sicilien, ni même s'il fait partie de l'Europe ou de l'Afrique. En sorte que le tablier de la femme de Pietraperzia, rapiécé comme il est, est vraiment l'emblème de la Sicile ; l'image vestimentaire de trois mille ans d'histoire précaire, mouvante et sans cesse recommencée. Son emblème, son drapeau : en loques, mutilé, lamentable si on veut. Mais en même temps fier et glorieux, battant au vent de toute l'énergie vitale de ses couleurs intrépidement juxtaposées.

Les merveilleuses friandises siciliennes, en pâte d'amande, qui imitent les formes et les couleurs des fruits les plus variés ; les glaces inimitables, qu'on confectionnait dès le XVIIIe siècle avec les neiges de l'Etna, de la *cassata* incrustée de fruits confits au *schiumone* où le dur et le moelleux sont stratifiés en couches voluptueusement inégales ; la *caponata*, plat national à base de tomates, de céleri, d'aubergines, de câpres, de sucre et de vinaigre, qui fondent leurs couleurs, leurs arômes, dans un mélange bigarré ; l'art de faire un trou dans une côtelette de porc pour injecter dans la viande monocolore et monosapide une farce pimentée et aillée, comme dans cette auberge de Chiaramonte Gulfi, une bourgade perchée au milieu de l'immense solitude montagneuse ; le goût des étalages fastueux dans le moindre marché de village ; les guirlandes d'ampoules multicolores ornant les oratoires dressés à l'angle des rues ; l'extravagance architecturale des chars polychromes traînant le jour de leur fête les saints à figure de poupée ; la cuisine, le commerce, la dévotion, sans parler de la peinture des panneaux de charrettes, ou de la floraison des plumets, des panaches, des pompons sur le harnachement des ânes, ou de l'exubérance inventive des potiers : dans tout acte de création sicilien on retrouve les coups de ciseaux de la femme de Pietraperzia. Un geste qui exprime à la fois le regret poignant de l'identité impossible, l'euphorie du multiple, la crainte d'être seul et nu dans un monde immense et désert, la conscience ironique d'appartenir à un amalgame de civilisations hétéroclites, la rivalité dérisoire avec l'immuable soleil dont la toute-puissance ne sert qu'à étaler sur les étendues désertiques le voile gris, uniforme, de la mort.

De toutes les Siciles qui se sont succédé, la plus vraie est la Sicile baroque : non pas seulement parce que les monuments qui en restent sont d'une incomparable splendeur et d'une roborative fantaisie, mais parce que l'art baroque, fait de surabondance palpable, qui construit ses façades comme un pâtissier de génie ses gâteaux, est le seul qui importe à un peuple doutant tragiquement de lui-même et demandant aux formes qu'il crée des preuves de son existence.

Ce n'est pas le lieu ici de fournir un itinéraire de la Sicile baroque, mais tant pis, j'ai vu tant de voyageurs, trompés par leur guide, revenir de Sicile sans en avoir soupçonné les merveilles que quelques indications rapides ne me semblent pas superflues. Les chefs-d'œuvre de Palerme sont assez bien signalés. Mais à Catane, ville réputée ingrate, qui prend le temps de flâner dans la courte, mais si belle via dei Crociferi, le long des façades bombées des couvents, sous les balcons arrondis aux ferronneries délirantes ? Qui se donne la peine de faire un détour par Palazzolo, par Modica, par Raguse, à la recherche de leurs plantureuses églises meringuées ? A Syracuse, qui oserait sacrifier la promenade scolaire dans les ruines grecques insipides aux délices de l'île Ortygie, qui renferme, en face de la cathédrale déjà étonnante, un palais doré, friable, mystérieux comme un rayon de miel dont on aurait fait la plus élégante des demeures, avec un escalier qui occupe sans utilité la moitié du bâtiment, en hommage au vide, à la gratuité, au temps et à l'espace pour toujours perdus ? Et Noto, cette ville construite en quelques années à peine sur un emplacement nouveau, à flanc de colline, après que le tremblement de terre de 1693 eut détruit l'ancienne cité (dont les ruines, enfouies sous les plantes odorantes, à quelques kilomètres plus à l'intérieur, en pleine montagne, constituent un des sites les plus poétiques, les plus émouvants de toute l'île), qui se doute qu'elle présente le plus cohérent ensemble urbaniste jamais édifié autrefois, d'un seul style, depuis les grandes églises théâtralement isolées sur leur socle de gradins, jusqu'à la disposition des rues en impasse prolongées par des trompe-l'œil, jusqu'aux consoles des balcons sculptées en têtes de lions, de chevaux, de sirènes, jusqu'aux grilles des fenêtres plus finement ciselées que des dentelles ? Enfin, de Scicli, cette minuscule capitale aux caryatides pansues blottie à l'entrée d'une gorge, qui connaît même le nom ?

L'exubérance du baroque est l'antidote indispensable contre le sentiment d'être « un, personne et cent mille », selon le titre d'un des romans de Pirandello. Pirandello, né dans une ville qui s'appelait Akragas sous les Grecs, Agrigentum sous les Romains, Kerkent sous les musulmans, et dont le nom moderne hésite entre Agrigento, dérivé de la domination latine, et Girgenti, de l'occupation arabe, a exprimé mieux qu'aucun autre de ses compatriotes ce drame de l'identité perdue, qui est le drame fondamental de la Sicile. La pureté des temples grecs, la perfection scintillante des mosaïques byzantines peuvent bien convenir à des gens très forts, très sûrs d'eux-mêmes : la contemplation suppose distance et indépendance, distance devant l'objet contemplé, indépendance de celui qui contemple. Mais pour qui a du mal à s'identifier lui-même, l'art baroque, tumultueux, éloquent, bavard, sensuel, impudique, est d'un secours inappréciable contre l'angoisse, le vertige du « qui suis-je ? ». On ne regarde pas de loin, ni immobile, une façade baroque : elle bouge, elle vient à vous, elle vous parle, elle vous submerge de son babil prolixe et fleuri, elle est une compagnie vivante, pas une œuvre figée. En outre, l'art baroque est un art riche, opulent, ce qui n'est pas fait pour déplaire à des utilisateurs pauvres, mais ce n'est pas un art aristocratique, qui pourrait les rebuter ou les intimider : car l'ornementation baroque n'est pas le privilège exclusif des églises, des palais. On la retrouve dans toutes les manifestations et dans toutes les circonstances de la vie quotidienne : au marché, sur les charrettes des paysans, dans les harnais des chevaux, dans la cuisine, dans la pâtisserie : universelle, donc, et populaire. Les richissimes fondations religieuses avaient eu soin de se spécialiser chacune dans la confection d'une friandise particulière : c'est ainsi que le couvent de Santa Caterina à Palerme, dont l'église étincelle de coquillages coruscants et bouillonne sous des dentelles de marbre, fut longtemps célèbre pour ses potirons confits.

Au reste, il semble que dès l'époque de la colonisation grecque, les Siciliens aient réussi à baroquiser les sévères canons helléniques de la beauté : du moins si l'on en juge par les statuettes ou les peintures des vases exhumés lors des fouilles. Beaucoup plus libres, fantaisistes et irrévérencieuses que leurs modèles athéniens. Et si les Arabes ont apporté dans l'île une ère de bonheur et de prospérité, ce n'est pas seulement parce qu'ils ont introduit l'hygiène corporelle, l'irrigation, l'élevage des chevaux et des méthodes plus rationnelles d'agriculture : mais aussi parce que tout un monde de matières, de formes, de couleurs, de saveurs nouvelles est apparu avec eux. Le sucre, les sorbets, les confiseries, les tapis, la soie, le coton, le palmier-dattier, l'orange, le citron, la pêche, la grenade : de quoi coudre, en somme, comme sur le tablier de la femme de Pietraperzia, d'innombrables empiècements colorés, plus imprévus, plus vifs, plus gais les uns que les autres, sur le manteau gris de la Sicile, étendu à perte de vue dans la morne succession des champs calcinés.

Coré, appelée encore Proserpine, ou Perséphone, cueillait des fleurs dans un pré au milieu des campagnes qui entourent Enna, lorsque Pluton, ou Hadès, le dieu des Enfers, lui ayant donné la chasse de ses noirs coursiers, l'entraîna dans les profondeurs de la terre. Sa mère, la déesse Déméter-Cérès, qui avait apporté le blé en Sicile, erra inconsolable à la recherche de la jeune fille... Certes, mainte explication ingénieuse a été donnée de ce mythe que les Grecs avaient localisé en Sicile : l'enlèvement de Coré par Hadès signifierait l'appropriation par les hommes des mystères de l'agriculture, que seules les femmes pratiquaient dans les premiers temps du monde. Ou encore la nécessité d'enterrer pour l'hiver, dans l'épaisseur du sol, la pousse de blé féminine, pour qu'elle en rejaillisse plus vigoureuse au printemps. Mais le sens premier de ce mythe ne doit pas nous échapper pour autant : une jeune fille est enlevée brutalement, par un rapt qui renvoie à une des constantes de la vie sicilienne, le vol, l'agression, la disparition. Rapt d'autant plus saisissant que Coré semblait bénéficier de la protection de deux puissances tutélaires infaillibles, la Nature généreuse, printanière, fleurie, et surtout la Mère, la *Mamma*, rarement prise en défaut d'assistance à ses enfants.

Un autre mythe de l'Antiquité enraciné en Sicile explique aussi une disparition. Il se rapporte à un personnage historique, cette fois, mais engagé plus qu'à demi dans la légende. Empédocle, philosophe et savant universel, poète et musicien, urbaniste et administrateur, hygiéniste et thaumaturge, gouvernait sagement Agrigente, tout en s'entourant d'un cortège de disciples et en plaçant sur sa tête une couronne d'or pour paraître en public. Sa mort est restée mystérieuse. On dit que l'Etna l'engloutit et qu'on ne retrouva de lui qu'une sandale rejetée par le volcan. Selon les uns, il aurait voulu cacher sa mort afin de passer pour un dieu, mais le volcan, en rejetant sa chaussure, aurait déjoué son projet et démasqué sa vanité. Selon les autres, il aurait tenté de s'élever dans les cieux, mais les divinités de l'Olympe, pour le punir de son orgueil, l'auraient précipité au fond du cratère. Il est probable qu'il périt victime de sa curiosité scientifique, en voulant observer une éruption de trop près.

Quoi qu'il en soit, la disparition d'Empédocle complète la disparition de Proserpine. Le crime des hommes dans un cas, la violence des forces naturelles dans l'autre représentent la double menace perpétuellement suspendue sur la Sicile : et de même que l'amour maternel est impuissant contre le crime, de même ni le savoir, ni la richesse, ni le pouvoir politique ne protègent contre les catastrophes naturelles. Le coup de force de Pluton symbolise tous les guets-apens de l'histoire : aussi bien les invasions des colonisateurs que les incursions des pirates, les méfaits des bandits que les exactions de la Mafia. L'éruption meurtrière de l'Etna renvoie aux inondations, aux raz de marée, aux éboulements de collines, aux tremblements de terre qui bouleversent périodiquement la plus belle île de la Méditerranée. Ces deux anciens mythes n'ont pas trouvé par hasard l'hospitalité en Sicile, où une tradition, encore vivante, les perpétue : pour tout Sicilien, le sentiment précaire de son existence, la conscience insuffisante de son identité reçoivent de ces légendes lointaines la confirmation qu'aucune certitude n'est stable, que tout ce qu'il aime autour de lui, ses biens, ses parents, ses amis, ses enfants, et jusqu'à sa vie même, peuvent disparaître d'une minute à l'autre, emportés par une noire et inéluctable fatalité.

Depuis Empédocle, combien de savants, combien de poètes, combien d'écrivains, combien de musiciens illustres ont fait la gloire de la Sicile, sans réussir à soustraire son peuple aux dangers élémentaires de la faim, de la soif, de la misère, de l'insécurité, de la violence. Ouvrez au hasard un journal : il n'y a pas de jour que les faits divers — appelés d'ailleurs « chronique noire » — ne rapportent quelque assassinat, perpétré sous un prétexte ou un autre, en plein jour, au coin d'une rue, ou au traître détour d'un chemin. Telle Déméter éperdue parcourant les champs et les monts à la recherche de sa fille disparue, combien de mères n'eurent que leurs larmes à offrir, n'ont encore que leurs larmes à offrir, sur le cadavre de leur fils supplicié !

Cette image de la déploration maternelle nous ramène à la Sicile familière : la Sicile des processions religieuses. A Pâques, dans le drame de la Crucifixion, chacun retrouve, magnifié par le mythe chrétien comme il l'avait été déjà par le mythe païen, le drame de l'Enfant arraché à la Mère. La Sicile de la vie de tous les jours : en l'absence d'une tragédie plus particulière, la simple difficulté de vivre trace des rides profondes sur le visage des femmes, courbe les enfants sous un travail précoce, pétrifie les hommes dans une immobilité silencieuse. A quoi rêvent-ils tous, les yeux fixés mélancoliquement sur l'horizon démesuré ? Même lorsqu'ils se rassemblent en foule, pour une fête catholique, un meeting politique ou la simple promenade vespérale sur le corso, ils restent seuls. Raides, murés dans leur isolement, le plus souvent tristes et absorbés dans la contemplation de leur destin.

Plutôt que de méditer sur les ruines des théâtres et des temples grecs et romains, je ferais mieux, décidément, de me replonger dans la *Bibliothèque des traditions populaires siciliennes* commencée en 1871 par l'ethnologue Giuseppe Pitré (et revisiter à Palerme le plus intéressant musée de l'île, baptisé Pitré justement, où je verrai les plus riches collections d'ex-voto, de peintures sur verre, de marionnettes, de panneaux de charrettes, de pièces de harnais, d'objets magiques) ; dans les *Chants populaires siciliens* recueillis en 1867 par Salvatore Salomone-Marino ; dans *les Fables et les Histoires morales de nos paysans* publiées en 1884 par le baron Serafino Amabile Guastella ; dans les *Historiettes siciliennes* du déjà cité Francesco Lanza, qui datent de 1928. Ou, pour m'en tenir à notre époque, dans les *Devinettes populaires siciliennes* colligées en 1954 par Vann'Anto (d'où j'ai tiré celle du *cocomero*) ; dans les *Chants de prison et de mafia* publiés en 1965 par Antonino Uccello (lequel a rassemblé dans sa maison de Palazzolo Acreide une savoureuse collection d'objets folkloriques). Ou enfin, si je préfère m'adresser à un créateur, dans les livres d'Ignazio Buttitta, excellent poète dialectal, interprète inspiré de la colère et des tourments de son peuple.

Ces écrivains locaux, modestes, ne me dispensent certes pas de relire les romans ou nouvelles de Verga, de Capuana, de Federico De Roberto, de Pirandello, de Brancati, de Vittorini, mais, dans un pays où la littérature « noble » reste plutôt une branche merveilleuse de la littérature nationale italienne qu'une expression du sentiment insulaire, les compilateurs de fables et de proverbes m'introduiront de beaucoup plus près à la vie secrète, aux passions, aux souffrances des hommes que je croise sur les routes de montagne, chevauchant leur mobylette (les mules ont disparu) et suivis de leur chien, des femmes qui me jettent sous leurs voiles un coup d'œil en passant, timide si elles sont jeunes, scrutateur et méfiant pour les vieilles.

A moins que je ne préfère me rendre au dernier théâtre de marionnettes qui subsiste, à Palerme, et suivre les exploits trépidants de Roland, de Renaud, de Charlemagne et de ses paladins, figures à peine travesties de bandits plus familiers. Ou m'arrêter sur la place d'un village si j'ai le bonheur de tomber sur le spectacle donné en plein air par Ciccio Busacca ou quelque autre de ces poètes errants, les *cantastorie*, qui chantent à pleins poumons le dernier crime d'honneur, la dernière fusillade meurtrière entre un brigand au grand cœur et les « sbires », les carabiniers, ces haïs serviteurs de l'Etat. Ou descendre dans les catacombes des Capucins à Palerme : là, alignées debout dans leurs niches, huit mille momies tout habillées, de prêtres portant encore leurs ornements sacrés, de gentilshommes serrant dans leurs doigts décharnés leurs titres de noblesse, d'épouses gantées de blanc pressant sur leur cœur parcheminé un bouquet fané de fleurs d'oranger, me dévisageront sans douceur du fond de leurs orbites excavées.

Avec un peu de chance aussi, et un cœur solide pour les encaisser, le voyageur peut assister à une de ces non rares manifestations délirantes qui éveilleront en lui la stupéfaction, l'émerveillement et l'horreur. Pèlerins qui remontent à genoux la nef de l'église en léchant le sol de leur langue ; dévots qui accrochent un bras, une jambe, un sein, un estomac de cire devant la statue du saint pour le remercier de les avoir guéris d'une infirmité ou sauvés d'un accident ; Christs enchaînés traversant le village le dos ployé sous une vraie croix pendant la Semaine sainte ; cérémonials minutieux pour exorciser le mauvais œil ; danses et contorsions frénétiques de femmes se disant mordues par la tarentule : tels sont quelques-uns des paroxysmes auxquels se porte la piété méridionale, plus proche assurément du fanatisme espagnol que de la sérénité qui régnait sur l'Olympe.

Longtemps, dans ces formes souvent abjectes de dévotion, dans ce goût morbide de la souffrance et de la mort, on n'a vu qu'une dégénération du culte catholique, un abâtardissement de la religion dans la superstition. Aujourd'hui, grâce aux travaux de l'ethnopsychologie, qui a eu en Ernesto De Martino[1] son représentant italien le plus remarquable, on commence à comprendre quel rôle essentiel, indispensable, jouent dans la vie des peuples de l'Italie du Sud leurs rites et leurs exercices magiques. Peuples courbés sous une double oppression : l'oppression économique, la misère ancestrale et chronique, qui, loin d'avoir été allégée depuis la réalisation de l'Unité italienne, il y a quelque cent quarante ans, s'est augmentée de toute l'amertume d'un grand rêve déçu ; et l'oppression sexuelle, presque aussi brutale de nos jours qu'au Moyen Age.

C'est pourquoi, quand une femme se met à se tordre par terre, à danser, à hurler en déchirant ses vêtements, elle mène à bien une double opération de délivrance. Par l'agressivité qu'elle déploie, elle se soulage des frustrations de la pauvreté, de la faim, des travaux forcés qui sont les siens à longueur d'année ; en même temps, elle se défoule de ses pulsions érotiques réprimées. Et non seulement elle se libère elle-même, mais elle libère la communauté qui l'entoure, l'assiste, l'encourage, aux sons d'une musique rituelle, selon un cérémonial strictement codifié. En sorte que cette mimique qui a l'air d'une explosion animale d'hystérie est en réalité quelque chose qui tient à la fois du jeu théâtral tel qu'on le pratiquait dans l'Antiquité, et du psychodrame tel que les médecins le pratiquent aujourd'hui. Le village, après cette catharsis nécessaire, peut se remettre à vivre. Spectacles difficiles à supporter, impossibles à oublier, typiques assurément, mais dont l'excès même risque de détourner le voyageur de ce qui fait, je crois, le fond du caractère sicilien, en dehors de ces périodes exceptionnelles de crise : un fatalisme muet, lucide et humoristique.

Voici, personnage capital de la mythologie rurale sicilienne, l'âne, tel que le baron Serafino Amabile Guastella, dans son recueil de fables, en conte les origines et les tribulations. Un jour le Seigneur Dieu, fatigué d'entendre les hommes se lamenter et se disputer, décida de distribuer les biens, afin que chacun sût à quoi s'en tenir. Les premiers à se précipiter furent les *galantuomini*, les *cavalieri*, appelés aussi *cappelli*

1. Consulter deux de ses livres traduits en français : *Italie du Sud et magie* et *la Terre du remords*, et voir article *Tarentelle*.

du fait que le port du chapeau est un de leurs privilèges : ils firent main basse sur les richesses, les terres, les honneurs et les plaisirs. Mais ils ne purent saisir la santé, qui s'enfuit épouvantée. Allusion au teint jaune, à la mine mélancolique et ennuyée de ces messieurs (mi-propriétaires mi-bourgeois, « notables » avec une nuance cérémonieuse en plus) qu'on voit encore, vêtus d'un complet impeccable et coiffés d'un élégant panama, assis aux terrasses des cafés ou à l'intérieur du « Cercle des Nobles » (appelé parfois « Cercle de la Conversation », par antiphrase sans doute), en train de jouer aux cartes, de parcourir le journal ou de ne rien faire du tout, le regard perdu dans le vague. Dans leur jeunesse, si l'on en croit le romancier Vitaliano Brancati, satiriste pointu mais observateur impartial, ils ne montraient guère plus d'activité : un de leurs principaux passe-temps, dans les bars de Catane, consistant à faire des concours pour savoir qui serait le plus lent à vider sa minuscule tasse de café.

En second lieu accoururent les prêtres et les moines. « Seigneur, nous nous contenterons des seuls biens du paradis », déclarèrent-ils. Néanmoins, à y penser deux fois, ils se rendirent compte que les biens du paradis ne font pas bouillir la marmite : aussi raflèrent-ils tout ce que les *cavalieri* avaient oublié. Mais eux également eurent leur part de maux, et ce fut de devoir renoncer à la femme. Ils protestèrent, tempêtèrent, mais Dieu fut inflexible : il leur prescrivit même de porter la soutane, pour leur signifier que les femmes les regarderaient désormais comme des sœurs, non comme des maris ou des amants.

Enfin arrivèrent les paysans, les *villani* (ou *berretti*, « casquettes », du nom du couvre-chef qui leur fut concédé). Ils trouvèrent le champ de distribution nu comme un genou, à l'exception d'un âne qui broutait en lisière.

L'âne est donc devenu le compagnon, l'ami, presque le seul parent du paysan. S'il devait choisir entre la mort de sa femme et la mort de son âne, il n'hésiterait pas une minute. Il le soigne, le lave, le bichonne amoureusement, se lève trois ou quatre fois la nuit pour renouveler la paille de la litière, voir si l'animal ne s'est pas étranglé avec son licou. Il le fait bénir par le prêtre, le jour de la Saint-Vito, pour que le saint le protège de la morsure des chiens hydrophobes, et le jour de la Saint-Sylvestre, pour que le glorieux pape l'immunise contre les loups. Mais une autre coutume que rapporte Guastella montre bien quel ressentiment anime en secret ceux à qui leur Seigneur n'a fait la grâce que d'un âne, et en quelle piètre estime ils se tiennent eux-mêmes pour n'avoir été jugés bons que d'un présent aussi modeste. Ils tournent en dérision la faveur qu'ils ont reçue, au cours d'une fête des plus burlesques.

Quand les ânes sont devenus impropres au service, il y a pour eux une foire spéciale, le 10 août, jour de la Saint-Laurent, à Palazzolo. La veille, on les conduit dans un terrain aménagé tout exprès : extravagante procession de quadrupèdes éclopés, ayant à peine la force de se tenir debout. « Il en est de toutes sortes : ânes sans queue, ou sans oreilles, ou sans poils ; il y en a de boiteux, et d'aveugles, et de galeux, et de ratatinés, et de recroquevillés comme du parchemin, et de gonflés comme des métaphores de Guerrazzi (un Ponson du Terrail italien) ; et il y en a qui ont sur le dos, ou sur la croupe, ou dans une cuisse, des trous si horribles qu'on pourrait y mettre facilement la main ; il y en a avec un œil unique ; d'autres rongés par les vers ; d'autres qui de quatre pieds n'en ont plus que trois ; d'autres avec une seule moitié du postérieur, parce que la seconde a été emportée par les loups ; et il y en a de vieux, et d'archi-vieux, espèces de Mathusalems asinesques, qui n'ont plus la force de braire ni de renifler l'urine. » Et tous ces ânes, arrivés au bout de leur voyage, regardent mélancoliquement par terre, et se couchent épuisés. Mais le plus beau, le plus atroce, le plus sarcastique, c'est que leurs propriétaires leur ôtent alors leurs licous, qu'ils jettent en tas et remuent en tous sens ; car le lendemain, au lever du jour, chacun prend au hasard dans le tas un licou : et l'âne auquel appartient ce licou devient sa propriété. Non sans récriminations, sans plaintes, sans disputes : comme s'il pouvait y avoir un quelconque avantage ou désavantage à échanger un boiteux contre un aveugle. Par cette coutume, qui leur sert, dirait-on, à parodier le commerce des vraies valeurs entre riches, on mesure la profondeur de leur amertume, de leur désenchantement, mais aussi le raffinement de leur humour.

Cérémonie baroque, encore ; et dont le goût pour le bizarre, pour le monstrueux, semble répondre en écho aux fameuses sculptures de la villa Palagonia à Bagheria, près de Palerme. Bien qu'elles soient issues de la classe sociale opposée, de la grande aristocratie du XVIIIe siècle qui avait fait de Bagheria son Versailles, ces statues, qui auraient pu sortir de l'imagination d'un Goya, témoignent de la même frénésie tératologique, du même sommeil de la raison, que la procession et l'échange des aliborons de rebut à la foire rustique de Palazzolo. Bossus, nains, bicéphales, hydropiques, crétins, queues de dragon vissées à des bustes humains, femmes à tête de cheval, hommes à deux nez : entre les larmes et le rire, voilà l'envers des *cavalieri*.

Mais, pour m'expliquer le silence du paysan sicilien, ce silence énorme, désolé, presque funèbre, qui pèse sur la Sicile et frappe le plus le voyageur surtout s'il débarque directement de la bruyante, brillante et volubile Naples, aucune œuvre d'art, de quelque époque qu'elle soit, ne me viendra en aide : ni antique, ni musulmane, ni espagnole, ni baroque. Et il ne me suffira pas non plus de me dire que la succession des tyrannies étrangères, la haine et la peur de l'Etat et de sa police ont créé dans le peuple l'habitude de ne communiquer que par signes. De ce mutisme opaque, grandiose, si scrupuleusement observé que jamais on n'entendra chanter pour égayer son chemin aucun des paysans qu'on croise dans les solitudes poudreuses de l'intérieur — dans un pays où pourtant un Bellini, né et élevé à Catane, a porté à son point suprême de perfection l'art du *bel canto* —, je trouve, dans une autre des fables rapportées par Guastella, une savoureuse, poétique justification.

« Un jour le Parler et le Manger se disputèrent entre eux, parce que l'un et l'autre avaient été condamnés à vivre ensemble dans une seule habitation, comme deux galériens enchaînés au même boulet.

« — Diable ! hurlaient-ils en se démenant sur le bout de la langue, quelle est donc cette injustice ? Le Seigneur Dieu a fait deux maisonnettes pour la seule Vue ; deux cavernes pour la seule Ouïe ; et deux moulins à vent pour le seul Odorat. Et il a fait deux jambes, et deux bras, et deux sourcils, et deux mains, et deux pieds, et deux couilles, et deux mamelles. Mais quand il s'est agi de nous procurer à chacun de nous un logement, il a voulu économiser, et nous a fourrés tous les deux au même endroit.

« N'en pouvant plus de cette promiscuité, ils recoururent donc au roi Salomon, pour qu'il décidât qui devrait déménager de la bouche, et qui aurait le droit d'y rester.

« — C'est à moi de rester, dit le Manger, parce que sans moi l'homme ne pourrait subsister.

« — Qu'as-tu à répondre ? demanda Salomon au Parler.

« — Sans moi l'homme serait semblable aux bêtes, parce que c'est moi qui le distingue du cafard et du cochon. Et sans moi mon ennemi n'aurait même pas pu défendre sa cause à l'instant. Pour manger tout le monde mange, même le pou, mais pour parler il n'y a que l'homme qui parle.

« Le roi prononça alors sa sentence :

« — Chacun de vous a raison, et je vais faire en sorte que vous restiez en paix sans vous séparer, car en vous séparant j'irais contre la sagesse de Dieu. Toi, ô Parler, tu domineras désormais sur ton compagnon dans la bouche du riche, qui n'a rien à faire, et possède tous les biens de Dieu, comment diable pourrait-il tuer le temps, s'il ne l'employait pas à bavarder, et à casser du sucre sur le dos de son voisin ? Mais dans la bouche du pauvre, tu te tiendras recroquevillé, parce que, dans son cas, en dire trop pourrait lui nuire. Et toi, ô Manger, souci constant et unique occupation du pauvre, tu seras toujours le bienvenu dans sa bouche, et adoré comme une idole. »

Il y a pourtant des maisons de riches où on ne parle guère, malgré la sentence du roi Salomon. J'en ai connu au moins une : la belle villa de Capo d'Orlando, dans le nord-est de l'île, où le baron Lucio Piccolo di Calanovella vivait avec son frère Casimir et sa sœur dont le prénom m'échappe, tous les trois nés dans les premières années du siècle. Tous les trois célibataires, et ne sortant pour ainsi dire jamais de leur domaine, qui consistait en des cultures de citronniers et d'oranges, d'un bon rapport, surtout pour les intendants et les divers intermédiaires qui profitaient de la négligence des maîtres pour s'enrichir à leurs dépens.

Lucio Piccolo, cependant, fit une fois une sortie, qui est restée mémorable, et sans laquelle je n'aurais pas cherché à le connaître. Il avait envoyé en 1954 à Eugenio Montale, par la poste, un recueil de poèmes. Lui, provincial inconnu, à l'un des premiers poètes italiens : lequel, frappé de la beauté et de l'étrangeté de ces vers, demanda à leur auteur de venir à un congrès d'écrivains qui devait se tenir dans la petite ville lombarde de San Pellegrino. On vit arriver, dans une antique et noire limousine conduite par un chauffeur en livrée, deux messieurs très dignes, pâles, d'un autre monde, deux gentilshommes sortis d'un tableau du Greco, le poète et un sien cousin. Ce cousin, complètement inconnu alors, était le prince Giuseppe Tomasi di Lampedusa : il observa les littérateurs réunis au congrès, les écouta, les jugea, et décida qu'il pourrait faire aussi bien qu'eux. Rentré à Palerme, il se mit à écrire un roman, qu'il eut juste le temps de terminer avant de mourir. Il avait appelé ce roman *le Guépard*. Comme on sait, le succès, posthume, fut immense.

Rendu curieux par cette légende, par ce cousinage, je proposai ma visite à Lucio Piccolo, il y a de cela une trentaine d'années. Sans savoir qui j'étais, il m'invita aussitôt à déjeuner, avec l'élégance et l'hospitalité d'un Sicilien. Un petit chemin de terre montait de la grand-route vers la villa cachée au milieu des arbres et des hortensias géants. Une forte odeur de pourriture flottait autour de la demeure. J'appris qu'il s'agissait des chiens du baron, enterrés les uns après les autres sous une mince couche de terre : des molosses redoutables, qui avaient obligé une fois un visiteur imprudent à se réfugier sur un arbre pour échapper à leurs mâchoires. J'évitai ce danger, mais faillis tomber dans un autre. Pour entrer dans la maison, il fallait se faufiler au pas de course sous un énorme essaim d'abeilles suspendu au-dessus de la porte. Les animaux étaient sacrés ici. Non pas en vertu d'une zoophilie militante, mais par foi dans la métempsycose : du moins de la part de Casimir, le frère, qui croyait dans la transmigration des âmes et m'entreprit sur ce sujet, en me montrant la collection de revues de spiritisme qu'il faisait venir d'Angleterre.

Notre conversation fut brève. Car le familier des fantômes, ayant compris que j'étais venu pour le poète, se renferma bientôt dans un mutisme dont il fut impossible de le tirer. Les deux frères, qui vivaient depuis plus de soixante ans sous le même toit, se haïssaient : et il suffisait qu'on adressât la parole à l'un pour que l'autre se rétractât comme un escargot. Lucio, d'ailleurs, ne se montra guère beaucoup plus loquace avec moi. Nous étions assis tous les quatre, silencieux, dans une pièce encombrée de meubles et de bibelots hétéroclites, où l'on ne distinguait presque rien avec précision, à cause des lourds rideaux de velours qui empêchaient la lumière d'entrer, mais non la chaleur, qui était torride, en cette journée du mois d'août, à tuer un âne, même vaillant, même pourvu de ses quatre pieds et des deux moitiés de son postérieur. La sœur, dont la seule mission depuis soixante ans semblait être de servir de tampon et d'ambassadrice entre les deux frères, me donna les rares informations que je pus recueillir sur les chiens, les abeilles, les hortensias. Mais elle ne put m'expliquer pourquoi, au beau milieu du salon, se dressait, maigre, solitaire et pointu, comme l'étendard parodique de ces chevaliers à la triste figure, le paratonnerre.

Nous passâmes à table : une table ovale, énorme, cirée, qui luisait dans la pénombre. Chacun des frères s'assit à un bout, à une distance considérable de l'autre. La sœur prit place au milieu, et moi en face d'elle. Les mets furent somptueux, tarabiscotés, exquis et indigestes au possible. Nul plat qui ne fût simple, où quelque farce, pour les salés, quelque crème, pour les sucrés, n'ajoutât à la chère déjà grasse sa surabondance adipeuse, selon les fantaisies du baroquisme le plus échevelé. Aucun de mes trois hôtes ne prononça un mot de tout le repas ; et si, dans les cuisines qui jouxtaient la salle à manger, le personnel déchaîné n'avait pas fait le plus insolent des vacarmes, j'aurais cru être tombé pour de bon chez des fantômes, chez des esprits échappés d'entre les pages des revues anglaises de Casimir.

On revint au salon. Casimir se retira dans son coin, la sœur s'installa au milieu près du paratonnerre. Quant à Lucio il m'entraîna à l'autre bout de la pièce, me fit asseoir dans un fauteuil à côté de lui, souleva un coin du rideau et se mit à me lire *in extenso*, l'un après l'autre, ses quatre « Chants baroques », d'une voix caverneuse, haletante, non sans s'interrompre çà et là pour me demander anxieusement :

— Vous comprenez, vous comprenez bien ?

Que pouvais-je comprendre, sinon qu'il s'agissait d'une poésie véhémente, inspirée, tourmentée, suffocante ? Car pour pénétrer les arcanes de ces vers denses, contournés, hermétiques, il aurait certes mieux valu n'avoir pas ingurgité à l'instant des pâtes farcies au lard, des côtelettes remplies de chair à saucisse, des meringues croulantes de sirops, ni me trouver maintenant, à trois heures de l'après-midi, en plein milieu de la canicule, plus occupé à observer l'ardente déclamation de ce personnage évadé d'une comédie de Pirandello qu'à entrer dans les nuances de son génie.

Ayant terminé un poème, il se levait, plaçait le livre sur mes genoux et m'enjoignait de relire, pendant qu'il s'esquivait sur la pointe des pieds et disparaissait dans le couloir : pour allumer une cigarette en secret, sa sœur lui ayant interdit de fumer. Puis il revenait, commençait un autre chant. Heureusement qu'il me donna pour finir son livre à emporter : œuvre d'un vrai, d'un grand poète, une sorte de Mallarmé des tropiques qui aurait vécu reclus dans un couvent, derrière des balcons chargés de fleurs écarlates, à épier le pas des femmes dans la rue, sous les souffles brûlants du sirocco.

Avant de prendre congé, je lui demandai :

— Mais votre cousin Lampedusa, pourquoi a-t-il attendu si tard pour écrire ? Pourquoi n'a-t-il rien publié de son vivant ?

Il me fit cette simple réponse, sans avoir l'air de penser qu'elle était extraordinaire :

— Oh ! Nous autres Siciliens, nous avons tellement peur d'être mal jugés par le continent que nous préférons nous taire.

Lucio Piccolo est mort aujourd'hui. Mais j'ai raconté cette visite, parce que tout ce que j'ai surpris dans cette maison reste vivant et vivra autant que la Sicile : ce mélange d'attente anxieuse et de renoncement superbe, de folie, de grandeur, de déchéance, d'orgueil, de chic, de passion, de violence, de chimères, de génie. De même que les ânes sont en voie de disparition, et que la foire de Palazzolo a fait long feu : mais non l'espérance absurde qui présidait au rite de l'échange des licous.

Les régimes politiques, les lois, les hommes au pouvoir changent, mais comme les ânes : avec le même bénéfice pour les gouvernés que pour le propriétaire d'un animal boiteux l'acquisition d'une bête aveugle. Il y a trente ans, un tremblement de terre ravagea deux villages de l'intérieur : les habitants attendirent je ne sais combien d'années (finirent-ils même par arriver ?) les milliards de la reconstruction, promis par Rome et votés par le Parlement. Alors, que faire, dans ces conditions ? Cesser d'espérer serait contraire à la nature humaine. On espère donc : la reconnaissance du continent pour le poète, le dédommagement de leur ruine pour les victimes du cataclysme. Mais en silence : et quitte à se moquer de soi-même qui espère. Tels sont les traits du caractère sicilien qui me touchent le plus : le courage et l'ironie.

Sicilitude II

Y a-t-il une culture sicilienne ?

L'impeccable historien de la Méditerranée, Fernand Braudel, rappelait, dans un livre récent, comment beaucoup des arbres et des fruits qu'on associe étroitement à l'Italie, et surtout au Mezzogiorno italien, sont en réalité des importations étrangères. Cactus, agaves, aloès, figuiers de Barbarie viennent d'Amérique ; les eucalyptus, d'Australie ; les cyprès, de Perse ; la tomate, du Pérou ; l'aubergine, des Indes ; le piment, de Guyane ; le maïs, du Mexique ; les orangers, les citronniers, les mandariniers, de l'Afrique, d'où est arrivé aussi, avec la domination arabe du haut Moyen Age, l'usage du sucre et de ses dérivés culinaires, sans parler des tapis, de la soie, du coton, de la pêche duveteuse et de la translucide grenade. Trois seules productions végétales peuvent se dire grecques et siciliennes : le blé, l'olivier et la vigne. Lesquels forment encore, sous la forme du *companatico* composé de pain imbibé d'huile et accompagné d'un peu de vin, le repas minimal du manœuvre agricole.

Il est donc difficile de suivre Giuseppe Antonio Borgese, quand il affirme que le plus grand « drame » de la Sicile fut le heurt avec l'Afrique, une première fois dans l'Antiquité sous les bannières de Carthage, une seconde fois au Moyen Age sous les enseignes de l'islam[1]. De cette deuxième invasion orientale, en particulier, Borgese dit qu'elle sépara l'île du continent comme aucune révolution géologique n'avait pu le faire ; et cette phrase doit être comprise dans le sens d'une déploration amère, d'un constat de défaite. « Notre monde » (la civilisation occidentale) a été vaincu par la « barbarie » africaine. Heureusement, les rois normands brisèrent l'influence musulmane et rétablirent le contact avec l'Italie. « Dès lors la Sicile fut définitivement Europe ; et sa vocation européenne se réalisa, d'abord dans la langue et dans la foi, puis dans la lutte politique et dans la construction unitaire de l'Italie. »

Ce texte date de 1933 ; et certes, il est impossible de soupçonner le grand Borgese de la moindre complaisance pour l'idéologie fasciste. Tout au long du XIXe siècle, la célébration de l'« italianité » de la Sicile et l'exaltation du tronc commun gréco-latin en ont abusé bien d'autres, qui n'étaient que des humanistes ingénus ; ni bornés ni sectaires ; même s'ils ignoraient qu'en dégustant la *caponata*, un des plats nationaux siciliens, où entrent l'aubergine, la tomate et le sucre, ils rendaient involontairement hommage à trois continents extra-européens, l'Asie l'Amérique et l'Afrique. Aujourd'hui, où l'Europe et la civilisation occidentale nous paraissent non seulement d'une importance très relative par rapport au reste du monde mais coupables des sanglants péchés de la barbarie nazie (pour ne rien dire des crimes colonialistes de l'Espagne, du Portugal, de l'Angleterre, de la France, de la Belgique et de l'Italie),

---

1. Giuseppe Antonio Borgese (1882-1952), romancier et essayiste palermitain de grande classe, auteur de *Rubé* (1921), date importante dans l'histoire du roman italier

nous aurions tendance à aimer et à étudier la Sicile précisément à cause de cette munificence incroyable de l'histoire qui l'imprégna si tôt et si durablement d'influences non européennes. Et s'il fallait regretter quelque chose, ce serait plutôt le repli de la Sicile sur l'Europe, le rejet de la pénétration musulmane, le dévouement à l'« italianité », la poursuite, naïve et infructueuse, d'un rêve unitaire dont tout le monde admet la duperie et l'échec. On s'étonne d'ailleurs que les partisans les plus euphoriques de la Sicile « italienne » — et Borgese en premier — vantent les résultats artistiques de la domination musulmane, le style arabo-normand de Monreale, de Cefalù, de la chapelle Palatine, de la Zisa, de Saint-Jean-des-Ermites, sans s'arrêter une minute à l'idée que la fusion de l'Orient et de l'Occident ait pu donner dans d'autres domaines que les beaux-arts un essor vigoureux et original à la civilisation sicilienne — et aurait pu continuer à le donner, sans la rupture du XIe siècle avec l'islam.

Par bonheur, la rupture n'a été d'abord que politique. Sous les rois normands, l'islam n'a pas cessé d'étendre sa bénéfique influence, comme en témoigne le récit fait par Ibn Hamdis de son voyage en Sicile à la fin du XIIe siècle. Bien que ce pays soit enveloppé « dans les ténèbres de l'incrédulité » (comme cette façon toute naturelle de renverser la perspective chrétienne eût plu à Voltaire !), le voyageur loue la libéralité du roi Guillaume, dont le chef des cuisines est musulman, ainsi que ses serviteurs eunuques, vizirs et chambellans. L'ordonnance des lois, le cérémonial, la pompe de la cour reflètent l'idéal musulman. Ibn Hamdis s'émerveille de la fécondité des campagnes et de la richesse des cultures. Il admire la splendeur des villes et l'excellence des hôpitaux, non moins que la gentillesse des habitants. Quitte à se répéter, avec un effort d'autopersuasion tout à fait amusant : Dieu nous préserve de nous laisser tenter par la religion des infidèles ! Ce refrain prend une couleur carrément ironique, chaque fois que le voyageur, sur le point de reconnaître une supériorité aux chrétiens, se souvient de la foi due à Mahomet. Guillaume a embelli son royaume de mille commodités agréables ? « Dieu les anéantisse ! » Il possède dans ses palais des salles magnifiques ? « Puissent-ils ne plus être habités par lui ! » On ne pourrait voir ailleurs autant de richesses ? « Que Dieu envoie à cette île des jours meilleurs ! » Ibn Hamdis estime que l'église dite « dell'Antiocheno » est le monument le plus insigne jamais édifié. « En haut s'ouvrent des fenêtres en belle ordonnance, avec des vitres dorées qui aveuglent la vue par l'éclat de leurs rayons et éveillent dans l'âme une suggestion dont Dieu nous tienne éloignés. »

Telle était cette heureuse époque, où l'incompatibilité entre religions, entre cultures, se réduisait à ces ritournelles humoristiques qui n'empêchaient nullement le respect et l'admiration réciproques. L'intolérance aveugle et bête, avec ses conséquences désastreuses, aussi bien sur le plan moral et intellectuel que sur le plan économique, s'est appesantie plus tard, et venant d'où ? sinon de l'Inquisition, c'est-à-dire, par la voie détournée de l'Espagne, de Rome elle-même. C'est-à-dire de cette mère Italie si peu digne d'avoir une telle fille, de cette Europe qui ne s'intéresse à la Sicile que pour la dépouiller et l'opprimer. Il faut lire, en contraste cruel avec le récit délicieux et parfumé d'Ibn Hamdis, l'étude d'Isidoro La Lumia consacrée aux Juifs siciliens. La thèse que tout le mal est tombé du dehors sur la Sicile, par la volonté de rois étrangers, alors que sous les princes normands la concorde et l'harmonie régnaient à Palerme, est sans doute exagérée, puisque les Roger, les Guillaume n'étaient pas moins allogènes que les souverains espagnols. Mais combien plus perspicace que tous les thuriféraires de la Sicile « italienne » nous semble La Lumia, dans son récit du début de la persécution juive et dans le procès qu'il intente à l'Europe catholique.

Cinquante-sept communautés juives étaient implantées en Sicile à la fin du XVe siècle ; cent mille habitants à peu près, soit un dixième de la population ; qui jouissaient d'une tolérance relative, limitée seulement par l'obligation de mettre un insigne rouge sur les vêtements et à l'entrée des boutiques. Le 30 novembre 1469, les noces de Ferdinand d'Aragon et d'Isabelle de Castille scellèrent l'unité espagnole et assurèrent l'hégémonie européenne au trône de Madrid. A Palerme, pour fêter dignement celui qui était aussi le souverain de l'île, quatre cents jeunes Juifs, habillés de soie musulmane, suivirent en dansant la procession des chrétiens. Ils ignoraient, remarque La Lumia, sous quels auspices funestes s'ouvrait pour eux la nouvelle monarchie. Car Ferdinand, autant pour renforcer son autorité que pour remplir ses caisses, mû non moins par la cupidité que par le fanatisme, ne fut pas long à caresser le projet de bannir les Juifs de ses territoires (si ce beau mot de « caresser » peut être employé pour un complot aussi infâme). La communauté hébraïque espagnole, sentant venir le danger, chercha d'éviter le désastre en prenant le monarque « par le seul côté où il fût accessible » : c'est-à-dire en lui proposant un don spontané de trente mille ducats. Le roi et la reine, siégeant dans la salle de leur palais, hésitaient avant d'accepter l'offre du messager. Alors la porte s'ouvrit, et Torquemada en personne, le Grand Inquisiteur légendaire, s'avança devant les souverains. Il écarta les pans de son manteau, en sortit un crucifix, qu'il brandit en s'écriant : « Judas Iscariote vendit son maître pour trente pièces de monnaie. Vous voudriez le vendre pour trente mille ? » Il jeta le crucifix sur la table et tourna le dos. Isabelle, épouvantée, resta sans voix. Ferdinand, le 31 mars 1492, signa à Grenade l'édit qui expulsait les Juifs de tous ses domaines.

Formidable, cette apparition de Torquemada. On se croirait au troisième acte de *Don Carlo*, quand le Grand Inquisiteur vient rappeler Philippe II à la raison d'Etat. Sauf que l'Etat espagnol, en se privant de la communauté hébraïque, préparait sans le savoir son propre déclin. En Sicile, comme le note La Lumia, les commerces demeurèrent prostrés et anéantis. Des quartiers entiers dans les villes furent désertés, des maisons et des fabriques tombèrent en ruine. Un grand vide se fit dans la circulation monétaire — pour ne rien dire de la blessure morale infligée à une terre où l'Orient et l'Occident avaient fusionné si longtemps. Nombre de Juifs espagnols, comme on sait, émigrèrent dans des pays plus accueillants. Le grand afflux aux Pays-Bas de ces commerçants et de ces banquiers avisés marqua le début de la prospérité d'Amsterdam. A Palerme, le départ des Juifs donna lieu à une manifestation grandiose et touchante, qui aurait pu fournir à Verdi non seulement une scène d'opéra, mais un finale. « C'était un peuple entier qui se défaisait dans l'exil ; un autre peuple, avec lequel il avait partagé une vie de plusieurs siècles, muet, consterné, en larmes, se pressait sur le rivage, sur les murailles entourant la cité, sur les balcons et sur les toits des édifices voisins, pour donner et recevoir le dernier salut. » Il ne manque même pas à ce tableau la touche vériste du réalisme policier. « Les sbires du fisc étaient là, à profaner, de leur présence odieuse, de leurs enquêtes et de leurs perquisitions inhumaines, ces moments solennels. » Voilà le prix que la Sicile eut à payer à l'Europe, pour être admise dans le club occidental.

La suite de l'histoire est trop connue pour être racontée, même par allusions. Dans le dialogue qu'il imagine entre un Sicilien et un Napolitain, trois siècles et demi plus tard, Tocqueville semble rendre Naples responsable du déclin et de l'abaissement de la Sicile. Le futur historien politique des Etats-Unis et de la Révolution française n'avait encore que vingt-deux ans. On admire avec quelle sûreté de coup d'œil le jeune homme note les méfaits de la grande propriété et combien amèrement il déplore l'état d'abandon des *latifundia*. Sur un seul point nous ne serons pas d'accord avec lui ; lorsqu'il fait dire au Napolitain : « Vous brillâtes jadis par les arts et les dons de l'esprit, mais à présent les simples commodités de la vie vous sont étrangères ; et quel pays au monde est plus ignorant que la Sicile ? » Le voyage de Tocqueville remonte à 1827. Or, pour donner une idée de ce que le don créateur était capable de produire en Sicile, même sous l'oppression napolitaine, observons que, la même année, le Catanais Vincenzo Bellini faisait représenter à la Scala de Milan le premier de ses chefs-d'œuvre, *le Pirate*, et qu'en 1830 le Palermitain Michele Palmieri di Micciché publiait à Paris les *Pensées et souvenirs historiques et contemporains*, analyse pertinente et piquante des mœurs et des institutions du royaume de Naples, rédigée par surcroît en un français presque toujours excellent.

Nous pouvons ainsi distinguer deux traits permanents dans la culture sicilienne : d'abord sa vitalité ininterrompue, malgré toutes les dominations étrangères, qu'elle soit grecque, romaine, musulmane, espagnole, napolitaine ou piémontaise ; en deuxième lieu son manque d'audience internationale (dans le long intervalle en tout cas qui sépare Empédocle de Verga), l'obscurité relative où ses porte-parole ont toujours végété. Bellini a été illustre, mais on ne le considérait pas comme sicilien ; de même qu'il a fallu attendre les analyses de Gramsci pour rendre Pirandello à la sicilitude. D'où cette conclusion qui s'impose : les maîtres venus du dehors n'ont jamais réussi à étouffer les aptitudes intellectuelles du peuple sicilien, mais ils ont empêché la diffusion et le rayonnement de sa culture, au point d'induire en erreur même un Tocqueville.

Le *thesaurus* publié en 1979 [1] tend précisément à réparer cette injustice. Voici tantôt des échantillons variés et savoureux d'une des branches de la littérature où depuis tout temps excellent les Siciliens, c'est-à-dire l'érudition historique, la chronique d'archives ; tantôt des portraits critiques d'hommes insignes par leur œuvre, qu'il s'agisse du peintre Antonello da Messina, du sculpteur baroque Serpotta, du poète Meli, du romancier Brancati. Ouvrons au hasard les *Avertissements chrétiens*

---

1. Par l'éditeur de Palerme Sellerio, le plus remarquable des nombreux éditeurs siciliens. Ce « thesaurus » *(Delle Cose di Sicilia)* est une anthologie en quatre volumes de textes historiques ou littéraires relatifs à la Sicile.

d'Argisto Giuffredi, truffés de conseils judicieux sur le mariage et sur la conduite à tenir en général dans la vie, règles de prudence et de sagesse qui n'épargnèrent à leur auteur ni la torture ni la prison, où il mourut, sans doute victime du Saint-Office, comme son contemporain Antonio Veneziano. Je tombe sur cette remarque si sensée, et qui serait si précieuse à suivre, pour tout le monde aujourd'hui, et pas seulement en Sicile : « Ne prenez pas femme avant l'âge de trente ans ». Un peu plus loin, sur cette exhortation pleine de poésie et d'humour, placée dans la bouche d'une vieille femme, laquelle met en garde son interlocuteur contre les amours adultères, toujours à éviter à cause des complications fâcheuses, mais pas toujours évitables à cause de la fragilité humaine. En quel cas, dit la vieille, tâchez au moins de ne jamais vous rendre dans la maison de votre maîtresse. « Mon fils, garde-toi bien d'aller chez autrui ; par le Christ, fais en sorte que la femme se déplace elle-même ; car si elle te donne toutes les grâces de son corps, elle peut bien te donner également ses pieds. » Que vient faire le Christ dans cette admonestation ? Rien assurément. L'esprit baroque sicilien triomphe ici, dès l'aurore du XVIIe siècle. L'Europe, grâce à ses prêtres et à ses agents du fisc, s'est annexé la Sicile ; mais la Sicile, par son imagination malicieuse, sicilianise aussitôt tout ce qu'elle doit subir de l'Europe ; et se fabrique un évangile, un code d'honneur, une vision du monde à sa façon.

On a souvent cherché à représenter la mythologique Trinacrie dans une figure symbolique : tantôt sous les traits de Cérès errant à la recherche de Proserpine, tantôt en Vulcain activant ses forges dans les profondeurs de l'Etna. Il me semble qu'on trouverait une image du destin de l'île, beaucoup plus originale et spécifique que ces stéréotypes allogènes, dans les héroïnes d'un des plus grands génies autochtones : je veux dire, une fois de plus, Vincenzo Bellini. Qu'elle s'appelle Norma, atrocement trahie et délaissée, ou Béatrice, clamant en vain son innocence, ou Amina, fantôme somnambule, ou Elvire, Imogène, à qui seule la folie permet de supporter une situation existentielle sans issue, c'est toujours une silhouette de victime, une ombre tragique en proie à une noire fatalité. Les hommes abusent d'elle, l'exploitent, la trompent, l'abandonnent. Elle cache en elle-même le secret de sa noblesse, de sa pureté ; son trésor est invisible aux yeux des amants sans cœur qui ne la courtisent que pour ses beautés extérieures ; ainsi, aujourd'hui, les touristes ne visitent de la Sicile que ses plages et ses monuments, sans soupçonner quelle vitalité créatrice palpite derrière ses volets clos.

Sicilitude III

Le clan des romanciers

La Sicile, avec Naples, est le seul coin d'Europe qui demeure réfractaire à l'Europe, le seul lambeau du vieux continent dont l'imaginaire ne se soit pas banalisé par les stéréotypes de la société de consommation. Météorite d'Amérique du Sud tombé en pleine Méditerranée, terre qui a traversé les siècles sans se laisser assimiler par ses conquérants, rien d'étonnant que cette île produise, à côté des véristes comme De Roberto ou Verga, à côté des rationalistes comme Pirandello ou Sciascia, une troisième catégorie de romanciers, tournés davantage vers la fantaisie, le réalisme « magique », l'invention baroque.

Les hasards de l'édition récente nous proposent les traductions de quatre des auteurs de cette dernière famille : deux classiques, ou qui devraient l'être, et deux contemporains.

1925 : c'était l'année des *Faux-Monnayeurs*, de *Gatsby le Magnifique*, du *Procès*, de *Mrs Dalloway*. Comment, en ces temps foisonnants pour la littérature, le mince recueil de Giuseppe Antonio Borgese intitulé *la Ville inconnue*[1] aurait-il pu se faire remarquer ? Et pourtant, voilà un auteur de premier ordre, bien que presque effacé de la culture italienne et européenne. Il a eu deux torts qu'on ne lui a jamais pardonnés. Le premier, c'est justement de n'être ni italien ni européen, mais sicilien, natif d'une île qui amuse par ses charrettes peintes et ses princes déchus mais où les librairies sont rares. Le second, c'est d'avoir été un des douze seuls sur les mille deux cent cinquante professeurs d'université à refuser de prêter serment de fidélité à Mussolini. Il s'exila aux Etats-Unis et son œuvre tomba dans l'oubli, y compris l'admirable *Rubé*[2], roman du désenchantement et de l'échec, et le perspicace *Goliath*, la meilleure analyse jamais faite du fascisme[3]. On ne se souvenait de lui que parce qu'il avait épousé la fille de Thomas Mann.

La Ville inconnue rassemble dix nouvelles qui offrent comme un concentré de la culture sicilienne : bien différente de la culture italienne, par d'immenses possibilités de rêverie jointes à une méfiance radicale à l'égard de l'action. Chacun songe à ce qu'il pourrait faire : commettre un crime, se tuer, vivre à la campagne, mais tous ces projets, même les plus modestes, butent sur de minces obstacles et échouent. Fiascos qui ne procurent aucune amertume, pas même de déception, plutôt du soulagement, au contraire, comme si le meilleur de la vie consistait à imaginer des situations que l'épreuve des faits rendrait inévitablement triviales.

Le héros de *la Mer*, qui a loué une maison sur la plage pour le mois d'août mais égaré la clef et l'adresse, reste tout l'été chez lui à chercher en vain le contrat de location perdu. Il se promène en ville, flâne au

1. Traduction française Desjonquères, 1987.
2. Traduction française, 1928, Plon, et 1996, Gallimard/L'Etrangère.
3. Traduction française par Etiemble, Desjonquères, 1986.

marché de poissons, admire les divers spécimens de la faune aquatique, remarque « l'ingéniosité de la sole, qui s'est faite toute plate pour se faire caresser par l'eau sur la plus grande surface possible », et conclut, le jour où il retourne au bureau, en voyant rentrer de Viareggio la foule des estivants éreintée par leurs vacances, qu'il a vécu dans la mer et joui de la mer mieux qu'aucun de ces benêts.

Humour encore chez Vitaliano Brancati, ce singulier auteur de Catane, mort en 1954, à qui l'on a fait réparation en publiant un de ses premiers romans, évocation drôle et féroce (comme *le Bel Antonio*, son œuvre la plus populaire, satire de l'impuissant sexuel qui se fait passer pour matamore génital) de la petite bourgeoisie de la Sicile orientale. Châtrés par leurs mères qui les dévorent d'un amour étouffant, les quatre amis des *Années perdues*[1] s'ingénient à tuer le temps, en faisant à tout propos des concours de lenteur : qui mettra le plus de temps à traverser le corso ? A finir son lilliputien *espresso ?* Ils s'extasient devant un jeune noble, parce qu'il réussit à faire durer deux secondes un baisemain. Leur chef-d'œuvre à eux, c'est d'avoir perfectionné l'art de dormir. On renonce à une maîtresse si elle n'est libre que de deux à quatre heures de l'après-midi. Sous ces facéties, racontées avec le ton de Buster Keaton, se cache la mélancolie d'un écrivain qui savait, avant Lampedusa, que la vraie image de la Sicile n'est pas à chercher dans les cartes postales de Taormine, que le soleil est une source d'inaction et de mort, et que les siestes, rituelles et interminables, sont le seul refuge contre l'oppression d'un ciel toujours bleu.

A moins de recourir à un moyen auquel ni Pirandello ni Brancati n'avaient pensé : la richesse, la luxuriance, la griserie baroques. Aux antipodes aussi du sec et voltairien Sciascia, Vincenzo Consolo, Sicilien transplanté à Milan mais resté viscéralement insulaire, et Gesualdo Bufalino, écrivain « local » de la petite ville de Comiso, près de Ragusa, transposent en littérature l'art des églises ornées comme des décors d'opéra, l'extravagance des *putti* en équilibre sur les corniches, l'outrance des saintes extatiques et le débridement des anges pâmés. Il en résulte des textes d'une subtilité, d'un insolite et d'un humour incomparables.

Consolo situe ses récits au XVIIIe siècle, à l'apogée de l'ère baroque ; mais, surcroît de malice, il prend pour héros du *Retable*[2] un célèbre peintre italien d'aujourd'hui, grand seigneur de Rome d'humeur fantasque et surréalisante, appelé d'ailleurs par son nom (voir article *Clerici*) et transformé en une sorte de don Quichotte qui entreprend à travers l'île, en compagnie d'un ex-moinillon, un voyage aventureux à la recherche d'antiquités grecques. Vertigineux jeu de miroirs, qui fait penser aux plafonds de la Villa Palagonia près de Palerme, couverts de glaces qui reflétaient par centaines, au milieu de fleurs et d'oiseaux peints, les invités du prince. Je crains que le lecteur français, faute de notes, perde la plupart des allusions dont le tissu serré forme la trame du roman. Ainsi, bien peu connaissent ici le chevalier Serpotta, avec qui nous voyons don Fabrizio en docte conversation dans l'oratoire que cet

1. *Les Années perdues*, 1941. Traduction française, 1988, Fayard.
2. Sellerio, 1987. Traduction française Le Promeneur, 1988.

admirable sculpteur était en train de peupler de figures d'angelots et d'allégories féminines en stuc. Et lorsque notre hidalgo achète à Motyé (Mozia, un îlot au large de Marsala) la statue de marbre d'un aurige vêtu d'une tunique transparente, qui reconnaîtra l'éphèbe déterré en 1979 seulement, unique et stupéfiant exemple d'athlète grec qui ne soit pas nu, la plus importante découverte archéologique de notre temps avec les bronzes de Riace (voir article *Riace*) ? De Phidias à Cervantès, de l'Arioste à Caravage, c'est toute la culture méditerranéenne qui conflue dans ce roman, brassée dans une langue qui accroche la lumière sur ses facettes de diamant.

Après le baroque picaresque de Consolo, voici le baroque élégiaque de Bufalino. Lui aussi truffe ses pages de citations empruntées à Baudelaire, Leopardi, Dante ou Valéry, ce qui nous montre, entre parenthèses, comment ces villages siciliens qu'on croit être de rustiques cuves à vin ou de marines conserveries de thon regorgent de la plus raffinée des cultures. Le narrateur d'*Argos l'aveugle*[1] partage avec Lampedusa le goût de ruminer le passé, les bals de province d'autrefois et les amours dérisoires dans une société où tout change pour que tout reste immuable. Mais, à la place du style somptueusement indolent du *Guépard*, Bufalino crispe ses phrases et les aiguise comme des flèches à la pointe barbelée d'inventions hilarantes. De quelque arme qu'il use, le clan des Siciliens fait mouche.

Sienne I

Féminité

A celui qui, ayant traversé les collines crayeuses de Toscane, vient de Florence et entre à Sienne, la porte Camollia offre la douce bienvenue, par cette inscription tracée sur l'archivolte : « *Cor magis tibi Saena pandit* ». Sienne plus grand t'ouvre son cœur. Et, pourtant, une fois qu'on a franchi l'antique enceinte de remparts, il faut éviter d'atteindre tout de suite ce cœur, il faut s'attarder dans les ruelles étroites et sombres palpitant d'une tendre lumière rose. Via Camollia, via Montanini, Banchi di Sopra. Doucement, lentement. Piano, piano. Irrésistiblement la piazza del Campo vous attire, le centre incomparable de l'illustre cité. Mais c'est un centre qu'il faut savoir conquérir peu à peu, après maint tour et détour le long des ruelles en pente et sous les passages voûtés, comme la possession d'une femme ne se goûte pleinement qu'au terme d'une exploration caressante des mystères sinueux de son corps.

---

1. Sellerio, 1985. Traduction française De Fallois/L'Age d'homme, 1986.

Piazza del Campo, la place en forme de coquille inclinée : il n'existe peut-être aucun ensemble dans la péninsule qui donne une idée aussi claire du génie urbaniste italien. Une place en Italie n'est pas seulement le carrefour de plusieurs rues : elle est un organe vivant, un réceptacle, un foyer, le lieu palpitant et chaud de l'activité citadine. Il y des places-mères, comme la place Saint-Pierre de Rome, où la colonnade de Bernin figure les deux bras maternels de l'Eglise ouverts pour accueillir les fidèles sur son sein. Et il y a des places-femmes. La piazza del Campo à Sienne est la plus femme des places féminines, le symbole le plus évident, par sa forme en éventail et par sa couleur rose et par sa position en contrebas, de l'intimité féminine. Il suffit d'ailleurs de regarder un plan de Sienne pour s'apercevoir qu'il correspond à un Y, dont le corps serait le chemin parcouru depuis la porte Camollia jusqu'au Campo, et les deux jambes les rues qui partent obliquement à gauche et à droite de cette place. Celle-ci occupe donc le centre de la fourche. Une telle disposition s'explique par le souci de mettre le forum citadin au milieu des trois collines, dont la réunion forme la ville. Mais, enfin, qui nous empêchera de penser que les nécessités topographiques ont servi un grand rêve secret, le fantasme de la ville-femme inscrite amoureusement dans les pierres ?

Autant Florence nous apparaît comme une cité virile, avec ses rues droites et ses tours basses et ses palais trapus et ses bossages sévères, autant le gothique siennois, tout en élégance, en grâce et en fioritures, incarne les aspirations féminines à la coquetterie et à la séduction. Le capitaine gascon Blaise de Montluc, envoyé au XVIe siècle pour défendre la ville contre les troupes de Charles Quint, vanta la bonne humeur et la gentillesse des Siennoises, qui organisaient des fêtes en plein siège, quand le pain et le vin manquaient. Le grand réformateur catholique de Sienne, saint Bernardin, stigmatisait dans ses sermons le luxe vestimentaire des dames. On pourrait s'amuser à écrire toute l'histoire de Sienne comme une suite d'efforts pour lutter contre le pouvoir des femmes et contre le danger de l'influence féminine. Cette ville-femme a passé son temps à refuser sa féminité.

Le souvenir de deux anecdotes va illustrer ce long combat. Piazza del Campo, entre les deux fenêtres qui s'ouvrent au dernier étage du corps central du Palazzo Pubblico, on voit maintenant un grand disque en cuivre doré portant le monogramme du Christ et entouré de flammèches. Ce disque fut placé en 1425, en hommage à la prédication de saint Bernardin, ce contempteur du sexe. Or que voyait-on auparavant entre les deux fenêtres ? Une couleuvre. Les historiens disent que la couleuvre était l'arme des Visconti, lesquels établirent leur domination sur la ville à la fin du XIVe siècle. Soit. Mais la couleuvre avait beau être l'arme d'une famille, n'était-elle pas d'abord l'emblème d'une espèce entière, le serpent de toutes les Eve passées, présentes et futures ?

Au milieu du Campo, se dresse la merveilleuse fontaine décorée par Jacopo della Quercia au début du XVe siècle (les sculptures originales, remplacées ici par des copies, se trouvent au troisième étage du Palazzo Pubblico). Précédemment, une autre fontaine se trouvait au même endroit, ornée d'une statue grecque représentant Vénus Anadyomène. Dans quelles conditions cette statue fut déposée, brisée et expulsée de la place, il vaut la peine de l'apprendre de la bouche de Lorenzo Ghiberti, le fameux sculpteur florentin. « A sa base était gravé le nom de l'artiste, un maître fort éminent, appelé Lysippe... Ils la placèrent en grande pompe sur leur fontaine, la considérant comme une très belle chose. Tous contribuèrent à sa mise en place, joyeusement et respectueusement à la fois, et la murèrent magnifiquement au-dessus de cette fontaine. Mais elle ne régna pas longtemps à cet endroit. La terre (siennoise) ayant subi de nombreux revers dans la guerre contre les Florentins et la fleur des citoyens (siennois) s'étant réunie en conseil, un de ces citoyens se leva et parla de cette statue en ces termes : "Messires citoyens, ayant remarqué que, depuis que nous avons découvert cette statue, nous avons toujours eu des malheurs et sachant que l'idolâtrie est chose défendue par notre foi, nous devons croire que Dieu nous envoie toutes nos adversités à cause de nos fautes. En effet, depuis que nous honorons cette statue, les choses vont pour nous de mal en pis. Je suis persuadé que tant que nous la garderons sur notre terre, nous n'aurons que des malheurs. Je suis un de ceux qui conseilleraient qu'on la déposât, qu'on la brisât et qu'on l'envoyât ensevelir en territoire florentin." Tous, d'accord, approuvèrent les paroles de leur concitoyen et les mirent à exécution. C'est ainsi qu'elle fut enfouie dans notre terre. »

Ce texte donne une très bonne idée de ce qu'était la vie des communes au Moyen Age : ce mélange d'ardeur patriotique et de courtoisie citadine peut-être unique dans les annales de l'humanité. Mais admirons aussi la ruse qui consiste à aller enterrer en territoire ennemi la statue de Vénus, c'est-à-dire le principe féminin par excellence, dans l'espoir naïf que le courage militaire des Florentins en sera contaminé et comme tout amolli. Et, pour nous qui avons lu Freud, comment ne pas établir un rapport entre le pouvoir de séduction de la femme et les profondeurs de la terre où les Siennois épouvantés enfouissent son image ? N'est-ce pas à une sorte de refoulement symbolique qu'ils procèdent ? Et qu'a-t-on besoin de refouler, sinon l'objet permanent et scandaleux d'une tentation inavouable ?

Dès le XIIIe siècle les Siennois avaient consacré leur ville à la Vierge, après une délibération du Conseil. Génial remède : ils combattaient la femme par la femme, la femme amante par la femme mère, l'attirance érotique par la dévotion mystique. Comme le dit André Suarès, dans son beau livre sur *Sienne la bien-aimée*, en parlant de la place du Campo : « C'est la conque d'Aphrodite ou le bénitier de Marie. » En effet, Sienne est doublement femme et les Siennois, ne pouvant renoncer tout à fait à l'idolâtrie des beaux visages, réussirent à conserver leur culte sous une forme idéalisée. La *Maestà* de Duccio, qui trôna longtemps sur le maître-autel de la cathédrale et qu'on admire aujourd'hui dans le petit musée de l'Opera del Duomo, de même que la *Maestà* de Simone Martini qui orne la salle de la Mappemonde du Palazzo Pubblico, attestent la préoccupation constante des peintres siennois : rendre hommage, par le compromis de l'œuvre d'art qui les sacralise, à la beauté et à la douceur rayonnant de la figure féminine. D'ailleurs, nul ne l'ignore, c'est par une jeune fille, Catherine Benincasa, sainte Catherine de Sienne, dont on ne manquera pas de visiter le sanctuaire dans un des recoins les plus pittoresques du quartier San Domenico, que la réputation morale de la République fut réhabilitée. Il était écrit que la cité qui avait failli être perdue par Vénus serait sauvée par la Madone et par une sainte.

La façade du Palazzo Pubblico mérite un examen attentif. D'habitude, il ne faut pas encourager les touristes qui visitent l'Italie à ignorer le pays actuel, si prodigieusement dynamique et vivant. Pour une fois, néanmoins, il est légitime de s'imaginer en plein Moyen Age, dans les premières années du XIVe siècle, quand Sienne, à l'apogée de sa puissance, réalisait la perfection du type communal, cet idéal d'harmonie politique et de concorde entre les citoyens qui fut englouti avec l'instauration des seigneuries au Quattrocento. En 1310, la haute tour qui flanque maintenant le Palazzo Pubblico n'existe pas encore. Les neuf créneaux qui couronnent le faîte du corps central représentent les neuf gouverneurs du Conseil. Le soubassement est construit en pierre, les étages en brique. La pierre symbolise la noblesse, la brique la bourgeoisie marchande. Le rôle prépondérant de la brique dans la façade du Palazzo Pubblico indique l'ampleur de la participation de la classe roturière à l'administration et au gouvernement de la cité. Le Palazzo Pubblico est bien le palais public, la demeure de tous, la maison commune. La même alternance de la pierre et de la brique, avec la même signification, se retrouve dans le pavement du Campo : au milieu, une grande surface de briques roses ; tout autour, un mince anneau dallé en pierres.

Aujourd'hui, des dix portes percées dans la façade, deux seules fonctionnent encore, les autres ont été transformées en fenêtres. En 1310, ces dix portes, toutes ouvertes sur la place, signifient que la maison commune est également une maison accueillante. Dans cette architecture fonctionnelle, qui exprime si bien l'idéal politique et social d'une civilisation, notons pourtant l'extrême raffinement des détails : tel l'arc gothique dit justement siennois, au-dessus des dix portes, fait d'un arc en ogive pour l'archivolte et d'un arc surbaissé pour l'architrave ; ou encore les fenêtres trilobées à colonnettes. Dès 1297, un décret de la Commune prescrivait que toutes les maisons qui se construiraient autour du Campo dussent avoir également des fenêtres à colonnettes, sans aucun balcon : bel exemple de politique urbaniste. « La beauté est le principal problème qui devrait préoccuper ceux qui se mêlent du gouvernement de la cité », lit-on dans un document d'époque. La division du Palazzo Pubblico en un corps central et deux ailes reflète la division des pouvoirs telle qu'on la pratiquait dans cette démocratie exemplaire. L'aile gauche était assignée au Podestat, chef de l'exécutif, l'aile droite au Conseil des neuf. Au milieu, indépendante des magistratures politiques, siégeait la Biccherna, tribunal administratif et cour des comptes, dont les registres furent ornés de peintures par les meilleurs artistes du temps. Bref, l'idéal de la « démocratie populaire », qui trouva son épanouissement en Italie au début du XIVe siècle, est lisible à Sienne jusque dans le langage des pierres, dans le langage des matières et des couleurs.

En 1310, Simone Martini a déjà peint sa *Maestà* sur la paroi du fond de la salle de la Mappemonde. La Maestà, un thème iconographique spécifiquement siennois. La Vierge Reine entourée de sa cour céleste met au défi les femmes de sang et de chair de lui disputer la palme de la douceur, de la beauté, de la séduction. Sur la paroi opposée, les Siennois demandent au même Simone Martini d'exorciser un autre de leurs fantasmes : la forfanterie militaire. Comme toutes les communes médiévales, Sienne s'épuise en expéditions belliqueuses contre ses voisines. Simone Martini fait le portrait de messire Guidoriccio da Fogliano, « honorable capitaine de Guerre » au service de la République, et c'est la fameuse fresque allongée comme une frise, qui montre le *condottiere* chevauchant seul entre les deux forteresses qu'il a conquises sur l'ennemi, Montemassi et Sassoforte. La Commune avait offert au peintre le voyage pour visiter ces forteresses, afin que son œuvre fût ressemblante. Or il y a bien du réalisme dans la fresque de Simone Martini, mais nullement dans les deux citadelles, qui élèvent contre le ciel opaque de velours bleu sombre leurs tours crénelées et désertes comme deux bastions métaphysiques. L'ironie réaliste s'exerce tout entière contre le *condottiere* superbe : car il a beau, vêtu d'une longue cotte jaune d'or somptueusement brodée de rangs de losanges foncés et de feuilles de lierre, caracoler sur un cheval caparaçonné de la même étoffe et brandir son bâton de commandement, son corps trapu et adipeux, sa mâchoire empâtée, son œil fixe et bête montrent avec un humour féroce qu'il n'y a pas besoin d'avoir beaucoup de matière grise pour gagner une bataille. C'est peut-être la première dénonciation critique de l'antihéros, le premier regard ironique sur la jactance des capitaines sans cervelle.

La civilisation siennoise, qui a donc peur de l'amour et horreur de la guerre, trouve sa voie dans le juste milieu bourgeois des affaires et de la bonne organisation citadine, ainsi qu'on peut s'en assurer dans la salle voisine de la salle de la Mappemonde, la salle de la Paix, ornée des fresques d'Ambrogio Lorenzetti représentant le bon et le mauvais gouvernement (1338-1339). *Le Bon Gouvernement* est peint d'abord sous la forme d'une allégorie compliquée, dans le goût typiquement médiéval pour les figures monumentales de la Justice, de la Paix, etc. A noter l'énorme rabot posé sur les genoux de la Concorde, qui symbolise l'égalité des citoyens devant la loi. A noter aussi les deux longues cordes que tiennent les vingt-quatre gouverneurs qui s'acheminent en procession. La Concorde tient un des bouts des cordes, l'autre extrémité finit entre les mains du Vieillard identifié avec le Bien commun. Sourions de l'astucieux jeu de mots : les membres du Conseil s'avancent *con le corde* (avec les cordes), c'est-à-dire dans la « concorde ». On pourrait s'étonner que le peintre, payé par le Conseil des neuf pour célébrer leur sage gouvernement, ait choisi d'évoquer une constitution abolie depuis un demi-siècle, la Magistrature des Vingt-Quatre. Les Vingt-Quatre avaient été les premiers à faire participer le peuple aux affaires : admirons comment les citoyens au pouvoir, les Neuf, à qui on doit déjà la politique d'embellissement et d'unification du Campo, furent assez dépourvus de vanité pour laisser immortaliser par un artiste officiel, non pas leur régime, leur gestion, mais le principe démocratique exalté dans son excellence.

La fresque, savoureuse et humoristique à souhait, des *Effets du bon gouvernement* complète heureusement l'allégorie un peu sévère du *Bon Gouvernement*. Ici, il n'est que de s'arrêter à l'un ou l'autre des mille petits détails de la vie quotidienne saisie sur le vif. Ambrogio Lorenzetti a d'abord rendu avec une verve minutieuse et brillante le spectacle d'une rue. Voici la Sienne authentique du XIVe siècle, avec ses palais crénelés, ses tours, ses boutiques, et surtout sa population active et enjouée : les seigneurs élégants qui cavalcadent, les jeunes filles qui font une ronde sur la place, d'autres qui se penchent curieuses aux fenêtres, les maçons qui travaillent sur les toits, le maître d'école qui endoctrine ses élèves, le savetier dans son échoppe, les joueurs dans la taverne, la vieille femme à la poule. Tous ces détails, et jusqu'à la délicieuse hirondelle nichée sous le balcon, montrent que, malgré l'importance du détail architectural, les peintres siennois poursuivent un but diamétralement opposé à ce qui sera l'idéal des peintres florentins du siècle suivant. La ville de Lorenzetti n'a rien à voir avec la « ville idéale » chère à Leon Battista Alberti et dessinée avec un fanatisme de géomètre dans les épures de Paolo Uccello ou de Piero della Francesca. Le rêve d'une humanité allègrement laborieuse l'emporte sur l'aspiration à un ordre parfait. Les scènes de campagne d'Ambrogio présentent le même caractère : un paysan qui pousse son cochon sur la pente, un âne qui se rebiffe devant un pont, les moissonneurs, les bergers, les pêcheurs, tout parle ici le langage des métiers, du travail, tout respire la satisfaction tranquille d'un peuple qui a renoncé à la fois aux pièges du dieu de l'amour et aux appels du dieu de la guerre, aux sortilèges d'Eros et aux fanfares d'Arès. La Renaissance du Quattrocento, contrairement à l'idée reçue, marquera un recul historique par rapport à cette civilisation du labeur pacifique, têtu, égalitaire.

Leur folie, les Siennois la mirent ailleurs : dans leur désir (féminin ?) de posséder des monuments plus beaux, plus grands que ceux des villes voisines. Quand le Palazzo Pubblico fut achevé, ils décidèrent d'y adjoindre un beffroi. Ce beffroi serait plus haut que tout ce qu'on avait vu en Italie jusqu'alors. Il s'agissait de battre de quelques mètres le beffroi du Palazzo Vecchio de Florence, qui avait surgi entre-temps. Résultat du défi : 94 mètres pour Florence, 102 mètres pour Sienne. Il fallait aussi rivaliser avec la tour de la cathédrale toute proche. La volonté d'affirmer en plein Moyen Age la prépondérance de l'autorité civile sur l'autorité religieuse serait plutôt un motif de satisfaction pour l'homme moderne. Nul d'ailleurs ne conteste l'extraordinaire réussite du beffroi de Sienne, comparé souvent à une fleur, à cause de sa longue tige de brique évasée au sommet en une corolle de pierre.

Mais que dire de la cathédrale elle-même ? Enorme, bigarrée, rayée de blanc et de noir sur ses flancs, avec une façade surchargée d'incrustations polychromes de marbre et alourdie de gables tarabiscotés et de pinacles biscornus, elle ressemble à une gigantesque pâtisserie, ou à un décor de Hollywood. Et encore, à peine fut-elle terminée, les Siennois la jugèrent trop mesquine. Ils confièrent à un architecte le soin de la convertir en un édifice quatre fois plus grand, dont l'ancienne nef deviendrait le transept. Le projet, heureusement, échoua.

Puisque la bourgeoisie siennoise ne fut soutenue ni par l'idéal amoureux ni par l'idéal militaire, on pensera qu'elle fut sauvée de la platitude et portée vers ses hauts sommets par l'idéal mystique. L'atmosphère recueillie des rues, le pullulement des oratoires et des églises le prouveraient. Eglises paroissiales, églises des ordres monastiques, dont les quatre plus importantes, San Domenico, San Francesco, Santa Maria dei Servi et Sant'Agostino, construites à la périphérie de la ville dans le voisinage de la campagne, offrent au visiteur fatigué de merveilleuses haltes, entre terre et ciel, dans le vert sombre des cyprès et le rose doux des briques. Entrons dans ces églises, regardons sur les murs ou sur le maître-autel l'inévitable fresque ou tableau de Madone. Puis repartons à travers les rues, et sans manquer le palais Chigi, siège d'une admirable Académie de musique, jusqu'au magnifique palais Buonsignori, rose et crénelé lui aussi, percé de fenêtres trilobées à colonnettes. Là se trouve la Pinacothèque nationale, où on a rassemblé les plus précieuses de ces peintures. De Guido da Siena à Duccio, de Lorenzetti à Lippo Memmi, et jusqu'aux maîtres du Quattrocento, Sano di Pietro, Giovanni di Paolo ou Matteo di Giovanni, tous les maîtres siennois y sont allés de leur Madone à l'Enfant, et tous de la même manière : la Mère penchée au-dessus du Bambino, dans une attitude de protection mais aussi de possession. Mère et fils restent liés par l'antique solidarité ombilicale, qui renvoie beaucoup moins aux textes de l'Evangile qu'à une réalité quotidienne, vérifiable dans toute l'Italie : les Mères couvant les fils en les inondant d'une tendresse qui les empêche de grandir, de devenir adultes. Voilà peut-être la clef non seulement de la civilisation siennoise, mais de la civilisation italienne dont celle-ci n'est que le microcosme : l'exaltation de la cellule familiale primordiale. On aurait presque envie, dans les salles du musée, de redresser toutes ces têtes maternelles penchées abusivement, de crier à ces Génitrices oppressantes : Votre bébé étouffe ! Ni conque d'Aphrodite ni bénitier de Marie, le cœur de Sienne est un berceau. Mais tant mieux après tout, si les mères qui règnent en secret sur cette ville ont fait qu'elle soit restée intacte à travers les siècles, recroquevillée et rose à l'ombre de ses remparts, une ville soustraite par miracle à la flétrissure du temps.

Sienne II

Folie

Au mois de mai 1770, sur le conseil d'un moine rencontré à Pise, Casanova alla passer huit jours à Sienne. Muni d'une lettre d'introduction auprès de la marquise Violante Chigi (de la célèbre famille dont un descendant a fondé l'Académie de musique du même nom, installée dans un des plus beaux palais de la ville), il trouva une veuve « encore belle, quoique sur le retour », avec qui, en toute honnêteté, il échangea des vues philosophiques sur la conduite de la vie. Un autre habitant de Sienne, l'abbé Ciaccheri, le promena dans la ville, en lui faisant voir « tout ce qu'elle renferme d'intéressant » (mais Casanova ne donne aucun détail sur cette visite) et surtout la maison de deux sœurs où se réunissait la société savante et où l'on s'amusait à improviser des vers et à échanger des rimes. Casanova prit part de bonne grâce à ces jeux littéraires, et remarqua à cette occasion que l'abondance des mots italiens rend cette langue plus poétique que la langue française , en Italie, dit-il, c'est la Toscane qui fournit le plus beau langage poétique ; et la langue de Sienne est supérieure à celle de Florence, par la douceur, la suavité, la grâce et l'énergie.

On est frappé, en lisant cette description très vive de la société siennoise, où la réflexion sur la langue est le seul jugement personnel de Casanova, de voir à quel point le voyageur a été indifférent à l'aspect physique de Sienne, à la beauté de la ville. Pas un seul mot là-dessus. Heureuse époque, où l'on s'intéressait plus aux hommes et aux femmes qu'aux églises et aux palais, plus aux êtres humains qu'aux pierres ! Mieux vaut d'ailleurs pour Casanova qu'il ne se soit pas risqué à l'appréciation touristique des monuments, car l'unique fois où il cite un architecte, c'est pour commettre une bévue. « L'aimable marquise Chigi nous donne un excellent dîner à sa jolie maison bâtie par Palladio. » La maison est Vicobello, dans les environs de Sienne, qui n'a pas été construite par Palladio, le célèbre architecte de Venise et des villas vénitiennes, mais dessinée par Baldassare Peruzzi, le plus grand architecte de Sienne et un des plus grands de la Renaissance, à qui l'on doit aussi la Farnesina et le palais Massimo, élevés à Rome.

La délicieuse innocence dont faisait preuve Casanova n'est plus de mise aujourd'hui. Aucun voyageur n'oserait plus traverser Sienne sans s'exclamer au sujet de la grand-place ou de la cathédrale. Il veut s'informer, connaître l'histoire de cette ville dont il reste de si prodigieuses beautés. Et d'abord savoir pourquoi, malgré la nuance rose qui domine dans les murs de briques, malgré l'éclat multicolore des costumes et des oriflammes lors de la fête historique du Palio, Sienne s'est vouée au blanc et au noir. Alternativement blanches et noires les pierres de la cathédrale, dont l'imposante masse et la tour rayée dominent l'entassement des vieilles maisons. Blanc et noir l'écusson officiel de la ville, tel qu'on peut le voir, par exemple, au-dessus de l'entrée du Palazzo Pubblico. Blanc et noir : deux couleurs abstraites, irréelles, qui n'existent pas (ou que très rarement) dans la nature (comme l'ont montré les peintres impressionnistes, en colorant les ombres), et qui donnent d'emblée le ton du caractère siennois.

D'après le charme de ses rues, la grâce de ses ogives, la finesse de ses tours, on croit cette ville sage et avisée, telle une Bruges du Midi. Il n'en est rien : s'ils avaient conduit avec plus de prévoyance leurs affaires, les Siennois n'auraient pas disparu, en tant que République libre, dès la fin du Moyen Age, écrasés par leurs voisins florentins à qui ils n'avaient cessé de chercher querelle, en des guerres meurtrières qui la saignèrent à blanc et en des rivalités artistiques presque aussi ruineuses. Désireux de faire plus grand et plus beau qu'à Florence, ils réussirent à élever une tour municipale plus haute, mais leur projet de bâtir une nouvelle cathédrale gigantesque, dont la précédente (celle qu'on voit aujourd'hui) ne serait que le transept, échoua misérablement. Dans les années 1350, déjà, deux siècles avant que les Médicis ne prissent définitivement possession de la ville, Sienne n'était plus capable d'un effort aussi démesuré. De cet immense rêve avorté il reste quelques pans de murs et arcs-boutants isolés. Gent vaine, plus vaine que la française, disait Dante. Et du Bellay : « Je hay du fol Siennois le sens mal arresté. » Certes, le premier de ces poètes, en tant que Florentin, détestait l'éternelle rivale de sa patrie ; et le second, rentré en France, gardait un mauvais souvenir de son séjour en Italie. N'empêche qu'ils ont vu juste en parlant de la « vanité », de la « folie » des Siennois, à cette réserve près que, là où ils mettaient une connotation péjorative, nous aurions plus d'indulgence et même une secrète admiration pour ce penchant au rêve, à l'outrance, au délire.

Ainsi, les puristes condamnent le plan de la cathédrale (même de la première cathédrale, celle de 1284, qui a subsisté) en relevant comme une faute les piles excentrées qui soutiennent la coupole. Ce n'était pas l'opinion de Richard Wagner, qui s'entendait en gigantisme. Lors d'un séjour de deux mois qu'il fit en 1880 près de Sienne, à la villa de Torre Fiorentina, où il travaillait à son *Parsifal*, il demanda à un de ses amis, le peintre russe Jankowski, de lui dessiner un relevé de l'intérieur de la cathédrale, dont il voulait s'inspirer pour Montsalvat, le temple du Graal. On imagine fort bien en effet les chevaliers wagnériens tournant en rond sous cette coupole et, suivis de leurs pages, priant Dieu de seconder leurs chimères. De même que, si on voulait trouver le portrait le plus vivant de Lohengrin ou de Siegfried, il ne faudrait pas le chercher sur les scènes d'opéra, parmi le fatras de faux décors moyenâgeux, mais dans la fresque peinte en 1328 par le peintre siennois Simone Martini dans une salle du Palazzo Pubblico. En tout cas ce Guidoriccio da Fogliano, qui chevauche martialement sur son palefroi caparaçonné, peut être considéré comme le héros emblématique de Sienne. « Vain », il l'est sûrement, à s'avancer ainsi, sans escorte, au pied de la forteresse qu'il assiège, le long d'une palissade hérissée de lances ; et « fou », plus encore, de risquer sa vie pour le seul plaisir de parader dans un superbe costume dont les losanges richement colorés se retrouvent — suprême coquetterie — sur la housse de sa monture.

Cette fresque donne l'exemple le plus accompli de l'extravagance siennoise, mais, dans la vie courante, aujourd'hui encore, mainte anecdote confirmerait ce trait de caractère éminemment sympathique. Chaque quartier de la ville porte un nom imagé (nous reviendrons sur ce goût poétique), le plus souvent celui d'un animal. On cite le cas d'un soldat qui, natif du Dragon, refusa une médaille militaire, parce qu'elle était à l'effigie de saint Georges et représentait ce preux en train d'abattre le dragon. Autre échantillon du peu de sagesse bourgeoise dévolu aux Siennois : la rivalité furieuse qui oppose les deux institutions de charité. L'antique Archiconfraternité de la Miséricorde vient au secours des malades pauvres, les transporte à l'hôpital, recueille les blessés sur la voie publique et emporte les cadavres. Dès qu'un accident est signalé, accourt la civière de l'Archiconfraternité de la Miséricorde ; mais elle n'est pas seule, car surgit en même temps le brancard de l'Assistance publique. Entre les deux organisations, c'est à qui réussira la première à « planter la bannière », selon la formule pittoresque, sur le blessé ou sur le mort. La dispute finit souvent à coups de poing, et les passants ne se font pas faute de s'en mêler. Ainsi, loin du bon sens et de la raison qui devraient présider au secours des blessés, les Siennois, même en cette occasion, se livrent à leur goût de la querelle, à leur soif de suprématie, à leur inclination pour les bravades et les gestes spectaculaires — car « planter la bannière » est un acte d'orgueil, mais aussi une manifestation esthétique. Cet exemple, cependant, de deux clans opposés qui en viennent aux mains et préfèrent l'ostentation à l'efficacité nous ramène à la contradiction fondamentale de Sienne, à la fracture intime que symbolisent l'antithèse de ses couleurs emblématiques, le contraste bien tranché du blanc et du noir.

Selon la légende, Senius et Aschius, fils de Remus, un des deux fondateurs de Rome, pour échapper à la cruauté de leur oncle Romulus meurtrier de leur père, s'enfuirent de l'Urbs vers le nord. Ils chevauchaient deux coursiers magnifiques, l'un blanc et l'autre noir, don d'Apollon et de Diane. Ils s'arrêtèrent sur les collines creusées par la vallée du Tressa, et fondèrent un château qu'ils appelèrent Siena, du nom de l'aîné. En souvenir de l'aide reçue des dieux et par reconnaissance envers les deux chevaux qui les avaient portés en lieu sûr, ils décidèrent de vouer la nouvelle ville au blanc et au noir. Légende admirable, et polyvalente, comme tous les mythes : on y trouve la passion des Siennois pour les chevaux, le goût de l'élégance et de la simplicité qui présidera à la construction de leur ville, et aussi l'esprit de division, poussé jusqu'à l'irréalisme, qui caractérisera leur histoire. Sienne, isolée sur ses collines et comme coupée du monde (et elle garde aujourd'hui cet aspect de cité recluse, se suffisant à elle-même, en dehors des grands courants de circulation, ignorée par l'autoroute du Soleil comme elle le fut au siècle dernier par les lignes de chemin de fer), est un microcosme en soi, mais dont l'apparente unité, réalisée seulement dans le style de ses édifices, cache une série d'antagonismes sociaux et psychologiques. Entre le peuple et la classe des marchands, pendant tout le Moyen Age ; entre l'esprit civique, quand il fallait faire front contre Florence, et le fanatisme des querelles intestines ; entre la tentation mystique, illustrée par les deux saints de Sienne, Catherine et Bernardin, et la fureur sanguinaire ; entre la vocation artistique et la tendance commerciale.

Le banquier Agostino Chigi (ancêtre du mari de la marquise appréciée par Casanova) était allé à Rome en 1485 et y avait amassé une vaste fortune au moyen de l'usure, puis comme trésorier du pape Jules II. En compétition avec les Médicis de Florence, il possédait des comptoirs à travers toute l'Italie, des entrepôts à travers toute l'Europe, une armée de 2 000 employés, une flotte de 100 navires. C'est lui qui fit construire par Peruzzi et décorer de fresques par Raphaël la Farnesina, qui était si encombrée d'œuvres d'art que l'ambassadeur d'Espagne, dit-on, y cracha sur son majordome, ne pouvant trouver un recoin vide. Au cours d'un banquet donné en l'honneur du pape, Agostino Chigi aurait jeté par la fenêtre la vaisselle d'or du festin (que le pape se serait empressé de faire repêcher le lendemain). Vraie ou fausse, cette anecdote donne le ton de la « folie » siennoise, bien opposée à l'avarice proverbiale des Florentins. L'autre grande famille de Sienne, avec les Chigi, fut celle des Piccolomini, à laquelle appartenait le pape humaniste Pie II. Un personnage contradictoire également, qui entra dans les ordres fort tard, à quarante et un ans, après avoir écrit un roman licencieux, *Histoire de deux amants*. Mais son principal titre de gloire est d'avoir confié à l'architecte Bernardo Rossellino le soin de transformer Pienza, sa bourgade natale, en une sorte de ville idéale aux proportions parfaites, selon l'utopie chère aux urbanistes de la Renaissance.

Blanche et noire la robe de sainte Catherine, puisqu'elle appartenait à l'ordre des Dominicains. Mais, dans le cas de cette fougueuse prédicatrice dont les lettres — dictées, car elle ne savait pas écrire — sont un des monuments de la prose italienne du XIVe siècle, on commence à soupçonner que le blanc et le noir ont encore une autre fonction à Sienne, un rôle d'exorcisme, de pacification. Car les deux mots qui reviennent le plus souvent dans la correspondance de la jeune femme sont les mots « feu » et « sang ». Elle se sent consumée par le feu de l'amour divin, jusqu'à n'être plus qu'une pure flamme, et, hantée par le sang du Christ, elle veut se meurtrir de plaies, pour ruisseler à son tour. Obsession presque pathologique, qui a culminé dans un épisode peint par Sodoma dans la chapelle Sainte-Catherine. Un Siennois qui avait été condamné à mort pour une peccadille remplissait son cachot d'imprécations. La sainte s'en fut le visiter et le persuada de se rendre au supplice comme à une fête. Elle l'accompagna à l'échafaud, lui dénuda le cou et reçut la tête dans son giron. « Lorsque le cadavre eut été emporté, écrit-elle, mon âme se reposa dans une paix délicieuse et je jouissais tant du parfum de ce sang que je ne voulais pas souffrir qu'on enlevât celui qui avait jailli sur mes vêtements. » Que ceux qui allient automatiquement mysticisme et suavité relisent cette phrase, pour comprendre de quoi est faite cette « douceur » siennoise si vantée. Le blanc et le noir ne sont peut-être qu'un manteau de décence jeté sur un instinct d'une sauvagerie féroce, comme on parsème en Espagne, après la mise à mort du taureau, du sable dans l'arène rouge et parfumée de sang.

Devant la façade du Palazzo Pubblico, non loin de l'écusson blanc et noir, le visiteur découvre avec surprise, au sommet d'une colonne en bronze, une louve allaitant deux jumeaux. Rappel des fondateurs de Rome, évidemment, et de la légende de Senius et Aschius, mais l'animal emblématique de Rome trône abusivement dans le plus bel endroit de Sienne, car s'il y a une ville dont le plan, la configuration, le style sont aux antipodes de ce qu'on voit à Rome, c'est bien Sienne. Rien de « grand » ici, rien de carré, rien d'impérial. Pas une seule rue droite. Aucun recul devant les façades, pas même devant celle de la cathédrale. Il arrive que l'entrée d'un palais historique s'ouvre, non pas sur la façade, mais dans une rue latérale. Alors que les beautés de Rome se montrent avec pompe, celles de Sienne se cachent. Par le même souci de discrétion, Sienne a refusé le baroque, art trop fastueux, trop officiel. Blaise de Montluc, maréchal de France et chroniqueur savoureux, qui défendit Sienne en 1555 contre les Florentins, et accorde force éloges aux habitants pour leurs qualités militaires (éloges auxquels il associe les femmes, elles aussi surprenantes de courage — mais qui s'en étonnerait, après l'exemple donné par la frêle Catherine ?), profita de la configuration tortueuse de la ville pour tendre des embuscades aux assiégeants. « Or avais-je délibéré, écrit-il dans son style pittoresque, que si l'ennemi nous venait assaillir avec l'artillerie, de me retrancher loin de la muraille où se ferait la batterie pour les laisser entrer à leur aise et faisais état de fermer les deux bouts et y mettre à chacun cinq ou six grosses pièces d'artillerie, chargées de grosses chaînes et de gros clous et pièces de fer.

Et voulais mettre derrière la retirade tous les mousquets de la ville, ensemble l'arquebuserie tout à coup ; et nous qui serions aux deux bouts venir courant à eux avec les piques, hallebardes, épées à deux mains, épées et rondelles. »

Las ! cette ingéniosité fut inutile, et Sienne dut se rendre. L'ère du tourisme succéda à l'ère des libertés. Entre tous les voyageurs, il faut reconnaître que les Français ne montrèrent pas toujours, dans leurs jugements, la sagacité de Montluc. Ainsi, de la grand-place, le célèbre Campo — nous devons bien, nous aussi, y venir, à cet ombilic de la beauté siennoise et merveille du monde —, le président de Brosses eut l'imprudence d'écrire : « La place publique est d'une forme particulière : elle est quasi faite comme une coquille ou tasse à boire. On la remplit d'eau quand on veut par le moyen d'une grande et abondante fontaine qui est dans le haut et l'on peut alors se promener sur la place dans de petits bateaux, tandis que les carrosses s'y promènent de leur côté, sur les bords et tout autour de la tasse. » Conte absurde, car, s'il y a bien une fontaine en haut de la place, rien ne retiendrait les eaux qui s'écouleraient par les rues. Le président de Brosses a confondu le Campo de Sienne avec la place Navone de Rome (où l'on organisait, en effet, des naumachies), à moins que la folie siennoise ne soit montée à la tête du magistrat dijonnais avec un effet plus enivrant que les vins de sa Bourgogne natale. Il est vrai que le Campo ressemble à une coquille, et cette métaphore, qui vient spontanément à l'esprit, est à l'origine d'une autre bévue. L'hypersérieux Hippolyte Taine, lors de son passage en 1864, nota dans son journal : « Cette place est irrégulière de forme et de niveau, étrange et frappante comme toutes les choses naturelles que n'a point déformées ou réformées la discipline administrative ».

Pas de chance, car Sienne est une des rares municipalités au monde qui aient mené au cours des siècles une politique, consciente et obstinée, de beauté. Le Campo, en particulier, doit peu à la nature, et presque tout aux décisions du gouvernement. Celui-ci a varié dans sa composition, mais non dans sa volonté de construire, ou de préserver, un décor prestigieux. Le Conseil a été tantôt de vingt-quatre, tantôt de neuf, tantôt de douze (choisis parmi les marchands) mais avec le constant souci de concilier la pratique quotidienne des affaires et le privilège aristocratique de l'art. L'administration financière, appelée Biccherna, faisait relier ses registres entre des planches de bois peintes qui se transformèrent peu à peu en véritables petits tableaux. Les meilleurs peintres contribuèrent à adoucir par leur talent l'âpreté des documents fiscaux, et Pinturicchio lui-même ne dédaigna pas d'orner certaines tablettes de la Biccherna.

Pour ce qui est du Campo, qu'on nous pardonne de décomposer sa beauté en éléments dont la merveilleuse harmonie est indivisible pour l'œil. L'actuelle grand-place, beaucoup plus petite à l'origine, servit d'abord de marché, en marge de la ville, avant qu'on décidât, à la fin du XIIIe siècle, d'en faire le centre urbain, en rasant bon nombre de maisons qui occupaient son emplacement, et en élevant le Palazzo Pubblico. La beauté de Sienne est née en trois siècles, entre le XIIe et le XVe, et en particulier dans le bref intervalle de trois ou quatre générations, de 1287 à 1355, quand la cité fut gouvernée par les Neuf — en souvenir desquels la coquille est divisée en neuf compartiments.

1179-1264 : construction de la cathédrale.

1282 : début de la construction du Palazzo Pubblico.

1297 : « loi de beauté », qui prescrit que toutes les fenêtres qui donneront sur le Campo doivent être bifores ou trifores (« à colonnettes ») et sans balcon ; exemple de ce dirigisme éclairé qui a tempéré la « vanité » des citoyens.

1311 : le 9 juin, une grande procession transporte la *Maestà* de Duccio, commandée trois ans auparavant, de la maison du peintre à l'autel de la cathédrale. Cet imposant retable, peint en honneur de la Vierge (et déposé aujourd'hui au musée de l'Opera del Duomo), défile dans les rues suivi par « une grande et dévote escorte de prêtres et de moines, les Neuf Seigneurs, tous les officiers de la municipalité et la foule entière du peuple », rappelle un document d'époque par lequel nous apprenons aussi que les boutiques étaient fermées, les affaires suspendues et le ciel d'été rempli du bruit des cloches, afin de célébrer dignement ce surcroît de beauté dont la ville venait de s'enrichir.

1315 : *Maestà* de Simone Martini, dans le Palazzo Pubblico. Il importe qu'entre le pouvoir religieux et le pouvoir civil l'équilibre soit gardé, même dans le domaine des beaux-arts. Si la cathédrale possède une Vierge magnifique, on demandera, à l'autre grand maître de la peinture, une Madone non moins prestigieuse pour le palais municipal.

1325 : érection de la tour du Palazzo Pubblico, qui monte jusqu'à 102 mètres, exactement la hauteur du clocher de la cathédrale, toujours pour répondre au souci d'équilibre entre les pouvoirs. L'unique romancier qu'ait jamais produit Sienne, ville mystique et artiste, commerçante et militaire, mais non littéraire, Federico Tozzi, injustement ignoré en France, a fait de sa ville natale un tableau sombre qui la rapproche du Bordeaux de Mauriac. Il écrivait au début de ce siècle des livres où les hardiesses psychanalytiques sont malheureusement entravées par un lourd lyrisme provincial. Une belle image surgit çà et là : « Au-delà des toits, la cime de la tour del Mangia était blanche, presque éclatante, là-haut dans le ciel ; mais sa cloche, avec l'armature de fer, toute noire ». Plutôt que de souligner une nouvelle fois le symbolisme du noir et du blanc, interrogeons-nous sur l'étrange surnom de la tour : del Mangia. Il remonterait à un sonneur de cloches fameux, Giovanni di Duccio, auquel on avait donné le sobriquet de Mangiaguadagni, c'est-à-dire Gobesous. N'est-il pas curieux qu'entre tous les sonneurs de cloches qui se sont succédé depuis tant de siècles, on n'ait gardé le souvenir que de celui dont la basse cupidité contraste absolument (noir et blanc, il n'y a pas à en sortir !) avec l'élégance de la tour ?

1328 : Simone Martini peint le cavalier solitaire dans une salle du Palazzo Pubblico.

1333-1349 : pavement du Campo, la partie centrale en brique, le tour extérieur en pierre.

1338-1340 : Ambrogio Lorenzetti peint sur les murs du Palazzo Pubblico les fresques du bon et du mauvais gouvernement. Le Mauvais a été presque effacé par le temps, le Bon a bien résisté (au rebours de ce qui est arrivé dans l'histoire), et rien n'est plus rafraîchissant que de contempler ces scènes pacifiques de vie à la ville et à la campagne, l'artisan dans sa boutique, le professeur dans sa chaire, le paysan avec son porc, l'âne chargé de sa besace. Image sans doute fidèle de Sienne au temps où une trêve entre deux guerres laissait à ses femmes le loisir de danser au son du tambourin les gracieuses figures d'une carole, ou à ses cavaliers de pousser tranquillement leurs montures au milieu des collines bien cultivées, malgré la nature crayeuse du sol.

1409-1419 : Jacopo della Quercia sculpte les marbres (aujourd'hui déposés dans le Palazzo Pubblico et remplacés par des copies) de la fontaine Gaia, la « Gaie », la « Joyeuse », surnommée ainsi en souvenir des fêtes organisées pour célébrer l'arrivée de l'eau (rare à Sienne) sur la place.

Avec l'œuvre de ce sculpteur, dont la puissance et le dramatisme annoncent l'art de Michel-Ange, se termine le moment magique de Sienne. Le Quattrocento fut le siècle de Florence. Mais la loi de beauté resta en vigueur : maint palais postérieur au XIVe siècle et même à 1557, date fatidique qui marqua la fin des libertés de Sienne, est demeuré fidèle aux règles prescrites à la grande époque. Ainsi du second étage des ailes latérales du Palazzo Pubblico, rajouté en 1680, mais sans la moindre rupture stylistique avec le reste du monument. Ainsi du palais Sansedoni, élevé au XVIIIe siècle, ou du palais Salimbeni, agrandi et remanié à la fin du XIXe siècle, mais toujours avec la volonté de prolonger dans les pierres le Moyen Age défunt.

Défunt ? Pas tout à fait cependant, car l'antique esprit querelleur et batailleur des Siennois, allié à leur goût du spectacle et du faste, s'est transmis jusqu'à nous dans une fête qui a lieu deux fois par an, le 2 juillet et le 16 août, et sur laquelle on continuera à porter les jugements les plus faux, tant qu'on s'obstinera à y voir une manifestation folklorique à l'usage des touristes. A ce titre elle pourrait irriter, mais, s'il est vrai que les marchands de souvenirs et les vendeurs de boissons fraîches profitent de l'afflux exceptionnel des visiteurs pour arrondir leurs affaires, il faut savoir que le Palio repose principalement sur la passion des Siennois à s'entredéfier, et qu'il aurait lieu tous les ans aux dates rituelles même si aucun étranger ne venait y assister.

Le Palio ne remonte pas au Moyen Age : de création relativement tardive, il fut une invention commémorative destinée à célébrer la splendeur révolue de la ville. Jusqu'au XVIe siècle, la grand-place servit à diverses manifestations publiques : joutes collectives à coups de poing (la *pugna*), chasses aux taureaux à la mode espagnole, courses de buffles, courses d'ânes. Le goût de la compétition, voire de la violence, s'y donnait déjà libre cours. Puis, sur l'initiative des nobles, furent organisées des courses de chevaux, mais qui se déroulaient le long des rues. C'est après 1590, lorsque les chasses aux taureaux eurent été abolies sur l'injonction du concile de Trente (la sanguinaire Catherine eût-elle apprécié cette invitation à la douceur ?), que prit corps l'idée de faire courir les chevaux en rond sur la place. Deux des gentilshommes chargés d'organiser la course de rue, le chevalier Fortunio Martini et le capitaine Gismondo Santi, proposèrent, dans un document du 26 juillet 1605, de remplacer la course *alla lunga* (« allongée »), jugée dangereuse pour la foule entassée dans les rues, par une course *alla tonda* (« arrondie ») qui se déroulerait autour du Campo. Cette innovation semble avoir été adoptée comme une simple mesure de police : mais, peut-être à l'insu de leurs auteurs, elle revêtait une riche signification symbolique. Transformer la course en une sorte de roue qui entraînerait dans sa rotation vertigineuse les énergies guerrières frustrées par la disparition des libertés républicaines, c'était donner un exutoire à la « folie » siennoise, et en même temps rétablir l'unité, grâce à l'image fermée du cercle, entre les diverses factions qui déchirent la ville.

Mais ce n'est pas tout : le document des deux gentilshommes précise aussi que la course aura lieu, non plus entre individus, comme c'était le cas pour les nobles qui couraient pour leur propre compte, mais entre *Contrade*. Qu'est-ce qu'une *Contrada* ? Chacun des quartiers qui divise Sienne. Venise est divisée en *Sestieri*, Rome en *Rioni*, Sienne en *Contrade*. La *Contrada* est une unité topographique, mais aussi religieuse et militaire, car chacune possède ses compagnies d'hommes armés et ses églises. Florence était organisée en corporations, c'est-à-dire en catégories de personnes associées indépendamment de leur lieu de naissance, par un libre choix. Il n'y a aucune liberté dans le fait d'appartenir à telle ou telle *Contrada* : ce n'est pas un choix, mais une passion, un attachement viscéral, contracté avant même la naissance. D'où la frénésie de la course, l'acharnement à conquérir le *palio*, bannière de soie accrochée à une hallebarde, qui sera remise au quartier victorieux. Au lieu du nerf de bœuf, dont se servent actuellement les jockeys, non seulement pour exciter leurs chevaux, mais surtout pour frapper les chevaux et les jockeys concurrents, on utilisait autrefois le *sovatto*, manche de bois auquel étaient attachées deux lanières munies de lourdes billes de plomb. Cette arme meurtrière fut interdite en 1715, et le Palio définitivement codifié par la princesse Violante de Bavière, en 1729. Mais comment mettre de l'ordre au fond des cœurs ? Il n'y a pas si longtemps qu'un prêtre fut suspendu *a divinis* parce que, pendant le discours qu'il prononçait aux obsèques d'un de ses paroissiens, au lieu de prier Dieu pour le salut de l'âme du défunt, il lui demanda la défaite de la Tour, une *Contrada* rivale.

Les dix-sept *Contrade* portent des noms poétiques : la Tour, l'Aigle, l'Escargot, l'Onde, la Panthère, la Forêt, la Tortue, la Civette, la Licorne, la Coquille, le Mouton, la Chenille, le Dragon, la Girafe, le Hérisson, la Louve, l'Oie. Il y a en outre six *Contrade* « mortes », c'est-à-dire disqualifiées à vie dès 1675 et privées de leurs territoires, à la suite de rixes particulièrement féroces : le Chêne, la Vipère, l'Ours, le Lion, le Coq et le Glaive, dont les représentants ont toutefois le droit de prendre part au défilé solennel qui précède la course. Chaque Palio n'est couru que par dix *Contrade*, à cause de l'exiguïté de la place, qui ne permettrait pas de s'aligner à plus de dix chevaux. Les sept *Contrade* exclues participent de droit au Palio de l'année suivante, les trois autres étant tirées au sort parmi les dix qui ont couru l'année précédente. Le sort joue un grand rôle dans le Palio : aucun cheval n'appartient aux *Contrade*. Une commission spéciale examine avant la course une vingtaine de demi-sang (car il faut des bêtes robustes capables de résister aux dénivellations de la piste et aux coups de nerf de bœuf), en retient dix et les distribue aux concurrents par tirage au sort. Survivance de la coutume démocratique, selon laquelle il ne conviendrait pas que les quartiers riches accaparent les meilleurs chevaux.

Non que l'argent ne joue aussi un grand rôle dans le Palio. On essaye d'acheter les jockeys rivaux, de provoquer des trahisons, la corruption et la ruse étant considérées comme des armes loyales dans cette compétition sauvage qui enflamme la ville entière. Certaines *Contrade* sont alliées par une antique tradition : ainsi l'Oie, la Tortue et la Louve. Mais plus nombreuses sont les haines : entre l'Oie et la Tour, entre l'Aigle et la Panthère, entre la Chenille et la Girafe, entre la Coquille et le Bélier. Pour aiguiser les passions, certaines de ces *Contrade* exhibent des titres de « noblesse » patentés. « Noble » la Coquille, à cause de la valeur montrée par ses hommes d'armes, lors de la bataille victorieuse contre les Florentins, à Montaperti, en 1260. « Noble » la Chenille, pour récompenser ses soldats d'avoir contribué à la défaite de Charles IV de Bohême, en 1369. Plus « noble » encore l'Aigle (à deux têtes, comme celui des Habsbourg) en vertu d'un privilège conféré par Charles Quint. « Capitaine » est dite l'Onde, parce qu'elle fournissait les sentinelles qui montaient la garde devant le Palazzo Pubblico.

Lorsque la grand-place a été dûment préparée (sur le périmètre d'un peu plus de 300 mètres de long, on a étendu et pressé sur 20 centimètres d'épaisseur et 7,50 mètres de large un mélange de tuf et de sable conservé d'année en année dans les entrepôts de la commune), on dit à Sienne que « la terre est sur le Campo », ce qui signifie que la fièvre du Palio, qui couve pendant toute l'année, arrive à son paroxysme. Mais toujours contenue dans les limites d'un cérémonial extrêmement rigoureux. Passion et beauté, la devise qu'il faudrait donner à Sienne. Chaque *Contrada* défile avec ses porte-drapeaux, ses tambours, le commandant et les hommes d'armes, le premier page, les autres pages, le jockey en grand apparat sur un cheval de parade conduit par le palefrenier, enfin le demi-sang, celui qui courra. Costumes, bannières, oriflammes rivalisent en couleurs, en éclat. En tête du cortège marchent les massiers de la commune, son porte-étendard à cheval, ses sonneurs de trompe et de tambour ; en queue le char de triomphe, qui porte, en même temps que le *palio*, le drapeau et la cloche de la commune. Un vocabulaire, rituel et précis, désigne chacun des éléments, chacune des phases de la cérémonie. On en trouvera des échantillons dans le spirituel petit roman que Carlo Fruttero et Franco Lucentini ont consacré à Sienne, *Il Palio delle Contrade morte*. Retenons que le cheval de course s'appelle un « barbe », celui qui le conduit pendant le défilé un « barbaresque », le cortège une « promenade » et les pages des « mannequins ». La disposition des chevaux sur la ligne de départ, souvent décisive pour le résultat de la course, est tirée au sort, ce sort qui est à Sienne, disent les deux auteurs cités, « moins auguste que le Fatum, moins effrayant que le Destin, plus élégant que le hasard, plus sérieux que la fortune ».

Lorsque ce fastueux déploiement de velours, de soies, de cuirasses, de hallebardes, de cimiers, de caparaçons a porté à son comble l'excitation, la course elle-même, qui consiste à faire trois fois le tour du Campo, ne dure pas plus d'une minute et demie. Remporte la victoire la *Contrada* dont le cheval est arrivé le premier, même s'il a désarçonné en route son cavalier. Car c'est le cheval qu'on idolâtre : la veille de la course, chaque *Contrada* fait bénir sa monture dans une chapelle. Dans la maison de sainte Catherine, il y a trois oratoires : celui du haut renferme des tableaux, dont *les Stigmates de sainte Catherine*, par Bernardino Fungai ; à l'étage intermédiaire se trouve l'oratoire de la chambre de la sainte ; et au rez-de-chaussée celui de l'Oie. C'est là qu'on bénit l'animal chargé des espérances du quartier, et, s'il s'oublie au milieu des reliques, des drapeaux et des armoiries, tant mieux, aucun augure ne saurait être plus propice. La *Contrada* victorieuse organise un gigantesque banquet en plein air. Et qui trône au bout de la table, à la place d'honneur ? L'auteur de l'exploit, le cheval lui-même.

Le propriétaire d'un cheval vainqueur accueillit, après la course, le jockey par une gifle retentissante. « Comment ? s'écria le jeune homme. J'ai gagné et vous me giflez ? » Réponse : « Et la peur que tu m'as donnée, qui va me la payer ? » Même dans l'éclat de la victoire, dans le blanc radieux du triomphe, la tache noire de la « folie »... Mais il serait dommage de quitter Sienne sur une anecdote. Gardons plutôt une vision de beauté. Et si les fresques ou les retables de Duccio, de Simone Martini, des frères Lorenzetti nous remplissent de l'admiration distante qu'on doit aux monuments les plus antiques de la peinture, il est un artiste siennois qui peut nous toucher beaucoup plus, le mystérieux Domenico Beccafumi. On le classe, à côté de Pontormo et de Bronzino, comme « maniériste », faute de savoir définir l'inquiète étrangeté qui frémit dans ses tableaux visionnaires, où les violents contrastes de l'ombre et de la lumière exaltent l'éternel antagonisme siennois du Noir et du Blanc.

Stendhal

Le mythe de l'Italie

Stendhal s'ennuyait comme consul de France à Civitavecchia lorsque, en 1833, il fit copier de vieux manuscrits italiens, récits violents d'aventures vraies ayant eu lieu dans l'Italie de la Renaissance. Le goût de l'anecdote historique avait toujours possédé l'auteur de *le Rouge et le Noir*. Cette fois, il se promettait de ses découvertes un double plaisir : recréer son propre univers romanesque à partir de faits divers authentiques, théoriser les raisons qui depuis toujours l'attachaient passionnément à l'Italie. Les *Chroniques italiennes* posent ainsi deux séries de problèmes : comment Stendhal travaillait-il ? Sur quel stimulant pris dans la réalité historique son imagination prenait-elle élan ? Et d'autre part : qu'est-ce que cette Italie dont il avait besoin pour se sentir heureux, pour se sentir vivre ?

Il importe de confronter les récits de Stendhal avec les sources qui les ont inspirés. Tantôt il s'écarte de ses modèles, tantôt il ne fait que traduire. Stendhal possédait à sa mort quatorze volumes de manuscrits italiens. Mérimée les fit acheter par la Bibliothèque nationale, où ils figurent, dans le fonds italien, sous les numéros 169 à 179 inclus, 296 et 297, et 886. Victor Del Litto, dans le tome 19 de son excellente édition des *Œuvres complètes*, donne la version originale des textes où Stendhal a puisé. L'un d'entre eux, *Origine delle grandezze della famiglia Farnese*, fournit le point de départ de *la Chartreuse de Parme*. Les *Chroniques italiennes* proprement dites, publiées du vivant de l'auteur, se réduisent à quatre. Il les rédigea à Paris, lors d'un congé diplomatique, de 1836 à 1839. *La Revue des deux mondes* publia *Vittoria Accoramboni* le 1er mars 1837, *les Cenci* le 1er juillet (ces deux nouvelles non signées), *la Duchesse de Palliano* le 15 août 1838, *l'Abbesse de Castro* les 1er février et 1er mars 1839 (ces deux nouvelles signées F. de Lagenevais). *Trop de faveur tue* et *Suora Scolastica* (Stendhal travaillait à ce récit le jour de sa mort subite, c'est donc son dernier texte) sont des posthumes, inachevés. Le titre de *Chroniques italiennes* n'est pas de Stendhal, qui hésitait entre *Historiettes romaines* et *Pièces tragiques*. C'est Romain Colomb qui trouva, pour le volume des éditions complètes paru chez Michel Lévy en 1855, le titre aujourd'hui retenu.

Anonymat ou pseudonymat : Stendhal n'obéissait pas seulement à son goût bien connu pour le masque, à son rêve secret de bâtard, en publiant ses nouvelles sans nom d'auteur ou sous un faux nom. Les manuscrits italiens qu'il fit copier n'appartenaient pas à des bibliothèques publiques, mais aux archives d'une maison amie, le palais Caetani, via delle Botteghe Oscure, à Rome. Autre raison, plus décisive, de se montrer discret : Stendhal occupait la charge officielle de consul de France à Civitavecchia, le deuxième poste diplomatique des Etats romains, et les nouvelles qu'il publiait dans *la Revue des deux mondes* mettaient en cause les mœurs de la cour de Rome, la cruauté, l'érotisme, les excès de tout genre auxquels s'étaient livrés pendant la Renaissance les hauts dignitaires de l'Eglise.

Il multiplie les précautions oratoires, en protestant qu'il ne fait que traduire des textes italiens. « Malheureusement pour moi comme pour le lecteur, ceci n'est point un roman, mais la traduction fidèle d'un récit fort grave écrit à Padoue en décembre 1585 », annonce-t-il en tête de *Vittoria Accoramboni*. Cette nouvelle, il dit la tenir d'un vieux patricien de Mantoue, qui lui aurait accordé, en le lui faisant payer très cher, le droit de copier certaines historiettes du passé. En fait, le patricien de Mantoue n'a pas plus existé que le chanoine de Padoue par qui, dans l'introduction à *la Chartreuse de Parme*, Stendhal prétend avoir eu communication du récit relatif aux intrigues de la cour de Parme. Même remarque au sujet de la « famille de Palerme » invoquée au début de *la Duchesse de Palliano*. Les nombreuses références aux deux chroniqueurs de Rome et de Florence, qui émaillent *l'Abbesse de Castro*, rentrent également dans la supercherie.

Il faudrait relever un à un les passages où Stendhal s'écarte des textes dont il se donne comme simple traducteur. On peut dire en gros que *Vittoria Accoramboni*, la première des *Chroniques italiennes*, est la plus fidèle à l'original. A part la fiction du collectionneur avare de Mantoue, elle est la « traduction fidèle » d'un récit ancien. Les autres nouvelles montrent de plus en plus de liberté par rapport aux manuscrits, jusqu'à *l'Abbesse de Castro*, la dernière des *Chroniques italiennes* achevées, et de loin la plus stendhalienne, où les trois quarts de l'histoire sont de l'invention du soi-disant traducteur. Ce double mouvement, d'une part le détachement de la fidélité littérale, d'autre part la stendhalisation des nouvelles, est essentiel à saisir si on veut comprendre la surprenante métamorphose que l'auteur de *la Chartreuse de Parme* fit subir à l'Italie réelle pour l'adapter à son Italie rêvée. C'est pourquoi il faut lire les *Chroniques italiennes*, non pas dans l'ordre adopté par la plupart des éditions, mais dans celui où elles ont été composées, en commençant par *Vittoria Accoramboni* et en finissant par *l'Abbesse de Castro*.

Vittoria Accoramboni, par la langue et le style, est un pastiche de la prose italienne. Dès les premières pages, on trouve un exemple précis d'italianisme. « Car tout le monde conviendra qu'il n'est pas concevable que celui qui ambitionne de s'élever au-dessus de tous les autres hommes se montre ainsi homme comme les autres. » « Ainsi homme comme les autres » reproduit littéralement le tour italien : *così uomo come gli altri*. Mais la généralité un rien pompeuse, « tout le monde conviendra », la succession des propositions relatives, la pensée emphatiquement noble sur « les hommes », tout cela appartient également à une certaine manière de raisonner et d'écrire typiquement italienne. L'italianisme grammatical « ainsi homme comme les autres » est une sorte de clin d'œil que Stendhal adresse ici à son lecteur, pour l'inviter à noter les italianismes de pensée, bien autrement instructifs.

Autre exemple. « Ce qu'il y a de certain, c'est que le prince Paul Orsini, accoutumé de tout temps à être craint des papes, fut porté si sérieusement à penser à ses affaires par cette façon de parler du pape, telle qu'il n'avait rien entendu de semblable pendant l'espace de treize ans, qu'à peine sorti du palais de Sa Sainteté il courut chez le cardinal de Médicis lui raconter ce qui venait de se passer. » Il ne suffit pas de dire, avec Jean Prévost, que Stendhal pastiche le « style italien », en enfermant dans une même phrase toutes les circonstances. La malice de Stendhal ne s'exerce pas seulement contre une certaine manière d'écrire, elle s'exerce contre lui-même amoureux de l'Italie. Car le « style italien » met au jour une profonde contradiction entre l'Italie telle qu'elle pense, telle qu'elle est, et l'Italie telle que Stendhal voudrait qu'elle soit.

Tout le monde sait ce que Stendhal a cherché, ce qu'il a voulu aimer dans l'Italie : d'abord les réactions rapides d'un peuple qui conforme ses actes à ses sentiments et ne s'embarrasse pas, comme les Français, de considérations inspirées par la volonté ou le souci du voisin. Or que révèle le « style italien » ? Le contraire de la rapidité, de la simplicité, de la sincérité. *Rome, Naples et Florence* abonde d'ailleurs en remarques là-dessus. 2 mars 1817 : « Pour des raisons à moi connues, le naturel simple ne plaît pas dans les livres en Italie, il leur faut toujours de l'enflure et de l'emphase. » 10 avril : « Un homme qui écrit une lettre ouvre son dictionnaire, et un mot n'est jamais assez pompeux ni assez fort. De là, la naïveté, la simplicité, les nuances de naturel sont des choses inconnues en italien... » 12 mars : « On demande aux gens ce qu'ils sont, ils répondent par ce qu'ils furent. » Stendhal, complètement lucide, aurait dû conclure que si les Français se soumettent à l'opinion du voisin, les Italiens se laissent obséder par l'Antiquité romaine. Ils sont toujours en train de se dire : est-ce que j'agis conformément à ce que la grandeur passée de mon pays attend de moi ? Une telle pensée a ruiné beaucoup d'écrivains, qui se drapent dans une toge avant de prendre la plume, elle a perdu Mussolini. Le « style italien » n'est que l'expression manifeste du conformisme italien, de l'impossibilité de se dégager d'un auguste modèle. La crainte du prochain entrave l'originalité du Français, soit. Mais la crainte de ne pas être à la hauteur des Anciens empêche tout autant l'Italien d'être libre, d'être soi-même.

Le moyen de tourner cette objection, c'est évidemment de prétendre qu'il y a deux Italie, celle qui ressent avec impétuosité, celle qui s'exprime avec pédanterie. Mais comment soutenir longtemps ce paradoxe ? Le manuscrit italien de l'histoire de Vittoria Accoramboni raconte une série de vengeances et d'assassinats exécutés sous le feu de la passion dominante. Mais le récit est conduit à la manière ampoulée du style cicéronien, un style d'avocat, farci de clichés (« dans la plus belle fleur de sa jeunesse »), de redondances qui accusent la boursouflure du récitant. Stendhal, en reproduisant ce style, qu'a-t-il voulu faire, sinon se moquer de sa propre italomanie ? Peu de textes comme *Vittoria Accoramboni* montrent un auteur aussi partagé entre un mythe qui est cher à son cœur et une réalité qui éclate à son intelligence. Stendhal ruine son mirage à mesure qu'il l'expose. On comprend aisément qu'après ce texte inaugural il devait suivre une de ces deux voies : ou bien continuer dans le « style italien » et bâtir peu à peu l'image d'un peuple empêtré par le souvenir de la grandeur romaine et peu capable de ressentir directement des émotions sans les rapporter à des archétypes figés de grandeur, d'héroïsme — ou bien sauvegarder une Italie mythique de spontanéité et de violence, en renonçant au « style italien ».

Stendhal choisit le second parti. C'est ce qui explique que *les Cenci* soient infiniment moins pastiche que *Vittoria Accoramboni*, que *la Duchesse de Palliano* gagne encore en rapidité. Le prologue de cette nouvelle contient les idées de l'auteur sur la *passion italienne*, « c'est-à-dire la passion qui cherche à se satisfaire, et non pas à donner au voisin une idée magnifique de notre individu ». On sait que Stendhal tenait tellement à distinguer entre l'Italie, pays de la passion, et la France, pays de la vanité, qu'il ne comprit rien à l'admirable *Cenerentola* de Rossini et la traita de comédie d'antichambre, parce qu'un opéra qui montrait une série de vaniteux ne pouvait être qu'un contresens en Italie. « Cette façon passionnée de sentir qui régnait en Italie vers 1559 voulait des actions et non des paroles », poursuit imperturbablement Stendhal, se condamnant ainsi à nier l'évidence et à plaquer sur l'Italie réelle une Italie rêvée. A la fin de *la Duchesse de Palliano*, il a cette phrase étonnante, dont on chercherait en vain la source dans le manuscrit italien. « Le cardinal montra une grandeur d'âme supérieure à celle de son frère, d'autant qu'il dit moins de paroles ; les paroles sont toujours une force que l'on cherche hors de soi. » « Les paroles sont toujours une force que l'on cherche hors de soi » : Stendhal aurait pu se servir de ces mots pour donner congé à son mythe italien. Il aimait l'Italie, il voulait l'aimer à cause de la « force » interne des passions italiennes. Or dans quel pays fait-on plus grand abus de paroles, dans quel pays recourt-on davantage à l'emphase oratoire qu'en Italie ? Et pas seulement dans les textes écrits : également dans les conversations, dans les moindres propos de rue. Aujourd'hui encore, en plein XXe siècle, on peut dire que l'emphase est ce qui gâte le plus non seulement la manière de s'exprimer des Italiens, mais aussi leur manière de sentir. « Les paroles sont toujours une force que l'on cherche hors de soi » : Stendhal décida donc de stendhaliser le « style italien », de rendre taciturnes les bavards italiens, de leur faire rentrer la grandeur romaine dans la gorge et puiser en eux-mêmes leur seule force. D'où *l'Abbesse de Castro*, ce chef-d'œuvre.

Pour cette nouvelle, le manuscrit italien ne lui fournissait que le dernier épisode de la vie d'Hélène, la liaison coupable d'une abbesse et d'un évêque, et le procès qui s'ensuivit. Stendhal n'a pas seulement inventé le caractère de son héroïne, il a créé de toutes pièces le personnage de Jules Branciforte et l'histoire d'amour des deux jeunes gens. On a dit que *l'Abbesse de Castro* était la répétition générale de *la Chartreuse de Parme*. Il faut souligner aussi les liens de cette nouvelle avec *le Rouge et le Noir*. Elle est un microcosme parfait du monde stendhalien.

Le lecteur jeune préfère *le Rouge et le Noir*, à cause de l'âpreté du ton, de la détermination de Julien, qui arrive où il veut arriver : les distances qui le séparent de Mme de Rénal, puis de Mathilde, distances toutes sociales, il en triomphe, et la jeunesse aime savoir qu'il n'y a pas d'obstacles dont on ne puisse venir à bout par la volonté. Plus mûr, on peut préférer *la Chartreuse*, roman des distances également, mais des distances impossibles à combler, car il ne s'agit plus d'une différence de condition, mais d'un écart d'âge. La véritable, l'unique tragédie. Mosca est trop vieux pour la duchesse, la duchesse est trop vieille pour Fabrice. Dans *l'Abbesse de Castro* l'obstacle entre les jeunes gens est, comme dans *le Rouge et le Noir*, de nature sociale. Jules Branciforte : un jeune homme pauvre, obscur, pas même beau. Son seul avantage réside dans son énergie, sa *virtù*. Hélène de Campireali : la fille du plus riche seigneur d'Albano. Entre eux va naître un de ces amours que seul le XVIe siècle italien pouvait produire, « je veux dire l'amour passionné qui se nourrit de grands sacrifices, ne peut subsister qu'environné de mystère, et se trouve toujours voisin des plus affreux malheurs ».

Hélène et Jules auraient pu être amants, dans le jardin du palais Campireali où le jeune homme avait réussi à s'introduire. L'envie était aussi grande de part et d'autre. Leur morale consistant à se conformer à leurs sentiments et à jouir pleinement du moment présent, aucun scrupule de conscience ne les aurait empêchés de coucher ensemble. Ils y renoncèrent, par goût d'éprouver une sensation encore plus forte que le plaisir physique : l'exaltation du sacrifice. Ensuite, Stendhal accumule les obstacles qui rendent à jamais impossible l'union des jeunes gens : la mort du frère d'Hélène, tué par hasard de la main de Jules, la réclusion d'Hélène dans un couvent, l'échec de l'assaut organisé par Jules contre ce couvent, l'exil de Jules, la liaison d'Hélène avec l'évêque, la prison d'Hélène, son suicide. Stendhal avait accordé à Julien toutes les réussites. Même Fabrice, il lui permettra pour finir de coucher avec Clelia. *L'Abbesse de Castro*, constat radical de l'impossibilité d'aimer, constitue, avec *Armance*, l'échantillon le plus pur de beylisme. A ce propos, tant d'idées reçues doivent être rejetées ! La chasse au bonheur n'est pas la chasse au plaisir, la *virtù* italienne ne se confond pas avec la poursuite des satisfactions, l'énergie suprême réside dans la privation. L'Italie mythique de Stendhal est bien ce pays où on existe avec force. Mais cette force n'est pas mise au service du but à atteindre, elle peut être aussi bien, elle est, dans ses démonstrations les plus hautes, une flamme qui se consume sur elle-même. Julien Sorel, le pur Français, réussit. Jules Branciforte, le pur Italien, échoue. Fabrice del Dongo, bâtard d'un Français et d'une Italienne, arrivera jusqu'à Clelia parce qu'il est français, mais seulement dans le noir parce qu'il est italien. Leur enfant mourra, victime de cette étrange Italie sans soleil.

Stendhal vouait à Pascal une admiration particulière. Il semblerait étonnant que l'apologiste du culte de la jouissance ait pu chercher un garant chez le fanatique de l'ascétisme, si les romans n'étaient là pour nous ouvrir les yeux. Julien découvre le bonheur dans son cachot, Fabrice n'est jamais aussi heureux que dans le clocher de l'abbé Blanès, puis dans la tour de sa prison. Les héros stendhaliens n'arrivent à rejoindre la plénitude intérieure que dans l'isolement et le silence d'une chambre. Les *Chroniques italiennes* sont toutes des histoires de prison. C'est à se demander si Stendhal les a écrites pour exalter une époque d'amoralité, de crimes et d'héroïsmes sanglants, comme on le dit, ou pour revivre les joies de la solitude à laquelle ces grandes âmes, condamnées pour leurs forfaits, finissent par se trouver assujetties. L'histoire d'Hélène et de Jules est le récit de deux solitudes parallèles, qui d'abord ne veulent pas se rejoindre, puis ne le peuvent pas, mais puisent dans ce renoncement et dans cette impossibilité la plénitude de la jouissance d'exister, qui est leur unique aspiration. Hélène, croyant Jules mort, se donne à l'évêque : par plaisir ou par désespoir, peu importe. Si l'amoralité était sa seule loi, elle devrait être satisfaite de ce double sacrilège. Elle se tue quand elle apprend que Jules n'est pas mort, c'est-à-dire quand elle s'aperçoit qu'elle n'a pas su rester fidèle à elle-même, qu'elle a dû recourir à des preuves extérieures de son existence. Les autres héros de Stendhal n'ont pas besoin de se suicider. Ils savent se retirer à temps, des bras et du regard d'autrui.

Ce qui a pu donner le change sur Stendhal et sur ce qu'il entendait par *virtù* italienne, c'est peut-être l'histoire des *Cenci* et sa préface agressive. Toutes les idées de Taine, de Burckhardt et de Nietzsche sur la Renaissance viennent de ces quelques pages où Stendhal célèbre dans le donjuanisme le plaisir satanique de la transgression. Le manuscrit italien décrivait François Cenci comme un simple débauché, court d'idées, obtus, bestial. Stendhal a complètement transformé le personnage, en le dotant d'une conscience acharnée au mal et d'une volonté de puissance que seul le crime peut assouvir. De même, Béatrix n'est plus, pour le « traducteur », une jeune fille forcée de supprimer un pervers au nom de l'innocence. Métamorphosée elle-même en volonté de puissance, elle se dresse en rivale, enflammée d'une « âme vraiment romaine ».

Cela dit, le satanisme de Stendhal reste d'une prudence remarquable. Tout le détail des supplices infligés aux deux femmes, il le passe sous silence. Il cite Sade, dans une note écrite en marge du manuscrit italien, mais quand il s'agit de montrer par quoi François Cenci est un ancêtre du marquis, il se contente d'allusions plus que vagues à ses « amours infâmes », sans mentionner du tout, à la différence du manuscrit italien fort précis là-dessus, que Cenci pratiquait la sodomie, entretenait des putains et des garçons dans son palais, et mettait ces garçons dans le lit de sa femme.

Prétendre que Stendhal a rêvé l'Italie comme une terre où chacun n'obéit qu'à ses passions et n'hésite pas à faire couler le sang pour contenter son cœur serait une simplification abusive. Une autre Italie, nous l'avons dit, se dessine à travers les *Chroniques*. L'Italie des palais clos, des cloîtres, des couvents, des prisons, l'Italie de la solitude et du renfermement, où l'âme, restée seule avec elle-même, découvre dans la joie qu'elle peut se passer du monde. Le cloître d'Hélène est bien la préfiguration de la chartreuse de Fabrice. Image de la naissance, comme de la mort, c'est bien dans la cellule que se résume le mythe italien des *Chroniques*. S'il est vrai que l'amour et le crime, que Stendhal trouve en Italie portés à leur point de perfection, l'enthousiasment, l'amour et le crime n'auraient pas autant de fascination pour lui s'ils n'étaient les chemins obligés qui mènent à la claustration, c'est-à-dire au seul moyen d'exister par soi-même.

Le psychanalyste dirait que les héros stendhaliens, jetés dans le monde par la volonté paternelle qui les force à grandir, à mûrir, à manier l'argent, à embrasser une carrière, à s'établir dans une définition sociale, à montrer leur puissance virile, à briller par la conquête des femmes, ne se sentent vivre que dans certains moments de grâce qui sont des moments de régression dans l'élément primordial maternel. Jules Branciforte, désespéré par la froideur qu'Hélène se croit obligée de lui témoigner après la mort de son frère, se retrouve le long d'une plage et doit vaincre la tentation de mettre fin à ses jours en poussant son cheval (l'instrument par excellence de la conquête virile) dans la mer (la profondeur illimitée du bain prénatal, tellement plus douce que les parois du cachot).

San Francesco a Ripa n'appartient pas au cycle des *Chroniques italiennes*, si on prend comme critère l'adaptation d'après de vieux manuscrits italiens. Ecrite en 1831, donc avant les découvertes faites au palais Caetani, cette nouvelle a pourtant Rome comme cadre. L'action se passe en 1726. Stendhal a placé les autres chroniques avant 1600, précise-t-il toujours avec soin. Mais la *passion italienne*, dit-il encore (dans la préface à *la Duchesse de Palliano)*, ne s'est pas éteinte avant l'an 1734, époque de l'installation des Bourbons d'Espagne à Naples. *Suora Scolastica*, une des deux chroniques inachevées, se passe d'ailleurs en 1745. *San Francesco a Ripa* est resté bien négligé des commentateurs, on se demande pourquoi. Outre qu'elle est du meilleur Stendhal, cette « pièce tragique » traite un des sujets les plus constants dans son œuvre, le rapport de la passion et de la vanité. Mais ici, à l'habituelle distinction bien tranchée et somme toute rassurante, qui rabaisse le savoir-vivre sous l'énergie, se substitue un combat dramatique, déchirant, sans issue, qui fait que je donne ma préférence à ce texte sur tout autre.

La jeune princesse Campobasso, tendre, pieuse et portée par son caractère sévère à tomber amoureuse jusqu'à la passion, s'éprend d'un jeune chevalier français, remarquable par la fatuité, la gaieté, l'envie de s'amuser de tout, l'étourderie, le courage, la bonté. D'abord amusé par le sombre emportement de la princesse, le léger chevalier prend du champ en fréquentant sa grande rivale, la comtesse Orsini, entourée d'amants dont elle ne s'occupe guère, et qui ne durent qu'un jour. « Son bonheur était de voir deux cents personnes dans ses salons et d'y régner. » La princesse Campobasso comprend fort bien quelle puissante attraction la spirituelle comtesse peut exercer sur son insouciant amant. Il se dit, avec soulagement, que la comtesse ne lui fera jamais de scène. « Elle ne m'aime pas assez pour cela. » Tout le monologue intérieur de la princesse serait à citer. « Quelle sottise chez cet homme ! Comment puis-je aimer un être qui me comprend si peu ? Il veut m'amuser par un mot plaisant, quand il s'agit de ma vie et de la sienne !... Ah ! je reconnais bien là cette disposition sinistre et sombre qui fait mon malheur ! » Car elle s'accuse d'être trop passionnée, elle découvre la maladresse, peut-être le ridicule, de toute passion. « Quoi de plus absurde que d'être toujours sérieux, comme si les événements de la vie ne l'étaient pas assez par eux-mêmes !... Que deviendrai-je quand je n'aurai plus mon chevalier pour me donner la vie, pour jeter dans mon cœur ce feu qui me manque ? »

Un soir, la princesse, toujours folle de son Français mais incapable de trouver la bonne distance, se rue à une réception de sa rivale. En la voyant si brillante et désinvolte, et elle-même si préoccupée et silencieuse, elle se dit : « Comme sa gaieté convient mieux au chevalier que ma folle et ennuyeuse passion ! »

Quelle lucidité, quel courage, quelle amertume dans cette phrase, par où Stendhal, une fois de plus, avec une froide cruauté dirigée contre lui-même, révoque en doute sa propre italomanie. A force d'exister uniquement par soi-même, on devient stupide, importun à l'autre. La princesse recourt à la seule issue à laquelle son malheureux caractère la contraint : elle fait assassiner le chevalier. Au XXe siècle, elle se serait plutôt suicidée. La légèreté française signifie possibilité de vivre, donc d'aimer. La pesanteur d'une âme rivée à l'absolu de sa passion ne conduit qu'à la mort.

Stendhal renoue ici avec le grand lamento de la Religieuse portugaise. « Pourriez-vous être content d'une passion moins ardente que la mienne ? Vous trouverez, peut-être, plus de beauté, mais vous ne trouverez jamais tant d'amour, et tout le reste n'est rien. » Et comme la Religieuse portugaise (une autre histoire de réclusion), la princesse Campobasso aurait pu écrire à son chevalier : « Vous êtes plus à plaindre que je ne suis, et il vaut mieux souffrir tout ce que je souffre, que de jouir des plaisirs languissants, que vous donnent vos maîtresses de France. Je n'envie point votre indifférence, et vous me faites pitié. Je vous défie de m'oublier entièrement. Je me flatte de vous avoir mis en état de n'avoir sans moi que des plaisirs imparfaits, et je suis plus heureuse que vous, puisque je suis plus occupée. » Quel eût été le dernier mot de Stendhal ? La vanité française ne permet pas d'aimer, la passion italienne empêche de vivre. On comprend que, placé devant un tel choix, il ait préféré taire sa « doctrine intérieure ».

Vanina Vanini, nouvelle écrite en 1829, ne fait pas non plus partie des *Chroniques italiennes* proprement dites, bien qu'elle en constitue comme le prolongement anticipé. Au XIXe siècle, les Italiens ont encore quelquefois l'énergie de leurs ancêtres, semble vouloir prouver l'auteur. Ce texte bien connu brode avec bonheur sur un lieu commun du beylisme. Vanina Vanini, jeune princesse éprise de courage qui se donne volontairement à un carbonaro traqué, préfigure Mathilde de La Môle. Son consentement au mariage avec un aristocrate insignifiant, pour sauver son amant, la rapproche de Clelia Conti. Sans doute le ton superficiel et simplement agréable de ce récit s'explique par une sorte de répugnance de la part de Stendhal à développer trop tôt les thèmes de ses futurs romans.

P.S. *Stendhal et l'italianité*, savante thèse de Michel Crouzet, publiée par José Corti en 1982, tient toutes les promesses de son titre : c'est la première fois que les rapports de Stendhal avec l'Italie sont étudiés avec autant de force et de subtilité. Aussi cet ouvrage intéressera-t-il non seulement les beyliens, mais quiconque se passionne pour l'Italie et essaye de comprendre la fascination quasiment mythologique que ce pays exerce sur les voyageurs.

Tout a commencé avec Jean-Jacques Rousseau, avec la priorité accordée au sentir sur la raison. Le gueux napolitain, par exemple, considéré à l'âge classique comme un échantillon négatif de malpropreté, de paresse et de superstition, va bénéficier à l'âge romantique d'une prodigieuse revalorisation, dont Stendhal n'est pas le seul mais le principal artisan. Charge vitale librement rayonnante, refus des servitudes du travail et des mesquineries de l'horaire, déploiement sans entraves du vibrato latin, voilà les privilèges reconnus maintenant au va-nu-pieds. « Irrigué d'une affectivité pleine, mobile, frémissante, il la traduit avec une sorte d'automatisme, en tout cas d'immédiateté en tout point de sa chair ; il est un corps sincère, parcouru par le flux à haute tension d'une convoitise, ou d'une *libido*, transparente, éclatée, explosive, jamais endiguée ou racornie. »

On conviendra que, traversé par de telles formules, l'ouvrage mérite bien l'attention qu'il faut porter à la densité parfois ardue de ses analyses. A travers son amour de l'Italie, Stendhal défend et illustre toute une philosophie de la vie. Choix des valeurs naturelles contre les valeurs sociales ; choix du plaisir physique, du bonheur d'être pleinement soi dans l'instant présent, contre les calculs nécessaires à la réussite ; choix de l'épanouissement individuel contre l'efficacité politique ; choix des jouissances égotistes contre les obligations de la maturité. Le mythe italien de Stendhal est né du désir d'échapper à la France prudente et bourgeoise de la première révolution industrielle. Faut-il ajouter que ce mythe fonctionne encore à merveille aujourd'hui, et que, dans l'Europe plus que jamais obsédée par le rendement et le profit, l'Italie fait figure de jardin miraculeusement à l'abri de la dénaturation du « progrès » ? Toutes les plaies qui continuent à affliger la patrie de Michel-Ange et de Verdi — absence d'un Etat fort, manque de discipline civique, anarchie des désirs — sont la contrepartie des grâces que lui reconnaissait Stendhal : dynamisme des passions, disposition pour les beaux-arts, spontanéité qui est la condition du bonheur. La question reste posée · vaut-il mieux vivre selon la règle et l'ordre en se mutilant soi-même au profit du bien général, ou suivre son instinct dans une suspension euphorique du temps et des contraintes sociales ?

Eternelle fable de la cigale et de la fourmi. L'Italien danse et tourne sur place, il chante des opéras sublimes dépourvus de sens, quand le reste de l'Europe marche vers un but et parle prosaïquement mais utilement. Le rêve faustien de tendre vers une vérité supérieure au prix d'une ascèse ininterrompue est ce qu'il y a de plus étranger à l'Italien, dont le héros serait plutôt Casanova, le don Juan de Kierkegaard, qui s'arrête au stade esthétique sans accéder au stade éthique, énergie pure jamais obscurcie par l'ombre d'un devoir ou d'une morale. Voilà donc un livre à lire pour mieux connaître Stendhal ; mais aussi pour comprendre ce mystère qui pousse, génération après génération depuis deux siècles, des milliers et des milliers de voyageurs à idéaliser l'Italie et à chercher plénitude et vérité chez un peuple que leurs ancêtres de l'âge classique jugeaient sale, désordonné, fainéant et voleur.

Svevo

On se sent ridicule d'emboucher la trompette pour un écrivain que James Joyce et Valery Larbaud saluèrent il y a quelque soixante-dix ans déjà comme un des romanciers les plus originaux de son temps, et qui occupe en Italie (mais ce n'est pas une comparaison) une place aussi importante que Proust en France ou Kafka pour la littérature allemande. Cependant, même en Italie, qui le connaît en dehors des *happy few* ? Trois volumes d'inédits, la réédition de son chef-d'œuvre en livre de poche, enfin la magistrale étude de Mario Fusco vinrent à point nommé nous faire honte de notre ignorance sur un auteur pourtant si proche de nous par la modernité éclatante de son œuvre[1].

Evidemment, avec une vie aussi plate, aussi terne, on ressemble aussi peu que possible à l'image attendue de l'artiste. Employé de banque pendant vingt ans, puis représentant de commerce pour l'usine de vernis sous-marins qui appartenait à son beau-père, Italo Svevo fut un serviteur fidèle de la bourgeoisie moyenne d'affaires, bon mari, économe de ses sous, respectueux des lois, ennemi du tapage, col cassé et cravate sombre, visage insignifiant. Deux romans publiés en 1892 et 1898, aux titres rébarbatifs, *Une vie* et *Senilità*. Puis, devant l'insuccès total de ses livres (pas un seul article sur *Senilità !*), un silence de vingt-cinq ans, occupé par le commerce des vernis. « Le joueur de football vaincu est tout à fait respectable. L'homme de lettres embobiné dans l'échec est suprêmement ridicule. » En 1923, *La Conscience de Zeno*, qui attira l'attention de la

1. Italo Svevo : *Une vie*, Gallimard ; *Ecrits intimes*, Gallimard ; *Court voyage sentimental* et autres récits, Gallimard ; *la Conscience de Zeno*, Folio ; Mario Fusco : *Italo Svevo, conscience et réalité*, Gallimard, 1973. Les éditions du Seuil ont publié *Senilità* et un autre recueil de nouvelles, *le Bon Vieux et la Belle Enfant.*

critique mondiale. Cinq ans après, ayant repris courage pour recommencer à écrire, il mourait des suites d'un banal accident de voiture.

Et pourtant, sous cette morne carrière de lampiste, quelle folle équipée solitaire ! Le seul fait d'être né à Trieste le mettait au cœur d'insolubles contradictions. Trieste, capitale philistine des grandes banques et des compagnies d'assurances. Trieste, carrefour de Slaves, de Germains et de Latins, possession austro-hongroise jusqu'en 1919. Cet écrivain de langue italienne né en 1861 passa presque toute sa vie comme sujet autrichien, au milieu de gens pour qui la littérature était une lubie de fainéants. De son vrai nom Ettore Schmitz, juif, il choisit le pseudonyme d'Italo Svevo pour marquer sa double appartenance aux races italienne et allemande. Aussi écartelé entre plusieurs cultures que Kafka à Prague, il n'avait pas besoin de quitter sa ville natale, comme Joyce, pour se sentir exilé dans son propre pays.

Mais ce n'est là que le début de ses aventures. Vers 1910, il rencontra la psychanalyse, Trieste étant le relais naturel entre Vienne et l'Italie. Il entreprit de traduire le livre de Freud sur les rêves. Sur ces entrefaites, ayant besoin d'apprendre l'anglais pour le commerce des vernis, le hasard lui envoya un jeune professeur irlandais venu enseigner à la Berlitz School de Trieste. C'était James Joyce en personne, qui lut émerveillé *Senilità*, redonna à Svevo le goût de la littérature et emprunta à son ami italien plusieurs des traits qui lui servirent à composer Leopold Bloom, l'immortel Juif errant d'*Ulysse*. L'honnête commerçant de vernis, à l'insu de ses concitoyens, était devenu un héros de l'analyse intérieure et de la plongée dans l'inconscient. Il est vrai que c'étaient des vernis sous-marins, et Svevo, largement pourvu d'humour, put voir dans cette circonstance un clin d'œil ironique du destin.

Zeno doit beaucoup à Freud et à Joyce, mais les deux premiers romans, écrits bien avant ces rencontres décisives, donnent déjà toute la mesure de Svevo. *Une vie* raconte l'histoire d'un petit employé de banque paralysé par son sentiment d'infériorité. Ayant réussi à séduire la fille de son patron, Alfonso Nitti est sur le point de l'obtenir en mariage. Mais au lieu de forcer la victoire, il s'enfuit, rejoint le village de son enfance et aide sa vieille mère à mourir. En apparence, ce portrait d'un raté assorti à une description minutieuse des milieux de la banque pourrait passer pour un simple surgeon péninsulaire du naturalisme européen. L'étude des maladies de la volonté était alors à la mode. En réalité Svevo, par un pressentiment génial de la psychanalyse, décrivait sans le savoir la force des passions inconscientes. Alfonso Nitti n'est pas un Frédéric Moreau attardé, c'est un Œdipe villageois qui échoue auprès des femmes par attachement infantile à sa mère.

Le héros (antihéros plutôt, précurseur de Charlot et de Buster Keaton, autre signe de la modernité svévienne) de *Senilità* est encore un rêveur, un inadapté, un vaincu. Svevo appelle « sénilité » cette vocation à l'impuissance. S'il avait intitulé son livre *Adolescence*, gageons que les lecteurs seraient plus nombreux. Emilio Brentani n'a pas plus de trente-cinq ans. Il courtise une belle fille, Angiolina, qui le trompe effrontément avec des hommes à la virilité plus robuste. Il le sait, mais en éprouve, avec de furieux accès de jalousie, une étrange délectation. Pourquoi cette complaisance dans la défaite ? Là encore, freudien avant la lettre, Svevo a décrit presque cliniquement un cas d'immaturité affective. Comme l'explique très bien Mario Fusco, Angiolina, tour à tour amante généreuse et diablesse perfide, représente, pour l'inconscient d'Emilio, les deux faces de sa mère, la « bonne » mère qui protège et la « mauvaise » mère qui se refuse. Et c'est parce qu'il n'a pas surmonté la phase œdipienne de ses relations avec ses parents qu'il s'incline aussi docilement devant ses rivaux, en qui il vénère à son insu l'image formidable du père.

Quant à Zeno, c'est un des personnages les plus savoureux de toute la littérature contemporaine. Sous forme de compte rendu écrit pour son psychanalyste, il raconte l'échec de sa vie. Lâchement, paresseusement, au gré d'une mémoire capricieuse qui brouille le temps réel, déniche des souvenirs interdits et oublie des pans entiers d'existence pour s'attacher à des détails ridicules. Par exemple, la manie de fumer et les innombrables serments de la « dernière cigarette ». Ce combat en apparence anodin révèle toute la vie familiale, affective et même sexuelle du héros. Le génie comique de Svevo consiste justement à montrer qu'il n'y a pas besoin de grandes épreuves pour vivre de grandes aventures. Zeno, au chevet de son père mourant, oublie d'appeler le médecin : ce trait insignifiant suffit à établir l'ambiguïté des sentiments filiaux, le drame de la jalousie primitive et de la haine refoulée. Quand il veut se marier, il épouse, entre les quatre sœurs, celle qu'il n'aime pas. Aux funérailles de son meilleur ami, il se trompe d'enterrement et suit le cortège d'un inconnu.

Entre les premiers romans et *la Conscience de Zeno*, le pas est immense. Les premiers héros de Svevo se sentaient inadaptés au réel surtout en raison de leur modeste rang social. Zeno, lui, souffre d'un mal plus profond, qui n'a rien à voir avec l'injustice du système capitaliste. Il manque la plupart de ses actes parce que des motivations inconscientes viennent continuellement se mettre en travers de ses projets. Nul mieux que Svevo n'a su décrire ces guets-apens humoristiques où la volonté la plus fermement établie se prend les pieds avec fracas. Echo moderne de *Don Quichotte*, pendant romanesque de la *Psychopathologie de la vie quotidienne* de Freud, le roman dépeint merveilleusement ce double narquois qui nous accompagne en secret tout au long de notre vie, se moquant de nos prétentions à être adultes et s'amusant à nous prouver l'éternelle duplicité de notre cœur.

Tabarka

Ce mot mystérieux, non sarde mais évocateur, à lui seul, de la plus fine singularité sarde, recouvre à la fois un des lieux les plus suggestifs d'Italie, et une histoire exemplaire de migrations, d'un bord à l'autre de la Méditerranée.

Au sud-ouest de la Sardaigne, se trouvent deux îlots : Sant'Antioco, relié maintenant par une route à la côte sarde, antique colonie phénicienne, et San Pietro, resté parfaitement insulaire. Sant'Antioco a du charme, surtout du côté occidental, et le village de Calasetta, tracé au cordeau comme Turin, fondé d'ailleurs par des Piémontais, donne accès à une belle plage et à une antique *tonnara* où l'on se croit au bout du monde. Mais San Pietro, coupé de la terre ferme, îlot satellite de l'île, a gardé plus intacts son caractère et sa beauté. Jusqu'au XVIIIe siècle, San Pietro n'était pas habité. Les criques servaient de repaires aux pirates africains.

Charles-Emmanuel III, roi de Sardaigne et de Piémont, décida, en 1736, d'y établir une colonie de ses sujets, pour ôter leurs bases aux corsaires et garantir la sécurité de cette région. Où les prendre ? D'où les faire venir ?

Dès la première moitié du XVIe siècle, des pêcheurs de Pegli, petit port des environs de Gênes, s'étaient transplantés dans l'îlot de Tabarka, riche de bancs corallifères, à brève distance de la côte tunisienne. Après deux siècles, le corail s'étant épuisé, les beys de Tunis et d'Alger devenant menaçants, les incursions plus fréquentes, ils cherchaient un nouveau gîte. Charles-Emmanuel leur proposa de venir à San Pietro. Ils déléguèrent un des leurs, Agostino Tagliafico (« Coupefigue », sans doute un sobriquet, et même un sobriquet obscène, par le jeu de mots sur *fico/fica)*, pour reconnaître les lieux. Il les estima fort propices, à la pêche comme à l'agriculture. La moitié des deux mille colons de Tabarka débarquèrent en 1738 à San Pietro. Ils fondèrent une bourgade, en bordure de la mer, la baptisèrent Carloforte, en l'honneur du roi, entreprirent, avec le savoir hérité de leurs ancêtres liguriens, des travaux de terrassement, et mirent bientôt en valeur toutes les ressources de l'île.

Trois ans plus tard, le bey de Tunis, profitant du départ de la moitié de ses habitants, ou pour se venger de leur désertion, fit main basse sur Tabarka et réduisit en esclavage la moitié restante. Il fallut plus de dix ans à Charles-Emmanuel pour négocier leur libération. Ils rejoignirent leurs compatriotes à Carloforte.

Quelque quarante ans après, dans la nuit du 2 au 3 septembre 1798, l'île subit une incursion barbaresque. Il n'y avait qu'une tour de défense, la Torre di San Pietro (toujours debout, aujourd'hui station astronomique), pourvue de dix canons et de quatre soldats. Huit cent trente Carolini, comme on appelle les habitants de Carloforte, furent capturés, jetés dans les fers et déportés à Tunis. Cette fois-ci, c'est Napoléon qui obtint du bey leur délivrance, cinq ans plus tard. On voit les restes du rempart qui fut élevé entre 1806 et 1810, désormais inutilement, dans la crainte de nouveaux prédateurs. Les deux guerres mondiales ont épargné San Pietro.

Nous sommes venus à Carloforte, parce que le grand-père de Ferrante était originaire de cette ville. Via la Sicile, il émigra en février 1919, et partit pour Tunis, avant de se fixer en Algérie. Un mètre et soixante-trois centimètres, né le 1er mai 1877, épaisse moustache à la Gorki, cheveux courts, front plissé, traits rudes, docker de profession, selon son passeport émis au nom de Sa Majesté Victor-Emmanuel III, et visé par le consul de France à Palerme. Sa dernière fille, la mère de Ferrante, naquit à

Bône. Elle épousa Giuseppe Ferranti, fils d'un chevrier de Salemi, en Sicile, lequel avait émigré dès 1914, de Trapani à Tunis.

Ainsi, les riverains du Mare Nostrum n'ont cessé de sillonner leur territoire liquide, pour échapper, tantôt à l'esclavage, tantôt à la misère. XVIe siècle : mouvement du nord au sud, à la recherche de l'eldorado africain. XVIIIe siècle, mouvement inverse, du sud au nord, pour fuir les sultans esclavagistes. Début du XIXe siècle : revirement, du nord vers le sud, par attraction du mirage colonial. Fin du XIXe siècle : nouveau renversement du flux migratoire, les Maghrébins venant chercher du travail dans le sud de l'Italie enrichi.

Le grand-père sarde s'appelait Repetto, un patronyme génois. Ferrante, dans les registres locaux, découvre que, en 1738, parmi les premiers colons débarqués de Tabarka, se trouvaient deux Repetto, une Giobatta et un Sebastiano. Furent-ils, eux ou leurs enfants, du nombre de ceux que les pirates de 1798 déportèrent à Tunis ?

Aujourd'hui, Carloforte, tout en montées et en descentes mais selon un plan régulier, se présente à l'image de ses lointaines origines ; maisons colorées et rues finement pavées, qui rappellent Gênes et les ports de Ligurie. L'avenue principale porte le nom d'Agostino Tagliafico, désigné, sur la plaque toponymique, comme *Maggiorente Tabarkino. Maggiorente*, mot rare, qui signifie « notable », terme un tantinet pompeux, sans doute pour faire oublier le fâcheux jeu de mots, et *Tabarkino* à l'arabe, avec le *k*, alors qu'en italien on écrirait *Tabarchino*. Les habitants de Carloforte aspirent, semble-t-il, à ne pas se sentir italiens. Sur les plaques des rues, on lit en grosses lettres le nom officiel. Il s'inspire soit de gloires nationales (Dante, Garibaldi), soit d'événements ou de personnages liés à la Résistance et à l'avènement du régime républicain (Gramsci, qui était sarde, Matteotti, le député assassiné par Mussolini, XX septembre, République). Au-dessous, toutefois, on a laissé, en lettres plus modestes mais plus chères au cœur des Tabarkini, l'appellation ancienne, « ruelle du jardin », « montée du bourreau », et cette appellation est rédigée, non en toscan, langue du pouvoir central, mais dans le dialecte ligurien, conservé intact depuis cinq siècles. Les mots *carruggiu*, « ruelle », ou *cassebba*, typiques du parler génois, remplacent le *vicolo* appris à l'école. Entre eux, les Carolini continuent à employer le génois, emporté en Afrique par leurs ancêtres de Pegli, revenu ici et sauvegardé au milieu de toutes les vicissitudes.

La rue dédiée au physicien Marconi a gardé, elle aussi, son vieux nom, Stendardo. Jusqu'à l'intégration de la Sardaigne au royaume d'Italie, en 1861, on hissait dans cette rue l'étendard des Savoie, juste hommage à la monarchie qui avait délivré ses sujets de leurs chaînes barbaresques. Ce geste continue à leur paraître plus mémorable que l'invention de la télégraphie sans fil.

Le corso Maggiorente Tabarkino, fort bref en vérité, perpendiculaire à la mer, s'évase en son milieu pour former la Piazza Repubblica, de forme carrée, plantée aux quatre coins d'un splendide ficus-magnolia. Un banc circulaire entoure chacun des quatre arbres. Je connais peu d'endroits aussi calmes en Italie, aussi poétiques. Même dans les rues accessibles aux voitures, quel silence, quelle douceur, quel contraste avec le reste du Mezzogiorno ! Des Sardes, les Carolini ont pris cette dignité, cette retenue qui m'avaient tant frappé dans l'île, il y a trente ans. Sur le front de mer, l'allée de ficus et d'oléandres s'anime, vers six heures du soir, du bruissement innombrable des oiseaux. Au bout de l'allée, l'hôtel Hierakon, merveille de résidence, aménagé dans une blanche villa Liberty, avec un jardin intérieur suspendu, ouvre ses fenêtres sur le port.

Le môle principal sert de point d'attache aux ferries. L'un est toujours à quai, symbole de la solidarité caroline avec la Sardaigne. Une douzaine de courses par jour, et, en cas de grève, quatre inconditionnellement assurées : bel exemple de tolérance sociale, de civilisation. Entre ce môle et la courte et belle avenue dédiée à Agostino Tagliafico, se dresse la statue de Charles-Emmanuel, œuvre du sculpteur génois Bernardo Mantero, inaugurée en 1786. Le roi libérateur porte le costume romain, et, à ses pieds, se tiennent un esclave turc et une esclave chrétienne, curieux et louable amalgame entre les diverses servitudes qui ont oppressé les peuples méditerranéens. Les trois figures ont la noblesse néoclassique de l'époque. Le bras droit du roi a disparu. Ce dommage remonte, dit-on, à la brève occupation française, de janvier à mai 1793. L'île fut rebaptisée alors « de la Liberté », mais les habitants, qui ne voyaient pas de différence entre la piraterie républicaine et les antiques razzias, s'empressèrent d'enterrer la statue du vénéré monarque. Ils n'eurent pas le temps de creuser le trou assez profond. Pour empêcher l'ennemi de profaner l'emblème de leur indépendance, ils cassèrent à coups de massue le bras qui dépassait.

Ces légendes donnent le ton de San Pietro : candeur dans la fierté, fidélité dans l'affection. A ces traits de caractère, peut-être, ils doivent d'avoir résisté au saccage par les hordes estivales. Certes, en juillet et en août, l'île se remplit de touristes, mais c'est, nous dit-on, un tourisme familial, qui ne corrompt pas le paysage et s'en va sans laisser de traces. Nous rejoignons, sur la rive occidentale de San Pietro, le cap Sandalo, par une route de montagne au milieu d'une végétation magnifique. Les flamants roses s'envolent des marécages d'eau salée, et, dans les falaises abruptes, parmi les rochers multicolores, nichent les faucons et les mouettes. Cette Italie, des années 50, simple, pure, je la croyais disparue, surtout sur des côtes aussi belles.

Avant de gagner Cagliari, nous remontons l'intérieur de la Sardaigne jusqu'à Arbus, d'où une route nous mène à une baie splendide, déserte. Pas d'autre construction que la ruine d'un énorme bâtiment, genre colonie de vacances ou maison de retraite, propriété abandonnée de l'AGIP, bienvenue dans son ingrat délabrement de vitres cassées et de béton noirci, puisqu'elle a préservé ce coin sauvage du bien plus hideux déploiement d'hôtels et de villas. Promenade à l'infini sur la plage, rougie par les anciens dépôts de sables métallifères, qu'on venait laver dans la mer du temps de l'exploitation des mines. Puis, extraordinairement belle route de crête, jusqu'à Capo Fresca, au-dessus d'une côte intacte. Une fois de plus, j'admire les Sardes pour leur dédain de faire valoir les ressources touristiques de leur île. Indifférence au profit ? Amour de la nature ? Impéritie d'un peuple resté paysan ? Quelle différence avec les Grecs !

Cagliari n'a jamais été et ne sera jamais une ville plaisante, sauf dans la partie haute, ancienne, espagnole, agrémentée de rues tortueuses et de palais baroques. Mais il y avait au moins une curiosité admirable, unique en Italie, le musée d'archéologie, qui renferme les vestiges de la mystérieuse civilisation nouragique, appelée ainsi d'après les *nuraghi*, ces tours, éparses dans le maquis sarde, circulaires, tronquées, faites de gros blocs de pierre sans mortier, dont les plus anciennes remontent au troisième millénaire. On a trouvé dans ces habitations primitives de petits bronzes, guerriers coiffés de casques à cornes, bergers avec leur bâton, ex-voto, lampes à huile, fins, aigus, stylisés façon Giacometti. Le musée de Cagliari en conserve la plupart, ainsi que des objets en marbre ou en céramique, tous de dimensions réduites.

J'avais découvert, il y a trente ans, émerveillé, un marbre en forme de croix, deux bras courts, trapus, un appendice nasal en haut, deux seins au milieu. La Mère Méditerranée, à la fois phallus et mamelles, couteau et suc de bonté, mâle et génitrice, un objet fabuleux, ce fétiche ambivalent, que j'avais pris pour emblème et titre d'un livre consacré à l'Italie du Sud. Le musée se trouvait alors devant la porte de l'Arsenal ; c'était un vieil édifice plein de charme, rose, précédé d'un perron écorné, orné de colonnes corinthiennes et ombragé de palmiers. Les collections y étaient présentées selon la non-méthode d'autrefois, dans un désordre et un laisser-aller suggestifs, qui n'excluaient pas l'art de mettre en valeur les chefs-d'œuvre.

Las, le musée a été transporté à l'intérieur de la forteresse, dans une sorte de casemate basse, fonctionnelle, impersonnelle, et les statuettes alignées dans des vitrines « modernes », mais sans discernement aucun ni souci de plaire au visiteur. Au point que j'ai failli passer devant la Mère Méditerranée sans la voir, rangée comme elle est maintenant entre des poteries sans intérêt, perdue, noyée dans un fatras de débris à l'usage des seuls spécialistes, au lieu d'être exaltée, comme auparavant, sur un piédestal solitaire.

Les trois cent cinquante bronzes sont placés à la file, trop bas, on n'en distingue aucun, à moins de se plier en deux, il faut être attentif pour remarquer le superbe chef de tribu au manteau déployé ou les minuscules figurines de Mère à l'Enfant. Exemples remarquables du sentiment maternel en Sardaigne, si différent de ce qu'on observe dans le reste de l'Italie : car la mère, loin de se pencher possessivement sur son fils, reste droite et le tient droit sur ses genoux, à distance de son cœur, attitude qui rappelle celle des Madones auvergnates en bois. Pas d'attendrissement, ni d'émollientes caresses ! Un sens tout viril de l'éducation des enfants. Mais cette précieuse leçon est perdue, faute d'un minimum de mise en scène qui fasse le tri entre les pièces.

Un vrai désastre, une ineptie de la muséographie à la mode, qui aseptise les objets en les mettant tous sur le même plan, pour leur valeur « scientifique », au profit des érudits sans doute (à condition qu'ils ne mesurent pas plus d'un mètre et soixante-trois centimètres, comme au temps de Francesco Repetto, qui ne devait se nourrir que d'herbe et d'escargots), mais au détriment de l'*amatore*, lequel préfère la poussière et l'incurie à cette présentation de grand magasin.

Tabucchi

Antonio Tabucchi est le plus brillant représentant de cette nouvelle génération d'écrivains qui nous forcent à revoir quelques idées reçues au sujet de la littérature transalpine. Finis les enracinements provinciaux, les sujets réalistes, les tranches de vie, les couleurs de folklore. Une expérience cosmopolite, une désinvolture qui frise l'insolence, une écriture blanche, minimale : tels sont les signes de cette renaissance italienne. Italo Calvino, dans la seconde moitié de son œuvre, avait montré la voie. Borges et surtout Pessõa ont influencé Tabucchi. Pour lui, visiblement, la littérature n'est plus un engagement, mais un jeu.

« Les choses qui ne sont pas à leur place exercent sur moi une attraction irrésistible », déclare-t-il en prologue à ses *Petits Malentendus* [1], qui sont des histoires assez simples, un rallye, une promenade, un voyage, où se glisse peu à peu comme une sourde inquiétude. Elle vient gauchir le cours tranquille du récit, et crisper la surface transparente des mots. Entre le rébus policier et le conte philosophique, ces textes ont beaucoup d'élégance et de charme. L'auteur joue habilement avec l'impondérable, l'infinitésimal, mais à la fin on se demande s'il ne s'est pas d'abord joué de nous, et si l'infiniment petit méritait une telle virtuosité.

Bien supérieures me semblent les histoires de baleines contenues dans *Femme de Porto Pim*. Revanche du réalisme, peut-être : ici, nous savons où nous sommes, et nous savons de quoi il s'agit. Les Açores et la vie des derniers baleiniers sont un vrai sujet, et, même si Tabucchi ne croit pas tout à fait à ce qu'il raconte, il nous intéresse beaucoup plus que par les produits de sa pure fantaisie. Le livre est fait en grande partie d'informations très précises sur la découverte et la colonisation des Açores, la vie de quelques pionniers, les mœurs des cétacés, les rites de la chasse à la baleine. Comme dans Melville, la simple énumération des articles du règlement fait une page savoureuse. L'auteur prend place lui-même dans une chaloupe et relate les péripéties de la mise à mort et de la capture d'un cachalot. Bien qu'il s'efforce de rester le plus sobre possible, de cette évocation de courses folles sur la mer, de harpons brandis, de câbles déroulés, se dégage un parfum de grand large et d'aventure qui nous fait respirer du côté de Stevenson et de Conrad.

Surprise, enfin, lorsque nous arrivons à *Femme de Porto Pim*, la nouvelle qui donne son titre au recueil, un conte d'amour et de trahison entre un chasseur de baleines et une patronne de bar. On dirait le résumé d'un roman de Simenon. Même impassibilité cristalline, mais là, du contraste entre la simplicité de l'intrigue et la violence de la tragédie, naît l'émotion liée à toute histoire de passion et de mort.

Aventure et exotisme, encore, dans *Nocturne indien*. L'auteur, en nous fournissant un index des lieux visités au cours de son voyage à Bombay, Madras et Goa, s'excuse de paraître souhaiter que son livre soit lu, non

---

1. *Petits Malentendus sans importance*, Christian Bourgois, éditeur français de Tabucchi.

seulement comme un rêve d'écrivain, mais comme un guide. Cette crainte de rendre compte de quelque chose qui existe déjà solidement en dehors de l'écriture, cette peur d'avoir l'air seulement d'un chroniqueur du réel, sont typiques de la sophistication qui a saisi la nouvelle génération. Avant Tabucchi, deux illustres Italiens avaient visité l'Inde et en avaient rapporté chacun un ouvrage : Moravia et Pasolini, qui n'avaient aucune honte de relater ce qu'ils avaient vu et entendu. Tabucchi aussi nous fait rencontrer un chauffeur de taxi, un médecin, des prostituées, un prophète errant ; nous prenons le train et l'autobus avec lui ; et nous lui savons gré de nous faire toucher un peu de la « magie » de l'Inde, tout en nous demandant pourquoi il fait tant de chichis pour reconnaître qu'une des tâches de l'écrivain consiste, s'il n'a pas lui-même grand-chose à dire, à nous faire partager la beauté des pays qu'il a traversés et l'excitation des expériences qu'il y a vécues.

L'Italie n'intéresse plus les romanciers italiens, tant pis ! Qu'ils partent à la découverte du monde, et ne trouvent pas déshonorant de nous en chanter les merveilles. Il y a soixante ans, le Mezzogiorno paraissait le comble de l'exotisme : l'exil en Lucanie pour Carlo Levi, l'exil en Calabre pour Pavese, quelles aventures ! Après-guerre encore, en intitulant son film *Stromboli*, Rossellini était sûr de nous faire rêver.

Tabucchi s'est tellement déraciné de sa patrie que, après avoir vécu longtemps à Lisbonne, il s'est mis à écrire en portugais. La langue de Pessõa, de plus en plus son maître en faux-fuyants et en changements de masques, lui a inspiré *Requiem*, sorte de fantaisie poétique. La capitale du Portugal fournit le décor, avec, pour personnages, de sympathiques farfelus. Echappés, dirait-on, d'une comédie de Giraudoux pimentée de Lichtenberg et de Lewis Carroll. Le narrateur, soucieux de rendre visite à quelques connaissances défuntes et de les interroger sur certains secrets qu'ils ont emportés en mourant, rencontre en chemin une série d'inconnus avec qui il engage une conversation toujours aisée et drôle : le Jeune Drogué, le Chauffeur de Taxi, le Garçon du Café Brasileira (où Pessõa avait ses habitudes), la Vieille Gitane, qui lui vend une fausse chemise Lacoste et la transforme aussitôt en vraie, par l'adjonction d'un crocodile autocollant, le Gardien du Cimetière, qui ne voit rien sans lunettes mais rien non plus quand il les met (on pense au couteau sans lame auquel il manque le manche), le Barman du Musée d'Art Ancien, qui se lamente de n'avoir à servir à ses clients que de la limonade, le Contrôleur du Train, etc.

Tous désignés par l'article défini et en lettres majuscules, comme s'ils n'étaient que des emplois de théâtre. Simples silhouettes croquées avec brio, ils évoluent et bavardent avec une charmante insignifiance. On lit ainsi une suite de sketches, fluides, désinvoltes, gracieux. Pour plat de résistance dans ce menu minceur, on a droit à la recette détaillée de plusieurs spécialités culinaires portugaises.

Tarentelle

Depuis le matin, comme hors d'elle-même, elle danse ; tantôt debout, martelant de ses pieds le drap blanc qui sert d'enceinte sacrée ; tantôt couchée, cambrée sur le dos, et alors ressemblant à l'araignée qui jette de-ci de-là ses pattes, mimant la tarentule, dansant avec elle, devenant la bête dansante. La jeune femme froisse dans ses mains des rubans de couleur ; autour du drap, dans la pénombre de cette chaumière des Pouilles, un petit orchestre formé d'un guitariste, d'un accordéoniste et d'un joueur de tambourin sous la direction du barbier-violoniste joue sans arrêt les airs de cette danse très rythmée appelée tarentelle ; derrière les musiciens, la famille et les amis de la jeune femme l'encouragent dans ses efforts pour se libérer de son démon ; derrière la famille, enfin, Ernesto De Martino [1], le plus grand ethnographe et démopsychologue que l'Italie ait jamais eu, et l'un des plus grands dans le monde, non inférieur à Lévi-Strauss, observe, assisté de son équipe, l'étrange et séculaire rituel du tarentisme, ou « danse de la petite araignée », qui se pratique encore, bien qu'il soit en voie de régression, dans quelques zones restées magiques de l'Italie du Sud.

La jeune femme avait-elle été réellement mordue par une araignée venimeuse ? Non pas, comme on put l'établir. Souffrait-elle d'une maladie mentale ? Non plus. Contrainte autrefois d'épouser un homme qu'elle n'aimait pas, et de sacrifier son premier et son seul amour, chaque année au mois de juin elle se sentait remordue, par la tarentule croyait-elle, en réalité par le souvenir refoulé de son amour perdu, qu'elle projetait sous forme de l'araignée mythique.

C'est ainsi que le tarentisme, ou « religion du remords » (de la remorsure) peut être défini comme une technique symbolique destinée à rétablir l'équilibre de la personnalité, en désignant sous le nom de « tarentule » l'ennemi inconscient qui remord et torture. L'araignée imaginaire cristallise en elle tous les conflits psychiques irrésolus : dans le cas de la jeune femme, l'araignée et sa morsure supposée figurent l'« empoisonnement » de toute une vie par la frustration érotique initiale. En dansant comme la tarentule au cours de sa mimique chorégraphique, la jeune femme s'identifiait à ses monstres et en même temps elle s'en délivrait. Technique qui lui permettait ensuite d'oublier pour un an l'horreur de sa condition, jusqu'au jour où une nouvelle crise, codifiée par le retour périodique et légalisée par le cérémonial, serait de nouveau maîtrisée par l'exorcisme de la musique, de la danse et des rubans de couleur.

Dans une société comme celle de l'Italie du Sud, cette jeune femme n'aurait pu ni quitter son mari ni prendre un amant : le seul moyen de conjurer le suicide, le crime ou l'éclatement existentiel, c'était de revivre son amour perdu dans un psychodrame de défoulement, psychodrame admis par la société.

---

1. Ernesto De Martino, *la Terre du remords*, traduit de l'italien par Claude Poncet. Gallimard, 1966.

Parmi les conflits psychiques insolubles répandus dans cette Italie du Sud éternellement opprimée et humiliée, il y a certes en premier lieu l'éros à divers titres interdit, par l'ordre familial, par les mœurs ou par les vicissitudes de l'amour (sur trente-sept tarentulés, De Martino en a compté trente-deux du sexe féminin : ce qui prouve assez que le tarentisme ne relève pas d'une attaque réelle de l'araignée, puisque la bête devrait s'en prendre bien plutôt aux hommes, qui moissonnent et dorment dans les champs l'été). Mais la basse condition sociale, les restrictions de toutes sortes n'en sont pas moins des sources d'« empoisonnement » et des motifs de morsure, remorsure et remords, et la danse symbolique au son de la tarentelle, avec le déploiement des rubans de couleur, se trouve être aussi un moyen d'interpeller en le rejetant l'esclavage de la misère et de la faim. (C'est pourquoi, sans doute, les cérémonies d'exorcisme se déroulent toujours au mois de juin : l'appréhension de la récolte, dont le succès ou l'échec décidera de l'année à venir, fait éclater la crise.)

Frustration érotique ou frustration économique : selon que l'une ou l'autre l'emporte chez le tarentulé, il demande à agiter des rubans verts ou des rubans rouges : le vert symbolisant le paradis perdu des amours enfantines, le rouge les rêves de gloire et de puissance.

En lisant l'admirable étude de De Martino, si vigoureuse et si nuancée à la fois, on se prend à songer qu'une société aussi arriérée que cette société paysanne des Pouilles avait non seulement constitué un réservoir de symboles d'une richesse et d'une fantaisie prodigieuses (outre les couleurs : l'épée, les miroirs, les fontaines, les cordes, les balançoires, etc., tout un « vivier », à la Baudelaire, à la Leiris) mais encore savait se protéger contre la déréliction existentielle par des barrières extraordinairement solides. Les sociétés dites évoluées, de quelles défenses disposent-elles contre les agressions de l'inconscient ? Les mal mariés et les sous-nourris, comment se défoulent-ils, sinon par ces pauvres techniques que sont la scène de ménage ou l'accès de démence ? De bien laides contorsions, des singeries, en regard de l'âpre et rigoureuse tarentelle. Et des singeries, par surcroît, inefficaces, car chacun reste clos dans l'incommunicabilité de sa névrose, tandis que le danseur, la danseuse des Pouilles, assistés par la communauté qui leur fournit le rite, hissent leur misère individuelle au rang d'une aventure mythique.

Théâtres

Le théâtre est la forme sociale qui exprime le mieux, en Italie, le goût de se retrouver ensemble, particulièrement impérieux dans ce pays (voir article *Mœurs)*. Afin que le plaisir soit complet, il faut que la salle soit la plus belle possible. Aussi l'Italie compte-t-elle non seulement le plus grand nombre de salles de théâtre et d'opéra, mais les plus belles du monde. La salle de théâtre est, en Italie, un genre architectural en soi, comme l'église ou le palais ; l'évolution de ce genre a suivi celle des autres genres artistiques ; ses chefs-d'œuvre se sont échelonnés le long des trois siècles les plus créateurs, du XVIe au XVIIIe.

La salle intérieure de théâtre, et non l'extérieur. Celui-ci, souvent, est mesquin. Les façades n'ont guère d'apparence. Les trois plus grands théâtres d'opéra ne font pas exception à la règle. On est toujours surpris, devant la Scala de Milan, de se dire que ce modeste portique de trois arcades donne accès au plus célèbre temple de l'art lyrique. Et encore, à l'origine, on n'avait aucun recul pour voir les colonnes et les chapiteaux du premier étage, ni le fronton sculpté entre les acrotères de la corniche. Le théâtre était construit le long d'une rue étroite, et c'est quatre-vingts ans plus tard qu'on a ouvert la place d'où l'on peut, maintenant, regarder l'ensemble. Qu'on songe au palais Garnier, à Paris. Le théâtre, en France, est d'abord une vitrine : la ville ou l'Etat y étale sa puissance, les architectes et les décorateurs leur goût. Rien de tel en Italie, où le bonheur du spectacle est infiniment plus important que la vanité d'exhiber un beau monument. Le portique de la Scala n'a même pas été conçu comme un ornement esthétique : ce n'était qu'un abri contre la pluie, pour les spectateurs qui arrivaient en voiture. Même fonction pratique du portique au San Carlo de Naples. On peut passer devant ce théâtre de plus de deux mille places sans remarquer sa présence. Quant à la façade de la Fenice, à Venise, elle se distingue à peine des autres maisons de la place.

Il y a tellement de salles de théâtre, en Italie, et de belles salles, qu'il serait fastidieux d'en faire même la liste. Un conseil : où que vous vous trouviez, si chétive que soit la ville ou la bourgade, cherchez à voir le, ou les théâtres. Je me contenterai ici d'en évoquer douze, distribués trois par trois, selon l'ordre chronologique, en quatre groupes distincts.

Théâtres antiques

Les théâtres antiques, grecs ou romains, étaient à ciel ouvert, construits, en harmonie avec la nature, dans un site souvent spectaculaire. Cette composante de la beauté de l'architecture théâtrale disparut lorsqu'on se mit à édifier, pendant la Renaissance, les premières salles fermées. Voilà pourquoi, peut-être, l'extérieur des salles fut alors négligé. Comment rivaliser avec un décor fourni par la montagne ou la mer ?

Les plus beaux théâtres de plein air se trouvent en Sicile. Celui de Syracuse, taillé dans le roc d'une colline peu élevée, occupe une position basse, en retrait de la côte. Une banlieue hideuse le sépare aujourd'hui du rivage. On a peine à s'imaginer qu'Eschyle vint y mettre en scène ses *Perses*, et qu'Epicharme y créa la comédie.

Celui de Taormine est le plus connu, à cause du site magnifique, à pic sur la mer, et devant la masse ténébreuse de l'Etna. Dans le village, dénaturé par la pléthore d'hôtels, de restaurants et de boutiques de souvenirs, se pressent les couples en lune de miel, sans savoir qu'ils partagent cet éden conjugal avec de vieux gays nostalgiques. Le baron allemand von Gloeden, qui mourut ici en 1931 après y avoir vécu un demi-siècle, déshabillait les garçons pour les photographier tout nus, sans rien cacher de leur déjà puissante virilité, sur le même fond de couchers de soleil ou de colonnes antiques qui sert de décor aux pâmoisons plus conventionnelles des jeunes mariés.

Le seul théâtre antique encore intact, sans cet environnement ni de béton miteux ni de commerce sexuel, est celui de Ségeste. A l'écart, complètement solitaire, à deux kilomètres au-dessus du temple, au sommet du mont Barbaro, dans le désert d'une campagne sauvage, il domine l'immense étendue de champs calcinés.

Théâtres de la Renaissance

Le passage des gradins à ciel ouvert de la Grande Grèce aux salles fermées de l'Italie s'explique par le climat différent, mais aussi par la mutation des temps. Encore marqué dans l'Antiquité par ses origines religieuses, conçu pour être un hommage à la divinité et rassembler dans une même offrande le spectacle créé par les hommes et l'entourage cosmique fourni par la nature, le théâtre renaît, au XVIe siècle, mais laïcisé. La salle où l'on se rassemble devient un lieu exclusif de plaisir. Et de plaisir aristocratique, réservé au prince et aux amis du prince, ce qui distingue le théâtre de la Renaissance des spectacles populaires de rue et de tréteaux du Moyen Age.

Le théâtre Olimpico de Vicence ne fut pas le premier théâtre de la Renaissance, mais l'aboutissement d'une recherche commencée dès les débuts du Cinquecento, quand les architectes, exploitant les récentes découvertes en matière de perspective, se mirent à aménager des lieux clos en vue de représentations théâtrales. Les premières salles ont disparu : on sait que Serlio en bâtit une à Vicence en 1539, Vasari une autre en 1565 au Palazzo Vecchio de Florence, que le premier théâtre permanent de la capitale toscane fut construit en 1585 par Buontalenti dans le palais des Offices.

A Vicence, en 1555, s'était constituée, selon l'usage du temps, une société de notables, ou Accademia, dont les membres prirent le nom d'*Olimpici*. Ils demandèrent à un de leurs confrères, l'architecte Andrea Palladio, constructeur de plusieurs palais en ville et de nombreuses villas suburbaines (voir article *Palladio)*, de leur édifier un théâtre permanent. Les travaux commencèrent en mars 1580, et, après la mort de Palladio, se poursuivirent sous la direction de Vincenzo Scamozzi. L'inauguration eut lieu en 1585, avec l'*Œdipe-roi* de Sophocle. Palladio, féru d'Antiquité, pensait reconstituer un théâtre grec. De grec, l'Olimpico, comme on l'appelle, garde les gradins en demi-cercle — *cavea* en italien, et ce nom conserve le souvenir de l'époque où ils étaient creusés, *cavati*, dans le roc — ainsi que l'orchestre et l'avant-scène. La scène fixe, en revanche, avec son décor de trois rues qui s'ouvrent en perspective, évocation idéale de la ville de Thèbes, ressortit à l'art savant et raffiné du Cinquecento. Les matériaux étaient le fruit des recherches les plus modernes en matière d'acoustique : brique pour les murs et les colonnes, pierre pour les chapiteaux et les socles, bois pour les gradins, stuc pour les statues.

Non loin de Mantoue, la minuscule ville de Sabbioneta, fief d'un Gonzaga d'une branche mineure, le duc Vespasiano, est l'exemple parfait de la cité idéale, telle qu'on la concevait au siècle de Michel-Ange et de Titien. Deux rues perpendiculaires, une place à l'intersection des deux rues, un palais ducal sur la place : plan sans erreur, épure géométrique, miniature d'un ordre universel. En 1588, Vespasiano fit venir Vincenzo Scamozzi et, à l'endroit qu'il avait lui-même fixé, demanda à l'architecte de construire un théâtre. Alors que l'Olimpico se trouvait, comme les théâtres antiques, à la périphérie de la ville, le duc avait choisi le corso principal : décision qui faisait du théâtre un monument urbain et un élément de la vie citadine.

Scamozzi reprit à Palladio la scène fixe avec décor de ville (scène et décor démolis au XIXe siècle), mais innova pour ce qui est de la *cavea* : le demi-cercle se prolonge, sur une brève distance, par deux lignes de gradins, droites, qui se raccordent aux murs par une volute. Cette partie de l'édifice a survécu, intacte. Une balustrade et une rangée de colonnes forment un demi-cercle au-dessus des gradins, délimitant l'espace de la loge ducale. Aux douze colonnes correspondent, sur la corniche, douze statues des dieux et déesses de l'Olympe, en hommage, toujours, à l'Antiquité. Ensemble d'une harmonie et d'une élégance incomparables. Et déjà début de discrimination sociale, la loge étant réservée à la cour et aux dames de la noblesse, les gradins et le parterre aux gentilshommes, les gradins les plus élevés aux moins nobles, les gradins inférieurs et le parterre au gratin.

Ces deux théâtres étaient d'une capacité très réduite : moins de cent places à Sabbioneta, quelques centaines à Vicence. Le nombre de places disponibles au théâtre Farnese de Parme indique d'emblée l'ambition du duc Ranuccio Ier. Les quatorze files de gradins disposés en U et les deux rangs de loges pouvaient contenir quatre mille cinq cents spectateurs. Double transformation de la *cavea* antique : par l'allongement du demi-cercle en deux rangées parallèles de gradins, et par l'extension verticale.

Pourquoi ce gigantisme ? Cosimo Ier, grand-duc de Toscane et alors un des premiers souverains d'Italie, avait promis de passer par Parme. Ranuccio, désireux d'impressionner son hôte dont il projetait de marier la fille à son propre fils Odoardo, demanda en 1618 à Giovanni Battista Aleotti, spécialisé dans l'architecture de théâtre, de lui construire, dans son palais de la Pilotta, massif édifice de brique, bâtisse d'aspect militaire où l'on ne s'attend pas à trouver une telle splendeur, une salle plus grande et plus magnifique que tout ce qu'on avait jamais vu à Florence.

Règne parfait de l'illusion : les stucs polychromes ne sont que des cartons peints, les statues sont en gypse et en paille, les gradins, la double galerie de loges et l'arc de scène en bois. Compromis entre le théâtre de cour et le théâtre public, le Farnese marque aussi les débuts du théâtre baroque, par la somptuosité du portail d'entrée, l'importance structurelle et la majesté de l'arc de scène, le luxe des décorations intérieures, la variété des ressources scénographiques, l'introduction de spectacles avec musique. L'inauguration eut lieu en 1628, avec le *Mercure et Mars* de Monteverdi, suivi de ballets et d'une naumachie. Des pompes avaient apporté l'eau sous la scène : elle jaillit et recouvrit le parterre.

La famille Farnese s'éteignit en 1732, et le théâtre, trop grand pour Parme, fut abandonné. Le bombardement de 1944 pulvérisa le toit et endommagea gravement l'intérieur. Reconstitué avec une scrupuleuse fidélité, malgré la perte irréparable de certains éléments, comme le rideau de scène peint en 1690 par Sebastiano Ricci, le Farnese de Parme reste le plus éclatant témoignage de l'architecture théâtrale en Italie.

Théâtres baroques

Les Bibiena mériteraient un article à part. Ils s'appelaient en réalité Galli, et adoptèrent le nom de leur village d'origine, non loin de Bologne. Etalés sur quatre générations, ils construisirent des théâtres à travers toute l'Europe. Le chef de famille, Giovanni Maria, eut deux fils, Ferdinando Maria (1657-1743), le théoricien, qui révolutionna la science de la perspective, en remplaçant le point de fuite central par une disposition oblique des décors, et Francesco (1659-1739), le bâtisseur, qui travailla à Vienne, à Nancy et éleva en 1729 à Vérone, pour la société des *Filarmonici*, le Filarmonico. Il mit au point dans ce théâtre tous les principes qui seraient ceux de la dynastie Bibiena : allongement de la salle par un plan en forme de cloche, disposition graduelle des loges de manière qu'elles soient toutes orientées vers la scène, développement de l'arc de scène selon sa double fonction décorative et acoustique, équipement de la scène en châssis mobiles, fermes coulissantes, trappes et machines diverses, pour favoriser les changements de décor et susciter la *meraviglia* du public. Anéanti en 1945 lors d'un bombardement aérien, le Filarmonico a été réédifié, d'une manière que certains discutent.

Ferdinando Maria eut trois fils, tous trois productifs, surtout Antonio (1700-1774), auteur du superbe opéra de Bologne, inauguré en 1763 avec la *Clelia* de Gluck. Son chef-d'œuvre se trouve à Mantoue, où le théâtre dit Scientifico, de petites dimensions, terminé en 1769, est un pur joyau de l'art baroque. C'est un théâtre *diurno*, de jour, qui reçoit du dehors la lumière naturelle. Il était destiné, moins aux spectacles, qu'aux réunions « scientifiques » dont l'époque des Lumières était friande. Les savants y tenaient leurs débats. Le jeune Mozart, âgé de quatorze ans, fut invité à y donner une « académie », sorte de récital de clavecin. Il joua des symphonies et des concertos, de lui et d'autres maîtres, chanta un air à première vue, exécuta au violon un trio, improvisa une fugue sur un thème qu'on lui avait présenté. Quatorze morceaux en tout, exploit qui lui valut, de la part de la *Gazette de Mantoue*, des éloges dithyrambiques.

Tous les ans, de nos jours, les élèves du Conservatoire de musique passent sur la petite scène l'épreuve finale de leur classe, devant un parterre de *mammas* au milieu desquelles, une fois, je me suis glissé : me demandant si, parmi ces garçons de quatorze ans qui donnaient leur premier concert public, surgirait un nouvel Amadeo.

Le trait le plus caractéristique du Scientifico, salon de conversation autant que théâtre, est la continuité entre la salle et la scène : les trois rangs de minuscules loges (à deux places !) se prolongent par le décor fixe du front de scène. Des arcades, des niches, des statues font face aux spectateurs, comme s'ils se trouvaient sur une place de leur ville. Les piliers qui soutiennent le premier rang des loges, le parapet en forme de balustrade complètent l'illusion.

Giuseppe, un des frères d'Antonio, bâtit à Bayreuth le théâtre des margraves. Giovanni Carlo, son cousin, fils de Francesco, construisit le théâtre royal de Lisbonne. Carlo, le fils de Giuseppe, dernier de la dynastie, travailla en Allemagne, en France, en Hollande, en Angleterre et en Russie. Le ravissant théâtre de l'Ermitage, à Saint-Pétersbourg, n'est pas de lui, mais d'un autre Italien, Giacomo Quarenghi, lequel, formé à l'école de Bramante et de Palladio et devenu un des principaux artisans du néoclassicisme, s'inspira plutôt de l'Olimpico de Vicence.

Autre théâtre *diurno* : l'Accademico de Castelfranco Veneto, au nord de Venise. A Castelfranco Veneto, on se rend d'habitude pour voir, dans le Duomo, le tableau de Giorgione, un des plus beaux du monde pour qui aime exercer ses facultés contemplatives. Le théâtre, lilliputien, œuvre de Francesco Maria Preti, fut projeté en 1745 et construit à partir de 1754. Il se distingue par la prédominance du carré : parterre carré, prolongé au fond par un demi-cercle de loges ; de chaque côté du parterre, trois loges carrées, perpendiculaires à la scène. L'usage « académique » du théâtre : réunions, débats, conférences, explique cette disposition peu propice aux spectacles. L'arc central de la façade, par où entrait le jour, a été muré, au cours des nombreuses restaurations. Ce qui dénature la salle, aujourd'hui refermée sur elle-même, précieuse bonbonnière de stuc et de velours, alors qu'elle était destinée à la circulation des idées, sous la lumière naturelle.

Théâtres d'opéra

Au XVIIIe siècle, apparaissent aussi les premiers grands théâtres publics. Signe des temps, ce sont des théâtres d'opéra, destinés exclusivement à des spectacles musicaux. On les construit dans les trois capitales lyriques de la péninsule, Naples, Milan et Venise. Florence et Rome, confinées dans un passé stérile, se contentent de salles plus modestes : la Pergola, à Florence (1652, en bois, refaite en maçonnerie en 1755), premier exemple de salle ovoïde avec plusieurs (quatre) rangs de loges superposés ; l'Argentina, à Rome (1732), premier exemple de plan en fer à cheval.

A Naples, en 1737, surgit, par la volonté du nouveau roi Carlo, le premier grand opéra moderne. Relié au palais royal par un corridor, il est baptisé San Carlo, en l'honneur du souverain : deux traits qui le désignent comme étant encore un théâtre de cour. Cependant, l'édifice de Giovanni Medrano s'inscrit dans un projet plus général de rénovation de l'Etat sous la conduite d'un prince acquis aux Lumières. Fils de Philippe V d'Espagne et d'Elisabeth Farnese, Carlo remodela, en « despote éclairé », le visage de sa capitale. Et l'on comprendra mieux la simplicité, presque la sévérité néoclassique de la salle d'opéra, qui équilibre par la pureté des lignes le frémissement voluptueux qu'on y éprouve, si l'on sait que ce monarque s'intéressa personnellement aux ruines d'Herculanum, la première des villes mortes à être redécouverte. C'est lui qui donna l'impulsion aux fouilles.

Le plan en fer à cheval, qui remplace le plan en cloche des baroques et servira désormais de modèle à toutes les salles « à l'italienne », les six rangs de loges, une capacité de plus de deux mille places font du San Carlo un compromis entre théâtre de cour et théâtre public. Après l'incendie de 1816, Antonio Nicolini, chargé de le reconstruire à l'identique, se préoccupa d'améliorer le confort des spectateurs, par l'abaissement des parapets, l'inclinaison du parterre, l'incurvation des fauteuils. Il adopta une décoration uniforme, des teintes monochromes, afin que les costumes et les toilettes, disait-il, puissent ressortir sur le fond et briller avec plus d'éclat. Enfin, il prit soin d'aménager, à l'arrière de chaque loge, une antichambre utilisée pour la conversation, les repas, le jeu ou la galanterie, mesure destinée à procurer au spectateur ennuyé par le spectacle ou par une partie du spectacle un autre plaisir en compensation.

Stendhal, qui ne se trouvait pas à Naples, le 12 janvier 1817, jour de l'inauguration, mais prétendit y avoir assisté, jugea avec pertinence la finalité politique de l'édifice. « Cette salle, reconstruite en trois cents jours, est comme un coup d'Etat. Elle garantit au roi, mieux que la loi la plus parfaite, la faveur populaire. » En vertu de ses proportions, de sa forme, de l'harmonie de ses couleurs, de sa sobriété, le San Carlo, de tous les grands opéras du monde, est celui qui dispose, par la sorte de jubilation qu'il suscite avant que la première note ne retentisse, à écouter la musique avec le plus de bonheur.

Autre haut lieu stendhalien, la Scala, bien sûr, œuvre de Giuseppe Piermarini, construite, sous le règne de Marie-Thérèse, de 1775 à 1778, et inaugurée avec l'*Europa riconosciuta* de Salieri, le maître de chapelle de la cour viennoise. Est-ce pour cette raison qu'on joue si peu Mozart à Milan ? Deux mille huit cents places, plan en fer à cheval, six étages, quatre rangs de loges plus deux galeries. Ensemble majestueux, plus froid que le San Carlo, moins enthousiasmant, qui reflète la volonté de puissance des Habsbourg et la méthode bureaucratique du gouvernement autrichien.

Les loges, elles aussi pourvues d'une antichambre, appartenaient au début à des propriétaires privés, qui les meublaient et les décoraient chacun à sa manière. La vie du théâtre se ressentit des effets de la Révolution française. Les blasons de la noblesse furent interdits en 1796. Puis la décoration fut homogénéisée, au fur et à mesure que la société se démocratisait. La nationalisation du théâtre, en 1921, entraîna l'abolition du régime de la propriété privée. De cette année date le revêtement uniforme de l'intérieur des loges en damas rouge. Pour le confort des spectateurs, on note un progrès par rapport au San Carlo : les parois qui divisent les loges s'arrêtent un peu en retrait du parapet, afin de permettre une meilleure visibilité.

Quant à la Fenice, œuvre de Gianantonio Selva, inaugurée en 1792, elle a brûlé une première fois en 1836. De goût plus précieux, avec une tendance au rococo, remarquable surtout par la décoration où les parties peintes en couleurs pastel alternaient avec les parties en relief et dorées, elle a été réduite en cendres par un nouvel incendie, en janvier 1996 (voir article *Désastres)*. Criminel, celui-ci : pour ne pas payer une astreinte de 40 000 francs, les ouvriers d'une petite société de restauration imaginèrent de justifier le retard des travaux en mettant le feu à un coin du chantier. Les flammes se propagèrent avec une vitesse foudroyante et dévorèrent l'édifice. Reconstruction promise.

L'élan de l'architecture théâtrale ne s'est pas arrêté avec le XVIIIe siècle : sur le modèle, désormais fixe, de la salle en fer à cheval avec superposition de loges, les deux plans, inclinés en sens contraire, du parterre et du plateau de scène convergeant au point le plus bas, où est placée la fosse d'orchestre, toutes les villes italiennes se sont dotées, au cours du XIXe siècle, de théâtres plus ou moins imposants, mais toujours beaux et d'un goût parfait : Trieste (1801), Lucques (1817), Gênes (1827), Parme (1829), Bari (1840), Modène (1841), Reggio Emilia (1852), Spolète (1854), Palerme (1875), Padoue (1884), Catane (1890), Bergame (1897), pour ne citer que les principaux. Trieste, Bari, Palerme voulurent même disposer d'un second grand théâtre d'opéra, Trieste avec le Politeama (1878), Bari avec le Petruzzelli (1903), Palerme avec le Politeama (1875).

L'évolution sociale du public, la démocratisation de l'opéra, même en Sicile (les grands théâtres de Palerme et de Catane ont surgi après la réunification de l'Italie et l'affaiblissement des féodalités bourboniennes), obligèrent à réserver, au-dessus des loges, un ou deux étages pour la galerie, ou poulailler, où les places étaient moins chères. On ne peut y accéder par l'entrée principale : il faut emprunter un escalier à part, sorte d'escalier de service ; ménagé sur un côté du théâtre, il monte directement à la partie moins noble. De cette galerie, on n'a pas accès au foyer. Démocratisation, mais toujours ségrégation, par le titre ou par l'argent. Le cinquième rang de loges de la Fenice fut transformé en galerie en 1878. La Scala ne comptait à l'origine qu'une seule galerie, au sixième étage. En 1907, le cinquième rang de loges fut transformé en seconde galerie.

Au XIXe siècle, l'opéra, ayant achevé sa mutation, devint ce qu'avait été le temple dans la cité antique, la cathédrale au Moyen Age. Milan avait même donné l'exemple de la laïcisation des lieux saints par la musique, en rasant l'ancienne église gothique de Santa Maria della Scala pour construire à sa place l'opéra, substitut profane du sanctuaire. Un peu partout, en Italie, on convertit des monastères, des oratoires, en théâtres : à Ancône, à Vigevano, à Parme, où le Regio fut bâti sur l'emplacement du couvent de S. Alessandro.

Le Massimo de Palerme, commencé en 1875, sur les plans de Filippo Basile, terminé en 1897 par son fils Ernesto, le grand architecte de la Palerme Liberty (voir article *Palaces)*, fermé depuis plus de vingt ans à cause des intrigues politiques et de la corruption financière, marque l'apogée de l'architecture théâtrale du XIXe siècle. Non seulement c'est le plus grand opéra d'Italie (trois mille deux cents places), mais, par sa situation isolée au milieu d'une vaste esplanade, ce qui n'était le cas ni du San Carlo, ni de la Scala, ni de la Fenice, par son portique majestueux dont le fronton triangulaire repose sur six colonnes cannelées à chapiteaux corinthiens, par sa coupole posée sur un haut tambour, par la masse arrondie de ses flancs, il tient du temple et de la basilique autant que du lieu de plaisir. Pas moins de trois églises baroques, San Giuliano, San Vito et les Stigmates, furent démolies pour faire place au mastodonte : sacrifice symbolique exigé par la nouvelle classe au pouvoir, qui préférait le colossal au raffiné, le spectacle de masse aux émotions intimistes, les pâmoisons collectives aux oraisons privées — tout en maintenant (voir article *Palerme II*) un rigoureux système de distribution des loges selon le rang social.

Trieste

Décadence et vitalité

En 1961, paraissait un de ces « livres uniques » qui semblent être une spécialité de l'Italie : des hommes, qui ne sont pas des écrivains de profession, publient, à plus de cinquante ans, un texte autobiographique déguisé en roman et qui résume la mémoire d'une époque [1].

Trois ans auparavant, il y avait eu le miracle du *Guépard* posthume. C'est de l'autre extrémité de la péninsule, de Trieste, qu'arriva *le Secret*. Que ces deux ouvrages aient été mûris dans une région périphérique n'est pas un hasard : à l'écart des centres littéraires et des courants à la mode, leurs deux auteurs n'ont jamais eu l'idée de faire carrière, d'égrener, livre après livre, les échantillons de leur talent. Se réserver pour tout dire en une fois, pour produire d'un coup le chef-d'œuvre, au sens ancien et artisanal du mot, pour livrer la somme de leur art et de leur vie, telle est l'ambition de ces grands solitaires, dont la culture raffinée et la conscience hautaine de leur talent ont pour corollaire le mépris du succès. Double complexe de supériorité et d'infériorité des marginaux géographiques, qui explique pourquoi le prince de Lampedusa ne livra pas au public son roman, pourquoi *le Secret* a été publié sans nom d'auteur. Dédain et crainte de l'opinion milanaise et romaine, pudeur et orgueil de ceux qui, ayant quelque chose de très important à confier, redoutent le jugement superficiel des journalistes, des coteries mondaines, de la classe intellectuelle tout entière.

Le simple fait de vivre à Trieste expose à une sorte d'ostracisme. Svevo, le mal-aimé, en savait quelque chose. Il suffit de se promener dans les longues rues droites, balayées par la *bora*, vent glacé, de cet ancien port de l'Autriche (jusqu'au traité de paix de 1919), pour admettre qu'on n'est plus en Italie. Ces hauts immeubles, larges, cossus, souvent banques ou compagnies d'assurances, parlent le langage de la capitale des Habsbourg. L'immense place qui descend vers la mer (comme à Lisbonne) a la beauté frigide d'un décor impérial.

Winckelmann, qui fit redécouvrir à l'Europe l'art grec et fut le premier théoricien du néoclassicisme, est mort à Trieste, en 1768, assassiné. On connaît le nom du meurtrier, Arcangeli, et l'on dit qu'il tua l'érudit allemand pour s'approprier sa collection de médailles. Pieux mensonge, qui cache une vérité plus troublante : sous ses airs de n'apprécier que l'idéal athénien, Winckelmann faisait monter dans sa chambre les voyous dragués sur le port. Il était d'ailleurs descendu à l'auberge sous un faux nom : Signor Giovanni. Arcangeli, marqué de la petite vérole, figure ingrate de grêlé, était loin de correspondre à un modèle de Praxitèle. Winckelmann ne fut pas vaincu par la beauté du garçon, mais par sa vitalité. Eternel pouvoir de séduction de l'énergie italienne sur la rationalité

1. *Le Secret*, par l'Anonyme triestin, traduction française, 1996, Seuil.

germanique. Trieste, Nord par l'aspect mais déjà Sud par le climat, fut le tombeau de cet Aschenbach première manière.

De l'énigmatique auteur du *Secret*, nous ne savions rien que ce qu'en disait Linuccia Saba, qui a édité et préfacé le livre. Un vieil homme, « fascinant, solitaire, timide et passionné, ouvert, généreux, effacé », dit-elle, un ami de longue date, qu'elle rencontrait dans les cafés enfumés, ces seuls endroits de Trieste à garder, au milieu de toute cette froideur et pompe de bâtiments viennoises, un peu de charme italien. Elle ne soupçonnait pas qu'il pût écrire. Il lui parla un jour d'un roman qu'il venait d'achever, en la priant de le lire seulement après sa mort. Elle dut jurer aussi qu'en cas de publication elle ne révélerait jamais à personne, pour aucun motif, le nom de l'auteur. On le connaît aujourd'hui : Guido Voghera, mort en 1959, un de ces Triestins qui, après le docteur Edoardo Weiss, cet ami de Svevo et traducteur de Freud, ont contribué à faire du grand port de l'Adriatique, au début du siècle, la porte d'entrée de la psychanalyse en Italie.

Freud, la psychanalyse, retenons ces clefs, parmi celles qui nous permettent de comprendre le mystère du *Secret*. Une psychanalyse encore libre, encore souple, et qui n'obligeait pas à jargonner. Quant à Linuccia Saba, sa caution suffit à lancer le roman et à lui valoir un succès immédiat. C'était la fille du poète de Trieste Umberto Saba, un des quatre grands poètes italiens de ce siècle, avec Ungaretti, Montale et Sandro Penna. C'était également la compagne de Carlo Levi, lequel, sans être lui non plus un écrivain de profession, avait publié en 1945 le retentissant *Le Christ s'est arrêté à Eboli*. Communauté israélite : aux noms de Saba et de Voghera, ajoutons celui d'Ettore Schmitz (le vrai nom d'Italo Svevo), et nous comprendrons comment Trieste, où la société littéraire était dominée par les Juifs, a produit des écrivains de l'éviction et de l'exclusion. Conscience douloureuse propre aux marginaux, écriture méticuleuse, tortueuse, de stylistes obsédés par l'introspection, sentiment du déclin historique de la Mitteleuropa mêlé à l'orgueil d'appartenir à une élite, tels sont les caractères qu'on retrouve dans les principales productions littéraires de Trieste au début du siècle, et jusque dans *le Secret*, surgeon tardif et fruit splendide de cette culture vouée à l'analyse et à la remémoration.

Etrange bilan que celui de l'Anonyme ! Voici plus de quatre cents pages, appliquées et denses, pour nous confesser, à la première personne, un amour de jeunesse, non seulement resté platonique, mais jalousement celé et absolument muet. Le petit Mino Zevi, prête-nom de l'auteur, né à Trieste en 1908 d'une famille juive et placé dans un collège mixte de la ville, a été subjugué, entre treize et dix-sept ans, par une de ses condisciples, Bianca Sorani, assise à quelques bancs de lui. A sa passion ne fut égale que sa timidité, sa haine aussi de tous les menus artifices dont il voyait les autres jeunes gens user pour se faire agréer de leurs compagnes. Si bien qu'au bout de quatre ans, quand la vie les eut séparés, Bianca ignorait complètement qu'il eût éprouvé le moindre sentiment pour elle. Il n'avait pas osé lui adresser la parole, pas même une seule fois.

Le Secret mêle constamment deux thèmes fondamentaux dans la littérature occidentale, mais d'habitude séparés. Le thème de l'amour platonique et le thème de la misogynie. Mino adore Bianca, comme le jeune Dante adorait Béatrice : de loin et en silence. Des souvenirs de l'admirable *Vita nuova* affleurent dans *le Secret*. Le narrateur de Trieste, comme le poète de Florence, estime que non seulement l'amour doit être dissocié du désir, mais qu'il faut encore se garder de le manifester à la personne qui en est l'objet. D'ailleurs, à peine se montre-t-elle, que l'amoureux pâlit, rougit, baisse les yeux. Il a peur de la rencontrer, il évite son salut pour ne pas avoir à le rendre, et, rien qu'à entendre parler d'elle, il croit perdre l'usage de ses sens.

Mais cette passion, loin d'obéir aux lois de la cristallisation et de l'idéalisation, reste férocement lucide. Mino ne fait pas de Bianca « un ange descendu du ciel », selon la rhétorique du *dolce stil nuovo*. Il en observe au contraire tous les défauts, avec un acharnement qui le met lui-même au supplice. Elle lui semble médiocre, paresseuse, coquette, rusée. Chaque découverte qu'il fait de ses petits manquements au code de l'honneur scolaire le torture et en même temps l'insurge contre la gent féminine. Quoi ! Sans se donner aucune peine, on arrive à se faire bien voir des professeurs et à passer ses examens ? Il y a plus grave encore : pour avoir une chance de plaire aux jeunes filles, il faut jeter aux orties toutes ses bonnes qualités de jeune homme sérieux et intègre, et adopter un ton « un peu flatteur, un peu badin, un peu vulgaire ». Un seul parti à suivre si l'on ne veut pas déchoir : se maintenir à l'écart, contempler sans montrer qu'on aime, emporter avec soi dans la tombe son amour intact et secret.

L'ouvrage de l'Anonyme est donc un nouvel hymne romantique à la passion impossible. Mais s'il n'était que cela, le lecteur serait peut-être irrité qu'on lui fournisse au début du troisième millénaire une version supplémentaire du mythe de Tristan. Le Tristan de Trieste. L'exaltation de l'échec, quel bateau usé ! Ce qui nous intéresse aujourd'hui, c'est de savoir le pourquoi de cet échec. Les justifications poétiques ne nous suffisent plus. Or, précisément, le récit minutieux de l'Anonyme est un document psychologique de premier ordre (un témoignage amusant, aussi, sur la vie dans les lycées mixtes). Mino Zevi est le type du nerveux instable, incapable de se décider, retenu par toutes les hypothèses qu'échafaude son esprit tracassier et tatillon. Dès avant la rencontre de Bianca, pendant ses années impubères, il a connu des difficultés surprenantes, là où tous les enfants s'en tirent avec simplicité. Par exemple, une peur insurmontable des chiens le forçait à faire des détours incroyables pour se rendre à l'école. Serrer la main d'un camarade lui posait un problème ardu. Avec Bianca, ce qui l'a d'abord séduit et ensuite fasciné, c'est de ne jamais savoir avec certitude qui elle était, ni ce qu'elle pensait de lui. Avait-elle deviné son amour ? Si elle ne l'avait pas deviné, était-ce par légèreté, par sottise ? Ou parce qu'elle en aimait un autre ? Si elle l'avait deviné, pourquoi n'en montrait-elle rien ? Parce qu'elle se jugeait indigne de son adorateur ? Ou au contraire parce qu'elle le trouvait insipide ? Eprouvait-elle pour lui de l'admiration ? Ou de la pitié et du mépris ? Le narrateur ne se pose pas une fois ces questions, mais cent fois, mais chaque jour, sous n'importe quel prétexte. Sans compter ses interminables divagations sur ce qu'il *ferait* s'il se déclarait à Bianca, si Bianca lui prêtait attention, si... si...

Le vrai sujet du *Secret*, finalement, ce n'est pas tant l'amour de Mino pour Bianca, que cette interrogation perpétuelle sur tout, ce va-et-vient affolé d'une conscience malade qui ne peut se libérer qu'en parcourant à tout propos et sans trêve le cycle complet des possibilités. On songe à ces personnes qui ne savent avancer dans un ouvrage, qu'elles ne récapitulent, à chaque instant, ce qu'elles ont déjà lu. Le platonisme et la misogynie de Mino s'expliquent du même coup. En décidant de consacrer son existence à Mina et de s'abstenir pourtant de tout échange comme de toute épreuve, notre jeune héros réussit à soustraire le sentiment amoureux aux fluctuations inévitables d'un amour réellement vécu. Pour cet être incapable de choisir, la seule issue était de choisir une fois pour toutes. Une méticulosité poussée jusqu'à la désagrégation de la personnalité et combattue par un parti pris héroïque : voilà notre ennemi des femmes démasqué. Voilà aussi mise en lumière sa vocation d'écrivain. Délivré, par son coup d'Etat sexophobe, des hésitations, des atermoiements, des scrupules, des tourments qui l'eussent empêché de vivre s'il avait essayé de le faire avec Bianca (il la laisse partir, se marier ; sa vie amoureuse à lui est finie), il a pu dédier sa minutie infatigable à l'exploration des phrases et des mots. Et si *le Secret* est une réussite, c'est parce que le style inquisiteur et sinueux correspond à la démarche zigzagante de l'auteur — quitte à se ressentir, par certaines longueurs, des manies du bizarre Anonyme.

Implacable chronique d'un ratage. Lequel reflète, redouble le fiasco historique de Trieste. Il faudrait revenir là-dessus, au naufrage de cette ville qui a été non seulement la patrie de Svevo et de Saba, mais le rendez-vous de Rilke, de Joyce et de Valery Larbaud. Carrefour d'influences slaves, germaniques et latines, Trieste fut pendant un demi-siècle, avant de tomber au rang d'un chef-lieu de province, un phare de notre modernité. Une partie importante de son caractère, de son ton, de son allure, nul doute que l'Anonyme ne la doive à cette civilisation croisée et hybride, que sa richesse même menaçait d'étouffement. Le drame de Mino Zevi, paralysé par l'excès de ses dons, reproduit en raccourci le drame de cette ville battue par tous les vents et pourtant confinée dans une solitude asphyxiante. Il n'y a pas beaucoup d'air dans *le Secret*. Pas de mouvement non plus, ni de progression. Le livre piétine, quelquefois recule. Notre héros a eu plus de ressort enfant que jeune homme, comme si la croissance physique et intellectuelle avait provoqué en lui une sorte d'engorgement, et qu'entre six et douze ans il eût atteint le sommet de sa courbe. Le passage sur les chiens reste un des meilleurs, un des plus fournis du livre.

D'habitude, les romans dont le protagoniste est un enfant sont des *Bildungsromane*, des romans de formation. De Goethe à Gorki, de Dickens à Proust (oui, même *Swann*, à côté du *Secret*, semble un modèle de santé mentale), l'enfance est considérée comme une école de la vie. Rien de tel dans le cas qui nous occupe. Mino Zevi, loin d'apprendre à devenir un homme, se perfectionne dans l'art de la stagnation et du ressassement. Non sans complaisance, il faut l'avouer. Mais ce qui est un défaut pour les uns sera un charme pour les autres. Plus de caractère et moins d'obsession n'auraient pas fait une œuvre aussi rare, un mélange aussi subtil de décadence et de vitalité.

Ungaretti

Ceux qui n'ont pas connu l'homme Ungaretti, son rayonnement extraordinaire, la chaleur de son regard fraternel n'ont qu'à lire les *Propos improvisés* échangés avec Jean Amrouche pour se convaincre de la vérité de ce paradoxe : la suite des petits poèmes denses et hermétiques qu'il a composés pendant plus d'un demi-siècle constitue aussi le journal poignant, déchirant, d'une vie [1].

Giuseppe Ungaretti était né à Alexandrie d'Egypte en 1888. Un poème écrit en 1917, composé de deux seuls vers, le rendit célèbre. *« M'illumino — D'immenso »* (« Je m'éblouis — D'infini »). C'était bien le cri d'un barbare d'Afrique, ivre d'une force élémentaire puisée en dehors des musées et des académies. Donc, à l'origine, le désert, le spectacle d'une civilisation disparue, la méditation sur le travail d'anéantissement produit par le temps, la pensée obsédante du rien, un rien coupé seulement par les cris des veilleurs de nuit qui donnèrent à l'enfant son premier sentiment de l'infini, d'un infini mélodieux et circulaire comme celui des anciens Egyptiens. La mort, et la vie, contenue dans la note répétée d'une musique rituelle.

Deux autres expériences décisives : en 1912, un séjour à Paris, où il rencontra la poésie symboliste, avant tout Mallarmé, et se lia personnellement avec Apollinaire et les artistes de Montparnasse. Et la Grande Guerre, qu'il fit dans les tranchées, en Italie, puis en Champagne. Il vécut encore quelques années à Paris. On a pu dire du rénovateur de la poésie italienne qu'il était de formation française.

A Rome, où il s'installa en 1920, il fut fasciné, non point par l'Urbs antique, ni par la cité des papes, mais par l'aspect de la ville qui frappe le plus, en effet, un esprit non prévenu, non gonflé de souvenirs rhétoriques, c'est-à-dire par l'aspect baroque, par la Rome du XVIIe siècle, époque de décadence politique, époque très peu exemplaire du point de vue de la « *Romanità* ».

Ici, un petit détour est nécessaire pour faire comprendre quelle chance extraordinaire ce fut pour la poésie italienne, et pour la poésie tout court, que Giuseppe Ungaretti, un des grands poètes de ce siècle, ne soit pas né en Italie, qu'il n'ait abordé à la terre de ses ancêtres toscans qu'à vingt-quatre ans, et n'ait eu quelque curiosité pour Rome que passé la trentaine, une fois complètement formé.

De tout temps, Rome, le souvenir de la grandeur romaine, a écrasé les écrivains italiens. Un écrivain italien renferme toujours deux hommes en lui : d'un côté, c'est quelqu'un qui a une expérience personnelle à transmettre, comme tous les écrivains du monde. D'un autre côté, c'est un héritier de la grandeur romaine, conscient de porter sur ses épaules la responsabilité et le fardeau de cet héritage.

Quand il se met à écrire, il puise moins dans son expérience

1. *Vie d'un homme, poésie 1914-1970*, par Giuseppe Ungaretti, Gallimard/Ed. de Minuit. *Propos improvisés*, par Giuseppe Ungaretti et Jean Amrouche, Gallimard.

personnelle que dans la conscience de cette « *Romanità* ». Résultat : de simple, il devient pompeux, on a toujours l'impression qu'il se drape dans une toge et monte sur une scène pour déclamer une leçon. Voilà pourquoi la plupart des classiques italiens sont si profondément ennuyeux.

Le XIXe siècle, époque de l'unification nationale, avec le Risorgimento, qui se réclama de la grandeur passée italienne et rendit à Rome son rang de capitale, redoubla la frénésie oratoire des écrivains. En particulier la poésie, de Carducci à D'Annunzio, devint le théâtre d'une déclamation creuse et guindée. Même chez Leopardi, à côté du poète merveilleux de *l'Infini*, on trouve un chantre ampoulé, accablé sous le fatras de la grandiloquence cicéronienne. Ungaretti, qui n'a pas eu les oreilles fracassées dès l'enfance par les clairons de la gloire impériale, se trouve être ainsi le premier poète italien des temps modernes qui soutienne la comparaison avec Valéry, T.S. Eliot, Maïakovski ou Ezra Pound.

Sa vie fut traversée d'épreuves terribles et de chagrins profonds : la guerre des tranchées, la mort de l'unique fils, emporté à l'âge de neuf ans. Les poèmes qui font écho à ces événements sont ceux, aussi, qui révèlent un des caractères fondamentaux de la poésie ungarettienne : non pas l'optimisme, certes, mais de quel nom appeler cette allégresse irrépressible qui distingue Ungaretti ? Sans appartenir à aucune confession religieuse ou politique, il fait de la joie son élément naturel. L'acte même d'écrire semble pour lui générateur de joie, l'aspiration suprême de la poésie étant d'accomplir à travers la parole le miracle d'un monde ressuscité dans sa pureté originelle.

Mais comment parler d'une poésie aussi simple, aussi dense, aussi fulgurante, sinon en la paraphrasant sous un pathos particulièrement déplacé ? On peut en indiquer les motifs dominants : le sentiment de la précarité des choses, l'amour de la vie, une sensualité ardente condensée en pointes de cristal, l'exultation de l'été, la dent acérée de l'été qui mord et rend fou de soif le travertin romain, l'amour, toujours l'amour, qui inspira encore au vieillard de quatre-vingts ans des vers d'une intense luminosité.

Ungaretti n'est pas un poète difficile. Simplement, il saute des transitions qui rendent si mou le tissu conjonctif du langage, il ne garde des mots que leur splendeur dispersée dans la lumière, « qu'un rien — d'inépuisable secret ». Les traductions de Jean Lescure, de Philippe Jaccottet, de Pierre Jean Jouve, d'André Pieyre de Mandiargues, de Francis Ponge et d'Armand Robin rendent un hommage éclatant à cet écrivain si peu confiné dans sa tour d'ivoire qu'il ne concevait pas de progrès pour l'artiste qui ne rendît l'homme plus mûr, plus humain.

Vasari

Incroyable ! De Vasari, le premier des biographes, et qui est resté leur prince, de celui qui nous a raconté la vie des « plus excellents architectes, peintres et sculpteurs italiens » et fixé pour la postérité leur image, il n'y avait pas de biographie ! Injustice aujourd'hui réparée. Roland Le Mollé, dans un ouvrage aussi richement documenté qu'élégamment écrit, nous restitue la personnalité de celui qui a rempli de son génie polymorphe le XVIe siècle florentin[1]. S'il fallait désigner l'homme qui résume le mieux la Renaissance, c'est Giorgio Vasari qu'on devrait choisir, à cause de la pluralité de ses dons, de la variété de ses talents.

Car il ne fut pas seulement un écrivain. Son œuvre de peintre, d'architecte, de scénographe, d'urbaniste est immense, bien que la plupart des touristes qui visitent la Toscane admirent ses réalisations sans pouvoir mentionner leur auteur. A Pise, par exemple, qui associe au nom de Vasari la merveilleuse place des Cavalieri, où le palais homonyme présente une façade à angle très ouvert, ornée de graffiti en camaïeu, précédée d'un perron légèrement décentré ? Tout, dans cette place, est délicieusement de travers, et cette disposition, plus fantaisiste que l'austère classicisme florentin, témoigne que Vasari appartient à un siècle nouveau, dominé par le goût maniériste.

Maniéristes, ses tableaux, innombrables, éparpillés un peu partout en Toscane, le plus important de son activité picturale étant concentré dans le grand salon du Palazzo Vecchio à Florence. Formes sinueuses, contournées, abondance de courbes et d'obliques, tout cela est d'un bon travail d'épigone. Plus agitateur culturel que véritable créateur, Vasari n'est comparable, ni à Pontormo (qu'il éreinte, la teigne), ni à Rosso Fiorentino. Il reste cependant un honorable ouvrier des formes prébaroques.

Son chef-d'œuvre n'est autre que la célèbre place des Offices à Florence. Il s'agissait de construire un édifice pour abriter les bureaux *(uffizi)* des treize corporations ou magistratures de la ville. Vasari imagina un système architectural aussi complexe que raffiné : entre le Palazzo Vecchio et le fleuve, une cour bordée de deux portiques en vis-à-vis. Pour relier les deux portiques, une loggia sur l'Arno. Rien de bien mystérieux dans le symbolisme de cet agencement : l'espace, qui n'est ni tout à fait clos ni tout à fait ouvert, donne d'un côté sur le fleuve et les collines, bute de l'autre côté sur le Palazzo Vecchio. De la nature en liberté on passe au lieu domestiqué, et cet itinéraire résume la fonction du prince telle que la concevait Cosimo Ier : apprivoiser ses sujets, les soumettre à son joug, tout en parant de séductions la dictature des Médicis. L'heureuse scansion des colonnes n'est que le masque du pouvoir politique. La transformation ultérieure des Offices en musée confirma le rôle que cette famille entendait faire jouer à l'art. On est mécène, oui, mais dans un but intéressé.

---

1. *Giorgio Vasari, l'homme des Médicis*, Grasset, 1996.

Le corridor qui relie le Palazzo Vecchio au palais Pitti, résidence de Cosimo Ier, de l'autre côté de l'Arno, passage suspendu et couvert qui permettait au duc d'aller, directement et incognito, d'un des centres du pouvoir à l'autre, couloir imaginé et bâti par Vasari, illustre bien l'arrière-pensée politique de toutes ces constructions harmonieuses. Du haut de ce chemin de ronde métaphorique, Cosimo Ier pouvait surveiller les allées et venues de son peuple, prévenir les complots, sévir contre les rebelles ; et, même absent, faire croire qu'il était là, invisible, à l'affût, prêt à punir.

Alors, Vasari, l'auteur de cette structure policière, un courtisan excessivement adulateur ? Un crypto-flic ? Un valet sans honneur ? Le principal intérêt de la présente biographie est de dégager les traits, les qualités, les travers, la psychologie de celui qui, en travaillant toute sa vie au service de Cosimo Ier, en flattant les ambitions de son maître, fut le prototype de tous les ministres de la Culture à venir. Il n'en avait pas le titre, mais il en remplit la fonction. Funérailles officielles ou fêtes de mariage pour le fils du duc, c'est lui qui était chargé de les organiser. Il n'entreprenait rien qui n'eût l'agrément de son seigneur. Obéir, ne pas déplaire, éviter par tous les moyens la disgrâce, tel était son credo.

Personnage contradictoire, dont on ne peut cacher les défauts (vanité, goût de l'argent, désir d'être toujours à la mode, etc.), mais qui demeure attachant, voire émouvant, car les limites de son caractère ne font que refléter la mutation de l'histoire. Fini le temps héroïque où Michel-Ange pouvait braver Jules II. A partir de la seconde moitié du XVIe siècle, le prince entend assujettir l'Etat à une hégémonie rigoureuse ; et, comme nous sommes en Italie, où l'art occupe la place que l'on sait, il n'est plus question de laisser aux artistes la bride sur le cou. Tout art doit être tourné, plus ou moins franchement, en propagande et célébration du pouvoir.

Même dans les *Vies*, dont la Pléiade s'honorerait de publier une édition moderne, cette orientation, cette déformation est sensible. Vasari y clame à son de trompe la supériorité de la peinture et de la sculpture florentines et accorde aux Toscans le quasi-monopole de l'art italien. Pourquoi cette imposture, sinon par flagornerie, pour consolider la gloire des Médicis ? Stendhal fut le premier, dans son *Histoire de la peinture en Italie* (1817), à essayer de réparer les dégâts causés par cette classification abusive. Il rabaissa les mérites de Florence, et remit à leur place, au premier rang des peintres, les Corrège, les Giorgione, les Guido Reni. Cet ouvrage, malheureusement, très peu diffusé à l'époque, encore très peu connu aujourd'hui, n'a jamais réussi à contrebalancer l'influence des *Vies*. Manipulateur idéologique de première force, Vasari a créé et imposé le modèle touristique de Florence, capitale des arts, au détriment de Bologne, de Parme, de Naples.

Venise

L'eau. Glauque, noire, rouge, plombée. La matrice originelle de Venise. Un limon boueux, une épaisseur liquide. On oublie trop, devant l'élégance des palais, le cisèlement des architectures, que cette ville est née de la fange, que ses fondateurs, fuyant les barbares qui envahissaient la terre ferme, se sauvèrent au milieu de la lagune, pour y trouver un refuge inaccessible aux Huns. Dédale de passes et d'îlots, à l'abri de la cupidité d'Alaric, d'Attila. Un refuge stratégique, mais peut-être aussi quelque chose de plus : une protection comme maternelle, dans cet élément pâteux, marécageux, souillé. L'eau de Venise n'est pas une eau claire : c'est une eau consistante, substantielle, une eau prénatale, plasmatique, une matière première. Plus matérielle, a-t-on envie de dire, que les arabesques aériennes découpées dans le marbre translucide des palais.

Les deux plus grands cinéastes italiens, Visconti et Fellini, nous ont livré chacun une manière de voir Venise. Deux visions diamétralement opposées. Visconti, en artiste raffiné, montre dans *Senso* le décor prestigieux construit par les hommes en plusieurs siècles de labeur, d'intelligence et de génie : cet ensemble, unique au monde, de façades, de canaux, de ruelles, d'églises, de places, d'arcades, de festons, d'ogives, de rosaces, connu sous le nom de Venise. Vision classique, portée à son plus haut point de perfection par un grand esthète et un grand patricien, qui aurait pu être le familier des doges. La Venise de Visconti aurait plu à Ruskin, à Proust. Fellini, lui, colosse balzacien, plus sensible aux causes premières et aux forces cachées qui meuvent le monde, a été fasciné par la pâte originelle dont Venise est pétrie. A travers l'eau des canaux, il a vu la boue de la lagune. D'où cette exigence, absurde apparemment mais combien juste et profonde, de reconstituer en studio, pour son *Casanova*, une eau en matière plastique, une eau épaisse, caoutchouteuse, plus vraie que l'eau réelle.

Le photographe qu'est Fulvio Roiter a fixé des gros plans de matière noirâtre et verdâtre. Venise a un corps de glaise et de lie. On l'a comparée à Vénus : née de la mer, comme la déesse. Mais la mer qui a formé Vénus est une mer grecque, de perles et de nacre, une mer solaire, irisée, pétillante. La mer de Venise, adriatique, crépusculaire, a les couleurs du bitume et de la poix. Eau lourde, bouche d'ombre prête à reprendre et à rouler dans son limon les hasardeuses constructions dues à l'effort humain.

On serait d'autant plus impardonnable d'ignorer le danger que la menace aujourd'hui se précise. La mort à Venise a été un beau mythe romantique : actuellement, c'est de la mort de Venise qu'il s'agit. Les chiffres sont éloquents : en 1950, il y avait 185 000 habitants dans le centre historique. Vingt-cinq ans plus tard, on n'en comptait plus que 100 000. Il n'en reste guère plus de 60 000 aujourd'hui. Dans une Europe en pleine urbanisation, Venise est la seule ville qui se dépeuple. Les Vénitiens vont s'installer à Mestre et à Marghera, les ports de la terre ferme, qui ont des industries et où on peut travailler. Ces mêmes industries (la redoutable pétrochimie) sont la cause directe de la ruine, économique et matérielle, de Venise. Non seulement parce qu'elles occasionnent l'exode des habitants et l'abandon des maisons, mais à cause des ravages écologiques provoqués. Assèchement des lagunes pour y construire les usines, les réservoirs, les installations portuaires, ce qui a eu pour conséquence de supprimer le tampon naturel qui absorbait l'eau des hautes marées ; pompage des nappes d'eau souterraines, avec pour effet la sape des pilotis et l'affaissement des fondations ; pollution destructrice, la combustion des produits pétroliers dégageant de l'anhydride sulfureux, lequel, en se combinant avec l'eau, attaque et désagrège les pierres. D'où l'effritement des statues, des corniches, des façades. D'où l'enfoncement de la ville et la diminution de sa résistance aux poussées des vagues. D'où l'infection délétère des canaux. En 1815, son ami Valdramin proposait à Stendhal un bain de mer au milieu du canal de la Giudecca, avec une petite échelle attachée à la barque. « C'est fort agréable et probablement fort sain. » Aujourd'hui, on s'en tirerait au minimum avec une hépatite virale, un trachome et un empoisonnement généralisé.

Mais l'industrie moderne n'est pas la seule responsable. Dès 1864, dans son *Voyage en Italie* si remarquable, Taine note le grand nombre de rues désertes et délabrées, « où le bas des pilotis, incrusté de coquilles, s'est tellement aminci qu'ils font craindre un effondrement ». Bonaparte, en livrant la Sérénissime République à l'Autriche par le traité de Campoformio, avait signé la mort de Venise. Il n'est pas impossible que quelque marée haute, aussi forte ou plus forte que celle de 1966, engloutisse une partie de la ville. Plus probablement, la cité des doges s'éteindra tout doucement, vidée de ses habitants. Les maisons seront fermées, les rues condamnées. Venise resterait une annexe touristique, un champ de ruines comme la Vallée des Temples aux portes d'Agrigente, le Luna Park culturel de la nouvelle agglomération de Mestre-Marghera, où déjà la population a la majorité. Devenue le centre politique de la province, les services publics commencent à s'y regrouper. Prophétie de Cassandre ? Il n'est que de se rappeler le sort de Torcello. A la place des deux églises et des quelques maisons qui nous charment, s'élevait une cité prospère. Première île de la lagune à être habitée, Torcello comptait 20 000 habitants au début du XVIe siècle. Puis ce fut l'ensablement des canaux, la malaria, les fièvres, le transfert de la population à Venise. Les constructeurs vénitiens vinrent chercher, dans les ruines des palais et des églises, des morceaux de marbre, de sculptures, de corniches, pour en orner leurs nouveaux édifices. Verra-t-on un jour une fenêtre en ogive du palais des Doges insérée dans la villa d'un industriel de la terre ferme ? Ou l'intérieur d'une église démonté et reconstruit dans l'enceinte d'un cinéma de Mestre ?

Nos arrière-petits-enfants ne verront plus Venise : c'est un fait presque acquis. Mais, pour le moment, quelle ville encore prodigieusement vivante ! On s'en aperçoit quand on la visite en hiver, sans les touristes. Les Vénitiens sont grands, de type nordique, énergiques, marchant vite dans les petites rues, parlant fort entre les murs qui résonnent. Partout une activité débordante, un incessant va-et-vient de pas et de bateaux, une quantité de marchés à l'air libre, de boutiques d'artisans. Même par le brouillard, quand les sirènes et les cloches émettent leurs signaux ouatés à travers l'épaisseur de brume, et qu'on entend les piétons avant de les voir, on est frappé par la vitalité de cette population. Entre la diversité, la fantaisie, l'exubérance des façades, et le dynamisme des indigènes, la correspondance ne laisse pas d'étonner. Ces balcons treillissés de rosaces, ces festons de dentelles gothiques, ces incrustations de porphyre et de serpentine, ces arcades, ces chapiteaux, ces arabesques de marbre et de pierre ne sont pas une poudre aux yeux folklorique : toute cette architecture luxuriante et inventive est la manifestation même du caractère vénitien.

Au bar, à midi, un bol de vermicelle et du pain trempé dans du vin revigorent les forces stimulées par l'air salin. Ce même air, humide et piquant, qui donnait aux belles Vénitiennes peintes par Giorgione et Véronèse, à Desdémone aimée par Othello, ces cheveux d'un blond flamboyant, teinte obtenue en s'exposant, coiffées d'un chapeau à larges bords sans fond, de longues heures sur les terrasses ensoleillées. Elles se mouillaient la tête avec une éponge imbibée de jus de coing mélangé à du suc de troène. Une recette naturelle, qui prouve, entre mille exemples, à quel point Venise, loin de ressembler à une coquette artificieuse, s'inspirait des lois de la santé et de la simplicité.

Tout aussi sot l'autre lieu commun, selon lequel la Mecque des voyages de noces baignerait dans un clair de lune éternel. Le poète futuriste italien Marinetti, père de Dada et des surréalistes, qui méprisait en Venise le symbole du passé, de l'académisme, du musée, qualifiait les gondoles de « balançoires à crétins ». Il n'avait sans doute pas remarqué le trafic intense des embarcations de toute taille et de toute forme qui sillonnent les canaux, chargées de marchandises, de bouteilles, de légumes, de fleurs, de matériaux de construction. Marinetti voulait aussi combler le Grand Canal et le remplacer par une autoroute. Sans comprendre que Venise est la seule ville au monde où les voies de transport (les canaux) sont radicalement différentes des voies de promenade (les rues) : le modèle de la cité future, selon Le Corbusier. Se promener dans Venise est un bonheur incomparable, parce qu'au lieu de songer à éviter les autos, on n'a que le souci de ne pas déranger les chats, les enfants. Toutes les rues y sont piétonnières : le modèle, en effet, qui s'impose aujourd'hui à nos villes asphyxiées par la circulation automobile. Surprise, donc : cette ville qu'on dit tournée en arrière, périmée, morte, montre aux jeunes municipalités le chemin à suivre, l'échantillon d'un urbanisme intelligent et hardi.

« Les canaux de Venise sont noirs comme l'encre ; c'est l'encre de Jean-Jacques, de Chateaubriand, de Barrès, de Proust », écrit Paul Morand, dans un des plus jolis livres que Venise ait inspirés : datant seulement par les références. Un écrivain plus moderne aurait parlé de l'encre de Thomas Mann. Renchérissant sur Barrès et sur Proust, relayé lui-même par Visconti, Thomas Mann a définitivement figé Venise dans l'image d'une ville morte, vouée aux fastes du crépuscule et de la décadence. A notre époque aliénée au culte du progrès, du rendement, de la vitesse, nous nous plaisons à entretenir le mythe d'une cité magnifique et défunte. Ceux qui analysent les causes techniques de la détérioration de Venise et qui cherchent à y porter des remèdes ne sont pas les mêmes, il vaut la peine de le noter, que ceux qui célèbrent la mort à Venise. Les premiers croient à la vie et à la survie de la ville, pour peu qu'on prenne des mesures énergiques contre les dégâts du pétrole et des marées, ce qui suppose qu'on arrive d'abord à bout de la corruption des politiciens italiens. Les seconds n'ont cure de ces détails triviaux. La mort à Venise est un thème strictement littéraire, l'alibi culturel d'une Europe gorgée de bien-être, de prospérité, d'argent, qui se donne bonne conscience en allant méditer sur la décrépitude et la vanité des civilisations. Barrès, Proust, Thomas Mann étaient de grands bourgeois. Chateaubriand, Visconti, d'aristocrates humanistes. Il est étrange de penser que leur choix se soit porté sur Venise, qui a été au contraire dans l'histoire du monde, répétons-le (voir article *Goldoni)*, un centre et une capitale de gaieté. Qui a inventé la musique gaie, sinon Vivaldi ? La peinture gaie, sinon Tiepolo ? Qui a été le maître de la comédie italienne, sinon Goldoni ? Et qui a traversé la vie avec autant l'allégresse et de verve que Casanova ? « Ce pays, dans l'état actuel, est peut-être encore le plus gai de l'Europe », note Stendhal en 1815. Cette ville où le carnaval durait six mois n'a pas perdu entièrement sa vocation au rire. La mélancolie qui plane actuellement sur la lagune tient à la conjoncture économique, non au caractère des habitants. Voilà peut-être un des rares lieux en Italie où les fêtes costumées ne répondent pas seulement à un calcul touristique, mais à un désir éprouvé de l'intérieur.

Heureusement, en face des écrivains cités, trop cités, un autre romancier, plus moderne et d'égale valeur, nous a rendu l'autre Venise, celle de la joie et du brio. Le délicieux *Concert baroque*, du grand écrivain cubain Alejo Carpentier, est la meilleure introduction possible à cette ville qui confine ses morts dans l'île de San Michele, et a si peu de goût pour les cadavres qu'elle les expédie aussitôt en barque vers ce cimetière isolé. Gardons-nous d'attribuer au hasard le fait que cette Venise drue, gaillarde, hilare, nous soit restituée par un représentant de ce qu'on appelle les pays neufs : aussi vieux que l'Europe par les traditions et la sagesse, mais neufs par l'élan, la vigueur, le dynamisme, la curiosité, le goût de la vie. A la lumière d'Alejo Carpentier, on comprend que les pleureurs européens de la mort à Venise ont projeté dans les flots plombés de la lagune leur propre désenchantement et leur lassitude culturelle. *Concert baroque* raconte l'histoire d'un riche seigneur mexicain débarquant au XVIIIe siècle dans la Cité des Doges. Il y rencontre Vivaldi, qui l'entraîne à l'Ospedale della Pietà, sorte de conservatoire pour jeunes filles, où le prêtre roux était maître de musique. Et toutes ces demoiselles d'organiser en l'honneur de leur hôte un concert délirant qui se termine en orgie. Händel et Domenico Scarlatti participent à la fête. Puis, qu'à cela ne tienne, dans l'espace baroque les temps et les siècles se confondent, les trois compositeurs et leur ami américain vont pique-niquer sur la tombe de Stravinski. Lequel, on le sait, a voulu être enterré dans l'île de San Michele, non point en hommage à la « mort à Venise », mais pour reposer à côté de Diaghilev, avec qui il avait connu ses plus grands triomphes des Ballets russes.

La basilique de Saint-Marc, on l'a dit mille fois, est le point de rencontre et de fusion entre Constantinople et Rome, entre l'Orient et l'Occident. Le faste des dômes, le chatoiement des mosaïques, l'éclat des ors mettent à la porte de l'Europe la splendeur miroitante de l'Asie. Il y a cent trente ans, on pouvait encore entendre, selon le témoignage de Taine, monter sous les rondeurs guillochées des voûtes un chant « bizarre et beau, composé de voix très hautes et de voix très graves, sorte de mélopée monotone qui vient peut-être de Byzance ». C'est par le commerce avec les Indes et avec la Chine, dont elle avait le monopole, que Venise devint au XIVe et au XVe siècles un des Etats les plus riches et les plus puissants du monde. Vasco de Gama, en découvrant la route par le cap de Bonne-Espérance, mit fin à l'hégémonie vénitienne. Le déclin commença, dès 1497... L'âge classique de Venise, le siècle de Titien et du Tintoret, appartient déjà à l'époque de la décadence : voilà de quoi nous réconforter. Venise doit toute sa puissance à ses rapports avec l'Asie : comme Amsterdam, dont l'épanouissement miraculeux fut lié à l'essor de la Compagnie des Indes orientales.

Or, dans les années 60, vers quel horizon s'est tournée la jeunesse, écœurée par le matérialisme et la vulgarité de la société de consommation ? Vers les Indes, vers l'Asie, vers l'Orient. Amsterdam est devenue, pour la jeunesse itinérante qui dérive de l'Occident vers l'Orient, un port de transit. Venise aussi pourrait jouer ce rôle, auquel son passé historique et sa situation géographique ne la prédestinent pas moins : accueillir tous les insatisfaits, tous les marginaux d'Europe et d'Amérique, leur ménager une étape avant le grand départ vers l'Est. Paul Morand, déjà, notait cet afflux de hippies sur le piazzale Roma, au débouché de la route qui arrive de la terre ferme : cette place envahie de jeunes chevelus portant leur bagage sur l'épaule, il l'appelait, en la comparant à l'autre place, l'illustre esplanade devant Saint-Marc, la cathédrale des routiers. Décidément, Venise-la-nullement-morte aura eu la vie dure, si elle réussit à incarner le mythe de la libération et du bonheur, pour ces milliers de vagabonds en quête d'une aube nouvelle, d'un monde nouveau où planer. En tout cas, le Maure enturbanné qu'on découvre dans la boutique d'un artisan, le Bouddha en or qu'on aperçoit à la devanture d'un antiquaire ne sont pas, à Venise, des pièces de musée : ils font partie du rêve collectif de beauté mystérieuse, exotique, rutilante, actif depuis les voyages de Marco Polo, cet autre Marc qui veille aux destinées de la ville, patron des voyageurs et des aventuriers.

Trop de vieillards, en vérité, ont visité et monopolisé Venise, qui fut longtemps la capitale, non seulement de la gaieté, mais de la jeunesse. Selon une légende rapportée par Alexandre Dumas, Titien encore enfant s'en allait par les prés et le long des haies cueillir les plus belles fleurs et les plus éclatantes. « La blancheur du lis, l'incarnat de la rose, la pourpre de l'œillet, les mille nuances de ces vivantes pierreries, le plongeaient dans une muette extase. » Et (je continue à citer, plutôt que les gémisseurs trop connus, le tonique et casanovien auteur des *Trois Mousquetaires*, le voyageur étranger qui a le mieux compris, avec Stendhal, en quoi consiste la *virtù* du peuple italien), « une fois en possession de cette immense et magique palette que la nature a semée dans les champs, le petit Titien n'avait plus besoin ni de crayon ni de plume pour esquisser ses figures. Il prenait tout bonnement le suc de ses plus belles fleurs, et la fresque était aussitôt conçue qu'exécutée ». Gustave von Aschenbach se laisse tuer volontairement par le choléra. Titien, lui, mourut de la peste, mais contre son gré, un an avant de fêter son centième anniversaire.

Peu après, le compositeur Giovanni Gabrieli était nommé organiste à Saint-Marc. Distribuant le chœur et l'orchestre entre les quatre tribunes de la basilique, il inventait la stéréophonie. Comme des oriflammes, ses motets claquaient au vent des trompettes, sous la diaprure polychrome des coupoles. Le premier théâtre public d'opéra fut fondé à Venise, en 1637, grâce à l'autorité de Monteverdi, auteur du génial *Couronnement de Poppée*, où Néron, l'empereur, et Othon, le capitaine, étaient chantés par des castrats, la vieille nourrice par un homme et le jeune page par une femme : subversion époustouflante des rôles, selon l'esprit d'enfance le plus pur, le plus innocemment déluré. En 1810, à dix-huit ans, Rossini, encore adolescent, faisait jouer au théâtre San Moisé le premier de la série immortelle de ses opéras bouffes. Le premier journal au monde (appelé alors « gazette », du nom d'une monnaie de cuivre qui valait deux sous) parut à Venise dès la fin du XVIe siècle. Pourquoi oublier ces dates mémorables, et ne retenir que ce jour de février 1883, où Wagner rendit son âme pompeuse dans le palais Vendramin ?

Les doges, qu'on représente toujours barbus, engoncés dans les chamarrures de leur dalmatique et les broderies de leur simarre, tenaient leur pouvoir de la main d'un enfant. Les institutions de la République avaient en effet prescrit un rite délicieux, qui tempérait la gravité de l'élection à la magistrature suprême par une sorte d'espièglerie pleine de charme et de sagesse. Le Grand Conseil, c'est-à-dire l'ensemble des nobles, se réunissait en conclave dans le palais ducal et procédait à une suite de tirages au sort pour choisir les quarante et un grands électeurs. Avant de commencer le scrutin, le plus jeune membre de l'assemblée se rendait à la proche basilique de Saint-Marc. Brève halte, de recueillement et de prière. Puis, sur le chemin du retour, il prenait par la main le premier enfant rencontré et le ramenait au palais. Cet enfant allait extraire de l'urne les boules désignant les électeurs aux divers stades de l'épreuve. On l'appelait le *ballottino*. Toutes les magistratures étaient semblablement électives, et toujours des enfants assuraient le déroulement du vote. Charles de Brosses, invité à assister à l'élection du général des galéasses, vit une vingtaine de gamins se disperser par la salle en criant le nom des candidats, puis rapporter au chancelier les ballottes (de la grosseur d'un bouton de chemisette), blanches pour le « oui », vertes pour le « non ». Venise confiait son destin à la main légère de jeunes garçons. Coutume admirable. Quand le doge sortait en procession dans la ville, les hérauts qui marchaient en tête soufflaient dans des trompettes si longues qu'un enfant devait en soutenir l'extrémité.

Bien avant que le XXe siècle ne parte à la recherche du temps perdu, le mythe de l'enfance flottait sur la lagune. Qui nous débarrassera des clichés que trop d'esthètes, trop de littérateurs ont collés sur Venise ? Venise n'est ni ce théâtre d'illusions planté pour une mascarade frivole ni cette nécropole geignant d'échos funèbres : mais une cité vive, jeune, changeant au rythme des saisons, blanche de neige l'hiver, couleur de saumon au printemps, de rouille à l'automne ; luttant courageusement contre l'adversité, qui a pour nom aujourd'hui finance, industrie, technocratie , mais surtout, il importe de le comprendre, une cité où la beauté n'a jamais été un placage élitaire, mais l'expression même de la vie. La maison la plus modeste, la ruelle la plus obscure promettent le même enchantement que les palais du Grand Canal. De même qu'on juge un cuisinier sur l'omelette, on juge une ville sur les lieux où l'employé de la poste rentre dormir, où le calfat remise ses outils, où la fleuriste entortille ses jonquilles en bouquet.

Verdi

Un marginal dans ses lieux

Les trompettes d'*Aïda*, en propageant l'image d'un musicien bruyant et pompier, ont fait le plus grand tort à Verdi. Que de moqueries à leur sujet ! Le symbole de la bastringue ! Elles retentissent au deuxième tableau de l'acte II, lors du défilé des Egyptiens après leur victoire sur les Ethiopiens. Or — et voici une circonstance qu'il importe de signaler — Verdi écrivit cette scène en septembre 1870, au moment où l'armée allemande écrasait à Sedan les Français. En souvenir de l'appui apporté par Napoléon à la cause de l'Unité italienne, Verdi était du côté des Français ; et la sonnerie belliqueuse de trompettes, loin d'être un hymne stupide à la guerre, doit être entendue au second degré, comme une satire du triomphalisme prussien, une parodie de l'arrogance de Guillaume Ier.

Les vaincus ont toujours sollicité l'imagination de Verdi ; ses sympathies sont toujours allées vers les marginaux. Nous avons beaucoup de mal à le comprendre, tant la légende officielle a plaqué sur son visage un masque héroïque. Comme les étapes de sa vie ont coïncidé avec l'essor de l'Italie moderne, la perception de ses œuvres a été radicalement faussée. Selon une opinion largement repandue, il a été envoyé par la providence, et même, on estime qu'un grand compositeur est rarement apparu plus à propos pour répondre aux besoins de la nation.

Jusqu'aux années 1840, l'opéra italien était dominé par le *bel canto*, l'art des ornements et des fioritures, indépendant de toute vérité dramatique. Un art d'esclaves, un art efféminé et honteux, soutenaient les futurs artisans de l'Unité nationale, et en particulier Giuseppe Mazzini, auteur, en 1836, d'un virulent pamphlet contre Rossini, Bellini et Donizetti. Ce qu'il appelait de ses vœux, c'était un esprit mâle, capable d'exprimer les ferments patriotiques dont frémissait la péninsule. Ce paladin, ce champion, suscité en quelque sorte par le développement historique de son pays, fut et reste pour beaucoup Giuseppe Verdi, l'incarnation musicale leur semble-t-il, du Risorgimento

Par son caractère énergique, par la rudesse et l'intransigeance de sa volonté, par ses idéaux politiques, par son anticléricalisme, par sa conception toute virile de l'opéra, en faisant des ténors, au lieu de frêles chanteurs *di grazia*, de vigoureux gaillards, en bannissant les acrobaties vocales, en renonçant à la virtuosité gratuite, il était tout indiqué pour tenir ce rôle. Et jusque par les lettres de son patronyme, puisque V.E.R.D.I., sigle de Vittorio-Emanuele Re D'Italia, devint l'étendard auquel se rallia tout ce qui bouillonnait dans la jeunesse italienne et rêvait de rattacher à la monarchie-pilote de Savoie les Etats encore inféodés soit aux Autrichiens dans le Nord, soit au pape, souverain temporel de Rome, soit aux Bourbons dans le Sud. Une scène du film *Senso* de Visconti rappelle cet engouement.

Ce cliché d'un Verdi sévère, d'un barde claironnant les combats de la nation continue à le desservir auprès des amateurs plus fins, qui lui reprochent son style emphatique, sa déclamation tapageuse. Pour eux, il ne serait que le Hugo de l'opéra, le haut-parleur d'un verbe creux et ronflant. Le succès durable, non seulement des tonitruantes trompettes pharaoniques, mais du chœur des Juifs enchaînés de *Nabucco* soupirant après leur patrie (« *Va pensier* »), accrédite ce préjugé. En réalité, derrière ce Verdi public, dont les statues et les bustes encombrent les places d'Italie, se cache un homme plus secret, plus artiste, le porte-parole, non plus des peuples opprimés et des causes héroïques, mais des laissés-pour-compte, déclassés ou parias.

Avant de réécouter les œuvres, il suffit de se promener dans les lieux de Verdi, pour pressentir la vérité. Tâche facile, l'homme, de nature casanière, ayant toujours vécu dans le territoire où il était né. Ils se trouvent groupés à Busseto ou autour de Busseto, une petite ville elle-même située à équidistance de Parme, de Piacenza et de Crémone, dans la plaine lombarde.

Naissance à Roncole, à 3,5 kilomètres de Busseto, dans une maison minuscule, dont le toit, très incliné, arrive presque jusqu'à terre. C'était le débit de boissons et le bazar du hameau : ces deux pièces occupant le rez-de-chaussée. Le cabaretier et sa femme couchaient à l'étage, dans la chambre où Verdi a vu le jour. Pauvreté, simplicité, humilité, mais aussi beauté. Les tuiles du toit, le pavage de briques, les poutres de la charpente auront transmis à l'enfant le goût des formes bien faites. En face de la maison, l'église San Michele renferme l'orgue où il s'exerçait enfant. Un jour qu'il servait la messe dans cette église, distrait par la mélodie jouée à l'orgue, il oublia de tendre les burettes au prêtre. Don Giacomo Masini se fâcha. Un coup de pied énergique punit l'étourdi de sa négligence. L'enfant roula au pied de l'autel. Il se releva furieux, et cria au prêtre : « Que la foudre t'emporte ! »

Sept ou huit ans plus tard — Verdi avait alors quinze ans —, il se rendait à la Madonna dei Prati, distante de deux kilomètres, lorsqu'un orage le força à s'arrêter en route. Don Masini célébrait la messe dans ce sanctuaire. La foudre entra par une fenêtre et tua six personnes, deux jeunes gens et quatre prêtres, dont celui que l'enfant avait autrefois maudit. Un épisode qui marqua si profondément le jeune homme que le thème de la malédiction reviendra sans cesse dans son œuvre. Malédiction divine dans *Nabucco*, malédiction familiale dans *Don Carlo* ou *la*

Forza del destino, héros maudits, tels Ernani ou le Trouvère, malédiction qui frappe Rigoletto, et jusqu'au cri d'épouvante qui retentit dans le *Requiem*, tout renvoie à l'incident fondateur, selon la pertinente analyse de Marcel Moré *(la Foudre de Dieu*, Gallimard, 1969). Dans l'église de la Madonna dei Prati, on voit encore, sur le mur de gauche, un tableau dont la corniche baroque a été dédorée et brûlée par la foudre.

Carlo Verdi, le père, se fournissait pour son bazar auprès d'Antonio Barezzi, commerçant en épicerie, qui résidait à Busseto. Sa maison, située sur la place principale, en face de la Rocca, était le siège de la Filarmonica, société musicale. Il jouait lui-même de cinq instruments, et présidait aux concerts dans son grand et magnifique salon. Il accueillit chez lui le jeune Giuseppe, qui entra ainsi, très tôt, dans un milieu musical extrêmement cultivé. Epicerie et beaux-arts font bon ménage en Italie.

Busseto n'a guère compté dans l'histoire politique, sinon par les deux séjours de Charles Quint, une fois pour concéder à la ville les privilèges d'une cité libre, une seconde fois pour rencontrer le pape Paul III, événement commémoré par une fresque de Titien. Verdi mettra deux fois Charles Quint en scène : jeune et généreux monarque dans *Ernani*, son ombre spectrale apparaît dans *Don Carlo*.

Au milieu de la via Roma, bordée de nobles arcades, qui part de la grand-place, Verdi acheta en 1847 avec ses premiers gains le palais Orlandi, où il habita jusqu'en 1851 et composa *Luisa Miller*, *Rigoletto*, *il Trovatore*. C'est une belle demeure néoclassique, avec cour à loggia et salon décoré bourgeoisement. Un peu plus loin dans la rue, la *Salsamenteria Storica Baratta*, une des charcuteries les plus anciennes d'Europe, étale une fière vitrine de jambons et de saucissons. Que les cochonnailles voisinent avec le chant, le trivial avec l'éthéré, c'est décidément la marque de Busseto. Toscanini venait acheter ici sa mortadelle. Dans les caves du Monte di Pietà, dont le mécénat offrit pendant trois ans une bourse au jeune Verdi en sorte qu'il terminât ses études à Milan, le gardien fait mûrir aujourd'hui les *culatelli* (les plus renommés des saucissons lombards) que l'on abandonne à ses soins. Je compte ceux que lui a confiés Carlo Bergonzi : il y en a vingt-six. Carlo Bergonzi a été sans doute le ténor verdien le plus raffiné de ce siècle : il n'a pas cru démériter en ouvrant à sa retraite un lucullien restaurant.

Verdi se serait peut-être embourgeoisé et encharcuté, si, veuf de la fille de son premier protecteur Antonio Barezzi, il ne s'était mis à vivre avec la chanteuse Giuseppina Strepponi, qu'il installa, sans l'épouser, dans son palais de Busseto. Les cagots lançaient des pierres contre ses fenêtres ; Antonio Barezzi lui-même ne mâchait pas sa désapprobation. Un jour, alors que le couple entrait dans l'église pour la messe, l'assistance se leva et sortit. Verdi ne pardonna jamais cet affront.

Quelque vingt ans plus tard, la ville construisit pour lui un opéra, l'intitula théâtre Verdi, attribua au *maestro* une loge à vie. Le jour de l'inauguration, le 15 août 1868, toute la bonne société de Busseto attendait celui qui était devenu une gloire nationale. Les femmes s'étaient habillées en vert *(verde)*, les hommes avaient mis une cravate verte, hommage au héros. Il ne parut pas, et ne mit jamais les pieds dans ce théâtre. Busseto ne revit jamais l'offensé.

Pour sa maison de campagne de Sant'Agata, qui allait devenir sa résidence principale, il acheta un domaine à trois kilomètres de Busseto, mais dans la direction nord-ouest, de l'autre côté de la limite qui sépare les provinces de Parme et de Piacenza. Busseto appartient à la province de Parme, Sant'Agata à la province de Piacenza : par ce choix, délibéré, Verdi se vengeait de ceux qui l'avaient exclu.

Sant'Agata, au moment de l'acquisition, n'était qu'une modeste maison de paysan. Au fur et à mesure de ses gains, Verdi l'agrandit, l'embellit. Il ajouta deux ailes, des terrasses, des serres, une chapelle, des remises : conquêtes d'un bien-être sans prétention. A l'intérieur, lourds meubles d'époque, lits à baldaquin, épaisses tentures aux fenêtres, le luxe d'un fermier. Deux pianos, où le *maestro* essaya tous ses opéras, à partir de *la Traviata.* Aux murs de sa chambre, on voit les portraits de Dante et de Shakespeare, et le buste de Verdi lui-même, œuvre du sculpteur napolitain Vincenzo Gemito. Le compositeur se trouvait à Naples, quand le jeune artiste, alors âgé de dix-neuf ans, voulant se faire exempter du service militaire, le pria de lui payer un remplaçant. « D'accord, répondit Verdi, mais je ne donne rien pour rien. » C'est ainsi qu'il obtint du solliciteur son buste en terre cuite, très expressif et beau. Dans la bibliothèque de la chambre, éditions, en petits volumes allemands, des quatuors de Mozart, Haydn et Beethoven. Verdi avait l'habitude d'en relire chaque soir des passages.

Il aménagea aussi les alentours. Lac artificiel, grotte non moins factice, parterre de magnolias, allée de peupliers, champs pour l'agriculture, tout atteste le bon sens robuste, teinté de velléités romantiques, d'un propriétaire attaché à la terre par ses racines paysannes, adepte de la chasse, comme en témoigne sa collection de fusils, amateur de bonne chère et de bons vins. Lorsqu'il se rendit en Russie pour la première de *la Forza del destino* à Saint-Pétersbourg, il eut soin d'emporter cent bouteilles de bordeaux de table, vingt bouteilles de bordeaux grand cru, vingt bouteilles de champagne.

Le gardien ne tarit pas d'anecdotes. Quand la conversation tombe sur les chanteurs verdiens d'aujourd'hui, il ne cache pas son dédain. Au nom de Pavarotti, il pointe un doigt vers la terre, pour signifier qu'un ténor aussi expressif qu'une bûche ne mérite même pas d'être mentionné.

Il a surtout le tort, ce bœuf élégiaque, de perpétuer le poncif d'une musique grosse, grasse, sans nuances. Verdi avait peut-être la tentation de l'enflure héroïque, qui abîme certains de ses opéras, mais les meilleurs d'entre eux sont tout en ombres et en mystères.

Nul n'a exprimé avec plus d'émotion la disgrâce du mari trompé (le roi Philippe II dans *Don Carlo)*, l'angoisse du Noir obsédé par la couleur de sa peau (Otello), le malheur d'avoir la bedaine d'un obèse et les appétits d'un don Juan (Falstaff).

Au jeune Debussy, qui lui rendit visite à Sant'Agata vers 1885, il se présenta comme « planteur de salades ». L'homme d'affaires cossu était habile à dissimuler ses véritables sympathies. Il a sacrifié au goût de son siècle et aux exigences de sa nation en peuplant ses opéras de monarques et de guerriers. Les hors-la-loi, les marginaux sont pourtant ceux qui portent avec le plus d'éclat la marque de son génie. Et, surprise, il faut les chercher (voir les fines analyses de Gilles de Van, dans *Verdi, un théâtre en musique*, Fayard, 1992) dans la trilogie qui est devenue la plus populaire, parmi les œuvres les plus décriées par les mélomanes.

Rigoletto, le bouffon gibbeux, Azucena, la jeteuse de charmes, Violetta, la courtisane vendue au plus offrant, ne sont pas des bêtes curieuses, des marionnettes folkloriques, comme beaucoup le croient, ils incarnent ce qui était pour Verdi le drame fondamental de l'artiste : être obligé de plaire à une foule qu'il déteste, vendre son âme par nécessité sociale, ou, pour un Italien des années 1850, par devoir patriotique. Ces trois opéras répondent à une même dynamique : l'infirme qui amuse la cour par ses facéties, la bohémienne aux pouvoirs maléfiques et la femme galante commencent par se présenter sous un jour qui ne les avantage pas. Flagornerie courtisane, magie noire, vénalité, tel semble être leur lot. Peu à peu, au cours de l'œuvre, se révèle leur nature, passionnée, généreuse, douloureuse, et l'on découvre que, êtres bons et purs à l'origine, la cruauté du prochain les a fourvoyés dans une voie qui les dénature.

La Traviata, blâmée pour ses mœurs, est une sainte par l'amour. Bien supérieure à ceux qui la jugent et la rejettent, mais rivée à sa condition inférieure par l'égoïsme et la dureté des hommes, il ne lui est pas permis de se racheter. Le père d'Alfredo vient lui expliquer qu'il a une fille à marier, et que la demoiselle ne trouvera jamais preneur si son frère partage la vie d'une ancienne prostituée. Le discours est un chef-d'œuvre d'hypocrisie mielleuse. De nos jours, les hommes politiques qui prêchent l'expulsion des Africains pourraient entonner le même air, au nom de la santé nationale. Si M. Germont trahit dans ses exhortations patelines la couardise et la mesquinerie de sa classe, son fils ne vaut guère mieux. Alfredo flambe d'une passion inconsistante et bête. Il ne comprend même pas que Violetta retourne à sa vie passée par pure abnégation, pour ne pas nuire au bonheur d'une famille.

Rigoletto, pitre servile, ressemble beaucoup à Violetta, son indignité apparente étant pareillement sublimée par un sentiment élevé, ici l'amour paternel. Mais, pour lui non plus, pas de rédemption. Rebuts de la société, exposés au mépris de leur entourage, persécutés, l'un et l'autre possèdent ce qui manque aux nantis, aux bien-pensants, le don du cœur, du dévouement, du sacrifice. N'est-ce pas lui-même que Verdi projette dans ce bossu et dans cette gourgandine ? Son union libre avec une cantatrice l'avait mis au ban de l'opinion, et, même si l'humilité de sa naissance ne l'avait pas rendu solidaire des pauvres et des déshérités (il fondera avant de mourir une institution pour les chanteurs à la retraite tombés dans le besoin), le scandale de Busseto l'eût poussé dans le camp des parias.

Quant au *Trovatore*, l'opéra de la trilogie qui passe pour le plus grandiloquent, c'est au contraire le plus intérieur. Verdi voulait l'appeler *la Gitana*. Avec ce titre, on verrait mieux la parenté avec *Rigoletto* et *la Traviata*. Azucena est un des plus beaux personnages de Verdi. Victime d'une tragique méprise, elle est condamnée à une vie nomade. « Gitane », « sorcière », la figure même de l'errance, de la proscription. De cette créature déchue, exclue, radiée du corps social, une tradition stupide a fait une folle excentrique, une maniaque des feux de camp et des bûchers, une excitée pittoresque, alors qu'on ne devrait la voir qu'en demi-teintes et en couleurs de rêve. Lorsqu'elle s'endort auprès de son fils en soupirant après l'impossible paix des montagnes, sa cantilène hallucinée prend les teintes clair-obscur d'un Rembrandt.

Le fermier bien installé dans son domaine agricole, le compositeur national arrimé solidement à sa gloire révélait ainsi, par le biais de la création artistique, ce qu'il se sentait être au plus profond de lui-même, et ce qu'il était véritablement : non un pompier soufflant dans le clairon des émotions primaires, mais un poète de la marge et du mystère, le maître du pathos secret et de l'onirisme funèbre.

Des trois volets de la trilogie, le troisième nous touche de plus près. Sans doute parce que l'amour paternel est un sentiment aujourd'hui en déclin, et que celui de Rigoletto pour Gilda nous paraît possessif à l'excès. D'autre part, Verdi nous aurait rendu plus proche sa gitane, s'il avait osé, selon sa première intention, lui confier un rôle plus important. Elle n'intervient que de loin en loin, figure de second plan.

En revanche, il n'y a pas de sujet plus moderne, malgré les différences de mœurs entre les siècles, malgré la disparition même des femmes galantes et des folies de banlieue où leurs amants les logeaient, que le drame vécu par la Traviata.

De Marie Duplessis, la fameuse courtisane parisienne qui mourut à vingt-trois ans, et dont les clients s'étaient appelés Musset ou Liszt, à Marguerite Gautier, nom sous lequel devait l'immortaliser Alexandre Dumas fils ; de Marguerite Gautier à Violetta Valery, ultime incarnation de cette beauté emportée à la fleur de l'âge, le mythe n'a cessé de grandir.

Paradoxe, si l'on songe qu'il s'agit d'une histoire assez commune, d'un milieu fort banal, d'une intrigue très bourgeoise. Marie Duplessis était morte sous Louis-Philippe, *la Dame aux camélias* fut représentée la première fois sous Napoléon III et *la Traviata* en mars 1853. Epoque mercantile, et tragédie on ne peut plus plate. Gros sous contre amour, intérêts de famille contre élans du cœur : c'est l'amour et le cœur qui doivent céder, selon les nouvelles lois de la société industrielle, où les seules réalités qui comptent sont les alliances avantageuses, le patrimoine, les dépôts en banque, et la seule morale, le culte du conformisme, de la respectabilité.

Comment Verdi, après avoir grimpé sur les cimes de l'héroïsme hugolien *(Ernani)* et schillérien *(Luisa Miller)*, après avoir protesté de sa dévotion à Shakespeare (« Que je n'aie pas su rendre parfaitement l'esprit de *Macbeth*, passe encore ; mais que je ne connaisse pas, que je ne comprenne pas Shakespeare, non, que Dieu me garde, non ! Il est l'un de mes poètes préférés, et je l'ai lu et relu sans cesse depuis ma plus tendre enfance »), après avoir vagabondé dans les cours de Babylone *(Nabucco)*, de Venise *(i Due Foscari)*, de Mantoue *(Rigoletto)*, accompagné les Lombards à la première croisade, Alzira au Pérou, Jeanne d'Arc sur son bûcher, comment a-t-il pu s'intéresser à une trame aussi médiocre ? Plus de dieux, plus de rois ni de princes : un fils de famille plutôt lâche, un père noble d'apparence mais bas de caractère, et une bonne fille à laquelle seule la pâleur de la phtisie confère une auréole de mystère. Le sujet parut si dénué de poésie aux directeurs de théâtre que les premières représentations, à la Fenice de Venise, furent jouées en costumes Louis XIV, et toute l'action transportée au début du XVIIIe siècle : pratique qui fut suivie dans les autres théâtres d'Italie et d'Europe, plusieurs mois après que l'œuvre se fut imposée.

Et pourtant, il est hors de doute que Verdi a voulu écrire un opéra contemporain, c'est-à-dire renoncer aux prestiges de l'histoire, comme à ceux de la mythologie ; un opéra sur un sujet quotidien, sur un sujet banal : le premier opéra de ce genre, une sorte de révolution. Pourquoi ? Pour faire scandale ? Son tempérament ne l'y portait guère. Parce que le destin de la Dame aux camélias offrait une certaine analogie avec sa propre situation ? Giuseppina Strepponi, sa maîtresse, mère de deux enfants bâtards nés d'une précédente liaison, pouvait remplir le rôle de Marguerite et Antonio Barezzi, le père de sa première femme, le rôle du vieux Germont. Cependant, comme tout grand créateur, Verdi s'intéressa à ce livret pour des raisons qui ne renvoient pas toutes aux événements de sa vie privée. Remontons au schéma qui gouverne tous les opéras de Verdi : le ténor et la soprano s'aiment, mais s'ils ne faisaient que s'aimer, il n'y aurait pas d'action, pas de drame, il n'y aurait pas d'opéra. Il faut qu'un obstacle s'interpose, et cet obstacle, c'est toujours la volonté contrariante d'un baryton/basse. Don Ruy Gomez entre Ernani et Elvira, Rigoletto entre le duc et Gilda, comme plus tard on trouvera le comte de Luna entre Leonora et Manrico, Philippe entre Carlo et Elisabetta, Iago entre Otello et Desdémone. Ce schéma semble avoir été indispensable au génie du compositeur, autant pour des raisons de répartition des voix que pour des motifs plus intimes relevant de la psychanalyse (voir article *Opéra I*). Alors, si ce schéma fonctionnait pour les livrets « nobles » de la grande tradition d'opéra, pourquoi n'aurait-il pas fonctionné pour un sujet « ignoble » ? Il était tentant d'engager le pari et de prouver l'efficacité de la formule dans un cas où justement la puissance dramatique ne viendrait pas de la position exceptionnelle des héros mais de l'agencement vocal de la partition et de la structure musicale elle-même. Ce n'est pas tant sa curiosité pour la culture française que le goût d'appliquer son propre système en dehors du cadre habituel de ses opéras qui a poussé Verdi à cette expérience de mélodrame bourgeois.

Là-dessus, le miracle s'est produit, et aujourd'hui nous ne faisons plus attention ni au climat étriqué de l'aventure de Marie Duplessis, ni au jeu formel des figures vocales. Nous n'entendons, nous ne voyons qu'un grand mythe d'amour et de mort. C'est que, d'abord, le décor a cessé d'être commun pour devenir historique : l'époque Napoléon III, avec ses crinolines et ses redingotes pour nous surannées, a perdu son aspect terre-à-terre, elle est entrée dans la légende en revêtant les costumes du passé. Ensuite — et le double passage de Greta Garbo et de Maria Callas a contribué puissamment à cette idéalisation — le destin de Marguerite est devenu le destin de tous les parias, de tous les hérétiques du sexe. Derrière M. Germont, chacun peut reconnaître la silhouette du père castrateur, de l'autorité, de la loi, de même que la courtisane Marguerite symbolise la marginalité en amour, toutes les marginalités. Il n'y a plus de courtisanes aujourd'hui, le mot s'est lui-même démodé, mais la société cherche encore à contrecarrer les formes d'amour et de bonheur qui ne correspondent pas à l'idéologie dominante. C'est pourquoi *la Traviata* sera toujours l'opéra le plus cher à tous les irréguliers, à tous les francs-tireurs : au-delà de l'époque vile, au-delà du décor convenu, au-delà de l'intrigue mesquine, Verdi a exprimé le drame de l'amour impossible, de l'amour maudit. Wagner, douze ans plus tard, dans *Tristan*, orchestrera ce thème à nouveau : mais en exploitant, lui, ce qui était se donner une énorme facilité par rapport à la gageure verdienne, le prestige d'un mythe poétique garanti par une grande tradition.

Vérone

Grande par vous dans l'histoire,
Vérone un jour, sans y croire,
Aura sa peine et sa gloire
Dans votre seul souvenir.

Ainsi s'adresse frère Laurent aux cadavres des deux infortunés amants, dans le *Roméo et Juliette* de Berlioz, paroles d'Emile Deschamps. Vers qui signifient, en bon français (mais peut-on avoir foi dans ce rimailleur ?), qu'en dehors du souvenir de Roméo et Juliette, Vérone ne vaudrait même pas la peine d'être visitée. Que le chemin semble long (et pas seulement la décadence poétique, de Shakespeare à Emile Deschamps, mais la déchéance touristique), depuis les vers que le dramaturge anglais place dans la bouche de Roméo désespéré d'être contraint à l'exil :

Il n'y a pas de monde hors des murs de Vérone
Mais purgatoire, torture, enfer lui-même.
Le banni d'ici c'est le banni du monde
Et l'exil du monde est la mort.

Il fut donc une époque où Vérone était dans une « gloire » de peu inférieure à celle des grandes villes d'art et d'histoire italiennes, Florence et Venise ; et où un jeune homme pouvait se dire le plus heureux des mortels du simple fait qu'il marchait dans les rues roses et déambulait sous les loggias élégantes de cette fine et aristocratique cité. Il est vrai que son patriotisme n'avait besoin que d'un certain balcon pour être porté à l'incandescence ; et qu'il ne faut pas se fier entièrement à l'enthousiasme d'un amoureux. Le balcon de Juliette, en effet, quoique joliment adorné d'enjolivures gothiques sculptées dans le marbre rose, ne mériterait pas en soi le dithyrambe de Roméo. Mais le reste de la ville, comment expliquer la baisse de sa cote auprès des voyageurs ? Où trouver ailleurs en Italie un ensemble plus harmonieux, une atmosphère plus paisible, un charme plus naturel ?

La raison de ce discrédit tient peut-être à la particularité qu'il n'y a pas à Vérone de « grands monuments » : pas de Dôme de Milan, pas de place Saint-Marc, pas de Palazzo Vecchio. Ni de musées importants. Seulement des rues, des places, des portiques, des escaliers, des murs : le maximum de pittoresque consistant dans les créneaux du pont. L'admirable fresque de Pisanello, dans l'église S. Anastasia, est à moitié effacée. Le polyptyque de Mantegna, dans l'église S. Zeno Maggiore, est dénaturé, depuis qu'il n'en reste que les trois panneaux, les trois prédelles ayant été volées par les soldats de Napoléon et réparties entre le Louvre et le musée de Tours.

Aucune ville ne donne mieux que Vérone le sentiment de la beauté discrète, modeste, cachée. *Umile Italia*, comme disait Virgile. L'Italie humble, qui n'est pas l'Italie populiste que les films néoréalistes ont essayé d'accréditer, car un des traits de cette nation est que le paysan, l'artisan, l'ouvrier porte dans son visage et dans ses gestes la même dignité que le seigneur. Cangrande, chef de la puissante famille Della Scala (Scaliger) qui domina Vérone au XIVe siècle, pourrait descendre de son cheval et se débarrasser de son armure pour aller vendre des fruits et des légumes au marché de Piazza delle Erbe ; de même qu'on imagine très bien Dante (hôte précisément de ce Cangrande au cours de ses errances d'exilé) quittant le socle où un sculpteur local l'a dressé, le front sévère et l'œil farouche, pour revêtir l'uniforme d'agent de police et régler la circulation.

On a souvent noté que les peintres italiens, loin d'idéaliser leurs modèles, se sont contentés de recopier leurs traits. Où Guido Reni a-t-il pris le pur ovale de ses Madones, sinon en regardant les jeunes filles dans les rues de Bologne ? Les fiers cavaliers de Paolo Uccello, les robustes apôtres de Masaccio, les anges diaphanes de Fra Angelico, les paladins cambrés de Donatello, les frêles adolescentes de Botticelli, toutes ces figures peintes aux murs des églises et des palais de Florence ont été d'abord des hommes et des femmes observés dans la vie quotidienne et choisis pour la perfection de leur apparence physique. Filippo Lippi, moine du Carmel, n'eut besoin d'ajouter aucune grâce à sa maîtresse, la nonne Lucrezia Butti, enlevée au couvent, pour la représenter en Vierge éthérée. Un forgeron, un sculpteur sur bois, un vigneron aurait pu servir de modèle au dieu de pierre conservé au Castelvecchio de Vérone. Il tient dans sa main une flûte de Pan, et, de cet instrument mythologique, on s'attend à entendre sortir des sons qui ne seraient pas trop différents de ceux que Tityre, le pâtre virgilien, tirait de son flageolet rustique. Autrefois, en Italie, les palais les plus somptueux logeaient au premier étage — *il piano nobile* — les princes et les ducs, et au rez-de-chaussée la clientèle plébéienne des petits artisans et commerçants. Cette proximité des classes sociales, cette absence de cloisonnement entre ceux qui détenaient la richesse et ceux qui travaillaient de leurs mains explique la différence entre une ville italienne et une ville française. La bourgeoisie, ayant toujours peur d'être confondue avec la classe qui est au-dessous d'elle, prend ses distances et les matérialise par la distinction des quartiers.

Puisqu'il a été question de flûte de Pan et de flageolet virgilien, inutile de différer plus longtemps le moment d'évoquer ce qui est aujourd'hui, après le balcon de Juliette, le second motif de « gloire » de Vérone, pour parler comme Emile Deschamps. A savoir le festival d'été de théâtre lyrique, qui a lieu dans l'amphithéâtre romain. Le hêtre de Tityre est devenu ce gigantesque cirque de plus de vingt mille places, son pipeau s'est enflé jusqu'aux dimensions d'un grand orchestre, mais c'est toujours l'alliance de l'Antiquité et de la musique.

Les plus stentoréens ténors, les plus illustres cantatrices se produisent chaque été devant des foules en délire. L'opéra est maintenant à la mode, mais Vérone n'avait pas attendu le renouveau de Verdi et de Puccini pour les servir dévotement. Maria Callas, dès 1952, chantait dans *la Gioconda* et dans *la Traviata*. En 1953, elle remporta un triomphe dans *Aïda*. Si la poitrinaire expirante qui murmure ses adieux déchirants ne doit pas être très à l'aise au milieu de cet immense public, nul rôle ne convient mieux à l'arène véronaise que celui de l'esclave éthiopienne prisonnière à la cour de Memphis. Palais et temples égyptiens, grands prêtres et guerriers, bannières et trophées, Radamès sous son baldaquin porté par douze capitaines, il y a dans cet attirail pharaonique prétexte à déploiements de décors et de figurants qui ne manquent jamais leur effet, et à pompeuses processions dont le point culminant est toujours le défilé des éléphants salué de fracassantes trompettes.

Pauvre Vérone, a-t-on envie de dire, si fort qu'on aime l'opéra. Pauvre Vérone, sauvée de l'oubli par ce qui lui ressemble le moins. Qu'a de commun avec la poésie secrète et le charme des ruelles écartées ce spectaculaire renfort de buccins et de cymbales ? Aux mélomanes, signalons la réouverture du Filarmonico (voir article *Théâtres)*, et la saison de petits opéras baroques qu'il organise chaque année.

Villa Médicis

La Villa Médicis de Rome répand son charme jusque sur la petite place qui s'étend devant la porte d'entrée : quand on descend les marches de l'escalier intérieur, on aperçoit, dans l'encadrement de la massive porte cloutée, la grande vasque de marbre granité d'Afrique, que le jeune cardinal Ferdinand de Médicis fit apporter à la fin du XVIe siècle. Cette conque octogonale, d'un seul tenant, est très belle ; mais peut-être y prêterait-on moins attention, si tant de peintres ne l'avaient prise pour modèle. Le catalogue d'une exposition récente à Beauvais a répertorié quelque soixante-dix tableaux, gravures ou dessins représentant la vasque, le plus célèbre de ces tableaux étant celui que Corot peignit vers 1825. Corot, qui n'était pas élève de l'Académie de France, plaça au premier plan la vasque, encadrée par les chênes verts ; au second plan, il mit le dôme de Saint-Pierre.

Or le dôme de Saint-Pierre ne se trouve pas, en réalité, dans l'axe de la vasque ; il est impossible d'apercevoir ce dôme à l'endroit où Corot l'a placé. Cette petite imposture revêt un sens profond : tout ce qui touche à la Villa Médicis exerce une suggestion si intense que celui qui, le dos tourné à la porte d'entrée regarde vers la ville, idéalise aussi le panorama. La coupole de Michel-Ange ne se dresse peut-être pas devant ses yeux, néanmoins il la voit comme si elle y était. Toutes les beautés de Rome ne peuvent pas ne pas être réunies dans le point qui résume toute la beauté de Rome, et, au-delà de Rome et de l'Italie, toute la beauté du monde.

Corot fit cadeau de son tableau à Hippolyte Flandrin, élève de la Villa. Celui-ci, nous dit-on, trempait religieusement ses doigts dans l'eau de la vasque et se signait chaque fois qu'il entrait ou sortait. C'était l'époque où fonctionnait le jet d'eau, dont le murmure fut chanté au son de la flûte par Respighi, et que peignirent encore dans leurs tableaux Maurice Denis et Yves Brayer. La vasque est aujourd'hui asséchée, mais tous ceux qui méditèrent à l'ombre des chênes verts dans la fraîcheur aquatique répandue par la fontaine font une haie d'honneur à celui qui s'apprête à entrer dans la Villa. Voici Goethe, qui dessina la vasque ; voici Chateaubriand, qui s'avança sur le seuil pour recevoir la grande-duchesse Hélène de Russie ; voici Stendhal et Berlioz, et, plus près de nous, un peintre plus modeste qui fit aussi un tableau de la vasque, le Belge Théo Van Rysselberghe, dont le nom m'émouvrait moins si je ne savais qu'il fut le mari de Maria Van Rysselberghe, la « petite Dame » immortalisée par ses *Cahiers*, le plus fidèle témoignage qui nous reste de Gide, ce Goethe de notre siècle.

Si la Villa est une sorte de condensé géographique de la beauté universelle, elle est aussi un résumé historique d'une bonne partie de la culture occidentale. Ce double poids est lourd à porter, avouons-le, et il n'est pas facile d'habiter entre ces murs chargés de tant d'illustres souvenirs. Il y a des jours où l'on préférerait la cabane du pêcheur.

Les grands-ducs de Toscane, à qui appartenait la Villa avant d'être acquise par Napoléon Bonaparte, et les ambassadeurs qu'ils y logeaient, n'ont pas laissé beaucoup de traces. Mais depuis le début du XIXe siècle, que d'hôtes prestigieux ! Les jeunes écrivains, actuels pensionnaires de l'Académie de France, ont bien de la chance que la littérature ne soit entrée dans la Villa que tout récemment, après qu'André Malraux eut l'idée d'envoyer à Rome, à côté des plasticiens et des musiciens, des apprentis romanciers et poètes. Ils n'ont pas à se débattre contre des fantômes trop oppressants. Chateaubriand n'habitait pas la Villa : il ne fit qu'y donner une fête. Beaucoup de grands écrivains, de France ou d'ailleurs, y sont venus, mais en simples visiteurs. Et que D'Annunzio ait composé ses *Elégies romaines* sous les chênes verts du Boschetto, du Bois sacré, ne trouble plus personne de nos jours.

Tout autre est la situation des peintres et des sculpteurs. Travailler là où travaillèrent Guérin, Ingres, Vernet, David d'Angers, Pradier, Rude, Flandrin, Bouguereau, Carpeaux, Falguière, glorieuse cohorte à laquelle il faut ajouter Vélasquez et peut-être même Raphaël, installer son chevalet à la place où fut peinte la *Loggetta sous le Bosco*, tracé le pur contour de l'*Œdipe*, est-ce vraiment stimulant ?

Mais un simple coup d'œil sur l'interminable liste des pensionnaires depuis 1803 a quelque chose de bien plus décourageant encore : tous ces jeunes gens, arrivés dans la fleur de l'âge et couronnés d'un Prix de Rome, ont disparu sans laisser aucun souvenir de leur activité sur terre. La médiocrité des jurys, les critères académiques sur lesquels on choisissait les vainqueurs, l'obligation faite aux candidats de peindre des péplums et des nus inspirés d'une fausse idée de l'Antiquité et de figer leurs personnages dans des postures conventionnelles ont fait de la Villa Médicis un cimetière d'ambitions avortées. Lugubre avertissement aux nouvelles générations ! On arrive à Rome tout fringant, plein d'énergie et d'espoir, et on se retrouve, cinquante ans après, aussi obscur et nul que ses prédécesseurs.

Le *Mercure* de Jean de Bologne, placé devant la loggia principale, à l'entrée des jardins, a beau s'élancer vers le ciel, dressé sur ses cothurnes ailés, et montrer, par son geste symbolique, vers quels sommets de l'Idéal un artiste doit tendre, les élèves qui connaissent l'infime pourcentage de rescapés parmi les innombrables naufragés du pinceau et du ciseau ne peuvent que juger cruellement ironique cet index pointé vers la gloire.

Les enfants d'Euterpe sont encore plus mal lotis, si possible, car l'abîme séparant ceux qui ont réussi et ceux pour qui l'échec a été sans appel est cent fois plus profond, amer et définitif. Du jeune Albert Andro, premier en date des Prix de Rome de musique (c'est Bonaparte, en 1803, qui fonda le Prix de Musique, non prévu par Louis XIV), le moindre souvenir s'est effacé. Il est vrai que ce jeune homme mourut un an après son arrivée, victime des fièvres pernicieuses qui sévissaient à Rome (ou, dirions-nous de façon plus moderne, terrassé par la conscience de l'insuffisance de son génie, et préférant en finir tout de suite, plutôt que de traîner une vie de regrets et d'aigreur). Ses successeurs n'eurent pas cette excuse : Victor Dourlen (1804), Guillaume Bouteiller (1805), etc. Le premier nom qui émerge, de cette troupe en déroute, est celui de Jacques Halévy (1819), l'auteur de *la Juive*, opéra oublié dont a survécu un air. Puis jaillissent Berlioz (1830), Gounod (1839), Bizet (1857), Massenet (1863), Debussy (1884), Gustave Charpentier (1887), Florent Schmitt (1900) et Marcel Dupré (1914), dans un désert d'absolues nullités. Même pas dix réussites en presque deux siècles... Quelle consolation peut apporter au jeune élève d'aujourd'hui le plaisir de savoir que le *Prélude à l'après-midi d'un faune* a été inspiré par le murmure des chênes verts et le balancement des grands pins, s'il calcule, statistiques en main, qu'il a une seule chance sur vingt de franchir le seuil de la renommée, contre dix-neuf probabilités d'être englouti dans le Léthé de l'indifférence ?

Ces considérations inhibent sérieusement le bonheur de vivre dans la Villa Médicis. Sans être un foudre d'érudition, on est déprimé par le voisinage de tant de célébrités auxquelles on désespère de pouvoir jamais s'égaler. Mais il y a un autre obstacle, bien plus rédhibitoire encore, à la félicité d'habiter en des lieux si magiques : leur splendeur même. Je n'ai pas été pensionnaire de la Villa, mais j'y ai fait de nombreux séjours, partagé entre l'enchantement d'un décor si parfait, et une sorte d'accablement né de la conviction qu'il n'y a rien d'autre à faire en face d'un tel accomplissement que de se figer dans une contemplation immobile, une stupeur inactive et glacée.

La beauté intimide, émerveille, frappe d'étonnement mais ne stimule pas. On en reste *étonné*, au sens latin, c'est-à-dire foudroyé, renversé, anéanti. Passé le premier enthousiasme, on cède à l'engourdissement. Comme Rome tout entière, dont elle est le microcosme, la Villa Médicis, souverainement belle, est en même temps souverainement ennuyeuse. L'ennui de Rome, tous les étrangers de marque s'en sont plaints. Le préromantique Chênedollé, rendu célèbre par sa passion malheureuse pour la sœur de Chateaubriand (lequel écrivit de Rome : « L'ennui est ici dans sa capitale... »), composa une élégie intitulée *la Jeune Femme parmi les ruines de Rome.*

J'errais aux campagnes de Rome,
Et, promenant au loin mes pas silencieux,
Je lisais le néant de l'homme
Ecrit de toutes parts sur ce sol glorieux.

Le poète, avisant un portique en ruine, s'aperçut qu'une jeune Sabine, au pied du monument, allaitait un enfant. Il s'approcha, demanda des informations sur cet édifice. La jeune femme s'excusa, disant qu'elle n'avait pas la plus petite idée de ce que pouvaient être ces « débris » : elle les avait à peine remarqués. Occasion pour Chênedollé d'envier une naïveté dont il se sentait lui-même tristement dépourvu.

Ainsi, pleine de sa tendresse,
Goûtant d'un seul bonheur le long charme innocent,
Cette femme, en sa douce ivresse,
Aimait !... toute sa vie était dans le présent.

Tel est le malentendu qui existe encore et qui existera toujours entre les Romains et les hôtes de Rome : ceux-là vivent dans le présent, comme ils vivraient dans n'importe quel autre coin de la terre, ceux-ci sont invariablement attirés, oppressés, écrasés par le passé. Etre « éternelle », pour une ville, n'est pas seulement un avantage. Certes, la Villa Médicis n'est pas une ruine, mais la poussière du temps ne la nimbe pas moins de sa lumière dorée et funèbre.

En outre, la chance qu'a eue Chênedollé de rencontrer parmi les vestiges de l'Urbs une jeune femme allaitant un bébé est absolument exclue pour ceux qui habitent la Villa. Dans les magnifiques jardins, ils croiseront de superbes statues — mais pas un seul être vivant, à part d'autres pensionnaires. La vie reste à la porte de l'imposante bâtisse, et n'y pénètre que très rarement, à l'occasion d'une exposition de peinture ou d'une manifestation musicale — et, même alors, ce sont des snobs et des badauds qui font irruption dans l'enceinte sacrée, non des échantillons du peuple romain. La Villa est une maison de détention, une succursale chic de Regina Coeli : la façade qui donne sur la rue le dit assez éloquemment. Porte d'entrée minuscule par rapport à la surface des murs, fenêtres rares et étroites : la Villa ne s'ouvre qu'avec répugnance au monde extérieur. Le beau côté, le côté agréable est la façade intérieure, avec la loggia, les ornements sculptés, les jardins. Pour avoir droit à ces délices, il faut laisser la ville derrière soi, se laisser enfermer dans le domaine enchanté, échanger ses habits citadins contre une casaque de prisonnier. C'est là, depuis l'origine, le drame de la Villa, conçue au-dedans comme un palais magique, au-dehors comme une forteresse rébarbative.

On connaît le symbolisme de la place d'Espagne. De la « Barcaccia » jusqu'à l'église de la Trinité-des-Monts, l'organisation de l'espace indique un itinéraire à suivre. En bas, la fontaine en forme de barque qui fait naufrage, image de la condition humaine déchue. Puis, l'interminable escalier, métaphore de l'ascèse nécessaire pour faire son salut — métaphore renversée depuis que les marches sont devenues le rendez-vous de la jeunesse internationale, qui, loin de se soucier d'ascension spirituelle, se vautre complaisamment au milieu des fleurs, des vendeurs de cartes postales et des marchands de colifichets. Enfin, tout en haut, l'obélisque planté par Pie VI, doigt levé vers le ciel et invitation à entrer dans l'église. Qu'il cède à cette invitation ou qu'il reste à flâner sur les degrés, qu'il écoute l'appel de Dieu ou qu'il se chauffe païennement au soleil, l'usager de la place d'Espagne trouve à sa disposition tout ce qui peut faire le bonheur d'une vie, selon les goûts de chacun. Mais la Villa Médicis ? Quelle place lui assigner dans ce système urbain ? Elle n'appartient plus tout à fait à Rome. Quand j'ai gravi les cent trente-sept marches de l'escalier d'Espagne, et que j'entre, en baissant symboliquement la tête (car l'accès se fait par une petite porte basse ménagée dans le portail à deux vantaux), à l'intérieur de la Villa, je ne suis plus ni avec les hommes ni avec Dieu : me voici piégé dans un univers clos, carcéral, étouffé, étouffant, insonore, sans animation, sans vie. Un univers voué à la plus fallacieuse des chimères.

Ceux qui choisirent ce lieu pour y envoyer de jeunes artistes avaient en vue un programme esthétique bien défini. L'Art, avec un grand A, doit être coupé de la Vie : tel est le credo applique dans ce cloître-prison. Le peintre Suvée, qui en 1803 fut le premier directeur de la Villa Médicis, se désolait de penser qu'il devrait accueillir dans l'auguste maison, en même temps que ses pensionnaires, leurs femmes et leurs enfants — car beaucoup de Prix de Rome, empêchés d'aller à Rome pendant les troubles révolutionnaires, étaient restés à Paris et s'y étaient mariés, en attendant que les voyages fussent de nouveau possibles. Pour Suvée, mêler les enfants aux pinceaux paraissait scandaleux. Aujourd'hui, les choses ont bien changé, non seulement les élèves peuvent venir avec leur famille, mais il n'y a plus de discrimination de sexe dans le recrutement des pensionnaires. Cependant — car si on peut modifier le règlement, l'architecture reste immuable — la Villa demeure un camp retranché, une citadelle refermée sur elle-même. Chaque fois que j'en franchis le seuil, j'ai la nette et angoissante impression qu'il me faut prendre congé du monde des vivants. Dès le vestibule, plongé dans une perpétuelle obscurité, une chape glacée m'enveloppe.

Et c'est cela, en fin de compte, qui me plaît et me fascine dans la Villa Médicis : l'enchantement funèbre qu'elle répand. Les plantes elles-mêmes, les bosquets bien taillés, les immenses pins parasols à l'écorce rouge, semblent avoir perdu leur vigueur végétale : par un coup de baguette baudelairien, elles ont pris la rigidité, la régularité d'un paysage minéral. Une catastrophe sublime a suspendu toute chose dans un ordre parfait.

Si je doutais que la mort eût installé ici son royaume, il me suffirait de retourner à l'endroit où Balthus a fait recomposer le groupe des statues grecques des Niobides : fils et filles de Niobé tués à coups de flèches par une vengeance divine. Le mythe m'indique clairement quel péché a été puni. Niobé, qui avait mis au monde sept fils et sept filles, se vantait partout de sa fécondité, en se moquant de Léto, qui n'avait donné le jour qu'à deux enfants, Artémis et Apollon. Indignés d'une telle présomption, ceux-ci exterminèrent les quatorze Niobides. Une seule fille échappa au massacre, mais dans un tel état de frayeur qu'elle conserva toute sa vie un teint d'une pâleur mortelle, au point qu'on lui donna le nom de Chloris (en grec : pâle, verdâtre, d'une couleur terne). Niobé accourut de son palais : devant l'horrible spectacle de tous ces corps convulsés et râlants, elle fut comme pétrifiée. Zeus, alors, de pitié, la métamorphosa en rocher, d'où coulèrent, sous forme de source éternelle, ses larmes intarissables.

Son crime avait été de faire trop d'enfants et d'être fière qu'ils fussent tous si beaux et en si bonne santé. Crime d'abondance, crime de vitalité. Aucun autre lieu que les jardins de la Villa Médicis ne pouvait mieux convenir pour perpétuer le souvenir d'un tel crime et de son châtiment. Ici la mort seule doit régner, et ces jeunes corps pâmés sur le sol en poses aussi gracieuses que funèbres sont l'hommage éclatant de Bios à Thanatos. Les statues, déjà admirables en soi, sont disposées dans un large demi-cercle, au milieu d'un fouillis d'herbes irriguées par les pleurs de Niobé. Les victimes d'Apollon et d'Artémis tombent à la renverse, foudroyées. Un superbe cheval (messager de la mort, chez les Anciens) domine le groupe.

Combien de fois ne suis-je pas revenu dans ce coin reculé du parc, me délecter de cette multiple agonie ! Je me crois à l'opéra, devant un spectacle baroque, riche en péripéties cruelles et en paroxysmes extatiques. Un opéra donné en plein air, pour moi seul. Une représentation privée, comme Louis II de Bavière aimait s'en payer le luxe. Le massacre des jeunes gens marque le point culminant du drame et le finale de l'opéra, quand tous les personnages, rejoints par une inexorable fatalité, succombent pêle-mêle dans un épanouissement de gloire et de néant.

Vittorini

Le combattant

« La culture ne nous enseigne pas l'homme, elle nous enseigne tout modestement l'homme cultivé », a dit Malraux, proférant, pour une fois, une parole qui n'était pas creuse.

Où est l'homme ? Existe-t-il ? Comment le retrouver sous les significations de toute espèce dont l'a recouvert la culture bourgeoise occidentale ? Comment le retrouver dans sa qualité pure et nue d'être humain, débarrassé des variations psychologiques et philosophiques auxquelles il a prêté depuis deux mille cinq cents ans d'histoire ? Voilà le problème qui a hanté Vittorini, la raison de ses combats politiques, la flamme secrète qui brûle ses romans. Redécouvrir le contenu simple, immédiat et irréfutable du mot « homme », proposer une littérature où l'homme sans culture et sans éducation bourgeoise, le pauvre, l'affamé, le paria, ne se sente pas étranger, et en même temps défendre ce pauvre, cet affamé, ce paria, contre les idéologies politiques et les totalitarismes modernes qui, sous prétexte de le libérer, ne songent qu'à l'asservir.

Il fallait sans doute un homme de l'Italie du Sud pour entreprendre une pareille tâche. Petit-fils d'ouvriers, fils de cheminot, autodidacte, Vittorini n'aurait peut-être pas réagi avec autant d'intransigeance contre les insuffisances et les impostures de l'« humanisme » s'il n'avait été par surcroît sicilien, natif d'une terre où la misère, l'injustice, l'analphabétisme, la faim, s'ils permettent à l'homme de survivre, ne lui ont jamais donné le moyen de s'exprimer. D'autre part, comment oublier que la Sicile est, avec la Grèce, un des berceaux mythiques de la dignité humaine, le lieu où la personne de chacun a été reconnue sacrée ? Sicilien à double titre, comme témoin de la dégradation matérielle de l'homme et comme gardien de sa dignité spirituelle, Vittorini pourrait, par certains aspects, être comparé à Camus, cet autre homme du Sud, et, si l'on faisait une géographie du roman contemporain, on soulignerait comment l'idée de rajeunir l'humanisme est venue à des écrivains qui ont vécu le drame des pays sous-développés.

Mais, en comparaison de Vittorini, Camus semble avoir eu soif d'assimiler le plus possible et le plus vite possible la culture, la philosophie européennes. Vittorini, par modestie ou par orgueil, bannit les grandes « idées » de son œuvre. Le problème de ses personnages, ce n'est pas de savoir quelle morale adopter, comment vivre en hommes, mais comment subsister, ne pas mourir, comment vivre tout court. La mythologie de ses romans, c'est une mythologie de la faim et du froid. Les héros en sont le charbon, le maïs, les oranges, les anchois, tout le trésor des objets de première nécessité.

Erica, fillette sans ressources, forcée d'élever ses petits frères dans une baraque délabrée *(Erica et ses frères)*, le jeune couple sicilien réduit à se nourrir d'oranges *(Conversation en Sicile)*, la famille d'ouvriers milanais nourris seulement de chicorée bouillie, mais soucieux d'apprendre aux enfants à faire les gestes symboliques de découper un imaginaire poulet, le cantonnier invité à leur table qui sort de sa poche intérieure un minuscule paquet qu'il déplie, et dedans il y a un anchois unique et le parfum les fait défaillir *(le Simplon cligne de l'œil au Fréjus)* : sans la moindre note de populisme ni de misérabilisme, mais au contraire avec l'infaillible instinct poétique de ceux qui savent retrouver dans les impressions de nourriture les premières émotions, intactes, de l'enfance, Vittorini a restitué le merveilleux d'un univers neuf, élémentaire.

Mais cette recherche passionnée de l'homme, dans sa nudité primitive, eut une autre source que le spectacle de la misère du Sud : la dénonciation de la dictature fasciste et de la barbarie nazie. Né en 1908, Vittorini fit partie de la grande génération antifasciste, celle des Pavese, des Moravia, des Carlo Levi. L'homme qu'il voulut redécouvrir et sauver, c'est celui que persécutait le régime infâme. Est-ce un hasard si son plus beau livre, *Conversation en Sicile*, écrit en 1937, naquit du contrecoup des premières nouvelles de la guerre d'Espagne ? « J'étais, cet hiver, en proie à d'abstraites fureurs, en quelque sorte, pour le genre humain perdu. » Le narrateur entreprend un voyage dans son île natale, et ce voyage devient peu à peu une enquête sur l'« offense du monde », un catalogue, lyrique et mythique, de toutes les douleurs et de toutes les humiliations.

La scène culminante du roman est celle où le narrateur, ayant rencontré un bourrelier et un aiguiseur de couteaux, s'enferme avec eux au fond d'une boutique noire. Les trois hommes, avec une sombre passion, s'interrogent les uns les autres, et se persuadent réciproquement qu'ils souffrent, non pas pour eux-mêmes, mais pour la douleur du monde offensé, et le bourrelier, l'« homme Ezéchiel », montre à ses amis le petit cahier où toute la journée, assis dans son antre obscur, il écrit l'histoire du monde offensé, « de toutes les offenses, une à une, et aussi de toutes les faces offensives qui rient pour les offenses faites ou à faire ». Quant au rémouleur, il parcourt la Sicile à la recherche de ciseaux, épées, faux et marteaux, dents et ongles à aiguiser : tout ce qui point, taille, mord, tout ce qui rendra l'homme à sa grandeur première.

Faux et marteaux : les critiques d'obédience communiste ont reproché à Vittorini sa conception, morale et non historique, du fascisme. Faire du fascisme une catégorie du mal, soustraite au temps et à l'espace, c'était s'empêcher de se livrer à une critique radicale de la bourgeoisie italienne et de son expression politique, le fascisme. Sans se laisser émouvoir par ces arguments, Vittorini s'inscrivit au PC et fonda en 1945 une revue communiste, *il Politecnico*. Il n'avait lu ni Marx ni Lénine, dit-il, mais « le droit de parler ne dérive pas pour les hommes du fait qu'ils possèdent la vérité. Il dérive plutôt du fait qu'ils cherchent la vérité ».

Les rapports de Vittorini et du parti communiste italien forment un des chapitres les plus riches de l'histoire politique et culturelle de l'après-guerre européen. L'« homme » nouvellement découvert et célébré par l'auteur de *Conversation en Sicile*, c'était le même à qui le PCI s'efforçait de donner une organisation, une doctrine. Mais l'écrivain, dans une mémorable lettre adressée en 1947 à Togliatti, prit soin de revendiquer pour la culture la plus engagée, la plus révolutionnaire, le droit de n'être pas inféodée à la politique. Cette lettre, que tout le monde devrait méditer, se ramène à trois points principaux : 1°) La culture qui se met au service d'un parti et cesse d'être recherche, qui répète des slogans au lieu de poser de nouveaux problèmes, est une culture morte. 2°) La culture, tout en adhérant aux besoins des masses, doit précéder les masses, les rendre insatisfaites de leurs propres acquisitions. 3°) L'écrivain « engagé » qui se fait le porte-parole du prolétariat peut être moins authentiquement révolutionnaire que l'écrivain bourgeois qui montre, du dedans, la crise de la bourgeoisie.

On ne saurait mieux s'opposer à la fois aux pontifes occidentaux de la littérature « gratuite » et aux boy-scouts doctrinaires du « réalisme socialiste », contempteurs stupides d'un Kafka, d'un Dostoïevski, d'un

Moravia. Rien d'étonnant, d'après ce manifeste, que *il Politecnico* ait publié Hemingway, Sartre ou Pasternak, plutôt que les romanciers soviétiques officiels. Rien d'étonnant non plus si Togliatti reprocha âprement à Vittorini d'« informer » ses lecteurs au lieu de les « former ».

Il Politecnico disparut à la fin de 1947. Ensuite, et jusqu'à sa mort, en 1966, Vittorini n'a pratiquement plus rien publié. Attentif aux jeunes écrivains, il avait choisi le silence. Saurons-nous jamais le secret de cette retraite ? On peut l'expliquer par les événements des années 50 : le renouveau de la guerre froide, l'affaire hongroise, l'affaire Pasternak faisaient écrouler le rêve de maintenir à l'intérieur d'un système aussi rigide que le parti communiste les exigences d'une culture libre et dynamique. Mais, sorti du Parti, Vittorini ne se retourna jamais contre lui. Attendait-il ? Et quoi ? Son silence exprimait la faillite de l'optimisme politique et culturel qui succéda en Italie à l'écroulement du fascisme.

Avec lui n'a pas seulement disparu un écrivain et un caractère, avec lui est morte une grande époque dans l'histoire de l'Italie. Les jeunes générations, effrontément désengagées, ont de nouveau exclu l'« homme » de la littérature. La littérature est retournée aux mandarins, la politique aux politiciens, et de la merveilleuse rencontre qui s'était opérée grâce aux « abstraites fureurs » d'un autodidacte sicilien, il nous reste seulement la nostalgie et le mythe.

Le Sicilien

Dans la littérature sicilienne, si riche, les écrivains se divisent en deux groupes. Ceux qui, tels Brancati, Lampedusa ou Sciascia, restent enracinés dans leur terre natale, au risque de passer pour des provinciaux. Et ceux, dont le plus illustre est Pirandello, qui échappent au cercle étouffant mais combien fécond de leur île pour se lancer dans l'aventure littéraire internationale.

Elio Vittorini était de ceux-ci. Installé à Milan, où il mourut en 1966, il avait joué un rôle important dans les mouvements d'avant-garde. Quelle surprise, aujourd'hui, de découvrir que, dans son grand roman inachevé et posthume, inégal évidemment, il était resté hypersicilien, dans ses sujets, dans ses thèmes, dans ses rêves, dans sa mythologie[1] !

Les Villes du monde, c'est avant tout un hymne à la Sicile, à ce microcosme autonome et bouillonnant où fermente depuis un siècle ce qui se fait de plus fort en Italie. Bergers qui poussent leurs troupeaux sur les hauts plateaux désertiques, paysans rassemblés en mystérieuses processions nocturnes avec leurs fanfares et leurs oriflammes, rustiques prostituées qui déambulent dans leur charrette tintinnabulante, mais aussi : les bruits, les odeurs de la Sicile, et, scintillant entre deux pans de montagne sous les yeux émerveillés de ce peuple toujours errant, les lumières des villes tapies au fond des ravins.

Il ne faudrait pas croire, pourtant, qu'il s'agit d'un roman réaliste. D'abord, parce que la Sicile, en elle-même, est une terre qui tient du surnaturel ; ensuite, parce que, ici comme dans le reste de son œuvre, Vittorini se révèle comme un écrivain splendidement métaphysique.

1. *Le Città del mondo*, 1969. Traduction française, 1972, Gallimard.

Métaphysiques ses bergers, métaphysiques ses villes et ses lieux, qui sont des villes et des lieux de Sicile, avec leurs noms sonorement méditerranéens, Regalbuto ou Marianopoli, mais qui sont également des villes et des lieux de l'univers, Sparte et Samarcande, et Tucuman, et Philadelphie, tant il est vrai, comme l'explique le héros du livre à son jeune fils, que chaque fois que quelque chose d'important s'est passé dans le monde, l'événement est arrivé justement là, où ils sont.

Le personnage central est un fabricant de marionnettes, de ces marionnettes colorées qui, encore aujourd'hui, mais de plus en plus rarement, font retentir les petits théâtres siciliens des aventures épiques de Charlemagne et de ses paladins. Trait d'union entre l'artisanat pauvre et la splendeur mythique, entre le réalisme social et la sicilitude fabuleuse, le métier de fabriquer des marionnettes et de les animer avec faste sur une scène lilliputienne symbolise admirablement les aspirations tumultueuses et vaines du héros. Pour ses poupées casquées et empanachées, il écrit d'ailleurs une suite à *Macbeth*.

Mais le vrai coup de théâtre, c'est d'apprendre qu'il cherche à abandonner son fils dans la montagne, comme Moïse fut abandonné, comme Romulus et Remus, ou comme Œdipe. Non pas, ici, pour dévier une prophétie menaçante, mais parce que le fabricant de marionnettes est trop pauvre pour élever une marmaille et parce que sa femme, furieuse d'avoir sur les bras une progéniture trop coûteuse, lui a ordonné d'aller semer leurs enfants. Vittorini, en peignant cette *mamma* frénétiquement infanticide, prend le contre-pied du fameux mythe sicilien de la famille. Dans cette fantaisie barbare et funèbre, c'est encore le génie de la Sicile qui s'exprime, un peuple qui saccage ses rêves par peur d'être impuissant à les réaliser.

Voyageurs français

De la pommade académique à la virulence polémique

Palais, gondoles, volcans, ruines, églises, auberges, cyprès, grottes, théâtres et autres merveilles : il n'est presque aucun écrivain français, depuis le XVIIIe siècle, qui ne soit allé, de Milan à Palerme, exploiter les richesses d'un pays apparemment inépuisable. Au point que le voyage en Italie est devenu un genre littéraire, à mettre à côté du roman.

Dans la collection qu'il dirige aux éditions Schena, à Bari, *il Professore* Giovanni Dotoli a publié la bagatelle de huit gros volumes de quelque six cents pages chacun, tous consacrés exclusivement aux voyageurs français en Apulie. Dans le premier volume, il a même trouvé à inclure des textes remontant aux XVe, XVIe et XVIIe siècles. Hélène Tuzet, dans une thèse publiée en 1982, *la Sicile au* XVIIIe *siècle vue par les voyageurs étrangers*, a passé en revue tout ce que l'Europe, du père Labat à l'abbé de Saint-Non, de Vivant Denon à Goethe, de Patrick Brydone à Henry Swinburne, a écrit sur l'île au temps de sa plus grande splendeur bourbonienne. En 1962, un intrépide érudit, Gian Carlo Menichelli a recensé, dans *Viaggiatori francesi reali o immaginari nell'Italia dell'Ottocento*, pas moins de 1676 (mille six cent soixante-seize, comme on précise dans les factures) titres de voyages réels, rangés par ordre alphabétique des auteurs, d'Edmond About à Emile Zola, sans compter douze pages de voyages imaginaires.

Pourquoi cet enthousiasme ? En Grèce, on se rendait pour se recueillir sur les vestiges des monuments antiques ; en Belgique et en Hollande, pour explorer les musées de peinture ; en dehors de l'Europe, pour étudier les mœurs des indigènes. L'Italie, elle, offrait cette chance unique d'être à la fois une terre d'ancienne et haute culture, et un terrain de promenades ethnologiques. Si Venise, Florence et Rome attiraient surtout pour leurs trésors d'art et d'histoire, Naples et le Sud fascinaient par les coutumes de leurs habitants. Même dans le Nord, cependant, il y avait à glaner, pour l'observateur de la vie quotidienne.

La copieuse et intelligente anthologie de textes réunis par Yves Hersant sous le titre *Italies* (Bouquins/Laffont, 1988) nous familiarise avec les plus importants des voyageurs français aux XVIIIe et XIXe siècles. Un ingénieux classement, par lieux géographiques puis par thèmes (amour, climat, femmes, opéra, papes, voitures, etc.), nous promène du Nord au Sud et des brigands aux castrats. Je constate un abîme entre les voyageurs fixés sur les paysages, les monuments, les tableaux, et ceux que pousse d'abord la curiosité d'usages insolites.

A la première catégorie, appartiennent Chateaubriand, Taine, les frères Goncourt, Paul Bourget, Barrès. En gros, ce sont des pleureurs, qui ne cessent de se lamenter en comparant ce que l'Italie fut et ce qu'elle est. Taine insiste sur la saleté des rues : que n'a-t-il borné son voyage à Lausanne ! Il prédit la ruine imminente de Venise et trouve que le San Carlo de Naples « reste un théâtre de province, vieillot et médiocrement propre ». N'est-ce pas ce jugement qui sent sa province d'une lieue ? Renan remarque, à juste titre, que Dieu n'existe pas pour les Italiens, mais seulement la Madone et les saints. Loin de comprendre combien cette religion toute païenne enrichit et embellit leur vie, il en dénonce la perversion matérialiste. Paul Bourget a des pages magnifiques sur Lecce, magnifiques et inattendues : un futur académicien écrire, en 1891, dans *Sensations d'Italie* : « Avant d'être venu ici, je n'attachais au terme de *baroque* et de *rococo* qu'un sens de déplaisance et de prétention. Lecce m'aura révélé qu'ils peuvent être aussi synonymes de fantaisie légère, d'élégance folle et de grâce heureuse ». Etonnante victoire sur le préjugé de l'époque ! A part ce moment de génie, l'auteur obsolète du *Disciple* n'éprouve en Italie que mélancolie pour cette terre du passé.

Thème repris à Chateaubriand, qui lui avait donné ses lettres de noblesse, dans une prose étincelante mais qui n'en véhicule pas moins les lieux communs les plus éculés : tout est décadent dans le pays des Césars, tout tombe en ruine physique ou morale. L'austère Montesquieu déclare n'aimer point Venise, « où rien n'engage à se montrer aimable ni vertueux ». Parmi ces croque-morts, on est stupéfait de découvrir, si l'on n'a pas déjà lu son *Voyage d'Italie*, rien de moins que le marquis de Sade : c'est la grosse surprise de ce florilège. Il fustige les mœurs relâchées de Florence, attribue l'entichement pour les castrats « aux recherches les plus honteuses de la débauche », se dit révolté par « ces espèces de monstres », ne voit dans les rues de Naples que « mollesse » et « dépravation », bref donne crédit au soupçon que les dévergondages évoqués dans ses romans n'ont d'autre but que de détourner du vice par le spectacle des ravages qu'il cause. La description, salle par salle, de la galerie des Offices présente la minutie obsessionnelle des *Cent Vingt Journées de Sodome*.

Trait commun à tous ces fossoyeurs : ils ont ignoré (sauf Bourget) l'Italie baroque, la plus proche d'eux, la plus vitale justement, et preuve de la pérennité créatrice de l'Italie. Edgar Quinet affirme péremptoire qu'il y a trois Romes, celle de l'Antiquité, celle du Moyen Age, celle de la Renaissance. Renan déplore le mauvais goût des églises de Naples. Ces messieurs ont traversé les places Navona et di Spagna un bandeau sur les yeux, et, s'ils admirent la coupole de Saint-Pierre parce qu'elle est de Michel-Ange, ils n'ont pas voulu savoir que la colonnade était du Bernin.

A l'autre catégorie appartiennent ceux qui ont vraiment aimé l'Italie, et dont les livres, toujours modernes, continuent à nous la faire aimer. Ce pays est pour eux une école, non seulement de beauté, mais surtout de vitalité, d'énergie, de gaieté. Si Yves Hersant ne cite aucun texte ni de Mme de Staël, ni de Tocqueville, ni de Mérimée (les trois seules lacunes), il réhabilite les pages oubliées de Dupaty, de Théophile Gautier, de Maupassant, de Zola, vifs et excellents témoins. On est navré de constater que leur compréhension bute contre le glauque mystère de Venise. Un demi-siècle avant Barrès et Thomas Mann, Gautier, si perspicace ailleurs, proclame l'abandon et la solitude de Venise, antienne reprise par le bouillant Zola que déconcertent la faiblesse et la décrépitude de la « ville bibelot », bonne à mettre sous verre.

Hormis ce refrain qui est déjà un cliché, ces écrivains nous donnent à imaginer quel spectacle prodigieux offrait un pays où grouillaient des espèces inconnues dans le reste de l'Europe, ruffians, sigisbées, improvisateurs, *lazzaroni*, fainéants, bandits de grand chemin. Attention cependant à ne pas ajouter : assassins ! Maupassant met en garde contre un préjugé qui a la vie dure. Si vous recherchez les coups de couteau, observe-t-il, allez à Paris ou à Londres, ne venez pas en Sicile. Conseil qu'on pourrait donner (en adjoignant New York et Rio) à tous ceux, aujourd'hui, qu'effrayent les sottes légendes sur la Mafia sicilienne. « Rien de moins dangereux que de parcourir cette Sicile redoutée. »

En tête de ces amoureux de l'Italie, voici les deux écrivains qu'on emportera de préférence dans ses bagages. L'un est Stendhal, bien sûr, mais l'autre, que j'aurais voulu trouver plus abondamment cité, a pour atout les mêmes qualités que Stendhal. Non seulement il s'intéresse à la vie des Italiens, mais il nous fait participer aux aventures de son voyage. Nous le voyons monter en calèche, descendre à l'auberge, se disputer avec les douaniers, se délecter à l'opéra, se baigner avec son chien. Il en résulte une chaleur, une sympathie avec le pays, une gaieté, un bonheur incomparables. A un ami sicilien qui lui demandait quelles précautions il avait prises avant d'escalader l'Etna, Alexandre Dumas (qui d'autre aurait eu de ces reparties ?) répondit que ces précautions se bornaient à l'achat d'une bouteille de rhum et à la cuisson de trois poulets.

Cette famille de voyageurs, est-ce un hasard ? préfère Naples et le Sud au Nord. On n'appelait pas encore ces régions extrêmes le tiers monde, mais déjà on y cherchait une saveur qu'avait perdue le reste de l'Europe asservi aux lois du marché et embourgeoisé. Le tourisme sexuel, tel qu'il s'est développé au XXe siècle, de Gide à Peyrefitte, était inconnu alors. On aimait le Sud par goût de la couleur et de la *virtù*. Ni sur Florence, ni sur Rome, les connaisseurs de l'Italie ne s'en laissaient conter. Les panneaux où tombaient les humanistes du style Goethe, Taine ou Henry James ne trompaient pas les amoureux. « Quelque chose de sec, d'étroit, de raisonnable, de sans passions », note Stendhal à propos de Florence ; et Zola : « Tout y dort..., aucune passion. » Rome est pour eux une capitale de l'ennui. A Naples, au contraire, Stendhal et Dumas jubilent, parce qu'ils y trouvent porté à l'incandescence le génie italien, cette alliance unique de l'amour du beau et de l'énergie vitale. Avantage encore plus éclatant aujourd'hui, le Nord et le centre s'étant banalisés, sur le modèle européen, ou pis, américain.

Stendhal n'est jamais allé en Sicile, où il aurait trouvé une illustration parfaite de son mythe italien.

La tradition du voyage littéraire en Italie est loin de s'être éteinte. Au XXe siècle, trois familles d'écrivains s'en réclament. La caste ennuyeuse des scribes académiques — et presque toujours académiciens, tels Jean-Louis Vaudoyer ou Henry Bordeaux ; la brigade joyeuse des promeneurs libres, d'André Suarès à Valery Larbaud, de Jean Giono à Paul Morand ; et, nouvelle espèce apparue sans crier gare, le clan impertinent des polémistes. En réaction contre une dévotion trop confite, une italomanie devenue le fonds de commerce des agences de voyage, une crédulité exploitée par les tour-opérateurs, ils s'attaquent en iconoclastes aux idoles les plus révérées.

En 1958, Jean-François Revel s'en prenait à Florence, dans un très drôle et retentissant pamphlet, *Pour l'Italie*. Aujourd'hui, Venise fait les frais d'un autre redoutable libelliste, Régis Debray *(Contre Venise*, 1995). La Sérénissime qualifiée de « rendez-vous le plus vulgaire des gens de goût », la Cité des Doges rebaptisée « bazar de sensations soldées », le Grand Canal dénoncé comme « le seul égout au monde qui donne au badaud l'ivresse d'un appareillage dans les Marquises », les gondoles traitées de corbillards prétentieux, voilà qui nous change plaisamment des attendrissements crépusculaires qui ont englué Venise sous une couche de niaiserie distinguée. Rien de nouveau sous le soleil, cependant. Dès 1910, la même année où Thomas Mann renchérissait sur le lieu commun en écrivant *Mort à Venise*, le futuriste Marinetti lançait un brûlot, étincelant de hardiesse et d'esprit, pour réclamer le comblement du Grand Canal et son remplacement par une autoroute.

Autant Venise, malgré ses exhibitions carnavalesques, exsude pour notre auteur la grisaille et le lucre, autant Naples l'amuse, malgré les têtes de mort et les squelettes ornant les coins de rue. Naples, ville de photographes, remarque-t-il, parce que tout y est neuf et imprévu, contre Venise, ville de peintres, car tout y est usé et rabâché.

Régis Debray se gausse des queues devant les tableaux. « Notre cadre supérieur poireaute devant l'Accademia pour avoir épousé la religion de l'art — la plus socialement valorisante des crédulités en circulation. » Voilà le point important, sous les paillettes de la satire : mettre en cause la culture telle qu'on l'entend de nos jours, vitupérer cette suite de pensums harassants que sont devenues les villes d'art et de musées. Seule objection à faire à cette sortie aussi brillante que fondée : elle s'est trompée d'objet. C'est contre le tourisme de masse qu'il faudrait partir en guerre. Venise n'y peut mais si on l'a choisie pour les voyages de noces, les excursions du troisième âge, les tours collectifs, les moutons japonais. Son règne est d'ailleurs menacé. Prague, si solitaire et belle naguère, lui a déjà ravi la primauté en matière d'admirations convenues et de sottise organisée.

Wally

Embarras pour le *W*, lettre qui n'existe pas plus en italien qu'en français, sinon pour certains mots empruntés aux langues du Nord. Mais comme l'italien résiste beaucoup mieux aux influences anglo-saxonnes que le français, se montrant susceptible de créer de nouveaux mots *(calcio* pour football, *parcheggio* pour parking, *vagone* pour wagon), il s'ensuit que la liste des *w* se réduit à *wagnerismo* (eh oui, il s'est infiltré en Italie jusque par ce moyen), water-closet et whisky. Comme emploi plus noble, on ne trouve que le *W* équivalent d'un double *V*, pour écrire sur les murs : *W (Viva) il Re* !

Il y aurait bien Ermanno Wolf-Ferrari, né à Venise, mais fils d'un peintre bavarois, et doté d'un prénom germanique italianisé. Ce compositeur a puisé dans les comédies de Goldoni la trame d'opéras remarquables par l'humour, la légèreté, la transparence orchestrale. Je préfère attirer l'attention sur Wally, héroïne de l'ouvrage homonyme d'Alfredo Catalani. Celui-ci était originaire de Lucques, ville féconde en musiciens, puisque Boccherini et Puccini y sont également nés. Catalani (1854-1893), sans atteindre à leur gloire, occupe une place très originale dans l'opéra italien. Après *Loreley*, œuvre inspirée par la mythologie germanique, il écrivit *la Wally* (première en 1892, deux ans après le coup de tonnerre vériste de *Cavalleria rusticana)*. De tempérament plus rêveur que ses contemporains, Catalani choisissait à nouveau un sujet nordique, teinté de mystère et de féerie.

L'action se passe dans le Tyrol : occasion de souligner le tropisme montagnard auquel cèdent de temps à autre les compositeurs de la péninsule. *La Sonnambula* de Bellini a pour décor une vallée helvétique, *Guillaume Tell* de Rossini le lac des Quatre-Cantons. Jamais les Abruzzes ou les Dolomites : non, pour qu'elle fasse rêver, il faut que la montagne soit plus montagne, plus exotique, autrichienne ou suisse — selon le même goût qui incite le coiffeur calabrais, la couturière sicilienne, à mettre sur le mur une affiche représentant un pic neigeux, antidote à la pierraille calcinée de leur désert.

Wally est une jeune fille encline à la solitude et à la mélancolie. Plutôt que d'épouser celui que son père lui a destiné, elle s'enfuit du village et grimpe entre les cimes, où elle trouve une mort à la hauteur de son caractère. Coincée entre l'ouvrage fracassant de Mascagni et les autres tornades véristes, *Pagliacci* de Leoncavallo, *Manon Lescaut* de Puccini, *Andrea Chénier* d'Umberto Giordano, on comprend que l'élégie alpine de Catalani ait paru d'une pâleur anémique. Ce fut le seul auteur, en cette période de frénésies exacerbées, à garder des nuances, des demi-teintes, une tendresse, une discrétion, une tendance à l'épanchement lyrique, qui rappellent çà et là le climat élégiaque de Bellini. Toscanini avait une telle prédilection pour cet opéra qu'il appela une de ses filles Wally. De nos jours, la grande Renata Tebaldi a rendu tout son éclat à cette partition majeure.

Xiphias

Ce mot bizarre est le nom latin du poisson-épée, ou espadon. Il a été exhumé en 1845 par Diego Vitrioli et donné pour titre à un sien poème, écrit en hexamètres latins, sur la chasse à l'espadon dans le détroit de Messine. Diego Vitrioli (1819-1898) fut un des derniers humanistes italiens capables de versifier dans la langue de Virgile. Son poème, présenté au concours latin de l'Académie d'Amsterdam, est divisé en trois chants. *Aglaia* décrit la chasse, rendue avec un vigoureux réalisme. *Thalia* relate les mésaventures de Scylla, splendide jeune fille transformée en monstre par la magicienne Circé, parce que les deux femmes brûlaient d'amour pour le même garçon, Glaucus. *Euphrosyne* évoque les chants et les rites auxquels s'adonnent les pêcheurs après la mise à mort de l'espadon. L'auteur traduisit lui-même son œuvre en hendécasyllabes italiens.

Sous les ornements littéraires, c'est un document d'une belle force descriptive, et le témoignage que la Sicile est toujours susceptible, même dans les temps modernes, de produire des mythes. L'espadon est une bête magnifique. Avec l'os aplati de son nez, les artisans fabriquent une épée qu'ils mettent dans la main d'un des paladins du théâtre de marionnettes. On chasse l'espadon en même temps que les thons, qui vont en bande, alors qu'il sillonne les profondeurs en pirate solitaire. Lui aussi, quelquefois, entre dans la chambre de la mort constituée par quatre filets disposés en carré. On le massacre à coups de harpon, et son sang bouillonnant se mêle à l'écume des flots. Salvador Dali a peint un tableau de la *mattanza* des thons ; Renato Guttuso aussi ; Rossellini l'a filmée dans *Stromboli*. Mais, pour trouver un hommage artistique à l'espadon qui soit digne de ce prodige marin, il faut remonter aux strophes épiques du disciple d'Horace.

Y

« Ne fait pas partie de l'alphabet italien », déclarent les dictionnaires. Pour La Mothe Le Vayer, érudit français et précepteur de Louis XIV, connu pour être un libertin et un sceptique, la langue française a enrôlé cette lettre parce que « l'*i* final était trop simple et mal propre à recevoir l'ornement des paragraphes ou bravoures dont la queue de l'y est susceptible » (Extrait des *Dialogues*, cité par Littré).

Au terme de ce dictionnaire où j'ai abondamment fustigé les résistances du tempérament français aux délices du baroque, voilà un démenti éclatant. Pour une fois, ce sont les Italiens qu'on surprend en défaut d'imagination et de fantaisie. Cette « queue » de l'*y* : La Mothe Le Vayer en a-t-il vanté les grâces à son royal pupille ? Et si le Roi-Soleil, en introduisant à Versailles les ballets dont il était féru, a baroquisé un peu les raides habitudes de la cour, doit-on cet avantage aux suggestions du malicieux précepteur ?

Zola

Rome en 1894

Vingt-cinq ans après l'achèvement de l'Unité italienne, l'Italie n'avait produit aucun roman qui montrât comment, à quel prix, de petite capitale des Etats pontificaux, Rome était devenue (croyait être devenue) la tête d'une grande nation moderne. La période, dite umbertienne, des transformations, urbanistes et morales, de l'Urbs, dans le dernier quart du XIXe siècle, il faut lire Zola pour s'en faire une idée. Zola passe un mois et demi à Rome, à la fin de 1894 : le journal qu'il rapporte de ce séjour étonne par la perspicacité du regard et l'intelligence du jugement. De ce journal, il tire un gros roman, *Rome* ; si plusieurs parties en semblent caduques, ou franchement mauvaises, on y retrouve néanmoins, lors des meilleurs passages, les qualités du journal, qui placent Zola, dans la grande lignée des visiteurs français en Italie, au tout premier rang après Stendhal et Dumas. Zola irrite par sa méticulosité de touriste, ses descriptions des monuments et des jardins de Rome, si scolaires qu'elles masquent les choses plutôt qu'elles ne les font voir. Mais, comme moraliste et comme sociologue, il frappe juste, et le tableau qu'il livre de Rome vaut encore aujourd'hui, presque trait pour trait. *Rome* et *Mon voyage à Rome*, sans compter parmi les chefs-d'œuvre de Zola, portent sur la Ville éternelle un témoignage objectif, vif, bien documenté, qui n'a pas vieilli, qui peut servir d'introduction à l'étude de la société romaine, pour le voyageur du XXe siècle.

Rome, quand Zola la visite, se trouve exactement à mi-chemin de cette période qui s'étend de la chute du pouvoir temporel de la papauté à l'avènement du fascisme. On ne dira plus, lorsqu'on aura refermé *Rome*, que le fascisme fut un accident dans l'histoire d'Italie. Zola note, comme caractère le plus saillant du moment, la spéculation immobilière : partout des constructions nouvelles, des quartiers entiers, surgis du néant à la périphérie, mais restés vides et déjà croulants, car la population, dont on espérait un massif accroissement, n'a jamais existé que dans le rêve de grandeur des Romains. La mégalomanie, autant que le goût de s'enrichir, la vanité, non moins que le lucre, provoquent cette fièvre bâtisseuse, comme le comprend Zola. Il attribue au « sang d'Auguste » les ministères colossaux qu'élève le gouvernement italien. « Dès que la jeune Italie s'était emparée de Rome, elle avait cédé à cette folie atavique de la domination universelle, voulant à son tour en faire la plus grande des villes, construisant des quartiers entiers pour une population qui n'était pas venue. » Bien avant Mussolini, Rome s'essoufflait à dresser le pompeux décor d'une capitale qu'elle ne réussissait pas à devenir.

Que le choix du jeune Etat italien se soit porté sur l'Urbs pour en faire sa capitale, voilà, selon Zola, l'erreur, voilà la faute. Des trois classes sociales qui composent la ville, la première, la plus ancienne, l'aristocratie dite noire parce qu'elle fournissait à la papauté sa cour, est sur le déclin. Saisissante la description du palais appelé Boccanera dans le roman, synthèse de tous les palais romains, qu'ils se nomment Farnese, Borghese ou Odescalchi. Vénérable et moisi, rendu plus misérable par les restes de grandeur qu'il affecte, le palais Boccanera, sis en la merveilleuse et lugubre via Giulia, sert de résidence à un cardinal, chef d'une famille en voie d'extinction. Les tapisseries s'effritent aux murs de salles trop grandes pour être entretenues, trop nombreuses pour être habitées. D'autant plus intraitable que le délabrement de ses finances inflige des avanies à sa morgue, le vieux cardinal, refusant toute compromission avec la monarchie usurpatrice, préférerait que le Vatican, le catholicisme s'écroulent, plutôt que de les voir pactiser avec le roi. Il représente une caste qui n'a que le choix entre la disparition et l'alliance avec un sang neuf, celui de la bourgeoisie affairiste ou celui de familles étrangères.

« Pas encore de peuple et bientôt plus d'aristocratie » : trop de misère, trop d'ignorance, le manque d'écoles, l'absence d'industries et de fabriques expliquent la carence des forces populaires, incapables d'assurer, comme dans le reste de l'Europe occidentale, le rajeunissement du corps social par un apport en hommes nouveaux. Stendhal notait déjà : « On obtiendra tout d'un ouvrier romain, excepté le travail ». Non pas, certes, qu'il soit plus paresseux qu'un autre. Mais le pauvre a meilleur compte de quémander les faveurs d'un riche, que de s'établir dans un métier. Deux gouvernements et deux corps diplomatiques suscitent une pléthore de clients. Depuis Zola, l'aristocratie a achevé de mourir, mais le peuple n'est pas encore né : sinon le sous-prolétariat des immigrés entassés dans les *borgate* sordides de la périphérie, et, selon Pasolini qui les a décrits dans ses romans et dans ses films, exclus de l'histoire, de la raison et du progrès, « tribu » de « bédouins » sans attaches avec la vie nationale.

Enfin, au temps de Zola, « entre les petits d'en bas et les puissants d'en haut, il n'existait pas encore une bourgeoisie solidement installée, forte d'une sève nouvelle, assez instruite et assez sage pour être l'éducatrice transitoire de la nation. La bourgeoisie, c'étaient les anciens domestiques, les anciens clients des princes, les fermiers qui louaient leurs terres, les intendants, notaires ou avocats, qui géraient leurs fortunes ; c'était le monde d'employés, de fonctionnaires de tous rangs et de toutes classes, de députés, de sénateurs, que le gouvernement avait amenés des provinces ; et c'était enfin la volée des faucons voraces qui s'abattaient sur Rome. » Ici encore, le diagnostic de Zola ne s'est guère démodé : aucune bourgeoisie, en cent ans, n'a réussi à s'implanter à Rome, ville minée par l'habitude de la cour, des intrigues, des titres, des prébendes. Le Vatican et le Quirinal attirent quémandeurs et parvenus de toute sorte, qui lient leur fortune au puissant du moment. L'élite intellectuelle, il est vrai, de plus en plus se concentre à Rome mais venue des provinces, pour trouver des emplois. Rome, depuis plus d'un siècle de liberté démocratique, n'a pas produit un grand homme. Capitale frivole et stérile. Pourquoi n'avoir pas choisi Milan ? On se le demande toujours.

Son pessimisme, Zola le justifie par un dernier argument. Les champions du Risorgimento, qui ont accompli l'Unité italienne, venaient du Nord. Leurs fils, installés à Rome, ont, sous l'influence amollissante du climat et des mœurs, sitôt abdiqué les vertus énergiques de leur race. En revanche, les Italiens du Midi, rompus à la chaleur et à la « volupté », se sont épanouis à Rome avec leurs pires défauts. « Le Nord avait fait l'Italie, le Midi montait à sa curée, se jetait sur elle, vivait d'elle comme d'une proie. » Zola souligne « l'antagonisme de plus en plus marqué entre le Nord et le Midi ; le Nord travailleur et économe, politique et avisé, savant, tout aux grandes idées modernes ; le Midi ignorant et paresseux, tout à la joie immédiate de vivre, dans un désordre enfantin des actes, dans un éclat vide des belles paroles sonores ». Ici, on relève un mélange de vrai et de faux dans les remarques de Zola. Le vrai, c'est l'« antagonisme » entre les deux moitiés du pays ; le faux, c'est le motif que lui attribue Zola. L'écrivain français a prêté l'oreille, sans doute, aux arguments racistes des hommes du Nord, qui appellent « ignorance » et « paresse » la sorte de non-résistance des gens du Sud écrasés par la politique du grand capital piémontais et lombard. A qui la faute si la Sicile sommeille dans une misère chronique, sinon à l'Etat qui l'exploite comme un marché colonial ? Quant à la « joie immédiate de vivre », elle constitue le cliché le plus usé, le plus trivial du folklore touristique. Nul ne s'est aventuré dans les provinces de l'ancien royaume de Naples, sans être saisi par la tristesse, la gravité silencieuse des populations. On regrette que Zola, si sagace, si personnel ailleurs, ait donné crédit au lieu commun qui continue à justifier la tyrannie économique du Nord sur le Sud. Francesco Zola, son père, était de Venise.

Le héros de *Rome* est un jeune prêtre français, imbu de christianisme social, venu dans l'Urbs défendre auprès de Léon XIII un de ses livres menacé par l'Index. Comment, arrivé plein de conviction dans ses idées et de courage pour les défendre, il se voit renvoyé d'un *monsignore* à l'autre, embobiné de paternes admonestations, empêché de connaître le visage de ses ennemis et ce qu'on lui reproche vraiment, forcé enfin de se soumettre à la discipline et à la tradition : voilà pour la thèse du roman, écrit pour prouver qu'il est vain d'attendre un rajeunissement d'une religion aussi liée à la volonté de puissance que peut l'être le catholicisme. Aujourd'hui, l'histoire de l'abbé Pierre Froment nous intéresse par un autre aspect : parce qu'elle montre à merveille comment un homme de caractère et d'esprit, formé dans les pays du Nord, se laisse peu à peu déposséder de son énergie, dès qu'il essaye de l'appliquer dans le milieu romain. Insensible et fatale déchéance, qui porte le cœur le mieux trempé à ne souhaiter plus rien que l'abdication, l'oubli, le sommeil. La force de l'Eglise consiste à utiliser la mollesse ambiante, à engourdir les rébellions sous le charme des sourires, la politesse des courbettes et l'indolence du ciel bleu. La volonté la plus intrépide se corrompt, s'effrite : à Rome, qui sera la ville la plus fasciste d'Italie, on ne peut que céder. Stendhal disait déjà : « Tout est décadence ici, tout est souvenir, tout est mort... Ce séjour tend à affaiblir l'âme, à la plonger dans la stupeur ». Et Chateaubriand (lettre à Mathieu Molé du 16 juillet 1803) : « L'ennui est ici dans sa capitale ». Il n'est pas jusqu'aux monuments, aux ruines, aux jardins qui, par leur beauté, leur profusion même, n'arrivent à ployer un caractère sous une langueur létale. Les descriptions zoliennes de la ville, si lassantes qu'elles soient par leur ingénuité baedekerienne (l'auteur se promenait le fameux guide à la main), trouvent peut-être leur justification esthétique dans la nécessité de communiquer au lecteur les opiacés maléfices d'un cadre trop opulent.

Attentif surtout aux conflits sociaux qui agitent la nouvelle capitale, Zola n'en observe pas moins certains traits de mœurs, qui frappent encore le voyageur du XXe siècle. C'est le journal surtout qui recueille ces observations. Ainsi, Zola note que l'adultère est non seulement toléré, mais admiré. « Beaucoup de vieux collages respectés par le monde. Si une femme rompait avec un ancien amant le monde trouverait cela très mal ; tandis qu'il ne dit rien de l'adultère lui-même : le mari pas intéressant. » Rome appartient en effet à une civilisation plus pragmatique que sentimentale, où la base du mariage n'est pas le respect mutuel, l'estime, l'amour réciproque des époux, l'envie de former un couple, mais le besoin de la sécurité, de la paix domestique. La femme épouse un père, lien qui lui donne le droit de prendre un amant. D'où la remarque de Zola sur le « mari pas intéressant ». Il aurait pu dire la même chose de l'épouse. Le mari est dissocié de l'amant, l'épouse de la maîtresse : d'un côté l'ordre social, la stabilité, la loi ; de l'autre, le plaisir et l'amour. Le mari, institution nécessaire bien plus que compagnon désirable, ne compte pas comme personne.

Mais l'amour reste-t-il possible dans une société pareille ? Sur ce point, Zola semble hésiter. Partagé entre le spectacle que ses yeux découvrent et les chimères que son imagination caresse, il renouvelle l'erreur de Stendhal, qui consiste à supposer « passionné » un tempérament reconnu pour froid. « Rarement les jeunes filles se donnent », note Zola, « du flirt seulement, avec un peu de laisser-aller parfois ». La beauté féminine, remarque-t-il encore, est « généralement sérieuse, sombre et triste ; pas d'éclat ni de gaieté ; de très grands yeux, les cheveux noirs, les traits tirés, allongés, en lignes sévères et tristes ». La femme se refuse longtemps ; une fois les derniers dons accordés, la voilà qui devient « collante ». On ne peut plus s'en débarrasser. Les liaisons s'éternisent, parce que le « fond pratique » des Romaines y trouve son compte. « La femme ne se perd pas dans les nuages, ne rêve pas, veut la matérialité des choses, la possession : d'où sa passion vivante et charnelle, sa jalousie aussi. » L'écrivain sicilien Luigi Capuana, fondateur avec Verga du vérisme, ce surgeon du naturalisme français, explique à Zola qu'on chercherait en vain à Rome dans le cœur d'une jeune fille un amour idéal, romanesque. Elles sont « très positives, peu sensuelles même ». Excellente analyse, contenant la conclusion implicite que l'amour n'est guère plus vivant dans les liaisons que dans le mariage.

N'empêche que Zola, quand il écrit son roman, imagine soit pour donner à l'ouvrage le piment nécessaire, soit qu'il cède à la suggestion de l'époque des Borgia, un amour romanesque, ardent, absolu. Benedetta, nièce du cardinal Boccanera, mariée de force à un jeune intrigant de la montante bourgeoisie d'affaires, mais amoureuse depuis l'enfance de son cousin, Dario Boccanera, dernier mâle du nom, s'est refusée à son époux : elle attend qu'un jugement de la cour de Rome annule son mariage (occasion pour Zola de rappeler que le divorce n'existe pas en Italie). Benedetta, cependant, a réintégré le palais de son oncle le cardinal, où habite aussi Dario. Mais, si éprise qu'elle soit de son cousin, si épris qu'il soit d'elle, elle a juré de ne se donner à lui que le jour où leur mariage aura pu être célébré. Aimer, pour elle, consiste à se garder vierge, jusqu'à l'autel. Mais elle admet que Dario, cédant à l'« ardeur » naturelle aux jeunes hommes, fasse collection de maîtresses et les affiche. Tout au plus baisse-t-elle les yeux de temps à autre en étouffant un soupir. Que pense Zola de cette comédie ? Il décrit avec impartialité une situation qui a duré jusqu'en 1968. L'honneur d'une femme réside dans sa pureté, celui d'un homme dans son dévergondage. La même société qui condamne une jeune fille assez libre pour courir l'aventure méprise un garçon qui se priverait de ce plaisir.

Toute cette partie du roman sonne juste. Là où Zola déraille, c'est quand, abandonnant le terrain de l'étude des mœurs, il échafaude une intrigue de style Renaissance. Un curé, client d'un cardinal rival du cardinal Boccanera, fait présent à celui-ci d'un panier de figues empoisonnées. Un hasard écarte ce mets de la bouche de l'oncle ; seul le neveu y goûte, le beau Dario, dont le teint vire sitôt au terreux, tandis que Benedetta, voyant le progrès de l'agonie, se met à maudire sa virginité. « Que je le baise, et qu'il m'emporte ! » s'écrie-t-elle, en étreignant le moribond. Puis, sous les yeux ronds du prêtre français, du cardinal et de quelque autre comparse, voici la grande scène, le clou de l'ouvrage : Benedetta se met toute nue, mais oui. « Les derniers linges un à un s'en allèrent, et le ventre blanc, la gorge blanche, les cuisses blanches, s'épanouirent en une haute floraison blanche. » Elle se couche dans le lit de Dario, enlace le corps de l'aimé : trop tard, il est désormais trop faible pour consommer l'acte, et Benedetta, égarée par la « douleur de cette possession incomplète », expire au même moment que Dario, le cœur foudroyé. Impossible de séparer les cadavres : il faut les enfermer ensemble dans un cercueil unique. La scène la plus colossalement ridicule de tout le roman français, comment donc a-t-elle pu venir à l'esprit de Zola ? Faut-il y voir une réminiscence de la Rome d'Alexandre VI, à cause du rôle dévolu au poison ? Ou bien un avatar des mythes post-romantiques, qui envahirent la seconde moitié du XIXe siècle ? Ou plutôt, ne remonte-t-elle pas des profondeurs de l'inconscient zolien ? Ce ne sera pas la première fois qu'on aura vu un expérimentateur, féru de sciences exactes, se pâmer au musée des horreurs. Zola étale en quelques pages la panoplie complète des clichés : « spectacle extra-terrestre », « exaltation grandissante », « frénésie sacrée allant au-delà de la vie », « infini noir de l'inconnu », « nudité de neige et de lis », « bouche enténébrée d'un rugissement », « effrayantes et prodigieuses fiançailles dans la mort ». Qui eût cru qu'en prenant son élan de Stendhal, on pouvait tomber à pieds joints chez D'Annunzio ?

Témoignage sur une société et document sur les goûts secrets de l'auteur, *Rome* reste un ouvrage qui intéresse. N'est-ce pas pure injustice, ou ignorance des compilateurs, si Zola se trouve exclu des anthologies d'écrivains sur Rome ? Certes, il ne décrit pas les lieux en poète, ni d'un œil personnel : rien de plus convenu que ses jardins, son Palatin, son Saint-Pierre. Mais réduire Rome à des lieux, s'extasier sur Rome parce que les jardins y sont beaux, les ruines majestueuses et les coupoles admirables, c'est confondre le décor et la vie. Zola, si peu de temps qu'il ait passé dans l'Urbs, ne l'a pas visitée seulement en touriste. Et tout ce qu'il a su observer à l'intérieur des maisons, de l'autre côté des façades, lui a inspiré ce livre amer, accablant et véridique. Si l'on veut connaître les épreuves qu'un séjour prolongé impose au voyageur arrivé en esthète, si l'on veut savoir pourquoi cette capitale ne réussit pas à devenir une grande ville, pourquoi la contemplation y dégénère en torpeur, l'énergie en intrigues, Zola avec sa lourde machine reste le meilleur cicérone. Rome n'est bonne que pour des esprits fatigués ou convalescents. « Tout homme de lutte et de fièvre y doit périr d'ennui. »

Zumbo

La Mort noire à Florence

L'ordre alphabétique, par une malice dont je lui sais gré, m'amène à conclure ce voyage sur l'artiste qui non seulement s'oppose à toute la tradition italienne, mais réduit à néant le songe de beauté et d'harmonie qui s'est épanoui dans l'Italie de la Renaissance.

Pas de créateur plus mystérieux que ce Gaetano Giulio Zumbo, *ceroplasta*, comme le rappellent les plaques de la rue dédiée à lui dans le labyrinthe de la vieille Ortigia, avec les dates : 1656-1701. Courageux hommage toponymique, auquel je ne m'attendais pas, tant la spécialité de Zumbo, le modelage de cadavres en état avancé de décomposition, a jeté sur son œuvre la malédiction de la postérité. *Ceroplasta*, c'est-à-dire sculpteur sur cire ; et l'on ne s'étonnerait pas qu'un natif de Syracuse eût choisi ce mol et blond matériau associé à la Grèce des abeilles, s'il n'avait dévoyé, perverti le doux produit des ruches pour tourner en dérision l'héritage classique, réduire à néant les leçons de l'Antiquité.

Fils d'une esclave — l'esclavage survécut en Sicile jusqu'à la fin du XVIIIe siècle, circonstance qui n'aura pas incliné le jeune Gaetano Giulio à une conception du monde plus sereine —, il transforma plus tard son patronyme, Zummo, dans le plus noble Zumbo. Elève des jésuites de Syracuse, il termina ses études avec le modeste titre d'abbé. On ne sait rien de sa formation artistique, sinon qu'il contempla longuement l'admirable toile de Caravage peinte pour l'église Sainte-Lucie, *l'Enterrement de sainte Lucie*. Ultérieurement, il s'inspirerait de ce tableau pour faire le relief en cire de la femme morte, au premier plan du *Triomphe du temps* : même manière de renverser la tête en arrière, même abandon du bras droit. Sainte Lucie est la patronne de Syracuse, et une autre effigie de celle à qui l'on arracha les yeux est déposée sous l'autel du sanctuaire octogonal qui contient son sépulcre. A cette statue en marbre, exécutée en 1634 par Gregorio Tedeschi, Zumbo emprunta d'autres détails : les bandeaux sophistiqués de la coiffure, la main gauche animée d'un ultime frémissement, la ceinture étroitement nouée à la taille par une boucle.

Brusque et inexpliqué départ pour Naples, où l'on pense qu'il arriva en 1691. Là, plusieurs tableaux de grande renommée, peints en guise d'ex-voto commémoratifs de la peste de 1656, frappèrent son imagination. Dans sa composition *la Peste*, on retrouvera la figure du bébé mort ou moribond, qui s'agrippe au sein nu de sa mère terrassée par l'épidémie. Mattia Preti (*Madone avec saint François Xavier et sainte Rosalie*), Micco Spadaro (*la Peste de 1656*), Luca Giordano (*Saint Janvier libère Naples de la peste*) avaient exploité ce motif, ainsi que d'autres thèmes non moins sinistres : amoncellements de corps putréfiés, fossoyeurs se bouchant le nez, autant contre la contagion que pour éloigner la puanteur.

Quant aux rats qu'il fera courir parmi ses cadavres, au noble décor classicisant de ses charniers, aux perspectives de colonnes et aux statues brisées qui ajouteront à ses compositions une dimension métaphysique, il peut les avoir empruntés au célèbre tableau de Poussin, *la Peste d'Azoth*, peint à Rome en 1631.

Le grand-duc Cosimo III l'invita à Florence, où il résida quatre ans, de 1691 à 1694, avant d'être appelé à Paris, où Louis XIV lui accorda le monopole des reproductions anatomiques en cire. Zumbo mourut le 22 décembre 1701, 16 rue des Cordeliers, un prolongement disparu de l'actuelle rue de l'Ecole-de-Médecine. C'est à Florence — et nullement par hasard à Florence, comme nous allons le voir — qu'il créa ses quatre chefs-d'œuvre, le séjour parisien n'ayant profité qu'à sa réputation scientifique. Le Museum national d'Histoire naturelle, rue Buffon, possède une de ses têtes anatomiques, faite à l'usage des étudiants.

Les quatre chefs-d'œuvre, vous aurez beaucoup de mal à les dénicher. Le Guide bleu signale bien, en cinq lignes, le musée de la Specola, où ils sont rassemblés, 17 via Romana, près du palazzo Pitti, mais en le qualifiant de Musée zoologique, et sans mentionner ni Zumbo ni ses ouvrages. M. Damien Wigny, érudit belge à qui sa passion pour Florence a dicté un guide de huit cents pages consacré exclusivement à cette ville, n'a pas pris la peine d'indiquer ce musée, soit par ignorance, soit par volonté délibérée de l'exclure de ses itinéraires. Même mutisme dans les encyclopédies et les histoires de l'art. Inconnu du volumineux *Cicerone* du vieux Jacob Burckardt, inconnu de l'*Encyclopédie de l'art* Garzanti/Pochothèque, inconnu du Petit Robert comme du Grand Larousse en douze volumes, Zumbo n'a droit qu'à deux lignes dédaigneuses dans *l'Art italien* d'André Chastel. Les Florentins eux-mêmes ne semblent pas pressés de faire connaître un dépôt dont apparemment ils ont honte. La Specola n'est ouverte que deux jours par semaine. J'ai longtemps habité Florence sans soupçonner l'existence de Zumbo. Mario Praz a le premier tenté de le réhabiliter (dans *Bellezza et bizzarria*, 1960), mais, sans Fabrizio Clerici, qui, connaissant mon peu de goût pour Florence, m'a conseillé comme antidote une cure de ce contre-artiste, peut-être m'aurait-il pour toujours échappé. Deux livres récents ont paru en Italie : *Gaetano Giulio Zumbo* (Fabbri Editori, 1988), recueil d'études, épuisé, et *Vanitas Vanitatum*, album également collectif, encore plus confidentiel, édité en 1991 à Syracuse, chez Arnaldo Lombardi, et introuvable ailleurs qu'en Sicile.

Au vrai, si vous êtes venus dans la cité de Laurent le Magnifique pour vous délecter des images idéalisées de l'homme et de la femme telles que les ont immortalisées un Masaccio, un Botticelli, un Donatello, un Michel-Ange, un Léonard de Vinci, passez votre chemin. Ce musée de poche, perché au dernier étage d'un sombre palais, ne passionnera que la petite coterie d'esprits rebelles à ce stéréotype de la beauté, et plus encore au conformisme des millions de visiteurs en pâmoison exclusive devant la mâle stature du *David* ou la flexueuse anatomie de la *Vénus* jaillissant des flots.

Avec Zumbo, aucun moyen de goûter de ces fines émotions esthétiques. L'art du céroplaste maudit, d'autant plus brutal dans son effet qu'il est raffiné dans son exécution, vous laisse *médusé*, au sens propre du terme, comme les Anciens devant la Gorgone. De ce bizarre paladin de l'infect, de ce chevalier solitaire de l'abject, les quatre compositions rassemblées à la Specola suffisent à mesurer le génie. Quatre théâtres, qu'il a façonnés d'après la forme, les dimensions et la disposition des crèches siciliennes, en modelant des personnages hauts de six à huit pouces, et en les étageant par plans dans un décor d'architecture. Seulement, au lieu de Saintes Familles, de bergers, d'anges et de rois mages, il mettait en scène les ravages du temps, de la peste, des maladies vénériennes, avec un luxe impitoyable des détails les plus dégoûtants.

Quatre « théâtres de vanités », où s'accumule tout ce que la corruption du corps humain peut suggérer de plus immonde. Les teintes elles-mêmes, dont sont colorées les cires, vont du glauque au livide, du mauve au bilieux, de la nacre au bronze, et renforcent l'impression d'horreur qui se dégage de ces parades macabres. Les Goncourt, qui avaient vu ces théâtres et sont presque les seuls, parmi les voyageurs du passé, avec le marquis de Sade, à les mentionner, estimaient que, si l'auteur les avait faits en grandeur naturelle, leur vue eût été insupportable.

Les quatre titres parlent à eux seuls : *le Triomphe du temps*, *la Peste*, *la Vanité humaine*, *le Morbo gallico* (ou *Syphilis*). Tout ce qu'il y a de plus répugnant dans un cadavre en liquéfaction, toutes les étapes de la dissolution, de la mort encore fraîche à l'effilochement des chairs, est pétri, soigné, fignolé avec un entêtement féroce. Rien ne nous est épargné, ni le bouillonnement des intestins, ni le rat qui tire sur les tripes du ventre ouvert, ni la béance des organes lâchant leur purulente sanie, ni les visages rongés par le chancre, ni le hideux ichor suintant des viscères éclatés. Comme les fossoyeurs protégés par leur bâillon, on se prend à se boucher le nez, tant ces débauches putrides exhalent une odeur à vomir.

Au milieu de *la Vanité humaine*, se tient une femme appuyée mélancoliquement sur sa main : elle a pour modèle la statue qui orne le tombeau de Michel-Ange, à Santa Croce. C'est le seul rappel — mais combien ironique, combien dérisoire — de Florence et du culte florentin de la beauté, dans cette œuvre marquée par une aussi farouche dénégation du corps humain.

Œuvre dont les intentions restent à jamais énigmatiques, car en attribuer l'aspect horrifiant à la prédication jésuite du *memento mori* n'explique pas la passion exclusive de Zumbo pour les charniers verdissants. Ces petites compositions, auxquelles peu de gens avaient accès, ne pouvaient jouer un rôle édifiant que pour la poignée de courtisans confits dans la même cagoterie que leur maître Cosimo III, et déjà acquis à sa morosité pleurnicharde.

Quant aux baroques, qui avaient une prédilection bien connue pour la mort, ils ne la représentaient que sous la forme sèche, purifiée, de crânes polis et de squelettes décharnés.

Non, il faut chercher ailleurs le secret de cet acharnement dans l'ignoble, de cette virtuosité dans l'abjection. C'était un très grand artiste que Zumbo, mais attaché à ce que nous tenons pour le contraire de l'art. Je serais tenté de voir en lui le premier insurgé, dans l'histoire du goût, contre l'impérialisme florentin. Trop de musées, trop de tableaux, trop de statues, trop de palais et d'églises dans la capitale toscane ! N'est-elle pas insupportable, cette obligation de tout visiter, tout admirer ? Pensum culturel, fondé sur une bête idolâtrie du Beau idéal.

Il revenait à un Sicilien de dénoncer l'hypocrisie de l'humanisme « classique », solennelle imposture pour le fils de l'esclave. Comme il convient à notre époque, cet iconoclaste ! Comme sa leçon nous serait salutaire ! La tyrannie des musées d'art ne s'est-elle pas renforcée aujourd'hui, au point de rendre le voyageur insensible à tout ce qu'on ne lui dit pas de regarder ? Si la Specola recevait plus de visiteurs, ils se sentiraient humiliés, devant cette démythification virulente de leur apollinienne et séraphique Italie, d'être restés si longtemps à examiner les peintures dans la proche galerie des Offices.

Saluons en Zumbo, pour finir ce livre, le pionnier d'une modernité ne voulant plus succomber sous le poids du respect et de la vénération scolaires qui accable la plupart des millions de touristes. Saluons l'esprit libre, qui a osé bousculer ce culte des chefs-d'œuvre, bien plus mortifère que les quatre théâtres de vanités du céroplaste, où la Mort noire palpite d'une vie ardente. Et que tout voyageur en route pour l'Italie se souvienne qu'un obscur fils de Syracuse, et nul autre, a eu l'audace d'introduire à la cour des Médicis, dans le Temple par antonomase de l'art, dans le Sanctuaire de la beauté et du goût, le contrepoison vivifiant de ces charognes.

INDEX DES NOMS DE PERSONNES

INDEX DES LIEUX

Cet ouvrage a été composé par
Nord Compo (Villeneuve-d'Ascq)
et imprimé sur presse Cameron
par **Bussière Camedan Imprimeries**
à Saint-Amand-Montrond (Cher)
pour le compte de la Librairie Plon

Achevé d'imprimer en juillet 1999.

N° d'édition : 12895. — N° d'impression : 993160/4.
Dépôt légal : mars 1998.
Imprimé en France